Jürgen Wolf, Klaus-Jürgen Wolf

Linux-Unix-Programmierung

Das umfassende Handbuch

Rheinwerk
Computing

Liebe Leserin, lieber Leser,

Programmieren kann ganz einfach sein – es kann aber auch sehr anspruchsvoll, interessant und schwierig werden. C-Programmierung für Linux und BSD-Derivate gehört fraglos nicht zu den Gebieten, die für absolute Programmier-Laien geeignet sind. Fortgeschrittene und Profis werden sich hingegen über die endlosen Möglichkeiten freuen, die ihnen dieses Umfeld bietet.

Bei Ihrer Arbeit hilft Ihnen dieses Standardwerk, das nun in vierter Auflage vorliegt. Nochmals deutlich erweitert und auf aktuelle Distributionen aktualisiert, bietet es Ihnen auf mehr als 1.400 Seiten alles, was Sie über die Entwicklung für und mit Linux wissen müssen: von Compilerflags über die Eigenheiten der Prozessverwaltung bis zur Ausgabe über ncurses oder Glib.

Jürgen Wolf und Klaus-Jürgen Wolf verfügen über umfassende Erfahrung als Entwickler im Linux-Unix-Bereich und haben bei der Auswahl und Darstellung der Themen besonders auf den Praxisbezug Wert gelegt. Ob es um die Kommunikation mit Datenbanken, das Programmieren von Netzwerkdiensten oder die Arbeit mit dem Linux-Dateisystem geht – immer stehen die hohe Qualität des Codes und die Sicherheit Ihrer Projekte im Vordergrund. Und zwar nicht erklärt anhand von abstrakten Ausführungen, sondern ganz konkret an Codebeispielen, die Sie in Ihren eigenen Projekten einsetzen können. Alle Beispielskripte stehen Ihnen übrigens komfortabel zum Download zur Verfügung, genau wie kostenlose Bonuskapitel, mit denen Sie sich Wissen aus benachbarten Themenfeldern bei Bedarf aneignen können.

All das macht dieses umfassende Handbuch zum idealen Begleiter für Linux-Unix-Graubärte und alle, die es werden wollen. Sie finden hier ein Kompendium voller Musterlösungen, Befehlsreferenzen und Know-how aus dem Entwickleralltag.

Abschließend noch ein Wort in eigener Sache: Dieses Werk wurde mit großer Sorgfalt geschrieben, geprüft und produziert. Sollte dennoch einmal etwas nicht so funktionieren, wie Sie es erwarten, freue ich mich, wenn Sie sich mit mir in Verbindung setzen. Ihre Kritik und konstruktiven Anregungen sind uns jederzeit willkommen.

Ihre Anne Scheibe
Lektorat Rheinwerk Computing

anne.scheibe@rheinwerk-verlag.de
www.rheinwerk-verlag.de
Rheinwerk Verlag · Rheinwerkallee 4 · 53227 Bonn

Auf einen Blick

Wir hoffen, dass Sie Freude an diesem Buch haben und sich Ihre Erwartungen erfüllen. Bitte teilen Sie uns doch Ihre Meinung mit. Eine E-Mail mit Ihrem Lob oder Tadel senden Sie direkt an die Lektorin des Buches: *anne.scheibe@rheinwerk-verlag.de*. Im Falle einer Reklamation steht Ihnen gerne unser Leserservice zur Verfügung: *service@rheinwerk-verlag.de*. Informationen über Rezensions- und Schulungsexemplare erhalten Sie von: *sebastian.mack@rheinwerk-verlag.de*.

Informationen zum Verlag und weitere Kontaktmöglichkeiten finden Sie auf unserer Verlagswebsite *www.rheinwerk-verlag.de*. Dort können Sie sich auch umfassend und aus erster Hand über unser aktuelles Verlagsprogramm informieren und alle unsere Bücher versandkostenfrei bestellen.

An diesem Buch haben viele mitgewirkt, insbesondere:

Lektorat Sebastian Kestel, Anne Scheibe, Christoph Meister
Korrektorat Fredericke Daenecke, Zülpich; Petra Biedermann, Reken
Herstellung Martin Pätzold
Typografie und Layout Vera Brauner
Einbandgestaltung Mai Loan Nguyen Duy
Satz SatzPro, Krefeld
Druck und Bindung C. H. Beck, Nördlingen

Dieses Buch wurde gesetzt aus der TheAntiquaB (9,35/13,7 pt) in FrameMaker.
Gedruckt wurde es auf chlorfrei gebleichtem Offsetpapier (70 g/m²).

Bibliografische Information der Deutschen Nationalbibliothek:
Die Deutsche Nationalbibliothek verzeichnet diese Publikation in der Deutschen Nationalbibliografie; detaillierte bibliografische Daten sind im Internet über *http://dnb.d-nb.de* abrufbar.

ISBN 978-3-8362-3772-7

4., aktualisierte und überarbeitete Auflage 2016

Inhalt

10 Signale 325

11 IPC – Interprozesskommunikation 349

12 Threads 439

13 Populäre Programmiertechniken unter Linux 505

Kapitel 1
Einführung

Bevor wir Sie in die Geheimnisse der Linux-Programmierung einweihen, finden Sie hier einige Hinweise dazu, welche Vorkenntnisse Sie für dieses Buch brauchen und welche Konventionen wir verwenden.

Neben den schon erwähnten Anforderungen an den Leser und ein paar Worten zum Betriebssystem Linux bzw. UNIX stellen wir Ihnen in diesem Einführungskapitel die Schreibkonventionen vor, die für dieses Buch gelten sollen, und sagen kurz etwas zum Notationsstil für die Listings. Außerdem erhalten Sie Hinweise, wo Sie weitere Hilfe finden.

1.1 Anforderung an den Leser

Bei diesem Buch handelt es sich nicht um eine Einführung in das Betriebssystem Linux. Themen wie die Installation, Konfiguration und Administration von Linux werden Sie hier nicht finden. Zwar setzen wir diese Kenntnisse nicht voraus, aber es könnte recht schwierig werden, wenn Sie, unmittelbar nachdem Sie Linux zum ersten Mal installiert haben, gleich mit diesem Buch anfangen.

Wir werden die einzelnen Themen dieses Buches zwar so ausführlich und einfach wie möglich erklären, nur wird Ihnen ohne Grundlagenwissen das eine oder andere nicht so leicht verständlich sein. Auf Linux-Grundlagen werden wir lediglich dann eingehen, wenn diese für Programmierer eine Rolle spielen.

Sie müssen zwar noch kein Guru sein, aber der Umgang mit der Kommandozeile (bzw. einer IDE) und/oder einer grafischen Oberfläche wie dem KDE- oder GNOME-Desktop sollte Ihnen nicht schwerfallen.

Eine weitere Anforderung, die wir an Sie stellen müssen, sind gute Kenntnisse in der Programmiersprache C. (Natürlich »genügt« auch C++, aber das enthält ja C.) Eine Einführung in C würde das eigentliche Thema des Buches nur unnötig in den Hintergrund drängen und ginge am Titel vorbei. In diesem Buch geht es ausschließlich um die Linux-Programmierung in C und nicht um die Programmierung in C mit Linux. Es gibt mittlerweile unzählige Bücher zur C-Programmierung, daher wollen wir das Thema hier nicht nochmals aufrollen.

Sofern Sie noch keine Kenntnisse in C haben, empfehlen wir Ihnen, sich zuerst ein Buch dazu anzuschaffen, um anschließend mit diesem Werk fortfahren zu können. Empfehlen möchten wir Ihnen dazu Jürgen Wolfs Buch »C von A bis Z« (ein bisschen Werbung darf doch sein). Wenn Sie nicht sicher sind, ob Sie ein weiteres Loch in Ihren Geldbeutel reißen sollen: Sie finden einen Link zu diesem Buch (ca. 1100 Seiten stark) bei den MATERIALIEN ZUM BUCH unter *www.rheinwerk-verlag.de/3854*.

Hinweis

Wohlgemerkt, dies ist ein Buch über die Programmierung von Anwendungen im Userspace. Wenn Sie den Betriebssystemkern bzw. den Kernel ändern möchten, müssen Sie dafür andere Literatur zurate ziehen.

1.2 Das Betriebssystem

Dieses Buch richtet sich primär an die Nutzer von Linux in seinen gängigen Distributionen (OpenSUSE, Fedora, Debian, Ubuntu etc.). Linux ist unter den UNIX-artigen Systemen nun mal die UNIX-Variante, mit der sich die meisten Anwender – und in diesem Fall die meisten Leser – beschäftigen.

Dennoch lässt sich das meiste, was hier beschrieben wird, häufig ohne Probleme auf andere kommerzielle UNIX-Arten, beispielsweise HP-UX, AIX, Solaris, oder auch auf viele freie BSD-Varianten anwenden. Der Großteil der Beispiele im Buch wurde außer mit Linux unter anderem auch mit einem FreeBSD-System erfolgreich getestet.

Wenn mal etwas bei den »Nicht-Linuxen« nicht funktioniert, dann liegt das Problem nicht selten an einer Kleinigkeit. Beispielsweise muss eine zusätzliche Headerdatei eingebunden werden, oder spezielle Pfadangaben (zum Beispiel für den Compiler- bzw. Linkerlauf) befinden sich an anderer Stelle auf dem System (oder lauten geringfügig anders). Häufig kann man sich mit einem einfachen Aufruf der Manual-Page oder entsprechender Dokumentation behelfen. Natürlich setzt dies immer gute Kenntnisse des Systems voraus, aber das ist eine Grundlage, die wir bei unseren Lesern voraussetzen.

1.3 Schreibkonventionen

Viele Schreibkonventionen werden in diesem Buch zwar nicht verwendet – aber um Missverständnisse zu vermeiden, wollen wir hier kurz darauf eingehen.

Als Shell-Prompt des normalen Users in der Kommandozeile wird das `$`-Zeichen verwendet. (Den Prompt geben Sie bei der Eingabe nicht mit an.) Wenn diese Eingabe der Kommandozeile hier im Buch **`fett`** dargestelllt wird, handelt es sich um eine Eingabe in der Kommandozeile, die Sie selbst machen können (sollen):

```
$ Eine Eingabe in der Kommandozeile
```

Folgt dahinter eine Zeile ohne ein $-Zeichen und in magerer Schriftart, dann handelt es sich um die Ausgabe, die eine zuvor gemachte Eingabe oder ein Programm liefert, das Sie erstellt haben:

```
$ Eine Eingabe in der Kommandozeile
Die erzeugte Ausgabe
```

Finden Sie hingegen ein #-Zeichen als Shell-Prompt, handelt es sich um das Prompt des Superusers (root). Um dieses Kommando auszuführen, benötigen Sie daher auch entsprechende Rechte.

```
$ whoami
nomaler_User
$ su
Passwort: ********
# whoami
root
# exit
$ whoami
normaler_User
```

Hinweis

Ubuntu-Linux und davon abgeleitete Derivate gehen hier einen anderen Weg. Es gibt dort zwar auch einen root-Account, aber dieser ist standardmäßig deaktiviert. In Ubuntu kann der erste angemeldete User mit seinem User-Passwort vorübergehend root-Rechte erlangen. Dazu gibt er vor dem auszuführenden Befehl das Kommando `sudo` ein. Mehr dazu können Sie im Wiki der Ubuntuuser nachlesen:

http://wiki.ubuntuusers.de/sudo

Übrigens sollten Sie das Kommando `whoami` nicht mit dem ähnlich aussehenden `who am i` verwechseln, das Ihnen sagt, als wer Sie sich wo angemeldet hatten.

1.4 Notationsstil

Leider hat man als Buchautor immer mit drucktechnischen Dingen wie dem Buchumfang und der Zeilenbreite zu kämpfen. Da uns unser Fachgutachter davon überzeugen konnte, dass wir mit unserem ursprünglichen Stil eine Menge Seiten verschwenden, wurden sämtliche Quellcodes im Nachhinein in einen K&R-ähnlichen Stil umgeschrieben. Natürlich haben wir darauf geachtet, weiterhin die Übersicht zu wahren.

Wir meinen zwar immer noch, dass übereinander stehende Klammern zu sichereren Programmen führen, weil fehlende oder falsche Einrückungen durchaus fatale Auswirkungen haben können, wie uns die Entstehung einiger tragischer Sicherheitslöcher bewiesen hat. Aber Sie können das ja für sich so nachvollziehen, wie Sie es für richtig halten. Dem C-Compiler ist es egal, solange die Syntax stimmt.

Hinweis

Viele IDEs bieten brauchbare Reformatierer an, die aus einem Codestil einen anderen machen. Auf der Kommandozeile gibt es zum Beispiel `indent`, `astyle` und `uncrustify`.

1.5 Weitere Hilfen

Unter Linux und allen anderen UNIXen stehen Ihnen unzählige Manual Pages (kurz auch »Man-Pages« genannt), HowTos und viele weitere Dokumentationen zur Verfügung. Zwar weisen wir im Buch immer wieder auf eine entsprechende Man-Page hin, aber in der Praxis beobachten wir, dass das Lesen dieser Seiten immer noch vernachlässigt wird.

Falls noch Fragen auftauchen, die Sie trotz endloser Wühlerei in den Dokumentationen nicht beantworten können, gibt es unzählige Mailinglisten, Usenet-Gruppen und Foren für den Austausch mit anderen Entwicklern. Ein inoffizielles Forum zu diesem Buch (eine Privatinitiative einer der Autoren) finden Sie unter *http://linuxprogrammierer.de/*.

Kapitel 2
Laufzeitumgebungen

Man könnte ja auch von Betriebssystemen sprechen, aber im Zeitalter von Virtualisierung schreiben wir lieber ganz neutral »Laufzeitumgebungen«.

Dieses Kapitel beginnt mit einer Übersicht über die Geschichte von Unix und Linux. Danach werfen wir einen Blick auf die wichtigsten Linux-Distributionen und stellen Ihnen die GNU-Toolchain vor, also die GNU-Werkzeuge, die Sie künftig zur Programmierung verwenden werden. Weitere Abschnitte behandeln das Paketmanagement, den Compiler GCC sowie diverse Standards, die für die Linux/UNIX-Programmierung zu beachten sind (POSIX, X/OPEN und ANSI C).

2.1 Historisches

Gerade Privatanwender oder Hobbyprogrammierer bringen gerne beide Pferde (UNIX und Linux) in einen Stall. Ganz verkehrt ist das vielleicht nicht, was die Benutzung angeht, aber lassen Sie uns einfach die Geschichte erzählen, wie es von UNIX zu Linux kam.

2.1.1 Von UNIX ...

Im Jahr 1969 (und wahrscheinlich schon weit früher) hatte ein Informatiker namens Ken Thompson es satt, ewig mit Lochstreifen oder Lochkarten Programme oder besser Rechenaufträge zu bearbeiten. Er begann, UNIX in Assemblersprache zu schreiben. UNIX sollte ursprünglich ein Single-User-Betriebssystem werden, als Konkurrent zum ersten Multi-User-System *Multics*. Die großen Neuerungen von UNIX waren die Trennung von Daten und Code (in Dateien; vorher lag einfach alles irgendwo im Speicher) und eine Dateihierarchie (Verzeichnisse) auf dem Speichermedium.

Thompson schrieb also das erste UNIX in Assembler, das auf einer PDP-7-Maschine lief. Wenn Sie sich ein wenig mit Assembler befasst haben, dann wissen Sie, welcher Aufwand nötig ist, um damit Programme zu schreiben. Das sah auch Thompson so, und er entwickelte kurz darauf die Programmiersprache B, die auf BCPL basierte. Diese Programmiersprache war jedoch auch nicht »das Gelbe vom Ei«, daher entwickelte Dennis Ritchie zusammen mit

Brian Kernighan 1971 aus B die Programmiersprache C. UNIX wurde daraufhin komplett in C umgeschrieben, was sich bis heute nicht grundlegend geändert hat.

Hinweis

Die (immer noch existierende) Homepage von Dennis Ritchie – er ist im Oktober 2011 verstorben – unter *http://www.bell-labs.com/usr/dmr/www/* enthält eine kurze Übersicht über die Entwicklung seines Arbeitsplatzes (Bell Labs/AT&T) und ein paar historische Informationen zu UNIX und C.

Dank der Programmiersprache C erreichte UNIX relativ schnell einen hohen Entwicklungsgrad und konnte einigermaßen problemlos auf immer mehr Plattformen portiert werden, auch wenn sich die dortige Maschinensprache unterschied. Mit der Zeit entstand ein immer stabilerer Systemkern, und der Reifegrad der Anwendungen konnte sich sehen lassen. UNIX fand zur damaligen Zeit seinen Einsatz in Universitäten und Hochschulen.

Bevor das erste Ur-UNIX überhaupt seinen Weg zu AT&T fand, wurde es von Dennis Ritchie durch die freie Weitergabe des gesamten Quellcodes an Universitäten und Hochschulen verbreitet. Dies sei nur deshalb erwähnt, weil immer noch häufig zu lesen ist, dass UNIX auf einem von AT&T entwickelten Entwurf basiere. (Allerdings waren Thompson, Ritchie und Kernighan Mitarbeiter der Bell Laboratories, damals einer Tochtergesellschaft von AT&T, die für technische Entwicklungen verantwortlich war.)

Leider begann 1983 allmählich die Zeit der Kommerzialisierung von UNIX durch die Firma AT&T mit der Einführung von *UNIX System V*. Die Weiterentwicklung und Vermarktung wurde an die Firma USL (UNIX System Laboratories) weitergegeben, die damit allerdings nicht erfolgreich war. 1993 versuchte dann die Firma Novell, Gewinne aus der Marke UNIX zu schlagen, was wiederum nicht so zu laufen schien wie erwartet. Wie bei einem Staffellauf ohne Ende wurde UNIX an die Firma Caldera weitergeleitet. Caldera fusionierte dann mit der Firma SCO (*Santa Cruz Operations*), die sich auf den Intel-basierten Markt spezialisiert hatte.

Zur damaligen Zeit wurde an der Universität von Berkeley die UNIX-Variante BSD (*Berkeley Software Distribution*) entwickelt. Dass es in einer Zeit des wirtschaftlichen Booms der Computerbranche zu Ärger um Lizenzen kommen würde, war abzusehen: Durch Streitigkeiten um Lizenzrechte wurde BSD mit der Version »4.4BSD-lite« eingestellt – »lite« deswegen, weil man aus rechtlichen Gründen allen Code mit strittiger Urheberschaft hatte entfernen müssen. Von dieser BSD-Variante leiten sich die heutigen freien Varianten wie *FreeBSD*, *OpenBSD* und *NetBSD* ab, und von ihnen wiederum wurden weitere Derivate abgeleitet, die immer noch munter als Open Source weiterentwickelt werden.

Hatte gegen die *University of California, Berkeley* (UCB) damals, im Jahr 1992 indirekt AT&T geklagt, und nach Jahren vor Gericht den Kompromiss erreicht, dass BSD unter anderem nicht mit großen Teilen des Netzwerk-Codes verbreitet werden durfte, so war es Jahre später die bereits erwähnte Firma SCO (mittlerweile als SCO Group firmierend), die gegen IBM klagte, und zwar gegen IBM stellvertretend als einen der vielen Produzenten einer Linux-Distribution. Dabei war SCO zu dem Zeitpunkt selbst ein Linux-Distributor. SCO blieb allerdings, trotz ausgiebiger Finanzierung durch BayStar (und damit indirekt durch Microsoft) erfolglos.[1]

Mittlerweile sind eigentlich nur noch drei bedeutende UNIX-Anbieter übrig:

- *Solaris* von Sun, heute Oracle (läuft auf SPARC-RISC-Rechnern und x86_64[2])
- *HP-UX* von Hewlett-Packard (läuft auf der Intel-Itanium-Architektur und der HP-PA-RISC-Architektur)
- das *AIX*-System von IBM (läuft unter anderem auf der IBM-PowerPC-RISC-Architektur)

Momentan gehören die Rechte am ursprünglichen Quellcode von UNIX der SCO Group, beziehungsweise dem, was nach den kostspieligen Gerichtsverfahren noch von ihr übrig ist, während der Begriff UNIX als Handelsmarke der Open Group gehört. Wer sein Produkt mit dem Etikett »UNIX« versehen will, benötigt also eine Lizenz.

Hinweis am Rande

Microsoft selbst hat 1979 auch eine UNIX-Lizenz erworben und versucht, ein Betriebssystem unter dem Namen *Xenix* auf Prozessoren wie unter anderem dem Intel 8086, Motorola 68000 und Zilog Z8000 zu portieren. Später verlor Microsoft aufgrund von DOS das Interesse an Xenix und übergab die Rechte daran weitestgehend an die neu gegründete und von Microsoft mitfinanzierte SCO.

Der TCP/IP-Stack von Windows leitete sich umgekehrt jahrelang praktisch vollständig von dem Netzwerk-Code von BSD ab und erbte auch dessen Fehler. Die BSD-Lizenz erlaubt solchen kommerziellen Einsatz auch als *Closed Source*.

2.1.2 ... zu Linux

Richard Stallman als Gründer und Kopf der FSF (*Free Software Foundation*) schuf 1984 die Grundlagen für die freie Software mit dem GNU-Projekt. Bis 1990 kam dabei eine Menge freier GNU-Software zusammen, die praktisch alle Tools umfasste, die damals UNIX ausmachten. Was hauptsächlich noch fehlte, war ein Kernel, denn die GNU-Software lief bis da-

1 Die gerichtlichen Streitigkeiten zogen sich seit 2003 hin, wobei SCO, bereits in Liquidation, zuletzt im Jahr 2013 eine Wiedereröffnung des Verfahrens beantragt hatte, die bewilligt wurde. Im März 2015 ging der Prozess vor dem U.S. District Court in Salt Lake City in eine neue Runde – allerdings diesmal weitgehend unbeachtet von der Öffentlichkeit. Erst Anfang 2016 wurde die Klage endgültig abgewiesen.

2 x86_64 bezeichnet die ursprünglich von AMD entwickelte 64-Bit-Erweiterung für die Intel-32Bit-Linie, im Unterschied zu Intels eigener 64-Bit-Prozessorlinie Itanium (ia64).

hin immer noch auf UNIX. Die Entwicklung des Kernels *Hurd* wurde zwar begonnen, ging bis heute allerdings nur zäh bis gar nicht voran, auch wenn es an Neustarts nicht fehlte.

Irgendwann in den Neunzigern begann ein finnischer Programmierer namens Linus Torvalds mit einigen weiteren freiwilligen Entwicklern damit, einen eigenen Betriebssystem-Kernel zu schreiben. Im Oktober 1991 war dann im Usenet folgendes Posting von Linus Torvalds zu lesen:

> *»Wie ich vor einem Monat erwähnte, arbeite ich an einer freien Version von etwas dem Minix Ähnlichem für AT-386-Rechner. Sie hat jetzt endlich den Punkt erreicht, wo sie sogar brauchbar ist (oder auch nicht, je nachdem, was man braucht), und ich bin bereit, die Quelltexte zur Weiterverbreitung herauszugeben. Es ist lediglich Version 0.02 ..., aber ich habe darauf erfolgreich bash, GCC, gnu-make, gnu-sed, compress usw. laufen lassen.«*[3]

(»Minix« bezeichnet dabei übrigens ein kleines unixartiges Betriebssystem, das von Andrew Tanenbaum zu universitären Schulungszwecken entwickelt worden war und sich bis heute gewisser Beliebtheit erfreut.)

Kurz darauf wurde der Kernel veröffentlicht. Ein Kernel allein macht allerdings noch lange kein Betriebssystem, und daher benötigte man weitere freie Komponenten. Man griff also auf die bereits erhältlichen Komponenten des GNU-Projekts von Richard Stallman zurück.[4] Das Ziel des GNU-Projekts war es (und ist es immer noch), ein von Rechten befreites UNIX-kompatibles System zu erstellen. Das GNU-Projekt beinhaltete Komponenten wie einen portablen C-Compiler, C-Bibliotheken, Linker, Debugger und zahlreiche weitere Dienstprogramme. Die Entwickler legten also beides – den Linux-Kernel und die GNU-Komponenten – zusammen, und daraus wurde GNU/Linux, wobei die Schreibweise dogmatisch beeinflusst ist; der Normalanwender sagt einfach »Linux«.

Richtig öffentlich wurde der Begriff »GNU/Linux« erst 1994, als Debian als einer der ersten Linux-Distributoren »GNU/Linux« als Bezeichnung für seine Distribution verwendete, die auf dem Linux-Kernel und den GNU-Programmen basiert.

Der Siegeszug von Linux ist weiter ungebremst. Wie stark Linux geworden ist, sieht man auch daran, dass mittlerweile die großen UNIX-Anbieter wie IBM oder Oracle neben ihren UNIX-Varianten auch Linux anbieten und dieses sogar stärker gewichten. Es ist allerdings nicht unsere Absicht, Ihnen die Stärken oder Schwächen von Linux aufzulisten. Sie sind Programmierer und entscheiden daher mit, wie sich Linux in Zukunft weiterentwickeln wird: Schließlich haben Sie ja vor, Programme für Linux zu schreiben.

3 Übersetzt von Jürgen Wolf, Original als Usenet-News »Free minix-like kernel sources for 386-AT« in: comp.os.minix vom 05.10.1991, Message-ID `1991Oct5.054106.4647@klaava.Helsinki.FI`.

4 BSD als anderes Betriebssystem unixoider Bauart war damals in Rechtsstreitigkeiten verwickelt und noch nicht frei verfügbar.

2.2 Distributionen und ihre Unterschiede

Die ursprünglichen Linux-Distributionen waren sich sehr ähnlich. Beispielsweise war *SuSE* ursprünglich eine Re-Distribution von *Slackware* (unter anderem). Mittlerweile haben sich verschiedene – teilweise recht unterschiedliche und sogar radikal andere – Ansätze ergeben.

Abseits des Mainstreams finden wir bekanntere Distributionen wie *Android*[5] und *WebOS*, aber auch Linux-Distributionen, die zwar für den Desktop gedacht sind, sich aber in bestimmten Aspekten radikal unterscheiden, beispielsweise *GoboLinux* und *QubesOS*. Das heißt, selbst wenn man als Grundbedingung Linux voraussetzt, wird man Schwierigkeiten haben, eine Software zu schreiben, die alle überall gleichermaßen glücklich macht.

In diesem Buch wollen wir uns allerdings auf diejenigen Distributionen konzentrieren, die primär im kommerziellen Umfeld eingesetzt werden:

Linux-Distribution	Abkömmling von	Package-Manager	Bemerkungen
Debian	–/–	DEB	nichtkommerziell
Ubuntu	Debian	DEB	
Fedora	Red Hat Enterprise Linux	RPM	community-basiert
OpenSUSE	SUSE Linux Enterprise Server/Desktop	RPM	community-basiert
Oracle Linux	Red Hat Enterprise Linux	RPM	Kopie*
CentOS	Red Hat Enterprise Linux	RPM	Kopie
* Ja, tatsächlich, Oracle Linux und CentOS sind praktisch unveränderte Kopien von Red Hat Enterprise Linux, allerdings fehlen ihnen einige Features, die Red Hat nicht unter eine freie Lizenz gestellt hat.			

Tabelle 2.1 Übersicht wichtiger Linux-Distributionen

Alle populären Linux-Distributionen setzen abgesehen vom Package-Manager derzeit auf praktisch die gleiche Software: *systemd* zum Starten der Systemprozesse (Dämonen) und auf die GNU-Toolchain zum Entwickeln von Programmen (siehe folgenden Abschnitt).

Vor wenigen Monaten hätten wir das noch anders formulieren müssen, und auch aktuell laufen Diskussionen, Verschiedenes zu ändern. So wird beispielsweise seit Jahren diskutiert, ob die GNU-Toolchain das alleinige Fundament der verwendeten Software sein sollte, und ob *systemd*, das von der Firma *Red Hat* stammt, tatsächlich der Unix-Philosophie entspricht und Bestand haben sollte. Sie müssen sich also als Entwickler geistig darauf einstimmen, im-

5 Android braucht sich wirklich nicht GNU/Linux zu nennen, da Google sich die GNU-Userland-Tools praktisch komplett gespart hat.

mer ein wenig flexibel zu bleiben. Was heute noch als Standard gilt, das kennt morgen kein Mensch mehr.

Was die Mainstream-Distributionen unterscheidet, sind meistenteils Versionsnummern, Paketnamen und Pfade. Und genau aus diesem Grunde existiert die GNU-Toolchain – und der Rest dieses Kapitels.

2.3 Die GNU-Toolchain

Bevor es richtig losgeht, möchten wir Ihnen einen Überblick darüber verschaffen, wo wir uns bewegen. Toolchain bedeutet wörtlich »Kette von Hilfsprogrammen«, und das ist eine ziemlich gute Beschreibung. Jedes einzelne Hilfsprogramm oder Tool tut einen Teil der Arbeit, und alle zusammen bilden eine Kette, die nicht funktioniert, wenn auch nur ein einziges Glied fehlt.

2.3.1 Das GNU Build System

Wenn Sie Ihre Software dazu bringen wollen, dass sie kompiliert, und zwar am besten überall, dann müssen Sie einige Vorkehrungen treffen. Zum Beispiel müssen Sie jeweils auf der Zielmaschine ermitteln, wo welche Librarys (Programmbibliotheken) installiert sind und welche Optionen Sie anwenden müssen, um Ihren Code mit den Bibliotheken zu verlinken.

Die sogenannten Auto-Tools (`autoconf`, `automake` usw.) erzeugen aus verschiedenen Konfigurationsdateien unter anderem ein Skript namens `configure`. Sie werden ein Skript dieses Namens mit Sicherheit kennen, wenn Sie fremder Leute Programme kompilieren. Es ist dasjenige Skript, das nachschaut, wo benötigte Librarys und Programme zu finden sind, und es trägt diese Pfade dann zum Beispiel ins *Makefile* ein.

Wenn Sie gleichermaßen dynamische Librarys wie statische erzeugen wollen, sind Sie mit **GNU Libtool**, das ebenfalls zum GNU Build System gehört, gut bedient, denn Sie müssen einfach nur die Syntax einhalten, die Sie schon gewohnt sind. Das ist wesentlich einfacher, als wenn Sie sich selbst um die zum Teil recht unterschiedlichen Aufrufe und Link-Verhaltensweisen kümmern müssten.

2.3.2 Die GNU Compiler Collection (GCC)

Die *GNU Compiler Collection* ist das Herzstück der Toolchain und für den Programmierer wahrscheinlich das wichtigste Werkzeug. Ursprünglich stand GCC einmal für »GNU C Compiler«, aber dann wurden verschiedene Frontends entwickelt, wobei Ada, Fortran, Java, Objective C und D vielleicht die bekanntesten waren.[6] Aber von denen, die uns interessieren,

6 Leider wurden verschiedene Frontend-Projekte nicht mehr weiterverfolgt bzw. standen von Anfang an unter keinem guten Stern. Beispielsweise war Java so unperformant, dass es kaum je genutzt worden ist.

sind natürlich C und C++ die wichtigsten. Der alte Name passte also nicht mehr, und darum nannte man GCC geschickterweise »GNU Compiler Collection«. Wenn Sie dieses Tool installieren, beachten Sie bitte, dass es sich je nach Plattform auf verschiedene Packages verteilt.

Grundsätzlich übersetzt der `gcc`, wie auch immer Sie ihn aufrufen, Quellcode in Maschinencode. Details und wichtige Optionen und Parameter werden wir später besprechen.

Einige wenige Distributionen setzen übrigens neuerdings auf *CLang* (LLVM) anstelle von GCC. Dafür gibt es verschiedene Gründe, unter anderem, dass sich die Entwickler des GCC jahrelang gegen eine Modularisierung gesperrt haben, was den Code insgesamt groß, monolithisch und schwierig zu warten macht. Ein anderer wichtiger Grund war die etwas sperrige Nutzungslizenz, die vor allem Firmen wie Apple abschreckte.[7]

2.3.3 GNU Binutils (binutils)

In den Binutils (Binary Utilitys) finden wir den Assembler `as`, den Linker `ld`, den Profiler `gprof`, den Debugger `gdb`, den Library-Archiver `ar` und Dutzende verschiedene kleine Tools, die nicht wirklich weltbewegend sind, aber ohne die es nicht geht. Zu allem Überdruss werden die meisten Programmierer höchstens mit `strings` zu tun gehabt haben und die anderen vielleicht nicht einmal kennen! Das liegt schlicht daran, dass `gcc` die Aufrufe der wichtigsten Binutils in der Regel für den Anwender unsichtbar selbst vornimmt, ähnlich wie dies verschiedene integrierte Programmieroberflächen (IDEs) tun. Kein Entwickler kommt somit um die Binutils herum.

2.3.4 GNU Make (gmake)

GNU Make ist ein sehr populäres Tool, das die Abhängigkeiten verschiedener Programme von den Quellcodes auswertet. Die Definitionen findet es in der Datei *Makefile*, und anhand dessen, quasi als eine Art Kochrezept, ruft Make den Compiler oder alle sonstigen benötigten Tools auf.

2.3.5 Der GNU Debugger (gdb)

Wenn Sie ein eigenes Programm kompilieren, es aber nicht läuft und Sie dem Problem gern auf den Grund gehen möchten, dann ist der GNU Debugger das richtige Werkzeug. Nur wenige Leute werden den `gdb` aber selbst aufrufen, viel populärer sind grafische Frontends wie zum Beispiel `ddd`.

---

7 Die GPL (GNU Public License) ist gegenüber nur teilweise offenen Änderungen nicht tolerant, im Gegensatz zur BSD-Lizenz; sogar Microsoft setzt BSD-Code ein. Übrigens: Apple OS X ist ein Mach-Kernel mit BSD-Userland.

2.4 Paketmanagement

Wenn wir es geschafft haben, dass ein Programm auf unserem eigenen System läuft und mithilfe der GNU Toolchain auch auf anderen Systemen anstandslos kompiliert wird, müssen wir dieses Programm im letzten Schritt so zusammenpacken, dass die Benutzer einer bestimmten Distribution es nur noch auszupacken brauchen – denn nur wenigen Endanwendern kann man es zumuten, Software selbst zu kompilieren.

Im Bereich der Open-Source-Software (OSS) übernimmt diese Aufgabe vielleicht ein *Package Maintainer*, d. h. ein Betreuer beim Hersteller der Distribution.

Sind wir dagegen an einem *Closed-Source*-Projekt beteiligt oder an einem Projekt mit geringerer Bekanntheit, wird das mit Sicherheit niemand für uns übernehmen, und wir müssen schauen, selbst die Software in Form eines binären Pakets anzubieten.

Das Paketmanagement-System übernimmt das, was wir im Vorfeld manuell gemacht haben, nur tut es das automatisch und – im Regelfall – auch statisch. Das heißt, wir gehen von der *sicheren* Seite aus, und die Fälle, die wir nicht kennen, schließen wir gleich als unmöglich aus.

»Sichere Seite« bedeutet dabei: Wenn wir wissen, dass unser Programm mit einer Version `libgexif-0.4` läuft, und wir aufgrund der Beschreibung des Autors annehmen, dass sie eigentlich auch mit `libgexif-0.3` laufen müsste, dann legen wir trotzdem immer fest, dass nur Version 0.4 erlaubt ist, solange wir 0.3 nicht getestet haben. Sicher, das wird einige Nutzer zur Weißglut treiben, aber das ist besser, als wenn sie uns mit unnötigen Fehlerberichten ärgern, die nur auf einer Inkompatibilität von Librarys beruhen, die wir nicht getestet haben.

Der Paketmanager wird es übernehmen, die benötigten Verhältnisse zu erzeugen, sofern er es kann. Zum Beispiel:

- Auf welchem Betriebssystem genau läuft unser Programm? (Hier wird der Paketmanager wenig machen können – aber immerhin kann er unter Umständen verhindern, dass eine Software, die für Red Hat gedacht ist, auf OpenSUSE installiert wird.)
- Welche Umgebung benötigt unser Programm? (Braucht es zum Beispiel `inetd` als Port-Dispatcher, MySQL als Datenbankserver oder Apache als Webserver?)
- Mit welchen Librarys ist es verlinkt? Welche dynamischen Library-Komponenten müssen vorhanden sein?
- Welche ausführbaren Dateien benötigt es? (zum Beispiel mit *FUSE* zum Erzeugen von Userland-Dateisystemen)
- Welche Art von Startmechanismus wird benötigt? (Hier ist momentan, wie gesagt, *systemd* praktisch alleinherrschend. Allerdings ist es unterschiedlich, wie die Services jeweils heißen.)
- Braucht unser Programm vielleicht Daten aus einem anderen Paket? Existieren sonstige Eigenschaften, die gegeben sein können, aber nicht müssen? (Sind zum Beispiel passende Benutzergruppen angelegt? Sind entsprechende *SELinux*-Sicherheitsrichtlinien vorhanden, und passen sie?)

2.5 Der Compiler GCC – eine kurze Einführung

Da in diesem Buch Vorkenntnisse in C erforderlich sind, wissen Sie ja, womit ein Programm geschrieben, übersetzt und ausgeführt wird. Welchen Editor oder gar welche Entwicklungsumgebung Sie dazu verwenden, bleibt letztendlich Ihnen selbst überlassen. Der eine wird seine Programme vielleicht gern mit *vi* oder dem *emacs* schreiben, und der andere verwendet vielleicht lieber gleich eine Entwicklungsumgebung wie *Kdevelop* oder *Anjuta* – dies ist wohl eher Sache des eigenen Geschmacks.

Umsteiger von MS Windows werden beim Anblick und der Verwendung von *vi* denken, ihre Tastatur sei kaputt, und echte Linux- bzw. UNIX-Puristen werden sich von einer »überfüllten« Entwicklungsumgebung schnell wieder verabschieden.

Egal wie Sie den Quellcode erstellen, zum Übersetzen der Beispiele in diesem Buch reicht auch die Kommandozeile aus. Daher folgt jetzt für Umsteiger oder Einsteiger eine kurze Einführung mit den wichtigsten Optionen des GNU C-Compilers (GCC). Für mehr Informationen sollten Sie die Manual Pages (bzw. Info-Pages) von GCC lesen (`man gcc`) – oder Kapitel 18, »Werkzeuge für Programmierer«, wo neben dem Compiler noch weitere Tools erklärt werden.

2.5.1 GCC, erhöre uns – der Aufruf

Generell gibt es vier uns bekannte Aufrufmöglichkeiten des GCC, wobei nicht alle funktionieren müssen. Gewöhnlich wird als Aufruf `gcc` verwendet, aber es sind auch noch folgende Syntaxen vorhanden:

- `cc`
- `g++`
- `c++`

In Wahrheit ist der GCC eigentlich nur ein Frontend für die verschiedenen Tools (den Präprozessor *cpp*, den Compiler *cc1* oder *cc1plus*, den Assembler *as* und den Linker *collect2, ld*). GCC bestimmt in der Regel anhand der Dateiendung selbst, welchen Compiler er anzuwenden hat. Daher lässt sich GCC sowohl für C-, C++- als auch für Assembler-Dateien anwenden. Das ist sogar manchmal sinnvoller, als nur den Assembler `as` oder den Linker `ld` aufzurufen, denn das GCC-Frontend übergibt noch weitere Flags, die in der Regel dazu führen, dass man keine Fehlermeldung(en) beim Ausführen bekommt.

Die Frontends *g++/c++* weisen den Linker *ld* noch an, die STL usw. (*libstdc++.so*) mitzulinken, was beim GCC trotz der Dateiendung nicht passiert und daher immer wieder bei Anfängern in C++ unter Linux zur Verwirrung führt.

Meistens sind *cc* und *c++* bzw. *posix_cc* und *posix_c++* (SUSE-Sonderpakete) nur ein Alias für *gcc* und *g++*. Und denken Sie daran: */usr/bin/gcc* und */usr/bin/g++* sind zwei verschiedene Dateien!

2.5.2 Was befiehlst du, Meister?

Wenn Sie den GCC aufrufen, erwartet er erst einmal Befehle (Optionen), was er mit dem Quellcode tun soll. Dabei kennt gcc unzählige Optionen. Die wichtigsten sind in Tabelle 2.2 zusammengefasst.

Option	Bedeutung
-o	(*Output*) Wenn Sie wollen, dass der Compiler die ausführbare Datei anders nennt als *a.out*, dann sollten Sie mit dieser Option den Namen der Ausgabedatei angeben.
-c	(*Compile*) Kompilieren, ohne zu linken
-Dname=value	(*Define*) Definiert ein Präprozessor-Makro mit dem Namen name und dem Wert value in der Kommandozeile.
-Idirname	(*Include directory*) Fügt dirname zur Liste der Include-Dateien hinzu, in denen danach gesucht werden soll.
-Ldirname	(*Library*) Fügt dirname zur Liste der Verzeichnisse hinzu, in denen nach Bibliotheksdateien gesucht werden soll (-L gilt für *.so* und *.a*).
-static	Es werden nur statische Bibliotheken zum Linken verwendet.
-lname	(*Library*) -l gibt die Bibliothek an, die hinzugelinkt werden soll. Hier ist das die Bibliothek name. (Wird eine *.so*-Datei gefunden, wird diese benutzt, andernfalls *.a*, sollte diese existieren).
-O	(Optimize) Den kompilierten Quellcode optimieren
-On	(*Optimize*) Wie das Flag -O, nur kann mit n die Optimierungsstufe angegeben werden. Mindestens ist 1 und maximal 3 möglich. Mit der Angabe von 0 wird die Optimierung ausgeschaltet. Es sind auch Level oberhalb von 3 möglich, sie haben aber momentan keinen Effekt.
-g	(*Debug*) Fügt Standard-Debug-Informationen zum Debuggen hinzu.
-ggdb	(*Debug gdb*) Fügt Debug-Informationen hinzu, die nur der Debugger *gdb* versteht. (Auch hier gibt es wieder verschiedene Stufen; wer in der Welt der vielen -g-Möglichkeiten einfach nur »alles« will, gibt am besten -ggdb3 an; da hat man – laut Man-Page – alles).
-ansi	Erlaubt nur ANSI-C-konforme Konstrukte.
-pedantic	Gibt alle Warnungen aus, die vom ANSI-C-Standard gefordert werden.
-pedantic-errors	Gibt alle Fehler aus, die vom ANSI-C-Standard gefordert werden.

Tabelle 2.2 »gcc«-Kommandozeilenoptionen

Option	Bedeutung
`-Wall`	Aktiviert allgemeine sinnvolle Warnungen, die vom *gcc*-Compiler unterstützt werden.
`-p`, `-pg`	(*Profiling*) Fügt dem Objektcode Profiling-Informationen hinzu, die vom Profiler *gprof* ausgewertet werden können. `-pg` gibt Profiling-Informationen für *gprof* aus.
`-v`	Zeigt alle Schritte und Kommandos in der Kommandozeile an, die der Compiler gerade ausführt (siehe da: *cpp*, *cc1*, *as* und *ld*).

Tabelle 2.2 »gcc«-Kommandozeilenoptionen (Forts.)

Um jetzt den Aufruf einiger Befehle zu demonstrieren, sei folgendes Listing mit dem Namen *test.c* gegeben:

```
#include <stdio.h>

int main(int argc, char **argv) {

  printf("Hallo Linux!\n");
  return 0;
}
```

Damit aus dem Listing eine ausführbare Datei wird, können Sie diese folgendermaßen übersetzen (kompilieren und linken):

```
$ gcc test.c
```

Allerdings finden Sie dann in Ihrem Verzeichnis standardmäßig die Datei *a.out* (kurz für »Assembler Output«), was die ausführbare Datei sein soll. In der Regel werden Sie Ihrem Programm auch einen Namen geben wollen. Dies können Sie mit der Option –o machen:

```
$ gcc -o test test.c
$ ./test
Hallo Linux!
```

FAQ[1]

»Hilfe, ich kann mein übersetztes Programm nicht starten!«

Setzen Sie einen Punkt und einen Slash vor den Programmnamen (`./programmname`).

Hier sehen Sie ein weiteres Beispiel: eine Kokosnuss, die es zu knacken gilt. Versuchen Sie mal selbst herauszufinden, wie Sie dieses Listing übersetzen können:

```
#include <stdio.h>
#define SECRET 1234

int main(int argc, char **argv) {
   if(HALLO + 1233 == SECRET) {
      printf("Sie haben die Kokosnuss geknackt!\n");
   }
   else {
      printf("Was auch immer?\n");
   }
   return 0;
}
```

Wenn Sie das Listing wie gewöhnlich übersetzen, wird Ihnen der Compiler nicht freundlich gesinnt sein. Das `HALLO` ist hier syntaktisch falsch, und dennoch kann man das Listing übersetzen. Versuchen Sie es folgendermaßen:

```
$ gcc -o test test.c -DHALLO=1
$ ./test
Sie haben die Kokosnuss geknackt!
```

Mit der Option `-D` haben Sie ein eigenes Define-Makro für `HALLO` hinzugefügt. In diesem Fall wird beim Präprozessordurchlauf das Makro `HALLO` durch den Wert `1` ersetzt. (Dies ist ein schönes Beispiel, wie man **nicht** programmieren sollte.)

Im nächsten Beispiel sei nochmals ein anderes Listing gegeben:

```
#include <stdio.h>

int main(int argc, char **argv) {
   // Eine Legende ...
   printf("Struuuunnz ...\n");
   return 0;
}
```

Wenn Sie dieses Listing wie üblich übersetzen, sollten keine Probleme damit auftreten:

```
$ gcc -o test test.c
$ ./test
Struuuuuunnnz ...
```

Jetzt wollen Sie aber wissen, was der ANSI/ISO-Standard dazu zu sagen hat:

```
$ gcc -o test test.c -ansi
$ ./test
test.c(5):parse error before '/' token
```

Der Slash ist also gemäß dem ANSI/ISO-C-Standard (C89, um genau zu sein) hier fehl am Platz. Das wollen Sie aber jetzt genauer wissen:

```
$ gcc -o test test.c -pedantic
test.c(5):warning: C++ style comments are not allowed in ISO C89
```

Aha, der Compiler verwendet hier anscheinend den ISO-C89-Standard. Mittlerweile gibt es aber den ISO C99-Standard. Auch das können Sie dem Compiler mit dem Flag `-std` beibringen:

```
$ gcc -o test test.c -pedantic -std=c99
```

Es gibt noch mehrere `-std`; der Standard ist hierbei `-std=gnu99`.

Noch ein weiteres Beispiel, und dann wollen wir es dabei belassen. Sollten im Verlauf des Buches noch weitere Optionen verwendet werden, lassen wir Sie nicht im Stich, versprochen.

```
#include <stdio.h>
#include <math.h>

int main(int argc, char **argv) {
   printf("%lf\n", sqrt(3.123));
   return 0;
}
```

Das Programm verwendet eine mathematische Bibliothek, die Sie häufig unter Linux extra hinzulinken müssen. Eine Bibliothek können Sie mit dem Flag `-l` (kleines »L«) hinzufügen. Im Beispiel wäre dies:

```
$ gcc -o test test.c -lm
```

FAQ[2]

»Wenn ich mathematische Funktionen der Headerdatei *math.h* verwenden will, lässt sich der Quellcode nicht übersetzen.«

Linken Sie die entsprechende Bibliothek hinzu. Im Fall von *math.h* wäre dies `-lm`.

2.5.3 Klassifikation der Dateitypen

Der GCC akzeptiert eine Menge Dateitypen, die über die Dateiendung klassifiziert werden. Tabelle 2.3 zeigt die gängigen Dateiendungen.

Extension	Dateityp
.c	C-Quelldatei
.c,.cc,.cpp,.cxx	C++-Quelldatei
.i	vom Präprozessor vorverarbeitete C-Quelldatei
.ii	vom Präprozessor vorverarbeitete C++-Quelldatei
.s	vom Präprozessor vorverarbeitete Assembler-Datei
.S	Assembler-Quelldatei
.o	kompilierter Objektcode
.a, .so	kompilierter Bibliothekscode

Tabelle 2.3 Die wichtigsten Dateiendungen für den »gcc«

2.6 POSIX, X/OPEN und ANSI C

2.6.1 POSIX

Durch die Aufsplitterung der in Entwicklung befindlichen UNIX-Derivate in verschiedene Implementationen, Schnittstellen und Tools entstand relativ früh der Bedarf einer Normierung. Im Jahr 1988 wurde die erste Standardisierungsdokumentation vorgelegt. Sie wurde als *IEEE Std 1003.1-1988* veröffentlicht.

POSIX ist die Kurzform für *Portable Operating System Interface for UNIX*.

Zum POSIX-Standard gehören aktuell:

- POSIX.1-2001 bzw. IEEE Std 1003.1-2001, auch bekannt als SUS (Single UNIX Specification); er besteht aus:
- Basisdefinitionen (*Base Definitions*), Ausgabe 6
- *System Interfaces and Headers*, Ausgabe 6
- *Commands and Utilities*, Ausgabe 6
- POSIX.1-2004, ein »kleines« Update, enthält 2 TCs (*Technical Corrigenda*)
- POSIX.1-2008 mit 1 TC
- Basisdefinitionen (*Base Definitions*), Ausgabe 7
- *System Interfaces and Headers*, Ausgabe 7
- *Commands and Utilities*, Ausgabe 7
- *Rationale volume*

Der POSIX-Standard P1003.1 beinhaltet Standardkomponenten wie den Betriebssystemkern und C-Bibliotheken. Heute halten sich mehr oder weniger alle UNIX/Linux-Varianten an den POSIX-Standard. Selbst Microsoft Windows bietet eine POSIX-konforme Schnittstelle an, da vor allem in den USA die Einhaltung des POSIX-Standards eine wesentliche Voraussetzung im militärischen und öffentlichen Bereich bei IT-Ausschreibungen ist. Natürlich existiert nicht nur ein POSIX-Standard für den Betriebssystemkern und die C-Bibliotheken. Weitere Standardkomponenten sind in Tabelle 2.4 aufgelistet.

Standard	Bedeutung
IEEE 1003.1	Betriebssystemkern und C-Bibliotheken
IEEE 1003.1a	System-API-Erweiterung (Symlinks usw.)
IEEE 1003.1b	Echtzeitprogrammierung und I/O-Erweiterungen
IEEE 1003.1c	Unterstützung von Threads
IEEE 1003.1d	Echtzeiterweiterungen
IEEE 1003.1e	Sicherheitserweiterungen
IEEE 1003.1f	transparenter Dateizugriff im Netzwerk
IEEE 1003.1g	protokollunabhängige Netzwerkschnittstelle, Sockets
IEEE 1003.1h	API für das Fehlermanagement
IEEE 1003.1i	technische Korrekturen für IEEE 1003.1b für Echtzeitfunktionen
IEEE 1003.1j	fortgeschrittene Echtzeiterweiterungen
IEEE 1003.1k	API für Wechseldatenträger
IEEE 1003.1m	Checkpoint/Neustart
IEEE 1003.1n	Korrekturen für IEEE 1003.1, IEEE 1003.1b, IEEE 1003.1c, IEEE 1003.1i
IEEE 1003.1p	Ressourcen-Limits
IEEE 1003.1q	Tracing
IEEE 1003.2	Shell und Kommandos
IEEE 1003.2a	mehr Werkzeuge und Hilfsmittel
IEEE 1003.2b	mehr Werkzeuge
IEEE 1003.2c	Hilfsmittel für die Sicherheit

Tabelle 2.4 POSIX-Standardkomponente

Standard	Bedeutung
IEEE 1003.2d	Hilfsmittel für die Batch-Verarbeitung
IEEE 1003.2e	Hilfsmittel für Wechseldatenträger
IEEE 1003.3	POSIX-Test-Suite (mittlerweile auch als IEEE 2003.1, IEEE 2003.1b und IEEE 2003.2 vorhanden)
IEEE 1003.4	Unterstützung für Echtzeitbetriebssysteme
IEEE 1003.5	ADA-Sprachanbindung für IEEE 1003.1
IEEE 1003.5b	ADA-Sprachanbindung für IEEE 1003.1b (Echtzeitprogrammierung)
IEEE 1003.5c	ADA-Sprachanbindung für IEEE 1003.1g (Sockets)
IEEE 1003.6	Sicherheit
IEEE 1003.7	Systemadministration (mittlerweile als IEEE 1387.1 bis IEEE 1387.4 vorhanden)
IEEE 1003.8	transparenter Datenzugriff
IEEE 1003.9	FORTAN-Sprachanbindung zu IEEE 1003.1

Tabelle 2.4 POSIX-Standardkomponente (Forts.)

2.6.2 X/OPEN

Eine ebenfalls wichtige Bedeutung fiel dem X/OPEN-Standard zu, der von der *X/Open Company, Ltd.* (früher *Open Group for Unix [Systems]*) erstellt worden ist. Diese Gruppe hatte sich in Europa gebildet, da es speziell in nicht englischsprachigen Ländern und vor allem in Europa eigene Probleme gab, wie z. B. ein erweiterter Zeichensatz mit Sonderzeichen oder mehrsprachige Fehlermeldungen. Diese Gruppe hat es sich zum Ziel gesetzt, im Betriebssystem auf nationale Anforderungen einzugehen. Dieser Teil ist auch als NLS (Native Language Support) bekannt, der heute unter der Bezeichnung I18n (*Internationalization*) als Technik für die Internationalisierung und unter der Bezeichnung L10N (*Localization*) als Technik für die Lokalisierung von Software eingesetzt wird. Heute ist der X/OPEN-Standard in der 5. Auflage aktuell (*XPG4v2*).

2.6.3 ANSI C

Ein weiterer sehr bedeutender Standard für die Programmiersprache C wurde mit dem ANSI-C-Standard geschaffen. ANSI (*American National Standards Institute*) ist als Normierungsorganisation aber der ISO (*International Organization for Standardization*) nachgegliedert. Heute ist der Sprachstandard von C ein ISO-Standard, der zuletzt 1999 (C99) und 2011 (C11) überarbeitet wurde.

Dabei handelt es sich nicht um einen UNIX-Standard, sondern um einen Compiler- und API-Standard. Mit diesem Standard ist es möglich, portable Programme zu schreiben, die zum größten Teil unabhängig vom Betriebssystem sind. Programme, die diesen Standard einhalten, können somit auf jedes Betriebssystem und jede Plattform portiert werden, sofern dort ein kompatibler Compiler vefügbar ist. Die Entwickler des Standards haben sich aber nicht nur um die Portabilität von C-Programmen gekümmert, sondern haben auch einige eigene Neuerungen einfließen lassen.

2.6.4 Weitere Standards

Die großen UNIX-Hersteller haben jeweils eigene »Standards« definiert, die jedoch in den Hintergrund getreten sind, seitdem offizielle Standardisierungsgremien aktiv sind.

In den vorangehenden Abschnitten haben Sie die bedeutendsten Standards kennengelernt. In diesem Buch werden aber noch weitere sehr verbreitete Standards wie *System V Release 4* (SVR4), *BSD-UNIX* (BSD), *Linux* und *GNU* verwendet, wobei die beiden letzten in den meisten Linux-Distributionen das Gleiche bedeuten.

Kapitel 3
Dynamische Daten in C

Was andere Programmiersprachen können, kann C schon lange, und wenn man genau wissen will, was passiert, ist C sogar die bessere Lösung.

Die hier vorgestellten Funktionen gehören eigentlich zum »Standardprogramm« unter Linux. Umso schlimmer ist, dass sie meist recht stiefmütterlich behandelt werden. Dabei kann es böse ins Auge gehen, wenn man nicht genau verstanden hat, wie man mit ihnen umgeht. Falls Sie also diese Funktionen bereits aus dem Effeff kennen, nehmen Sie es uns bitte nicht übel, wenn wir sie in diesem kurzen Kapitel noch einmal für alle anderen Leser erläutern.

3.1 Speicher anfordern

Unter Linux gilt grundsätzlich *Overcommitment* (jedenfalls auf Systemen mit MMU). Das heißt, man kann im Prinzip so viel Speicher anfordern, wie die CPU logisch darstellen kann, oder so viel, wie dem jeweiligen User erlaubt ist. Dieser Speicher muss nicht unbedingt physisch existieren. Sobald allerdings ein Schreibvorgang auf diesen Speicher erfolgt, der durch die Adresse definiert wird, wird er schlagartig vom Betriebssystem alloziert, zur Not auch gern im Swap. Allerdings ist es dann zu spät für das Programm: Es hat keine Möglichkeit, um festzustellen, ob dieser Vorgang des Allozierens geklappt hat oder nicht. Wenn nicht, wenn also die angeforderte Speichermenge systemweit nicht realisiert werden kann, dann wird der *OOM-Killer* (*Out-of-Memory-Killer*) aktiv und beendet den Prozess – und das ganze Unterfangen hat ein vorzeitiges Ende gefunden.

Meistens wäre dieses abrupte, ungeplante Ende genau das, was man überhaupt nicht haben will, aber es handelt sich um eine der grundlegenden Philosophien unter Linux. Manche Anwendungsprogrammierer machen es daher so, dass sie erst nachschauen, wie viel Speicher überhaupt da ist. Diese Methode wird aber stark kritisiert, weil – so die These der Kritiker – ein einzelner Prozess niemals dem Glauben erliegen sollte, er dürfe sich einfach so viel Speicher nehmen, wie gerade aktuell noch übrig ist.

Schließlich handelt es sich um ein Gesamtsystem, das lauffähig bleiben soll, egal was im Einzelnen darauf läuft oder zu einem späteren Zeitpunkt gestartet wird. Also gilt die Regel, sich so kooperativ wie nur möglich zu verhalten und nur so viel Speicher anzufordern, wie man wirklich braucht. Im Zweifel soll man als Entwickler den Speicherbedarf konfigurierbar machen und so dem Anwender den schwarzen Peter zuschieben.

Es gibt auch keine wirklich verlässliche Methode für Anwenderprogramme, um den Betrag des »freien Speichers« in Erfahrung zu bringen, zumal der Linux-Kernel freien physischen Speicher für das Caching und für Puffer einsetzt, wenn man ihn nicht daran hindert. Auf vielen Systemen würde es schon einen argen Performanceverlust bedeuten, würde man dem Kernel diesen Speicher einfach wegnehmen.

```
#include <stdlib.h>
void *malloc(size_t size);
void free(void *ptr);
void *calloc(size_t nmemb, size_t size);
void *realloc(void *ptr, size_t size);
```

Es handelt sich hierbei um Funktionen aus dem C-Sprachfundus. Speicher auf untypisierten Speichern werden traditionell als `void *`-Zeiger übergeben. Diese vier Funktionen sind in der Programmiersprache C die mit Abstand am unterschiedlichsten implementierten Funktionen. Das liegt an den je nach Plattform verschiedenen Speichermodellen, aber auch am Wandel der Programmiersprache selbst. Das soll ein dezenter Hinweis sein, dass es durchaus Sinn machen könnte, diese Funktionen auf eigene Art und Weise als reine Schnittstellen neu zu programmieren, weil sie Ihnen beim Portieren am meisten Ärger machen können.

`calloc()` alloziert einen zusammenhängenden Speicherbereich für `nmemb` mal `size` große Elemente. `realloc()` alloziert einen neuen Speicherbereich mit der Länge `size` und kopiert den alten Inhalt dorthin, bevor es den alten Speicherbereich freigibt.

Einen brauchbaren Ansatz für so einen Ersatz liefert beispielsweise *BoehmGC* (oder auch nur *gc* genannt). Es handelt sich um einen Garbage Collector, der aus dem Problem, Speicher wieder an das System zurückzugeben, eine Tugend macht. *BoehmGC* verhält sich absolut transparent, sodass man nach dem Einfügen des passenden Include-Statements am eigenen Code nichts ändern muss. (Mehr dazu lesen Sie in Abschnitt 3.5.)

```
#include <alloca.h>
void *alloca(size_t size);
```

Schätzen Sie sich glücklich, denn nur als UNIX-Programmierer haben Sie die Möglichkeit, die genannte Funktion quasi exklusiv zu nutzen. Sie reserviert Speicher, aber auf dem Stack. Und genau aus diesem Grund hat sie keinen Gegenpart in Form eines `freea()`, denn der Speicher wird *automatisch* wieder freigegeben, sobald die jeweilige Unterfunktion Ihres Programms verlassen wird, die diese Funktion aufgerufen hat. (Auch dies ist wiederum eine potenzielle Fehlerquelle, wenn Sie zum Beispiel versuchen, einen Ergebniswert zurückzugeben, und dafür einen Bereich per `alloca()` angefordert haben – denn dieser Speicher existiert nicht mehr, wenn Sie die Funktion verlassen haben.)

3.2 Speicher verschieben und löschen

```
#include <string.h>
void *memcpy(void *dest, const void *src, size_t n);
void *memset(void *s, int c, size_t n);
void *memmove(void *dest, const void *src, size_t n);
```

`memcpy()` und `memset()` sind einfach gestrickte Funktionen, die man problemlos in einem Einzeiler selber schreiben könnte. Allerdings sind sie stark im Maschinensprache optimiert, sodass es sinnvoll ist, sie auch zu benutzen und nicht selbst zu schreiben. `memmove()` ist dagegen intelligent und kopiert sich gegenseitig überlappende Speicherbereiche so (nämlich wahlweise von vorne nach hinten oder von hinten nach vorne), dass das Ergebnis am Ende nicht nur aus Datenschrott besteht.

3.3 Zeichenketten und -funktionen

Wenn es ein Thema gibt, das in den letzten Jahren die Köpfe erhitzt hat, dann ist es die Frage, wie man mit Zeichenketten (Strings) umzugehen hat. Banale Fehler führen nicht selten zu katastrophalen Sicherheitslücken, und nachher sagen wieder alle: »Aber das hätte man doch wissen können!«

Also sollten uns diese Zeichenkettenfunktionen einen etwas ausführlicheren Blick wert sein.

3.3.1 strdup() und strndup() bzw. strdupa() und strndupa()

```
#include <string.h>
char *strdup(const char *s);
char *strndup(const char *s, size_t n);

#define _GNU_SOURCE
#include <string.h>
char *strdupa(const char *s);
char *strndupa(const char *s, size_t n);
```

Der Betrachter stellt fest, dass sich ganz ähnlich aussehende Funktionen wiederholen. `strdup()` alloziert einen Speicherbereich und kopiert den String `s` dorthin. `strndup()` tut dasselbe, aber nur bis zu einer Maximallänge `n`. In jedem Fall sorgt `strndup()` dafür, dass der String korrekt mit `\0` terminiert wird. (Handgeschriebener Code scheitert oft daran!)

Obwohl `strdupa()` und `strndupa()` relativ weit verbreitet sind, existieren sie unter Linux offiziell nur im *GNU-Kontext* (`_GNU_SOURCE`). Sie tun das Gleiche wie ihre beiden Gegenstücke, aber auf dem Stack. Auch hier gilt: Bitte nach der Benutzung kein `free()`! Das machen diese Funktionen schon selbst.

3.3.2 strcpy(), strncpy(), strcat() und strncat()

```
#include <string.h>
char *strcpy(char *dest, const char *src);
char *strncpy(char *dest, const char *src, size_t n);
char *strcat(char *dest, const char *src);
char *strncat(char *dest, const char *src, size_t n);
```

`strcpy()` kopiert einen String von `src` nach `dest`, und `strcat()` hängt einen String `src` an einen bestehenden String bei `dest` an. Die `n`-Varianten machen jeweils das Gleiche, beschränken aber die Länge des kopierten Strings. Beachten Sie bitte, dass sich hierin ein Fallstrick verbirgt: Die Länge des *kopierten* Strings wird beschränkt, nicht die des Ergebnisses!

`strncpy()` gilt als eines der größeren Sicherheitsprobleme in der *glibc*. Das Problem mit dieser Funktion ist, dass sie zwar maximal `n` Zeichen kopiert – was zunächst wie eine gute Lösung wirkt, wenn `n` der Kapazität des Zielpuffers entspricht. Der Haken ist aber folgender: Wenn in den ersten `n` Zeichen kein abschließendes 0-Byte vorhanden ist, das die Zeichenkette beendet, wird auch keins kopiert. Mit anderen Worten, die Zeichenkette in `dest` ist dann nicht korrekt terminiert. Es gibt unter den BSD-Unix-Varianten (BSDs) daher Ansätze, diese *broken by design* Funktion durch eine Funktion namens `strlcpy()` zu ersetzen. GNU hat das aber nicht nachvollzogen, und somit ist der Ansatz eine BSD-Insellösung.[1]

Das gleiche Problem wie bei `strncpy()` trifft auch bei `strncat()` zu.

3.3.3 strchr() und strrchr()

```
#include <string.h>
char *strchr(const char *s, int c);
char *strrchr(const char *s, int c);
```

Wenn Sie »mal eben« freihändig einen String parsen wollen, sind die Funktionen `strchr()` und `strrchr()` genau das Richtige für Sie. Sie suchen ein Zeichen `c` in einem String `s` und liefern Ihnen einen Zeiger auf den Fundort oder NULL. `strrchr()` sucht dabei von hinten. Die BSDs haben diese Funktionen unter den Namen `index()` und `rindex()`.

3.3.4 strpbrk()

```
#include <string.h>
char *strpbrk(const char *s, const char *accept);
```

1 Manche Linux-Distributionen unterstützen `strlcpy()`, nur hilft das wenig, wenn man sich nicht darauf verlassen kann.

`strpbrk()` macht dasselbe, was `strchr()` tut, nur mit einem String. Der String `s` wird in `accept` gesucht.[2]

3.3.5 strtok() und strtok_r()

```
#include <string.h>
char *strtok(char *str, const char *delim);
char *strtok_r(char *str, const char *delim, char **saveptr);
```

`strtok()` ist eine sehr nützliche Routine. Sie spaltet einen String in verschiedene Teilstrings auf. Damit Sie sehen, wie das im Prinzip funktioniert, zeigen wir hier ein kurzes Beispiel:

```
for(char *p=strtok(getenv("PATH"),":"); p!=NULL; p=strtok(NULL,":"))
    /* Hier bitte einfuegen, was Sie mit den PATH-Bestandteilen anstellen wollen */
```

Das Beispiel zerlegt den Inhalt der Umgebungsvariablen `PATH` in seine Bestandteile. Wie Sie sehen, wird `strtok()` wiederholt aufgerufen, und wenn der erste Parameter `NULL` ist, wird weiter auf dem String gearbeitet, der beim anfänglichen Aufruf mitgegeben worden war.

Natürlich – man sieht es ja sofort – ist diese Funktion nicht thread-sicher. Daher gibt es die Variante `strtok_r()`, die mit einer Hilfsvariablen `saveptr` arbeitet, die der Aufrufer bereitstellen muss, also so:

```
char *mysaveptr;
for(char *p=strtok(getenv("PATH"),":",&mysaveptr);
    p!=NULL;
    p=strtok(NULL,":",&mysaveptr))
      /* Hier bitte einfuegen, was Sie mit den PATH-Bestandteilen anstellen wollen */
```

Hinweis

Strings mit C-Funktionen umfangreich zu analysieren macht nicht viel Spaß und führt zu unübersichtlichen Programmen. Lesen Sie Kapitel 13, »Populäre Programmiertechniken unter Linux«, um eine erfreulichere Technik kennen zu lernen.

3.4 Zeichenkodierung

In einer Übergangszeit, als sich noch nicht entschieden hatte, welche Art von Kodierung sich durchsetzen würde (also bevor die Würfel weitgehend für Unicode und UTF-8 gefallen wa-

2 Nadel und Heuhaufen zu vertauschen ist ein beliebtes Spiel, bitte beachten Sie die umgedrehten Parameter!

ren), entstanden noch weitere Funktionen, die wir hier eher der Vollständigkeit halber nennen wollen. Sie arbeiten auf sogenannten *Wide Characters*.

3.4.1 Wide Characters

Leider ist nicht ganz klar, was ein *Wide Character* eigentlich genau ist. Zum einen herrscht Uneinigkeit darüber, wie viele Bits in so ein Zeichen hineinpassen. (Bei Windows sind dies 16 Bits, bei Linux variierte die Anzahl je nach Plattform, denn *glibc* definierte `wchar_t` als `int`.)

Daneben ist aber auch noch unklar, wie diese Zeichen kodiert sein sollen. Heute geht die Tendenz definitiv zu UTF-16 bzw. UTF-32, aber früher gab es landestypische Kodierungen, und Windows favorisierte UCS-2.

Diese Ungeschicklichkeiten bei der Definition machen die *Wide Character*-Funktionen meist wenig brauchbar. Aber wenn Sie zum Beispiel mit einzelnen Unicode-Zeichen (*Codepoints*) jonglieren, könnten Sie sie hilfreich finden.

```
#include <wchar.h>
wchar_t *wcscpy(wchar_t *dest, const wchar_t *src);
wchar_t *wcscat(wchar_t *dest, const wchar_t *src);
wchar_t *wcsdup(const wchar_t *s);
wchar_t *wmemcpy(wchar_t *dest, const wchar_t *src, size_t n);
```

Die Funktionen verhalten sich analog zu den bereits besprochenen; Sie finden eine vollständige Aufzählung in den Manual Pages.

3.4.2 UTF-8

Unter Linux ist heute als Zeichenkodierung praktisch durchgehend nur noch UTF-8 im Einsatz. UTF-8 ist eine Methode zur byteweisen Kodierung von Unicode-Zeichen (die immerhin 32 Bit haben). Unicode umfasst nahezu alle bekannten alphabetischen Schriftzeichen und Textelemente aller Sprachen, Zeiten und Länder.

In der Regel will man ein Unicode-Zeichen nicht selbst anfassen, weil man dazu umfangreiche Tabellen benötigt, die sich außerdem auch noch ändern können. Ganz häufig hat man jedoch das Phänomen, Zeichen umwandeln zu müssen, weil verschiedene Kodierungen beteiligt sind.

Mit *iconv* ist das relativ einfach zu bewerkstelligen; *iconv* ist Teil der *glibc*.

```
#include <iconv.h>
iconv_t iconv_open(const char *tocode, const char *fromcode);
int iconv_close(iconv_t cd);
size_t iconv(iconv_t cd,
             char **inbuf, size_t *inbytesleft,
             char **outbuf, size_t *outbytesleft);
```

Wenn `iconv_open()` die Kodierung nicht kennt, die man angegeben hat (eine Liste wird vom Konsolenbefehl `iconv --list` ausgegeben), wird originellerweise der Wert `(iconv_t)-1` zurückgegeben und `errno` gesetzt. `iconv()` gibt die Anzahl der irreversibel konvertierten Zeichen zurück (ein meist eher unsinniger Wert) und im Fehlerfall `(size_t)-1`.[3] Auch falls der `outbuf` nicht groß genug ist, wird ein Fehler erzeugt. `conv()` benötigt als Parameter jeweils paarweise Zeiger auf einen Stringpuffer-Pointer und Zeiger auf die Restlänge des Puffers.

Die Schnittstelle ist ansonsten so simpel, dass wir Gewissensbisse bekämen, wenn wir anfingen, sie weiter zu erklären. Also stellen wir uns der Einfachheit halber einmal vor, wir haben eine alte Datei mit *Latin1*-Kodierung und wollen sie mal eben zeilenweise nach UTF-8 übersetzen. Nichts einfacher als das:

```
#include <stdio.h>
#include <stdlib.h>
#include <string.h>
#include <iconv.h>

#define BUFLEN 1024

int latin1_nach_utf8(FILE *infile, FILE *outfile) {
    char inbuf[BUFLEN], outbuf[BUFLEN];
    char *inbufptr, *outbufptr;
    iconv_t cvt = iconv_open("UTF-8", "LATIN1");
    size_t inbuflen, outbuflen, e;
    if(cvt==(iconv_t)-1)
        return -1;
    while(fgets(inbuf, BUFLEN, infile)) {
        inbuflen = strlen(inbuf);
        outbuflen = BUFLEN;
        inbufptr = inbuf;
        outbufptr = outbuf;
        e = iconv(cvt, &inbufptr, &inbuflen, &outbufptr, &outbuflen);
        if(e==(size_t)-1)
            return -1;
        if(outbuflen==0) /* kein Platz mehr für 0-Byte */
            return -1;   /* errno == 0, tragisch */
        *outbufptr = 0;  /* den String terminieren */
        fputs(outbuf, outfile);
    }
    return 0;
}
```

3 Man kann sich über die Wahl der Typen nur wundern.

```
int main(int argc, char **argv) {
    int e;
    FILE *infile, *outfile;
    /* hier wuerde man pruefen, ob genug Parameter da sind (2) */
    infile = fopen(argv[1], "r");
    outfile = fopen(argv[2], "w");
    e = latin1_nach_utf8(infile, outfile);
    if(e<0)
        perror(argv[1]);
    fclose(infile); fclose(outfile);
    return (e<0)?1:0;
}
```

Sie sehen, dass die Entwickler von `iconv()` keinen Wert auf ein abschließendes 0-Terminatorzeichen gelegt haben und man es selbst hinschreiben muss.

3.5 Müllsammler, Kanarienvögel und Sicherheit

Eines der wichtigsten Kriterien bei dynamischen Daten ist die Gültigkeit der Daten während der gesamten Gültigkeitsdauer innerhalb ihres Namensraums, sprich: Die Daten sind gültig, solange es Verweise auf sie gibt.

Wenn es keine Verweise mehr gibt, aber die Daten noch da sind, handelt es sich um ein *Memory Leak* (ein Speicherleck). Das ist nicht schön, aber sicherheitstechnisch bedeutungslos.

Eines der größten Probleme der Programmiersprache C ist der Umstand, dass allozierter Speicher von Haus aus nicht initialisiert wird. Das heißt, das Programm bekommt zufällige Daten überreicht, eventuell sogar Bruchstücke früher gelaufener Programme und deren Daten. Was genau das Programm bekommt, das ist zufällig. Ein fehlerhaftes mit dynamischem Speicher arbeitendes Programm funktioniert daher vielleicht manchmal, aber manchmal eben auch nicht.

Dadurch, dass die Daten zufällig sind und nicht eben per se offensichtlich ungültig, kann es passieren, dass das Programm auf Daten zugreift, die »irgendwie funktionieren«, aber eben nur bis zu einem gewissen Grad. Das erschwert die Fehlersuche.

Auch steht bei dem Speicher nirgends dabei, um wie viel Speicher es sich genau handelt. Von Strings erwartet man, dass sie mit einem 0-Byte enden. Doch wir haben gesehen, dass viele Bibliotheksroutinen sich darum nicht kümmern.

Wenn man dynamisch programmiert – und das sollte man –, kommt man leider hin und wieder zu Programmen, die nicht nur nicht das tun, was sie sollen, sondern obendrein den Betrachter mit vollkommen unerwarteten, ja auch katastrophalen Ausgaben beglücken.

Typische Probleme mit dynamischem Speicher sind:

- Zugriff auf einen ungültigen Zeiger[4]
- Zugriff über den allozierten Speicherbereich hinaus
- Freigabe eines ungültigen Zeigers auf allozierten Speicher
- doppelte Freigabe eines Zeigers

valgrind kann uns helfen, solche Fehler zu finden (mehr zu *valgrind* finden Sie in Abschnitt 18.10.2). Man kann andererseits auch einen Garbage Collector (dt. Müllsammler) verlinken, zum Beispiel mit *BoehmGC* (auch als *gc* bekannt).

BoehmGC kann uns helfen, doppelte oder falsche Freigaben mit `free()` zu erkennen, und außerdem organisiert es im Hintergrund den Speicher neu und kann durch Zusammenführung noch benutzter Speicher-Blöcke größere Mengen an das Betriebssystem zurückgeben. *BoehmGC* ist also nicht nur eine Hilfe beim Debuggen, sondern kann auch Produktivcode sinnvoll bereichern.

Das Schöne ist, dass *BoehmGC* grundsätzlich transparent arbeitet – es reicht, einfach nur die entsprechende Include-Datei einzubetten, und Änderungen am Code sind (in der Regel) nicht notwendig.

Eine weitere Möglichkeit, die auch gegen unerwünschte Zugriffe von außen (lies: Hacking) hilft, sind *Kanarienvögel*. Es handelt sich dabei um kleine Datensequenzen, die vor und nach einem Stück Programmdaten platziert werden und die, falls sie überschrieben werden, ein Alarmsignal darstellen – so wie ein Kanarienvogel früher in Bergwerken vor Giftgas warnte, indem er ohnmächtig von der Stange fiel.

valgrind arbeitet so, aber wir können auch den Compiler *gcc* dazu bringen, solche Sequenzen zu verwenden, zumindest bei Daten, die auf dem Stack landen.

Wir erwähnen hier nur die Optionen; anwenden müssen Sie sie schon selbst:

- `-fstack-protector`
- `-fstack-protector-strong`

Fedora setzt übrigens die letztgenannte Option grundsätzlich bei allen Packages ein.

4 Wenn der Zeiger ganz und gar ungültig ist, bekommen wir ein Signal SIGSEGV (*Segmentation Violation*, oder auch *Seg fault*). Zeigt der Zeiger dagegen – zufällig! – auf allozierten Speicher, kann das Betriebssystem das nicht bemerken.

Kapitel 4
E/A-Funktionen

Als Programmierer in GNU/Linux bzw. UNIX haben Sie zwei Möglichkeiten zur Auswahl, wenn es um die Ein-/Ausgabe (kurz E/A) von Daten geht: zum einen die Standard-C-Bibliothek, die Funktionen der höheren Ebene wie »printf()«, »fopen()«, »fgets()« etc. für Sie bereithält, und zum anderen die elementaren E/A-Funktionen der niedrigeren Ebene mit Funktionen wie »open()«, »read()« oder »write()«, die natürlich ebenso genormt sind.

Da dieses Buch nicht den Anspruch erhebt, ein Linux-Einsteigerbuch zu sein, sind für dieses Kapitel grundlegende Kenntnisse des Linux-Dateisystems gefragt. Sie sollten sich mindestens mit folgenden Punkten auskennen:

- *Umgang mit Dateien und Verzeichnissen* – Damit ist der Umgang mit grundlegenden Kommandos zur Verwaltung von Dateien und Verzeichnissen gemeint.
- *Zugriffsrechte, Benutzer und Gruppenzugehörigkeit* – Sie sollten mit den Hintergründen der Zugriffssicherung von Dateien und Verzeichnissen vertraut sein.
- *Linux-Verzeichnisstruktur* – »Wo bin ich gerade, und wo finde ich was?«-Fragen in der Verzeichnisstruktur sollten Sie schon zu Grabe getragen haben.
- *Verwaltung des Dateisystems* – Sie sollten wissen, wie Sie sowohl auf die Festplatte als auch auf externe Datenträger (CD-ROM etc.) zugreifen können.

4.1 Elementare E/A-Funktionen

Elementare E/A-Funktionen spielen in Linux/UNIX eine bedeutende Rolle, unter anderem beim Öffnen, Lesen und Schreiben von Dateien. Diese E/A-Funktionen sind allerdings nicht so bequem zu verwenden wie die Standard-E/A-Funktionen, da jeglicher Komfort, wie z. B. die Pufferung, fehlt.

Hinweis

Die elementaren E/A-Funktionen werden von POSIX.1-2001 und XPG5 festgelegt, nicht aber vom ANSI-C-Standard. Wir erwarten zwar in diesem Buch, dass Sie sich bereits mit der Sprache C auseinandergesetzt haben, aber wir werden auch kurz die Standard-E/A-Funktionen zusammenfassen und vielleicht auf die eine oder andere Besonderheit in Bezug auf Linux hinweisen.

Häufiger werden unter Linux/UNIX die elementaren E/A-Funktionen eingesetzt, da viele von ihnen sogenannte Systemcalls (auch *Syscalls* genannt) des Kernels sind und somit mehr die Systemfähigkeiten ausnutzen, weil sie eine Art direkte Schnittstelle zum System bieten. Natürlich sollte auch erwähnt werden, dass die elementaren E/A-Funktionen die Basis für die Standard-E/A-Funktionen darstellen. Das heißt, Standardfunktionen wie `printf()`, `fputs()`, `putchar()` oder `putc()` bauen alle auf der niedrigeren Ebene der elementaren Ausgabefunktionen auf, und Funktionen wie `scanf()`, `fgets()`, `getchar()` oder `putc()` verwenden die niedrigere Ebene der elementaren Eingabefunktionen.

Hinweis

Natürlich können Sie sich nicht immer aussuchen, ob Sie jetzt Funktionen der niedrigeren Ebene oder der höheren Ebene verwenden. Manche Fälle lassen sich nur in der niedrigeren Ebene realisieren. Eine Verbindung zu einem Hardware-Gerät benötigt einen Filedeskriptor (mehr dazu gleich), ein geöffnetes Socket oder eine Pipe.

Um Sie jetzt nicht mit den vielen Begriffen zu verwirren, sprechen wir immer nur von zwei verschiedenen Arten der E/A-Funktionen. Tabelle 4.1 verschafft Ihnen den Überblick.

E/A-Funktionen	Ebene	Englischer Begriff	Standard
Elementare Funktionen	Niedrige Ebene	Low Level	POSIX.1, XPG5
Standardfunktionen	Höhere Ebene	High Level	ANSI C

Tabelle 4.1 Bezeichnungen der E/A-Funktionen

Natürlich muss auch erwähnt werden, dass die sogenannten Systemcalls, die von einem C-Programm gemacht werden, nicht *den* Systemcall darstellen, der ausgeführt wird. Zum Beispiel stellt die Funktion `open()` nichts anderes als einen Wrapper für `_syscallX(open ...)` dar. Wird ein Systemcall ausgeführt, führt dies zu einem Kontextswitch, bei dem der aufrufende Prozess mit dem Interrupt `0x80` vom User-Level zum Kernel-Level wechselt. Die zusätzlichen Parameter des Interrupts bestimmen dann den korrekten Systemcall.

Im Großen und Ganzen werden Sie als Linux-(System-)Programmierer recht wenig davon mitbekommen, da die C-Bibliothek Ihnen die Arbeit mit den Systemcalls vollständig abnimmt. Um die Abarbeitung von Systemaufrufen (Systemcalls) besser zu verstehen, müssen Sie sich intensiver mit der Abarbeitung des Kernels befassen.

4.2 Filedeskriptor

Mit den Funktionen der höheren Ebene (*High Level*) wird auf die Daten mit einem hohen Abstraktionsniveau zugegriffen. Das bedeutet, dass die Daten eines Programms formatiert ausgegeben oder eingelesen werden. Bei der niedrigeren Ebene (*Low Level*) wird auf einer einfacheren Ebene gearbeitet. Der Zugriff auf die Daten erfolgt als eine Folge von unstrukturierten Bytes und bietet somit die Möglichkeit, Bytesequenzen vorgegebener Länge einzulesen oder auszugeben.

Nicht nur die Namen der Funktionen der höheren und der niedrigeren Ebene sind ähnlich, auch ihre Abarbeitung ist es – allerdings mit einem, aber sehr prinzipiellen Unterschied, der etwas verwirrend ist. Während beim High-Level-Dateizugriff mit einem `FILE`-*Zeiger* (Stream) auf die Datei (o. ä.) zugegriffen wird, geschieht dies auf der niedrigeren Ebene mit einem sogenannten *Filedeskriptor*. Dieser Deskriptor ist kein Zeiger wie bei der höheren Ebene, sondern ein simpler Integer, der sich in einer bestimmten Tabelle von geöffneten Dateien befindet und der vom Kernel für jeden Prozess bereitgestellt wird. Die Werte `0`, `1` und `2` sind vorbelegte Filedeskriptoren und ein Verweis auf die Standardeingabe (`stdin`), die Standardausgabe (`stdout`) und die Standardfehlerausgabe (`stderr`). Diese drei Streams sind meist mit dem Terminal (TTY) des Anwenders verbunden und können natürlich auch umgeleitet werden.

Sofern Sie einen der drei Standard-Filedeskriptoren verwenden wollen, empfiehlt es sich, eine von POSIX.1 festgelegte Konstante zu verwenden, die in *<unistd.h>* definiert ist. Es muss nämlich nicht gegeben sein, dass z. B. `stdin` tatsächlich `0` ist! Zwar ist uns dieser Fall noch nicht untergekommen, aber er ist nicht unmöglich, denn sonst wäre der Standard anders definiert.

Konstante in <unistd. h.>	Nummer	Bedeutung
`STDIN_FILENO`	0	Standardeingabe
`STDOUT_FILENO`	1	Standardausgabe
`STDERR_FILENO`	2	Standardfehlerausgabe

Tabelle 4.2 Symbolische Konstanten für die Standard-Filedeskriptoren

4.2.1 Verwaltung für offene Deskriptoren

Damit Sie im Verlauf des Kapitels alles verstehen, folgt eine kurze Beschreibung, wie Linux/UNIX einen geöffneten Filedeskriptor verwaltet. Der Kern verwendet drei Tabellen, um geöffnete Dateien zu verwalten:

- Prozesstabelle
- Dateitabelle
- v-node-Tabelle

Prozesstabelleneintrag

In der Prozesstabelle befindet sich für jeden Prozess ein Eintrag. Dieser Eintrag wird auch *Process Control Block* (PCB) genannt. In einem solchen Eintrag befinden sich Dinge wie:

- Ein Zeiger auf die ...
  - Speicherstelle, wo der ausführbare Code des Programms beginnt (Text)
  - Speicherstelle, wo die benötigten Daten im Speicher beginnen (Daten)
- Prozesszustand (laufend, bereit, blockierend, beendet)
- Befehlszeiger, der die Adresse des nächsten Maschinenbefehls enthält
- Register – Jeder Eintrag muss den Inhalt aller CPU-Register zwischenspeichern, wenn der Prozess vom laufenden in den arbeitsbereiten oder in den blockierenden Zustand versetzt wird.
- Speicherinformationen, die die vom Prozess genutzten Seiten (Pages) enthalten
- Schedule-Informationen, in denen die Prozesspriorität und ein Zeiger auf die Schedule-Warteschlange enthalten sind

Dateitabelleneintrag

In der Dateitabelle befindet sich für jede geöffnete Datei ein Eintrag. Mehrere Einträge in Deskriptortabellen (auch von verschiedenen Prozessen) können wiederum auf den gleichen Eintrag in der Dateitabelle verweisen. Damit ist es auch möglich, dass verschiedene Prozesse nicht nur auf die gleiche Datei zugreifen, sondern sich auch gegenseitig beeinflussen. Ein Eintrag in der Dateitabelle enthält die Nummer der Inodes (deren Kopie, die im Hauptspeicher gehalten wird), die aktuelle Position, den Modus (lesen, schreiben, anhängen ...) usw. Natürlich können wiederum mehrere Einträge in der Dateitabelle auf den gleichen Inode verweisen – eine Datei kann auch gleichzeitig gelesen und geschrieben oder von mehreren Prozessen gleichzeitig geschrieben werden. Des Weiteren enthält ein Eintrag in der Dateitabelle einen Zeiger auf die v-node-Tabelle.

V-Node-Tabelle

In einer V-Node-Tabelle befinden sich Informationen über die Datei und Zeiger auf dateisystemabhängige Funktionen, die auf dieser Datei operieren. Neben den typischen V-Node-Informationen findet man in dieser Tabelle auch noch die Inode-Information – wie Eigentümer, Zugriffsrechte, Benutzer- und Gruppennummer, Anzahl der Links usw. –, die beim Öffnen einer Datei in die V-Node-Tabelle kopiert wird. Somit stehen auch diese Daten immer sofort zur Verfügung. Nebenbei ist in der V-Node auch immer die aktuelle Dateigröße enthalten.

Hinweis

Der Name *V-Node* wurde vom *Virtual File System* (VFS) abgeleitet. Ein V-Node stellt eine übergeordnete Schnittstelle im Kernel zwischen den einzelnen Filesystemen und dem Kernel dar.

4.3 Funktionen, die den Filedeskriptor verwenden

Eine große Anzahl von Funktionen verwendet einen Filedeskriptor. In diesem Abschnitt finden Sie eine Beschreibung der wichtigsten Funktionen und einen Überblick über weniger verwendete oder erst in einem späteren Kapitel benötigte Funktionen.

4.3.1 Datei öffnen – open()

Es gibt zwei Versionen der Funktion `open()`, um eine Datei zu öffnen oder eine neue Datei anzulegen. Hier sehen Sie die Syntax dazu:

```
#include <sys/stat.h>
#include <sys/types.h>
#include <fcntl.h>

int open(const char *pfadname, int flags);
int open(const char *pfadname, int flags, mode_t zugriffsrechte);
```

Als Pfadangabe müssen Sie den absoluten oder relativen Pfad der Datei angeben, die geöffnet werden soll. Da der Prototyp in Wirklichkeit korrekt `open(const char *, int ...)` lautet, kann je nach Situation das dritte Argument auch wegfallen.

> **Hinweis**
> In der prozessspezifischen Dateitabelle werden dabei die entsprechenden Einträge vorgenommen und initialisiert. Zum Beispiel wird für die Datei die Position des aktuellen Schreib- oder Lesevorgangs mit 0 vorbelegt (Ausnahme: das `O_APPEND` Flag). Dies ist für den Programmierer nicht unbedingt wichtig zu wissen, aber falls es Sie interessiert, was intern vorgeht, soll dies nicht unerwähnt bleiben.

Der Systemaufruf `open()` liefert als Rückgabewert den Index (Filedeskriptor) des neu angelegten Eintrags in der prozessspezifischen Dateitabelle zurück. Die Einträge `0`, `1` und `2` sind dabei bereits beim Start des Programms mit denen des Elternprogramms vorbelegt (siehe Abschnitt 4.2, »Filedeskriptor«). Im Falle einer Shell ist dies das Terminal, sofern keine Dateiumleitung vorgenommen wurde.

Die maximale Anzahl geöffneter Filedeskriptoren für einen Prozess ist mit der symbolischen Konstante `OPEN_MAX` festgelegt, die in der Headerdatei *<limits.h>* definiert ist. `OPEN_MAX` ist hierbei das Minimum an Filedeskriptoren, die das Betriebssystem bzw. die C-Bibliothek bereitstellt. Über weiterreichende Funktionen wie `ulimit()` und `rsetlimit()` können diese Limits natürlich erhöht werden, während `OPEN_MAX` immer gleich bleibt. Weiterhin kann man mit diesen Funktionen die Zahl auch kleiner als `OPEN_MAX` werden lassen; jene Einstellungen gelten dann auch für Subprogramme (Kindprozesse).

Konnte der Systemaufruf open() die Datei nicht öffnen, wird der Wert -1 zurückgeliefert. Benötigen Sie weitere Informationen, welcher Fehler aufgetreten ist, so sollten Sie die globale Variable errno auswerten, die sich in der Headerdatei *<errno.h>* befindet. Diesen Fehlerwert können Sie anhand unterschiedlicher Konstanten identifizieren, die sich ebenfalls in dieser Headerdatei befinden. Oder – besser noch – Sie lassen sich die Fehlermeldung mit der Funktion perror() (*stdlib.h*) oder strerror() (*string.h*) im Klartext ausgeben (mehr dazu etwas später).

Hinweis

Die Fehlervariable errno wird in der Regel von allen wichtigen Systemcalls gesetzt (sofern nicht anders in den Manual Pages »ausgeschildert«) und kann daher auch bei allen diesen Funktionen verwendet werden.

Bei der Verwendung von flags können mit dem Systemaufruf open() folgende Angaben eingesetzt werden:

Flag	Bedeutung
O_RDONLY	Öffnen der Datei zum Lesen
O_WRONLY	Öffnen der Datei zum Schreiben
O_RDWR	Öffnen der Datei zum Lesen und Schreiben

Tabelle 4.3 Bearbeitungsflags beim Öffnen einer Datei

Diese drei Flags können nicht miteinander kombiniert werden und schließen sich gegenseitig aus. Eins dieser Flags, das Sie ausgewählt haben, können Sie aber mit dem bitweisen ODER (|) mit den den Werten aus Tabelle 4.4 kombinieren.

Flag	Bedeutung
O_CREAT	Existiert die Datei noch nicht, wird sie mit den Zugriffsrechten (minus aktuelle *umask*) erzeugt, die im dritten Parameter angegeben sind. Existiert die Datei bereits, so hat O_CREAT keinen weiteren Effekt.
O_APPEND	Die Datei wird zum Schreiben am Ende geöffnet. Der Schreib-/Lesezeiger wird vor jeder Schreiboperation auf die aktuelle Dateigröße gesetzt.

Tabelle 4.4 Weitere Flags für den Systemaufruf »open()«

Flag	Bedeutung
O_EXCL	Wird dieses Flag zusammen mit O_CREAT verwendet, wird die Datei nicht geöffnet, wenn sie bereits existiert. Mit diesem Flag können Sie verhindern, dass parallele Schreibzugriffe auf eine Datei erfolgen.*
O_TRUNC	Existiert diese Datei, wird sie komplett geleert (auf 0 Bytes Länge gesetzt). Dies geschieht auch, wenn die Datei nicht zum Schreiben geöffnet wurde (sinnvoll mit O_EXCL).
O_SYNC	Jeder Schreibvorgang auf das Medium wird direkt ausgeführt, und es wird gewartet, bis der Schreibvorgang komplett beendet wurde. Dieses Flag setzt den Pufferungsmechanismus außer Kraft. O_SYNC wird nicht von POSIX.1 unterstützt, wohl aber von SVR4.
O_DIRECT	Schreibvorgänge werden so optimiert, dass möglichst wenig zwischengepuffert wird. Das ist quasi eine milde Form von O_SYNC. O_DIRECT ist eine GNU-Erweiterung.
O_NONBLOCK	Falls der Pfadname der Name eines FIFO oder einer Gerätedatei ist, wird der Prozess beim Öffnen und bei nachfolgenden I/O-Operationen nicht blockiert. Dieses Flag zeigt seine Wirkung erst bei einer Pipe oder bei nichtblockierenden Sockets, die später behandelt werden.
O_NOCTTY	Falls der Pfadname der Name eines Terminals ist, so sollte es nicht das neue Kontrollterminal des Prozesses werden, sofern der aktuelle Prozess kein Kontrollterminal besitzt.
O_LARGEFILE	Diese Option ist »eigentlich« überholt, aber Sie werden sie in vielen alten Sourcen finden.

* O_EXCL ist auch sinnvoll im Zusammenhang mit sicherer Programmierung, um beispielsweise eine Symlink-Attacke zu verhindern, bei der ein Symlink auf eine Datei, auf die der Anwender normalerweise keinen Schreibzugriff hätte, dazu führen würde, dass ein Programm mit höheren Berechtigungen in die Datei schreibt. O_EXCL sollte grundsätzlich verwendet werden, wenn bereits vorhandene Daten auf ein mögliches Problem schließen lassen.

Tabelle 4.4 Weitere Flags für den Systemaufruf »open()« (Forts.)

Der dritte Parameter des Systemaufrufs `open()` ist optional und wird nur dann ausgewertet, wenn das Flag O_CREAT gesetzt ist. Mit diesem Parameter können Sie die Zugriffsrechte auf eine Datei erteilen. Auch für die Zugriffsrechte können Sie eine oder mehrere Konstanten verwenden, die Sie mit dem bitweisen ODER verknüpfen. Tabelle 4.5 gibt einen Überblick über die Konstanten, die Sie für die Zugriffsrechte verwenden können.

Konstante	Darstellung in »ls«	Bedeutung
S_ISUID	[--S------]	Set-user-ID-Bit
S_ISGID	[-----S---]	Set-group-ID-Bit Für Dateien ohne S_IXGRP führt dies dazu, dass die Datei dem *Mandatory Locking* (Linux only) unterliegt. (Mehr dazu folgt später.)
S_ISVTX	[--------T]	Sticky-Bit (Saved-text-Bit) Diese Konstante hat unter Linux für Dateien keine Bedeutung mehr.
S_IRUSR	[r--------]	read (user; Leserecht für Eigentümer)
S_IWUSR	[-w-------]	write (user; Schreibrecht für Eigentümer)
S_IXUSR	[--x------]	execute (user; Ausführungsrecht für Eigentümer)
S_IRWXU	[rwx------]	read, write, execute (user; Lese-, Schreib-, Ausführungsrecht für Eigentümer)
S_IRGRP	[---r-----]	read (group; Leserecht für Gruppe)
S_IWGRP	[----w----]	write (group; Schreibrecht für Gruppe)
S_IXGRP	[-----x---]	execute (group; Ausführungsrecht für Gruppe)
S_IRWXG	[---rwx---]	read, write, execute (group; Lese-, Schreib-, Ausführungsrecht für Eigentümer)
S_IROTH	[------r--]	read (other; Leserecht für alle anderen Benutzer)
S_IWOTH	[-------w-]	write (other; Schreibrecht für alle anderen Benutzer)
S_IXOTH	[--------x]	execute (other; Ausführungsrecht für alle anderen Benutzer)
S_IRWXO	[------rwx]	read, write, execute (other; Lese-, Schreib-, Ausführungsrecht für alle anderen Benutzer)

Tabelle 4.5 Überblick über die Konstanten für Zugriffsrechte mit »open()«

Als Beispiel sehen Sie jetzt ein Listing mit dem Systemaufruf `open()`. Das zweite Argument in der Kommandozeile wird hierbei der Name der neuen Datei.

```
/* make_file.c */
#include <sys/stat.h>
#include <sys/types.h>
```

```
#include <fcntl.h>
#include <stdio.h>
#include <stdlib.h>
#include <unistd.h>

int main(int argc, char **argv) {
  // Zugriffsrechte für die neue Datei: -rw-rw-r--
  mode_t mode = S_IRUSR|S_IWUSR|S_IRGRP|S_IWGRP|S_IROTH;
  const char *new_file;
  int fd; // Filedeskriptor

  // Alle Zugriffsrechte der Einschränkungsmaske erlauben
  umask(0);

  // Zweites Argument der Kommandozeile auswerten
  if(argv[1] == NULL) {
      fprintf(stderr, "Usage: %s datei_zum_oeffnen\n",
         *argv);
      return EXIT_FAILURE;
  }
  new_file = argv[1];
  /*-------------------------------------------------
    Neue Datei erzeugen                    (O_CREAT)
    zum Schreiben                          (O_WRONLY)
    falls Datei existiert, nicht erzeugen (O_EXCL)
    Zugriffsrechte der Datei erteilen      (modus)
  -------------------------------------------------*/
  fd = open(new_file, O_WRONLY | O_EXCL | O_CREAT, mode);
  if(fd == -1) {
      perror("Fehler bei open ");
      return EXIT_FAILURE;
  }
  return EXIT_SUCCESS;
}
```

Hier sehen Sie das Programm im Einsatz:

```
$ gcc -o make_file make_file.c
./make_file test
$ ls -l test
-rw-rw-r--    1 Juergen   users          0 Oct 14 02:23 test
$ ./make_file test
Fehler bei open : File exists
```

Hinweis

Sofern Sie mit der oktalen Schreibweise der Rechtevergabe vertraut sind, können Sie natürlich diese als Alternative verwenden, zum Beispiel so:

`fd = open( new_file, O_WRONLY | O_EXCL | O_CREAT, 0644);`

Außerdem sollten Sie noch wissen, dass bei Verwendung des Flags `O_CREAT` die Zugriffsrechte nicht unbedingt gewährt werden müssen, da die Einschränkungsmaske die Vergabe von Rechten verhindern kann. Aus diesem Grund wurde mithilfe der Funktion `umask()` die Maske zur Wegnahme von Rechtebits auf `0` gesetzt, womit alle Zugriffsrechte in dieser Maske erlaubt werden.

Einschränkungsmaske setzen und abfragen – umask()

Diese Funktion hat jetzt hier zwar nichts mit den Filedeskriptoren zu tun, aber wird recht häufig gerade vor einem `open()`- oder dem gleich folgenden `creat()`-Aufruf verwendet. Mit dieser Funktion können Sie die Einschränkungsmaske für einen aktuellen Prozess erfragen oder neu setzen:

```
#include <sys/stat.h>
#include <sys/types.h>

mode_t umask(mode_t new_mask);
```

Mit dieser Funktion legen Sie die Einschränkungsmaske fest, die beim Anlegen einer neuen Datei (oder auch eines neuen Verzeichnisses) *nicht* zu vergeben ist bzw. deren Bits *zu löschen* sind, selbst wenn diese explizit von Funktionen wie `open()` oder `creat()` mit dem `modus`-Argument gefordert wurde. Für das Argument `mask` können alle Konstanten bis auf `S_ISUID`, `S_ISGID` und `S_ISVTX` verwendet werden, die Sie mit `open()` für die Zugriffsrechte verwenden konnten (siehe Tabelle 4.5). Mehrere Werte verknüpfen Sie auch hier mit dem bitweisen ODER-Operator. Im Beispiel zuvor wurde die Einschränkungsmaske auf `0` gesetzt. Somit können hiermit vom Prozess alle Zugriffsrechte für eine Datei gesetzt werden. Natürlich lässt sich auch die oktale Darstellungsweise verwenden.

Wenn Sie z. B. für die Maske mittels `umask()` den (oktalen) Wert `0077` verwenden würden, hätten Sie folgende Einschränkungsmaske:

```
---rwxrwx
```

Damit ist es gegeben, dass beim Setzen der Rechte, unabhängig von den geforderten Rechten, nur die Lese-, Schreib- und Ausführungsrechte des Eigentümers möglich wären. Das heißt, Sie können nur die Zugriffsrechte setzen, die von der Einschränkungsmaske nicht verwendet wurden. In diesem Falle wäre das Resultat `rwx------` (0700). Würden Sie z. B. die Maske `0133` setzen, so hätten Sie folgende Einschränkungsmaske vergeben:

```
--x-wx-wx    (0133)
```

Hiermit ist es nicht möglich, dass der Eigentümer die Datei ausführen kann und die Gruppe und alle anderen Benutzer an ein Schreib- und Ausführungsrecht kommen.

Hier sehen Sie ein Beispiel für eine solche Berechnung:

```
--x-wx-wx    (0133) //Einschränkungsmaske von umask()
rw-r--r--    (0644) //Mögliche Rechtevergabe
-------------------
rwxrwxrwx    (0777) //Die Gesamtsumme der Rechtevergabe ist immer 777
```

Standardmäßig wird meistens die Einschränkungsmaske `0022` vergeben. Es ist aber auch möglich, mit dem Shell-Builtin-Kommando `umask` die eigene Einschränkungsmaske zu ändern. Innerhalb des oben genannten Listings z. B. würde die neu gesetzte *umask* von `0` nur während der Ausführung des Programms (und der Unterprozesse) gültig. Dazu kann man z. B. einen entsprechenden *umask*-Aufruf in einer Startup-Datei wie *.profile* eintragen, sodass beim Start einer entsprechenden Shell die Einschränkungsmaske automatisch gesetzt wird.

4.3.2 Anlegen einer neuen Datei – creat()

In älteren UNIX-Versionen gab es das Flag `O_CREAT` noch nicht, daher wurde folgende Funktion zum Anlegen einer neuen Datei verwendet:

```
#include <sys/stat.h>
#include <sys/types.h>
#include <fcntl.h>

int creat(const char *pfadname, mode_t zugriffsmodus);
```

Auch diese Funktion gibt bei Erfolg den Wert des neuen Filedeskriptors zurück, und bei einem Fehler wird `-1` zurückgeliefert.

Da mit `creat()` dasselbe Ziel erreicht wird wie mit der Funktion `open()` und den Flags `O_WRONLY | O_CREAT | O_TRUNC`, ist diese Funktion eigentlich überflüssig. Außerdem kann eine mit `creat()` erzeugte Datei erst mal nur beschrieben werden. Wollen Sie aus der Datei lesen, müssen Sie sie erst mit `close()` schließen und anschließend mit `open()` wieder öffnen. Richten Sie weiterhin das Augenmerk auf `O_TRUNC`. Somit ist `open()` gegenüber `creat()` nicht nur aufgrund seiner Flexibilität der Vorzug zu geben.

4.3.3 Datei schließen – close()

Wenn Sie Ihre Arbeit mit dem Filedeskriptor beendet haben, sollten Sie ihn mit der Funktion `close()` wieder schließen. Bei solchen Anwendungen, wie Sie sie am Beispiel von `open()` oben gesehen haben, ist es natürlich nicht unbedingt notwendig, dass Sie den Filedeskriptor schließen, da bei Beendigung eines Prozesses automatisch alle Filedeskriptoren geschlossen werden. Bei dauerhaft laufenden Programmen kann es aber schon mal zu Engpässen mit den maximal geöffneten Filedeskriptoren kommen. Wenn die Grenze von `OPEN_MAX`-Dateien, die gleichzeitig geöffnet wurden, erreicht ist, sollten Sie nicht benötigte Filedeskriptoren freigeben. Die Syntax dazu lautet:

```
#include <unistd.h>

int close(int fd);
```

Konnte der Filedeskriptor ordentlich geschlossen werden, liefert `close()` den Wert `0` zurück, bei einem Fehler wird `-1` zurückgegeben. Wurde für `fd` ein falscher bzw. ungültiger Filedeskriptor verwendet, besitzt `errno` den Wert `EBADF`.

4.3.4 Schreiben von Dateien – write()

Mit dem Systemaufruf `write()` können Zeichen in einer geöffneten Datei geschrieben werden. Die Voraussetzung dafür, dass mit `write()` auch in eine Datei geschrieben wird, ist, dass diese (logischerweise) auch zum Schreiben geöffnet wurde. Hier sehen Sie die Syntax:

```
#include <unistd.h>

ssize_t write(int fd, void *puffer, size_t anzahl_bytes);
```

Mit `write()` werden `anzahl_bytes` Zeichen ab der Adresse `puffer` in die Datei geschrieben, die mit dem Filedeskriptor `fd` zuvor mit `open()` geöffnet wurde. Als Rückgabewert wird entweder die Anzahl der erfolgreich geschriebenen Zeichen oder bei einem Fehler `-1` zurückgegeben. Natürlich erweitert die Funktion `write()` auch den Schreib-/Lesezeiger um die Anzahl der erfolgreich geschriebenen Bytes.

> **Hinweis**
> Da mit dem primitiven Datentyp `size_t` nur nichtnegative Werte aufgenommen werden können, hat POSIX.1 den primitiven Typ `ssize_t` für vorzeichenbehaftete Werte eingeführt.

Hier sehen Sie ein Beispiel, das die Funktion `write()` im Einsatz demonstriert:

```
/* write_file.c */
#include <sys/stat.h>
#include <sys/types.h>
```

```
#include <fcntl.h>
#include <stdio.h>
#include <stdlib.h>
#include <string.h>
#include <unistd.h>
int main(int argc, char **argv) {
  /* Zugriffsrechte für die neue Datei: -rw-rw-r-- */
  mode_t mode = S_IRUSR|S_IWUSR|S_IRGRP|S_IWGRP|S_IROTH;
  ssize_t size;
  int fd; /* Filedeskriptor */
  char *str;

  /* Alle Zugriffsrechte der Einschränkungsmaske erlauben */
  umask(0);

  /* Zweites Argument der Kommandozeile auswerten */
  if(argc < 2) {
     fprintf(stderr, "Usage: %s datei_zum_oeffnen\n",
        *argv);
     return EXIT_FAILURE;
  }

  if(argc < 3) { str = "Keine Angaben gemacht\n"; }
  else { str = argv[2]; }
  size = strlen(str);

  /*---------------------------------------------
    Neue Datei erzeugen                (O_CREAT)
    zum Schreiben                      (O_WRONLY)
    Daten am Ende hinzufügen           (O_APPEND)
    Zugriffsrechte der Datei erteilen (modus)
  ---------------------------------------------*/
  fd = open(argv[1], O_WRONLY | O_APPEND | O_CREAT, mode);
  if(fd == -1) {
     perror("Fehler bei open()");
     return EXIT_FAILURE;
  }

  if(write(fd, str, size) != size)
     perror("Fehler bei write()");
  return EXIT_SUCCESS;
}
```

Das Programm im Einsatz:

```
$ gcc -o write_file write_file.c
$ ./write_file test
$ cat test
Keine Angaben gemacht
$ ./write_file test Blopp
$ cat test
Keine Angaben gemacht
Blopp
```

In diesem Beispiel wird immer der Text ans Ende der Datei geschrieben (O_APPEND). Als Text kommt entweder das dritte Argument in der Kommandozeile infrage oder der konstante String, der auf den dummy verweist.

Probleme mit der Funktion write() können auch auftreten, weil nicht alle Schreiboperationen direkt auf den Datenträger erfolgen müssen, außer es wurde das Flag O_SYNC verwendet. Obwohl write() ein Systemaufruf ist, werden die Daten im Falle einer Datei nochmals in einen separaten Pufferbereich innerhalb des Kernels gelegt, bevor sie schließlich auf den Datenträger geschrieben werden. Ein Multitasking-Betriebssystem hat nämlich noch andere Dinge zu tun, als sich sofort um die Ausführung Ihres Programms zu kümmern. Erst wenn der Systemkern Zeit hat, wendet er sich dem Puffer zu und schreibt entsprechende Daten in die Datei. Stürzt aber das System in der Zeit ab (was bei Linux weniger der Fall ist), während sich die Daten noch im Puffer befinden, sind diese weg und nicht mehr zu retten. Alternativ kann auch ein ganzes Dateisystem im synchronen Modus gemountet werden (siehe dazu die Manual Page von mount(1)). Praktisch heißt das, dass jedem open()-Aufruf implizit O_SYNC hinzugefügt wird. Es gibt umgekehrt sogar ein O_ASYNC-Flag, um auf einem synchronen Dateisystem einige Dateien als asynchron zu markieren.[1]

Tritt beim Schreiben ein Fehler auf, ist es nicht leicht zu bestimmen, was denn falsch gelaufen ist. Ein Rückgabewert von 0 und größer sagt nicht aus, ob auch wirklich alle Daten angekommen sind. In unserem Beispiel eben wurde Folgendes verwendet:

```
if(write(fd, str, size) != size)
    fprintf(stderr, "Fehler bei write ...\n");
```

Das scheint im Großen und Ganzen auch in Ordnung zu sein. Was ist aber, wenn die Daten in str so umfangreich sind oder nicht so viele Daten auf einmal geschrieben werden können (wie das bei den Sockets häufig der Fall ist)? Dann wird der Schreibvorgang mit einer Fehler-

1 Linus Torvalds hat sich häufiger zu diesem O_SYNC bzw. O_DIRECT geäußert, meist wenn es in Fragen um »abgründige Performance« ging. Beide Varianten sind unter Linux so implementiert, dass weder das Dateisystem noch die Hardware in der Lage sind, den Performanceverlust auch nur im Ansatz auszugleichen.

meldung abgebrochen. Für solch einen Fall sollten (müssen) Sie sich rüsten. Es wird empfohlen, `write()` immer in einer Schleife zu verwenden, die so lange ausgeführt wird, bis alle Daten geschrieben wurden. Wir haben hierzu eine Wrapper-Funktion für `write()` geschrieben, die wie folgt aussieht:


```
#include <unistd.h>

ssize_t write2(int fd, const void *buffer, size_t count) {
   while (count > 0) {
      ssize_t geschrieben = write(fd, buffer, count);
      if (geschrieben < 0)
         return -1;
      count -= geschrieben;
      buffer += geschrieben;
   }
   return 0;
}
```

Sie können diese Wrapper-Funktion gern in das Beispiel zuvor einbauen. Diese Funktion kehrt erst zurück, wenn alle Bytes geschrieben wurden oder ein Fehler bei `write()` auftritt.

Hinweis

Wrapper-Funktionen können Sie sich wie einen Strumpf vorstellen, der über die Originalfunktion gezogen wird. Natürlich darf eine solche Funktion nicht denselben Namen wie das Original haben. (Doppelt verwendete Symbole werden hin und wieder benutzt – in diesem Fall entscheidet die Reihenfolge der zu verlinkenden Dateien, wenn die Situation nicht grundsätzlich zu einer Abbruchbedingung führt.)

Wollen Sie außerdem absolut sichergehen, dass `write()` alle Daten mit einem Rutsch in die Datei schreibt, müssen Sie das Flag für synchrones Schreiben (`O_SYNC`) verwenden. Dadurch machen Sie sich allerdings die Zeitvorteile der Funktion `write()` zunichte (was allerdings auch vom Speichermedium abhängig ist). Der Zeitaufwand für das Schreiben erhöht sich dadurch drastisch. Letztendlich müssen Sie entscheiden, ob nun Sicherheit oder Schnelligkeit wichtiger ist.

`O_SYNC` garantiert, dass die Funktion erst zurückzukehrt, wenn wirklich alle Inhalte geschrieben worden sind. Da das im Prinzip auf Medien erfolgen kann, die zum Beispiel über ein Netzwerk angesprochen werden, kann das prinzipiell dazu führen, dass die Funktion extrem lange braucht, bis sie zurückkehrt – je nach Medium möglicherweise Stunden später. `O_DIRECT` versucht im Unterschied dazu nur, die Verwendung des Caches und der Zwischenpuffer zu minimieren.

In der Praxis führen beide Optionen dazu, dass sich das System plötzlich unlinear verhält. Im Normalfall ist der Effekt nicht wünschenswert, die Verwendung macht aber im Zusammenhang mit binären Datenbanken Sinn.

4.3.5 Lesen von Dateien – read()

Mit dem Systemaufruf `read()` können Zeichen aus einer geöffneten Datei gelesen werden. Eine Voraussetzung ist natürlich auch hier, dass mit `read()` nur aus einer Datei gelesen werden kann, wenn diese (logischerweise) auch zum Lesen geöffnet wurde. Hier sehen Sie die Syntax:

```
#include <unistd.h>

ssize_t read(int fd, void *puffer, size_t anzahl_bytes);
```

Damit werden `anzahl_bytes` aus der geöffneten Datei vom Filedeskriptor `fd` in die Adresse von `puffer` kopiert. Auch hier ist, wie schon bei `write()`, der Rückgabewert die Anzahl der erfolgreich gelesenen Bytes und im Fehlerfall `-1`. Steht der Lesezeiger bereits am Dateiende und wird der Systemaufruf `read()` verwendet, wird in diesem Fall der Wert `0` zurückgeliefert – was keinen Fehler darstellt! Es ist ebenfalls kein Fehler, wenn weniger Zeichen gelesen wurden, als mit `anzahl_bytes` angegeben ist, was z. B. passieren kann, wenn wir uns kurz vor dem Dateiende befinden.

Auch bei der Funktion `read()` wird ein Puffermechanismus verwendet, der dafür sorgt, dass der Lesevorgang sehr schnell abgewickelt wird. Das drückt sich darin aus, dass bereits Gelesenes sofort nochmals gelesen werden kann, ohne dass dafür z. B. die CD noch mal angedreht werden müsste. Dieser Puffer (*cached Inodes*) hat den Vorteil, dass nicht nur beim Lesen mittels `read()` ein Geschwindigkeitsgewinn entsteht, sondern auch beim wiederholten Ausführen eines – sagen wir – 20 MB schweren Programms von einem langsamen (oder künstlich verlangsamten) Gerät.

Die Anzahl von Bytes, die `read()` auf einmal lesen soll, hängt sehr stark von der Geschwindigkeit des Lesevorgangs des Mediums ab. Man spricht dabei auch von *Blockgrößen*. Als optimale Blockgröße haben sich Speicherblöcke mit 512, 1024 bis hin zu 8192 Bytes erwiesen. Natürlich hängt dies auch von der Menge der Daten ab, die es zu lesen gilt. Es ist durchaus sinnvoll, die Effizienz der optimalen Größe zu ermitteln. Denn je kleiner die Blockgröße ist, desto mehr `read()`-Aufrufe müsste man tätigen – und ein Wechsel vom Userspace in den Kernelspace kostet viel Zeit. Die liegt zwar im Mikrosekunden-Bereich, aber die Masse macht's. Für übliche Diskettenlaufwerke, die mit durchschnittlich 29,7 KB/s lesen, reicht somit eine kleine Blockrate (1024 aufwärts). Bei externen USB-Festplatten, die knapp 20 MB/s hergeben, kann man auch schon mal eine Blockgröße von 64 KB oder noch mehr nehmen. (Die Blockgröße sollte dabei aber auf jeden Fall kleiner als der Cache bleiben, der auf der Festplatte angegeben ist).

Das folgende Beispiel kopiert die Datei, die Sie als zweites Argument in der Kommandozeile angegeben haben, in die neu erzeugte Datei, die Sie als drittes Argument angegeben haben.

```
/* cpy_file.c */
#include <sys/stat.h>
#include <sys/types.h>
#include <fcntl.h>
#include <stdio.h>
#include <stdlib.h>
#include <unistd.h>

#define BLOCKSIZE 64 // bytes

// write2() aus obigem Codeblock übernehmen
static ssize_t write2(int, const void *, size_t);

int main(int argc, char **argv) {
  // Zugriffsrechte für die neue Datei: -rw-rw-r--
  mode_t mode = S_IRUSR|S_IWUSR|S_IRGRP|S_IWGRP|S_IROTH;
  char buffer[BLOCKSIZE];
  int fd_r, fd_w; // Filedeskriptoren
  int n;

  // Alle Zugriffsrechte der Einschränkungsmaske erlauben
  umask(0);

  if(argc < 3) {
      fprintf(stderr, "> %s quelldatei zieldatei\n", *argv);
      return EXIT_FAILURE;
  }

  fd_r = open(argv[1], O_RDONLY);
  fd_w = open(argv[2], O_WRONLY | O_EXCL | O_CREAT, mode);
  if(fd_r == -1 || fd_w == -1) {
      perror("Fehler bei open()");
      return EXIT_FAILURE;
  }
  while((n = read(fd_r, buffer, BLOCKSIZE)) > 0)
      if(write2(fd_w, buffer, n) < 0)
          perror("Fehler bei write()");
  return EXIT_SUCCESS;
}
```

Und hier das Programm in Aktion:

```
$ gcc -o cpy_file cpy_file.c
$ ./cpy_file cpy_file.c cpy_file.bak
$ cat cpy_file.bak
/* cpy_file.c */
#include <fcntl.h>
#include <stdio.h>
#include <sys/stat.h>
#include <sys/types.h>
#include <unistd.h>

#define BLOCKSIZE 64

int main (int argc, char* argv[])
...
```

Bei diesem Beispiel wurde für die Blockgröße des Puffers eine Größe von 64 Bytes gewählt, womit Lese- und Schreiboperationen durchgeführt werden. Beim letzten Aufruf von `read()` wird man wohl keinen ganzen Block mehr lesen können. Daher wurde auch der Wert der gelesenen Zeichen in der Variable `n` gespeichert, damit auch nur diese Anzahl erfolgreich gelesener Zeichen vom Puffer wieder in die Zieldatei kopiert werden kann.

4.3.6 Schreib-/Lesezeiger positionieren – lseek()

Jede Datei, die Sie öffnen, besitzt auch einen Schreib-/Lesezeiger. Nach jedem Schreib- oder Lesevorgang wird dieser Zeiger um die Anzahl der geschriebenen oder gelesenen Bytes weitergesetzt. In der Regel befindet sich dieser Positionszeiger beim Öffnen einer Datei – sei dies nun zum Schreiben oder zum Lesen – anfangs immer auf 0; abgesehen davon natürlich, wenn die Datei mit dem Flag `O_APPEND` geöffnet wurde.

Die Parameter der Funktion `lseek()` entsprechen dabei denselben wie die der Funktion `fseek()`, die auf der höheren Ebene verwendet wird.

```
#include <sys/types.h>
#include <unistd.h>

off_t lseek(int fd, off_t position, int indikator);
```

Vom dritten Parameter (`indikator`) hängt es ab, wie der zweite Parameter interpretiert wird. Dabei haben Sie die drei Möglichkeiten aus Tabelle 4.6 zur Auswahl.

Konstante	Bedeutung
SEEK_SET	Den Schreib-/Lesezeiger vom Anfang der Datei um abstand Bytes versetzen. abstand darf dabei keine negative Zahl sein.
SEEK_CUR	Der Schreib-/Lesezeiger wird relativ zur aktuellen Position der Datei um abstand Bytes versetzt. abstand darf dabei sowohl eine positive als auch eine negative Zahl sein, wobei negative Zahlen einem Zurücksetzen (Richtung Anfang der Datei) entsprechen.
SEEK_END	Den Schreib-/Lesezeiger vom Ende der Datei um abstand Bytes »Richtung Dateiende« versetzen. position darf dabei sowohl eine negative als auch eine positive Zahl sein. Tatsächlich können Sie den Schreibzeiger *hinter* das Ende der Datei verschieben. Wenn Sie dann dorthin schreiben, erzeugen Sie damit eine *sparse* Datei, das heißt eine Datei mit »Löchern«.

Tabelle 4.6 Mögliche Angaben für »indikator«

Der erste Parameter fd ist der Filedeskriptor der geöffneten Datei, deren Schreib- und Lesezeiger versetzt werden sollen. Wenn bei diesem Systemaufruf alles glatt verlief, wird die aktuelle neue Position des Schreib- und Lesezeigers zurückgegeben. Bei einem Fehler wird -1 zurückgeliefert.

Der primitive Datentyp off_t wird vom Datentyp long abgeleitet. Somit kann der maximale Wert der Positionierung auf 32-Bit-Systemen auf einmal 2 GB betragen.

Hinweis

Heute sind die meisten Systeme in der Lage, sowohl große Dateien mit über 2 GB als auch entsprechend große Dateipositionen zu verarbeiten. Obwohl dies auf 64-Bit-Systemen grundsätzlich so sein sollte, sollte man aus Kompatibilitätsgründen immer -D_LARGEFILE64_SOURCE -D_FILE_OFFSET_BITS=64 beim Compiler-Aufruf mit angeben. (off_t ist dann identisch mit off64_t).

Hierzu sehen Sie ein Beispiel, das eine (Text-)Datei, die Sie als zweites Argument in der Kommandozeile angeben, rückwärts ausgibt. Mithilfe von lseek() wird der Schreib-/Lesezeiger zuerst ans Dateiende, eine Position vor EOF, gesetzt. Anschließend wird mit dem Systemaufruf read() ein Zeichen eingelesen und mit auf dem Bildschirm ausgegeben. Damit der Text rückwärts ausgegeben wird, muss die Position des Zeigers immer um eine Stelle bis zum Dateianfang (pos == 0) zurückgezählt werden. Ist der Dateianfang erreicht, wird die Funktion beendet.

```
/* backward.c */
#include <sys/stat.h>
#include <sys/types.h>
```

```
#include <fcntl.h>
#include <stdio.h>
#include <stdlib.h>
#include <unistd.h>

static void bwread(int fd) {
    int rv, nl = 0;
    char ch;

    lseek(fd, -1, SEEK_END);
    while((rv = read(fd, &ch, 1)) == 1) {
        if(ch == '\n' && !nl) { ++nl; }
        else { putc(ch, stdout); }
        if(lseek(fd, -2, SEEK_CUR) < 0) { break; }
    }
    if(nl) { putc('\n', stdout); }
    if(rv == 0) { fprintf(stderr, "EOF unerwartet ...\n"); }
    else if(rv == -1) { perror("Fehler bei read()"); }
    return;
}

int main(int argc, char **argv) {
    int fd;

    if(argc < 2) {
        fprintf(stderr, "Syntax: %s datei\n", *argv);
        return EXIT_FAILURE;
    }
    if((fd = open(argv[1], O_RDONLY)) < 0) {
        perror("open");
        return EXIT_FAILURE;
    }
    bwread(fd);
    return EXIT_SUCCESS;
}
```

Und hier sehen Sie das Programm im Einsatz:

```
$ cat > test.txt
Pinguine können nicht fliegen.
Sie sind das Produkt eines misslungenen Experiments
von M$. Aber der Tag der Abrechnung naht ;-)
STRG+D
```

```
$ gcc -o backward backward.c
$ ./backward test.txt
)-; than gnunhcerbA red gaT red rebA .$M nov
stnemirepxE nenegnulssim senie tkudorP sad dnis eiS
.negeilf thcin nennök eniugniP
```


Das Beispiel berücksichtigt übrigens auch die Position des Newline-Zeichens. Beachten Sie auch, dass hier der Schreib-/Lesezeiger um eine Position vor dem Dateiende platziert wurde. Hätten Sie hierfür `0L` angegeben, würde `read()` den Wert `0` zurückgegeben, und es würde `EOF unerwartet ...` ausgegeben werden.

4.3.7 Duplizieren von Filedeskriptoren – dup() und dup2()

In manchen Fällen wird es nötig sein, dass Sie einen Filedeskriptor duplizieren müssen. Ein Beispiel hierfür wäre, wenn der Elternprozess mit einem Kindprozess Daten austauschen will und der Kindprozess durch einen neuen Prozess mit einer `exec*()`-Funktion überlagert wird. In solch einem Fall, ohne `dup()` oder `dup2()`, würde das `close-on-exec`-Flag gesetzt werden. Wird dieses Flag gesetzt, werden alle Filedeskriptoren ungültig (da vom neuen Prozess überlagert) – sprich, sie sind nicht mehr vorhanden. Die Kommunikation zwischen dem Eltern- und dem Kindprozess wäre hiermit auch beendet. Duplizieren Sie hingegeben mit `dup()` oder `dup2()` einen Filedeskriptor, wird das `close-on-exec`-Flag gelöscht, und der neu überlagerte Prozess kann diese(n) duplizierten Filedeskriptor(en) zur Kommunikation verwenden. Mehr zum `close-on-exec`-Flag folgt in Abschnitt 4.3.8. Sollte Ihnen das hier Beschriebene noch nicht so klar oder gänzlich unklar sein, ist das noch nicht so wichtig. Mehr dazu finden Sie in den Kapiteln 9 und 11 zu den Prozessen und zur Interprozesskommunikation.

Für solche und eventuell weitere Anwendungsfälle stehen die Funktionen `dup()` und `dup2()` zur Verfügung:

```
#include <unistd.h>

int dup(int fd);
int dup2(int fd, int fd2);
```

Als Parameter wird der Funktion `dup()` der Filedeskriptor übergeben, der dupliziert werden soll. Im Falle eines Erfolgs erhält man als Rückgabewert die Nummer des Filedeskriptors, der nun auf dieselbe Datei verweist. Bei der Nummer handelt es sich um die kleinste nichtnegative Zahl, die noch nicht für einen anderen Filedeskriptor vergeben wurde. Schlägt der Aufruf von `dup()` fehl, wird `-1` zurückgegeben.

Beim Aufruf der Funktion `dup2()` hingegen wird der Wert des Zieldeskriptors als zweiter Parameter (`fd2`) angegeben. Wurde `fd2` bereits zuvor geöffnet, wird er zuvor noch geschlossen.

Bei beiden Funktionen zeigt der neu zurückgegebene Filedeskriptor auf denselben Dateitabelleneintrag, in dem sich unter anderem der Schreib-/Lesezeiger befindet. Somit kann man auf einen Deskriptor `lseek()` anwenden und danach von dem anderen (von der neuen Position) lesen.

Hier sehen Sie ein Anwendungsbeispiel für die beiden Funktionen:

```
/* dup_fd.c */
#include <sys/stat.h>
#include <sys/types.h>
#include <fcntl.h>
#include <stdio.h>
#include <stdlib.h>
#include <string.h>
#include <unistd.h>

static void test_write(const char *str) {
  write(STDOUT_FILENO, str, strlen(str));
  return;
}

int main(int argc, char **argv) {
  mode_t mode = S_IRUSR|S_IWUSR|S_IRGRP|S_IWGRP|S_IROTH;
  int fd1, fd2, fd3;

  // Alle Zugriffsrechte der Einschränkungsmaske erlauben
  umask(0);
  fd1 = open("file1", O_WRONLY | O_CREAT, mode);
  fd2 = open("file2", O_WRONLY | O_CREAT, mode);
  if(fd1 == -1 || fd2 == -1) {
      perror("Fehler bei open()");
      return EXIT_FAILURE;
  }

  test_write("Zeile 1\n");
  dup2(fd1, STDOUT_FILENO);
  test_write("Zeile 2\n");
  dup2(fd2, STDOUT_FILENO);
  test_write("Zeile 3\n");
  test_write("Zeile 4\n");
  dup2(fd1, STDOUT_FILENO);
  test_write("Zeile 5\n");
  dup2(fd2, STDOUT_FILENO);
  test_write("Zeile 6\n");
```

```
  test_write("Zeile 7\n");
  close(fd1);
  close(fd2);

  fd3 = dup(STDERR_FILENO);
  write(fd3, "Schwerer Fehler ...\n",
      strlen("Schwerer Fehler ...\n"));
  return EXIT_SUCCESS;
}
```


Das Programm im Einsatz:

```
$ gcc -o dup_fd dup_fd.c
$ ./dup_fd
Zeile 1
Schwerer Fehler ...
$ cat file1
Zeile 2
Zeile 5
$ cat file2
Zeile 3
Zeile 4
Zeile 6
Zeile 7
```

In diesem Beispiel wurde vorwiegend der Filedeskriptor für die Standardausgabe dupliziert. Somit wurde die Standardausgabe jeweils in eine der beiden geöffneten Dateien umgeleitet. Am Ende wurde auch noch die Standardfehlerausgabe dupliziert, und mithilfe ihres Filedeskriptors wurde auch eine Ausgabe darauf gemacht.

4.3.8 Ändern oder Abfragen der Eigenschaften eines Filedeskriptors – fcntl()

Zum Ändern oder Abfragen einer offenen Datei können Sie die Funktion `fcntl()` verwenden. Damit lassen sich folgende Anwendungsbeispiele auf eine geöffnete Datei realisieren:

- Setzen oder Abfragen der Flags im Dateitabelleneintrag
- Setzen oder Abfragen von Einträgen in der Prozesstabelle
- Setzen oder Abfragen von Record Lockings (Sperren)
- Duplizieren von Filedeskriptoren

Anhand dieser Aufzählungspunkte wird klar, wie universell diese Funktion ist. Ihre Syntax sieht so aus:

```
#include <sys/types.h>
#include <unistd.h>
#include <fcntl.h>

int fcntl( int fd, int kommando ... );
```

Als erstes Argument geben Sie den Filedeskriptor an, an dem Sie entsprechende Einstellungen oder Veränderungen vornehmen wollen. Das zweite Argument ist das Kommando, was Sie mit dem entsprechenden Filedeskriptor anstellen wollen. Hierfür gibt es eine Reihe von symbolischen Konstanten, die anschließend ausführlich beschrieben werden. Das dritte Argument wird nur dann ausgewertet, wenn Sie vorhaben, einen Filedeskriptor zu duplizieren oder wenn Sie die Einstellung einer offenen Datei verändern wollen. Der Rückgabewert von `fcntl()` ist vom Kommando abhängig, aber im Fehlerfall wird wie gewöhnlich `-1` zurückgeliefert.

Jetzt kommen wir wie versprochen zu den einzelnen Kommandos von `fcntl()` und deren Bedeutung samt Anwendungsbeispielen.

F_DUPFD

Verwenden Sie als Kommando `F_DUPFD`, so wird der Filedeskriptor `fd` dupliziert. Bei Erfolg liefert in diesem Fall die Funktion `fcntl()` den kleinstmöglichen positiven Wert des neuen Filedeskriptors zurück.

```
int old_fd, new_fd;
new_fd = fcntl(fd, F_DUPFD, 0);
```

Dieser neue Filedeskriptor besitzt denselben Dateitabelleneintrag wie `fd` (sprich hier `lseek()`, dort `read()`), verwendet aber innerhalb der Prozesstabelle einen eigenen Eintrag für die Filedeskriptor-Flags, wobei das `close-on-exec`-Bit gelöscht ist. Bei gelöschtem `close-on-exec`-Bit bleibt der Filedeskriptor auch bei einem `exec*()`-Aufruf bestehen. Dies ist übrigens dieselbe Funktionalität wie beim Systemaufruf mit `dup2()`.

F_GETFD

Mit `F_GETFD` können Sie überprüfen, ob das `close-on-exec`-Bit gesetzt ist oder nicht. Dies ist momentan auch das einzige Flag des Filedeskriptors, das Sie überprüfen können. Die symbolische Konstante dazu lautet `FD_CLOEXEC`. Ist das Flag gesetzt, liefert `fcntl()` als Rückgabewert `1` zurück, ansonsten wird bei einem Fehler `-1` und, wenn nicht gesetzt, `0` zurückgeliefert.

```
if( fcntl ( fd, F_GETFD, FD_CLOEXEC ) == 1 ) {
    /* Close-on-exec-Flag ist gesetzt */
} else {
    /* nicht gesetzt */
}
```

Close-on-exec-Flag

Wenn das Flag nicht gesetzt ist (Standard), bleiben alle bereits geöffneten Filedeskriptoren bei einem durch einen `exec()`-Aufruf neu gestarteten Programm offen. Ist das Flag gesetzt, werden die entsprechenden Filedeskriptoren beim `exec()`-Aufruf geschlossen. Wenn z. B. ein privilegiertes Programm einen neuen Prozess erzeugt, sollten Sie aus sicherheitsrelevanten Gründen alle Filedeskriptoren schließen – auch Verzeichnisse, IPC-Handles und Sockets. Um hierbei auf Nummer sicher zu gehen, sollten Sie das `close-on-exec`-Flag für die sicherheitsrelevanten Filedeskriptoren direkt nach dem Öffnen setzen (natürlich mit Vorbehalt).

Weiterhin ist das `close-on-exec`-Flag sinnvoll für Anwendungen, bei denen Sie grundsätzlich nicht wollen, dass ihre geöffneten Dateien nur irgendwie an Subprozesse weitergegeben werden. Als Beispiel hierfür bietet sich der sogenannte *PID-Lock* an, bei dem eine Datei in */var/run/name* erstellt wird, die PID eingeschrieben wird und offen bleibt. Führt man besagtes Programm nochmals aus, so kann die zweite Instanz überprüfen, ob es */var/run/name* gibt und, wenn ja, ob auch der Prozess mit der darin enthaltenen PID zurzeit läuft. Aber zurück zum Thema: Man möchte in der Regel nicht, dass eine Subshell oder sonstige Anwendungen durch `fork()` und/oder `exec()` dieses Lock umgehen, indem die Datei schon geöffnet ist.

F_SETFD

Wie auch schon bei `F_GETFD` können Sie mit `F_SETFD` die Filedeskriptor-Flags setzen. Als mögliches drittes Argument kommt auch hier nur `FD_CLOEXEC` zum Setzen oder `!FD_CLOEXEC` zum Löschen des Flags infrage.

```
if(fcntl(fd, F_GETFD, FD_CLOEXEC) == 0) {
    // Close-on-exec ist nicht gesetzt
    if(fcntl(fd, F_SETFD, FD_CLOEXEC) > 0) {
        // Close-on-exec wurde gesetzt
    }
}
```

F_GETFL

Mit dem Kommando `F_GETFL` können Sie die *File Status Flags* erfragen. Folgende Statusmöglichkeiten können Sie hierbei abfragen:

Modus	Bedeutung
O_RDONLY	Nur lesen
O_WRONLY	Nur schreiben

Tabelle 4.7 File Status Flags, die mit »F_GETFL« abgefragt werden können

Modus	Bedeutung
O_RDWR	Lesen und schreiben
O_APPEND	Zum Schreiben ans Dateiende öffnen
O_NONBLOCK	Kein Blockieren bei FIFOs und Gerätedateien
O_SYNC	Nach jedem Schreiben auf die Beendigung des physikalischen Schreibvorgangs warten
O_ASYNC	Asynchroner I/O (nur bei Linux und BSD) – Gegenteil zu O_SYNC

Tabelle 4.7 File Status Flags, die mit »F_GETFL« abgefragt werden können (Forts.)

Wenn Sie den Rückgabewert von F_GETFL haben wollen, müssen Sie das mit fcntl() ermittelte Flag durch die symbolische Konstante O_ACCMODE filtern:

```
flag  = fcntl(fd, F_GETFL, 0);
modus = flag & O_ACCMODE;

if(modus == O_RDWR) {
// Mit diesem Filedeskriptor ist Lesen und Schreiben möglich
} else if(modus == O_RDONLY) {
    // Mit diesem Filedeskriptor ist nur Lesen möglich
} else if(modus == O_WRONLY) {
    // Mit diesem Filedeskriptor können Sie nur schreiben
}
```

F_SETFL

Mit diesem Kommando können Sie folgende *File Status Flags* mit dem dritten Argument von fcntl() setzen: O_APPEND, O_NONBLOCK, O_SYNC, O_ASYNC. Um eines dieser *File Status Flags* zu setzen, geht man wie folgt vor:

```
if(fcntl(fd, F_SETFL, O_APPEND) > 0) {
    // Filestatus-Flag O_APPEND gesetzt
} else {
    // Filestatus-Flag O_APPEND konnte nicht gesetzt werden
}
```

F_GETOWN

Hierbei liefert fcntl() die PID oder PGID des Prozesses, der im Augenblick die Signale SIGIO und SIGURG empfängt.

F_SETOWN

Damit legen Sie mit dem dritten Argument die PID oder PGID des Prozesses fest, der die Signale SIGIO und SIGURG empfängt. Ein positiver Wert legt die PID, ein negativer die GID fest.

Jetzt ist es an der Zeit, ein Listing zu erstellen, das Ihnen einige dieser Kommandos in ihrer Anwendung zeigen soll:

```
/* play_fd.c */
#include <sys/types.h>
#include <fcntl.h>
#include <stdio.h>
#include <stdlib.h>
#include <unistd.h>

int main(int argc, char **argv) {
  int fd, fdup;
  int flags, modus;
  if(argc < 2) {
      fprintf(stderr, "Usage: %s DATEI\n", *argv);
      exit(EXIT_FAILURE);
  }
  if((fd = open(argv[1], O_RDONLY)) == -1) {
      fprintf(stderr, "Konnte %s nicht öffnen!\n", argv[1]);
      exit(EXIT_FAILURE);
  }
  if((fdup = fcntl(fd, F_DUPFD, 0)) != -1)
      printf("Fildeskriptor erfolgreich dupliziert\n");

  /* Wir überprüfen die Flags von fd und setzen,
   * falls noch nicht gesetzt, FD_CLOEXEC.
   */
  if((fcntl(fd, F_GETFD, FD_CLOEXEC)) == 1)
      printf("Close-on-exec-Bit ist gesetzt\n");
  else if((fcntl(fd, F_SETFD, FD_CLOEXEC)) < 0)
      printf("Konnte close-on-exec-Bit nicht setzen\n");
  else
      printf("Close-on-exec-Bit wurde gesetzt\n");

  // Wir überprüfen die Filestatus-Flags von fd
  flags = fcntl(fd, F_GETFL, 0);
  modus = flags & O_ACCMODE;
  if(modus == O_RDWR)
      printf("Datei zum Lesen und Schreiben geöffnet\n");
```

```
    else if(modus == O_RDONLY)
        printf("Datei nur zum Lesen geöffnet\n");
    else if(modus == O_WRONLY)
        printf("Datei nur zum Schreiben geöffnet\n");

    /* Wir überprüfen weitere Statusflags von fd und
     * ändern, falls nötig, die Flags.
     */
    if(modus == O_APPEND)
        printf("Wir können am Dateiende schreiben\n");

    modus |= O_APPEND;
    if(fcntl(fd, F_SETFL, modus) < 0)
        printf("Konnte Attribut O_APPEND nicht setzen\n");

    if(modus == O_APPEND)
        printf("O_APPEND gesetzt\n");

    flags = fcntl(fd, F_GETFD, 0);
    modus = flags & O_ACCMODE;
    if(modus == O_NONBLOCK) {
        printf("O_NONBLOCK gesetzt\n");
    } else {
        modus |= O_NONBLOCK;
        fcntl(fd, F_SETFL, modus);
        if(modus == O_NONBLOCK)
            printf("O_NONBLOCK erfolgreich gesetzt\n");
        else
            printf("Konnte O_NONBLOCK nicht setzen\n");
    }
    return EXIT_SUCCESS;
}
```

So könnte die Ausgabe aussehen:

```
$ gcc -o play_fd play_fd.c
$ ./play_fd test.txt
Filedeskriptor erfolgreich dupliziert
close-on-exec-Bit wurde gesetzt
Datei nur zum Lesen geöffnet
...O_APPEND gesetzt...
...konnte O_NONBLOCK nicht setzen...
```

4.3.9 Record Locking – Sperren von Dateien einrichten

Wenn zwei oder mehrere Prozesse gleichzeitig auf eine Datei schreibend zugreifen wollen, führt dies unwiderruflich zu Problemen. Meistens kann man dabei mit einem Datensalat rechnen. Hier sehen Sie ein einfaches Beispiel, das dieses Problem demonstriert:

```
/* trash.c */
#include <sys/stat.h>
#include <sys/types.h>
#include <sys/wait.h>
#include <fcntl.h>
#include <stdio.h>
#include <stdlib.h>
#include <time.h>
#include <unistd.h>

int main(void) {
  int fd = open("file", O_WRONLY | O_CREAT | O_TRUNC, 0666);
  pid_t pid;
  int x, y;
  if(fd == -1) {
      perror("open()");
      exit(EXIT_FAILURE);
  }

  if((pid = fork()) == -1) {
      perror("fork()");
      exit(EXIT_FAILURE);
  } else if(pid > 0) { // Elternprozess
      srand(time(NULL) ^ getpid());
      for(x = 0; x < 10; ++x) {
          usleep(rand() % 10 * 10000);
          write(fd, "x", 1);
          write(STDOUT_FILENO, "x", 1);
      }
      wait(NULL);
      printf("\n");
  } else { // Kindprozess
      srand(time(NULL) ^ getpid());
      for(y = 0; y < 10; ++y){
          usleep(rand() % 10 * 10000);
          write(fd, "X", 1);
          write(STDOUT_FILENO, "X", 1);
      }
```

```
  }
  return EXIT_SUCCESS;
}
```

Das Programm bei der Ausführung:

```
$ gcc -o trash trash.c
$ ./trash
$ cat file
XxxXxXxXxXXxXxxXxXxX
```

Es ist vorerst gar nicht so wichtig, dass Sie die einzelnen Funktionen des Programms verstehen. Hierbei wird mit dem Systemaufruf `fork()` ein zweiter Prozess gestartet. Zu diesem Thema werden Sie später noch eine Menge erfahren. Wichtig ist nur, dass hier zwei Prozesse gleichzeitig in die Datei `file` schreiben. Ein Prozess schreibt dabei kleine `x`-Buchstaben und der andere große `X` in die Datei. Bei beiden Prozessen wurde eine Zeitverzögerung mit `usleep()` eingebaut. An der Ausgabe der Datei `file` können Sie feststellen, dass hier weder Zucht noch Ordnung herrschte. Denn anstatt

```
XxxXxXxXxXXxXxxXxXxX
```

hätte die Datei `file` eigentlich folgenden Inhalt haben sollen:

```
xxxxxxxxxxXXXXXXXXXX
//oder
XXXXXXXXXXxxxxxxxxxx
```

Stellen Sie sich nun vor, dass wären Daten in einer Datenbank gewesen! Um solche Inkonsistenzen in gemeinsam benutzten Dateien zu vermeiden, gibt es einen POSIX-Mechanismus namens *Record Locking*.

Mit einem solchen Record Lock ist es möglich, einen beliebigen (zusammenhängenden) Teil einer Datei (natürlich auch eine komplette Datei) zu blockieren. Dabei gibt es sogenannte *shared* und andererseits *exclusive* Locks (Sperren):

- *Shared Locks* – Mehrere Prozesse sperren Teile einer Datei oder die komplette Datei und greifen zum Beispiel auf gleiche Dateibereiche lesend zu. Erst wenn hierbei die letzte Sperre entfernt wurde, ist ein *Exclusive Lock* möglich, beide Locking-Typen schließen sich somit aus.
- *Exclusive Locks* – Ein Prozess sperrt einen Teil oder eine komplette Datei. Auf den nun gesperrten Bereich ist kein weiterer Lock mehr möglich, der Prozess kann nun schreibend zugreifen.

Sie haben generell zwei Möglichkeiten (Funktionen) zum Erstellen eines Datei-Locks:

- `fcntl()` – Dies ist ein BSD-konformer Lock-Mechanismus, der hier auch etwas umfangreicher behandelt wird.
- `lockf()` – (System V- und POSIX-konform) Dies ist letztendlich eine einfache, aber häufig ausreichende Schnittstelle zu `fcntl()`.

Advisory Locking und Mandatory Locking

Alle eben benannten Möglichkeiten, eine Datei zu sperren, gehören zu den sogenannten *Advisory Locks* (freiwilliges Sperrverfahren; *advise* = beraten/vorschlagen). Bei diesem Sperrverfahren versucht jeder Prozess, vor dem Zugriff auf einen bestimmten Bereich einer Datei diesen zu sperren. Existiert für diesen Bereich bereits eine Sperre, scheitert der Versuch, die Sperre zu setzen. Der Prozess wartet dann, bis dieser gesperrte Bereich wieder freigegeben wird. Das heißt auch, dass ein die Datei bearbeitender Prozess selbstständig dafür Sorge tragen muss, dass es für den Fall, dass er schreibend zugreifen will, keinerlei Locks auf diese Datei gibt. Solange sich der Programmierer bei der Erstellung an diesen Test hält, sind alle anderen Aktionen der Programme auf die gesperrten Dateien unproblematisch – sprich, diese Art von Sperren hängen im großen Maße von der Disziplin des Programmierers ab.

Auf der anderen Seite gibt es noch das *Mandatory Locking* (verbindliches Sperrverfahren). Der Unterschied zum *Advisory Locking* ist, dass hier nach dem Setzen einer verbindlichen Sperre durch einen Prozess ein Zugriff durch einen anderen Prozess mittels `open()`, `read()` oder `write()` zu einem Fehler führt. *Mandatory Locking* (das auch als *Kernel Locking* bezeichnet wird) wäre natürlich theoretisch die ideale Alternative.

Hinweis

Das *Mandatory Locking* ist zwar bereits vor langer Zeit in den Linux-Kernel aufgenommen worden, aber der Code gilt als problematisch, und deswegen ist die Anwendung von *Mandatory Locks* auch absichtlich ziemlich kompliziert:[2]

1. Das Dateisystem, in dem sich die Datei befindet, muss mit der Mount-Option `mand` gemountet werden.
2. Die Datei, auf die der Lock angewendet werden soll, muss für die Gruppe die Attribute `-x+s` haben.

Ein Prozess, der auf die entsprechende Datei zuzugreifen versucht, erhält `EAGAIN` als Rückmeldung, bis der Lock aufgehoben wurde.

Die Linux-Welt konnte sich nie wirklich mit den aus der Windows-Welt übernommenen *Mandatory Locks* anfreunden, und die Kernel-Entwickler erwecken nicht den Eindruck, als wollten sie ihre Meinung dazu jemals ändern.

2 »Absichtlich«, das behaupten zumindest die Kernelentwickler.

Mandatory Locking unter Linux verwenden

Das Setzen einer solchen Sperre wird beim *Mandatory Locking* über ein spezielles Setzen des SGID-Bits (in der Kommandozeile mit `chmod g+s-x myfile`) der Dateiattribute realisiert.

Sofern Sie das anschließende Beispiel unter Linux mit einem verbindlichen Sperrverfahren ausführen wollen, müssen Sie sicherstellen, dass hier das *Mandatory*-Attribut für die Partition aktiviert ist, in der sich die Datei befindet. Hierzu muss praktisch nur ein Eintrag in */etc/fstab* verändert werden. In der vierten Spalte der entsprechenden Partition muss man nur die `mand`-Option einfügen und dem Kommando `mount` direkt übergeben. Ein Eintrag könnte z. B. so aussehen:

```
# mount
/dev/hda5 on / type ext2 (rw)
```

Ändern Sie nun diese Zeile wie folgt um:

```
/dev/hda5 on / type ext2 (rw,mand)
```

Um diese Änderungen wirksam zu machen, müssen Sie diese Partition eventuell neu mounten (für die `root`-Partition wird eventuell die Option `-n` nötig):

```
# mount -o remount /dev/hda5
```

oder auch:

```
# mount / -o remount
```

Dieser Zusatzaufwand sollte generell nur unter Linux nötig sein, da viele andere Systeme dieses Locken schon von Haus aus unterstützen.

Sperren von Dateien mit fcntl() einrichten

Der Sinn von Sperren ist es ja, dass immer nur ein Prozess in eine Datei schreiben darf. Dies wird realisiert, indem eine Schreibsperre eingerichtet wird. Sobald der Schreibvorgang beendet wurde, sollte diese Schreibsperre auch wieder aufgehoben werden. All dies lässt sich mit der Funktion `fcntl()` realisieren, die zusätzlich als drittes Argument einen Zeiger auf die Struktur `flock` bekommt:

```
int fcntl( int fd, int kommando, ...
          /* struct flock *flockzeiger */ );
```

Die Struktur `flock` ist wie folgt aufgebaut:

```
struct flock {
   short l_type;        /*  F_RDLCK (Lesesperre)          */
```

```
                        /*  F_WRLCK (Schreibsperre)         */
                        /*  F_UNLCK (Sperre aufheben)       */
   off_t l_start;       /*  relatives Offset in Byte,       */
                        /*  abhängig von l_whence           */
   short l_whence       /*  SEEK_SET,SEEK_CUR,SEEK_END      */
   off_t l_len;         /*  Größe der Speicherung in        */
                        /*  Bytes,0=Sperren bis Dateiende   */
   pid_t l_pid;         /*  wird bei F_GETLK zurückgegeben  */
};
```


Der im flock-Record mit l_type übergebene Locking-Typ ist somit immer entweder F_RDLCK für *Shared Locks* oder F_WRLCK für *Exclusive Locks*. Wird versucht, auf eine bereits exklusiv gesperrte Datei einen weiteren Lock zu setzen, kann man durch den open()-Befehl selbst entscheiden, ob man auf das Ende des blockierenden Locks warten will oder den Befehl mit einem Fehler abbrechen möchte (bei *Advisory Locking*).

Wollen Sie z. B. die ganze Datei zum Lesen oder Schreiben sperren, was in der Regel am häufigsten zutreffen wird, müssen Sie die Strukturvariablen l_start und l_whence an den Anfang der Datei setzen:

```
flockzeiger.l_start  = 0;
flockzeiger.l_whence = SEEK_SET;
```

Wenn Sie jetzt noch eine geregelte Sperre immer bis zum Dateiende haben wollen, müssen Sie nur die Strukturvariable l_len auf 0 setzen, die für eine Sperre bis zum Dateiende steht:

```
flockzeiger.l_len  = 0;
```

Die Datei ist somit immer bis zum Dateiende gesperrt, unabhängig davon, ob jetzt neuer Inhalt am Ende angefügt wurde.

Jetzt kommen wir zu den möglichen Angaben der Kommandos, die als zweites Argument an die Funktion fcntl() übergeben werden.

F_GETLK

Mit F_GETLK können Sie überprüfen, ob bereits eine Sperre für die Datei (an einer gewissen Position) spezifiziert wurde. Diese Einstellung wird mithilfe des Filedeskriptors und des Kommandos F_GETLK mit der Funktion fcntl() an eine Adresse vom Typ struct flock übergeben. Anschließend können Sie die Strukturvariable l_type auf folgende symbolische Konstanten auswerten:

Konstante	Bedeutung
F_UNLCK	Keine Sperre vorhanden
F_RDLCK	Lesesperre
F_WRLCK	Schreibsperre

Tabelle 4.8 Konstanten, mit denen die Strukturvariable »l_type« belegt sein kann

In der Praxis sieht das dann in etwa so aus:

```
struct flock sperre = {
  .type = F_RDLCK, .start = 0, .whence = SEEK_SET, .len = 0
 };

fd = open(datei, O_CREAT | O_WRONLY, 0666);
// Sperre abfragen
fcntl(fd, F_GETLK, &sperre);
// Abfrage auswerten
if(sperre.l_type == F_UNLCK) {
    // Datei nicht gesperrt
} else if(sperre.l_type == F_RDLCK) {
    // Lesesperre
} else if(sperre.l_type == F_WRLCK) {
    // Schreibsperre
}
```

Anschließend werden Sie sehen, wie man mit F_SETLK Sperren setzen kann. Natürlich ist es auch möglich, Sperren an verschiedenen Stellen zu positionieren. Um einen solchen Lock mit F_GETLK wiederzubekommen, geht man folgendermaßen vor: Man bereitet einen struct flock so vor, als ob dieser für F_SETLK verwendet werden soll (das folgt gleich), d. h. inklusive l_type, l_start und l_whence, und gibt diese für F_GETLK an, womit natürlich geprüft wird, ob bei l_start/l_whence ein l_type vorliegt.

F_SETLK

Mit dem Kommando F_SETLK können Sie eine Lese- oder Schreibsperre einrichten und auch wieder entfernen. Einrichten können Sie eine Sperre, indem Sie zuerst die Strukturvariablen von flock mit entsprechenden Werten initialisieren und anschließend als drittes Argument mit dem Funktionsaufruf fcntl() verwenden. Gelingt es nicht, eine Sperre einzurichten, bricht fcntl() ab und setzt die Fehlervariable errno auf EACCES oder EAGAIN.

In der Praxis sieht das Einrichten einer Sperre so aus:

```
sperre.l_start  = 0;
sperre.l_whence = SEEK_SET;
sperre.l_len    = 0;
sperre.l_type   = F_RDLCK;
if(fcntl(fd, F_SETLK, &sperre) == 0) {

    // Lesesperre gesetzt
}

sperre.l_start  = 0;
sperre.l_whence = SEEK_SET;
sperre.l_len    = 0;
sperre.l_type   = F_WRLCK;
if(fcntl(fd, F_SETLK, &sperre) == 0) {
    // Lesesperre gesetzt
}

sperre.l_type = F_UNLCK;
if(fcntl(fd, F_SETLK, &sperre) == 0) {
    // Sperre aufgehoben
}

/* Oder im C99-Stil: ----------------------- */
struct flock sperre = {
    .l_start  = 0,
    .l_whence = SEEK_SET,
    .l_len    = 0,
    .l_type   = F_RDLCK,
};

if(fcntl(fd, F_SETLK, &sperre) == 0) {
    // Lesesperre gesetzt
}
```

F_SETLKW

Mit diesem Kommando wird der Prozess so lange suspendiert, bis er die geforderte Sperre einrichten kann. Es handelt sich hierbei um die blockierende Version des Kommandos `F_SETLK`.

Hinweis

Wenn Sie eine Datei mit einer Schreibsperre (F_WRLCK) versehen wollen, muss die Datei auch zum Schreiben geöffnet (O_WRONLY oder O_RDWR) werden. Und umgekehrt (F_RDLCK) gilt: Wenn Sie einer Datei eine Lesesperre anhängen wollen, muss diese auch im Lesemodus (O_RDONLY oder O_RDWR) geöffnet werden. Das bedeutet auch, dass Sie nie zwei unterschiedliche Sperrtypen auf ein bestimmtes Byte festlegen können.

Hierzu sehen Sie jetzt ein Listing, das die Sperren in Dateien demonstriert. In diesem Beispiel wurden drei Funktionen geschrieben: eine, die den Status (status()) der Sperre überprüft, eine weitere, die eine Schreibsperre einrichtet (locki()), und noch eine dritte, die die Schreibsperre wieder auflöst (unlock()).

```
/* sperre.c */
#include <sys/stat.h>
#include <sys/types.h>
#include <errno.h>
#include <fcntl.h>
#include <stdio.h>
#include <stdlib.h>
#include <string.h>
#include <unistd.h>
#define FNAME "locki.lck"

static void status(struct flock *lock) {
  printf("Status: ");
  switch(lock->l_type) {
    case F_UNLCK:
      printf("F_UNLCK (Sperre aufgehoben)\n");
      break;
    case F_RDLCK:
      printf("F_RDLCK (PID: %d) (Lesesperre)\n",
         lock->l_pid);
      break;
    case F_WRLCK:
      printf("F_WRLCK (PID: %d) (Schreibsperre)\n",
         lock->l_pid);
      break;
  }
}
```

```
static void unlock(int fd, struct flock *lock) {
    memset(lock, 0, sizeof(struct flock));
    lock->l_type = F_UNLCK; /* Sperre aufheben */
    if(fcntl(fd, F_SETLK, lock) < 0)
        perror("Fehler: fcntl(fd, F_SETLK, F_UNLCK)");
    else
        status(lock);
}

static void locki(int fd, struct flock *lock) {
    memset(lock, 0, sizeof(struct flock));
    lock->l_type   = F_WRLCK;  // Schreibsperre
    lock->l_start  = 0;        // kein Offset
    lock->l_whence = SEEK_SET; // vom Anfang der Datei
    lock->l_len    = 0;        // bis zum Ende der Datei
    lock->l_pid    = getpid(); // Prozessnummer der Sperre
    if(fcntl(fd, F_SETLK, lock) < 0)
        perror("Fehler: fcntl(fd, F_SETLK, F_WRLCK)");
    else
        status(lock);
}


int main(int argc, char **argv) {
    struct flock lock;
    char puffer[100];
    int fd, n;

    fd=open(FNAME, O_WRONLY | O_CREAT | O_APPEND, S_IRWXU);
    memset(&lock, 0, sizeof(struct flock));
    fcntl(fd, F_GETLK, &lock);
    status(&lock);
    printf("\nEingabe machen: ");
    fflush(stdout);
    while((n = read(STDIN_FILENO, puffer, 100)) > 1) {
        locki(fd, &lock);
        write(fd, puffer, n);
        unlock(fd, &lock);
    }
    close(fd);
    return EXIT_SUCCESS;
}
```

Das Programm bei seiner Ausführung:

```
$ gcc -o sperre sperre.c
$ ./sperre
Eingabe machen: Hallo Welt
F_WRLCK (pid: 1072) (Schreibsperre)
F_UNLCK (Sperre aufgehoben)
Hallo nochmals
F_WRLCK (pid: 1072) (Schreibsperre)
F_UNLCK (Sperre aufgehoben)
ENTER
```

Entscheidend sind in diesem Listing folgende Zeilen:

```
while((n = read(STDIN_FILENO, puffer, 100)) > 1) {
    locki(fd, &lock);
    write(fd, puffer, n);
    unlock(fd, &lock);
}
```

Nachdem die Daten mit `read()` eingelesen wurden, wird erst eine Schreibsperre mit `locki()` eingerichtet. Somit kann im Augenblick kein anderer Prozess auf die Datei *locki.lck* schreibend zugreifen. Im nächsten Schritt kann also mit `write()` in diese Datei geschrieben werden. Nach dem Schreibvorgang kann die Datei wieder mit `unlock()` zum Schreiben für andere Prozesse freigegeben werden. Um Ihnen die Sperre in der Ausführung zu demonstrieren, bauen Sie jetzt nochmals am besten hinter der Funktion `write()` ein `getchar()` ein:

```
write(fd,puffer,n);
getchar();
```

Übersetzen Sie das Programm, und starten Sie es jetzt erneut:

```
$ gcc -o sperre sperre.c
$ ./sperre
Eingabe machen: Eine sinnvolle Zeile mehr in diesem Buch
F_WRLCK (pid: 1079) (Schreibsperre)
```

Jetzt wartet das Programm wegen dem `getchar()` auf das Drücken der [↵]-Taste. Dem Wunsch kommen Sie jetzt nicht nach, sondern öffnen eine weitere Konsole und starten das Programm erneut:

```
$ ./sperre
Eingabe machen: Was einem so einfällt
Fehler bei : fcntl(fd, F_SETLK, F_WRLCK)(Permission denied)
ENTER
```

```
Fehler : fcntl(fd, F_SETLK, F_UNLCK)  (Permission denied)
$ cat > locki.lck
Mal mit cat versuchen, in locki zu schreiben
cat: write error: Permission denied
```

Sie sehen, dass Sie keinen Zugriff auf die Datei *locki.lck* haben, solange der Prozess mit der PID 1079 den Schreibschutz nicht aufhebt. Wechseln Sie also wieder in die andere Konsole, und drücken Sie [↵]. Jetzt wird der Schreibschutz wieder aufgehoben, und in die Datei *locki.lck* kann wieder geschrieben werden.

Das Programm ist natürlich wenig anwenderfreundlich, denn anstatt zu versuchen, einfach einen Schreibschutz zu verhängen, sollten Sie in der Praxis schon zuvor den Status abfragen, bevor Sie irgendwelche Maßnahmen treffen.

Hinweis

Sofern Sie bei dem Beispiel nicht *Mandatory Locking* verwendet haben, wurden mit den *Advisory Locks* schwache Sperren verwendet. Bei diesen schwachen Sperren findet keine Überprüfung statt, ob die Systemfunktionen open(), read() und write() bei Ihrer Ausführung durch eine Sperre verhindert werden konnten. In diesem Fall liegt der weitere Programmablauf bezüglich der Sperren in Ihren Händen.

Wollen Sie sich noch intensiver mit diesem Thema befassen, finden Sie bei den MATERIALIEN ZUM BUCH noch zwei ältere Kapitel extra dazu, und zwar: *Sperren bis zum Dateiende* und *Deadlocks*.

Record Locking – Sperren einrichten mit lockf()

Eine etwas einfachere Methode als über fcntl() bietet die System V/POSIX-Funktion lockf(). Unter Linux ist lockf() zwar nur eine Schnittstelle zu fcntl(), aber der Standard gibt keine Relation zwischen den beiden vor. Mit lockf() ist es nicht möglich, zwischen Read und Write Locks zu unterscheiden; hier gibt es nur einen Typ: *Exclusive Locks*. Mit diesen kann man Segmente einer Datei für einen Prozess exklusiv sperren. Das funktioniert aber nur so lange, wie alle Prozesse, die auf die Datei zugreifen, lockf() bzw. *Exclusive Locks* verwenden. Ein kleines Anwendungsbeispiel:

```
#include <unistd.h>
lseek(fd, start, SEEK_SET);
lockf(fd, F_LOCK, 0);
```

Dabei entspricht start dem flockzeiger.l_start und die 0 dem flockzeiger.l_len aus obigem fcntl()-Unterabschnitt. Für weitere Informationen lesen Sie bitte die Manual Page.

4.3.10 Multiplexing E/A – select()

Manchmal ist es nötig, mehrere offene Filedeskriptoren (Kanäle) daraufhin abzufragen, ob Daten angekommen sind. Ein normales read() würde in diesem Fall nicht funktionieren, da es das Programm so lange blockieren würde, bis eine Eingabe gelesen wurde. Sie könnten zwar read() im nichtblockierenden Modus (O_NONBLOCK) aufrufen und jeden Filedeskriptor einzeln daraufhin überprüfen, ob Daten eingetroffen sind (was in der Regel sehr CPU-intensiv ist), oder aber Sie verwenden die Funktion select(), die extra dazu konzipiert wurde.

Ein Beispiel in der Praxis wäre ein Server, der mehrere Verbindungsendpunkte über ein FIFO oder eine *Named Pipe* gleichzeitig bedienen soll – oder gar ein Webserver, wie er in Kapitel 14, »Netzwerkprogrammierung«, auch erstellt wird. Würden Sie hier z. B. blockierende Funktionen verwenden, kann es recht ineffizient sein und ein wenig dauern, bis Daten eintreffen. Und was ist mit den Verbindungsendpunkten (Filedeskriptoren), an denen schon längst Daten angekommen sind?

Betrachten Sie hierzu die Syntax der Funktion select() und die dazugehörenden Makros:

```
#include <sys/select.h>

int select(int mp_fd, fd_set *readfds, fd_set *writefds,
           fd_set *exceptfds, struct timeval *timeout);

FD_CLR(int fd, fd_set *set);
FD_ISSET(int fd, fd_set *set);
FD_SET(int fd, fd_set *set);
FD_ZERO(fd_set *set);
```

Die Funktion select() wartet bei einer Reihe von Filedeskriptoren darauf, dass sich der Zustand von mindestens einem ändert. Dabei wird zwischen drei unabhängigen Mengen von Filedeskriptoren unterschieden:

- readfds – Es wird geprüft, ob Zeichen zum Lesen angekommen sind.
- writefds – Es wird geprüft, ob Zeichen geschrieben werden können.
- exceptfds – Es wird geprüft, ob ein außergewöhliches Ereignis vorgekommen ist.

Die Makros werden zur Bearbeitung der drei Mengen verwendet. Vor jedem Aufruf von select() muss die Menge mit FD_ZERO() gelöscht werden. Einen Filedeskriptor zur Menge können Sie mit FD_SET() hinzufügen und mit FD_CLR() entfernen.

Nachdem Sie alle zu überwachenden Deskriptoren den gewünschten Mengen hinzugefügt haben, können Sie die Funktion select() aufrufen. Diese ändert die Mengen so, dass nur noch die Deskriptoren darin vorhanden sind, von denen entweder gelesen oder zu denen geschrieben werden kann bzw. wo etwas passiert ist. Wollen Sie wissen, ob ein Deskriptor noch in der Menge vorhanden ist, können Sie dies mit dem Makro FD_ISSET() abfragen.

Neben den Mengen werden zwei weitere Parameter an `select()` übergeben:

- `n` – Hier geben Sie die höchste Nummer (plus 1) des in der Menge vorhandenen Filedeskriptors an. Dabei sind alle drei Mengen gemeint. Es schadet nicht, eine höhere Nummer anzugeben (z. B. gleich `OPEN_MAX`), jedoch braucht der Kernel ein paar Ticks länger, um die größere Anzahl an Deskriptoren zu überprüfen. Verfallen Sie daher nicht darauf, nur `OPEN_MAX` zu verwenden.
- `timeout` – Damit geben Sie an, wie lange `select()` warten soll, bis sich einer der Deskriptoren geregt hat. Geben Sie hierbei `NULL` an, blockiert `select()` so lange, bis dies passiert ist. Geben Sie für beide Werte der Struktur `timeval` 0 an, kehrt `select()` nach dem Überprüfen aller vorhandenen Filedeskriptoren sofort wieder zurück. Hiermit wird praktisch echtes Polling ohne Blockieren erreicht. Die dritte Möglichkeit ist gegeben, wenn Sie eine oder beide Strukturvariablen mit einem Wert initialisieren. `select()` kehrt dann zurück, wenn die mit `timeout` angegebene Zeit abgelaufen ist oder wenn ein Filedeskriptor aus der Menge bereit für eine Ein-/Ausgabe ist (oder `select()` durch ein Signal unterbrochen wurde).

Bei Erfolg gibt `select()` die Anzahl der Filedeskriptoren zurück, deren Status sich geändert hat. Wenn ein Fehler aufgetreten ist, wird `-1` zurückgegeben und `errno` entsprechend gesetzt. Die Mengen und `timeout` befinden sich dann in einem undefinierten Zustand (sind z. B. nur teilweise gefüllt), auf ihren Inhalt sollte man sich also bei einem Fehler nicht mehr verlassen. (`timeout` soll nach `select()` bis zu einer potenziellen Wiederbelegung für den nächsten `select()`-Aufruf nicht mehr gelesen werden; siehe Manual-Page.) Wird hingegen `0` zurückgegeben, bedeutet dies, dass kein Filedeskriptor für die Ein-/Ausgabe bereit ist. `0` tritt auch auf, wenn der Timeout abgelaufen ist, bevor ein Filedeskriptor bereit war.

> **Hinweis**
> Bei richtiger Anwendung kann mit der Funktion `select()` ein einfaches Multiplexing erzeugt werden. Dies ist ansonsten nur möglich, wenn man noch weitere Prozesse (mit `fork()`) oder Threads startet.

Ein tiefgründiges Listing hierzu würde dem Leser, der noch nicht mit dem Thema vertraut ist, bis zum jetzigen Kapitel ein wenig zu viel abverlangen. Hierauf gehen wir in Kapitel 14, »Netzwerkprogrammierung«, noch ein. Das folgende Beispiel demonstriert, wie Sie die Standardeingabe »pollen« können. Dabei blockiert `select()` so lange, bis Sie (nach einer Eingabe) die [↵]-Taste gedrückt haben. Wenn die [↵]-Taste nicht binnen fünf Sekunden gedrückt wird, bricht der eingerichtete *Timeout* `select()` ab.

```
/* poll_stdin_time.c */
#include <sys/types.h>
#include <sys/time.h>
#include <stdio.h>
```

```
#include <unistd.h>

static int poll_stdin_time(int sekunden) {
  struct timeval timeout;
  fd_set read_fds;

  FD_ZERO(&read_fds);
  FD_SET(STDIN_FILENO, &read_fds);
  timeout.tv_sec = sekunden;
  timeout.tv_usec = 0;
  return select( STDIN_FILENO + 1, &read_fds, NULL,
                 NULL, &timeout );
}

/* oder im C99-Standard:
static int poll_stdin_time(int sekunden) {
  struct timeval timeout={.tv_sec = sekunden, .tv_usec = 0};
  fd_set read_fds;

  FD_ZERO(&read_fds);
  FD_SET(STDIN_FILENO, &read_fds);
  return select( STDIN_FILENO + 1, &read_fds, NULL,
                 NULL, &timeout );
}
*/
int main(void) {
    int ret;
    printf("Warte 5 Sek. auf Eingabe (ENTER-Taste)!\n");
    ret = poll_stdin_time(5);
    if(ret == 0)
       printf("Zeit abgelaufen\n");
    else if(ret == 1)
       printf("Danke!!!\n");
    else
       perror("select()");
    return 0;
}
```

Das Listing bei der Ausführung:

```
$ gcc -o poll_stdin_time poll_stdin_time.c
$ ./poll_stdin_time
Warte 5 Sek. auf Eingabe (ENTER-Taste)!
```

```
ENTER
Danke!!!
$ ./poll_stdin_time
Zeit abgelaufen
```


4.3.11 Unterschiedliche Operationen – ioctl()

Der `ioctl()`-Systemaufruf ist eine Funktion, die für viele Arten von E/A-Operationen (und nicht nur dafür) einsetzbar ist. Hier sehen Sie die Syntax dazu:

```
#include <unistd.h>      /* SVR4       */
#include <sys/ioctl.h>  /* Linux, BSD */

int ioctl( int fd, int operation ...);
```

Als erstes Argument geben Sie den Filedeskriptor an, auf den die Operation durchgeführt werden soll, die als zweites Argument angegeben wird. Schlägt der Systemaufruf fehl, gibt `ioctl()` den Wert `-1` zurück. Zu den wirklich unzählig vielen Operationen möchten wir Sie auf die Manual-Pages (`ioctl_list(2)`) verweisen. Auf die Funktion `ioctl()` gehen wir noch intensiver in Kapitel 7, »Devices – eine einfache Verbindung zur Hardware«, ein.

Sie können mit dieser Funktion praktisch auf einfachste Weise auf die Hardware im System zugreifen, ohne direkt auf Hardware-Ebene programmieren zu müssen. Hierzu sehen Sie ein einfaches Beispiel, das demonstriert, wie Sie auf Ihr CD-ROM-Laufwerk zugreifen und die CD auswerfen (Eject) können:

```
/* openCD.c */
#include <sys/ioctl.h>
#include <sys/stat.h>
#include <sys/types.h>
#include <fcntl.h>
#include <stdio.h>
#include <unistd.h>
#include <linux/cdrom.h>

/* Bitte anpassen, falls notwendig */
#define CDROM "/dev/cdrom"

int main(int argc, char **argv) {
    int fd, rc;
    if((fd = open(CDROM, O_RDONLY)) < 0) {
        fprintf(stderr, "Konnte %s nicht öffnen\n",CDROM);
        return 1;
    }
```

```
    if((rc = ioctl(fd, CDROMEJECT)) != 0) {
      perror("Konnte CD-ROM nicht auswerfen\n");
      return 1;
    }
    close(fd);
    return 0;
}
```

In modernen Kernel werden alle CD-ROM-Laufwerke wie SCSI-Laufwerke behandelt und werden daher auf */dev/sr0* usw. gemappt. Fast alle Distributionen erzeugen einen Symlink */dev/cdrom*, doch nicht selten zeigt der Symlink irgendwo in die Gegend – Sie müssen ihn notfalls anpassen, oder Sie ändern die Pfadangabe im Programmcode.

Hinweis

`ioctl()` ist nur Bestandteil von SVR4 und BSD, nicht aber von POSIX.1. Allerdings unterscheiden sich die Parameter je nach dem zugrunde liegenden Gerät, sodass eine Standardisierung überhaupt nicht zum Zuge kommt.

4.3.12 Lesen und Schreiben mehrerer Puffer – writev() und readv()

Spezielle Lese- und Schreibfunktionen stehen Ihnen mit den POSIX-Funktionen `readv()` und `writev()` zur Verfügung. Mit diesen Funktionen ist es möglich, mehrere nicht zusammenhängende Puffer auf einmal zu schreiben oder zu lesen. Es liegt somit auf der Hand, dass ein einzelner `writev()`- oder `readv()`-Aufruf wesentlich schneller ist als zwei oder mehrere `write()`- oder `read()`-Aufrufe.

Das Prinzip dieser Funktion ist recht einfach und würde sich auch relativ leicht selbst nachbilden lassen. Beim Lesen mit `writev()` werden Daten in einem speziellen Puffer (genauer in der Struktur `iovec`) gesammelt und dann mit einem Rutsch mit `writev()` in eine Datei geschrieben.

Ähnlich ist dies auch bei der Funktion `readv()`. Hierbei werden die einzelnen Daten aus einer Datei gelesen und nacheinander auf die einzelnen Puffer verteilt.

Hier ist die Syntax dieser beiden Funktionen:

```
#include <sys/uio.h>

ssize_t readv( int fd, const struct iovec *iov,
               int anz_iov );
ssize_t writev( int fd, const struct iovec *iov,
                int anz_iov );
```

Als erstes Argument übergeben Sie diesen Funktionen einen geöffneten Filedeskriptor. Das zweite Argument ist die Adresse eines Arrays, genauer gesagt eines Strukturarrays mit dem Datentyp `struct iovec`, der wie folgt aussieht:

```
struct iovec {
    void *iov_base; // Anfangsadresse des Puffers
    size_t iov_len; // Länge des Puffers
};
```

Mit dieser Struktur ist es dann möglich, Daten unterschiedlichen Typs (da `void*`) und unterschiedlicher Länge auf einmal zu schreiben bzw. zu lesen.

Beide Funktionen geben die Anzahl erfolgreich gelesener bzw. geschriebener Bytes zurück. Bei einem Fehler wird `-1` zurückgeliefert. Erreicht `readv()` das Dateiende oder sind keine Daten mehr zum Lesen vorhanden, wird `0` zurückgegeben.

Hier folgt ein einfaches Beispiel, das demonstriert, wie Sie den Puffer mit Daten füllen und in einem Schreibvorgang in eine Datei schreiben können:

```
/* write_vec.c */
#include <sys/stat.h>
#include <sys/types.h>
#include <sys/uio.h>
#include <fcntl.h>
#include <stdio.h>
#include <stdlib.h>
#include <string.h>
#include <unistd.h>
#define MAX 3 // Anzahl der Elemente

int main(int argc, char **argv) {
  mode_t mode = S_IRUSR|S_IWUSR|S_IRGRP|S_IWGRP|S_IROTH;
  const char *str[] = {"Ein Teststring\n", "Noch einer\n",
    "Der Letzte im Bunde\n"};
  struct iovec vec[MAX];
  ssize_t length = 0;
  int fd, i;


  //unlink("test");
  umask(0);
  fd = open("test", O_WRONLY | O_CREAT | O_EXCL, mode);
  if(fd == -1) {
      perror("open()");
      return EXIT_FAILURE;
```

```
    }
    // Einzelne Daten in die Struktur legen
    for(i = 0; i < MAX; ++i) {
        vec[i].iov_base = (void *)str[i];
        vec[i].iov_len  = strlen(str[i]);
        length += strlen(str[i]);
    }
    // Jetzt in die Datei schreiben
    if(writev(fd, vec, MAX) != length) {
        perror("writev()");
        return EXIT_FAILURE;
    }
    close(fd);
    return EXIT_SUCCESS;
}
```

Das Programm bei seiner Ausführung:

```
$ gcc -o write_vec write_vec.c
$ ./write_vec
$ cat test
Ein Teststring
Noch einer
Der Letzte im Bunde
```

4.3.13 Übersicht zu weiteren Funktionen, die den Filedeskriptor verwenden

Die Low-Level-Funktionen haben wir zwar schon recht flott durchgenommen, aber jetzt ist es an der Zeit, noch ein wenig mehr aufs Gaspedal zu treten. Die wichtigsten Funktionen kennen Sie jetzt zumindest ansatzweise, und Sie wissen, wozu diese zu verwenden sind – was auch zum Verständnis der weiteren Kapitel nötig ist. Aber schließlich wollen Sie noch mehr lernen, als nur die trockene Theorie zu pauken. Außerdem hat Linux noch eine ganze Menge mehr zu bieten.

fsync()

Verwenden Sie beim Systemaufruf `open()` das Flag `O_SYNC`, wird bei jedem Schreiben aller Daten, die sich noch in Puffercaches befinden, auf die Beendigung des Schreibvorgangs gewartet. Gleiches gilt für nachträgliches Setzen des Flags `O_SYNC` mit `fcntl()`. Wollen Sie allerdings nicht, dass auf jeden Schreibvorgang gewartet wird, sondern soll nur dann gewartet werden, wenn Sie es wollen (z. B. bei extrem kritischen Daten), so können Sie die Funktion fsync() verwenden. Damit wird nur zum Zeitpunkt des Aufrufs einmal alles herausgeschrieben und gewartet, vorausgesetzt, Sie haben die Datei nicht sowieso im O_SYNC-Modus geöffnet. Hier sehen Sie die Syntax der Funktion:

```
#include <unistd.h>

int fsync(int fd) ;
```

Die Funktion fsync() benötigt als Argument den Filedeskriptor, auf dem die Aktion ausgeführt werden soll. Ist der Aufruf erfolgreich, wird 0 zurückgegeben, ansonsten bei einem Fehler -1.[3]

ftruncate()

Um eine Datei zu beschneiden, steht Ihnen die Funktion ftruncate() zur Verfügung:

```
#include <sys/types.h>
#include <unistd.h>

int ftruncate( int fd, off_t cut );
```

Damit wird die Datei mit dem Filedeskriptor auf cut Bytes zurechtgestutzt. Hat die Datei mehr als cut Bytes, wird diese Datei gekürzt. Der Rest der Datei ist somit nicht mehr verfügbar. Hat die Datei weniger als cut Bytes, ist das Verhalten systemabhängig. In SVR4 z. B. wird die Datei um cut Bytes verlängert. Bei BSD hingegen passiert in diesem Fall gar nichts. Linux füllt die Datei mit Null-Bytes auf (also ähnlich wie bei SVR4), jedoch beansprucht eine solch erweiterte Datei (noch) keinen weiteren Festplattenplatz:

```
ftruncate(fd, 1048576 * 100);
```

Angenommen, man würde eine Datei unter 100 MB mit diesem Befehl bearbeiten, so würde ls die 100 MB anzeigen, du jedoch immer noch den tatsächlichen verbrauchten Platz. Dies ist möglich, da per Definition ein Erweitern über ftruncate() mit Null-Bytes gepaddet wird. Da Sie dies wissen, können Sie diese Bytes auch einsparen, bis sie mit etwas anderem gefüllt werden. Diese Technik nennt sich *Sparse Files* (und ist die einzige Möglichkeit, um eine »478-TB«-Datei auf einem 4-TB-Datenträger anzulegen). Dabei können solche »Lücken« nicht nur am Dateiende existieren, z. B. durch:

3 Die Funktion kann je nach Umgebung unterschiedlich funktionieren, bei einigen Dateisystemen scheint sie wie der Befehl sync() ein komplettes Herausschreiben aller vorhandenen Dateipuffer zu bewirken – und damit einen unter Umständen sekundenlangen Schreibburst, währenddessen nichts anderes passiert als eben dieses Herausschreiben. Aus diesem Grund betrachten viele die Verwendung beider Befehle als »schlechtes Benehmen«.

```
/* fangen wir mit irgendeiner 0-bytigen Datei an */
ftruncate(fd, 0);
ftruncate(fd, 1048576 * 100);
lseek(fd, 1048576, SEEK_SET);
putc('x', fd);
```

Somit hätten Sie von 0–1048575 und von 1048577 (in Wirklichkeit 1048576 + ein bisschen weiter) bis zum Dateiende eine Lücke.

Bei einem Fehler liefert diese Funktion -1 und bei Erfolg 0 zurück.

Der Aufruf der Funktion im Stil von

```
ftruncate(fd , 0);
```

kommt einem Aufruf der Funktion open() mit dem Flag O_TRUNC gleich. In beiden Fällen wird der Inhalt der Datei gelöscht. Beachten Sie, dass beide Methoden erfordern, dass die Datei im vorhandenen Zustand geöffnet werden kann,[4] und dass sie *seekable* ist (also der Befehl lseek() auf ihr benutzt werden kann – was bei Pipes zum Beispiel nicht der Fall ist). Wenn Sie nicht wissen, was die Datei enthält – es könnte sich ja auch zum Beispiel um eine Kette von Symlinks handeln – und sich auch nicht damit aufhalten wollen, macht es mehr Sinn, sie vor dem ersten Zugriff zu löschen, und zwar mit unlink(). In dem Falle müssten Sie sich aber darum kümmern, dass eventuell vom Benutzer veränderte Zugriffsrechte erhalten bleiben.

truncate()

Nebst ftruncate() gibt es auch noch truncate(), das als ersten Parameter statt eines Deskriptors einen Dateinamen erwartet.

fstat() und fchmod(), chmod()

Das Erfragen von Dateiattributen können Sie mit der Funktion fstat() realisieren. Es wird dann zwar die Version der höheren Ebene verwendet, aber außer dem ersten Argument, das bei der niedrigeren Ebene ein Filedeskriptor und bei der höheren Ebene ein Pfadname ist, besteht dabei kein Unterschied. Hier sehen Sie die Syntax der Funktion:

```
#include <sys/types.h>
#include <sys/stat.h>

int fstat(int fd, struct stat *sb);
```

Verlief der Funktionsaufruf erfolgreich, wird 0, ansonsten bei einem Fehler -1 zurückgegeben.

4 Das kann zum Beispiel schiefgehen, wenn die Datei größer als 4 GB ist und Sie sich auf einem 32-Bit-System befinden.

Um die Zugriffsrechte einer Datei zu ändern, stehen Ihnen die Funktionen fchmod() und chmod() zur Verfügung:

```
#include <sys/types.h>
#include <sys/stat.h>

int fchmod(int fd, mode_t mode);
int chmod(const char *name, mode_t mode);
```

Damit ändern Sie die Zugriffsrechte auf dem offenen Filedeskriptor, die Sie mit mode angeben. Dabei können Sie zum Verändern der Zugriffsrechte dieselben Konstanten und dieselbe Vorgehensweise verwenden, die Sie bereits bei der Funktion open() (in Abschnitt 4.3.1) kennengelernt haben. Beim erfolgreichen Verändern der Rechte wird 0, ansonsten bei einem Fehler -1 zurückgegeben. chmod() funktioniert genauso wie fchmod(), nur wird als erstes Argument der Dateiname (eventuell mitsamt Pfad) anstatt eines Filedeskriptors angegeben.

Hinweis

Natürlich dürfen echte chmod'er statt der symbolischen Konstanten auch die oktale Version der Zugriffsrechte verwenden, z. B. fchmod(fd, 0644).

fileno()

Benötigen Sie zu einem offenen FILE-Stream einen Filedeskriptor, können Sie die Funktion fileno() verwenden:

```
#include <stdio.h>

int fileno(FILE *fp);
```

Bei erfolgreicher Ausführung von fileno() erhalten Sie den Integer-Filedeskriptor zum Stream. fp. fileno() ist z. B. erforderlich, falls eine Datei mit fopen() geöffnet wurde, um den Stream für Funktionen einzusetzen, die einen Filedeskriptor benötigen.

Bei fileno() handelt es sich natürlich um eine Funktion der höheren Ebene (*High Level*).

fdopen()

Die Funktion fdopen() ist das Gegenstück der Funktion fileno(). Damit erhalten Sie aus einem geöffneten Filedeskriptor einen FILE-Stream. Die Syntax hierzu lautet:

```
#include <stdio.h>

FILE *fdopen(int fd, const char *modus);
```

Als modus, wie die Datei geöffnet wird, können dieselben Modi wie bei der Funktion open() verwendet werden.

fdopen() wird gewöhnlich auf Filedeskriptoren verwendet, die von Funktionen zurückgegeben werden, die Pipes und Kommunikationskanäle in Netzwerken einrichten. Das kommt daher, weil einige Funktionen (open(), dup(), dup2(), fcntl(), pipe() ...) in Netzwerken nichts mit Streams anfangen können und Filedeskriptoren benötigen. Um aber wieder aus Deskriptoren einen Stream (FILE-Zeiger) zu erzeugen, ist die Funktion fdopen() erforderlich.

Im Gegensatz zu fileno(), die »nur« den Filedeskriptor zurückgibt, erstellt fdopen() ein neues FILE-Objekt, weshalb man fdopen() nur einmal aufrufen sollte, da es ja die Parallelfunktion zu fopen() ist.

4.4 Standard-E/A-Funktionen

Zu Beginn des Buches haben wir Sie bereits darauf hingewiesen, dass Sie sich mit der Programmiersprache C auskennen müssen, um mit der Linux-Pogrammierung beginnen zu können. Jedes gute Einsteiger-Buch zur C-Programmierung behandelt die grundlegenden Standard-E/A-Funktionen, und somit setzen wir voraus, dass Sie damit schon vertraut sind. Daher werden Sie auf den folgenden Seiten nur eine Schnellübersicht über die einzelnen Funktionen erhalten.

Die Funktionen, die hier beschrieben werden, sind in der Headerdatei *<stdio.h>* definiert und größtenteils von ANSI C vorgeschrieben. Der Vorteil dieser Funktionen gegenüber den elementaren Funktionen ist, dass sie auch auf Betriebssystemen jenseits von Linux/UNIX vorhanden sind und Sie sich daher relativ wenig um Low-Level-E/A kümmern müssen, da mit optimal eingestellten Puffern gearbeitet wird.

4.4.1 Der FILE-Zeiger

Der große Unterschied zwischen den elementaren Funktionen und den Standard-E/A-Funktionen besteht darin, dass die Standardfunktionen einen Zeiger vom Typ FILE statt eines Filedeskriptors verwenden. Dabei handelt es sich um eine Struktur, die *in etwa* wie folgt aussieht:

```
typedef struct _iobuf {
  char*   _ptr;
  int     _cnt;
  char*   _base;
  int     _flag;
  int     _file;
  int     _charbuf;
```

```
  int     _bufsiz;
  char*   _tmpfname;
} FILE;
```

Darin sind Informationen enthalten wie:

- Anfangsadresse des Puffers
- Puffergröße
- aktueller Pufferzeiger
- Filedeskriptor
- Position des Schreib-/Lesezeigers
- Fehlerflag
- EOF-Flag

Wie Sie sicherlich bemerkt haben, verwenden die Standard-E/A-Funktionen auch einen Filedeskriptor. Daraus lässt sich schließen (Sie wissen es bereits), dass die Standardfunktionen auf den elementaren Funktionen aufgebaut sind.

> **Hinweis**
> Bei dem FILE-Zeiger spricht man auch von einem Datenstrom (*Stream*).

Natürlich gibt es auch hierbei die drei vordefinierten Standardstreams, die jeder Prozess automatisch bereitstellt:

- `FILE *stdin` – Der Standardeingabestrom ist auf die Tastatur voreingestellt.
- `FILE *stdout` – Der Standardausgabestrom ist auf den Monitor voreingestellt.
- `FILE * stderr` – Der Standardausgabestrom für Fehlermeldungen ist auf den Monitor voreingestellt.

4.4.2 Öffnen und Schließen von Dateien

Es gibt folgende Funktionen zum Öffnen und Schließen unter der Verwendung des FILE-Zeigers:

```
FILE *fopen(const char *pfad, const char *mode);
FILE *fdopen(int fd, const char *mode);
FILE *freopen(const char *pfad, const char *mode, FILE *stream);
int fclose(FILE *stream);
```

Abgesehen von der Funktion `fdopen()` (wir haben sie bereits beschrieben) sind alle Funktionen Teil des ANSI-C-Standards. Bei allen Funktionen, mit Ausnahme von `fclose()`, wird im Falle eines Fehlers `NULL`, ansonsten der `FILE`-Zeiger zurückgegeben.

Die Funktion `fopen()` öffnet eine Datei, die mit `pfad` angegeben wurde, im Modus `mode`. Die einzelnen Modi finden Sie in Tabelle 4.9 aufgelistet.

Mit der Funktion `freopen()` können Sie eine Datei mit einem bereits existierenden Stream öffnen. Dabei wird versucht, erst diesen Stream (drittes Argument) zu schließen. Fehler beim Schließen werden dabei ignoriert! Anschließend wird versucht, diesen Stream der Datei `pfad` zuzuordnen. `freopen()` wird vorwiegend eingesetzt, um die Streams `stdin`, `stdout` und `stderr` umzuleiten.

Mit `fclose()` schließen Sie die Datei wieder. Zuvor werden alle noch nicht geschriebenen Daten im Ausgabepuffer in die entsprechende Datei geschrieben. Der Eingabepuffer hingegen wird geleert.

Hier folgt jetzt die versprochene Tabelle mit den Modi, die bei den eben erwähnten Funktionen für den Parameter `mode` verwendet werden können.

Mode	Lesen	Schreiben	Position	Inhalt gelöscht	Datei erzeugen	Binär/ Text
`r`	ja	nein	Anfang	nein	nein	Text
`r+`	ja	ja	Anfang	nein	nein	Text
`w`	nein	ja	Anfang	ja	ja	Text
`w+`	ja	ja	Anfang	ja	ja	Text
`a`	nein	ja	Ende	nein	ja	Text
`a+`	ja	ja	Ende	nein	ja	Text
`rb`	ja	nein	Anfang	nein	nein	Binär
`rb+`, `r+b`	ja	ja	Anfang	nein	nein	Binär
`wb`	nein	ja	Anfang	ja	ja	Binär
`wb+`, `w+b`	ja	ja	Anfang	ja	ja	Binär
`ab`	nein	ja	Ende	nein	ja	Binär
`ab+`, `a+b`	ja	ja	Ende	nein	ja	Binär

Tabelle 4.9 Modi zum Öffnen für den »FILE«-Zeiger

Hinweis

Auf anderen Plattformen als UNIX/Linux ist die Unterscheidung zwischen Text- und Binärdaten durchaus sinnvoll, aber unter Linux wird `b` für Binärdaten und (hin und wieder auch anzutreffen) `t` für Textdaten ignoriert.

Beachten Sie bitte, dass Daten so eingelesen werden, wie sie sind. Das heißt, wenn Sie als Locale-Einstellung beispielsweise *UTF-8* haben und die Datei in *Latin1* kodiert ist, bleibt das auch so.

Konversionen sind Sache des Programmierers.

4.4.3 Formatierte Ausgabe

Zur formatierten Ausgabe auf einem Stream steht Ihnen die ganze `printf()`-Familie zur Verfügung. Mit diesen Funktionen dürfte auch niemand Probleme haben, selbst wenn er nur geringe Erfahrungen in C hat. Tabelle 4.10 bietet einen Überblick über die nötigsten `printf`-Varianten und deren Bedeutung:

Syntax	Bedeutung
`int printf( const char *format, ... );`	Formatiert das Schreiben von Text in `stdout`.
`int fprintf( FILE *stream, const char *format, ... );`	Formatiert das Schreiben von Text in einen Stream.
`int sprintf( char *string, const char *format, ... );`	Formatiert das Schreiben von Text in einen String.
`int snprintf( char *string, size_t size, const char format, ... );`	Formatiert das Schreiben von Text in einen String mit Längenbegrenzung (`size`).

Tabelle 4.10 »printf()«-Varianten zur formatierten Ausgabe

Alle Funktionen geben die Anzahl der erfolgreich geschriebenen Zeichen oder bei einem Fehler einen negativen Wert zurück. Außerdem wird empfohlen, `sprintf()` zu vermeiden, da diese Funktion keine Längenüberprüfung vornimmt und somit anfällig für Buffer Overflows (und dadurch Stack Smashes) ist. Verwenden Sie stattdessen die `n`-Version `snprintf()`, sofern diese vorhanden ist. Sollte dies nicht der Fall sein, so empfiehlt sich ein »portables printf«, das Sie Ihrem Projekt hinzufügen können.

Neben diesen `printf`-Versionen gibt es noch die `v`-Versionen, mit denen der Funktion eine in der Länge variable Argumentenliste übergeben wird. Tabelle 4.11 zeigt die `v`-Versionen von `printf`:

Syntax	Bedeutung
`int vprintf( const char *format, va_list ap );`	Formatiert das Schreiben auf `stdout` mit Argumentenzeiger.
`int vfprintf( FILE *stream, const char *format, va_list ap );`	Formatiert das Schreiben in einen Stream mit Argumentenzeiger.
`int vsprintf( char *string, const char *format, va_list ap );`	Formatiert das Schreiben in einen String mit Argumentenzeiger.
`int vsnprintf( char *string, size_t size, const char format, va_list ap );`	Formatiert das Schreiben in einen String mit Argumentenzeiger inklusive einer Längenbegrenzung (`size`).

Tabelle 4.11 Weitere »printf()«-Versionen mit »<stdarg.h>«

Bei den `v`-Versionen der `printf`-Familie müssen Sie die Headerdatei *<stdarg.h>* mit einbinden. Auch bei diesen `printf`-Versionen wird die Anzahl der erfolgreich geschriebenen Zeichen oder bei einem Fehler ein negativer Wert zurückgegeben.

Hinweis

Es ist noch anzumerken, dass es außerhalb des ANSI-C-Standards noch eine Reihe weiterer `printf()`-Funktionen gibt, z. B. `asprintf()`, `vasprintf()`, `asnprintf()` und `vasnprintf()`.

4.4.4 Formatierte Eingabe

Das Gegenstück zur `printf`-Familie ist die `scanf`-Familie, die zur formatierten Eingabe aus einem Stream konzipiert wurde. Auch hierbei gibt es verschiedene Versionen: die normale, die `f`-Versionen und die `s`-Verisonen.

Hinweis

Funktionen, die mit `f` beginnen, beziehen sich auf einen beliebigen Stream. Die Funktionen mit `s` stehen für die String-Versionen, und `v` steht für den Argumentenlistenzeiger. Die Versionen ohne eine Bezeichnung verwenden in der Regel den Standardstream, was bei `scanf()` `stdin` und bei `printf()` `stdout` wäre. Sie sehen also, dass sich die Leute vom ANSI-C-Komitee etwas bei der Namenskonvention gedacht haben. Natürlich können `f`-Versionen auch für die Standardstreams verwendet werden.

Tabelle 4.12 bietet einen Überblick über die scanf-Versionen zur formatierten Eingabe:

Syntax	Bedeutung
`int scanf( const char *format, ... );`	Formatiertes Lesen von stdin
`int fscanf( FILE *stream, const char *format,... );`	Formatiertes Lesen aus einem beliebigen Stream
`int sscanf( const char *string, const char *format, ... );`	Formatiertes Lesen aus einem String

Tabelle 4.12 »scanf()«-Varianten zur formatierten Eingabe

Alle Funktionen geben die Anzahl der gelesenen Zeichen oder bei einem Fehler EOF zurück.

4.4.5 Binäres Lesen und Schreiben

Als wahrer Zwitter lassen sich die Funktionen fread() und fwrite() bezeichnen, da diese Funktionen weder zu 100 % in die höhere noch in die niedrigere Ebene zu passen scheinen. Die Daten werden dabei im Binärmodus mit einer festen Satzstruktur bearbeitet. Damit können Sie mit fread() und fwrite() ganze Speicherblöcke lesen bzw. schreiben. Die Syntax dazu lautet:

```
#include <stdio.h>

size_t fread(void *ptr, size_t blkgroesse,
             size_t blkanzahl, FILE *stream);

size_t fwrite(const void *ptr, size_t blkgroesse,
              size_t blkanzahl, FILE *stream);
```

Beide Funktionen geben bei Erfolg die Anzahl der gelesenen bzw. geschriebenen Blöcke (nicht Bytes) zurück. Das erste Argument ist der Puffer, aus dem gelesen oder in den geschrieben werden soll. Mit dem zweiten Argument geben Sie die Blockgröße an, die gelesen bzw. geschrieben werden soll. Das dritte Argument erwartet die Anzahl der Blöcke mit Blockgröße, und das letzte Argument ist der Stream, aus dem gelesen bzw. in den geschrieben werden soll. Eine Fehlerüberprüfung sollten Sie mit den Funktionen feof() und ferror() einrichten, um zu erfahren, was schiefgelaufen ist.

4.4.6 Zeichen- und zeilenweise Ein-/Ausgabe

Zur zeichen- und zeilenweisen Ein-/Ausgabe sind eine Menge Funktionen vorhanden. Diese Funktionen gibt es in zwei Geschmacksrichtungen, und zwar jeweils für Zeichen und andererseits für Strings. Hier sehen Sie die Syntax dieser Funktionen:

```
#include <stdio.h>

int fgetc( FILE *stream );
char *fgets(char *s, int size, FILE *stream );
int getc( FILE *stream );
int getchar(void );
char *gets( char *s );

int ungetc( int c, FILE *stream );

int fputc( int c, FILE *stream );
int fputs( const char *s, FILE *stream );
int putc( int c, FILE *stream );
int putchar( int c );
int puts( char *s );
```

Jede Funktion, die ein `int` liefert, gibt bei einem Fehler einen negativen Wert (`EOF`) zurück. Die Funktionen, die einen Zeiger auf ein `char` liefern, geben entweder die Anfangsadresse eines Strings zurück oder bei einem Fehler `NULL`. In Tabelle 4.13 sind diese Funktionen und ihre Eigenschaften nochmals zusammengefasst.

Funktion	E/A	Größe	Stream	Newline
fgetc	Eingabe	Zeichen	alle	–
fgets	Eingabe	Zeile	alle	behalten
getc	Eingabe	Zeichen	alle	–
getchar	Eingabe	Zeichen	stdin	–
gets	Eingabe	Zeile	stdin	entfernt
ungetc	weder noch	Zeichen	alle	–
fputc	Ausgabe	Zeichen	alle	–
fputs	Ausgabe	Zeile	alle	ohne

Tabelle 4.13 Zeichen- und zeilenweise E/A-Funktionen

Funktion	E/A	Größe	Stream	Newline
putc	Ausgabe	Zeichen	alle	–
putchar	Ausgabe	Zeichen	stdout	–
puts	Ausgabe	Zeile	stdout	mit

Tabelle 4.13 Zeichen- und zeilenweise E/A-Funktionen (Forts.)

Es wird außerdem empfohlen, ganz auf die Funktion gets() zu verzichten und stattdessen die Funktion fgets() zu verwenden. gets() hat keine Längenbegrenzung und ist somit auch für Buffer Overflows anfällig. Beachten Sie außerdem, dass fgets() das Newline-Zeichen anders behandelt als gets(). Weil beim Einlesen von der Standardeingabe mit fgets() auch das '\n'-Zeichen mit eingelesen wird, verwenden einige Programmierer – sei es aus Faulheit oder mangelndem Wissen – die Funktion gets(), die kein Newline-Zeichen anfügt.

Die Funktion ungetc() schiebt ein einzelnes Zeichen zurück in die Eingabewarteschlange, so dass man es mit dem nächsten getc() abholen kann. Ein solches Vorgehen ist hilfreich, wenn man unsicher ist, welches Zeichen aktuell folgt, zum Beispiel beim Parsen von Eingaben.

4.4.7 Status der Ein-/Ausgabe überprüfen

Mit den Funktionen feof() und ferror() können Sie den aktuellen Status eines Streams überprüfen. Hier sehen Sie die Syntax dazu:

```
#include <stdio.h>

int feof( FILE *stream );
int ferror( FILE *stream );
void clearerr( FILE *stream );
```

Die Funktion feof() gibt einen Wert ungleich 0 zurück, wenn das EOF-Flag gesetzt ist. Ebenso gibt die Funktion ferror() einen Wert ungleich 0 zurück, wenn das Fehlerflag gesetzt ist. Wollen Sie eine der beiden Funktionen nochmals auf einem Stream verwenden, müssen Sie das EOF-Flag bzw. das Fehlerflag mit der Funktion clearerr() wieder löschen.

4.4.8 Stream positionieren

Das Positionieren des Dateizeigers funktioniert in der Regel ähnlich wie bei der niedrigeren Ebene. Im Prinzip verwendet man dabei auch die niedrigere Ebene, um den Schreib-/Lesezeiger zu versetzen. Tabelle 4.14 enthält einen Überblick über die Funktionen.

Syntax	Bedeutung
`int fseek( FILE *stream, long offset, int wie );`	Schreib-/Lesezeiger positionieren
`long ftell( FILE *stream );`	Position des Schreib-/Lesezeigers abfragen
`void rewind( FILE *stream );`	Schreib-/Lesezeiger wieder zurück an den Anfang positionieren
`int fgetpos( FILE *stream, fpos_t *pos );`	Position des Schreib-/Lesezeigers abfragen (2. Möglichkeit)
`int fsetpos(FILE *stream, fpos_t *pos );`	Schreib-/Lesezeiger positionieren (2. Möglichkeit)

Tabelle 4.14 Dateiposition

Die Funktion `fseek()` funktioniert analog wie die Funktion `lseek()` der niedrigeren Ebene, nur dass hierbei statt eines Filedeskriptors ein FILE-Zeiger verwendet wird. Auch hierbei hängt es vom dritten Parameter ab, wie der zweite Parameter interpretiert werden soll. Dabei sind die gleichen Konstanten zu verwenden wie schon bei der Funktion `lseek()`:

Konstante	Bedeutung
`SEEK_SET`	Den Schreib-/Lesezeiger vom Anfang der Datei um `abstand` Bytes versetzen. `abstand` darf dabei keine negative Zahl sein.
`SEEK_CUR`	Den Schreib-/Lesezeiger von der aktuellen Position der Datei um `abstand` Bytes versetzen. `abstand` darf dabei sowohl eine positive als auch eine negative Zahl sein.
`SEEK_END`	Den Schreib-/Lesezeiger vom Ende der Datei um `abstand` Bytes versetzen. `abstand` darf dabei sowohl eine positive als auch eine negative Zahl sein.

Tabelle 4.15 Konstanten für den Parameter »wie«

Hinweis

Auch wenn `fseek()` hier dieselben Konstanten verwendet wie die Low-Level-Funktion `lseek()`, sollten Sie niemals Low-Level- und High-Level-Funktionen in einer Anwendung vermischen, sofern Sie nicht Vorkehrungen dafür getroffen haben (z. B. durch `fflush()`), denn wie wir bereits erläutert haben, positioniert `fseek()` aufgrund der Pufferung nicht sofort.

Der erste Parameter ist der FILE-Zeiger der geöffneten Datei, deren Schreib-/Lesezeiger versetzt werden soll. Bei Erfolg gibt fseek() 0, ansonsten bei einem Fehler ungleich 0 zurück.

Mit ftell() können Sie die aktuelle Position des Schreib-/Lesezeigers abfragen. Zurückgegeben wird dabei entweder die aktuelle Position in Bytes oder bei einem Fehler -1. Die aktuelle Position wird dabei vom Dateianfang zurückgegeben. fseek() und ftell() unterstützen trotz des oben genannten LARGEFILE-Supports nur 32 Bit (wegen ihrer Prototypen). Dagegen kann ftello() bzw. fseeko() helfen.

Mit der Funktion rewind() können Sie den Schreib-/Lesezeiger wieder auf den Dateianfang zurücksetzen, aber fseek(fp, 0, SEEK_SET) macht dasselbe und passt besser zu den anderen fseek()-Anweisungen in Ihrer Anwendung.

Eine zweite Möglichkeit zur Positionierung des FILE-Zeigers haben Sie mit fsetpos(). Dabei können Sie den Schreib-/Lesezeiger auf die Position des Zeigers pos setzen. Diese Adresse sollten Sie allerdings zuvor mit der Funktion fgetpos() ermittelt haben. Diese Funktion setzt ebenfalls die EOF- und Fehlerflags zurück.

Mit fgetpos() ermitteln Sie die Position des aktuellen Schreib-/Lesezeigers. Dieser Wert befindet sich anschließend in der Adresse des Zeigers pos. Diesen Zeiger sollten Sie dann nur noch verwenden, um mit der Funktion fsetpos() den Schreib-/Lesezeiger wieder auf seinen ursprünglichen Wert zurückzusetzen.

Beide Funktionen, fgetpos() und fsetpos(), geben bei Erfolg 0 und bei einem Fehler etwas ungleich 0 zurück.

4.4.9 Puffer kontrollieren

Dem Programmierer stehen drei grundlegende Möglichkeiten zur Einstellung des Puffers der Standard-E/A-Funktionen zur Verfügung: ungepuffert, zeilengepuffert und voll gepuffert. Des Weiteren gibt es noch die Möglichkeit, alle Inhalte eines nicht geleerten Puffers in eine Datei zu übertragen. Hier sind die Funktionen, mit denen Sie den Puffer kontrollieren können:

```
#include <stdio.h>

int fflush(FILE *stream);
int setbuf(FILE *stream, char *buf);
int setvbuf(FILE *stream, char *buf, int mode, size_t size);
```

Die Funktion setbuf() wird nur noch aus Kompatibilitätsgründen erhalten und soll daher hier nicht näher erläutert werden. Mit der Funktion setvbuf() können Sie einen expliziten Puffer einstellen. Dazu müssen Sie nur für den Parameter mode eine der folgenden Konstanten einsetzen:

Puffertyp (modus)	Bedeutung
_IOLBF	Die Datei wird zeilenweise gepuffert.
_IONBF	Die Ein-/Ausgabe wird gar nicht gepuffert.
_IOFBF	Die Ein-/Ausgabe wird voll gepuffert.

Tabelle 4.16 Konstanten für die Einstellung des Puffers mit »setvbuf()«

Natürlich gilt: Wenn für `mode` die Konstante `_IONBF` gesetzt wird, werden die Argumente `buf` und `size` ignoriert. Ansonsten geben Sie bei den Konstanten `_IOLBF` und `_IOFBF` mit `buf` die Pufferadresse und mit `size` die Puffergröße an. Verwenden Sie für `buf` den `NULL`-Zeiger, stellt die Funktion einen eigenen Puffer mit entsprechender Größe zur Verfügung. Diese Größe kann entweder der Wert von `st_blksize` der Struktur `stat` oder die Konstante `BUFSIZ` der Headerdatei *<stdio.h>* sein.

Bei alten BSD-Programmen kann es vorkommen, dass Sie die Funktionen `setlinebuf()` und `setbuffer()` sichten. Diese Funktionen gelten als veraltet, und es wird ebenfalls geraten, die Funktion `setvbuf()` zu verwenden.

Voreingestellte Puffer

Der ANSI-C-Standard schreibt Folgendes für die Pufferung vor:

- `stderr` darf niemals voll gepuffert werden.
- `stdin` und `stdout` dürfen nur dann voll gepuffert sein, wenn sie nicht auf ein interaktives Gerät (z. B. die Tastatur) zeigen.

In SVR 4 hingegen sind noch folgende Vorschriften implementiert:

- Normale Streams, die auf ein Terminal eingestellt sind, sind immer zeilengepuffert. Wenn sich diese Streams auf kein Terminal beziehen, wird Vollpufferung verwendet.
- `stderr` ist immer ungepuffert (siehe »ANSI C« oben, Punkt 1).

Flushing

Um den Inhalt von einem (möglicherweise nicht geleertem) Puffer zu leeren, können Sie die Funktion `fflush()` verwenden. Wenn Sie `fflush()` auf einen Stream anwenden, aus dem gelesen wird, liegt ein undefiniertes Verhalten vor. Ebenfalls können Sie `fflush()` mit dem `NULL`-Zeiger als Argument aufrufen. In diesem Fall werden alle Ausgabepuffer übertragen, aus denen nicht gelesen wird.

Es gibt außerdem folgende Möglichkeiten, wie ein Puffer automatisch entleert wird, wenn:

- der Puffer voll ist
- der Stream geschlossen wird (`fclose`)

- das Programm normal beendet wird
- eine neue Zeile geschrieben wird und der Stream zeilengepuffert ist

4.4.10 Datei löschen und umbenennen

Mit der Funktion `remove()` können Sie eine Datei entfernen, und mit `rename()` können Sie eine Datei umbenennen. Hier sehen Sie die Syntax der beiden Funktionen:

```
#include <stdio.h>

int remove( const char *pfad );
int rename( const char *pfad_alt, const char *pfad_neu );
```

Beide Funktionen erwarten als erstes Argument den Pfadnamen einer existierenden Datei. Bei der Funktion `rename()` wird als zweites Argument angegeben, durch welchen Namen `pfad_alt` ersetzt werden soll. Bei Erfolg geben beide Funktionen `0` und bei einem Fehler `-1` zurück.

Hinweis

Auf Dateien verhält sich `remove()` identisch zur Funktion `unlink()`, und auf Verzeichnissen ist `remove()` mit `rmdir()` äquivalent.

4.4.11 Temporäre Dateien erstellen

Zum Erstellen von temporären Dateien können Sie entweder die ANSI-C-Funktionen `tmpfile()` und `tmpnam()` verwenden oder die in UNIX implementierten Funktionen `mkstemp()` und `mktemp()`:

```
#include <stdio.h>
FILE *tmpfile(void);
char *tmpnam(char *s);

#include <unistd.h>
int mkstemp(char *template) ;
char *mktemp(char *template) ;
```

Die Funktion `tmpfile()` öffnet eine temporäre Datei. Mit `tmpnam()` kann ein Dateiname erstellt werden, der als Name für die temporäre Datei verwendet wird. Wird die Funktion `tmpnam()` mit dem `NULL`-Zeiger als Argument verwendet, wird die Datei in einem `static`-Speicherbereich untergebracht (was nicht thread-sicher ist), und die Adresse wird als Funktionswert wiedergegeben. Das bedeutet, dass nachfolgende Aufrufe der Funktion `tmpnam()` dieselbe Adresse einnehmen. Aus diesem Grund sollte zuerst umkopiert werden, um die alte Adresse nicht zu überschreiben. Wird tmpnam() ohne den NULL-Zeiger aufgerufen, wird für s ein Adressbereich adressiert, der L_tmpnam Zeichen aufnehmen kann. L_tmpnam ist ebenso in der Headerdatei *<stdio.h>* deklariert.

Die Funktion mktemp() erzeugt einen eindeutigen, temporären Dateinamen. Dieser Name wird aus template erzeugt. Dazu müssen die letzten sechs Buchstaben des Parameters template XXXXXX sein, diese werden dann durch eine Zeichenfolge ersetzt, die diesen Dateinamen eindeutig macht. Die Funktion mktemp() gibt bei Erfolg einen Zeiger auf template zurück. Bei einem Fehler ist der Rückgabewert NULL. Der Fehlercode EINVAL wird zurückgegeben, wenn die letzten sechs Buchstaben von template nicht XXXXXX waren.

Es besteht allerdings ein Sicherheitsloch bei dieser Funktion (und es ist nicht das einzige). Zwischen dem Zeitpunkt, zu dem der Pfadname konstruiert wird, und dem Zeitpunkt, zu dem die Datei mit open() geöffnet wird, kann ein anderer Prozess eine Datei oder einen Link mit demselben Namen erzeugen. Um dieses Problem zu umgehen, sollten Sie den so erzeugten temporären Dateinamen beim Öffnen mit open() mit dem Flag O_EXCL öffnen oder gleich die Funktion mkstemp() verwenden. Das Flag O_EXCL garantiert Ihnen, dass diese Datei nur dann erzeugt wird, wenn der Name noch nicht existiert.

Die Funktion mkstemp() – *die einzige sichere Alternative!* – erzeugt einen temporären Dateinamen und öffnet eine Datei dieses Namens gleich mittels open() und dem Flag O_EXCL für Sie. Bei Erfolg gibt Ihnen diese Funktion einen Filedeskriptor zum Lesen und Schreiben auf diese temporäre Datei zurück. Dank des Flags O_EXCL ist sichergestellt, dass die so erzeugte temporäre Datei wirklich einzigartig ist.[5] Die geöffnete Datei verwendet den Modus 0600 und ist standardmäßig nur dem Eigentümer vorbehalten. Wenn andere User darauf zugreifen sollen (dürfen), müssen Sie das ändern (z. B. mit fchmod(), fchown()). mkstemp() liefert bei einem Fehler -1 zurück, wenn die Datei nicht erzeugt oder geöffnet werden kann.

4.5 Mit Verzeichnissen arbeiten

In gewisser Weise stellen die Aktionen auf Verzeichnisse auch eine Art Ein-/Ausgabe dar. Sie können ein neues Verzeichnis anlegen oder löschen, in ein Verzeichnis wechseln oder daraus lesen. Da Linux (und UNIX) ja in gewisser Weise nicht zwischen Dateien und Verzeichnissen unterscheiden, gelten hier auch ähnliche Zugriffsrechte, wie Sie sie schon bei den Dateien kennengelernt haben. Nur hat man mit den Zugriffsrechten für ein Verzeichnis »vier Rechte« (rwxt); eine Datei hat nur zwei: rw (das x von der Datei kann man sich immer selbst hinzufügen – außer bei SUID-Dateien). Beim Verzeichnis haben Sie diese Rechte: lesen (r), Datei anlegen/löschen (w), ins Verzeichnis reingehen (x), Datei bedingt löschen (t/!t, auch

5 O_EXCL ist aber nicht die einzige Maßnahme, die den Vorgang absichert – denn das würde bei einem Symlink auf eine nicht existierende Datei ja ins Leere laufen. mkstemp() gibt sich alle Mühe den Vorgang atomar, unteilbar und unvorhersagbar (im positiven Sinne) abzuwickeln.

»sticky« genannt). Das Lesen von Dateien innerhalb des Verzeichnisses ist nur möglich, wenn man in ein Verzeichnis eintreten kann, weshalb oben rx steht.

4.5.1 Ein neues Verzeichnis anlegen – mkdir()

Um ein neues Verzeichnis anzulegen, können Sie die Funktion mkdir() verwenden:

```
#include <sys/types.h>
#include <sys/stat.h>

int mkdir(const char *pfadname, mode_t modus);
```

Damit legen Sie ein neues Verzeichnis mit dem Namen pfadnamen und dem Modus mode (abzüglich der aktuellen *umask*) an. (».« und »..« sind sowieso Pseudo-Einträge und daher immer präsent; sie müssen also nicht erstellt werden.) Sehr wichtig ist es auch, dass Sie beim Modus entsprechende Execute-Bits setzen (müssen), um überhaupt auf das Verzeichnis zugreifen zu können. Hier sehen Sie ein kleines Listing zur Demonstration:

```
/* mymkdir.c */
#include <sys/types.h>
#include <sys/stat.h>
#include <stdio.h>
#include <stdlib.h>
#include <string.h>
#include <errno.h>

int main(int argc, char **argv) {
   mode_t mode = S_IRWXU;

   if(argc < 2) {
         printf("USAGE: %s neues_verzeichnis\n",*argv);
         return EXIT_FAILURE;
      }
   // Alle Zugriffsrechte der Einschränkungsmaske erlauben
   umask(0);
   if( (mkdir( argv[1], mode)) != -1 )
      printf("Verzeichnis \"%s\" erfolgreich erstellt\n",
         argv[1]);
   else
      printf("Konnte Verzeichnis nicht erstellen (%s)\n",
         strerror(errno));
   return EXIT_SUCCESS;
}
```

Das Programm bei der Ausführung:

```
$ gcc -o mymkdir mymkdir.c
$ ./mymkdir
usage: mymkdir neues_verzeichnis
$ ./mymkdir test
Verzeichnis "test" erfolgreich erstellt
$ ls -ld test
drwx------    2 tot      users          48 2003-10-28 23:31 test
$ ./mymkdir test
Konnte Verzeichnis nicht erstellen (File exists)
```

Sofern versucht wird, ein Verzeichnis zu erstellen, das bereits existiert, wird dies fehlschlagen (wie Sie bei der Ausführung des Programms sehen konnten). errno wird dann auf einen entsprechenden Wert gesetzt. Mehr zu errno erfahren Sie in Abschnitt 4.6, »Fehlerbehandlung«.

Hinweis

Wollen Sie beim Erstellen eines Verzeichnisses bestimmte Zugriffsrechte vergeben, müssen Sie natürlich auch hier, wie bei den Dateien, die Einschränkungsmaske berücksichtigen bzw. entsprechend setzen (siehe umask()).

4.5.2 In ein Verzeichnis wechseln – chdir(), fchdir()

Wollen Sie während der Programmausführung in ein anderes Verzeichnis wechseln, so lässt sich dies mit den Funktionen chdir() bzw. fchdir() bewerkstelligen:

```
#include <unistd.h>

int chdir(const char *pfad);
int fchdir(int fd);
```

Bei Erfolg geben beide Funktionen 0, ansonsten bei einem Fehler -1 zurück. fchdir() erwartet – im Gegensatz zu chdir() – anstelle eines relativen oder absoluten Pfadnamens einen Filedeskriptor. Mit diesen Funktionen kann allerdings nur immer das aktuelle Arbeitsverzeichnis des Prozesses gewechselt werden. Sobald sich das Programm beendet, wird automatisch wieder in das Elternverzeichnis zurückgewechselt, von dem aus der Prozess gestartet wurde.

Hierzu sehen Sie das erweiterte Beispiel aus dem vorherigen Abschnitt. Mit chdir() soll in das neu erstellte Verzeichnis gewechselt werden:

```
/* mychdir.c */
#include <sys/types.h>
#include <sys/stat.h>
#include <stdio.h>
#include <unistd.h>
#include <stdlib.h>
#include <string.h>
#include <errno.h>
#define MAX 256

int main(int argc, char **argv) {
   mode_t mode = S_IRWXU;
   char wd[MAX];

   if(argc < 2) {
         printf("USAGE: %s neues_verzeichnis\n",*argv);
         return EXIT_FAILURE;
      }
   // Alle Zugriffsrechte der Einschränkungsmaske erlauben
   umask(0);
   if( (mkdir( argv[1], mode)) != -1 )
      printf("Verzeichnis \"%s\" erfolgreich erstellt\n",
         argv[1]);
   else
      printf("Konnte Verzeichnis nicht erstellen (%s)\n",
         strerror(errno));

   if( (chdir(argv[1]) ) == -1)
      printf("Konnte das Verzeichnis nicht wechseln\n");

   if( NULL != getcwd(wd, MAX) )
      printf("Neues Arbeitsverzeichnis: %s\n",wd);
   return EXIT_SUCCESS;
}
```

Das Beispiel im Einsatz:

```
$ gcc -o mychdir mychdir.c
$ ./mychdir test
Verzeichnis "test" erfolgreich erstellt
Neues Arbeitsverzeichnis: /home/tot/test
$ pwd
/home/tot
```

In diesem Beispiel wurde auch gleich die Funktion getcwd() verwendet. Mit ihr lässt sich ermitteln, in welchem Arbeitsverzeichnis sich der laufende Prozess gerade befindet. Gleiches erreichen Sie in der Kommandozeile mit pwd, wie eben demonstriert.

Hier sehen Sie die Syntax zu getcwd():

```
#include <unistd.h>

char *getcwd(char *puffer, size_t size);
```

Damit wird an die Speicheradresse puffer der Pfadname des aktuellen Arbeitsverzeichnisses geschrieben. Die Größe des Puffers wird mit size angegeben. Bei einem Fehler gibt diese Funktion den NULL-Zeiger zurück.

4.5.3 Ein leeres Verzeichnis löschen – rmdir()

Zum Löschen eines bereits leeren Verzeichnisses können Sie die Funktion rmdir() verwenden:

```
#include <unistd.h>

int rmdir(const char *pfadname);
```

Konnte das Verzeichnis pfadname gelöscht werden, gibt diese Funktion 0, ansonsten bei einem Fehler -1 zurück. Wenn Sie Grundkenntnisse in Linux/UNIX haben, wissen Sie, dass das Verzeichnis erst dann gelöscht werden kann, wenn es leer ist. Absolut »leer« heißt, es dürfen nur noch die Einträge . und .. enthalten sein. Löschen Sie ein Verzeichnis mit der Funktion rmdir(), während ein anderer Prozess auf dieses Verzeichnis zugreift und eine Datei anlegen will, so schlägt das Anlegen der Datei fehl (trotzdem aber existiert das Verzeichnis immer noch auf der Festplatte, da ja ein Programm drauf zugreift). Denn wenn der Linkzähler des Verzeichnisses auf 0 steht, sind die beiden Verzeichnislinks . und .. bereits gelöscht. Daher ist es nicht mehr möglich, eine Datei anzulegen. Dennoch kann ein Prozess immer noch Dateien aus dem einen Verzeichnis namens */tmp/abc/** offen haben, während */tmp/abc* schon längst mit rm -Rf gelöscht wurde!

Hinweis

».« und »..« sind Pseudo-Einträge, die nicht gelöscht werden können.

4.5.4 Das Format eines Datei-Eintrags in struct dirent

Nachdem Sie erfahren haben, wie Sie ein Verzeichnis erstellen, in dieses wechseln und es wieder löschen können, werden Sie sich wohl gefragt haben, wie so ein Eintrag einer Datei in einem Verzeichnis aussieht. POSIX schreibt diese Struktur vor. Sie sollte in der Headerdatei *dirent.h* definiert sein. Diese Struktur benötigen Sie, wenn Sie Informationen zu einem Verzeichniseintrag benötigen. Die Struktur *könnte* folgendermaßen aussehen:

```
struct dirent {
   ino_t d_ino;
   unsigned char d_type;
   unsigned char d_namlen;
   char d_name[NAME_MAX+1];
};
```

Dabei ist die einzige Komponente, die auf wirklich jedem POSIX-System vorhanden ist, die Strukturvariable `d_name`. Diese Komponente ist ein `\0`-terminierter Dateiname mit einer Größe von `NAME_MAX+1` Zeichen. Die Konstante `NAME_MAX` ist in der Regel mit einem Wert von mindestens 255 definiert. Dies hängt davon ab, welche Länge für Dateinamen auf dem System zulässig ist.

Bei der Strukturvariablen `d_ino` handelt es sich um die Inode-Nummer (darauf gehen wir noch ein), und `d_namlen` (wie gesagt nicht-POSIX) beinhaltet die aktuelle Länge des Eintrags in `d_name` ohne das Stringendezeichen `'\0'`.

Die Strukturvariable `d_type` beinhaltet die Art der Datei. Dabei sind folgende Konstanten möglich:

- `DT_UNKNOWN` – unbekannt
- `DT_REG` – normale Datei
- `DT_DIR` – ein Verzeichnis
- `DT_FIFO` – eine benannte Pipe oder ein FIFO
- `DT_SOCK` – ein Socket
- `DT_CHR` – zeichenorientierte Gerätedatei
- `DT_BLK` – blockorientierte Gerätedatei

Diese symbolischen Konstanten sind bis jetzt nur unter BSD vorhanden. Dies können Sie am besten selbst mit einer bedingten Kompilierung wie folgt überprüfen:

```
#include <dirent.h>

#ifdef _DIRENT_HAVE_D_TYPE
   #define HAVE_D_TYPE 1  /* Let's rock */
#else
   #define HAVE_D_TYPE 0  /* ansonsten bleibt nur struct stat */
#endif
```

Ist die symbolische Konstante _DIRENT_HAVE_D_TYPE gesetzt, können Sie die Strukturvariable d_type verwenden. Ansonsten müssen Sie die Art der Datei wie üblich über st_mode aus der struct stat ermitteln (siehe Kapitel 5, »Attribute von Dateien und Verzeichnissen«). Kann die Art der Datei nicht mit d_type ermittelt werden, wird die Strukturvariable auf DT_UNKNOWN gesetzt. In absehbarer Zukunft dürften aber alle Systeme auf d_type zugreifen können. (Eine Ausnahme bilden Old-Timer-Betriebssysteme, die nicht mehr durch Updates erneuert werden können.)

Hinweis

Müssen Sie die Strukturvariable d_type in einen st_mode-Wert der Struktur stat konvertieren oder umgekehrt, dann sollten Sie sich die Makros IFTODT() und DTTOIF() ansehen, die ebenfalls in der Headerdatei *<dirent.h>* definiert sind.

Benötigen Sie außerdem weitere Attribute, wie z. B. die Größe oder die letzte Veränderung einer Datei, so möchten wir Sie hierzu auf das Kapitel der Dateiattribute verweisen (siehe Kapitel 5).

4.5.5 Einen Verzeichnisstream öffnen – opendir()

Um einen Stream zu einem Verzeichnis zu erhalten, schreibt POSIX vor, den DIR-Datentyp zu verwenden, der eine interne Struktur darstellt, auf die die noch folgenden Funktionen ebenfalls zugreifen. Wer hier Ähnlichkeiten mit dem FILE-Stream oder einem Filedeskriptor sieht, liegt gar nicht so falsch: Früher wurden Verzeichnisse auch auf diese Art gelesen. Man verwendete z. B. open() oder fopen() zum Öffnen des Arbeitsverzeichnisses (.) und las anschließend die Struktur dirent mit read() oder fread() aus. Dies sah dann in etwa wie folgt aus:

```
#include <sys/types.h>
#include <dirent.h>
#include <stdio.h>
#include <stdlib.h>

int main(void) {
    FILE *fp;
    struct dirent *dir;
    int n;
    /* Veraltete Methode - sollte nicht mehr funktionieren! */
    if ((fp = fopen(".", "r")) == NULL) {
           perror("current directory");
           exit(EXIT_FAILURE);
       }
    while((n=fread(dir, sizeof(struct dirent), 1, fp)) >0) {
           if (dir->d_ino == 0)
```

```
                continue;
            printf("%.*s\n", NAME_MAX+1, dir->d_name);
        }

    fclose(fp);
    return EXIT_SUCCESS;
}
```


Da allerdings mit der Zeit immer mehr neue Systeme und somit auch immer unterschiedlichere und systemabhängigere Verzeichnisformate entwickelt wurden, musste man eine einheitlichere Lösung suchen. Kurzum, POSIX sprang ein und schrieb die Funktionen opendir(), readdir(), rewinddir() und closedir() vor. Neu hinzugekommen sind auch die Funktionen telldir() und seekdir(), wobei die letzten beiden Funktionen »nur« BSD-konform sind. Sicherlich hätte man sich diesbezüglich einen ANSI-C-Standard gewünscht, aber dies ist wegen der vielen unterschiedlichen Verzeichnisformate auf den Systemen ein recht hoffnungsloses Unterfangen.

Hier sehen Sie die Syntax zur Funktion opendir():

```
#include <dirent.h>
#include  <sys/types.h>

DIR *opendir(const char *dirname);
```

Die Funktion gibt bei Erfolg den DIR-Zeiger auf das geöffnete Verzeichnis dirname zurück. Bei einem Fehler wird der NULL-Zeiger zurückgegeben. Welcher Fehler aufgetreten ist, können Sie mit der Fehlervariablen errno auswerten.

Der Typ DIR ist intern als Filedeskriptor implementiert, und die opendir()-Funktion stellt im Prinzip nichts anderes als die elementare Funktion open() dar. Sicherlich ist Ihnen ein paar Seiten zuvor die Funktion fchdir() aufgefallen, die einen Filedeskriptor als Argument erwartet. Um aus einem DIR-Zeiger einen Filedeskriptor zu machen, bietet Ihnen die GNU C Library die Funktion dirfd() an:

```
int dirfd(DIR *dirstream);
```

Diese Funktion gibt den Filedeskriptor des DIR-Streams zurück, den Sie zuvor mit opendir() geöffnet haben:

```
DIR *dp;
int fd;

dp = opendir( dirname );
if( dp != NULL ) {
      fd = dirfd( dp );
```

```
      if( fd == -1 )
         exit(EXIT_FAILURE);
   }
if( (fchdir(fd) ) == -1)
    printf("Konnte das Verzeichnis nicht wechseln\n");
```

Bei einem Fehler gibt die Funktion dirfd() den Wert -1 zurück. dirfd() ist nicht Bestandteil von POSIX, sondern lediglich von BSD und SVR4.

4.5.6 Lesen aus dem DIR-Stream mit opendir() und Schließen des DIR-Streams mit closedir()

Wenn Sie den DIR-Stream zuvor mit opendir() geöffnet haben, können Sie aus diesem mit der Funktion readdir() lesen. Hier folgt die Syntax dazu:

```
#include <dirent.h>
#include  <sys/types.h>

struct dirent *readdir(DIR *dirstream);
```

Damit wird immer der nächste Eintrag der Verzeichnisdatei vom DIR-Stream gelesen. Bei Erfolg wird ein Zeiger auf die Struktur dirent zurückgegeben oder bei einem Fehler NULL. Gewöhnlich wird die Funktion readdir() in einer Schleife eingesetzt, die so lange durchlaufen wird, bis nichts mehr zum Lesen vorhanden ist, also NULL.

Hinweis

Beachten Sie bitte, dass nicht auf jedem System das Arbeitsverzeichnis (.) und das Elternverzeichnis (..) mit ausgegeben werden. Linux fällt nicht darunter, denn was zu viel ist, kann man noch im Programm wegfiltern, und was zu wenig ist, das kann man sich nicht holen.

Hierzu zeigen wir ein einfaches Listing, mit dem das aktuelle Arbeitsverzeichnis ausgelesen und ausgegeben wird. Des Weiteren wird versucht – sofern die symbolische Konstante _DIRENT_ HAVE_D_TYPE gesetzt ist – zu ermitteln, ob es sich dabei um eine normale Datei oder um ein Verzeichnis handelt. Sofern bei Ihrem System _DIRENT_HAVE_D_TYPE gesetzt ist, aber (noch) nicht unterstützt wird, ist die Strukturvariable d_type auf DT_UNKNOWN gesetzt. Zum Ermitteln von Dateitypen und weiteren Attributen folgt Kapitel 5, »Attribute von Dateien und Verzeichnissen«.

Hinweis

readdir() gibt das Ergebnis nicht alphabetisch zurück, auch wenn das bei einer Ausgabe mit dem folgenden Listing so erscheinen mag. Zurückgegeben wird der Verzeichnisinhalt so, wie das Dateisystem ihn abgelegt hat. Wer Dateien in alphabetischer Reihenfolge anlegt, kann sie möglicherweise auch in der alphabetischen Reihenfolge wieder auslesen, garantiert ist das aber keineswegs. ls bildet eine Ausnahme, da das Programm immer sortiert (Ausnahme: Option -f).


```
/* list_wd.c */
#include <stddef.h>
#include <stdio.h>
#include <stdlib.h>
#include <sys/types.h>
#include <dirent.h>

int main (void) {
  DIR *dp;
  struct dirent *ep;
  static int files = 0;

  dp = opendir (".");
  if (dp != NULL) {
      while ((ep = readdir (dp)) != NULL) {
#ifdef _DIRENT_HAVE_D_TYPE
           switch(ep->d_type) {
              case DT_REG     : printf("Normale Datei : ");
                                break;
              case DT_DIR     : printf("Verzeichnis   : ");
                                break;
              /* ... */
              case DT_UNKNOWN : printf("???         : ");
                                break;
              }
#endif
           printf("%s\n", ep->d_name);
           files++;
        }
      closedir (dp);
    }
  else
      perror ("Kann Verzeichnis nicht öffnen");
  printf("--- Insg. %d Dateien im Verzeichnis ---\n",files);
  return EXIT_SUCCESS;
}
```

Das Programm bei der Ausführung:

```
$ gcc -o list_wd list_wd.c
$ ./list_wd
???         : .
???         : ..
???         : .qt
???         : .ddd
???         : .kde
???         : .xim
???         : dir1
???         : dir2
???         : .netscape
???         : test
???         : Documents
...
...
???         : projects
???         : .xtalkrc
???         : out.txt
???         : Verzeichnisse.doc
???         : evolution
???         : .xsession-errors
--- Insg. 116 Dateien im Verzeichnis ---
```

In diesem Fall ist die symbolische Konstante `_DIRENT_HAVE_D_TYPE` zwar gesetzt, steht aber immer auf `DT_UNKNOWN`.

Hinweis

Dateien, die mit einem Punkt beginnen, sind unter Linux/UNIX mit dem Befehl `ls` oder graphischen Benutzeroberflächen in der Regel nicht sichtbar, werden aber mit `readdir()` gelesen.

Hinweis

Die Funktion `readdir()` eignet sich nicht zur Programmierung von Threads, da mehrere Threads, die denselben Verzeichnisstream verwenden, den Rückgabewert überschreiben. Bei der Verwendung von Threads kann man die thread-feste Funktion `readdir_r()` verwenden.

Um einen `DIR`-Stream ordnungsmäßig nach der Verwendung wieder freizugeben, wird die Funktion `closedir()` eingesetzt:

```
#include <dirent.h>
#include  <sys/types.h>

int closedir( DIR *dirstream );
```


Konnte der Stream erfolgreich geschlossen werden, wird `0`, ansonsten bei einem Fehler `-1` zurückgegeben.

4.5.7 Positionieren des DIR-Streams

Ebenfalls wie schon bei den elementaren Funktionen und den Standard-E/A-Funktionen gibt es auch für den `DIR`-Zeiger eine Möglichkeit, die Position zu verändern.

Wollen Sie den `DIR`-Stream wieder an den Anfang setzen, sodass `readdir()` wieder beim ersten Verzeichniseintrag anfängt zu lesen, können Sie die Funktion `rewinddir()` benutzen:

```
#include <sys/types.h>
#include <dirent.h>

void rewinddir( DIR *dirstream );
```

Die aktuelle Position des `DIR`-Streams können Sie mit der Funktion `telldir()` ermitteln:

```
#include <sys/types.h>
#include <dirent.h>

off_t telldir (DIR *dirstream) ;
```

Es wird empfohlen, den Rückgabewert später wieder mit der Funktion `seekdir()` zum Zurücksetzen dieser Position zu verwenden. Die Syntax zu `seekdir()` lautet:

```
#include <sys/types.h>
#include <dirent.h>

void seekdir (DIR *dirstream, off_t pos);
```

Damit setzen Sie den `DIR`-Zeiger auf die Position von `pos`. `pos` muss ein Wert sein, den Sie zuvor mit der Funktion `telldir()` ermittelt haben oder der im Gültigkeitsbereich liegt. Welche Werte jedoch gültig sind, verrät uns auch nicht die Man-Page.

Beide Funktionen, `telldir()` und `seekdir()`, sind nicht POSIX-konform und nur in BSD4.3 vorhanden.

4.5.8 Komplettes Verzeichnis einlesen – scandir()

Eine Funktion auf einer etwas höheren Ebene ist `scandir()`, wobei man gleich anmerken muss, dass diese Funktion auch nicht dem POSIX-Standard entspricht. Aber da sie auf jedem Linux-System vorhanden ist, sollte sie hier erwähnt werden. Die Syntax lautet:

```
#include <dirent.h>

int scandir( const char *dirname, struct dirent **namelist,
             int (*selector) (const struct dirent *),
             int (*cmp) (const void *, const void *)   ) ;
```

Mit dieser Funktion lesen Sie die Einträge des Verzeichnisses `dirname` ein. Als Ergebnis finden Sie alle Einträge eines Verzeichnisses in `*namelist`, einem Array von Zeigern des Typs `struct dirent`. Die Funktion nimmt die dynamische Speicherreservierung für `*namelist` automatisch vor.

Freigeben müssen Sie den Speicherplatz allerdings wieder selbst mittels `free()`. Bei einem Programm, das sich nach dem Einlesen der Verzeichniseinträge gleich wieder beendet, ist es nicht so schlimm, wenn Sie den Speicher nicht mehr freigeben, da dieser bei Beendigung automatisch wieder freigegeben wird. (Verfallen Sie aber bloß nicht in diese Gewohnheit bei Programmen, die länger als »trivial« sind!) Bei dauerhaft laufenden Programmen schaffen Sie nämlich ein klassisches Speicherleck (*Memory Leak*), wenn Sie den zugeteilten Speicher nicht wieder freigeben.

Die Einträge in `*namelist` werden außerdem von der Funktion `cmp` sortiert. Da diese Funktion zwei Argumente vom Typ `struct dirent **` vergleichen muss, sind die Funktionen `strcmp()` oder `strcoll()` nicht direkt dafür geeignet. Sie sollten stattdessen die in der Bibliothek implementierten Funktionen `alphasort()` oder `versionsort()` verwenden. Mehr zu den Sortierfunktionen finden Sie in den entsprechenden Manual-Pages. Im anschließenden Beispiel werden Sie `alphasort()` verwenden, womit die einzelnen Einträge alphabetisch sortiert werden.

Wollen Sie nur bestimmte Verzeichniseinträge bearbeiten oder ausgeben lassen, können Sie mit der Funktion `selector` eine eigene Funktion verwenden und selbst entscheiden, welche Einträge ausgewählt werden. Es werden dabei nur die Einträge ausgewählt, bei denen nicht `0` zurückgegeben wird. Diese Einträge befinden sich dann ebenfalls in `*namelist`. Natürlich müssen Sie sich auch hierbei keine Gedanken bezüglich der Speicherreservierung machen, aber wiederum schon über das Freigeben des Speichers!

Der Rückgabewert der Funktion `scandir()` ist die Anzahl der erfolgreichen Einträge, die in `*namelist` platziert wurden. Bei einem Fehler wird `-1` zurückgegeben. Da hier mehrere Fehler auftreten können (wie z. B. kein Zugriff auf das Verzeichnis oder keine Speicherreservierung mit `malloc ...` möglich), sollten Sie die globale Fehlervariable `errno` abfragen.

Genug der großen Worte. Lassen Sie uns zur Tat schreiten. Das folgende Beispiel demonstriert, wie Sie mit der Funktion `scandir()` ein komplettes Verzeichnis mit nur einem Funktionsaufruf einlesen können. Nach dem Funktionsaufruf befinden sich alle Verzeichniseinträge in `namelist`. Wenn Sie das Programm ohne Argumente aufrufen, wird das aktuelle Arbeitsverzeichnis eingelesen. Ansonsten können Sie als zweites Argument das Verzeichnis angeben, das Sie stattdessen einlesen wollen. Anschließend werden die eingelesenen Einträge ausgegeben und wird der Speicher ordentlich wieder freigegeben.

```
/* scan_dir.c */
#include <sys/types.h>
#include <sys/stat.h>
#include <stdio.h>
#include <stdlib.h>
#include <string.h>
#include <dirent.h>
#include <unistd.h>
#define MAX 255

int main (int argc, char **argv) {
   int num_entries, i;
   struct dirent **namelist, **list;
   const char *ptr = NULL;
   char wd[MAX];

   if (argc < 2)
      ptr = ".";
   else
      ptr = argv[1];

   if ( (  num_entries =
           scandir( ptr, &namelist, 0, alphasort)) < 0) {
      fprintf (stderr, "Unerwarteter Fehler\n");
      exit (EXIT_FAILURE);
    }
   chdir (ptr);
   getcwd (wd, MAX);
   printf ("Anzahl der Einträge in %s: %d\n",
      wd, num_entries);
   if (num_entries) {
      printf ("Die Einträge:\n");
      for(i=0, list=namelist; i<num_entries; i++, list++) {
         printf (" %s\n", (*list)->d_name);
         free (*list);
```

```
        }
        free (namelist);
        printf ("\n");
    }
    printf ("\n");
    return EXIT_SUCCESS;
}
```

Oder mit einem WP (*Walking Pointer*):

```
    ...
    if(num_entries > 0) {
        struct dirent **travp = list;
        printf("Die Einträge:\n");
        while(num_entries--) {
            printf("\t" "%s\n", (**travp).d_name);
            free(*travp);
            ++travp;
        }
        free(namelist);
    }
...
```

Das Programm im Einsatz:

```
$ gcc -o scan_dir scan_dir.c
$ ./scan_dir /usr
Anzahl der Einträge in /usr: 14
Die Einträge:
 .
 ..
 X11
 X11R6
 bin
 games
 i486-suse-linux
 include
 lib
 local
 sbin
 share
 src
 tmp
```

Und jetzt noch die zweite Möglichkeit; Sie wählen dabei selbst aus, welche Verzeichniseinträge ausgegeben werden sollen. Hierzu haben wir uns erlaubt, die von POSIX zur Verfügung gestellten Funktionen der Headerdatei *<regex.h>* zu verwenden. Diese Funktionen können zum Suchen von regulären Ausdrücken verwendet werden.

In der Headerdatei *<regex.h>* werden Ihnen folgende vier Funktionen zur Verfügung gestellt: `regcomp()`, `regexec()`, `regerror()` und `regfree()`. Mit der Funktion `regcomp()` müssen Sie die Zeichenkette (den regulären Ausdruck) erst in die Variable `regex_t` übersetzen. Anschließend können Sie diesen regulären Ausdruck mit der Funktion `regexec()` und dem zu durchsuchenden Text (hier sind es die Verzeichniseinträge) anwenden. Am Ende wird die nicht mehr benötigte Variable `regex_t` mit `regfree()` wieder freigegeben. Mit `regerror()` können Sie eventuelle Fehlermeldungen zu den Funktionen `regcomp()` und `regexec()` ausgeben lassen. Wir hoffen, Sie verzeihen uns, dass wir dies ein wenig schneller abgehandelt haben, aber die regulären Ausdrücke sind hier nicht das Thema.

Mit dem nun folgenden Beispiel können Sie als drittes Argument einen regulären Ausdruck angeben, der auf das Verzeichnis angewendet wird, das Sie als zweites Argument angeben. Stimmt der reguläre Ausdruck mit einem Eintrag im Verzeichnis überein, wird er mit der eigenen Selector-Funktion wieder (automatisch) dynamisch in `*namelist` geschrieben. Wichtig ist dabei, dass nur die Einträge in `*namelist` geschrieben werden, bei denen die Funktion (im Beispiel: `my_select`) einen Wert größer als `0` zurückliefert.

```
/* find_dir.c */
#include <sys/types.h>
#include <sys/stat.h>
#include <stdio.h>
#include <stdlib.h>
#include <string.h>
#include <dirent.h>
#include <regex.h>
#include <unistd.h>
#define MAX 255

static int search = 0;
static regex_t regexpr;

static int my_select (const struct dirent *dp) {
   if(search == 0)
      return 1;
   if (regexec(&regexpr, dp->d_name, 0, NULL, 0) == 0)
      return 1;
   else
      return 0;
}
```

```
int main (int argc, char **argv) {
   int num_entries, i;
   struct dirent **namelist, **list;
   const char *ptr = NULL;
   char wd[MAX];

   if (argc < 2)
      ptr = ".";
   else
      ptr = argv[1];
   if(argc == 3) {
     if (regcomp(&regexpr, argv[2], REG_EXTENDED)) {
        printf("Problem beim Ausdruck %sn", argv[2]);
        return EXIT_FAILURE;
     }
     search = 1;
    }

   if ( ( num_entries =
           scandir(ptr, &namelist, my_select, 0)) < 0) {
      fprintf (stderr, "Unerwarteter Fehler\n");
      exit (EXIT_FAILURE);
   }
   chdir (ptr);
   getcwd (wd, MAX);
   printf ("Anzahl der Einträge in %s: %d\n",
      wd, num_entries);
   if (num_entries) {
      printf ("Die Einträge:\n");
      for(i=0, list=namelist; i<num_entries; i++, list++){
         printf (" %s\n", (*list)->d_name);
         free (*list);
      }
      free (namelist);
      printf ("\n");
   }
   printf ("\n");
   regfree(&regexpr);
   return EXIT_SUCCESS;
}
```

Das Programm bei der Ausführung:

```
$ gcc -o find_dir find_dir.c
$ ./find_dir /usr/include ^std
Anzahl der Einträge in /usr/include: 4
Die Einträge:
 stdio.h
 stdio_ext.h
 stdint.h
 stdlib.h
```

Hier wurden zum Beispiel alle Einträge im Verzeichnis `/usr/include` ausgegeben, die mit der Zeichenkette *std* beginnen. Das Zeichen ^ bedeutet dabei so viel wie »beginne am Anfang«.

4.5.9 Ganze Verzeichnisbäume durchlaufen – nftw()

Manches Mal reicht es nicht aus, in nur einem Verzeichnis etwas auszulesen bzw. etwas zu suchen. Wollen Sie tiefer in die Verzeichnisse vordringen, können Sie entweder eine rekursive Funktion mit den bereits bekannten Funktionen `opendir()` und `readdir()` schreiben oder aber auf die XPG4-konforme Funktion zurückgreifen, die auf vielen Linux-Systemen vorhanden ist, nämlich auf `ftw()` (*file tree walk*). Zwar ruft sich die Funktion `ftw()` intern ebenfalls mehrmals rekursiv auf, aber es handelt sich immerhin um eine erprobte Bibliotheksfunktion.

Sofern Sie natürlich möglichst portabel bleiben müssen, bleibt Ihnen nichts anderes übrig, als `opendir()` und `readdir()` zu verwenden, da der POSIX-Standard eben weiter verbreitet ist als der XPG4-Standard.

Hinweis

`fts()` (*traverse a file hierarchy*) ist eine aus der BSD-Welt stammende, möglicherweise »interessantere« Routine als `ftw()`. Mehr dazu finden Sie in der entsprechenden Manual-Page von `fts()`. Allerdings steht eine Standardisierung von `fts()` nicht in Aussicht.

Wie dem auch sei, im Gegensatz zu vielen anderen Büchern wollen wir hier nicht den üblichen Weg vorstellen, sondern die Funktion `ftw()`.

Hier sehen Sie die Syntax von `ftw()`:

```
#include <ftw.h>

int ftw( const char *dir,
         int (*fn)(const char *file, const  struct stat *sb,
         int flag), int nopenfd   );
```

Mit dieser Funktion beginnen Sie, einen kompletten Verzeichnisbaum zu durchforsten, und zwar angefangen bei dir. Für jeden gefundenen Eintrag im Verzeichnis dir (und allen Unterverzeichnissen) wird die – *von Ihnen definierte* – Funktion fn() mit dem kompletten Pfadnamen, einem Zeiger auf die Struktur stat (siehe Kapitel 5) und einem Flag aufgerufen, das folgenden Wert haben kann:

- FTW_F – Der Eintrag ist eine normale Datei.
- FTW_D – Der Eintrag ist ein Verzeichnis.
- FTW_DNR – Der Eintrag ist ein nicht lesbares Verzeichnis (meist liegt das an mangelnden Zugriffsrechten).
- FTW_SL – Der Eintrag ist ein symbolischer Link.
- FTW_NS – Fehler bei stat, obwohl der Eintrag kein symbolischer Link ist.

Damit die Funktion ftw() nicht alle für einen Prozess vorhandenen Filedeskriptoren für die offenen Verzeichnisse verwendet, können Sie mit dem Argument nopenfd die maximale Anzahl gleichzeitig geöffneter Verzeichnisse angeben. Sobald die Suchtiefe dann höher ist als nopenfd, bremst ftw(), da es einige Verzeichnisse schließt, um neue zu ändern. Diese müssen hinterher wieder geöffnet werden, um an der Stelle weiterzumachen, an der ftw() aufgehört hat.

Die Funktion ftw() können Sie stoppen, indem Sie bei der Funktion fn() einen Wert ungleich 0 zurückgeben. 0 heißt »weitermachen« und ungleich 0 bedeutet »stopp«. Ansonsten macht ftw() so lange weiter, bis alle Verzeichnisse und deren Einträge durchforstet sind. Tritt ein Fehler auf, wird -1 zurückgegeben.

In dem folgenden Listing soll ein komplettes Verzeichnis mitsamt seinen Unterverzeichnissen ausgegeben werden. Es werden dabei alle Einträge angezeigt. Das Programm wurde mit Absicht relativ einfach und kurz gehalten. Tritt z. B. das Flag FTW_F in Erscheinung, sollten Sie die Strukturvariable st_mode von stat daraufhin abfragen, ob es sich um eine normale Datei (S_IFREG), eine zeichenorientierte Gerätedatei (S_IFCHR), eine blockorientierte Gerätedatei (S_IFBLK), ein FIFO (S_IFIFO), einen symbolischen Link (S_IFLNK) oder ein Socket (S_IFSOCK) handelt. Natürlich können Sie auch weitere Attribute der einzelnen Einträge von der Struktur stat abfragen. Mehr zu stat lesen Sie im Kapitel 5, »Attribute von Dateien und Verzeichnissen«.

Hier sehen Sie das komplette Listing:

```
/* ftwalk.c */
#include <sys/types.h>
#include <sys/stat.h>
#include <ftw.h>
#include <dirent.h>
#include <string.h>
#include <stdio.h>
```

```
#include <stdlib.h>

static int dir_deep(const char *);

static int dir_deep(const char *pfad) {
   int deep = 0;
   char *ptr = (char *)pfad;
   while(ptr=strchr(ptr, '/')) {
      ptr++;
      deep++;
   }
   return deep;
}

static int
fn(const char *pfadname, struct stat *attribut, int flag) {
   static int first = 1;
   static int deep;
   int i;
   const char *ptr = pfadname;

   if(!first) {
      for( i = 1; i<=dir_deep(pfadname) - deep; i++)
         printf("%2c|",' ');
      printf("---[%s",strrchr(pfadname, '/')+1);
   }
   else {
      deep=dir_deep(pfadname);
      printf("[%s",pfadname);
      first = 0;
   }
   switch(flag) {
      case FTW_F   : printf("]\n");    break;
      case FTW_D   : printf("/]\n");   break;
      case FTW_DNR : printf("/-]\n");  break;
      default      : printf("???]\n"); break;
   }
   return 0;

   /* Wollen Sie ftw() stoppen, geben Sie 1 zurück */
   //return 1;
}
```

```
int main(int argc, char **argv) {
   const char *ptr = NULL;

   if(argc < 2)
      ptr = ".";
   else
      ptr = argv[1];

   if( ftw( ptr, fn, 16) == 0 )
      return EXIT_SUCCESS;
   else
      printf("Fehler bei ftw() ...!\n");
   return EXIT_SUCCESS;
}
```

Das Programm bei der Ausführung:

```
$ gcc -o ftwalk ftwalk.c
$ ./ftwalk /home | less
[/home/]
  |  |---[tot/]
  |  |  |---[.qt/]
  |  |  |  |---[qtrc]
  |  |  |  |---[qt_plugins_3.1rc]
  |  |  |  |---[.qt_plugins_3.1rc.lock]
  |  |  |  |---[.qtrc.lock]
  |  |  |---[.ddd/]
  |  |  |  |---[log]
  |  |  |  |---[init]
  |  |  |  |---[tips]
  |  |  |  |---[themes/]
  |  |  |  |---[history]
  |  |  |  |---[sessions/]
  |  |  |---[.kde/]
...
...
  |  |  |  |---[private/]
  |  |  |  |  |---[config.xmldb]
  |  |  |---[.xsession-errors]
  |  |  |---[.xsession]
  |  |  |---[.xserverrc.secure]
```

```
|  |  |---[.dvipsrc]
|  |  |---[.mailcap]
|  |  |---[.fonts.cache-1]
```

Da die Ausgabe kompletter Verzeichnisse recht umfangreich werden kann, wurde hier eine Pipe durch `less` verwendet. Damit wird die Ausgabe des Programms *ftwalk* auf *less* umgeleitet, und Sie können bequem die Ausgabe nach unten und oben scrollen. Mit [q] können Sie *less* vorzeitig wieder beenden.

Hinweis

`ftw()` ist seit POSIX-1.2008 als obsolet markiert. Stattdessen wird die Verwendung von `nftw()` empfohlen, das aber erst zur Verfügung steht, wenn man `_XOPEN_SOURCE` auf einen Wert größer gleich `500` setzt.

`nftw()` unterscheidet sich nur durch einen zusätzlichen Parameter, nämlich `flags`:

```
#define _XOPEN_SOURCE 500
#include <ftw.h>

int nftw( const char *dir,
          int (*fn)(const char *file, const  struct stat *sb,
          int flag), int nopenfd, int flags);
```

`flags` darf sich dabei aus folgenden Werten konstituieren (die miteinander ODER-verknüpft werden können):

- `FTW_ACTIONRETVAL` – das Verhalten für die Rückgabewerte von `fn` wird so geändert, dass `FTW_CONTINUE` ein normales Fortsetzen bewirkt. Mit `FTW_SKIP_SIBLINGS` wird die Abarbeitung im aktuellen Verzeichnis abgebrochen und zum Elternverzeichnis zurückgekehrt. `FTW_SKIP_SUBTREE` bewirkt den Abbruch mit dem Unterverzeichnisbaum und die Fortsetzung mit dem nächsten Geschwisterknoten. `FTW_STOP` bewirkt das Ende der gesamten Operation.
- `FTW_CHDIR` – bewirkt ein `chdir()` in das Verzeichnis vor der Bearbeitung seines Inhalts.
- `FTW_DEPTH` – bewirkt die Abarbeitung des Inhalts des Verzeichnisses vor dem Verzeichnis selbst.
- `FTW_MOUNT` – verhindert, dass das aktuelle Gerät (Device) verlassen wird.
- `FTW_PHYS` – verhindert, dass Symlinks gefolgt wird.

4.6 Fehlerbehandlung

Gewöhnlich überprüft man bei vielen Funktionen durch den Rückgabewert, ob diese erfolgreich ausgeführt wurden. Bei den meisten Funktionen der Bibliotheken werden dabei im Falle eines Fehlers `-1`, ein `NULL`-Zeiger oder eine symbolische Konstante zurückgegeben. Dieser Rückgabewert sagt Ihnen zwar, dass ein Fehler aufgetreten ist, aber nicht genau, welcher Fehler es ist. Dabei sind die Bibliotheksfunktionen sehr viel auskunftsfreudiger, als man annehmen würde. Tritt z. B. bei der Funktion `open()` ein Fehler auf, gibt es mindestens zehn verschiedene Fehlercodes, die dabei erscheinen können. Um herauszufinden, warum eine Funktion fehlschlug, müssen Sie einen Blick auf den Fehlercode der Variablen `errno` werfen. Diese Variable ist in der Headerdatei *<errno.h>* definiert. Damit können Sie nicht nur die Art des Fehlers ermitteln, sondern sogar theoretisch den Fehler umgehen. Viele Bibliotheksfunktionen können diese Variable (`errno`) auf einen positiven Wert setzen, wenn ein Funktionsaufruf fehlschlug.

Tipp für eine eigene Fehlerbehandlung

Nur `-1` und `0` für Fehler/Erfolg zu verwenden ist häufig eine Verschwendung. Funktionen, die einen Status zurückgeben, geben `1` für Erfolg, `0` für Fehler (z. B. Suchwort nicht gefunden) und negativ für *Hard Error* aus (`errno` durch Syscalls, z. B. konnte kein temporärer Speicher für eine Kopie des Suchwortes eingeholt werden). Der Vorteil besteht darin, dass nur eine Variable statt zwei (Rückgabewert und `errno`) Variablen verbraucht wird.

Auf Linux-Systemen finden Sie die Definitionen aller Fehlercodes in der Headerdatei *<errno.h>*. Alle dieser Fehlercodes haben neben der (positiven) Nummer einen symbolischen Namen, die mit dem Präfix `E` beginnen.

Auf alle diese Fehlercodes jetzt einzugehen wäre wohl etwas zu viel des Guten und ist im Prinzip hier auch nicht sinnvoll. Wenn Sie z. B. für die Funktion `open()` die Fehlercodes wissen wollen (müssen), sollten Sie die Manual-Pages dazu verwenden. Ziemlich am Ende der Seiten finden Sie die möglichen Fehlercodes von `errno` und deren Bedeutungen.

`errno` wird beim Programmstart standardmäßig auf `0` (`ESUCCESS`) gesetzt, da es keinen (echten) Fehlercode mit dieser Nummer gibt. Zur Rekonstruktion von Fehlern kann es recht sinnvoll sein, `errno` nach einem Fehler wieder auf `0` (oder eben auch auf `ESUCCESS`) zu setzen oder den Wert in eine lokale Variable zu kopieren – und zwar deshalb, weil `errno` nach jedem misslungenen Systemaufruf von einem neuen Fehlercode überschrieben werden kann.

Hierzu folgt ein einfaches Listing, mit dem Sie überprüfen können, ob eine Datei existiert oder nicht. Wenn Sie z. B. eine Datei öffnen wollen, die nicht existiert, wird der Fehlercode `ENOENT` zurückgeliefert. Somit könnten Sie praktisch anschließend eine solche Datei erzeugen.

```
/* filetest.c */
#include <stdio.h>
#include <stdlib.h>
#include <errno.h>
#define TRUE  1
#define FALSE 0
#define BOOL int

static int if_exist_file( const char *filename ) {
   FILE *f = fopen( filename, "r" );
   if( errno != ENOENT ) {
         fclose(f);
         return TRUE; /* Datei existiert */
      }
   else
      return FALSE; /* Datei existiert nicht */
}

int main(void) {
   BOOL ex = if_exist_file( "testfile" );
   if( ex )
      printf("'testfile' existiert\n");
   else
      printf("'testfile' existiert nicht\n");
   return EXIT_SUCCESS;
}
```

Das Programm bei der Ausführung:

```
$ gcc -o filetest filtest.c
$ ./filetest
'testfile' existiert nicht
$ cat > testfile
Hallo Welt
STRG+D
$ ./filetest
'testfile' existiert
```

Eine andere Möglichkeit, den Fehlercode zu verwenden, ohne diesen genauer zu analysieren, wäre die Verwendung der Funktion `perror()`:

```
void perror (const char *message);
```

Diese Funktion gibt eine Nachricht auf die Standardfehlerausgabe (stderr) aus, die den Fehler beschreibt. Wenn Sie die Funktion mit einer Nachricht (message) aufrufen – anstatt mit NULL oder einem leeren String –, wird message plus einem Doppelpunkt und Leerzeichen noch vor dem eigentlichen String ausgegeben, der den Fehler beschreibt. perror() fügt der Ausgabe ein Newline-Zeichen und den Doppelpunkt an. Hier sehen Sie das vorherige Beispiel, diesmal aber mit der Funktion perror() und ohne errno:

```
/* filetest2.c */
#include <stdio.h>
#include <stdlib.h>
#define TRUE  1
#define FALSE 0
#define BOOL int

static int if_exist_file( const char *filename ) {
   FILE *f = fopen( filename, "r" );
   if( f != NULL ) {
         fclose(f);
         return TRUE; /* Datei existiert */
      }
   else
      return FALSE; /* Datei existiert nicht */
}

int main(void) {
   BOOL ex = if_exist_file( "testfile" );
   if( ex )
      printf("'testfile' existiert\n");
   else
      perror("'testfile'");
   return EXIT_SUCCESS;
}
```

Das Programm bei der Ausführung:

```
$ gcc -o filetest2 filtest2.c
$ ./filetest2
'testfile' existiert
$ rm testfile
$ ./filetest
'testfile' : No such file oder directory
```

4.7 Temporäre Dateien und Verzeichnisse

Zu einem der sicherheitstechnisch heikelsten Punkte bei der Programmierung zählt ironischerweise die Erzeugung von temporären Dateien. Der Grund dafür ist, dass diese meistens im Verzeichnis */tmp* oder */var/tmp* erzeugt werden, wo jeder lesen und schreiben darf. Gelingt es einem Angreifer, den nächsten Namen einer Temporärdatei zu erraten, kann er kurz vorher einen Symlink erzeugen, mit dessen Hilfe er eine Datei schreiben oder zerstören kann, bei der er das selbst nicht gedurft hätte (»Symlink-Attacke«).

Ein anderer Punkt bei Temporärdateien wird auch häufig vergessen: die Rechtevergabe. Findet die Ausführung eines Programms normalerweise in einem Verzeichniskontext, also quasi geschützt statt, ist das bei Temporärdateien anders. Ist dabei über den bereits behandelten Befehl `umask()` keine passende Maske gesetzt, kann ein Angreifer Informationen aus den für ihn lesbaren Dateien abgreifen.

Man darf dabei auch nicht vergessen, dass »der Angreifer« ja auch ein Programm sein könnte, das speziell für solche Angriffsszenarien entwickelt wurde, also nicht unbedingt ein tatsächlich am Rechner sitzender Benutzer.

Die folgenden Funktionen sind dafür programmiert, zumindest die meisten Probleme dadurch abzufedern, dass die Rechte grundsätzlich `0600` bzw. `0700` lauten und dass der Vorgang exklusiv und atomar implementiert ist. Dadurch sind sie auch thread-sicher.

```
#define _POSIX_C_SOURCE 200112L
#include <stdlib.h>
int mkstemp(char *template);
int mkostemp(char *template, int flags);
int mkstemps(char *template, int suffixlen);
int mkostemps(char *template, int suffixlen, int flags);
```

Und für Verzeichnisse:

```
#define _POSIX_C_SOURCE 200809L
#include <stdlib.h>
char *mkdtemp(char *template);
```

Die letzten 6 Zeichen des Templates müssen jeweils `XXXXXX` lauten. Bei `mstemps()` darf alternativ das Template nach dem `XXXXXX` noch ein Suffix haben. Die `flags` sind die gleichen wie beim Befehl `open()`, den wir bereits in Abschnitt 4.3.1 vorgestellt haben.

4.8 Ausblick

Zusammengefasst lässt sich zu diesem Kapitel sagen, dass Sie hier die grundlegenden Funktionen für den weiteren Verlauf des Buchs kennengelernt haben. Natürlich könnten wir hier noch eine Menge weiterer Funktionen hinzufügen – aber der Umfang des Buchs ist ohnehin schon recht beachtlich. Neben den Manualpages können wir Ihnen für weitere Recherchen auch noch die Dokumentation der *Glibc* empfehlen, die Sie bei den MATERIALIEN ZUM DOWNLOAD unter *https://www.rheinwerk-verlag.de/3854/* finden.

Kapitel 5
Attribute von Dateien und Verzeichnissen

Im Kapitel zuvor wurden Sie bereits auf dieses Kapitel verwiesen. Hier stellen wir die Attribute vor, die eine jede Datei und jedes Verzeichnis im Inode speichert.[1]

5.1 Struktur stat

Die einzelnen Attribute zu einer Datei oder einem Verzeichnis können Sie aus der Struktur `stat` herauslesen. Die einzelnen Strukturvariablen von `stat` sind das Thema der nun folgenden Seiten.

Die Struktur `stat` ist in der Headerdatei *<sys/stat.h>* definiert und besitzt für gewöhnlich die in Tabelle 5.1 aufgelisteten Strukturvariablen. Wir schreiben »für gewöhnlich«, weil die Variablen nicht alle fest vorgeschrieben sind und im Einzelfall auch weitere hinzukommen können.

Variable	Bedeutung	POSIX
`st_dev`	Gerätenummer (Device-Nummer) des Dateisystems, auf dem sich die Datei bzw. das Verzeichnis befindet	ja
`st_ino`	Inode-Nummer	ja
`st_mode`	Dateimodus (Dateityp und Zugriffsrechte)	ja
`st_nlink`	Anzahl fester Links auf die Datei	ja
`st_uid`	UID des Dateieigentümers	ja
`st_gid`	GID des Dateieigentümers	ja
`st_rdev`	Geräte-ID (nur für Gerätedateien)	nein
`st_size`	Größe der Datei in Bytes	ja
`st_atime`	Datum des letzten Lesezugriffs	ja

Tabelle 5.1 Strukturvariablen in »struct stat« und deren Bedeutung

1 Inodes sind die Knotenpunkte, in denen UNIX-artige Dateisysteme Daten und Metadaten speichern. Modernere Dateisysteme kennen keine Inodes mehr, simulieren diese aber.

Variable	Bedeutung	POSIX
st_mtime	Datum der letzten Veränderung	ja
st_ctime	Datum der Inode-Änderung	ja
st_blksize	Eingestellte Blockgröße	nein
st_blocks	Anzahl der verwendeten st_blksize-Blöcke	nein

Tabelle 5.1 Strukturvariablen in »struct stat« und deren Bedeutung (Forts.)

Sie haben drei Versionen, mit denen Sie die Dateiattribute der Struktur stat erfragen können. Hier sehen Sie die Syntax:

```
#include <sys/types.h>
#include <sys/stat.h>

int stat(const char *pfadname, struct stat *buf);
int fstat(int fd, struct stat *buf);
int lstat(const char *pfadname, struct stat *buf);
```

Alle drei Versionen geben bei einem Fehler -1 und bei Erfolg des Funktionsaufrufs 0 zurück. Bei allen drei Funktionen müssen Sie die Adresse einer Variablen vom Typ struct stat übergeben. Nach dem Funktionsaufruf befinden sich dann die entsprechenden Informationen (siehe Tabelle 5.1) zur betreffenden Datei in den einzelnen Strukturvariablen.

Bei der Funktion stat() geben Sie dabei die Datei mit pfadnamen an. Die Funktion lstat() wirkt ähnlich wie stat(), nur mit dem Unterschied, dass die Attribute des symbolischen Links anstelle die Attribute der Datei nach buf geschrieben werden, falls es sich bei der Datei um einen symbolischen Link handeln sollte. Die Funktion fstat() ist die Variante der niedrigeren Ebene, die als erstes Argument einen bereits geöffneten Filedeskriptor erwartet.

5.1.1 Dateiart und Zugriffsrechte einer Datei erfragen – st_mode

Die Strukturvariable st_mode kann gleich für zwei Abfragen verwendet werden. Zum einen erfragt man mit ihr, um was für eine Dateiart es sich handelt, und zum anderen, welche Zugriffsrechte diese Datei besitzt.

Die Dateiart können Sie mit den in Tabelle 5.2 aufgelisteten Makros abfragen. Jedes dieser Makros liefert 1 zurück, wenn die Bedingung zutrifft, oder 0, falls nicht.

Wie wir schon in Kapitel 4 erwähnt haben, können Sie über die Strukturvariable st_mode auch die einfachen Zugriffsrechte der drei Benutzerklassen (rwx|rwx|rwx, jeweils für Besitzer, Gruppe und andere) ermitteln, die es unter Linux/UNIX gibt. Tabelle 5.3 enthält die einzelnen Konstanten, mit denen Sie die Zugriffsrechte überprüfen können.

Makro	Bedeutung
S_ISREG()	reguläre Datei
S_ISDIR()	Verzeichnis
S_ISCHR()	zeichenorientierte Gerätedatei
S_ISBLK()	blockorientierte Gerätedatei
S_ISFIFO()	FIFO (benannte Pipe)
S_ISLINK()	symbolischer Link (nicht bei POSIX.1 oder SVR4)
S_ISSOCK()	Socket (nicht bei POSIX.1 oder SVR4)

Tabelle 5.2 Makros in »<sys/stat.h>« für die Dateiart – »st_mode«

Konstante	Bedeutung	Benutzerklasse
S_IRUSR	read (Leserecht)	Dateieigentümer
S_IWUSR	write (Schreibrecht)	Dateieigentümer
S_IXUSR	execute (Ausführungsrecht)	Dateieigentümer
S_IRGRP	read (Leserecht)	Gruppe des Dateieigentümers
S_IWGRP	write (Schreibrecht)	Gruppe des Dateieigentümers
S_IXGRP	execute (Ausführungsrecht)	Gruppe des Dateieigentümers
S_IROTH	read (Leserecht)	Alle anderen Benutzer
S_IWOTH	write (Schreibrecht)	Alle anderen Benutzer
S_IXOTH	execute (Ausführungsrecht)	Alle anderen Benutzer

Tabelle 5.3 Zugriffsrechte der drei Benutzerklassen in »<sys/stat.h>«

»Alle anderen Benutzer« heißt auch wirklich alle anderen, die nicht in der Gruppe sind. So gesehen gibt es im Dateimodus 0705 immer eine gelackmeierte Benutzergruppe.[2]

Verändern können Sie die Zugriffsrechte mit der Funktion `chmod()` oder dem gleichnamigen Befehl in einer Shell.

2 Die 0705 sind natürlich in Oktalschreibweise, entsprechen also 453 dezimal oder 1c5 hexadezimal (C lingo `0x1c5`). Die 0 ist sozusagen das Präfix für Oktalzahlen, übrigens auch in C.

Das folgende Listing demonstriert nun, wie Sie ein komplettes Verzeichnis (hier das Arbeitsverzeichnis) auslesen und die Dateiart und Zugriffsrechte (Linux/UNIX-gerecht) mithilfe der Funktion `stat()` und der Strukturvariablen `st_mode` ermitteln können:

```
/* my_stat.c */
#include <sys/stat.h>
#include <sys/types.h>
#include <unistd.h>
#include <stdio.h>
#include <string.h>
#include <errno.h>
#include <dirent.h>
#include <stdlib.h>

int main (int argc, char **argv) {
  DIR *dir;

  struct dirent *dirzeiger;
  const char *rwx = "rwxrwxrwx";
  int bits[]= {
     S_IRUSR,S_IWUSR,S_IXUSR,/*Zugriffsrechte User*/
     S_IRGRP,S_IWGRP,S_IXGRP,/*Zugriffsrechte Gruppe*/
     S_IROTH,S_IWOTH,S_IXOTH /*Zugriffsrechte der Rest*/
  };

  /* Arbeitsverzeichnis öffnen */
  if((dir=opendir(".")) == NULL) {
    fprintf(stderr,"Fehler bei opendir: %s\n",
       strerror(errno));
    return (EXIT_FAILURE);
  }

  /* Das komplette Verzeichnis auslesen */
  while((dirzeiger=readdir(dir)) != NULL) {
    struct stat attribut;
    int i;
    char l_rwx[10];
    l_rwx[9] = '\0';

    if(stat(dirzeiger->d_name, &attribut) == -1) {
      fprintf(stderr,"Fehler bei stat: %s\n",
         strerror(errno));
      return (EXIT_FAILURE);
```

```
    }
    /* Dateiart erfragen */
    if( S_ISREG(attribut.st_mode) )
      printf("Reguläre Datei              : ");
    else if( S_ISDIR(attribut.st_mode) )
      printf("Verzeichnis                 : ");
    else if( S_ISCHR(attribut.st_mode) )
      printf("zeichenorient. Gerätedatei : ");
    else if( S_ISBLK(attribut.st_mode) )
      printf("blockorient. Gerätedatei : ");
    else if( S_ISFIFO(attribut.st_mode) )
      printf("FIFO oder named Pipe      : ");
    else
      printf("Unbekannte Datei            : ");
    /* Dateinamen ausgeben */
    printf("%-20s [",dirzeiger->d_name);
    /* Einfache Zugriffsrechte erfragen */
    l_rwx[0]='\0';
    for(i=0; i<9; i++) { /*Wenn nicht 0, dann gesetzt*/
      l_rwx[i]=(attribut.st_mode & bits[i]) ? rwx[i] : '-';
    }
    l_rwx[9]='\0';
    printf("%s]\n",l_rwx);
  }
  closedir(dir);
  return EXIT_SUCCESS;
}
```

Das Programm bei der Ausführung:

```
$ gcc -o my_stat my_stat.c
$ ./my_stat
Verzeichnis          : .                    [rwxrwx---]
Verzeichnis          : ..                   [rwxrwx---]
Verzeichnis          : bin                  [rwxrwx---]
Reguläre Datei       : dir1.c               [rwx------]
Verzeichnis          : etc                  [rwxrwx---]
Reguläre Datei       : file                 [rwxr-xr-x]
Reguläre Datei       : file1.txt            [rw-r--r--]
Verzeichnis          : lib                  [rwxrwx---]
Verzeichnis          : mails                [rwx------]
Reguläre Datei       : my_stat.c            [rwx------]
Reguläre Datei       : my_stat              [rwxr-xr-x]
```

```
Reguläre Datei          : out.txt              [rw-r--r--]
Reguläre Datei          : reformime            [rwx------]
Verzeichnis             : sbin                 [rwxrwx---]
Reguläre Datei          : test                 [rwxrwxrwx]
Reguläre Datei          : test.txt             [rwx------]
Reguläre Datei          : testfile.txt         [rwx------]
Verzeichnis             : tmp                  [rwxrwx---]
Reguläre Datei          : Unbenannt2.cpp       [rwx------]
Verzeichnis             : usr                  [rwxrwx---]
Verzeichnis             : var                  [rwxrwx---]
```

Sollten Sie Probleme mit den Makros `S_IS*` haben, dann arbeiten Sie vermutlich mit einem älteren UNIX/Linux-System, das die Makros noch nicht unterstützt. In solch einem Fall müssen Sie die Konstanten `S_IF*` als Bitmask verwenden, z. B.:

```
if(attribut.st_mode & S_IFREG)
   printf("Reguläre Datei\n");
else if(attribut.st_mode & S_IFDIR)
   printf("Directory\n");
```

5.1.2 User-ID-Bit und Group-ID-Bit – st_uid und st_gid

Wollen Sie den Eigentümer und den Gruppeneigentümer einer Datei ermitteln, können Sie die Strukturvariablen `st_uid` (Eigentümer) und `st_gid` (Gruppeneigentümer) abfragen. Hierzu ein kurzes Listing:

```
/* ugid.c */
#include <stdio.h>
#include <stdlib.h>
#include <errno.h>
#include <sys/stat.h>
#include <sys/types.h>
#include <string.h>
int main(int argc, char **argv) {
   struct stat attribut;

   if(argc < 2)
      printf("usage: %s datei(en)\n", *argv);

   while(*++argv != NULL) {
      if(stat(*argv,&attribut) < 0) {
           fprintf(stderr, "stat(): %s\n", strerror(errno));
           return EXIT_FAILURE;
        }
```

```
      printf("%-18s\n",*argv);
      printf("USER-ID  : %d\n"   ,attribut.st_uid);
      printf("GROUP-ID : %d\n\n" ,attribut.st_gid);
    }
  return EXIT_SUCCESS;
}
```


Das Programm bei seiner Ausführung:

```
$ gcc -o ugid ugid.c
$ ./ugid ugid.c
ugid.c
USER-ID     :  1003
GROUP-ID    :  513
```

5.1.3 Inode ermitteln – st_ino

Wir setzen zwar voraus, dass Sie wissen, was ein Inode ist, aber für den Fall der Fälle beginnen wir diesen Abschnitt mit einer kurzen Erklärung.

Ein Inode (*Information Node*, dt. Informationsknoten) ist ein Eintrag in einer bestimmten Tabelle einer Partition, die Informationen zu einer Datei enthält. Dies sind Informationen über den Besitzer, die Zugriffsrechte, die Größe und vor allem auch über die Position einer Datei, also wo diese auf der Partition gespeichert ist – sprich, die Metadaten.

Wird z. B. eine Datei angelegt, werden alle Informationen zu dieser Datei in einem freien Inode geschrieben, dessen Nummer sich im Verzeichnis der Datei befindet. Das heißt, der Inode selbst befindet sich nicht im selben Verzeichnis wie die Datei, sondern nur die dazugehörende Inode-Nummer. Linux/UNIX trennt die Verwaltung von Informationen und der eigentlichen Datei. Somit kann es für einen Inode mehrere Dateinamen im System geben (siehe Abschnitt 5.1.4).

Wie wir schon oben in einer Fußnote kurz erwähnt haben, sind Inodes sind eine sehr UNIX-typische Idee, und modernere Dateisysteme kennen Inodes eigentlich nicht mehr. Doch damit Verschiedenes wie gewohnt funktioniert, werden Inodes simuliert.

Jetzt wissen Sie, was die Inode-Nummer bedeutet, und somit wissen Sie auch, was Sie mit `st_ino` für Informationen erhalten. Ein Listing dazu können wir uns sparen, da die Ermittlung von `st_ino` genauso abläuft wie im Listing zuvor (siehe Abschnitt 5.1.2).

5.1.4 Linkzähler – st_nlink

Ein Link ist unter Linux/UNIX eine einfache Möglichkeit, einen Alias für eine Originaldatei anzulegen. Damit können Sie auf ein und dieselbe Datei unter mehreren Namen und an einer anderen Stelle zugreifen als an der, wo sich die Originaldatei befindet. Es gibt viele

Gründe dafür, so etwas zu tun. Zum Beispiel befindet sich eine Datei oder eine Anwendung im tiefsten Dschungel der Verzeichnishierarchie, und Sie wollen nicht immer wieder einen ellenlangen Text in die Kommandozeile eingeben. Dafür können Sie in Ihrem Arbeitsverzeichnis einen Link (also eine Verbindung) zu dieser Datei anlegen. Sie können dabei (fast) beliebig viele Links anlegen.

Ein Beispiel: Sie wollen ein Programm aus Ihrem /home-Verzeichnis aufrufen, das sich im Pfad /opt/kde/bin/ befindet. Anstatt das Programm jedes Mal mit dem Aufruf

```
/opt/kde/bin/programmname
```

zu starten, können Sie hierzu einen Link zu diesem Programm erstellen. In der Kommandozeile können Sie dabei folgendermaßen vorgehen:

```
$ ln /opt/kde/bin/programmname programmname
```

Von jetzt an können Sie aus Ihrem /home-Verzeichnis auf das Programm mit programmname zugreifen. Natürlich müssen Sie den Programmnamen dabei nicht beibehalten, Sie können genauso gut einen anderen Namen dafür verwenden:

```
$ ln /opt/kde/bin/programmname neuer_name
```

Hinweis

Eine Datei existiert so lange, bis der letzte Link auf diese Datei gelöscht wurde (dann hat sie keinen Namen mehr) und bis der letzte Prozess die Datei geschlossen hat. Letzteres ist wichtig, denn ein Prozess, der die Datei geöffnet hält, verhindert letztlich auch die Freigabe des Speicherplatzes.

Man unterscheidet generell zwischen einem harten Link und einem symbolischen Link. Mit einem symbolischen Link kann man im Gegensatz zu harten Links auch partitionsübergreifend Dateien verlinken. Des Weiteren können symbolische Links auch auf ein Verzeichnis zeigen, was bei harten Links nicht möglich ist. Symbolische Links erkennen Sie bei der Ausgabe von Verzeichnissen mit ls -l an einem Pfeil und einem l (für Link) als erstes Zeichen der Ausgabe:

```
$ ls -l
lrwxrwxrwx 1 juergen users 10 Nov  6 00:13 hallo -> /var/hallo
```

Die »Größe« eines Symlinks ist immer die Länge seines Ziels, also dem Textstring hinter »->« in ls.

Wollen Sie aus Ihrem Programm heraus einen harten oder einen symbolischen Link erstellen, bieten sich dazu zwei Funktionen an:

```
#include <unistd.h>

int link(const char *name, const char *linkname);
int symlink(const char *pfadname, const char *symlink);
```

Beide Funktionen geben bei Erfolg 0, ansonsten bei einem Fehler -1 zurück. Mit der Funktion `link()` erzeugen Sie einen harten Link `linkname` auf die existierende Datei `name`. Mit `symlink()` erzeugen Sie einen symbolischen Link mit dem Namen `symlink` auf `pfadname`.

Es muss erwähnt werden, dass `st_nlink` keinen symbolischen Link mitzählt. Dies liegt daran, dass Symlinks selbst einen Inode besitzen und somit außer dem Zielnamen (der ja nicht immer existieren muss) keine Beziehung zu der referenzierten Datei haben. Weiterhin referenziert ein Symlink eine potenzielle Datei, während ein *dentry* (Verzeichniseintrag) einen Inode referenziert, inklusive gleicher Inodes für mehrere *dentrys*. Ein Symlink dagegen ist ein *dentry* mit eigenständigem Inode.

Anders als beim harten Link kann es passieren, dass der symbolische Link ins Nichts zeigt (man sprich dann auch von einem *Dangling Symlink*). Linux überprüft nicht, ob ein symbolischer Link noch gültig ist. Das müssen die Anwendungen machen. Das ist eigentlich auch logisch. Denn haben Sie z. B. einen symbolischen Link auf einem anderen Rechner über ein Netzwerk gesetzt, würde dies bedeuten, dass dieser Rechner dauerhaft überprüft werden muss. Einen symbolischen Link kann man eher mit der eher wenig gelungenen Verknüpfung von MS-Systemen vergleichen; allerdings funktionieren symbolische Links unter UNIX/Linux durchaus reibungslos. Wollen Sie abfragen, auf welche Originaldatei oder welches Verzeichnis der symbolische Link verweist, so können Sie dies mit der Funktion `readlink()` in Erfahrung bringen:

```
#include <unistd.h>

int readlink(const char *sym_link, char *buf, int buf_size);
```

Gibt diese Funktion -1 zurück, ist etwas nicht in Ordnung mit dem symbolischen Link (siehe z. B. */proc/2/exe*). Natürlich sagt ein Rückgabewert von 0 noch nichts über die Existenz der referenzierten Datei aus. Somit bleibt bei den symbolischen Links immer ein wenig Ungewissheit übrig. Die Funktion `readlink()` terminiert den String `buf` übrigens nicht. Aber da die Funktion als Rückgabewert die Anzahl der gelesenen Bytes zurückgibt, sollte dies kein Problem sein.

Ob eine Datei bzw. ein Verzeichnis, die/das durch einen Symlink referenziert wird, nun tatsächlich existiert, kann man entweder mit einem `stat()` nach `readlink()` oder mit einem `open()` überprüfen. Existiert die Zieldatei nicht, wird in beiden Fällen (`stat`/`open`) `ENOENT` in `errno` zurückgegeben.

Natürlich gibt es noch viel mehr zu den Links zu sagen, aber dies ist nicht Thema eines Programmierbuchs. Dazu empfehlen wir Ihnen, die entsprechenden Manual Pages oder eines der vielen guten Linux-Bücher zu lesen.

Als Beispiel folgt nun ein Listing, das die Anzahl von Links (`st_nlink`) einer Datei überprüft, die Sie als erstes Argument in der Kommandozeile übergeben. Anschließend wird jeweils ein harter und ein symbolischer Link zu dieser Datei erzeugt und die Anzahl von Links ausgegeben. Worauf der symbolische Link verweist, wird mit `readlink()` ebenso ausgegeben. Am Ende werden der harte und der symbolische Link mit `unlink()` gelöscht.

```
/* my_link.c */
#include <stdio.h>
#include <stdlib.h>
#include <string.h>
#include <errno.h>
#include <sys/stat.h>
#include <sys/types.h>
#include <unistd.h>
#define HARD_LINK "hard_link"
#define SYM_LINK  "sym_link"
#define MAX 255

static int attribute( const char *name ) {
  struct stat st;
  if(stat(name , &st) < 0) {
    fprintf(stderr, "Fehler bei stat: %s\n",
       strerror(errno));
    return -1;
  }
  printf("Anzahl Links  : %d\n",st.st_nlink);
  return 1;
}

int main(int argc, char **argv) {
  const char *ptr;
  char buf[MAX];
  int n;

  if(argc < 2) {
    printf("usage: %s datei\n", argv[0]);
    return EXIT_FAILURE;
  }

  ptr = argv[1];
```

```
  /* Anzahl der Links erfragen */
  if( attribute( ptr ) < 0)
    return EXIT_FAILURE;

  /* Einen harten Link erzeugen */
  if((link(ptr, HARD_LINK)) == -1) {
    printf("Konnte keinen Hardlink erstellen\n");
    return EXIT_FAILURE;
  }
  printf("Nach dem Funktionsaufruf von link()\n");
  /* Wieder die Anzahl der Links erfragen */
  if(attribute( ptr ) < 0)
    return EXIT_FAILURE;

  if((symlink(ptr, SYM_LINK)) == -1) {
    printf("Konnte keinen sym. Link erstellen\n");
    return EXIT_FAILURE;
  }
  printf("Nach dem Funktionsaufruf von symlink()\n");
  /* Wieder die Anzahl der Links erfragen */
  if(attribute( ptr ) < 0)
    return EXIT_FAILURE;
  /* Namen anzeigen, worauf der symbolische Link verweist */
  n=readlink(SYM_LINK, buf, MAX);

  printf("Der symbolische Link \"%s\"  zeigt auf"
         " \"%.*s\"\n",SYM_LINK, n, buf);
  /* Links wieder entfernen */
  unlink(HARD_LINK);
  unlink(SYM_LINK);
  return EXIT_SUCCESS;
}
```

Das Programm bei der Ausführung:

```
$ gcc -o my_link my_link.c
$ ./my_link test_file
Anzahl Links  : 1
Nach dem Funktionsaufruf von link()
Anzahl Links  : 2
Nach dem Funktionsaufruf von symlink()
Anzahl Links  : 2
Der symbolische Link "sym_link" zeigt auf "test_file"
```

Hinweis

Ein Symlink kann eine Sicherheitslücke darstellen, und zwar dann, wenn der Prozess mit höheren Rechten läuft als mit den Rechten, die sein Anwender hat. Legt der Anwender nun einen Symlink auf ein Verzeichnis oder eine Datei an, auf das/die er keine Schreibrechte hat und folgt der Prozess ganz naiv dem Link und erzeugt oder ändert dort eine Datei, kann der Anwender seine eigenen Privilegien überschreiten. Aus diesem Grund sollten Sie immer überprüfen, ob am Zielort eventuell ein Symlink existiert, und diesen im Zweifelsfall löschen oder zumindest mit einer Fehlermeldung ignorieren – es sei denn natürlich, es geht alles mit rechten Dingen zu.

5.1.5 Größe der Datei – st_size

Mit der Strukturvariablen `st_size` können Sie sich die Größe einer Datei in Bytes ermitteln lassen. Bei regulären Dateien erhalten Sie dabei die Anzahl von Bytes, die in die Datei geschrieben wurden. Diese Größe muss sich nicht auf den reinen physikalischen Speicherplatz beziehen, da dieser in der Regel immer ein Vielfaches der Blockgröße ist. (Gleiches gilt auch umgekehrt, siehe den Abschnitt über `ftruncate()` innerhalb von Abschnitt 4.3.13.)

Bei Verzeichnissen ist der Wert abhängig vom Filesystem. Bei symbolischen Links enthält `st_size` die Länge in Bytes[3], die derjenige Dateiname belegt (ohne abschließendes `\0`), auf den der symbolische Link verweist. In SVR4 enthält `st_size` außerdem bei den Pipes die Anzahl der lesbaren Bytes.

Hinweis

Der Speicherplatz wird bei einem Filesystem nicht in Bytes, sondern immer in Blöcken von Bytes angegeben. Die Blockgröße hängt vom Filesystem ab. In SVR4 und BSD können Sie die beiden Strukturvariablen `st_blocks` und `st_blksize` verwenden, die in der Struktur `stat` definiert sind. Aus der Multiplikation von `st_blocks * st_blksize` bekommen Sie dann den physikalischen Speicher, den das Dateisystem für die Datei wirklich belegt. Wollen Sie wissen, wie viele Blöcke eine Datei belegt, können Sie auch das Kommando *du* verwenden (oder `st_blocks` inspizieren).

Bei manchen Dateisystemen können die Angaben über die Blockgröße sinnlos oder mit Dummy-Werten gefüllt sein.

3 Aber nicht immer: siehe */proc/xxx/fd*, wo alle Werte 64 Bytes lang sind. Je nach Dateisystem handelt es sich zum Teil um einen Platzhalterwert ohne realen Bezug.

Ein Beispiel:

```
/* file_size.c */
#include <stdio.h>
#include <stdlib.h>
#include <string.h>
#include <errno.h>
#include <sys/stat.h>
#include <sys/types.h>
#include <unistd.h>

static int filesize( const char *name ) {
   struct stat st;
   if(stat(name , &st) < 0) {
      fprintf(stderr, "Fehler bei stat: %s\n",
         strerror(errno));
      return -1;
    }
   printf("Größe in st_size  : %d Bytes\n",(int)st.st_size);
   return 1;
}

int main(int argc, char **argv) {
   const char *ptr;

   if(argc < 2) {
         printf("usage: %s datei\n",argv[0]);
         return EXIT_FAILURE;
      }
   ptr = argv[1];
   /* Größe der Datei abfragen */
   if( filesize( ptr ) < 0)
      return EXIT_FAILURE;
   return EXIT_SUCCESS;
}
```

Das Programm bei seiner Ausführung:

```
$ gcc -o file_size file_size.c
$ ./file_size file_size.c
Größe in st_size: 643 Bytes
---[Linux]---
$ du -h file_size.c
4,0K    file_size.c
```

```
---[BSD]---
$ du -h file_size.c
2,0K    file_size.c
```

Um zu demonstrieren, wie viel physikalischen Speicher die Datei (hier *file_size.c*) tatsächlich verwendet, haben wir das Kommando `du` mit der Option `-h` verwendet.

5.1.6 st_atime, st_mtime, st_ctime

Für Zeitdaten stehen Ihnen in der Struktur `stat` gleich drei Variablen zur Verfügung:

- `st_atime` = Zeit des letzten Lesezugriffs (dazu gehören nicht `stat()`, `open()`)
- `st_mtime` = Zeit des letzten Schreibzugriffs
- `st_ctime` = Zeit der letzten Inode-Änderung (z. B. `chmod()`)

Und auch hierzu zeigen wir Ihnen ein Listing:

```
/* file_times.c */
#include <stdio.h>
#include <stdlib.h>
#include <string.h>
#include <errno.h>
#include <sys/stat.h>
#include <sys/types.h>
#include <unistd.h>
#include <time.h>

static int file_times(const char *name) {
   struct stat st;
   if(stat(name , &st) < 0) {
      fprintf(stderr, "Fehler bei stat: %s\n",
         strerror(errno));
      return -1;
   }
   printf("Letzter Zugriff          : %s",
      ctime( &st.st_atime ));
   printf("Letzte Änderung (Inhalt) :%s",
      ctime( &st.st_mtime ));
   printf("Letzte Änderung (Inode)  : %s",
      ctime( &st.st_ctime ));
   return 1;
}

int main(int argc, char **argv) {
```

```
   const char *ptr;

   if(argc < 2) {
         printf("usage: %s datei\n",argv[0]);
         return EXIT_FAILURE;
      }
   ptr = argv[1];
   /* Größe der Datei abfragen */
   if( file_times( ptr ) < 0)
      return EXIT_FAILURE;
   return EXIT_SUCCESS;
}
```

In diesem Beispiel haben wir außerdem die Standardfunktion `ctime()` verwendet, die in der Headerdatei *<time.h>* definiert ist. Mit ihr wird die Zeitangabe aus dem Zeitformat `time_t`, aus dem die Strukturvariablen `st_atime`, `st_mtime` und `st_ctime` gebildet sind (primitive Datentypen), in einen String konvertiert. Hier sehen Sie das Programm bei der Ausführung:

```
$ gcc -o file_times file_times.c
$ ./file_times file_times.c
Letzter Zugriff          : Tue Nov  4 23:28:36 2003
Letzte Änderung (Inhalt) : Fri Nov  7 00:10:36 2003
Letzte Änderung (Inode)  : Tue Nov  4 23:28:36 2003
$ touch file_times.c
$ ./file_times file_times.c
Letzter Zugriff          : Fri Nov  7 00:23:56 2003
Letzte Änderung (Inhalt) : Fri Nov  7 00:23:56 2003
Letzte Änderung (Inode)  : Fri Nov  7 00:23:56 2003
```

Wollen Sie die Zugriffs- und/oder Modifikationszeit verändern, können Sie dies mit der Funktion `utime()` realisieren:

```
#include <sys/types.h>
#include <utime.h>

int utime(const char *pfad, const struct utimbuf *time_ptr);
```

Bei Erfolg gibt diese Funktion `0`, ansonsten bei einem Fehler `-1` zurück. Die Struktur `utimbuf` sieht wie folgt aus:

```
struct utime {
   time_t actime;  /* access time -> st_atime       */
   time_t modtime  /* modification time -> st_mtime */
};
```

Damit können Sie die Zugriffs- und Modifikationszeit auf mindestens den 01. Januar 1970, 01:00:00 Uhr, zurücksetzen. In der Praxis sieht das so aus:

```
/* backward.c */
#include <stdio.h>
#include <stdlib.h>
#include <errno.h>
#include <sys/stat.h>
#include <sys/types.h>
#include <unistd.h>
#include <utime.h>

int main(int argc, char **argv) {
   const char *ptr;
   struct utimbuf zeit;

   if(argc < 2) {
         printf("usage: %s datei\n",argv[0]);
         return EXIT_FAILURE;
      }
   ptr = argv[1];
   zeit.actime = 0;
   zeit.modtime =0;
   /* Größe der Datei abfragen */
   if( utime( ptr, &zeit ) < 0) {
      perror("uptime");
      return EXIT_FAILURE;
   }
   return EXIT_SUCCESS;
}
```

Das Programm bei der Ausführung:

```
$ gcc -o backward backward.c
$ ./file_times file_times.c
Letzter Zugriff           : Fri Nov  7 00:23:56 2003
Letzte Änderung (Inhalt) : Fri Nov  7 00:23:56 2003
Letzte Änderung (Inode)  : Tue Nov  4 23:28:36 2003
$ ./backward file_times.c
$ file_times file_times.c
Letzter Zugriff           : Thu Jan  1 01:00:00 1970
Letzte Änderung (Inhalt) : Thu Jan  1 01:00:00 1970
Letzte Änderung (Inode)  : Tue Nov  4 23:28:36 2003
```

5.2 Erweiterte Attribute

Unter »erweiterten Attributen« verstehen wir hier zum einen die *Access Control Lists* (ACLs) und zum anderen erweiterte benutzerdefinierte Attribute.

5.2.1 Access Control Lists (Zugriffskontrolllisten)

Im Laufe der Jahre kam das Bedürfnis auf, Zugriffe feiner granuliert zu steuern als mit den doch recht groben Mitteln des Benutzer/Gruppe/Alle-Schemas. So könnten Sie ja Benutzern aus zwei oder mehr Gruppen erlauben wollen, eine bestimmte Datei zu lesen. Allerdings soll nur eine Benutzergruppe in diese Datei schreiben dürfen, und dann sind da einzelne Benutzer, die diese Datei ganz und gar nicht lesen dürfen! Um so eine Situation zu beherrschen, brauchen Sie *Access Control Lists* (ACLs):

Linux und seine wichtigsten Dateisysteme unterstützen ACLs seit Längerem – aber nicht überall automatisch.

In der Regel muss man es beim Mounten explizit angeben, dass man diese Option wünscht.[4] So lautet der Befehl hierfür:

```
$ mount -o acl /dev/ihre_festplatte /mountpoint
```

Wenn Sie stattdessen `noacl` angeben, werden ACLs verhindert. Diese Optionen kann man natürlich so auch in der */etc/fstab* angeben.

Erzeugen wir eine Testdatei, um das Prinzip hinter ACLs zu erläutern:

```
$ touch testdatei
$ ls -l testdatei
-rw-rw-r-- 1 kj   kj       0 Feb  1 13:49 testdatei
```

Diese Datei ist ganz normal, so wie wir es gewohnt sind. Lassen wir uns die ACLs anzeigen, so werden die Attribute, die wir schon kennen, nochmals ausformuliert:

```
$ getfacl testdatei
# file: testdatei
# owner: kj
# group: kj
user::rw-
group::rw-
other::r--
```

4 Tatsächlich können Distributoren diese Voreinstellung ändern, sodass die Funktionalität auch ohne Zusatzoption automatisch vorhanden sein könnte. Probieren Sie es aus, aber denken Sie daran, dass unterschiedliche Dateisysteme sich unterschiedlich verhalten können, weil einige Dateisysteme ACLs zum Beispiel noch gar nicht unterstützen.

Wir wollen jetzt erreichen, dass zwar alle Leute die Datei lesen können, aber nicht der Benutzer `jw`. Im normalen Rechtevergabesystem ist das unmöglich. Wir rufen also nun `setfacl` auf und sagen, dass wir die Rechte modifizieren wollen. Dazu dient die Option `-m`. Die Angabe `u:jw` ist unser User (`u`) namens `jw`, und mit dem Minus - verwehren wir ihm alle Rechte.

```
$ setfacl -mu:jw:- testdatei
$ ls -l testdatei
-rw-rw-r--+ 1 kj kj 0 Feb  1 13:49 testdatei
```

Das Pluszeichen sagt uns, dass ACLs für diese Datei vorhanden sind.

```
$ getfacl testdatei
# file: testdatei
# owner: kj
# group: kj
user::rw-
user:jw:---
group::rw-
mask::rw-
other::r–
```

Und nur testen wir das Ganze:

```
$ su - jw
$ cat /mp/1/testdatei
cat: /mp/1/testdatei: Permission denied
$ ^D
```

Der Befehl funktioniert analog für Gruppen. Eigentlich handelt es sich um das alte Schema, nur auf beliebig viele Benutzer und Gruppen ausgeweitet.

Programmiertechnisch ist es leider nicht ganz so simpel wie in der Shell. Bevor es losgeht, sollten Sie dafür sorgen, dass `libacl-devel` installiert ist.

Dieses kurze Programm zeigt die bestehenden ACL-Attribute an:

```
/* acl_anzeigen.c */
#include <stdio.h>
#include <stdlib.h>
#include <getopt.h>
#include <acl/libacl.h>
#include <sys/acl.h>
```

```
#include <sys/types.h>
#include <pwd.h>
#include <grp.h>
static void
hilfe(const char *progName) {
    fprintf(stderr, "Usage: %s [-d] filename\n", progName);
    exit(1);
}
#define IOFAIL(ob) { perror(ob); exit(9); }
int
main(int argc, char *argv[]) {
    acl_t acl;
    acl_type_t type;
    acl_entry_t entry;
    acl_tag_t tag;
    uid_t *uidp;
    gid_t *gidp;
    acl_permset_t permset;
    char *name;
    int entryId, permVal, opt;
    struct passwd *pwd;
    struct group *grp;
    type = ACL_TYPE_ACCESS;
    while ((opt = getopt(argc, argv, "d")) != -1) {
        switch (opt) {
        case 'd': type = ACL_TYPE_DEFAULT;      break;
        case '?': hilfe(argv[0]);
        } }
    if (optind + 1 != argc)
        hilfe(argv[0]);
    acl = acl_get_file(argv[optind], type);
    if (acl == NULL)
        IOFAIL("acl_get_file");
    /* Alle Eintraege dieser ACL durchgehen */
    for (entryId = ACL_FIRST_ENTRY; ; entryId = ACL_NEXT_ENTRY) {
        if (acl_get_entry(acl, entryId, &entry) != 1)
            break;                      /* Fehler oder "EOF" */
        /* Retrieve and display tag type */
        if (acl_get_tag_type(entry, &tag) == -1)
            IOFAIL("acl_get_tag_type");
        printf("%-12s", (tag == ACL_USER_OBJ) ?  "user_obj" :
                        (tag == ACL_USER) ?      "user" :
                        (tag == ACL_GROUP_OBJ) ? "group_obj" :
```

```
                (tag == ACL_GROUP) ?     "group" :
                (tag == ACL_MASK) ?      "mask" :
                (tag == ACL_OTHER) ?     "other" : "???");
/* Qualifier anzeigen */
if (tag == ACL_USER) {
    uidp = acl_get_qualifier(entry);
    if (uidp == NULL)
        IOFAIL("acl_get_qualifier");
    pwd = getpwuid(*uidp);
    name = pwd ? (pwd->pw_name) : "NULL";
    if (name == NULL)
        printf("%-8d ", *uidp);
    else
        printf("%-8s ", name);
    if (acl_free(uidp) == -1)
        IOFAIL("acl_free");
} else if (tag == ACL_GROUP) {
    gidp = acl_get_qualifier(entry);
    if (gidp == NULL)
        IOFAIL("acl_get_qualifier");
    grp = getgrgid(*gidp);
    name = grp ? (grp->gr_name) : "NULL";
    if (name == NULL)
        printf("%-8d ", *gidp);
    else
        printf("%-8s ", name);
    if (acl_free(gidp) == -1)
        IOFAIL("acl_free");
} else {
    printf("         ");
}
/* Berechtigungen anzeigen */
if (acl_get_permset(entry, &permset) == -1)
    IOFAIL("acl_get_permset");
permVal = acl_get_perm(permset, ACL_READ);
if (permVal == -1)
    IOFAIL("acl_get_perm - ACL_READ");
printf("%c", (permVal == 1) ? 'r' : '-');
permVal = acl_get_perm(permset, ACL_WRITE);
if (permVal == -1)
    IOFAIL("acl_get_perm - ACL_WRITE");
printf("%c", (permVal == 1) ? 'w' : '-');
permVal = acl_get_perm(permset, ACL_EXECUTE);
```

```
        if (permVal == -1)
            IOFAIL("acl_get_perm - ACL_EXECUTE");
        printf("%c", (permVal == 1) ? 'x' : '-');
        printf("\n");
    }
    if (acl_free(acl) == -1)
        IOFAIL("acl_free");
    exit(0);
}
```


So sieht das Verhalten des Programms aus (wir nehmen das Programm selbst als Testdatei):

```
$ make
cc -o acl_anzeigen acl_anzeigen.c -lacl
$ ./acl_anzeigen acl_anzeigen
user_obj                rwx
group_obj               r-x
other                   r-x
$ setfacl -m u:hala:- acl_anzeigen
$ ./acl_anzeigen acl_anzeigen
user_obj                rwx
user         hala       ---
group_obj               r-x
mask                    r-x
other                   r-x
```

Dieses kleine Programm namens *acl_anzeigen* akzeptiert eine Option `-d`, die statt der aktuellen Zugriffsrechte die Default-Zugriffsrechte (nur bei Verzeichnissen möglich) anzeigt. Das sind diejenigen Rechte, die an neu erzeugte Objekte weitervererbt werden.

```
#include <sys/types.h>
#include <sys/acl.h>

acl_t acl_get_file(const char *path_p, acl_type_t type);
int acl_get_entry(acl_t acl, int entry_id, acl_entry_t *entry_p);
int acl_get_tag_type(acl_entry_t entry_d, acl_tag_t *tag_type_p);
void *acl_get_qualifier(acl_entry_t entry_d);
int acl_free(void *obj_p);
int acl_get_permset(acl_entry_t entry_d, acl_permset_t *permset_p);
int acl_get_perm(acl_permset_t permset_d, acl_perm_t perm);
```

Sie sehen am Beispielprogramm, dass man sich zunächst ein `acl_t`-Handle holt und dieses dann auswertet. Zum Schluss gibt man mit `acl_free()` alle Speicherbereiche wieder frei, und zwar die von den Qualifiern und vom `acl_t`-Handle selbst.

acl_tag_t kann folgende Werte annehmen:

- ACL_UNDEFINED_TAG – bitte ignorieren
- ACL_USER_OBJ – die Berechtigungen des Eigentümers
- ACL_USER – die Berechtigungen eines anderen, angegebenen Benutzers
- ACL_GROUP_OBJ – die Berechtigungen der Eigentümer-Gruppe
- ACL_GROUP – die Berechtigungen einer anderen angegebenen Gruppe
- ACL_MASK – wenn vorhanden, die Maximalberechtigungen für ACL_USER, ACL_GROUP_OBJ und ACL_GROUP (leitet sich aus den Gruppenberechtigungen der Standardattribute her)
- ACL_OTHER – die Berechtigungen aller, die hier nicht explizit aufgezählt worden sind

Die einzelnen Berechtigungen werden im Beispiel nicht wie bei normalen Dateiberechtigungen über das Ausmaskieren von Bits erkannt, sondern unter Verwendung der Funktion acl_get_perm(), die mit ACL_READ, ACL_WRITE oder ACL_EXECUTE aufgerufen wird.[5] Die Funktion gibt uns dann 1 zurück, wenn die angefragte Berechtigung gesetzt ist, und 0 wenn nicht. -1 ist wie üblich der Fehlerfall, in dem man dann errno prüfen sollte.

Gesetzt werden ACL-Attribute ganz analog. Einige Get-Funktionen haben ihr Set-Äquivalent:

```
acl_t acl_init(int count);
int acl_delete_def_file(const char *path_p);
int acl_set_file(const char *path_p, acl_type_t type, acl_t acl);
int acl_delete_perm(acl_permset_t permset_d, acl_perm_t perm);
int acl_set_permset(acl_entry_t entry_d, acl_permset_t permset_d);
int acl_set_tag_type(acl_entry_t entry_d, acl_tag_t tag_type);
```

acl_init() erzeugt dabei Speicher für eine ACL mit mindestens count Einträgen. acl_delete_def_file() löscht die ACL eines Objekts komplett, und die restlichen Funktionen entsprechen den ähnlichen Get-Funktionen.

```
char * acl_to_text(acl_t acl, ssize_t *len_p);
acl_t acl_from_text(const char *buf_p);
```

Diese Funktionen acl_to_text() und acl_from_text() können Ihnen im Prinzip Arbeit ersparen, erlauben sie doch die Umwandlung einer ACL in eine einfache Textrepräsentation bzw. von einer einfachen Textrepräsentation zurück, die beispielsweise so aussieht:

```
u::rw-,u:lisa:rw-,g::r--,g:toolies:rw-,m::r--,o::r-
```

(Das Beispiel stammt aus der Manual-Page von acl.)

5 Diese Funktion ist eine Linux-spezifische Erweiterung des Standards.

5.2.2 Erweiterte benutzerdefinierte Attribute

Zusätzlich zu den Attributen, die Bedeutung für das Betriebssystem haben, kann man Attribute angeben, die nur für Benutzerprogramme einen Sinn ergeben. Man muss wie schon bei den ACLs beim Mounten explizit angeben, dass man diese Option wünscht. So lautet der Befehl hierfür:

```
$ mount -o user_xattr /dev/ihre_festplatte /mountpoint
```


Sie werden vielleicht erstaunt sein, aber was in diesen benutzerdefinierten Attributen gespeichert wird, das bleibt allein Ihnen (und dem Systemadministrator) überlassen. Es handelt sich grundsätzlich um Wertepaare nach dem Schlüssel-Inhalt-Schema. Genutzt wird dies beispielsweise von Samba, um in einem Windows-Netzwerk Windows-CIFS-Attribute zu simulieren.

Um die verschiedenen Programme zu unterscheiden, ist es sinnvoll, den eigentlich frei wählbaren Attributnamen (Schlüsselnamen) in ein programmspezifisches Präfix und ein inhaltsbezogenes Suffix aufzuteilen. Intern wird allen Benutzerattributen ein `user.` vorangestellt (für den Benutzer *root* ist dieses Präfix sichtbar und auch änderbar).

Einer der Autoren dieses Buches hat die benutzerdefinierten Attribute genutzt, um eine Prüfsummenkontrolle zu implementieren, die dem *Bitrot*[6] verbeugen soll.

Wir wollen es an dieser Stelle bei der Erwähnung der Befehle belassen:

Auf der Kommandozeile:

```
setfattr -n name -v wert datei...
getfattr -n name datei...
```

Und in C:

```
#include <sys/types.h>
#include <sys/xattr.h>

ssize_t getxattr(const char *path, const char *name,
                 void *value, size_t size);
ssize_t lgetxattr(const char *path, const char *name,
                  void *value, size_t size);
ssize_t fgetxattr(int fd, const char *name,
                  void *value, size_t size);
```

6 Bitrot, zu Deutsch »Datenverrottung«, ist ein Phänomen, das selten, aber bei großen Datenmengen in absehbarer Zeit auftreten kann, und zwar beispielsweise dann, wenn ein Festplattenblock aufgrund von Alterungserscheinungen hardwareseitig umgelagert und wegen einer Anzahl von Fehlern repariert werden musste. Die Festplatte macht das in der Regel transparent und unbemerkt. Allerdings kann der Reparaturmechanismus (der auf *Error Correction Codes* basiert) nicht beliebig viele Fehler gleichzeitig reparieren. Das erwähnte Programm finden Sie übrigens bei den MATERIALIEN ZUM BUCH.

```
int setxattr(const char *path, const char *name,
             const void *value, size_t size, int flags);
int lsetxattr(const char *path, const char *name,
              const void *value, size_t size, int flags);
int fsetxattr(int fd, const char *name,
              const void *value, size_t size, int flags);
```

Als `flags` können Sie `0` setzen oder `XATTR_CREATE` (nur Erzeugen) oder `XATTR_REPLACE` (nur Ersetzen).

Kapitel 6

Zugriff auf Systeminformationen

Die Pseudo-Dateisysteme enthalten viele nützliche Informationen über das System selbst. Und Pseudo-Dateisysteme gibt es eine ganze Menge.

Zwar gibt es eine ganze Reihe von Wegen, dem Kernel etwas mitzuteilen – letztlich landet schließlich jede Information bei ihm –, aber wie sieht der Weg in umgekehrte Richtung aus? Wie kann ein Benutzerprogramm sich also beim Kernel über den Zustand des Systems informieren?

Dazu wurden im Laufe der Zeit gleich mehrere Ansätze entwickelt, die sich über die Jahre, wie es für Linux typisch ist, parallel entwickelten.

Aktuell verfügt Linux über mindestens drei verschiedene Pseudo-Dateisysteme, die gleichzeitig gemountet sind. Pseudo-Dateisysteme belegen keinerlei Plattenplatz und befinden sich virtuell im Kernel, der es so aussehen lässt, als existierten in diesem »Namensraum« Dateien. Speicher kostet das (praktisch) keinen.

Wir möchten übrigens darauf hinweisen, dass sich aufgrund der parallelen Entwicklung der verschiedenen Dateisysteme Informationen oft mehrfach finden – mal im einen, mal im anderen Dateisystem, und dort vielleicht dann auch nochmals wiederholt. Der Kernel verwaltet diese Informationen so, dass sie sich nicht widersprechen und dass jede Einstellung und jede Konfiguration eindeutig ist.

Im Verzeichnis */sys* finden sich traditionell diejenigen Informationen, die den Kernel selbst betreffen, und in */proc* findet sich alles, was Prozesse betrifft. So pauschal kann man es gar nicht mehr sagen, aber so war es mal gedacht. Das Verzeichnis */dev*, das in der Regel dynamisch vom Dämonprozess *udev* erzeugt wird, behandeln wir in Kapitel 7, »Devices – eine einfache Verbindung zur Hardware«.

6.1 Das /sys-Dateisystem (sysfs)

Die oberste Verzeichnisebene sieht so aus:

- *block/*
- *bus/*
- *class/*

- *dev/*
- *devices/*
- *firmware/*
- *fs/*

Im Verzeichnis *block/* finden Sie Symlinks auf die verschiedenen Blockgeräte (meist Festplatten, DVD-Laufwerke und USB-Sticks), die als Massenspeicher angesprochen werden können.

Im Verzeichnis *bus/* finden Sie der Reihe nach alle Bus-artigen Systeme, die der Kernel aktuell kennt. »Aktuell« heißt hier, dass sich der Inhalt des Verzeichnisses verändern kann, wenn Busse hinzukommen, zum Beispiel weil ein Kernel-Modul geladen wird. Jedes Bus-Verzeichnis enthält weitere Verzeichnisse, und zwar mindestens *devices* und *drivers*. Über eine gleichzeitig vorhandene Datei *uevent* (abhängig von der Kernel-Version) kann das Benutzerprogramm beim Kernel ein Ereignis über den Hotplug-Mechanismus auslösen.

Im Verzeichnis *class/* finden Sie Symlinks auf Geräte, und zwar in Verzeichnissen mit dem Namen der Geräteklasse.

Im Verzeichnis *dev/* finden Sie erneut Symlinks auf Geräte, sortiert nach *block* für Blockgeräte und *char* für zeichenbasierte Geräte. Doch diese liegen – für Menschen vielleicht etwas schwer lesbar – im Format *major:minor* vor, das unter allen Unix-Varianten traditionell für Geräteknoten (*Device Nodes*) verwendet wird.

So als hätten wir nicht schon genug Geräte und Verweise auf Geräte (schließlich gibt es im System ja auch noch das benutzerprozessverwaltete */dev*), finden wir sie im Verzeichnis *devices/* dann endlich selbst, und zwar mit sämtlichen Pseudo-Dateien, mit denen man sie ansteuern kann. Verwechseln Sie das bitte nicht mit dem Verzeichnis */dev/*, das im nächsten Kapitel behandelt wird und das den offiziellen Weg darstellt, wie man auf Geräte zugreifen sollte.

Im Verzeichnis *firmware/* finden Sie für alle Geräte, die eine Firmware haben könnten, die entsprechenden Pseudo-Dateien; je nach Kernel-Version können Sie über diese Dateien auch die Firmware des Geräts überschreiben. In *firmware/efi/* taucht auch das Bootmenü der UEFI-Mainboard-Firmware auf, sofern vorhanden, und das ist im Prinzip die Verwaltungsstruktur für die Dateien, die wir meist in */boot/efi* finden können. Ja, warum sollte es einfach sein, wenn es auch kompliziert geht?

Im Verzeichnis *fs/* wird es dann schließlich noch ein wenig komplizierter. Dort finden sich zwar einige der beliebteren Dateisysteme und deren augenblickliche Daten, aber nicht alle. Sie finden dort zum Beispiel *ext4/* und *fuse/* (das benutzerdefinierte Dateisystem), aber nicht zum Beispiel *reiserfs*.

Wenn Sie ein Linux-System haben, das mit *systemd* als Startdämon arbeitet, dann finden Sie in */sys/fs/cgroups* dessen Kontrollgruppen (*Control Groups*), die über den Kernel Prozesse nach deren Bedürfnissen aufteilen, zum Beispiel diejenigen Prozesse, die blockweise Daten hinein- und wieder heraus transferieren (*blkio*).

Beachten Sie, dass diese Kontrollgruppenverzeichnisse wiederum eigene Pseudo-Dateisysteme sind. Wollen Sie wissen, welche Control Groups das System kennt? Dann hilft Ihnen

```
$ cat /proc/cgroups
```

weiter.

6.2 Das /proc-Dateisystem (procfs)

Da der Kernel den kompletten Rechner verwaltet, besitzt er auch alle Informationen über die Prozesse, die auf diesem System laufen. Diese Informationen werden vom Kernel wiederum in *Pseudo-Dateien* und *Pseudo-Verzeichnissen* angelegt.

Diese Dateien liegen im */proc*-Verzeichnis. Auf die Einträge im */proc*-Verzeichnis können Sie wie auf gewöhnliche Dateien zugreifen; meistens allerdings nur lesend. Dieses (Pseudo-) Dateisystem belegt keinerlei Plattenplatz und befindet sich im Hauptspeicher (RAM). Sie können sich gern wie folgt einen Überblick über das */proc*-Verzeichnis verschaffen:

```
$ ls -l /proc | less
```

Auf alle diese Informationen können Sie (fast) ohne Weiteres lesend zugreifen. Wollen Sie z. B. den aktuellen Kernel Ihres Systems ermitteln und ausgeben lassen, können Sie auf die Datei */proc/version* zugreifen:

```
$ cat /proc/version
Linux version 2.6.27-7-generic (buildd@palmer)
(gcc version 4.3.2 (Ubuntu 4.3.2-1ubuntu11))
#1 SPM Tue Jan 4 19:33:20 UTC 2009
```

Schon erhalten Sie die aktuelle Kernel-Version, das Datum, an dem der Kernel kompiliert wurde, und die Version des zugehörigen Compilers als String zurück.

6.3 Informationen aus dem /proc-Verzeichnis herausziehen

Als Programmierer dürfte Sie in erster Linie interessieren, wie Sie mit Ihrem Programm an diese Informationen kommen. Als Beispiel dient hier die Speicherauslastung des Systems. Hierbei soll lediglich ermittelt werden, wie viel RAM insgesamt auf Ihrem System zur Verfügung steht. Diese Informationen erhalten Sie aus */proc/meminfo*:

```
$ cat /proc/meminfo
MemTotal:        514296 kB
MemFree:          10428 kB
Buffers:         122940 kB
Cached:          120112 kB
SwapCached:        1152 kB
Active:          337336 kB
Inactive:        122512 kB
HighTotal:            0 kB
HighFree:             0 kB
LowTotal:        514296 kB
LowFree:          10428 kB
SwapTotal:       409616 kB
SwapFree:        385128 kB
...
```

Uns interessiert hier der Wert `MemTotal`. Der einfachste Weg, diesen Wert auszulesen, besteht darin, */proc/meminfo* mit `fopen()` zu öffnen, in einen Puffer einzulesen und nach der Stringfolge `MemTotal` zu suchen. Anschließend kann der Wert mit der Funktion `sscanf()` aus dem Puffer an eine dafür vorgesehene Variable übergeben werden. Hier sehen Sie ein mögliches Beispiel:

```
/* memory.c */
#include <stdio.h>
#include <stdlib.h>
#include <string.h>
#include <errno.h>

static long get_mem_total (void) {
   FILE *fp;
   char buffer[1024];
   size_t bytes_read;
   char *match;
   long mem_tot;

   if((fp = fopen("/proc/meminfo", "r")) == NULL) {
      perror("fopen()");
      exit(EXIT_FAILURE);
   }

   bytes_read = fread (buffer, 1, sizeof (buffer), fp);
   fclose (fp);
```

```
   if (bytes_read == 0 || bytes_read == sizeof (buffer))
      return 0;
   buffer[bytes_read] = '\0';
   /* Suchen nach der Stringfolge "Memtotal" */
   match = strstr (buffer, "MemTotal");
   if (match == NULL) /* Nicht gefunden */
      return 0;
   sscanf (match, "MemTotal: %ld", &mem_tot);
   return (mem_tot/1024); /* 1MB = 1024KB */
}

int main (void) {
  long memory = get_mem_total();
  if(memory == 0)
     printf("Konnte RAM nicht ermitteln\n");
  else
     printf("Vorhandener Arbeitsspeicher: %ldMB\n" ,memory);
  return EXIT_SUCCESS;
}
```

Das Programm bei der Ausführung:

```
$ gcc -o memory memory.c
$ ./memory
Vorhandener Arbeitsspeicher: 249MB
```

So oder so ähnlich können Sie in der Regel bei allen Informationen vorgehen, die Sie im */proc*-Verzeichnis finden und benötigen. Sie sollten allerdings darauf achten, dass sich der Name des Eintrags im */proc*-Verzeichnis bei neueren Kernel-Versionen ändern könnte. So könnte vielleicht in absehbarer Zeit */proc/meminfo* zu */proc/more_meminfo* (nur ein Beispiel) werden. Bedenken Sie dies, wenn Sie Ihr Programm auf der Höhe der Zeit halten wollen.

6.4 Hardware- bzw. Systeminformationen ermitteln

Viele Einträge im */proc*-Filesystem erlauben Ihnen, Informationen zur Hardware des Systems zu ermitteln. Das sind interessante Informationen für Systemadministratoren und auch für den Entwickler von Programmen. Im Folgenden erläutern wir einige häufig verwendete Einträge im Überblick.

> **Hinweis**
>
> Bei diesem Buch handelt es sich nicht um ein Buch zur Erklärung von Hardware. Sollten Sie keinerlei Kenntnisse vom Innenleben Ihres PC haben, dann wäre zusätzliche Literatur recht sinnvoll.

6.4.1 CPU-Informationen – /proc/cpuinfo

/proc/cpuinfo beinhaltet Informationen zur CPU (Prozessor) oder zu den CPUs, die auf Ihrem System laufen. Ausgegeben wird dabei die Anzahl der Prozessoren. Ist der Wert von `processor` wie im Beispiel `0`, so kann dies bedeuten, dass es sich um ein Single-Prozessor-System handelt.

> **Hinweis**
>
> Auf SMP (Multi-CPU-Maschinen) ist der Wert von `processor` nicht direkt `0`, sondern es wird für jeden Prozessor einzeln `processor`, `vendor_id` etc. angezeigt, weshalb *»auf 0 gesetzt«* nicht ganz korrekt ist.

Weitere Daten finden Sie zu der CPU-Familie, dem Modell, der Frequenz, der Revision und noch zu einigem mehr. Hierzu sehen Sie einen Ausschnitt:

```
$ cat /proc/cpuinfo
processor       : 0
vendor_id       : GenuineIntel
cpu family      : 15
model           : 2
model name      : Intel(R) Pentium(R) 4 CPU 1.60GHz
stepping        : 4
cpu MHz         : 1594.865
cache size      : 512 KB
fdiv_bug        : no
hlt_bug         : no
f00f_bug        : no
coma_bug        : no
fpu             : yes
fpu_exception   : yes
cpuid level     : 2
wp              : yes
flags           : fpu vme de pse tsc msr pae mce cx8 sep mtrr pge mca cmov pat
  pse36 clflush dts acpi mmx fxsr sse sse2 ss ht tm
bogomips        : 3185.04
```

Für mehr Informationen zur CPU sei die Dokumentation zu *cpuid* des *Intel Architecture Software Developers Manual, Volume 2*, empfohlen.

6.4.2 Geräteinformationen – /proc/devices

In */proc/devices* sind Informationen zu allen verfügbaren Geräten (sowohl zu zeichen- als auch zu blockorientierten) aufgelistet, z. B. zur Festplatte, zum Diskettenlaufwerk, zur seriellen und parallelen Schnittstelle usw.

6.4.3 Speicherauslastung – /proc/meminfo

In der Pseudo-Datei */proc/meminfo* kann der aktuelle Speicherstatus ausgelesen werden. Angezeigt werden der vorhandene und der belegte Speicher (sowohl der physikalische als auch der Swap-Speicher). Ebenfalls lässt sich ermitteln, wie viel davon für geteilten Speicher (*Shared Memory*), Puffer und Caches belegt ist, die der Kernel benutzt.

6.4.4 Weitere Hardware-Informationen zusammengefasst

Es gibt natürlich noch eine Menge mehr Informationen zur Hardware im */proc*-Verzeichnis, die allerdings zum Teil auch von der Konfiguration des Systems abhängt. Tabelle 6.1 bietet eine kleine Zusammenfassung zu weiteren gängigen Einträgen im */proc*-Verzeichnis.

Verzeichniseintrag	Bedeutung
/proc/dma	Liste von belegten DMA-Kanälen, die für einen Treiber reserviert sind, und der Name des Treibers
/proc/interrupts	Liste der benutzten Interrupts mit Anzahl der Interrupts, die seit dem Systemstart eintraten; Typ des Interrupts und Angabe, durch welche Module dieser Interrupt verwendet wird
/proc/ioports	Eine Liste aller belegten IO-Ports für die Ein-/Ausgabe, wie die Festplatte, Ethernet, Soundkarte, Modem, USB etc. (gemappte Hardware-Speicherbereiche finden sich in */proc/iomem*).
/proc/stat	Allgemeine Informationen über den Status der Prozessoren. Diese Informationen werden vom Programm *procinfo* verwendet und übersichtlich aufgelistet.
/proc/uptime	Anzahl der Sekunden, die seit dem Systemstart vergangen sind, und Angabe, wie viele davon die CPU mit Nichtstun (HLT; Leerlaufzeit = engl. *idle*) verbracht hat

Tabelle 6.1 Systeminformationen im »/proc«-Verzeichnis

Verzeichniseintrag	Bedeutung
/proc/scsi/	Unterverzeichnis mit Informationen zu SCSI-Geräten
/proc/scsi/scsi	Sofern Sie eine SCSI-Schnittstelle besitzen, finden Sie hier eine Auflistung aller Geräte.
/proc/ide/	Unterverzeichnis mit Informationen zu IDE-Geräten
/proc/apm	Informationen zum *Advanced Power Management* (ein Text wie »AC offline« bedeutet z. B., dass ein Notebook im Batteriebetrieb läuft)
/proc/mounts	Liste aller gemounteten Dateisysteme
/proc/net/	Unterverzeichnis zu Netzwerkinformationen
/proc/loadavg	Duchschnittliche Systemauslastung (über eine Minute, fünf Minuten, fünfzehn Minuten), aktive Prozesse/Anzahl Prozesse und zuletzt erzeugte PID

Tabelle 6.1 Systeminformationen im »/proc«-Verzeichnis (Forts.)

Das folgende Listing soll Ihnen demonstrieren, wie einfach es ist, aus dem System nützliche Informationen zur Hardware ausgeben zu lassen. Das Beispiel stellt eine einfache Schnittstelle dar, die es zu erweitern gilt. Damit haben Sie schon die Grundlage für ein Systemprogramm zur Hand. Sollte es ein Konsolenprogramm werden, dann müssten Sie die Ausgabe benutzerfreundlich anpassen; Sie müssen sie ebenfalls anpassen, wenn Sie nur einzelne Informationen ausgeben wollen. Natürlich können Sie über das Programm auch ein grafisches Frontend ziehen. Denn auch die Systemprogramme von KDE oder GNOME machen nichts anderes, als die Daten aus dem */proc*-Filesystem zu lesen und entsprechend auszugeben.

```
/* myinfo.c */
#include <stdio.h>
#include <stdlib.h>
#include <string.h>
#include <errno.h>
#define BUF 4096 /* Anpassen */

enum { CPU, DEV, DMA, INT, IOP, MEM, VERS, SCSI, EXIT };

static const char *info[] = {
   "/proc/cpuinfo", "/proc/devices", "/proc/dma",
   "/proc/interrupts", "/proc/ioports", "/proc/meminfo",
   "/proc/version", "/proc/scsi/scsi"
 };
```

```
static void get_info (const int inf) {
   FILE *fp;
   char buffer[BUF];
   size_t bytes_read;

   if((fp = fopen(info[inf], "r")) == NULL) {
      perror("fopen()");
      return;
   }
   bytes_read = fread (buffer, 1, sizeof (buffer), fp);
   fclose (fp);
   if (bytes_read == 0 || bytes_read == sizeof (buffer))
      return;
   buffer[bytes_read] = '\0';

   printf("%s",buffer);
   printf("Weiter mit ENTER");
   getchar();
   return;
}

int main (void) {
   int auswahl;
   do {
      printf("Wozu benötigen Sie Informationen?\n\n");
      printf("-%d- Prozessor\n", CPU);
      printf("-%d- Geräte\n", DEV);
      printf("-%d- DMA\n", DMA);
      printf("-%d- Interrupts\n", INT);
      printf("-%d- I/O-Ports\n", IOP);
      printf("-%d- Speicher\n", MEM);
      printf("-%d- Version\n", VERS);
      printf("-%d- SCSI\n", SCSI);
      printf("-%d- Programmende\n", EXIT);
      printf("\nIhre Auswahl : ");
      do{ scanf("%d",&auswahl); } while(getchar() != '\n');

      switch(auswahl) {
         case CPU : get_info(CPU);   break;
         case DEV : get_info(DEV);   break;
         case DMA : get_info(DMA);   break;
         case INT : get_info(INT);   break;
         case IOP : get_info(IOP);   break;
```

```
         case MEM : get_info(MEM);    break;
         case VERS: get_info(VERS);  break;
         case SCSI: get_info(SCSI);  break;
         case EXIT: printf("Bye\n"); break;
         default  : printf("Falsche Eingabe?\n");
      }
   } while(auswahl != EXIT);
   return EXIT_SUCCESS;
}
```

Das Programm im Einsatz:

```
$ ./myinfo
Wozu benötigen Sie Informationen?

-0- Prozessor
-1- Geräte
-2- DMA
-3- Interrupts
-4- I/O-Ports
-5- Speicher
-6- Version
-7- SCSI
-8- Programmende

Ihre Auswahl : 7
Attached devices:
Host: scsi0 Channel: 00 Id: 00 Lun: 00
  Vendor: VMware,  Model: VMware Virtual S Rev: 1.0
  Type:   Direct-Access    ANSI  SCSI revision: 02
Host: scsi2 Channel: 00 Id: 00 Lun: 00
  Vendor: MATSHITA Model: DVD-RAM UJ-850S  Rev: 1.60
  Type:   CD-ROM             ANSI  SCSI revision: 05
Weiter mit ENTER
```

Hinweis

Fragen zum Löschen des Bildschirms in einem Terminal werden in Kapitel *Terminal-E/A und Benutzerschnittstellen für die Konsole* beantwortet, das wir für Sie zum Download anbieten. Sie finden es bei den MATERIALIEN ZUM BUCH unter *http://www.rheinwerk-verlag.de/3854/*.

6.5 Prozessinformationen

Neben Hardware-Informationen können Sie aus dem */proc*-Filesystem auch Informationen zu den einzelnen Prozessen ermitteln. Auch Programme wie *ps* oder *top* nutzen diese Möglichkeit, um Ihnen Informationen zu einem Prozess zu liefern. Den Prozessen und deren Verwaltung ist Kapitel 9, »Dämonen, Zombies und Prozesse«, gewidmet.

Das */proc*-Filesystem beinhaltet für jeden Prozess extra ein Unterverzeichnis. Der Name des Verzeichnisses entspricht der Prozess-ID. Lassen Sie sich am besten das */proc*-Verzeichnis ausgeben:


```
$ ls -l /proc | less
dr-xr-xr-x    3 root      root      0 2003-11-13 23:46 1
dr-xr-xr-x    3 root      root      0 2003-11-13 23:46 12
dr-xr-xr-x    3 root      root      0 2003-11-13 23:46 1201
dr-xr-xr-x    3 root      root      0 2003-11-13 23:46 1278
dr-xr-xr-x    3 bin       root      0 2003-11-13 23:46 1303
...
dr-xr-xr-x    4 root      root      0 2003-11-13 23:47 tty
-r--r--r--    1 root      root      0 2003-11-13 23:47 uptime
-r--r--r--    1 root      root      0 2003-11-13 23:47 version
dr-xr-xr-x    3 root      root      0 2003-11-13 23:47 video
```

Diese Verzeichnisse werden als *Prozessverzeichnisse* bezeichnet, da sie sich auf die Prozess-ID (PID) beziehen und Informationen zu diesem Prozess beinhalten. Eigentümer und Gruppe eines jeden solchen PID-Verzeichnisses werden auf die ID des Benutzers gesetzt, der den Prozess ausführt. (Eine nachträgliche Änderung über `setuid()` ändert nur den Eigentümer des Verzeichnisses, nicht den Eigentümer der Dateien.) Nach Beendigung des Prozesses wird der Eintrag im */proc*-Verzeichnis ebenfalls wieder gelöscht.

Während der Ausführung eines Prozesses können Sie aus dem Verzeichnis die nun folgenden nützlichen Informationen dazu erhalten:

```
#include <unistd. h.>
int main(void) { setuid(25); while(1); }
```

Sie können ihn im Hintergrund ausführen (`./a.out &`) und reingucken:

```
# ./a.out &
[1] 2275
# ls -l /proc/2275/
insgesamt 0
-r--r--r--  1 tot  users  0 2004-08-14 02:36   cmdline
-r--------  1 tot  users  0 2004-08-14 02:36   environ
lrwxrwxrwx  1 tot  users  0 2004-08-14 02:36   exe->./a.out
```

```
dr-x------ 2 tot  users  0 2004-08-14 02:36
fd-rw----- 1 tot  users  0 2004-08-14 02:36  mapped_base
-r--r--r-- 1 tot  users  0 2004-08-14 02:36  maps
-rw------- 1 tot  users  0 2004-08-14 02:36  mem
-r--r--r-- 1 tot  users  0 2004-08-14 02:36  mounts
lrwxrwxrwx 1 tot  users  0 2004-08-14 02:36  root -> /

-r--r--r-- 1 tot  users  0 2004-08-14 02:36  stat
-r--r--r-- 1 tot  users  0 2004-08-14 02:36  statm
-r--r--r-- 1 tot  users  0 2004-08-14 02:36  status
```

Das gilt auch für `seteuid()` und `setreuid()`.

6.5.1 /proc/$pid/cmdline

Nehmen wir an, Sie finden ein Verzeichnis mit der ID 2167 und wollen wissen, was in der Kommandozeile des Prozesses steht. Dann müssen Sie nur `cmdline` abfragen:

```
$ cat /proc/2167/cmdline
anjuta
```

Der Prozess mit der ID 2167 ist also das Programm (die Entwicklungsumgebung) *Anjuta* während der Ausführung. Wollen Sie alle Prozesse ausgeben lassen, können Sie dies auch folgendermaßen machen:

```
# cat /proc/[0-9]*/cmdline
```

Da die Ausgabe allerdings zu wünschen übrig lässt, sollten Sie hierfür das Kommando `strings` einsetzen:

```
# strings -f /proc/[0-9]*/cmdline
```

Und schon bekommen Sie alle zu den Prozess-IDs gehörenden Namen ausgegeben. Mit `cmdline` können Sie eine einzelne Zeile des Prozesses ausgeben, in der der Name (oder auch das Kommando) des Programms mit allen Argumenten enthalten ist.

Falls `strings` bei Ihnen nicht machen will, was es soll, können Sie auch folgende Eingabe verwenden:

```
# grep -Ha "" /proc/[0-9]*/cmdline | tr '\0' " "
```

6.5.2 /proc/$pid/environ

Jeder Prozess hat außerdem auch eine Prozessumgebung. Welche Umgebungsvariablen für welchen Prozess gesetzt sind, können Sie mit `environ` im */proc*-Verzeichnis der Prozess-ID erfragen. Hier soll weiterhin der Prozess mit der ID 2167, also die Entwicklungsumgebung *Anjuta*, beobachtet werden:

```
$ strings -f /proc/2167/environ
/proc/2167/environ: LESSKEY=/etc/lesskey.bin
/proc/2167/environ:MANPATH=/usr/local/man:/usr/share/man:/..
/proc/2167/environ:INFODIR=/usr/local/info:/usr/share/...
/proc/2167/environ: NNTPSERVER=news
...
/proc/2167/environ: KDE_FULL_SESSION=true
/proc/2167/environ: KDE_MULTIHEAD=false
/proc/2167/environ: SESSION_MANAGER=local/linux:/tmp/.IC...
/proc/2167/environ: KDE_STARTUP_ENV=linux;1068759934;528706;1890
```

Wenn es auch hier wieder nicht mit `strings` klappen sollte, dann sollten Sie es mit Folgendem probieren:

```
# tr '\0' '\n' < /proc/2167/environ
```

6.5.3 /proc/self

Wollen Sie die aktuelle Prozess-ID Ihres eigenen Programms ermitteln, so können Sie */proc/self* auswerten. Bei diesem Eintrag handelt es sich um einen symbolischen Link des aktuell laufenden Prozesses. Das aktuelle Programm sollten Sie aber nicht mit der Shell verwechseln (versuchen Sie es selbst: `ls -dl /proc/self` und `ls -dl /proc/$$`). Diesen symbolischen Link können Sie mit der Funktion `readlink()` auslesen. Hier folgt ein Listing, das demonstriert, wie Sie die Prozess-ID des aktuell laufenden Programms ermitteln können:

```
/* my_getpid.c */
#include <stdio.h>
#include <stdlib.h>
#include <string.h>
#include <sys/types.h>
#include <unistd.h>

int main (void) {
   char buf[64];
   int pid;

   memset(buf, '\0', sizeof(buf));
   readlink("/proc/self", buf, sizeof(buf) - 1);
   sscanf(buf, "%d", &pid);
```

```
   printf("Meine Prozess-ID lautet: %d\n", pid);
   return EXIT_SUCCESS;
}
```

Das Programm bei seiner Ausführung:

```
$ gcc -o my_getpid my_getpid.c
$ ./my_getpid
Meine Prozess-ID lautet: 2256
```

Hinweis

Das Beispiel stellt natürlich nur eine Demonstration dar. In der Praxis werden Sie auf die Funktion getpid() zurückgreifen, um die Prozess-ID des laufenden Programms zu ermitteln.

6.5.4 /proc/$pid/fd/

Ein weiterer Eintrag ist *fd*, ein Unterverzeichnis, das alle Einträge von Filedeskiptoren beinhaltet, die ein Prozess geöffnet hat. Jeder Eintrag darin ist ein symbolischer Link, der auf eine bestimmte Datei lesend oder schreibend zurückgreift. Natürlich sind hierbei auch immer die Standard-Filedeskriptoren (0, 1, 2) enthalten (es sei denn, sie wurden geschlossen, was viele Dämonen etc. tun!). Öffnen Sie eine Konsole, und geben Sie ps ein:

```
$ ps
 PID TTY          TIME CMD
 1988 pts/1    00:00:00 bash
 2827 pts/1    00:00:00 ps
```

Wollen Sie jetzt wissen, welche Filedeskiptoren die *bash* offen hat, machen Sie Folgendes:

```
$ ls -l /proc/1988/fd/
insgesamt 0
lrwx------ 1 tot   users   64 2003-11-14 00:50 0->/dev/pts/1
lrwx------ 1 tot   users   64 2003-11-14 00:50 1->/dev/pts/1
lrwx------ 1 tot   users   64 2003-11-14 00:50 2->/dev/pts/1
```

Hierbei können Sie die drei Standard-Filedeskriptoren als symbolischen Link auf dem Pseudo-Terminal pts/1 wiedererkennen. Sie können jetzt ohne Weiteres auf diese Filedeskriptoren zugreifen:

```
$ echo "Ein Beweis gefällig?" > /proc/1988/fd/1
Ein Beweis gefällig?
```

Hier wurde die Standardausgabe von echo auf die eigentliche Standardausgabe des Pseudo-Terminals »geleitet«.

6.5.5 /proc/$pid/statm

Informationen zur Speicherbelegung eines Prozesses werden im *statm*-File hinterlegt. Wollen Sie z. B. die Speicherbelegung der Entwicklungsumgebung *Anjuta* ermitteln, gehen Sie folgendermaßen vor:


```
$ cat /proc/2167/statm
2671 2670 1678 302 0 2368 992
```

Sie bekommen dabei sieben verschiedene Zahlen zurück. Die einzelnen Zahlen bedeuten, von links nach rechts gelesen:

- gesamte Programmgröße in Kilobyte
- Größe von Speicherteilen in Kilobyte
- Anzahl der *geshareten* Seiten (sogenannte Pages)
- Anzahl der Seiten von Programmcode
- Anzahl der Seiten von Stack und Daten
- Anzahl der Seiten von Bibliotheksprogrammcode
- Anzahl der unsauberen Seiten

Es gibt noch weitere nützliche Informationen zu den Prozessen, die Sie in Tabelle 6.2 aufgelistet finden. *$pid* ersetzen Sie bitte durch eine echte Prozess-ID.

Verzeichniseintrag	Bedeutung
/proc/$pid/status	Darin finden Sie die formatierten Informationen, die Sie ebenfalls mit */proc/$pid/stat* (allerdings nicht formatiert) ermitteln können. Dies sind Informationen wie die Prozess-ID, die reale und effektive User- und Group-ID, Speicherverbrauch, Bitmasken usw.
/proc/$pid/stat	Siehe */proc/$pid/status*. Dies ist eine etwas kompaktere Datei, die sich besser als *status* mit `sscanf()` oder `fscanf()` verwenden lässt.
/proc/$pid/cwd	Ein symbolischer Link zum aktuellen Arbeitsverzeichnis des Prozesses
/proc/$pid/exe	Ein Verweis auf die ausführbare Programmdatei
/proc/$pid/root	Ein Link zum Root-Verzeichnis, das als Wurzelverzeichnis für den Prozess gilt (siehe `chroot()`)

Tabelle 6.2 Prozessinformationen in den individuellen PID-Verzeichnissen

Verzeichniseintrag	Bedeutung
/proc/$pid/maps	Beinhaltet Speicher-Mappings zu den verschiedenen laufenden Dateien und Bibliotheken, die mit diesem Prozess zusammenhängen. Die Datei kann sehr lang werden, wenn ein umfangreicher Prozess ausgeführt wird.

Tabelle 6.2 Prozessinformationen in den individuellen PID-Verzeichnissen (Forts.)

6.6 Kernel-Informationen

Viele Einträge im */proc*-Verzeichnis geben auch Informationen zum laufenden Kernel aus. Der Ort der Kernel-Informationen ist unterschiedlich: Viele liegen im */proc*-Verzeichnis selbst und weitere in Unterverzeichnissen wie */proc/sys* oder */proc/sys/kernel.*

Hierzu einige häufig benötigte Informationen, die in viele Anwendungen integriert sind:

```
$ cat /proc/sys/kernel/ostype
Linux
$ cat /proc/sys/kernel/osrelease
2.6.27-7-generic
$ cat /proc/sys/kernel/version
#1 SMP Tue Jan 4 19:33:20 UTC 2009
$ cat /proc/sys/kernel/ctrl-alt-del
0
```

Zuerst wurde abgefragt, was für ein Betriebssystem genau hier läuft (`ostype`), dann die Version des Kernels (`osrelease`) und wann dieser Kernel kompiliert wurde (`version`). Bei der letzten Abfrage wird überprüft, ob `ctrl-alt-del` gesetzt ist. Damit können Sie beeinflussen, ob *init* bei der Tastenkombination `Ctrl`+`Alt`+`Del` eine Aktion ausführen soll. Steht `ctrl-alt-del` auf `1`, wird bei Tastendruck sofort ein BIOS-Reboot angeordnet. Steht `ctrl-alt-del` allerdings auf `0`, wird *init* dazu angehalten, das System ordentlich herunterzufahren Wollen Sie diesen Parameter verändern, müssen Sie sich schnell als Superuser darstellen:

```
$ su
Password:********
# echo 1 >> /proc/sys/kernel/ctrl-alt-del
# exit
exit
$ cat /proc/sys/kernel/ctrl-alt-del
1
```

Ein weiteres Beispiel: Sie haben eine CD-ROM eingelegt und gemountet. Nachdem Sie die Daten von der CD-ROM gelesen haben, werfen Sie die CD-ROM ordnungsgemäß mit `umount` wieder aus und fahren anschließend das System herunter. Jetzt benötigen Sie aber die CD-ROM für einen Bekannten. Somit müssen Sie den PC leider nochmals anschalten. Wäre doch nett, wenn beim Ausgeben der CD-ROM die CD ausgeworfen wird. Für solche Fälle ist der Eintrag in */proc/sys/dev/cdrom/autoeject* zuständig. Der Wert ist mit der Voreinstellung 0 versehen. Folgendermaßen können Sie dabei vorgehen, um den Wert auf 1 zu setzen:

```
$ mount /media/cdrom
$ cat /proc/sys/dev/cdrom/autoeject
0
$ su
Password:********
# echo 1 >> /proc/sys/dev/cdrom/autoeject
# exit
exit
$ cat /proc/sys/dev/cdrom/autoeject
1
$ umount /media/cdrom
```


Beim Aushängen des CD-ROM-Laufwerks müsste jetzt die CD ausgeworfen werden. Dieses nette Feature zeigt allerdings schon recht früh seine Schattenseiten, z. B. wenn die Hardware-Erkennung oder das Installationsprogramm das Device mehrmals öffnet und schließt. Besonders fies ist das auf engem Raum, wo Ihr CD-Laufwerk leiden wird, wenn es sich nicht vollständig öffnen kann.

Sie hacken übrigens damit nicht im System herum. Viele dieser Kernel-Parameter wurden bewusst so implementiert, dass sie den Bedürfnissen der Anwender angepasst werden können, um ein höchstes Maß an Flexibilität zu erreichen. Da dabei in der Regel Superuser-Rechte benötigt werden, sind diese Einstellungen meistens dem Systemadministrator vorbehalten. Daher ergibt es relativ wenig Sinn, wenn Sie in der Anwendung, die Sie schreiben, versuchen, die Kernel-Parameter zu verändern. Dies würde bedeuten, dass Ihre Anwendung im Superuser-Modus laufen müsste. Bedenken Sie, dass dies nicht immer möglich ist – und aus der Sicherheitsperspektive betrachtet auch nicht möglich sein sollte.

Für administrative Zwecke soll hierfür jedoch eine solche Anwendung erstellt werden. Aber wie schon erwähnt: Sie benötigen Superuser-Rechte (bzw. root-Rechte) für dieses Programm, sollten Sie etwas verändern wollen. Versucht der normale Anwender, etwas zu verändern, bekommt er ein »Permission denied« zurückgegeben. Hier sehen Sie das Beispiel; die Erläuterung folgt.

```
/* kernelinf.c */
#include <stdio.h>
#include <stdlib.h>
#include <errno.h>
#include <sys/stat.h>
```

```
#include <sys/types.h>
#include <unistd. h.>
#include <string.h>
#define BUF 4096

enum { EJECT, FILE_MAX, SHARED_MAX  };
enum { CDINFO, OS, RELEASE, VERSION };

static const char *sys[] = {
  /* Bei umount CD auswerfen */
  "/proc/sys/dev/cdrom/autoeject",
  /* max. Anzahl geöffneter Dateien pro Prozess */
  "/proc/sys/fs/file-max",
  /*max. Größe geteilter Speicher (Shared Memory) */
  "/proc/sys/kernel/shmmax"
};

static const char *info[] = {
  "/proc/sys/dev/cdrom/info",    /* Infos zur CD-ROM        */
  "/proc/sys/kernel/ostype",     /* Welches Betriebssystem  */
  "/proc/sys/kernel/osrelease"   /* Kernel-Version          */
  "/proc/sys/kernel/version"     /* Kernel von wann         */
};

static char *get_info (const char *inf) {
  FILE *fp;
  static char buffer[BUF];
  size_t bytes_read;

  fp = fopen (inf, "r");
  if (fp == NULL) {
    perror("fopen()");
    return NULL;   /* Fehler beim Öffnen */
  }
  bytes_read = fread (buffer, 1, sizeof (buffer), fp);
  fclose (fp);
  if (bytes_read == 0 || bytes_read == sizeof (buffer))
    return NULL;
  buffer[bytes_read] = '\0';
  return buffer;
}
```

```
static void set_sys (const char *sys, unsigned long set) {
  FILE *fp;
  char buf[32];

  fp = fopen (sys, "w");  if (fp == NULL) {
    perror ("fopen()");
    printf ("Weiter mit ENTER\n");
    getchar ();
    return;
  }
  sprintf(buf, "%ld", set);
  fprintf (fp, "%s", buf);
  fclose (fp);
  return;
}

int main (int argc, char **argv) {
  int auswahl;
  unsigned int file_max;
  unsigned long shared_max;

  do {
    printf ("Aktueller Zustand\n");
    printf ("Betriebssystem : %s", get_info (info[OS]));
    printf ("Kernel-Version  : %s",
       get_info (info[RELEASE]));
    printf ("Datum           : %s",
       get_info (info[VERSION]));
    printf ("-----------------------------------\n");
    printf ("Verändern können Sie Folgendes ...\n");
    printf ("-0- Bei \"umount\"  CD auswerfen"
            " Aktuell:%s", get_info (sys[EJECT]));
    printf ("-1- Max. Anzahl geöffneter Dateien pro"
            " Prozess    Aktuell:%s",
               get_info (sys[FILE_MAX]));
    printf ("-2- Max. Größe des geteilten Speichers"
            " (KB)     Aktuell %s",
               get_info (sys[SHARED_MAX]));
    printf ("-----------------------------------\n");
    printf ("Informationen bekommen Sie zu ...\n");
    printf ("-3- CD-ROM\n");
    printf ("-----------------------------------\n");
    printf ("-4- ENDE\n");
```

```
    printf ("Ihre Auswahl bitte (0-4) : ");

    do { scanf ("%d", &auswahl); } while (getchar ()!='\n');
    switch (auswahl) {
    case EJECT:
      if (strncmp ("0", get_info (sys[EJECT]),1) == 0)
        set_sys (sys[EJECT], 1); /* Setzen      */
      else                        /* Zurücksetzen */
        set_sys (sys[EJECT], 0);
      break;
    case FILE_MAX:
      printf ("Welcher Wert soll gesetzt werden : ");
      do{ scanf("%d", &file_max); } while (getchar()!='\n');
      set_sys (sys[FILE_MAX], file_max);
      break;
    case SHARED_MAX:
      printf ("Welcher Wert soll gesetzt werden : ");
      do { scanf("%ld", &shared_max); }
      while (getchar()!='\n');
      set_sys (sys[SHARED_MAX], shared_max);
      break;
    case 3:
      printf ("%s", get_info (info[CDINFO]));
      printf ("Weiter mit ENTER\n");
      getchar ();
      break;
    case 4:
      printf("Programm wird beendet\n");
      break;
    default:
      printf ("Unbekannte Eingabe\n");
    }
  } while (auswahl != 4);
  return EXIT_SUCCESS;
}
```

Das Programm bei der Ausführung:

```
$ gcc -o kernelinf kernelinf.c
$ ./kernelinf
Aktueller Zustand
Betriebssystem : Linux
Kernelversion  : 2.6.27-7-generic
```

```
Datum          : #1 SMP Tue Jan 4 19:33:20 UTC 2009
------------------------------------
Verändern können Sie folgendes ...
-0- Bei "umount"  CD auswerfen Aktuell:0
-1- Max. Anzahl geöffneter Datei pro Prozess  Aktuell:49594
-2- Max. Größe des geteiltem Speicher (KB)    Aktuell 33554432
------------------------------------
Informationen bekommen Sie zu ...
-3- CD-ROM
------------------------------------
-4- ENDE
Ihre Auswahl bitte (0-4) :
```

Neben dem Auswerfen der CD-ROM bei `umount` können hier noch die maximale Anzahl gleichzeitig geöffneter Dateien pro Prozess und die maximale Größe des geteilten Speichers (Shared Memory) verändert werden. Diese Veränderungen können aber wie bereits erwähnt nur mit speziellen Rechten vorgenommen werden. Informationen zum CD-ROM-Laufwerk und dazu, was es alles kann, können wieder für alle Anwender aufgelistet werden.

Bitte beachten Sie, dass diese Art von Veränderungen der Kernel-Parameter nur für den laufenden Betrieb gültig ist. Sobald Sie das System herunterfahren und wieder starten, sind die Werte wieder auf ihren Ursprungszustand gestellt. Wollen Sie eine dauerhafte Veränderung bewirken, müssen Sie sich die Datei *sysctl.conf* im Verzeichnis */etc* vornehmen. Diese Datei können Sie auch mit dem gleichnamigen Kommando `sysctl` verändern. Wollen Sie z. B. mit `sysctl` das Autoeject verändern, gehen Sie wie folgt vor (dazu sind root-Rechte erforderlich):

```
# sysctl -w dev.cdrom.autoeject=0
dev.cdrom.autoeject = 0
# sysctl -w dev.cdrom.autoeject=1
dev.cdrom.autoeject = 1
```

Auf die Angabe von */proc/sys* können Sie dabei verzichten, und anstelle eines Slashs wird ein Punkt verwendet.

Wollen Sie wissen, mit welchem Befehl der Kernel beim Booten gestartet wurde, können Sie ihn mit `cmdline` erfragen:

```
$ cat /proc/cmdline
root=/dev/hda6 vga=0x0314  hdc=ide-scsi hdclun=0 splash=silent
```

Jeder Bootloader (wie LILO oder GRUB) hat einen eigenen Stil, und auch die Distribution hat einen Einfluss darauf, wie genau der Kernel-Aufruf aussieht. So sieht ein Aufruf von Linux 4.1.25 über GRUB2 aus:[1]

1 Die Angabe des Laufwerks erfolgt hier per UUID.

```
BOOT_IMAGE=/vmlinuz-4.1.25-5.g2cc4ca3-default root=UUID=83596d64-78dd-4a76 [UB[
 -90cd-d60e31d29c71 ro splash=silent quiet showopts
```

Zu den verschiedenen Bootoptionen verweisen wir auf die *bootparam(7)*-Manual-Page. Es gibt noch weitaus mehr zu den Kernel-Informationen zu sagen, aber das würde den Rahmen des Buches sprengen und am Thema der Linux-Programmierung vorbeigehen.

6.6.1 /proc/locks

Mit der Datei */proc/locks* werden alle Dateien angezeigt, die im Augenblick vom Kernel gesperrt werden (vgl. Abschnitt 4.3.9 über `flock()` und `lockf()`). Diese Ausgabe enthält interne Kernel-Debugging-Daten und kann daher logischerweise je nach System stark variieren.

```
1: FLOCK ADVISORY WRITE 807 03:05:308731 0 EOF c2ac0 c0248 c2a220
2: POSIX ADVISORY WRITE 708 03:05:308720 0 EOF c2a1c c2ac4 c02548
```

In der ersten Spalte besitzt jeder Lock eine einmalige Zahl, auf die der Typ des Locks folgt. Mögliche Ausgaben sind hier `FLOCK` (meist bei älteren UNIX-Datei-Locks mit dem Systemaufruf `flock()`) und `POSIX` (bei neueren POSIX-Locks mit dem Systemaufruf `lockf()`).

Der Wert `ADVISORY` in der dritten Spalte bedeutet, dass ein weiterer Datenzugriff für andere Benutzer möglich ist, aber keine weiteren Lock-Versuche mehr erlaubt sind. Ein anderer Wert hierfür wäre `MANDATORY`, was bedeutet, dass hier keine Datenzugriffe mehr möglich sind, solange der Lock vorhanden ist. In der vierten Spalte befinden sich die Lese- oder Schreibrechte (`READ`, `WRITE`) des Eigentümers. Die fünfte Spalte enthält die PID des Lock-Eigentümers. Die ID der gelockten Datei finden Sie in der sechsten Spalte in folgendem Format:

```
MAJOR-DEVICE:MINOR-DEVICE:INODE-NUMBER
```

Die Spalten sechs und sieben zeigen Anfang und Ende der gelockten Region. Im Beispiel gilt die Sperre vom Anfang (`0`) bis zum Ende (`EOF`) der Datei. Die letzten Spalten zeigen auf Kernelinterne Datenstrukturen für spezielle Debugging-Funktionen.

6.6.2 /proc/modules

In */proc/modules* finden Sie eine Liste von allen Modulen, die vom System geladen wurden. Auch hierbei hängt die Ausgabe von den Einstellungen des Systems ab.

```
$ cat /proc/modules
isofs 40100 1 - Live 0xe0c36000
udf 88356 0 - Live 0xe0c94000
crc_itu_t 10112 1 udf, Live 0xe0bff000
btusb 19736 0 - Live 0xe0c23000
nls_iso8859_1 12032 1 - Live 0xe0c1f000
```

```
nls_cp437 13696 1 - Live 0xe0c09000
vfat 18816 1 - Live 0xe0c03000
fat 57376 1 vfat, Live 0xe0c0f000
ipv6 263972 15 - Live 0xe0c52000
....
....
```


In der ersten Spalte befindet sich jeweils der Name des geladenen Moduls, gefolgt von der Speichergröße in Bytes. In der dritten Spalte wird angezeigt, wie oft das Modul gerade benutzt wird (*Usage Count*). In der letzten Spalte finden Sie die Module, die benötigt werden, damit andere Module funktionieren. Zum Beispiel benötigt das Modul *cdrom* das Modul *ide-cd*, um ordentlich ausgeführt zu werden. `autoclean` gibt an, ob sich das Modul nach einer gewissen Zeit selbst deaktiviert, und `unused` bedeutet, dass es nicht benutzt wird.

6.7 Filesysteme

Weitere Informationen, die Sie im */proc*-Verzeichnis finden, sind die über verschiedene Filesysteme und welche dabei eingehängt (*gemountet*) sind. Das Verzeichnis */proc/filesystems* z. B. listet alle Filesysteme auf, die dem Kernel bekannt sind und mit denen er arbeiten kann. Einige davon sind intern und können nicht gemountet werden, auch wenn sie hier aufgelistet werden. Dazu zählt z. B. *pipefs*; wobei diese Auflistung nicht vollständig ist. Denn es gibt noch viele Filesysteme, die nachgeladen werden können und gerade nicht aktiv sind. Andere wiederum sind nur statisch gelinkt und werden erst bei Bedarf aktiviert.

6.7.1 /proc/mounts

Was alles gerade eingehängt ist, finden Sie in */proc/mounts* verzeichnet, z. B.:

```
rootfs / rootfs rw 0 0
/dev/root / reiserfs rw 0 0
proc /proc proc rw 0 0
sysfs /sys sysfs rw 0 0
devpts /dev/pts devpts rw 0 0
tmpfs /dev/shm tmpfs rw 0 0
/dev/hda2 /C vfat rw,nodiratime,fmask=0022,dmask=0022,codepage=cp437 0 0
usbdevfs /proc/bus/usb usbdevfs rw 0 0
/dev/hdb /F iso9660 ro,nosuid,nodev 0 0
```

Der Inhalt von */proc/mounts* entspricht funktional dem älteren */etc/mtab*, das von *mount* verwaltet wird und das es auf neueren Systemen noch als Symlink gibt.

Das Format ist das gleiche wie das von */etc/fstab* (nur mit sparsamerer Leerzeichenverwendung), aber Sie finden dort auch Dateisysteme, die beispielsweise automatisch von *systemd* eingehängt wurden. Einige Distributionen (wie zum Beispiel OpenSUSE) hängen auch noch eine ganze Reihe von zusätzlichen *Mountpoints* von Festplatten ein, die bereits gemountet sind, zum Beispiel um bei Verwendung von *btrfs* regelmäßig Schnappschüsse zu erzeugen. Dadurch kann */proc/mounts* sehr unübersichtlich aussehen.

6.8 Weiterführendes

Zum */proc*-Verzeichnis könnten wir noch viele Seiten schreiben, aber irgendwo muss Schluss sein. Wenn Sie bestimmte Informationen für Ihr Programm oder auch zur Administration benötigen, wissen Sie jetzt, wo und wie Sie an diese Informationen herankommen. Weitere Informationen zum */proc*-Verzeichnis finden Sie auf der Manual Page *man 5 proc*.

Dass der Quellcode von Linux frei ist (Open Source), weiß – denken wir – schon jeder. In Tabelle 6.3 listen wir noch einige Anwendungen auf, deren Quellcode Sie studieren sollten, da sie kräftig Gebrauch vom */proc*-Verzeichnis machen.

Anwendung	Beschreibung
mount	Informationen über gemountete Datenträger
ps	Informationen über Prozesse
top	Auslastung der CPU
uptime	Zeit, die das System ununterbrochen läuft sowie die durchschnittliche Auslastung des Systems
iotop	Auslastung des Systems nach E/A
lsof	Liste aller geöffneten Dateien

Tabelle 6.3 Anwendungen, die vom »/proc«-Verzeichnis profitieren

Kapitel 7

Devices – eine einfache Verbindung zur Hardware

Damit auch einfach autorisierte Prozesse Zugriff auf die Hardware-Komponenten des Systems haben, können die Devices (Gerätedateien) verwendet werden.

Damit das Betriebssystem mit der Hardware kommunizieren kann (vereinfacht ausgedrückt), wird in Linux (wie in den meisten anderen Betriebssystemen auch) ein Gerätetreiber verwendet. Unter Linux ist dieser Treiber immer ein Teil des Kernels und kann entweder statisch hinzugelinkt oder auf Anfrage als Kernel-Modul nachgeladen werden. Da ein Gerätetreiber ein Teil des Kernels ist, kann aus Sicherheitsgründen nicht direkt mit einem normal laufenden Prozess auf ihn zugegriffen werden. Um aber dennoch auf Hardware-Komponenten wie (unter anderem) Festplatte, CD-ROM-Laufwerk, Soundkarte oder die serielle bzw. parallele Schnittstelle zugreifen zu können, wurde unter UNIX ein Mechanismus eingeführt, mit dem recht problemlos mit einem Gerätetreiber über eine Hardware-Gerätedatei kommuniziert werden kann. Diese »Datei« können Sie mit einem gewöhnlichen Prozess öffnen und auf sie lesend und schreibend zugreifen – sprich, Sie können dank dieser »Datei« über normale Datei-E/A-Operationen mit dem Gerätetreiber so kommunizieren, als handle es sich um eine gewöhnliche Datei.

7.1 Die Gerätedateitypen

Die Einträge der Gerätedateien – auch als Devices bekannt – finden Sie im Verzeichnis */dev*. Ein `ls -l /dev` verschafft Ihnen einen ersten Überblick und stiftet vielleicht zugleich auch ein wenig Verwirrung über diese Gerätedateien, die es zu entflechten gilt. Man unterscheidet zwei Device-Typen. Sie sind am ersten Buchstaben der Auflistung der Gerätedatei(en) zu erkennen (`b` oder `c`):

- *Character Devices* (`c`) – Hierbei handelt es sich um Hardware-Geräte, mit denen eine fortlaufende Folge von Datenbytes gelesen oder geschrieben wird. Dies sind Hardware-Komponenten wie Soundkarte, Tapes, Terminalgeräte, serielle oder parallele Schnittstelle(n), Maus, USB-Schnittstelle usw.

- *Block Devices* (b) – Blockgeräte sind Devices, mit denen feste ganze Blöcke (anstatt Bytes) gelesen oder geschrieben werden können. Dabei wird erst ein Puffer aufgefüllt, bevor der ganze Datenblock an den Treiber gesendet wird. Daher sind blockorientierte Geräte auch meistens etwas schneller als zeichenorientierte, da gewartet werden muss, bis ein Block voll ist. Zu den Blockgeräten gehören z. B. die Festplatte, das Diskettenlaufwerk oder das CD-ROM/DVD-Laufwerk. Ein zeichenorientiertes Gerät hat mehr Aufwand, weil nach jedem `read`/`write` bereits eine Art *Flush* stattfindet.

Hinweis

Es kann gefährlich werden, wenn Sie direkt auf Blockgeräte wie die Festplatte schreibend zugreifen. Sie müssen bedenken, dass alle Operationen wie bei einer Datei ausgeführt werden können; also auch Dinge wie `lseek()`, um den Schreibzeiger zu positionieren.

Sie könnten damit ihre Festplatte unlesbar machen, wenn Sie zum Beispiel wichtige Bereiche mit Partitionsdaten überschreiben.

Zwar verbieten Linux-Systeme in der Regel einem normalen Prozess solch einen Zugriff. Aber aus Neugier versucht man es (erfahrungsgemäß) gern als `root`, und wenn kein anderer Sicherheitsmechanismus Sie daran hindert, dürfen Sie als `root` »leider« alles.[1]

Nicht nur bei Blockgeräten sollten Sie also immer zweimal nachdenken, was Sie tun, und zwar vorher!

7.2 Die Gerätedateinummern

Für Sie als Programmierer und auch für den Anwender stellt eine solche Gerätedatei im Verzeichnis */dev* eine Schnittstelle zum eigentlichen Treiber der dazugehörenden Gerätedatei dar. Jegliche Aktion mit der Gerätedatei (schreiben, lesen, teilweise auch steuern) wird dann an den zuständigen Treiber weitergeleitet.

Die Kombination zwischen *Major*- und *Minor*-Gerätenummer identifiziert ein virtuelles Gerät. Ein tatsächlich vorhandenes Gerät kann durchaus durch mehrere virtuelle Geräte dargestellt werden. Das sieht man beispielsweise bei den Festplatten, die nicht nur das eigentliche Gerät, sondern auch noch die Partitionen als virtuelle Geräte darstellen:

```
---[Linux]---
$ ls -l /dev/hda /dev/hda1
brw-rw----    1 root     disk   3,   0 2003-03-14 14:07 /dev/hda
brw-rw----    1 root     disk   3,   1 2003-03-14 14:07 /dev/hda1
```

1 Auch als normaler User könnten Sie Fähigkeiten (*capabilities*) oder Rechte (*permissions*) erlangen, die Ihnen erlauben, Dinge zu tun, vor denen das System Sie eigentlich schützen sollte. Wenn Sie experimentieren wollen, sollten Sie das im Zweifelsfall lieber in einer vollvirtuellen Umgebung wie QEMU oder VirtualBox tun, bevor Sie Ihr Arbeitssystem beschädigen.

```
---[*BSD]---
$ ls -l /dev/ad0 /dev/ad0s1
crw-r----- 1 root operator 116, 0x00010002 Aug 19 /dev/ad0
crw-r----- 1 root operator 116, 0x00020002 Aug 19 /dev/ad0s1
```

Es gibt virtuelle Geräte, die kein physikalisch vorhandenes Gerät repräsentieren, sondern wirklich nur virtuell existieren, wie zum Beispiel die Pseudoterminals */dev/pts/0*, */dev/pts/1* usw., aber es gibt auch tatsächliche Geräte, die dann durch ihren Treiber repräsentiert werden.

Einige Geräte verfügen über mehrere Treiber und damit über mehrere Gerätedateien.

Früher konnte man anhand der Gerätenummer Rückschlüsse auf den verwendeten Treiber ziehen, doch das ist heute nicht mehr so. Tendenziell werden auch völlig verschiedene Treiber durch ähnlich aussehende Gerätedateien wiedergegeben, wie zum Beispiel USB-Sticks, die genauso aussehen wie eingebaute Festplatten, aber bei Bedarf oder Vorhandensein auftauchen und wieder verschwinden.

7.3 Historisches

Wir möchten in einem kurzen (wirklich ganz kurzen) Rückblick beschreiben, wie sich das */dev*-Verzeichnis historisch entwickelt hat.

Ursprünglich wurden alle Gerätedateien einmalig beim Installieren des Systems angelegt, und zwar für alle möglichen Geräte, auch diejenigen, die gar nicht im System vorhanden waren.

Das erwies sich als keine dauerhaft brauchbare Lösung, da im Zeitalter des Hotpluggings auch später noch Geräte dazukommen könnten, von denen vorher niemand etwas ahnt.

Der erste Lösungsansatz dafür war *devfs*, ein Pseudo-Dateisystem, das ausschließlich vom Kernel verwaltet wurde und diejenigen Gerätedateien enthielt (und nur die), die der Kernel bzw. dessen Treiber zu diesem Zeitpunkt aktuell als tatsächlich vorhanden sehen konnte. (Mehr zu Pseudo-Dateisystemen erfahren Sie in Kapitel 6, »Zugriff auf Systeminformationen«.)

Leider erwies sich diese Lösung als technisch zu aufwendig, und in einem zweiten Anlauf wurde ein ganz ähnliches System geschaffen, in dem ein Hintergrundprozess namens *udev* auf Nachrichten vom Kernel wartet und je nachdem Gerätedateien erzeugt und sie mit passenden Zugriffsrechten versieht.

Nun ist */dev* ein richtiges Dateisystem (kein Pseudo-Dateisystem), mit richtigen Dateien, die allerdings nicht auf einem Medium, sondern im RAM gehalten und per Definition von *udev* verwaltet werden.

Dieser Weg wurde gewählt, weil es im Prinzip dem Benutzer überlassen bleibt, welche Gerätedateien wann und mit welchen Rechten erzeugt werden sollen, also ein klassischer Fall fürs Userland und nicht für den Kernel.

Übrigens: Eine Gerätegattung finden Sie nicht im */dev*-Verzeichnis, und zwar die Netzwerkgeräte.

7.4 Zugriff auf die Gerätedateien

Wie schon erwähnt, erfolgt der Zugriff auf Gerätedateien (dank ihrer Integration im Dateisystem) zum Teil über die gewöhnlichen Datei-E/A-Funktionen. Natürlich lässt sich dies auch via Shell mit einer Dateiumleitung erledigen. Wollen Sie z. B. einen Text an die Gerätedatei des Druckers senden, so gehen Sie einfach folgendermaßen vor (entsprechende Zugriffsrechte vorausgesetzt):

```
$ cat textdatei.txt > /dev/lp0
```

Selbiges in einem C-Programm angewandt, sieht so aus:

```
int fd;
fd = open("/dev/lp0", O_WRONLY);
if(fd >= 0)
   write(fd, buf, buf_size);
close(fd);
```

Zum Öffnen und Schließen einer Gerätedatei werden somit `open()` und `close()` und zum Lesen und Schreiben die Funktionen `read()` und `write()` verwendet.

Mit der Möglichkeit, bestimmte Gerätedateien zu öffnen und schreibend bzw. lesend auf sie zuzugreifen, können Sie nur einen Bruchteil dessen machen, wozu der Treiber imstande ist. Denn neben dem Schreiben und Lesen ist es auch möglich, ein Gerät in seiner spezifischen Art zu steuern. Dies können Sie mit dem Funktionsaufruf `ioctl()` (*Input-Output-Control*) erledigen. Erst damit können Sie den Treiber unter Linux direkt ansprechen. Hierfür müssen Sie allerdings den entsprechenden Befehlssatz für den jeweiligen Treiber kennen. Zuerst die Syntax zu `ioctl()`:

```
#include <sys/ioctl.h>

int ioctl(int fd, int request ... );
```

Als ersten Parameter geben Sie den geöffneten Filedeskriptor an, mit dem Sie eine Gerätedatei geöffnet haben, und der zweite Parameter ist der Befehl, der natürlich von der Gerätedatei abhängt, die geöffnet wurde. Sie können zum Beispiel nicht mit einer Festplatte den

Befehl zum Auswerfen einer CD-ROM verwenden (groteskes Beispiel, aber es macht deutlich, worauf wir hinauswollen). Im Fehlerfall liefert `ioctl()` -1, ansonsten bei Erfolg 0 zurück.

Beachten Sie allerdings, dass es sich hier um keinen Standard handelt. Argumente, Rückgabewerte und Semantik von `ioctl()` variieren je nach dem Gerätetreiber (der Aufruf wird als ein Allheilmittel für alle Operationen benutzt, die nicht sauber in das UNIX-Stream-E/A-Modell passen). Sehen Sie sich `ioctl_list(2)` für eine Liste von vielen der bekannten `ioctl`-Aufrufen an. Die Funktion `ioctl()` erschien in Version 7 von AT&T UNIX.

Die Befehlssätze für eine bestimmte Gerätedatei, um damit den entsprechenden Treiber zu steuern, finden Sie mit `man ioctl_list` – was allerdings mittlerweile keine vollständige Liste mehr darstellt. Wie Sie diese Befehle anwenden, werden wir Ihnen anhand eines Beispiels mit dem CD-ROM-Laufwerk demonstrieren.

7.5 Gerätenamen

Die Gerätenamen sind mittlerweile über die Systeme hinweg recht ähnlich geworden. Inzwischen besitzen viele Einträge (die zum Standard einer normalen PC-Ausrüstung gehören) zum CD-ROM-Laufwerk, Diskettenlaufwerk, Modem oder zur Maus einen symbolischen Link mit einem aussagekräftigen Namen. Der Übersicht halber listen wir in Tabelle 7.1 dennoch einige blockorientierte Gerätedateien und in Tabelle 7.2 ein paar zeichenorientierte Gerätedateien und ihre Bedeutung auf.

Hinweis

Beachten Sie, dass es heute keine Garantie für die Reihenfolge von Controllern und deren Geräten gibt – im Gegensatz zu früher, als man sich noch darauf verlassen konnte, dass beispielsweise /dev/hda das erste Gerät am ersten IDE-Controller war, /dev/hdb das zweite Gerät am ersten IDE-Controller usw. Es kann so sein, wie Sie es erwarten, aber genauso gut kann es mit einer anderen Kernel-Version oder einer anderen Distribution radikal anders aussehen.

Um aber jetzt keine sprachliche Verwirrung ausbrechen zu lassen, tun wir einfach so, als wäre die Reihenfolge der Geräte ein für alle Mal festgelegt und immer dieselbe.

Device	Name	Major	Minor
Erstes Diskettenlaufwerk	/dev/fd0	2	0
Zweites Diskettenlaufwerk	/dev/fd1	2	1
Erster IDE-Controller (Hauptgerät)	/dev/hda (/dev/ad0)	3	0

Tabelle 7.1 Blockorientierte Gerätedateien

Device	Name	Major	Minor
Erster IDE-Controller (erste Partition) (Hauptgerät)	/dev/hda1 (/dev/ad0s1a)	3	1
Erster IDE-Controller (zweites Gerät)	/dev/hdb (/dev/ad1)	3	64
Erster IDE-Controller (erste Partition) (zweites Gerät)	/dev/hdb1 (/dev/ad1s1a)	3	65
Zweiter IDE-Controller (Hauptgerät)	/dev/hdc (/dev/ad2)	22	0
Zweiter IDE-Controller (zweites Gerät)	/dev/hdd (/dev/ad3)	22	64
Erstes SCSI- oder SATA-Laufwerk	/dev/sda (/dev/da0)	8	0
Erstes SCSI- oder SATA-Laufwerk (erste Partition)	/dev/sda1 (/dev/da0s1a)	8	1
Zweites SCSI- oder SATA-Laufwerk	/dev/sdb (/dev/da1)	8	16
Zweites SCSI- oder SATA-Laufwerk (erste Partition)	/dev/sdb1 (/dev/da1s1a)	8	17
Erstes SCSI-CD-ROM-Laufwerk	/dev/sr0 (/dev/cd0)	11	0
Zweites SCSI-CD-ROM-Laufwerk	/dev/sr1 (/dev/cd1)	11	1

Tabelle 7.1 Blockorientierte Gerätedateien (Forts.)

Da die Bezeichnung mithilfe dieser Gerätedateinamen – wie gesagt – unzuverlässig sein kann, es für ein System aber lebenswichtig ist, dass die richtigen Partitionen an der richtigen Stelle gemountet werden, gibt es verschiedene alternative Namensschemata, und zwar:

- über die UUID: `/dev/disk/by-uuid/...`
- über den Gerätenamen des Herstellers: `/dev/disk/by-id/...`
- über das Label: `/dev/disk/by-label/...`
- über das Partitions-Label: `/dev/disk/by-partlabel/...`
- über die Partitions-UUID: `/dev/disk/by-partuuid/...`

Eine UUID ist bekanntlich eine hexadezimale Nummer, die aus 128 Bits oder 16 Bytes im folgenden Format besteht:

```
01234567-0123-0123-0123-0123456789ab
```

Diese wird beim Formatieren oder Erstellen einer Partition automatisch generiert. Wenn Sie herausfinden wollen, welche UUIDs es in Ihrem System gibt, geben Sie

```
$ blkid
```

ein. Sie werden sich möglicherweise fragen, was ein Partition-Label sein mag. Dieses existiert nur in UEFI-Systemen, die auch per UEFI gebootet wurden, denn dort wird ein anderes, nämlich das GPT-Partitionsschema verwendet. Dort können Sie beispielsweise mit dem Befehl `gdisk` (eine GPT-Variante von `fdisk`) Partitionen einen Namen geben, der unabhängig von deren Formatierung ist.

Hinweis

In Tabelle 7.1 stellen die Angaben in Klammern die Bezeichnungen der Gerätenamen unter FreeBSD dar, denn FreeBSD verwendet ein anderes System als z. B. Linux. Hier gibt es in den Partitionen zusätzlich noch sogenannte Slices.

Ein Slice entspricht dabei einer Partition in IBM-PC-Schema, während die anderen »Partitionen« bei den BSDs deren eigenen Partitionierungsschema (»BSD Disklabel«) entspricht, das übrigens auch unter Solaris verwendet wird.

So steht die Angabe von */dev/ad0s1a* für die 1. Partition im 1. Slice der ersten IDE-Platte oder */dev/ad0s1b* für die 2. Partition im 1. Slice der ersten IDE-Platte. Bei SCSI-Laufwerken ist das ähnlich. So steht */dev/ad1s2d* für die 4. Partition im 2. Slice der zweiten SCSI-(Wechsel-)Platte; der Buchstabe c ist einer virtuellen Partition vorbehalten, die die gesamte Platte umfasst, deswegen handelt sich bei d effektiv erst um die dritte Partition.

Bitte beachten Sie, dass FreeBSD mit der Unterstützung von GPT unter UEFI ein neues Partitionierungsschema eingeführt hat, das sich nochmals unterscheidet, und zwar */dev/ad0p1*, */dev/da0p2* usw., wobei darin dann keine traditionelles Disklabel mehr angelegt werden.

Device	Name	Major	Minor
Erster Parallelport	`/dev/lp0` oder `/dev/par0`	6	0
Zweiter Parallelport (falls vorhanden)	`/dev/lp1` oder `/dev/par1`	6	1
High-Level-Parallelport	`/dev/parport0`	99	0
Erste serielle Schnittstelle	`/dev/ttyS0`	4	64

Tabelle 7.2 Zeichenorientierte Gerätedateien

Device	Name	Major	Minor
Zweite serielle Schnittstelle	/dev/ttyS1	5	65
IDE-Tape-Laufwerk	/dev/ht0	37	0
Erstes SCSI-Tape-Laufwerk	/dev/st0	9	0
Systemkonsole	/dev/console	5	1
Erster viruteller Terminal	/dev/tty1	4	1
Erste Soundkarte (Open Sound System)	/dev/dsp0	14	
Erstes CD-ROM-Laufwerk (SCSI-emuliert)	/dev/sr0	11	0

Tabelle 7.2 Zeichenorientierte Gerätedateien (Forts.)

7.6 Spezielle Gerätedateien

Im */dev*-Verzeichnis befinden sich auch einige spezielle Einträge, die mit keiner Hardware verbunden sind. Zu den bekanntesten zählen:

- */dev/null* – wird gern verwendet, um unerwünschte Ausgaben auf die Standardausgabe zu beseitigen. Dabei wird einfach die Ausgabe mit `programmname > /dev/null` umgeleitet. Kurz: */dev/null* wird als Müllschlucker verwendet :-)
- */dev/zero* – dabei handelt es sich um eine sehr lange Gerätedatei, die mit 0-Bytes gefüllt ist. */dev/zero* wird besonders gern als eine andere Art der Speicherreservierung mit `mmap()` verwendet. Damit ist es möglich, zwischen zwei verwandten Prozessen zu kommunizieren. Der Vorteil an dieser Methode ...

```
if((fd=open("/dev/zero", O_RDWR)) < 0) {
  /* Fehler */
}
memoin=mmap(0,8192 ... );
```

  ... ist der, dass keine neue Datei mit dem Memory-Mapped-Aufruf `mmap()` erstellt werden muss. (Mehr zum Systemaufruf `mmap()` finden Sie im Anhang bei der Funktionsreferenz.)

  Folgendes geschieht durch diesen Aufruf und ist zu beachten:

  - Der Speicherbereich, der eingerichtet wird, ist namenlos.
  - Die Größe des Speicherbereichs wird mit dem zweiten Argument übergeben.
  - Dieser Speicherbereich wird mit 0 initialisiert.
  - Und – WICHTIG! – wenn verwandte Prozesse ebenfalls auf diesen Speicherbereich zugreifen sollen, so müssen Sie das Flag `MAP_SHARED` angeben.

Natürlich kann */dev/zero* auch als zweiter Müllschlucker (im Falle des Schreibens) oder – als »sehr lange Gerätedatei« – als eine Gerätedatei verwendet werden, die unendlich viele binäre Nullen zurückgibt.

- */dev/full* – wird verwendet, um ein Programm beim Abspeichern einer Datei darauf zu testen, was passiert, wenn kein Platz mehr zum Speichern vorhanden ist. Jeder Kopiervorgang in die Datei */dev/full* setzt `errno` auf `ENOSPC`, z. B.:

```
$ cp datei /dev/full
cp: Schreiben von "/dev/full":
Auf dem Gerät ist kein Speicherplatz mehr verfügbar
```

- */dev/random* und */dev/urandom* – werden zum Erzeugen von Zufallszahlen verwendet. */dev/random* besteht aus reinen Zufallsquellen (also zum Beispiel aus Hardware-Interrupts, aber auch aus ganz offiziellen Quellen, wie auf dem Motherboard verbauten Zufallszahlengeneratoren), wohingegen */dev/urandom* wegen der Dauerverfügbarkeit auch aus weniger sicheren Datenquellen bezogen wird, und das ist in der Regel ein Pseudo-Zufallszahlengenerator (PRNG), der mit Werten aus */dev/random* initialisiert wird. */dev/random* blockiert im Gegensatz zu */dev/urandom* ggf. den Prozess, wenn keine Aktion mit der Tastatur oder der Maus stattfindet. Mit */dev/urandom* hingegen wird die Erzeugung einer Zufallszahl nicht blockiert, da im Falle keiner Aktion ein Algorithmus zur Erzeugung der Zufallszahl verwendet wird. Zum besseren Verständnis wenden Sie einfach `od` auf beide Gerätedateien wie jeweils folgt an:

```
$ od -t u1 /dev/random
$ od -t u1 /dev/urandom
```

- */dev/pts/** – virtuelle Konsolen, die durch das Öffnen von */dev/ptmx* entstehen (z. B. über `xterms`).

7.7 Gerätedateien in der Praxis einsetzen

Auf den folgenden Seiten wollen wir Ihnen nun zeigen, wie Sie die Gerätedatei in der Praxis einsetzen können; wie Sie also neben dem Lesen und Schreiben auch das Steuern des Treibers durch die Gerätedatei erreichen. Das Ziel des Abschnitts ist es, Ihnen ein Gefühl dafür zu geben, wie Sie die entsprechenden Informationen ermitteln können, um den unübersichtlichen Haufen von Gerätedateien steuern zu können.

Als Beispiel wird das CD-ROM-Laufwerk verwendet, da zum einen fast jeder Leser so ein Laufwerk besitzen dürfte, und zum anderen lässt sich das Beispiel damit relativ leicht nachvollziehen, da hierfür keine speziellen Hardware-Kenntnisse nötig sind. Es soll ein Listing erstellt werden, mit dem Sie die Lade öffnen können, um eine Musik-CD einzulegen. Weiterhin soll es möglich sein, die Track-Informationen einzulesen und auch wieder auszugeben. Die

Musik soll ebenfalls wiedergegeben werden, mitsamt der Anzeige, welcher Track gerade läuft und wo gerade gelesen wird (zeitmäßig gesehen).

Das Ganze hört sich schlimmer an, als es ist, und lässt sich relativ einfach mit den Treiberbefehlen der Gerätedatei über `ioctl()` steuern. Das CD-ROM-Laufwerk lässt sich gewöhnlich von Haus aus über den Mountpoint `/dev/cdrom` oder auch `/media/cdrom` ansprechen. Wenn dies bei Ihnen nicht der Fall ist, wäre es sinnvoll, selbst einen symbolischen Link zum CD-ROM-Laufwerk zu setzen.

Außerdem benötigen Sie mindestens Leserechte auf das CD-ROM-Laufwerk. Sofern diese bei Ihnen nicht vorhanden sind, sollten Sie dieses Recht mittels `chmod a+r /dev/hdc` (`/dev/hdc/` sei hier der Pfad zur Gerätedatei) setzen oder von Ihrem Administrator setzen lassen.

Zuerst müssen Sie die Informationen zu den Treiberbefehlen des CD-ROM-Laufwerks suchen. Einen ersten Überblick hierzu können Sie sich, wie schon erwähnt, mit `man ioctl_list` verschaffen. Folgende Informationen können hierbei schon ermittelt werden:

```
$ man ioctl_list
...
// <include/linux/cdrom.h>
0x00005301  CDROMPAUSE          void
0x00005302  CDROMRESUME         void
0x00005303  CDROMPLAYMSF        const struct cdrom_msf *
0x00005304  CDROMPLAYTRKIND     const struct cdrom_ti *
0x00005305  CDROMREADTOCHDR     struct cdrom_tochdr *
0x00005306  CDROMREADTOCENTRY   struct cdrom_tocentry *
0x00005307  CDROMSTOP           void
0x00005308  CDROMSTART          void
0x00005309  CDROMEJECT          void
0x0000530A  CDROMVOLCTRL        const struct cdrom_volctrl *
0x0000530B  CDROMSUBCHNL        struct cdrom_subchnl *
0x0000530C  CDROMREADMODE2      const struct cdrom_msf *
...
0x00005312  CDROMRESET          void
0x00005313  CDROMVOLREAD        struct cdrom_volctrl *
0x00005314  CDROMREADRAW        const struct cdrom_msf *
0x00005315  CDROMREADCOOKED     const struct cdrom_msf *
0x00005316  CDROMSEEK           const struct cdrom_msf *
...
```

In der ersten Spalte finden Sie den Hexwert für den Treiber. Als Mensch liest man gerne, und daher finden Sie in der zweiten Spalte die symbolische Konstante dazu. In der dritten Spalte finden Sie außerdem den entsprechenden Datentyp oder die Struktur, auf die sich der Befehl bezieht – sprich das dritte Argument für die Funktion `ioctl()`. Dies ist schon ein guter Überblick. Aber um einen Blick in die Headerdatei für den Linux-CD-ROM-Treiber kommen Sie nicht mehr herum, wenn Sie die einzelnen Strukturvariablen verwenden wollen. Wo Sie diese finden können, ist gleich zu Beginn bei der Manual Page mit `<include/linux/cdrom.h>` angegeben. Sie müssen also ins Verzeichnis Ihrer `include`-Dateien gehen. Meistens ist dies */usr/include* oder */usr/local/include*. Darin finden Sie jetzt außer den Befehlen noch alles, was Sie für die weitere Verwendung benötigen – vor allem auch eine kurze Beschreibung der einzelnen Befehle, die man bei `man ioctl_list` schmerzlich vermisst.

Hinweis

Das folgende Beispiel lässt sich nur mit einem Linux-Rechner übersetzen und ausführen. Sofern Sie ein ähnliches Beispiel auf Systemen wie SunOS, NetBSD, OpenBSD oder FreeBSD erstellen wollen, benötigen Sie hierzu die Headerdatei *sys/cdio.h* statt *linux/cdrom.h*.

Natürlich finden Sie als BSD-Nutzer ein entsprechendes Listing (*bsd_cdrom.c*) bei den MATERIALIEN ZUM BUCH unter *www.rheinwerk-verlag.de/3854*, das auf allen BSD- und eventuell (ungetestet) auch auf SunOS-Systemen laufen sollte.

7.7.1 CD auswerfen und wieder schließen

Bevor Sie das CD-ROM-Laufwerk steuern können, müssen Sie die entsprechende Gerätedatei zum Lesen öffnen. Der Übersichtlichkeit halber haben wir die einzelnen Aktionen in kleine Routinen gepackt, womit Sie diese jederzeit für Ihre Zwecke verwenden können. Am Ende des Kapitels finden Sie die einzelnen Routinen nochmals als komplettes Listing.

```
...
#define CDROM "/dev/cdrom"
...
static int open_cdrom (void) {
   int fd = open (CDROM, O_RDONLY | O_NONBLOCK);
   if (fd == -1) {
      if (errno == ENOMEDIUM)
         printf ("Keine CD im Laufwerk!\n");
      else
         perror ("Fehler bei open()");
      exit (EXIT_FAILURE);
   }
   return fd;
}
```

Damit die Funktion `open()` nicht blockiert, wenn Sie mal keine CD im Laufwerk haben, muss das Flag `O_NONBLOCK` verwendet werden. Die Funktion gibt den Filedeskriptor `cdrom` für die anschließende weitere Steuerung mit `ioctl()` zurück.

Nachdem Sie die Gerätedatei zum Lesen geöffnet haben, können Sie die ersten Steuerbefehle ausführen. Hierzu werden erst einmal die einfachsten Kommandos verwendet, die keine weiteren Parameter in ioctl() mehr benötigen: zum einen das Auswerfen der CD, zum anderen – falls technisch möglich – das Einfahren des Caddys. Gerade bei Laptops ist das Zurückfahren des CD-Fachs nicht möglich. Dafür bekommen Sie – wenn es technisch nicht möglich ist – eine Meldung mit der Aufforderung zurück, dies doch selbst zu tun.

```
static void open_tray (int cdrom) {
   if (ioctl (cdrom, CDROMEJECT) == -1) {
      perror ("Eject yourself");
      exit (EXIT_FAILURE);
   }
}

/* Funktioniert nicht überall */
static void close_tray (int cdrom) {
   if (ioctl (cdrom, CDROMCLOSETRAY) == -1) {
      printf ("CD-Tray bitte von Hand schließen\n");
   }
}
```

7.7.2 CD-ROM-Fähigkeiten

Benötigen Sie die Fähigkeiten des CD-ROM-Laufwerks, dann können Sie diese mithilfe des Kommandos CDROM_GET_CAPABILITY ermitteln. In diesem Fall liefert ioctl() als Rückgabewert einen Integer zurück, dessen einzelne Bit-Werte es auszulesen gilt. In unserem Beispiel ermitteln wir zwar nur, um was für ein Laufwerk es sich handelt – sprich CD-R, CD-RW, DVD etc. –, aber Sie können gern weitere Fähigkeiten, die alle mit dem Präfix CDC_ beginnen, zur Überprüfung verwenden und auswerten. Sie müssen lediglich den Rückgabewert von ioctl() mit dem bitweisen UND-Operator und der entsprechenden symbolischen CDC_-Konstante als Bedingung verwenden. Ist die Bedingung wahr, dann ist die entsprechende Eigenschaft vorhanden.

```
static void capability_cdrom (int cdrom) {
   const char *j[] = {"nein", "ja"};
   int caps = ioctl (cdrom, CDROM_GET_CAPABILITY);
   if (caps == -1) {
      perror ("CDROM_GET_CAPABILITY");
      return;
   }
   printf ("CDROM-Fähigkeiten:\n"
      "\tCD-R    : %s\n"
      "\tCD-RW   : %s\n"
```

```
        "\tDVD     : %s\n"
        "\tDVD-R   : %s\n"
        "\tDVD-RAM : %s\n",
        j[!!(caps & CDC_CD_R)],
        j[!!(caps & CDC_CD_RW)],
        j[!!(caps & CDC_DVD)],
        j[!!(caps & CDC_DVD_R)],
        j[!!(caps & CDC_DVD_RAM)]);
}
```


7.7.3 Audio-CD abspielen – komplett und einzelne Tracks – Pause, Fortfahren und Stopp

Um das Inhaltsverzeichnis der CD einzulesen, können Sie die Kommandos CDROMTOCHDR und CDROMREADTOCENTRY verwenden (TOC = Table Of Contents). Verwenden Sie ioctl() mit CDROMTOCHDR, wird als dritter Parameter eine Adresse vom Typ struct cdrom_tochdr erwartet. Diese Struktur sieht in der Headerdatei *cdrom.h* wie folgt aus:

```
/* Struktur wird bei CDROMREADTOCHDR mit ioctl() erwartet */
struct cdrom_tochdr {
   __u8   cdth_trk0;   /* start track */
   __u8   cdth_trk1;   /* end track */
};
```

Wenn Sie das Kommando mit ioctl() verwenden, wird in der Struktur cdrom_tochdr der erste (cdth_trk0) und der letzte (cdth_trk1) Track eingetragen. Somit können Sie mit dem Auslesen des letzten Tracks schon ermitteln, wie viele Tracks sich auf der Audio-CD befinden.

Das zweite Kommando, CDROMREADTOCENTRY, hingegen benötigt als dritten Parameter für ioctl() eine Struktur vom Typ cdrom_tocentry, die folgendermaßen in der Headerdatei *cdrom.h* definiert ist:

```
/* Struktur wird bei CDROMREADTOCENTRY mit ioctl() erwartet */
struct cdrom_tocentry {
   __u8   cdte_track;
   __u8   cdte_adr  : 4;
   __u8   cdte_ctrl : 4;
   __u8   cdte_format;
   union  cdrom_addr cdte_addr;
   __u8   cdte_datamode;
};
```

Auf jeden Fall angeben müssen Sie in dieser Struktur den Track (cdte_track) und das Format der Ausgabe (cdte_format). Beim Format geben Sie CDROM_MSF (MSF = Minute, Sekunde,

Frame) an. Möglich wäre auch CDROM_LBA (Logical Block Address), was eine Adresse zurückgeben würde, die durch eine Integerzahl dargestellt wird. cdte_ctrl können Sie z. B. verwenden, um herauszufinden, ob es sich bei dem Track um einen Audio- oder Datentrack handelt. Hierzu müssen Sie nur wieder den bitweisen UND-Operator mit der Konstante CDROM_DATA_TRACK überprüfen. Ist der Ausdruck wahr, handelt es sich um einen Datentrack, ansonsten ist es ein Audiotrack.

Hinweis

Eine Sekunde besteht aus 75 Frames. Ein Frame ist 2352 Bytes lang.

Da wir uns für die Minuten, die Sekunden und die Framelänge der CD-ROM mit CDROM_MSF interessieren, benötigen Sie union cdrom_addr cdte_addr – was allerdings nicht mehr auf den ersten Blick ersichtlich ist. Die Union cdrom_addr wiederum beinhaltet eine Struktur mit dem Namen struct cdrom_msf msf, die das beinhaltet, wonach Sie suchen. Hier sehen Sie die beiden Strukturen:

```
union cdrom_addr {
   struct cdrom_msf0 msf;
   int lba;
};

struct cdrom_msf0 {
   __u8 minute;
   __u8 second;
   __u8 frame;
};
```

Hinweis

Sofern Ihnen die Dokumentation der Gerätedatei nicht mehr weiterhilft, müssen Sie, ausgehend von den Angaben des Kommandos in ioctl(), die Angaben einer Struktur selbst systematisch absuchen.

Hier sehen Sie die Funktion, die das Inhaltsverzeichnis einer Audio-CD auslesen soll:

```
static void content_cdrom (int cdrom) {
   struct cdrom_tochdr tochdr;
   struct cdrom_tocentry tocentry;
   int track;

   if (ioctl (cdrom, CDROMREADTOCHDR, &tochdr) == -1) {
      perror ("Kann den Header nicht holen");
      exit (EXIT_FAILURE);
```

```
   }
   printf ("\nInhalt %d Tracks:\n", tochdr.cdth_trk1);

   track = tochdr.cdth_trk0;
   while (track <= tochdr.cdth_trk1) {
      tocentry.cdte_track = track;
      tocentry.cdte_format = CDROM_MSF;
      if (ioctl (cdrom, CDROMREADTOCENTRY, &tocentry)==-1) {
         perror ("Kann Inhalt der CD nicht ermitteln");
         exit (EXIT_FAILURE);
      }
      printf ("%3d: %02d:%02d:%02d (%06d) %s%s\n",
         tocentry.cdte_track,
         tocentry.cdte_addr.msf.minute,
         tocentry.cdte_addr.msf.second,
         tocentry.cdte_addr.msf.frame,
         tocentry.cdte_addr.msf.frame +
         tocentry.cdte_addr.msf.second * 75 +
         tocentry.cdte_addr.msf.minute * 75 * 60 - 150,
         (tocentry.cdte_ctrl & CDROM_DATA_TRACK)
            ? "data " : "audio",
         CDROM_LEADOUT == track ? " (leadout)" : "");
      track++;
   }
}
```

Im nächsten Schritt soll die Audio-CD abgespielt werden. Sie können wählen, ob entweder die komplette CD oder nur ein bestimmter Track abgespielt wird. Auch hierzu benötigen Sie das Kommando `CDROMREADTOCENTRY`, um den Inhalt der CD bzw. bestimmte Tracks abzuspielen. Die Struktur `cdrom_tocentry` benötigen Sie, um den Anfang des ersten Tracks (`cdte_track`), das Format (`CDROM_MSF`) und das Ende des letzten bzw. – im Falle einer Einzelauswahl – das Ende des nächsten Tracks anzuzeigen. Den letzten Track können Sie übrigens auch mit der symbolischen Konstante `CDROM_LEADOUT` angeben.

Abgespielt wird diese Position dann mit dem Kommando `CDROMPLAYMSF` und der Struktur `cdrom_msf` als dritten Parameter von `ioctl()`:

```
/* Struktur wird bei CDROMPLAYMSF mit ioctl() erwartet */
struct cdrom_msf {
   __u8   cdmsf_min0;     /* start minute */
   __u8   cdmsf_sec0;     /* start second */
   __u8   cdmsf_frame0;   /* start frame  */
   __u8   cdmsf_min1;     /* end minute   */
```

```
    __u8   cdmsf_sec1;    /* end second    */
    __u8   cdmsf_frame1;  /* end frame     */
};
```

Bevor Sie also `ioctl()` und das Kommando `CDROMPLAYMSF` auf die Struktur loslassen, müssen Sie zuerst die Anfangsposition in den einzelnen Strukturvariablen übergeben – was alle Strukturvariablen mit der `..0` am Ende beinhaltet (`cdmsf_min0`, `cdmsf_sec0`, `cdmsf_frame0`) – und die Endposition, was alle Strukturvariablen (wer hätte das gedacht) mit einer `..1` am Ende beinhaltet (`cdmsf_min1`, `cdmsf_sec1`, `cdmsf_frame1`). Hier sehen Sie die Funktion dazu:

```
static void play_cdrom ( int cdrom, int flag ) {
   struct cdrom_tocentry tocentry;
   struct cdrom_msf play;
   int track = flag;
   int lead  = flag;

   if(flag == FULL) {
      track = 1;
      lead  = CDROM_LEADOUT;
   }
   else {
      track = flag;
      lead  = flag+1;
   }

   /* Anfang des ersten Liedes */
   tocentry.cdte_track = track;
   tocentry.cdte_format = CDROM_MSF;
   if (ioctl (cdrom, CDROMREADTOCENTRY, &tocentry) == -1) {
      perror ("Kann den Inhalt der CD nicht ermitteln\n");
      exit (EXIT_FAILURE);
   }

   play.cdmsf_min0   = tocentry.cdte_addr.msf.minute;
   play.cdmsf_sec0   = tocentry.cdte_addr.msf.second;
   play.cdmsf_frame0 = tocentry.cdte_addr.msf.frame;

   /* Ende des letzten Liedes */
   tocentry.cdte_track  = lead;
   tocentry.cdte_format = CDROM_MSF;
   if (ioctl (cdrom, CDROMREADTOCENTRY, &tocentry) == -1) {
      perror ("Kann den Inhalt der CD nicht ermitteln\n");
      exit (EXIT_FAILURE);
```

```
   }

   play.cdmsf_min1   = tocentry.cdte_addr.msf.minute;
   play.cdmsf_sec1   = tocentry.cdte_addr.msf.second;
   play.cdmsf_frame1 = tocentry.cdte_addr.msf.frame;

   if (ioctl (cdrom, CDROMPLAYMSF, &play) == -1) {
      perror ("Kann CD nicht abspielen");
      exit (EXIT_FAILURE);
   }
}
```


Wollen Sie die CD stoppen, eine Pause einbauen und den Track wieder aufnehmen, so müssen Sie nur die Kommandos CDROMSTOP, CDROMPAUSE und CDROMRESUME ohne weitere Parameter mit ioctl() aufrufen:

```
static void stop_cdrom (int cdrom) {
   if (ioctl (cdrom, CDROMSTOP) == -1) {
      perror ("Kann CD nicht anhalten");
      return;
   }
}

static void pause_cdrom (int cdrom) {
   if (ioctl (cdrom, CDROMPAUSE) == -1) {
      perror ("Kann PAUSE nicht setzen");
      return;
   }
}

static void resume_cdrom (int cdrom) {
   if (ioctl (cdrom, CDROMRESUME) == -1) {
      perror ("Kann CD nicht mehr fortfahren");
      return;
   }
}
```

7.7.4 Den aktuellen Status der Audio-CD ermitteln

Nachdem Sie eventuell die Audio-CD gestartet haben, möchten Sie sicherlich auch wissen, welcher Track gerade abgespielt wird oder wie lange der Track oder die CD insgesamt schon abgespielt wurde – oder ob die CD überhaupt derzeit gespielt wird, falls jemand gerade Pause gedrückt hat, etc.

Den Status einer laufenden Audio-CD können Sie mit dem Kommando CDROMSUBCHNL und der Struktur cdrom_subchnl als dritten Parameter für ioctl() ermitteln:

```
/* Struktur wird bei CDROMSUBCHNL mit ioctl() erwartet */
struct cdrom_subchnl {
   __u8  cdsc_format;
   __u8  cdsc_audiostatus;
   __u8  cdsc_adr:   4;
   __u8  cdsc_ctrl:  4;
   __u8  cdsc_trk;
   __u8  cdsc_ind;
   union cdrom_addr cdsc_absaddr;
   union cdrom_addr cdsc_reladdr;
};
```

Bevor Sie ioctl() aufrufen, sollten Sie zuvor noch das Format (cdsc_format=CDROM_MSF) angeben. Nach dem Aufruf von ioctl() beinhaltet cdsc_audiostatus den aktuellen Status der Audio-CD. Dies können folgende symbolische Konstanten sein:

```
/* Audio-Status ermitteln wird nicht unterstützt */
#define CDROM_AUDIO_INVALID 0x00
/* Audio-CD wird gerade abgespielt */
#define CDROM_AUDIO_PLAY 0x11
/* Audio-CD wurde angehalten (Pause) */
#define CDROM_AUDIO_PAUSED 0x12
/* Audio-CD wurde komplett abgespielt */
#define CDROM_AUDIO_COMPLETED 0x13
/* Audio-CD abspielen wurde wegen Fehler unterbrochen */
#define CDROM_AUDIO_ERROR 0x14
/* Kein besonderer Status vorhanden */
#define CDROM_AUDIO_NO_STATUS 0x15
```

Über die Strukturvariable cdsc_absaddr können Sie dann die absolute Zeit und über cdsc_reladdr die relative Zeit der Audio-CD ermitteln. Auch hier finden Sie wieder die entsprechenden Werte über den Umweg zur Union cdrom_addr. Die Funktion dafür sieht so aus:

```
static void get_audio_status (int cdrom) {
   struct cdrom_subchnl sub;

   printf ("Audio status: ");
   fflush (stdout);
   sub.cdsc_format = CDROM_MSF;
   if (ioctl (cdrom, CDROMSUBCHNL, &sub))
      printf ("FAILED\n");
```

```
   else {
      switch (sub.cdsc_audiostatus) {
      case CDROM_AUDIO_INVALID:
         printf ("invalid\n");
         break;
      case CDROM_AUDIO_PLAY:
         printf ("playing");
         break;
      case CDROM_AUDIO_PAUSED:
         printf ("paused");
         break;
      case CDROM_AUDIO_COMPLETED:
         printf ("completed\n");
         break;
      case CDROM_AUDIO_ERROR:
         printf ("error\n");
         break;
      case CDROM_AUDIO_NO_STATUS:
         printf ("no status\n");
         break;
      default:
         printf ("Oops: unknown\n");
      }
      if (sub.cdsc_audiostatus == CDROM_AUDIO_PLAY ||
          sub.cdsc_audiostatus == CDROM_AUDIO_PAUSED) {
         printf (" at: %02d:%02d abs/ %02d:%02d track %d\n",
            sub.cdsc_absaddr.msf.minute,
            sub.cdsc_absaddr.msf.second,
            sub.cdsc_reladdr.msf.minute,
            sub.cdsc_reladdr.msf.second, sub.cdsc_trk);
      }
   }
}
```

7.7.5 Das komplette Listing

Sie haben nun gesehen, wie einfach es ist, mit `ioctl()` und den entsprechenden Kommandos über die Gerätedatei auf die Treiberschnittstelle der Hardware zuzugreifen. Allerdings haben Sie leider auch gemerkt, dass dies recht mühsam werden kann, wenn man den ganzen Strukturen folgen muss. Aber so, wie Sie hierbei vorgegangen sind, werden Sie in der Regel immer vorgehen müssen. Aufgrund des enormen Umfangs der Gerätedateien ist das immer noch eine recht undokumentierte Geschichte.

Hier sehen Sie nun nochmals die einzelnen Funktionen, eingebaut in ein komplettes Listing:

```
/* cdrom.c */
#include <stdio.h>
#include <unistd. h.>
#include <sys/ioctl.h>
#include <fcntl.h>
#include <stdlib.h>
#include <linux/cdrom.h>
#include <errno.h>

/* Bitte ggf. Anpassen */
#define CDROM "/dev/cdrom"
#define FULL   0 /* komplette Audio-CD abspielen */

static int open_cdrom (void) {
   int fd = open (CDROM, O_RDONLY | O_NONBLOCK);
   if (fd == -1) {
      if (errno == ENOMEDIUM)
         printf ("Keine CD im Laufwerk!\n");
      else
         perror ("Fehler bei open()");
      exit (EXIT_FAILURE);
   }
   return fd;
}

static void open_tray (int cdrom) {
   if (ioctl (cdrom, CDROMEJECT) == -1) {
      perror ("Eject yourself");
      exit (EXIT_FAILURE);
   }
}

/* Funktioniert nicht überall */
static void close_tray (int cdrom) {
   if (ioctl (cdrom, CDROMCLOSETRAY) == -1) {
      printf ("CD-Tray bitte von Hand schließen\n");
   }
}

static void capability_cdrom (int cdrom) {
   const char *j[] = {"nein", "ja"};
```

```
   int caps = ioctl (cdrom, CDROM_GET_CAPABILITY);
   if (caps == -1) {
      perror ("CDROM_GET_CAPABILITY");
      return;
   }
   printf ("CDROM-Fähigkeiten:\n"
      "\tCD-R    : %s\n"
      "\tCD-RW   : %s\n"
      "\tDVD     : %s\n"
      "\tDVD-R   : %s\n"
      "\tDVD-RAM : %s\n",
      j[!!(caps & CDC_CD_R)],
      j[!!(caps & CDC_CD_RW)],
      j[!!(caps & CDC_DVD)],
      j[!!(caps & CDC_DVD_R)],
      j[!!(caps & CDC_DVD_RAM)]);
}

static void get_audio_status (int cdrom) {
   struct cdrom_subchnl sub;
   printf ("Audio-Status: ");
   fflush (stdout);
   sub.cdsc_format = CDROM_MSF;
   if (ioctl (cdrom, CDROMSUBCHNL, &sub))
      printf ("FAILED\n");
   else {
      switch (sub.cdsc_audiostatus) {
      case CDROM_AUDIO_INVALID:
         printf ("invalid\n");
         break;
      case CDROM_AUDIO_PLAY:
         printf ("playing");
         break;
      case CDROM_AUDIO_PAUSED:
         printf ("paused");
         break;
      case CDROM_AUDIO_COMPLETED:
         printf ("completed\n");
         break;
      case CDROM_AUDIO_ERROR:
         printf ("error\n");
         break;
      case CDROM_AUDIO_NO_STATUS:
```

```
            printf ("no status\n");
            break;
         default:
            printf ("Oops: unknown\n");
         }
         if (sub.cdsc_audiostatus == CDROM_AUDIO_PLAY ||
             sub.cdsc_audiostatus == CDROM_AUDIO_PAUSED) {
            printf (" at: %02d:%02d abs/ %02d:%02d track %d\n",
               sub.cdsc_absaddr.msf.minute,
               sub.cdsc_absaddr.msf.second,
               sub.cdsc_reladdr.msf.minute,
               sub.cdsc_reladdr.msf.second, sub.cdsc_trk);
         }
      }
   }

   static void content_cdrom (int cdrom) {
      struct cdrom_tochdr tochdr;
      struct cdrom_tocentry tocentry;
      int track;

      if (ioctl (cdrom, CDROMREADTOCHDR, &tochdr) == -1) {
         perror ("Kann den Header nicht holen");
         exit (EXIT_FAILURE);
      }
      printf ("\nInhalt %d Tracks:\n", tochdr.cdth_trk1);

      track = tochdr.cdth_trk0;
      while (track <= tochdr.cdth_trk1) {
         tocentry.cdte_track = track;
         tocentry.cdte_format = CDROM_MSF;
         if (ioctl (cdrom, CDROMREADTOCENTRY, &tocentry) == -1) {
            perror ("Kann den Inhalt der CD nicht ermitteln");
            exit (EXIT_FAILURE);
         }
         printf ("%3d: %02d:%02d:%02d (%06d) %s%s\n",
             tocentry.cdte_track,
             tocentry.cdte_addr.msf.minute,
             tocentry.cdte_addr.msf.second,
             tocentry.cdte_addr.msf.frame,
             tocentry.cdte_addr.msf.frame +
             tocentry.cdte_addr.msf.second * 75 +
             tocentry.cdte_addr.msf.minute * 75 * 60 - 150,
```

```
        (tocentry.cdte_ctrl & CDROM_DATA_TRACK) ?
        "data " : "audio",
        CDROM_LEADOUT == track ? " (leadout)" : "");
      track++;
   }

}
static void play_cdrom ( int cdrom, int flag ) {
   struct cdrom_tocentry tocentry;
   struct cdrom_msf play;
   int track = flag;
   int lead  = flag;

   if(flag == FULL) {
      track = 1;
      lead  = CDROM_LEADOUT;
   }
   else {
      track = flag;
      lead  = flag+1;
   }
   /* Anfang des ersten Liedes */
   tocentry.cdte_track = track;
   tocentry.cdte_format = CDROM_MSF;
   if (ioctl (cdrom, CDROMREADTOCENTRY, &tocentry) == -1) {
      perror ("Kann den Inhalt der CD nicht ermitteln\n");
      exit (EXIT_FAILURE);
   }

   play.cdmsf_min0 = tocentry.cdte_addr.msf.minute;
   play.cdmsf_sec0 = tocentry.cdte_addr.msf.second;
   play.cdmsf_frame0 = tocentry.cdte_addr.msf.frame;

   /* Ende des letzten Liedes */
   tocentry.cdte_track = lead;
   tocentry.cdte_format = CDROM_MSF;
   if (ioctl (cdrom, CDROMREADTOCENTRY, &tocentry) == -1) {
      perror ("Kann den Inhalt der CD nicht ermitteln\n");
      exit (EXIT_FAILURE);
   }
   play.cdmsf_min1 = tocentry.cdte_addr.msf.minute;
   play.cdmsf_sec1 = tocentry.cdte_addr.msf.second;
   play.cdmsf_frame1 = tocentry.cdte_addr.msf.frame;
```

```
    if (ioctl (cdrom, CDROMPLAYMSF, &play) == -1) {
        perror ("Kann CD nicht abspielen");
        exit (EXIT_FAILURE);
    }
}

static void stop_cdrom (int cdrom) {
    if (ioctl (cdrom, CDROMSTOP) == -1) {
        perror ("Kann CD nicht anhalten");
        return;
    }
}

static void pause_cdrom (int cdrom) {
    if (ioctl (cdrom, CDROMPAUSE) == -1) {
        perror ("Kann PAUSE nicht setzen");
        return;
    }
}

static void resume_cdrom (int cdrom) {
    if (ioctl (cdrom, CDROMRESUME) == -1) {
        perror ("Kann CD nicht mehr fortfahren");
        return;
    }
}

int main (void) {
    int fd_cdrom;
    int select;
    int track;

    fd_cdrom = open_cdrom();
    do{
        printf("-1- CD-Tray öffnen\n");
        printf("-2- CD-Tray schließen\n");
        printf("-3- CDROM-Fähigkeiten\n");
        printf("-4- Audio-CD abspielen (komplett)\n");
        printf("-5- Einzelnen Track abspielen\n");
        printf("-6- <PAUSE> Audio-CD abspielen\n");
        printf("-7- <FORTFAHREN> Audio-CD abspielen\n");
        printf("-8- <STOP> Audio-CD abspielen\n");
        printf("-9- Aktuellen Status ermitteln\n");
```

```
      printf("-10- CD-Inhalt ausgeben\n");
      printf("-11- Programmende\n");
      printf("\nIhre Auswahl : ");
      scanf("%d",&select);

      switch( select ) {
         case 1: open_tray( fd_cdrom ); break;
         case 2: close_tray( fd_cdrom ); break;
         case 3: capability_cdrom (fd_cdrom); break;
         case 4: play_cdrom (fd_cdrom, FULL); break;
         case 5: printf("Welchen Track wollen Sie hören: ");
                 scanf("%d",&track);
                 play_cdrom( fd_cdrom, track); break;
         case 6: pause_cdrom( fd_cdrom ); break;
         case 7: resume_cdrom( fd_cdrom ); break;
         case 8: stop_cdrom( fd_cdrom ); break;
         case 9: get_audio_status( fd_cdrom );break;
         case 10: content_cdrom( fd_cdrom ); break;
         case 11: printf("Bye\n"); break;
         default : printf("Häh!\n");
      }
   } while( select != 11 );
   stop_cdrom( fd_cdrom );
   close (fd_cdrom);
   return 0;
}
```

Das Programm bei der Ausführung:

```
$ gcc -o cdrom cdrom.c
$ ./cdrom
-1- CD-Tray öffnen
-2- CD-Tray schließen
-3- CDROM-Fähigkeiten
-4- Audio-CD abspielen (komplett)
-5- Einzelnen Track abspielen
-6- <PAUSE> Audio-CD abspielen
-7- <FORTFAHREN> Audio-CD abspielen
-8- <STOP> Audio-CD abspielen
-9- Aktuellen Status ermitteln
-10- CD-Inhalt ausgeben
-11- Programmende

Ihre Auswahl : ...
```

Kapitel 8
System- und Benutzerdateien

Gerade als Entwickler von Programmen sollten Sie sich auch mit den zentralen Benutzerdateien auskennen. Gewöhnlich finden Sie diese Dateien im Verzeichnis »/etc« unter dem Namen »/etc/passwd«, »/etc/shadow« oder »/etc/group«. Meldet sich z. B. ein neuer Anwender beim System an, wird die Datei »/etc/passwd« benötigt. Aber auch Kommandos wie »who«,»ls –l« oder »finger« benötigen Daten aus der Datei »/etc/passwd«. Neben der Möglichkeit, Informationen zu Benutzer- bzw. Gruppendateien zu beschaffen, gibt es auch noch die entsprechenden Netzwerkdateien »/etc/service«, »/etc/networks«, »/etc/protocols« und »/etc/hosts«. Wie Sie an die entsprechenden Informationen programmiertechnisch herankommen, erfahren Sie in diesem Kapitel.

8.1 Die Datei /etc/passwd

Alle Benutzer werden gewöhnlich zentral über die Datei */etc/passwd* verwaltet. Laut POSIX.1 wird diese Datei als *Benutzerdatenbank* bezeichnet. Neben dem Namen des Benutzers enthält diese Datei einige Kenndaten. Hierbei finden Sie allerdings nicht nur die Kenndaten der normalen Benutzer, sondern auch die des Superusers *root* und der Standard- und Systembenutzer. Mit cat können Sie sich die Datei ansehen:

```
you@host > cat /etc/passwd
root:x:0:0:root:/root:/bin/bash
daemon:x:1:1:daemon:/usr/sbin:/bin/sh
...
tot:x:1000:1000:J.Wolf,,,:/home/tot:/bin/bash
kj:x:1001:1001:K.J.Wolf,,,:/home/kj:/bin/bash
john:x:1002:1002:John Wolf,Augsburg,,:/home/john:/bin/bash
```

Jede Zeile dieser Datei beinhaltet einen Benutzer. Die Doppelpunkte dienen als Trennzeichen zwischen den einzelnen Feldern. Somit hat eine solche Zeile folgende Syntax:

```
Benutzername:Passwort:UID:GID:Info:Heimatverzeichnis:Shell
```

- Benutzername – Unter diesem Namen kann sich der Benutzer am System anmelden. Daher sollte dieser Name eindeutig sein. Da die Datei von oben nach unten abgearbeitet wird, wird bei einem doppelten Eintrag immer der erste Eintrag verwendet, der gefunden wird.

- Passwort – Bei älteren Systemen befand sich im zweiten Feld das verschlüsselte Passwort. In der Regel sollte allerdings heutzutage dort ein x stehen. Dies bedeutet, dass das Passwort in */etc/shadow* steht (und zwar verschlüsselt). Der Grund ist ganz einfach: Da viele Programme auf die Datei */etc/passwd* zurückgreifen müssen, weil hier auch die Shell und der Pfadname zum Heimatverzeichnis vermerkt sind, heißt das Leserecht für alle. Zwar sind die Passwörter immer noch verschlüsselt, aber es bestand hier die Möglichkeit, ein Passwort mittels *Brute Force* zu entschlüsseln.[1] Auch wenn das Passwort nicht trivial zu knacken ist, die Angriffsfläche wäre damit vorhanden – daher wurden die Passwörter nach */etc/shadow* ausgelagert. Diese Datei ist nicht mehr für jedermann lesbar. Befindet sich in diesem Feld ein * (für *nobody*), dann kann mittels Passworteingabe keine Anmeldung erfolgen – wohl aber zum Beispiel mit dem Befehl su.
- UID – Die Benutzernummer des Benutzers. Der Wert dieser Nummer sollte in der Praxis größer als 100 (auf vielen Systemen mittlerweile auch größer als 1000) sein, weil die Zahlen darunter für Systembenutzer vorgesehen sind. Aus technischen Gründen sollte die UID allerdings nicht größer als 64000 sein. Die UID 0 ist natürlich weiterhin dem Superuser root vorbehalten.
- GID – Die Gruppennummer des Benutzers. Auch hierbei sollte die Zahl nicht größer als 64000 sein.
- Info – Hier werden gegebenenfalls weitere Informationen zum Benutzer hinterlegt, wie zum Beispiel der vollständige Name, die Adresse usw. Das Feld kann also mit einem beliebigen Text gefüllt werden. Gewöhnlich gibt man hier den vollständigen Namen des Benutzers an. Auf den Namen folgen verschiedene optionale Angaben über Büro, Telefonnummer usw., durch Kommata getrennt. Wer das eingeben will, kann den Befehl chfn verwenden (für *change full name*).
- Heimatverzeichnis – An dieser Stelle steht das Heimatverzeichnis des Benutzers bzw. das Startverzeichnis nach dem Login. Die Angabe erfolgt immer über eine absolute Pfadangabe und sollte natürlich in dem Dateisystem liegen, das zum Zeitpunkt der Anmeldung auch eingebunden ist. Natürlich sollte der Benutzer des Heimatverzeichnisses auch sein Besitzer sein. Die Angabe des Heimatverzeichnisses wird in der Variablen HOME abgelegt und steuert somit auch das Verhalten des Kommandos cd, wenn dieses ohne Parameter aufgerufen wird. Natürlich wird hierdurch auch das Tilde-Zeichen ~ beeinflusst.
- Shell – Auch wenn hier gewöhnlich eine Shell steht, die nach der Anmeldung des Benutzers gestartet werden kann, können Sie auch jedes beliebige andere Startprogramm verwenden, zum Beispiel auch ein selbstgeschriebenes Menü. Alle erlaubten Programme, die gestartet werden können, müssen in der Datei */etc/shells* eingetragen sein. Wird dieses Feld leer gelassen, wird standardmäßig die Bourne-Shell (*/bin/sh*) verwendet – was unter

1 Brute Force, brutale Gewalt bezeichnet in diesem Zusammenhang das Ermitteln der Passwörter durch simples Durchprobieren.

Linux wieder nur ein symbolischer Link zur Bash ist.[2] Traditionell wird hier `/usr/bin/false` eingetragen, wenn man verhindern will, dass dieser Benutzer eine Shell öffnen kann. Das ist zum Beispiel bei Pseudo-Benutzern der Fall, die zum Ausführen von Hintergrundprozessen benutzt werden.

Somit können Sie die folgende Zeile wie folgt interpretieren:

```
john:x:1002:1002:John Wolf,Augsburg,,:/home/john:/bin/bash
```

Der Benutzername lautet »john«, das Passwort steht verschlüsselt in */etc/shadow*, die UID und die GID lauten 1002, als zusätzliche Angaben wurden hier der Name »John Wolf« und »Augsburg« angegeben. Das Heimatverzeichnis lautet */home/john*, und das Startprogramm (die Shell) ist die Bash (Bourne-Again-Shell).

8.1.1 Die Datei /etc/passwd auswerten

Die einzelnen Felder der Datei */etc/passwd* sind in der Struktur `struct passwd` enthalten, die in der Headerdatei *<pwd. h.>* definiert ist.

Strukturvariable	Bedeutung
`char *pw_name`	Benutzername
`char *pw_passwd`	Verschlüsseltes Passwort (nicht POSIX.1)
`uid_t pw_uid`	Benutzernummer UID
`gid_t pw_gid`	Gruppennummer GID
`char *pw_gecos`	Kommentarfeld (nicht POSIX.1)
`char *pw_dir`	Startverzeichnis nach dem Login
`char *pw_shell`	Loginshell

Tabelle 8.1 Die Struktur »struct passwd« der Headerdatei »<pwd. h.>«

8.1.2 getpwuid und getpwnam – einzelne Abfrage von /etc/passwd

Mit den beiden Funktionen `getpwname()` und `getpwuid()` können Sie einen Eintrag der Passwortdatei */etc/passwd* erfragen. Beide Funktionen sind POSIX.1-konform. Dies ist die Syntax:

2 Auch wenn es nur ein symbolischer Link ist und die ausführbare Datei dieselbe – ihr Verhalten ist es nicht. Wenn die Bash als »sh« aufgerufen wird, schaltet sie in einen Emulationsmodus.

```
#include <pwd. h.>
#include <sys/types.h>

struct passwd *getpwnam(const char * name);
struct passwd *getpwuid(uid_t uid);
```

Die Funktion `getpwnam()` gibt bei Erfolg einen Zeiger auf eine Struktur `passwd` zurück, die den Inhalt einer Zeile in */etc/passwd* mit dem Benutzernamen `name` enthält (erstes Feld in */etc/passwd*).

Die Funktion `getpwuid()` hingegen gibt einen Zeiger auf eine Struktur zurück, die eine Zeile in */etc/passwd* enthält, die der User-ID `uid` entspricht.

Beide Funktionen geben bei einem Fehler `NULL` zurück, wenn kein passender Eintrag in */etc/passwd* gefunden wurde oder wenn ein anderer Fehler aufgetreten ist. Konnte nicht ausreichend Speicher für eine `passwd`-Struktur alloziert werden, wird `errno` auf `ENOMEM` gesetzt.

Im Folgenden sehen Sie die Funktion `getpwnam()` bei der Ausführung. Wollen Sie `getpwuid()` verwenden, müssen Sie nur den entsprechenden Codeabschnitt auskommentieren und die Kommentare um `getpwuid()` entfernen.

```
/* pasname.c */
#include <stdio.h>
#include <stdlib.h>
#include <sys/types.h>
#include <pwd. h.>
#include <string.h>

int main(int argc, char *argv[]) {
   struct passwd *pas_ptr;

   if( argc != 2 ) {
      fprintf(stderr, "Usage: %s Name\n", argv[0]);
      exit (EXIT_FAILURE);

   }

  /* Alternativ mit getpwuid() :                    */
  /* pas_ptr=getpwuid( strtoul(argv[1], NULL, 10) );   */

   pas_ptr=getpwnam(argv[1]);
   if(pas_ptr == NULL) {
      printf("Konnte nichts über %s ermitteln\n", argv[1]);
      exit (EXIT_FAILURE);
   }
```

```
   printf("Folgende Angaben wurden ermittelt: \n");
   printf("Benutzername      : %s\n", pas_ptr->pw_name);
   printf("Benutzernummer    : %d\n", pas_ptr->pw_uid);
   printf("Gruppennummer     : %d\n", pas_ptr->pw_gid);
   printf("Kommentar         : %s\n", pas_ptr->pw_gecos);
   printf("Loginverzeichnis : %s\n", pas_ptr->pw_dir);
   printf("Loginshell        : %s\n", pas_ptr->pw_shell);

   return EXIT_SUCCESS;
}
```


Das Programm bei der Ausführung:

```
you@host > gcc -Wall -o pasname pasname.c
you@host > ./pasname john
Folgende Angaben wurden zu john ermitteln:
Benutzername      : john
Benutzernummer    : 1002
Gruppennummer     : 1002
Kommentar         : John Wolf,Augsburg,,
Loginverzeichnis : /home/john
Loginshell        : /bin/bash
you@host > ./pasname tot
Folgende Angaben wurden zu tot ermittelt:
Benutzername      : tot
Benutzernummer    : 1000
Gruppennummer     : 1000
Kommentar         : J.Wolf,,,
Loginverzeichnis : /home/tot
Loginshell        : /bin/bash
```

Hinweis

Unter BSD-UNIX wird bei den Funktionen getpwnam() und getpwuid() das verschlüsselte Passwort automatisch aus */etc/shadow* gelesen und in die Strukturvariable pw_passwd geschrieben, wenn das Programm vom Superuser (UID=0) gestartet wurde.

8.1.3 getpwent, setpwent und endpwent – komplette Abfrage von /etc/passwd

Wollen Sie alle Daten in */etc/passwd* erfragen, stehen Ihnen die drei Funktionen getpwent(), setpwent() und endpwent() zur Verfügung:

```
#include <pwd. h.>
#include <sys/types.h>

struct passwd *getpwent(void);
void setpwent(void);
void endpwent(void);
```

Die Funktion getpwent() liefert einen Zeiger auf die Struktur passwd zurück, die den Inhalt einer Zeile in */etc/passwd* beinhaltet. Beim ersten Aufruf von getpwent() wird immer der erste Eintrag zurückgegeben. Jeder weitere Aufruf liefert dann den nächsten Eintrag (die nächste Zeile) in */etc/passwd* zurück. Beachten Sie bitte außerdem, dass nach jedem erneuten Aufruf von getpwent() der alte Inhalt in der Struktur passwd mit dem neuen überschrieben wird. Tritt ein Fehler auf oder sind alle Einträge gelesen worden, gibt getpwent() NULL zurück. Konnte kein Speicher für die Struktur passwd alloziert werden, wird errno auf ENOMEM gesetzt.

Die Funktion setpwent() öffnet die Datei */etc/passwd*, wenn diese nicht bereits geöffnet wurde, und setzt den Dateizeiger auf den Anfang der Passwortdatei. setpwent() muss nicht unbedingt vor einem getpwent()-Aufruf verwendet werden.

Wenn Sie mit getpwent() fertig sind, können Sie mit endpwent() die Datei */etc/passwd* wieder ordentlich schließen. Dies garantiert Ihnen bei einem erneuten Aufruf von getpwent(), dass */etc/passwd* wieder neu geöffnet wird und sich der Dateizeiger am Anfang dieser Passwortdatei befindet.

Hierzu sind die Funktion getpwent() und endpwent() im Einsatz. Im Beispiel wird die Funktion getpwnam() nachgebildet:

```
/* pasname2.c */
#include <stdio.h>
#include <stdlib.h>
#include <sys/types.h>
#include <pwd. h.>
#include <string.h>

struct passwd *getpasswd(const char *loginname) {
   struct passwd *pas_ptr;

   while( pas_ptr=getpwent() ) {
      if( strcmp(pas_ptr->pw_name, loginname) == 0) {
         endpwent();
         return pas_ptr;
      }
   }
```

```
   endpwent();
   return NULL;
}

int main(int argc, char *argv[]) {
   struct passwd *pas_ptr;

   if( argc != 2 ) {
      fprintf(stderr, "Usage: %s Name\n", argv[0]);
      exit (EXIT_FAILURE);
   }

   pas_ptr=getpasswd(argv[1]);
   if(pas_ptr == NULL) {
      printf("Konnte nichts über %s ermitteln\n", argv[1]);
      exit (EXIT_FAILURE);
   }

   printf("Folgendes wurde zu %s ermittelt: \n", argv[1]);
   printf("Benutzername     : %s\n", pas_ptr->pw_name);
   printf("Benutzernummer   : %d\n", pas_ptr->pw_uid);
   printf("Gruppennummer    : %d\n", pas_ptr->pw_gid);
   printf("Kommentar        : %s\n", pas_ptr->pw_gecos);
   printf("Loginverzeichnis : %s\n", pas_ptr->pw_dir);
   printf("Loginshell       : %s\n", pas_ptr->pw_shell);

   return EXIT_SUCCESS;
}
```

Die Ausführung des Programms entspricht exakt der von *pasname.c*, das im Beispiel zuvor demonstriert wurde.

8.2 Die Datei /etc/shadow

Wie bereits erwähnt, speicherten ältere Linux/UNIX-Versionen die Passwörter noch direkt in der Datei */etc/passwd* im zweiten Feld. Hatte ein Anwender Zugriff auf diese Datei, konnte er einen sogenannten Wörterbuchangriff durchführen (auch *Brute-Force-Angriff* genannt), um dieses Passwort zu entschlüsseln. Hierzu wurde das Kommando `crypt` zum Entschlüsseln verwendet. Bestand das Passwort einfach nur aus Buchstaben, war es möglich, das Passwort zu knacken. Hierauf soll aber nicht näher eingegangen werden.

Fakt ist, dass eben eine Angriffsfläche vorhanden war, die mit der Passwortdatei */etc/shadow* beseitigt wurde. Da der Eigentümer und die Gruppe dieser Datei *root* ist, ist sie auch nicht mehr zum Lesen zu öffnen. Der Eintrag in die Datei erfolgt nach demselben Schema wie schon in der Datei */etc/passwd*. Ein Eintrag steht jeweils in einer Zeile, und die einzelnen Felder wiederum werden durch einen Doppelpunkt getrennt. Die Syntax sieht so aus:

```
Name:Pass:DOC:MinTag:MaxTag:Warn:DeaktivIn:DeaktivSeit:Frei
```

- `Name` – Der Benutzername, der im ersten Feld steht, verknüpft diesen Eintrag mit einem gleichnamigen Eintrag in der Datei */etc/passwd*. Somit sollten für alle Einträge in der Datei */etc/passwd* auch Einträge in der Datei */etc/shadow* existieren.
- `Pass` – Hier steht das verschlüsselte Passwort des Benutzers. Befindet sich hier ein * oder `!`, bedeutet dies, dass kein Passwort eingetragen ist – was aus Gründen der Datensicherheit vermieden werden sollte.
- `DOC` (*Day of last change*) – Hier steht der Tag, gerechnet seit dem 1.1.1970, an dem das Passwort das letzte Mal verändert wurde. Dieser Tag (eine Integer-Zahl) wird zur Überprüfung der Lebensdauer von Passwörtern verwendet.
- `MinTag` – Der frühestmögliche Zeitpunkt (in Tagen), wann der Benutzer sein Passwort ändern darf.
- `MaxTag` – Der Termin (in Tagen), wann der Benutzer sein Passwort spätestens ändern muss.
- `Warn` – Hier wird eingetragen, wie viele Tage vor Ablauf des Passwortes (siehe `MaxTag`) der Benutzer eine Warnung bei der Anmeldung angezeigt bekommt.
- `Deaktiv` – Hier wird eingetragen, wie viele Tag das Passwort nach Ablauf von `MaxTag` noch gültig ist. Danach kann sich der Benutzer nicht mehr anmelden.
- `DeaktivSeit` – Hier findet man die Anzahl von Tagen, seit ein Passwort gesperrt wurde (deaktiv ist).
- `Frei` – Ein freies Feld für eventuell spätere Erweiterungen. Es hat jetzt noch keine Bedeutung.

Hier sehen Sie ein einfaches Beispiel aus einer */etc/shadow*-Datei:

```
john:$1$oLLnoOfp$MQch.ycZRIzUZOJYnaXRB/:12952:0:99999:7:::
```

Der Benutzer heißt hier »john«, das verschlüsselte Passwort lautet »1oLLnoOfp$MQch.ycZRIzUZOJYnaXRB/«, das Passwort wurde am 12.952. Tag nach 1.1.1970 zum letzten Mal verändert und kann frühestens in 0 Tagen (also heute) und muss spätestens in 99.999 Tagen (ca. 274 Jahren) geändert werden – in dem Fall also immer. 14 Tage (sofern Sie diesen Tag überleben) vor Ablauf des Passwortes soll eine Warnung ausgegeben werden. Die anderen Werte wurden vom Administrator nicht definiert und sind leer.

Hinweis

Viele Einstellungen zur Ablaufdauer von Passwörtern und Vorwarnzeiten sind in denjenigen Tools implementiert, die zur Verfügung standen, und das waren Tools für die reine Terminalanwendung. Als später grafische Benutzeroberflächen allgemein üblich wurden, hielten die Autoren zahlreiche einstellbare Details für »zunächst« entbehrlich, und die Funktionalität wurde zum Teil nie implementiert. Es kann daher – je nach grafischer Benutzeroberfläche – sein, dass ein Benutzer zum Beispiel praktisch keine Vorwarnung mehr erhält, bevor sein Passwort ungültig wird, es sei denn, das ist distributorseitig speziell so eingerichtet oder der Benutzer aktiviert hin und wieder eine Terminal-Shell. Also sollte man in der Realität vorsichtig mit diesen Einstellungen sein.

8.2.1 Die Datei /etc/shadow auswerten

Die einzelnen Felder der Datei */etc/shadow* sind in der Struktur `struct spwd` enthalten und in der Headerdatei *<shadow.h>* definiert.

Strukturvariable	Bedeutung
`char *sp_namp`	Benutzername (Loginname)
`char *sp_pwdp`	Verschlüsseltes Passwort
`long int sp_lstchg`	Datum der letzten Änderung (seit dem 1.1.1970)
`long int sp_min`	Nächste Änderung frühestens möglich in `sp_min` Tagen
`long int sp_max`	Spätestens in `sp_max` Tagen muss das Passwort geändert werden.
`long int sp_warn`	Anzahl Tage, die der Benutzer gewarnt werden soll, bevor das Passwort abläuft.
`long int sp_inact`	Wenn diese Anzahl Tage nach `sp_max` vergangen sind, wird der Account deaktiviert.
`long int sp_expire`	Anzahl Tage nach dem 1.1.1970, seit der Account deaktiviert bzw. gesperrt wurde
`unsigned long int sp_flag`	Wird noch nicht verwendet.

Tabelle 8.2 Die Struktur »spwd« in der Headerdatei »<shadow.h>«

8.2.2 getspent, setspent und endspent – komplette Abfrage von /etc/shadow

Wie auch schon bei der Datei */etc/passwd* stehen Ihnen bei der Datei */etc/shadow* entsprechende Funktionen zur Verfügung, mit denen Sie alle Daten in */etc/shadow* erfragen können:

```
#include <shadow.h>

struct spwd *getspent(void);
void setspent(void);
void endspent(void);
```

Die Funktion `getspent()` liefert einen Zeiger auf die Struktur `spwd` zurück, die den Inhalt einer Zeile in */etc/shadow* beinhaltet. Auch hier wird beim ersten Aufruf immer der erste Eintrag der Datei */etc/shadow* zurückgeliefert. Jeder weitere Aufruf von `getspent()` holt sich immer die nächste Zeile der Datei */etc/shadow*. Nach jedem Aufruf von `getspent()` wird der alte Inhalt in der Struktur von Neuem überschrieben. Der Rückgabewert ist bei einem Fehler oder dem Ende der Datei */etc/shadow* `NULL`.

Wollen Sie sichergehen, dass `getspent()` wirklich am Anfang der Datei */etc/shadow* beginnt, müssen Sie die Funktion `setspent()` aufrufen. Hiermit wird der Lesezeiger auf den Anfang der Datei */etc/shadow* gesetzt.

Wenn Sie mit `getspent()` fertig sind, können Sie mit `endspent()` die Datei */etc/shadow* wieder schließen. Dies garantiert Ihnen bei einem erneuten Aufruf von `getspent()`, dass */etc/shadow* wieder neu geöffnet wird und sich der Dateizeiger am Anfang dieser Datei befindet.

Hierzu zeigen wir ein einfaches Beispiel von `getspent()` und `endspent()`. Sie geben über die Kommandozeile einen entsprechenden Benutzer ein, dessen Passwortinformationen Sie aus der */etc/shadow*-Datei ermitteln können. Da */etc/shadow* eine Datei ist, die nur vom Benutzer und der Gruppe *root* gelesen werden kann, benötigen Sie für dieses Programm auch die entsprechenden Superuser-Rechte.

```
/* read_shadow.c */
/* Programm benötigt Superuser-Rechte  */

#include <stdio.h>
#include <stdlib.h>
#include <sys/types.h>
#include <shadow.h>
#include <string.h>
#include <time.h>

struct spwd *getshadow(const char *loginname) {
   struct spwd *shadow_ptr;
```

```
   while( shadow_ptr=getspent() ) {
      if( strcmp(shadow_ptr->sp_namp, loginname) == 0) {
         endspent();
         return shadow_ptr;
      }
   }
   endspent();
   return NULL;
}

int main(int argc, char *argv[]) {
   struct spwd *shadow_ptr;

   if( argc != 2 ) {
      fprintf(stderr, "Usage: %s Name\n", argv[0]);
      exit (EXIT_FAILURE);
   }

   shadow_ptr=getshadow(argv[1]);
   if(shadow_ptr == NULL) {
      printf("Konnte nichts über %s ermitteln\n", argv[1]);
      exit (EXIT_FAILURE);
   }

   printf("Folgendes wurde zu %s ermittelt: \n", argv[1]);
   printf("Benutzername                : %s\n",
      shadow_ptr->sp_namp);
   printf("Passwort (verschlüsselt)    : %s\n",
      shadow_ptr->sp_pwdp);
   printf("Tag der letzten Änderung    : %li Tage\n",
      shadow_ptr->sp_lstchg);
   printf("Nächste Änderung möglich    : %li Tage\n",
      shadow_ptr->sp_min);
   printf("Nächste Änderung fällig     : %li Tage\n",
      shadow_ptr->sp_max);
   printf("Warnung, wenn Passwort fällig %li Tage zuvor!\n",
      shadow_ptr->sp_warn);
   printf("Konto nach %li Tagen vor Ablauf der Frist sperren!\n",
      shadow_ptr->sp_inact);

   return EXIT_SUCCESS;
}
```

Das Programm bei der Ausführung:

```
you@host > sudo ./read_shadow tot
Passwort:*******
Folgendes wurde zu tot ermittelt:
Benutzername               : tot
Passwort (verschlüsselt)   : 134520844
Tag der letzten Änderung   : 12928 Tage
Nächste Änderung möglich   : 0 Tage
Nächste Änderung fällig    : 99999 Tage
Warnung, wenn Passwort fällig 7 Tage zuvor!
Konto nach -1 Tagen vor Ablauf der Frist sperren!
```

Eine Ausgabe von `-1` wie in der letzten Zeile zeigt an, dass dieser Wert nicht verwendet wird.

Natürlich gibt es auch eine entsprechende Funktion wie `getpwnam()` bei */etc/passwd* für */etc/shadow* mit `getspnam()`. Die Syntax sieht so aus:

```
#include <shadow.h>

struct spwd *getspnam(const char *name);
```

Die Funktion `getspnam()` gibt ebenfalls einen Zeiger auf eine Struktur `spwd` zurück, die den Inhalt einer Zeile in */etc/shadow* mit dem Benutzernamen `name` enthält. Ansonsten – bei einem Fehler oder wenn der Name nicht gefunden werden konnte – gibt diese Funktion `NULL` zurück. Hier sehen Sie das Beispiel zu `getspnam()`:

```
/* read_shadow2.c */
/* Programm benötigt Superuser-Rechte  */

#include <stdio.h>
#include <stdlib.h>
#include <sys/types.h>
#include <shadow.h>
#include <string.h>
#include <time.h>

int main(int argc, char *argv[]) {
   struct spwd *shadow_ptr;
   if( argc != 2 ) {
      fprintf(stderr, "Usage: %s Name\n", argv[0]);
      exit (EXIT_FAILURE);
   }

   shadow_ptr=getspnam(argv[1]);
```

```
    if(shadow_ptr == NULL) {
       printf("Konnte nichts über %s ermitteln\n", argv[1]);
       exit (EXIT_FAILURE);
    }

    printf("Folgendes wurde zu %s ermittelt: \n", argv[1]);

    printf("Benutzername                : %s\n",
       shadow_ptr->sp_namp);
    printf("Passwort (verschlüsselt)    : %s\n",
       shadow_ptr->sp_pwdp);
    printf("Tag der letzten Änderung    : %li Tage\n",
       shadow_ptr->sp_lstchg);
    printf("Nächste Änderung möglich    : %li Tage\n",
       shadow_ptr->sp_min);
    printf("Nächste Änderung fällig     : %li Tage\n",
       shadow_ptr->sp_max);
    printf("Warnung, wenn Passwort fällig %li Tage zuvor!\n",
       shadow_ptr->sp_warn);
    printf("Konto nach %li Tagen vor Ablauf der Frist sperren!\n",
       shadow_ptr->sp_inact);

    return EXIT_SUCCESS;
}
```

Bei der Ausführung entspricht dieses Programm exakt dem Programm *read_shadow.c*. Natürlich benötigen Sie auch hierzu wieder die Superuser-Rechte, um die Datei */etc/shadow* lesen zu können.

Hinweis

Neben den hier vorgestellten Funktionen bietet die *<shadow.h >*-API noch einige Funktionen mehr an. Ein Aufruf von z. B. `man getspent` bringt die weiteren Routinen zum Vorschein.

8.3 Die Datei /etc/group

In der Datei */etc/group* werden die Gruppennummern und Gruppennamen einander zugeordnet. In der Datei */etc/passwd* wird mit der GID ja praktisch schon eine Standardgruppe für den Benutzer festgelegt. Mit */etc/group* können weitere Gruppenzugehörigkeiten eines Benutzers definiert werden. Ein Eintrag in der Datei */etc/group* sieht wie folgt aus:

```
Gruppenname:Passwort:Gruppennummer:Mitglied1,...
```

- `Gruppenname` – der Name der Gruppe
- `Passwort` – Bei älteren Systemen steht hier ein verschlüsseltes Passwort. Befindet sich hier ein `x`, dann bedeutet dies, dass das Passwort (verschlüsselt) in */etc/gshadow* abgelegt ist. Die Datei */etc/gshadow* ist das Gruppengegenstück von dem, was bei */etc/shadow* für die Benutzer gilt. Natürlich kann auch hier ein Passwort entfallen – dann finden Sie hier ein * oder `!`. Etwas Besonderes gibt es aber doch: Wenn ein Passwort eingerichtet ist, können auch Nichtmitglieder dieser Gruppe Zugang zu den Daten der Gruppe erhalten, falls sie das Passwort kennen. Richten Sie hingegen kein Passwort ein, so können nur Benutzer auf Daten einer Gruppe zugreifen, wenn sie auch wirklich in der Gruppe eingetragen sind.
- `Gruppennummer (GID)` – die Gruppennummer der Gruppe
- `Mitglieder` – Hier werden die Mitglieder der Gruppe eingetragen. Mehrere Mitglieder werden durch ein einfaches Komma getrennt.

In der Praxis reichen der Gruppenname und die Gruppennummer für einen Eintrag in */etc/group* aus. Soll aber ein Benutzer in mehr als einer Gruppe (abgesehen von der Standardgruppe) Mitglied sein, muss er in die entsprechende Gruppe eingetragen werden. Ebenfalls sollten Sie einen Eintrag in */etc/group* vornehmen, wenn Sie wollen, dass mehrere Mitglieder in einer Gruppe zusammengehören sollen. Solange Sie also nur wollen, dass ein Benutzer in seiner Standardgruppe bleibt, ist kein Eintrag in */etc/group* notwendig (weil er ja in */etc/passwd* vorhanden ist). Dieser Eintrag ist erst nötig, wenn ein Benutzer in weiteren Gruppen Mitglied sein soll. Hier sehen Sie ein Beispiel für einen solchen Eintrag:

```
cdrom:x:24:tot,kj,john,jack
```

Hier haben wir eine Gruppe mit dem Namen »CDROM« (wir denken, die Bedeutung spricht für sich) mit der GID 24. Zugriff auf das CD-ROM-Laufwerk hat gewöhnlich nur root. Das `x` zeigt an, dass ein Passwort in */etc/gshadow* abgelegt ist. Im Beispiel befindet sich in */etc/gshadow* ein *, womit für diese Gruppe also kein Passwort nötig ist. Allerdings bedeutet dies auch, dass nur Mitglieder dieser Gruppe Zugang zu ihr haben. Die Mitglieder dieser Gruppe heißen »tot«, »kj«, »john« und »jack«.

Hinweis

Die Gruppendatei */etc/group* wird in POSIX.1 als Gruppendatenbank (*Group Database*) bezeichnet.

8.3.1 Die Datei /etc/group auswerten

Die einzelnen Felder der Datei */etc/group* sind in der Struktur `struct group` enthalten und in der Headerdatei *<grp.h>* definiert.

Strukturvariable	Bedeutung
char *gr_name	Gruppenname
char *gr_passwd	Verschlüsseltes Passwort (nicht POSIX.1)
gid_t gr_gid	Gruppennummer (GID)
char **gr_mem	Liste von Mitgliedern der Gruppe

Tabelle 8.3 Die Struktur »group« in der Headerdatei »<grp.h>«

8.3.2 getgrnam und getgrgid – einzelne Einträge aus /etc/group abfragen

Mit den beiden Funktionen getgrnam() und getgruid() können Sie einen Eintrag der Datei */etc/group* abfragen. Die Syntax lautet:

```
#include <grp.h>
#include <sys/types.h>

struct group *getgrnam(const char *name);
struct group *getgrgid(gid_t gid);
```

Die Funktion getgrnam() liefert einen Zeiger auf eine Struktur group zurück, die die Gruppeninformation zur Gruppe name enthält. Diese Information wird natürlich aus der Datei */etc/group* gelesen.

Die Funktion getgrgid() liefert ebenfalls einen Zeiger auf eine Struktur group zurück, die die Gruppeninformation zur Gruppe mit der Gruppennummer gid enthält. Auch diese Information wird aus der Datei */etc/group* gelesen.

Beide Funktionen geben bei einem Fehler oder wenn kein passender Eintrag in */etc/group* gefunden wurde NULL zurück. Konnte kein Speicher für die Struktur group reserviert werden, wird errno auf ENOMEM gesetzt.

Natürlich gilt auch hier, dass nach einem erneuten Funktionsaufruf der alte Inhalt der Struktur überschrieben wird.

Hierzu soll als Beispiel die Funktion getgrnam() verwendet werden, die alle Informationen zu einem bestimmten Gruppennamen (zweites Argument) zurückliefert:

```
/* groupname.c */
#include <stdio.h>
#include <stdlib.h>
#include <sys/types.h>
#include <grp.h>
#include <string.h>
```

```
int main(int argc, char *argv[]) {
   struct group *group_ptr;
   int i=0;

   if( argc != 2 ) {
      fprintf(stderr, "Usage: %s Name\n", argv[0]);
      exit (EXIT_FAILURE);
   }

   group_ptr=getgrnam(argv[1]);
   if(group_ptr == NULL) {
      printf("Konnte nichts über %s ermitteln\n", argv[1]);
      exit (EXIT_FAILURE);
   }

   printf("Folgendes wurde zu %s ermittelt: \n", argv[1]);
   printf("Gruppenname                : %s\n",
      group_ptr->gr_name);
   printf("Passwort (verschlüsselt) : %s\n",
      group_ptr->gr_passwd);
   printf("Gruppennummer              : %d\n",
      group_ptr->gr_gid);
   printf("Mitglieder dieser Gruppe : \n");
   while( group_ptr->gr_mem[i] != NULL )
      printf("\tName        : %s\n", group_ptr->gr_mem[i++]);

   return EXIT_SUCCESS;
}
```

Das Programm bei der Ausführung:

```
you@host > ./groupname cdrom
Folgende Angaben wurden zu cdrom ermittelt:
Gruppenname              : cdrom
Passwort (verschlüsselt) : x
Gruppennummer            : 24
Mitglieder dieser Gruppe :
        Name        : tot
        Name        : hal
you@host > ./groupname dialout
Folgende Angaben wurden zu dialout ermittelt:
Gruppenname              : dialout
```

```
Passwort (verschlüsselt)  : x
Gruppennummer             : 20
Mitglieder dieser Gruppe :
        Name       : tot
        Name       : cupsys
```

8.3.3 getgrent, setgrent und endgrent – alle Einträge in /etc/group abfragen

Natürlich gibt es auch hier, wie schon bei den Dateien */etc/passwd* und */etc/shadow*, eine Funktion, um alle Einträge nacheinander aus der Gruppendatei */etc/group* zu erfragen:


```
#include <grp.h>
#include <sys/types.h>

struct group *getgrent(void);
void setgrent(void);
void endgrent(void);
```

Alle diese Funktionen machen schon dasselbe wie ihre Gegenstücke für die */etc/passwd*- und */etc/shadow*-Datei, nur dass sich diese eben auf die Datei */etc/group* beziehen.

Die Funktion `getgrent()` liefert einen Zeiger auf eine Struktur `group` zurück, die die Gruppeninformationen aus */etc/group* enthält. Beim ersten Aufruf wird der erste Eintrag der Datei */etc/group* zurückgegeben. Bei jedem weiteren Aufruf erfolgt der jeweils nächste Eintrag. Mit `setgrent()` können Sie den Dateizeiger auf den Anfang der Datei */etc/group* zurücksetzen. Mit der Funktion `endgrent()` schließen Sie die Datei */etc/group* wieder.

Ein Beispiel hierzu können wir uns sparen, da die Vorgehensweise immer dieselbe ist, die schon mehrmals demonstriert wurde – nur eben mit anderen Funktionen und Dateien.

8.4 uname – Informationen zum lokalen System erfragen

Mithilfe der POSIX.1-konformen Funktion `uname()` können Sie Informationen zum lokalen System abfragen. Die Syntax lautet:

```
#include <sys/utsname.h>

int uname(struct utsname *buf);
```

Diese Funktion gibt die Systeminformationen in `buf` zurück. Die Struktur `utsname` ist in der Headerdatei *<sys/utsname.h>* wie folgt definiert:

Strukturvariablen	Bedeutung
char sysname[]	Betriebssystemname
char nodename[ ]	Knotennamen in einem Netzwerk
char release[ ]	Aktueller Release-Name
char version[ ]	Aktueller Versionsname des Release
char machine[ ]	Name der Hardware, auf der das System läuft (zum Beispiel x86_64)
char domainname[ ] oder char domainname[ ]	Name der Domain vom Knotenpunkt im Netzwerk (nicht POSIX.1)

Tabelle 8.4 Die Struktur »utsname« in der Headerdatei »<sys/utsname.h>«

Es handelt sich bei den oben genannten Strukturvariablen um Arrays; die Größe der Arrays wird nicht von POSIX.1 vorgeschrieben und ist systemabhängig. Der einfachste Weg, eine Überschreibung zu vermeiden, ist die Verwendung von sizeof(), womit die maximale Länge des Arrays ermittelt wird.

Bei Erfolg wird 0 und im Fehlerfall -1 zurückgegeben. Ist im Falle eines Fehlers errno mit EFAULT gesetzt, ist buf nicht gültig. Hier sehen Sie die Funktion uname() im Einsatz:

```
/* utsname.c */
#include <stdio.h>
#include <stdlib.h>
#include <sys/types.h>
#include <sys/utsname.h>
#include <string.h>

int main(int argc, char *argv[]) {
   struct utsname uts_info;

   if( uname(&uts_info) < 0 ) {
      fprintf(stderr, "Fehler bei uname()\n");
      exit (EXIT_FAILURE);
   }

   printf("Folgende Angaben wurden ermittelt: \n");
   printf("Betriebssystem   : %s\n", uts_info.sysname);
   printf("Knotenname       : %s\n", uts_info.nodename);
```

```
   printf("Release          : %s\n", uts_info.release);
   printf("Version          : %s\n", uts_info.version);
   printf("Architektur      : %s\n", uts_info.machine);
#define __USE_GNU
   printf("Domainname       : %s\n", uts_info.__domainname);

   return EXIT_SUCCESS;
}
```

Das Programm bei der Ausführung:

```
$ ./utsname
Folgende Angaben wurden ermittelt:
Betriebssystem   : Linux
Knotenname       : desktop
Release          : 2.6.27-7-generic
Version          : #1 SMP Tue Jan 4 19:33:20 UTC 2009
Architektur      : i686
Domainname       : (none)
```

8.5 Das Verzeichnis /etc/skel und der Network Information Service (NIS)

Im engeren Zusammenhang mit den eben beschriebenen Dateien wollen wir an dieser Stelle noch etwas zu */etc/skel* und NIS (*Network Information Service*) sagen.

Zwar hat das Verzeichnis */etc/skel* nichts mit der Benutzerverwaltung zu tun, aber mit dieser Datei haben Sie die Möglichkeit, ein Template an Konfigurationsdateien festzulegen, die ein neuer Benutzer erhalten soll. Wenn Sie einen neuen Benutzer einrichten, können Sie durch das Kopieren des Verzeichnisses */etc/skel* dem Benutzer eine vorgefertigte Umgebung bereitstellen. Der Vorteil daran ist, dass Sie dieses Verzeichnis nur einmal anlegen müssen. Danach können Sie viele Benutzer schnell und einfach einrichten. Für gewöhnlich wird dieses Verzeichnis standardmäßig angelegt und kann den Bedürfnissen angepasst werden.

Bei einem größeren Linux- und UNIX-Netzwerk, in dem auf viele gemeinsame Ressourcen zurückgegriffen werden muss, muss man sicherstellen, dass die Benutzer- und Gruppenkennungen aller Rechner in diesem Netzwerk dieselben sind. Hierfür ist NIS (*Network Information Service*) verantwortlich. NIS ist praktisch ein Datenbanksystem, das den Zugriff auf */etc/passwd*, */etc/shadow*, */etc/group* und */etc/gshadow* in einem zusammengeschlossenen Netzwerk ermöglicht.

8.6 Dateien für Netzwerkinformationen

Zwar werden die entsprechenden Funktionen erst in Kapitel 14, »Netzwerkprogrammierung«, behandelt, doch wollen wir Ihnen hier schon einen Überblick über die Informationsdateien im Netzwerk (BSD-Netzwerk-Software) geben.

Die Art, Netzwerkdateien zu erfragen, ist dieselbe, die Sie von den Benutzer- und Gruppendateien her kennen.

- */etc/service* – Hier befinden sich Dienste, die von den Netzwerkservern angeboten werden. Die entsprechenden Informationen dieser Datei sind in der Struktur `servent` in der Headerdatei *<netdb.h>* definiert. Abfragen können Sie einen Eintrag dieser Datei mit den Funktionen `getservbyname()` und `getservbyport()`.
- */etc/networks* – Hier findet man Informationen über die Netzwerke. Die entsprechenden Informationen sind in der Struktur `netent` in der Headerdatei *<netdb.h>* definiert. Einträge in dieser Datei lassen sich mit `getnetbyname()` und `getnetbyaddr()` ermitteln.
- */etc/protocols* – Hier findet man Einträge zu den Netzwerkprotokollen. Diese Informationen sind in der Struktur `protoent` in der Headerdatei *<netdeb.h>* definiert. Die einzelnen Einträge lassen sich mit `getprotobyname()` und `getprotobynumber()` auslesen.
- */etc/hosts* – Hier sind Rechner eingetragen, für die keine Namensauflösung (DNS) existiert oder die man in verkürzter Form direkt ansprechen will. Die Informationen sind in der Struktur `hostent` in der Headerdatei *<netdb.h>* definiert und können mit den Funktionen `gethostbyname()` und `gethostbyaddr()` abgefragt werden.

8.7 Folgen für Entwickler

8.7.1 Statisches Linken

Wir wollen hier noch auf einen besonderen Umstand aufmerksam machen, der Sie als Entwickler betreffen kann, aber nicht unbedingt betreffen muss.

Wenn Sie statisch linken wollen, also aus Ihrem Code eine statische Binärdatei erzeugen wollen, die keine externen Bibliotheken benötigt, dann sollten Sie beachten, dass bei der Verwendung von Teilen der Benutzerverwaltung, die wir oben beschrieben haben, die Bibliothek *glibc* ein dynamisches Linking erzwingt. Bei der doch recht einfachen und gut standardisierten Struktur der Dateien ist es daher vielleicht ausnahmsweise angebracht, in dem Fall manuell vorzugehen.

8.7.2 Authentifizierung modernisiert

Inzwischen sind andere Authentifizierungstechniken *en vogue* als allein die Eingabe eines Passworts. Über *Pluggable Authentication Modules* (PAM) können auch andere Methoden, wie zum Beispiel Smartcards oder Livekamera-Aufnahmen, herangezogen werden. In diesem Fall verlieren die Einträge, die wir besprochen haben, teilweise ihre Bedeutung.

Im Moment sind viele Methoden, wenn man von *One Time Passwords* (OTP) absieht, aber noch weitgehend unstandardisiert.

Auch mit OpenSSH können Sie sich einloggen, ohne ein Passwort zu kennen, auch wenn eines gesetzt ist, und zwar mit `~/.ssh/authorized_keys`.

Die einzelnen Hersteller sind bei neuen Lösungen gefordert, passende Dokumentation und gegebenenfalls auch Code zur Verfügung zu stellen, damit aus dem offenen System Linux nicht ein geschlossenes wird.

Kapitel 9
Dämonen, Zombies und Prozesse

Eine der größeren Leistungen von UNIX war das Nebeneinander von vielen Prozessen, die als Gesamtheit das System ausmachen.

Da das Thema Prozesse recht wichtig und interessant ist, haben wir uns entschlossen, bei den Grundlagen anzufangen. Denn selbst in vielen Grundlagenbüchern wird dieses Thema häufig viel zu kurz abgehandelt. Und als Programmierer genügt es einfach nicht, nur zu wissen, wie und mit welcher Funktion man einen neuen Prozess erzeugen kann, sondern man muss auch wissen, was man da eigentlich erzeugt (und warum man es überhaupt erzeugt und wie man es hinterher auch wieder »loswird«). Mit diesem Wissen ausgerüstet (aber nicht vorausgesetzt), können Sie anschließend mit Threads fortfahren.

9.1 Was ist ein Prozess?

Vereinfacht ausgedrückt ist ein Prozess zunächst nichts anderes als ein Programm während seiner Ausführung. Diesem Programm steht die komplette Verwaltungseinheit des Betriebssystems zur Verfügung, so als wäre es das einzige Programm, das gerade laufen würde. In der Hardware läuft in der Tat auch nur ein Prozess pro CPU-Kern zu einem gewissen Zeitpunkt, auch wenn sich mehrere Prozesse die CPU teilen. Vereinfacht heißt dies, dass dem Programm die komplette Rechenleistung des Prozessors zur Verfügung steht. Natürlich ist diese alleinige Verfügbarkeit zeitlich begrenzt, denn sonst würde es sich ja nicht um ein Multitasking-Betriebssystem handeln.

Für gewöhnlich werden auf einem Betriebssystem mehrere Programme gleichzeitig ausgeführt. Auch dann, wenn Sie noch gar kein Programm gestartet haben, laufen viele Dienste – und je nach Einstellung laufen auch Programme im Hintergrund ab (Dämonprozesse). Egal ob Sie jetzt gleichzeitig Texte verfassen, E-Mails verschicken oder etwas aus dem Internet herunterladen, jede Anwendung bekommt eine gewisse Rechenzeit der CPU zur Verfügung gestellt. Bei Linux auf AMD/Intel-CPUs (x86) ist dies meist eine Hundertsel- bzw. Tausendstelsekunde (Granularität), bevor die CPU die Rechenzeit einem anderen Prozess widmet. Auf Rechnern mit mehreren CPU-Kernen, die heute ja Standard sind, kann es durchaus sein, dass ein Prozess praktisch nicht aussetzen muss, auch wenn er mit der Zeit vielleicht den Kern wechselt, auf dem er ausgeführt wird. Somit hat es den Anschein, als würden alle Prozesse gleichzeitig ausgeführt werden.

9.2 Prozesskomponente

Ein Prozess besteht aus einem Adressraum und den Kenndaten eines Prozesses, der intern eine Datenstruktur im Kernel darstellt, in der verschiedene Informationen über den Prozess aufgezeichnet werden.

Der Adressraum eines Prozesses wird dabei in Benutzerdaten und Systemdaten aufgeteilt (auch *User-* und *Kernelspace* genannt). Zu den Systemdaten gehören prozessspezifische Daten und der Systemstack. Der Adressraum von Benutzerdaten wird in die folgenden Segmente aufgeteilt (nicht nur unter Linux):

- *Textsegment* (`.text`) – Darin befindet sich der ausführbare Programmcode, der auch von mehreren Programmen gleichzeitig verwendet werden kann (*Shared Libraries*). Außerdem ist das Textsegment schreibgeschützt; denn könnte man den Code dynamisch ändern, würde dies auch andere Prozesse betreffen, die sich das Textsegment teilen.
- *Datensegment* – Darin befinden sich die Benutzerdaten eines Prozesses. Das Datensegment wird außerdem nochmals in einen initialisierten Bereich (und dieser wiederum in einen schreibgeschützten (`.rodata`) bzw. einen nicht schreibgeschützten (`.data`)) sowie in einen nicht initialisierten Bereich (`.bss`) aufgeteilt. Das Datensegment beinhaltet außerdem den Heap. Auf manchen Prozessoren sind Datensegmente vor der Ausführung als Code geschützt, so auf den 64-Bit-Varianten des x86.
- *Stacksegment* (/) – In diesem Bereich befinden sich alle lokalen Variablen einer Funktion, wenn diese aufgerufen wird, auch *Kontext* genannt.
- *Shared-Memory-Segment(e)* – Dieser Bereich kann bei Bedarf hinzukommen und kann als Speicherbereich verwendet werden, den sich mehrere Prozesse teilen, die gemeinsam auf ihn zugreifen können.

Zu den Kenndaten eines Prozesses gehören Dinge wie:

- Prozessnummer des Prozesses (`PID`) und des Elternprozesses (`PPID`)
- Gruppen- und Benutzernummer (`GID`, `UID`) des »Prozesseigentümers«
- effektiver Benutzer und Gruppe (`EGID`, `EUID`)
- *Filesystem effective user and group* (kernel-intern) (`FSUID`, `FSGID`), z. B. bei NFS, wo UID-Mappings entstehen können
- Prozesspriorität (`PRI`)
- gewünschte Priorität (`NICE`)
- physikalische Adresse im Speicher oder Blockadresse im Auslagerungsbereich
- Zustand des Prozesses
- Ort, von wo aus der Prozess gestartet wurde (Kontrollterminal ...) (`(C)TTY`)
- verbrauchte Rechenzeit des Prozesses (`TIME`)
- Kommando, mit dem der Prozess gestartet wurde (`CMD`)

9.2.1 Prozessnummer (PID)

Jeder Prozess besitzt eine systemweit eindeutige fortlaufende Prozessnummer (*Process Identification (Number)*, PID). Das Betriebssystem stellt dabei sicher, dass systemweit keine Nummer zweimal vorkommt, allerdings können sich mehrere Prozesse eine PID teilen (siehe `clone(2)`), und PIDs werden irgendwann recycelt, wenn sie nicht mehr belegt sind.

Stehen bei der Vergabe von fortlaufenden Prozessnummern keine Nummern mehr zur Verfügung, wird wieder bei 2 angefangen – die 1 ist traditionell für den »ersten« aller Benutzerprozesse reserviert, nämlich `init`, auch wenn auf dem System vielleicht gar kein `init` läuft, sondern zum Beispiel `systemd`. Vergebene Prozessnummern werden übersprungen. Standardmäßig hat der Kernel Platz für 32.768 verschiedene Prozesse, aber auf großen Systemen kann man auch größere Prozesstabellen mit bis zu 262.144 erlaubten Einträgen finden. Wenn Sie diese Obergrenze ändern wollen, können Sie das zum Beispiel so machen:


```
# sysctl kernel.pid_max=65536
```

9.2.2 Prozessnummer des Vaterprozesses (PPID)

Die Prozessnummer des übergeordneten Prozesses (*Parent Process Identification (Number)*, PPID) gibt an, von welchem Prozess der aktuelle Prozess (PID) gestartet wurde. Man spricht dabei auch vom *Elternprozess*.

9.2.3 Benutzer- und Gruppennummer eines Prozesses (UID, EUID, GID, EGID)

Bei einem Prozess gibt es drei Arten von Benutzer- und Gruppennummern:

- die effektive Benutzer- und Gruppennummer (EUID, EGID)
- die reale Benutzer- und Gruppennummer (UID, GID)
- die Filesysteme `UID/GID`, die bei NFS-Mapping auftreten. Sie sind meist kernel-intern (`FSUID`, `FSGID`, siehe `setfsuid()`).

Die effektive Benutzer- bzw. Gruppennummer wird bei der Überprüfung von Zugriffsrechten auf Dateien verwendet. Die reale Benutzer- bzw. Gruppennummer hingegen ist die Nummer, die der aufrufende Benutzer eines Prozesses besitzt.

Ist bei einem aufrufenden Programm das Ausführungsrecht auf `x` (`rw`**`x`**) eingestellt. So wird beim Start des Programms (Prozesses) die effektive und reale Benutzer- und Gruppennummer auf die jeweilige Nummer des Aufrufers gesetzt. Steht aber an der Stelle des Ausführungsrechtes anstatt `x` ein `s` (für *set user ID*, SUID), dann wird die Benutzernummer des Dateieigentümers als effektive Benutzernummer verwendet, während die reale Benutzernummer die des Aufrufers bleibt. Damit können bestimmte Funktionen auf Dateien ausgeführt werden, die sonst nur dem Programmbesitzer gestattet sind, während der aufrufende Benutzer eigentlich keine Rechte darauf hat. Damit wird veranlasst, vom Programm kontrollierte Veränderungen von geschützten Dateien vorzunehmen. Setzt man mit dem s-Attribut des Benutzers auch noch das s-Attribut für die Gruppe, so wird die Gruppennummer der Programmdatei als effektive Gruppennummer bei der Programmausführung gesetzt. Dies gilt natürlich auch, wenn das Benutzerattribut s (SUID) nicht gesetzt ist, sondern nur das Gruppenattribut s (SGID).

Man benötigt also die realen und effektiven Nummern, um die Identität und Berechtigung eines Prozesses zu unterscheiden.

Hinweis

Ein Prozess, der SUID root gestartet wird, läuft mit den Rechten des Superusers. Bei manchen Prozessen, die zum Beispiel für das Einloggen zuständig sind, geht es nicht anders, aber ansonsten ist dieses Verfahren ein latentes Sicherheitsrisiko. Wenn Sie nicht anders können, würden wir Ihnen aus diesem Grunde ans Herz legen, sich gelegentlich mit *Capabilities* (POSIX.1e, `man capabilities`), das sind quasi fein aufgeteilte Root-Rechte, oder mit *Security Enhanced Linux* (SELinux) zu beschäftigen. Leider unterscheiden sich die Linux-Distributionen in diesen Punkten stark.

9.2.4 Prozessstatus

Ein Prozess kann sich in den folgenden Zuständen befinden:

Status	Bedeutung
läuft gerade (*running*)	Der Prozess wird gerade ausgeführt.
lauffähig (*runnable*)	Der Prozess kann ausgeführt werden.
schlafend (*sleeping*)	Der Prozess wartet darauf, dass er ein Stück Rechenzeit bekommt.
angehalten (*stopped*) bzw. *traced*	Der Prozess wurde unterbrochen/angehalten.
Zombie	Ein Prozess, der beendet, aber noch nicht aus der Tabelle entfernt wurde

Tabelle 9.1 Mögliche Zustände eines Prozesses

Ist ein Prozess lauffähig, heißt das noch lange nicht, dass er automatisch CPU-Zeit bekommt. Er wird erst dann ausgeführt, wenn ihm CPU-Zeit gewährt wird.

Bekommt ein Prozess Rechenzeit zur Verfügung gestellt, blockiert jedoch ein Systemcall (beispielsweise »Pipe voll« beim `write()`), wird der Prozess erst mal »schlafen gelegt«. Das heißt, er bekommt keine Rechenzeit mehr, bis der Aufruf zurückgekehrt ist. Nur das Eintreffen eines Signals kann dieses Warten unterbrechen (sofern der Systemcall dies erlaubt). Im genannten Beispiel würde `write()` umgehend `-1` zurückgeben und `errno` auf `EINTR` gesetzt.

Sie können einen Prozess aber auch anhalten, was dem Schlafen eines Prozesses ähnlich ist. Anhalten können Sie einen Prozess, indem Sie ihm das Signal `STOP` schicken. Ein ähnlich lautendes Signal, `TSTP`, wird den *Vordergrundprozessen* geschickt – was meist die Shell und das aktuelle Kommando sind –, wenn die Tastenkombination zum Anhalten gedrückt wird (in der Regel [Strg]+[Z]). In diesem Fall sendet die Shell dann `STOP` an den aktuellen Prozess. Mit dem Signal `CONT` können Sie einen Prozess wieder weiterlaufen lassen. Der Unterschied zwischen einem angehaltenen Prozess und einem schlafenden Prozess besteht darin, dass der angehaltene Prozess den Status so lange beibehält, bis ein anderer Prozess diesen Status aufhebt.

Ein Zombie ist ein Prozess, der sich längst beendet hat bzw. der beendet wurde, aber noch nicht aus der Prozesstabelle ausgetragen worden ist (das muss nämlich der Elternprozess machen). Zombie-Prozesse verbrauchen keine Rechenleistung oder sonstigen Speicher, sondern sind nur noch als Prozesseintrag vorhanden. Darauf gehen wir noch näher ein. Vereinfacht gesagt: Sie brauchen eine PID. Wenn Sie dabei vergessen, `wait()` oder `waitpid()` (später erklärt) aufzurufen, könnten Sie sich wundern, warum irgendwann (bei einem langlebigeren Programm) keine PIDs mehr frei sind.

9.2.5 Prozesspriorität

Damit jeder Prozess zu seiner Arbeit kommt und Zeit von der CPU zur Verfügung stehen hat, wie es sich für ein Multitasking-Betriebssystem gehört, ist eine Steuerung nötig. Für die Steuerung aller Prozesse ist der Scheduling-Algorithmus zuständig. Dabei wird unter Linux ein prioritätsgesteuerter Algorithmus verwendet. Es gibt verschiedene Scheduler unter Linux, und je nach deren Algorithmus werden die Rechenzeit und das I/O-Budget verteilt.

Wenn bei Ihnen beispielsweise der I/O-Scheduler CFQ (*Completely Fair Queuing*, seit Version 2.6.6 im Linux-Kernel vorhanden, aber nicht unbedingt überall aktiviert) läuft und Sie auf ein Gerät zugreifen, das von ihm kontrolliert wird, dann können Sie mit dem Befehl `ionice` auf die Priorisierung Einfluss nehmen.

Schauen Sie nach, wer Ihre Festplatte `sda` kontrolliert:

```
$ cat /sys/block/sda/queue/scheduler
noop deadline [cfq]
```

Neben Timesharing-Prozessen, die ihre Rechenzeit abhängig von ihrer Priorität zugeteilt bekommen, gibt es außerdem noch Echtzeitprozesse. Echtzeitprozesse verhalten sich grundsätzlich anders, mehr dazu später. Früher wurden zusätzlich Kernel-Prozesse und

Benutzerprozesse unterschieden, weil der Linux-Kernel ursprünglich nicht unterbrechbar (*pre-emptible*) war; da das aber nur noch auf wenigen Architekturen der Fall ist, können wir diese Kategorie wohlwollend vergessen.

9.2.6 Timesharing-Prozesse

Alle gewöhnlichen Prozesse sind Timesharing-Prozesse. Beim Timesharing wird versucht, die CPU-Zeit unter Beachtung der Priorität möglichst gleichmäßig auf alle anderen Prozesse zu verteilen. Damit es keine Ungerechtigkeiten gibt, wird die Priorität der Prozesse nach einer gewissen Zeit neu berechnet. Beeinflussen können Sie die Scheduling-Priorität mit dem Kommando `nice` oder `renice`. Wenn Sie z. B. die Prozesse mit `ps -l` auflisten lassen, finden Sie darin einen Wert `NI` (*nice*). Diesen Wert können Sie mit einer Priorität belegen. `-20` bedeutet die höchste und `+19` die niedrigste Priorität. Wollen Sie zum Beispiel dem Prozess `ein_prozess`, der die PID 1234 besitzt, eine niedrigere Priorität geben, können Sie wie folgt vorgehen:

```
$ renice +10 1234
1234: Alte Priorität: 0, neue Priorität: 10
```

Um dem Prozess eine höhere Priorität zuzuweisen (egal ob man ihn vorher heruntergesetzt hat), braucht man Superuser-Rechte. Man kann sich selbst degradieren, aber nicht wieder aufsteigen.

Zwar sind die beiden Kommandos `nice` und `renice` Relikte aus Zeiten, in denen Rechenzeit noch kostbar war, aber dennoch haben diese Kommandos durchaus ihre Daseinsberechtigung, wenn zum Beispiel der Superuser nachträglich manuell Prozessen Rechenzeit zuteilen will, falls ein ausgesuchter Prozess etwas schneller fertig sein soll als ein anderer (natürlich zulasten der anderen Anwendungen).

Oder ein weiteres Beispiel: Es würde »etwas« (knapp doppelt so lange) dauern, bis man es fertig kompiliert hat, wenn mit derselben Priorität noch ein Prozess mit gleicher CPU-Beanspruchung läuft. Als Beispiel nehme man das Bitcoin-Schürfen auf der CPU – und da erscheint es logisch, dass die Scheduling-Priorität auf *Nice* 19 statt *Nice* 0 laufen sollte.

Scheduling-Priorität in einer Anwendung setzen bzw. abfragen – setpriority() und getpriority()

Wollen Sie die Scheduling-Priorität eines Prozesses bzw. einer Prozessgruppe abfragen bzw. setzen oder einen Benutzer mit Ihrer Anwendung abfragen (in welcher Häufigkeit der Prozess über den Prozessor verfügen darf), stehen Ihnen folgende zwei Systemcalls zur Verfügung:

```
#include <sys/time.h>
#include <sys/resource.h>

int getpriority(int which, int who)
int setpriority(int which, int who, int prio)
```

Mit setpriority() können Sie ähnlich wie mit dem Systemkommando nice die Priorität eines Prozesses verändern. Natürlich sollte klar sein, dass das Heraufsetzen der Priorität weiterhin dem Superuser überlassen bleibt. Aber Achtung: Das Systemkommando nice, also */usr/bin/nice*, setzt den Nice-Wert auf den angegebenen Wert, während der Syscall nice(2) den Nice-Wert um dessen Argument *erhöht*. Als normaler User können Sie lediglich die Priorität heruntersetzen oder sie mittels getpriority() abfragen. Dabei gibt who an, wie which interpretiert werden soll. Dazu stehen Ihnen folgende Makros zur Verfügung:

- PRIO_PROCESS – who ist eine PID.
- PRIO_PGRP – who ist eine Prozessgruppe.
- PRIO_USER – who ist eine UID.

Zum Setzen der Priorität mithilfe des dritten Arguments von setpriority() wird ein Wert zwischen -20 und 19 erwartet, der dann zum aktuellen Nice-Wert hinzuaddiert wird. Auch hier gilt, dass Sie mit einem negativen Wert (bspw. -10) die Priorität erhöhen und sie mit einem positiven Wert verringern (wie schon bei nice). Beide Funktionen geben bei Erfolg 0 zurück, ansonsten wird -1 bei einem Fehler zurückgegeben (wobei Sie dabei errno überprüfen sollten). In dem Fall, dass der ausführende Benutzer nicht berechtigt ist, den Nice-Wert zu verändern, lautet der Fehlercode EACCES (das ist der häufigste Fehler).

Hierzu folgt ein einfaches Beispiel, das zunächst die Priorität mittels getpriority() überprüft und sie dann mit setpriority() um 10 verringert. Anschließend wird die Priorität nochmals überprüft und es wird versucht, sie um den Wert 10 zu erhöhen, was gewöhnlich nur dem Superuser gestattet ist.

```
/* prio.c */
#include <unistd. h.>
#include <stdio.h>
#include <stdlib.h>
#include <sys/time.h>
#include <sys/resource.h>

int main (void) {
   printf("Priorität:%d\n",
      getpriority(PRIO_PROCESS, getpid()));

   printf("Priorität um 10 reduzieren\n");
   if (setpriority (PRIO_PROCESS, getpid (), 10) == -1) {
```

```
      perror ("Fehler bei setpriority()");
      exit (EXIT_FAILURE);
   }
   printf("Priorität:%d\n",
      getpriority(PRIO_PROCESS, getpid()));

    printf("Priorität um 10 erhöhen (root-only)\n");
    if (setpriority (PRIO_PROCESS, getpid (), -10) == -1) {
      perror ("Fehler bei setpriority()");
      exit (EXIT_FAILURE);
   }
   printf("Priorität:%d\n",
      getpriority(PRIO_PROCESS, getpid()));
   return EXIT_SUCCESS;
}
```

Das Programm bei der Ausführung:

```
$ gcc -o prio prio.c
$ ./prio
Priorität:0
Priorität um 10 reduzieren
Priorität:10
Priorität um 10 erhöhen (root-only)
Fehler bei setpriority(): Permission denied
$ su
Password: ********
# ./prio
Priorität:0
Priorität um 10 reduzieren
Priorität:10
Priorität um 10 erhöhen (root-only)
Priorität:-10
```

Prozess-Warteschleifen – sched_yield()

Sollten Sie in Ihrer Anwendung Warteschleifen benötigen, empfiehlt es sich, diese mithilfe von Signalen zu realisieren (siehe Kapitel 10, »Signale«). Meistens werden solche Warteschleifen verwendet, um zu warten, bis ein bestimmtes Ereignis eintrifft. Hier sehen Sie ein simples Beispiel hierzu – ohne jede Funktionalität:

```
/* eventloop1.c */
#include <stdio.h>
#include <stdlib.h>
```

```
static int event_loop( void ) {
   int ereignis = 0;
   /* Eine Ereignisschleife */
   if( ereignis )
      return 1;
   else
      return 0;
}

int main(void) {
  volatile int loop = 0;
  while( !loop )
     loop = event_loop();
  return EXIT_SUCCESS;
}
```


Wenn Sie das Beispiel ausführen, wird »gepollt« ohne Ende – sprich sinnlos Rechenzeit verbraten. Wenn nichts los ist, könnten in dieser Zeit andere Prozesse vielleicht wichtigere Aufgaben erledigen. Übrigens versucht das Attribut `volatile` zu verhindern, dass der Compiler Ihnen die Schleife wegoptimiert, indem es die Variable als von außen veränderbar markiert. Allerdings kann je nach Compilerversion das Ergebnis unterschiedlich ausfallen – im Zweifelsfall schalten Sie sämtliche Optimierung einfach ab: `-O0`.

In solch einem Beispiel können Sie, wie eben schon erwähnt, die Signale oder die Funktion `sched_yield()` verwenden:

```
#include <sched. h.>

int sched_yield(void);
```

Eingebaut in eine Warteschleife, sorgt diese Funktion dafür, dass die Ausführung der Anwendung unterbrochen und dieser Prozess an das Ende der Liste der auszuführenden Prozesse verschoben wird. Der Rückgabewert ist bei Erfolg `0`, ansonsten bei Fehlern `-1`. Ist der aktuelle Prozess der einzige in der Liste der Prozesse mit der höchsten Priorität während der Laufzeit, wird er unmittelbar nach dem Aufruf von `sched_yield()` weiter ausgeführt. Außerdem hängt das »Verschieben an das Ende der Liste der auszuführenden Prozesse« auch davon ab, mit welcher Priorität die anderen Prozesse in der Prozessliste unterwegs sind. Ob das Scheduling mit `sched_yield()` überhaupt zur Verfügung steht, können Sie überprüfen, indem Sie nachschauen, ob die Konstante `_POSIX_PRIORITY_SCHEDULING` in der Headerdatei *unistd. h.* definiert ist:

```
/* eventloop2.c */
#include <stdio.h>
#include <stdlib.h>
```

```
#include <unistd. h.>
#include <sched. h.>
#ifndef _POSIX_PRIORITY_SCHEDULING
   #error "sched_yield() ist hier nicht vorhanden"
#endif

// aus dem Beispiel eventloop1.c zu entnehmen
static int event_loop( void );
int main() {
  volatile int loop = 0;
  while( !loop ) {
     loop = event_loop();
     sched_yield();
  }
  return EXIT_SUCCESS;
}
```

Ab der Kernel-Version 2.6.x hat sich das Verhalten von `sched_yield()` erheblich verändert. Benutzt ein Prozess diesen Systemaufruf, kann er jetzt erwarten, für sehr lange Zeit inaktiv zu sein. Eine schlauere Möglichkeit wäre vielleicht `sleep()`, `usleep()` oder `nanosleep()`, da Sie damit eine Kontrolle über die Zeitspanne behalten. Experimentieren Sie!

9.2.7 Echtzeitprozesse

Vor einigen Jahren machte eine Gattung von speziell entwickelten Betriebssystemen Schlagzeilen, die sich Echtzeitbetriebssysteme nannten und die dafür optimiert waren, ganz besonders geringe Latenzzeiten bei Systemaufrufen abzuliefern. Genutzt werden sollte das beispielsweise bei der Robotersteuerung und ähnlichen zeitkritischen Prozessen. Da Linux auch in solchen Umgebungen eingesetzt wird, lag es nahe, eine ähnliche Funktionalität im Kernel zu implementieren. Man sollte aber im Hinterkopf behalten, dass der Linux-Kernel dennoch nur beschränkt echtzeitfähig ist.[1]

Unter Linux gehört zu einer Echtzeitpriorität eine *Policy*:

- SCHED_RR und SCHED_FIFO erlauben Prioritäten zwischen 1 (niedrig) und 99 (hoch). (Beachten Sie, dass das genau umgekehrt als bei `nice` ist.) Da POSIX.1 nur 32 unterschiedliche Prioritäten vorschreibt, kann man das Minimum und Maximum vorher abfragen.
- Ein Prozess unter der Policy SCHED_FIFO kann nur von einem Prozess höherer Priorität unterbrochen werden. Erst wenn er Rechenzeit abgibt oder in einem Systemcall steht, kommt der nächste Prozess an die Reihe.

1 Es gibt aber mehrere, zum Teil recht umfangreiche Patches, die den Linux-Kernel für Echtzeitanwendungen stromlinienförmiger machen sollen.

- Ein Prozess unter der Policy SCHED_RR (Round-robin Scheduling) ist im Prinzip ein SCHED_FIFO, der aber nur eine begrenzte Zeit laufen darf und danach unterbrochen wird.
- Die Policys SCHED_IDLE, SCHED_DEADLINE, SCHED_BATCH, SCHED_OTHER haben grundsätzlich 0 als Echtzeitpriorität.
- SCHED_OTHER ist die Policy für alle Timesharing-Prozesse, also diejenigen, die keinerlei Echtzeiteigenschaften in Anspruch nehmen.
- SCHED_IDLE ist sozusagen ein Weg, Prozesse noch niedriger zu priorisieren, als ein `nice -19` es könnte, also ziemlich genau das Gegenteil eines Echtzeitprozesses.
- SCHED_BATCH ist gedacht für rechenzeitintensive, nicht interaktive Prozesse.
- Seit Kernel 3.14 unterstützt Linux SCHED_DEADLINE. Ein Prozess mit dieser Policy hat die höchste Priorität im System, um unter allen Umständen die zeitlichen Anforderungen (Deadline) zu erfüllen.

Hinweis

Echtzeitprozesse sind prädestiniert dafür, im Problemfall ein System zum Stillstand zu bringen. Mit der Policy SCHED_FIFO und einer Priorität von 99 steht Ihr System, bis der Prozess endlich wieder Rechenzeit abgibt. Zum Teil reicht es, einem einzelnen anderen Prozess, wie zum Beispiel dem Kernel-Prozess, der die Dateipuffer herausschreibt, das zeitliche Wasser abzugraben.

Sie wollen mehr dazu erfahren?

```
$ man 7 sched
```

9.2.8 Prozessauslagerung

Reicht der echte Hauptspeicher (RAM) nicht mehr im System für einen neuen Prozess aus, muss ein anderer Prozess zuerst in einen sogenannten *Swap-Bereich* ausgelagert werden. Beim *Paging* werden externe Medien, wie Festplatten und ähnliche Geräte, zum Auslagern des RAM-Inhalts verwendet. Für das Auslagern der Prozesse ist unter Linux der Dämon *kswapd* verantwortlich. Natürlich sorgt auch hierbei wieder ein vernünftiger Algorithmus dafür, dass dieses Paging nicht wild und planlos ausgeführt wird, auch wenn die Festplatte des Anwenders höchst beschäftigt ist.

Außerdem wird nicht das ganze Programm ausgelagert, sondern nur ein Teil. Dazu wird das Programm in kleine Stücke, die *Pages*, zerlegt. In der Regel befinden sich auch nur die Pages im Hauptspeicher, mit denen wirklich gearbeitet wird. Muss wegen Speicherknappheit ausgelagert werden, so werden nur einzelne Pages verlegt. Beim Einlagern der Pages werden auch nicht wieder alle ausgelagerten Seiten eingelesen, sondern nur die, die im Augenblick benötigt werden. Man spricht dabei vom *Demand Paging* (Seite auf Anfrage). Der Bereich, in den diese Pages ausgelagert werden, wird als Paging-Bereich (*Paging Area*) bezeichnet. Damit ist die maximale Programmgröße vom virtuellen Adressraum des Rechners und des Kernels abhängig. Der virtuelle Adressraum erstreckt sich beim x86 bekanntlich auf 4 GB, bei 64-Bit-CPUs bis auf 16 EB.

Beachten Sie, dass man unter Unix-Systemen nicht einfach Speicher anfordern sollte, bis es keinen mehr gibt. Wer mit `malloc()` Speicher anfordert, bekommt in praktisch jedem Fall einen Zeiger, auch wenn der zugehörige Speicherbereich gar nicht existiert. Erst wenn man auf den Bereich zugreift, wird er physikalisch bereitgestellt. Das kann dazu führen, dass ein Programm zunächst eine Weile friedlich vor sich läuft, um dann schlagartig allen Speicher zu belegen.

Wenn weder RAM noch Platz zum Auslagern vorhanden ist und auch keine Dateipuffer mehr freigegeben werden können und trotzdem Speicher her muss, dann tritt der OOM-Killer (*Out Of Memory Killer*) in Aktion, ein Auftragsmörder im wahrsten Sinne des Wortes, und beginnt, nach bestimmten Kriterien Prozesse zu killen. Es gibt unter Unix keine Möglichkeit, einem Prozess mitzuteilen, dass ein bereits übergebener Speicherbereich mangels Masse nicht bereitgestellt werden kann. Der einzige Ausweg ist daher, den größten Speicherverbraucher zu töten, damit der Rest des Systems möglichst unbeschadet weiterlaufen kann.[2]

9.2.9 Steuerterminal

Den meisten Prozessen ist außerdem ein Steuerterminal zugeordnet. Prozesse, denen kein Steuerterminal (`CTTY`) zugeordnet ist, sind in der Regel Dämonprozesse oder »verloren gegangene« Prozesse. Wer zum Beispiel ein Perl-Skript startet und das *xterm* dazu beendet, kann unter Umständen erreichen, dass Perl ohne `CTTY` weiterläuft. Wird beispielsweise ein Prozess aus einer Shell gestartet, so wird das Terminal der Shell in der Regel auch das Steuerterminal.

9.3 Prozesse überwachen – ps, top, kpm

Das Kommando `ps` liefert Ihnen Informationen über den Status von aktiven Prozessen und ist eines der wichtigsten Tools für den Systemadministrator. Mit `ps` lassen sich die aktuelle PID, die UID, das Steuerterminal, der Speicherbedarf eines Prozesses, die CPU-Zeit, der aktuelle Status des Prozesses und noch eine Menge mehr anzeigen. Das Kommando ist leider über die vielen Jahre hinweg etwas unübersichtlich geworden. Es besitzt unüberschaubar viele Optionen, von denen einige ohne ein führendes Minuszeichen, andere mit dem führenden Minuszeichen und wiederum weitere mit zwei führenden Minuszeichen aufgerufen werden. Das liegt schlicht daran, dass man Tools verschiedener Unix-Varianten zusammengelegt und an dem Ergebnis noch weiter herumgefeilt hat. Da wir Ihnen hier keine

2 Natürlich ist das nur die halbe Wahrheit, aber zumindest gilt das, wenn wir uns an das portable API halten.

Kommandoreferenz liefern wollen, seien Ihnen für die einzelnen Optionen die Manual Pages von ps ans Herz gelegt.

Das Kommando ps steht für eine Abkürzung von *print process status*. Wir wollen Ihnen hier nur kurz die Bedeutungen der Ausgabe von ps erklären. Im Beispiel wird die Option -lf verwendet, womit Sie eine vollständige und ausführliche Informationsliste erhalten. Mit ps x werden die Prozesse angezeigt, die kein CTTY haben.

Hinweis

In Wirklichkeit gibt es keine echten, das heißt antiken Teletype-Terminals mehr, auf Deutsch übrigens als Fernschreiber bekannt; und auch die späteren Terminals mit Bildschirm sind aus der Mode gekommen. Jedoch ist »Terminal« eigentlich nur die Bezeichnung für »Ein- und Ausgabegerät«. Selbst zum Beispiel ein Telefon wäre – und *ist* eigentlich – ein Terminal, mit Ein- und Ausgabe (Sprechen/Hören). Abbildungen von echten antiken TTYs finden Sie unter: *https://en.wikipedia.org/wiki/Teleprinter*

9

Geben Sie beispielsweise in einem *xterm* folgendes ps-Kommando ein:

```
$ ps x -lf
F S UID  PID  PPID C PRI NI ADDR SZ WCHAN  STIME TTY   TIME CMD
...
```

Sie erhalten eine ganze Palette von Informationen zu den laufenden Prozessen auf Ihrem Rechner. Einige dieser Spalten mit Überschriften und deren Bedeutung können Sie Tabelle 9.2 entnehmen.

Zeichen	Bedeutung
S oder auch STAT	Prozesszustand: ▸ S – *sleeping* (der Prozess schläft) ▸ D – der Prozess ist in einem ununterbrechbaren Schlaf. ▸ I – *idle* (der Prozess wird gerade erzeugt) ▸ L – *locked* (eine Seite im Hauptspeicher wurde gesperrt) ▸ O – der Prozess, der gerade die CPU beansprucht ▸ R – *running* (der Prozess wartet auf den Prozessor) ▸ Z – Zombie (der Prozess wurde beendet, aber sein Elternprozess hat den Rückgabewert noch nicht abgeholt) ▸ X – der Prozess wartet auf freien Speicher. ▸ T – unterbrochen (gestoppt) ▸ W – der Prozess ist ausgelagert worden.

Tabelle 9.2 Bedeutung einiger Spalten bei der Ausgabe mit »ps«

Zeichen	Bedeutung
UID	UID des Prozessbesitzers (mit der Option -f wird der Name angegeben)
PID	Prozessnummer
PRI	Priorität (große Nummer = kleinerer Nice-Wert)
NI	nice-Wert
SZ bzw. VSZ	virtuelle Prozessgröße in Seiten (KB, auf Pages aufgerundet)
ADDR	Speicheradresse des Prozesses
WCHAN	Die Funktion im Kernelspace, in der sich der Prozess gerade befindet. Ist der Prozess im Userspace, ist dieses Feld leer.
STIME	Gibt an, wann der Prozess gestartet wurde (in *HH:MM:SS*).
TIME	Gibt an, wie lange der Prozess bereits die CPU benötigt (in *MM:SS*), wobei die Minuten/Sekunden der Zeit entsprechen, die der Prozess gebraucht hätte, hätte er die CPU die ganze Zeit mit 100 % beansprucht.
TTY	Steht bei TTY ein ?, ist kein Steuerterminal mit dem Prozess assoziiert. In den meisten Fällen handelt es sich dabei um einen Dämonprozess.
CMD	Kommandoname des Prozesses

Tabelle 9.2 Bedeutung einiger Spalten bei der Ausgabe mit »ps« (Forts.)

Weitere gängige Überschriften und deren Bedeutung (z. B. mit ps aux) sind:

Zeichen	Bedeutung
USER	Prozesseigentümer
%CPU	CPU-Belastung (Decaying-Average-Modell) des Prozesses in Prozent
%MEM	Speicherbelastung des Prozesses in Prozent des physikalischen Speichers
VSZ	virtuelle Prozessgröße in KB
RSS	Anzahl von KB-Pages im Speicher (physikalischer RAM, nicht Swap)

Tabelle 9.3 Weitere Bedeutungen der Ausgabe von »ps«

Das %CPU-Feld mag nicht immer stimmen (es ist möglich, dass zwei Prozesse mit je 80 % aufgelistet werden, was auf einem Uniprozessor nicht möglich ist). Das liegt an dem mathematischen Algorithmus, der hier angewandt wird. Wie schon dessen Name *Decaying Average* besagt, ist dieser Wert ein Durchschnitt über die Zeit. `top` zeigt die Prozentwerte, wie man es erwartet, also mit einem »punktgenauen« Algorithmus auf die letzten drei (einstellbaren) Sekunden.

Wie bereits zu Beginn erwähnt, ist das Kommando `ps` mittlerweile ein ziemlicher Dschungel geworden, sodass es sinnvoll sein kann, sich intensiver mit ihm zu befassen.

Da `ps` nur den momentanen Prozesszustand ausgibt, lässt sich eigentlich schwer sagen, was genau passiert. Wollen Sie die Prozesse aktiv und dauerhaft überwachen, dann ist das Kommando `top` Ihr Freund. Gewöhnlich aktualisiert `top` alle 1,5 Sekunden die Anzeige und benötigt somit praktisch keine Systemressourcen. Außerdem können Sie mit diesem Überwachungsprogramm auch Signale senden und ein *renice* ausführen. Drücken Sie einfach, während `top` ausgeführt wird, [h] für mehr Informationen.

Natürlich stehen Ihnen auch komfortablere Programme zur Prozessüberwachung mit einer grafischen Oberfläche zur Verfügung. Bei GNOME wäre dies z. B. *gtop* und bei KDE *ktop* und *ksysguard*. Die grafischen Frontends sind natürlich wesentlich einfacher zu bedienen und bieten auch weit mehr Komfort. Damit lassen sich verrückt spielende Prozesse mit einem Mausklick »killen«, sofern solche verrückten Prozesse `top` oder seinen grafischen Brüdern noch ein bisschen Prozessorzeit überlassen.

Hinweis

Da X einiges an Ressourcen beansprucht, ist man natürlich mit `top` im Pseudoterminal wesentlich schneller unterwegs.

9.4 Lebenszyklus eines Prozesses

Wenn Sie die vergangenen Seiten mit einer etwas lockereren Haltung gelesen haben, dann sollten Sie jetzt wieder etwas aufmerksamer weiterlesen. Es folgt zwar noch ein wenig Theorie, diese fällt allerdings mehr in den Bereich Systemprogrammierung als in den der Administration.

Um einen neuen Prozess zu erzeugen, wird der Systemaufruf `fork()` verwendet. Der neu erzeugte Prozess ist dann eine Kopie des aufrufenden Prozesses. Er enthält dieselben Daten, dieselben offenen Dateien, dieselben Lese-/Schreibzeiger, dieselben Instruktionszeiger der CPU und auch dieselbe Priorität. Der Prozess, der (mittels `fork()`) einen neuen Prozess erzeugt, wird *Elternprozess* genannt. Da das Geschlecht von Prozessen ungeklärt ist – es gibt sogar Dämonen und Zombies –, bleiben wir bei einem Pluralneutrum (»Elternprozess«). Der neu erzeugte Prozess (die Kopie des Elternprozesses) wird somit als *Kindprozess* bezeichnet.

Der neu erzeugte und gestartete Kindprozess (genauer: `fork()`) liefert dem Elternteil bei Erfolg gleich seine Prozessnummer (PID) zurück. Der Kindprozess hingegen bekommt von fork() die 0 zurückgegeben. Jetzt laufen beide Prozesse unabhängig voneinander und asynchron weiter.

Soll ein nicht identischer neuer Prozess gestartet werden, können Sie nach der Erzeugung dieses Prozesses im Kindprozess einen exec-Systemaufruf machen. Bei einem exec-Aufruf werden die einzelnen Segmente (siehe oben) des aufrufenden Prozesses durch die des neuen Prozesses ersetzt. Der überlagerte neue Prozess behält allerdings die PID des aufrufenden Prozesses und alle Filedeskriptoren, bei denen nicht das *close-on-exec*-Flag gesetzt wurde (siehe Kapitel 4, »E/A-Funktionen«). Diese Art, aus einer Anwendung eine andere Anwendung (Prozess) zu starten, wird häufig verwendet. Es gibt mehrere Formen der exec-Familie, die sich nur geringfügig voneinander unterscheiden. Die wohl bekannteste Funktion ist system(), die den ganzen Prozess einheitlich macht; aber dazu folgt unten mehr.

Beim Starten des Systems werden vom Kernel einige Prozesse selbstständig erzeugt. Der wichtigste davon ist init (mit der PID 1), der Ursprung aller Prozesse. init ist für die Ausführung von Startup-Skripten verantwortlich. Alle anderen, nicht vom Kernel erzeugten Prozesse sind Kindprozesse von init. Einen Überblick über die »Prozesshierarchie« können Sie sich mit dem Kommando pstree oder einem der vielen grafischen Frontends verschaffen:

```
$ pstree -p | less
init(1)-+-atd(632)
        |-bdflush(5)
        |-cardmgr(1201)
        |-cron(1540)
        |-kalarmd(1967)
        |-kdeinit(1882)-+-artsd(1906)
        |               |-kdeinit(1914)
        |               |-kdeinit(1942)-+-bash(1949)
        |               |               `-bash(1951)---pstree(2586)
        |               |-kdeinit(1947)
        |               |-kdeinit(1959)
        |               |-kdeinit(2246)
...
```

init spielt eine große Rolle in der Prozessverwaltung. Ein Prozess, der sich freiwillig beendet, benutzt exit(). Ein Prozess, der nicht freiwillig beendet wird, z. B. durch ein Signal, ruft zuerst den *libc*-Sighandler auf, und dann das Unterstrich-_exit().[3]

_exit() ist allein für den Switch zum Kernelspace verantwortlich und beachtet nicht die Schließung von stdin und ignoriert auch die mit atexit() bzw. on_exit() registrierten Routinen.

3 Sie können auch Ihren eigenen Signalhandler eintragen.

Wird der Elternprozess vor dem Kindprozess beendet, so übernimmt `init` die Patenschaft für das Waisenkind. Beendet sich der Kindprozess (bzw. wird er beendet), so werden alle Ressourcen – wie z. B. noch offene Dateien oder belegter Speicher – freigegeben. Die weitere Beendigung des Prozesses wird wieder in die Hand des Elternteils gegeben, was auch `init` sein kann. An den Elternprozess wird das Signal `SIGCHLD` gesendet, das signalisiert, dass der Prozess beendet wurde. Dies allein trägt jedoch den beendeten Prozess noch nicht aus der Tabelle aus: Dafür muss der Elternprozess noch die Funktion `wait()` aufrufen.

Holt der Elternprozess partout nicht den Rückgabewert seines Kindes nach dessen Beendigung ab (wurde z. B. »vergessen«, `wait()` aufzurufen), wird der Kindprozess als *Zombie* bezeichnet.[4]

Der Cron-Dämon beispielsweise klappert alle prozessbezogenen Ereignisse nur in 60-Sekunden-Intervallen ab, weshalb man dort des Öfteren `defunct` sieht.

In der Liste des `ps`-Kommandos finden Sie einen Zombie-Zustand als `<defunct>` und im `STAT`-Feld mit `Z` gekennzeichnet. Das bedeutet im Klartext, dass der Prozess beendet, jedoch noch nicht aufgeräumt wurde (s. o.).

Natürlich ist dies jetzt nicht die gesamte Theorie zu Prozessen. Insbesondere Themen wie die Kommunikation und Synchronisation von Prozessen wurden noch nicht angesprochen. Dem werden wir uns in anderen Kapiteln zuwenden (Signale beschreiben wir in Kapitel 10 und IPC in Kapitel 11). Da Sie jetzt Kenntnisse zu den Prozessen besitzen, wollen wir mit der Praxis beginnen.

9.5 Umgebungsvariablen eines Prozesses

Jeder Prozess besitzt seine eigene Umgebung mit vordefinierten Variablen. Diese Variablen werden meistens bei der Anmeldung der Shell vorbelegt. Die *bash* durchläuft dabei beim Start (Startup-Routine) die Dateien */etc/bashrc*, vielleicht auch welche aus */etc/profile*, *~/.bash_profile* und *~/.bash_rc* (~ steht für das Home-Verzeichnis). Einige dieser Variablen können vom Anwender geändert und den eigenen Bedürfnissen angepasst werden. Auf andere wiederum können Sie nur lesend zugreifen.

Einen Überblick über die Variablen, die in Ihrer aktuellen Umgebung (z. B. der Shell) gesetzt sind, können Sie sich mit den Kommandos `env` oder `printenv` auflisten lassen. In dieser Umgebung steht beschrieben, wo das aktuelle Heimverzeichnis liegt (`HOME`); Sie erfahren auch etwas über den Terminaltyp (`TERM`), den Suchpfad für Kommandos (`PATH`), welche Shell verwendet wird (`SHELL`), den Loginnamen des aktuellen Benutzers (`LOGNAME`) und noch eine Menge mehr. Die Bedeutung der einzelnen Umgebungsvariablen hier aufzuzählen wäre etwas zu umfangreich und hängt zum Teil auch vom System und Anwender ab. Für mehr Informationen sollten Sie unter `info env` nachblättern.

4 Zombies kosten nicht viele Ressourcen, verstopfen aber die Prozessliste.

Wollen Sie jetzt die Umgebungsvariablen Ihres neu erstellten Prozesses ausgeben lassen, dann können Sie dazu einen Zeiger auf die Umgebungsvariablenliste namens environ verwenden. Dabei handelt es sich um eine globale Variable, die wie die Argumentenliste argv der main-Funktion verwendet werden kann. In dieser Liste befinden sich Strings, die mit \0 abgeschlossen sind. Hier sehen Sie ein Beispiel, das die gesamte Umgebung des eigenen Prozesses ausgibt:

```
/* environ1.c */
#include <stdio.h>
#include <stdlib.h>
#include <unistd. h.>

/* Wird in keiner (modernen) Headerdatei portabel */
/* definiert, daher manuelle Einbindung          */
extern char **environ;

int main(void) {
   int i=0;
   while(environ[i]!= NULL) {
      printf("%s\n", environ[i++]);
   }
  return EXIT_SUCCESS;
}
```

Oder alternativ:

```
/* environ2.c */
#include <stdio.h>
#include <stdlib.h>
#include <unistd. h.>

int main(int argc, char **argv, char **envp) {
    while(*envp != NULL) {
        printf("%s\n", *envp++);
    }
    return EXIT_SUCCESS;
}
```

Und so kann es aussehen:

```
$ gcc -o environ environ.c
$ ./environ
LESSKEY=/etc/lesskey.bin
NNTPSERVER=news
```

```
INFODIR=/usr/local/info:/usr/share/info:/usr/info
MANPATH=/usr/local/man:/usr/share/man:/usr/X11R6/
KDE_MULTIHEAD=false
HOSTNAME=linux
XKEYSYMDB=/usr/X11R6/lib/X11/XKeysymDB
HOST=linux
TERM=xterm
SHELL=/bin/bash
...
```

9.5.1 Einzelne Umgebungsvariablen abfragen

Wollen Sie einzelne Umgebungsvariablen der Liste abfragen, dann können Sie die Funktion `getenv()` verwenden. `getenv()` wird auch recht häufig in der CGI-Programmierung mit C verwendet.

```
#include <stdlib.h>

char *getenv(const char *name);
```

Diese Funktion gibt einen Zeiger auf den Wert zurück, der zu `name` gehört, oder `NULL` in dem Fall, dass es die Variable nicht gibt. Das folgende Beispiel zeigt, wie Sie einzelne Umgebungsvariablen einer Anwendung erfragen können:

```
/* get_env.c */
#include <stdio.h>
#include <stdlib.h>
#define MAX 255

 int main (void) {
  char name[MAX];

  printf("Umgebungsvariable: ");
  scanf("%254s",name);
  printf("Wert        : %s\n", getenv(name));
  return EXIT_SUCCESS;
}
```

Das Programm bei der Ausführung:

```
$ gcc -o get_env get_env.c
$ ./getenv
Umgebungsvariable: LOGNAME
Wert             : tot
```

```
$ ./get_env
Umgebungsvariable: HOME
Wert             : /home/tot
$ ./get_env
Umgebungsvariable: SHELL
Wert             : /bin/bash
$ ./get_env
Umgebungsvariable: Irgendwas
Wert             : (null)
```

9.5.2 Umgebungsvariable verändern oder hinzufügen – putenv() und setenv()

Wollen Sie eine neue Umgebungsvariable für den laufenden Prozess setzen oder eine bereits existierende verändern, können Sie die Funktionen `putenv()` und `setenv()` dazu verwenden. Zuerst betrachten wir die Syntax von `putenv()`:

```
#include <stdlib.h>

int putenv( char *name_wert );
```

Mit `putenv()` wird der String `name_wert`, der die Form `name=wert` haben muss, in die Liste der Umgebungsvariablen eingetragen. Ein bereits existierender String `name_wert` wird zuvor noch aus der Liste entfernt und durch den neuen ersetzt. Bei Erfolg gibt diese Funktion `0`, ansonsten etwas ungleich `0` zurück. Als Beispiel wird unsere Anwendung von zuvor erweitert. Eine bereits existierende Umgebungsvariable in der Liste wird durch den neuen Wert ersetzt, und eine neue Umgebungsvariable wird neu zur Liste hinzugefügt:

```
/* put_env.c */
#include <stdio.h>
#include <stdlib.h>
#include <string.h>
#define MAX 255

 static int put_env( const char *name, const char *wert) {
   static char buffer[MAX+MAX];
   strcpy( buffer, name );
   strcat( buffer, "=");
   strcat( buffer, wert);
   return putenv( strdup(buffer) );
}

int main(void) {
  char name[MAX], neu_wert[MAX];
```

```
  printf("Umgebungsvariable: ");
  scanf("%254s",name);
  printf("Wert              : %s\n", getenv(name));

  printf("Wert ändern/setzen durch : ");
  scanf("%254s",neu_wert);
  if( put_env( name, neu_wert ) != 0 )
     printf("Konnte neuen Wert nicht setzen\n");

  printf("Neuer Wert (%s): %s\n", name, getenv(name));
  return EXIT_SUCCESS;
}
```


Das Programm bei der Ausführung:

```
$ gcc -o put_env put_env.c
$ ./put_env
Umgebungsvariable: HOME
Wert              : /home/tot
Wert ändern/setzen durch : /home/tot/test_dir
Neuer Wert (HOME): /home/tot/test_dir
$ echo $HOME
/home/tot
$ ./put_env
Umgebungsvariable: NEUE_VAR
Wert              : Unbekannt
Wert ändern/setzen durch : mein_wert
Neuer Wert (NEUE_VAR)    : mein_wert
```

Mit der Ausgabe von echo $HOME wurde nur demonstriert, dass sich die Veränderung der aktuellen Umgebungsvariablen allein auf den aktuell laufenden Prozess (und Unterprozesse) bezieht. In diesem Beispiel wäre dies der Prozess put_env. Bei Beendigung und erneutem Starten des Prozesses sind wieder die »alten« Umgebungsvariablen gesetzt.

Sicherlich fällt Ihnen in diesem Beispiel die Verwendung von strdup() in der Funktion put_env() auf. Dass dies nötig ist, liegt an der Eigenheit von putenv(), wie mir mein Fachgutachter mit folgendem Listing bewiesen hat:

```
/* put_env2.c */
#include <stdio.h>
#include <stdlib.h>

int main (void) {
```

```
    char buf[] = "key=value";
    putenv(buf);
    printf("buf=%p, getenv=%p (%s)\n",
        buf, getenv("key"), getenv("key"));
    printf("heap  test: %p\n", malloc(1));
    printf("stack test: %p\n", &buf);
    return EXIT_SUCCESS;
}
```

Das Listing wurde gleich mit mehreren C-Bibliotheken auf verschiedenen Betriebssystemen getestet (siehe Tabelle 9.4).

	glibc 2.3.3	msvcrt.dll	btcpp/tiny
buf	0xbfffeff0	0x73fdf0	0xffec
getenv	0xbfffeff4	0x8608d4	0x1c60
heap test	0x804a158	0x8609c0	0x1c6a
stack test	0xbfffeff0	0x73fdf0	0xffec

Tabelle 9.4 Ergebnis von »putenv()« mit mehreren Bibliotheken

Es zeigt ganz grob, welche Werte sich wo befinden (Heap/Stack), und man kann eindeutig erkennen, dass mit der GNU libc keine eigenständige Kopie gemacht wird.

Würden Sie daher dort kein `strdup()` (oder auch eine eigenständige Kopieroperation) verwenden, könnten die Folgen fatal sein, wenn Sie mit einer Funktion fertig wären! Denn `putenv()` nimmt einfach den Parameter und fügt ihn hinzu. Diesen *Flaw* gibt es bei `setenv()` (in der GNU libc) nicht. Verwenden Sie also am besten `putenv(strdup(puffer))` oder `setenv()`.

Den Aufwand mit der Funktion `put_env()` eben im Listing können Sie sich auch sparen, indem Sie gleich auf die Funktion `setenv()` zurückgreifen (BSD4.3):

```
#include <stdlib.h>

int setenv (const char *name,
            const char *wert,
            int schreibschutz);
```

Damit setzen Sie die Umgebungsvariable `name` mit dem `wert`. Das Zusammenbasteln der beiden Strings mit dem =-Zeichen dazwischen entfällt somit. Ob ein existierender Name überschrieben werden soll, können Sie mit `schreibschutz` festlegen. Setzen Sie den Wert auf `1`, wird eine bereits existierende Umgebungsvariable durch die neue ersetzt. Geben Sie schreibschutz hingegen den Wert 0, bleibt die alte Definition in der Liste erhalten. Der Rückgabewert der Funktion ist auch hier bei einem Fehler ungleich 0 und dann, wenn alles glatt verlief, 0.

Hier sehen Sie setenv() im Einsatz:

```
/* set_env.c */
#include <stdio.h>
#include <stdlib.h>
#include <string.h>
#define MAX 255
/* Vorhandene Variable nicht überschreiben */
#define PROTECT_ON  0
/* überschreiben ... */
#define PROTECT_OFF 1

int main (void) {
  char name[MAX], neu_wert[MAX];

  printf("Umgebungsvariable: ");
  scanf("%254s",name);
  printf("Wert       : %s\n", getenv(name));

  printf("Wert ändern/setzen durch : ");
  scanf("%254s",neu_wert);
  if( setenv( name, neu_wert, PROTECT_OFF ) != 0 )
     printf("Konnte neuen Wert nicht setzen\n");

  printf("Neuer Wert (%s) : %s\n", name, getenv(name));
  return EXIT_SUCCESS;
}
```

Die Ausführung des Programms entspricht exakt der im Beispiel zuvor (*put_env.c*).

9.5.3 Löschen von Umgebungsvariablen – unsetenv() und clearenv()

Wollen Sie einen Namen aus der Liste der Umgebungsvariablen entfernen, können Sie unsetenv() verwenden:

```
#include <stdlib.h>

void unsetenv( const char *name );
```

Ein nicht existierendes name wird nicht als Fehler bewertet und ignoriert.

Hier sehen Sie ein Beispiel zu unsetenv():

```
/* unset_env.c */
#include <stdio.h>
#include <stdlib.h>
#include <string.h>
#define MAX 255

int main (void) {
  char name[MAX];

  printf("Umgebungsvariable: ");
  scanf("%254s",name);
  printf("Wert      : %s\n", getenv(name));
  unsetenv(name);
  printf("Neuer Wert (%s) : %s\n", name, getenv(name));
  return EXIT_SUCCESS;
}
```

Das Programm bei der Ausführung:

```
$ gcc -o unset_env unset_env.c
$ ./unsetenv
Umgebungsvariable: HOME
Wert              : /home/tot
Neuer Wert (HOME): (null)
```

Wollen Sie die komplette Liste mit den Umgebungsvariablen eines Prozesses löschen, dann verwenden Sie die Funktion clearenv(). Nachträglich können Sie später wieder neue Umgebungsvariablen mit den Funktionen putenv() und setenv() eintragen.

Hier sehen Sie die Syntax zu clearenv():

```
#include <stdlib.h>

int clearenv( void );
```

Bei Erfolg gibt auch diese Funktion 0, ansonsten bei einem Fehler etwas ungleich 0 zurück. Allerdings ist es fraglich, was denn ein möglicher Fehler sein könnte, da *glibc* in jedem Fall 0 zurückgibt.

Hinweis

Früher (und heute zum Teil immer noch) wurden die Umgebungsvariablen zur Interprozesskommunikation zwischen den Prozessen derselben Familie verwendet. Da ja ein mit `fork()` neu erzeugter Prozess dieselben Umgebungsvariablen von seinem Elternprozess erbt, ist dies ohne Weiteres möglich.

9.6 Ressourcenlimits eines Prozesses

Wenn ein Prozess an ein bestimmtes Limit stößt, wird in der Regel ein Signal gesendet, oder der Systemaufruf, der versucht, ein Limit zu überschreiten, schlägt fehl. Jeder neu erzeugte oder aufgerufene Prozess erbt seine Limitwerte vom Elternprozess. Dieser Mechanismus wird bereitgestellt, um Prozesse mit gezielten Beschränkungen bezüglich ihres Ressourcenverbrauchs belegen zu können. Diese Limits lassen sich aber auch verändern. Es werden dabei zwei Arten von Limits unterschieden:

- Soft-Limit – aktueller Wert des Ressourcenlimits eines Prozesses
- Hard-Limit – maximaler Wert des Ressourcenlimits eines Prozesses

Definiert sind diese beiden Limits in der Struktur `rlimit`, die folgendermaßen aussieht:

```
struct rlimit {
   rlim_t rlim_cur; /* Soft-Limit */
   rlim_t rlim_max; /* Hard-Limit */
}
```

Ist bei der Abfrage der Limits die Konstante `RLIM_INFINITY` angegeben, so bedeutet dies, dass kein Limit für diese Ressource festgelegt ist. Wenn Sie ein Ressourcenlimit verändern wollen, müssen Sie folgende Regeln beachten:

- Ein Hard-Limit kann nur von Prozessen mit Superuser-Rechten hochgesetzt werden, egal ob das Limit zuvor reduziert wurde oder nicht. Für das Heruntersetzen sind hingegen keine Superuser-Rechte nötig.
- Beim Verändern des Soft-Limits muss der neue Wert immer kleiner oder gleich dem des Hard-Limits sein.

Ein Ressourcenlimit können Sie mit der Funktion `getrlimit()` erfragen, verändern können Sie ein Limit mit dem Gegenstück `setrlimit()`.

Hier ist die Syntax der beiden Funktionen:

```
#include <sys/resource.h>
#include <sys/time.h>
```

```
#include <unistd. h.>

int getrlimit(int ressource, struct rlimit *limit);
int setrlimit(int ressource, const struct rlimit *limit);
```

Beide Funktionen geben bei Erfolg `0`, ansonsten bei einem Fehler etwas ungleich `0` zurück (wie bei so vielen C-Funktionen). Als erstes Argument erwarten diese Funktionen eine entsprechende Ressource, die erfragt bzw. gesetzt werden soll. Das zweite Argument ist ein Zeiger auf die Struktur `rlim`. Für `resource` können Sie folgende vordefinierten Konstanten angeben:

Ressource	Bedeutung	Vorhanden in
`RLIMIT_CPU`	CPU-Zeit in Millisekunden. Ist das Limit überschritten, wird das Signal `SIGXCPU` gesendet.	SVR4 und BSD
`RLIMIT_CORE`	Größe der Core-Datei in Bytes. `0` bedeutet, dass keine Core-Datei angelegt wird.	SVR4 und BSD
`RLIMIT_DATA`	Größe des gesamten Datensegments (Datensegment, Stack und Heap) in Bytes	SVR4 und BSD
`RLIMIT_FSIZE`	Maximale Größe einer Datei, die beschrieben werden kann. Beim Überschreiten des Soft-Limits wird das Signal `SIGXFSZ` gesendet.	SVR4 und BSD
`RLIMIT_LOCKS`	maximale Anzahl der Sperren, die mit `flock()` und `fcntl()` eingerichtet werden können	SVR4, BSD und Linux ab 2.4
`RLIMIT_MEMLOCK`	maximale Anzahl der Speicherseiten, die vor einer Auslagerung geschützt werden können	Linux und BSD
`RLIMIT_NOFILE`	Maximale Anzahl von gleichzeitig geöffneten Dateien. Bei BSD ist dies die Konstante `RLIMIT_OFILE`.	SVR4 (und BSD)
`RLIMIT_NPROC`	maximale Anzahl von Kindprozessen minus 1 für diesen Prozess	BSD
`RLIMIT_RSS`	*Maximum Resident Set Size* (RSS == physikalische Speicherseiten) in KB. Übersteigt der Prozess dieses Limit, kümmert sich der Kernel darum und nimmt dem Prozess überfälligen Speicher weg.	BSD
`RLIMIT_STACK`	maximale Stackgröße in Bytes	SVR4 und BSD

Tabelle 9.5 Übersicht der Ressourcenlimits

Natürlich gilt auch hier, dass eine Veränderung der Ressourcenlimits nur vom Anfang bis zum Ende der Lebenszeit eines Prozesses gilt. Das folgende Listing demonstriert, wie Sie die aktuellen Ressourcenlimits des aktuell laufenden Prozesses mit getrlimit() abfragen können. Da sich setrlimit() ähnlich anwenden lässt, sollte es kein Problem für Sie sein, diese nachträglich als Übung zu implementieren.

```
/* my_limit.c */
#include <stdio.h>
#include <stdlib.h>
#include <sys/time.h>
#include <sys/resource.h>

static void limits( int resource ) {
   struct rlimit l;

   if( getrlimit( resource, &l ) < 0 ) {
      printf("keine Angaben\n");
      return;
   }
   printf("Soft-Limit: ");
   (l.rlim_cur == RLIM_INFINITY)?
   printf("kein Limit  "):
   printf("%ld  ",l.rlim_cur);
   printf("Hard-Limit: ");
   (l.rlim_max == RLIM_INFINITY)?
   printf("kein Limit\n"):
   printf("%ld  \n",l.rlim_max);
}

int main( void ) {
   unsigned int i;
   const int limit[] = {
      RLIMIT_CPU, RLIMIT_CORE, RLIMIT_DATA, RLIMIT_FSIZE,
      /* RLIMIT_LOCKS,*/ RLIMIT_MEMLOCK,
      RLIMIT_NOFILE, /* bei BSD RLIMIT_OFILE */
      RLIMIT_NPROC, RLIMIT_RSS, RLIMIT_STACK,
    };
  const char *s_limit[] = {
      "RLIMIT_CPU", "RLIMIT_CORE", "RLIMIT_DATA",
      "RLIMIT_FSIZE", /* "RLIMIT_LOCKS",*/ "RLIMIT_MEMLOCK",
      "RLIMIT_NOFILE", /* bei BSD RLIMIT_OFILE */
      "RLIMIT_NPROC", "RLIMIT_RSS", "RLIMIT_STACK",
```

```
   };

   for( i = 0; i< sizeof(limit)/sizeof(long); i++) {
      printf("%s = ",s_limit[i]);
      limits( limit[i] );
   }
    return EXIT_SUCCESS;
}
```

Das Programm bei der Ausführung (hier im Jail einer BSD-Maschine):

```
$ gcc -o my_limit my_limit.c
$ ./my_limit
RLIMIT_CPU     = Soft-Limit:kein Limit  Hard-Limit:kein Limit
RLIMIT_CORE    = Soft-Limit:kein Limit  Hard-Limit:kein Limit
RLIMIT_DATA    = Soft-Limit:536870912   Hard-Limit:536870912
RLIMIT_FSIZE   = Soft-Limit:kein Limit  Hard-Limit:kein Limit
RLIMIT_MEMLOCK = Soft-Limit:kein Limit  Hard-Limit:kein Limit
RLIMIT_NOFILE  = Soft-Limit:7322        Hard-Limit:7322
RLIMIT_NPROC   = Soft-Limit:3661        Hard-Limit:3661
RLIMIT_RSS     = Soft-Limit:kein Limit  Hard-Limit:kein Limit
RLIMIT_STACK   = Soft-Limit:67108864    Hard-Limit:67108864
```

Wollen Sie hingegen die Ressourcenbenutzung eines Prozesses abfragen, können Sie sich die Funktion `getrusage()` ansehen, die ebenfalls in der Headerdatei *sys/resource.h* definiert ist. Die Funktion stammt ursprünglich aus BSD und ist unter Linux noch nicht komplett implementiert. Viele Komponenten geben noch `0` zurück. Mehr dazu entnehmen Sie bitte der Manual Page zu `getrusage()`.

9.6.1 Mehr Sicherheit mit Ressourcenlimits

Ein weiterer positiver Beigeschmack wird Ihnen beim Setzen der Limits gratis mitgeliefert. Zum Beispiel können durch das Limitieren von Filedeskriptoren und der Speichergröße DoS-Attacken (*Denial of Service*) eingedämmt werden. Ebenso kann es in einigen Fällen hilfreich sein, die Größe der Core-Files auf 0 zu setzen, wodurch eventuelle Freigaben von vertraulichen Informationen verhindert werden können, wie dies vor ein paar Jahren bei einem FTP-Dämon auf Solaris der Fall war. Hier hatte der FTP-Server eine Datei zur Authentifizierung eines Benutzers in den Speicher geladen. Hacker hatten dann den Prozess durch Signale zum Absturz gebracht, und es wurde eine Core-Datei angelegt, die unter anderem den Inhalt der geschützten Daten enthielt, die jetzt munter ausgelesen werden konnten.

Ein weiteres kernelbasiertes Verfahren, um ausufernde Prozesse in die Schranken zu weisen, sind Quotas, und zwar kann man damit benutzerbasiert den Ressourcenverbrauch auf der Platte begrenzen. `man quota` hilft hier weiter.

9.6.2 Core-Dateien

Natürlich sind Sie als Entwickler besonders an den Core-Dateien interessiert, und zwar um mit ihnen Fehleranalyse bei Ihrem Programm zu betreiben. Wenn Sie ein neueres Linux verwenden, werden Sie vielleicht feststellen, dass auch dann, wenn gar kein Limit vorgegeben ist und ausdrücklich der Text »*core dumped*« ausgegeben wird, meilenweit keine Core-Datei zu finden ist. Das liegt daran, dass `systemd` in einigen Distributionen sämtliche Core-Dateien auf sich umleitet. In diesem Fall müssen Sie den jeweiligen Dump aus einer Liste heraussuchen:

```
$ coredumpctl list
```

Sie können diese Datei dann kopieren oder direkt den GNU Debugger damit aufrufen:

```
$ coredumpctl gdb
```

Dieser Befehl ruft *gdb* mit dem letzten erzeugten Core-Dump auf.

Hinweis

Damit die Festplatte nicht überflutet wird, setzt `systemd` Begrenzungen für die Größe der gespeicherten Core-Dateien und auch für deren Anzahl. Werfen Sie im Zweifelsfall einen Blick auf die Datei */etc/systemd/coredump.conf*.

Wenn Sie einen Server aufsetzen, ist dies auch Ihr Ansatzpunkt, um Stillstände (*Downtimes*) von vornherein auszuschließen.

9.7 Prozesserkennung

Zum Ermitteln der eigenen Prozess-ID (PID) oder der ID des Prozesses (Elternprozess), der den Start veranlasst hat, stehen Ihnen die Funktionen `getpid()` und `getppid()` zur Verfügung. Wird die reale oder effektive User-ID benötigt, kann sie mit `getuid()` und `geteuid()` erfragt werden. Für reale oder effektive Gruppen-IDs sind die Funktionen `getgid()` und `getegid()` vorhanden:

```
#include <sys/types.h>
#include <unistd. h.>

pid_t getpid(void);
pid_t getppid(void);
pid_t getuid(void);
```

```
pid_t geteuid(void);
pid_t getgid(void);
pid_t getegid(void);
```

Das folgende Beispiel demonstriert Ihnen, wie Sie all diese Prozesskenndaten ausgeben können:

```
/* proz_dat.c */
#include <stdio.h>
#include <stdlib.h>
#include <unistd. h.>
#include <sys/types.h>

int main( void ) {
   printf("Ich bin Nummer %d\n", getpid());
   printf("Mein Elternprozess hat die Nummer %d\n",
      getppid());
   printf("Die User-ID effektiv : %d --> real: %d\n",
      geteuid(),getuid());
   printf("Die Group-ID effektiv: %d --> real: %d\n",
      getegid(),getgid());
   return EXIT_SUCCESS;
}
```

Das Programm bei der Ausführung:

```
$ gcc -o proz_dat proz_dat.c
$ ./proz_dat
Ich bin Nummer 3186
Mein Elternprozess hat die Nummer 1952
Die User-ID effektiv : 500 --> real: 500
Die Group-ID effektiv: 100 --> real: 100
```

Wollen oder müssen Sie die realen und effektiven User- und Group-IDs verändern, können Sie folgende Funktionen verwenden:

```
#include <unistd. h.>
#include <sys/types.h>

int setuid(uid_t uid);
int setgid(gid_t gid);
```

setuid() bzw. setgid() setzen die effektive User- bzw. Gruppen-ID des aktuellen Prozesses. Wird diese Funktion durch den Superuser aufgerufen, dann werden auch die reale und die gesicherte (Saved Set-User-ID) User- bzw. Gruppen-ID gesetzt.

Unter Linux ist setuid() bzw. setgid(), wie unter System V, mit SAVED_IDS implementiert. Dies erlaubt einem setuid()- bzw. setgid()-Programm (für Nicht-Superuser), alle Gruppenprivilegien abzugeben, einige nicht privilegierte Arbeiten zu erledigen und dann auf sichere Art und Weise die originale effektive User- bzw. Gruppen-ID zurückzuerhalten.

Wenn es sich um den Superuser oder um ein Programm handelt, bei dem das Set-UID-Bit bzw. das Set-GID-Bit auf root gesetzt ist, ist besondere Sorgfalt notwendig. Die setuid()- bzw. setgid()-Funktion überprüft die effektive UID bzw. GID des aufrufenden Prozesses, und wenn es die des Superusers ist, werden alle User- bzw. Gruppen-IDs, die diesen Prozess betreffen, auf uid bzw. gid gesetzt. Nachdem dies geschehen ist, ist es für das Programm unmöglich, wieder Superuser-Privilegien zu erhalten.

Bei Erfolg wird 0, ansonsten bei einem Fehler -1 zurückgegeben. errno wird bei einem entsprechenden Wert (meistens EPERM) gesetzt.

9.8 Erzeugung von Prozessen – fork()

Meistens wird zum Erzeugen eines neuen Prozesses der Systemaufruf fork() verwendet:

```
#include <unistd. h.>
#include  <sys/types.h>

pid_t fork(void);
```

fork() liefert bei Erfolg dem Elternprozess die Prozess-ID (PID) des Kindprozesses zurück. Der Kindprozess hingegen bekommt die Nummer 0 zurückgeliefert. Um seine eigene PID zu finden, ist dann getpid() nötig. Ein typischer Codeausschnitt der Prozessgenerierung sieht häufig so aus:

```
switch( pid=fork() ) {
  case -1:   /* Fehler bei fork() */
     break;
  case  0:   /* Hier befinden Sie sich im Kindprozess   */
     break;
  default:   /* Hier befinden Sie sich im Elternprozess */
     break;
}
```

Oder so:

```
if((pid = fork()) < 0) {
    fprintf(stderr, "Fehler... %s\n", strerror(errno));
}
else if(pid == 0) {
```

```
    /* Kindprozess */
}
else {
    /* Elternprozess */
}
```

Daraus lässt sich auch herauslesen, dass ein Kindprozess nur einen Elternprozess, aber der Elternprozess mehrere Kindprozesse haben kann. Der neue Kindprozess ist nun eine identische Kopie des Elternprozesses. Beide besitzen unter anderem dieselben Daten, denselben Befehlszähler, dieselben offenen Dateien, dieselbe User-ID und dasselbe Arbeitsverzeichnis.

Der Unterprozess (Kindprozess) sollte an seinem logischen Ende im Code möglichst irgendwo ein `exit()` haben, sonst macht er unterhalb des `switch`/`if` weiter wie der Elternprozess!

Gewöhnlich werden aber nicht gleich das Daten-, das Stacksegment und der Heap kopiert. Denn nicht selten wird ein Kindprozess erzeugt und mithilfe einer Überlagerung eines `exec`-Funktionsaufrufs mit anderweitigen Daten und Code versorgt. Daher wird häufig im Kernel das *Copy on write*-Verfahren angewandt. Das bedeutet, dass erst dann wirklich eine Kopie einer Page der Datensegmente erfolgt, wenn in diese geschrieben wird. Dadurch erspart man sich häufig zeitaufwendiges Kopieren, was bei knappem RAM zum Swapping führen kann.

Nicht kopiert wird hingegen das Textsegment, das von beiden Prozessen gleichermaßen benutzt wird. Beide Prozesse arbeiten mit unterschiedlichen Befehlszeigern.

Dazu am besten ein Beispiel, das Sie zum einen verwirren sollte, aber zum anderen die Prozesse, wenn Sie sie verstanden haben, in einem ganz anderen Licht erscheinen lässt. Das Listing sieht wie folgt aus:

```
/* child.c */
#include <unistd. h.>
#include <sys/types.h>
#include <stdio.h>
#include <stdlib.h>
static int global_var = 1;

int main (void) {
   pid_t pid;
   int lokal_var = 1;

   switch (pid = fork ()) {
   case -1:
      printf ("Fehler bei fork()\n");
      break;
   case 0:
      sleep (1);   /* Kurze Pause */
```

```
      printf ("--- Im Kindprozess ---\n");
      printf ("global_var = %d Speicheradresse : %p\n",
               global_var, &global_var);
      printf ("lokal_var  = %d Speicheradresse : %p\n",
               lokal_var, &lokal_var);
      ++global_var;
      ++lokal_var;
      printf ("--- Im Kindprozess ---\n");
      printf ("global_var = %d Speicheradresse : %p\n",
               global_var, &global_var);
      printf ("lokal_var  = %d Speicheradresse : %p\n",
               lokal_var, &lokal_var);
      break;
   default:
      printf ("--- Im Elternprozess ---\n");
      printf ("global_var = %d Speicheradresse : %p\n",
               global_var, &global_var);
      printf ("lokal_var  = %d Speicheradresse : %p\n",
               lokal_var, &lokal_var);
      sleep (2);
      printf ("--- Im Elternprozess ---\n");
      printf ("global_var = %d Speicheradresse : %p\n",
               global_var, &global_var);
      printf ("lokal_var  = %d Speicheradresse : %p\n",
               lokal_var, &lokal_var);
      break;
   }
   return EXIT_SUCCESS;
}
```

Das Programm bei der Ausführung:

```
$ gcc -o child child.c
$ ./child
--- Im Elternprozess (2152) ---
global_var = 1 Speicheradresse : 0x804976c
lokal_var  = 1 Speicheradresse : 0xbffff380
--- Im Kindprozess (2153) ---
global_var = 1 Speicheradresse : 0x804976c
lokal_var  = 1 Speicheradresse : 0xbffff380
--- Im Kindprozess (2153) ---
global_var = 2 Speicheradresse : 0x804976c
lokal_var  = 2 Speicheradresse : 0xbffff380
```

```
--- Im Elternprozess (2152) ---
global_var = 1 Speicheradresse : 0x804976c
lokal_var  = 1 Speicheradresse : 0xbffff380
```

Wie Sie bereits erfahren haben, wird beim Erzeugen eines neuen Prozesses eine Kopie erstellt (s. o.). Somit dürfte Ihnen auch klar sein, dass der neue Kindprozess ein Ebenbild des Elternprozesses ist, was Ihnen auch durch die Ausgabe der Adressen bestätigt wird. Nachdem aber jetzt im Kindprozess die lokale sowie die globale Variable inkrementiert werden, werden Sie (sofern Sie keine Erfahrung diesbezüglich haben) sicherlich die Frage stellen, warum dies beim anschließenden Elternprozess nicht verändert wurde. Nein, es handelt sich hierbei nicht um ein Pufferungs- oder Synchronisationsproblem. Wie ist es also möglich, dass trotz derselben Adresse die Werte im Elternprozess unverändert bleiben? Genau hierbei haben viele Einsteiger in die Linux-Programmierung ein Problem, das gar nicht kompliziert ist.

Nehmen Sie am besten diese Seiten des Buches zur Hand, legen Sie sie auf den Kopierer (Copyright-Rechte bitte beachten), und machen Sie zwei Kopien. Beide Kopien sehen, wenn der Kopierer etwas taugt, exakt gleich aus. Jetzt nehmen Sie eine Kopie zur Hand und bessern den Rechtschreibfehler in *Copyright-Rächte* im Buch aus (in der Hoffnung, dass dies nicht schon von den fleißigen Lektoren gemacht wurde). Hierbei können wir auch gleich überprüfen, ob Sie überhaupt noch bei der Sache sind. Jetzt haben Sie ein Blatt mit der korrigierten Fassung und eines ohne Korrektur. Zugegeben, das ist weit hergeholt, aber das Prinzip, worauf wir hinauswollen, ist folgendes: Eine Kopie eines Prozesses bedeutet, dass Sie einen weiteren Prozess erzeugt haben, der ebenfalls einen eigenen Adressraum (virtuellen Speicher) besitzt. Letztendlich handelt es sich eben um zwei eigene Prozesse, was Ihnen die Ausgabe der Prozess-ID (`PID`) auch bestätigt.

9.8.1 Pufferung

Einen nicht ganz unbedeutenden Seiteneffekt müssen wir hierbei noch ansprechen. Verwenden Sie das Beispiel von oben, und leiten Sie die Ausgabe in eine Datei um:

```
$./child > out.txt
```

Wenn Sie nun die Datei *out.txt* betrachten, wird Ihnen auffallen, dass die Reihenfolge der Ausgabe nicht mehr der entspricht, die auf der Konsole zurückgegeben wurde. Das Problem, das für sich eigentlich gar keines ist, ist die Pufferung der Daten. Da Sie hier die Ausgabe in eine Datei umleiten, wird aus Performance-Gründen die Vollpufferung verwendet. Wir haben hier aber auch zwei Pufferungen, da ja zwei Prozesse vorhanden sind. Jeder Prozess hat seinen eigenen Puffer. Somit schreiben sowohl der Kind- als auch der Elternprozess zuerst jeder in seinen eigenen Puffer, bis dieser voll ist (mindestens `BUFSIZ` Bytes) oder bis sich der Prozess beendet. Erst dann wird von zwei separaten Puffern in die Datei *out.txt* geschrieben. Wollen Sie so etwas vermeiden, können Sie entweder den unbequemen Weg mit der Funktion `write()` gehen, die ja ungepuffert arbeitet, oder den etwas bequemeren Weg mit der Standardfunktion fflush(). Ein fflush(stdout) leert den Puffer der Ausgabe sofort und schreibt ihn gleich in die Datei. Im Listing sind dies vier Zeilen, die hinzugefügt werden müssen:

```
/* child2.c */
#include <unistd. h.>
#include <sys/types.h>
#include <stdio.h>
#include <stdlib.h>

static int global_var = 1;

int main (void) {
   pid_t pid;
   int lokal_var = 1;

   switch (pid = fork ()) {
   case -1:
      printf ("Fehler bei fork()\n");
      break;
   case 0:
      sleep (1);   /* Kurze Pause */
      printf ("--- Im Kindprozess (%d) ---\n",getpid());
      printf ("global_var = %d Speicheradresse : %p\n",
                global_var, &global_var);
      printf ("lokal_var  = %d Speicheradresse ; %p\n",
                lokal_var, &lokal_var);
      fflush(stdout);
      ++global_var;
      ++lokal_var;
      printf ("--- Im Kindprozess (%d) ---\n",getpid());
      printf ("global_var = %d Speicheradresse : %p\n",
                global_var, &global_var);

      printf ("lokal_var  = %d Speicheradresse ; %p\n",
                lokal_var, &lokal_var);
      fflush(stdout);
      break;
   default:
      printf ("--- Im Elternprozess (%d) ---\n",getpid());
      printf ("global_var = %d Speicheradresse : %p\n",
                global_var, &global_var);
```

```
      printf ("lokal_var  = %d Speicheradresse ; %p\n",
               lokal_var, &lokal_var);
      fflush(stdout);
      sleep (2);
      printf ("--- Im Elternprozess (%d) ---\n",getpid());
      printf ("global_var = %d Speicheradresse : %p\n",
               global_var, &global_var);
      printf ("lokal_var  = %d Speicheradresse ; %p\n",
               lokal_var, &lokal_var);
      fflush(stdout);
      break;
   }
   return EXIT_SUCCESS;
}
```

Hinweis

Auf die Reihenfolge der Ausgabe des Eltern- bzw. Kindprozesses haben Sie hier noch keinen Einfluss, abgesehen von der primitiven Methode mittels `sleep()`, die allerdings nicht die Prozesse synchronisiert, sondern aufhält. Für die Ausgabe der Reihenfolge ist ein bestimmter Algorithmus vorhanden, der hier allerdings nicht von Interesse ist. Wie Sie Prozesse aufeinander abstimmen (synchronisieren) können, erfahren Sie in Kapitel 11, »IPC – Interprozesskommunikation«, und Kapitel 10, »Signale«.

Natürlich sollte Ihnen auch klar sein, dass die Kopie dem Kindprozess entspricht, wenn der Kindprozess selbst einen weiteren Prozess erzeugt, da ja in diesem Fall Großelternprozess, Elternprozess und Kindprozess letztlich nur Kopien voneinander sind. Dann haben Sie bereits drei Generationen von Prozessen. Hier sehen Sie ein Beispiel dazu zum besseren Verständnis:

```
/* child3.c */
#include <unistd. h.>
#include <sys/types.h>
#include <stdio.h>
#include <stdlib.h>

static int global_var = 1;

int main (void) {
   pid_t pid;
   int lokal_var = 1;

   switch (pid = fork ()) {
```

```
   case -1:
      printf ("Fehler bei fork()\n");
      break;
   case 0:
      sleep (1);   /* Kurze Pause */
      printf ("--- Im Kindprozess (%d) ---\n",getpid());
      printf ("global_var = %d Speicheradresse : %p\n",
               global_var, &global_var);
      printf ("lokal_var  = %d Speicheradresse : %p\n",
               lokal_var, &lokal_var);
      fflush(stdout);
      ++global_var;
      ++lokal_var;
      if(fork() == -1)
         printf("Fehler bei fork() (2)\n");
      else {
         printf ("--- Im (Kind-)Kindprozess(%d) ---\n",
            getpid());
         printf ("global_var = %d Speicheradresse : %p\n",
                  global_var, &global_var);
         printf ("lokal_var  = %d Speicheradresse : %p\n",
                  lokal_var, &lokal_var);
         break;
      }
      break;
   default:
      printf ("--- Im Elternprozess (%d) ---\n",getpid());
      printf ("global_var = %d Speicheradresse : %p\n",
               global_var, &global_var);
      printf ("lokal_var  = %d Speicheradresse : %p\n",
               lokal_var, &lokal_var);
      fflush(stdout);
      break;
   }
   return EXIT_SUCCESS;
}
```

Das Beispiel bei der Ausführung:

```
$ gcc -o child3 child3.c
$ ./child3
--- Im Elternprozess (2512) ---
global_var = 1 Speicheradresse : 0x804982c
```

```
lokal_var  = 1 Speicheradresse : 0xbffff380
 --- Im Kindprozess (2513) ---
global_var = 1 Speicheradresse : 0x804982c
lokal_var  = 1 Speicheradresse : 0xbffff380
--- Im (Kind-)Kindprozess (2516) ---
global_var = 2 Speicheradresse : 0x804982c
lokal_var  = 2 Speicheradresse : 0xbffff380
--- Im (Kind-)Kindprozess (2513) ---
global_var = 2 Speicheradresse : 0x804982c
lokal_var  = 2 Speicheradresse : 0xbffff380
```

Nach der Freude, dies verstanden zu haben, folgt bei dieser Ausgabe wohl gleich wieder Ernüchterung. Natürlich wollen wir Sie nicht dem Knock-Out überlassen. Auch für dieses Beispiel gilt wieder der Satz vom Anfang: Mit `fork()` erzeugen Sie eine Kopie des aktuellen Prozesses. Und der `fork()`-Aufruf im Kindprozess (hier mit der PID 2513) erzeugt nun mal mit dem `fork()`-Aufruf eine Kopie von sich selbst, und diese beinhaltet ja im Code einen weiteren `fork()`-Aufruf, womit automatisch und logischerweise ein weiterer Prozess gestartet wird. Dies kann bei mehreren `fork()`-Aufrufen hintereinander sehr komplex und unübersichtlich werden. Hierzu ein Beispiel:

```
/* child4.c */
#include <unistd. h.>
#include <sys/types.h>
#include <stdio.h>
#include <stdlib.h>
#define MAX 4094

int main (void) {
   char log[MAX];
   printf("1.fork()\n");   fflush(stdout);
   fork();
   printf("2.fork()\n");   fflush(stdout);
   fork();
   printf("3.fork()\n");   fflush(stdout);
   fork();
   sleep(2);
   snprintf(log, MAX, "PID:%d PPID:%d\n",
      getpid(), getppid());
   printf("%s",log);
   fflush(stdout);
   return EXIT_SUCCESS;
}
```

So sieht's aus:

```
$ gcc -o child4 child4.c
$ ./child4
1.fork()
2.fork()
3.fork()
3.fork()
2.fork()
3.fork()
3.fork()
PID:2873 PPID:2866
PID:2866 PPID:1958
PID:2870 PPID:2867
PID:2867 PPID:1
PID:2872 PPID:2871
PID:2871 PPID:1
PID:2869 PPID:2868
PID:2868 PPID:1
```

Sie sehen hier, dass der erste `fork()`-Aufruf nur einmal, der zweite zweimal und der dritte bereits viermal aufgerufen wird.

9.8.2 Was wird vererbt und was nicht?

Hiermit möchten wir die Gelegenheit wahrnehmen, aufzulisten, was die Kinder alles so von ihren Eltern vererbt bekommen.

Das bekommen die Kinder von ihren Eltern vererbt ...

Die Kinder bekommen alle offenen Filedeskriptoren. Daher sollten Sie stets darauf achten, wenn beide Prozesse um den Schreibzugriff einer Datei ringen. Aber darauf gehen wir in Kapitel 11, »IPC – Interprozesskommunikation«, noch ausführlich ein.

Die Kinder bekommen:

- Arbeits- und Wurzelverzeichnis
- Dateierstellungsmaske
- Signalmaske und Handler
- UID, EUID, GID, EGID, Prozessgruppen-, Session-, Setuser- und Setgroup-ID etc.
- Steuerterminal (CTTY)
- Umgebungsvariablen
- Ressourcenlimits
- Shared-Memory-Segmente (sofern verwendet)

Und das bekommen die Kinder NICHT von ihren Eltern vererbt ...

- Prozess-ID (PID) und Elternprozess-ID (PPID)
- die Dateisperren (Lockings)
- Zeitschaltuhren, die z. B. mit `alarm()` gesetzt wurden
- noch nicht ausgeführte Signale (hängende Signale)
- Die Zeiten `utime`, `stime`, `cutime` und `ustime` werden beim Kindprozess auf `0` gesetzt.

9.8.3 Einen Prozess mit veränderter Priorität erzeugen

Auf das Verändern und Abfragen der Prozesspriorität sind wir bereits ausführlich eingegangen. Wollen Sie jetzt einen Prozess mit verringerter (oder eventuell erhöhter) CPU-Priorität ausführen, müssen Sie lediglich mit `fork()` einen neuen Kindprozess starten, mit der Funktion `setpriority()` im Elternprozess entsprechende Prioritäten vergeben und diesen mithilfe einer `exec*`-Funktion überlagern (mehr zu den `exec*`-Funktionen folgt in Kürze). Beachten Sie allerdings, dass ein Erhöhen der Priorität nur mit Superuser-Rechten möglich ist.

Im folgenden Beispiel wird das Programm mit dem Makro `PROGRAMM` im Kindprozess mithilfe von `execvp()` überlagert und im Elternprozess mit der Funktion `setpriority()` auf die Priorität gesetzt, die mit dem Makro `PRIORITY` angegeben wird. Passen Sie die Angaben der beiden Makros `PROGRAMM` und `PRIORITY` bitte Ihren Bedürfnissen an. Im Beispiel wird `find` mit der niedrigsten Priorität ausgeführt. Natürlich können dabei weitere Argumente aus der Kommandozeile für `find` mit übergeben werden, die ebenfalls ausgewertet und verwendet werden.

```
/* prio_child.c */
#include <stdlib.h>
#include <unistd. h.>
#include <sys/types.h>
#include <sys/time.h>
#include <sys/resource.h>

/* Bitte anpassen */
#define PROGRAM "/usr/bin/find"
/* Bitte anpassen */
#define PRIORITY 19
/* Max. Argumente aus der Kommandozeile */
#define MAX_ARGS 1024

int main (int argc, char **argv) {
   int i;
```

```
   pid_t pid;
   char *args[MAX_ARGS + 1] = { PROGRAM, NULL };

   seteuid (getuid ());  /* Privilegien entfernen */
    /* Argumente kopieren */
    for (i = 1; i < argc && i < MAX_ARGS; i++)
      args[i] = argv[i];
   args[i] = NULL;

   /* Neuen Prozess für PROGRAMM erzeugen */
   pid = fork ();
   if (pid == 0) {
      /* neuen Prozess PROGRAMM starten */
      execvp (PROGRAM, args);
   }
   else {
      /* Privilegien wieder einführen */
      seteuid (0);
      /* Priorität für PROGRAMM (pid) auf PRIORITY setzen */
      setpriority (PRIO_PROCESS, pid, PRIORITY);
   }
   return EXIT_SUCCESS;
}
```

Das Programm bei der Ausführung:

```
$ gcc -o prio_child prio_child.c
$ ./prio_child /home -name child\*
/home/tot/Kap6/child
/home/tot/Kap6/child2.c
/home/tot/Kap6/child3.c
/home/tot/Kap6/child4.c
/home/tot/Kap6/child2
/home/tot/Kap6/child3
/home/tot/Kap6/child4
/home/tot/Kap6/child.c
/home/tot/backups/21_April_14/Listings/kap5/child1.c
/home/tot/backups/21_April_14/Listings/kap5/child2.c
/home/tot/backups/21_April_14/Listings/kap5/child3.c
/home/tot/backups/21_April_14/Listings/kap5/child.c
```

9.9 Warten auf einen Prozess

Wenn es nötig ist, auf die Beendigung eines Prozesses zu warten, z. B. einer Client-Server-Anwendung, dann stehen zu diesem Zweck die beiden Funktionen `wait()` und `waitpid()` zur Verfügung. Beendet sich der Elternprozess vor dem Kindprozess, entsteht ein »verwaister« Kindprozess. Dessen nimmt sich der `init`-Prozess an, der (Urgroß-)Vater aller Prozesse. Hier sehen Sie an einem Beispiel, worauf wir hinauswollen:

```
/* waise.c */
#include <unistd. h.>
#include <sys/types.h>
#include <stdio.h>
#include <stdlib.h>

int main (void) {
   pid_t pid;

   switch (pid = fork ()) {
   case -1:
      printf ("Fehler bei fork()\n");
      break;
   case 0:
      printf ("--- Im Kindprozess (%d) ---\n",getpid());
      printf("Elternprozess : %d\n", getppid());
      sleep(2);
      printf ("--- Im Kindprozess (%d) ---\n",getpid());
      printf("Elternprozess : %d\n", getppid());
      break;
   default:
      printf ("--- Im Elternprozess (%d) ---\n",getpid());
      sleep(1);
      printf(" --- Elternprozess endet vorzeitig ---\n");
      exit(0);  /* Sofort beenden */
   }
   return EXIT_SUCCESS;
}
```

Das Programm bei der Ausführung:

```
$ gcc -o waise waise.c
$ ./waise
--- Im Kindprozess (3356) ---
Elternprozess : 3355
--- Im Elternprozess (3355) ---
```

```
 --- Elternprozess endet vorzeitig ---
 --- Im Kindprozess (3356) ---
Elternprozess : 1
```

Die Ausgabe zeigt, wie nach vorzeitiger Beendigung des Elternprozesses `init` (`PPID` = 1) der neue Elternprozess geworden ist.

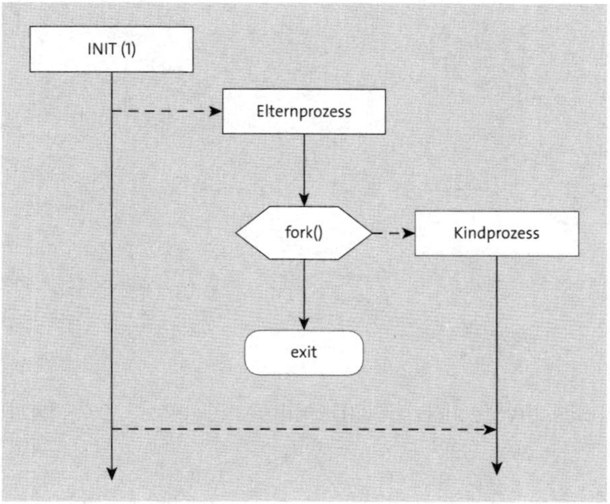

Abbildung 9.1 Der Elternprozess beendet sich vor dem Kindprozess.

Anders hingegen sieht die Sache aus, wenn sich der Kindprozess verabschiedet, ohne dass der Elternprozess davon in Kenntnis gesetzt wurde. Hier sehen Sie ein Beispiel zu diesem Fall:

```
/* zombie.c */
#include <unistd.h>
#include <sys/types.h>
#include <stdio.h>
#include <stdlib.h>

int main (void) {
   pid_t pid;

   switch (pid = fork ()) {
   case -1:
      printf ("Fehler bei fork()\n");
      break;
   case 0:
      printf("--- Im Kindprozess (%d) ---\n",getpid());
      printf("Elternprozess : %d\n", getppid());
      printf("--- Kindprozess beendet sich ---\n");
      exit(0);
```

```
    default:
        printf("--- Im Elternprozess (%d) ---\n",getpid());
        printf("--- Beenden mit <STRG>+<C> ---\n");
        while(1); /* Endlosschleife */
    }
    return EXIT_SUCCESS;
}
```

Das Programm bei der Ausführung:

```
$ gcc -o zombie zombie.c
$ ./zombie
--- Im Kindprozess (3457) ---
Elternprozess : 3456
--- Kindprozess beendet sich ---
--- Im Elternprozess (3456) ---
--- Beenden mit <STRG>+<C> ---
```

Öffnen Sie nun eine weitere Konsole, und lassen Sie sich die laufenden Prozesse mit ps bzw. in einer X-Konsole mit ps x anzeigen:

```
$ ps f
...
 PID TTY       STAT   COMMAND
 3456 pts/2     R      0:04 ./zombie
 3457 pts/2     Z      0:00    \_ [zombie] <defunct>
 3458 pts/1     R      0:00 ps
...
```

Der Kindprozess, der sich beendet hat, ohne dass der Elternprozess sich bereits darum gekümmert hat, wird als Zombie bezeichnet. Der Zustand wird hier bei ps mit Z angezeigt. Bei den verwaisten Prozessen, die zuvor besprochen wurden, übernahm init die Aufgabe, die Sie jetzt in solch einem Fall selbst übernehmen müssen. Wenn Sie schon Kinder auf die Welt bringen, müssen Sie auch für sie geradestehen. init macht nämlich nichts anderes mit dem Waisenprozess, als eine wait()-Funktion aufzurufen, um auf den Beendigungsstatus zu warten.

Hier sehen Sie die Syntax der beiden Funktionen, mit denen Sie auf die Beendigung des Kindprozesses warten können:

```
#include <sys/types.h>
#include <sys/wait.h>

pid_t wait( int *status );
pid_t waitpid( pid_t pid, int *status, int optionen );
```

Die Funktion `wait()` wartet, bis sich ein Kindprozess beendet, und gibt dessen PID als Rückgabewert zurück. Bei Fehlern wird `-1` zurückgegeben. Die Funktion `waitpid()` hingegen wartet auf einen bestimmten Kindprozess mit der in `pid` als erstes Argument angegebenen Prozess-ID. Sofern beim Argument `status` nicht der `NULL`-Zeiger angegeben wurde, wird hier die Statusinformation zu dem beendeten Prozess gespeichert. Um diesen Status auszuwerten, sind in der Headerdatei *<sys/wait.h>* die Makros aus Tabelle 9.6 definiert:

Makro	Bedeutung
`WIFEXITED( status )`	Ist `TRUE`, wenn sich ein Kindprozess normal beendet hat. Wollen Sie dabei den genauen Rückgabewert vom Kindprozess erfragen, dann können Sie ihn mit dem Makro `WEXITSTATUS(status)` abfragen.
`WIFSIGNALED( status )`	Ist `TRUE`, wenn der Kindprozess durch ein Signal terminiert wurde, das dieser nicht abgefangen hat.
`WTERMSIG( status )`	Damit können Sie die Nummer des Signals erfahren, die den Prozessabbruch bewirkt hat.
`WCOREDUMP( status )`	In BSD und SVR4 können Sie damit erfahren, ob das Signal, das den Kindprozess abgebrochen hat, eine Core-Datei angelegt hat.
`WIFSTOPPED( status )`	Ist `TRUE`, wenn ein Kindprozess angehalten wurde.
`WSTOPSIG( status )`	Die Nummer des Signals, die den Kindprozess gestoppt hat.

Tabelle 9.6 Makros in »<sys/wait.h>«

Um den Status auszuwerten, schreibt man am besten extra eine Funktion dazu. Hier folgt ein Beispiel mit der Funktion `wait()`. Es wird ein Kindprozess erzeugt und abgefragt, wie dieser beendet werden soll (normal oder anormal). Der Elternprozess wartet in der Zwischenzeit auf den Kindprozess mit `wait()`. Sobald sich der Kindprozess beendet, fährt der Elternprozess über die selbst geschriebene Funktion `child_status()` mit der Auswertung des zurückgegebenen Status des Kindprozesses fort. Auf den Status `WCOREDUMP()` wurde aus Portabilitätsgründen verzichtet. Sofern das Makro auf Ihrem System vorhanden ist, können Sie dies gerne selbst nachholen. Hier sehen Sie das Beispiel dazu:

```
/* wait.c */
#include <unistd.h>
#include <sys/wait.h>
#include <sys/types.h>
#include <stdio.h>
#include <stdlib.h>
#include <signal.h>
#include <errno.h>
```

```
static void child_status (int status) {
   if (WIFEXITED (status)) {
      printf ("Kind normal beendet mit Rückgabewert %d\n",
         WEXITSTATUS(status));
   }
   else if (WIFSIGNALED (status)) {
      printf ("Kind mit Signalnummer %d beendet\n",
         WTERMSIG(status));
      /* WCOREDUMP könnte hier stehen */
   }
   else if (WIFSTOPPED (status)) {
      printf ("Kind wurde angehalten mit Signalnummer %d\n",
         WSTOPSIG(status));
      /* I.d.R. wird dies SIGSTOP sein, aber es gibt */
      /* ja auch noch das ptrace()-Interface.        */
   }
}

int main (void) {
   pid_t pid;
   int status;
   int end;

   switch (pid = fork ()) {
   case -1:
      perror("fork()");
      return EXIT_FAILURE;
   case 0:
      printf (" --- Im Kindprozess ---\n");
      printf ("Wie wollen Sie den Prozess beenden?\n\n");
      printf ("- 1 - WIFEXITED   (normal)\n");
      printf ("- 2 - WIFSIGNALED (anormal)\n");
      printf ("Ihre Auswahl : ");
      scanf ("%d", &end);
      if (end == 1)
         exit (66);
      else if (end == 2)
         abort ();  /* Entspricht kill(0, SIGABRT); */
      else
         printf ("Was den nun? ->%d<- ???\n", end);
      break;     /* Normale Beendigung mit 0 */
   default:      /* Elternprozess wartet auf Kind mit pid */
      if (wait (&status) != pid) {
```

```
            perror("wait()");
            return EXIT_FAILURE;
         }
         /* Status vom Kind auswerten */
         child_status (status);
      }
      return EXIT_SUCCESS;
}
```

Das Programm bei der Ausführung:

```
$ gcc -o wait wait.c
$ ./wait
 --- Im Kindprozess ---
Wie wollen Sie den Prozess beenden?

- 1 - WIFEXITED   (normal)
- 2 - WIFSIGNALED (abnormal)
Ihre Auswahl : 1
Kindprozess normal beendet mit Rückgabewert 66
$ ./wait
 --- Im Kindprozess ---
Wie wollen Sie den Prozess beenden?

- 1 - WIFEXITED   (normal)
- 2 - WIFSIGNALED (abnormal)
Ihre Auswahl : 2
Kindprozess mit Signalnummer 6 beendet
```

Zu den Signalen erfahren Sie in Kapitel 10 noch mehr. Also sparen wir uns hierzu erst einmal eine Erläuterung.

Mit `wait()` können Sie allerdings nur auf die Beendigung des nächsten Prozesses warten. Wollen Sie hingegen auf die Beendigung eines bestimmten Prozesses warten, dann ist `waitpid()` Ihr Fall. Mit dem ersten Argument von `waitpid()` legen Sie fest, worauf Sie warten wollen. Dazu haben Sie vier Möglichkeiten:

pid	Bedeutung
`-1`	auf beliebigen Prozess warten – äquivalent zu `wait()`
`pid`	auf die Beendigung von `pid` warten

Tabelle 9.7 Mögliche Angaben für das erste Argument von »waitpid()«

pid	Bedeutung
0	auf die Beendigung eines Prozesses warten, dessen Prozessgruppen-ID gleich der Prozessgruppen-ID des aufrufenden Prozesses ist
< -1	auf die Beendigung eines Prozesses warten, dessen Prozessgruppen-ID dem absoluten Wert von pid entspricht

Tabelle 9.7 Mögliche Angaben für das erste Argument von »waitpid()« (Forts.)

Des Weiteren können Sie über das dritte Argument, optionen, das Verhalten von waitpid() beeinflussen. Folgende Konstanten können dabei verwendet werden:

Konstante	Beschreibung
WNOHANG	Der aufrufende Prozess wird nicht blockiert, wenn der Prozess pid noch nicht beendet wurde bzw. noch nicht im Zombie-Status ist. waitpid() liefert in diesem Fall 0 zurück.
WUNTRACED	Status des angehaltenen Kindprozesses, der mit pid spezifiziert wurde. Das Makro WIFSTOPPED liefert 1 zurück, wenn es sich beim Rückgabewert um die PID des angehaltenen Kindprozesses handelt.

Tabelle 9.8 Zusätzliche Optionen für das dritte Argument von »waitpid()«

Unter SVR4 und Linux ab 2.6.10 gibt es außerdem noch die Optionen WNOWAIT und WCONTINUED, die hier nicht besprochen werden. Geben Sie hingegen 0 an, wird keine Option gesetzt.

Das folgende Listing zu waitpid() zeigt die Funktion mit der Option WNOHANG im Einsatz. Diese Option sorgt dafür, dass der Elternprozess nicht, wie z. B. mit wait(), zwingend auf die Beendigung des Kindprozesses warten muss. Somit können Sie im Elternprozess ebenfalls weitere Anweisungen ausführen.

```
/* waitpid.c */
#include <unistd.h>
#include <sys/wait.h>
#include <sys/types.h>
#include <stdio.h>
#include <stdlib.h>
#include <errno.h>

int main (void) {
   pid_t pid;
   switch (pid = fork ()) {
   case -1:
      perror("fork()");
```

```
      return EXIT_FAILURE;
   case 0:
      printf (" --- Im Kindprozess ---\n");
      sleep (5);
      printf(" --- Kindprozess ist fertig ---\n");
      break;
   default:
       if (waitpid (pid, NULL, WNOHANG) != 0) {
          perror("waitpid()");
          return EXIT_FAILURE;
       }
       // Hier könnte weiterer Code ausgeführt werden
       printf (" --- Elternprozess blockiert nicht ---\n");
   }
   return EXIT_SUCCESS;
}
```


Das Programm bei der Ausführung:

```
$ gcc -o waitpid waitpid.c
$ ./waitpid
--- Im Kindprozess ---
--- Elternprozess blockiert nicht ---
--- Kindprozess ist fertig ---
```

9.10 Die exec-Familie

Die Funktionen der exec-Familie wurden in diesem Kapitel schon des Öfteren erwähnt. Häufig finden Sie diese Anwendung, wenn mit fork() ein neuer Kindprozess erzeugt und – mit dem Aufruf einer exec-Funktion durch das neue angegebene Programm – komplett ersetzt wird.

Außerdem bewirkt ein exec-Aufruf auch keine Änderung der PID, da ja kein neuer Prozess erzeugt wird, sondern eben nur die Segmente des aktuellen Prozesses durch die Segmente des neuen Prozesses überschrieben werden. Es gibt sechs verschiedene exec-Funktionen, die sich nur geringfügig anhand der Parameter voneinander unterscheiden. Allerdings basieren alle exec-Funktionen auf der Funktion execve(), die einen Systemaufruf darstellt.

Hier sehen Sie die Syntax der vorhandenen exec-Funktionen:

```
#include <unistd.h>

extern char **environ;
```

```
/* Bibliotheksfunktionen */
int execl(const char *path, const char *arg, ...);
int execlp(const char *file, const char *arg, ...);
int execle(const char *path, const char *arg , ...,
           char *const envp[]);
int execv(const char *path, char *const argv[]);
int execvp(const char *file, char *const argv[]);

/* Systemaufruf */
int execve(const char *filename, char *const argv [],
          char *const envp[]);
```

Alle Funktionen geben im Falle eines Fehlers -1 zurück, ansonsten gibt es bei ihrer Ausführung keine Rückkehr mehr zum aufrufenden Programm. Es ist daher überflüssig, den Rückgabewert zu überprüfen; man kann gleich mit der Fehlerroutine weitermachen. Die einzelnen Funktionen unterscheiden sich anhand der Endungen, wobei jeder der vier Buchstaben folgende Bedeutung hat:

Buchstabe	Bedeutung
e	Es wird eine Environmentliste (Umgebungsvariablen) als Vektor erwartet.
l	Es werden die Kommandozeilenargumente in Form einer Liste erwartet.
v	Es werden die Kommandozeilenargumente in Form eines Vektors erwartet.
p	Es wird ein Dateiname und nicht ein Pfadname als Argument zum Aufruf des Programms erwartet.

Tabelle 9.9 Bedeutung der Endungen von »exec«-Funktionen

Damit Sie die vielen verschiedenen Versionen der Funktion besser verstehen, wollen wir Ihnen zu jeder einen kurzen Codeausschnitt zu deren Anwendung aufzeigen.

9.10.1 execl()

Das folgende Listing soll den Inhalt des aktuellen Arbeitsverzeichnisses mit `ls -l /home/user` ausgeben:

```
/* execl.c */
#include <stdio.h>
#include <unistd.h>
#include <dirent.h>
#define MAX 255
```

```
int main (void) {
   char wd[MAX];

   wd[MAX - 1] = '\0';
   if(getcwd(wd, MAX - 1) == NULL)
      printf ("Konnte Arbeitsverzeichnis nicht"
              " ermitteln\n");
   else
      return execl ("/bin/ls", "ls", "-l", wd, NULL);
}
```

Das zweite Argument wird in der Prozesstabelle als Prozessname ausgegeben. Würden Sie also z. B.


```
execl ("/bin/ls", "whoami", "-l", wd, NULL);
```

angeben, würde trotzdem das Arbeitsverzeichnis aufgelistet werden und nicht das Programm *whoami*, weil es *whoami* im aktuellen Verzeichnis nicht gibt. Als Prozessname, mit `ps` bzw. `ps x`, würden Sie hier allerdings den Namen `whoami` aufgelistet bekommen.

9.10.2 execve()

Das folgende Listing ruft die Anwendung `printenv` auf und verändert die Umgebungsvariablen von diesem Prozess:

```
/* exec2.c */
#include <stdio.h>
#include <unistd.h>

int main (void) {
    char *args[] = {"printenv", NULL};
    char *env[] =  {
       "SHELL=/bin/bash",
       "LOGNAME=a_username",
       "OSTYPE=L1NuX", NULL
    };
    return execve("/usr/bin/printenv", args, env);
}
```

9.10.3 execv()

```
/* exec3.c */
#include <stdio.h>
#include <unistd.h>
```

```
int main (void) {
   char *argumente[4] = { "ls", "-l", "/usr/bin", NULL };
   return execv ("/bin/ls", argumente);
}
```

Was hier geschieht, sollte eigentlich ersichtlich sein. Das Beispiel ist ähnlich wie das mit execve(), nur dass hier keine Environmentvariablen mitgegeben werden. Stattdessen wird das aktuelle Environment übergeben.

9.10.4 execle()

Diese exec-Funktion ist ähnlich wie execve(), nur dass die Argumente in Listenform getrennt mit NULL von den Umgebungsvariablen in Vektorform erfolgen.

```
/* exec4.c */
#include <stdio.h>
#include <unistd.h>

int main (void) {
   char *environment[4];

   environment[0] = "SHELL=/bin/csh";
   environment[1] = "LOGNAME=heino";
   environment[2] = "OSTYPE=LiNuX";
   environment[3] = NULL;

   return execle( "/usr/bin/printenv", "printenv",
                  NULL, environment );
}
```

9.10.5 execlp()

Die Besonderheit von lp ist, dass das erste Argument zu execlp() nicht ein absoluter Dateiname sein muss, wie dies bei der Listenform von execle() der Fall ist:

```
/* exec5.c */
#include <stdio.h>
#include <stdlib.h>
#include <unistd.h>
```

```
int main (void) {
   return execlp("/bin/ls","ls","-l",getenv("HOME"),NULL);
}
```

9.10.6 execvp()

Ähnlich wie eben execlp(), nur werden die Argumente als Vektor übergeben:

```
/* exec6.c */
#include <stdio.h>
#include <stdlib.h>
#include <unistd.h>

int main (void) {
   char *argumente[4];
   argumente[0] = "ls";
   argumente[1] = "-l";
   argumente[2] = getenv("HOME");
   argumente[3] = NULL;

   return execvp ("/bin/ls", argumente);
}
```

9.10.7 Kindprozesse mit einem exec-Aufruf überlagern

Jetzt wollen wir Ihnen das Beispiel zeigen, wie Sie einen neuen Prozess erzeugen und diesen mittels eines exec-Aufrufs zu einem vom Elternprozess unabhängigen Prozess machen können. Dazu soll als Beispiel nicht wieder irgendein Kommando gestartet werden, sondern ein von Ihnen selbst geschriebenes Programm. Hierzu verwenden Sie folgendes Beispiel:

```
/* my_programm.c */
#include <stdio.h>
#include <stdlib.h>

int main(int argc, char **argv) {
   int i;

   printf("Progammname : %s\n", argv[0]);
   for( i=1; i < argc; i++)
      printf("Argumente %d : %s\n", i, argv[i]);
   return EXIT_SUCCESS;
}
```

So weit dürfte das Listing nichts Neues mehr für Sie sein. Übersetzen Sie das Beispiel mit:

```
$ gcc -o my_programm my_programm.c
```

Jetzt kommen wir zum Listing, in dem die Segmente eines neu erzeugten Prozesses von dem eben erstellten Programm `my_programm` überschrieben werden:

```
/* exec_child.c */
#include <unistd.h>
#include <sys/wait.h>
#include <sys/types.h>
#include <stdio.h>
#include <stdlib.h>
#include <errno.h>
/* Pfad zum Programm ggf. anpassen */
#define  PROGRAMM "./my_programm"

int main (void) {
   pid_t pid;

   switch (pid = fork ()) {
   case -1:
      perror("fork()");
      return EXIT_FAILURE;
   case 0:
       execlp (PROGRAMM, PROGRAMM, "Hallo", "Welt", NULL);
       printf("Wird niemals mehr erreicht ...\n");
       break;
   default:
       if (waitpid (pid, NULL, 0) != pid) {
          perror ("waitpid()");
          return EXIT_FAILURE;
       }
   }
   return EXIT_SUCCESS;
}
```

Passen Sie die Konstante `PROGRAMM` bitte an Ihren Pfadnamen an. Jetzt können Sie auch dieses Listing übersetzen und starten:

```
$ gcc -o exec_child exec_child.c
$ ./exec_child
Progammname : /home/tot/my_programm
```

```
Argumente 1 : Hallo
Argumente 2 : Welt
```

Hiermit wurde im Kindprozess der komplette Prozess von dem Programm my_programm überschrieben und als Prozess ohne Wiederkehr ausgeführt. Der Programmname hier ist natürlich nicht verbindlich und entspricht nur dem Namen, der als Prozesseintrag verwendet wird. Würden Sie den exec-Aufruf folgendermaßen realisieren

```
execlp (PROGRAMM, "wasistdas", "Hallo", "Welt", NULL);
```

würde der Programmname "wasistdas" lauten. Sie können diese Art von exec-Aufrufen jetzt gern mit den anderen exec-Funktion testen und ausprobieren.

9.11 Kommandoaufrufe aus dem Programm – system()

Mit der Funktion system() können Sie aus Ihrem eigenen Programm ein anderes Programm starten. Damit können Sie alle Aufrufe starten, die Sie sonst auch in der Shell starten können. Außer Kommandos der Shell und anderen Anwendungen sind dabei auch Metazeichen wie *, |, < oder > zu beachten; und auch die verschiedenen Anführungszeichen können und müssen so verwendet werden, als würden Sie den Befehl manuell eingeben. Ein Dateiname darf aus allen Zeichen mit Ausnahme von \0 (Stringende) und / (Verzeichnisoperator) bestehen. Es können Newlines und sonstige Steuerzeichen vorkommen. Es sind also auch Dateiexpansionen, Pipes, Umleitungen etc. möglich. Die Funktion system() ist eine Mischung aus fork(), exec*() und waitpid() und kann auch dafür eingesetzt werden. Hier ist die Syntax zum Aufruf:

```
#include <stdlib.h>

int system(const char *kommando);
```

Beim Aufruf der Funktion wird eine Shell (/bin/sh) in einem eigenen Prozess gestartet und führt kommando aus. Danach wartet system() auf die Beendigung des (Kind-)Prozesses. So lange bleibt der aufrufende Prozess allerdings auch blockiert. Wenn die Shell nicht gestartet werden konnte, wird als Fehler der Wert 127 zurückgegeben. Bei fehlerfreier Ausführung gibt system() 0 zurück, ansonsten den Rückgabewert der Shell.

Hierzu zeigen wir ein Beispiel, das mithilfe des system()-Aufrufs im Verzeichnis /usr/include nach allen Dateien sucht, die mit der Zeichenfolge std beginnen:

```
/* my_find.c */
#include <stdlib.h>
#include <stdio.h>
```

```
int main (void) {
   printf("Vor dem system()-Aufruf\n");
   system("find /usr/include -name 'std*'");
   printf("Nach dem system()-Aufruf\n");
   return  EXIT_SUCCESS;
}
```

Das Programm bei der Ausführung:

```
$ gcc -o my_find my_find.c
$ ./my_find
Vor dem system()-Aufruf
/usr/include/g++/ext/stdio_filebuf.h
/usr/include/g++/stdexcept
/usr/include/bits/stdio-lock.h
/usr/include/bits/stdio.h
/usr/include/bits/stdio_lim.h
/usr/include/linux/stddef.h
/usr/include/stdio.h
/usr/include/stdio_ext.h
/usr/include/stdint.h
/usr/include/stdlib.h
Nach dem system()-Aufruf
```

9.12 Dämonen bzw. Hintergrundprozesse

Als Dämonen[5] oder auch Hintergrundprozesse werden Prozesse bezeichnet, die ihre Arbeit unabhängig von der Steuerung des Terminals im Hintergrund ausführen – sprich den Prozessen ist nicht unbedingt ein Controlling Terminal (CTTY) zugeordnet. Auf Ihrem Rechner läuft mindestens ein gutes Dutzend solcher Prozesse. Einige sehr bekannte Dämonen sollen hier nicht unerwähnt bleiben – ohne dass wir näher auf sie eingehen (für ausführliche Informationen lesen Sie bitte die entsprechenden Manual Pages).

- *cron* – Mit dem *cron*-Dämon können Sie andere Prozesse (vor allem auch Dämonprozesse) zu einer von Ihnen bestimmten Zeit starten. Der »kleine Bruder« von *cron* ist *atd*, der Einmalprozesse behandelt, während *cron* vorwiegend für wiederkehrende Ereignisse genutzt wird.
- *xinetd* – Dies ist ein Dämon, der andere Netzwerkdämonen startet. (Er wird daher auch »Superdämon« genannt.) Er wird mit *xinetd.conf*, */etc/xinet.d/** gesteuert.

5 Es gibt eigenartige Erklärungen für dieses Wort; man kann es sich bildlich wie eine übernatürliche Einflussnahme aus dem Hintergrund vorstellen. Da aber manche dieses Wort mit religiösen Konfliktthemen in Verbindung bringen, geriet es in die Kritik und wird nicht mehr so häufig in der Literatur verwendet.

- *lpd, cupsd* – der Drucker-Dämon
- *syslogd, blogd* – Dämon zum Protokollieren von Systemmeldungen von anderen Dämonen
- *klogd* – Dämon, der Kernel-Meldungen protokolliert
- *ftpd, httpd, named, dhcpd, smbd, sshd, NFS* – verschiedene Netzwerkdämonen

9.12.1 Wie ein Prozess zum Dämon wird

Nachdem Sie gelernt haben, Zombies nicht zu vergessen, werden Sie jetzt einen Dämon erzeugen. Wenn Ihr Nachbar Sie fragt, was Sie den ganzen Tag vor der Kiste machen, erzählen Sie ihm das doch einmal! Bevor Sie erfahren werden, wie Sie programmtechnisch einen eigenen Dämonprozess erzeugen können (das ist ganz leicht), sollten Sie sich erst Gedanken machen, wie Sie den Dämon starten wollen. Dafür gibt es ausnahmsweise keine Funktion in C. Angestrebt ist hierfür ein Dämonprozess, der möglichst unabhängig vom Terminal ist und auch so konzipiert sein muss. Denn trifft z. B. ein Unterbrechungssignal in einem Terminal ein, von dem der Dämonprozess gestartet wurde, darf der Dämon davon nicht beeinflusst werden. Somit stehen Ihnen folgende Möglichkeiten zur Verfügung, einen Dämonprozess zu starten – deren Anwendung Sie selbst einschätzen und in Erfahrung bringen müssen:

- Sie können selbst von einem Terminal aus einen Dämonprozess im Vorder- oder Hintergrund starten. Dies eignet sich zum Beispiel hervorragend für Probeläufe des Dämons, aber nur bedingt für den Dauereinsatz in einem Mehrbenutzersystem.
- Sie können den Dämonprozess auch vom *cron*-Dämon starten lassen. Ein Dämon ruft also einen Dämon auf. Sie können natürlich auch den `at`-Befehl verwenden, um den Dämon erst zu einem bestimmten Zeitpunkt zu starten.
- Über das Netzwerk können Sie den *(x)inetd*-Superserver verwenden. Er wartet auf Netzwerkanforderungen – die Sie ihm stellen –, worauf er tatsächlich den entsprechenden Dämonprozess startet.
- Last, but not least – das Systeminitialisierungsskript, das beim Booten des Systems sämtliche Dämonen startet. Dieses Skript finden Sie häufig im Verzeichnis */etc*, */etc/rc*, */etc/init.d* usw. Es hängt von der Linux-Distribution ab, in welchem Verzeichnis genau das Skript liegt. Mehr dazu erfahren Sie weiter unten.

9.12.2 Dämon, sprich mit uns!

Wenn Sie sich entschieden haben, wie Sie den Dämon starten wollen, müssen Sie noch wissen, wo Sie die Nachrichten »ausgeben« können, sobald Ihr Dämon etwas zu sagen hat. Da ein Dämonprozess kein Ausgabeterminal hat, fällt der normale Weg über die Standardausgabe aus. Für solche Zwecke ist der *syslog*-Dämon zuständig. Der *syslog*-Dämon wird gewöhnlich ebenfalls beim Booten des Systems über das Initialisierungsskript gestartet und erst wieder beendet, wenn Sie das System (oder *syslogd* separat) herunterfahren.

9.12.3 Protokollieren von Dämonen – syslog()

Um an die Informationen des *syslogd* zu kommen, müssen Sie die Funktion `syslog()` verwenden. `syslog()` ist zwar keine POSIX-konforme Funktion, doch bieten heute die meisten Linux/Unix-Systeme diese Funktion an.

```
#include <syslog.h>

void syslog(int priority, const char *message, ...);
```

Das erste Argument, `priority`, ist eine Kombination aus dem `level` und der `facility`. Dabei kann eine Log-Nachricht einen `level` zwischen einschließlich 0 und 7 haben. Wird kein `level` angegeben, wird standardmäßig `LOG_NOTICE` (Level 5) verwendet. Tabelle 9.10 zeigt die möglichen `level` einer Log-Nachricht.

Level	Konstante	Bedeutung
0	LOG_EMERG	System ist unbrauchbar.
1	LOG_ALERT	dringend irgendwelche Aktionen einleiten
2	LOG_CRIT	kritische Nachrichten
3	LOG_ERR	normaler Fehler
4	LOG_WARNING	Warnung
5	LOG_NOTICE	normale, bedeutende Nachricht (Standard)
6	LOG_INFO	normale Nachricht
7	LOG_DEBUG	unwichtige Nachricht

Tabelle 9.10 Priorität der Nachricht

Der zweite Teil der Kombination von `priority` ist die `facility`, die zur Identifizierung des Prozesstyps dient, der die Log-Nachricht verschickt hat. Wird hier kein Wert verwendet, gilt als Standardeinstellung `LOG_USER`. Tabelle 9.11 gibt einen Überblick über die `facilitys` der Log-Nachrichten.

facility	Bedeutung
LOG_AUTH	Autorisierung
LOG_AUTHPRIV	Autorisierung (privat)
LOG_FTP	FTP-Dämon

Tabelle 9.11 Identifizierung, wer die Log-Nachricht verschickt hat

facility	Bedeutung
LOG_KERN	Kernel-Nachrichten
LOG_USER	Nachricht von Usern
LOG_MAIL	E-Mail-Subsystem
LOG_DAEMON	verschiedene Dämonen
LOG_SYSLOG	*syslog*-interne Nachrichten
LOG_LPR	Drucker-Subsystem
LOG_NEWS	News-Subsystem
LOG_UUCP	UUCP-Subsystem
LOG_CRON	*cron*-Dämon
LOG_LOCAL0...7	reserviert für lokale Verwendung (Eigenbedarf)

Tabelle 9.11 Identifizierung, wer die Log-Nachricht verschickt hat (Forts.)

Da bei Weitem nicht für jedes Programm und jeden Dämon eine extra Konstante zugewiesen werden kann (aus Platzgründen innerhalb des *level integers*), versehen die meisten Anwendungen ihre Log-Einträge sowieso mit dem eigenen Namen, z. B. mit `openlog()` (siehe unten).

Mit dem Parameter `message` geben Sie die Nachricht bei `syslog()` als eine `printf()`-typische Formatzeichenkette an.

Wenn ein Prozess die Funktion `syslog()` aufruft, wird ein *Unix Domain Datagram Socket* angelegt und mittels `connect()` mit dem Pfadnamen des angelegten Sockets (meistens */var/run/log*) verbunden. Das Socket bleibt bis zum Ende des Prozesses offen oder bis `closelog()` aufgerufen wird.

Optional kann auch die Funktion `openlog()` vor dem ersten Aufruf von `syslog()` aufgerufen werden:

```
#include <syslog.h>

void openlog(const char *ident, int option, int facility);
```

Mit `ident` legen Sie eine Zeichenkette fest, die als Indikator für erzeugte Syslog-Nachrichten dient. Für gewöhnlich verwendet man den Programmnamen. Tabelle 9.12 enthält die Optionen, die Sie verwenden können, und deren Bedeutung. (Sie können auch eine ODER-Verknüpfung für mehrere Optionen verwenden.)

Options	Bedeutung
LOG_CONS	Die Ausgabe erfolgt direkt auf die Konsole, sollte ein Fehler bei der Verbindung zum Dämon auftreten.
LOG_NDELAY	Die Verbindung zum Login-Dämon wird sofort aufgebaut (das ist ja implizit bei einer Verbindung) und nicht, wie normalerweise, wenn die erste Nachricht geschrieben wurde.
LOG_PERROR	Die Nachricht wird außer an den *syslog*-Dämon noch zusätzlich an den Fehlerkanal (`stderr`) geschickt.
LOG_PID	Wird ein Programm mehrfach gestartet, ist es sinnvoll, diese Option zu verwenden, da jede *syslog*-Nachricht eine PID enthält. Sie können damit genau ermitteln, welcher Prozess diese Nachricht geschickt hat, beispielsweise wenn Sie mit `fork()` einen Kindprozess zur Erledigung bestimmter Aufgaben erzeugen.

Tabelle 9.12 Optionen für »openlog()«

Da beim Aufruf von `openlog()` gewöhnlich kein Unix Domain Socket angelegt wird (sondern erst beim ersten `syslog()`-Aufruf), können Sie mit der Option `LOG_NDELAY` ein Socket beim Aufruf von `openlog()` erzeugen. Die Syslog-Typen für den Parameter `facility` haben Sie bereits kennengelernt (`LOG_KERN`, `LOG_USER`, `LOG_MAIL`, `LOG_DAEMON` ...).

In der Praxis könnte somit ein `openlog()`-Aufruf folgendermaßen aussehen:

```
openlog("lpd-daemon", LOG_PID, LOG_LPR);
```

Hier dient `lpd-daemon` als Kennung. Es wird außerdem immer die Prozess-ID mit ausgegeben (`LOG_PID`), und als Einrichtung wird das Druckersystem verwendet.

Wenn die Anwendung das Senden der Log-Nachrichten beendet hat, wird `closelog()` aufgerufen.

```
#include <syslog.h>

void closelog( void );
```

9.12.4 syslog() in der Praxis

In den vielen Fällen werden Sie feststellen, dass auf Ihrem System kein *syslogd* mehr läuft. Das liegt daran, dass *systemd* eine ganz ähnliche Funktionalität bietet. Es gibt aber auch noch andere Softwarepakete (wie zum Beispiel *rsyslog* oder *syslog-ng*), die von manchen Distributionen bevorzugt werden und zum Teil mit *systemd* zusammen laufen. Somit hat man einen Zustand, der als verwirrend beschrieben werden könnte. Wir zeigen Ihnen zunächst, wie es mit *syslogd* aussähe, und weisen vorab darauf hin, dass Sie die von von *systemd* verwalteten Logs mit `journalctl` einsehen können. Die Manual-Pages des jeweils verwendeten Programms sollten weitere Hinweise liefern.

Auch *syslogd* als »Vater« der meisten System-Logger ist in diesem Rahmen kaum zu präsentieren; hierfür sei ein umfassender Blick in die entsprechende Manual Page empfohlen. Aber dennoch wollen wir Ihnen das Konzept anhand eines einfachen Beispiels demonstrieren. Zu diesem Zweck benötigen Sie allerdings vollen Zugriff auf den Rechner als *root*. Sofern Sie (noch) nicht ganz bewandert im Umgang mit Linux sind, raten wir Ihnen, diesen Text zur Sicherheit erst zu lesen. Legen Sie gegebenenfalls ein Backup von der Datei */etc/syslog.conf* an.

Öffnen Sie zuerst die Datei */etc/syslog.conf* mit einem Editor. Auf dem Rechner des Autors sieht das so aus:

```
$su
Passwort:*******
# mcedit /etc/syslog.conf
...
# Mail logging
mail.=debug;mail.=info;mail.=notice  -/var/log/mail/info
mail.=warn                           -/var/log/mail/warnings
mail.err                             -/var/log/mail/errors
...
```

Sie bekommen nun die komplette Datei in */etc/syslog.conf* zu Gesicht. In gekürzter Form soll hier der Log-Eintrag für Mail verwendet werden, z. B. der Eintrag:

```
mail.=debug;mail.=info;mail.=notice
```

Dies bedeutet: Falls der *syslog*-Dämon eine Nachricht mit der Priorität `LOG_DEBUG`, `LOG_INFO` oder `LOG_NOTICE` und `facility=LOG_MAIL` erhält, wird diese in die Datei */var/log/mail/info* geschrieben.

Liest *syslog* die Nachricht mit der Priorität `LOG_WARNING`, wie dies in der nächsten Zeile mit `mail.=warn` angegeben ist, wird die Ausgabe in */var/log/mail/warnings* geschrieben.

Hierzu soll nun ein eigener Typ erstellt werden, der eine einfache Textausgabe auf ein Terminal macht. In diesem Fall erfolgt die Ausgabe auf */dev/tty1* – passen Sie die Angabe bitte Ihren Bedürfnissen an. Ein einfaches `tty` auf der Kommandozeile gibt Ihnen Auskunft darüber, welches Ihr aktuelles Terminal ist. Eine eigene Routine können Sie mit `LOG_LOCALx` (`x` ist 0 bis 7) verwenden. Nach einer Neuinstallation sollte hierfür noch keiner dieser Einträge belegt sein. Schreiben Sie nun ans Ende der Datei */etc/syslog.conf* folgenden Eintrag, und speichern Sie die Datei anschließend ab:

```
#Testroutine,
local0.=notice                                    -/dev/tty1
```

Das Programm, das zur Identifizierung des Prozesstyps jetzt `LOG_LOCAL0` und die Priorität `LOG_NOTICE` verschickt, kann seine Ausgabe auf das Terminal */dev/tty1* machen. In der Praxis sollten Sie nur Nachrichten mit höchster Priorität (`LOG_EMERG`) auf ein Terminal ausgeben – worüber Sie letztendlich selbst entscheiden. Idealer ist es in jedem Fall die Nachricht in eine Log-Datei zu schreiben, je nach Priorität der Nachricht. Wie Sie die *syslog.conf*-Datei entsprechend konfigurieren, entnehmen Sie bitte der Manual Page zu *syslogd*. Jetzt folgt ein Programmbeispiel, das die eben eingerichtete Identifizierung `LOG_LOCAL0` mit der Priorität `LOG_NOTICE` verwendet:

```
/* logging.c */
#include <stdio.h>
#include <stdlib.h>
#include <unistd.h>
#include <syslog.h>

int main(int argc, char **argv) {
   openlog( "logging",
            LOG_PID | LOG_CONS | LOG_NDELAY, LOG_LOCAL0 );
   /* Viel Code */
   /*  Etwas ist passiert -> Schick es an /dev/tty1 */
   syslog(LOG_NOTICE, "Hallo Welt mit syslog\n");
   /* Ende */
   closelog();
   return EXIT_SUCCESS;
}
```

Vorher müssen Sie den *syslog*-Dämon neu starten, damit die neue Konfiguration in *syslog.conf* übernommen wird. Dies können Sie folgendermaßen erledigen (`su`):

```
# kill -SIGTERM `cat /var/run/syslogd.pid`
# syslogd
```

Oder einfacher:

```
# kill -HUP `pidof syslogd`
```

Jetzt können Sie das Listing übersetzen und starten. Von wo Sie die Anwendung starten, ist letztendlich egal. Auf jeden Fall sollten Sie jetzt im Terminal */dev/tty1* (in X erreichen Sie es mit der Tastenkombination `Strg`+`Alt`+`F1`) etwa folgende Ausgabe erhalten:

```
[Datum] [Uhrzeit] test2[12345]: Hallo Welt mit syslog
```

Die Ausgabe haben Sie lediglich mit dem Aufruf

```
syslog(LOG_NOTICE, "Hallo Welt mit syslog\n");
```

aktiviert. In der Praxis kann `syslog()` bei der Suche nach Fehlern in Programmen (insbesondere in Programmen, die kein Terminal haben) sehr helfen – was übrigens auch mit dem Debugger *GDB* möglich ist. Sie können zum Beispiel überwachen, wer gerade wann auf ein bestimmtes Programm zugreift (und wieder Murks macht):

```
openlog("myprogramm", LOG_PID | LOG_CONS, LOG_LOCAL0);
if( (strcmp(nam1, login_name)) == 0)
  syslog(LOG_NOTICE, "Bing hat sich gerade eingeloggt");
else if( (strcmp(nam2, login_name)) == 0)
  syslog(LOG_NOTICE, "Bong hat sich gerade eingeloggt");
```


Bedenken Sie aber, wenn Sie dies auf dem Bildschirm ausgeben wollen, wer es eventuell auch lesen könnte. Linux selbst gibt normalerweise Nachrichten auf dem Bildschirm nur mit der allerhöchsten Priorität aus. Natürlich und vor allem anderen können Sie den *syslog*-Dämon zum Log(gen) eines selbst geschriebenen Dämons verwenden.

9.12.5 Den Dämon, den ich rief ...

Jetzt, da Sie wissen, wie Sie der Ausgabe von Dämonen Herr werden, sind Sie so weit, selbst welche zu beschwören. Einen fast kompletten Dämonprozess können Sie in den folgenden acht Schritten einrichten (programmiertechnisch gesehen):

1. `fork()` – erst starten Sie mit `fork()` einen neuen Kindprozess und beenden anschließend den Elternprozess. Da die Shell nun »glaubt«, dass sich der Elternprozess beendet hat, »denkt« sie, dass die Anwendung fertig ist, und der Kindprozess wird automatisch im Hintergrund ausgeführt. Die weiteren Schritte beziehen sich jetzt auf den »Kindprozess«.
2. `setsid()` – als Nächstes legen Sie mit der Funktion `setsid()` eine neue Session (Sitzung) an. Damit wird der Prozess Sessionführer der Session und der Prozessgruppenführer einer neuen Gruppe. Anschließend hat der Prozess kein Terminal (`CTTY`) mehr. Die Syntax zu `setsid()` sieht so aus:

   ```
   #include <unistd.h>

   pid_t setsid(void);
   ```

3. Signal `SIGHUP` ignorieren – da wir jetzt gleich noch mal einen Kindprozess starten und den Elternprozess beenden, müssen Sie das Signal `SIGHUP` ignorieren, da der zu beendende Prozess der Sessionführer ist und allen anderen Prozessen in der aktuellen Session ein `SIGHUP`-Signal senden würde. Zwei weitere Signale, die ein Dämon nicht erhalten sollte, sind `SIGINT` und `SIGWINCH`.

4. `fork()` die Zweite – mit einem erneuten `fork()`-Aufruf gehen Sie sicher, dass der Elternprozess der erste Kindprozess ist, der beendet wird. Dadurch sorgen Sie dafür, dass ein Dämon nicht automatisch ein Steuerterminal erhält, falls er eins öffnen würde. Gerade unter SVR4 kann der Sessionführer ein Terminal öffnen, sodass dieses Terminal zum Steuerterminal wird – genau das wollen Sie ja bei Dämonprozessen vermeiden.
5. `chdir()` (und `chroot()`) – das Arbeitsverzeichnis des Prozesses sollte nun auf das Root-Verzeichnis abgeändert werden. Allerdings gibt es auch Dämonen, die ein anderes Arbeitsverzeichnis verwenden.
6. `umask()` – die Dateimodus-Erstellungsmaske müssen Sie jetzt auf 0 setzen. Damit stellen Sie, wenn der Dämon eine Datei anlegen sollte, sicher, dass die Berechtigungsbits der geerbten Dateimodus-Erstellungsmaske keine Auswirkungen auf die neue Datei haben. Manchmal ist aber eine gewisse *umask* erwünscht. Es muss also nicht unbedingt `umask(0)` sein, sondern kann auch `umask(022)` sein – diese ist dann natürlich vom Dämon selbst zu setzen.
7. Schließen aller geöffneten Filedeskriptoren mit `close()` – ein Elternprozess könnte Ihnen nämlich noch einen störenden Filedeskriptor vererbt haben. Und zur Sicherheit schließen Sie in einer Schleife alle Filedeskriptoren, sozusagen auf Verdacht. Hierbei stellt sich die Frage, wie viele Filedeskriptoren verwendet werden. So müssen Sie die Anzahl selbst festlegen, da die geöffnete Anzahl in der Realität unendlich sein kann. Gute Werte sind 32, 64 oder 128 Filedeskriptoren – auch wenn diese nicht offen sind. Eventuell können Sie auch die symbolische Konstante `_SC_OPEN_MAX` (falls vorhanden) oder `OPEN_MAX` aus *stdio.h* (garantiert vorhanden) verwenden.[6]
8. *syslogd* mit `openlog()` aufrufen

Das folgende Listing demonstriert die einzelnen Schritte. Im Beispiel gehen wir auch davon aus, dass Sie die Schritte im Kapitel zuvor mit dem *syslog*-Dämon und der Funktion `syslog()` nachvollzogen haben und dass sich in der Datei */etc/syslog.conf* folgender Eintrag befindet:

```
#Testroutine,
local0.=notice                         -/dev/tty1
```

Über den Sinn und Unsinn der Ausgabe auf eine Konsole haben wir bereits gesprochen. Sie können gern auch testweise andere Einträge in der Datei */etc/syslog.conf* vornehmen. Eine gute Dokumentation können Sie auf der Manual Page von `syslogd(8)` und `syslog.conf(5)` nachlesen. Sollten Sie ein anderes Terminal zur Ausgabe verwendet haben, dann verwenden Sie eben dies. Das anschließende Listing startet einen Dämon, legt sich für 15 Sekunden schlafen und beendet diesen wieder – was nicht sehr sinnvoll ist, Ihnen aber eine gute Vorstellung davon vermittelt, wie die Vorgehensweise praktisch aussehen soll. Alle Ausgaben

6 Ob diese Vorgehensweise wirklich »gutes Benehmen« ist, darüber gehen die Meinungen auseinander. Im Zweifel sollten Sie nicht übertrieben paranoid vorgehen und nicht versuchen, mit aller Kraft wirklich alle möglichen Filedeskriptoren zu schließen.

erfolgen im Beispiel auf das Terminal, das Sie in der Datei */etc/syslog.conf* eingetragen haben.

```
/* daemon.c */
#include <stdio.h>
#include <unistd.h>
#include <syslog.h>
#include <sys/types.h>
#include <sys/stat.h>
#include <signal.h>
#include <stdlib.h>

typedef void (*sighandler_t)(int);

static sighandler_t
handle_signal (int sig_nr, sighandler_t signalhandler) {
   struct sigaction neu_sig, alt_sig;

   neu_sig.sa_handler = signalhandler;
   sigemptyset (&neu_sig.sa_mask);
   neu_sig.sa_flags = SA_RESTART;
   if (sigaction (sig_nr, &neu_sig, &alt_sig) < 0)
      return SIG_ERR;
   return alt_sig.sa_handler;
}

static void start_daemon (const char *log_name, int facility) {
   int i;
   pid_t pid;

   /* Elternprozess beenden, somit haben wir einen Waisen */
   /* dessen sich jetzt vorerst init annimmt             */
   if ((pid = fork ()) != 0)
      exit (EXIT_FAILURE);

   /* Kindprozess wird zum Sessionführer. Misslingt  */
   /* dies, kann der Fehler daran liegen, dass der   */
   /* Prozess bereits Sessionführer ist              */
   if (setsid() < 0) {
      printf("%s kann nicht Sessionführer werden!\n",
         log_name);
      exit (EXIT_FAILURE);
   }
```

```
   /* Signal SIGHUP ignorieren */
   handle_signal (SIGHUP, SIG_IGN);
   /* Oder einfach: signal(SIGHUP, SIG_IGN) ... */
   /* Das Kind terminieren */
   if ((pid = fork ()) != 0)
      exit (EXIT_FAILURE);

   /* Gründe für das Arbeitsverzeichnis:
    * + core-Datei wird im aktuellen Arbeitsverzeichnis
    *   hinterlegt.
    * + Damit bei Beendigung mit umount das Dateisystem
    *   sicher abgehängt werden kann
    */
   chdir ("/");

   /* Damit wir nicht die Bitmaske vom Elternprozess    */
   /* erben bzw. diese bleibt, stellen wir diese auf 0  */
   umask (0);

   /* Wir schließen alle geöffneten Filedeskriptoren ... */
   for (i = sysconf (_SC_OPEN_MAX); i > 0; i--)
      close (i);

   /* Da unser Dämonprozess selbst kein Terminal für  */
   /* die Ausgabe hat....                             */
   openlog ( log_name,
             LOG_PID | LOG_CONS| LOG_NDELAY, facility );
}
int main (int argc, char **argv) {
   int time   = 15;

   start_daemon ("meinDaemon", LOG_LOCAL0);
   while (1) {
      /* Enlosschleifen: Hier sollte nun der Code für den
       * Daemon stehen, was immer er auch tun soll.
       * Bspw. E-Mails abholen, versenden (was kein
       * Verweis sein soll, um mit dem Spammen anzufangen);
       * Bei Fehlermeldungen beispielsweise:
       * if(dies_ist_passiert)
       *    syslog(LOG_WARNING, "dies_ist_Passiert");
       * else if(das_ist_Passiert)
       *    syslog(LOG_INFO, "das_ist_Passiert");
       */
```

```
            syslog( LOG_NOTICE, "Daemon gestartet ...\n");
            sleep(time);
            syslog( LOG_NOTICE,
                    "Daemon läuft bereits %d Sekunden\n", time );
            break;
        }
        syslog( LOG_NOTICE, "Daemon hat sich beendet\n");
        closelog();
        return EXIT_SUCCESS;
}
```


Das Programm bei der Ausführung:

```
$ gcc -o daemon daemon.c
$ ./daemon
```

Ein Blick auf das Terminal (bei mir /dev/tty1):

```
Mar 10 07:06:26 linux meinDaemon[2684]: Daemon gestartet ...
Mar 10 07:06:41 linux meinDaemon[2684]: Daemon läuft bereits 15 Sekunden
Mar 10 07:06:41 linux meinDaemon[2684]: Daemon hat sich beendet
```

Während der Ausführung dürfen Sie gern die Prozessüberwachung auflisten. Sie finden den Dämonprozess für gewöhnlich mit folgendem Eintrag in der Prozesstabelle:

```
$ ps xj
 PPID   PID  PGID   SID TTY    TPGID STAT  UID  TIME COMMAND
...
    1  2691  2690  2690 ?         -1 S     500  0:00 ./daemon
...
```

Sie erkennen den Dämon speziell daran, dass er kein Steuerterminal (TTY=?) und als Erkennung des Elternprozesses die PPID 1 (*init*) hat.

9.13 Rund um die Ausführung von Prozessen

Jetzt haben Sie zwar eine Menge über Prozesse erfahren, aber häufig fehlt es noch ein wenig am Detail. Hiermit ist nicht mehr der programmiertechnische Aspekt gemeint, sondern alles rund um die Ausführung von Prozessen. Bisher haben wir mal von einem Hintergrundprozess, dann wieder von einem *init*-Skript oder einem *cron*-Job gesprochen – eine Menge Know-how, das wir nicht als gegeben voraussetzen, weshalb wir darauf auf den nächsten Seiten bis zum Schluss dieses Kapitels eingehen.

9.13.1 Einen Dämon beim Booten mit einem init-Skript starten

Kommen wir zum allgemeinen Verständnis auf den Bootvorgang: Sobald der Kernel gestartet wurde, kann dieser traditionell erst nur lesend auf die Root-Partition zugreifen. Der erste Prozess, den der Kernel dann startet, ist `init` (*/sbin/init*), der Prozess mit der Prozessidentifikationsnummer (PID) 1. `init` wurde bereits in diesem Kapitel erwähnt und ist somit der Elternteil aller noch folgenden Prozesse. `init` kümmert sich beim Start zunächst um die Konfigurationen des Systems und das Ausführen vieler Dämonprozesse.

> **Hinweis**
>
> Wir haben schon erwähnt, dass viele Distributionen gar kein `init` mehr haben.

```
$ ps axu |head -n1
root      1  0.0  0.0 189248  4376 ?       Ss   24:01   0:13 /usr/lib/systemd/systemd
 --switched-root --system -deserialize 21
```

Sie sehen, dass hier kein `init` zu sehen ist. Sollte das bei Ihnen ebenso der Fall sein, lesen Sie bitte im nächsten Abschnitt weiter. Beachten Sie allerdings, dass manche Distributionen `systemd` so eingerichtet haben, dass es behauptet, »init« zu heißen. (Es wäre wohl sonst auch zu simpel.)

```
$ ls -l /sbin/init
lrwxrwxrwx. 1 root root 22 Jan 16 20:10 /sbin/init -> ../lib/systemd/systemd
```

Dieser Abschnitt ist übrigens auch mit `systemd` nicht automatisch vollkommen sinnlos – manche Distributionen erfreuen den Entwickler mit einem Kompatibilitätsmodus, in dem ein Startskript im Verzeichnis */etc/init.d/* auf einen `systemd`-Service gleichen Namens gemappt wird. Leider ist das nicht überall so.

> **Hinweis**
>
> Im Übrigen müssen wir darauf hinweisen, dass sich über `init` keine 100 %igen Aussagen machen lassen. Hier kochen die jeweiligen Distributionen häufig ihr eigenes Süppchen. Die Unterschiede beziehen sich wieder insbesondere auf die Verzeichnisse, in denen sich die *init*-Dateien befinden, und darauf, welche Konfigurationsdateien hierbei berücksichtigt werden. Natürlich soll das auch heißen, dass die *init*-Pakete verschiedener Distributionen gewöhnlich gänzlich inkompatibel sind und nicht untereinander ausgetauscht werden können. Daher folgt hier zunächst ein allgemeiner Überblick über den *init*-Prozess (genauer System-V-*init*).

Nachdem der Kernel `init` gestartet hat, wertet *init* zuallererst die Konfigurationsdatei */etc/inittab* aus. Anschließend führt *init* ein Shellskript zur Systeminitialisierung aus. Der Pfad und der Name des Shellskripts sind wieder abhängig von der Distribution. Als Nächstes wird mit `rc` ein weiteres Shellskript gestartet, das sich wiederum abhängig von der Distribution in unterschiedlichen Verzeichnissen befinden kann.

`rc` startet jetzt die einzelnen Shellskripts, die sich in den Verzeichnissen *rc[n].d* befinden, wobei *n* hier für den Runlevel steht. Die Skriptdateien (auch Startup-Skripte genannt) in diesem Verzeichnis wiederum starten jetzt die Dämonen (Systemdienste). Der Speicherort der *rc[n].d*-Verzeichnisse hängt wieder stark von der Distribution ab, aber meistens sollten Sie sie unter */etc* oder */etc/init.d* finden.

Runlevel

init verwendet gewöhnlich sieben Runlevels, wobei jeder Runlevel jeweils eine Gruppe von Diensten beinhaltet, die das System beim Starten oder Beenden ausführen soll. Es gibt in */etc/inittab* auch einen »Default-Runlevel«, der wiederum von den Distributionen abhängt. Welcher Runlevel jetzt welche Dienste startet, ist von symbolischen Links in den Verzeichnissen *rc[n].d* abhängig. Diese symbolischen Links verweisen meistens auf die Startup-Skripte der Dienste, die in */etc/init.d* abgelegt werden. Tabelle 9.13 gibt Ihnen einen Überblick über die unterschiedlichen Runlevels und über deren Bedeutung (bei den gängigsten Distributionen zumindest):

Runlevel	Bedeutung
0	Dieser Runlevel hält das System komplett an (Shutdown mit Halt).
1 oder S	Dies stellt den Single-User-Modus (Einzelbenutzermodus) dar.
2 oder M	Multi-User-Modus (Mehrbenutzermodus) ohne Netzwerk.
3	Multi-User-Modus (Mehrbenutzermodus) mit einem Netzwerk, aber ohne einen X-Start.
4	Dieser Runlevel wird gewöhnlich nicht verwendet und steht somit zur freien Verfügung.
5	Multi-User-Modus (Mehrbenutzermodus) mit einem Netzwerk und einem grafischen Login (X-Start). Nach dem Login wird gewöhnlich die grafische Oberfläche gestartet.
6	Dieser Runlevel startet das System neu (Shutdown mit Reboot).

Tabelle 9.13 Runlevels und deren Bedeutung

Bei den Runlevels 0 und 6 handelt es sich um spezielle Fälle, in denen sich ein System nicht lange aufhalten wird. In ihnen wird das System heruntergefahren bzw. neu gestartet. Generell werden am häufigsten die Runlevels 2 und 3 (die Mehrbenutzer-Levels) und 5 verwendet, mit dem eine X-Anmeldeprozedur (mit z. B. *xdm*, *kdm*, *gdm* etc.) gestartet wird. Der Runlevel 1 bzw. S ist häufig unterschiedlich bei den Systemen definiert. Runlevel 4 wird nicht benutzt.

Runlevel 1

Im Runlevel 1 bzw. S, dem Einzelbenutzermodus, werden gewöhnlich alle Mehrbenutzer- und Anmeldeprozesse beendet. Dadurch geht man sicher, dass das System mit geringem Aufwand ausgeführt wird, und man erhofft sich, dass auf diese Art die geringsten Komplikationen auftreten, wenn man als Administrator zum Beispiel anfängt, Dateisysteme auszuhängen und zu reparieren. Natürlich bietet Runlevel 1 einen vollen root-Zugriff auf das System. Damit ein System in Runlevel 1 auch nach einem root-Passwort fragt, wurde der Runlevel S entwickelt. Bei einem System-V-init gibt es keinen echten Runlevel S, dieser dient daher in diesem Fall nur dazu, eben das root-Passwort abzufragen. Dieser Runlevel ist gewöhnlich dazu gedacht, dass Administratoren diverse Patches einspielen können.

Die Datei /etc/inittab

In */etc/inittab* steht, was *init* in den entsprechenden Runlevels zu tun hat, da *init* beim Start des Systems immer von Runlevel 0 bis zum Default-Runlevel durchläuft. Damit der Übergang von einem Level zum nächsten reibungslos abläuft, führt *init* die Aktionen aus, die in */etc/inittab* angegeben sind. Dasselbe geschieht natürlich auch im umgekehrten Fall, beim Herunterfahren bzw. Neustarten des Systems.

Die Verwendung von *inittab* allein reicht nicht für jede Eventualität aus, weshalb die UNIX/Linux-Entwickler noch zusätzliche Schichten in Form eines Skripts für das Wechseln der Runlevels eingebaut haben. Dieses Skript (*rc* – Sie finden es meistens unter */etc/init.d/rc* oder */etc/rc.d/rc*) wird gewöhnlich aus *inittab* aufgerufen. *rc* führt wiederum weitere Skripte in einem vom Runlevel abhängigen Verzeichnis aus, um das System in seinen neuen (Runlevel-)Zustand zu bringen.

Startup-Skripte erstellen und ausführen

Zuerst müssen Sie herausfinden, wo sich die Kopien der Startup-Skripte befinden. Meistens liegen sie im Verzeichnis */etc/init.d*:

```
$ ls -l /etc/init.d/
insgesamt 308
-rwxr-xr-x  1 root root  2570 2005-03-02 18:45 acpid
-rwxr-xr-x  1 root root  1098 2005-02-24 10:29 acpi-support
-rwxr-xr-x  1 root root 11038 2005-03-25 23:08 alsa
-rwxr-xr-x  1 root root  1015 2004-11-26 12:36 anacron
-rwxr-xr-x  1 root root  1388 2005-03-01 04:11 apmd
-rwxr-xr-x  1 root root  1080 2005-02-18 11:37 atd
```

```
-rw-r--r--  1 root root  2805 2005-01-07 19:35 bootclean.sh
-rwxr-xr-x  1 root root  1168 2004-10-29 18:05 cron
...
```

Jede der Dateien in */etc/init.d* ist in der Regel ein Shellskript, das für einen Dämon oder eine sonstige Konfiguration im System verantwortlich ist. Um zu erfahren, wie diese Skripte arbeiten, rufen Sie am besten eines auf, z. B. den *cron*-Dämon:

```
# /etc/init.d/cron
 * Usage: /etc/init.d/cron start|stop|restart|reload|force
```

Hier haben Sie versucht, das Skript *cron* aufzurufen, das für das Ausführen und Beenden des *cron*-Dämons verantwortlich ist. Sie bekommen hierbei die möglichen Argumente mit, wie Sie das Skript aufrufen können. Neben `start` und `stop` finden Sie häufig auch noch `restart`, was im Prinzip dasselbe bewirkt wie ein `stop` mit anschließendem `start`. Des Weiteren findet man gewöhnlich auch eine Option `reload`, die den Dienst nicht beendet, sondern ihn auffordert, seine Konfiguration neu einzulesen (meist per Signal `SIGHUP`).

Damit das Beispiel nicht allzu schwer wird, werden wir einen einfachen Dämon erstellen, der nichts anderes macht, als sich in einer Endlosschleife alle 15 Sekunden schlafen zu legen. Wie man Dämonen schreibt, haben wir ja schon in Abschnitt 9.12.5 zuvor demonstriert.

Hier sehen Sie das Programm (den Dämon), das wir automatisch mit einem Startup-Skript beim Booten des Systems starten und beim Herunterfahren wieder beenden wollen:

```
/* mydaemon.c */
#include <stdio.h>
#include <unistd.h>
#include <syslog.h>
#include <sys/types.h>
#include <sys/stat.h>
#include <signal.h>
#include <stdlib.h>

typedef void (*sighandler_t)(int);

static sighandler_t
handle_signal (int sig_nr, sighandler_t signalhandler) {
   struct sigaction neu_sig, alt_sig;

   neu_sig.sa_handler = signalhandler;
   sigemptyset (&neu_sig.sa_mask);
   neu_sig.sa_flags = SA_RESTART;
   if (sigaction (sig_nr, &neu_sig, &alt_sig) < 0)
      return SIG_ERR;
```

```
   return alt_sig.sa_handler;
}

static void start_daemon (const char *log_name,
                          int facility) {
   int i;
   pid_t pid;

   /* Elternprozess beenden, somit haben wir einen Waisen  */
   /* dessen sich jetzt vorerst init annimmt               */
   if ((pid = fork ()) != 0)
      exit (EXIT_FAILURE);

  /* Unser Kindprozess wird zum Sessionführer. Misslingt   */
  /* dies, kann der Fehler daran liegen, dass der Prozess  */
  /* bereits Sessionführer ist                             */
   if (setsid() < 0) {
      printf("%s kann nicht Sessionführer werden!\n",
              log_name);
      exit (EXIT_FAILURE);
   }
   /* Signal SIGHUP ignorieren */
   handle_signal (SIGHUP, SIG_IGN);
   /* Oder einfach: signal(SIGHUP, SIG_IGN) ... */
   /* Das Kind terminieren */
   if ((pid = fork ()) != 0)
      exit (EXIT_FAILURE);

   /* Gründe für das Arbeitsverzeichnis:
    * + core-Datei wird im aktuellen Arbeitsverzeichnis
    *   hinterlegt.
    * + Damit bei Beendigung mit umount das Dateisystem
    *   sicher abgehängt werden kann
    */
   chdir ("/");

   /* Damit wir nicht die Bitmaske vom Elternprozess       */
   /* erben bzw. diese bleibt, stellen wir diese auf 0     */
   umask (0);

   /*Wir schließen alle geöffneten Filedeskriptoren....    */
   for (i = sysconf (_SC_OPEN_MAX); i > 0; i--)
      close (i);
```

```
   /* Da unser Dämonprozess selbst kein Terminal für        */
   /* die Ausgabe hat....                              */
   openlog (log_name, LOG_PID | LOG_CONS| LOG_NDELAY,
            facility);
}

int main (int argc, char **argv) {
   int time   = 15;

   start_daemon ("mydaemon", LOG_LOCAL0);
   while (1) {
      /* Enlosschleifen: Hier sollte nun der Code für den
       * Daemon stehen, was immer er auch tun soll. */
      sleep(time);
   }
   syslog( LOG_NOTICE, "Daemon hat sich beendet\n");
   closelog();
   return EXIT_SUCCESS;
}
```

Das Programm übersetzen wir mit:

```
$ gcc -o mydaemon mydaemon.c
```

Natürlich muss es sich hierbei nicht zwangsläufig um ein binäres Programm handeln, Sie können auch Shell- oder Perl-Skripte mit den Startup-Skripten starten. Als Nächstes sollten Sie das Programm *mydaemon* nach */usr/sbin* (oder auch */usr/local/sbin*) kopieren. Für diese Aktion benötigen Sie allerdings Superuser-Root-Rechte.

```
# cp mydaemon /usr/sbin
# ls -l /usr/sbin/my*
-rwxr-xr-x  1 root root 12992 /usr/sbin/mydaemon
```

Jetzt folgt das Startup-Skript, mit dem Sie den Dämon *mydaemon* beim Booten starten und beim Shutdown wieder beenden können. Hierbei handelt es sich um ein recht einfach erstelltes Shellskript. Sofern Sie weitere Optionen (wie hier mit `start`, `stop` und `restart`) benötigen, müssen Sie einfach nur den Quellcode von anderen Startup-Skripten ansehen (die im Prinzip immer ähnlich aufgebaut sind).

Hinweis

Mehr zu den Grundlagen der Shell-Programmierung finden Sie in diesem Buch ab Kapitel 19.

Folgendermaßen sieht nun das Startup-Skript *start_i_daemon* aus, mit dem Sie *mydaemon* starten, beenden und neu starten können:

```
#!/bin/sh
case "$1" in
   start)
        echo "Starte mydaemon  "
        var=`/usr/sbin/mydaemon`
        echo "....[DONE]"
        ;;
    stop)
        echo "Stoppe mydaemon  "
        var=`killall /usr/sbin/mydaemon`
        echo "....[DONE]"
        ;;
    restart)
        var=`killall /usr/sbin/mydaemon`
        var=`/usr/sbin/mydaemon`
        echo "....[DONE]"
        ;;
    *)
        echo "Usage: $0 {start|stop|restart}"
        exit 1
        ;;
esac
```

Das Startup-Skript *start_i_daemon* sollten Sie jetzt in das Verzeichnis */etc/init.d* verschieben und ausführbar machen:

```
# mv start_i_daemon /etc/init.d
# chmod u+x /etc/init.d/start_i_daemon
```

Theoretisch können Sie diesen Dienst jetzt auch schon von Hand starten und wieder beenden:

```
# /etc/init.d/start_i_daemon
Usage: /etc/init.d/start_i_daemon {start|stop|restart}
# /etc/init.d/start_i_daemon start
Starte mydaemon....[DONE]
# /etc/init.d/start_i_daemon restart
Stoppe mydaemon....[DONE]
Starte mydaemon....[DONE]
# /etc/init.d/start_i_daemon stop
Stoppe mydaemon....[DONE]
```

Damit das Ganze aber jetzt auch automatisch beim Booten bzw. Beenden des Systems in einem bestimmten Runlevel passiert, benötigt das von *init* gestartete Master-Kontrollskript (*rc*) weitere Informationen, welche Prozesse ausgeführt werden sollen. Das Master-Kontrollskript sieht hierzu in einem der Verzeichnisse *rc[n].d* (z. B. *rc1.d*; *rc2.d* ... *rc6.d*) nach, wann bei welchem Runlevel ein Prozess gestartet wird. *n* steht hier wieder für den entsprechenden Runlevel. Ein Blick auf mein System (Ubuntu Linux) im Verzeichnis *rc2.d* (bei mir der Default-Runlevel) sieht wie folgt aus:

```
# ls -l /etc/rc2.d/
lrwxrwxrwx  1 root root 17 K11anacron -> ../init.d/anacron
lrwxrwxrwx  1 root root 17 S05vbesave -> ../init.d/vbesave
lrwxrwxrwx  1 root root 18 S10sysklogd -> ../init.d/sysklogd
lrwxrwxrwx  1 root root 15 S11klogd -> ../init.d/klogd
lrwxrwxrwx  1 root root 14 S12alsa -> ../init.d/alsa
lrwxrwxrwx  1 root root 13 S14ppp -> ../init.d/ppp
lrwxrwxrwx  1 root root 16 S19cupsys -> ../init.d/cupsys
lrwxrwxrwx  1 root root 15 S20acpid -> ../init.d/acpid
lrwxrwxrwx  1 root root 14 S20apmd -> ../init.d/apmd
...
```

Hierbei fällt gleich auf, dass alle Einträge hier symbolische Links auf die Startup-Skripte sind, die im *init.d*-Verzeichnis liegen. Dies sieht in den anderen Runlevels genauso aus. Bei allen symbolischen Links sehen Sie außerdem den Anfangsbuchstaben `S` oder `K`, gefolgt von einer Nummer und dem eigentlichen Dienst (z. B. `K11anacron`).

Das bedeutet Folgendes: Steigt *init* einen Runlevel höher, werden alle Startup-Skripte, die mit `S` beginnen, ausgeführt, also mit dem Argument `start`. Genauso sieht dies in der umgekehrten Richtung aus: Wenn *init* von einem höheren Runlevel in den nächstniedrigeren wechselt, werden alle Startup-Skripte ausgeführt, die mit `K` beginnen. Gewöhnlich bedeutet dies, dass die Skripte mit dem Argument `stop` ausgeführt werden. Die Nummern haben eine Art Prioritätsbedeutung. Die Skripte im Runlevel-Verzeichnis werden bei der Option `start` in alphabetischer Reihenfolge ausgeführt und bei `stop` in umgekehrter Reihenfolge. Somit bedient man sich einer Nummerierung, um die Reihenfolge der Ausführung zu beeinflussen.

In diesem Verzeichnis (hier z. B. */etc/rc2.d* = Runlevel 2) wollen wir nun auch unser Startup-Skript einfügen, das unseren Dämon *mydaemon* (beim Booten) starten soll. Hierzu müssen Sie ebenfalls einen symbolischen Link in das entsprechende Verzeichnis setzen (hier nach */etc/init.d/*). Weitere symbolische Links müssen Sie auch im Runlevel 0 (*/etc/rc0.d*) und 6 (*/etc/rc6.d*) eintragen. Da viele Systeme zwischen einem Shutdown und einem Reboot unterscheiden, sollten Sie immer auch einen Eintrag in Runlevel 6 vornehmen, um sicherzugehen, dass sich der Dämon beim Neustart auch beendet hat.

Hier sehen Sie die Einträge (die symbolischen Links) für die */etc/rc[n].d*-Verzeichnisse:

```
# ln -s /etc/init.d/start_i_daemon \
> /etc/rc2.d/S23start_i_daemon
# ln -s /etc/init.d/start_i_daemon \
> /etc/rc0.d/k23start_i_daemon
# ln -s /etc/init.d/start_i_daemon \
> /etc/rc6.d/k23start_i_daemon
```

Mit der ersten Zeile weisen Sie das System an, dass das Startup-Skript */etc/init.d/start_i_daemon* den Dämon *mydaemon* mit dem Argument `start` ausführen soll, wenn es im Runlevel 2 angelangt ist. Mit der zweiten Zeile legen Sie fest, dass mit */etc/init.d/start_i_daemon* der Dämon *mydaemon* beim Herunterfahren des Systems mit dem Argument `stop` beendet wird, wenn es in das Runlevel 0 gekommen ist. Selbiges machen Sie auch mit der dritten Zeile, nur eben für den Neustart des Systems im Runlevel 6.

Wenn Sie jetzt das System beenden und wieder hochfahren, können Sie in der Startup-Sitzung (sofern diese sichtbar ist) Ihren Dienst beim Starten beobachten. Hier werden Sie irgendwann eine Zeile wie

```
Starte mydaemon....[DONE]
```

wiederfinden. Beim Beenden bzw. Neustarten des Systems ergibt sich selbige Meldung, nur dass eben *mydaemon* beendet wurde. Ein Blick mit dem Kommando `pstree` zeigt auch, dass *mydaemon* von *init* gestartet wurde, dass also *init* sein Elternprozess ist.

9.13.2 Darf es auch ein bisschen weniger init sein? (Startskript mit systemd)

Wenn Sie für eine Distribution schreiben, auf dem *systemd* die Rolle von *init* übernommen hat, sollten Sie zunächst verstehen, dass *systemd* einen ganz anderen Ansatz hat, und zwar gibt es keine Runlevel mehr, sondern *Targets*. Mit dem Befehl `systemctl isolate [target]` können Sie Ähnliches erreichen wie auf Systemen mit *init*, dort hieße der Befehl dann aber `telinit [runlevel]`.

systemd bewahrt seine Steuerdateien im Verzeichnis */usr/lib/systemd/system/* auf. Die Vorgehensweise ist normalerweise so, dass man ein Startskript hinterlegt und dieses dann in einer Steuerdatei namens *beispiel.service* aufruft. Bei unserem Beispiel heißt das Verzeichnis */usr/lib/wolfscave/startscript.sh* und erwartet `start` oder `stop` als einzigen Parameter.

Zunächst muss man den Typ der Services festlegen, wobei als wichtigste `simple` und `forking` zur Auswahl stehen: `simple` für einen nicht forkenden Prozess und `forking` für einen Prozess, der in den Hintergrund forkt, während der Elternprozess endet (hierzu kann man für `systemd` noch einen Hinweis `PIDFile=[datei]` angeben).

```
[Unit]
SourcePath=/usr/lib/wolfscave/startscript.sh
Description=Wolfs Cave Demo
Before=
After=
Conflicts=

[Service]
Type=forking
Restart=no
PIDFile=/var/run/apps/wolfsden.pid
GuessMainPID=no
ExecStart=/usr/lib/wolfscave/startscript.sh start
ExecStop=/usr/lib/wolfscave/startscript.sh stop

[Install]
WantedBy=multi-user.target
```

In der letzten Zeile erklären Sie mit `WantedBy`, in welchem Runlevel bzw. *Target* Ihr Programm laufen soll.

9.13.3 Hintergrundprozesse und Jobkontrolle

Wollen Sie einen Prozess im Hintergrund setzen, müssen Sie dem Kommando oder Programm am Ende das Ampersand-Zeichen (&) hinzufügen, z. B.:

```
$ sleep 10 &
[1] 7538
```

In diesem Beispiel haben Sie das Kommando `sleep` mit dem Argument `10` aufgerufen und im Hintergrund ausgeführt. Würden Sie dieses Beispiel ohne das Ampersand-Zeichen ausführen, also normal im »Vordergrund«, müssten Sie hier zehn Sekunden oder überhaupt immer auf das Ende des Prozesses warten, bis Ihnen der Eingabeprompt der Shell wieder zur Verfügung steht. Dadurch, dass Sie einen Prozess im Hintergrund ausführen, können Sie ohne Weiteres weitere Prozesse »parallel« starten.

Wenn Sie zusätzlich erreichen wollen, dass das Programm vom zuständigen `CTTY` abgekoppelt wird, können Sie schreiben:

```
$ nohup sleep 10 &
```

`nohup` erzeugt übrigens eine Datei *nohup.out* im lokalen Verzeichnis, in das die Ausgabe des Programms umgeleitet wird.

Jobverwaltung

Damit Sie Prozesse, die Sie in den Hintergrund gestellt haben, auch noch kontrollieren, gibt es eine Jobverwaltung (Job-Control-System). Damit können Sie z. B. Prozesse, die Sie in den Hintergrund gestellt haben, wieder nach »vorne« holen und gegebenenfalls wieder in den Hintergrund schicken. Dies kann z. B. sinnvoll sein, wenn ein Prozess die kompletten Systemressourcen (besonders die CPU) aufbraucht oder etwa eine Eingabe vom Benutzer erwartet. Wenn Sie einen Hintergrundprozess starten, werden eine Nummer in eckigen Klammern und die Prozessidentifikationsnummer angezeigt. Bei der Nummer in den eckigen Klammern handelt es sich um die Jobnummer.

```
$ sleep 10 &
[1] 8204
$ sleep 10 &
[2] 8205
```

Im Beispiel oben haben Sie zweimal das Kommando `sleep` im Hintergrund gestartet. Der Prozess mit der Nummer 8204 hat dabei die Jobnummer 1 und der Prozess Nummer 8205 hat die Jobnummer 2. Um sich einen Überblick über alle Prozesse zu verschaffen, die sich im Hintergrund befinden, verwenden Sie das Kommando `jobs`:

```
$ jobs
[1]-  Running                 sleep 10 &
[2]+  Running                 sleep 10 &
```

Hier können Sie an `Running` erkennen, dass beide Prozesse im Hintergrund noch aktiv sind. Eine halbe Minute später sieht dies schon ganz anders aus:

```
$ jobs
[1]-  Done                    sleep 10
[2]+  Done                    sleep 10
```

`jobs` sagt uns hier mit `Done`, dass die beiden ehemaligen Hintergrundprozesse ihre Arbeit verrichtet haben. Jetzt wollen wir nochmals `sleep` aufrufen und dann aber mit der Tastenkombination [Strg]+[Z] für Stopp (Signal `SIGTSTP`) den Prozess anhalten:

```
$ sleep 10
[Strg]+[Z]
[1]+  Stopped                 sleep 10
```

Ein Blick in die Jobverwaltung zeigt uns durch die Anzeige von `Stopped` an, dass der Prozess angehalten wurde:

```
$ jobs
[1]+  Stopped                 sleep 10
```

Häufig wird ein Prozess gestoppt, wenn die Ausführung verdächtig lange dauert oder der Prozess den Rechner erheblich ausbremst. Auch ein Blick in die Prozessliste zeigt uns den gestoppten Prozess anhand des T (für *Traced*):

```
$ ps -l | grep sleep
0 T  1000 8461 7042 0 76  0-831 finish pts/2 00:00:00 sleep
```

Um dem gestoppten Prozess doch noch sein »Happy End« zu gönnen, stehen Ihnen mehrere Möglichkeiten zur Verfügung. Sie senden dem gestoppten Prozess das Signal SIGCONT, womit dieser seine Ausführung, sofern möglich, fortsetzt. Hierzu benötigen Sie nicht zwangsläufig die PID des Prozesses, sondern können auch das Prozentzeichen, gefolgt von der Jobnummer, verwenden. In unserem Beispiel wäre dies:


```
$ kill -SIGCONT %1
$ jobs
[1]+  Done                    sleep 10
```

Hiermit haben Sie den angehaltenen Job mit der Nummer 1 wieder fortgesetzt. Wollen Sie den angehaltenen Prozess hingegen nicht mehr fortsetzen, sondern komplett beenden, dann müssen Sie stattdessen die Signale SIGCONT, SIGTERM oder – wenn es damit nicht mehr klappt – SIGKILL senden.

Wir kehren wieder in die Vergangenheit zurück: Der Prozess sleep befindet sich wieder im gestoppten Zustand. Die nächste Möglichkeit, den Prozess weiter auszuführen, wäre es, ihn mit dem Kommando bg (für *background*) und der entsprechenden Jobnummer (mit vorangestelltem Prozentzeichen) wieder in den Hintergrund zu schicken, wo er weiter ausgeführt wird:

```
$ bg %1
[1]+ sleep 10 &
```

Geben Sie bg ohne das Prozentzeichen an, wird der einzige Job, der möglich ist, in den Hintergrund geschickt. Verwenden Sie das Prozentzeichen ohne Jobnummer, bezieht sich die Angabe immer auf den aktuellen Job (*current job*).

Jetzt nochmals zurück in die Vergangenheit: sleep ist wieder angehalten. Eine weitere Möglichkeit, den Prozess weiter auszuführen, wäre es, das Kommando fg (für *foreground*) zu verwenden. Die Verwendung von fg entspricht exakt der von bg. Auch hierbei gibt man nach dem Prozentzeichen die Jobnummer von dem Prozess an, der weiter im Vordergrund ausgeführt werden soll. fg entspricht demselben Anwendungsfall wie schon die Verwendung des Signals SIGCONT.

```
$ fg %1
sleep 10
```

Tabelle 9.14 zeigt die Funktionen der Jobverwaltung im Überblick:

Jobbefehl	Bedeutung
`fg` *%jobnr*	Holt einen Job in den Vordergrund, wo er weiterläuft.
`bg` *%jobnr*	Schiebt einen angehaltenen Job in den Hintergrund, wo er weiterläuft.
[Strg]+[Z]	Hält einen Prozess auf, der sich im Vordergrund aufhält (*suspendiert* den Prozess).
`kill` *%jobnr*	Beendet einen Prozess.
`kill -SIGCONT` *%jobnr*	Setzt die Ausführung eines angehaltenen Prozesses fort (egal ob im Hinter- bzw. Vordergrund).

Tabelle 9.14 Kommandos zur Jobverwaltung

Mit dem folgenden Beispiel soll die Anwendung von `fg` etwas deutlicher demonstriert werden:

```
/* atest.c */
#include <stdio.h>
#include <stdlib.h>

int main(void) {
   int wert;

   printf("Bitte Wert eingeben: ");
   scanf("%d", &wert);
   printf("Der Wert lautet: %d\n", wert);
   return EXIT_SUCCESS;
}
```

Das Programm bei der Ausführung (im Hintergrund):

```
$ gcc -o atest atest.c
$ ./atest &
Bitte Wert eingeben:
[1] 10240

[1]+  Stopped                 ./atest
$ jobs
[1]+  Stopped                 ./atest
$ fg %1
```

```
./atest
10 [↵]
Der Wert lautet: 10
$
```

Hier hat sich das im Hintergrund gestartete Programm *atest* von selbst angehalten, weil sich darin eine Eingabeaufforderung für den Benutzer befand. Anschließend wurde das Programm mit `fg` in den Vordergrund geholt, um dieser Eingabeaufforderung nachzukommen, und das Programm wurde bis zum Ende fortgesetzt.

Hinweis

Zwar werden wohl die meisten von Ihnen mit der Korn-Shell (*ksh*) oder der Bourne-again-Shell (*bash*) arbeiten, aber sofern Sie mit der Ur-Shell – der Bourne-Shell (*sh*) – arbeiten, sollte gesagt sein, dass die »echte« Bourne-Shell keine Jobkontrolle bietet. Unter Linux ist ein Aufruf der Bourne-Shell nichts anderes als ein symbolischer Link zur *bash*.

9.13.4 Prozesse zeitgesteuert ausführen (cron-Jobs)

Häufiger werden Sie die Programme, die Sie schreiben, auch zeitgesteuert ausführen wollen und nicht immer von Hand. Für solche Aufgaben wurde der *cron*-Dämon geschaffen. Hierbei definieren Sie einmal eine Aufgabe und delegieren sie dann an den cron-Dämon. Dazu nehmen Sie einen Eintrag in der *crontab*-Datei vor. Da es besonders bei Heimrechnern nicht immer möglich ist, dass ein entsprechender *cron*-Job ausgeführt wird (hierzu muss der PC immer an sein), gibt es auch noch einen Dämon namens *anacron*, der versäumte cron-Jobs nachholt.

Einmal gestartet (gewöhnlich von *init* mit einem Startup-Skript), liest der cron-Dämon standardmäßig jede Minute die crontab-Datei ein und schaut, ob ein Job für ihn vorhanden ist. Bevor Sie erfahren, wie Sie Ihr Programm zu einer bestimmten Zeit starten können, müssen wir noch einige Anmerkungen machen: Bedenken Sie bitte, dass keine Verbindung mehr zum Bildschirm und zu der Tastatur besteht, wenn Sie einen Prozess über *cron* starten. Halten Sie sich vor Augen, dass eine Benutzereingabeaufforderung sowie eine Ausgabe auf dem Bildschirm in Ihrem Programm daher recht sinnlos sind. In beiden Fällen sollten Sie die Ein- bzw. Ausgabe(n) umleiten. In der Praxis lässt man häufig die Ausgabe per E-Mail an den Eigentümer der *crontab* senden.

Die Einträge der *crontab*-Datei des Superusers root befinden sich meistens im */etc*-Verzeichnis. Die crontab-Dateien für den Benutzer sollten sich im Verzeichnis */var/spool/cron* befinden. Zum Bearbeiten der crontab-Datei genügt gewöhnlich ein einfaches `crontab` mit der Option `-e` (für *edit*). Hiermit wird `crontab` mit dem Standardeditor (meistens `vi`) gestartet. Beim ersten Aufruf (als normaler Nutzer) wird die crontab-Datei leer sein.

Einen Eintrag in die crontab-Datei nehmen Sie mit der Syntax aus Tabelle 9.15 vor:

Minuten	Stunden	Tage	Monate	Wochentage	[User]	Befehl
0–59	0–23	1–31	1–12	0–7	Name	programm

Tabelle 9.15 Ein Eintrag in die »crontab«-Datei

Praktisch besteht jede einzelne Zeile aus sechs (bzw. sieben) Spalten, in denen ein Auftrag festgelegt wird. Jede Spalte wird durch ein Leerzeichen bzw. ein Tabulator-Zeichen voneinander getrennt. In der ersten Spalte werden hierbei die Minuten (0–59), in der zweiten die Stunden (0–23), in der dritten die Tage (1–31), in der vierten die Monate (1–12), in der fünften die Wochentage (0–7; 0 und 7 stehen hierbei für Sonntag) angegeben, und in der sechsten Spalte steht das Kommando bzw. Skript, das zum gegebenen Zeitpunkt ausgeführt werden soll. In der Syntax finden Sie hierbei noch eine Spalte *User* (die sechste), die allerdings bei einem normalen User entfällt. Diese Spalte ist root vorbehalten. root kann in dieser Spalte einen cron-Job für bestimmte User einrichten. Somit besteht eine Zeile (ein Auftrag) in einer crontab-Datei für den normalen Benutzer aus sechs und für root aus sieben Spalten.

Natürlich können Sie auch Kommentare zur crontab-Datei hinzufügen. Diese werden mit dem für das Shellskript üblichen # eingeleitet. Sie können bei den Zeitangaben anstatt Zahlen auch einen Stern (*) verwenden, was für »erster und letzter« steht – also für »immer«. Somit würde folgender Eintrag das Programm *meinProgramm* jede Minute ausführen:

```
# Führt das Programm jede Minute aus
* * * * * $HOME/meinProgramm
```

Es sind auch Zahlenbereiche erlaubt. Ein Bereich wird mit einem Bindestrich von einem anderen getrennt. Die Zahlen zwischen den Bereichen sind immer inklusive. Somit bedeutet folgender Eintrag, dass das Programm *meinProgramm* jeden Tag um 10, 11, 12, 13 und 14 Uhr ausgeführt wird:

```
0 10-14 * * * $HOME/meinProgramm
```

Es können aber auch Listen verwendet werden, womit Nummern oder auch ein Zahlenbereich von Nummern durch Kommata getrennt werden:

```
0 10-12,16,20-23 * * * $HOME/meinProgramm
```

Durch diesen Eintrag würde das Programm *meinProgramm* jeden Tag um 10, 11, 12, 16, 20, 21, 22 und 23 Uhr ausgeführt. Achten Sie darauf, dass keine Leerzeichen in der Liste vorkommen dürfen, da das Leerzeichen ja das Trennzeichen für den nächsten Eintrag ist.

Es sind außerdem Aufträge in bestimmten Schritten möglich. Somit könnten Sie statt der Angabe

```
0 0,4,8,12,16,20 * * * $HOME/meinProgramm
```

die alle vier Stunden ein bestimmtes Programm ausführt, diese mit `0-23/4` oder `*/4` verkürzen:

```
0 */4 * * * $HOME/meinProgramm
```

Hierzu einige Beispiele zum besseren Verständnis:

```
# Jeden Tag um 11 Uhr das Skript meinProgramm ausführen
0 11 * * * $HOME/meinProgramm
# Jeden Dienstag und Freitag um 23 Uhr das
# Programm meinProgramm ausführen
0 23 * * 2,5 $HOME/meinProgramm
# Jeden zweiten Tag das Programm meinProgramm
# um 23 Uhr ausführen
0 23 * * 0-6/2 $HOME/meinProgramm
# Achtung: Das Programm wird an jedem 15. eines
# Monats UND an jedem Samstag um 23 Uhr ausgeführt
0 23 15 * 6 $HOME/meinProgramm
```

Für gewöhnlich wird Ihre crontab-Datei auf Dauer immer umfangreicher. Sofern Sie *crontab* zur Fernwartung einsetzen, können Sie sich die Ausgabe Ihres Skripts per E-Mail zuschicken lassen. Hierzu müssen Sie die Variable `MAILTO` (per Standard ist sie meist auf `user@host` gesetzt) in crontab mit Ihrer E-Mail-Adresse versehen. Mit einem leeren `MAILTO` (`""`) können Sie dies wieder abschalten. Hierzu soll eine einfache crontab-Datei erstellt werden:

```
$ crontab -e

[ ---vi startet--- ]
# Alle zwei Minuten die Ausgabe von meinProgramm
# an testdatei hängen
*/2 * * * * $HOME/meinProgramm >> $HOME/testdatei

[ --- Abspeichern und Quit (:wq)--- ]
crontab: installing new crontab
$
```

Weitere Optionen zu *crontab* finden Sie in Tabelle 9.16:

Aufruf	Bedeutung
`crontab -e`	Die crontab-Datei editieren
`crontab -l`	Alle cron-Jobs auflisten
`crontab -r`	Alle cron-Jobs löschen

Tabelle 9.16 Optionen für »crontab« und ihre Bedeutung

Hinweis

Bitte beachten Sie, dass es drei Versionen von cron-Dämonen gibt (BSD, SYSV und auf Linux zum Beispiel *fcron*, *dcron* und *vixiecron*), sodass es hier und da zu einigen Differenzen kommen kann. Die Manual Page verschafft Ihnen die absolute Sicherheit.

9.14 Zusammenfassung und Ausblick

Jetzt können Sie zwar mehrere Aufgaben einer Anwendung in mehrere Prozesse aufteilen – aber für die (echte) Praxis fehlt Ihnen noch das Wissen, wie Sie Daten zwischen den Prozessen austauschen können. Eine recht primitive Form der Kommunikation zwischen Prozessen ist die Verwendung von Signalen, die im nächsten Kapitel behandelt werden. Richtig einsteigen in die Interprozesskommunikation (kurz IPC) werden Sie allerdings erst im übernächsten Kapitel. Dann werden Sie verschiedene Techniken kennenlernen, mit denen es möglich wird, dass zwei Prozesse mit unterschiedlichen Speicherbereichen Daten untereinander austauschen.

Kapitel 10
Signale

Signale sind zwar das älteste Mittel zur Kommunikation zwischen Prozessen, aber häufig immer noch ein ausreichendes und einfaches Mittel zum Zweck.

10.1 Grundlagen zu den Signalen

Signale sind asynchrone Ereignisse und bewirken eine Unterbrechung auf der Prozessebene. Genauer gesagt, handelt es sich um Interrupt-Anforderungen auf Prozessebene. Es gibt ca. 30 Signale, wie viele genau es sind, hängt von Ihrem UNIX/Linux-System ab. Auflisten können Sie die Signale mit `kill -l` auf der Konsole. Unter SUSE-Linux sieht dies wie folgt aus:

```
$ kill -l
 1) SIGHUP       2) SIGINT       3) SIGQUIT      4) SIGILL
 5) SIGTRAP      6) SIGABRT      7) SIGBUS       8) SIGFPE
 9) SIGKILL     10) SIGUSR1     11) SIGSEGV     12) SIGUSR2
13) SIGPIPE     14) SIGALRM     15) SIGTERM     17) SIGCHLD
18) SIGCONT     19) SIGSTOP     20) SIGTSTP     21) SIGTTIN
22) SIGTTOU     23) SIGURG      24) SIGXCPU     25) SIGXFSZ
26) SIGVTALRM   27) SIGPROF     28) SIGWINCH    29) SIGIO
30) SIGPWR      31) SIGSYS      35) SIGRTMIN    36) SIGRTMIN+1
...
61) SIGRTMAX-3  62) SIGRTMAX-2  63) SIGRTMAX-1  64) SIGRTMAX
```

Wie Sie an den Nummern sehen, fehlen einige. Viele Signale sind entweder nicht fest belegt, plattformabhängig oder irgendwann aus dem Standard herausgefallen. Für unsere Zwecke genügt es zu wissen, mit welchem Signal wir fest rechnen können, und das sind die oben angegebenen. Beispielsweise stand Nr. 16 einst für `SIGSTKFLT`, doch dieses Signal kann mangels Coprozessor auf der x86-Plattform nicht mehr ausgelöst werden. Nr. 32–34 sind total unbelegt, während Nr. 35–63 unbelegt sind, aber noch einen halben Namen haben. Auf anderen Systemen wiederum (wie z. B. BSD) ist die Reihenfolge der einzelnen Signalnummern und ihrer Konstanten ein wenig anders. Daher sollten Sie immer die symbolischen Konstanten anstatt der Nummern verwenden.

Für Signale gibt es viele Anwendungsmöglichkeiten auf der Prozessebene. Signale können unter anderem zur Prozesssynchronisation verwendet werden, um vordefinierte Aktionen auszuführen, Prozesse zu beenden oder zu unterbrechen. Die Signale lassen sich in drei verschiedene Kategorien einordnen:

- Systemsignale (Hardware- und Systemfehler) – ILL, TRAP, BUS, FPE, KILL, SEGV, XCPU, XFSZ, IO
- Gerätesignale – HUP, INT, PIPE, ALRM, CHLD, CONT, STOP, TTIN, TTOU, URG, WINCH, IO
- benutzerdefinierte Signale – QUIT, ABRT, USR1, USR2, TERM

Tritt z. B. eines dieser Signale auf, wird es zuerst im entsprechenden Prozesstabelleneintrag hinterlegt (*pending signal*). Bekommt der Prozess, für den dieses Signal bestimmt war, dann die CPU und ist er an der Reihe, seine Befehle abzuarbeiten, so wird in einer Tabelle von Zeigern auf Funktionen in der Task-Struktur des Kernels nachgesehen, wie auf dieses Signal reagiert werden kann. Die Signalnummer wird dabei als Index dieser Struktur verwendet.

Wenn ein Prozess jetzt ein bestimmtes Signal empfängt, kann Folgendes passieren: Wurde für den Prozess, der ein Signal empfangen hat, eine entsprechende Verarbeitungsroutine angelegt, so wird diese ausgeführt. Mit dieser Verarbeitungsroutine fangen Sie quasi das Signal mit Ihrem Prozess auf. Wurde diese Verarbeitungsroutine ausgeführt, setzt der Prozess seine Ausführung dort fort, wo das Signal empfangen wurde.

Ansonsten führt der Kernel die Standardaktion des Signals für den Prozess aus. Diese Standardaktion hängt vom jeweiligen Signal ab. Meist ist dies die Beendigung des Prozesses. Einige Signale erzeugen auch einen Core-Dump (Speicherabbild eines Prozesses), der zum Debuggen verwendet werden kann.

Einige Signale werden von der C-Bibliothek vorbelegt. Daran ist nichts weiter besonders; diese Funktionen geben nur einen – auch noch landesspezifischen – String aus, der besagt, welches Signal empfangen wurde, und beenden sich dann auch. Hier ist der Beweis:

```
$ export LANG=fr_FR.UTF-8
$ perl -e 'while(1){}' &
[1] 13206
$ kill -HUP %%
$
[1]+ Fin de la connexion (raccroché)  perl -e 'while(1){}'
```

Außer einer eigenen Routine zum Abfangen des Signals und der Standardaktion des Kernels können Sie auch dafür sorgen, dass die Signale gar nicht beim Prozess ankommen. Dies geschieht, indem Sie ein Signal einfach ignorieren.

Hinweis

Laut POSIX ist das weitere Verhalten von Prozessen undefiniert, wenn die Signale SIGFPE, SIGILL oder SIGSEGV ignoriert werden und sie auch nicht durch einen manuellen Aufruf von kill() oder raise() ausgelöst wurden.

Somit haben Sie drei Möglichkeiten, um auf ein Signal zu reagieren (siehe Abbildung 10.1):

- Sie können eine selbst geschriebene Funktion eintragen.
- Sie können das Signal ignorieren. (Das funktioniert nicht mit jedem Signal, z. B. nicht mit `SIGKILL` und `SIGSTOP`.)
- Sie können die voreingestellte Standardaktion verwenden.

Auftreten können Signale entweder durch Programmfehler (unerlaubter Speicherzugriff mit einem Zeiger, ungültige Instruktionen, Division durch null etc.), oder sie werden durch den Benutzer selbst ausgelöst. Signale können z. B. mit der Tastenkombination [Strg]+[C] (`SIGINT`) oder [Strg]+[Z] (`SIGTSTP`) zur Beendigung bzw. zum Anhalten des Programms gesendet werden. Ebenso können sie vom Administrator mit `kill` an den Prozess gesendet werden. Aber auch andere Prozesse können einem Prozess ein Signal senden. Dadurch ist, wenn auch sehr beschränkt, eine einfache Interprozesskommunikation möglich.

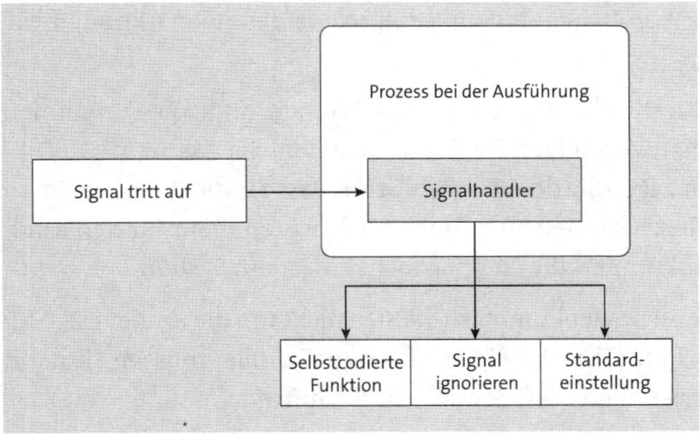

Abbildung 10.1 Mögliche Reaktionen beim Auftreten eines Signals

STOP und TSTP

[Strg]+[Z] generiert `TSTP` für die aktuelle *bash*, die dann `SIGSTOP` auf den aktuell laufenden Prozess anwendet. Denn schickt man `STOP` einfach an das aktuelle Programm, so nimmt die *bash* das nicht zur Kenntnis.

10.1.1 Signalmaske

Ein gern verwendeter, aber häufig missverstandener Begriff ist die Signalmaske. Für jeden Prozess, der gestartet wird, wird eine Signalmaske angelegt. Darin werden die Signale gehalten, die gerade blockiert werden. Für jedes Signal steht dem Prozess ein Bit zur Verfügung. Ist dieses Bit gesetzt, dann wird das entsprechende Signal gerade blockiert.

Hinweis

Laut dem Wortlaut der maßgeblichen Standards ist das Verhalten *blockierend*, wenn innerhalb einer Signalbehandlung ein weiteres Signal ausgelöst wird, und wenn es sich um dasselbe Signal handelt, hängt die Behandlung von der angegebenen Signalmaske ab.

Kompliziert wird es allerdings, wenn man gleichzeitig mit dem Fehlercode in `errno` hantiert, zumal sich die Standards hier widersprechen.

Gehen Sie davon aus, dass Sie im schlimmsten Fall ein Signal verlieren oder zwei Signalfälle gleichzeitig bearbeiten müssen.

10.1.2 Signale und fork()

Wenn Sie einen neuen Kindprozess erzeugen, erbt dieser automatisch alle eingerichteten Signalhandler des Elternprozesses. Somit stehen dem Kindprozess dieselben Aktionen wie dem Elternprozess zur Verfügung.

Hier noch ein Tipp dazu, wie Sie Zombieprozesse verhindern können, ohne die Funktionen `wait()` oder `waitpid()` zu verwenden: Vermeiden Sie Zombies, indem Sie das Signal `SIGCHLD` im Elternprozess ignorieren. Damit sagen Sie dem Elternprozess, dass Sie nicht mehr an dem Kindprozess interessiert sind. Dadurch werden auch keine Nachrichten mehr für den Kindprozess aufgehoben. Allerdings funktioniert dieser Trick nicht auf jedem System.

Sie haben also zwei Möglichkeiten: Entweder kümmern Sie sich nicht um die Kinder (`SIGCHLD` ignorieren) oder Sie erhalten eine Notiz (über das Signal). Im Signalhandler müssen Sie dann natürlich – wenn Sie daran interessiert sind – am Zombie `wait()` aufrufen.

10.1.3 Signale und exec

Da der Adressraum mit einem Aufruf der `exec`-Familie ja vollkommen neu belegt wird, liegt es auf der Hand, dass im Gegensatz zum `fork()`-Aufruf keine eigenen Routinen mehr vorhanden sind. Die zu ignorierenden Signale hingegen bleiben auch nach dem `exec`-Aufruf erhalten. Für alle anderen Signale wird wieder die Standardaktion eingerichtet. Das geschieht deswegen, weil die C-Bibliothek im nachgeladenen Programm ihre eigenen Signalhandler installiert. Und das passiert ja unweigerlich bei jedem Programm, das mit GLIBC verlinkt ist.

10.1.4 Übersicht über die Signale

Jetzt haben Sie zwar einiges zu den Signalen erfahren, sodass es an der Zeit ist, die einzelnen Signale, die Sie mit `kill -l` auflisten können, näher zu erläutern. Es muss allerdings dazu erwähnt werden, dass die Signale und Nummern zum Teil systemabhängig sind. Die hier verwendete Übersicht gilt für Intel- und PPC-Prozessorsysteme. Auf Sparc- und Alpha- oder

MIPS-Prozessoren basierende Systeme haben auf jeden Fall zumindest zum Teil eine andere Signalnummer. Die Tabellen sind nach den Themen der Signale aufgeteilt.

Name	Nr.	Aktion	Verfügbar	Bedeutung
SIGFPE	8	Core & Ende	POSIX	Es gibt ein Problem bei einer Gleitkommaoperation (z. B. Teilung durch null).
SIGILL	4	Core & Ende	POSIX	Eine ungültige Instruktion wurde ausgeführt.
SIGBUS	7	Core & Ende		Fehler auf dem System-Bus
SIGSYS	31	Core & Ende		ungültiges Argument bei System-Call
SIGEMT		Ende		Emulations-Trap
SIGTRAP	5	Core & Ende		Unterbrechung (Einzelschrittausführung) – wird normalerweise nur vom Debugger eingesetzt.
SIGIOT		Core & Ende		wie SIGABRT
SIGABRT	6	Core & Ende	POSIX	abnormale Beendigung
SIGSEGV	11	Core & Ende	POSIX	Speicherzugriff auf unerlaubtes Speichersegment

Tabelle 10.1 Signale, die meist bei Programmfehlern auftreten

Name	Nr.	Aktion	Verfügbar	Bedeutung
SIGTERM	15	Ende	POSIX	Programme, die SIGTERM abfangen, bieten meistens einen »Soft Shutdown« an.
SIGINT	2	Ende	POSIX	Interrupt der Dialogstation (Strg+C)
SIGHUP	1	Ende	POSIX	Abbruch einer Terminalleitung (Modem schließt Terminal oder loggt sich aus) bzw. Neuladen der Konfiguration für Dämonen
SIGKILL	9	Ende	POSIX	Das Signal kill; es führt zum Ende des Prozesses, ohne vorher noch die Kontrolle an ihn abzugeben.
SIGQUIT	3	Core & Ende	POSIX	das Signal quit von einer Dialogstation

Tabelle 10.2 Signale, die den Prozess beenden

Name	Nr.	Aktion	Verfügbar	Bedeutung
SIGALRM	14	Ende	POSIX	Die Zeituhr ist abgelaufen – alarm().
SIGVTALRM	26	Ende	BSD, SVR4	Der virtuelle Wecker ist abgelaufen.
SIGPROF	27	Ende		Der Timer zur Profileinstellung ist abgelaufen.

Tabelle 10.3 Signale, die bei Beendigung eines Timers auftreten – Alarm

Name	Nr.	Aktion	Verfügbar	Bedeutung
SIGIO	29	Ignoriert	BSD, SVR4	Socket-E/A ist möglich.
SIGURG	23	Ignoriert	BSD, SVR4	Ein dringender Socketstatus ist eingetreten.
SIGPOLL		Ende	SVR4	Ein anstehendes Ereignis bei Streams wird signalisiert.

Tabelle 10.4 Asynchrone E/A-Signale

Name	Nr.	Aktion	Verfügbar	Bedeutung
SIGCHLD	17	Ignoriert	POSIX	Der Kindprozess wurde beendet oder angehalten.
SIGTTIN	21	Anhalten	POSIX	Der Prozess wollte aus einem Hintergrundprozess der Kontrolldialogstation lesen.
SIGTTOU	22	Anhalten	POSIX	Der Prozess wollte in einen Hintergrundprozess der Kontrolldialogstation schreiben.
SIGCLD		Ignoriert		wie SIGCHLD
SIGSTOP	19	Anhalten	POSIX	Der Prozess wurde angehalten.
SIGTSTP	20	Anhalten	POSIX	Der Prozess wurde »von Hand« mit STOP angehalten.
SIGCONT	18	Ignoriert	POSIX	Ein angehaltener Prozess soll weiterlaufen.

Tabelle 10.5 Signale zur Prozesskontrolle

Name	Nr.	Aktion	Verfügbar	Bedeutung
SIGPIPE	13	Ende	POSIX	Es wurde in eine Pipe geschrieben, aus der niemand liest. Es wurde versucht, in eine Pipe mit O_NONBLOCK zu schreiben, aus der niemand liest.
SIGLOST		Ende		Eine Dateisperre ging verloren.
SIGXCPU	24	Core & Ende	BSD, SVR4	Die maximale CPU-Zeit wurde überschritten.
SIGXFSZ	25	Core & Ende	BSD, SVR4	Die maximale Dateigröße wurde überschritten.

Tabelle 10.6 Signale, die bei Fehlern einer Operation ausgelöst werden

Name	Nr.	Aktion	Verfügbar	Bedeutung
SIGUSR1 SIGUSR2	10, 12	Ende	POSIX	Frei zur eigenen Benutzung
SIGWINCH	28	Ignoriert	BSD	Window-Größe hat sich verändert.

Tabelle 10.7 Die restlichen Signale

Hinweis

Noch mehr zu den Signalen und wie Sie mit ihnen in der Shell(-Programmierung) umgehen können, lesen Sie in Abschnitt 19.16.

10.2 Das neue Signalkonzept

Da wir davon ausgehen können, dass Sie C bereits kennen- und schätzen gelernt haben, kennen Sie vermutlich auch die ANSI-C-Funktion zur Behandlung von Signalen. Keine Sorge, es ist hier nicht von Bedeutung, ob Sie bereits mit dieser Funktion vertraut sind oder nicht. Wenn Sie mit dem Thema vertraut sind, werden Sie sich vermutlich fragen, wozu wir ein *neues* Signalkonzept brauchen. Für diejenigen, die das *alte* Konzept kennen, ist der folgende Abschnitt gedacht. Alle anderen können ihn getrost überfliegen bzw. überspringen.

10.2.1 Wozu ein »neues« Signalkonzept?

Das alte Signalkonzept hat schon einige Jahre auf dem Buckel und krankte eigentlich schon immer ein wenig. Versuchen Sie z. B. mal, einen aktuellen Signalstatus abzufragen, ohne ihn zu verändern. So kam es manchmal vor, dass der Signalstatus zur Abfrage verändert werden musste, nur um anschließend einen neuen Signalhandler einzurichten. Somit wird `signal()` zweimal hintereinander aufgerufen.

Ein weiteres Manko war, dass es nicht möglich war, ein Signal kurz zu blockieren. Man behalf sich immer damit, dass man in einer Schleife ein bestimmtes Flag daraufhin abfragte, ob es sich verändert hatte oder nicht. Falls nicht, wurde im Prozess einfach die Funktion `pause()` aufgerufen, um auf die Ankunft des Signals zu warten. Nun konnte es passieren, dass dieses Signal genau in der Schleife und vor dem `pause()`-Aufruf eintraf. Somit blieb der Prozess in einer Endlosschleife stecken. Zugegeben: Es war sehr unwahrscheinlich, dass dieser Fehler auftrat, doch wenn er auftrat, war es kaum noch möglich, ihn nachzuvollziehen.

POSIX.1 hat versucht, die bestehenden und bekannten Probleme zu beheben und hat ein »neues« Signalkonzept definiert. Es leidet aber auch unter gewissen Problemen vom Typ *Race Condition*, die aber in der Praxis sehr selten auftreten. Bedenken Sie also bitte immer, dass Sie es mit einem zerbrechlichen Konzept zu tun haben, und behandeln Sie es mit Vorsicht. In einer Multi-Threading-Umgebung wollen Sie das Signalkonzept wahrscheinlich grundsätzlich nur ganz eingeschränkt einsetzen.

10.3 Signalmenge initialisieren

Zum Initialisieren von Signalen aus der Signalmenge werden die Funktionen `sigemptyset()` und `sigfillset()` verwendet. Eine dieser beiden Funktionen muss aufgerufen werden, da die Signalmenge mit Werten initialisiert werden muss. Hier sehen Sie die Syntax dazu:

```
#include <signal.h>

int sigemptyset(sigset_t *sig_set);
int sigfillset(sigset_t *sig_set);
```

`sigemptyset()` entfernt alle vorhandenen Signale aus der Signalmenge, auf die der Zeiger `sig_set` zeigt. Bei `sigset_t` handelt es sich um einen primitiven Datentyp in der Struktur `sigaction`, der zur Manipulation von Signalmengen verwendet wird. Mit der Funktion `segfillset()` hingegen fügen Sie alle vorhandenen Signale, auf die `sig_set` zeigt, zur Signalmenge hinzu. Beide Funktionen geben bei Erfolg `0` und bei einem Fehler `-1` zurück.

10.4 Signalmenge hinzufügen oder löschen

Um zu der zuvor initialisierten Signalmenge einzelne Signale hinzuzufügen bzw. aus ihr zu löschen, werden die Funktionen `sigaddset()` und `sigdelset()` verwendet:

```
#include <signal.h>

int sigaddset(sigset_t *sig_set, int signal_nummer);
int sigdelset(sigset_t *sig_set, int signal_nummer);
```

Wie man am Namen erkennen kann, dient die Funktion `sigaddset()` dazu, einzelne Signale mit `signal_nummer` an die Signalmenge zu übergeben, auf die `sig_set` zeigt. Im Gegensatz dazu kann mit der Funktion `sigdelset()` ein einzelnes Signal `signal_nummer` aus der Signalmenge entfernt werden, auf die der Zeiger `sig_set` zeigt. Auch hier ist bei ordnungsgemäßer Ausführung der Rückgabewert `0` und bei einem Fehler `-1`.

10.5 Signale einrichten oder erfragen

Die Funktion `sigaction()` hat im Prinzip denselben Effekt wie die »alte« `signal()`-Funktion, nur dass Sie mit dieser Funktion mehr Kontrolle und Handlungsmöglichkeiten mit den Signalen haben. Sie können mit dieser Funktion ein Signal mit einem Signalhandler einrichten oder den eingerichteten Signalhandler abfragen – oder auch beides zusammen.

Die Struktur `sigaction` wird für die gleichnamige Funktion verwendet und beinhaltet Informationen dazu, wie das Signal behandelt wird. In dieser Struktur sind folgende Strukturvariablen enthalten:

- `sighandler_t sa_handler` – Hier befindet sich die Adresse der Funktion (Signalhandler), die beim Auftreten des Signals aufgerufen werden soll. Dabei können aber auch die konstanten Werte `SIG_DFL` (für Standardaktion) und `SIG_IGN` (zum Ignorieren des Signals) verwendet werden.
- `sigset_t sa_mask` – Hier werden die Signale angegeben, die blockiert werden sollen, während der Signalhandler ausgeführt wird.
- `sa_flags` – Hier können Sie einige zusätzliche Flags, sogenannte Signaloptionen, angeben.

Hier sehen Sie die Syntax der Funktion `sigaction()`:

```
int sigaction (int sig_nr,
               const struct sigaction *handler_neu,
               struct sigaction *handler_alt);
```

Mit dem ersten Argument geben Sie das Signal an, zu dem Sie einen Signalhandler einrichten oder erfragen wollen. Mit dem zweiten Argument geben Sie den neu einzurichtenden Signalhandler an. Wird hierbei `NULL` angegeben, wird kein neuer Signalhandler eingerichtet.

Mit dem dritten Argument können Sie den aktuellen Signalhandler erfragen. Sind Sie daran nicht interessiert, können Sie `NULL` angeben.

Die folgende Liste enthält einige Angaben, die Sie bei der Strukturvariablen `sa_flags` machen können. Mit dem bitweisen ODER-Operator können Sie mehrere Optionen miteinander verknüpfen. Folgende gängige Optionen können für den Signalhandler gesetzt werden:

- `SA_NOCLDSTOP` (POSIX, SVR4, BSD) – Wird ein Kindprozess angehalten, soll das Signal SIGCHLD nicht generiert werden, sondern nur, wenn der Kindprozess sich beendet.
- `SA_RESTART` (SVR4, BSD) – Wird ein Systemaufruf (Systemcall) durch dieses Signal unterbrochen, wird er automatisch neu gestartet.
- `SA_ONESHOT` – Der Signalhandler wird nach seiner Ausführung wieder zurückgesetzt. Dies entspricht dem System V-UNIX-Stil (»SYSV«).

Es gibt noch mehr dieser Signaloptionen, die aber zum einen Teil nur für SVR4 und zum anderen Teil nur für Linux vorhanden sind. Dies wären `SA_ONSTACK` (SVR4, BSD), `SA_NOCLDWAIT` (SVR4), `SA_NODEFER` (SVR4), `SA_RESETHAND` (SVR4), `SA_SIGINFO` (SVR4) sowie `SA_NOMASK` (Linux).

Das folgende Beispiel demonstriert Ihnen die meisten hier vorgestellten Funktionen. Dabei haben wir außerdem zur Demonstration die Funktion `signal()` mit der Funktion `sigaction()` nachgebildet. Mit einer weiteren Funktion können Sie einzelne Signale der Menge hinzufügen (`signal_add()`), und mit einer anderen Funktion können einzelne Signale entfernt (`signal_del()`) werden. Ebenso wurde eine Funktion hinzugefügt, mit der Sie den Status eines Signals ermitteln können (`check_signal()`).

```
/* sig.c */
#include <stdio.h>
#include <stdlib.h>
#include <signal.h>
#include <unistd.h>

typedef void (*sighandler_t)(int);

static sighandler_t
my_signal(int sig_nr, sighandler_t signalhandler) {
   struct sigaction neu_sig, alt_sig;

   neu_sig.sa_handler = signalhandler;
   sigemptyset (&neu_sig.sa_mask);
   neu_sig.sa_flags = SA_RESTART;
   if (sigaction (sig_nr, &neu_sig, &alt_sig) < 0)
      return SIG_ERR;
   return alt_sig.sa_handler;
}
```

```
static sighandler_t
signal_add (int sig_nr, sighandler_t signalhandler) {
   struct sigaction add_sig;

   if (sigaction (sig_nr, NULL, &add_sig) < 0)
      return SIG_ERR;
   add_sig.sa_handler = signalhandler;
   sigaddset (&add_sig.sa_mask, sig_nr);
   add_sig.sa_flags = SA_RESTART;
   if (sigaction (sig_nr, &add_sig, NULL) < 0)
      return SIG_ERR;
   return add_sig.sa_handler;
}

static sighandler_t signal_del (int sig_nr) {
   struct sigaction del_sig;

   if (sigaction (sig_nr, NULL, &del_sig) < 0)
      return SIG_ERR;
   del_sig.sa_handler = SIG_DFL;
   sigdelset (&del_sig.sa_mask, sig_nr);
   del_sig.sa_flags = SA_RESTART;
   if (sigaction (sig_nr, &del_sig, NULL) < 0)
      return SIG_ERR;
   return del_sig.sa_handler;
}

static void check_signal (int sig_nr) {
   struct sigaction check_sig;

   if (sigaction (sig_nr, NULL, &check_sig) < 0)
      return;
   printf("Aktion beim Auftreten von Signal %d: ", sig_nr);
   if (check_sig.sa_handler == SIG_DFL)
      printf ("Standardaktion (default)\n");
   else if (check_sig.sa_handler == SIG_IGN)
      printf ("wird ignoriert\n");
   else
      printf ("Eine Routine wird aufgerufen\n");
}

static void check_sig (int signr) {
   int nr;
```

```
    if (signr == SIGINT) {
       printf ("SIGINT ausgelöst\n");
       printf ("-1- Signal aus Maske entfernen\n");
       printf ("-2- Signal ignorieren\n");
       printf ("-3- SIGALRM in 5 Sekunden auslösen\n");
       printf ("-4- Programm beenden\n");
       printf ("Ihre Wahl : ");
       scanf ("%d", &nr);
       switch (nr) {
       case 1:
          signal_del (SIGINT);
          printf ("SIGINT wurde entfernt\n");
          break;
       case 2:
          return;
       case 3:
          alarm (5);
          break;
       case 4:
          raise (SIGKILL);
          break;
       default:
          printf ("Unbekannte Eingabe\n");
          break;
       }
    }
    else if (signr == SIGALRM) {
       printf ("SIGALRM ausgelöst\n");
       raise (SIGKILL);
    }
}

int main (void) {
   my_signal (SIGINT, check_sig);
   signal_add (SIGALRM, check_sig);
   signal_add (SIGABRT, SIG_IGN);

   check_signal (SIGINT);
   check_signal (SIGALRM);
   check_signal (SIGABRT);
   check_signal (SIGFPE); /* Standardaktion von SIGFPE */
```

```
   while (1) ;
   return EXIT_SUCCESS;
}
```

Das Programm bei seiner Ausführung:

```
$ gcc -o sig sig.c
$ ./sig
Für Signal 2 wurde eine Routine eingerichtet
Für Signal 14 wurde eine Routine eingerichtet
Signal 6 wird ignoriert
Für Signal 8 ist die Standardaktion eingerichtet
[Strg]+[C]
SIGINT ausgelöst
-1- Signal aus Maske entfernen
-2- Signal ignorieren
-3- SIGALRM in 5 Sekunden auslösen
-4- Programm beenden
Ihre Wahl : 3
SIGALRM ausgelöst
Getötet
$ ./sig
Für Signal 2 wurde eine Routine eingerichtet
Für Signal 14 wurde eine Routine eingerichtet
Signal 6 wird ignoriert
Für Signal 8 ist die Standardaktion eingerichtet
[Strg]+[C]
SIGINT ausgelöst
-1- Signal aus Maske entfernen
-2- Signal ignorieren
-3- SIGALRM in 5 Sekunden auslösen
-4- Programm beenden
Ihre Wahl : 2
[Strg]+[C]
SIGINT ausgelöst
-1- Signal aus Maske entfernen
-2- Signal ignorieren
-3- SIGALRM in 5 Sekunden auslösen
-4- Programm beenden
Ihre Wahl : 1
SIGINT wurde entfernt
[Strg]+[C]
```

10.5.1 Einen Signalhandler einrichten, der zurückkehrt

Stellen Sie sich vor, Ihr Programm befindet sich in einer Schleife und arbeitet gerade wichtige Befehle ab – z. B. das Abspeichern wichtiger Daten. Plötzlich tritt ein Signal auf, der Signalhandler wird aufgerufen und bricht das Programm mitsamt Schreibvorgang ab.

Deswegen sollten Sie den Signalhandler so einrichten, dass er zur Ausführung des kritischen Codeausschnitts zurückkehren kann, und erst wenn alle Befehle in dem Schleifendurchgang abgelaufen sind, soll der Schleifendurchlauf abgebrochen werden.

Um einen Handler zu realisieren, der wieder normal zum Programm zurückkehrt, benötigen Sie eine globale Variable. Diese Variable sollte dann beim Aufrufen des Signalhandlers entsprechend verändert und im Programmablauf eben entsprechend überprüft werden. Als Datentyp sollten Sie für einen solchen Fall `sig_atomic_t` verwenden, eine atomare Variable.

Atomare Variable oder atomare Operation

Wenn Sie z. B. eine Variable um 1 auf einem System erhöhen wollen, auf dem zwei CPUs arbeiten, kann es passieren, dass ein Wert um den Wert 2 anstatt wie beabsichtigt um den Wert 1 erhöht wird, falls der Code auf beiden Prozessoren ausgeführt wird. Auf der CPU-Ebene läuft dieser Vorgang ja wie folgt ab:

1. Wert vom Speicher in den Prozessorregister kopieren
2. Wert erhöhen
3. Wert wieder vom Register in den Speicher schieben

Nun stellen aber die Prozessoren einen Mechanismus (sofern der Systemkern dies auch unterstützt) zur Verfügung, mit dem die Operationen atomar bearbeitet werden. Das bedeutet, dass bei Verwendung einer atomaren Operation verhindert wird, dass andere Prozessoren im System arbeiten, solange der aktuelle Prozessor mit der Ausführung der atomaren Operation beschäftigt ist.

Dies wird durch spezielle Lock-Anweisungen erreicht. Es bleibt allerdings anzumerken, dass atomare Operationen auf manchen Systemen wesentlich langsamer ausgeführt werden als »normale« Operationen.

Hierzu ein einfaches Beispiel: Wir richten einen Signalhandler für das Signal `SIGINT` und eine globale Variable ein. Im Programm selbst wird in zwei rechenintensiven Schleifen jeweils *Ping* und *Pong* ausgegeben. Wird das Signal `SIGINT` ausgelöst, während *Ping* ausgegeben wird, so wird der Signalhandler aufgerufen, und er dekrementiert die globale Variable. Die dekrementierte globale Variable wird als Bedingung der Schleife verwendet – ist diese `0`, wird die Schleife im nächsten Durchlauf abgebrochen.

```
/* ping_pong.c */
#include <signal.h>
#include <stdio.h>
```

```
#include <stdlib.h>
#include <unistd.h>

typedef void (*sighandler_t)(int);

/* Flag kontrolliert die Beendigung der Hauptschleife */
volatile sig_atomic_t sigint = 1;

static sighandler_t
my_signal (int sig_nr, sighandler_t signalhandler) {
   struct sigaction neu_sig, alt_sig;

   neu_sig.sa_handler = signalhandler;
   sigemptyset (&neu_sig.sa_mask);
   neu_sig.sa_flags = SA_RESTART;
   if (sigaction (sig_nr, &neu_sig, &alt_sig) < 0)
      return SIG_ERR;
   return alt_sig.sa_handler;
}

/* Der Signalhandler */
static void catch_sigint (int sig_nr) {
   sigint--;
   /* brauchen wir nicht unbedingt, der Kernel arbeitet */
   /* neuerdings nach dem BSD-Schema statt nach SYSV.   */
   /* Der Handler bleibt eingerichtet.                  */
   my_signal (sig_nr, catch_sigint);
}

int main (void) {
   int i = 90000000, j, k;
   my_signal (SIGINT, catch_sigint);

   /* Damit ist es möglich, dass die Anweisungen in der */
   /* Schleife noch fertig arbeiten, ohne dass bei      */
   /* Eintreffen des Signals SIGINT das Programm abrupt */
   /* unterbrochen wird. Im Beispiel wird kein Ping     */
   /* ohne seinen Pong ausgegeben.                      */
   while (sigint) {
      j = i;
      k = i;
      while (--j) ;
      while (--k) ;
```

```
        printf ("Ping-");
        j = i;
        k = i;
        while (--j) ;
        while (--k) ;
        printf ("Pong\n");
    }
    return EXIT_SUCCESS;
}
```

10.6 Signal an den eigenen Prozess senden – raise()

Wollen Sie dem eigenen Prozess ein Signal senden, können Sie das mit der Funktion `raise()` machen, die ja in diesem Kapitel in einem Listing bereits verwendet wurde. Die Syntax zu `raise()` lautet:

```
#include <signal.h>

int raise(int sig_nr);
```

Damit senden Sie dem laufenden Prozess das Signal, das Sie mit `sig_nr` angegeben haben. Bei Erfolg liefert diese Funktion `0`, ansonsten bei einem Fehler `-1`.

`raise()` ist äquivalent zu:

```
kill(getpid(), sig_nr);
```

10.7 Signale an andere Prozesse senden – kill()

Mit der Funktion `kill()` können Sie Signale an andere Prozesse senden. Richtig eingesetzt, kann mit dieser Funktion aber auch mehr erreicht werden, als wie gewöhnlich in der Konsole Prozesse zu beenden. Ein Beispiel, das hier gleich demonstriert werden soll, wäre das Synchronisieren von zwei Prozessen (Eltern- und Kindprozess).

Zuerst sehen wir uns die Syntax von `kill()` an:

```
int kill (pid_t pid, int sig_nr) ;
```

Damit senden Sie das Signal `sig_nr` an einen Prozess, der mit `pid` spezifiziert wird. Eine Besonderheit ist es, wenn Sie hier für das Signal `sig_nr` die `0` verwenden. Damit können Sie überprüfen, ob an den Prozess oder die Prozessgruppe mit der `pid` überhaupt ein Signal geschickt werden kann. Kann kein Signal an den Prozess geschickt werden, liefert `kill()` als

Rückgabewert -1 zurück – was auch für jeden anderen Fehler der Funktion zutrifft. Bei Erfolg gibt kill() immer 0 zurück. Häufig wird -1 zurückgegeben, weil der Prozess mit der pid gar nicht mehr existiert.

Bei der Angabe von pid werden vier mögliche Angaben unterschieden:

pid-Angabe	Bedeutung
pid > 0	Das Signal geht an den Prozess mit der Prozess-ID pid.
pid == 0	Dieses Signal erhalten alle Prozesse, die die PGID (*Process Group Identification (Number)*) des aktuellen Prozesses tragen. (Dazu gehört natürlich auch der aktuelle Prozess.)
pid < -1	Dieses Signal erhalten alle Prozesse, deren PGID gleich dem absoluten Wert von pid ist.
pid == -1	Alle Prozesse mit Ausnahme von *init* erhalten das Signal. Dass man dafür Superuser-Rechte benötigt, leuchtet ein.

Tabelle 10.8 Mögliche Angaben für »pid« bei »kill()« und deren Bedeutung

Um ein Signal an andere Prozesse zu schicken, muss man natürlich auch entsprechende Rechte für den Prozess haben. Der Superuser darf logischerweise an alle Prozesse Signale senden. Bei allen anderen muss beim Sender die reale oder effektive User-ID identisch mit der realen oder effektiven User-ID des Empfängers sein. Ein spezieller Fall ist das Signal SIGCONT, das von jedem gesendet werden kann, der Teil derselben Session des Empfängers ist.

10.8 Zeitschaltuhr einrichten – alarm()

Mit der Funktion alarm() können Sie eine Zeitschaltuhr einrichten, die nach dem Ablaufen das Signal SIGARLRM sendet.

```
#include <unistd.h>

unsigned int alarm(unsigned int sekunden);
```

Wenn die Sekunden abgezählt wurden und für das Signal kein Signalhandler eingerichtet wurde, beendet sich der Prozess standardmäßig mit dem Kommentar »Der Wecker klingelt« (bzw. »Alarm Clock«, wenn nicht gerade Deutsch eingestellt ist). Folgt noch vor dem Ablaufen eines alarm()-Befehls ein weiterer, so wird der alte alarm()-Befehl überschrieben und durch den neuen ersetzt.

10.9 Prozesse stoppen, bis ein Signal eintritt – pause()

Wollen Sie einen Prozess bis zum Eintreffen eines Signals stoppen, so kann dies mit pause() realisiert werden.

Die Syntax sieht so aus:

```
#include <unistd.h>

int pause(void);
```

Diese Funktion wird häufig missverstanden und falsch eingesetzt. Mit pause() wird ein Prozess so lange suspendiert, bis ein Signal eintrifft. Der so suspendierte Prozess kann nur mithilfe eines Signalhandlers und/oder der anschließenden Beendigung des Prozesses selbst beendet werden. Sie werden in der Praxis mit der Funktion sigsuspend() besser beraten sein. Mehr dazu folgt in Kürze.

10.10 Prozesse für eine bestimmte Zeit stoppen – sleep() und usleep()

Muss ein Prozess nur für eine gewisse Zeit oder bis zum Eintreffen eines Signals suspendiert werden, können Sie dafür die Funktionen sleep() bzw. usleep() verwenden.

```
#include <unistd.h>

unsigned int sleep(unsigned int sekunden);
void usleep(unsigned long mikrosekunden);
```

Damit wird ein Prozess jeweils in den Parametern der angegebenen Zeiten angehalten. Bei sleep() handelt es sich um Sekunden und bei usleep() um Mikrosekunden. Wird ein suspendierter Prozess durch ein Signal vorzeitig beendet und mit einem Signalhandler abgefangen, gibt sleep() als Rückgabewert die Anzahl der nicht geschlafenen Sekunden zurück.

> **Hinweis**
> Weitere Möglichkeiten zum zeitlichen Suspendieren von Prozessen haben Sie noch mit den Funktionen select() und nanosleep().

Die maximale Präzision, die bei der Suspension erreicht werden kann, hängt vom System und von der Methodik ab. Auf den meisten Linux-Systemen ist dies 1/100 s, bei einigen 64-Bit-Rechnern auch 1/1024 s. Wer es noch präziser braucht, kann dies über sched_setpriority() (und dann nanosleep()) realisieren, jedoch führt eine Präzision, die genauer ist als der Standardwert (1/100 s) dazu, dass während der Suspension andere Prozesse nicht ans Laufen kommen!

Eine Anwendung, die also periodisch weniger als 1/100 s mittels der Sleep-Funktionen auf ein Ereignis warten würde, würde die CPU kaum noch freigeben. *Busy Loops* (z. B. eine `while()`-Schleife) blockieren zwar nicht, jedoch ist die zeitliche Länge einer solchen Schleife natürlich abhängig von der Prozessorgeschwindigkeit und -auslastung, weshalb sie für eine Suspension generell nicht geeignet ist.

In fast allen UNIX-Derivaten gilt das Warten per fester Wartezeit oder – schlimmer – mittels des Vertrödelns von Rechenzeit als »schlechtes Benehmen«. Man sollte, wenn man kann, immer mit `select()` auf ein Ereignis warten. Mit `nanosleep()` stünde zwar theoretisch eine passende Funktion bereit, um kleinste Zeiteinheiten lang zu warten, nur ist deren sinnvoller Gebrauch von der Zeitgranularität des Systems abhängig. Oder, in der Sprache des Kernels ausgedrückt, von der Anzahl der Ticks pro Sekunde. Und diese Zahl mag unterschiedlich ausfallen, auch wenn sie auf aktuellen Linux-Systemen 1000 Ticks pro Sekunde beträgt, sofern die Einstellung niemand geändert hat, und damit sehr genau ist.

10.11 Signalmaske erfragen oder ändern – sigprocmask()

Die Menge der Signale eines Prozesses, die im Augenblick blockieren, wird als Signalmaske bezeichnet. Jeder neue Prozess, der erzeugt wird, erbt die Signalmaske von seinem Elternprozess. Mit der Funktion `sigprocmask()` können Sie diese Signalmaske erfragen oder verändern.

Die Syntax zu `sigprocmask()` lautet:

```
#include <signal.h>

int sigprocmask (int how,
                 const sigset_t *sig_mask,
                 sigset_t *sig_mask_old);
```

Mit `how` geben Sie an, wie Sie die Signalmaske ändern wollen. Dazu können Sie folgende Angabe machen:

Konstante	Bedeutung
`SIG_BLOCK`	Zur Signalmaske des Prozesses werden die Signale aus `sig_mask` hinzugefügt.
`SIG_UNBLOCK`	Von der Signalmaske des Prozesses werden die Signale aus `sig_mask` entfernt.
`SIG_SETMASK`	Eine *neue* Signalmaske wird mit den Signalen belegt, die in `sig_mask` angegeben sind.

Tabelle 10.9 Parameter, die angeben, wie die Signalmaske geändert werden soll

Bei den beiden Argumenten sig_mask und sig_mask_old gilt es, drei Fälle zu unterscheiden:

Angabe	Bedeutung
sig_mask != NULL sig_mask_old !=NULL	Damit wird die aktuelle Signalmaske in die Adresse von sig_mask_old geschrieben. Anschließend wird die Signalmaske sig_mask entsprechend dem Argument how geändert. Somit kann der Zustand sig_mask_old jederzeit wiederhergestellt werden.
sig_mask != NULL sig_mask_old = NULL	Damit wird die Signalmaske sig_mask entsprechend how geschrieben.
sig_mask == NULL sig_mask_old != NULL	Damit kann die aktuelle Signalmaske erfragt werden. Die aktuelle Signalmaske befindet sich dann an der Adresse von sig_mask_old. Das Argument how hat dabei keinerlei Bedeutung.

Tabelle 10.10 Signalmaske erfragen, setzen oder beides auf einmal

Ein Beispiel zu sigprocmask() finden Sie in Abschnitt 10.13, »Prozesse synchronisieren«.

10.12 Prozess während einer Änderung der Signalmaske stoppen – sigsuspend()

Mit der Funktion sigsuspend() können Sie sicherstellen, dass Sie einen bestimmten Codeabschnitt ausführen können, ohne dass dabei durch ein eintreffendes Signal etwas gestört wird.

Die Syntax lautet:

```
#include <signal.h>
int sigsuspend(const sigset_t *set_signal_maske);
```

Diese Funktion ersetzt die aktuelle Prozesssignalmaske durch set_signal_maske und suspendiert den Prozess so lange, bis ein Signal eintrifft, das abgefangen wird oder den Prozess beendet. Wenn das Signal abgefangen wurde, beendet sich sigsuspend() nach der Abarbeitung des Signalhandlers mit dem Rückgabewert -1, und die Signalmaske wird wieder auf den ursprünglichen Wert gesetzt, der vor dem Aufruf von sigsuspend() vorlag.

10.13 Prozesse synchronisieren

Wollen Sie, dass zwei Prozesse abwechselnd ihre Arbeit verrichten, müssen Sie sie synchronisieren. Wenn Sie dies nicht tun und zwei Prozesse abhängig voneinander etwas in eine

Datei schreiben, bekommen Sie einen Datensalat, denn nun hängt es vom Prozess-Scheduler ab, in welcher Reihenfolge und wie lange ein Prozess die CPU bekommt.

Die Reihenfolge lässt sich, auch wenn das in der Praxis nicht so üblich ist, mit Signalen regeln. Wie schon angekündigt, soll hier demonstriert werden, wie Sie den Eltern- und Kindprozess mit Signalen synchronisieren können. Dazu werden gewöhnlich die Signale `SIGUSR1` und `SIGUSR2` mittels `kill()` an den entsprechenden Prozess gesendet. Ebenso finden Sie hier die Anwendung der Funktionen `sigprocmask()` und `sigsuspend()`.

```
/* sig_sync.c */
#include <signal.h>
#include <stdio.h>
#include <stdlib.h>
#include <unistd.h>
#include <errno.h>
#define MAX 5

typedef void (*sighandler_t)(int);

static volatile sig_atomic_t flag = 0;
static sigset_t mask_neu, mask_alt, mask_null;
static void sig_func(int);

static sighandler_t
my_signal (int sig_nr, sighandler_t signalhandler) {
   struct sigaction neu_sig, alt_sig;

   neu_sig.sa_handler = signalhandler;
   sigemptyset (&neu_sig.sa_mask);
   neu_sig.sa_flags = SA_RESTART;
   if (sigaction (sig_nr, &neu_sig, &alt_sig) < 0)
      return SIG_ERR;
   return alt_sig.sa_handler;
}

static void start_sync(void) {
   my_signal( SIGUSR1, sig_func );
   my_signal( SIGUSR2, sig_func );

   sigemptyset(&mask_null);

   sigemptyset(&mask_neu);

   sigaddset(&mask_neu, SIGUSR1 );
```

```
   sigaddset(&mask_neu, SIGUSR2 );

   if( sigprocmask(SIG_BLOCK, &mask_neu, &mask_alt) < 0 ) {
      printf("Fehler bei sigprocmask() ...\n");
      exit(EXIT_FAILURE);
   }
}

static void sig_func( int sig_nr ) {
   start_sync();
   flag = 1;
}

static void kind2eltern( pid_t pid ) {
   kill( pid, SIGUSR1 );
}

static void eltern2kind( pid_t pid ) {
   kill( pid, SIGUSR2 );
}

static void kind_wartet( void) {
   while( !flag )
      sigsuspend(&mask_null);
   flag = 0;
   if( sigprocmask(SIG_BLOCK, &mask_alt, NULL) < 0 ) {
      printf("Fehler bei sigprocmask() ...\n");
      exit(EXIT_FAILURE);
   }
}

static void eltern_warten(void ) {
   while( !flag )
      sigsuspend(&mask_null);
   flag = 0;
   if( sigprocmask(SIG_BLOCK, &mask_alt, NULL) < 0 ) {
      printf("Fehler bei sigprocmask() ...\n");
      exit(EXIT_FAILURE);
   }
}

int main (void) {
   pid_t pid;
```

```
   int j, i;

   start_sync();

   if( (pid=fork()) <0) {
      perror("fork()");
      return EXIT_FAILURE;
   }
   else if(pid == 0) {
      for(i = 0; i < MAX; i++) {
         kind_wartet();
         printf("Kind \n");
         kind2eltern(getppid());
      }
      printf("--- Kind Ende ---\n");
      exit(EXIT_SUCCESS);
   }
   for(j = 0; j < MAX; j++) {
      printf("Eltern \n");
      eltern2kind(pid);
      eltern_warten();
   }
   printf("--- Eltern Ende ---\n");
   return EXIT_SUCCESS;
}
```

Das Programm bei der Ausführung:

```
$ gcc -o sig_sync sig_sync.c
$ ./sig_sync
Eltern
Kind
Eltern
Kind
Eltern
Kind
Eltern
Kind
Eltern
Kind
--- Eltern Ende ---
--- Kind Ende ---
```

Zugegeben, zu den Signalen lässt sich noch eine Menge mehr schreiben. Aber irgendwo muss man Schluss machen. Sofern Sie des Englischen mächtig sind, empfehlen wir Ihnen dazu die Dokumentation der GNU C Library, in der Sie eine Menge mehr Informationen und auch Code zu den Signalen und deren Behandlung finden. Eine weitere lebensnotwendige Lektüre wären die Manual Pages (`man sigsetops`, `man sigaction`, `man sigsetjmp`, `man sigaltstack`).

Abschließend möchten wir Sie nochmals darauf hinweisen, dass Signale ein zerbrechliches Konzept sind. Unter bestimmten Umständen treten unerwartete oder undefinierte Zustände ein, und deshalb sollten Sie die exzessive Verwendung von Signalen vermeiden – ganz besonders, wenn Sie in Multi-Threading-Umgebungen arbeiten.

Erst ab POSIX-Threads in Linux-Kerneln größer Version 2.6 können Sie damit rechnen, dass Signalfunktionen auch dort von sich aus sauber und atomar ablaufen, ohne dass Sie besondere Programmiertechniken bemühen müssen. Was Sie aber nicht vermeiden können, sind Race Conditions, die einfach aufgrund der Definition der API eintreten. Auch atomare Operationen und *Thread Locks* helfen da wenig. CAVEAT UTILITOR.[1]

1 Wörtlich: »Der Benutzer hüte sich.« Populäre Warnung bei Open-Source-Projekten, sich nicht allzu sehr auf die beschriebenen Umstände zu verlassen.

Kapitel 11

IPC – Interprozesskommunikation

Wenn Prozesse untereinander kommunizieren, aufeinander warten oder Daten und Ressourcen austauschen müssen, wird sogenannte Interprozesskommunikation verwendet.

Dass Linux ein Multitasking-System ist, haben Sie (spätestens seit Kapitel 9 über Prozesse) bereits erfahren und verstanden. Dazu gehört auch, dass die meisten der vielen Prozesse, die nebeneinander herlaufen, so gut wie nichts voneinander darüber wissen, welche Daten sie zum Beispiel enthalten. Realisiert wird das Ganze durch einen Speicherschutz. Er dient zum Schutz des Betriebssystems, denn würde ein Prozess auf die Speichersegmente eines anderen Prozesses zugreifen, so beeinträchtigte dies nicht nur die Stabilität der Programme (Absturz/Programmierfehler), sondern sogar die des Gesamtsystems. Realisiert wird dieser Speicherschutz hardwaremäßig meist über eine Speicherverwaltungseinheit (MMU). Allerdings bieten auch viele Prozessoren alternative Mechanismen an, meistens in Form von segmentiertem Speicher. UNIX-Systeme (und ähnliche, auch wenn sie anders heißen) kennen ursprünglich nur uniformen Speicher und Speicheranordnung und -schutz über die MMU.

Hinweis

Das Hacken von laufenden Applikationen über gesendete Nutzdaten funktionierte lange Zeit, indem der Prozessor dazu gebracht wurde, einen Datenbereich anzuspringen und dort Code auszuführen. Da die Intel- und AMD-Prozessoren lange kein NX-Bit (*No eXecute*) kannten, das die Ausführung von Daten als Code verhindert hätte, war das eine gängige Methode. Seit Version 2.6.8 unterstützt Linux das NX-Bit im 64-Bit-Modus.

Wenn es einer bösartigen Applikation gelingt, den Speicherschutz generell aufzuheben, wird das als *Privilege Escalation* verstanden. Das entspricht in ungefähr dem größten anzunehmenden Unfall.

Dennoch gibt es Anwendungsfälle, in denen man sich einen »Informationstunnel« zu einem anderen Prozess graben muss. Einige Gründe hierfür sind:

- Mehrere Prozesse müssen spezielle Daten gemeinsam verwenden.
- Die Prozesse sind untereinander abhängig und müssen aufeinander warten.
- Daten müssen von einem Prozess zu einem anderen weitergereicht werden.
- Die Verwendung von Systemressourcen muss koordiniert werden.

Für solche Anwendungsfälle wurden bereits im System V (kurz *SysV*) schon vor längerer Zeit zuverlässige und bewährte Techniken entwickelt, die heute in vielen UNIX-Varianten (unter anderem auch Linux) implementiert sind. Diese Mechanismen werden unter dem Begriff *Interprozesskommunikation* (kurz *IPC*) zusammengefasst. Da auch der Betriebssystemkern selbst (vor allem auf Mehrprozessorsystemen) mit den Problemen zu kämpfen hat, die eben aufgezählt wurden, haben die Entwickler einige dieser Mechanismen in den Kernel implementiert.

11.1 Unterschiedliche Techniken zur Interprozesskommunikation (IPC) im Überblick

Eine Technik, wenn auch sehr beschränkt, haben Sie bereits in Kapitel 10 anhand der Signale kennengelernt. Im folgenden Abschnitt sollen die wichtigsten IPC-Mechanismen erläutert werden. Viele dieser Techniken werden Sie im Verlaufe dieses Kapitels bzw. des Buchs noch näher kennenlernen.

11.1.1 (Namenlose) Pipes

Pipes wie auch FIFOs (*Named Pipes*) sind die einzigen beiden IPCs, die garantiert auf jedem System vorhanden sind. Sie sind sowohl POSIX-, SVR4-, XPG3- als auch BSD-konform.

Eine Pipe ist ein unidirektionaler Kommunikationskanal zwischen zwei verwandten Prozessen (sie kann auch innerhalb eines einzigen Prozesses genutzt werden – inwiefern das sinnvoll ist, ist eine andere Frage). Sie haben Pipes sicherlich schon des Öfteren in der Konsole verwendet, beispielsweise so:

```
$ ps ax | less
```

Hiermit haben Sie in der Shell zwei Prozesse gestartet. Ein Prozess führt das Kommando `ps ax` aus und schreibt das Ergebnis gewöhnlich an die Standardausgabe. Durch die Pipe (`|`) wird allerdings diese Standardausgabe an den Prozess `less` weitergeleitet. `less` liest hierbei die Daten von der Standardeingabe ein und gibt aus, was ihm das Kommando `ps` durch die Pipe so schickt. Natürlich erfolgt die Ausgabe mit dem gewöhnlichen Komfort, den `less` Ihnen auch sonst bietet.

Wenn die Daten in beide Richtungen ausgetauscht werden sollen, muss eine zweite Pipe dazu verwendet werden. Sie dürfen sich eine Pipe gern wie ein Rohr vorstellen, bei dem die Daten in die eine Seite (Prozess A) hineingesteckt werden und bei Prozess B wieder herauskommen.

Eine Pipe dient außer zur Kommunikation zwischen zwei Prozessen hervorragend zur Flusskontrolle, und zwar, weil eine Pipe nur eine bestimmte Menge an Daten aufnehmen kann (normalerweise 4 KB, 8 KB oder bei AIX 32 KB; siehe die Konstante `PIPE_BUF` in *limits.h* oder auch `ulimit -p`). Ist die Pipe (bzw. deren Puffer) voll, wird ein Prozess mindestens so lange angehalten, bis mindestens ein Byte aus der vollen Pipe gelesen wurde und wieder Platz vorhanden ist, um die Pipe wieder mit Daten zu befüllen. Andersherum bietet sich dasselbe Bild: Ist die Pipe leer, wird der lesende Prozess so lange angehalten, bis der schreibende Prozess etwas in diese Pipe schickt.

Es gibt also eine Schreibseite und eine Leseseite bei einer Pipe. Somit ist also nur eine Kommunikation in einer Richtung möglich (*half-duplex*). Sie können sich das Beispiel von oben so vorstellen wie in Abbildung 11.1:

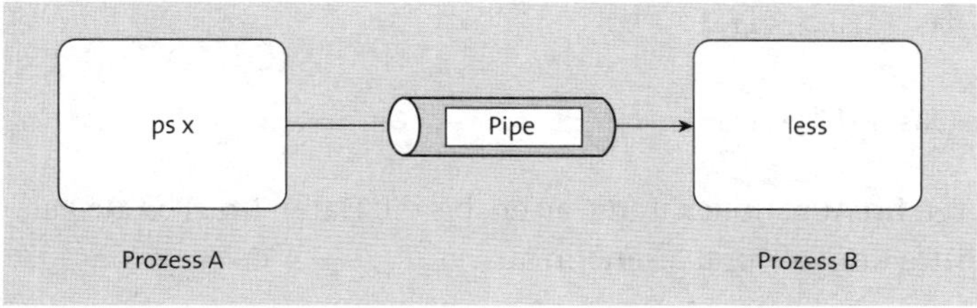

Abbildung 11.1 Kommunikation zwischen zwei Prozessen über eine Pipe

11.1.2 Benannte Pipes (FIFO-Pipes)

Mithilfe von Pipes können Sie allerdings nur mit den Prozessen kommunizieren, die miteinander verwandt sind – also nur zwischen geforkten Prozessen. Mit FIFOs (benannten Pipes) haben Sie dagegen die Möglichkeit, mit einem völlig fremden Prozess zu kommunizieren (Daten austauschen), da solche Pipes über einen Dateinamen angesprochen werden können.

Hinweis

Wir verwenden hier vorwiegend den Begriff FIFO statt »benannte Pipe«, damit Sie ihn gedanklich besser von der »namenlosen Pipe« trennen können.

Intern (wenn man den Kernel betrachtet) ist ein FIFO (*First In First Out*) tatsächlich nichts anderes als die Implementierung einer namenlosen Pipe. Der Systemaufruf `mkfifo()` bedeutet also nichts anderes, als dass eine Pipe als Filesystem-Objekt repräsentiert wird. Wer mittels `pipe()` eine Pipe erstellt, kreiert auch eine Datei wie mit `mkfifo()`! Diese sieht man zwar nicht, weil sie in einem Dateisystem versteckt ist, das man nicht mounten kann – aber wer in */proc/1234567/fd* nachgesehen hat, sieht bei einigen Einträgen den Zusatz »pipe:[*1692*]«, und zwar bei den Pipes, die mit `pipe()` generiert wurden. Ähnliche Einträge gibt es übrigens auch für Sockets (des Typs TCP, aber auch bei `PF_UNIX`), und zwar dann »socket:[456789]«.

FIFOs werden wie erwartet mit z. B. */dev/initctl* angezeigt (siehe */proc/1/fd/*). `PF_UNIX`-Sockets werden ebenfalls als socket:[456789]-Objekt dargestellt, auch wenn sie eigentlich einen Dateinamen besitzen.

Auf der Shell lässt sich ein FIFO folgendermaßen erstellen:

```
$ mkfifo fifo1
```

Bei einem Blick ins aktuelle Arbeitsverzeichnis finden Sie das FIFO unter folgendem Eintrag:

```
$ ls -l
prw-r--r--    1 tot      users       0 2003-12-07 10:53 fifo1
```

Am p am Anfang erkennen Sie das FIFO. Sie könnten jetzt etwas in das FIFO schreiben:

```
[tty1]
$ echo Der erste Eintrag in das FIFO > fifo1
[tty2]
$ echo Der zweite Eintrag in das FIFO > fifo1
```

Beide Dialogstationen blockieren im Augenblick und warten, bis die Daten im FIFO ausgelesen werden. Wir öffnen eine dritte Konsole und lesen ihn aus:

```
[tty3]
$ cat fifo1
Der zweite Eintrag in das FIFO
Der erste Eintrag in das FIFO
```

Natürlich müssen Sie auch die Zugriffsrechte für das FIFO vergeben, um festzulegen, wer in dieses FIFO etwas schreiben und wer aus ihm lesen darf. FIFOs sind auch eine halbduplexe IPC, was bedeutet, dass auch bei FIFOs, wie schon bei namenlosen Pipes, kein mehrfaches Auslesen möglich ist. Benannte Pipes werden daher auch nur dort eingesetzt, wo eine »Einbahnstraße« erwünscht ist (siehe Abbildung 11.2).

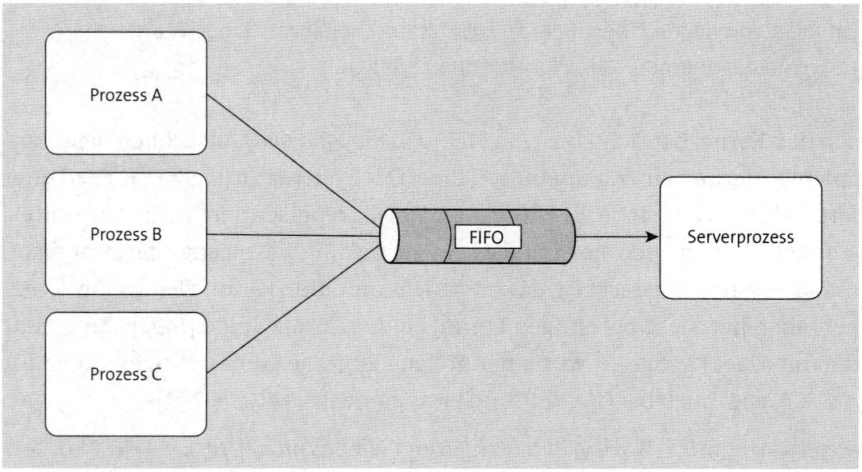

Abbildung 11.2 Kommunikationsmodell eines FIFO (First In First Out)

11.1.3 Message Queue (Nachrichtenspeicher)

Mit diesem Mechanismus können Sie zwischen mehreren Prozessen Nachrichten austauschen. Die Nachrichten werden dabei von einem Prozess an einen Speicher (der Message Queue, also der Nachrichtenschlange) geschickt und können dort von einem anderen Prozess abgeholt werden (siehe Abbildung 11.3). Die Größe und die Anzahl der Nachrichten werden vom System festgelegt. Die Nachricht selbst besteht aus einem Text und einem Nachrichtentyp – wobei es für den Nachrichtentyp keine festen Regeln gibt, sodass es dem Programmierer überlassen bleibt, welche Funktion dem Nachrichtentyp zugeordnet werden soll.

Die Nachrichten werden in der Reihenfolge, in der sie eintreffen, auch wieder ausgelesen. Fordert ein Prozess eine Nachricht an, so kann über eine Option angegeben werden, dass er entweder so lange angehalten wird, bis eine Nachricht eingeht, oder sofort zur Programmausführung zurückkehrt und eventuell einen Fehlercode ausgibt.

11

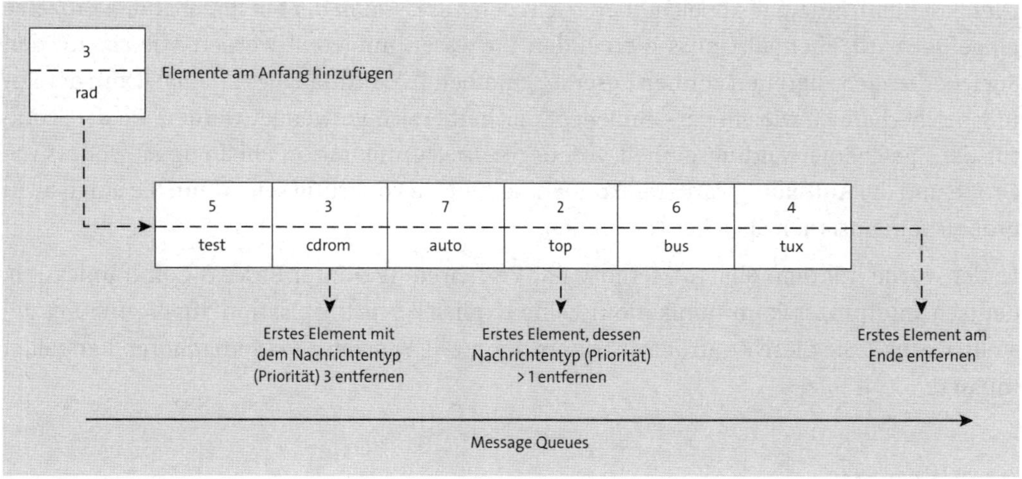

Abbildung 11.3 Prinzip der Message Queue

11.1.4 Semaphore

Semaphore sind Zugriffsvariablen, auf die nur mit bestimmten Funktionen zugegriffen werden kann. Ein Semaphor kann mehrere Werte annehmen und ist nicht von binärer Natur. Mit den Prozessen können Sie ein Semaphor abfragen und überprüfen, ob es einen bestimmten Wert hat. Es ist auch möglich, dass mit einer Funktion auf mehrere Semaphore gleichzeitig zugegriffen wird. Gewöhnlich verwendet man Semaphore zur Synchronisation beim Zugriff auf kritische Betriebsmittel/Datenstrukturen oder einen kritischen Codeausschnitt. Wenn z. B. der gemeinsame Speicher (*Shared Memory*) von zwei oder mehreren Prozessen gleichzeitig verwendet wird, muss verhindert werden, dass diese gleichzeitig schreiben oder dass ein Prozess liest, während ein anderer zur gleichen Zeit schreibt.

Das Prinzip ist recht einfach. Will man mit einem Semaphor einen bestimmten Abschnitt schützen, wird ein vorhandener Zähler daraufhin getestet, ob der Wert größer als 0 ist, und anschließend dekrementiert. Ist der Wert nicht größer als 0, wird der Prozess in einen Wartezustand versetzt, da sich scheinbar ein anderer Prozess gerade in diesem kritischen Codeausschnitt befindet. Wenn ein Prozess einen kritischen Codebereich verlassen will, muss er wiederum den Zähler inkrementieren, damit der kritische Bereich für andere Prozesse wieder zur Verfügung steht.

11.1.5 Shared Memory (gemeinsamer Speicher)

Mit dem Shared-Memory-Mechanismus können Sie mit mehreren Prozessen auf einen gemeinsamen Datenspeicherbereich zugreifen. Um dies zu realisieren, muss zuerst ein Prozess diesen gemeinsamen Datenspeicher anlegen. Anschließend müssen alle anderen Prozesse, die ebenfalls darauf zugreifen sollen, mit diesem Datenspeicher bekannt gemacht werden. Dies geschieht, indem der Speicherbereich in den Adressraum der entsprechenden Prozesse eingefügt wird. Ebenfalls muss hierbei den Prozessen mitgeteilt werden, wie sie auf den Speicherbereich zugreifen können (lesend/schreibend). Wurde all dies erledigt, kann der Datenspeicherbereich wie ein gewöhnlicher Speicherbereich verwendet werden. Da die Struktur der Speicherverwaltungseinheit von der Kernelkonfiguration abhängig ist, sodass die Größe und die Aufteilung variieren können, sollten Sie vorsichtig sein, wenn Sie einen allzu großen gemeinsamen Speicher verwenden.

Leider wurde mit dem Shared Memory IPC-Verfahren (IPC=Inter Process Communication, deutsch Interprozesskommunikation) keine explizite Synchronisation zur Verfügung gestellt, weshalb Sie diese Kontrolle selbst noch mit z. B. Sperren oder Semaphoren herstellen müssen.

11.1.6 STREAMS

STREAMS (nicht zu verwechseln mit den Streams der Standard-E/A-Funktionen) wurden ursprünglich unter Unix als Teil der Funktionen eingeführt, die man als *Network Support Services* bezeichnet. Da sich STREAMS aber auch hervorragend zur Kommunikation zwischen Prozessen einsetzen lassen, sollen sie hier nicht unerwähnt bleiben.

Ein Stream ist eine Art Treiber im Kernel, der allerdings keinem physikalischen Gerät zugeordnet wird. Es handelt sich dabei um eine Schnittstelle zwischen der Applikation und dem Betriebssystem zum Austausch von Daten. Die Datenströme stehen bei den Streams in beiden Richtungen zur Verfügung und sind somit Vollduplex. Auf STREAMS können neben den dafür implementierten Funktionen `putmsg`, `getmsg` und `poll` auch die Systemfunktionen `open`, `close`, `read`, `write` und `ioctl` verwendet werden. Ein STREAM-Mechanismus wird aus folgenden Komponenten aufgebaut:

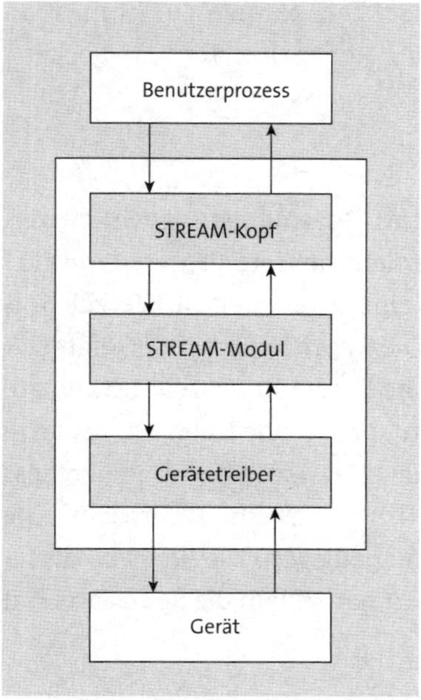

Abbildung 11.4 Kommunikationsmodell eines STREAMS

- STREAM-Kopf – Hier werden die Systemaufrufe der Message bzw. der Messages in Byte-Streams und Returnwerte verarbeitet. Ein Message-STREAM kann Daten oder/und Statusinformationen enthalten. Der Kopf beinhaltet wie jede STREAM-Komponente eine Lese- und eine Schreib-Queue.
- STREAM-Module – STREAM-Module sind optional. Es gibt eine Menge vorhandener Module, deren Aufgabe es unter anderem sein kann, Transformationen der Nachrichten durchzuführen. Eingetragen werden die Module mit der Funktion `ioctl()`. Natürlich können (fast) beliebig viele Steuermodule eingetragen werden – wobei die Eintragung eines neuen Moduls nach dem Stack-Prinzip vorgeht.
- STREAM-Ende – Besteht aus »Gerätetreibern« (Drivers). Konkret kann das ein Gerätetreiber sein, ein Pseudotreiber, ein Terminalgerätetreiber oder ein Multiplexer.

Wir werden die STREAMS allerdings in diesem Buch nicht behandeln.

11.1.7 Sockets

Da die Netzwerkprogrammierung eigens in Kapitel 14 besprochen wird, erwähnen wir das Socket hier nur kurz der Vollständigkeit halber. Sockets wurden im Berkeley-Unix-System (BSD) als Kommunikation zwischen verschiedenen Rechnern über ein Netzwerk eingeführt. Allerdings ist es mit den Sockets ebenso wie mit STREAMS möglich, eine Kommunikation zwischen Prozessen auf demselben Rechner auszuführen. Sockets können zur Kommunikation verschiedenste Protokolle benutzen, z. B. TCP/IP, UDP/IP oder Unix Domain Sockets.

11.1.8 Lock Files (Sperrdateien)

Eine recht primitive Form der IPC sind sogenannte *Lock Files* (Sperrdateien), nicht zu verwechseln mit den Dateisperren (*Record Locking*). Dabei werden mehrere Prozesse mithilfe einer einfachen Sperrdatei synchronisiert. Es wird praktisch eine Datei (meist im Verzeichnis */tmp*) angelegt, auf die ein Prozess nur Schreibrechte hat. Die Synchronisation erfolgt jetzt durch einen anderen Prozess, der ebenfalls versucht, dieselbe Datei mit Schreibrechten anzulegen. Schlägt dieser Versuch fehl, existiert gerade eine entsprechende Datei. Dieses Fehlschlagen stellt praktisch die Sperre für den Prozess dar. Jetzt wartet der abgewiesene Prozess eine gewisse Zeit (meistens mit einem simplen `sleep`-Aufruf), bevor er erneut versucht, eine Datei mit entsprechendem Namen und mit Schreibrechten anzulegen. Die Freigabe dieser Sperre erfolgt dann durch den Prozess, der diese Datei erzeugt hat, indem die Sperrdatei mit `unlink()` freigegeben wird.

So toll sich dies in der Theorie anhören mag – in der Praxis ist diese Form der IPC nur bedingt tauglich. Zum einen tritt folgendes Problem auf: Sobald der Superuser hier mitspielen will, funktioniert die Synchronisation nicht mehr, da er immer schreiben darf. Zum anderen wird hier mit dem aktiven Warten durch das Verschwenden von Prozessorzyklen (mit z. B. `sleep()`) nicht garantiert, welcher Prozess als nächster Zugriff auf die Sperrdatei hat. So kann es passieren, dass ein Prozess eventuell nie zum Zuge kommt.

11.1.9 Dateisperren (Advisory File Locks)

Aus der BSD-Welt kam ursprünglich die Funktion `flock()` (nicht zu verwechseln mit `lockf()`, das wir als Dateisperre im nächsten Abschnitt behandeln). Es handelt sich in etwa um dieselbe Idee, wie sie hinter Sperrdateien stand, nur funktioniert sie ohne extra Dateien, sondern sie sperrt den Zugriff auf eine bestimmte Datei und deren Daten komplett. Allerdings erfordert diese Technik, dass sämtliche Prozesse, die Zugriff auf die Datei wollen, zuerst versuchen, sie mit `flock()` zu sperren.

11.1.10 Dateisperren (Record Locking)

Ebenso wie mit den eben vorgestellten Sperrdateien kann man auch mit Dateisperren eine IPC einrichten. Auf die Dateisperren (*Record Locking*) sind wir bereits in Abschnitt 4.3.9 eingegangen, weshalb wir das Thema hier nur kurz anreißen.

Man unterscheidet generell zwischen Pflichtsperren (*Mandatory Locks*) und Kooperationssperren (*Advisory Locks*). Bei den Pflichtsperren werden die Zugriffsrechte einer Datei so gesetzt, dass hierbei jeder `read()`- und `write()`-Systemaufruf prüfen muss, ob er unter den gegenwärtig gesetzten Sperren seinen lesenden oder schreibenden Zugriff durchführen kann. Dieser Vorgang verlangsamt logischerweise den Zugriff.

Mit den Kooperationssperren hingegen verwendet man eine Funktionsbibliothek mit Zugriffsfunktionen, die Ihnen z. B. Informationen zu einer Sperre liefern und/oder den Zugriff auf gemeinsame Datenbestände »regeln«. Im Wesentlichen werden diese Sperren mit dem Systemaufruf `fcntl()` oder der Bibliotheksfunktion `lockf()` eingerichtet und aufgehoben. Beide Funktionen wurden bereits erwähnt und zum Teil auch verwendet.

Zwar ist diese Form der IPC immer noch besser als die Sperrdateien, aber auch hierbei sind einige Nachteile zu beklagen. Zum einen sind die Sperrarten wenig genormt – POSIX z. B. kennt keine *Mandatory Locks*. Des Weiteren funktionieren die Sperren nicht bei `open()`- und `unlink()`-Aufrufen. Und das Schlimmste: Ist ein Anwender nicht gut gelaunt, kann er mit Absicht durch Setzen und Halten einer Lesesperre auf die komplette Datei den schreibenden Zugriff aller anderen Anwender blockieren.

11.2 Neuere Techniken

11.2.1 D-Bus und kdbus

Zu den neueren Techniken, die insbesondere im Linux-Umfeld entstanden sind, gehört *D-Bus*. Diese Kommunikationstechnik basiert nicht auf dem klassischen Client-Server-Prinzip, sondern auf der Bus-Architektur. Auf dem Bus kann ein Sender mehrere Empfänger gleichzeitig erreichen – mit einer einzigen Absendung. D-Bus findet häufig in grafischen Benutzerumgebungen Verwendung, z. B. in KDE (SC) oder GNOME, aber auch *systemd* setzt D-Bus ein.

Sie finden in diesem Buch nichts über D-Bus, und das liegt daran, dass zu dem Zeitpunkt, als wir diese Auflage schrieben, das Team um Lennart Poettering bei Red Hat seine Entwicklung des kernelintegrierten D-Bus (*kdbus*) zurückgezogen hat. Beide Varianten sollen auch von der Programmierschnittstelle her überarbeitet werden, aber zum Zeitpunkt der Drucklegung dieses Buches existierte noch kein Zeitplan.

11.2.2 Dateisystem-Beobachtung

Einige Programme versuchen, aktiv auf Benutzerverhalten zu reagieren, und zwar indem sie Veränderungen am Dateisystem beobachten. Anstatt nun ständig nachzuschauen, können Sie auch den Kernel beauftragen, Sie zu informieren, wenn sich etwas auf Dateisystemebene tut.

11.3 Gründe für IPC

Falls Ihnen der Sinn von IPCs noch nicht ganz klar geworden ist, wollen wir noch einige Gründe und Begriffe nennen, um Ihnen zu zeigen, welche ganz typischen Problemstellungen Sie mit IPC in den Griff bekommen:

- *gleichzeitiger Zugriff* – Solange alle Prozesse aus einer Datei lesen, besteht kaum eine Gefahr. Sobald aber einer der Prozesse diese Datei verändern will, entstehen sogenannte Konkurrenzsituationen (*Race Conditions*). Diese Probleme können mithilfe von Prozesssynchronisation behoben werden.
- *Zugriffsdisziplin* – Will man vermeiden, dass mehrere User auf die Daten schreiben können, richtet man eine sogenannte Warteschlange ein (nach dem Motto: »one writer, many readers«). Man richtet dazu zwei Warteschlangen ein, eine für das Lesen und eine andere für das Schreiben. Diese Zugriffsdisziplin kann man aber auch mithilfe von Sperren erreichen. Man würde eine gemeinsame Sperre für die Leser einrichten, da ja mehrere gleichzeitig lesen dürfen, sowie eine exklusive Sperre für den Schreiber. Dies verhindert, dass jemand dazwischenfunkt.
- *Flusskontrolle* – Da man nicht genau sagen kann, welcher von den Prozessen seine Daten zuerst an den Zielrechner schickt und dieser seine wieder zurück, verwendet man sogenannte Client-Server-IPCs. Das heißt, man verwendet einen oder mehrere Clients und einen Server. Der Client stellt die Anfrage an den Server, und der Server antwortet. Der oder die Clients müssen nun auf die Antwort des Servers warten, bis sie weitermachen können. Dadurch entsteht eine Flusskontrolle. Natürlich sollte man auch hier bei gleichzeitigem Zugriff eine Prioritätswarteschlange verwenden.
- *Deadlocks* – Der klassische Deadlock sieht so aus: Prozess A greift auf Datei A zu und wartet auf Freigabe von Datei B. Zur gleichen Zeit greift Prozess B auf Datei B zu und wartet auf die Freigabe von Datei A. Beide Prozesse warten nun auf die Freigabe des jeweils anderen Prozesses und geben derweil ihre eigene Datei nicht frei. Deadlocks können vermieden werden, wenn man die Ressourcen durchnummeriert und diese nur in aufsteigender Form anfordert. Ist eine Anforderung nicht erfolgreich, sollten außerdem alle Ressourcen sofort wieder freigegeben werden.
- *aktive Benutzerdialoge* – Bei grafischen Benutzeroberflächen möchte man zum Beispiel Systemmitteilungen oder auch die Meldungen einzelner Programme durch ein passendes Nachrichtentool prominent anzeigen lassen; oder man möchte, dass ein Dateidialog immer den aktuellen Zustand des Verzeichnisses anzeigt, auch wenn sich dieses seit Aufruf des Dialogs vielleicht verändert hat.

Sie sehen, dass man mit Interprozesskommunikation in einen Bereich gerät, der nicht mehr ganz so trivial ist wie ein einzelnes, friedlich vor sich hin laufendes Programm.

11.4 Pipes

Die Pipes sind neben den Sockets eine der am häufigsten verwendeten Techniken zur Interprozesskommunikation – und zugleich auch die älteste und die vorherrschende Technik. Daher ist es angebracht, sie hier ausführlicher zu beschreiben.[1]

Hinweis

Um hier nicht immer extra dazuzuschreiben, dass hier von *namenlosen Pipes* die Rede ist, sei erwähnt, dass die *benannten Pipes* (FIFOs) erst in Abschnitt 11.4.10 zum Einsatz kommen.

11.4.1 Eigenschaften von Pipes

Eine Pipe besitzt immer eine der folgenden zwei grundlegenden Eigenschaften:

- Bei einer Pipe können Daten immer nur in eine Richtung fließen. Ein Prozess kann praktisch immer nur in eine Pipe schreiben oder aus einer Pipe lesen. Will man anstatt der Halbduplex-Verbindung eine Vollduplex-Verbindung erstellen, benötigt man dazu zwei Pipes zwischen den Prozessen.
- Pipes können nur von Prozessen eingerichtet werden, die gemeinsame Vorfahren besitzen. Gewöhnlich wird eine Pipe eingerichtet, indem ein Elternprozess eine Pipe erzeugt und einen Kindprozess mittels `fork()` kreiert, der ja dabei ebenfalls diese Pipe erbt. Anschließend steht einer guten Kommunikation zwischen dem Elternprozess und dem Kindprozess nichts mehr im Wege.

11.4.2 Pipes einrichten – pipe()

Eine Pipe wird mit folgendem Systemaufruf eingerichtet:

```
#include <unistd.h>

int pipe( int fd[2] );
```

Mit dieser Funktion erzeugt man bei Erfolg eine Pipe mit folgenden Grundzuständen (siehe Abbildung 11.5):

- `fd[0]` ist der Filedeskriptor zum Lesen.
- `fd[1]` ist der Filedeskriptor zum Schreiben in die Pipe.

1 Pipes stammen aus der System V-UNIX-Welt und wurden erst relativ spät zum Beispiel bei den BSDs eingeführt. Je nachdem, woher die jeweilige Software stammt, werden also unterschiedliche Techniken bevorzugt.

Bei Erfolg liefert diese Funktion 0, ansonsten bei einem Fehler -1 zurück – wobei errno auf einen entsprechenden Fehlercode gesetzt wird.

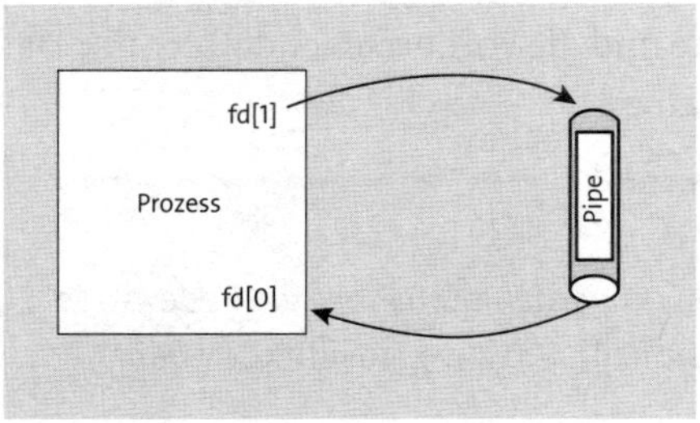

Abbildung 11.5 Erzeugen einer Pipe

> **Hinweis**
>
> Wenn Sie es wieder genau wissen wollen: Nach dem Systemaufruf pipe() werden zwei Einträge der globalen Dateitabelle belegt, deren Indexwerte an fd[0] und fd[1] zurückgegeben werden. Beide Einträge in dieser globalen Dateitabelle zeigen aber auf denselben Inode, dessen Referenzzähler hiermit um 2 hochgezählt wird.

Diese Pipe eignet sich allerdings höchstens für Selbstgespräche, da ja noch kein weiterer Prozess existiert, mit dem kommuniziert werden soll. Gewöhnlich wird nach dem Erstellen einer Pipe ein Kindprozess mittels fork() erzeugt. Da der Kindprozess die Pipe des Elternprozesses vererbt bekommt, sieht der Kommunikationsweg aus Abbildung 11.6 schon ein wenig nützlicher aus.

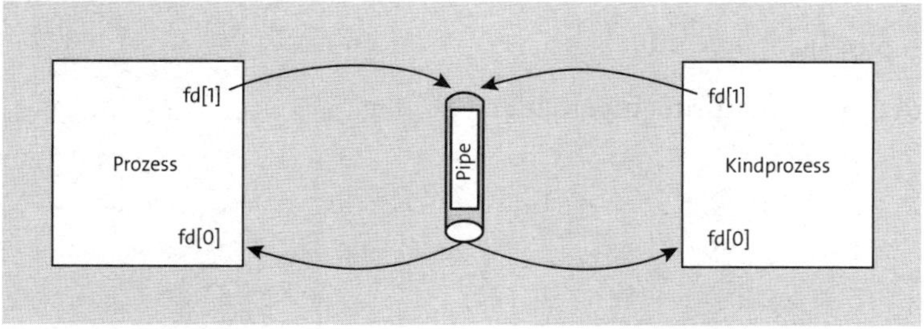

Abbildung 11.6 Mit »fork()« wird ein weiterer Prozess erzeugt.

Jetzt müssen Sie den beiden Prozessen noch klarmachen, wer was tun soll. Dazu bestimmen Sie mit den Filedeskriptoren der Pipe durch Öffnen bzw. Schließen der Kanäle, welcher Prozess in die Pipe schreiben und welcher aus ihr lesen soll. Dafür haben Sie bei zwei Prozessen mit jeweils zwei Filedeskriptoren (fd[0] und fd[1]) logischerweise auch zwei Möglichkeiten:

- Der Elternprozess liest, der Kindprozess schreibt – der Elternprozess schließt die Schreibseite (fd[1]) der Pipe, und der Kindprozess schließt die Leseseite (fd[0]). Diesen Vorgang sehen Sie in Abbildung 11.7 dargestellt.

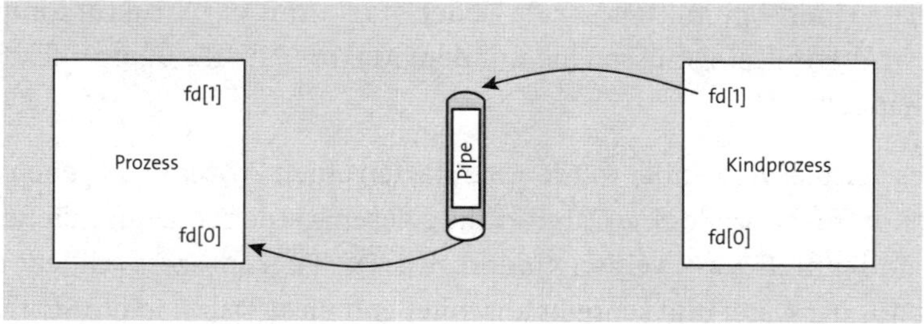

Abbildung 11.7 Daten fließen vom Kindprozess zum Elternprozess.

- Der Elternprozess schreibt, der Kindprozess liest – der Elternprozess schließt die Leseseite (`fd[0]`) der Pipe, und der Kindprozess schließt die Schreibseite (`fd[1]`). Das sehen Sie in Abbildung 11.8.

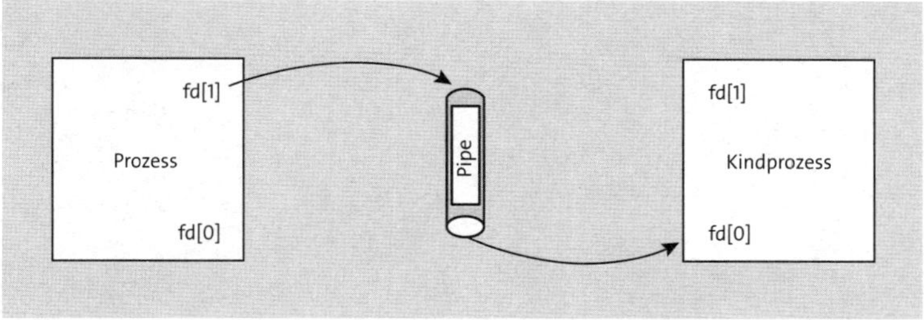

Abbildung 11.8 Daten fließen vom Elternprozess zum Kindprozess.

Hinweis

Das Schließen der »überflüssigen« Filedeskriptoren wäre hier zwar nicht zwingend notwendig gewesen, nur liefert ein `read()` mit einer unvollständigen Anzahl zu lesender Bytes bzw. bei einer leeren Pipe nur dann EOF zurück, wenn alle schreibenden Filedeskriptoren geschlossen wurden.

Notizen zu einer Pipe

- Schreibt einer der Prozesse in eine Pipe, die zum Lesen bestimmt war, wird das Signal `SIGPIPE` ausgelöst. Sofern Sie dieses Signal nicht abfangen, wird das Programm aufgrund der Standardaktion dieses Signals beendet.
- Wenn alle Daten aus der Leseseite einer Pipe ausgelesen wurden, liefert `read()` 0 zurück, EOF gibt es nur dann, wenn die Gegenseite die Pipe geschlossen hat.
- Die maximale Anzahl der Daten, die in eine Pipe geschickt werden können, sind mit der Konstante `PIPE_BUF` (in `limits.h`) definiert.

- Wollen Sie die Dateiart einer Pipe mittels fstat() oder stat() mit der Strukturkomponente st_mode aus stat() ermitteln, müssen Sie mit dem Makro S_ISFIFO überprüfen, ob es sich um ein FIFO handelt.

Hierzu soll ein einfaches Beispiel verwendet werden. Sie starten einen Prozess und geben als erstes Argument in der Kommandozeile eine Datei an, die gelesen werden soll. Anschließend erzeugen Sie eine Pipe und mittels fork() einen Kindprozess. Der Elternprozess schließt die Leseseite der Pipe, liest aus der Datei und schreibt anschließend diese Daten in die Schreibseite der Pipe. Der Kindprozess hingegen schließt die Schreibseite der Pipe, liest mittels read() aus der Leseseite der Pipe die Daten ein und gibt diese anschließend auf dem Bildschirm aus. Zugegeben, dies ist ein umständlicher Weg, Daten zu lesen und auszugeben, nur lässt sich damit recht einfach nachvollziehen, wie eine Pipe funktioniert. Hierzu ein Beispiel:

```
/* pipe1. c */
#include <unistd.h>
#include <sys/wait.h>
#include <stdio.h>
#include <sys/types.h>
#include <fcntl.h>
#include <stdlib.h>
#include <limits.h>

int main (int argc, char **argv) {
   int fd[2], fd1, n;
   pid_t pid;
   char puffer[PIPE_BUF];

   if (argc != 2) {
      printf("Usage: %s Datei\n", *argv);
      exit (EXIT_FAILURE);
   }
   if ((fd1 = open (argv[1], O_RDONLY)) < 0) {
      perror ("open");
      exit (EXIT_FAILURE);
   }
   /*Wir erstellen eine Pipe*/
   if (pipe (fd) < 0) {
      perror ("pipe");
      exit (EXIT_FAILURE);
   }
   /*Wir erzeugen einen neuen Prozess*/
   if ((pid = fork ()) < 0) {
      perror ("fork");
```

```
        exit (EXIT_FAILURE);
    }
    else if (pid > 0) {    /*Elternprozess */
        close (fd[0]);    /*Leseseite schließen */
        /* Datei auslesen (PIPE_BUF Bytes) */
        n = read (fd1, puffer, PIPE_BUF);
        /* In die Schreibseite der Pipe schreiben */
        if ((write (fd[1], puffer, n)) != n) {
            perror ("write");
            exit (EXIT_FAILURE);
        }
        /* Warten auf den Kindprozess */
        if ((waitpid (pid, NULL, 0)) < 0) {
            perror ("waitpid");
            exit (EXIT_FAILURE);
        }
    }
    else {          /* Kindprozess */
        close (fd[1]);    /* Schreibseite schließen */
        /* Leseseite der Pipe auslesen (PIPE_BUF Bytes) */
        n = read (fd[0], puffer, PIPE_BUF);
        /* Daten auf Standardausgabe schreiben */
        if ((write (STDOUT_FILENO, puffer, n)) != n) {
            perror ("write");
            exit (EXIT_FAILURE);
        }
    }
    exit (EXIT_SUCCESS);
}
```

11.4.3 Eigenschaften von elementaren E/A-Funktionen bei Pipes

Da sich die Systemaufrufe `write()`, `read()` oder `close()` bei Pipes anders als sonst üblich verhalten, wollen wir sie kurz erläutern:

- `read()` – `read()` wird so lange blockiert (vorausgesetzt, es wurden nicht die Flags `O_NONBLOCK` und `O_NDELAY` verwendet), bis sich wieder genügend Daten in der Pipe befinden. Schreibt kein Prozess mehr in die Pipe, bleibt `read()` so lange stecken, bis der schreibende Prozess den Systemaufruf `close()` verwendet hat. Dieses *Blockieren* von `read()` eignet sich prima zum Synchronisieren von Prozessen. Wurde `O_NDELAY` gesetzt und ist die Pipe für das Schreiben geöffnet worden, aber momentan leer, liefert `read()` 0 (nicht EOF) zurück. Außerdem wird immer vom Ende des Puffers der Pipe gelesen. (Hierbei ist auch keine Verschiebung mit `lseek()` möglich.)

- write() – write() schreibt die Daten immer ans Ende des Pipe-Puffers. Ist die Pipe voll, wird der schreibende Prozess so lange blockiert, bis wieder genügend Platz zum Schreiben vorhanden ist. Dieses Verhalten können Sie abschalten, indem Sie das Flag O_NONBLOCK (und auch O_NDELAY) z. B. mit der Funktion fcntl() setzen. In diesem Fall liefert der schreibende Prozess bei einem vollen Puffer 0 zurück. Aber für gewöhnlich betreibt man eine Pipe blockierend. Ein Schreiben innerhalb der PIPE_BUF-Grenze ist außerdem immer atomar, sprich, kein anderer Prozess kann dieses Schreiben noch unterbrechen, geschweige denn selbst in die Pipe schreiben. Versucht ein Prozess, in eine Pipe zu schreiben, die noch von keinem anderen Prozess zum Lesen geöffnet wurde, wird dem Prozess das Signal SIGPIPE (*Broken Pipe*) gesendet, was standardmäßig den Abbruch des schreibwütigen Prozesses bedeutet.

Hinweis

Diese Eigenschaften treffen sowohl für die namenlosen als auch für die benannten Pipes (FIFOs) zu.

11.4.4 Standard-E/A-Funktionen mit pipe

Natürlich ist es auch möglich, auf Pipes mit den Standard-E/A-Funktionen zuzugreifen. Dazu müssen Sie nur den mit dem pipe()-Aufruf erhaltenen Filedeskriptor mithilfe der Funktion fdopen() einen Dateizeiger (FILE *) zuteilen. Natürlich müssen Sie fdopen() mit dem richtigen Modus verwenden. Denn es ist nicht möglich, Folgendes zu verwenden:

```
FILE *f;
f = fdopen(fd[0], "w"); /* falsch */
```

Richtig ist dagegen:

```
FILE *rd, *wr;
rd = fdopen(fd[0], "r");
wr = fdopen(fd[1], "w");
```

Beachten Sie: Wenn Sie zwei Pipes erstellen, um mit einem Kindprozess Daten auszutauschen, sind »reading« und »writing« dort umgekehrt, d. h. *parentRead* = *childWrite* und *parentWrite* = *childRead*. Geben Sie Ihrem Dateizeiger einfach einen aussagekräftigen Namen, um Verwechslungen auszuschließen.

Das jetzt folgende Beispiel soll die Verwendung einer Pipe mit den Standard-E/A-Funktionen demonstrieren. Auch hierbei werden wieder (wie schon im Listing zuvor) eine Pipe und ein Kindprozess erzeugt. Ebenso wird versucht, eine Datei anzulegen, die Sie als erstes Argument in der Kommandozeile angeben. Im Elternprozess schließen Sie die Leseseite und weisen der Schreibseite mittels fdopen() einen FILE-Stream zu. Mittels fgets() wird nun etwas von der Standardeingabe eingelesen und mittels fputs() in die Schreibseite der Pipe geschrieben. Im Kindprozess wird zunächst die Schreibseite der Pipe geschlossen, und der FILE-Stream wird mittels fdopen() der Leseseite der Pipe zugewiesen. Anschließend wird mit fgets() (aus der Pipe) gelesen und mit fputs() in die geöffnete Datei geschrieben.

```
/* pipe2.c */
#include <unistd.h>
#include <sys/wait.h>
#include <stdio.h>
#include <sys/types.h>
#include <fcntl.h>
#include <stdlib.h>
#include <limits.h>

int main (int argc, char **argv) {
   int fd[2];
   pid_t pid;
   char puffer[PIPE_BUF];
   FILE *reading, *writing, *newfile;

   if (argc != 2) {
      printf("Usage: %s Datei\n", *argv);
      exit (EXIT_FAILURE);
   }
   if ((newfile = fopen (argv[1], "a+")) < 0) {
      perror ("fopen");
      exit (EXIT_FAILURE);
   }
   /*Wir erstellen eine Pipe*/
   if (pipe (fd) < 0) {
      perror ("pipe");
      exit (EXIT_FAILURE);
   }

   /*Wir erzeugen einen neuen Prozess*/
   if ((pid = fork ()) < 0) {
      perror ("fork");
      exit (EXIT_FAILURE);
   }
   else if (pid > 0) {   /*Elternprozess */
      close (fd[0]);   /*Leseseite schließen */
```

```
      if ((writing = fdopen (fd[1], "w")) == NULL) {
         perror ("fdopen");
         exit (EXIT_FAILURE);
      }
      /* PIPE_BUF Bytes lesen */
      fgets (puffer, PIPE_BUF, stdin);
      /*Wir schreiben in die Pipe */
      fputs (puffer, writing);
   }
   else {      /*Kindprozess */
      close (fd[1]);   /*Schreibseite schließen */
      if ((reading = fdopen (fd[0], "r")) == NULL) {
         perror ("fdopen");
         exit (EXIT_FAILURE);
      }
      /* Wir lesen aus der Pipe (PIPE_BUF Bytes) */
      fgets (puffer, PIPE_BUF, reading);
      fputs (puffer, newfile);
   }
   exit (EXIT_SUCCESS);
}
```

Das Programm bei der Ausführung:

```
$ gcc -o pipe2 pipe2.c
$ ./pipe2 new_file.txt
Hallo Welt in durch die Pipe
$ cat new_file.txt
Hallo Welt in durch die Pipe
```

11.4.5 Pipes in einen anderen Prozess umleiten

Am Anfang des Kapitels zu den Pipes haben Sie ein Listing geschrieben, das aus einer Datei im Kindprozess etwas gelesen hat. Das Gelesene haben Sie dann in die Pipe geschrieben, und der Elternprozess hat dies ausgelesen und es an die Standardausgabe auf dem Bildschirm weitergeleitet. Bei etwas längeren Texten wurde diese Ausgabe allerdings etwas unübersichtlich, da der komplette Text auf einmal ausgegeben wurde. Jetzt können Sie entweder eine Funktion schreiben, mit der der Anwender z. B. alle 23 Zeilen aufgefordert wird, eine Taste zu drücken, damit die nächsten 23 Zeilen gelesen werden, oder Sie verwenden gleich die Betriebsmittel, die Ihnen dafür zur Verfügung stehen. Hierfür stehen Ihnen z. B. Programme wie *less*, *pg*, *nl*, *tail* oder *more* zur Verfügung, mit denen Sie sich zeilen- bzw. seitenweise durch den Text hangeln können. Dies wird im nun folgenden Listing anhand des Pagers *less* demonstriert.

```
/* pipe3.c */
#include <unistd.h>
#include <sys/wait.h>
#include <stdio.h>
#include <sys/types.h>
#include <fcntl.h>
#include <stdlib.h>
#include <limits.h>
#define EXIT(s) {fprintf(stderr, "%s",s); exit(EXIT_FAILURE);}

// Wenn nicht ausreichend dimensioniert =>
// vergrößern oder ggf. dynamisch machen
#define BUF PIPE_BUF * 8

enum{ ERROR = -1, SUCCESS };

int main (int argc, char **argv) {
   int fd[2];
   pid_t pid;
   FILE *pipe_writer, *file;
   char puffer[PIPE_BUF];

   if (argc != 2) {
     fprintf(stderr, "Usage: %s DateiZumLesen\n",*argv);
     exit(EXIT_FAILURE);
   }
   if ((file = fopen (argv[1], "r")) == NULL)
      EXIT ("Fehler bei fopen ...\n");
   if (pipe (fd) == ERROR)
      EXIT ("Fehler bei pipe ...\n");
   if ((pid = fork ()) == ERROR)
      EXIT ("Fehler bei fork ...\n");
   if (pid > 0) {     /*Elternprozess */
      close (fd[0]);    /*Wir schließen die Leseseite */
      if ((pipe_writer = fdopen (fd[1], "w")) == NULL)
         EXIT ("Fehler bei fdopen ...\n");
      fread (&puffer, PIPE_BUF, 1, file);
      /* Wir schreiben in die Pipe */
      fputs (puffer, pipe_writer);
      fclose (pipe_writer);
      /*Mit dem Schließen der Schreibseite */
      /*teilen wir dem Kindprozess das Ende */
      /*des Schreibens in die Pipe mit */
```

```
      if (waitpid (pid, NULL, 0) == ERROR)
         EXIT ("Fehler bei waitpid ... \n");
      exit (EXIT_SUCCESS);
   }
   else {        /*Kindprozess liest aus der Pipe mit less */
      sleep (1);

      close (fd[1]);    /*Schließen der Schreibseite */
      if (fd[0] != STDIN_FILENO) {/*muss überprüft werden */
         /*duplizieren Standardeingabe */
         if (dup2 (fd[0], STDIN_FILENO) != STDIN_FILENO)
            EXIT ("Fehler bei dup2 ...\n");
         close (fd[0]);    /*Wird nicht mehr benötigt */
      }
      if (execl ("/usr/bin/less", "less", NULL) == ERROR) ;
      EXIT ("Fehler bei execl ...\n");
   }
   return EXIT_SUCCESS;
}
```

Im Kindprozess ist das Duplizieren des Filedeskriptors entscheidend. Wie Sie bei den Funktionen dup() und dup2() bereits erfahren haben, bleibt mithilfe der dup()-Funktion das *close-on-exec*-Flag ungesetzt, was dem anschließenden exec-Aufruf zugutekommt (bzw. nötig dafür ist). Sie verbinden praktisch mit der Funktion dup2() den Standardeingabekanal mit dem Pipekanal fd[0]. Für den Fall, dass Sie den Kindprozess überlagern, ist die Reihenfolge wichtig: fork(), close(), dup() (oder dup2()), exec(). Somit kommuniziert der aktuell laufende Elternprozess mit dem Programm *less* und gibt den Text zum Scrollen *less*-typisch auf dem Bildschirm aus (siehe Abbildung 11.9).

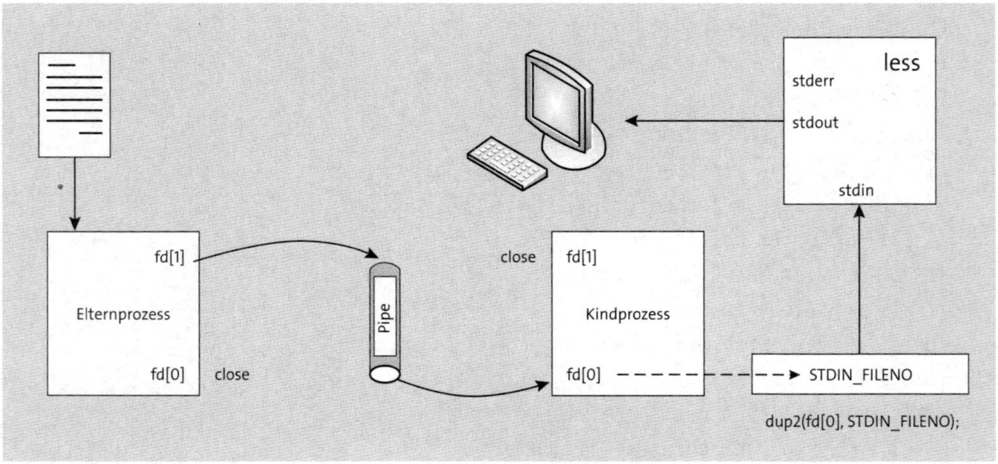

Abbildung 11.9 Pipes in einen anderen Prozess umleiten

Hinweis

Wenn die Datei zum Lesen mehr als PIPE_BUF * 8 Bytes hat, wird natürlich auch nicht mehr ausgegeben. In diesem Fall müssen Sie entweder die Größe des Puffers erhöhen oder (besser) das ganze Beispiel dynamisch machen. Dies sei hier erwähnt, da sich die Größe von PIPE_BUF auf den verschiedenen Systemen doch erheblich unterscheidet. Selbiges gilt natürlich auch für alle anderen Beispiele, die die symbolische Konstante PIPE_BUF verwenden.

11.4.6 Ein Filterprogramm mithilfe einer Pipe erstellen

Pipes eignen sich außerdem (vor allem auch) ideal für Filterprogramme, zum Beispiel für einen Druckerfilter, um einen Text formatiert auszugeben oder alle Buchstaben groß- bzw. kleinzuschreiben. Hierzu soll ein eigener kleiner Filter geschrieben werden, der bestimmte Wörter ausfiltert und dabei aus dem ursprünglichen Originaltext die Zeichenfolge xxx ausgibt.


```
/* filter.c */
#include <stdio.h>
#include <unistd.h>
#include <string.h>
#include <stdlib.h>
#define MAX 255

/* Filterwörter können angepasst werden */
const char *filterwords[] = {
    "und", "oder", "aber", "ein", NULL
};
const char token[] = " ";

static void output (char *puffer) {
   int i = 0, len;
   static int merker = 0;
   char *p, tmp[20];
   /* Trennen die einzelnen Wörter */
   p = strtok (puffer, token);
   while (p != NULL) {
      i = 0;
      merker = 0;
      while (filterwords[i] != NULL) {
         /* Wir vergleichen alle Wörter, die wir */
         /* ausfiltern wollen, mit dem aktuellen */
         /* Wort, das auf das p zeigt           */
```

```
            if (strstr (p, filterwords[i]) != NULL) {
               len = strlen (filterwords[i]);
               /* Länge des zu ersetzenden Wortes zählen */
               memset (tmp, 'x', len);
               tmp[len] = 0;
               /* Jetzt schreiben wir len x in das Array tmp */
               /* Nun geben wir len x auf den Bildschirm aus */
               fputs (tmp, stdout);
               fputs (" ", stdout);   /*Leerzeichen */
               /*Merker, ob schon etwas ausgegeben wurde */
               merker = 1;
            }
            i++;
         }
         if (merker == 0) {
            /*Normale Ausgabe, da nichts gefiltert wurde */
            fputs (p, stdout);
            fputs (" ", stdout);   /*Leerzeichen */
         }
         p = strtok (NULL, token);
      }
}

int main (void) {
   char pufferin[MAX];
   while (fgets (pufferin, MAX, stdin) != NULL)
      output (pufferin);
   return EXIT_SUCCESS;
}
```

Hier wurden folgende Filterwörter verwendet:

```
const char *filterwords[] = {
   "und" , "oder", "aber", "ein", NULL
};
```

Diese Wörter werden alle mit xxx ausgegeben. Dieses Programm können Sie beliebig anpassen, z. B. zur Vermeidung von Kraftausdrücken in Diskussionsforen. Wenn Sie eine ganze Datenbank von Ausfilterungswörtern erstellen wollen, raten wir Ihnen zu einer dynamischen Struktur in Form von Binary Trees oder Hashes. Sie könnten so ähnlich aufgebaut auch ein Fremdsprachenübersetzungsprogramm schreiben.

Hinweis

Wir möchten Ihre Euphorie, ein tolles Filterprogramm zu schreiben, nicht direkt wieder stoppen. Aber schauen Sie sich zuerst um, ob nicht bereits vor Ihnen jemand so ein Programm geschrieben hat. Es gibt bestimmt schon eine Lösung für Ihr Problem. Gerne erstellt (und immer wieder neu erfunden) werden sogenannte Konverterprogramme wie *html2text*, *html2ps* und noch mehr. Suchen Sie am besten im Internet erst nach *[format]2[format]*-Programmen, sofern Sie ein solches erstellen wollen. Und außerdem eignen sich doch die Pipes prima, um ein solches Programm »dazwischenzuhängen«.

Jetzt müssen Sie nur noch das Listing aus Abschnitt 11.4.5, »Pipes in einen anderen Prozess umleiten«, anpassen:

```
/* pipe3b.c */
#include <unistd.h>
#include <sys/wait.h>
#include <stdio.h>
#include <sys/types.h>
#include <fcntl.h>
#include <stdlib.h>
#include <limits.h>
#define EXIT(s) {fprintf(stderr, "%s",s); exit(EXIT_FAILURE);}

// Wenn nicht ausreichend dimensioniert =>
// vergrößern oder ggf. dynamisch machen
#define MAX PIPE_BUF * 8

enum{ ERROR = -1, SUCCESS };

int main (int argc, char **argv) {
   int fd[2];
   pid_t pid;
   FILE *pipe_writer, *file;
   char puffer[MAX];

   if (argc != 2) {
     fprintf(stderr, "Usage: %s DateiZumLesen\n", *argv);
     exit(EXIT_FAILURE);
   }
   if ((file = fopen (argv[1], "r")) == NULL)
      EXIT ("Fehler bei fopen ...\n");
   if (pipe (fd) == ERROR)
      EXIT ("Fehler bei pipe ...\n");
```

```
   if ((pid = fork ()) == ERROR)
      EXIT ("Fehler bei fork ...\n");
   if (pid > 0) {      /*Elternprozess */
      close (fd[0]);   /*Wir schließen die Leseseite */
      if ((pipe_writer = fdopen (fd[1], "w")) == NULL)
         EXIT ("Fehler bei fdopen ...\n");
      fread (&puffer, MAX, 1, file);
      /* Wir schreiben in die Pipe */
      fputs (puffer, pipe_writer);
      /*Mit dem Schließen der Schreibseite */
      /*teilen wir dem Kindprozess das Ende */
      /*des Schreibens in die Pipe mit */
      fclose (pipe_writer);
      if (waitpid (pid, NULL, 0) == ERROR)
         EXIT ("Fehler bei waitpid ...\n");
      exit (EXIT_FAILURE);
   }
   else {        /*Kindprozess liest aus der Pipe mit less */
      sleep (1);
      close (fd[1]);   /*Schließen der Schreibseite */
      if (fd[0] != STDIN_FILENO) {/*muss überprüft werden */
          /*duplizieren Standardeingabe*/
         if (dup2 (fd[0], STDIN_FILENO) != STDIN_FILENO)
            EXIT ("Fehler bei dup2......\n");
         close (fd[0]);
      }
      if (execl ("./filter", "filter", NULL) == ERROR) ;
      EXIT ("Fehler bei execl ...\n");
   }
   return EXIT_SUCCESS;
}
```

Das Filterprogramm bei der Ausführung:

```
$ gcc -o filter filter.c
$ gcc -o pipe3b pipe3b.c
$ ./pipe3b test.txt
```

11.4.7 Einrichten einer Pipe zu einem anderen Prozess – popen()

Die Funktion popen() nimmt Ihnen im Gegensatz zu den Beispielen mit dem Systemaufruf pipe() eine Menge Schreibarbeit ab. Die Syntax zu popen() lautet:

```
FILE *popen(const char *command, const char *wie);
```

Der Parameter command entspricht hier einem Funktionsaufruf von system(). Intern wird dabei aber trotzdem eine Pipe angelegt. Ob Sie mit diesem Prozess lesen oder schreiben wollen, legen Sie mit dem Parameter wie fest. "r" steht für das Lesen aus der Pipe und "w" für das Schreiben. Im Fehlerfall liefert popen() NULL, ansonsten bei Erfolg den FILE-Zeiger zurück. Somit nimmt Ihnen die Funktion popen() folgende Arbeiten gegenüber der Funktion pipe() ab:

- pipe()-Aufruf
- fork()-Aufruf (Erzeugung eines Kindprozesses)
- das Schließen nicht verwendeter Seiten des Kind-/Elternprozesses
- die Überlagerung des Prozesses mit einer exec-Funktion

Jetzt wollen wir Ihnen die Funktion popen() anhand des Beispiels demonstrieren, das im Abschnitt zuvor verwendet wurde, in dem Sie Ihr selbst geschriebenes Filterprogramm verwendet haben. Sie werden erkennen, dass die neue Version nun wesentlich kürzer und einfacher zu erstellen ist.


```
/* popen1.c */
#include <unistd.h>
#include <sys/wait.h>
#include <stdio.h>
#include <sys/types.h>
#include <fcntl.h>
#include <stdlib.h>
#include <limits.h>

#define EXIT(s) { fprintf(stderr, "%s",s); exit(EXIT_FAILURE); }
#define MAX PIPE_BUF * 8

enum { ERROR = -1, SUCCESS };

int main (int argc, char **argv) {
   FILE *pipe_writer, *file;
   char puffer[MAX];
   if (argc != 2) {
     fprintf(stderr, "Usage: %s DateiZumLesen\n", *argv);
     exit(EXIT_FAILURE);
   }
   if ((file = fopen (argv[1], "r")) == NULL)
      EXIT ("Fehler bei fopen ...\n");
   if ((pipe_writer = popen ("./filter", "w")) == NULL)
      EXIT ("Fehler bei popen ...\n");
   while (fgets(puffer, MAX, file) != NULL) {
```

```
      if (fputs (puffer, pipe_writer) == EOF)
         EXIT ("Fehler bei fputs ...\n");
   }
   pclose (pipe_writer);
   return EXIT_SUCCESS;
}
```

An dieser Stelle soll die Funktion popen() nochmals etwas genauer erklärt werden. Als erstes Argument der Funktion popen() geben Sie das Programm bzw. Kommando an, das den Kindprozess überlagern soll. Als zweites Argument wird der Modus angegeben, wobei Sie wie schon bei dem klassischen Pipe-Aufruf (pipe()) zwei Möglichkeiten haben:

- "w" – Die geschriebenen Daten in der Pipe werden an die Standardeingabe von command weitergegeben.
- "r" – Die gelesenen Daten aus der Pipe stammen aus der Standardausgabe des Programms bzw. Kommandos command.

Der Modus für popen() kann leider nicht "rw", "r+" oder "w+" sein. Um die Pipe wieder zu schließen, muss folgende Funktion verwendet werden:

```
int pclose(FILE *pipe_zeiger);
```

Diese Funktion wartet auf die Beendigung des Prozesses, den Sie in command angegeben haben. Konnte die Pipe nicht geschlossen werden, wird -1 zurückgegeben.

Achtung

Wenn Sie bei der Funktion popen() eine Benutzereingabe für das erste Argument erlauben, seien Sie auf der Hut: Sie sollten die Eingabe auf jeden Fall überprüfen und vor jedes Sonderzeichen ein Escape-Zeichen setzen. Tun Sie dies nicht, kann ein böswilliger Anwender das System gefährden, indem er spezielle, für die Shell reservierte Metazeichen verwendet. Selbiges gilt übrigens auch für den system()-Aufruf.

11.4.8 Mail versenden mit Pipes und Sendmail

Eine Mail aus einer Anwendung zu versenden ist nun mit den Pipes kein großes Problem mehr. Wir verwenden für das folgende Beispiel das Programm *sendmail* für das Versenden von Mails, da es bei vielen Systemen als Dämon im Hintergrund läuft oder zumindest in der Distribution enthalten ist. *sendmail* ist eigentlich mit einem solchen Beispiel unterfordert. Natürlich setzt dieses Beispiel voraus, dass Sie *sendmail* installiert und richtig konfiguriert haben.

Übrigens ist eigentlich nicht viel dagegen einzuwenden, wenn Sie stattdessen, sagen wir, *exim* oder *postfix* verwenden; Sie werden überrascht feststellen, dass sich die Datei */usr/*

sbin/sendmail bei so ziemlich allen *Mail Transport Agents* (MTAs) findet, auch wenn sie nicht *sendmail* heißen.

Es macht selten Spaß, einen MTA zu konfigurieren, wenn Sie nicht zufällig eine Distribution haben, die Ihnen die Mühe abnimmt. Aber auch ohne jegliche Konfiguration können Sie zu Testzwecken *sendmail* verwenden. Senden Sie die E-Mails doch einfach an das lokale Postfach (z. B. *benutzername@localhost.localdomain* oder *benutzername@systemname*), das Sie auch mit einigen Klicks z. B. mit *Kmail* einrichten können.

Möglicherweise werden Sie auf Ihrem lokalen System die Zugriffsrechte anpassen müssen, um als normaler Benutzer und nicht als Superuser auf *sendmail* zugreifen zu können. *sendmail* selbst sollte sich im Pfad */usr/sbin/sendmail* befinden – am besten ermittelt man diesen Pfad mit dem *which*-Kommando, wie wir es im folgenden Listing getan haben. (Das funktioniert aber nur, wenn Sie die */sbin*-Verzeichnisse im Suchpfad haben, also als Superuser zum Beispiel.)

Hier sehen Sie das Listing, mit dem Sie über eine Pipe auf *sendmail* zugreifen können:

```
/* popen2.c */
#include <unistd.h>
#include <sys/wait.h>
#include <stdio.h>
#include <sys/types.h>
#include <fcntl.h>
#include <stdlib.h>
#include <string.h>
#include <errno.h>

#define BUF1 255
#define BUF2 8192

static void
sendmail ( const char *to, const char *from,
           const char *subject,
           /*const char *cc, const char *bcc, */
           const char *inhalt ) {
   FILE *pipe, *pfad;
   char pfad_sendmail[BUF1];

   /* Wir ermitteln den Pfad zu sendmail */
   pfad = popen ("which sendmail", "r");
   if (pfad == NULL) {
      perror("popen()");
      exit (EXIT_FAILURE);
   }
```

```
   fscanf (pfad, "%s", pfad_sendmail);
   pclose (pfad);
   strcat (pfad_sendmail, " -n -oi -t");

   /*Der Pfad ist meistens /usr/sbin/sendmail */
   pipe = popen (pfad_sendmail, "w");
   if (pipe == NULL) {
      fprintf (stderr,
          "Konnte keine Verbindung zu sendmail aufbauen!n");
      exit (EXIT_FAILURE);
   }

   /* In sendmail schreiben ... */
   fprintf(pipe, "From:%s" "To:%s", from, to);
   /* if(cc != NULL){ fprintf(pipe, "Cc: %s\n", cc); }    */
   /* if(bcc != NULL){ fprintf(pipe, "Bcc: %s\n", bcc); } */
   if(subject != NULL) {
      fprintf(pipe, "Subject:%s", subject);
   }

   /* Extra-Newline vorher ist hier wichtig ...-v */
   if(inhalt != NULL) { fprintf(pipe, "\n%s\n", inhalt); }
   pclose (pipe);
   printf ("Mail wurde versendet an : %s\n", to);
   return;
}

int main (int argc, char **argv) {
   char to[BUF1], from[BUF1], sub[BUF1],
        inhalt[BUF2], puffer[BUF1];

   printf ("Mail To   : ");
   fgets (to, BUF1, stdin);
   printf ("Mail from : ");
   fgets (from, BUF1, stdin);
   printf ("Betreff   : ");
   fgets (sub, BUF1, stdin);
   sub[strlen(sub)-1] = '\0';
   inhalt[0] = '\0';
   printf ("Inhalt    (beenden mit STRG+D) \n>");
   while (fgets (puffer, BUF1-1, stdin) != NULL) {
      if( strlen(inhalt) + strlen(puffer) < BUF2 ) {
            strcat (inhalt, puffer);
```

```
            printf (">");
        }
        else
            break;
    }
    inhalt[BUF2] = '\0';
    sendmail (to, from, sub, inhalt);
    return EXIT_SUCCESS;
}
```

Das Programm bei seiner Ausführung:

```
$ ./popen2
Mail to   : tot@linux
Mail from : me@mydomain.de
Betreff   : Eine Mail von mir fuer mich
Inhalt    (beenden mit STRG+D)
>E-Mail wird via Pipe an mein eigenes lokales Postfach
>geschickt. Wird bspw. K-Mail hiermit richtig konfiguriert,
>kann man so seine eigenen E-Mails über sendmail
>empfangen.
>
>Gruss
>Juergen Wolf
>Mail wurde versendet an : tot@linux

You have new mail in /var/spool/mail/tot
```

In diesem Beispiel werden zwei Pipes verwendet: eine zum Ermitteln des Pfades von *sendmail* und die zweite zum Versenden der Mail mittels *sendmail*. Wenn Sie eine Flatrate oder Standleitung ins Internet haben, können Sie ja noch eine Funktion für *fetchmail* schreiben. *fetchmail* dient zum Abholen von Mails. Filtern Sie dann mithilfe der Pipe die Zeile `from` aus, und schicken Sie eine Mail an den Absender mit der Information zurück, dass Sie die Mail erhalten haben (Autoresponder). Verwenden Sie den *cron*-Dämon, und lassen Sie stündlich Ihre Mails abholen.

Beachten Sie, dass wir die Umlaute seltsam geschrieben haben – würde man sie so eingeben, wie der Tastaturtreiber sie generiert, kommt wahrscheinlich alles mögliche heraus, nur keine lesbare Mail. (SMTP, das Übertragungsprotokoll für Mails, und seine verwandten Protokolle und Definitionen legen eine Zeichenkodierung fest, die wir ad hoc nicht implementieren wollen.)

11.4.9 Drucken über eine Pipe mit lpr

Unter Linux werden Geräte genauso wie Dateien angesprochen. Somit können Sie, wenn der Drucker sich beispielsweise am parallelen Port befindet, eine Datei mit dem Aufruf

```
$ cat datei.txt > /dev/lp0
```

oder

```
$ cat datei.txt > /dev/lp1
```

ausdrucken lassen. Dies erweist sich allerdings als nicht sonderlich komfortabel und sicher. Beim Systemstart wird daher in der Regel der Druckerdämon *cups* aufgerufen, der sich um die Umsetzung der Druckeraufträge kümmert und im Übrigen auch andere Zugriffe auf die Druckerdatei blockiert. Mit dem Druckertool *lpr* können Sie dann Ihre Texte komfortabler aufrufen. Beim Aufruf von *lpr* ruft der Druckerdämon *cups* einen neuen Prozess mit `fork()` auf. Aus diesem Prozess wird anschließend ein Kinddämon, der dann die Arbeit zum Drucken übernimmt; unter anderem übersetzt dieser Prozess auch Ihre Textdateien in Pixelmatrizen, wenn Ihr Drucker das so erwartet. Somit können Sie mit dem Aufruf

```
$ lpr datei.txt
```

den Text ausdrucken, der sich in *datei.txt* befindet. Die unzähligen Optionen, die Sie zum Drucken mit *lpr* verwenden können, entnehmen Sie bitte der Manual Page. Weitere interessante Druckertools sind:

- *lpq* – gibt Auskunft über die Druckerwarteschlange.
- *lprm* – löscht Druckaufträge.
- *lpc* – für den Administrator (root); damit kann das ganze Druckersystem gesteuert werden.

Dies soll nur ein kurzer Überblick zum Drucken unter Linux sein. Nach den Abschnitten zuvor sollte Ihnen das Drucken über eine Pipe nicht mehr allzu schwerfallen.

Hier sehen Sie das Beispiel dazu:

```
/* printme.c */
#include <stdio.h>
#include <unistd.h>
#include <stdlib.h>
#include <string.h>
#include <errno.h>
#define BUF 8192

static void an_den_drucker (const char *text) {
   FILE *p;
```

```
   /*Pipe zum Tool lpr erstellen zum Schreiben auf lpr*/
   p = popen ("lpr", "w");
   if (p == NULL) {
      perror("popen()");
      exit (EXIT_FAILURE);
   }
   /*An den Drucker schreiben */
   printf ("Sende Auftrag an den Drucker ...\n");
   fprintf (p, "%s", text);
   fflush (p);
   pclose (p);
   return;
}

int main (void) {
   char puffer[BUF], inhalt[BUF];
   inhalt[0] = '\0';
   printf ("Bitte Text zum Drucken schreiben "
           " (Beenden mit STRG+D)!\n-> ");
   while (fgets (puffer, BUF, stdin) != NULL) {
      if( strlen(inhalt) + strlen(puffer) < BUF ) {
            strcat (inhalt, puffer);
            printf ("->");
      }
      else
            break;
   }
   inhalt[BUF] = '\0';

   an_den_drucker (inhalt);
   return EXIT_SUCCESS;
}
```

Natürlich können Sie nun auch andere Texte mittels

$ echo Hallo Welt | ./printme

an den Drucker senden. Was in diesem Programmbeispiel noch fehlt, ist ein Filterprogramm, das die Druckerausgabe formatiert oder das beispielsweise die Ausgabe nach dem Alphabet sortiert ausgibt, etwa bei einer Dateiverwaltung. So etwas sollten Sie allerdings jetzt mit Ihren Kenntnissen zu Pipes ohne Problem selbst implementieren können.

Zum Abschluss soll hier noch das Listing zum Versenden von E-Mails mittels *sendmail* erweitert werden. Jede Mail, die versendet wird, soll mitprotokolliert und auf einen Drucker ausgegeben werden.

```
/* printme2.c */
#include <unistd.h>
#include <stdio.h>
#include <stdlib.h>
#include <string.h>
#include <errno.h>

#define BUF1 254
#define BUF2 8192

static void an_den_drucker (const char *);
static void sendmail (const char *, const char *,
                      const char *, const char *);

static void
sendmail ( const char *to, const char *from,
           const char *subject,
           /* const char *cc, const char *bcc, */
           const char *inhalt ) {
   FILE *pipe, *pfad;
   char pfad_sendmail[BUF1];
   char protokoll[BUF2+BUF2];

   protokoll[0] = '\0';
   /*Wir ermitteln den Pfad zu sendmail */
   pfad = popen ("which sendmail", "r");
   if (pfad == NULL) {
      perror("popen()");
      exit (EXIT_FAILURE);
   }

   fscanf (pfad, "%s", pfad_sendmail);
   pclose (pfad);
   strcat (pfad_sendmail, " -n -oi -t");

   /*Der Pfad ist meistens /usr/sbin/sendmail */
   pipe = popen (pfad_sendmail, "w");
   if (pipe == NULL) {
      perror("popen()");
```

```
      exit (EXIT_FAILURE);
   }

   /* In sendmail schreiben ... */
   fprintf(pipe, "From:%s" "To:%s", from, to);
   strcat(protokoll, "From: ");
   strcat(protokoll, from);
   strcat(protokoll, "\nTo: ");
   strcat(protokoll, to);
   /* if(cc != NULL) {
       fprintf(pipe, "Cc: %s\n", cc);
       strcat(protokoll, "\nCc: ");
       strcat(protokoll, cc);
   }*/
   /* if(bcc != NULL) {
       fprintf(pipe, "Bcc: %s\n", bcc);
       strcat(protokoll, "\nBcc: ");
       strcat(protokoll, bcc);
   }*/
   if(subject != NULL) {
       fprintf(pipe, "Subject:%s", subject);
       strcat(protokoll, "\nSubject: ");
       strcat(protokoll, subject);
   }
   strcat(protokoll, "\n\n");
   if(inhalt != NULL) {
       fprintf(pipe, "\n%s\n", inhalt);
       strcat(protokoll, inhalt);
       strcat(protokoll, "\n");
   }
   pclose (pipe);
   printf ("Mail wurde erfolgreich versendet an: %s\n", to);
   an_den_drucker (protokoll);
   return;
}

static void an_den_drucker (const char *text) {
   FILE *p;
   /* Pipe zum Tool lpr erstellen zum Schreiben auf lpr */
   p = popen ("lpr", "w");
   if (p == NULL) {
      perror("popen()");
      exit (EXIT_FAILURE);
```

```
   }

   /*An den Drucker schreiben */
   printf ("Sende Auftrag an den Drucker ...\n");
   fprintf (p, "%s", text);
   pclose (p);
   return;
}

int main (int argc, char **argv) {
   char to[BUF1], from[BUF1], sub[BUF1],
        inhalt[BUF2], puffer[BUF1];

   printf ("Mail To   : ");
   fgets (to, BUF1, stdin);
   printf ("Mail from : ");
   fgets (from, BUF1, stdin);
   printf ("Betreff   : ");
   fgets (sub, BUF1, stdin);
   sub[strlen(sub)-1] = '\0';
   inhalt[0] = '\0';

   printf ("Inhalt    (beenden mit STRG+D) \n>");
   while (fgets (puffer, BUF1, stdin) != NULL) {
      if( strlen(inhalt) + strlen(puffer) < BUF2 ) {
            strcat (inhalt, puffer);
            printf (">");
      }
      else
            break;
   }
   inhalt[BUF2] = '\0';
   sendmail (to, from, sub, inhalt);
   return EXIT_SUCCESS;
}
```

Mit Pipes könnte man praktisch jedes beliebige Programm einhängen. Voraussetzung ist natürlich, dass bei dem Endanwender dieses Programm ebenso installiert ist. Im nächsten Abschnitt werden Sie sehen, wie Sie mit den benannten Pipes (FIFOs) eine Art Faxempfangsprogramm erstellen können.

11.4.10 Benannte Pipes – FIFOs

Mithilfe der namenlosen Pipes, die Sie bisher verwendet haben, konnten Sie nur mit den Prozessen kommunizieren, die miteinander verwandt waren. Mit FIFOs (benannten Pipes) haben Sie nun die Möglichkeit, mit einem völlig fremden Prozess zu kommunizieren (Daten auszutauschen). Der Systemaufruf `mkfifo()` bedeutet also nichts anderes, als dass eine Pipe als Filesystem-Objekt repräsentiert wird (aber das hatten wir ja schon abgeklärt).

Auf der Konsole lässt sich ein FIFO folgendermaßen erstellen:

```
$ mkfifo fifo1
```

Jetzt befindet sich im aktuellen Verzeichnis ein FIFO, in das Sie etwas schreiben können, z. B.:

```
$ echo hallo welt > fifo1
```

Auslesen können Sie dieses FIFO wieder mit einem einfachen:


```
$ cat fifo1
```

Natürlich müssen Sie auch die Zugriffsrechte des FIFO entsprechend vergeben, also festlegen, wer in dieses FIFO etwas schreiben darf und wer aus ihm lesen kann. FIFOs sind auch eine halbduplexe IPC, was bedeutet, dass auch mit FIFOs, wie schon bei den Pipes, kein mehrfaches Auslesen möglich ist.

FIFOs arbeiten ebenfalls wie Pipes nach dem Prinzip *First In First Out*. Das heißt, dass die Daten, die zuerst geschrieben wurden, auch wieder als Erstes ausgegeben werden. Mit FIFOs werden häufig die typischen Client-Server-Anwendungen geschrieben, wie Abbildung 11.10 zeigt.

Im Beispiel aus Abbildung 11.10 können Sie einen typischen Anwendungsfall für ein FIFO sehen. Vier Clients (in diesem Fall Uwe, Otto, Franz und Egon) wollen auf zwei Drucker zugreifen. Alle vier Clients schicken nun eine Schreibanforderung an den Drucker. Diese Schreibaufforderung wird zuerst von dem FIFO angenommen und in der Reihenfolge sortiert, wie die Anforderungen eingetroffen sind. Der Server liest nun aus diesem FIFO, bearbeitet die Anforderungen der Reihe nach und leitet sie an den entsprechenden Drucker weiter. Wenn jetzt aber z. B. Uwe und Egon ein 100 Seiten starkes Skript ausdrucken lassen, sollte der Server natürlich an Otto und Franz eine Meldung zurückschicken, dass sich der Auftrag in der Warteschlange befindet und momentan kein Drucker mehr frei ist. Der Server schickt also eine Antwort an den Client: entweder eine Bestätigung des Auftrags oder eine Warteaufforderung.

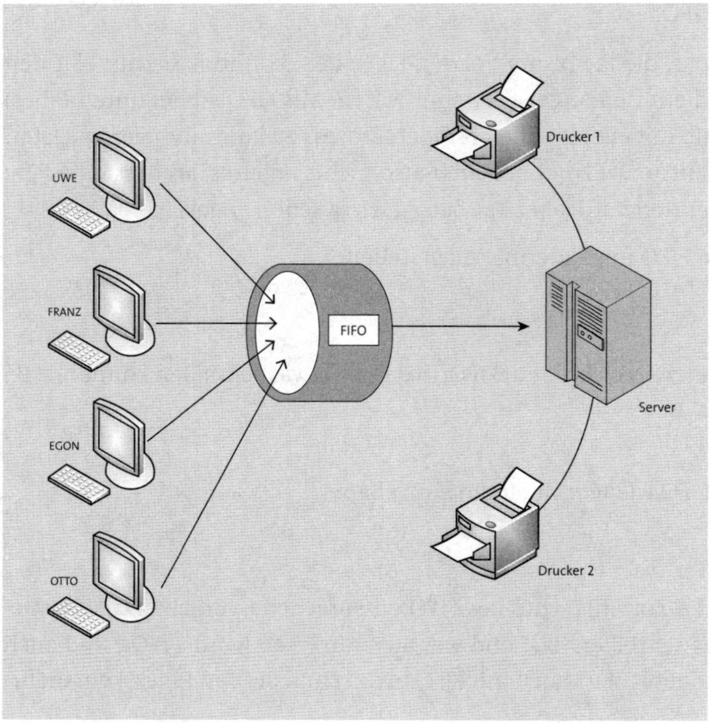

Abbildung 11.10 Typisches Client-Server-Beispiel mittels eines FIFO

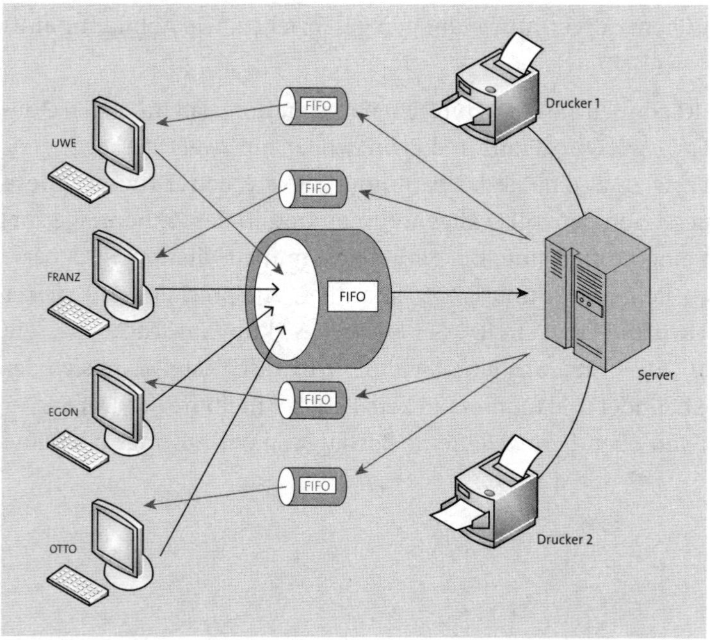

Abbildung 11.11 Der Server antwortet den Clients.

In Abbildung 11.11 können Sie erkennen, dass der Server in ein FIFO schreibt und die Clients diesmal aus einem FIFO lesen. Dies sollte erst einmal veranschaulichen, worum es bei FIFOs überhaupt geht.

Um ein FIFO zu erstellen, steht Ihnen die folgende Funktion zur Verfügung:

```
#include <sys/types.h>
#include <sys/stat.h>

int mkfifo(const char *pfadname, mode_t mode);
```

Damit legen Sie eine Datei mit `pfadname` an – wobei es sich allerdings nicht um eine normale Dateiart, sondern eben um ein FIFO handelt. Für das Argument `mode` stehen dieselben Konstanten wie schon bei der Funktion `open()` zur Verfügung (siehe Kapitel 4). Wenn Sie das FIFO erzeugt haben, können Sie damit, wie bei einer normalen Datei, die elementaren E/A-Funktionen (`open()`, `read()`, `write()` etc.) verwenden. Konnte das FIFO erfolgreich angelegt werden, wird `0`, ansonsten bei einem Fehler `-1` zurückgegeben.

Dazu folgt ein einfaches Beispiel, das zeigt, wie ein FIFO erzeugt wird und dass es sich bei dem FIFO nicht um eine normale Datei handelt. Dies wird mit der Funktion `stat()` und dem Makro `S_ISFIFO` überprüft.

```
/* fifo1.c */
#include <stdio.h>
#include <unistd.h>
#include <sys/types.h>
#include <sys/stat.h>
#include <fcntl.h>
#include <stdlib.h>
#include <errno.h>
#define FIFO "fifo0001"

int main (void) {
   struct stat attribut;
   /*Wir erzeugen ein FIFO*/
   if ((mkfifo (FIFO,  S_IRUSR | S_IWUSR)) == -1) {
      /* FIFO bereits vorhanden - kein fataler Fehler */
      if(errno == EEXIST)
         perror ("mkfifo()");
      else {
         perror("mkfifio()");
         exit (EXIT_FAILURE);
      }
   }
   if (stat (FIFO, &attribut) == -1) {
```

```
      perror ("stat()");
      exit (EXIT_FAILURE);
   }
   printf("Dateiart von %s ermitteln ...\n",FIFO);
   if (S_ISREG (attribut.st_mode))
      printf ("Reguläre Datei\n");
   else if (S_ISDIR (attribut.st_mode))
      printf ("Verzeichnis\n");
#ifdef S_ISSOCK
   else if (S_ISSOCK (attribut.st_mode))
      printf ("Socket\n");
#endif
   else if (S_ISFIFO (attribut.st_mode))
      printf ("FIFO\n");
   else
      printf ("Unbekannte Dateiart\n");
   return EXIT_SUCCESS;
}
```

Das Programm bei der Ausführung:

```
$ gcc -o fifo1 fifo1.c
$ ./fifo1
Dateiart von fifo0001 ermitteln ...
FIFO
```

Im nächsten Beispiel soll ein FIFO erstellt werden, das zum Lesen und Schreiben verwendet wird. Dazu öffnen Sie ein erzeugtes FIFO zuerst mittels `open()`, um anschließend darin etwas zu schreiben und wieder auszulesen. Wichtig ist dabei auch das Setzen der Zugriffsrechte. Wird dies vergessen, kann bzw. wird es passieren, dass Sie keinen Zugriff auf das FIFO haben.

Hinweis

In der Regel werden Sie Zugriff haben, da Sie das FIFO ja erstellt haben (und es somit dem aktuellen Benutzer gehört). Sicher müssen Sie darauf achten, da die `umask` den `O_RDWR`-Modus fehlschlagen lassen kann (z. B. `umask 0222`).

Hier sehen Sie das Beispiel:

```
/* fifo2.c */
#include <stdio.h>
#include <unistd.h>
#include <sys/types.h>
#include <sys/stat.h>
```

```
#include <fcntl.h>
#include <stdlib.h>
#include <string.h>
#include <errno.h>
#define FIFO "fifo0001.1"

int main (void) {
   int fd_fifo;       /*Handle für das FIFO */
   char puffer[] = "Dieser Text ist für das FIFO\n";
   char buf[100];
   int n;

   /*Alle Zugriffsrechte der Dateikreierungsmaske erlauben*/
   umask(0);
   /* Wir erzeugen das FIFO*/
   if ((mkfifo (FIFO, 0666)) == -1) {
      /* FIFO bereits vorhanden - kein fataler Fehler */
      if(errno == EEXIST)
         perror ("mkfifo()");
      else {
         perror("mkfifio()");
         exit (EXIT_FAILURE);
      }
   }
   /* FIFO zum Lesen und Schreiben öffnen */
   if ((fd_fifo = open (FIFO, O_RDWR)) == -1) {
      perror ("open()");
      exit (EXIT_FAILURE);
   }
   n = write (fd_fifo, puffer, strlen (puffer));
   if (read (fd_fifo, &buf, n ) == -1) {
      perror ("read()");
      exit(EXIT_FAILURE);
   }
   buf[n] = '\0';
   printf ("Gelesen aus dem FIFO : %s\n", buf);
   return EXIT_SUCCESS;
}
```

Wenn alles ordnungsgemäß ablief, wird der String »Dieser Text ist für das FIFO« ausgegeben.

Natürlich muss man auf Deadlocks und volle Pipes achten, denn `write(fd, string, 8192)` blockiert (sofern die Pipegröße mittels `ulimit` nicht hochgesetzt wurde).

Auf einigen Systemen kann es sein, dass die Funktion mkfifo() nicht vorhanden ist. Sollte dies bei Ihnen der Fall sein, muss man anstelle von mkfifo() die Funktion mknod() verwenden. Die Syntax dazu lautet:

```
int mknod(char *pfadname, int mode, int dev);
```

Als pfadname geben Sie auch hier die reguläre Unix-Verzeichnisangabe und den Namen des FIFO an. Für mode müssen Sie hier die Konstante S_IFIFO aus der Headerdatei *<sys/stat.h>* mit den Zugriffsrechten verwenden. Der Parameter dev wird nicht benötigt. Die Verwendung von mknod() sieht so aus:

```
if( mknod ( "/tmp/fifo0001.1",
            S_IFIFO|S_IRUSR|S_IWUSR, 0 ) == - 1) {
   /* Kann kein FIFO erzeugen --- Fehler */
 }
```

Der Rückgabewert bei Erfolg ist 0 und bei einem Fehler -1. Das erzeugte FIFO kann anschließend ebenso verwendet werden wie ein mit mkfifo() erzeugtes FIFO.

Hinweis

Häufig wird ein Fehler zurückgegeben, weil beim Anlegen eines FIFO dieses bereits existiert. Hier ist es sinnvoll, die Fehlervariable errno zu überprüfen.

Was bei einem FIFO zu beachten ist

Bevor Sie ein Client-Server-Beispiel programmieren werden, müssen Sie noch einiges wissen, worauf Sie beim Zugriff auf FIFOs achten müssen:

- Wenn Sie beim Öffnen des FIFO mit open() nicht den Modus O_NONBLOCK verwenden, wird die Öffnung des FIFO sowohl zum Schreiben als auch zum Lesen blockiert (nicht bei O_RDWR). Beim Schreiben wird so lange blockiert, bis ein anderer Prozess das FIFO zum Lesen geöffnet hat. Beim Lesen wiederum wird ebenfalls so lange blockiert, bis ein anderer Prozess in das FIFO schreibt.
- Das Flag O_NONBLOCK kann nur bei Lesezugriffen verwendet werden. Wird mit O_NONBLOCK versucht, das FIFO mit Schreibzugriff zu öffnen, führt dies zu einem Fehler beim Öffnen.
- Wenn Sie ein FIFO zum Schreiben mit close() oder fclose() schließen, bedeutet dies für das FIFO zum Lesen ein EOF.
- Wie schon bei den Pipes gilt: Falls mehrere Prozesse auf dasselbe FIFO schreiben, müssen Sie darauf achten, dass niemals mehr als PIPE_BUF Bytes auf einmal geschrieben werden, damit die Daten nicht durcheinander gemischt werden. Die Anzahl der Bytes und gleichzeitig geöffneter FIFOs können Sie mit dem folgenden Listing ermitteln:

```
/* fifo_buf.c */
#include <stdio.h>
#include <unistd.h>
#include <sys/types.h>
#include <sys/stat.h>
#include <fcntl.h>
#include <stdlib.h>
#include <errno.h>

int main (void) {
   /*Wir erzeugen das FIFO*/
   if ((mkfifo ("fifo0001",  S_IRUSR | S_IWUSR)) == -1) {
      /* FIFO bereits vorhanden - kein fataler Fehler */
      if(errno == EEXIST)
         perror ("mkfifo()");
      else {
         perror("mkfifio()");
         exit (EXIT_FAILURE);
      }
   }
   printf("Es können max. %ld Bytes in das FIFO geschrieben"
          "werden\n", pathconf ("fifo0001", _PC_PIPE_BUF));
   printf ("Außerdem können max %ld FIFOs geöffnet sein\n",
            sysconf (_SC_OPEN_MAX));
   return EXIT_SUCCESS;
}
```

Jetzt möchten wir Ihnen noch ein Beispiel zeigen, wie sich Eltern- und Kindprozess miteinander über ein FIFO unterhalten können. Der Kindprozess soll etwas in das FIFO schreiben, was der Elternprozess dann ausliest – ein einfaches Client-Server-Beispiel (Eltern/Kind) eben.

```
/* fifo4.c */
#include <stdio.h>
#include <unistd.h>
#include <sys/types.h>
#include <sys/stat.h>
#include <fcntl.h>
#include <stdlib.h>
#include <string.h>
#include <sys/wait.h>
#include <errno.h>

#define FIFO "/tmp/fifo0001.1"
```

```
int main (void) {
   int r_fifo, w_fifo;
   char puffer[] =
      "Der Text für das FIFO an den Elternprozess\n";
   char buf[100];
   pid_t pid;

   if ((mkfifo (FIFO, S_IRUSR | S_IWUSR)) == -1) {
      /* FIFO bereits vorhanden - kein fataler Fehler */
      if(errno == EEXIST)
         perror ("mkfifo()");
      else {
         perror("mkfifio()");
         exit (EXIT_FAILURE);
      }
   }
   pid = fork ();
   if (pid == -1) {
      perror ("fork()");
      exit (EXIT_FAILURE);
   }
   else if (pid > 0) { /*Elternprozess liest aus dem FIFO */
      if ((r_fifo = open (FIFO, O_RDONLY)) < 0) {
         perror ("open()");
         exit (EXIT_FAILURE);
      }
      /*Wir warten auf das Ende vom Kindprozess */
      while (wait (NULL) != pid);
      /*Lesen aus dem FIFO */
      read (r_fifo, buf, strlen (puffer));
      buf[strlen(puffer)] = '\0';
      printf(" --- Elternprozess ---\n");
      printf ("%s", buf);
      close (r_fifo);
   }
   else {       /*Kindprozess schreibt in das FIFO */
      printf(" --- Kindprozess ---\n");
      if ((w_fifo = open (FIFO, O_WRONLY)) < 0) {
         perror ("open()");
         exit (EXIT_FAILURE);
      }
      /*Schreiben in das FIFO */
      write (w_fifo, puffer, strlen (puffer));
```

```
        close (w_fifo);   /* EOF */
        exit (EXIT_SUCCESS);
    }
    printf(" --- Ende ---\n");
    return EXIT_SUCCESS;
}
```

Das Programm bei der Ausführung:

```
$ gcc -o fifo4.c fifo4.c
$ ./fifo4
 --- Kindprozess ---
 --- Elternprozess ---
Der Text für das FIFO an den Elternprozess
 --- Ende ---
```


Kommunikation zwischen zwei nicht verwandten Prozessen

Jetzt ist es an der Zeit, Ihnen ein echtes Client-Server-Beispiel zu zeigen. Als Aufgabenstellung sei das Szenario aus Abbildung 11.12 gegeben.

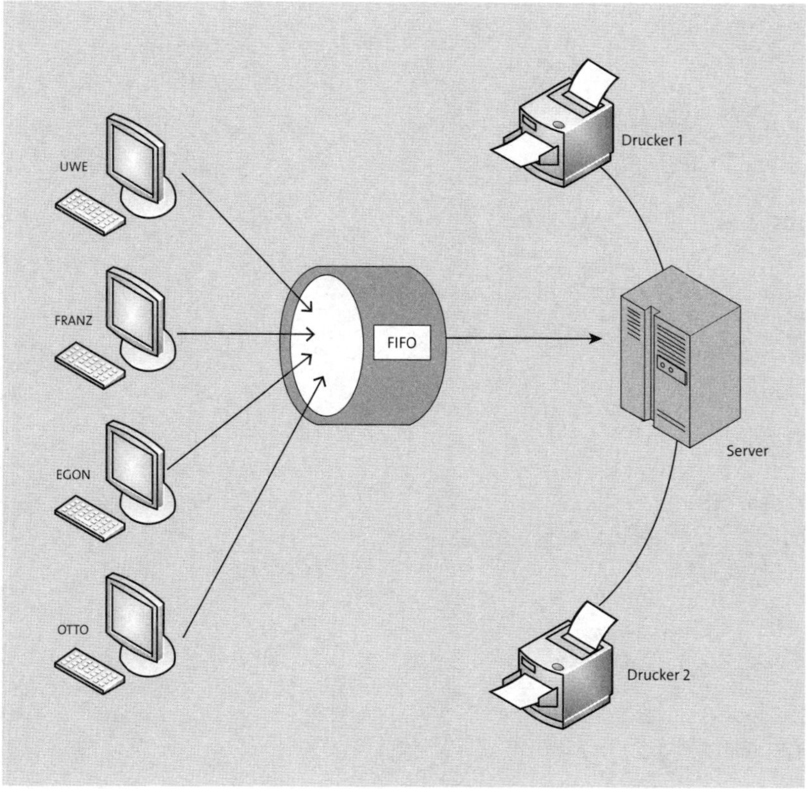

Abbildung 11.12 Vier Anwender und zwei Drucker.

Kurz und bündig: Hier sind vier Anwender, die auf zwei Drucker zugreifen wollen. Sollten im Fall der Fälle alle vier Anwender zur gleichen Zeit drucken wollen – was ja rein praktisch nicht geht –, soll das FIFO das Problem für uns übernehmen und eine Warteschlange einrichten. Zugegeben, im echten Leben löst ja normalerweise der Druckerdämon *lpd* das Problem, aber zum Verständnis ist dieses Beispiel genau das richtige. Es setzt auch voraus, dass der Drucker fix und fertig konfiguriert ist. Wir denken, dass ein Drucker heutzutage zur Standardausrüstung eines jeden PC-Anwenders gehört.

Hinweis

Das folgende Beispiel funktioniert natürlich nur, wenn ein Drucker als Ziel für `lpr` eingerichtet wurde. Mehr dazu finden Sie auf der entsprechenden Manual Page oder auf folgender Webseite:

http://en.wikipedia.org/wiki/Line_Printer_Daemon_protocol

```
/* polling_fifo.c */
#include <stdio.h>
#include <unistd.h>
#include <sys/types.h>
#include <sys/stat.h>
#include <fcntl.h>
#include <stdlib.h>
#include <errno.h>
#define BUF 4096

static void an_den_drucker (const char *text) {
   FILE *p;
   /*Pipe zum Tool lpr erstellen zum Schreiben auf lpr*/
   p = popen ("lpr", "w");
   if (p == NULL) {
      perror ("popen()");
      exit (EXIT_FAILURE);
   }
   /*An den Drucker schreiben */
   printf ("Sende Auftrag an den Drucker ...\n");
   fprintf (p, "%s", text);
   pclose (p);
}

int main (void) {
   char puffer[BUF], inhalt[BUF];
   int fd;
```

```
   inhalt[0] = '\0';
   umask(0);
   if (mkfifo ("fifo1.1", 0666) < 0) {
      /* FIFO bereits vorhanden - kein fataler Fehler */
      if(errno == EEXIST)
         printf ("Versuche, vorh. FIFO zu verwenden\n");
      else {
         perror("mkfifio()");
         exit (EXIT_FAILURE);
      }
   }
   /*Empfänger liest nur aus dem FIFO */
   fd = open ("fifo1.1", O_RDONLY);
   if (fd == -1) {
      perror ("open()");
      exit (EXIT_FAILURE);
   }
   while (1) {       /*Endlosschleife */
      if ( read (fd, puffer, BUF) )
         an_den_drucker (puffer);
      sleep (2);
   }
   return EXIT_SUCCESS;
}
```


Übersetzen Sie das Listing, und starten Sie es als einen Hintergrundprozess:

```
$ gcc -o polling_fifo polling_fifo.c
$ ./polling_fifo&
[1] 3146
```

Das Programm läuft nun in einer Endlosschleife und liest etwas aus dem FIFO, sofern dort etwas steht. Ansonsten wird der Prozess durch die Funktion `read()` blockiert. Das Programm `polling_fifo` dient also als Empfänger oder auch als Server, wenn Sie so wollen. Jetzt soll das FIFO auch etwas zum Lesen bekommen, z. B. mit:

```
$ echo hallo Welt > fifo1.1
$ cat datei.txt > fifo1.1
```

Sie können aus beliebig (nicht ganz) vielen Fenstern und Terminals Nachrichten in das FIFO schreiben. Das Programm liest anschließend aus dem FIFO und leitet das Gelesene mithilfe einer Pipe an den Drucker weiter.

Man könnte das Ganze als eine Art Faxempfangsprogramm in einem lokalen Netzwerk sehen. Da nicht jeder mit der Kommandozeile vertraut ist, wollen wir noch ein weiteres

Programm entwickeln, mit dem Sie Daten in dieses FIFO schreiben können – also das Sendeprogramm (Client). Jeder, der nun auf seinem Rechner dieses Programm hat, kann auf dieses FIFO schreiben (sofern die Zugriffsrechte richtig gesetzt sind). Natürlich ist auch ohne dieses Programm ein Senden möglich, wie wir oben mit der Ausgabeumleitung auf das FIFO demonstriert haben.

```
/* sender.c */
#include <stdio.h>
#include <unistd.h>
#include <sys/types.h>
#include <sys/stat.h>
#include <fcntl.h>
#include <stdlib.h>
#include <string.h>
#include <errno.h>
#define BUF 4096

int main (void) {
   char puffer[BUF], inhalt[BUF];
   int fd;

   inhalt[0] = '\0';
   /*Der Sender schreibt nur in das FIFO */
   fd = open ("fifo1.1", O_WRONLY);
   if (fd == -1) {
      perror ("open()");
      exit (EXIT_FAILURE);
   }
   printf ("Bitte geben Sie Ihre Nachricht für das FIFO ein"
           " (Mit STRG+D beenden)\n>");
      while (fgets (puffer, BUF, stdin) != NULL) {
      if( strlen(inhalt) + strlen(puffer) < BUF ) {
            strcat (inhalt, puffer);
            printf (">");
      }
      else
            break;
   }
   inhalt[BUF] = '\0';
   write (fd, inhalt, strlen (inhalt) + 1);
   return EXIT_SUCCESS;
}
```

Das Programm bei der Ausführung:

```
$ gcc -o sender sender.c
$ ./polling_fifo&
[1] 3195
$ ./sender
Bitte geben Sie Ihre Nachricht für das FIFO ein
(Mit STRG+D beenden)
Hallo Fifo!
[Strg]+[D]
```

Jetzt sollte Ihr Drucker losrattern und »Hallo Fifo!« ausdrucken.

Solche FIFOs in einfacher Richtung sind oft ausreichend zur Datenerfassung für Statistiken, z. B. solche, die in der Abrechnung der Mobilkommunikation eingesetzt werden – nur dass dort um einiges mehr Clients etwas in das FIFO schreiben und der Server damit wohl recht stark beschäftigt ist. Bedenken Sie, was es für den Server bedeutet, wenn die Telefoneinheiten im Sekundentakt berechnet werden! Kaum zu glauben, dass man das noch richtig bewerkstelligen kann.

Der Empfänger antwortet dem Sender

Wie es sich für eine ordentliche Serveranwendung gehört, sollten Sie dem Empfänger (Client) seine Anfrage auch bestätigen. Abbildung 11.13 zeigt einen solchen Vorgang.

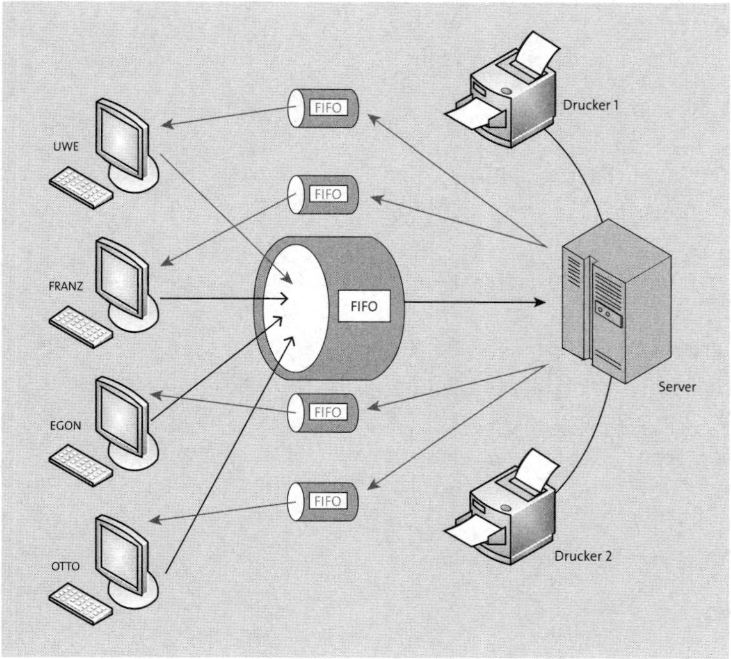

Abbildung 11.13 Die Antwort vom Server

Die erste Frage beim Betrachten des Bildes dürfte wohl folgende sein: Wie sollen die einzelnen Clients wissen, welche Antwort für sie bestimmt ist?

Zuerst muss sich jeder einzelne Client (Sender) ein eigenes FIFO einrichten, aus dem er eine Antwort vom Server lesen kann. Damit der Server auch weiß, wohin er die Antwort liefern soll, muss jeder Client dem Server eine eindeutige Identifikation mitschicken. Am besten sind Sie in einem solchem Fall mit der PID des Prozesses beraten. Mit dieser PID soll der Client das Antwort-FIFO erstellen. Hat ein Client beispielsweise die PID 1001, erstellt er ein FIFO namens *fifo.1001*, an das der Server dann anschließend seine Antwort zurückschickt.

Für das Beispiel soll als Erstes die Client-Anwendung erstellt werden:

```
/* client.c */
#include <stdio.h>
#include <unistd.h>
#include <sys/types.h>
#include <sys/stat.h>
#include <fcntl.h>
#include <stdlib.h>
#include <string.h>
#include <errno.h>
#define BUF 4096

int main (void) {
   char puffer[BUF], inhalt[BUF], delete_fifo[BUF];
   int fd, fdx;

   sprintf (puffer, "fifo.%d", getpid ());
   inhalt[0] = '\0';
   /*Erste Zeile der Nachricht enthält die PID */
   sprintf (inhalt, "%d\n", getpid ());

   /*Alle Zugriffsrechte der Dateikreierungsmaske erlauben*/
   umask(0);
   if (mkfifo (puffer, O_RDWR | 0666) < 0) {
      /* FIFO bereits vorhanden - kein fataler Fehler */
      if(errno == EEXIST)
         printf ("Versuche; vorh. FIFO zu verwenden\n");
      else {
         perror("mkfifio()");
         exit (EXIT_FAILURE);
      }
   }
   fd = open ("fifo1.1", O_WRONLY);
```

```
   fdx = open (puffer, O_RDWR);
   if (fd == -1 || fdx == -1) {
      perror ("open()");
      exit (EXIT_FAILURE);
   }

   strcmp (delete_fifo, puffer);
   printf ("Bitte geben Sie Ihre Nachricht ein"
           " (Mit STRG+D beenden)\n>");
   while (fgets (puffer, BUF, stdin) != NULL) {
      if( strlen(inhalt) + strlen(puffer) < BUF ) {
            strcat (inhalt, puffer);
            printf (">");
      }
      else
            break;
   }
   inhalt[BUF] = '\0';
   write (fd, inhalt, BUF);
   if (read (fdx, puffer, BUF))
      printf ("%s\n", puffer);
   /*Antwort-FIFO wieder löschen */
   unlink (delete_fifo);
   return EXIT_SUCCESS;
}
```

Da der Server (gewöhnlich) selbst genügend zu tun hat und möglichst das tun soll, wofür er gedacht ist, nimmt der Client selbst wieder das Saubermachen (das Löschen des FIFO) in die Hand.

Jetzt folgt noch die Server-Anwendung, die alle Nachrichten von den Clients annimmt und über eine namenlose Pipe an den Drucker weiterleitet. Anschließend wertet der Server die erste Zeile der Nachricht aus und sendet eine Bestätigung an den Client, der ihm diese Nachricht geschickt hat. In der ersten Zeile befindet sich die PID des Clients.

Hier sehen Sie den Quellcode der Server-Anwendung:

```
/* server.c */
#include <stdio.h>
#include <unistd.h>
#include <sys/types.h>
#include <sys/stat.h>
#include <fcntl.h>
#include <stdlib.h>
```

```
#include <string.h>
#include <errno.h>
#define BUF 4096
#define TEXT "Habe Ihre Anfrage soeben erhalten\n"

static void an_den_drucker (const char *text) {
   FILE *p;
   /*Pipe zum Tool lpr erstellen, um auf lpr zu schreiben*/
   p = popen ("lpr", "w");
   if (p == NULL) {
      perror ("popen()");
      exit (EXIT_FAILURE);
   }
   /*An den Drucker schreiben */
   printf ("Sende Auftrag an den Drucker ...\n");
   fprintf (p, "%s", text);
   fflush (p);
   pclose (p);
   return;
}

int main (void) {
   char puffer[BUF], inhalt[BUF], antwort[BUF], pid[6];
   int r_fd, w_fd, n, i;

   inhalt[0] = '\0';
   /*Alle Zugriffsrechte der Dateikreierungsmaske erlauben*/
   umask(0);
   if (mkfifo ("fifo1.1", O_RDWR | 0666) < 0) {
      /* FIFO bereits vorhanden - kein fataler Fehler */
      if(errno == EEXIST)
         printf ("Versuche, vorh. FIFO zu verwenden\n");
      else {
         perror("mkfifio()");
         exit (EXIT_FAILURE);
      }
   }
   /*Empfänger liest nur aus dem FIFO */
   r_fd = open ("fifo1.1", O_RDONLY);
   if (r_fd == -1) {
      perror ("open(1)");
      exit (EXIT_FAILURE);
   }
```

```
   while (1) {        /*Endlosschleife */
      if (read (r_fd, puffer, BUF) != 0) {
         an_den_drucker (puffer);
         /*PID des aufrufenden Prozesses ermitteln */
         n = 0, i = 0;
         while (puffer[n] != '\n')
            pid[i++] = puffer[n++];
         pid[++i] = '\n';
         strcpy (antwort, "fifo.");
         strncat (antwort, pid, i);
         w_fd = open (antwort, O_WRONLY);
         if (w_fd == -1) {
            perror ("open(2)");
            exit (EXIT_FAILURE);
         }
         write (w_fd, TEXT, sizeof(TEXT));
         close (w_fd);
      }
      sleep(1);
   }
   return EXIT_SUCCESS;
}
```

Das Beispiel im Einsatz:

```
$ gcc -o client client.c
$ gcc -o server server.c
$./server&
[1] 2047
$ ./client
Bitte geben Sie Ihre Nachricht ein (Mit STRG+D beenden)
Hallo, eine Nachricht an das FIFO
[Strg]+[D]
Sende Auftrag an den Drucker ...
Habe Ihre Anfrage soeben erhalten
$
[andere Konsole]
$ ./client
Bitte geben Sie Ihre Nachricht ein (Mit STRG+D beenden)
Noch eine Nachricht :-)
[Strg]+[D]
Habe Ihre Anfrage soeben erhalten
```

11.5 System-V-Interprozesskommunikation

Die drei Techniken zur Interprozesskommunikation (Semaphor, Message Queue und Shared Memory) des Systems V (kurz SysV) nutzen zwar unterschiedliche Konzepte, alle drei verwenden allerdings dieselben systemweiten Ressourcen, die von mehreren Prozessen gemeinsam genutzt werden können. Somit ist mit ihnen eine Kommunikation zwischen nicht verwandten Prozessen möglich. Dabei werden über Systemaufrufe verschiedene Funktionen zur Verfügung gestellt.

11.5.1 Gemeinsamkeiten der System V-UNIX-Mechanismen

Damit Prozesse, die unabhängig voneinander sind, untereinander kommunizieren können, wird eine Kennzahl verwendet, die jeder SYSV-IPC-Struktur beim Anlegen zugeordnet wird. Dabei handelt es sich um eine vom Kernel intern erzeugte, eindeutige Kennung in Form einer nicht negativen Zahl.

Um die Kennung selbst müssen Sie sich nicht kümmern, wohl aber um den Schlüssel. Der Schlüssel, häufig auch als »magische Nummer« bezeichnet, ist nötig, damit auch nicht verwandte Prozesse über diese Kennung miteinander kommunizieren können. Der Schlüssel wird vom Kernel mit der Kennung verbunden.

Um nichts durcheinander zu bringen: Wir sprechen hier von einem Schlüssel (*Key*) und einer Kennung (*Identifier*), also von zwei verschiedenen Dingen. Dies sei hier erwähnt, da die Begriffe häufig uneindeutig verwendet werden.

Wichtig ist auf jeden Fall die »magische« Nummer. Dieser Schlüssel, den Sie einrichten müssen, ist vom (primitiven) Datentyp `key_t` (`long`), der in der Headerdatei *<sys/types.h>* definiert ist. Sie können diesen Schlüssel jetzt selbst z. B. als symbolische Konstante definieren oder aber dynamisch mit der Funktion `ftok()` erzeugen lassen. Beim dynamischen Erzeugen haben Sie den Vorteil, dass die Nummer wirklich eindeutig auf dem System ist, was ja bei einer konstanten Angabe nicht gegeben ist. Die Syntax dieser Funktion sieht wie folgt aus:

```
# include <sys/types.h>
# include <sys/ipc.h>

key_t ftok(const char *pathname, int proj_id);
```

Bitte beachten Sie, dass diese Funktion nur XPG4-konform ist. Diese Funktion generiert aus dem `pathname` (der existieren muss) und den letzten 8 Bits von `proj_id`, wofür Sie auch ein `char`-Zeichen verwenden können, einen eindeutigen SysV-Schlüssel, der anschließend für die Funktionen `msgget()`, `semget()` oder `shmget()` verwendet werden kann. Bei einem Fehler gibt diese Funktion `-1` zurück. Anwenden lässt sich die Funktion zum Erstellen einer »magischen« Nummer folgendermaßen:

```
/* key_ftok.c */
#include <stdio.h>
#include <stdlib.h>
#include <sys/types.h>
#include <sys/ipc.h>

int main(void) {
   key_t key1, key2;

   key1 = ftok(".", 'a');
   key2 = ftok("/usr/include", 'x');

   printf("key1: %d key2: %d\n",key1, key2);
   return EXIT_SUCCESS;
}
```


Das Programm bei seiner Ausführung:

```
$ gcc -Wall -o key_ftok key_ftok.c
$ ./key_ftok
key1: 1627795980 key2: 2013677230
```

Ebenfalls für die Zugriffsrechte wurde ein einziges Privilegiensystem für die IPC-Objekte verwendet, das dem Zugriffsrechtesystem des Dateizugriffs ähnelt. Dabei besitzt jedes Objekt eine Benutzer- und Gruppenidentifikation, die sich danach richtet, unter welcher UID/GID der Prozess läuft, mit dem das Objekt erzeugt wurde. Es können Lese- und Schreibrechte für den Benutzer (User), für die Gruppe (Group) und für alle anderen (Other) gesetzt werden, wie bei einer normalen Datei auch. Die Zugriffsrechte, wie auch die Kennung und der Schlüssel, sind in der Struktur `ipc_perm` in der Headerdatei *<sys/ipc.h>* definiert und können mit den entsprechenden IPC-Funktionen `msgctl()`, `semctl()` oder `shmctl()` vom Erzeuger des Objekts oder vom Superuser verändert werden.

11.5.2 Ein Objekt einrichten, eine Verbindung herstellen und das Objekt wieder löschen

Ganz klar, um eine der System V-IPCs zu realisieren, muss zu allererst einmal ein entsprechendes Objekt erzeugt werden. Erzeugt werden diese Objekte mit den entsprechenden `..get()`-Funktionen (`msgget()`, `semget()` oder `shmget()`). Dabei müssen Sie als Flag entweder `IPC_PRIVATE` setzen, womit Sie eine Verbindung zu einem bereits existierenden Schlüssel (`key_t`) einrichten; oder Sie geben als Flag `IPC_CREAT` an, um ein noch nicht existierendes Objekt mit dem Schlüssel zu erzeugen.

Da der erste Prozess meistens der Serverprozess ist, können alle anderen Prozesse (Client) mit den entsprechenden `..get()`-Funktionen ohne die Angabe von `IPC_CREAT`, aber mit der Angabe des Schlüssels, eine Verbindung zum Objekt herstellen.

Gelöscht wird ein Objekt mit den entsprechenden IPC-`..ctl()`-Funktionen (`msgctl()`, `semctl()` oder `shmctl()`), wobei hier den Funktionen das Kommando `IPC_RMID` (*IPC ReMove-Identifiers*) mitgegeben wird. Natürlich setzt dies entsprechende Zugriffsrechte für das Löschen voraus.

11.5.3 Datenaustausch zwischen nicht verwandten Prozessen

Sie haben zwei Möglichkeiten, um ein Objekt zur Kommunikation zwischen zwei Prozessen zu verwenden. Eine Möglichkeit ist, dass Sie ein neues Objekt erstellen, in dem der Schlüssel mit `IPC_PRIVATE` angegeben und diese Kennung in einer Datei abgespeichert wird. Alle anderen Prozesse können dann diese Kennung aus der Datei lesen und mit den anderen Prozessen kommunizieren. Der Nachteil liegt auf der Hand: Jeder Prozess muss erst eine Datei öffnen und aus dieser lesen, was eher ineffizient ist. Daher ist die zweite Möglichkeit die bessere: Man verwendet einfach eine gemeinsame Headerdatei für alle Prozesse, in der sich der Schlüssel befindet. Über den anschließend vom Serverprogramm erzeugten Schlüssel können nun alle Clientprogramme miteinander kommunizieren. Das setzt aber voraus, dass alle Clients diese Headerdatei zur Übersetzungszeit kennen. Somit bleibt die erste Möglichkeit die einzige, um zwischen *wirklich* nicht verwandten Prozessen eine Verbindung herzustellen.

Nachdem wir soeben die wichtigsten Gemeinsamkeiten der drei SysV-IPC-Techniken erläutert wurden, werden wir in den folgenden drei Abschnitten die einzelnen IPC-Techniken behandeln.

11.6 Semaphore

Um es gleich von vornherein klarzustellen: Die Semaphore nach System V haben nichts mit den Kernel-Semaphoren zu tun. Rein theoretisch könnten Sie Semaphore selbst nachbilden. Hierzu würden eine globale Variable und eine Funktion ausreichen. Will man nun einen kritischen Codebereich für andere Prozesse sperren, müsste die Funktion die globale Variable auf `0` setzen. Alle anderen Prozesse, die jetzt ebenfalls in diesen kritischen Bereich kommen, müssen nun warten, bis die globale Variable wieder einen positiven Wert bekommt (1). Dies ist natürlich nur rein theoretisch gesehen, weil man in der Realität daran scheitert, dass diese Operationen nicht atomar ablaufen und im ungünstigsten Fall sogar von einem überschlauen Compiler wegoptimiert werden.[2]

2 Eigentlich gibt es für genau diesen Fall das C-Schlüsselwort `volatile`. Doch dessen Nutzen ist leider sehr begrenzt.

Meistens werden Semaphore binärer Natur verwendet (wie eben beschrieben). Das sind Semaphore, die man für gewöhnlich verwendet, um kritische Ressourcen zu schützen. Dazu reichen die zwei Zustände (bi) 1 und 0 aus. Es lassen sich aber auch allgemeine Semaphore verwenden – die dann allerdings die Werte 0, 1, 2, 3 ... n annehmen können. Der höchste Wert zeigt dann an, wie viele Prozesse den kritischen Bereich noch verwenden.

In System V sind die Semaphore mittlerweile mehr als nur globale Variablen geworden. Um mit diesen Semaphoren zu arbeiten, steht dem Entwickler ein ganzer Satz an Funktionen zur Verfügung. Es ist damit auch möglich, nicht nur auf einem, sondern auf einem ganzen Satz von Semaphoren Operationen durchzuführen.

11.6.1 Lebenszyklus eines Semaphors

Der Titel ist ein wenig zweischneidig und soll Ihnen mehr oder weniger den üblichen Weg bzw. die Verwendung eines Semaphors zeigen. Hier sind die einzelnen Schritte:

- Zuerst wird ein Semaphor erzeugt, oder das bereits erzeugte geöffnet, falls schon ein Semaphor existiert. Beides geschieht mit der Funktion semget(). Ein erzeugtes Semaphor sollte zu Beginn gleich auf einen positiven Wert (1) gesetzt werden – was die Funktion semctl() erledigt. Für alle anderen Prozesse, die ein bereits erzeugtes Semaphor verwenden, sollte dies unbedingt unterbleiben. Denn würde jeder Prozess das Semaphor auf einen positiven Wert setzen, so würde vielleicht ein Prozess, der auf einen anderen Prozess wartet, der gerade in einem kritischen Codeausschnitt arbeitet, ebenfalls Zugriff auf den kritischen Codeausschnitt bekommen.
- Wird jetzt eine Sperre für einen kritischen Codebereich benötigt, wird das Semaphor auf den Wert 0 gesetzt – dies erledigen Sie mit der Funktion semop().
- Wurde jetzt ein weiterer Prozess gestartet, der nun ebenfalls auf diesen kritischen Bereich zugreifen will, wird das Semaphor überprüft, das für die Synchronisation des Bereichs verantwortlich ist. Ist der Wert des Semaphors positiv, so kann der Prozess auf diesen Bereich zugreifen. Dabei dekrementiert logischerweise der Prozess dieses Semaphor, sodass hier wiederum kein anderer Prozess zugreifen kann. Ist hingegen das Semaphor gleich 0, wartet der Prozess so lange, bis der kritische Codebereich freigegeben wird – genauer, bis der Wert des Semaphors wieder positiv (1) ist.
- Ist ein Prozess mit dem kritischen Codebereich fertig, muss der Wert des Semaphors wieder auf 1 gesetzt werden, um es den anderen Prozessen zu gestatten, ebenfalls auf diesen Bereich zuzugreifen. Dies wird ebenfalls wieder mit der Funktion semop() gemacht.

Diesen einfachen Vorgang wollen wir Ihnen nun anhand eines Listings mit anschließender Erklärung demonstrieren:

```
/* sem.c */
#include <stdio.h>
#include <unistd.h>
```

```
#include <stdlib.h>
#include <sys/types.h>
#include <sys/stat.h>
#include <sys/ipc.h>
#include <sys/sem.h>
#define LOCK       -1
#define UNLOCK      1
#define PERM 0666      /* Zugriffsrechte */
#define KEY  123458L

static struct sembuf semaphore;
static int semid;

static int init_semaphore (void) {
   /* Testen, ob das Semaphor bereits existiert */
   semid = semget (KEY, 0, IPC_PRIVATE);
   if (semid < 0) {
      /* ... existiert noch nicht, also anlegen        */
      /* Alle Zugriffsrechte der Dateikreierungsmaske  */
      /* erlauben                                      */
      umask(0);
      semid = semget (KEY, 1, IPC_CREAT | IPC_EXCL | PERM);
      if (semid < 0) {
         printf ("Fehler beim Anlegen des Semaphors ...\n");
         return -1;
      }
      printf ("(angelegt) Semaphor-ID : %d\n", semid);
      /* Semaphor mit 1 initialisieren */
      if (semctl (semid, 0, SETVAL, (int) 1) == -1)
         return -1;
   }
   return 1;
}

static int semaphore_operation (int op) {
   semaphore.sem_op = op;
   semaphore.sem_flg = SEM_UNDO;
   if( semop (semid, &semaphore, 1) == -1) {
      perror(" semop ");
      exit (EXIT_FAILURE);
   }
   return 1;
}
```

```
int main (void) {
   int res;

   res = init_semaphore ();
   if (res < 0)
      return EXIT_FAILURE;

   printf ("Vor dem kritischen Codeausschnitt ...\n");
   semaphore_operation ( LOCK );
   /* Kritischer Codeausschnitt */
   printf ("PID %d verwendet Semaphor %d\n",
      getpid(), semid);
   printf ("Im kritischen Codeabschnitt ...\n");
   sleep (10);
   semaphore_operation ( UNLOCK );
   printf ("Nach dem kritischen Codeausschnitt ...\n");
   //semctl (semid, 0, IPC_RMID, 0);
   return EXIT_SUCCESS;
}
```

Das Programm bei der Ausführung:

```
tty1 $ gcc -o sem sem.c
tty1 $ ./sem
Semaphor-ID : 1048577
Vor dem kritischen Codeausschnitt ...
PID 3582 verwendet Semaphor 1048577
Im kritischen Codeabschnitt ...
[inzwischen vor Ablauf der 10 Sekunden in eine weitere Konsole]
tty2 $ ./sem
Semaphor-ID : 1048577
Vor dem kritischen Codeausschnitt ...
[Wartet auf Freigabe des Semaphors von PID 3582]
[ inzwischen tty0 ]
Nach dem kritischen Codeausschnitt ...
$ tty1
[Jetzt ist das Semaphor frei für tty1]
PID 3583 verwendet Semaphor 1048577
Im kritischen Codeabschnitt ...
[nach 10 Sek.]
Nach dem kritischen Codeausschnitt ...
```

Sie können hierzu jetzt beliebig viele Prozesse starten. Es kann aber immer nur ein Prozess in dem kritischen Codebereich zugreifen. Einen Schönheitsfehler hat dieses Beispiel allerdings dann doch noch. Geben Sie in der Kommandozeile Folgendes ein:

```
$ ipcs
Schlüssel shmid      Besitzer Rechte  Bytes  nattch   Status
0x0000000 131074     tot      777    196608   2        dest
0x0000000 1971978243 root     644    110592   2        dest
0x0000000 1975975940 root     644    110592   2        dest
0x0000000 1981513733 root     644    110592   2        dest
----- Semaphorfelder -----
Schlüssel SemID        Besitzer   Rechte     nsems
0x0001e242 1048577     tot        666        1
----- Nachrichtenwarteschlangen -----
Schlüssel  msqid       Besitzer   Rechte     used-bytes   messages
```

Hier sind momentan nur die *Semaphorfelder* von Interesse. Das Semaphor bleibt also nach Beendigung aller Prozesse erhalten. Von »Hand« können Sie dieses folgendermaßen entfernen (die ID sei 1048577):

```
$ ipcrm -s 1048577
```

Das dürfte aber bei sehr vielen angelegten Semaphoren ein Problem werden. Die folgende (auskommentierte) Zeile

```
//semctl (semid, 0, IPC_RMID, 0);
```

würde diesen Vorgang zwar für Sie übernehmen, hätte aber zur Folge, dass nach Beendigung des ersten Prozesses das Semaphor gelöscht wird, und alle anderen Prozesse hätten diesbezüglich kein Semaphor mehr zur Verfügung. Daher verwendet man auch hier in der Praxis das Client-Server-Prinzip. Der Server erzeugt ein Semaphor und kümmert sich auch wieder darum, dass es beseitigt wird. Die Clients greifen nur auf dieses eine Semaphor zu.

Aber kommen wir jetzt zunächst zu den Beschreibungen der einzelnen Funktionen im Listing.

Zuerst benötigen Sie, um ein Semaphor anzulegen, die magische Nummer, die hier einfach mit `123458L` definiert wurde. Anhand dieser Nummer werden die Semaphore eindeutig im System identifiziert.

11.6.2 Ein Semaphor öffnen oder erstellen – semget()

Die erste Funktion, die im Listing aufgerufen wurde, war `init_semaphore()`. Zuerst wird versucht, mit der Funktion `semget()` ein bereits erstelltes Semaphor zu öffnen:

```
#include <sys/ipc.h>
#include <sys/types.h>
#include <sys/sem.h>

int semget(key_t key, int n_sems, int flag);
```

Als erstes Argument bekommt `semget()` die magische Nummer. Das zweite Argument entspricht der Anzahl der Semaphore im Satz, und mit dem letzten Argument können die Zugriffsprivilegien vergeben werden. Bei den Flags können Sie im Prinzip drei Angaben machen, was ebenso auf die Message Queues und die Shared Memories zutrifft:

- `IPC_PRIVATE` – Öffnen eines privaten Schlüssels
- `IPC_CREAT` – Damit wird ein noch nicht existierender Schlüssel erzeugt.
- `IPC_EXCL` – Dieses Flag wird in der Regel mit dem bitweisen ODER-Operator hinter `IPC_CREAT` angefügt. Damit gehen Sie sicher, dass wirklich ein neues Objekt (Semaphor) angelegt wird und nicht ein bereits existierendes mit derselben Kennung. Existiert bereits eine Kennung, bricht die entsprechende Funktion – hier `semget()` – mit einem Fehler ab (`errno == EEXIST`).

Beim ersten `semget()`-Aufruf geben Sie als erstes Argument den magischen Schlüssel an und als zweites Argument `0`, was bedeutet, dass Sie eine bereits existierende Semaphormenge öffnen wollen. Als letztes Argument geben Sie `IPC_PRIVATE` an – also das Öffnen eines bereits existierenden Schlüssels. Bei erfolgreichem Funktionsaufruf gibt `semget()` die Semaphor-ID zurück, die Sie in der Konsole mit dem Tool *ipcs* ermitteln können. Schlägt die Funktion hingegen fehl, was beim ersten Aufruf der Fall sein sollte, so gibt `semget() -1` zurück. Somit springt das Programmbeispiel mit seiner Ausführung in die `if`-Verzweigung.

Darin wird nun versucht, eine neue Semaphormenge zu erstellen:

```
semid = semget (KEY, 1, IPC_CREAT | IPC_EXCL | PERM);
```

Auch hier wird als erstes Argument die magische Kennung übergeben, als zweites Argument die Anzahl der Semaphormenge (1) und zu guter Letzt die Flags `IPC_CREAT`, `IPC_EXCL` und – sehr wichtig – die Zugriffsrechte auf die Semaphore. Vergessen Sie die Zugriffsrechte oder setzen Sie sie falsch, werden Sie keinen Zugriff auf die Semaphormenge haben. Zurückgegeben wird hier bei Erfolg die Semaphor-ID.

11.6.3 Abfragen, ändern oder löschen der Semaphormenge – semctl()

Im nächsten Schritt setzen Sie den Wert der Semaphorvariablen auf den Wert `1`. Dieser Vorgang ist ebenfalls von Bedeutung. Würden Sie die Semaphore gleich zu Beginn auf `-1` setzen, dann müssen dies die Clientprogramme bzw. das Programm, das auf die Semaphormenge zugreifen will, ebenso berücksichtigen. Gewöhnlich setzt man den Wert allerdings auf 1. Ein negatives Setzen der Semaphorvariablen zu Beginn entspricht etwa einer Bahnschranke, die nur öffnet, wenn ein Auto durchfahren will – was ja gewöhnlich umgekehrt ist.

Das Setzen, aber auch das Abfragen oder Löschen einer Semaphormenge lässt sich mit der Funktion `semctl()` realisieren:

```
#include <sys/types.h>
#include <sys/ipc.h>
#include <sys/sem.h>

int semctl(int semphoren_ID, int sem_num,
           int kommando, union semun arg);
```

Als erstes Argument legen Sie die Semaphore fest, auf die sich `semctl()` beziehen soll. Die ID dazu haben Sie als Rückgabewert der Funktion `semget()` erhalten. Mit dem zweiten Argument spezifizieren Sie einen bestimmten Semaphorwert aus der Menge. `sem_num` ist auch bei einigen der `kommando`-Angaben von Bedeutung. Bevor wir auf die einzelnen Kommandos und deren Bedeutung eingehen, zeigen wir Ihnen zuerst noch die `union semun`, die wie folgt definiert ist:

```
#if defined(__GNU_LIBRARY__) && !defined(_SEM_SEMUN_UNDEFINED)
/* union semun is defined by including <sys/sem.h> */
#else
/* according to X/OPEN we have to define it ourselves */
   union semun {
     int val;                  /* Werte für  SETVAL       */
     struct semid_ds *buf;     /* Puffer IPC_STAT, IPC_SET */
     unsigned short *array;    /* Array für GETALL, SETALL */
                               /* Linux specific part:     */
     struct seminfo *__buf;    /* Puffer für IPC_INFO      */
       };
#endif
```

Jetzt kommen wir zu den einzelnen gängigen Kommandos, die als drittes Argument angegeben werden können, und zu deren Bedeutung (siehe Tabelle 11.1). Für mehr Details sollten Sie allerdings die Manual Page lesen, da eine ausführlichere Erklärung weit über den Rahmen des (ohnehin schon umfangreichen) Kapitels hinausgehen würde.

Kommando	Bedeutung
IPC_STAT	Hiermit kann die Struktur semid_ds abgefragt werden. Der Inhalt befindet sich anschließend in der Adresse von buf.
IPC_SET	Hiermit können Eigentümer und die Zugriffsrechte gesetzt werden.
IPC_RMID	Hiermit löschen Sie eine Semaphormenge.
GETVAL	Hiermit fragen Sie den Wert der Semaphorvariablen ab.
SETVAL	Hiermit können Sie den Wert der Semaphorvariablen setzen.
GETPID	Gibt die PID des Prozesses zurück, der zuletzt auf die Semaphorvariablen zugegriffen hat.
GETNCNT	Abfragen der Prozesse, die warten, bis die Semaphorvariable größer als 0 wird
GETZCNT	Abfragen der Prozesse, die warten, bis die Semaphorvariable gleich 0 ist
GETALL	Abfragen der Werte aller Semaphorvariablen
SETALL	Setzen aller Semaphorvariablen
IPC_INFO	(nur Linux) Damit lassen sich Informationen zum entsprechenden Semaphor erfragen.

Tabelle 11.1 Kommandoangaben für die Funktion »semctl()«

Der Rückgabewert der Funktion semctl() ist entweder bei Erfolg 0 oder – wenn eines der GET..-Kommandos verwendet wurde – dann eben ein entsprechender Wert. Bei einem Fehler gibt semctl() -1 zurück.

Somit hätten Sie die Semaphore für den eigentlichen Arbeitsvorgang eingerichtet; wobei der weitere Vorgang keine große Überraschung auslösen sollte.

11.6.4 Operationen auf Semaphormengen – semop()

Eine Operation können Sie mit der Funktion semop() durchführen – wobei mit »durchführen« das Verändern der Semaphorvariablen gemeint ist.

```
#include <sys/types.h>
#include <sys/ipc.h>
#include <sys/sem.h>

int semop(int semid, struct sembuf sem_array[], size_t n_op);
```

Mit dem ersten Argument legen Sie wieder fest, auf welcher Semaphormenge die Operationen mit der Funktion semop() durchgeführt werden sollen. sem_array ist eine Adresse eines Arrays von Semaphoroperationen. Folgende Elemente sind in dieser Struktur enthalten:

```
struct sembuf {
   unsigned short sem_num;  /* Semaphornummer der Menge  */
   short sem_op;            /* Semaphoroperation         */
   short sem_flg;           /* Flags: IPC_NOWAIT,SEM_UNDO  */
  }
```

Mit dem dritten Argument von semop() geben Sie die Anzahl der Elemente im Array sem_array an, was durchaus mehr als ein Element sein kann, wie hier im Beispiel demonstriert.

Für die Angabe von sem_op in der Struktur sembuf sind folgende drei Fälle zu unterscheiden:

- sem_op > 0 – Ist sem_op größer als 0, also 1, wird die Ressource für alle anderen Prozesse freigegeben.
- sem_op < 0 – Ist die Semaphorvariable kleiner als 0, also -1, dann ist der kritische Bereich für alle anderen Prozesse gesperrt. Will jetzt ein weiterer Prozess auf diese Ressource zugreifen, hängt dies davon ab, ob sem_flag (das dritte Element der Struktur sembuf) auf IPC_NOWAIT gesetzt wurde. Ist dies der Fall, schlägt der Funktionsaufruf semop() fehl. Ist IPC_NOWAIT nicht gesetzt, wartet der Prozess so lange, bis die Ressource wieder freigegeben wurde.
- sem_op == 0 – Wird die Semaphorvariable auf 0 gesetzt, kehrt semop() sofort wieder zurück. Wenn die Semaphorvariable ungleich 0 ist, hängt dies wiederum von sem_flag und IPC_NOWAIT ab. Ist IPC_NOWAIT gesetzt, beendet sich semop() mit einem Fehler. Ansonsten wartet der Prozess so lange, bis entweder sem_op gleich 0 ist oder das Semaphor gelöscht wurde.

Hilfreich ist auch das Flag SEM_UNDO. Wird nämlich ein Prozess vorzeitig beendet, wird damit sichergestellt, dass mithilfe eines Undo-Zählers das vom Prozess gesetzte Semaphor wieder zurückgesetzt wird.

Anders als Sie es im Beispiel gesehen haben, können Sie sembuf auch wie folgt mit Werten initialisieren:

```
struct sembuf semaphore_lock[1]   = { 0, -1, SEM_UNDO };
struct sembuf semaphore_unlock[1] = { 0, 1,  SEM_UNDO };
...
/* Ressource sperren */
semop(semid, &semaphore_lock[0], 1);
...
/* Ressource freigeben */
semop(semid, &semaphore_unlock[0], 1 );
```

Um in diesem Beispiel die Funktion `semaphore_operation()` komplett zu machen, sollten Sie noch eine weitere symbolische Konstante `0` als ZERO definieren, womit Sie alle drei Möglichkeiten der Semaphorvariablen ausgeschöpft hätten. Mit

```
semaphore_operation ( LOCK );
```

sperren Sie einen kritischen Bereich. `LOCK` ist als `-1` definiert. Und mittels

```
semaphore_operation ( UNLOCK );
```

geben Sie die Ressource wieder frei, da `UNLOCK` als `1` definiert wurde.

11.6.5 Semaphore im Vergleich mit Sperren

Semaphore sind den Sperren ja nicht unähnlich, weshalb ein Vergleich hier lohnt. Auf beiden Seiten hat man einen Vorteil. Die Verwendung von Sperren (*Record Locking*) gestaltet sich wesentlich einfacher. Dafür ist der Geschwindigkeitsvorteil ganz klar auf der Seite der Semaphore. Somit bleibt es letztendlich dem Entwickler selbst überlassen, wofür er sich entscheidet.

11.7 Message Queues

Message Queues sind erst einmal nichts anderes als Nachrichten, die in Form einer verketteten Liste verwaltet werden. Jede Message Queue hat eine eindeutige Kennung, an der sie auch von anderen Prozessen identifiziert werden kann. Sie können sich die Message Queues gern als ein Art Mailbox für Prozesse vorstellen. Prozesse können dabei Daten in der Message Queue ablegen, die von anderen Prozessen wieder abgeholt werden. Diese Daten bleiben übrigens auch nach Beendigung des Erzeugers in der Message Queue.

Außer mittels der normalen Warteschlange nach dem FIFO-Prinzip können Sie die Nachrichten auch mit einer Priorität versehen. Der Prozess, der dann diese Nachricht aus der Schlange (Queue) abholen will, kann dann die Nachrichten folgendermaßen abholen:

- Nachricht mit der Priorität N – Dabei holt sich der Prozess die erste Nachricht in der Warteschlange mit der Priorität N, auch wenn diese als letzte eingefügt wurde.
- Nachrichten ab einer Priorität N – Hierbei ist der Prozess nicht nur an einer Nachricht der Priorität N interessiert, sondern an allen Nachrichten mit der gleichen und einer höheren Priorität.

Abbildung 11.14 demonstriert Ihnen den simplen Vorgang:

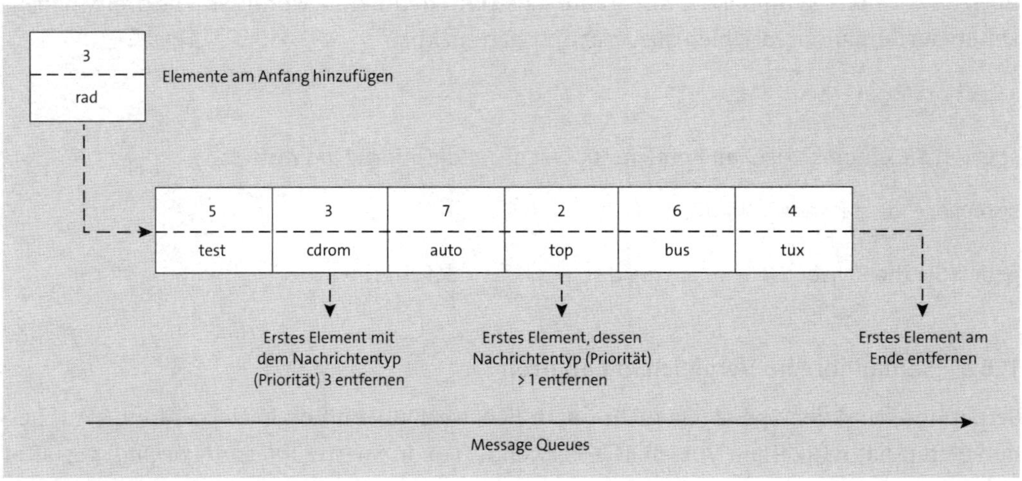

Abbildung 11.14 Prinzip einer Message Queue

Die Funktionen zur Verwendung der Message Queues ähneln denen der Semaphoren und des Shared Memory, das wir in Abschnitt 11.8 vorstellen.

11.7.1 Eine Message Queue öffnen oder erzeugen – msgget()

Wenn Sie eine Message Queue erzeugen oder eine bereits existierende öffnen wollen, müssen Sie die Funktion `msgget()` dazu verwenden. Hier sehen Sie die Syntax zu dieser Funktion:

```
#include <sys/types.h>
#include <sys/ipc.h>
#include <sys/msg.h>

int msgget(key_t key, int flag);
```

Als ersten Parameter benötigt `msgget()` wieder die »magische« Nummer und als zweiten Parameter das oder die Flags. Für die Flags gilt auch hier dasselbe wie bei den Semaphoren:

- `IPC_PRIVATE` – Öffnen eines privaten Schlüssels
- `IPC_CREAT` – Damit wird ein noch nicht existierender Schlüssel erzeugt.
- `IPC_EXCL` – Dieses Flag wird in der Regel mit dem bitweisen ODER-Operator hinter `IPC_CREAT` angefügt. Damit gehen Sie sicher, dass wirklich ein neues Objekt (eine Message Queue) angelegt wird und nicht ein bereits existierendes Objekt mit derselben Kennung. Existiert bereits eine Kennung, bricht die entsprechende Funktion – hier `msgget()` – mit einem Fehler ab (`errno = EEXIST`).

Des Weiteren – was auch nicht zu verachten ist – sollten Sie bei den Flags auch die entsprechenden Zugriffsrechte setzen, damit Sie überhaupt Zugriff auf die Message Queue haben. Der Rückgabewert der Funktion `msgget()` ist bei Erfolg die ID der Message Queue, die Sie bei den weiteren Funktionen benötigen, oder bei einem Fehler `-1`.

11.7.2 Nachrichten versenden – msgsnd()

Um eine Nachricht an eine existierende Message Queue zu versenden, steht Ihnen die Funktion `msgsnd()` zur Verfügung:

```
#include <sys/types.h>
#include <sys/ipc.h>
#include <sys/msg.h>

int msgsnd(int msg_id, const void *buf,
           size_t m_len, int flag);
```


Damit schicken Sie eine Nachricht an die Message Queue mit der ID `msg_id`, die Sie von der Funktion `msgget()` erhalten haben. Das Argument `buf` beinhaltet die Adresse des Message-Typs, gefolgt von dem eigentlichen Message-Text. Häufig verwendet man für `buf` eine Struktur wie folgt:

```
struct my_nachricht {
   long nachrichten_typ;     /* Message-Typ  */
   char nachricht[MSG_LEN];  /* Message Text */
}
```

Das bedeutet: Als Argument für `buf` wird die Adresse der selbst definierten Struktur `my_nachricht` übergeben. Die erste Variable der Struktur `nachrichten_typ` ist nur dann von Bedeutung, wenn Sie die Nachrichten mit der Funktion `msgrcv()` in einer anderen Reihenfolge empfangen wollen. Hier geben Sie also die Priorität der Nachricht an. Mit `nachricht` geben Sie in der Struktur `my_nachricht` den eigentlichen Inhalt der Nachricht an.

Mit dem dritten Parameter der Funktion `msgsnd()` geben Sie die Textlänge der Nachricht von `buf` an. In diesem Fall wäre es die Textlänge der Strukturvariablen `nachricht` – also `MSG_LEN` Bytes.

Mit dem letzten Parameter können Sie das Flag `IPC_NOWAIT` setzen, falls Sie wollen, dass eine Message Queue nicht, wie es standardmäßig der Fall ist, blockiert, wenn diese voll ist. In dem Fall kehrt `msgsnd()` sofort mit einem Fehler (`errno == EAGAIN`) zurück.

Wenn die Nachricht mit der Funktion `msgsnd()` erfolgreich verschickt werden konnte, wird `0`, ansonsten bei einem Fehler `-1` zurückgegeben.

11.7.3 Eine Nachricht empfangen – msgrcv()

Um eine gesendete Nachricht aus einer Message Queue zu empfangen, steht Ihnen die Funktion `msgrcv()` zur Verfügung:

```
#include <sys/types.h>
#include <sys/ipc.h>
#include <sys/msg.h>

int msgrcv(int msg_id, void *buf,
           size_t msg_len, long typ, int flag);
```

Die Funktion ist ähnlich aufgebaut wie die Funktion zum Senden einer Nachricht. Als erstes Argument bekommt `msgrcv()` die ID einer Message Queue. An der Adresse des zweiten Parameters befindet sich der Message-Typ und die Nachricht als Text. Mit `msg_len` geben Sie auch hier die Textlänge an, die aus dem Nachrichtentext gelesen werden soll. Mit `typ` legen Sie die Priorität fest, in welcher Reihenfolge die Nachrichten aus einer Message Queue gelesen werden sollen. Folgende Angaben können hierfür gemacht werden:

- `typ == 0` – Die erste Nachricht aus einer Message Queue wird gelesen (nach dem FIFO-Prinzip).
- `typ == N` – Die erste Nachricht wird aus einer Message Queue gelesen, die den Typ `N` hat. Das Gegenteil erreichen Sie mit dem Flag `MSG_EXCEPT`.
- `typ < 0` – Die erste Nachricht aus einer Message Queue wird empfangen, deren Typ der kleinste Wert ist, der kleiner oder gleich dem absoluten Wert von `typ` ist.

Auch hier kann das Flag `IPC_NOWAIT` als letztes Argument angegeben werden. Damit können Sie verhindern, dass `msgrcv()` blockiert und auf das Eintreffen einer entsprechenden Nachricht wartet – was auch die Standardeinstellung ist. Allerdings bricht beim Setzen des Flags `IPC_NOWAIT` die Funktion `msgrcv()` mit einem Fehler ab (`errno == ENOMSG`). Bei erfolgreicher Ausführung gibt die Funktion `msgrcv()` die Größe der empfangenen Nachricht zurück oder bei einem Fehler `-1` (mit Fehlercode in `errno`).

11.7.4 Abfragen, ändern oder löschen einer Message Queue – msgctl()

Will man den Zustand einer Message Queue abfragen, verändern oder gar löschen, steht hierfür die Funktion `msgctl()` zur Verfügung:

```
#include <sys/types.h>
#include <sys/ipc.h>
#include <sys/msg.h>

int msgctl(int msg_id, int kommando, struct msqid_ds *buf);
```

Das Argument msg_id ist wie gehabt die ID einer Message Queue, auf die sich die Operation mit msgctl() beziehen soll. Mit kommando legen Sie die Aktion fest, die auf der angegebenen Message Queue ausgeführt werden soll. Dabei können die Angaben aus Tabelle 11.2 gemacht werden (entsprechende Rechte vorausgesetzt).

Kommando	Bedeutung
IPC_STAT	Abfragen des Status in einer Message Queue. Dabei werden die Informationen in den Puffer buf geschrieben, der vom Typ struct msqid_ds ist.
IPC_SET	Setzen der UID/GID-Zugriffsrechte und der maximalen Größe einer Message Queue. Dabei werden Variablen in der Struktur msqid_ds beschrieben.
IPC_RMD	Eine Message Queue löschen
IPC_INFO	(nur Linux) Zusätzliche Informationen zu einer Message Queue

Tabelle 11.2 Kommandoangaben für »msgctl()«

Mehr zu den einzelnen Variablen der Struktur msqid_ds können Sie der Headerdatei *<bits/msq.h>* entnehmen. In dieser Struktur befindet sich der momentane Status der Message Queue. In diesem Buch wird diese Struktur nicht benötigt. Hier folgt nur ein kurzer Überblick dazu:

```
struct msqid_ds {
    struct ipc_perm msg_perm;
    struct msg *msg_first; // Erste Nachricht in der Queue
    struct msg *msg_last;  // Letzte Nachricht in der Queue
    time_t msg_stime;      // Letzter msgsnd()-Aufruf (Zeit)
    time_t msg_rtime;      // Letzter msgrcv()-Aufruf (Zeit)
    time_t msg_ctime;      // Letzte Änderungen (Zeit)
    struct wait_queue *wwait;
    struct wait_queue *rwait;
    ushort msg_cbytes;
    ushort msg_qnum;      // Anzahl der Nachrichten in Queue
    ushort msg_qbytes;    // Max. Anzahl Bytes der Queue
    ushort msg_lspid;     // PID vom letzten msgsnd()-Aufruf
    ushort msg_lrpid;     // PID vom letzten msgrcv()-Aufruf
};
```

Mit dem folgenden Beispiel möchten wir Ihnen ein einfaches Client-Server-Prinzip mithilfe einer Message Queue demonstrieren. Sie können sich das Prinzip wie bei einer Mailingliste vorstellen. Zuerst erzeugen Sie einen Server, der die eingehenden Nachrichten der Clients empfängt. Um es einfach zu halten, werden als Nachrichtentyp die Kennung der Message-Queue-ID und als Text lediglich »Login« verwendet. Alle anderen bereits in den Server eingeloggten User bekommen vom Server Bescheid, wenn sich ein neuer User (Client) angemeldet hat. Der neu gestartete Prozess bekommt lediglich seine Message-Queue-ID und das Login bestätigt.

Zuerst benötigen Sie hierzu die gemeinsame Headerdatei:

```
/* msq_header.h */
#include <stdlib.h>
#include <signal.h>
/* Magische Nummer */
#define KEY 1234L
/* Begrenzung der Nachricht */
#define MSG_LEN 1024
/* Zugriffsrechte */
#define PERM 0666
#undef signal

/* Datentypen zum Senden und Empfangen der Nachrichten */
typedef struct {
   long prioritaet;
   char message[MSG_LEN];
} client2server;

typedef struct {
   long prioritaet;
   char message[MSG_LEN];
} server2client;

struct id_verwaltung {
   int id;
   struct id_verwaltung *next;
 };

struct id_verwaltung *id_first = NULL;

static void mq_verwaltung_add( int i ) {
   struct id_verwaltung *ptr;
   if( id_first == NULL) {
      id_first = malloc(sizeof( struct id_verwaltung ));
       if( id_first == NULL )
         exit(EXIT_FAILURE);
      id_first->id = i;
       id_first->next = NULL;
   }
```

```
   else {
      ptr = id_first;
      while(ptr->next != NULL)
         ptr=ptr->next;
      ptr->next = malloc(sizeof( struct id_verwaltung ));
      ptr = ptr->next;
      ptr->id = i;
      ptr->next = NULL;
   }
}

static void mq_verwaltung_remove( int i ) {
   struct id_verwaltung *ptr_tmp;
   struct id_verwaltung *ptr;
   if(id_first == NULL)
      return;
   if( id_first->id == i ) {
      ptr = id_first->next;
      free(id_first);
      id_first = ptr;
      printf("User %d hat sich ausgeloggt\n",i);
      return;
   }
   ptr = id_first;
   while(ptr->next != NULL) {
      ptr_tmp = ptr->next;
      if( ptr_tmp->id == i ) {
         ptr->next = ptr_tmp->next;
         free(ptr_tmp);
         printf("User %d hat sich ausgeloggt\n",i);
         break;
      }
      ptr=ptr_tmp;
   }
}

typedef void (sigfunk) (int);

sigfunk * signal (int sig_nr, sigfunk signalhandler) {
   struct sigaction neu_sig, alt_sig;

   neu_sig.sa_handler = signalhandler;
   sigemptyset (&neu_sig.sa_mask);
```

```
   neu_sig.sa_flags = SA_RESTART;
   if (sigaction (sig_nr, &neu_sig, &alt_sig) < 0)
      return SIG_ERR;
   return alt_sig.sa_handler;
}
```

Die Daten, die in der Nachrichtenwarteschlange miteinander ausgetauscht werden, werden damit festgelegt:

```
typedef struct {
   long prioritaet;
   char message[MSG_LEN];
} client2server;

typedef struct {
   long prioritaet;
   char message[MSG_LEN];
} server2client;
```

Außerdem wurde mit den Funktionen `msq_verwaltung_add()` und `msq_verwaltung_ remove()` eine dynamisch verkettete Liste erstellt, in der alle vorhandenen Client-Message-Queue-IDs aufgezeichnet und wieder entfernt werden. Dies dient anschließend dazu, dass der Server keine Nachrichten an einen nicht mehr existierenden Client verschickt. Das neue Signalkonzept wurde auch implementiert, das anschließend von einem Clientprozess zur Beendigung mit der Tastenkombination [Strg]+[C] für Aufräumarbeiten verwendet wird.

Als Erstes sehen wir uns das Serverprogramm an:

```
/* server_msq.c */
#include <sys/types.h>
#include <sys/ipc.h>
#include <sys/msg.h>
#include <sys/stat.h>
#include <stdio.h>
#include <unistd.h>
#include "msq_header.h"

static int setup_server( key_t key, int flag ) {
   int res;
   res = msgget( key, flag );
   if( res < 0 ) {
      printf("Serverfehler beim Einrichten Message "
             "Queues\n");
      return -1;
```

```
    }
    return res;
}

static void verteilen( const char *str, int p ) {
    int res;
    server2client s2c;
    struct id_verwaltung *ptr = id_first;

    s2c.prioritaet = p;
    sprintf(s2c.message,"%s",str);

    while(ptr != NULL) {
        res = msgsnd(ptr->id, &s2c, MSG_LEN, 0);
        if( res < 0 )
            printf("Konnte Nachricht an Client MQ %d nicht"
                   " zustellen ...\n",ptr->id);
        else
            printf("Nachricht an Client MQ %d zugestellt\n",
                    ptr->id);
        ptr=ptr->next;
    }
}

int main(void) {
    int server_id, res;
    client2server c2s;
    char puffer[MSG_LEN];
    int client_id;

    server_id = setup_server( KEY, PERM  | IPC_CREAT );
    if( server_id < 0 )
        return EXIT_FAILURE;
    printf("Server läuft ...\n");
    while(1) {
        /* Nachricht empfangen */
        res = msgrcv( server_id, &c2s, MSG_LEN, 0, 0 );
        if( res < 0 ) {
            printf("Fehler beim Empfangen einer Nachricht?\n");
            return EXIT_FAILURE;
        }
        /*Nachricht auswerten */
        if( c2s.prioritaet == 1 ) {
```

```
            /* Message Queues aus der Verwaltung entfernen */
            sscanf(c2s.message,"%d",&client_id);
            mq_verwaltung_remove( client_id );
         }
         else {
            sscanf(c2s.message,"%d:%s",&client_id, puffer);
            /* client_id eventuell zur Liste hinzufügen */
            mq_verwaltung_add( client_id );
            /* Allen anderen User einen Hinweis schicken */
            verteilen( puffer, client_id );
         }
      }
      printf(" --- Server-Ende ---\n");
      return EXIT_SUCCESS;
}
```

Der Server erzeugt erst eine Message Queue mit `msgget()`. Anschließend werden in einer Endlosschleife Daten (falls vorhanden) von den Clients empfangen, die etwas an die Message Queue des Servers geschickt haben. Hat ein Client eine Nachricht gesendet, wird erst noch überprüft, ob dies mit der Priorität 1 geschehen ist. Dies würde bedeuten, dass sich der Client mit [Strg]+[C] beendet hat. Somit wird diese Message Queue (mit entsprechender ID) aus der Liste entfernt. Ansonsten wird die Nachricht mit `sscanf()` ausgelesen, falls es eine neue Message-Queue-ID war, wird diese in die Verwaltung eingefügt, und alle anderen eingeloggten Prozesse werden mit der Funktion `verteilen()` benachrichtigt.

Hinweis

Die Client-Message-Queues können auch untereinander ohne den Server kommunizieren.

Jetzt kommen wir zum Client-Programm:

```
/* client_msq.c */
#include <sys/types.h>
#include <sys/ipc.h>
#include <sys/msg.h>
#include <sys/stat.h>
#include <stdio.h>
#include <unistd.h>
#include "msq_header.h"

static int ende = 1;

static int setup_client (key_t key, int flag) {
```

```
   int res;
   res = msgget (key, flag);
   if (res == -1) {
      printf ("Client-Fehler beim Einrichten"
              " der Message Queues...\n");
      return -1;
   }
   return res;
}

/* Der Client will sich beenden */
static void shutdown_msq (int signr) {
      ende = 0;
}

int main (void) {
   int server_id, client_id;
   int res;
   client2server c2s;
   server2client s2c;
   /* Signalhandler für STRG+C einrichten */
   signal (SIGINT, shutdown_msq);

   /* Eine Message Queue zum Server */
   server_id = setup_client (KEY, 0);

   if (server_id < 0)
      return EXIT_FAILURE;
   /* Eine Message Queue für den Client */
   client_id = setup_client (IPC_PRIVATE, PERM | IPC_CREAT);
   if (client_id < 0)
      return EXIT_FAILURE;
   /* Eine Nachricht an den Server versenden */
   c2s.prioritaet = 2;
   sprintf (c2s.message, "%d:Login", client_id);
   res = msgsnd (server_id, &c2s, MSG_LEN, 0);
   if (res == -1) {
      printf ("Konnte keine Nachricht versenden ...\n");
      return EXIT_FAILURE;
   }
   /* Bestätigung des Servers oder Rundschreiben */
   /* von anderen Clients empfangen              */
   res = msgrcv (client_id, &s2c, MSG_LEN, 0, 0);
```

```
   if (res == -1) {
      printf ("Fehler beim Erhalt der Nachricht ...\n");
      return EXIT_FAILURE;
   }
   /*Bestätigung oder Rundschreiben auslesen und ausgeben*/
   printf ("%ld: %s\n", s2c.prioritaet, s2c.message);

   while (ende) {
  /* Hier könnte der wichtige Code zur Kommunikation  */
  /* zwischen  den Prozessen geschrieben werden.      */
  /* In diesem Beispiel werden nur die neu erstellten */
  /* Message Queues als neue User ausgegeben. Die     */
  /* Schleife wartet auf das Signal SIGINT == STRG+C  */

      /* Bestätigung oder Rundschreiben empfangen */
      res= msgrcv (client_id, &s2c, MSG_LEN, 0, IPC_NOWAIT);
      if (res != -1) {
         printf ("(%s) von User mit der Message-Queue-ID: "
                 " %ld\n", s2c.message, s2c.prioritaet);
      }
      /* Dauerndes Pollen belastet unnötig die CPU      */
      /* - Eine Bremse (siehe top mit und ohne usleep() */
      usleep( 1000 );
   }
   /* STRG+C also das Signal SIGINT wurde ausgelöst ... */
   c2s.prioritaet = 1;
   sprintf (c2s.message, "%d", client_id);
   res = msgsnd (server_id, &c2s, MSG_LEN, 0);
   if (res == -1) {
      printf ("Konnte keine Nachricht versenden ...\n");
      return EXIT_FAILURE;
   }

   /* Message Queues entfernen */
   msgctl (client_id, IPC_RMID, NULL);
   return EXIT_SUCCESS;
}
```

Der Client erzeugt sich zuerst eine eigene Message Queue und richtet anschließend eine Verbindung zur Server-Message-Queue ein. Anschließend sendet der Client (mit `msgsnd()`) eine Nachricht an den Server (praktisch die Anmeldung) und wartet mit `msgrcv()` auf die Antwort. Anschließend geht es in die Endlosschleife, die mithilfe des Signals `SIGINT` (Strg+C) und der Funktion `shutdown_msq` beendet werden kann. In der Schleife selbst könnten Sie jetzt wichtige Arbeiten ausführen, die für eine Message Queue üblich sind. Hier wurde der Einfachheit halber nur jeder neu eingeloggte Client als Nachricht empfangen und ausgegeben. Außerdem wird nach Beendigung mit [Strg]+[C] die Message Queue des Clients mit msgctl() entfernt.

Das Programm bei der Ausführung in einer Beispielsitzung:

```
---[tty1]---
$ gcc -o server_msq server_msq.c
$ gcc -o client_msq client_msq.c
$ ./server_msq
Server läuft ...
---[tty2 -> andere Konsole]---
$ ./client_msq
524291: Login
---[tty1 währenddessen]---
$ ./server_msq
Server läuft ...
Nachricht an Client MQ 524291 zugestellt
---[tty3 -> andere Konsole]---
$ ./client_msq
557060: Login
---[tty1 währenddessen]---
$./server_msq
Server läuft ...
Nachricht an Client MQ 524291 zugestellt
Nachricht an Client MQ 524291 zugestellt
Nachricht an Client MQ 557060 zugestellt
---[tty2 währenddessen]---
$ ./client_msq
524291: Login
(Login) von User mit der Message-Queue-ID: 557060
---[tty3]---
$ ./client_msq
557060: Login
[Strg]+[C]
$
---[tty1 währenddessen]---
$./server_msq
Server läuft ...
Nachricht an Client MQ 524291 zugestellt
Nachricht an Client MQ 524291 zugestellt
Nachricht an Client MQ 557060 zugestellt
```

11

```
User 557060 hat sich ausgeloggt
---[tty2]---
$./client_msq
524291: Login
(Login) von User mit der Message-Queue-ID: 557060
[Strg]+[C]
$
---[tty1]---
$./server_msq
Server läuft ...
Nachricht an Client MQ 524291 zugestellt
Nachricht an Client MQ 524291 zugestellt
Nachricht an Client MQ 557060 zugestellt
User 557060 hat sich ausgeloggt
User 524291 hat sich ausgeloggt
```

Sie können das Beispiel gern unter Verwendung von mehreren Clients testen.

11.8 Shared Memory

Shared Memory ist ein vom Kernel verwalteter Speicherbereich, der von mehreren Prozessen gelesen und beschrieben werden kann. Es muss dabei lediglich beachtet werden, dass die einzelnen Prozesse untereinander abgeglichen, also synchronisiert werden müssen. Außerdem ist diese Form der Interprozesskommunikation die schnellste von allen, da kein Kopieren von Clientprogrammen zum Serverprogramm (oder auch umgekehrt) nötig ist, weil ein gemeinsamer Speicherbereich verwendet wird. Damit es nicht vorkommt, dass mehr als ein Prozess aus diesem Segment lesend und vor allem nicht schreibend zugreift, verwendet man häufig dazu Sperren (*Record Locks*) oder Semaphore. Ein solches Shared-Memory-Segment existiert auch nach der Beendigung seines Erzeugers, sofern nicht das Flag `IPC_RMID` angegeben wurde.

11.8.1 Ein Shared-Memory-Segment erstellen oder öffnen – shmget()

Wollen Sie ein Shared-Memory-Segment erzeugen oder ein bereits existierendes öffnen, dann müssen Sie die Funktion `shmget()` verwenden:

```
#include <sys/types.h>
#include <sys/ipc.h>
#include <sys/shm.h>

int shmget(key_t key, int size, int flag);
```

Als erstes Argument erhält diese Funktion, wie schon bei den anderen Techniken zur System-V-Interprozesskommunikation, die »magische« Nummer `key`. Mit `size` geben Sie die Mindestgröße des neu anzulegenden Shared-Memory-Segments an. Gewöhnlich sind hierfür die Limits für die Mindestgröße in der symbolischen Konstante `SHMMIN` mit `1` und die maximale Größe in `SHMMAX` mit `131072` angegeben. Wollen Sie hingegen ein bereits existierendes Segment öffnen, dann können Sie für `size` den Wert `0` angeben. Auch bei den Flags gilt dasselbe wie schon bei den Message Queues und den Semaphoren:

- `IPC_PRIVATE` – Öffnen eines privaten Schlüssels
- `IPC_CREAT` – Damit wird ein noch nicht existierender Schlüssel erzeugt.
- `IPC_EXCL` – Dieses Flag wird in der Regel mit dem bitweisen ODER-Operator hinter `IPC_CREAT` angefügt. Damit gehen Sie sicher, dass wirklich ein neues Objekt (ein Shared-Memory-Segment) angelegt wird und nicht ein bereits existierendes mit derselben Kennung. Existiert eine Kennung bereits, bricht die entsprechende Funktion – hier `shmget()` – mit einem Fehler ab (`errno = EEXIST`).

Auch hierbei sollten Sie bei den Flags die entsprechenden Zugriffsrechte setzen, damit Sie überhaupt Zugriff auf ein Shared-Memory-Segment haben. Der Rückgabewert der Funktion `shmget()` ist bei Erfolg die ID des gemeinsamen Speicherbereichs, die Sie bei den weiteren Funktionen benötigen, oder bei einem Fehler `-1`.

11.8.2 Ein Shared-Memory-Segment abfragen, ändern oder löschen – shmctl()

Mit der Funktion `shmctl()` können Sie den Status eines Shared-Memory-Segments abfragen oder ändern. Aber auch zum Löschen eines Segments wird diese Funktion verwendet.

Die Syntax lautet:

```
#include <sys/types.h>
#include <sys/ipc.h>
#include <sys/shm.h>

int shmctl(int shm_id, int kommando, struct shmid_ds *buf);
```

Das erste Argument ist die ID des Shared-Memory-Segments, auf das sich die folgende Operation beziehen soll. Diese Kennung haben Sie bei Erfolg als Rückgabewert der Funktion `shmget()` erhalten. Mit `kommando` legen Sie die Aktion des durchzuführenden Kommandos fest. Hierbei können folgende Angaben gemacht werden (entsprechende Zugriffsrechte vorausgesetzt):

- `IPC_STAT` – den Status des Shared-Memory-Segments abfragen. Der Status befindet sich in der Adresse der Struktur `shmid_ds` (drittes Argument von `shmctl`), die von jedem Shared-Memory-Segment angelegt wird.

- IPC_SET – Setzen der GID/UID und der Zugriffsrechte, die sich in der Struktur shmid_ds in der Adresse buf befinden
- IPC_RMID – Löschen eines Shared-Memory-Segments
- SHM_LOCK – Sperren eines Shared-Memory-Segments (nur durch den Superuser)
- SHM_UNLOCK – Aufheben einer Sperre (logischerweise auch nur durch den Superuser)
- IPC_INFO – (nur Linux) Damit können Informationen eines Shared-Memory-Segments erfragt werden.

Hinweis

Die Techniken zum Abfragen und Setzen der einzelnen System-V-IPCs mit den ...ctl()-Funktionen haben wir recht kurz und oberflächlich behandelt – was Ihnen aber, wenn Sie das Prinzip verstanden haben, kein allzu großes Problem bereiten sollte, weil es fast analog zu den bereits vorgestellten IPC-Mechanismen funktioniert. In der Regel läuft es immer nach demselben Schema ab: Als erstes Argument geben Sie die Kennung an, als zweites Argument das Kommando, und das letzte Argument ist meistens die Adresse einer für das SysV-Konzept entsprechenden Struktur, worauf sich das Kommando bezieht.

Bei Erfolg gibt diese Funktion 0, ansonsten bei einem Fehler -1 zurück.

11.8.3 Ein Shared-Memory-Segment anbinden (attach) – shmat()

Im nächsten Schritt müssen Sie das erzeugte Shared-Memory-Segment an einen Prozess anbinden. Dies erledigen Sie mit der Funktion shmat():

```
#include <sys/types.h>
#include <sys/ipc.h>
#include <sys/shm.h>

void *shmat(int shm_id, const void *adresse, int flag);
```

Als erstes Argument benötigen Sie wieder die ID des Segments, an das Sie den Adressraum anbinden wollen. Mit adresse geben Sie an, an welcher Adresse im Shared-Memory-Segment Sie »sich anbinden« wollen. Aus Portabilitätsgründen empfehlen wir Ihnen, das dem Kernel zu überlassen und hierfür NULL anzugeben. Sollten Sie die Adresse dennoch selbst angeben wollen, dann sei hierfür die Manual Page empfohlen. Geben Sie als Flag SHM_RDONLY an, wird das Segment nur zum Lesen angebunden, ansonsten zum Lesen und Schreiben.

Hinweis

Nach einem fork()-Aufruf wird das Shared-Memory-Segment auch an den Kindprozess weitervererbt und kann dabei ebenso verwendet werden. Bei einem exec()-Aufruf hingegen weiß der neue Prozess nichts mehr von dem Segment. Und bei einem `exit()`-Aufruf werden alle angebundenen Segmente vom Prozess losgelöst.

Bei Erfolg gibt die Funktion `shmat()` die Anfangsadresse des Shared-Memory-Segments zurück, bei einem Fehler `-1`.

11.8.4 Ein Shared-Memory-Segment loslösen – shmdt()

Wenn ein Shared-Memory-Segment nicht mehr von einem Prozess benötigt wird, sollte man die Anbindung wieder aufheben. Das Loslösen (*detach*) wird mit der Funktion `shmdt()` erledigt:

```
#include <sys/types.h>
#include <sys/ipc.h>
#include <sys/shm.h>

int shmdt(void *adresse);
```

Damit lösen Sie die Adresse des Shared-Memory-Segments, die Sie als Rückgabewert der Funktion `shmat()` erhalten haben. Loslösen ist übrigens nicht mit löschen (`IPC_RMID`) gleichzusetzen, da das Segment ja noch von anderen Prozessen benutzt werden könnte und somit eine Löschung nicht dem Wunsch des Programmierers entspräche. Bei Erfolg gibt `shmdt()` `0`, ansonsten bei einem Fehler `-1` zurück.

11.8.5 Client-Server-Beispiel – Shared Memory

Im Folgenden soll auch hierzu wieder ein einfaches Client-Server-Beispiel vorgestellt werden. Ein Server richtet ein Shared-Memory-Segment ein, wartet auf eine Nachricht von einem Clientprozess, der in dieses Shared-Memory-Segment etwas schreibt, und gibt diese Nachricht aus. Der Clientprozess wird mit der ID des Shared-Memory-Segments gestartet, das der Server erzeugt hat. Um es einfach zu halten, wird eine einfache Zeichenkette dazu verwendet. Zusätzlich verwenden die Prozesse Semaphore zum Sperren eines kritischen Codebereichs – weshalb hierfür eine eigene Headerdatei mit den Funktionen der Semaphoren verwendet wird. In dieser Headerdatei wird des Weiteren die Funktion `signal()` mit dem neuen Signalkonzept definiert, die zur Behandlung benötigt wird, wenn der Server mit `SIGINT` unterbrochen wird.

Zuerst betrachten wir die gemeinsame Headerdatei:

```
/* shm_header.h */
#include <stdio.h>
#include <sys/types.h>
#include <sys/ipc.h>
```

```
#include <sys/sem.h>
#include <sys/shm.h>
#include <stdlib.h>
#include <errno.h>
#include <string.h>
#include <signal.h>

#define SHMDATASIZE 1024
#define BUFFERSIZE (SHMDATASIZE - sizeof(int))

#define SN_EMPTY 0
#define SN_FULL  1


/* ---------- Bei BSD-Unixen auskommentieren ------------ */
#if defined(__GNU_LIBRARY__) && !defined(_SEM_SEMUN_UNDEFINED)
/* union semun is defined by including <sys/sem.h> */
#else
/* according to X/OPEN we have to define it ourselves */
   union semun {
     int val;                 /* Werte für  SETVAL        */
     struct semid_ds *buf;    /* Puffer IPC_STAT, IPC_SET */
     unsigned short *array;   /* Array für GETALL, SETALL */
                              /* Linux specific part:     */
     struct seminfo *__buf;   /* Puffer für IPC_INFO      */
       };
#endif
/* ------------------------------------------------------- */

static void locksem   (int semid, int semnum);
static void unlocksem (int semid, int semnum);
static void waitzero  (int semid, int semnum);
static int safesemget (key_t key, int nsems, int semflg);
static int safesemctl (int semid, int semnum,
                       int cmd, union semun arg);
static int safesemop  (int semid, struct sembuf *sops,
                       unsigned nsops);

static int DeleteSemid = 0;
static int DeleteShmid = 0;

static void locksem (int semid, int semnum) {
   struct sembuf sb;
```

```
   sb.sem_num = semnum;
   sb.sem_op = -1;
   sb.sem_flg = SEM_UNDO;
   safesemop (semid, &sb, 1);
   return;
}

static void unlocksem (int semid, int semnum) {
   struct sembuf sb;
   sb.sem_num = semnum;
   sb.sem_op = 1;
   sb.sem_flg = SEM_UNDO;
   safesemop (semid, &sb, 1);
}

static void waitzero (int semid, int semnum) {
   struct sembuf sb;
   sb.sem_num = semnum;
   sb.sem_op = 0;
   sb.sem_flg = 0;

   safesemop (semid, &sb, 1);
   return;
}

static int safesemget (key_t key, int nsems, int semflg) {
   int retval;
   retval = semget (key, nsems, semflg);
   if (retval == -1)
      printf ("Semaphor-Schlüssel %d, nsems %d konnte"
              " nicht erstellt werden", key, nsems);
   return retval;
}

static int
safesemctl (int semid, int semnum, int cmd, union semun arg) {
   int retval;
   retval = semctl (semid, semnum, cmd, arg);
   if (retval == -1)
      printf ("Fehler: Semaphor mit ID %d, semnum %d, "
              "Kommando %d\n", semid, semnum, cmd);
   return retval;
}
```

```
static int
safesemop (int semid, struct sembuf *sops, unsigned nsops) {
   int retval;
   retval = semop (semid, sops, nsops);
   if (retval == -1)
      printf ("Fehler: Semaphor mit ID %d (%d Operation)\n",
               semid, nsops);
   return retval;
}

typedef void (*sighandler_t)(int);

static sighandler_t
my_signal(int sig_nr, sighandler_t signalhandler) {
   struct sigaction neu_sig, alt_sig;

   neu_sig.sa_handler = signalhandler;
   sigemptyset (&neu_sig.sa_mask);
   neu_sig.sa_flags = SA_RESTART;
   if (sigaction (sig_nr, &neu_sig, &alt_sig) < 0)
      return SIG_ERR;
   return alt_sig.sa_handler;
}
```

Jetzt zur Server-Implementierung:

```
/* server_shm.c */
#include "shm_header.h"
static void delete (void) {
   int res;
   printf ("\nServer wird beendet - Lösche Semaphor %d.\n",
            DeleteSemid);
   if (semctl (DeleteSemid, 0, IPC_RMID, 0) == -1) {
      printf ("Fehler beim Löschen des Semaphors.\n");
   }
   /* Wenn Serverprozess beendet wird - */
   /* Segment automatisch löschen       */
   res = shmctl (DeleteShmid, IPC_RMID, NULL);
   if (res == -1)
      printf ("Fehler bei shmctl() shmid %d, Kommando %d\n",
           DeleteShmid, IPC_RMID);
   return;
```

```
}

static void sigdelete (int signum) {
   exit(EXIT_FAILURE);
}

static void server (void) {
   union semun sunion;
   int semid, shmid;
   int res;
   void *shmdata;
   char *buffer;

   /* Ein Semaphor erstellen */
   semid = safesemget (IPC_PRIVATE, 2, SHM_R | SHM_W);
   DeleteSemid = semid;

   /* Semaphor beim Beenden entfernen */
   atexit (&delete);

   /* Signalhandler einrichten */
   my_signal (SIGINT, &sigdelete);

   /* Semaphor initialisieren */
   sunion.val = 1;
   safesemctl (semid, SN_EMPTY, SETVAL, sunion);
   sunion.val = 0;
   safesemctl (semid, SN_FULL, SETVAL, sunion);

   /* Ein Shared-Memory-Segment einrichten */
   shmid = shmget (IPC_PRIVATE, SHMDATASIZE,
             IPC_CREAT | SHM_R | SHM_W);
   if (shmid == -1)
      printf ("Fehler bei key %d, mit der Größe %d\n",
                IPC_PRIVATE, SHMDATASIZE);

    DeleteShmid = shmid;

   /* Shared-Memory-Segment anbinden */
   shmdata = shmat (shmid, NULL, 0);
   if (shmdata == (void *) -1)
      printf ("Fehler bei shmat(): shmid %d\n", shmid);
```

```
   /* Kennung am Anfang des Segments schreiben */
   *(int *) shmdata = semid;
   buffer = shmdata + sizeof (int);

   printf ("Server läuft mit Shared-Memory-ID %d\n", shmid);

   while (1) {
      printf ("Warte ...");
      fflush (stdout);
      /* Sperren und Warten */
      locksem (semid, SN_FULL);
      printf ("\n... fertig.\n");
        /* Ein Client hat etwas geschrieben */
      printf ("Nachricht erhalten: %s\n", buffer);
      /* Sperre aufheben */
      unlocksem (semid, SN_EMPTY);
   }
   return;
}

int main (int argc, char **argv) {
   server ();
   printf("--- Server-Ende ---\n");
   return EXIT_SUCCESS;
}
```

Als Letztes die Client-Implementierung:

```
/* client_shm.c */
#include "shm_header.h"

static void clientwrite (int shmid, int semid, char *buffer) {
   printf ("Warte ...");
   fflush (stdout);

   /* Sperre setzen - Client will schreiben */
   locksem (semid, SN_EMPTY);
   printf ("\n... fertig\n");
   printf ("Eingabe machen: ");
   fgets (buffer, BUFFERSIZE, stdin);
   unlocksem (semid, SN_FULL);
   return;
}
```

```
static void client (int shmid) {
   int semid;
   void *shmdata;
   char *buffer;

   /* Shared-Memory-Verbindung zu Server */
   shmdata = shmat (shmid, NULL, 0);
   if (shmdata == (void *) -1) {
      printf ("Fehler bei shmat(): shmid %d\n", shmid);
      return;
   }
   semid = *(int *) shmdata;
   buffer = shmdata + sizeof (int);
   printf("Client: Shared-Memory-ID: %d, Semaphor-ID: %d\n",
            shmid, semid);
   while (1) {
      char input[3];
      printf ("\n\nMenu\n1. Eine Nachricht verschicken\n");
      printf ("2. Client-Ende\n");
      fgets (input, sizeof (input), stdin);
      switch (input[0]) {
      case '1':
         clientwrite (shmid, semid, buffer);
         break;
      case '2':
         exit (EXIT_FAILURE);
         break;
      }
   }
   return;
}

int main (int argc, char **argv) {
   if (argc < 2) {
      printf ("Aufruf: %s Shared-Memory-ID\n", *argv);
   }
   else {
      client (atoi (argv[1]));
   }
   return EXIT_SUCCESS;
}
```

Das Programm bei der Ausführung:

```
$ gcc -o server_shm server_shm.c
$ gcc -o client_shm client_shm.c
$./server_shm
Server läuft mit Shared-Memory-ID 360939526
Warte ...
---[andere Konsole bspw. tty1]---
$./client_shm 360939526
Client: Shared-Memory-ID: 360939526, Semaphor-ID: 12345

Menu
1. Eine Nachricht verschicken
2. Client-Ende
1
Warte ...
... fertig
Eingabe machen: Hallo, das geht durch den gemeinsamen Speicher

Menu
1. Eine Nachricht verschicken
2. Client-Ende
---[beim Server]---
$./server_shm
Server läuft mit Shared-Memory-ID 360939526
Warte ...
... fertig.
Nachricht erhalten: Hallo, das geht durch den gemeinsamen Speicher

Warte ...
---[andere Konsole bspw. tty2]---
$./client_shm 360939526
Client: Shared-Memory-ID: 360939526, SemaphorID: 12345

Menu
1. Eine Nachricht verschicken
2. Client-Ende
1
Warte ...
... fertig
Eingabe machen: Eine weitere Nachricht

Menu
```

```
1. Eine Nachricht verschicken
2. Client-Ende
---[beim Server]---
$./server_shm
Server läuft mit Shared-Memory-ID 360939526
Warte ...
... fertig.
Nachricht erhalten: Hallo, das geht durch den gemeinsamen Speicher
Warte ...
... fertig.
Nachricht erhalten: Eine weitere Nachricht

Warte ...
[Strg]+[C]
Server wird beendet - Lösche Semaphor 12345
```


11.9 Das Dateisystem überwachen

Ein eher simpler Mechanismus, der aber eine große Auswirkung auf die aufzuwendende Rechenzeit hat, ist die Beobachtung von Dateien und Verzeichnissen. Würde man dies auf traditionelle Weise umsetzen, müsste man die entsprechenden Verzeichnisse regelmäßig und immer wieder öffnen und ihren Inhalt mit dem gespeicherten Original vergleichen. (Das ist das sogenannte *Pollen*.)

Als Programmierer fragen Sie sich vielleicht, wer so etwas braucht, aber erinnern Sie sich daran, dass an Dateidialoge gern der Anspruch gestellt wird, dass diese sich bei Bedarf selbst aktualisieren sollen, oder dass Datei-Indizierer nach Möglichkeit nicht alle paar Minuten aufs Neue loslaufen und alle Verzeichnisse absuchen sollten.

Gleichzeitig kann man auf diese Art eine einfache Job-Abarbeitung ermöglichen, indem ein Prozess in einem Aufgabenordner Dateien ablegt, die ein anderer sich dann automatisch nimmt und abarbeitet.

Sie können sich vielleicht denken, dass diese Funktionalität aktuell viele Anwender hat. Da sie allerdings zwingend auch Platz im Linux-Kernel benötigt und man verhindern will, dass das Ganze zu ausufernd genutzt wird, muss der Systemadministrator einen Wert für die entsprechenden Tabellen vorgeben.

Sie können nachsehen, wie groß die Tabellen sind, indem Sie Folgendes eingeben:

```
$ sysctl -a | fgrep fs.inotify
fs.inotify.max_queued_events = 16384
fs.inotify.max_user_instances = 128
fs.inotify.max_user_watches = 8192
```

Je nachdem, welche Anwendungen Sie am Laufen haben, werden diese Werte zu klein sein. So bringt zum Beispiel KDE einen Datei-Indizierer mit, der zurzeit Baloo heißt und gerne größere Werte hätte, so er denn läuft und je nachdem, wie viele Dateien er beobachten soll. Ein gängiger Wert für `max_user_watches` ist dann zum Beispiel `100000`.

Sie können dann einen neuen Wert setzen, der für Ihre Anwendung – zusammen mit den bereits vorhandenen bereits laufenden Anwendungen – angemessen erscheint, zum Beispiel so:

```
$ echo 100000 > /proc/sys/fs/inotify/max_user_watches
```

Oder so:

```
$ sysctl fs.inotify.max_user_watches = 100000
```

Wenn Sie diesen Wert in */etc/sysctl.conf* eintragen, wird er von da an automatisch beim Systemstart gesetzt.

Praktisch jedes moderne Betriebssystem verfügt über solche »Beobachtungsfunktionen«, jedoch unterscheiden sie sich zum Teil sehr. Es gab Ansätze, die Funktionalität zum Beispiel in einer `libfam` (FAM steht für *File Alteration Monitor*) zu kapseln oder in `Gamin`, doch keiner dieser Versuche führte zu einer verlässlichen Funktion auf allen Systemen, kostete aber dafür Geschwindigkeit. Wir behandeln hier jetzt nur die Funktionalität im Linux-Kernel.

Um eine Beobachter-Instanz zu erzeugen, schreiben Sie:

```
#include <sys/inotify.h>
int inotify_init(void);
int inotify_init1(int flags);
```

Der Rückgabewert ist ein Dateihandle, an das wir nun die Dateien hängen können, die wir beobachten wollen. (Wie üblich wird `-1` zurückgegeben, wenn ein Fehler passiert ist, und `errno` wird gesetzt.) Als Flags kann man `IN_NONBLOCK` angeben, um bei Leseoperationen auf diesem Dateihandle gegebenenfalls einen leeren Buffer zurückzubekommen, anstatt dass der Aufruf blockiert.

```
int inotify_add_watch(int fd, const char *pathname, uint32_t mask);
```

Diese Funktion gibt einen *Watch Descriptor* zurück (oder `-1`). Als Maske kann man Folgendes angeben (gegebenenfalls bitweise ODER-verknüpft):

- `IN_ACCESS`: Auf die Datei wurde zugegriffen.
- `IN_ATTRIB`: Die Metadaten haben sich geändert, also Berechtigungen, Zeitstempel, Eigentümer/Gruppe, Anzahl der Links oder auch die erweiterten Attribute.
- `IN_CLOSE_WRITE`: In die Datei wurde geschrieben.

- `IN_CLOSE_NOWRITE`: Eine Datei, die nicht zum Schreiben geöffnet war, wurde geschlossen.
- `IN_CREATE`: Eine Datei oder ein Verzeichnis in einem beobachteten Verzeichnis wurde erzeugt.
- `IN_DELETE`: Eine Datei oder ein Verzeichnis in einem beobachteten Verzeichnis wurde gelöscht.
- `IN_DELETE_SELF`: Das beobachtete Objekt selbst wurde gelöscht.
- `IN_MODIFY`: Das beobachtete Objekt selbst wurde verändert.
- `IN_MOVE_SELF`: Das beobachtete Objekt selbst wurde verschoben.
- `IN_MOVED_FROM`: Innerhalb eines beobachteten Verzeichnisses befand sich ein umbenanntes bzw. verschobenes Objekt.
- `IN_MOVED_TO`: Innerhalb eines beobachteten Verzeichnisses befindet sich jetzt ein umbenanntes bzw. verschobenes Objekt.
- `IN_OPEN`: Das beobachtete Objekt selbst wurde geöffnet.

Mit dieser Funktion kann man beobachtete Objekte (`wd`) wieder aus der Watch-Instanz entfernen:

```
int inotify_rm_watch(int fd, int wd);
```

Auf den Dateideskriptor `fd` der Watch-Instanz kann man lesend zugreifen, und zwar mit dem uns schon bekannten Befehl `read()`. Jedes Lesen ergibt einen oder mehrere Einträge folgender Art:

```
struct inotify_event {
        int         wd;
        uint32_t    mask;
        uint32_t    cookie;
        uint32_t    len;
        char        name[];
    };
```

`wd` ist der Watch-Deskriptor, indem etwas passiert ist; die `mask` enthält das Geschehen, und das `cookie` ist eine beliebige Zahl, die miteinander verbundene Ereignisse (zum Beispiel bei Umbenennungen) kennzeichnet. Wenn vorhanden, befindet sich in `name` ein nullterminierter String, und zwar der Dateiname, relativ zum beobachteten Verzeichnis (!), und in `len` steht die Länge des Strings inklusive 0-Terminatorzeichen.

Sie können einen Watch-Deskriptor einfach mit `close()` schließen.

Kapitel 12
Threads

Neben den Prozessen existiert noch eine andere Form der Programmausführung, die Linux unterstützt – die Threads, die auch als »leichtgewichtige« Prozesse bekannt sind.

Mit der Thread-Programmierung können Sie Anwendungen schreiben, die erheblich schneller und parallel ablaufen, und zwar gleichzeitig auf verschiedenen Prozessorkernen eines Computers. In diesem Kapitel erhalten Sie einen Einblick in die Thread-Programmierung unter Linux und erfahren, wie Sie diese Kenntnisse in der Praxis einsetzen können.

12

Hinweis

Die Beispiele im Buch verwenden *Pthreads* und sind kompatibel zum plattformübergreifenden POSIX-Standard. Früher gab es noch andere verbreitete Standards, darunter die sogenannten »Linux-Threads«, die BSD-Threads, aber auch mehr kooperative Ansätze, wie die GNU Portable Threads. Diese Ansätze waren zum Teil völlig unterschiedlich und werden auch heute manchmal noch verwendet, gelten aber als überholt.

Dennoch bleibt es Ihnen nicht erspart, Ihre Programme etwas anders zu übersetzen, und zwar mit diesem Compileraufruf:

```
$ gcc -o thserver thserver.c  -pthreads
```

Der zusätzliche Parameter `-pthreads` setzt gleichzeitig verschiedene Präprozessoreinstellungen und fügt die Pthreads-Bibliothek der Linkliste hinzu. Und wenn Sie in der Literatur einmal `-lpthreads` sehen: Das umfasst dann nur die Änderung in der Linkliste. Beachten Sie bitte, dass nicht unbedingt jede Plattform Pthreads unterstützt.

12.1 Unterschiede zwischen Threads und Prozessen

Prozesse haben wir ja bereits ausführlich erklärt. Sie wissen, wie Sie eigene Prozesse mittels `fork()` erstellen können, und in Kapitel 11 zur Interprozesskommunikation (IPC) haben Sie erfahren, wie man einzelne Prozesse synchronisiert. Der Aufwand, den Sie bei der Interprozesskommunikation getrieben haben, entfällt bei den Threads fast komplett.

Ein weiterer Nachteil bei der Erstellung von Prozessen gegenüber Threads ist der enorme Aufwand, der mit der Duplizierung des Namensraums einhergeht – mit den Threads haben Sie ihn nicht, da Threads in einem gemeinsamen Adressraum ablaufen. Somit stehen den einzelnen Threads dasselbe Codesegment, dasselbe Datensegment, der Heap und alle anderen Zustandsdaten zur Verfügung, die ein »gewöhnlicher« Prozess besitzt – was somit auch die Arbeit beim Austausch von Daten und bei der Kommunikation untereinander erheblich erleichtert. Weil aber kein Speicherschutzmechanismus zwischen den Threads vorhanden ist, bedeutet dies auch: Wenn ein Thread abstürzt, reißt er alle anderen Threads mit.

Im ersten Moment besteht somit vorerst gar kein Unterschied zwischen einem Prozess und einem Thread, denn letztendlich besteht ein Prozess mindestens aus einem Thread. Ferner endet ein Prozess, wenn sich alle Threads beenden. Somit ist der *eine* Prozess (dieser eine Prozess ist der erste Thread, auch *Main Thread* bzw. Haupt-Thread genannt) verantwortlich für die gleichzeitige Ausführung mehrerer Threads – da doch Threads auch nur innerhalb eines Prozesses ausgeführt werden. Der gravierende Unterschied zwischen den Threads und den Prozessen besteht darin, dass Threads unabhängige Befehlsfolgen innerhalb eines Prozesses sind. Man könnte auch sagen, Threads sind in einem Prozess gefangen oder verkapselt – im goldenen Käfig eingeschlossen.

Natürlich müssen Sie dabei immer Folgendes im Auge behalten: Wenn Threads denselben Adressraum verwenden, teilen sich alle Threads den statischen Speicher und somit auch die globalen Variablen miteinander. Ebenso sieht dies mit den geöffneten Dateien (z. B. Filedeskriptoren), Signalhandlern- und Einstellungen, der Benutzer- und der Gruppenkennung und dem Arbeitsverzeichnis aus. Daher sind auch in der Thread-Programmierung gewisse Synchronisationsmechanismen nötig und auch vorhanden.

12.2 Scheduling und Zustände von Threads

Auch bei der Thread-Programmierung ist (wie bei den Prozessen) der Scheduler im Betriebssystem aktiv, der bestimmt, wann welcher Thread Prozessorzeit erhält. Auch die E/A-Bandbreite wird durch einen Scheduler zugeteilt. Die Zuteilung kann wie schon bei den Prozessen prioritäts- und zeitgesteuert erfolgen, sich aber andererseits am Ressourcenverbrauch und an den Geräten orientieren, auf die gewartet wird. (Eine Maus sendet vielleicht nicht viele Zeichen, aber der Thread sollte nicht erst umständlich »aufwachen« müssen, wenn von dort Input kommt.)

Bei zeitgesteuerten Threads, also *Timesharing Threads*, bedeutet dies, dass jedem Thread eine bestimmte Zeit (des Prozessors oder der Prozessoren) zur Verfügung steht, ehe dieser automatisch unterbrochen wird und anschließend ein anderer Thread an der Reihe ist (präemptives Multitasking).

Hinweis

Linux unterstützt seit Jahren verschiedene Scheduler. Häufig will man auf Entwicklercomputern einen anderen Scheduler als auf den Servercomputern haben, da sich die grafische Oberfläche sonst »laggy« anfühlt.[1]

Je höher seine Priorität ist, desto mehr Rechenzeit bzw. E/A-Bandbreite bekommt ein Prozess (Thread) zugewiesen. Neben normalen Prioritäten gibt es auch noch besondere Prioritätsklassen für sogenannte Echtzeitanwendungen. Diese werden im Extremfall kooperativ »geschedult«. Das heißt, wenn der Prozess nicht freiwillig zum Kernel zurückkehrt, zum Beispiel indem er eine I/O-Operation anfordert, bekommen andere Prozesse keine Rechenzeit. Die Maschine steht dann theoretisch wie eingefroren. Unter Umständen kann es auch fatal ausgehen, wenn der Prozess höher priorisiert ist als die E/A-Prozesse des Kernels.

Anhand von Abbildung 12.1 können Sie die Zustände erkennen, in denen sich ein Thread befinden kann. Bei genauerer Betrachtung fällt auf, dass sich die Threads – abgesehen von den weiteren Unterzuständen – nicht wesentlich von den Prozessen unterscheiden.

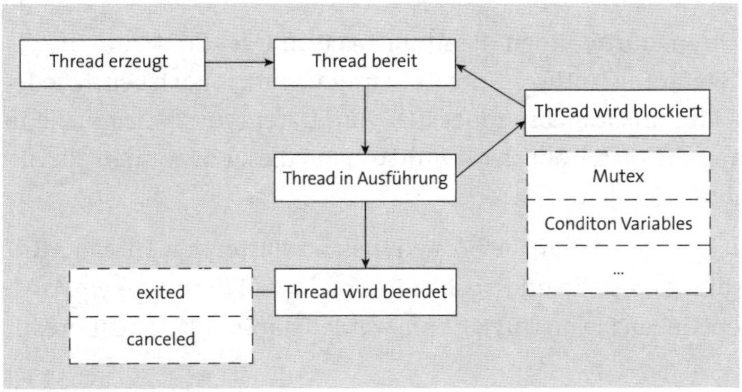

Abbildung 12.1 Zustände von Threads

- *bereit* – Der Thread wartet, bis ihm Prozessorzeit zur Verfügung steht, um seine Arbeit auszuführen.
- *ausgeführt* – Der Thread wird im Augenblick ausgeführt. Bei Multiprozessorsystemen können hierbei mehrere Threads gleichzeitig ausgeführt werden (pro CPU ein Thread).
- *wartet* – Der Thread wird im Augenblick blockiert und wartet auf einen bestimmten Zustand (z. B. Bedingungsvariable, Mutex-Freigabe etc).
- *beendet* – Ein Thread hat sich beendet oder wurde abgebrochen.

1 »Laggy« soll in diesem Zusammenhang hohe Latenz bedeuten, nicht unbedingt niedrige Geschwindigkeit. (Computerspieler wissen, was damit gemeint ist.)

12.3 Die grundlegenden Funktionen zur Thread-Programmierung

Hinweis

Einen Hinweis gleich zu Beginn der Thread-Programmierung – alle Funktionen aus der pthread-Bibliothek geben bei Erfolg 0, ansonsten bei einem Fehler -1 zurück.

12.3.1 pthread_create – einen neuen Thread erzeugen

Einen neuen Thread kann man mit der Funktion pthread_create erzeugen:

```
#include <pthread.h>

int pthread_create( pthread_t *thread,
                    const pthread_attr_t *attribute,
                    void *(*funktion)(void *),
                    void *argumente );
```

Wenn Sie die Funktion betrachten, dürfte Ihnen die Ähnlichkeit mit der Funktion clone() auffallen (siehe Manual Page), worauf sich pthread_create() unter Linux ja auch beruft. Jeder Thread bekommt eine eigene Identifikationsnummer (ID) vom Datentyp pthread_t, die in der Variablen des ersten Parameters thread abgelegt wird. Anhand dieser ID werden alle anderen Threads voneinander unterschieden.

Mit dem zweiten Parameter attribute können Sie bei dem neu zu startenden Thread Attribute setzen, z. B. die Priorität, die Stackgröße und noch einige mehr. Auf die einzelnen Attribute werden wir noch eingehen. Geben Sie hierfür NULL an, werden die Standardattribute für den Thread vorgenommen.

Mit dem dritten Parameter geben Sie die »Funktion« für einen Thread selbst an. Hierbei geben Sie die Anfangsadresse einer Routine an, die der Thread verwenden soll. Wenn sich die hier angegebene Funktion beendet, bedeutet dies auch automatisch das Ende des Threads.

Argumente, die Sie dem Thread mitgeben wollen, können Sie mit dem vierten Parameter, argumente, übergeben. Meistens wird dieser Parameter verwendet, um Daten an Threads zu übergeben. Hierzu wird in der Praxis häufig die Adresse einer Strukturvariablen herangezogen.

Nach dem Aufruf von pthread_create() kehrt diese Funktion sofort wieder zurück und fährt mit der Ausführung hinter pthread_create() fort. Der neu erzeugte Thread führt sofort asynchron seine Arbeit aus. Jetzt würden praktisch zwei Threads gleichzeitig ausgeführt: der Haupt-Thread und der neue Thread, der vom Haupt-Thread mit pthread_create() erzeugt wurde. Welcher der beiden Threads hierbei zunächst mit seiner Ausführung beginnt, ist nicht festgelegt. (Das ist dasselbe Verhalten wie bei fork.)

12.3.2 pthread_exit – einen Thread beenden

Beenden können Sie einen Thread auf unterschiedliche Weise. Meistens werden Threads mit der Funktion pthread_exit() beendet:

```
#include <pthread.h>

void pthread_exit( void * wert );
```

Diese Funktion beendet nur den Thread, indem Sie diese aufrufen. Mit dem Argument wert geben Sie den Exit-Status des Threads an. Diesen Status können Sie mit pthread_join() ermitteln (wie das geht, folgt in Kürze). Natürlich darf auch hierbei, wie eben C-üblich, der Rückgabewert kein lokales Speicherobjekt vom Thread sein, da dieses (wie eben bei Funktionen auch) nach der Beendigung des Threads nicht mehr gültig ist.

Neben der Möglichkeit, einen Thread mit pthread_exit() zu beenden, sind noch folgende Dinge zu beachten:

- Ruft ein beliebiger Thread die Funktion exit() auf, werden alle Threads, einschließlich des Haupt-Threads, beendet (also das komplette Programm). Genauso sieht dies aus, wenn Sie dem Prozess das Signal SIGTERM oder SIGKILL senden.
- Ein Thread, der mittels pthread_create() erzeugt wurde, lässt sich auch mit return **[wert]** beenden. Dies entspricht exakt dem Verhalten von pthread_exit(). Der Rückgabewert kann hierbei ebenfalls mit pthread_join() ermittelt werden.

Exit-Handler für Threads einrichten

Wenn Sie einen Thread beenden, können Sie auch einen Exit-Handler einrichten. Dies wird in der Praxis recht gern verwendet, um z. B. temporäre Dateien zu löschen, Mutexe freizugeben oder eben sonstige »Reinigungsarbeiten« durchzuführen. Ein solcher eingerichteter Exit-Handler wird dann automatisch bei Beendigung eines Threads mit z. B. pthread_exit() oder return ausgeführt. Das Prinzip ist ähnlich, wie Sie es von der Standardbibliotheksfunktion atexit() kennen sollten. Auch in diesem Fall werden bei mehreren Exit-Handlern die einzelnen Funktionen in umgekehrter Reihenfolge (da Stack) der Einrichtung ausgeführt.

Hier sehen Sie die Funktionen dazu:

```
#include <pthread.h>

void pthread_cleanup_push( void (*function)(void *),
                           void *arg );
void pthread_cleanup_pop( int exec );
```

Eine solche Funktion richten Sie also mit der Funktion pthread_cleanup_push() ein. Als ersten Parameter übergeben Sie dabei die Funktion, die ausführt werden soll, und als zweiten Parameter die Argumente für den Exit-Handler (falls nötig). Den zuletzt eingerichteten Exit-

Handler können Sie wieder mit der Funktion pthread_cleanup_pop() vom Stack entfernen. Geben Sie allerdings einen Wert ungleich 0 als Parameter exec an, so wird diese Funktion zuvor noch ausgeführt, was bei einer Angabe von 0 nicht gemacht wird.

Ein Umstand, der uns schon zur Weißglut gebracht hat, ist die Tatsache, dass die beiden Funktionen pthread_cleanup_push() und pthread_cleanup_pop() als Makros implementiert sind. Das wäre nicht so schlimm, wenn pthread_cleanup_push() eine sich öffnende geschweifte Klammer enthalten würde und pthread_cleanup_pop() eine sich schließende geschweifte Klammer. Das bedeutet: Sie müssen beide Funktionen im selben Anweisungsblock ausführen. Daher müssen Sie immer ein _push und ein _pop verwenden, auch wenn Sie wissen, dass eine _pop-Stelle nie erreicht wird.

12.3.3 pthread_join – auf das Ende eines Threads warten

Bevor Sie sich dem ersten Listing widmen können, benötigen Sie noch Kenntnisse zur Funktion pthread_join():

```
#include <pthread.h>

int pthread_join( pthread_t thread, void **thread_return );
```

pthread_join() hält den aufrufenden Thread (meistens den Haupt-Thread), der einen Thread mit pthread_create() erzeugt hat, so lange an, bis der Thread mit der ID thread vom Typ pthread_t beendet wurde. Der Exit-Status (bzw. Rückgabewert) des Threads wird an die Adresse von thread_return geschrieben. Sind Sie nicht am Rückgabewert interessiert, können Sie hier auch NULL verwenden. pthread_join() ist also das, was Sie bei den Prozessen mit waitpid() kennen.

Ein Thread, der sich beendet, wird eben so lange nicht »freigegeben« bzw. als beendeter Thread anerkannt, bis ein anderer Thread pthread_join() aufruft. Diesen Zusammenhang könnten Sie bei den Prozessen mit Zombie-Prozessen vergleichen. Daher sollten Sie für jeden erzeugten Thread einmal pthread_join() aufrufen, es sei denn, Sie haben einen Thread »abgehängt« (dazu folgt in Kürze mehr).

12.3.4 pthread_self – die ID von Threads ermitteln

Die Identifikationsnummer eines auszuführenden Threads können Sie mit der Funktion pthread_self() erfragen:

```
#include <pthread.h>

pthread_t pthread_self(void);
```

Als Rückgabewert erhalten Sie die Thread-ID vom Datentyp pthread_t.

Hierzu erstellen wir nun ein einfaches Beispiel, das alle bisher vorgestellten Funktionen in klarer Weise demonstrieren soll:

```
/* thread1.c */
#include <stdio.h>
#include <stdlib.h>
#include <pthread.h>
/* insg. MAX_THREADS Threads erzeugen */
#define MAX_THREADS 3
#define BUF 255

/* Einfache Daten für die Wertübergabe an den Thread */
struct data {
   int wert;
   char msg[BUF];
};

/* Ein einfacher Exit-Handler für Threads, der   *
 * pthread_cleanup_push und pthread_cleanup_pop *
 * in der Praxis demonstrieren soll             */
static void exit_handler_mem( void * arg ) {
   printf("\tExit-Handler aufgerufen ...");
   struct data *mem =  (struct data *)arg;
   /* Speicher freigeben */
   free(mem);
   printf("Speicher freigegeben\n");
}

/* Die Thread-Funktion */
static void mythread (void *arg) {
   struct data *f = (struct data *)arg;
   /* Exit-Handler einrichten - wird automatisch nach *
    * pthread_exit oder Thread-Ende aufgerufen        */
   pthread_cleanup_push( exit_handler_mem, (void*)f );
   /* Daten ausgeben */
   printf("\t-> Thread mit ID:%ld gestartet\n",
      pthread_self());
   printf("\tDaten empfangen: \n");
   printf("\t\twert = \"%d\"\n", f->wert);
   printf("\t\tmsg  = \"%s\"\n", f->msg);
   /* Den Exit-Handler entfernen, aber trotzdem ausführen, *
    * da als Angabe 1 anstatt 0 verwendet wurde            */
   pthread_cleanup_pop( 1 );
```

```
    /* Thread beenden - Als Rückgabewert Thread-ID verwenden.
     * Alternativ kann hierfür auch:
     * return(void) pthread_self();
     * verwendet werden */
    pthread_exit((void *)pthread_self());
}

int main (void) {
    pthread_t th[MAX_THREADS];
    struct data *f;
    int i;
    static int ret[MAX_THREADS];
    /* Haupt-Thread gestartet */
    printf("\n-> Main-Thread gestartet (ID:%ld)\n",
        pthread_self());
    /* MAX_THREADS erzeugen */
    for (i = 0; i < MAX_THREADS; i++) {
        /* Speicher für Daten anfordern und mit Werten belegen*/
        f = (struct data *)malloc(sizeof(struct data));
        if(f == NULL) {
            printf("Konnte keinen Speicher reservieren ...!\n");
            exit(EXIT_FAILURE);
        }
        /* Zufallszahl zwischen 1 und 10 (Spezial) */
        f->wert =  1+(int) (10.0*rand()/(RAND_MAX+1.0));
        snprintf (f->msg, BUF, "Ich bin Thread Nr. %d", i+1);
        /* Jetzt Thread erzeugen */
        if(pthread_create(&th[i], NULL, &mythread, f) != 0) {
            fprintf (stderr, "Konnte Thread nicht erzeugen\n");
            exit (EXIT_FAILURE);
        }
    }
    /* Auf das Ende der Threads warten */
    for( i=0; i < MAX_THREADS; i++)
        pthread_join(th[i], &ret[i]);
    /* Rückgabewert der Threads ausgeben */
    for( i=0; i < MAX_THREADS; i++)
         printf("<-Thread %ld ist fertig\n", ret[i]);
    /* Haupt-Thread ist jetzt auch fertig */
    printf("<- Main-Thread beendet (ID:%ld)\n",
        pthread_self());
    return EXIT_SUCCESS;
}
```

Das Programm bei der Ausführung:

```
$ gcc -o thread1 thread1.c -pthread
$ ./thread1

-> Main-Thread gestartet (ID:-1209412512)
        -> Thread mit ID:-1209414736 gestartet
        Daten empfangen:
                wert = "9"
                msg  = "Ich bin Thread Nr. 1"
        Exit-Handler aufgerufen ... Speicher freigegeben
        -> Thread mit ID:-1217807440 gestartet
        Daten empfangen:
                wert = "4"
                msg  = "Ich bin Thread Nr. 2"
        Exit-Handler aufgerufen ... Speicher freigegeben
        -> Thread mit ID:-1226200144 gestartet
        Daten empfangen:
                wert = "8"
                msg  = "Ich bin Thread Nr. 3"
        Exit-Handler aufgerufen ...Speicher freigegeben
<-Thread -1209414736 ist fertig
<-Thread -1217807440 ist fertig
<-Thread -1226200144 ist fertig
<- Main-Thread beendet (ID:-1209412512)
```

Hinweis am Rande

Bevor sich jemand über die Warnmeldung des Compilers wundert, noch ein Satz zum Casten von `void *`: In der Programmiersprache C ist ein Casten von oder nach `void *` nicht nötig. Aber wenn die Warnmeldung Sie stört, können Sie dies gern trotzdem nachholen.

Dieses Beispiel demonstriert auch auf einfache Weise, wie Sie Daten an einen neu erzeugten Thread übergeben können (hier mit der Struktur `data`). Ebenfalls gezeigt wurde hier die Verwendung eines Exit-Handlers, der nur den im Haupt-Thread angeforderten Speicherbereich freigibt. Zugegeben, das ließe sich auch im Thread `mythread` einfacher realisieren, aber zu Anschauungszwecken sind solch einfache Codebeispiele immer noch am besten. Im Beispiel wurden außerdem drei Threads aus der Funktion `mythread` erzeugt, die im Prinzip alle dasselbe machen, nämlich eine einfache Ausgabe der Daten, die an die Threads übergeben wurden.

Hierbei müssen wir nochmals explizit darauf hinweisen, dass die Ausführung, in welcher Reihenfolge die Threads starten, nicht vorgegeben ist, auch wenn dies hier einen anderen

Anschein erweckt. Dazu werden Synchronisationsmechanismen erforderlich. Jeder Thread wurde hier mit `pthread_exit()` und der eigenen Thread-ID als Rückgabewert beendet. Genauso gut kann dies natürlich auch mit `return` gemacht werden. Der Rückgabewert von den einzelnen Threads wird im Haupt-Thread von `pthread_join()` erwartet und ausgegeben. Der Haupt-Thread beendet sich am Ende erst, wenn alle Threads fertig sind.

Würden Sie in diesem Beispiel `pthread_join()` weglassen, so würde sich der Haupt-Thread noch vor den anderen Threads beenden. Dies bedeutet, dass alle anderen Threads zwar noch laufen, aber auf nun nicht mehr gültige Strukturvariablen zugreifen würden.

Rückgabewert von Threads

Zwar sind wir schon auf den Rückgabewert von Threads eingegangen, aber hierbei wurden nur Thread-spezifische Daten zurückgegeben (hier die Thread-ID). Aber genauso wie schon bei der Wertübergabe an Threads können Sie hierbei auch ganze Strukturen zurückgeben, was in der Praxis auch häufig so der Fall ist.

Dazu zeigen wir ein ähnliches Beispiel wie schon *thread1.c*, nur dass jetzt die Daten der Struktur aus dem Thread zurückgegeben und im Haupt-Thread mit `pthread_join()` »abgefangen« und anschließend ausgegeben werden. Auf die Verwendung eines Exit-Handlers haben wir der Übersichtlichkeit zuliebe verzichtet.

```
/* thread2.c */
#include <stdio.h>
#include <stdlib.h>
#include <pthread.h>
/* insg. MAX_THREADS Threads erzeugen */
#define MAX_THREADS 3
#define BUF 255

/* Einfache Daten für die Wertübergabe an den Thread */
struct data {
   int wert;
   char msg[BUF];
};

/* Die Thread-Funktion */
static void *mythread (void *arg) {
   struct data *f= (struct data *)arg;
   /* Zufallszahl zwischen 1 und 10 (Spezial) */
   f->wert =  1+(int) (10.0*rand()/(RAND_MAX+1.0));
   snprintf (f->msg, BUF, "Ich bin Thread Nr. %ld",
      pthread_self());
   /* Thread beenden - Als Rückgabewert Strukturdaten
```

```
    * verwenden - Alternativ auch pthread_exit( f );  */
   return arg;
}

int main (void) {
   pthread_t th[MAX_THREADS];
   int i;
   struct data *ret[MAX_THREADS];

   /* Haupt-Thread gestartet */
   printf("\n-> Main-Thread gestartet (ID:%ld)\n",
      pthread_self());
   /* Speicher reservieren */
   for (i = 0; i < MAX_THREADS; i++){
      ret[i] = (struct data *)malloc(sizeof(struct data));
      if(ret[i] == NULL) {
         printf("Konnte keinen Speicher reservieren ...!\n");
         exit(EXIT_FAILURE);
      }
   }
   /* MAX_THREADS erzeugen */
   for (i = 0; i < MAX_THREADS; i++) {
      /* Jetzt Thread erzeugen */
      if(pthread_create(&th[i],NULL,&mythread,ret[i]) !=0) {
         fprintf (stderr, "Konnte Thread nicht erzeugen\n");
         exit (EXIT_FAILURE);
      }
   }
   /* Auf das Ende der Threads warten */
   for( i=0; i < MAX_THREADS; i++)
      pthread_join(th[i], (void **)&ret[i]);

   /* Daten ausgeben */
   for( i=0; i < MAX_THREADS; i++) {
      printf("Main-Thread: Daten empfangen: \n");
      printf("\t\twert = \"%d\"\n", ret[i]->wert);
      printf("\t\tmsg  = \"%s\"\n", ret[i]->msg);
   }
   /* Haupt-Thread ist jetzt auch fertig */
   printf("<- Main-Thread beendet (ID:%ld)\n",
      pthread_self());
   return EXIT_SUCCESS;
}
```

Das Programm bei der Ausführung:

```
$ gcc -o thread2 thread2.c -pthread
$ ./thread2

-> Main-Thread gestartet (ID:-1209412512)
Main-Thread: Daten empfangen:
                wert = "9"
                msg  = "Ich bin Thread Nr. -1209414736"
Main-Thread: Daten empfangen:
                wert = "4"
                msg  = "Ich bin Thread Nr. -1217807440"
Main-Thread: Daten empfangen:
                wert = "8"
                msg  = "Ich bin Thread Nr. -1226200144"
<- Main-Thread beendet (ID:-1209412512)
```

12.3.5 pthread_equal – die ID von zwei Threads vergleichen

Um einen Thread mit einem anderen Thread zu vergleichen, können Sie die Funktion `pthread_equal()` verwenden. Dies wird häufig getan, um sicherzugehen, dass nicht ein Thread gleich einem anderen ist. Ein Wert ungleich `0` wird zurückgegeben, wenn beide Threads gleich sind; und `0` wird zurückgegeben, wenn die Threads eine unterschiedliche Identifikationsnummer (ID) besitzen.

Das folgende Beispiel erzeugt drei Threads mit derselben »Funktion«. Hierbei soll jeder Thread wiederum eine andere Aktion ausführen. Im Beispiel ist die Aktion zwar nur die Ausgabe eines Textes, aber in der Praxis könnten Sie hierbei neue Funktionen aufrufen. Für die ersten drei Threads wird jeweils eine bestimmte Aktion festgelegt. Alle anderen Threads führen nur noch die `else`-Aktion aus. Dies ist beispielsweise sinnvoll, wenn Sie in Ihrer Anwendung Vorbereitungen treffen wollen (im Beispiel eben drei Vorbereitungen) wie »Dateien anlegen«, »Müll beseitigen«, »eine Server-Verbindung herstellen« und noch vieles mehr.

Sind diese Vorbereitungen getroffen, wird immer mit der gleichen Funktion fortgefahren. Damit der Vergleich von Threads mit `pthread_equal()` auch funktioniert, wurden die Thread-IDs, die beim Anlegen mit `pthread_create()` erzeugt worden sind, in globale Variablen gespeichert – und sind daher auch für alle Threads »sichtbar«.

Hier sehen Sie das Beispiel, dessen Ausgabe auch einiges erklärt.

```
/* thread3.c */
#include <stdio.h>
#include <stdlib.h>
#include <unistd.h>
```

```
#include <pthread.h>
#define MAX_THREADS 5
#define BUF 255

/* Globale Variable mit Thread-IDs *
 * für alle Threads sichtbar       */
static pthread_t th[MAX_THREADS];

static void aktion(void *name) {
   while( 1 ) {
      if(pthread_equal(pthread_self(),th[0])) {
         printf("\t->(%ld): Aufgabe \"abc\" Ausführen \n",
            pthread_self());
         break;
      }
      else if(pthread_equal(pthread_self(),th[1])) {
         printf("\t->(%ld): Aufgabe \"efg\" Ausführen \n",
            pthread_self());
         break;
      }
      else if(pthread_equal(pthread_self(),th[2])) {
         printf("\t->(%ld): Aufgabe \"jkl\" Ausführen \n",
            pthread_self());
         break;
      }
      else {
         printf("\t->(%ld): Aufgabe \"xyz\" Ausführen \n",
            pthread_self());
         break;
      }
   }
   pthread_exit((void *)pthread_self());
}

int main (void) {
   int i;
   static int ret[MAX_THREADS];

   printf("->Haupt-Thread (ID:%ld) gestartet...\n",
      pthread_self());
   /* Threads erzeugen */
   for (i = 0; i < MAX_THREADS; i++) {
      if (pthread_create (&th[i],NULL,&aktion,NULL) != 0) {
```

```
            printf ("Konnte keinen Thread erzeugen\n");
            exit (EXIT_FAILURE);
        }
    }
    /* Auf die Threads warten */
    for (i = 0; i < MAX_THREADS; i++)
        pthread_join (th[i], &ret[i]);
    /* Rückgabe der Threads auswerten */
    for (i = 0; i < MAX_THREADS; i++)
        printf("\t<-Thread %ld mit Arbeit fertig\n", ret[i]);
    printf("->Haupt-Thread (ID:%ld) fertig ...\n",
        pthread_self());
    return EXIT_SUCCESS;
}
```

Das Programm bei der Ausführung:

```
$ gcc -o thread3 thread3.c -pthread
$ ./thread3
->Haupt-Thread (ID:-1209412512) gestartet...
        ->(-1209414736): Aufgabe "abc" Ausführen
        ->(-1217807440): Aufgabe "efg" Ausführen
        ->(-1226200144): Aufgabe "jkl" Ausführen
        ->(-1234592848): Aufgabe "xyz" Ausführen
        ->(-1242985552): Aufgabe "xyz" Ausführen
        <-Thread -1209414736 mit Arbeit fertig
        <-Thread -1217807440 mit Arbeit fertig
        <-Thread -1226200144 mit Arbeit fertig
        <-Thread -1234592848 mit Arbeit fertig
        <-Thread -1242985552 mit Arbeit fertig
->Haupt-Thread (ID:-1209412512) fertig ...
```

Sie können daran erkennen, dass die ersten drei Threads jeweils »abc«, »efg« und »jkl« ausführen. Alle noch folgenden Threads führen dann »xyz« aus. Zugegeben, das lässt sich eleganter mit den Synchronisationsmechanismen der Thread-Bibliothek lösen, aber das Beispiel demonstriert den Sachverhalt der Funktion pthread_equal() recht gut.

12.3.6 pthread_detach – einen Thread unabhängig machen

Die Funktion pthread_detach() stellt das Gegenteil von pthread_join() dar. Mit ihr legen Sie fest, dass nicht mehr auf die Beendigung des Threads gewartet werden soll:

```
#include <pthread.h>

int pthread_detach( pthread_t thread );
```

Sie lösen hiermit praktisch den Thread mit der ID `thread` von der Hauptanwendung los. Sie können diesen Vorgang gern mit den Daemon-Prozessen vergleichen. Dass dieser Thread dann selbstständig ist, hat nichts Magisches an sich: Im Grunde »markieren« Sie den Thread damit nur, sodass bei seinem Beenden der Exit-Status und die Thread-ID gleich freigegeben werden. Ohne `pthread_detach()` würde dies erst nach einem `pthread_join`-Aufruf der Fall sein. Natürlich bedeutet die Verwendung von `pthread_detach()`, dass auch kein `pthread_join()` mehr auf das Ende des Threads reagiert.

Hinweis

Ein Thread, der mit `pthread_detach()` oder mit dem Attribut `PTHREAD_CREATE_DETACHED` von den anderen Threads losgelöst wurde, kann nicht mehr mit `pthread_join()` abgefangen werden. Der Thread läuft praktisch ohne äußere Kontrolle weiter.

Ein typischer Codeausschnitt, der zeigt, wie Sie einen Thread von den anderen loslösen können, sieht so aus:

```
pthread_t a_thread;
int ret;
...
/* Einen neuen Thread erzeugen */
ret = pthread_create( &a_thread, NULL, thread_function, NULL);
/* bei Erfolg den Thread abhängen ... */
if (ret == 0) {
   pthread_detach(a_thread);
}
```

12.4 Die Attribute von Threads und das Scheduling

Wie Sie bereits im vorigen Abschnitt erfahren haben, kann man auch das Attribut `PTHREAD_CREATE_DETACHED` zum Abhängen (*detach*) von Threads verwenden. Hierzu können Sie die folgenden Funktionen verwenden:

```
#include <pthread.h>

int pthread_attr_init( pthread_attr_t *attribute );
int pthread_attr_getdetachestate( pthread_attr_t *attribute,
                                  int detachstate );
```

```
int pthread_attr_setdetachestate( pthread_attr_t *attribute,
                                  int detachstate );
int pthread_attr_destroy( pthread_attr_t *attribute );
```

Mit der Funktion pthread_attr_init() müssen Sie zunächst das Attributobjekt attr initialisieren. Dabei werden auch gleich die voreingestellten Attribute gesetzt. Um beim Thema »detached« und »joinable« zu bleiben: Die Voreinstellung hier ist PTHREAD_CREATE_JOINABLE. Damit wird also der Thread nicht von den anderen losgelöst und erst freigegeben, wenn ein anderer Thread nach dem Exit-Status dieses Threads fragt (mit pthread_join()).

Mit der Funktion pthread_attr_getdetachestate() können Sie das detached-Attribut erfragen, und mit pthread_attr_setdetachedstate() wird es gesetzt. Neben dem eben erwähnten PTHREAD_CREATE_JOINABLE, das ja die Standardeinstellung eines erzeugten Threads ist, können Sie hierbei auch PTHREAD_CREATE_DETACHED verwenden.

Das Setzen von PTHREAD_CREATE_DETACHED entspricht exakt dem Verhalten der Funktion pthread_detach() (siehe Abschnitt 12.3.6) und kann auch stattdessen verwendet werden – da es erheblich kürzer ist. Benötigen Sie das Attributobjekt attr nicht mehr, können Sie es mit pthread_attr_destroy() löschen. Somit machen die Funktionen wohl erst Sinn, wenn Sie bereits mit pthread_detach() einen Thread ausgehängt haben und diesen eventuell wieder zurückholen (PTHREAD_CREATE_JOINABLE) müssen.

Bedeutend wichtiger im Zusammenhang mit den Attributen von Threads erscheint hier schon das Setzen der Prozessorzuteilung (Scheduling). Laut POSIX gibt es drei verschiedene solcher Prozesszuteilungen (*Scheduling Policys*):

- SCHED_OTHER – Die normale Priorität wie bei einem gewöhnlichen Prozess. Der Thread wird beendet: entweder wenn seine Zeit um ist und er wartet, bis er wieder am Zuge ist, oder wenn ein anderer Thread oder Prozess gestartet wurde, der mit einer höheren Priorität ausgestattet ist.
- Echtzeit (SCHED_FIFO) – Dies sind Echtzeitprozesse. Sie werden in jedem Fall SCHED_OTHER-Prozessen vorgezogen. Auch können sie nicht von normalen Prozessen unterbrochen werden. Es gibt drei Möglichkeiten, Echtzeitprozesse zu unterbrechen:
  - Der Echtzeitprozess wandert in eine Warteschlange und wartet auf ein externes Ereignis.
  - Der Echtzeitprozess verlässt freiwillig die CPU (z. B. mit sched_yield()).
  - Der Echtzeitprozess wird von einem anderen Echtzeitprozess mit einer höheren Priorität verdrängt.
- Echtzeit (SCHED_RR) – Dies sind Round-Robin-Echtzeitprozesse. Beim Round-Robin-Verfahren hat jeder Prozess die gleiche Zeitspanne zur Verfügung. Ist diese verstrichen, so kommt der nächste Prozess an die Reihe. Unter Linux werden diese Prozesse genauso behandelt wie die oben genannten Echtzeitprozesse, mit dem Unterschied, dass diese an das Ende der *Run Queue* gesetzt werden, wenn sie den Prozessor verlassen.

Jetzt haben wir Echtzeitoperationen ins Spiel gebracht. Daher sollten wir einen kurzen Exkurs machen, damit Sie die Echtzeitstrategie nicht mit »jetzt –gleich sofort« vergleichen. Die Abarbeitung von Daten in Echtzeit kann einfach nicht sofort ausgeführt werden, sondern auch hier muss man sich damit begnügen, dass diese innerhalb einer vorgegebenen Zeitspanne abgearbeitet werden. Allerdings müssen solche Echtzeitoperationen auch unterbrechbar sein, um auf plötzliche, unvorsehbare Ereignisse reagieren zu können.

Daher unterscheidet man hier zwischen »weichen« und »harten« Echtzeitanforderungen. Die Anforderungen hängen vom Anwendungsfall ab. So kann man bei einem Computerspiel jederzeit »weiche« Echtzeitanforderungen setzen – was bei Maschinenanforderungen wohl eher katastrophal sein kann. Bei Maschinen muss innerhalb einer vorgegebenen Zeit reagiert werden. Der Hauptbereich von Echtzeitanwendungen ist immer noch:

- Multimedia – Audio, Video
- Steuerung, Regelung – Maschinen-, Robotersteuerung

Damit eine solche Zuteilungsstrategie auch funktioniert, muss das System sie auch unterstützen. Dies ist gegeben, wenn in Ihrem Programm die Konstante `_POSIX_THREAD_PRIORITY_SCHEDULING` definiert ist. Beachten Sie außerdem, dass die Echtzeit-Zuteilungsstrategien `SCHED_FIFO` und `SCHED_RR` nur vom Superuser root ausgeführt werden können.

Die Zustellungsstrategie verändern bzw. erfragen können Sie mit den folgenden Funktionen:

```
int pthread_setschedparam( pthread thread, int policy,
                           const struct sched_param *param);
int pthread_getschedparam( pthread thread, int policy,
                           struct sched_param *param);
```

Mit diesen Funktionen setzen (`set`) oder ermitteln (`get`) Sie die Zustellungsstrategie eines Threads mit der ID `thread` vom Typ `pthread_t`. Die Strategie legen Sie mit dem Parameter `policy` fest. Hierbei kommen die bereits beschriebenen Konstanten `SCHED_OTHER`, `SCHED_FIFO` und `SCHED_RR` infrage.

Mit dem letzten Parameter der Struktur `sched_param`, die sich in der Headerdatei *<bits/sched.h>* befindet, legen Sie die gewünschte Priorität fest:

```
/* Struktur sched_param */
struct sched_param {
    int sched_priority;
};
```

Das folgende Beispiel soll Ihnen zeigen, wie einfach es ist, die Zuteilungsstrategie und die Priorität zu verändern. Sie finden hier zwei Funktionen: eine, mit der Sie die Strategie und die Priorität abfragen können, sowie eine weitere, mit der Sie diese Werte neu setzen können. Allerdings benötigen Sie für das Setzen Superuser-Root-Rechte, was im Beispiel ebenfalls ermittelt wird.

```
/* thread4.c */
#include <stdio.h>
#include <stdlib.h>
#include <unistd.h>
#include <pthread.h>
#define MAX_THREADS 3
#define BUF 255

/* Funktion ermittelt die Zuteilungsstrategie *
 * und Priorität eines Threads */
static void getprio( pthread_t id ) {
   int policy;
   struct sched_param param;

   printf("\t->Thread %ld: ", id);
   if((pthread_getschedparam(id, &policy, &param)) == 0  ) {
      printf("Zuteilung: ");
      switch( policy ) {
         case SCHED_OTHER :  printf("SCHED_OTHER; "); break;
         case SCHED_FIFO  :  printf("SCHED_FIFO; ");  break;
         case SCHED_RR    :  printf("SCHED_RR; ");    break;
         default          :  printf("Unbekannt; ");  break;
      }
      printf("Priorität: %d\n", param.sched_priority);
   }
}

/* Funktion zum Setzen der Zuteilungsstrategie *
 * und Prioriät eines Threads */
static void setprio( pthread_t id, int policy, int prio ) {
   struct sched_param param;

   param.sched_priority=prio;
   if((pthread_setschedparam( pthread_self(),
                          policy, &param)) != 0  ) {
      printf("Konnte Zuteilungsstrategie nicht ändern\n");
      pthread_exit((void *)pthread_self());
   }
}
```

```
static void thread_prio_demo(void *name) {
   int policy;
   struct sched_param param;
   /*Aktuelle Zuteilungsstrategie und Priorität erfragen */
   getprio(pthread_self());
   /* Ändern darf hier nur der root */
   if( getuid() != 0 ) {
      printf("Verändern geht nur mit Superuser-Rechten\n");
      pthread_exit((void *)pthread_self());
   }
   /* Neue Zuteilungsstrategie und Priorität festsetzen */
   setprio(pthread_self(), SCHED_RR, 2);
   /* Nochmals abfragen, ob erfolgreich verändert ... */
   getprio(pthread_self());
   /* Thread-Ende */
   pthread_exit((void *)pthread_self());
}

int main (void) {
   int i;
   static int ret[MAX_THREADS];
   static pthread_t th[MAX_THREADS];

   printf("->Haupt-Thread (ID:%ld) gestartet ...\n",
      pthread_self());
   /* Threads erzeugen */
   for (i = 0; i < MAX_THREADS; i++) {
      if (pthread_create ( &th[i],NULL, &thread_prio_demo,
                           NULL) != 0) {
         printf ("Konnte keinen Thread erzeugen\n");
         exit (EXIT_FAILURE);
      }
   }
   /* Auf die Threads warten */
   for (i = 0; i < MAX_THREADS; i++)
      pthread_join (th[i], &ret[i]);
   /* Rückgabe der Threads auswerten */
   for (i = 0; i < MAX_THREADS; i++)
      printf("\t<-Thread %ld mit Arbeit fertig\n", ret[i]);
   printf("->Haupt-Thread (ID:%ld) fertig ...\n",
      pthread_self());
   return EXIT_SUCCESS;
}
```

Das Programm bei der Ausführung:

```
$ gcc -o thread4 thread4.c -pthread
$ ./thread4
->Haupt-Thread (ID:-1209412512) gestartet...
        ->Thread -1209414736: Zuteilung: SCHED_OTHER; Priorität: 0
!!! Verändern geht nur mit Superuser-Rechten!!!
        ->Thread -1217807440: Zuteilung: SCHED_OTHER; Priorität: 0
!!! Verändern geht nur mit Superuser-Rechten!!!
        ->Thread -1226200144: Zuteilung: SCHED_OTHER; Priorität: 0
!!! Verändern geht nur mit Superuser-Rechten!!!
        <-Thread -1209414736 mit Arbeit fertig
        <-Thread -1217807440 mit Arbeit fertig
        <-Thread -1226200144 mit Arbeit fertig
->Haupt-Thread (ID:-1209412512) fertig ...
$ su
Password:********
# ./thread4
->Haupt-Thread (ID:-1209412512) gestartet ...
->Thread -1209414736: Zuteilung: SCHED_OTHER; Priorität: 0
->Thread -1209414736: Zuteilung: SCHED_RR; Priorität: 2
->Thread -1217807440: Zuteilung: SCHED_OTHER; Priorität: 0
->Thread -1217807440: Zuteilung: SCHED_RR; Priorität: 2
->Thread -1226200144: Zuteilung: SCHED_OTHER; Priorität: 0
->Thread -1226200144: Zuteilung: SCHED_RR; Priorität: 2
        <-Thread -1209414736 mit Arbeit fertig
        <-Thread -1217807440 mit Arbeit fertig
        <-Thread -1226200144 mit Arbeit fertig
->Haupt-Thread (ID:-1209412512) fertig ...
```

Selbiges (Zuteilungsstrategien und Priorität) können Sie übrigens mit folgenden Funktionen auch über Attributobjekte (`pthread_attr_t`) setzen bzw. erfragen:

```
#include <pthread.h>

/* Zuteilungsstrategie verändern bzw. erfragen */
int pthread_attr_setschedpolicy( pthread_attr_t *attr,
                                 int policy);
int pthread_attr_getschedpolicy( const pthread_attr_t *attr,
                                 int *policy);

/* Priorität verändern bzw. erfragen */
int pthread_attr_setschedparam(
```

```
   pthread_attr_t *attr, const struct sched_param *param );
int pthread_attr_getschedparam(
   const pthread_attr_t *attr, struct sched_param *param );
```

Wollen Sie außerdem festlegen bzw. abfragen, wie ein Thread seine Attribute (Zuteilungsstrategie und Priorität) vom Erzeuger-Thread übernehmen soll, stehen Ihnen folgende Funktionen zur Verfügung:

```
#include <pthread.h>

int pthread_attr_setinheritsched(
   pthread_attr_t *attr, int inheritsched );
int pthread_attr_getinheritsched(
   const pthread_attr_t *attr, int *inheritsched );
```

Mit den beiden Funktionen phtread_attr_getinheritsched() und phtread_attr_setinheritsched() können Sie abfragen bzw. festlegen, wie der Thread die Attribute vom »Eltern«-Thread übernimmt. Dabei gibt es zwei Möglichkeiten:

- PTHREAD_INHERIT_SCHED bedeutet, dass der Kind-Thread die Attribute (mitsamt Zuteilungsstrategie und der Priorität) des Eltern-Threads übernimmt.
- PTHREAD_EXPLICIT_SCHED bedeutet, eben nichts zu übernehmen, sondern das zu verwenden, was in attr als Zuteilungsstrategie und Priorität festgelegt ist. Wurden die Attribute des »Eltern«-Threads nicht verändert, so ist der Kind-Thread dennoch (logischerweise) mit denselben Attributen wie der »Eltern«-Thread ausgestattet – da es sich um die Standardattribute handelt.

12.5 Threads synchronisieren

In vielen Fällen – bei Threads eigentlich fast immer – werden mehrere parallel laufende Prozesse benötigt, die gemeinsame Daten verwenden und/oder austauschen. Das einfachste Beispiel ist: Ein Thread schreibt gerade etwas in eine Datei, während ein anderer Thread daraus etwas liest. Dasselbe Problem haben Sie auch beim Zugriff auf globale Variablen. Wenn mehrere Threads auf eine globale Variable zugreifen müssen und Sie keine Vorkehrungen dafür getroffen haben, ist nicht vorherzusagen, welcher Thread die Variable gerade bearbeitet. Sind in diesem Szenario z. B. mathematische Arbeiten auf mehrere Threads aufgeteilt, kann man mit fast hundertprozentiger Sicherheit sagen, dass das Ergebnis nicht richtig sein wird.

Hierfür sei folgendes einfaches Beispiel gegeben. Zwei Threads greifen auf eine globale Variable zu – hier auf einen geöffneten FILE-Zeiger. Ein Thread wird erzeugt, um etwas in diese Datei zu schreiben, und ein weiterer Thread soll sie wieder auslesen. Ein simples Beispiel, wie es scheint, nur dass es hierbei schon zu Synchronisationsproblemen (*Race Conditions*) kommt. Aber testen Sie selbst:

```
/* thread5.c */
#include <stdio.h>
#include <stdlib.h>
#include <unistd.h>
#include <pthread.h>

#define MAX_THREADS 2
#define BUF 255
#define COUNTER 10000000

/* Globale Variable */
static FILE *fz;

static void open_file(const char *file) {
   fz = fopen( file, "w+" );
   if( fz == NULL ) {
      printf("Konnte Datei %s nicht öffnen\n", file);
      exit(EXIT_FAILURE);
   }
}

static void thread_schreiben(void *name) {
   char string[BUF];

   printf("Bitte Eingabe machen: ");
   fgets(string, BUF, stdin);
   fputs(string, fz);
   fflush(fz);
   /* Thread-Ende */
   pthread_exit((void *)pthread_self());
}

static void thread_lesen(void *name) {
   char string[BUF];
   rewind(fz);
   fgets(string, BUF, fz);
   printf("Ausgabe Thread %ld: ", pthread_self());
   fputs(string, stdout);
   fflush(stdout);
   /* Thread-Ende */
```

```
   pthread_exit((void *)pthread_self());
}

int main (void) {
   static pthread_t th1, th2;
   static int ret1, ret2;

   printf("->Haupt-Thread (ID:%ld) gestartet ...\n",
      pthread_self());
   open_file("testfile");
   /* Threads erzeugen */
   if (pthread_create( &th1, NULL,
                       &thread_schreiben, NULL)!=0) {
      fprintf (stderr, "Konnte keinen Thread erzeugen\n");
      exit (EXIT_FAILURE);
   }
   /* Threads erzeugen */
   if (pthread_create(&th2,NULL,&thread_lesen,NULL) != 0) {
      fprintf (stderr, "Konnte keinen Thread erzeugen\n");
      exit (EXIT_FAILURE);
   }

   pthread_join(th1, &ret1);
   pthread_join(th2, &ret2);

   printf("<-Thread %ld fertig\n", th1);
   printf("<-Thread %ld fertig\n", th1);
   printf("<-Haupt-Thread (ID:%ld) fertig ...\n",
      pthread_self());
   return EXIT_SUCCESS;
}
```

Das Programm bei der Ausführung:

```
$ gcc -o thread5 thread5.c -pthread
$ ./thread5
->Haupt-Thread (ID:-1209412512) gestartet...
Bitte Eingabe machen: Ausgabe Thread -1217807440: Hallo, das ist ein Test
<-Thread -1209414736 fertig
<-Thread -1209414736 fertig
<-Haupt-Thread (ID:-1209412512) fertig ...
$ cat testfile
Hallo, das ist ein Test
```

12

Bei der Eingabe können Sie schon erkennen, dass der Thread `thread_lesen` schon mit seiner Ausgabe begonnen hat und sich schon wieder beendet hat, bevor Sie etwas von der Tastatur eingeben konnten. Wenn alles läuft, wie es soll, sollte hier folgende Ausgabe bei der Programmausführung entstehen:

```
$ ./thread5
->Haupt-Thread (ID:-1209412512) gestartet ...
Bitte Eingabe machen: Hallo Welt
Ausgabe Thread -1217807440: Hallo Welt
<-Thread -1209414736 fertig
<-Thread -1209414736 fertig
<-Haupt-Thread (ID:-1209412512) fertig ...
```

Zugegeben, als echter C-Guru würde Ihnen jetzt hier schon etwas einfallen. Zum Beispiel könnten Sie eine »pollende« Schleife mit einem `sleep()` um den Lese-Thread herumbauen, die immer wieder abfragt, ob `fgets()` etwas eingelesen hat. Das wäre allerdings nicht im Sinne des Erfinders, und falls Sie wirklich die Threads für Echtzeitanwendungen verwenden wollen, ist das wohl auch das Ende Ihrer Programmiererkarriere, wenn die Weichenschaltung einer U-Bahn »in einer pollenden Schleife« warten muss, bevor die Weiche gestellt werden kann!

Für solche Fälle gibt es einige Synchronisationsmöglichkeiten, die Ihnen die Thread-Bibliothek anbietet.

12.5.1 Mutexe

Wenn Sie mehrere Threads starten und diese quasi parallel ablaufen, können Sie nicht erkennen, wie weit welcher Thread gerade mit der Verarbeitung von Daten ist. Wenn mehrere Threads beispielsweise an ein und derselben Aufgabe abhängig voneinander arbeiten, wird eine Synchronisation erforderlich. Genauso ist dies erforderlich, wenn Threads globale Variablen oder die Hardware, z. B. die Tastatur (`stdin`), verwenden, da sonst ein Thread diese Variable einfach überschreiben würde, noch bevor sie verwendet wird.

Um Threads zu synchronisieren, haben Sie zwei Möglichkeiten: zum einen mit sogenannten *Locks*, die Sie in diesem Abschnitt zusammen mit den Mutexen durchgehen werden, und zum anderen mit einem *Monitor*. Mit dem Monitor werden sogenannte Condition-Variablen verwendet.

Hinweis

Der Begriff »Mutex« steht für *Mutual Exclusion* (gegenseitiger Ausschluss). Ein Mutex ist somit ohne Besitzer oder gehört genau einem Thread.

Die Funktionsweise von Mutexen ähnelt den Semaphoren bei den Prozessen. Genauer gesagt: Ein Mutex ist nichts weiter als ein Semaphor, was wiederum nur eine atomare Operation auf eine Variable ist. Trotzdem lässt sich ein Mutex aber wesentlich einfacher erstellen. Das Prinzip ist simpel (siehe Abbildung 12.2). Ein Thread arbeitet mit einer globalen oder statischen Variablen, die für alle anderen Threads von einem Mutex blockiert (gesperrt) wird. Benötigt der Thread diese Variable nicht mehr, gibt er diese frei.

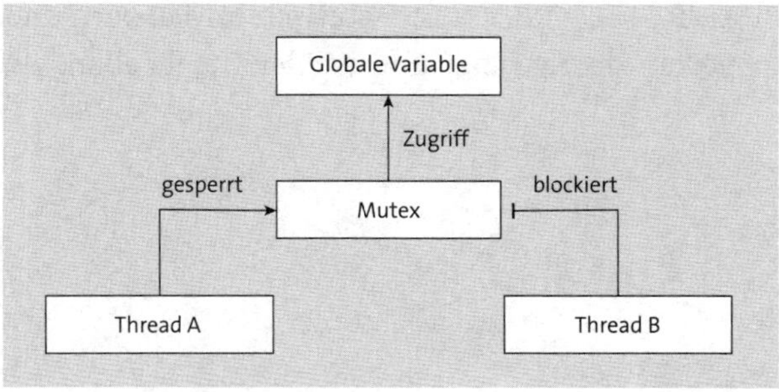

Abbildung 12.2 Nur ein Thread kann einen Mutex sperren.

Anhand dieser Erklärung dürfte auch klar sein, dass man selbst dafür verantwortlich ist, keinen Deadlock zu erzeugen. In folgenden Fällen könnten auch bei Threads Deadlocks auftreten:

- Threads können Ressourcen anfordern, obwohl sie bereits Ressourcen besitzen.
- Ein Thread gibt seine Ressource nicht mehr frei.
- Eine Ressource ist frei oder im Besitz eines »exklusiven« Threads.

Im Falle eines Deadlocks kann keiner der beteiligten Threads seine Arbeit mehr fortsetzen und somit ist meist keine normale Beendigung mehr möglich. Datenverlust kann die Folge sein.

Statische Mutexe

Um eine Mutex-Variable als statisch zu definieren, müssen Sie sie mit der Konstante PTHREAD_MUTEX_INITIALIZER initialisieren. Folgende Funktionen stehen Ihnen zur Verfügung, um Mutexe zu sperren und wieder freizugeben:

```
#include <pthread.h>

int pthread_mutex_lock(pthread_mutex_t *mutex);
int pthread_mutex_trylock(pthread_mutex_t *mutex);
int pthread_mutex_unlock(pthread_mutex_t *mutex);
```

Mit pthread_mutex_lock() sperren Sie einen Mutex. Wenn hierbei z. B. ein Thread versucht, mit demselben Mutex ebenfalls eine Sperre einzurichten, so wird er so lange blockiert, bis der Mutex von einem anderen Thread wieder mittels pthread_mutex_unlock() freigegeben wird.

Die Funktion pthread_mutex_trylock() ist ähnlich wie pthread_mutex_lock(), nur dass diese Funktion den aufrufenden Thread nicht blockiert, wenn ein Mutex durch einen anderen Thread blockiert wird. pthread_mutex_trylock() kehrt stattdessen mit dem Fehlercode (errno) EBUSY zurück und macht mit der Ausführung des aufrufenden Threads weiter.

Das folgende Beispiel ist dasselbe, das Sie schon vom Listing *thread5.c* her kennen, nur dass jetzt das Synchronisationsproblem mithilfe eines Mutex behoben wird. Zuerst wird global der Mutex mit der Konstante PTHREAD_MUTEX_INITIALIZER statisch initialisiert, und anschließend werden im Beispiel die Sperren dort gesetzt und wieder freigegeben, wo dies sinnvoll ist.

```
/* thread6.c */
#include <stdio.h>
#include <stdlib.h>
#include <unistd.h>
#include <pthread.h>

#define MAX_THREADS 2
#define BUF 255
#define COUNTER 10000000

static FILE *fz;

/* Statische Mutex-Variable */
pthread_mutex_t fz_mutex=PTHREAD_MUTEX_INITIALIZER;

static void open_file(const char *file) {
   fz = fopen( file, "w+" );
   if( fz == NULL ) {
      printf("Konnte Datei %s nicht öffnen\n", file);
      exit(EXIT_FAILURE);
   }
}

static void thread_schreiben(void *name) {
   char string[BUF];

   printf("Bitte Eingabe machen: ");
   fgets(string, BUF, stdin);
   fputs(string, fz);
   fflush(fz);

   /* Mutex wieder freigeben */
```

```
   pthread_mutex_unlock( &fz_mutex );

   /* Thread-Ende */
   pthread_exit((void *)pthread_self());
}

static void thread_lesen(void *name) {
   char string[BUF];

   /* Mutex sperren */
   pthread_mutex_lock( &fz_mutex );
   rewind(fz);
   fgets(string, BUF, fz);
   printf("Ausgabe Thread %ld: ", pthread_self());
   fputs(string, stdout);
   fflush(stdout);

   /* Mutex wieder freigeben */
   pthread_mutex_unlock( &fz_mutex );

   /* Thread-Ende */
   pthread_exit((void *)pthread_self());
}


int main (void) {
   static pthread_t th1, th2;
   static int ret1, ret2;

   printf("->Haupt-Thread (ID:%ld) gestartet ...\n",
      pthread_self());
   open_file("testfile");

   /* Mutex sperren */
   pthread_mutex_lock( &fz_mutex );


   /* Threads erzeugen */
   if( pthread_create( &th1, NULL, &thread_schreiben,
                       NULL)!=0) {
      fprintf (stderr, "Konnte keinen Thread erzeugen\n");
      exit (EXIT_FAILURE);
   }
```

```
    /* Threads erzeugen */
    if(pthread_create(&th2,NULL, &thread_lesen, NULL) != 0) {
       fprintf (stderr, "Konnte keinen Thread erzeugen\n");
       exit (EXIT_FAILURE);
    }
    pthread_join(th1, &ret1);
    pthread_join(th2, &ret2);

    printf("<-Thread %ld fertig\n", th1);
    printf("<-Thread %ld fertig\n", th1);
    printf("<-Haupt-Thread (ID:%ld) fertig ...\n",
       pthread_self());
    return EXIT_SUCCESS;
}
```

Das Programm bei der Ausführung:

```
$ gcc -o thread6 thread6.c -pthread
$ ./thread6
->Haupt-Thread (ID:-1209412512) gestartet ...
Bitte Eingabe machen: Hallo Welt mit Mutexen
Ausgabe Thread -1217807440: Hallo Welt mit Mutexen
<-Thread -1209414736 fertig
<-Thread -1209414736 fertig
<-Haupt-Thread (ID:-1209412512) fertig ...
```

Natürlich können Sie den Lese-Thread mit `pthread_mutex_trylock()` als eine nicht blockierende Mutex-Anforderung ausführen. Hierzu müssten Sie nur die Funktion `thread_lesen` ein wenig umändern. Hier ist ein möglicher Ansatz:

```
static void thread_lesen(void *name) {
   char string[BUF];

   /* Versuche Mutex zu sperren */
   while( (pthread_mutex_trylock( &fz_mutex )) == EBUSY) {
      sleep(10);
      printf("Lese-Thread wartet auf Arbeit ...\n");
      printf("Bitte Eingabe machen: ");
      fflush(stdout);
   }
   rewind(fz);
   fgets(string, BUF, fz);
   printf("Ausgabe Thread %ld: ", pthread_self());
   fputs(string, stdout);
```

```
    fflush(stdout);

    /* Mutex wieder freigeben */
    pthread_mutex_unlock( &fz_mutex );

    /* Thread-Ende */
    pthread_exit((void *)pthread_self());
}
```

Hierbei wird versucht, alle zehn Sekunden den Mutex zu sperren. Solange EBUSY zurückgegeben wird, ist der Mutex noch von einem anderen Thread gesperrt. Während dieser Zeit könnte der wartende Thread ja andere Arbeiten ausführen (es gibt immer was zu tun).

Hier sehen Sie das Programm bei der Ausführung mit pthread_mutex_trylock():

```
$ gcc -o thread7 thread7.c -pthread
$ ./thread7
->Haupt-Thread (ID:-1209412512) gestartet ...
Bitte Eingabe machen: Lese-Thread wartet auf Arbeit ...
Bitte Eingabe machen: Lese-Thread wartet auf Arbeit ...
Bitte Eingabe machen: Hallo Mutex, Du bist frei
Ausgabe Thread -1217807440: Hallo Mutex, Du bist frei
<-Thread -1209414736 fertig
<-Thread -1209414736 fertig
<-Haupt-Thread (ID:-1209412512) fertig ...
```

Dynamische Mutexe

Wenn Sie Mutexe in einer Struktur verwenden wollen, was durchaus eine gängige Praxis ist, können Sie dynamische Mutexe verwenden. Dies sind dann Mutexe, für die zur Laufzeit mit z. B. malloc() Speicher angefordert wird. Für dynamische Mutexe stehen folgende Funktionen zur Verfügung:

```
#include <pthread.h>

int  pthread_mutex_init(
   pthread_mutex_t  *mutex,
   const  pthread_mutex_attr_t *mutexattr );
int pthread_mutex_destroy(pthread_mutex_t *mutex);
```

Mit pthread_mutex_init() initialisieren Sie den Mutex mutex. Mit dem Parameter mutexattr können Sie Attribute für den Mutex verwenden. Wird hierbei NULL angegeben, werden die Standardattribute verwendet. Auf die Attribute von Mutexen gehen wir in Kürze ein. Freigeben können Sie einen solchen dynamisch angelegten Mutex wieder mit pthread_mutex_destroy().

Hierzu zeigen wir nochmals dasselbe Beispiel wie eben mit *thread6.c*, nur mit dynamisch angelegtem Mutex.

```
/* thread8.c */
#include <stdio.h>
#include <stdlib.h>
#include <unistd.h>
#include <errno.h>
#include <pthread.h>
#define BUF 255

struct data {
   FILE *fz;
   char filename[BUF];
   pthread_mutex_t mutex;
};

static void thread_schreiben(void *arg) {
   char string[BUF];
   struct data *d=(struct data *)arg;

   printf("Bitte Eingabe machen: ");
   fgets(string, BUF, stdin);
   fputs(string, d->fz);
   fflush(d->fz);

   /* Mutex wieder freigeben */
   pthread_mutex_unlock( &d->mutex );
   /* Thread-Ende */
   pthread_exit((void *)pthread_self());
}

static void thread_lesen(void *arg) {
   char string[BUF];
   struct data *d=(struct data *)arg;

   /* Mutex sperren */
   while( (pthread_mutex_trylock( &d->mutex )) == EBUSY) {
      sleep(10);
      printf("Lese-Thread wartet auf Arbeit ...\n");
      printf("Bitte Eingabe machen: ");
      fflush(stdout);
   }
```

```
   rewind(d->fz);
   fgets(string, BUF, d->fz);
   printf("Ausgabe Thread %ld: ", pthread_self());
   fputs(string, stdout);
   fflush(stdout);
   /* Mutex wieder freigeben */
   pthread_mutex_unlock( &d->mutex );
   /* Thread-Ende */
   pthread_exit((void *)pthread_self());
}

int main (void) {
   static pthread_t th1, th2;
   static int ret1, ret2;
   struct data *d;

   /* Speicher für die Struktur reservieren */
   d = malloc(sizeof(struct data));
   if(d == NULL) {
      printf("Konnte keinen Speicher reservieren ...!\n");
      exit(EXIT_FAILURE);
   }

   printf("->Haupt-Thread (ID:%ld) gestartet ...\n",
      pthread_self());

   strncpy(d->filename, "testfile", BUF);
   d->fz = fopen( d->filename, "w+" );
   if( d->fz == NULL ) {
      printf("Konnte Datei %s nicht öffnen\n", d->filename);
      exit(EXIT_FAILURE);
   }

   /* Mutex initialisieren */
   pthread_mutex_init( &d->mutex, NULL );
   /* Mutex sperren */
   pthread_mutex_lock( &d->mutex );

   /* Threads erzeugen */
   if(pthread_create (&th1,NULL,&thread_schreiben,d) != 0) {
      fprintf (stderr, "Konnte keinen Thread erzeugen\n");
      exit (EXIT_FAILURE);
   }
```

```
   /* Threads erzeugen */
   if (pthread_create (&th2,NULL, &thread_lesen, d) != 0) {
      fprintf (stderr, "Konnte keinen Thread erzeugen\n");
      exit (EXIT_FAILURE);
   }
   pthread_join(th1, &ret1);
   pthread_join(th2, &ret2);

   /* Dynamisch angelegten Mutex löschen */
   pthread_mutex_destroy( &d->mutex );

   printf("<-Thread %ld fertig\n", th1);
   printf("<-Thread %ld fertig\n", th1);
   printf("<-Haupt-Thread (ID:%ld) fertig ...\n",
      pthread_self());
   return EXIT_SUCCESS;
}
```

Das Programm bei der Ausführung zu zeigen können wir uns hier sparen, da es exakt dem Beispiel *thread6.c* entspricht, nur dass hierbei eben ein dynamischer Mutex statt eines statischen verwendet wurde.

Mutex-Attribute

Mit den folgenden Funktionen können Sie Mutex-Attribute verändern oder abfragen:

```
#include <pthread.h>

int pthread_mutexattr_init( pthread_mutexattr_t *attr );
int pthread_mutexattr_destroy( pthread_mutexattr_t *attr );
int pthread_mutexattr_settype( pthread_mutexattr_t *attr,
                               int kind );
int pthread_mutexattr_gettype(
   const  pthread_mutexattr_t  *attr,   int *kind );
```

Mit dem Mutex-Attribut legen Sie fest, was passiert, wenn ein Thread versuchen sollte, einen Mutex nochmals zu sperren, obwohl dieser bereits mit `pthread_mutex_lock()` gesperrt wurde. Mit der Funktion `pthread_mutexattr_init()` initialisieren Sie zunächst das Mutex-Attributobjekt `attr`. Zunächst wird hierbei die Standardeinstellung (`PTHREAD_MUTEX_FAST_NP`) verwendet. Ändern können Sie dieses Attribut mit `pthread_mutexattr_settype()`. Damit setzen Sie die Attribute des Mutex-Attributobjekts auf `kind`. Folgende Konstanten können Sie hierbei für `kind` verwenden:

- `PTHREAD_MUTEX_FAST_NP` (Standardeinstellung) – `pthread_mutex_lock()` blockiert den aufrufenden Thread für immer. Also ein Deadlock.
- `PTHREAD_MUTEX_RECURSIVE_NP` – `pthread_mutex_lock()` blockiert nicht und kehrt sofort erfolgreich zurück. Wird ein Thread mit diesem Mutex gesperrt, so wird ein Zähler für jede Sperrung um den Wert 1 erhöht. Damit die Sperrung eines rekursiven Mutex aufgehoben wird, muss dieser ebenso oft freigegeben werden, wie er gesperrt wurde.
- `PTHREAD_MUTEX_ERRORCHECK_NP` – `pthread_mutex_lock()` kehrt sofort wieder mit dem Fehlercode `EDEADLK` zurück, also ähnlich wie mit `pthread_mutex_trylock()`, nur dass hier eben `EBUSY` zurückgegeben wird.

Hinweis

Da die Variablen hierbei mit dem Suffix `_NP` (*non-portable*) verbunden sind, sind sie nicht mit dem POSIX-Standard vereinbar und somit nicht für portable Programme geeignet.

12.5.2 Condition-Variablen (Bedingungsvariablen)

Bedingungsvariablen werden dazu verwendet, auf das Eintreffen einer bestimmten Bedingung zu warten bzw. die Erfüllung oder den Eintritt einer Bedingung zu zeigen. Bedingungsvariablen werden außerdem mit den Mutexen verknüpft. Dabei wird beim Warten auf eine Bedingung eine Sperre zu einem mit ihr verknüpften Mutex freigegeben (natürlich musste zuvor eine Sperre auf den Mutex erfolgt sein).

Andersherum sollte vor einem Eintreffen einer Bedingung eine Sperre auf den verknüpften Mutex erfolgen, sodass nach dem Warten auf diesen Mutex auch die Sperre auf den Mutex wieder vorhanden ist. Erfolgte keine Sperre vor dem Signal, wartet ein Thread wieder, bis eine Sperre auf den Mutex möglich ist.

Statische Bedingungsvariablen

Für die Bedingungsvariablen wird der Datentyp `pthread_cont_t` verwendet. Damit eine solche Bedingungsvariable überhaupt als statisch definiert ist, muss sie mit der Konstante `PTHREAD_COND_INITIALIZER` initialisiert werden.

Hier sehen Sie die Funktionen, mit deren Hilfe Sie mit Condition-Variablen operieren können:

```
#include <pthread.h>

int pthread_cond_signal( pthread_cond_t *cond );
int pthread_cond_broadcast( pthread_cond_t *cond );
int pthread_cond_wait( pthread_cond_t *cond,
                       pthread_mutex_t *mutex );
```

```
int pthread_cond_timedwait( pthread_cond_t   *cond,
                            pthread_mutex_t *mutex,
                            const struct timespec *abstime);
```

Bevor Sie zunächst die Funktion pthread_cond_wait() verwenden, müssen Sie beim aufrufenden Thread den Mutex mutex sperren. Mit einem anschließenden pthread_cond_wait() wird der Mutex dann freigegeben, und der Thread wird mit der Bedingungsvariablen cond so lange blockiert, bis eine bestimmte Bedingung eintritt. Bei einem erfolgreichen Aufruf von pthread_cond_wait() wird auch für den Mutex automatisch die Sperre wieder eingerichtet – oder es herrscht einfach wieder derselbe Zustand wie vor dem pthread_cond_wait-Aufruf.

Threads, die auf die Bedingungsvariable cond warten, können Sie mit phtread_cond_signal() wieder aufwecken und weiter ausführen. Bei mehreren Threads, die auf die Bedingungsvariable cond warten, bekommt der Thread mit der höchsten Priorität den Zuschlag.

Wollen Sie hingegen alle Threads aufwecken, die auf die Bedingungsvariable cond warten, können Sie die Funktion pthread_cond_signal() verwenden.

Natürlich gibt es auch noch eine Funktion, mit der Sie – im Gegensatz zu phtread_cond_wait() – nur eine gewisse Zeit auf die Bedingungsvariable cond warten, bevor sie zum aufrufenden Thread zurückkehrt und wieder automatisch die Sperre von Mutex einrichtet. Das ist die Funktion pthread_cond_timewait(). Als Zeit können Sie hierbei abstime verwenden, womit Sie eine absolute Zeit in Sekunden und Nanosekunden angeben, die seit dem 1.1.1970 vergangen sind.

```
struct timespec {
   time_t tv_sec;   // Sekunden
   long   tv_nsec;  // Nanosekunden
};
```

Hierzu folgt ein recht einfaches Beispiel, das nur die Funktionalität von Bedingungsvariablen und vor allem deren Verwendung demonstriert:

```
/* thread9.c */
#include <stdio.h>
#include <pthread.h>
#include <unistd.h>
#include <stdlib.h>


#define THREAD_MAX 3

pthread_mutex_t mutex=PTHREAD_MUTEX_INITIALIZER;
pthread_cond_t cond = PTHREAD_COND_INITIALIZER;
```

```
static void *threads (void *arg) {
   printf("\t->Thread %ld wartet auf Bedingung\n",
      pthread_self());

   pthread_mutex_lock(&mutex);
   pthread_cond_wait(&cond, &mutex);

   printf("\t->Thread %ld hat Bedingung erhalten\n",
      pthread_self());

   printf("\t->Thread %ld: Sende wieder die "
          "Bedingungsvariable\n", pthread_self());
   pthread_cond_signal(&cond);
   pthread_mutex_unlock(&mutex);
   return NULL;
}

int main (void) {
   int i;
   pthread_t th[THREAD_MAX];

   printf("->Main-Thread %ld gestartet\n", pthread_self());
   for(i=0; i<THREAD_MAX; i++)
      if (pthread_create (&th[i],NULL, &threads, NULL)!=0) {
         printf ("Konnte keinen Thread erzeugen\n");
         exit (EXIT_FAILURE);
      }
   printf("->Main-Thread: habe soeben %d Threads erzeugt\n",
      THREAD_MAX);

   /* Kurz ruhig legen, damit der Main-Thread als Erstes die
    * Bedingungsvariable sendet */
   sleep(1);
   printf("->Main-Thread: Sende die Bedingungsvariable\n");
   pthread_cond_signal(&cond);

   for(i=0; i<THREAD_MAX; i++)
      pthread_join (th[i], NULL);
   printf("->Main-Thread %ld beendet\n", pthread_self());
   pthread_exit(NULL);
}
```

Das Programm bei der Ausführung:

```
$ gcc -o thread9 thread9.c -pthread
$ ./thread9
->Main-Thread -1209416608 gestartet
->Main-Thread: habe soeben 3 Threads erzeugt
        ->Thread -1209418832 wartet auf Bedingung
        ->Thread -1217811536 wartet auf Bedingung
        ->Thread -1226204240 wartet auf Bedingung
->Main-Thread: Sende die Bedingungsvariable
        ->Thread -1209418832 hat Bedingung erhalten
        ->Thread -1209418832: Sende wieder die Bedingungsvariable
        ->Thread -1217811536 hat Bedingung erhalten
        ->Thread -1217811536: Sende wieder die Bedingungsvariable
        ->Thread -1226204240 hat Bedingung erhalten
        ->Thread -1226204240: Sende wieder die Bedingungsvariable
->Main-Thread -1209416608 beendet
```

Sie sehen an diesem Beispiel, dass eine Kettenreaktion der weiteren Threads entsteht, sobald der Haupt-Thread eine Bedingungsvariable »sendet«. Hier werden die Threads so abgearbeitet, wie sie in der Queue angelegt wurden.

Im folgenden Beispiel wartet der Thread Nummer 2 auf die Condition-Variable von Thread 1. Thread 1 weist einem globalen Zahlenarray `werte` zehn Werte zu, die Thread 2 anschließend berechnet. Dies ist natürlich auch wieder ein primitives Beispiel und soll nur die Funktion von Condition-Variablen demonstrieren.

```c
/* thread10.c */
#include <stdio.h>
#include <pthread.h>
#include <unistd.h>
#include <stdlib.h>

static int werte[10];
pthread_mutex_t mutex=PTHREAD_MUTEX_INITIALIZER;
pthread_cond_t cond = PTHREAD_COND_INITIALIZER;

static void thread1 (void *arg) {
   int ret, i;

   printf ("\t->Thread %ld gestartet ...\n",
      pthread_self ());
   sleep (1);
   ret = pthread_mutex_lock (&mutex);
```

```
   if (ret != 0) {
      printf ("Fehler bei lock in Thread:%ld\n",
         pthread_self());
      exit (EXIT_FAILURE);
   }

   /* Kritischer Codeabschnitt */
   for (i = 0; i < 10; i++)
      werte[i] = i;
   /* Kritischer Codeabschnitt Ende */

   printf ("\t->Thread %ld sendet Bedingungsvariable\n",
      pthread_self());
   pthread_cond_signal (&cond);

   ret = pthread_mutex_unlock (&mutex);
   if (ret != 0) {
      printf ("Fehler bei unlock in Thread: %ld\n",
         pthread_self ());
      exit (EXIT_FAILURE);
   }
   printf ("\t->Thread %ld ist fertig\n",pthread_self());
   pthread_exit ((void *) 0);
}

static void thread2 (void *arg) {
   int i;
   int summe = 0;

   printf ("\t->Thread %ld wartet auf Bedingungsvariable\n",
      pthread_self ());
   pthread_cond_wait (&cond, &mutex);
   printf ("\t->Thread %ld gestartet ...\n",
      pthread_self ());
   for (i = 0; i < 10; i++)
      summe += werte[i];
   printf ("\t->Thread %ld fertig\n",pthread_self());
   printf ("Summe aller Zahlen beträgt: %d\n", summe);
   pthread_exit ((void *) 0);
}

int main (void) {
   pthread_t th[2];
```

12

```
    printf("->Main-Thread %ld gestartet\n", pthread_self());

    pthread_create (&th[0], NULL, thread1, NULL);
    pthread_create (&th[1], NULL, thread2, NULL);

    pthread_join (th[0], NULL);
    pthread_join (th[1], NULL);

    printf("->Main-Thread %ld beendet\n", pthread_self());
    return EXIT_SUCCESS;
}
```

Das Programm bei der Ausführung:

```
$ gcc -o thread10 thread10.c -pthread
$ ./thread10
->Main-Thread -1209416608 gestartet
        ->Thread -1209418832 gestartet ...
        ->Thread -1217811536 wartet auf Bedingungsvariable
        ->Thread -1209418832 sendet Bedingungsvariable
        ->Thread -1209418832 ist fertig
        ->Thread -1217811536 gestartet ...
        ->Thread -1217811536 fertig
Summe aller Zahlen beträgt: 45
->Main-Thread -1209416608 beendet
```

Hinweis

In diesem und auch in vielen anderen Beispielen haben wir das eine oder andere Mal auf eine Fehlerüberprüfung verzichtet, was Sie in der Praxis natürlich tunlichst vermeiden sollten. Allerdings würde ein »perfekt« geschriebenes Programm zu viele Buchseiten in Anspruch nehmen.

Dynamische Bedingungsvariablen

Natürlich können Sie Bedingungsvariablen auch dynamisch anlegen, wie dies häufig mit Datenstrukturen der Fall ist. Hierzu stehen Ihnen die folgenden Funktionen zur Verfügung:

```
#include <pthread.h>

int pthread_cond_init( pthread_cond_t *cond,
                       pthread_condattr_t *cond_attr );
int pthread_cond_destroy( pthread_cond_t *cond );
```

Mit pthread_cond_init() initialisieren Sie die Bedingungsvariable cond mit den über attr festgelegten Attributen (hierauf gehen wir im nächsten Abschnitt ein). Verwenden Sie für attr NULL, werden die standardmäßig voreingestellten Bedingungsvariablen verwendet. Freigeben können Sie die dynamisch angelegte Bedingungsvariable cond wieder mit der Funktion pthread_cond_destroy().

Hier sehen Sie dasselbe Beispiel wie schon bei *thread10.c* zuvor, nur eben als dynamische Variante:

```
/* thread11.c */
#include <stdio.h>
#include <pthread.h>
#include <unistd.h>
#include <stdlib.h>

struct data {
   int werte[10];
   pthread_mutex_t mutex;
   pthread_cond_t cond;
};

static void thread1 (void *arg) {
   struct data *d=(struct data *)arg;
   int ret, i;

   printf ("\t->Thread %ld gestartet ...\n",
      pthread_self ());
   sleep (1);
   ret = pthread_mutex_lock (&d->mutex);
   if (ret != 0) {
      printf ("Fehler bei lock in Thread:%ld\n",
         pthread_self());
      exit (EXIT_FAILURE);
   }

   /* Kritischer Codeabschnitt */
   for (i = 0; i < 10; i++)
      d->werte[i] = i;
   /* Kritischer Codeausbschnitt Ende */

   printf ("\t->Thread %ld sendet Bedingungsvariable\n",
      pthread_self());
   pthread_cond_signal (&d->cond);
```

```
   ret = pthread_mutex_unlock (&d->mutex);
   if (ret != 0) {
      printf ("Fehler bei unlock in Thread: %ld\n",
         pthread_self ());
      exit (EXIT_FAILURE);
   }
   printf ("\t->Thread %ld ist fertig\n", pthread_self());
   pthread_exit ((void *) 0);
}

static void thread2 (void *arg) {
   struct data *d=(struct data *)arg;
   int i;
   int summe = 0;

   printf ("\t->Thread %ld wartet auf Bedingungsvariable\n",
      pthread_self ());
   pthread_cond_wait (&d->cond, &d->mutex);
   printf ("\t->Thread %ld gestartet ...\n",
      pthread_self ());
   for (i = 0; i < 10; i++)
      summe += d->werte[i];
   printf ("\t->Thread %ld fertig\n",pthread_self());
   printf ("Summe aller Zahlen beträgt: %d\n", summe);
   pthread_exit ((void *) 0);
}

int main (void) {
   pthread_t th[2];
   struct data *d;

   /* Speicher für die Struktur reservieren */
   d = malloc(sizeof(struct data));
   if(d == NULL) {
      printf("Konnte keinen Speicher reservieren ...!\n");
      exit(EXIT_FAILURE);
   }

   /* Bedingungsvariablen initialisieren */
   pthread_cond_init(&d->cond, NULL);

   printf("->Main-Thread %ld gestartet\n", pthread_self());
```

```
   pthread_create (&th[0], NULL, thread1, d);
   pthread_create (&th[1], NULL, thread2, d);

   pthread_join (th[0], NULL);
   pthread_join (th[1], NULL);

   /* Bedingungsvariable freigeben */
   pthread_cond_destroy(&d->cond);

   printf("->Main-Thread %ld beendet\n", pthread_self());
   return EXIT_SUCCESS;
}
```

Hierzu folgt noch ein typisches Anwendungsbeispiel. Wir simulieren ein Programm, das Daten empfängt, und erzeugen dabei zwei Threads. Jeder dieser beiden Threads wird mit pthread_cond_wait() in einen Wartezustand geschickt und wartet auf das Signal pthread_cond_signal() vom Haupt-Thread – ein einfaches Client-Server-Prinzip also. Der Haupt-Thread simuliert dann, er würde zwei Datenpakete an einen Client-Thread verschicken. Der Client-Thread simuliert anschließend, er würde die Datenpakete bearbeiten. Im Beispiel wurden statische Bedingungsvariablen verwendet. Die Ausgabe und der Ablauf des Programms sollten den Sachverhalt außerdem von selbst erklären:

```
/* thread12.c */
#define _MULTI_THREADED
#include <pthread.h>
#include <stdio.h>
#include <stdlib.h>
#include <unistd.h>
#define NUMTHREADS 2

static void checkResults (const char *string, int val) {
   if (val) {
      printf ("Fehler mit %d bei %s", val, string);
      exit (EXIT_FAILURE);
   }
}


static pthread_mutex_t dataMutex =
   PTHREAD_MUTEX_INITIALIZER;
static pthread_cond_t DatenVorhandenCondition =
   PTHREAD_COND_INITIALIZER;
static int DatenVorhanden = 0;
```

```
static int geteilteDaten  = 0;

static void *theThread (void *parm) {
   int rc;
   // Datenpaket in zwei Verarbeitungsschritten
   int retries = 2;

   printf ("\t->Client %ld: gestartet\n", pthread_self ());
   rc = pthread_mutex_lock (&dataMutex);
   checkResults ("pthread_mutex_lock()\n", rc);

   while (retries--) {
      while (!DatenVorhanden) {
         printf ("\t->Client %ld: Warte auf Daten ...\n",
            pthread_self ());
         rc = pthread_cond_wait ( &DatenVorhandenCondition,
                                  &dataMutex);
         if (rc) {
            printf ("Client %ld: pthread_cond_wait()"
                    " Fehler rc=%d\n", rc, pthread_self ());
            pthread_mutex_unlock (&dataMutex);
            exit (EXIT_FAILURE);
         }
      }
      printf("\t->Client %ld: Daten wurden gemeldet --->\n"
             "\t----> Bearbeite die Daten, solange sie "
             "geschützt sind (lock)\n", pthread_self ());
      if (geteilteDaten == 0) {
         DatenVorhanden = 0;
      }
   }//Ende while(retries--)

   printf ("Client %ld: Alles erledigt\n",
      pthread_self ());
   rc = pthread_mutex_unlock (&dataMutex);
   checkResults ("pthread_mutex_unlock()\n", rc);
   return NULL;
}

int main (int argc, char **argv) {
   pthread_t thread[NUMTHREADS];
   int rc = 0;
   // Gesamtanzahl der Datenpakete
```

```
   int anzahlDaten = 4;
   int i;
   printf ("->Main-Thread %ld gestartet ...\n");
   for (i = 0; i < NUMTHREADS; ++i) {
      rc=pthread_create (&thread[i], NULL, theThread, NULL);
      checkResults ("pthread_create()\n", rc);
   }

   /* Server-Schleife */
   while (anzahlDaten--) {
      sleep (3); // Eine Bremse zum "Mitverfolgen"
      printf ("->Server: Daten gefunden\n");

      /* Schütze geteilte (shared) Daten und Flags */
      rc = pthread_mutex_lock (&dataMutex);
      checkResults ("pthread_mutex_lock()\n", rc);
      printf ("->Server: Sperre die Daten und gib eine "
              "Meldung an Consumer\n");
      ++geteilteDaten;      /* Füge "shared" Daten hinzu  */
      DatenVorhanden = 1;   /* ein vorhandenes Datenpaket */
      /* Client wieder aufwecken */
      rc = pthread_cond_signal (&DatenVorhandenCondition);
      if (rc) {
         pthread_mutex_unlock (&dataMutex);
         printf ("Server: Fehler beim Aufwecken von "
                 "Client, rc=%d\n", rc);
         exit (EXIT_FAILURE);
      }
      printf("->Server: Gibt die gesperrten Daten"
             " wieder frei\n");
      rc = pthread_mutex_unlock (&dataMutex);
      checkResults ("pthread_mutex_lock()\n", rc);
   }//Ende while(anzahlDaten--)

   for (i = 0; i < NUMTHREADS; ++i) {
      rc = pthread_join (thread[i], NULL);
      checkResults ("pthread_join()\n", rc);
   }
   printf ("->Main-Thread ist fertig\n");
   return EXIT_SUCCESS;
}
```

Das Programm bei der Ausführung:

```
$ gcc -o thread12 thread12.c -pthread
$ ./thread12
->Main-Thread -1073743916 gestartet...
        ->Client -1209418832: gestartet
        ->Client -1209418832: Warte auf Daten ...
        ->Client -1217811536: gestartet
        ->Client -1217811536: Warte auf Daten ...
->Server: Daten gefunden
->Server: Sperre die Daten und gib eine Meldung an Consumer
->Server: Gibt die gesperrten Daten wieder frei
        ->Client -1209418832: Daten wurden gemeldet --->
        ----> Bearbeite die Daten, solange sie geschützt sind (lock)
        ->Client -1209418832: Daten wurden gemeldet --->
        ----> Bearbeite die Daten, solange sie geschützt sind (lock)
Client -1209418832: Alles erledigt
->Server: Daten gefunden
->Server: Sperre die Daten und gib eine Meldung an Consumer
->Server: Gibt die gesperrten Daten wieder frei
        ->Client -1217811536: Daten wurden gemeldet --->
        ----> Bearbeite die Daten, solange sie geschützt sind (lock)
        ->Client -1217811536: Daten wurden gemeldet --->
        ----> Bearbeite die Daten, solange sie geschützt sind (lock)
Client -1217811536: Alles erledigt
->Server: Daten gefunden
->Server: Sperre die Daten und gib eine Meldung an Consumer
->Server: Gibt die gesperrten Daten wieder frei
->Server: Daten gefunden
->Server: Sperre die Daten und gib eine Meldung an Consumer
->Server: Gibt die gesperrten Daten wieder frei
->Main-Thread ist fertig
```

Condition-Variablen-Attribute

Für die Attribute von Bedingungsvariablen stehen Ihnen folgende Funktionen zur Verfügung:

```
#include <pthread.h>

int pthread_condattr_init( pthread_condattr_t *attr );
int pthread_condattr_destroy( pthread_condattr_t *attr );
```

Allerdings machen diese Funktionen noch keinen Sinn, da Linux-Threads noch keine Attribute für Bedingungsvariablen anbieten. Diese Funktionen wurden dennoch implementiert, um den POSIX-Standard zu erfüllen.

12.5.3 Semaphore

Threads können auch mit Semaphoren synchronisiert werden. Wie Sie bereits in Kapitel 11, »IPC – Interprozesskommunikation«, erfahren haben, sind Semaphore nichts anderes als nicht negative Zählvariablen, die man beim Eintritt in einen kritischen Bereich dekrementiert und beim Verlassen wieder inkrementiert. Hierzu stehen Ihnen folgende Funktionen zur Verfügung:

```
#include <semaphore.h>

int sem_init( sem_t *sem, int pshared, unsigned int value );
int sem_wait( sem_t * sem );
int sem_trywait( sem_t * sem );
int sem_post( sem_t * sem );
int sem_getvalue( sem_t * sem, int * sval );
int sem_destroy( sem_t * sem );
```


Alle Funktionen geben bei Erfolg `0` oder bei einem Fehler `-1` zurück. Mit der Funktion `sem_init()` initialisieren Sie das Semaphor `sem` mit dem Anfangswert `value`. Geben Sie für den zweiten Parameter `pshared` einen Wert ungleich `0` an, kann das Semaphor gemeinsam von mehreren Prozessen und deren Threads verwendet werden. Wenn ein Wert gleich `0` verwendet wird, kann das Semaphor nur »lokal« für die Threads des aktuellen Prozesses verwendet werden.

Die Funktion `sem_wait()` wird zum Suspendieren eines aufrufenden Threads verwendet. `sem_wait()` wartet so lange, bis der Zähler `sem` einen Wert ungleich `0` besitzt. Sobald der Wert von `sem` ungleich `0` ist, also z. B. um 1 inkrementiert wurde, kann der suspendierende Thread mit seiner Ausführung fortfahren. Des Weiteren dekrementiert `sem_wait`, wenn diese Funktion »aufgeweckt« wurde, den Zähler des Semaphors wieder um 1. Im Gegensatz zu `sem_wait()` blockiert `sem_trywait()` nicht, wenn `sem` gleich `0` ist, und kehrt sofort mit dem Rückgabewert `-1` zurück.

Den Zähler des Semaphors `sem` können Sie mit der Funktion `sem_post()` um 1 erhöhen. Wollen Sie also einen anderen Thread aufwecken, der mit `sem_wait()` suspendiert wurde, müssen Sie nur `sem_post()` aus einem anderen Thread aufrufen. `sem_post()` ist eine nicht blockierende Funktion.

Wollen Sie überprüfen, welchen Wert das Semaphor gerade hat, können Sie die Funktion `sem_getvalue()` verwenden. Mit der Funktion `sem_destroy()` löschen Sie das Semaphor `sem` wieder.

Das folgende Beispiel entspricht dem Listing *thread10.c*, nur dass hier anstatt Bedingungsvariablen und Mutexen eben ein Semaphor verwendet wird. Mithilfe der Semaphore lässt sich eine Synchronisation (unserer Meinung nach) erheblich einfacher realisieren.

```
/* thread13.c */
#include <stdio.h>
#include <pthread.h>
#include <unistd.h>
#include <stdlib.h>
#include <semaphore.h>

static int werte[10];
sem_t sem;

static void thread1 (void *arg) {
   int ret, i, val;

   printf ("\t->Thread %ld gestartet ...\n",
      pthread_self ());

   /* Kritischer Codeabschnitt */
   for (i = 0; i < 10; i++)
      werte[i] = i;
   /* Kritischer Codeausschnitt Ende */

   /* Semaphor um 1 inkrementieren */
   sem_post(&sem);
   /* Aktuellen Wert ermitteln */
   sem_getvalue(&sem, &val);
   printf("\t->Semaphor inkrementiert (Wert: %d)\n", val);

   printf ("\t->Thread %ld ist fertig\n\n",pthread_self());
   pthread_exit ((void *) 0);
}

static void thread2 (void *arg) {
   int i;
   int summe = 0;

   /* Semaphor suspendiert, bis der Wert ungleich 0 ist */
   sem_wait(&sem);

   printf ("\t->Thread %ld gestartet ...\n",
```

```
      pthread_self ());
   for (i = 0; i < 10; i++)
      summe += werte[i];

   printf ("\t->Summe aller Zahlen beträgt: %d\n", summe);
   printf ("\t->Thread %ld fertig\n\n",pthread_self());
   pthread_exit ((void *) 0);
}

int main (void) {
   pthread_t th[2];
   int val;

   printf("->Main-Thread %ld gestartet\n", pthread_self());
   /* Semaphor initialisieren */
   sem_init(&sem, 0, 0);
   /* Aktuellen Wert abfragen */
   sem_getvalue(&sem, &val);
   printf("->Semaphor initialisiert (Wert: %d)\n\n", val);

   /* Mit Absicht andersherum */
   pthread_create (&th[1], NULL, thread2, NULL);
   pthread_create (&th[0], NULL, thread1, NULL);

   pthread_join (th[0], NULL);
   pthread_join (th[1], NULL);

   /* Aktuellen Wert abfragen */
   sem_getvalue(&sem, &val);
   printf("->Semaphor (Wert: %d)\n", val);
   /* Semphor löschen */
   sem_destroy(&sem);
   printf("->Semaphor gelöscht\n");
   printf("->Main-Thread %ld beendet\n", pthread_self());
   return EXIT_SUCCESS;
}
```

Das Programm bei der Ausführung:

```
$ gcc -o thread13 thread13.c -pthread
$ ./thread13
->Main-Thread -1209416608 gestartet
->Semaphor initialisiert (Wert: 0)
```

```
        ->Thread -1217811536 gestartet ...
        ->Thread -1209418832 gestartet ...
        ->Summe aller Zahlen beträgt: 45
        ->Thread -1209418832 fertig

        ->Semaphor inkrementiert (Wert: 0)
        ->Thread -1217811536 ist fertig

->Semaphor (Wert: 0)
->Semaphor gelöscht
->Main-Thread -1209416608 beendet
```

12.5.4 Weitere Synchronisationstechniken im Überblick

Neben den hier vorgestellten Synchronisationsmechanismen bietet die phtread-Bibliothek Ihnen noch drei weitere an, auf die wir hier allerdings nur kurz eingehen:

- *RW-Locks* – Mit RW-Locks (Read-Write-Locks) können Sie es einrichten, dass mehrere Threads aus einem (shared) Datenbereich lesen, aber nur ein Thread zum selben Zeitpunkt darin etwas schreiben darf (*one-writer, many-readers*). Alle Funktionen dazu beginnen mit dem Präfix `pthread_rwlock_`.
- *Barrier* – Als Barrier bezeichnet man einen Punkt, der als (unüberwindbare) Barriere verwendet wird, die erst überwunden werden kann, wenn eine bestimmte Anzahl von Threads diese Barriere erreicht. Das funktioniert nach dem Prinzip der hohen Mauer bei den Pfadfindern, die man nur im Team (mit einer gewissen Anzahl von Personen) überwinden kann. Solange eine gewisse Anzahl von Threads nicht vorhanden ist, müssen eben alle Threads vor der Barriere warten. Soll z. B. ein bestimmter Thread erst ausgeführt werden, wenn viele andere Threads parallel mehrere Teilaufgaben erledigt haben, sind Barriers eine prima Synchronisationsmöglichkeit. Alle Funktionen zu den Barriers beginnen mit dem Präfix `pthread_barrier_`.
- *Spinlocks* – Spinlocks sind nur für Multiprozessorsysteme interessant. Das Prinzip ist dasselbe wie bei den Mutexen, nur dass – anders als bei den Mutexen – ein Thread, der auf einen Spinlock wartet, nicht die CPU freigibt, sondern eine sogenannte *Busy Loop* (Schleife) ausführt, bis der Spinlock frei ist. Dadurch bleibt Ihnen ein Kontextwechsel (*Context Switch*) erspart. Bei einem Kontextwechsel wird der Thread blockiert, und alle Informationen, die für das Weiterlaufen benötigt werden, müssen gespeichert werden. Wenn Sie viele Kontextwechsel in Ihrem Programm haben, ist dies eine Menge eingesparter Zeit, die man mit Spinlocks gewinnen kann. Alle Funktionen zu den Spinlocks beginnen mit dem Präfix `pthread_spin_`.

12.6 Threads abbrechen (canceln)

Wird ein Thread abgebrochen bzw. beendet, wurde bisher auch der komplette Thread beendet. Doch auch hierbei ist es möglich, auf eine Abbruchaufforderung zu reagieren. Hierzu sind drei Möglichkeiten vorhanden:

- PTHREAD_CANCEL_DISABLE – Damit legen Sie fest, dass ein Thread nicht abbrechbar ist. Dennoch bleiben Abbruchaufforderungen von anderen Threads nicht unbeachtet. Diese bleiben bestehen, und es kann gegebenenfalls darauf reagiert werden, wenn man den Thread mittels PTHREAD_CANCEL_ENABLE wieder in einen abbrechbaren Zustand versetzt.
- PTHREAD_CANCEL_DEFERRED – Diese Abbruchmöglichkeit ist die Standardeinstellung bei den Threads. Bei einem Abbruch fährt der Thread so lange fort, bis der nächste Abbruchpunkt erreicht wurde. Man spricht von einem »verzögerten« Abbruchpunkt. Einen solchen »Abbruchpunkt« stellten unter anderem Funktionen wie pthread_cond_wait(), pthread_cond_timewait(), pthread_join(), pthread_testcancel(), sem_wait(), sigwait(), open(), close(), read(), write() und noch viele weitere mehr dar.
- PTHREAD_CANCEL_ASYNCHRONOUS – Mit dieser Option wird der Thread gleich nach dem Eintreffen einer Abbruchaufforderung beendet. Hierbei handelt es sich um einen asynchronen Abbruch.

Im Folgenden sehen Sie die Funktionen, mit denen Sie einem anderen Thread einen Abbruch senden können, und Sie lernen, wie Sie die Abbruchmöglichkeiten selbst festlegen:

```
#include <pthread.h>

int pthread_cancel( pthread_t thread );
int pthread_setcancelstate( int state, int *oldstate );
int pthread_setcanceltype( int type, int *oldtype );
void pthread_testcancel( void );
```

Mit der Funktion pthread_cancel() schicken Sie dem Thread mit der ID thread eine Abbruchaufforderung. Ob der Thread gleich abbricht oder erst beim nächsten Abbruchpunkt, hängt davon ab, ob hier PTHREAD_CANCEL_DEFERRED (Standard) oder PTHREAD_CANCEL_ASYNCHRONOUS verwendet wird. Bevor sich der Thread beendet, werden noch – falls sie verwendet wurden – alle Exit-Handler-Funktionen ausgeführt.

Mit der Funktion pthread_setcancelstate() legen Sie fest, ob der Thread auf eine Abbruchaufforderung reagieren soll (PTHREAD_CANCEL_ENABLE = Default) oder nicht (PTHREAD_CANCEL_DISABLE). Im zweiten Parameter oldstate können Sie den zuvor eingestellten Wert für den Thread in der übergebenen Adresse sichern – oder, falls dieser Parameter nicht benötigt wird, NULL angeben.

Die Funktion pthread_setcanceltype() hingegen legt über den Parameter type fest, ob der Thread verzögert (PTHREAD_CANCEL_DEFERRED = Default) oder asynchron (PTHREAD_CANCEL_

ASYNCHRONOUS) beendet werden soll. Auch hier können Sie den alten Zustand des Threads in der Adresse oldtype sichern oder NULL verwenden.

Mit der Funktion pthread_testcancel() können Sie überprüfen, ob eine Abbruchaufforderung anliegt. Lag eine Abbruchbedingung vor, dann wird der Thread tatsächlich auch beendet. Sie können damit praktisch auch einen eigenen Abbruchpunkt festlegen.

Zunächst zeigen wir ein einfaches Beispiel zu pthread_cancel():

```
/* thread14.c */
#include <stdio.h>
#include <pthread.h>
#include <stdlib.h>
#include <time.h>

pthread_t t1, t2, t3;
static int zufallszahl;

static void cancel_test1 (void) {
   /* Pseudo-Synchronisation, damit nicht ein Thread
      beendet wird, der noch gar nicht läuft. */
    sleep(1);
   if (zufallszahl > 25) {
      pthread_cancel (t3);
      printf ("(%d) : Thread %ld beendet %ld\n",
         zufallszahl, pthread_self(), t3);
   printf ("%ld zuende\n", pthread_self());
   pthread_exit ((void *) 0);

  }
}

static void cancel_test2 (void) {
   sleep(1);  // Pseudo-Synchronisation
   if (zufallszahl <= 25) {
      pthread_cancel (t2);
      printf ("(%d) : Thread %ld beendet %ld\n",
         zufallszahl, pthread_self(), t2);
     printf ("%ld zuende\n", pthread_self());
     pthread_exit ((void *) 0);

    }
}
```

```
static void zufall (void) {
  srand (time (NULL));
  zufallszahl = rand () % 50;
  pthread_exit (NULL);
}
int main (void) {
   if ((pthread_create (&t1, NULL, zufall, NULL)) != 0) {
      fprintf (stderr, "Fehler bei pthread_create ...\n");
      exit (EXIT_FAILURE);
   }
   if((pthread_create(&t2, NULL, cancel_test1, NULL))!=0) {
        fprintf (stderr, "Fehler bei pthread_create...\n");
        exit (EXIT_FAILURE);
   }
   if((pthread_create(&t3, NULL, cancel_test2, NULL))!=0) {
        fprintf (stderr, "Fehler bei pthread_create ...\n");
        exit (EXIT_FAILURE);
  }
  pthread_join (t1, NULL);
  pthread_join (t2, NULL);
  pthread_join (t3, NULL);
  return EXIT_SUCCESS;
}
```

Hier werden drei Threads erzeugt. Einer der Threads erzeugt eine Zufallszahl, die anderen zwei Threads reagieren entsprechend auf diese Zufallszahl. Je nachdem, ob die Zufallszahl kleiner bzw. größer als 25 ist, beendet der eine Thread den anderen mit `pthread_cancel()`. Wenn Sie das Programm ausführen, wird trotzdem, nach Beendigung eines der beiden Threads mit `pthread_cancel()`, zweimal das Folgende ausgegeben:

```
Thread n beendet
```

Wie kann das sein, wo Sie doch mindestens einen Thread beendet haben? Das ist die zweite Bedingung zur Beendigung von Threads, nämlich die Reaktion auf die Abbruchanforderungen. Die Standardeinstellung lautet hier ja `PTHREAD_CANCEL_DEFERRED`. Damit läuft der Thread noch bis zum nächsten Abbruchpunkt, in unserem Fall `pthread_exit()`. Wenn Sie einen Thread sofort abbrechen wollen bzw. müssen, müssen Sie mit `pthread_setcanceltype()` die Konstante `PTHREAD_CANCEL_ASYNCHRONOUS` setzen, z. B. in der `main`-Funktion mit:

```
if ((pthread_setcanceltype( PTHREAD_CANCEL_ASYNCHRONOUS,
                            NULL))!= 0) {
   fprintf(stderr, "Fehler bei pthread_setcanceltype\n");
   exit (EXIT_FAILURE);
}
```

In der Praxis kann man aber von asynchronen Abbrüchen abraten, da sie an jeder Stelle auftreten können. Wird z. B. pthread_mutex_lock() aufgerufen und tritt hier der Abbruch ein, nachdem der Mutex gesperrt wurde, hat man schnell einen Deadlock erzeugt. Einen asynchronen Abbruch sollte man in der Praxis nur verwenden, wenn die Funktion »asynchronsicher« ist, was mit pthread_cancel(), pthread_setcancelstate() und pthread_setcanceltype() nicht allzu viele Funktionen sind. Wenn Sie schon asynchrone Abbrüche verwenden müssen, dann eben immer, wenn ein Thread keine wichtigen Ressourcen beinhaltet, wie reservierten Speicherplatz (Memory Leaks), Sperren etc..

Ein besonders häufiger Anwendungsfall von PTHREAD_CANCEL_DISABLE sind kritische Codebereiche, die auf keinen Fall abgebrochen werden dürfen. Zum Beispiel ist dies sinnvoll bei wichtigen Einträgen in Datenbanken oder bei komplexen Maschinensteuerungen. Am besten realisiert man solche Codebereiche, indem man den kritischen Abschnitt als unabbrechbar einrichtet und gleich danach den alten Zustand wiederherstellt:

```
int oldstate;

/* Thread als unabbrechbar einrichten */
if ((pthread_setcancelstate( PTHREAD_CANCEL_DISABLE, &oldstate))!= 0) {
    fprintf(stderr, "Fehler bei pthread_setcancelstate\n");
    exit (EXIT_FAILURE);
}

/* ------------------------------------------- */
/* Hier kommt der kritische Codebereich rein */
/* ------------------------------------------- */

/* Alten Zustand des Threads wieder herstellen */
if ((pthread_setcancelstate(oldstat, NULL))!= 0) {
    fprintf(stderr, "Fehler bei pthread_setcancelstate\n");
    exit (EXIT_FAILURE);
}
```

Ein einfaches Beispiel hierzu:

```
/* thread15.c */
#include <stdio.h>
#include <pthread.h>
#include <stdlib.h>
#include <time.h>

static void cancel_test (void) {
   int oldstate;
```

```
    /* Thread als unabbrechbar einrichten */
    if ((pthread_setcancelstate( PTHREAD_CANCEL_DISABLE,
                                 &oldstate))!= 0) {
        printf("Fehler bei pthread_setcancelstate\n");
        exit (EXIT_FAILURE);
    }

    printf("Thread %ld im kritischen Codeabschnitt\n",
       pthread_self());
    sleep(5); // 5 Sekunden warten

    /* Alten Zustand des Threads wiederherstellen */
    if ((pthread_setcancelstate(oldstate, NULL))!= 0) {
        printf("Fehler bei pthread_setcancelstate\n");
        exit (EXIT_FAILURE);
    }

    printf("Thread %ld nach dem kritischen Codeabschnitt\n",
       pthread_self());
    pthread_exit ((void *) 0);
}

int main (void) {
   pthread_t t1;
   int *abbruch;

   printf("Main-Thread %ld gestartet\n", pthread_self());

   if((pthread_create(&t1, NULL, cancel_test, NULL)) != 0) {
      fprintf (stderr, "Fehler bei pthread_create ...\n");
      exit (EXIT_FAILURE);
   }
   /* Abbruchaufforderung an den Thread */
   pthread_cancel(t1);
   pthread_join (t1, &abbruch);
   if( abbruch == PTHREAD_CANCELED )
      printf("Thread %ld wurde abgebrochen\n", t1);
   printf("Main-Thread %ld beendet\n", pthread_self());
   return EXIT_SUCCESS;
}
```

Das Programm bei der Ausführung:

```
$ gcc -o thread15 thread15.c -pthread
$ ./thread15
Main-Thread -1209416608 gestartet
Thread -1209418832 im kritischen Codeabschnitt
Thread -1209418832 nach dem kritischen Codeabschnitt
Thread -1209418832 wird abgebrochen
Main-Thread -1209416608 beendet
```

Ohne das Setzen von `PTHREAD_CANCEL_DISABLE` am Anfang des Threads `cancel_test` würde das Beispiel keine fünf Sekunden mehr warten und auch nicht mehr `Thread -1209418832 nach dem kritischen Codeabschnitt` ausgeben – am besten testen Sie dies, indem Sie das Verändern des Cancel-Status auskommentieren oder anstelle von `PTHREAD_CANCEL_DISABLE` die Konstante `PTHREAD_CANCEL_ENABLE` verwenden.

12.7 Erzeugen von Thread-spezifischen Daten (TSD-Data)

Bei einem Aufruf von Funktionen werden die lokalen Daten auf dem Stack abgelegt und auch wieder abgeholt. Bei den Threads kann man ja solch langlebige Daten entweder mit zusätzlichen Argumenten an die einzelnen Threads weitergeben oder aber in globalen Variablen speichern. Wenn Sie aber z. B. vorhaben, eine Bibliothek für den Multithread-Gebrauch zu schreiben, ist dies nicht mehr möglich, da man ja hierbei die Argumentzahl nicht mehr verändern kann, damit auch ältere Programme ohne Threads diese Bibliothek verwenden können. Und weil man auch nicht weiß, wie viele Threads die Bibliotheksfunktionen nutzen werden, kann man nun mal keine Aussage darüber machen, wie groß die globalen Daten sein sollen.

Um das Ganze vielleicht noch etwas einfacher zu erklären: Es ist einfach nicht möglich, dass globale und statische Variablen unterschiedliche Werte in den verschiedenen Threads haben können. Aus diesem Grund wurden sogenannte *Schlüssel* eingeführt – oder auch *thread-spezifische Daten* (kurz *TSD-Data*). Dabei handelt es sich um eine Art Zeiger, der immer auf die Daten verweist, die dem Thread gehören, der eben einen entsprechenden »Schlüssel« benutzt. Beachten Sie allerdings, dass hierbei immer mehrere Threads den gleichen »Schlüssel« benutzen – also hat nicht jeder Thread einen extra »Schlüssel«!

Dabei bekommt jeder Thread einen privaten Speicherbereich mit einem eigenen Schlüssel zugeteilt. Dies können Sie sich als ein Array von `void`-Zeigern vorstellen, auf die der Thread mit »seinem« Schlüssel zugreifen kann.

Hier sehen Sie die Funktionen, mit denen Sie Thread-spezifische Daten erzeugen können bzw. die mit Thread-spezifischen Daten arbeiten können.

```
#include <pthread.h>

int pthread_key_create(
   pthread_key_t *key, void (*destr_function) (void*) );
int pthread_key_delete( pthread_key_t key );
int pthread_setspecific(
   pthread_key_t key, const void *pointer );
void * pthread_getspecific(pthread_key_t key);
```

Mit `pthread_key_create()` erzeugen Sie einen neuen TSD-Schlüssel mit der Speicherstelle `key` des Schlüssels und geben als zweites Argument entweder `NULL` oder die Funktion an, um den Speicher der Daten wieder freizugeben; eine Exit-Handler-Funktion, wenn Sie so wollen.

Mit der Funktion `pthread_setspecific()` können Sie Daten mit dem TSD-Schlüssel assoziieren. Sie legen damit praktisch die TSD-Daten für den TSD-Schlüssel `key` über den Zeiger `pointer` fest.

Mit der Funktion `pthread_getspecific()` kann man die Daten aus dem TSD-Schlüssel auslesen.

Mit dem folgenden Beispiel werden `MAX_THREADS` Threads erzeugt, von denen jeder eine Thread-eigene Datei mittels TDS-Daten erzeugt. Im Beispiel wird nur protokolliert, dass der Thread gestartet und wieder beendet wurde. Zwischen den beiden Zeilen sollten Sie die eigentliche Arbeit des Threads eintragen. Fehler oder sonstige Meldungen dieser Arbeit können Sie ebenfalls wieder mit `thread_write` in die für den Thread vorgesehene Datei schreiben. Dass diese Funktion »nur« mit einem einfachen String aufgerufen werden kann, ist dem TSD-Schlüssel zu verdanken, der in der Funktion `thread_write` mittels `pthread_getspecific()` eingelesen wird – ein simples Grundgerüst eben, mit dem Sie ohne großen Aufwand Thread-eigene Logdateien verwenden können.

```
/* thread17.c */
#include <pthread.h>
#include <stdio.h>
#include <stdlib.h>
#define MAX_THREADS 3

/* TSD-Datenschlüssel */
static pthread_key_t tsd_key;

/* Schreibt einen Text in eine Datei für
 * jeden aktuellen Thread */
void thread_write (const char* text) {
  /* TSD-Daten lesen */
  FILE* th_fp = (FILE*) pthread_getspecific (tsd_key);
  fprintf (th_fp, "%s\n", text);
```

```
}

/* Am Ende den Zeiger auf die Datei(en) schließen */
void thread_close (void* th_fp) {
  fclose ((FILE*) th_fp);
}

void* thread_tsd (void* args) {
  char th_fpname[20];
  FILE* th_fp;

  /* Einen Thread-spezifischen Dateinamen erzeugen */
  sprintf(th_fpname,"thread%d.thread",(int) pthread_self());
  /* Die Datei öffnen  */
  th_fp = fopen (th_fpname, "w");
  if( th_fp == NULL )
    pthread_exit(NULL);
  /* TSD-Daten zu TSD-Schlüssel festlegen */
  pthread_setspecific (tsd_key, th_fp);

  thread_write ("Thread wurde gestartet ...\n");

  /* Hier kommt die eigentliche Arbeit des Threads hin */

  thread_write("Thread ist fertig ...\n");
  pthread_exit(NULL);
}

int main (void) {
  int i;
  pthread_t threads[MAX_THREADS];

  /* Einen neuen TSD-Schlüssel erzeugen - Beim Ende eines
   * Threads wird die Funktion thread_close ausgeführt   */
  pthread_key_create (&tsd_key, thread_close);
  /* Threads erzeugen */
  for (i = 0; i < MAX_THREADS; ++i)
    pthread_create (&(threads[i]), NULL, thread_tsd, NULL);
  /* Auf die Threads warten  */
  for (i = 0; i < MAX_THREADS; ++i)
    pthread_join (threads[i], NULL);
  return EXIT_SUCCESS;
}
```

Das Programm bei der Ausführung:

```
$ gcc -o thread17 thread17.c -pthread
$ ./thread17
$ ls *.thread
thread-1209418832.thread  thread-1217811536.thread  thread-1226204240.thread
$ cat thread-1209418832.thread
Thread wurde gestartet ...

Thread ist fertig ...
```

12.8 pthread_once – Codeabschnitt einmal ausführen

In den Beispielen bisher haben Sie häufig mehrere Threads gestartet. Manchmal tritt aber eine Situation ein, in der man gewisse Vorbereitungen treffen muss – z. B. eine bestimmte Datei anlegen, weil mehrere Threads darauf zugreifen müssen oder man eine Bibliotheksroutine entwickelt. Wenn es nicht möglich ist, solche Vorbereitungen beim Start des Haupt-Threads zu treffen, sondern man dies in einem der Neben-Threads machen muss, dann benötigt man einen Mechanismus, mit dem eine Funktion exakt nur einmal ausgeführt wird, egal wie oft und von welchem Thread aus sie aufgerufen wurde.

Hier sehen Sie in einfaches Beispiel dafür, worauf wir hinauswollen:

```
/* thread18.c */
#include <pthread.h>
#include <stdio.h>
#include <stdlib.h>
#define MAX_THREADS 3

void thread_once(void) {
   printf("Funktion thread_once() aufgerufen\n");
}

void* thread_func (void* args) {
   printf("Thread %ld wurde gestartet\n", pthread_self());
   thread_once();
   printf("Thread %ld ist fertig gestartet\n",
      pthread_self());
   pthread_exit(NULL);
}

int main (void) {
  int i;
```

```
  pthread_t threads[MAX_THREADS];
  /* Threads erzeugen */
  for (i = 0; i < MAX_THREADS; ++i)
    pthread_create (&(threads[i]), NULL, thread_func, NULL);
  /* Auf die Threads warten  */
  for (i = 0; i < MAX_THREADS; ++i)
    pthread_join (threads[i], NULL);
  return EXIT_SUCCESS;
}
```

Das Programm bei der Ausführung:

```
$ gcc -o thread18 thread18.c -pthread
$ ./thread18
Thread -1209418832 wurde gestartet
Funktion thread_once() aufgerufen
Thread -1209418832 ist fertig gestartet
Thread -1217811536 wurde gestartet
Funktion thread_once() aufgerufen
Thread -1217811536 ist fertig gestartet
Thread -1226204240 wurde gestartet
Funktion thread_once() aufgerufen
Thread -1226204240 ist fertig gestartet
```

Beabsichtigt war in diesem Beispiel, dass die Funktion thread_once nur einmal aufgerufen wird. Aber wie das für Thread-Programme eben üblich ist, wird die Funktion bei jedem Thread aufgerufen. Hier kann man zwar mit den Thread-spezifischen Synchronisationen nachhelfen, aber die Thread-Bibliothek bietet Ihnen mit der Funktion pthread_once() eine Funktion an, die einen bestimmten Code nur ein einziges Mal ausführt:

```
#include <pthread.h>

pthread_once_t once_control = PTHREAD_ONCE_INIT;
int  pthread_once(
pthread_once_t  *once_control, void (*init_routine) (void));
```

Vor der Ausführung von pthread_once() muss man eine statische Variable mit der Konstante PTHREAD_ONCE_INIT initialisieren, bevor man diese an pthread_once() (erster Parameter) übergibt. Als zweites Argument übergeben Sie pthread_once(), die Funktion, die den einmal auszuführenden Code enthält. Wird dieser einmal auszuführende Code ausgeführt, wird dies in der Variablen once_control vermerkt, sodass diese Funktion kein zweites Mal mehr ausgeführt werden kann. Hierzu sehen Sie das Beispiel *thread18.c* nochmals mit phtread_once():

```
/* thread19.c */
#include <pthread.h>
#include <stdio.h>
#include <stdlib.h>
#define MAX_THREADS 3

static pthread_once_t once = PTHREAD_ONCE_INIT;

void thread_once(void) {
   printf("Funktion thread_once() aufgerufen\n");
}

void* thread_func (void* args) {
   printf("Thread %ld wurde gestartet\n", pthread_self());
   pthread_once(&once, thread_once);
   printf("Thread %ld ist fertig gestartet\n",
      pthread_self());
   pthread_exit(NULL);
}

int main (void) {
  int i;
  pthread_t threads[MAX_THREADS];
  /* Threads erzeugen */
  for (i = 0; i < MAX_THREADS; ++i)
    pthread_create (&(threads[i]), NULL, thread_func, NULL);
  /* Auf die Threads warten  */
  for (i = 0; i < MAX_THREADS; ++i)
    pthread_join (threads[i], NULL);
  return EXIT_SUCCESS;
}
```

Das Programm bei der Ausführung:

```
$ gcc -o thread19 thread19.c -pthread
$ ./thread19
Thread -1209418832 wurde gestartet
Funktion thread_once() aufgerufen
Thread -1209418832 ist fertig gestartet
Thread -1217811536 wurde gestartet
Thread -1217811536 ist fertig gestartet
Thread -1226204240 wurde gestartet
Thread -1226204240 ist fertig gestartet
```

Jetzt wird die mit pthread_once() eingerichtete Funktion tatsächlich nur noch einmal ausgeführt.

12.9 Thread-safe (thread-sichere Funktionen)

Die Thread-Programmierung kann nur mit Bibliotheken realisiert werden, die als thread-sicher (*thread-safe*) gelten. Denn auch die Bibliotheken müssen die parallele Ausführung erlauben, um nicht ins Straucheln zu geraten. Mit der Einführung von Glibc 2.0 wurden die Linux-Threads in den Bibliotheken implementiert und müssen nicht extra besorgt werden. Somit ist die Funktion strcmp() – auch wenn sie schon über 15 Jahre alt ist – thread-sicher.

readdir() hingegen ist z. B. nicht thread-safe. Das Problem mit readdir() ist Folgendes: Wenn mehrere Threads denselben DIR-Zeiger verwenden, überschreiben sie immer den aktuellen Rückgabewert des Threads, den Sie zuvor erhalten haben. Als Alternative für Funktionen, die nicht als thread-sicher gelten (auch wenn es nicht sehr viele sind), wurden thread-sichere Schnittstellen eingeführt, die in der Regel an der Endung _r (reentrante Funktionen) zu erkennen sind. Die thread-sichere Alternative zu readdir() lautet somit readdir_r().

Die Endung _r zeigt Ihnen außerdem nicht nur, dass die Funktion thread-sicher ist, sondern auch, dass diese Funktion keinen internen statischen Puffer verwendet (der beim Aufruf derselben Funktion in mehreren Threads jedes Mal überschrieben wird). Tabelle 12.1 enthält eine kurze Liste einiger gängiger reentranter Funktionen, deren genauere Syntax und Verwendung Sie bitte der entsprechenden Man-Page entnehmen.

Nicht thread-sicher	thread-sicher	Bedeutung
getlogin	getlogin_r	Loginname ermitteln
ttyname	ttyname_r	Terminalpfadname ermitteln
readdir	readdir_r	Verzeichniseinträge lesen
strtok	strtok_r	String anhand von Tokens zerlegen
asctime	asctime_r	Zeitfunktion
ctime	ctime_r	Zeitfunktion
gmtime	gmtime_r	Zeitfunktion
localtime	localtime_r	Zeitfunktion
rand	rand_r	(Pseudo-)Zufallszahlen generieren
getpwuid	getpwuid_r	Eintrag in */etc/passwd* erfragen (via UID)

Tabelle 12.1 Nicht thread-sichere Funktionen und die Alternativen

Nicht thread-sicher	thread-sicher	Bedeutung
getpwnam	getpwnam_r	Eintrag in */etc/passwd* erfragen (via Loginname)
getgrgid	getgrgid_r	Eintrag in */etc/group* erfragen (via GID)
getgrnam	getgrnam_r	Eintrag in */etc/group* erfragen (via Gruppenname)

Tabelle 12.1 Nicht thread-sichere Funktionen und die Alternativen (Forts.)

12.10 Threads und Signale

Signale lassen sich auch mit den Threads realisieren, nur muss man hierbei Folgendes beachten:

- Signale, die von der Hardware gesendet werden, bekommt immer der Thread, der das Hardware-Signal gesendet hat.
- Jedem Thread kann eine eigene Signalmaske zugeordnet werden. Allerdings gelten Signale, die mit sigaction() eingerichtet wurden, prozessweit für alle Threads.

Zur Verwendung von Signalen mit den Threads werden folgende Funktionen benötigt:

```
#include <pthread.h>
#include <signal.h>

int pthread_sigmask( int how, const sigset_t  *newmask, sigset_t  *old_mask );
int pthread_kill( pthread_t thread, int signo );

int sigwait( const sigset_t *set, int *sig );
int sigwaitinfo( const sigset_t *set, siginfo_t *info );
int sigtimedwait( const  sigset_t  *set,  siginfo_t *info,
                  const struct timespec timeout );
```

Mit der Funktion pthread_sigmask() können Sie eine Thread-Signalmaske erfragen oder ändern. Im Prinzip entspricht diese Funktion der von sigprocmask(), nur eben auf Threads und nicht auf Prozesse bezogen. Abgesehen von den Signalen SIGKILL und SIGSTOP können Sie auch hierzu alle bekannten Signale verwenden. Schlägt die Funktion pthread_sigmask() fehl, wird die Signalmaske des Threads nicht verändert.

Wir empfehlen Ihnen, für die Funktion pthread_sigmask()(falls nötig) nochmals Kapitel 10, »Signale«, durchzulesen – da das Prinzip ähnlich wie zwischen den Prozessen funktioniert. Als erstes Argument für how wird eine Angabe erwartet, wie Sie die Signale verändern wollen. Mögliche Konstanten hierfür sind SIG_BLOCK, SIG_UNBLOCK und SIG_SETMASK. Als zweites Argument ist ein Zeiger auf einen Satz von Signalen nötig, der die aktuelle Signalmaske ergänzt, sie entfernt oder die Signalmaske ganz übernimmt. Hierfür kann auch NULL angegeben werden. Der dritte Parameter ist ein Zeiger auf die aktuelle Signalmaske. Hiermit können Sie entweder die aktuelle Signalmaske abfragen oder, wenn Sie mit dem zweiten Parameter eine neue Signalmaske einrichten, die alte Signalmaske sichern. Aber auch der dritte Parameter kann NULL sein. Wenn ein Thread einen weiteren Thread erzeugt, erbt dieser ebenfalls die Signalmaske. Wollen Sie also, dass alle Threads diese Signalmaske erben, sollten Sie vor der Erzeugung der Threads im Haupt-Thread die Signalmaske setzen.

Mit der Funktion pthread_kill() senden Sie dem Thread thread das Signal signo. Dazu möchten wir noch die Besonderheiten mit den Signalen SIGKILL, SIGTERM und SIGSTOP erläutern. Diese drei Signale gelten weiterhin prozessweit – senden Sie z. B. mit phtread_kill() das Signal SIGKILL an einen Thread, wird der komplette Prozess beendet, nicht nur der Thread. Ebenso sieht dies mit dem Signal SIGSTOP aus – hier wird der ganze Prozess (mit allen laufenden Threads) angehalten, bis ein anderer Prozess (nicht Thread) SIGCONT an den angehaltenen Prozess sendet.

Mit sigwait() halten Sie einen Thread so lange an, bis eines der Signale aus der Menge set gesendet wird. Die Signalnummer wird noch in sig geschrieben, bevor der Thread seine Ausführung fortsetzt. Wurde dem Signal ein Signalhandler zugeteilt, wird nichts in sig geschrieben.

Das folgende einfache Beispiel demonstriert Ihnen die Verwendung von Signalen in Verbindung mit Threads:

```
/* thread20 */
#include <stdio.h>
#include <pthread.h>
#include <signal.h>

pthread_t tid2;

void int_handler(int dummy) {
   printf("SIGINT erhalten von TID(%d)\n", pthread_self());
}

void usr1_handler(int dummy) {
   printf("SIGUSR1 erhalten von TID(%d)\n", pthread_self());
}

void *thread_1(void *dummy) {
   int sig, status, *status_ptr = &status;
   sigset_t sigmask;
```

```
   /* Kein Signal blockieren - SIG_UNBLOCK */
   sigfillset(&sigmask);
   pthread_sigmask(SIG_UNBLOCK, &sigmask, (sigset_t *)0);
   sigwait(&sigmask, &sig);

   switch(sig) {
      case SIGINT: int_handler(sig); break;
      default    : break;
   }
   printf("TID(%d) sende SIGINT an %d\n",
      pthread_self(), tid2);
   /* blockiert von tid2 */
   pthread_kill(tid2, SIGINT);
   printf("TID(%d) sende SIGUSR1 an %d\n",
      pthread_self(), tid2);
   /* nicht blockiert von tid2 */
   pthread_kill(tid2, SIGUSR1);

   pthread_join(tid2, (void **)status_ptr);
   printf("TID(%d) Exit-Status = %d\n", tid2, status);

   printf("TID(%d) wird beendet\n", pthread_self());
   pthread_exit((void *)NULL);
}

void *thread_2(void *dummy) {
   int sig;
   sigset_t sigmask;

   /* Alle Bits auf null setzen */
   sigemptyset(&sigmask);
   /* Signal SIGUSR1 nicht blockieren ... */
   sigaddset(&sigmask, SIGUSR1);
   pthread_sigmask(SIG_UNBLOCK, &sigmask, (sigset_t *)0);
   sigwait(&sigmask, &sig);

   switch(sig) {
      case SIGUSR1: usr1_handler(sig); break;
      default     : break;
   }
   printf("TID(%d) wird beendet\n", pthread_self());

   pthread_exit((void *)99);
```

```
}

int main(void) {
   pthread_t tid1;
   pthread_attr_t attr_obj;
   void *thread_1(void *), *thread_2(void *);
   sigset_t sigmask;
   struct sigaction action;

   /* Signalmaske einrichten - alle Signale im *
    * Haupt-Thread blockieren */
   sigfillset(&sigmask);       /* Alle Bits ein ...*/
   pthread_sigmask(SIG_BLOCK, &sigmask, (sigset_t *)0);

   /* Setup Signal-Handler für SIGINT & SIGUSR1 */
   action.sa_flags = 0;
   action.sa_handler = int_handler;
   sigaction(SIGINT, &action, (struct sigaction *)0);
   action.sa_handler = usr1_handler;
   sigaction(SIGUSR1, &action, (struct sigaction *)0);

   pthread_attr_init(&attr_obj);
   pthread_attr_setdetachstate( &attr_obj,
                                PTHREAD_CREATE_DETACHED );
   pthread_create(&tid1, &attr_obj, thread_1, (void *)NULL);
   printf("TID(%d) erzeugt\n", tid1);

   pthread_attr_setdetachstate( &attr_obj,
                                PTHREAD_CREATE_JOINABLE);
   pthread_create(&tid2, &attr_obj, thread_2, (void *)NULL);
   printf("TID(%d) erzeugt\n", tid2);

   sleep(1); // Kurze Pause ...

   printf("Haupt-Thread(%d) sendet SIGINT an TID(%d)\n",
      pthread_self(), tid1);
   pthread_kill(tid1, SIGINT);
   printf("Haupt-Thread(%d) sendet SIGUSR1 an TID(%d)\n",
      pthread_self(), tid1);
   pthread_kill(tid1, SIGUSR1);

   printf("Haupt-Thread(%d) wird beendet\n",
      pthread_self());
```

```
    // Beendet nicht den Prozess!!!
    pthread_exit((void *)NULL);
}
```

Das Programm bei der Ausführung:

```
$ gcc -o thread20 thread20.c -pthread
$ ./thread20
TID(-1209418832) erzeugt
TID(-1217815632) erzeugt
Haupt-Thread(-1209416608) sendet SIGINT an TID(-1209418832)
Haupt-Thread(-1209416608) sendet SIGUSR1 an TID(-1209418832)
Haupt-Thread(-1209416608) wird beendet
SIGUSR1 erhalten von TID(-1209418832)
SIGINT erhalten von TID(-1209418832)
TID(-1209418832) sende SIGINT an -1217815632
TID(-1209418832) sende SIGUSR1 an -1217815632
SIGUSR1 erhalten von TID(-1217815632)
TID(-1217815632) wird beendet
TID(-1217815632) Exit-Status = 99
TID(-1209418832) wird beendet
```

Dieses Beispiel beinhaltet drei Threads (inklusive des Haupt-Threads). Im Haupt-Thread wird die Signalmaske so eingerichtet, dass alle Signale im Haupt-Thread blockiert (`SIGBLOCK`) werden. Als Nächstes werden Signalhandler für `SIGINT` und `SIGUSR1` eingerichtet. `thread_1` wird von den Threads abgehängt erzeugt (*detached*), und `thread_2` wird nicht von den anderen Threads abgehängt. Dann werden im Haupt-Thread die Signale `SIGINT` und `SIGUSR1` an den `thread_1` gesendet, und der Haupt-Thread beendet sich.

`thread_1` (da abgehängt, gerne auch *Daemon*-Thread genannt) hebt die Blockierung der Signale auf (`SIG_UNBLOCK`) und wartet auf Signale. Im Beispiel wurde ja bereits zuvor `SIGINT` und `SIGUSR1` vom Haupt-Thread gesendet, was die Ausgabe des Signalhandlers auch bestätigt. Sobald also `thread_1` seine Signale bekommen hat, sendet er die Signale `SIGINT` und `SIGUSR1` an `thread_2`, wartet (mittels `pthread_join()`), bis `thread_2` sich beendet, und gibt den Exit-Status von `thread_2` aus, bevor `thread_1` sich ebenfalls beendet.

`thread_1` hingegen hebt nur die Blockierung für `SIGUSR1` auf – alle anderen Signale werden ja durch die Weitervererbung des Haupt-Threads weiterhin blockiert. Anschließend wartet `thread_2` auf das Signal. Trifft `SIGUSR1` ein, wird der Signalhandler ausgeführt und der Thread mit einem Rückgabewert beendet (auf den `thread_1` ja mit `pthread_join()` wartet).

12.11 Zusammenfassung und Ausblick

Threads ist in den letzten Jahren zu einem ziemlichen Buzzword geworden, also ein Begriff, um den man nicht herumkommt, wenn man Vorträge hält. Die Programmierer sind in zwei Lager gespalten – in die Befürworter und die Gegner von Threads. Zugegeben, Threads haben je nach Anwendungsfall auch ihre Macken. Gerade in der Netzwerkprogrammierung sorgen Threads bezüglich der Skalierbarkeit immer wieder für Diskussionsstoff. Das Problem besteht in diesem Fall darin, dass es häufig ein hartes Limit der gleichzeitigen Threads gibt.

Wie dem auch sei, – die Autoren von namhafter Software (wie etwa von den Serveranwendungen BIND, Apache etc.) lassen sich nicht aufhalten, Thread-Unterstützung in ihre Software einzubauen – ganz einfach auch deswegen, weil Serverbetreiber es nicht einsehen, mehrere CPU-Kerne zu haben, die nichts tun, während die Maschine unter der Anzahl der Zugriffe fast zusammenbricht.

Ob Sie nun Threads in Ihre Software einbauen wollen oder nicht, müssen Sie letztendlich selbst entscheiden. Das hängt größtenteils auch von der Art der Software ab. Am besten wäre es sicherlich, wenn Sie Ihre Software mit Thread-Unterstützung anbieten – sprich, der Anwender kann diese bei Bedarf aktivieren bzw. testen.

Mit diesem Kapitel haben Sie auf jeden Fall ein fundiertes Polster an Wissen, sodass Sie Software mit Thread-Unterstützung schreiben können. Aber wie bei fast jedem Thema in diesem Buch gibt es immer noch einiges mehr, das wir zu den Threads noch hätten schreiben können. Aber immerhin haben wir im Vergleich zur ersten Auflage den Umfang des Kapitels bereits verdoppelt.

Kapitel 13

Populäre Programmiertechniken unter Linux

Hauptsache, man erfindet das Rad nicht jedes Mal neu. Für die meisten typischen Probleme der Unix-Welt gibt es bereits Lösungen.

Dieses Kapitel ist dem Umstand geschuldet, dass es eine ganze Reihe von Techniken gibt, die man in typischer Linux-Software sehr häufig wiedersieht, die sich aber schlecht irgendwo einordnen lassen. Wir möchten dabei erwähnen, dass wir solche Techniken fast wie selbstverständlich an anderen Stellen im Buch eingesetzt haben, weil sie einfach zum Handwerkszeug gehören.

13.1 Reguläre Ausdrücke

Unix brachte ursprünglich eine Philosophie mit, die sich grob mit dem Motto umschreiben lässt: »Versuch nicht alles selbst zu können. Wenn es ein Tool gibt, das schon das kann, was du brauchst, verwende es!«

Möchten Sie zum Beispiel automatisch auf einer Webseite kurz nachsehen, welche Version eines bestimmten Programms gerade aktuell ist, könnten Sie damit anfangen, eine HTTP-Webabfrage zu programmieren, und dann versuchen, das so abgerufene HTML zu entflechten, um anschließend nach bestimmten Schlüsselwörtern zu suchen.

Man könnte aber auch einfach Unix-typisch schreiben (dies ist eine Zeile Shell-Code, auf mehrere Druckzeilen verteilt):[1]

```
% lynx -dump http://www.sysresccd.org/Download \ ⮐
|grep -a SystemRescueCd-x86 \ ⮐
|sed -e 's/.*-\([0-9][0-9\\.]*\).*/\1/1'
```

1 Mehr zur Shell-Programmierung finden Sie im Kapitel 19, »Shell-Programmierung«. Diese Zeile hier ruft die Website der bekannten »SystemRescueCd« auf und sucht dort nach dem ISO-Image für die Architektur x86. Danach entfernt es alles aus der dahinterstehenden Versionsnummer. Wenn alles gutgeht und sich das Format der Website nicht großartig verändert hat, funktioniert das – sonst nicht. Das soll nur ein Beispiel sein dafür, wie unleserliche Zeilen möglicherweise ganz sinnvolle Aufgaben erfüllen – wenn es um reguläre Ausdrücke geht.

13.1.1 Ermittlung der aktuellen Version der SystemRescueCd im Netz

Um die aktuelle Version der SystemRescueCd zu ermitteln, benutzen wir den textbasierten Browser `lynx`, das Filtertool `grep` und den Streameditor `sed` und schalten die Ausgabe hintereinander in eine Pipe-Kette.

Das, was wir als Parameter von `sed` sehen, ist eines der mächtigsten Mittel zum Auswerten von Textausgaben anderer Programme. Vermutlich haben Sie sie schon tausendmal benutzt und kennen sich mit ihnen aus: reguläre Ausdrücke. Falls aber nicht, lesen Sie bitte weiter.

13.1.2 Syntax

Reguläre Ausdrücke braucht man häufig, und zwar immer dann, wenn man den Text, den man auswerten will, teilweise kennt, sich zwischen den bekannten Stücken jedoch andere tummeln, die einen interessieren. Reguläre Ausdrücke werden uns auch noch im Zusammenhang mit SQL begegnen, aber sie sind so dermaßen populär, dass viele Entwickler lieber gleich reguläre Ausdrücke verwenden, als sich mit Aufgaben wie dem Vergleichen von Strings abzugeben, vermutlich in der weisen Annahme, dass die anfangs meist simple Auswertung sich noch verkomplizieren könnte.

Beachten Sie bitte, dass reguläre Ausdrücke zwar im großen Ganzen von vielen Programmen und Bibliotheken unterstützt werden, sich aber einige Details häufig unterscheiden. Sie sollten spätestens dann die Anleitung lesen, wenn etwas nicht so funktioniert, wie Sie es erwarten. Grundsätzlich repräsentieren alle Zeichen sich selbst, mit Ausnahme der in Tabelle 13.1 aufgelisteten Zeichen:

Zeichen	Bedeutung
`^`	Beginn einer Zeile (oder eines Teilausdrucks)
`$`	Ende einer Zeile (oder eines Teilausdrucks)
`.`	ein beliebiges Zeichen (außer Zeilenumbruch)
`element*`	Postfix: beliebig viele Vorkommen des vorangegangenen Zeichens oder Ausdrucks, mindestens 0
`element+`	Postfix: beliebig viele Vorkommen des vorangegangenen Zeichens oder Ausdrucks, mindestens 1
`element?`	Postfix: Das vorangegangene Zeichen oder der Ausdruck darf fehlen.
`[...]`	An dieser Stelle können verschiedene Zeichen stehen (welche, das steht zwischen den eckigen Klammern), alternativ auch Bereiche von Zeichen, wie z. B. [0-9A-Z].

Tabelle 13.1 Spezielle Zeichen bei regulären Ausdrücken

Zeichen	Bedeutung
(...)	Unterausdruck
(alternative1|alternative2)	zwei (oder mehr) gleichwertige Alternativen
element{m}	Postfix: genaue Angabe der Anzahl des vorangegangenen Elements
element{m,}	Postfix: vorangegangenes Element genau m-mal oder mehr
element{m,n}	Postfix: vorangegangenes Element zwischen m- und n-mal
wiederholung?	Postfix: Das vorangegangene Element ist nicht *greedy**.
|	Infix: entweder der vorangegangene Ausdruck oder der folgende (Aufzählung von Alternativen)
\zeichen	Präfix: Das folgende Zeichen ist entweder wörtlich zu nehmen, oder umgekehrt, es hat eine besondere Bedeutung.
(?name...) (?'name'...)	benannter Unterausdruck
\n	(n = Nummer des vorangegangenen Ausdrucks) Rückwärtsreferenz**
* Greedy (gierig) bedeutet in diesem Zusammenhang, dass der Match-Ausdruck verkürzt werden kann, wenn damit der Rest matcht. ** (a|b)c\1 würde aca oder bcb matchen.	

Tabelle 13.1 Spezielle Zeichen bei regulären Ausdrücken (Forts.)

Wie überall in C sollten Sie beachten, dass Sie in Zeichenketten das \ verdoppeln müssen, weil es schon in der Programmiersprache C selbst eine Escape-Funktion[2] hat.

13.1.3 Beispiele

Ein paar Beispiele, welche Eingabewerte wie matchen:

Regulärer Ausdruck	Eingabewert	Ergebnis
([abc]+d?),?(e*fg?)	aaccbbeefg	aaccbb - eefg
	abcdfg	abcd - fg

Tabelle 13.2 Beispiele: Eingabewerte und Match-Ergebnisse

2 Sie wissen ja, dass zum Beispiel \n in C einen Zeilenumbruch repräsentiert, der umgekehrte Schrägstrich ändert also den Sinn des darauffolgenden Zeichens. Bei regulären Ausdrücken ist es ganz ähnlich.

Regulärer Ausdruck	Eingabewert	Ergebnis
	abcddefg	-
	ccbbaadef	ccbbaad - ef
	cbcbbaaf	cbcbbaa - f
	bcab,fg	bcab , fg
	acd,eeg	acd , eeg
	defg	-

Tabelle 13.2 Beispiele: Eingabewerte und Match-Ergebnisse (Forts.)

(Der Ausdruck links liefert drei Teilstrings als Ergebnis. Das Teilergebnis der Auswertung rechts ist -,, wenn der String nicht matcht. Einzelne Ergebnis-Substrings sind mit Leerzeichen getrennt.)

Umgangssprachlich bedeutet dieser reguläre Ausdruck Folgendes:

1. Teilausdruck: Mindestens ein Buchstabe a, b oder c gefolgt von weiteren Buchstaben a, b oder c, und zum Schluss kann ein d stehen.
2. Teilausdruck (hier ungeklammert): ein optionales Komma.
3. Teilausdruck: Beliebig viele Vorkommen von e, gefolgt von einem f und optional von einem g.

Schauen wir uns noch einmal den Ausdruck von oben aus dem sed-Befehl an:

```
.*-\([0-9][0-9\\.]*\).*
```

Das ist ein beliebiger Text .*, gefolgt von einem Bindestrich, dann kommt der Unterausdruck, für den wir uns interessieren: eine Ziffer, gefolgt von weiteren Ziffern und/oder einem oder mehreren Punkten. Nach diesem Ausdruck darf ein beliebiger Text folgen. Unser Unterausdruck ist erkennbar an den runden Klammern, die wir für sed leider escapen müssen.

Alle regulären Ausdrücke bei sed sind immer *non-greedy*.[3] Das ist wichtig, weil dieser erste Teil .* sonst immer mit der gesamten Eingabe matchen würde. Und das wiederum würde bewirken, dass der Rest nie matcht, denn es sind ja dann keine Zeichen mehr übrig.

Der umschließende Ausdruck von sed, s/.../\1/1, teilt sed mit, dass wir eine Substitution haben wollen, und in diesem Fall wollen wir den gesamten gematchten Ausdruck ersetzen durch den ersten geklammerten \(...\) Teilausdruck, hier symbolisiert durch \1. Das ist in diesem Fall unsere Versionsnummer. Wir nehmen also den Dateinamen (unsere Eingabe) und lassen nur die Versionsnummer übrig; das Ergebnis ist unsere Ausgabe.

3 Manche nennen das Verhalten »reluctant«.

Sie sehen, dass reguläre Ausdrucke nicht nur sehr verbreitet sind, sondern auch noch dialektbedingte Unterschiede aufweisen. Sind sie so schon kaum zu lesen – jedenfalls für das untrainierte Auge –, gerät das ein wenig ins Absurde, sobald man auch noch die Regeln des jeweiligen Programms berücksichtigen muss. Lassen Sie sich davon bitte nicht abschrecken – Sie werden sehen, dass Sie bald ohne RAs nicht mehr leben können.

Spielen Sie einfach mal mit pcregrep herum – vergessen Sie nicht, die Argumente in Anführungszeichen zu stellen:

```
$ pcregrep -e '([abc]+d?),?(e*fg?)'
```

(Leider tut pcregrep so, als sei der Ausdruck flach – es gibt also im Ergebnis keine Unterausdrücke. Wenn Sie wollen, dass nur die ganze Zeile matcht, schreiben Sie ein ^ davor und ein $ dahinter. pcregrep akzeptiert aber auch die Option -x, die das Gleiche bewirkt.)

13.1.4 Programmieren von regulären Ausdrücken mit pcre

pcre (*Perl Compatible Regular Expressions*) ist eine der populärsten Bibliotheken aller Zeiten unter Unix; sie brachte das Universaltool der regulären Ausdrücke aus der Perl- in die C-Welt.

Die Schnittstelle sieht so aus:

```
#include <pcre.h>

pcre *pcre_compile(const char *pattern, int options,
            const char **errptr, int *erroffset,
            const unsigned char *tableptr);
```

Der Befehl kompiliert den regulären Ausdruck und bereitet ihn damit zur Verwendung vor. options legt verschiedene Vorbedingungen fest (in Tabelle 13.3 die wichtigsten, weitere finden Sie in der Manual-Page):

Option	Bedeutung
PCRE_ANCHORED	Als würde man den Ausdruck mit ^ beginnen.
PCRE_CASELESS	Groß- und Kleinschreibung nicht unterscheiden – bezieht sich aber nicht auf Umlaute und Ähnliches.
PCRE_DOLLAR_ENDONLY	$ matcht *nicht* den Zeilenumbruch.
PCRE_DOTALL	Punkt matcht alles, auch einen Zeilenumbruch.
PCRE_UNGREEDY	Greediness invertieren
PCRE_UTF8	UTF-8 als gegeben setzen

Tabelle 13.3 Zulässige Optionen für »pcre_compile()«

Die restlichen Parameter von `pcre_compile()` sind dann:

- `errptr`: Dieser Zeiger wird im Fehlerfall auf eine aussagekräftige Fehlermeldung zeigen.
- `erroffset`: Im Fehlerfall zeigt dieser Index auf den Fehler.
- `tableptr`: (Optional) Zeiger auf Zeichentabelle.

Die Funktion liefert eine `pcre`-Umgebung zurück oder `NULL` im Fehlerfall.

Das Muster bzw. sein Kompilat optimieren Sie mit:

```
pcre_extra *pcre_study(const pcre *code, int options,
            const char **errptr);
```

Der zurückgelieferte Speicherbereich dient als Parameter für `pcre_exec()`.

> **Hinweis**
>
> Die Speicherbereiche, die `pcre_compile()` und `pcre_study()` als Werte zurückliefern, müssen Sie am Ende wieder mit `pcre_free(x)` freigeben.

Nun kommen wir zur Anwendung des Musters:

```
int pcre_exec(const pcre *code, const pcre_extra *extra,
            const char *subject, int length, int startoffset,
            int options, int *ovector, int ovecsize);
```

`code` ist der kompilierte `pcre`-Kontext, `extra` der Rückgabewert von `pcre_study()`, `subject` ist der Heuhaufen, in dem die Nadel gesucht werden soll, `length` ist dessen Länge, `startoffset` der Beginn der Suche, `options` siehe oben, `ovector` ist ein Array von Integern, in denen Suchergebnisse zurückgegeben werden können, und `ovecsize` die Länge des Arrays (Anzahl der Elemente, ein Mehrfaches von 3).

```
int pcre_copy_named_substring(const pcre *code,
            const char *subject, int *ovector,
            int stringcount, const char *stringname,
            char *buffer, int buffersize);

int pcre_copy_substring(const char *subject, int *ovector,
            int stringcount, int stringnumber, char *buffer,
            int buffersize);
int pcre_get_named_substring(const pcre *code,
            const char *subject, int *ovector,
            int stringcount, const char *stringname,
            const char **stringptr);
```

```
int pcre_get_substring(const char *subject, int *ovector,
            int stringcount, int stringnumber,
            const char **stringptr);
```

Mit den Ergebnissen von `pcre_exec()` können Sie mit obigen Funktionen die Auswertung analysieren.

Zum Abschluss geben Sie die Speicherbereiche wieder frei, die `pcre` für Sie alloziert hat.

```
void pcre_free (void *);
void pcre_free_substring(const char *stringptr);
```

Hinweis

Um Umlaute in Ausdrücken zu verwenden, beginnen Sie den Ausdruck mit `(*UTF8)`. (Vorausgesetzt, Ihr System benutzt UTF-8 als Grundeinstellung.)

Wenn Sie jetzt sagen, das kommt aber unhandlich daher, können wir Ihnen nur zustimmen – so programmierte man früher; der Speicher kommt mal vom Aufrufer, mal vom Aufgerufenen. Effektiv können reguläre Ausdrücke – wenn Sie sie in Ihrem eigenen Programmkontext ordentlich kapseln – eine große Hilfe sein.

13.1.5 In Datenbanken

Reguläre Ausdrücke scheinen wie prädestiniert für Datenbankabfragen zu sein – sollte man jedenfalls meinen.

Denken wir uns zu Demonstrationszwecken einen fiktiven Fall – sagen wir, Sie suchen einen der Autoren, Jürgen Wolf oder Klaus-Jürgen Wolf, in einer Datenbank, und zwar nach Vorname. Wie stellen Sie das an?

Dummerweise sind reguläre Ausdrücke unter MySQL nicht *multibyte-safe*, was bedeutet, dass wir nicht wissen, was MySQL mit dem ü machen wird. Es könnte ein Zeichen werden, und zwar dann, wenn zum Beispiel die Zeichenkodierung CP1252[4] festgelegt wurde, aber ebenso gut könnten es zwei oder mehr Zeichen werden, wenn zum Beispiel UTF-8 festgelegt wurde. Also schreiben wir geschickter `'J..?rgen'`, denn `'J.*rgen'` würde zum Beispiel auch »Joachim-Hargen« matchen – es dürften eben zwischen dem J und dem Rest beliebig viele Zeichen stehen.

Versuchen wir also, die beiden Autoren aus der Datenbank herauszusuchen. Zuerst legen wir sie schon einmal wie gewohnt an ... (Was? Sie sind noch nicht firm mit Datenbanken? Dann aber ab zu Kapitel 16, »Relationale Datenbanken: MySQL, PostgreSQL und SQLite«!)

4 Eine Microsoft-Abwandlung von Latin1.

```
CREATE TABLE kunden (nachname VARCHAR(60) CHARACTER SET utf8, vorname VARCHAR(60)
CHARACTER SET utf8, strasse VARCHAR(60) CHARACTER SET utf8);

INSERT INTO kunden (vorname,nachname,strasse) VALUES
('Siglinde','Mertens','Rodelweg 9'),
('Klaus-Jürgen','Wolf','Reitweg 64'),
('Peter','Maffay','Giesenberg 10'),
('Klausjürgen','Wussow','Amüsantenweg 13'),
('Jürgen-Peter','Raddatz','Plinsengieße 43'),
('Jürgen', 'Wolf','Breslauer Str. 10');
```

(Bitte lassen Sie die Definition des `CHARACTER SET`s weg, falls Sie auf Ihrem System kein UTF-8 verwenden.)

Los geht's:

```
mysql> SELECT vorname, nachname FROM kunden WHERE vorname RLIKE '.*J..?rgen';
+--------------+----------+
| vorname      | nachname |
+--------------+----------+
| Klaus-Jürgen | Wolf     |
| Klausjürgen  | Wussow   |
| Jürgen-Peter | Raddatz  |
| Jürgen       | Wolf     |
+--------------+----------+
4 rows in set (0.00 sec)
```

Ein Reinfall. Unser RA matcht zu oft. Zum Teil liegt das auch daran, dass MySQL RAs immer unabhängig von Groß- und Kleinschreibung, also *case-insensitive* matcht. Was können wir tun? Wir sollten die Fälle herausnehmen, in denen etwas vor dem »Jürgen« steht, was nicht mit einem Bindestrich abgetrennt ist, und alle Vorkommen von »Jürgen«, bei denen nach dem Namen noch etwas steht.

```
mysql> SELECT vorname, nachname FROM kunden WHERE vorname RLIKE '([A-Z].*-|^)J..?rgen$';
+--------------+----------+
| vorname      | nachname |
+--------------+----------+
| Klaus-Jürgen | Wolf     |
| Jürgen       | Wolf     |
+--------------+----------+
2 rows in set (0.00 sec)
```

Leider hat PostgreSQL nicht ganz die gleichen Vorstellungen davon, wie dieser Vorgang zu funktionieren hat; unter anderem unterscheidet PostgreSQL Groß- und Kleinschreibung.

```
CREATE TABLE kunden (nachname VARCHAR(60), vorname VARCHAR(60), strasse VARCHAR(60));

INSERT INTO kunden (vorname,nachname,strasse) VALUES
('Siglinde','Mertens','Rodelweg 9'),
('Klaus-Jürgen','Wolf','Reitweg 64'),
('Peter','Maffay','Giesenberg 10'),
('Klausjürgen','Wussow','Amüsantenweg 13'),
('Jürgen-Peter','Raddatz','Plinsengieße 43'),
('Jürgen','Wolf','Breslauer Str. 10');

kj=> SELECT vorname, nachname FROM kunden WHERE vorname ~ '.*Jürgen';
   vorname    | nachname
--------------+----------
 Klaus-Jürgen | Wolf
 Jürgen-Peter | Raddatz
 Jürgen       | Wolf
(3 rows)

kj=> SELECT vorname, nachname FROM kunden WHERE vorname ~ '([A-Z].*-|^)Jürgen$';
   vorname    | nachname
--------------+----------
 Klaus-Jürgen | Wolf
 Jürgen       | Wolf
(2 rows)
```

Sie sehen, dass `RLIKE` hier durch ~ ersetzt worden ist, ansonsten hat PostgreSQL von Hause aus die Zeichenkodierung des Systems, beherrscht Umlaute in SQL-Abfragen und RAs und unterscheidet Groß- und Kleinschreibung. Der Vollständigkeit halber: Unter SQLite heißt dieser Operator `REGEXP`.

13.2 getopt: Kommandozeilenoptionen auswerten

Sie kennen das ja von Standardprogrammen wie `/bin/ls`: Zahlreiche Optionen erlauben es, die Ausgabe den eigenen Bedürfnissen anzupassen. Die Auswertung der Optionen wird aber recht unübersichtlich, sobald es Optionen mit und Optionen ohne Parameter gibt. Und richtiggehend kompliziert wird es, sobald zu den Unix-artigen Ein-Buchstaben-Optionen die langen GNU-Optionen im Stil von `--ignore-backups` kommen.

Schauen wir uns zuerst die Schnittstelle der »kurzen« Optionsauswertung an:

```
#include <unistd.h>

int getopt(int argc, char * const argv[],
```

```
            const char *optstring);

extern char *optarg;
extern int optind, opterr, optopt;
```

getopt() akzeptiert zunächst die beiden Parameter argc und argv aus dem Kopf von main(), der Hauptfunktion eines jeden C-Programms. optstring enthält die möglichen Optionen als Einzelbuchstaben. Wenn die Option einen Parameter haben möchte, folgt jeweils ein Doppelpunkt. Der Rückgabewert von getopt() ist jeweils der Buchstabe der Option oder ein Fragezeichen, falls keine erlaubte Option erkannt wurde. Der Wert -1 zeigt das Ende der Optionsliste an.

Wird die Option nicht erkannt, wird neben dem Rückgabewert ? auch die Variable optopt auf den Buchstabenwert der Option gesetzt und außerdem eine Fehlermeldung ausgegeben; Letzteres können Sie verhindern, indem Sie vorher opterr auf 0 setzen.

```
#include <unistd.h>
#include <stdlib.h>
#include <stdio.h>
int
main(int argc, char *argv[]) {
   int flags, opt;
   int nsecs, tfnd;
   nsecs = 0;
   tfnd = 0;
   flags = 0;
   while ((opt = getopt(argc, argv, "nt:")) != -1) {
       switch (opt) {
       case 'n':
           flags = 1;
           break;
       case 't':
           nsecs = atoi(optarg);
           tfnd = 1;
           break;
       default: /* '?' */
           fprintf(stderr, "Benutzung: %s [-t nsecs] [-n] name\n",
                   argv[0]);
           exit(EXIT_FAILURE);
       } }
   printf("flags=%d; tfnd=%d; nsecs=%d; optind=%d\n",
           flags, tfnd, nsecs, optind);
   if (optind >= argc) {
       fprintf(stderr, "Erwartetes argument nach Optionen\n");
```

```
        exit(EXIT_FAILURE);
    }
    printf("name argument = %s\n", argv[optind]);
    /* Other code omitted */
    exit(EXIT_SUCCESS);
}
```

Dieses kleine Demofragment, das wir der Beispielseite von getopt() entnommen haben, zeigt, wie man zwei verschiedene Optionen parst, und zwar einmal n ohne Parameter und einmal t mit Parameter.

Dies ist die Schnittstelle der Auswertung für die »langen« Optionen, die nur GNU in dieser Form kennt:

```
#include <getopt.h>

int getopt_long(int argc, char * const argv[],
                const char *optstring,
                const struct option *longopts, int *longindex);
int getopt_long_only(int argc, char * const argv[],
                     const char *optstring,
                     const struct option *longopts, int *longindex);

struct option {
       const char *name;
       int         has_arg;
       int        *flag;
       int         val;
   };
```

Man sollte ein Array aus struct option erzeugen, das die erlaubten Parameter enthält, jeweils mit langem Namen und einem Flag has_arg, das angibt, ob die Option Parameter hat. Ist flag NULL, so geben die Funktionen getopt_long() und getopt_long_only() den Wert val zurück, wenn die Option geparst wird. Ist jedoch flag ein Zeiger, so wird der Wert dort auf val gesetzt, und die Funktion gibt 0 zurück. Die Liste wird an eine der Funktionen übergeben, als Parameter longopts. longindex ist der Index auf die Liste der langen Optionen.

```
#include <stdio.h>     /* for printf */
#include <stdlib.h>    /* for exit */
#include <getopt.h>
int
main(int argc, char **argv) {
   int c;
   int digit_optind = 0;
```

```
while (1) {
    int this_option_optind = optind ? optind : 1;
    int option_index = 0;
    static struct option long_options[] = {
        {"add",     required_argument, 0,  0 },
        {"append",  no_argument,       0,  0 },
        {"delete",  required_argument, 0,  0 },
        {"verbose", no_argument,       0,  0 },
        {"create",  required_argument, 0, 'c'},
        {"file",    required_argument, 0,  0 },
        {0,         0,                 0,  0 }
    };
    c = getopt_long(argc, argv, "abc:d:012",
             long_options, &option_index);
    if (c == -1)
        break;
    switch (c) {
    case 0:
        printf("option %s", long_options[option_index].name);
        if (optarg)
            printf(" mit Argument %s", optarg);
        printf("\n");
        break;
    case '0':
    case '1':
    case '2':
        if (digit_optind != 0 && digit_optind != this_option_optind)
          printf("Ziffern in zwei verschiedenen argv-Elementen.\n");
        digit_optind = this_option_optind;
        printf("option %c\n", c);
        break;
    case 'a':
        printf("option a\n");
        break;
    case 'b':
        printf("option b\n");
        break;
    case 'c':
        printf("option c mit value '%s'\n", optarg);
        break;
    case 'd':
        printf("option d mit value '%s'\n", optarg);
        break;
```

```
        case '?':
            break;
        default:
            printf("?? getopt gab Zeichencode 0%o ??\n", c);
        } }
    if (optind < argc) {
        printf("Parameter in ARGV (Nicht-Optionen): ");
        while (optind < argc)
            printf("%s ", argv[optind++]);
        printf("\n");
    }
    exit(EXIT_SUCCESS);
}
```

Nach der letzten Option – oder aber nach -- – beendet der Parser seine Tätigkeit und gibt den Rest als übrige Parameter (`optind`) zurück.

Da hier gleich mehrere Systeme zusammengewachsen sind, ist der Aufruf vielleicht nicht ganz so trivial, wie er sein könnte – dafür findet sich die Funktionalität aber in der *glibc* und muss nicht erst organisiert werden.

13.3 Capabilities: Wenn root zu mächtig wäre

Eines der größten Sicherheitsprobleme bei Unix war von Anfang an die grobe Unterteilung zwischen dem Superuser *root* (darf alles, Regeln gelten nicht) und den normalen Benutzern (dürfen nur das, was die Regeln explizit erlauben). Dadurch musste ein Angreifer nur ein einziges Programm unter seine Kontrolle bringen, das mit SetUID 0 läuft, um das gesamte System ohne jede Ausnahme komplett zu kompromittieren. (Das gilt unter Linux genauso wie unter Windows. Sie können nicht wissen, was ein allmächtiger böser Hacker alles angestellt haben mag, um sich im System zu verankern. Eine einzige gut versteckte Kopie der Shell mit SetUID 0 reicht ja schon.)

Da nutzt es nichts, dass *Smack*[5] (*Simplified Mandatory Access Control Kernel*) die Durchsetzung von Zugriffsregeln als *mandatory* erzwingt oder dass *SELinux* (Security Enhanced Linux) oder *AppArmor* bestimmte Programme unter Beobachtung stellen – wenn der Ausbruch einmal geschafft ist, dann ist das alles plötzlich bedeutungslos.

Die Idee hinter den *Capabilities* war, die Superuser-Rechte viel feiner zu granulieren, sodass der Schaden sich immer in Grenzen halten wird, da der erfolgreiche Angreifer nicht schlagartig zum omnipotenten Gott mutiert, sondern nur ein paar Möglichkeiten hinzugewinnt.

5 Im Folgenden eine Aufzählung von verschiedenen aktuellen Sicherheitssystemen, die bei Linux fast überall zu finden sind.

In so gut wie allen Fällen ist es gar nicht notwendig, einem Programm *alle* Rechte zu geben, oft reichen ein oder zwei der Einzelprivilegien (Capabilities) aus Tabelle 13.4.

Bei den anderen erwähnten Sicherheitsmechanismen handelt es sich um weitgehend unstandardisierte Erweiterungen des Kernels, die die normale Funktion nicht weiter verändern, sondern die Durchsetzung von Regeln forcieren bzw. eine Instanz danebenstellen, die deren Einhaltung überwacht, die Capabilities hingegen sind mit POSIX 1003.1e offiziell standardisiert und verändern die tatsächliche Systemlogik. Frei nach dem Motto: Wenn man etwas gar nicht tun kann, braucht man auch nicht daraufhin überwacht zu werden, ob man es tut.

13.3.1 Prozess-Capabilities

Name	Fähigkeiten
`CAP_AUDIT_CONTROL`	Kernel-Auditing* ein-/ausschalten, Regeln ändern, Status abrufen
`CAP_AUDIT_READ`	Kernel-Auditing-Log über ein Netlink-Socket auslesen
`CAP_AUDIT_WRITE`	Kernel-Auditing-Logeinträge schreiben
`CAP_BLOCK_SUSPEND`	Features benutzen, die ein System am Standby hindern (`epoll()`, `EPOLLWAKEUP`, */proc/sys/wakelock*)
`CAP_CHOWN`	beliebige Änderungen am UID/GID-Status von Dateien vornehmen
`CAP_DAC_OVERRIDE`	Zugriffsberechtigungen beim Lesen/Schreiben/Ausführen von Dateien übergehen
`CAP_DAC_READ_SEARCH`	Zugriffsberechtigungen beim Lesen/Besuchen von Verzeichnissen übergehen
`CAP_FOWNER`	Zugriffsberechtigungen übergehen, die eine Operation auf eine bestimmte UID beschränken; erweiterte Dateiattribute setzen**; ACLs ändern; Verzeichnis-Sticky-Bit übergehen; `O_NOATIME` bei `open()` oder `fcntl()` verwenden
`CAP_FSETID`	bei Änderungen an Dateien deren SetUID/SetGID-Status nicht zurücksetzen
`CAP_IPC_LOCK`	Speicher sperren (`mlock`, `mlockall`, `mmap`, `shmctl`)

Tabelle 13.4 Linux-Capabilities – alles, was ein vollwertiger »root« können muss

Name	Fähigkeiten
CAP_IPC_OWNER	Zugriffsberechtigungen bei System-V-IPC-Objekten übergehen
CAP_KILL	Zugriffsberechtigungen beim Senden von Signalen übergehen (inklusive KDSIGACCEPT bei ioctl)
CAP_LEASE	Datei-Leases auf beliebigen Dateien einrichten (fcntl)
CAP_LINUX_IMMUTABLE	Erweitertes Attribut *immutable* setzen (chattr)
CAP_MAC_ADMIN	*Mandatory Access Control* (MAC) übergehen
CAP_MAC_OVERRIDE	MAC konfigurieren oder MAC-Status ändern
CAP_MKNOD	Gerätedateien erzeugen
CAP_NET_ADMIN	ein Netzwerkgerät konfigurieren; Firewall-Regeln oder Routing ändern; auf jede Adresse binden; *Type of Service* (TOS) setzen; Netzwerktreiber-Statistik zurücksetzen; *Promiscuous Mode* oder Multicasting aktivieren; setsockopt() mit SO_DEBUG, SO_MARK, SO_PRIORITY (prio<0 oder prio>6), SO_RCVBUFFORCE, SO_SNDBUFFORCE
CAP_NET_BIND_SERVICE	auf einen Port <1024 binden
CAP_NET_BROADCAST	Socket-Broadcast machen, auf Multicasts horchen
CAP_NET_RAW	*Raw* und *Packet Sockets* benutzen
CAP_SETGID	Prozess-GID beliebig ändern; GID bei der Übergabe von *Socket Credentials* angeben; Gruppen-E/A-Mapping in einem Benutzer-Namespace setzen
CAP_SETFCAP	Datei-Capabilities setzen
CAP_SETPCAP	Prozess-Capabilities setzen
CAP_SETUID	Prozess-UID beliebig ändern (setuid, setreuid, setresuid, setfsuid); UID bei der Übergabe von *Socket Credentials* angeben

Tabelle 13.4 Linux-Capabilities – alles, was ein vollwertiger »root« können muss (Forts.)

Name	Fähigkeiten
CAP_SYS_ADMIN	*Quota**** setzen; Dateisysteme mounten; Swap (de)aktivieren; Host- oder Domainname setzen; privilegierte *syslog*-Operationen ausführen; IPC_SET und IPC_RMID auf beliebigen System-V-IPC-Objekten ausführen; Limits in */etc/security/limits.conf* usw. übergehen; Operationen auf *Trusted* und *Security* EAs ausführen****; ioprio ändern; PID bei der Übergabe von *Socket Credentials* angeben; */proc/sys/fs/file-max* übergehen; Flags, die einen neuen Nicht-Benutzer-Namespace erzeugen, bei clone() angeben; perf_event_open() oder setns() oder fanotify_init() oder bpf() benutzen; KEYCTL_CHOWN und KEYCTL_SETPERM bei keyctl() ausführen; MADV_HWPOISON bei madvise() benutzen; per TIOCSTI auf ioctl() Zeichen einfügen bei einem Terminal, das nicht das eigene ist; verschiedene privilegierte Operationen auf ioctl() (auf Blockgeräten und Dateisystemen) etc.
CAP_SYS_BOOT	reboot() oder kexec_load() benutzen
CAP_SYS_CHROOT	chroot() benutzen
CAP_SYS_MODULE	Kernel-Module laden/entladen
CAP_SYS_NICE	*Nice*-Wert eines eigenen Prozesses numerisch verringern, Nice-Werte anderer Prozesse beliebig ändern; Realzeit-Scheduling
CAP_SYS_PACCT	acct() benutzen
CAP_SYS_PTRACE	ptrace() benutzen; get_robust_list() auf beliebigen Prozessen benutzen; Daten von oder zu Speicher beliebiger Prozesse transferieren; process_vm_readv() oder process_vm_writev() benutzen; Prozesse mit kcmp() inspizieren
CAP_SYS_RAWIO	E/A-Port-Operationen iopl() und ioperm(); Zugriff auf */proc/kcore*; FIBMAP auf ioctl(); Zugriff auf CPU-spezifische Register; */proc/sys/vm/mmap_min_addr* ändern und mmap-Objekte unterhalb dieser Speichergrenze erzeugen; Mappings in */proc/bus/pci* erzeugen; */dev/mem* und */dev/kmem* öffnen; diverse SCSI-Gerätebefehle erzeugen; bestimmte Operationen auf hpsa- und cciss-Geräten ausführen (Hardware-RAID-Arrays) usw.

Tabelle 13.4 Linux-Capabilities – alles, was ein vollwertiger »root« können muss (Forts.)

Name	Fähigkeiten
CAP_SYS_RESOURCE	den reservierten Speicher mancher Dateisysteme (u. a. ext2–ext4) nutzen; ioctl-Zugriff auf Journaling-Optionen des Dateisystems; Quotas übergehen; Ressourcen-Limits erhöhen oder übergehen; maximale Zahl von Konsolen oder Keymaps übergehen; die RTC auf mehr als 64 Hz beanspruchen; das msg_qbytes-Limit für die System-V-Messagequeue erhöhen oberhalb */proc/sys/kernel/msgmnb*; die Begrenzung in */proc/sys/fs/pipe-size-max* übergehen beim Setzen der Kapazität einer Pipe; F_SETPIPE_SZ benutzen um die Pipe oberhalb einer Kapazität von */proc/sys/fs/pipe-max-size* zu erhöhen; die Begrenzung in */proc/sys/fs/mqueue/queues_max* übergehen beim Erzeugen von POSIX-Messagequeues; prctl() benutzen mit PR_SET_MM; */proc/PID/oom_score_adj* niedriger setzen als mit CAP_SYS_RESOURCE festgelegt
CAP_SYS_TIME	Systemzeit setzen (settimeofday, stime, adjtimex); Hardware-Uhr setzen
CAP_SYS_TTY_CONFIG	vhangup() nutzen; verschiedene privilegierte ioctl()-Operationen an virtuellen Terminals nutzen
CAP_SYSLOG	privilegierte syslog()-Operationen ausführen; Kernel-Adressen aus */proc* auslesen, wenn */proc/sys/kernel/kptr_restrict* auf 1 gesetzt ist
CAP_WAKE_ALARM	etwas konfigurieren, was das System aufwecken wird (CLOCK_REALTIME_ALARM- und CLOCK_BOOTTIME_ALARM-Timer setzen)
* Kernel-Auditing ist ein Mechanismus, der Überwachungsfunktionen über den Kernel ermöglicht, wie die von SELinux. ** »Erweiterte Dateiattribute« bezeichnet in diesem Fall besondere dateisystemabhängige Attribute, die mit chattr(1) gesetzt werden. *** Eine *Quota* ist die maximale Datenmenge, die ein bestimmter Benutzer auf einem bestimmten Dateisystem nutzen darf. **** Hier sind die erweiterten Attribute gemeint, die Sie mit setfattr ansprechen – im Deutschen gehen einem da die Begriffe aus.	

Tabelle 13.4 Linux-Capabilities – alles, was ein vollwertiger »root« können muss (Forts.)

13.3.2 Datei-Capabilities

Eine ausführbare Datei kann mit dem Befehl `setcap` mit passenden Capability Sets versehen werden nach einem `execve()`.

Es gibt drei Capability Sets:

- *Permitted*: Diese Capabilities werden automatisch dem zugehörigen Thread erlaubt, unabhängig davon, welche *inheritable* (vererbbar) sind.
- *Inheritable*: Diese Capabilities sind die für die Vererbung ausdrücklich erlaubten.
- *Effective*: Dies ist nur ein einzelnes Flag; ist es gesetzt, werden die Permitted Capabilities die effektiven, ansonsten erhält der neue Prozess keine Capabilities.

Ein neuer Prozess erhält die Inheritable Capabilities des Elternprozesses UND-verknüpft mit den Inheritable Capabilities der Datei, und das wiederum ODER-verknüpft mit den Permitted Capabilities der Datei beschränkt auf die Capabilities des *Bounding Sets*.

Das Bounding Set ist bei verschiedenen Linux-Versionen unterschiedlich definiert. Zum Teil wurden die Defaults fest in den Kernel einkompiliert, ab Version 2.6.33 sogar zwingend. Das Bounding Set ist das begrenzende Superset, außerhalb dessen nichts vererbt werden kann.

Beispiel:

```
# install $(which ping) ~kj
$ ~/ping 192.168.1.1
ping: icmp open socket: Operation not permitted
# setcap cap_net_raw=+ep ~kj/ping
$ ~/ping 192.168.1.1
PING 192.168.1.1 (192.168.1.1) 56(84) bytes of data.
64 bytes from 192.168.1.1: icmp_seq=1 ttl=64 time=3.26 ms
64 bytes from 192.168.1.1: icmp_seq=2 ttl=64 time=3.10 ms
^C
--- 192.168.1.1 ping statistics ---
```

13.4 Lokalisierung mit gettext

Wenn Sie mit dem simplen Wunsch, Umlaute auf dem Bildschirm anzugeben, die entsprechenden Umlaute einfach in den C-Quellcode hineinschreiben, haben Sie schon deshalb Schwierigkeiten, weil C von Hause aus kaum Mittel mitbringt, mit verschiedenen Kodierungen im Text umzugehen. Zwar können Sie seinem Editor antrainieren, beispielsweise UTF-8 in C-Dateien zu unterstützen, doch der C-Compiler beschwert sich darüber, wenn solche Zeichen in Strings auftreten, und wenn überhaupt, speichert er sie eins zu eins.

Auf dem Zielrechner müsste dann zuerst ermittelt werden, welche Kodierung dort aktuell ist, und die Strings müssten in jene Kodierung umgewandelt werden. Dafür gibt es keinen

Mechanismus, und als konstante Daten kann Programmcode fest kodierte Strings auch gar nicht verändern.

Darum gibt es `gettext`. Die Schnittstelle ist vergleichsweise simpel:

```
#include <libintl.h>

char * gettext (const char * msgid);
char * dgettext (const char * domainname, const char * msgid);
char * dcgettext (const char * domainname, const char * msgid,
                  int category);
char * bindtextdomain (const char * domainname, const char * dirname);
```

Die `msgid` ist dabei ein String, der die Mitteilung eindeutig identifiziert. `category` ist eine der Kategorien der `LC_`-Variablen, die mit `locale` angezeigt werden können (die numerischen Definitionen für `category` finden sich in *locale.h*, wo `LANG` und `LC_ALL` fehlen).

Umgebungsvariable	Bedeutung
LANG	Globale Einstellung; ersetzt alle anderen, wenn diese nicht gesetzt sind.
LC_CTYPE	Locale für die Ermittlung des Typs einzelner Zeichen
LC_NUMERIC	Locale für die Darstellung von Zahlen
LC_TIME	Locale für die Darstellung von Uhrzeiten und Datumsangaben
LC_COLLATE	Locale für die Sortierung von Strings
LC_MONETARY	Locale für die Darstellung von Geldbeträgen
LC_MESSAGES	Locale für die Darstellung von Dialogmitteilungen
LC_PAPER	Locale für den Druck auf Papier
LC_NAME	Locale für die Darstellung von Namen
LC_ADDRESS	Locale für die Darstellung von Postadressen
LC_TELEPHONE	Locale für die Darstellung von Telefonnummern
LC_MEASUREMENT	Locale für die Darstellung von Maßeinheiten
LC_IDENTIFICATION	Locale für die Darstellung von Identifikationen
LC_ALL	Locale für die Darstellung von Zahlen, übergeht alle anderen Einstellungen.

Tabelle 13.5 Locale-Umgebungsvariablen

Formal hat ein Locale folgendes Format:

<Sprache>_<Land>.<Kodierung>

In Deutschland also zum Beispiel: `de_DE.UTF-8`, in Österreich `de_AT.UTF-8`, in Belgien `de_BE.UTF-8`, in der Schweiz `de_CH.UTF-8`.

Wenn Sie dort etwas eintragen, womit die *glibc* nichts anfangen kann, bekommen Sie praktisch beim Start jedes Tools und jedes Programms eine Warnung.

Hinweis

Für Entwickler ganz wichtig: Es gibt ein Locale mit dem Namen `C` (alternativ: `POSIX`), das ein reproduzierbares, standardkonformes Verhalten erzwingt, das man laut POSIX von einem Programm erwarten kann. Das heißt beispielsweise, dass standardisierte englische Texte ohne Ausschmückungen wie zum Beispiel exotische Anführungszeichen ausgegeben werden. Wenn die Ausgabe von Tools wie */bin/ls* nicht lesbar (gemeint ist: weiterverarbeitbar) ist, können Sie sich damit behelfen, vor dem Aufruf die Umgebungsvariable `LANG=C` zu setzen – und alle anderen Locales zu löschen.

Hier sehen Sie ein Beispiel, unser Originalprogramm:

```
#include<stdio.h>

int main()
{
    printf("Hello World\n");
    return 0;
}
```

Das obige Beispiel, manuell umgewandelt:

```
#include<libintl.h>
#include<locale.h>
#include<stdio.h>

#define _(String) gettext (String)

int main()
{
    setlocale(LC_ALL,"");
    bindtextdomain("helloworld","/usr/share/locale");
    textdomain("helloworld");
    printf(_("Hello World\n"));
    return 0;
```

```
}
```

```
$ mkdir po/
$ xgettext -d helloworld -o po/helloworld.pot -k_ -s helloworld.c
```

helloworld.pot ist eine Templatedatei, die von `xgettext` erzeugt wurde:

```
# SOME DESCRIPTIVE TITLE.
# Copyright (C) YEAR THE PACKAGE'S COPYRIGHT HOLDER
# This file is distributed under the same license as the PACKAGE package.
# FIRST AUTHOR <EMAIL@ADDRESS>, YEAR.
#
#, fuzzy
msgid ""
msgstr ""
"Project-Id-Version: PACKAGE VERSION\n"
"Report-Msgid-Bugs-To: \n"
"POT-Creation-Date: 2010-04-27 17:42+0530\n"
"PO-Revision-Date: YEAR-MO-DA HO:MI+ZONE\n"
"Last-Translator: FULL NAME <EMAIL@ADDRESS>\n"
"Language-Team: LANGUAGE <LL@li.org>\n"
"MIME-Version: 1.0\n"
"Content-Type: text/plain; charset=CHARSET\n"
"Content-Transfer-Encoding: 8bit\n"

#: helloworld.c:13
#, c-format
msgid "Hello World\n"
msgstr ""
```

Wir erstellen eine Kopie, um eine Übersetzung des Texts anzufertigen, hier: Hindi.

```
$ mkdir hi
```

```
$ cp helloworld.pot hi/helloworld.po
```

```
# Hello World Localization.
# Copyright (C) 2010 Naveen Kumar
# This file is distributed under the same license as the PACKAGE package.
# Naveen Kumar <nkumar@redhat.com>, 2010.
#
msgid ""
msgstr ""
"Project-Id-Version: helloworld 1.0\n"
"Report-Msgid-Bugs-To: \n"
```

```
"POT-Creation-Date: 2010-04-27 18:31+0530\n"
"PO-Revision-Date: 2010-04-27 18:53+0530\n"
"Last-Translator: Naveen Kumar <nkumar@redhat.com>\n"
"Language-Team: Hindi <LL@li.org>\n"
"MIME-Version: 1.0\n"
"Content-Type: text/plain; charset=UTF-8\n"
"Content-Transfer-Encoding: 8bit\n"

#: helloworld.c:13
#, c-format
msgid "Hello World\n"
msgstr "नमस्ते दुनिया\n"
```

In einem Locale-Kontext `hi` für Hindi gibt das Programm nun den Hindi-Text aus.

13.5 mmap(): Dateien als Speicherbereich

`mmap()` ist eine Möglichkeit, eine Datei virtuell zum Speicherbereich zu machen. Zum Beispiel können Sie so ein Tool, das nur auf Speicher arbeitet, auf eine Datei anwenden. Einer der Autoren des Buches hat beispielsweise den Snappy-Algorithmus von Google, der im Original nur auf Daten im Speicher arbeitet, auf diese Art auf Dateien anwendbar gemacht.

Der Vorteil von `mmap()` ist grundsätzlich, dass Sie sich nicht mit Ein- und Ausgabeoperationen aufhalten müssen, sondern sich direkt damit beschäftigen können, Ihre Daten anzufassen, als wären sie irgendwo im Speicher – bereits fertig eingelesen. Alles, was Sie an diesen ändern, wird automatisch (wenn Sie das konfiguriert haben) auf die Platte geschrieben. Es gibt aber auch Nachteile: So werden Sie nicht überall unter jedem Linux ein funktionsfähiges `mmap()` vorfinden. Bei eingebetteten Systemen fehlt meist die Voraussetzung für die Anwendung, nämlich eine funktionierende *Memory Management Unit* (MMU).

Hier zunächst die Schnittstelle:

```
#include <sys/mman.h>

void *mmap(void *addr, size_t length, int prot, int flags, int fd, off_t offset);
int munmap(void *addr, size_t length);
```

`prot` kann dabei eine Bitmaske aus folgenden Werten sein:

- `PROT_EXEC`: Pages (Speicherseiten) können ausgeführt werden.
- `PROT_READ`: Pages können gelesen werden.
- `PROT_WRITE`: Pages können geschrieben werden.
- `PROT_NONE`: Auf Pages kann nicht zugegriffen werden.

Die Flags müssen zu dem Modus passen, in dem die Datei per `open()` geöffnet ist.

`flags` darf sein:

- `MAP_SHARED`: Mehrere Prozesse können sich dieses Speichermapping teilen.
- `MAP_PRIVATE`: Ein privates COW-Mapping.[6] Änderungen sind für andere Prozesse, die dieselbe Datei gemappt haben, unsichtbar, und Änderungen werden nicht in die Datei geschrieben. Es ist undefiniert, ob Änderungen an den Daten der Datei auch im Speichermapping sichtbar werden.

Im folgenden Beispielprogramm sehen Sie, wie Sie gleichzeitig mit `mmap()` auf einer Datei lesen und auf der anderen schreiben. Da `mmap()` die Größe des Dateifensters (und damit der gesamten Datei, in diesem Fall) wissen muss, muss hier zunächst Snappy gefragt werden, wie lang denn die Ausgabe sein wird.

```
/* snappy mmap demo by K.J.Wolf */
#include <stdio.h>
#include <string.h>
#include <unistd.h>
#include <sys/types.h>
#include <sys/stat.h>
#include <sys/mman.h>
#include <fcntl.h>
#include <stdint.h>  /* debug */
#include <snappy-c.h>

#define IOFAIL(v, fn, rv) if(v) { fprintf(stderr, "%s: ", argv[0]);
  perror(fn); return (rv); }

#define MASK(bits) ((1ull /* this is wrong, but it works everywhere */ << (bits))-1)

uint64_t collectchecksum(void *buf, uint64_t size) {
    /* don't do this
    uint64_t xsum = 0;
    int i=0;
    while(size>0) {
        if(size>=8)
            xsum ^= *((uint64_t *)buf+i);
        else {
            xsum ^= *((uint64_t *)buf+i) & MASK(size*8);
        } }
    */
    uint64_t xsum = 0;
```

6 COW = Copy on Write.

```
    unsigned char *p = (unsigned char *)buf;
    int i=0;
    while(size>=8) {
        xsum ^= *((uint64_t *)p+i);
        i++;
        size-=8;
    }
    p+=i*8;
    for(i=0; i<size; i++) {
        xsum ^= ((uint64_t)p[i])<<(i*8);
    }
    return xsum;
}
int main(int argc, char *argv[]) {
    int enc=0, hi, ho, r;
    off_t ilen, olen, olen2, tmp;
    void *ibuf, *obuf;
    snappy_status rsnappy;
    char c = 0;
    if(argc<4) {
        printf("usage: %s enc|dec <infile> <outfile>\n", argv[0]);
        return 1;
    }
    if(!strcmp(argv[1], "enc"))
        enc=1;
    else
        if(!strcmp(argv[1], "dec"))
            enc=0;
        else {
            fprintf(stderr, "%s: parameter 1 must be: enc|dec\n", argv[0]);
            return 9;
        }
    hi = open(argv[2], O_RDONLY);
    IOFAIL(hi<0, argv[2], 11)
    ho = open(argv[3], O_RDWR|O_CREAT|O_EXCL, 0600);
    IOFAIL(ho<0, argv[3], 12)
    ilen = lseek(hi, 0, SEEK_END);
    IOFAIL(ilen<0, argv[2], 13)
    tmp = lseek(hi, 0, SEEK_SET);
    IOFAIL(tmp<0, argv[2], 13)
    ibuf = mmap(NULL, ilen, PROT_READ, MAP_SHARED, hi, 0);
    IOFAIL(!ibuf, argv[2], 14)
    if(enc)
```

```
        olen = snappy_max_compressed_length(ilen);
    else {
        rsnappy = snappy_uncompressed_length(ibuf, ilen, &olen);
        if(rsnappy!=SNAPPY_OK) {
            fprintf(stderr, "%s: snappy fails with r=%d (precheck)\n", argv[0],
              rsnappy);
            return 21;
        } }
    tmp = lseek(ho, olen-1, SEEK_SET);
    IOFAIL(tmp<0, argv[3], 15)
    write(ho, &c, 1);
    /* make a sparse file by writing one single byte at guessed length */
    tmp = lseek(ho, 0, SEEK_SET);
    IOFAIL(tmp<0, argv[3], 15)
    obuf = mmap(NULL, olen, PROT_READ|PROT_WRITE, MAP_SHARED, ho, 0);
    IOFAIL(!obuf, argv[3], 14)
    fprintf(stderr, "DEBUG: olen=%llu\n", olen);
    fprintf(stderr, "DEBUG: cksum(inbuf)=%llx\n", collectchecksum(ibuf, ilen));
    olen2 = olen;
    if(enc)
        rsnappy = snappy_compress(ibuf, ilen, obuf, &olen2);
    else
        rsnappy = snappy_uncompress(ibuf, ilen, obuf, &olen2);
    fprintf(stderr, "DEBUG: olen2=%llu\n", olen2);
    fprintf(stderr, "DEBUG: cksum(outbuf)=%llx\n", collectchecksum(obuf, olen2));
    if(rsnappy!=SNAPPY_OK) {
        fprintf(stderr, "%s: snappy fails with r=%d (decompressing)\n", argv[0],
          rsnappy);
        return 21;
    }
    r = munmap(ibuf, ilen);
    IOFAIL(r<0, argv[2], 16)
    r = munmap(obuf, olen);
    IOFAIL(r<0, argv[3], 15)
    r = ftruncate(ho, olen2);
    IOFAIL(r<0, argv[3], 17)
    close(hi); close(ho);
    return 0;
}
```

Sie benötigen übrigens zum Kompilieren besagte Bibliothek Snappy, die Sie aber auch in den Buchmaterialien finden.

13.6 Codedokumentation automatisch erzeugen lassen mit Doxygen

Jeder Programmierer kennt das Problem, dass es irgendwann darum geht, das geschriebene Programm für die Nachwelt zu dokumentieren und auch für die Programmierer, die später daran weiterarbeiten werden. (Auch man selbst hat ja oft nach einigen Monaten daran zu knabbern, wieder das zu verstehen, was man ursprünglich für »selbsterklärend« gehalten hatte.)

Aber wenn es um Dokumentation geht, verstehen viele Projektleiter aus Unerfahrenheit nur, dass der jeweilige Entwickler wohl nichts zu tun hat und wohl nach Arbeit ruft, und auch die Entwickler selbst sind meist nicht erbaut, das aufzuschreiben, was doch eigentlich so »sonnenklar« ist.

Das Ergebnis der Geschichte: Dokumentation wird häufig nicht geschrieben; jede neue Generation von Programmierern muss sich also bei dem jeweiligen Stück Code wieder einarbeiten und versteht oft nur die Hälfte – und je größer das Projekt, desto weniger wird verstanden.

Doxygen ist ein Programm mit einem Ansatz, der auf der Idee basiert, dass man genauso gut die – meist ohnehin vorhandenen – Kommentare im Programmcode extrahieren könnte. Zusammen mit den Deklarationen hätte man damit schon eine brauchbare Grundlage, ohne dass man auch nur eine Minute zusätzlicher Zeit aufgewandt hätte.

Doxygen generiert als Ausgabeformat: XHTML, Manual-Page, LaTeX, RTF, PDF und eine Reihe anderer Formate, und es kann sogar Diagramme erzeugen.

Die Idee dahinter ist recht einfach – ganz normale Kommentare werden zu Doxygen-Kommentaren, wenn Sie sie so schreiben:

```
/**
 * ... text ...
 */
```

Zeilenkommentare sind auch erlaubt:

```
///
/// ... text ...
///
```

Normalerweise soll Dokumentation immer vor dem dokumentierten Objekt bzw. der Schnittstelle stehen. Schreiben Sie sie ausnahmsweise danach, müssen Sie schreiben:

```
int var; /**< detaillierte Beschreibung nach dem Objekt */

int var; ///< detaillierte Beschreibung nach dem Objekt
         ///<
```

Der Vollständigkeit halber zählen wir hier auch Strukturkommandos auf, die eigentlich nur für C++ Sinn ergeben:

- `@struct` – eine Struct
- `@union` – eine Union
- `@fn` – eine Funktion
- `@var` – eine Variable
- `@typedef` – eine Typdefinition
- `@file` – eine Datei
- `@namespace` – ein Namespace (C++)
- `@package` – ein Package (C++)
- `@interface` – ein Interface (C++)

Untergeordnete Teile einer Beschreibung:

- `@brief` – Kurzfassung der Beschreibung in wenigen Worten folgt.
- `@param` – Parametername folgt, dann eine Kurzbeschreibung.
- `@warning` – Hinweis: Warnung
- `@todo` – Hinweis: To-do

Formatierung:

- `@a` – nächstes Wort kursiv

Kurzes Beispiel einer Funktion:

```
/** @fn size_t write(int fd,const char *buf, size_t count)
    @brief Schreibt @a count Bytes von @a buf in den Filedeskriptor @a fd.
    @param fd Der Dateideskriptor, in den geschrieben wird.
    @param buf Die zu schreibenden Daten.
    @param count Die Anzahl der zu schreibenden Bytes.
*/
size_t write(int, const char *, size_t);
```

Sollte das schon alles sein? Ja, im Großen und Ganzen ist das alles, was Sie brauchen, um aus Ihrem Code eine vernünftige Doku zaubern zu lassen. Sie können sich auch später damit beschäftigen, diese typographisch aufzuwerten.

Doxygen hat eine sehr schöne GUI namens *DoxyWizard*, die ihnen auch noch viel Tipperei abnimmt, wenn es um Konfiguration geht.

In den Materialien zum Buch finden Sie eine vollständige Liste alle Kommandos und einige dokumentierte Beispielprogramme.

Um es kurz zusammenzufassen: Doxygen hilft Ihnen dabei, die Bruchstücke von Informationen aus Ihrem Programm zu extrahieren, die Sie aller Wahrscheinlichkeit ohnehin in die Dokumentation geschrieben hätten. Anhand der Schlüsselwörter entsteht jedoch daraus ein Katalog druckbarer Dokumente, den Sie dem nächsten Nutzer – gemeint ist hier Entwickler – guten Gewissens in die Hand drücken können. Doxygen ermittelt dabei die zugrunde liegende Struktur des Programms selbst.

Kapitel 14
Netzwerkprogrammierung

Kenntnisse in der Netzwerkprogrammierung gehören heutzutage zu den Grundlagen eines ambitionierten Software-Entwicklers. Dank guter Bibliotheken ist es kein allzu kompliziertes Unterfangen mehr, Ihre Software mit einer Netzwerkfunktionalität auszustatten.

14.1 Einführung

Die Netzwerkprogrammierung ist ein sehr beliebtes, aber leider noch relativ selten anzutreffendes Thema in der Computerliteratur zu Linux. Dies liegt allerdings auch daran, dass die Implementierung der gesamten Netzwerkfunktionalität im Linux-Kernel zu dem komplexesten und vor allem umfangreichsten Teil des Kernel-Codes gehört, also auch objektiv nicht einfach ist. Vielen fällt es schwer, einen Einstieg in dieses umfangreiche Thema zu finden. Somit kann ein Buch, wie Sie es in den Händen halten, bezüglich der Themenvielfalt nicht mehr als eine Einführung in und einen Überblick über die Netzwerkprogrammierung bieten – aber vielleicht wollen Sie ja gerade dies bekommen.

Möglicherweise haben Sie selbst schon Anwendungen wie *telnet* zum Einloggen auf einem anderen Computer,[1] *ftp* zum Übertragen von Daten aller Arten zwischen zwei Rechnern, E-Mail-Programme zum Empfangen und Versenden von Mails oder den Webbrowser zum Durchforsten des World Wide Webs verwendet. Vermutlich reizt es Sie, nun selbst ähnliche Anwendungen zu entwickeln.

Linux/UNIX bietet Ihnen dazu eine Menge Programm- und Funktionsbibliotheken an, mit denen Sie selbst verteilte Anwendungen mit Netzwerkfunktionalität schreiben können. Mit diesen könnten Sie praktisch eine Anwendung, die bisher nur für einen Standort verfügbar war, so umschreiben, dass sie nun von mehreren Rechnern aus ausgeführt werden kann. Wollen Sie zum Beispiel ein Spiel mit einer Multiplayer-Funktion ausstatten oder Ihre Kaffeemaschine zu Hause vom Büro aus starten? Egal was Sie vorhaben, mit der Netzwerkprogrammierung haben Sie ungeahnt viele interessante Möglichkeiten, und vor allem erwerben Sie hierbei ein garantiert zukunftsorientiertes Know-how.

---

1 *telnet* ist in seiner ursprünglichen Anwendung zwar veraltet, allerdings quasi nebenberuflich ein wunderbares Hilfsmittel zum Überprüfen von Serverfunktionalität. Geben Sie zum Beispiel `telnet localhost 25` ein, um sich mit Ihrem eigenen Mailserver zu unterhalten. In der Regel können Sie *telnet* mit `Strg`+`Alt Gr`+`9` und dann mit `quit` wieder verlassen.

Falls Sie sich wundern, dass wir in diesem Kapitel doch relativ sparsam auf Sicherheitsaspekte eingehen – wir hoffen Sie in Kapitel 15, »Abgesicherte Netzwerkverbindungen«, damit glücklich zu machen, indem wir eine gesicherte Verbindung aufbauen und das Wissen, das Sie in diesem Kapitel erworben haben, weiter vertiefen.

Hinweis

Der Großteil der Beispiele für dieses Kapitel wurde auf einem Linux- und einem (Free-)BSD-Rechner erstellt und erfolgreich getestet. Für gewöhnlich sollten diese Beispiele auch auf anderen UNIX-artigen Rechnern funktionieren. Dennoch ist es nicht auszuschließen, dass hier und da eine kleine Modifikation nötig ist. Sofern dies zutrifft, würden wir uns sehr freuen, wenn Sie uns Feedback geben, welche Anpassungen Sie für eine Portierung vorgenommen haben.

14.2 Aufbau von Netzwerken

Sie erfahren in diesem Kapitel einiges zur Netzwerkprogrammierung. Grundkenntnisse zum Thema Netzwerke allgemein sind hier auf jeden Fall von Vorteil (aber nicht unbedingt vonnöten). Wir werden zwar versuchen, die Themen so umfangreich und detailliert wie möglich aufzurollen, dennoch können wir nicht auf jedes einzelne Thema – speziell die Grundlagen – bis ins Detail eingehen.

14.2.1 ISO/OSI und TCP/IP – die Referenzmodelle

Dass die Kommunikation zwischen verschiedenen Rechnern (mit unterschiedlicher Hardware) auf den verschiedenen Betriebssystemen nicht mit einem Rutsch zu realisieren ist, dürfte wohl selbst dem Laien klar sein. Für diese Zwecke wurde daher der Vorgang »Kommunikation« in mehrere kleine Schichten aufgeteilt. Dabei baut jede Schicht auf die Fähigkeiten der darunterliegenden Schicht auf.

Zu diesem Zweck wurde das ISO/OSI-Schichtenmodell entworfen (siehe Abbildung 14.1). Dieses Schichtenmodell ist allerdings keine Norm. Das heißt, die Entwickler von Hard- und Software müssen sich nicht unbedingt daran halten. Das Modell bildet eine vereinfachte Idealisierung ab, ist aber gerade deshalb hilfreich, um komplizierte Sachverhalte nachvollziehbar zu erklären.

Im Folgenden wollen wir die Schichten aus Abbildung 14.1 von unten nach oben ein wenig genauer erläutern:

- **Schicht 1:** *Physical Layer* (Bitübertragungsschicht) – Die Aufgabe dieser Schicht ist die Übertragung der Daten in Form von einzelnen Bits, die gewöhnlich über ein Kabel (oder auch über Funk) erfolgt. Beim Sender erhält diese Schicht die Daten von der darüberliegenden Schicht, und beim Empfänger werden die Daten an die Schicht 2 weitergegeben.

- **Schicht 2:** *Data Link Layer* (Sicherungsschicht) – Auf dieser Schicht wird sichergestellt, dass die Übertragung von Daten korrekt ist. Entdeckt diese Schicht einen Bitübertragungsfehler zwischen zwei Rechnern, so muss dieser Fehler innerhalb der Sicherungsschicht behoben werden.
- **Schicht 3:** *Network Layer* (Vermittlungsschicht) – Die Vermittlungsschicht ist dafür verantwortlich, dass alle Rechner, die verbunden sind, miteinander kommunizieren können. Ihre Hauptaufgabe besteht darin, eine direkte Verbindung abzubilden und die Daten entsprechend zu dirigieren, damit sie den eigentlichen Zielrechner erreichen.
- **Schicht 4:** *Transport Layer* (Transportschicht) – Wurde mit der Schicht 3 eine feste Verbindung zwischen zwei vernetzten Rechnern hergestellt, ist die Transportschicht für die Kommunikation zweier Anwendungsprozesse verantwortlich, wobei jeweils ein Prozess auf einem der verbundenen Rechner läuft.

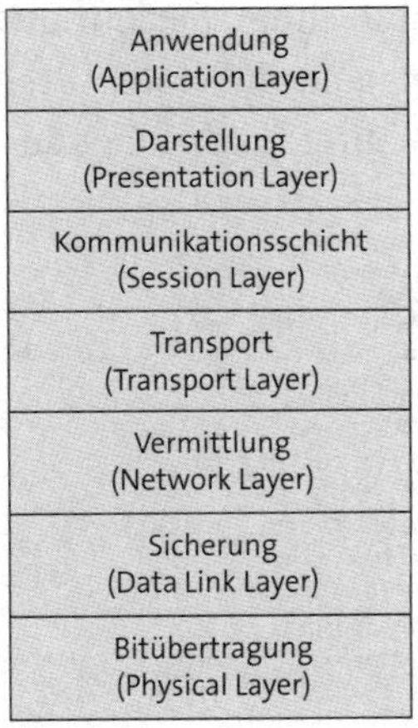

Abbildung 14.1 Das OSI-Schichtenmodell

Die nun noch folgenden drei Schichten können Sie auch gern zu einer Schicht zusammenfassen (was andere Schichtenmodelle auch tun). Alle oben genannten Schichten zählen zum Anwendungsprozess.

- **Schicht 5:** *Session Layer* (Kommunikationsschicht) – Durch diese Schicht werden zwei Prozesse, die miteinander kommunizieren, erst einmal strukturiert. Hierbei können sogenannte Synchronisationspunkte gesetzt werden, mit deren Hilfe nach einem Fehler beide Prozesse wieder in einem ihnen bekannten Zustand wiederhergestellt werden können.
- **Schicht 6:** *Presentation Layer* (Darstellungsschicht) – In der Darstellungsschicht werden die Anwendungsdaten in ein lesbares Format gebracht (kodiert). Dabei werden die unterschiedlichen Bytegrößen (wie beispielsweise bei einer Integer-Variable) berücksichtigt – die ja auf den verschiedenen Systemen unterschiedlich groß sein kann. Sie werden es

sicherlich ahnen: Diese Schicht spielt in den noch folgenden Abschnitten eine wichtige Rolle.

- **Schicht 7:** *Application Layer* (Anwendungsschicht) – In der Anwendungsschicht werden Ihnen häufig verwendete Dienste (wie die Datenübertragung oder Funktionsaufrufe) zur Verfügung gestellt.

Aufgliedern lassen sich die einzelnen Schichten recht einfach. Schicht 1 und 2 beschreiben vorwiegend in der Hardware (etwa in Netzwerkkarten und Kabeln) implementierte Mechanismen. Ab der Schicht 3 dreht sich alles um die Software. Die Datenübertragung zwischen Soft- und Hardware wird mit sogenannten *Device Drivers* (Gerätetreibern) erledigt. Ein Gerätetreiber ist eine Software, die als Schnittstelle zwischen der eigentlichen Software und der Hardware fungiert. Die eigentliche Netzwerkprogrammierung, die Sie in der Praxis verwenden, finden Sie in den Schichten 4 bis 7. Sie geschieht mit den Funktionsbibliotheken, die Ihnen zur Verfügung stehen.

Es ist nicht immer notwendig, dass bei einer bestimmten Anwendung alle sieben Schichten ausgereizt werden. Gleiches gilt für den gesamten Rechner; bei einem Rechner, der nur die Aufgabe hat, Datenpakete an einen anderen Rechner zu verschicken, sind die ersten drei Schichten völlig ausreichend. Solche Vermittlungsrechner sind sehr häufig im Intranet anzutreffen.

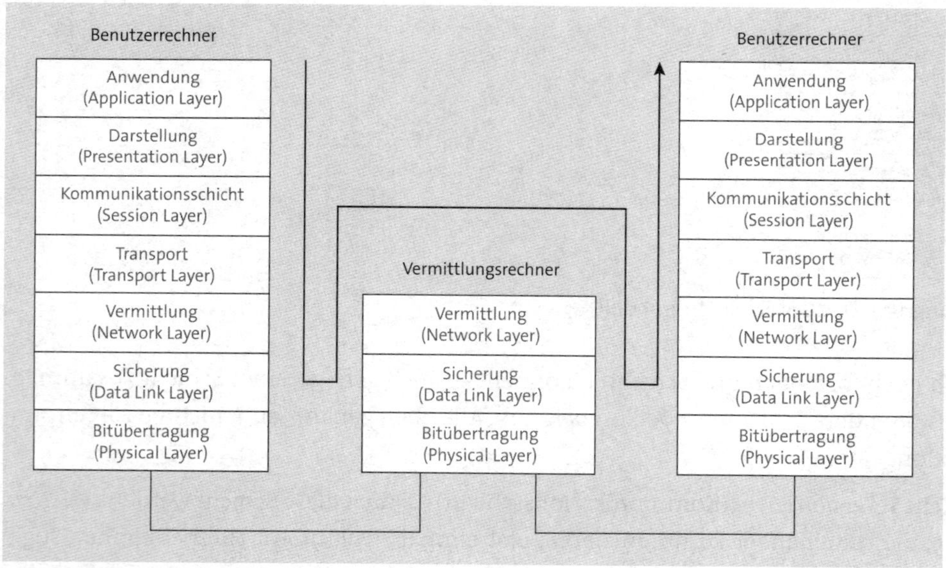

Abbildung 14.2 Schichten, die ein Vermittlungsrechner benötigt

Da die Aufteilung des ISO/OSI-Schichtenmodells für viele Dinge zu detailliert ist, wird in der Praxis ein etwas einfacher strukturiertes Referenzmodell verwendet – das TCP/IP-Schichtenmodell (siehe Abbildung 14.3). Im Gegensatz zum OSI-Schichtenmodell ist es in nur vier Schichten aufgeteilt.

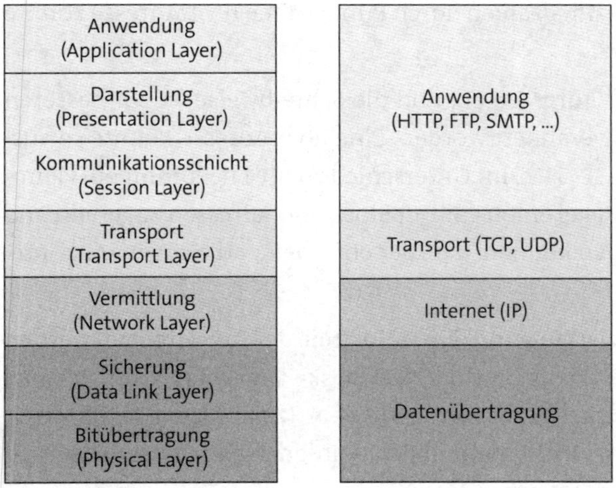

Abbildung 14.3 Aus dem OSI-Schichtenmodell wird das TCP/IP-Schichtenmodell.

Dieses Referenzmodell deckt den Großteil der Kommunikation ab, die über das Internet abläuft.

14.2.2 Das World Wide Web (Internet)

Das Internet ist nicht, wie häufig angenommen wird, ein Netzwerk, sondern eine Ansammlung von mehreren Computer-Netzwerken weltweit. Dass diese Netzwerke so gut miteinander harmonieren, verdanken sie dem TCP/IP-Protokoll. Das TCP/IP-Protokoll bietet Dienste wie das WWW (HTTP), FTP, SMTP usw. an. Aufteilen lässt sich das TCP/IP-Protokoll in zwei Teile: in das *Internet Protocol* (IP) und in die darüberliegenden Transportprotokolle. Die bekanntesten Transportprotokolle sind erstens das *Transport Control Protocol* (TCP), das eine zuverlässige Übertragung des IP-Bytestroms garantiert, und zweitens das *User Datagram Protocol* (UDP), das zwar keine zuverlässige Übertragung garantiert, aber dafür um einiges schneller als TCP ist. Beide Transportprotokolle werden Sie in diesem Buch noch häufiger einsetzen.

Das IP-Protokoll ist im OSI-Modell auf Schicht 3, der Vermittlungsschicht, angesiedelt, und TCP und UDP arbeiten auf der Transportschicht – wobei es beim TCP eigentlich keine Kommunikations- und Darstellungsschicht mehr gibt. Diese werden bei TCP mit zu einer Anwendungsschicht zusammengefasst (siehe Abbildung 14.3).

Im Internet wird jede Netzwerkkarte im Rechner mit einer eigenen IP-Adresse versehen. Dabei kann ein Rechner durchaus mehrere IP-Adressen besitzen, sofern auch mehrere Netzwerkkarten eingebaut sind (man kann auch mehrere IP-Adressen für eine Karte haben). Die IP-Adresse hat eine Speichergröße von vier Bytes (bei IPv4). Jedes dieser Bytes kann dabei eine dezimale Zahl von 0 bis 255 darstellen (da ja ein Byte eine dezimale Zahl von 0 bis 255 fassen kann). Getrennt werden diese Dezimalzahlen durch Punkte. Eine IPv4-Adresse könnte daher wie folgt aussehen: `129.154.53.98`.

IPv6 bietet mit 16 Bytes insgesamt 2^{128} Adressen an, und die Schreibweise ist zur besseren Unterscheidung im Vergleich mit IPv4 verändert worden. Eine IPv6-Adresse könnte so aussehen: `2a02:908:eb20:dc0:dde2:5ed9:7a72:536d`. Im Unterschied zu IPv4 bekommt ein Heimanwender von seinem Provider in der Regel einen ganzen Block von Adressen zugeteilt, und wie viele Bits davon frei vergeben werden können, darüber entscheidet die sogenannte *prefixlen*.[2]

Auch IPv4-Adressen haben einen Netzwerkteil und einen Hostteil, der frei vergeben werden kann. Häufig wird die Länge des Netzwerkteils über die Netzmaske angegeben, zum Beispiel so: `255.255.255.192`. Das entspricht 26 Bit. Früher wurden IPv4-Netze in Klasse-A-, Klasse-B- und Klasse-C-Netze unterteilt, aber das ist nicht mehr üblich, seitdem kleinste Netzbruchstücke gehandelt werden.

Einige IP-Adressen sind für bestimmte Zwecke reserviert. Wie auch IPv4 kennt IPv6 spezielle Multicast-Adressen, über die man mit mehreren Rechnern gleichzeitig kommunizieren kann; wir werden sie in Abschnitt 14.19 behandeln.

In einem physikalischen Netz muss die Bytefolge des Netzteils immer gleich sein – der Hostanteil hingegen muss zur eindeutigen Identifikation unterschiedlich sein. So sind zum Beispiel 192.11.55.1 und 192.11.55.2 beides IP-Adressen im gleichen physikalischen Netzwerk, aber mit unterschiedlichem Hostteil, was bedeuten kann, dass es sich hierbei um zwei verschiedene Rechner oder in einem Rechner um zwei verschiedene Netzwerkkarten (oder sogar um eine Netzwerkkarte mit zwei IP-Adressen) handelt.

Wenn Sie also eine Nachricht oder Daten an einen Rechner verschicken oder von diesem Daten empfangen wollen, benötigen Sie lediglich die IP-Adresse dieses Rechners. Dass Computer gut mit Zahlen umgehen können, ist bekannt, aber wenn Sie statt der Adresse *www.elementaria.org* die Adresse 109.237.138.30 eingeben müssten, wäre das Internet wohl nicht mehr so erfolgreich. So, wie es für die IP-Notation Regeln gibt, gibt es auch für die Namensnotation gewisse Regeln. Nur stehen dann zwischen den Punkten keine Dezimalzahlen, sondern Namen.

Damit aus dem Namen auch wieder eine echte IP-Adresse wird, werden die lokale Netzdatenbank und übergeordnete *Domain Name Services* (DNS) verwendet. Dabei fragen DNS-Clients beim DNS-Server nach den Adressauflösungen (Name zu IP-Adresse) oder, falls benötigt, auch nach dem Reverse Mapping (IP-Adresse zu Name).

Viele dieser Punkte werden wir im Folgenden im passenden Abschnitt genauer erläutern.

---

2 Um die Angelegenheit zu verkomplizieren, bekommt man beim *Dual-Stack-Verfahren* sowohl eine IPv4-Adresse als auch einen IPv6-Adressblock zugewiesen. Bei *Dual Stack Light* teilt man sich die IPv4-Adresse mit anderen Kunden.

14.3 TCP/IP – Aufbau und Struktur

Bei TCP/IP spricht man von einem *verbindungsorientierten Protokoll* – was bedeutet, dass vor der Übertragung von Daten erst eine Verbindung zu einem anderen Gerät aufgebaut werden muss. Einen Teil der Arbeit übernimmt dabei IP (Internet Protocol), und zwar Aufgaben wie die Adressierung, das Überwachen oder das Versenden von Datenpaketen. Wie Sie schon erfahren haben, orientiert sich TCP/IP nur zum Teil am ISO/OSI-Schichtenmodell – da bei TCP/IP lediglich vier Schichten existieren (siehe Abbildung 14.3):

- Datenübertragungsschicht
- Internetschicht
- Transportschicht
- Anwendungsschicht (HTTP, FTP, Telnet ...)

In den folgenden Abschnitten beschreiben wir kurz die einzelnen Schichten im TCP/IP-Referenzmodell.

14.3.1 Datenübertragungsschicht

Diese Datenübertragungsschicht ist bei TCP/IP nicht unbedingt vorgeschrieben. Sie ist dafür verantwortlich, dass die Informationen von einem Rechner zur Gegenstelle übertragen werden – was auch die physikalische Übertragung einschließt. Eine weitere Aufgabe wäre das Aufteilen der Daten in einzelne Frames; und für den Fall, dass bei der Übertragung ein Fehler auftritt, muss diese Schicht für eine Neuübertragung sorgen. Wenn man den Kernel betrachtet, wird diese Schicht durch den Gerätetreiber der Netzwerkkarte realisiert.

Vergegenwärtigen Sie sich, dass TCP/IP sowohl im drahtlosen WLAN als auch im kabelgebundenen LAN verwendet wird, also auf völlig unterschiedlichen Netzwerkschichten, die übrigens ihrerseits (insbesondere aber beim WLAN) wiederum vielschichtig realisiert sind. Das Schöne dabei ist: Sie können das vollkommen ignorieren. Das Einzige, worum Sie sich kümmern müssen, ist das Programmieren von TCP/IP.

14.3.2 Internetschicht

Diese Schicht entspricht der Vermittlungsschicht im OSI-Schichtenmodell. Das Protokoll, das in dieser Schicht am häufigsten anzutreffen ist, ist das Internet Protocol (IP). Der Eckpfeiler des IP-Protokolls ist, dass jedes Endgerät (jeder Netzwerkknoten) direkt angesprochen werden kann – weshalb auch jeder Knoten über eine spezifische IP-Adresse verfügt –, wofür das IP-Protokoll selbst verantwortlich ist. Solch eine Adresse setzt sich aus der Netzwerkangabe selbst (meist einfach nur »Netzwerk« genannt) und dem entsprechenden Netzwerkknoten zusammen. So will man sichergehen, dass keine Netzwerkknoten zweimal auf der Welt existieren.

Vom IP-Protokoll gibt es im Internet zwei Varianten: IPv4 und IPv6. Wenn man von »IP-Verbindungen« spricht, ist meistens IPv4 damit gemeint. IPv6 wird in Zukunft IPv4 vollständig ablösen.

Eine weitere bedeutungsvolle Aufgabe des IP-Protokolls ist die Aufteilung des Netzwerks in sogenannte Subnetzwerke. Dabei werden verschiedene Adressklassen unterstützt (nicht zu vergleichen mit den Netzwerkklassen), die je nach Anforderung mehrere Millionen Rechner enthalten können.

14.3.3 Transportschicht (TCP, UDP)

Auch die Transportschicht ist mit der gleichnamigen Schicht des OSI-Referenzmodells zu vergleichen. Das wichtigste Protokoll auf dieser Schicht ist das TCP-Protokoll. Dieses Protokoll ist verantwortlich dafür, dass Daten zwischen zwei Rechnern fehlerfrei übertragen werden können – eine Ende-zu-Ende-Verbindung (verzeihen Sie uns die Eindeutschung – im Original heißt dies *Peer-to-Peer*-Verbindung, kurz P2P).

Die Transportschicht garantiert quasi den höheren Schichten eine fehlerfreie Übertragung der Daten. Dabei packt TCP eine bestimmte Anzahl von zu versendenden Bytes zu einem Datenpaket zusammen und überträgt diese Daten anschließend mithilfe des IP-Protokolls. Solch ein Paket besteht immer unter anderem aus einer Sequenznummer, mit der gesichert wird, dass die Daten in der richtigen Reihenfolge eingehen und doppelt versendete Datenpakete ignoriert werden.

Daneben existiert aber auch das Protokoll UDP (*User Data Protocol*), das im Gegensatz zum TCP-Protokoll keine Flusskontrolle verwendet. Es ist daher auch nicht gesichert, dass die Daten fehlerfrei ankommen. Das UDP-Protokoll wird häufig bei Spieleservern verwendet, wo zum Beispiel eine Nichtübertragung einer Spielerbewegung meist nicht fatal ist, da das nächste UDP-Paket sowieso wieder die korrekte Position enthält – die Abweichung, die andere Spieler wahrnehmen, ist somit relativ niedrig, sofern der Client nicht zu viel *laggt*. Natürlich nutzen nicht alle Spiele nur UDP.

Wichtig bei der Transportschicht ist auch die Portnummer; denn jede Anwendung, die Daten aus einer IP-Schicht haben will, muss eine eindeutige Portnummer verwenden, um auf dem Zielsystem eindeutig identifiziert zu werden (oder kurz gesagt: IP kennt keine Ports). Ports sind Diensten zugeordnet. Die Kommunikation zwischen einem Webbrowser und einem Server verläuft z. B. über Port 80 (auf Serverseite); FTP verwendet den Port 21. Damit ist es möglich, dass mehrere Dienste auf dem gleichen Computer gleichzeitig ausgeführt werden können, obwohl sie dieselbe IP-Adresse besitzen. Die Portnummer wird üblicherweise mit einem Doppelpunkt von der IP-Adresse getrennt (wie beispielsweise bei `192.168.2.4:80`). Bei IPv6 wird es leider komplizierter (dort sieht diese Angabe z. B. so aus: `[4011:6953:c0a8:167:c5ea:76d8:820e:15d3]:80`). Um also die verschiedenen Dienste zu verwenden, ist die Angabe der IP-Adresse, kombiniert mit der Portnummer, nötig – was zusammengefasst als *Socket* bezeichnet wird.

Der Client, der eine Verbindung mit einem solchen Socket herstellt, braucht natürlich auch eine Portnummer, jedoch wird diese dynamisch vergeben, je nachdem, was gerade noch frei ist. Dabei sind generell die niedrigeren Ports (< 1024) sogenannte Standardports, die nur vom *root* geöffnet werden können (sollten). Gewöhnliche Clientanwendungen mit niedrigeren Privilegien verwenden meistens einen höheren (> 1023) freien Port zum Arbeiten. Also gilt:

Client: (>1023) => Server: (<1024)

Und dies gilt auch nur im RFC empfohlenen Fall,[3] weil immer mehr mit Port-Forwarding gearbeitet wird, um einen Serverdienst nicht als *root* starten zu müssen. Dies müssen wir hier erwähnen, weil Ports meistens die Stelle sind, über die Systeme angegriffen werden. Merken Sie sich bitte, dass Portnummern kleiner 1024 verheerend sein können, da ein Prozess, der so einen Port belegt, automatisch mit (zumindest partiellen) Rootrechten laufen muss (Berechtigungssystem).

14.3.4 Anwendungsschicht

In der Anwendungsschicht läuft (wie der Name schon sagt) die eigentliche Kommunikation zwischen zwei Anwendungen ab. Da sich ein Webclient und ein Webserver anders unterhalten als ein Mailclient und ein Mailserver, wurden einige Standardprotokolle entwickelt – die für gewöhnlich in Request-for-Comments-Dokumenten (RFCs) festgelegt werden.

Hinweis

RFCs sind eine Reihe von technischen Dokumentationen zum Internet, die ihren Ursprung in den ARPANET-Zeiten von 1969 haben. Einen gewaltigen Fundus dieser Dokumente und unter anderem auch die RFC-Sammlung finden Sie im Internet unter *http://www.ietf.org/* (The Internet Engineering Task Force).

Anwendungen, die sich über ein solches Protokoll unterhalten wollen, müssen es logischerweise auch implementieren. Folgende Anwendungsprotokolle werden für den TCP-Transport empfohlen:

- *Telnet* – Mit Telnet können Sie sich über das Netzwerk in ein Terminal einloggen. Telnet stellt dabei eine Verbindung vom Telnet-Server zum Telnet-Client her – wobei beim Client das Terminal des Servers nur emuliert wird (*Port 23;* siehe *RFC 854* und *RFC 855*). Aus Sicherheitsgründen ist das Protokoll meist nicht mehr in Gebrauch, da Passwörter im Klartext übertragen werden und es keinen Schutz vor Man-in-the-Middle-Angriffen bietet.
- *FTP* (File Transfer Protocol) – Dateiübertragung zwischen verschiedenen Rechnersystemen (*Port 20 (data)* und *Port 21 (command); RFC 959*), wobei Port 20 nur im aktiven Modus verwendet wird. Hinter Firewalls und Routern wird der passive Modus genutzt, was fast

3 RFC 1340 (obsolet) gab hierzu Hinweise, aber die »well-known« Ports im Bereich 0 bis 1023 werden aktuell von der IANA (Internet Assigned Numbers Authority) festgelegt. Siehe dazu RFC 3232.

zum Normalfall geworden ist. Auch dieses Protokoll hat den Nachteil, Passwörter im Klartext zu übertragen, aber das hat der Beliebtheit noch nicht allzu sehr Abbruch getan.

- *SMTP* (Simple Mail Transfer Protocol) – Dieses Protokoll wird vorwiegend zur Übertragung von E-Mails verwendet (*Port 25; RFC 5321* und *5322*).

Für den UDP-Transport werden folgende Protokolle empfohlen:

- *NTP* (Network Time Protocol) – Das Protokoll NTP wird vorwiegend zur Zeitsynchronisation zwischen zwei Computern verwendet (*Port: 123; RFC 1305*).
- *SNMP* (Simple Network Management Protocol) – Das Protokoll SNMP wird vorwiegend zur Verwaltung und zur Überwachung von Netzwerkgeräten verwendet (*RFC 2570*).

Sowohl UDP als auch TCP verwenden DNS zum Transport:

- *DNS* (Domain Name Service) – Dabei handelt es sich um einen der wichtigsten Dienste im Internet. Dank dieses Protokolls können Sie eine URL im Internet unter einem Namen (*www.elementaria.org*) anstatt über die IP-Adresse (109.237.138.30) erreichen (*Port 53; RFC 1034* und *1035*).

Weitere häufig verwendete Protokolle sind:

- *HTTP* (TCP) (Hypertext Transfer Protocol) – HTTPS ist *das* Protokoll des WWW. Mit ihm werden Hypermedia-Informationen übertragen (oder einfacher gesagt: HTML-Seiten). Das Protokoll wird von Webbrowsern verwendet, um auf Webserver zuzugreifen (*Port 80; RFC 7230, 7231, 7232, 7233, 7234, 7235*).
- *POP3* (TCP) (Post Office Protocol Version 3) und IMAP (TCP) – Beide Protokolle werden vorwiegend von Mailclients verwendet, um E-Mails vom Mailserver abzuholen (*Port 110/ IMAP: 143; RFC 1081, 1082, 1225, 1460, 1725* und *1939, IMAP: 3501*).
- *SSH* (Secure Shell) – Mit SSH können Sie sich über das Internet auf einem entfernten Computer einloggen. SSH ist die verschlüsselte und daher sicherere Alternative zu Telnet (*Port 22; RFC 4251*).
- *HTTPS* – HTTPS (*Hypertext Transfer Protocol Secure*) ermöglicht eine gesicherte HTTP-Verbindung zwischen Rechnern. Hierbei werden die Daten über SSL/TLS verschlüsselt, damit sie abhörsicher sind. HTTPS-Verbindungen laufen über TCP. Der Standardport für HTTPS-Verbindungen ist 443. Rein technisch gesehen ist HTTPS über TCP gleich HTTP über SSL über TCP. (Mehr dazu lesen Sie in Kapitel 15.)

Übrigens werden Sie feststellen, dass viele Standards irgendwann einmal erweitert worden sind. So können viele ursprünglich unverschlüsselte Protokolle mittlerweile nachträglich in der laufenden Verbindung SSL/TLS aktivieren. Die dazu passenden Standarddokumente finden Sie dann auch als RFC. Bei den Protokollen SMTP, POP3 und IMAP hat sich jedoch gleichzeitig und zusätzlich ein anderer Ansatz ergeben: Diese Protokolle bauen analog zu HTTPS auf einer anderen Portnummer eine verschlüsselte Verbindung auf, die ansonsten aber genauso abläuft, wie sie auch unverschlüsselt ablaufen würde (SMTP: *Port 587*, früher auch *465*, POP3: *Port 995*, IMAP: *Port 993*.)[4]

Können Sie sich die vielen Portnummern nicht merken? In der Datei */etc/services* finden Sie sie noch mal alle aufgeführt, und viele Programme tun Ihnen den Gefallen, den symbolischen Namen in eine Portnummer zu übersetzen.

14.4 TCP-Sockets

Sockets sind spezielle Strukturen, die als Schnittstelle zur Netzwerkimplementierung für Anwendungen entwickelt wurden. Sie werden weltweit als Industriestandard eingesetzt, sind im POSIX-Standard definiert und deshalb auch in Linux implementiert.

Aus Ihrer Sicht als Programmierer ist ein Socket nichts anderes als ein Filedeskriptor, mit dem Sie außer auf die Standardfunktionen auch auf eine erweiterte Palette von speziellen Funktionen zurückgreifen können. Der Austausch von Daten ist bei den Sockets unabhängig von den verwendeten Protokollen und Adressfamilien – was die Verwendung der einzelnen API-Funktionen erheblich erleichtert.

Beim Anlegen eines Sockets wird grundsätzlich zwischen einer stream- und einer datagrammbasierten Kommunikation unterschieden. *Streambasierte* Protokolle wie zum Beispiel das TCP-Protokoll sind Streaming-Protokolle mit Sequencing und Fehlerkontrolle. *Datagrammbasierte* Protokolle wie UDP hingegen sind paketorientierte Protokolle und bieten kein Sequencing oder keine Fehlerkontrolle an.

Hinweis

Man spricht vom *Sequencing*, wenn ein Protokoll sicherstellt, dass die Daten in der Reihenfolge empfangen werden, in der sie gesendet wurden. Verwendet ein Protokoll eine Fehlerkontrolle, dann können Sie sicher sein, dass keine beschädigten Daten ankommen. Beschädigte Daten werden von diesem Protokoll verworfen und erneut angefordert.

Unter ungünstigen Umständen kann der Linux-Kernel sehr viel Speicher brauchen, um alle bereits angekommenen Pakete zu puffern, während eines noch fehlt; und falls er alle Pakete verwerfen muss, führt das zu einem klassischen Lagging.

Ein Streaming-Protokoll wie TCP arbeitet mit einzelnen Bytes in einer größeren Folge von Blöcken. Bei einem paketorientierten Protokoll (z. B. UDP) werden zum Versand oder zum Empfangen Pakete verwendet.

4 Um Dimensionen einfacher zu implementieren, wird meistens dieser Variante der Vorzug gegeben.

Außerdem ist es wichtig, dass Sie zwischen *verbindungsorientierten* und *verbindungslosen Protokollen* unterscheiden. TCP ist im Gegensatz zu UDP ein verbindungsorientiertes Protokoll. Das bedeutet, dass TCP erst eine Verbindung zwischen zwei Endpunkten herstellt, bevor die Kommunikation stattfinden kann.

Um den Überblick zu wahren, sind hier nochmals TCP und UDP im Vergleich:

- TCP – verbindungsorientiert; mit Sequencing; mit Fehlerkontrolle; streaming-orientiert; Streaming-Protokoll
- UDP – verbindungslos; ohne Sequencing; ohne Fehlerkontrolle; paketorientiert; Datagrammprotokoll

Wo wir gerade von Streaming sprechen – Sie werden wahrscheinlich etwas ganz anderes darunter verstehen, und zwar zum Beispiel die Übertragung von Videos oder Audiodaten. Da ausgerechnet TCP keine Garantie dafür bietet, in welcher Geschwindigkeit die Daten schließlich bei der Applikation ankommen, werden Audio- und Video-»Streams« fast immer auf UDP-Basis übertragen, frei nach dem Motto: lieber Bildstörungen als Aussetzer.

14.5 Das Kommunikationsmodell für Sockets

In Abbildung 14.4 sehen Sie das Kommunikationsmodell, auf dem die Sockets aufgebaut sind. Damit zwei Prozesse über eine TCP-Verbindung miteinander kommunizieren können, muss erst einmal ein Socket angelegt oder geöffnet werden. Anschließend kann über dieses Socket eine Verbindung zum anderen Prozess aufgebaut werden, der auf diese Verbindung wartet. Wenn die Verbindung erst einmal steht, können mit normalen Standardfunktionen Daten an das Socket übergeben werden, die dann über die TCP-Verbindung an den anderen Prozess übertragen werden. Der andere Prozess kann wiederum diese Daten vom Socket lesen. Das Prinzip stellt für Sie nichts Neues mehr dar, sofern Sie Kapitel 11, »IPC – Interprozesskommunikation«, gelesen haben. Es ist also auch nichts anderes als eine Kommunikation zwischen zwei Prozessen, die nicht vom Standardort des Rechners abhängig sind.

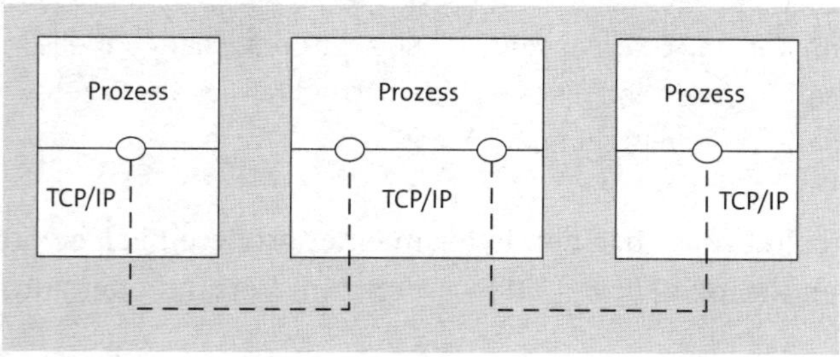

Abbildung 14.4 Kommunikationsmodell von Sockets

14.6 Grundlegende Funktionen zum Zugriff auf die Socket-Schnittstelle

Damit Sie auf eine TCP-Verbindung bzw. auf die Sockets zugreifen können, stellt das Betriebssystem Ihnen mittels Systemaufrufen eine Menge Funktionen zur Verfügung. In den folgenden Abschnitten wollen wir Ihnen die grundlegenden Funktionen zum Verbindungsaufbau, zur Datenübertragung und zum Beenden einer solchen Verbindung vorstellen.

14.6.1 Ein Socket anlegen – socket()

Ein Socket können Sie mit der Funktion `socket()` anlegen:

```
#include <sys/types.h>
#include <sys/socket.h>

int socket (int family, int type, int protocol);
```

Mit dem ersten Parameter geben Sie die Protokollfamilie an, die Sie verwenden wollen. Gewöhnlich werden Sie meistens hierbei `AF_INET` für die Internet-Familie (TCP/IP) angeben oder `AF_UNIX` – sofern Sie Sockets zur Interprozesskommunikation innerhalb eines UNIX-Rechners verwenden wollen.

Adressfamilie	Protokollfamilie	Bedeutung
AF_INIX, AF_UNIX, AF_LOCAL	PF_UNIX, PF_LOCAL	Lokale Kommunikation (IPC)
AF_INET	PF_INET	IPv4 Internet-Protokoll (TCP/IP)
AF_INET6	PF_INET6	IPv6 Internet-Protokoll
AF_IPX	PF_IPX	IPX – Novell-Protokoll
AF_NETLINK	PF_NETLINK	Kernel User Interface Device Netlink(7)
AF_X25	PF_X25	ITU-T X.25/ISO-8208-Protokoll x25(7)
AF_AX25	PF_AX25	Amateur Radio AX.25-Protokoll
AF_ATMPCV	PF_ATMPVC	Access to raw ATM PVCs
AF_APPLETALK	PF_APPLETALK	AppleTalk DDS
AF_PACKET	PF_PACKET	*Low-Level-Packet*-Schnittstelle

Tabelle 14.1 Die Protokollfamilie für den ersten Parameter von »socket()«

Mit dem zweiten Parameter spezifizieren Sie den Typ des Sockets. Gewöhnlich gibt man hier entweder SOCK_STREAM (Streaming-Protokoll) an, womit TCP als Transportprotokoll verwendet wird, oder den Typ SOCK_DGRAM (Datagrammprotokoll) für UDP als Transportprotokoll.

Natürlich können Sie hierbei noch weitere Angaben machen – die allerdings in der Praxis recht selten benötigt werden. Tabelle 14.2 gibt Ihnen für den Fall der Fälle einen Überblick über die verschiedenen möglichen Angaben zum Typ des Sockets, die nicht alle bei den Protokollfamilien implementiert sein müssen.

Socket-Typ	Bedeutung
SOCK_STREAM	Damit wird festgelegt, dass über eine (zuverlässige) Zwei-Wege-Verbindung Datenströme übertragen werden (TCP).
SOCK_DGRAM	Jedes Datenpaket (mit einer festen Länge) wird einzeln betrachtet (Datagramm-Transportprotokoll – UDP).
SOCK_SEQPACKET	Damit haben Sie einen verlässlichen Übertragungspfad für Datagramme mit fester Länge, nur muss der Empfänger ein ganzes Paket mit jedem Funktionsaufruf lesen.
SOCK_RAW	Damit haben Sie Zugriff auf interne Netzwerkprotokolle und Schnittstellen (nur IP).
SOCK_RDM	Bietet eine Datagrammschicht, die das Sortieren der Pakete nicht garantiert.
SOCK_PACKET	veraltet; benutzen Sie stattdessen PF_PACKET (siehe man packet(7))

Tabelle 14.2 Der Typ des Sockets wird als zweiter Parameter von »socket()« verwendet.

Mit dem dritten Parameter von socket() können Sie das zu benutzende Protokoll auswählen. Wenn Sie hierfür 0 angeben, was meistens in der Praxis auch der Fall ist, wird das Standardprotokoll für den jeweiligen Socket-Typ ausgewählt, z. B. wird bei SOCK_STREAM das TCP-Protokoll und bei SOCK_DGRAM das UDP-Protokoll verwendet. Da es allerdings ohnehin zu jedem Socket einer Protokollfamilie nur ein einziges Protokoll gibt, ist klar, warum gewöhnlich 0 angegeben wird.

Bei Erfolg gibt die Funktion socket() den Socket-Deskriptor zurück. Ansonsten wird bei einem Fehler -1 zurückgegeben. Mit diesem Socket-Deskriptor (einer positiven Ganzzahl) können Sie das Socket von nun an verwenden.

Natürlich haben Sie mit dem Anlegen eines Sockets noch lange keine Verbindung erstellt. Sie haben lediglich festgelegt, mit welchem Protokoll das Socket arbeitet. Sie können sich das wie das Installieren einer Stromsteckdose vorstellen: In aller Welt gibt es viele verschiedene Formen und Normen.

Socket-Deskriptor

Bei der Syntax von socket() war die Rede von einem Socket-Deskriptor, den diese Funktion zurückgibt. Inwiefern unterscheidet sich dieser Socket-Deskriptor von einem Filedeskriptor? In der Tat ist der Unterschied auf den ersten Blick nicht groß. Sobald Sie einen Socket erzeugt haben, können Sie mithilfe des int-Wertes z. B. mit den elementaren Funktionen wie read(), write() usw. darauf zurückgreifen. Dennoch gibt es ein paar geringfügige Dinge, durch die sich ein Socket-Deskriptor von einem Filedeskriptor unterscheidet:

- Im Gegensatz zum Filedeskriptor kann aus einem Socket-Deskriptor nicht jederzeit gelesen bzw. in ihn geschrieben werden. Die Ein- bzw. Ausgabe ist bei den Socket-Deskriptoren nur möglich, wenn sich das Socket im richtigen Zustand befindet.
- Sie können kein lseek auf einen Socket-Deskriptor ausführen lassen.
- Die Einstellungen bzw. Attribute, die man mit ioctl() setzen bzw. abfragen kann, sind bei Socket-Deskriptoren andere als bei Filedeskriptoren.
- Sockets kann man eine Adresse zuweisen, was bei Dateien und Pipes nicht geht.

14.6.2 Verbindungsaufbau – connect()

Wollen Sie jetzt mit einem Prozess eine Verbindung zu einem anderen Prozess aufbauen und haben Sie bereits ein Socket erzeugt, kann die Funktion connect() aufgerufen werden:

```
#include <sys/types.h>
#include <sys/socket.h>

int connect ( int sockfd,
              struct sockaddr *adresse,
              socklen_t addressen_laenge );
```

Gewöhnlich wird der connect()-Aufruf vom Clientprogramm ausgeführt, um eine Verbindung zum Server herzustellen. Der erste Parameter gibt das Socket an, über das Sie auf die Verbindung zugreifen wollen. Der zweite Parameter, adresse, enthält die Anfangsadresse der Struktur sockaddr, in der sich die IP-Adresse des Rechners und die Portnummer befinden. Diese Struktur ist wie folgt definiert:

```
#include <sys/socket.h>
#include <netinet/in.h>

struct sockaddr_in {
    unsigned short int  sin_family;  /* AF_INET     */
    unsigned short int  sin_port;    /* Portnummer  */
    struct in_addr      sin_addr;    /* IP-Adresse  */
};
```

Mit dem letzten Parameter in connect() geben Sie den Speicherbedarf des zweiten Parameters an. Bei erfolgreicher Verbindung gibt diese Funktion 0, ansonsten bei einem Fehler -1 zurück.

Hinweis

Wenn Sie UDP anstatt TCP verwenden, können Sie auf einen Aufruf von connect() verzichten. Dann allerdings müssen Sie die entsprechende Adressinformation bei den Funktionen sendto() zum Senden und recvfrom() zum Empfangen von Daten ergänzen.

Die Socket-Adressstruktur etwas genauer

Da die meisten Funktionen mit Sockets die Adresse einer Socket-Adressstruktur als Argument erwarten, wollen wir auf sie etwas näher eingehen, da diese Struktur schon häufiger zu Missverständnissen geführt hat. Häufig finden Sie die Struktur sockaddr_in in der Headerdatei *<netinet/in.h>* wie folgt definiert:

```
struct sockaddr_in {
   uint8_t         sin_len;      // Länge der Struktur
   sa_family_t     sin_family;   // AF_INET
   in_port_t       sin_port;     // 16-Bit-Portnummer
   struct in_addr  sin_addr;     // 32-Bit-IPv4-Adresse
   char            sin_zero[];   // nicht verwendet
}

struct in_addr {
   in_addr_t  s_addr;            // 32-Bit-IPv4-Adresse
}
```

Im Gegensatz zur zuvor gezeigten Struktur finden Sie hierbei außerdem noch sin_len und sin_zero, die allerdings beide nicht dem POSIX-Standard entsprechen und daher gegebenenfalls vermieden werden sollten. Die verschiedenen Datentypen sind in *<sys/types.h>* und *<bits/types.h>* definiert.

In der Praxis sollte man zunächst diese Struktur immer mit Nullen füllen, was gewöhnlich mit memset() oder bzero() gemacht wird:

```
struct sockaddr_in addr;
...
/* Vor der Verwendung mit Nullen füllen */
memset(&addr, 0, sizeof(addr));
...
```

An dieser Stelle folgt nun ein recht häufiger Stolperstein, über den viele Anfänger fallen. Denn beim genaueren Betrachten der Syntax aller Socket-Funktionen fällt immer auf, dass hierbei die Rede von einer Struktur namens sockaddr und nicht sockaddr_in ist, z. B.:

```
int connect(int s, struct sockaddr *serv_addr, int addrlen);
```

Die Syntax dieser Struktur sieht wie folgt aus:

```
struct sockaddr {
   uint8_t     sa_len;      // Länge der Struktur - nicht POSIX
   sa_family_t sa_family;   // Adressfamilie AF....
   char        sa_data[14]; // Protokollspezifische Adresse
}
```

Diese Struktur wurde so implementiert, dass sie unabhängig von der verwendeten Adressfamilie ist, was allerdings auch bedeutet, dass diese Struktur recht umständlich auszufüllen ist. Daher gibt es für IP-Anwendungen die Struktur sockaddr_in, mit der die IP-Adresse und Portnummer getrennt eingetragen werden. Zum Glück sind diese beiden Strukturen im Speicher kompatibel, sodass eine einfache Typumwandlung ausreicht, wenn Sie keine Warnung vom Compiler erhalten möchten:

14

```
struct sockaddr_in addr;
...
connect( fd, (struct sockaddr *)&addr, sizeof(addr));
```

Ähnlich sieht übrigens auch die Syntax zur Socket-Adressstruktur sockaddr_in6 für IPv6 aus, die ebenfalls in der Headerdatei *<netinet/in.h>* definiert ist:

```
struct sockaddr_in6 {
   uint8_t          sin6_len;         // Länge der Struktur
   sa_family_t      sin6_family;      // AF_INET6
   in_port_t        sin6_port;        // 16-Bit-Portnummer
   struct in6_addr  sin6_addr;        // 128-Bit-IPv6-Adresse
   // Priorität in der Netzwerk-Byteanordnung
   uint32_t         sin6_flowinfo;
}

struct in6_addr {
   uint8_t  s6_addr[16];              // 128-Bit-IPv6-Adresse
}             // unter Linux findet man hier eine union ...
```

Sofern Sie also wieder etwas mit den Socket-Adressstrukturen durcheinanderbringen sollten, so konsultieren Sie am besten dieses Kapitel.

14.6.3 Socket mit einer Adresse verknüpfen – bind()

Um dem zuvor erzeugten Socket mitzuteilen, zu welchem Port es gehört, verwenden Sie die Funktion `bind()`:

```
#include <sys/types.h>
#include <sys/socket.h>

int bind ( int sockfd,
           struct sockaddr *adresse,
           socklen_t adressen_laenge );
```

Erst durch den `bind()`-Aufruf nämlich macht der `connect()`-Aufruf Sinn. Denn damit wird »unser« Socket an einem Port befestigt, dessen Nummer beim `connect()`-Aufruf angegeben wird. Die Funktion von `bind()` lässt sich recht einfach erklären. Wenn Sie einen Bekannten anrufen wollen, aber aus Versehen die falsche Nummer eingegeben haben, kann es passieren, dass Sie entweder keinen Anschluss unter dieser Nummer bekommen oder aber den falschen Gesprächspartner. Der erste und der dritte Parameter hat somit dieselbe Bedeutung wie bei der Funktion `connect()`, und der zweite Parameter enthält die IP-Adresse und Portnummer, zu denen das Socket von nun an gehört. Bei Erfolg gibt die Funktion `bind() 0 zurück`, ansonsten bei einem Fehler `-1`.

`bind()` ist für Clients nicht unbedingt notwendig, da dann automatisch eine Ausgangs-IP-Adresse und ein Ausgangs-Port genommen wird. Ausgangs-IP, da je nach Zieladresse per `connect()` (z. B. 134.76.13.21 oder 192.168.201.1) auf 134.76 oder 192.168:1025 (auch noch beliebiger freier Port) gebunden wird. Bei Serveranwendungen hingegen ist `bind()` nötig, sonst ist das Socket ja nicht zu erreichen.

14.6.4 Auf Verbindungen warten – listen() und accept()

Diese Funktion ist nur serverseitig sinnvoll. Mit der Funktion `listen()` setzen Sie das Socket in einen passiven Modus und teilen dem System mit, dass der (Server-)Prozess bereit ist, über dieses Socket eine Verbindung einzugehen. Damit wartet der Prozess quasi auf eine Verbindung (er lauscht am Socket). Natürlich ist es auch möglich, über einen Socket mehrere eintreffende Verbindungswünsche gleichzeitig entgegenzunehmen. Dabei wird eine Warteschlange eingerichtet, an die die neuen Verbindungswünsche hinten angefügt werden.

```
#include <sys/types.h>
#include <sys/socket.h>

int listen ( int sockfd, int warteschlange );
```

Mit dem ersten Parameter geben Sie das Socket an, das »belauscht« werden soll. Als zweiten Parameter geben Sie die maximale Anzahl von Verbindungen an, die gleichzeitig entgegengenommen werden können. Natürlich kann niemals mehr als eine Anfrage (Request) gleichzeitig abgearbeitet werden. Jede weitere Verbindung (ein `connect()` vom Client) wird also vorerst noch auf einen Stapel (in eine Warteschlange) gelegt. Die Größe des Stapels wird über `listen()` festgesetzt. Die Clientanwendung wird meistens dazu genötigt, so lange zu warten, bis der Server wieder frei ist. Dieser Vorgang wird auch als *cachen* bezeichnet. Die Anzahl der Verbindungen, die gleichzeitig *gecacht* werden können, geben Sie also mit dem zweiten Parameter von `listen()` an. `listen()` gibt bei Erfolg `0`, ansonsten bei einem Fehler `-1` zurück.

Mit der Funktion `accept()` können Sie schließlich die noch wartenden oder eintreffenden Verbindungsaufbauwünsche bearbeiten:

```
#include <sys/types.h>
#include <sys/socket.h>

int accept ( int sockfd,
             struct sockaddr *adresse,
             socklen_t *adressen_laenge );
```


Durch einen erfolgreichen `accept()`-Aufruf wird ein neuer Socket-Deskriptor erzeugt, über den der aufrufende Prozess die Datenübertragung durchführen kann. Der neue Socket-Deskriptor, der von der Funktion `accept()` zurückgegeben wird, erbt alle Eigenschaften des Sockets, das zuvor mit `listen()` »belauscht« wurde. Ein erfolgreicher Aufruf von `accept()` führt auf der Gegenseite auch zu einem erfolgreichen Aufruf von `connect()` – was somit eine erfolgreiche TCP-Verbindung darstellen würde.

Als ersten Parameter erhält `accept()` das Socket, das beim Erzeugen mittels `socket()` erstellt wurde. Der zweite Parameter enthält die Adresse des Partnerprozesses, und der dritte Parameter enthält die Länge (Speicherbedarf) des zweiten Parameters. `accept()` gibt bei einem Fehler `-1` und bei Erfolg, wie schon erwähnt, den Socket-Deskriptor des akzeptierten Sockets zurück.

14.6.5 Senden und Empfangen von Daten (1) – write() und read()

Zum Senden und Empfangen von Daten können Sie auf die ganz gewöhnlichen Standardfunktionen zurückgreifen. Mit `write()` können Sie Daten an ein Socket verschicken, und mit `read()` können Sie die Daten wieder aus dem Socket lesen. Da die Funktionen `read()` und `write()` bereits ausführlich behandelt wurden, können wir uns hier eine weitere Erklärung ersparen.

Hier sehen Sie nochmals die Syntax der beiden Funktionen:

```
#include <unistd.h>

ssize_t write( int socketfd, const void *data,
               size_t data_len);
ssize_t read( int socketfd, void *data, size_t data_len );
```

Bitte beachten Sie außerdem, dass sich `read()` und `write()` bei TCP-Sockets anders verhalten. Bei normalen Daten können Sie (fast) beliebig angeben, wie viele Daten Sie auf einmal lesen oder schreiben wollen. Bei der Netzwerkprogrammierung sind diesbezüglich (Puffer-)Begrenzungen gesetzt. Ist diese bestimmte Puffergrenze erreicht, bricht der Lese- bzw. Schreibvorgang ab und muss erneut ausgeführt werden, um die noch vorhandenen Bytes zu lesen oder zu schreiben. (Das ist auch normalerweise bei `read()` der Fall, wenn z. B. ein Gerätetreiber in */dev* weniger zurückgibt als `data_len`.) Sie müssen praktisch den Rückgabewert von `read()` daraufhin überprüfen, ob tatsächlich schon alle `n` Bytes (dritter Parameter) gelesen wurden – sonst kann (wird) es passieren, dass nicht alles gelesen wird. Mit `write()` verläuft dies recht ähnlich.

14.6.6 Senden und Empfangen von Daten (2) – send() und recv()

Sofern Sie nicht unter Linux oder einem UNIX arbeiten, können Sie auch die Funktionsaufrufe `send()` zum Versenden von Daten und `recv()` zum Einlesen von Daten anstelle von `write()` und `read()` verwenden. Der Hauptvorteil der Funktionen `send()` und `recv()` besteht in der Portierung auf andere Systeme (z. B. MS Windows), wo die Funktionen `read()` und `write()` ausschließlich nur auf Dateien anwendbar sind. Die Funktionen `send()` und `recv()` unterscheiden sich von `read()` und `write()` abgesehen von der Syntax lediglich durch eine Angabe eines weiteren vierten Parameters.

Zuerst betrachten wir die Syntax von `send()`:

```
#include <sys/types.h>
#include <sys/socket.h>

ssize_t send ( int socketfd, const void *data,
               size_t data_len, unsigned int flags );
```

Mit dem ersten Parameter geben Sie das Socket an, mit dem die Daten gesendet werden sollen. Im zweiten Parameter befinden sich die Daten, die gesendet werden sollen, und im dritten geben Sie die Länge dieser Daten an. Im letzten Parameter können noch Flags gesetzt werden. Gewöhnlich wird hierfür jedoch `0` angegeben. Für genauere Angaben zu den Flags lesen Sie bitte die entsprechende Manual Page. Die Funktion `send()` gibt die Anzahl der gesendeten Zeichen zurück oder bei einem Fehler `-1`.

Das Gegenstück zur Funktion send() ist die Funktion recv():

```
#include <sys/types.h>
#include <sys/socket.h>

ssize_t recv ( int socketfd, void *data ,
               size_t data_len, unsigned int flags );
```

Als erster Parameter wird das Socket erwartet, aus dem die Daten empfangen werden sollen. Die Daten selbst werden in den Speicher bei data gelesen. Die Länge für data müssen Sie mit data_len angeben. Mit data_len geben Sie die Anzahl der zu lesenden Bytes an. Dabei ist die Angabe von data_len enorm wichtig, denn eine Angabe, die mehr Speicher beinhaltet, als für data zur Verfügung steht, kann unweigerlich für einen Buffer Overflow ausgenutzt werden. Auch hier wird für das Flag gewöhnlich 0 eingegeben. Mehr Informationen zu den Flags erhalten Sie auch hier unter man 2 recv. Die Funktion recv() gibt die Anzahl der empfangenen Bytes zurück oder bei einem Fehler -1.

Im Falle von send() und recv() gilt dieselbe Aussage wie schon bei write() und read(): Sie können sich auch hier nicht darauf verlassen, dass send() alle Daten auf einmal losschickt, sondern müssen durch Überprüfen des Rückgabewertes abklären, ob ein erneuter Funktionsaufruf nötig ist.

14.6.7 Verbindung schließen – close()

Die Funktion close() können Sie dazu verwenden, um eine Verbindung des Sockets wieder zu schließen. Dazu geben Sie den Socket-Deskriptor an. Diese Funktion kennen Sie bereits aus Kapitel 4, weshalb hierzu nicht mehr viel zu sagen ist.

```
#include <unistd.h>

int close ( int sockfd );
```

14.7 Aufbau eines Clientprogramms

Jetzt haben Sie zwar einige grundlegende Funktionen kennengelernt – aber dies hilft Ihnen relativ wenig, wenn Sie nicht wissen, wie Sie sie in der Praxis einsetzen können. Da die meisten Netzwerkprogramme auf dem sogenannten Client-Server-Prinzip aufbauen, zeigen wir Ihnen hier ein einfaches Beispiel.

Wir beginnen mit der Clientanwendung. Als Client wird gewöhnlich das Programm bezeichnet, das die Verbindung initiiert hat. Als Server hingegen wird die Anwendung bezeichnet, die den Verbindungsaufbauwunsch entgegennimmt.

Wichtig!

Sie benötigen die Adresse und die Portnummer des Servers. Dabei stehen Ihnen unter anderem folgende Möglichkeiten zur Verfügung:

- Angabe über Kommandozeilenargumente (`./client 123.12.32.1:8080`)
- Abfrage in der Anwendung (Konsole oder GUI, falls vorhanden)
- feste Angabe im Quelltext
- Nutzung einer Datenbank

Welche Möglichkeit Sie dabei verwenden, hängt immer vom jeweiligen Anwendungsfall ab und davon, wie flexibel Ihr Programm sein muss. Darüber sollten Sie sich immer zuerst Gedanken machen.

Kommen wir jetzt zur Programmierung einer Clientanwendung. Zuerst müssen Sie ein Socket erstellen. Egal ob es eine Client- oder Serveranwendung ist – wenn eine Kommunikation zustande kommen soll, benötigen Sie immer ein Socket für jeden Prozess (unsere Steckdose eben):

```
int create_socket;
...
if ((create_socket = socket (AF_INET, SOCK_STREAM, 0)) > 0)
    printf ("Socket wurde angelegt\n");
```

Im nächsten Schritt, wenn die Clientanwendung erfolgreich ein Socket anlegen konnte, wird versucht, eine Verbindung zu einem anderen Rechner mit `connect()` aufzubauen. Für den Verbindungsaufbau wird eine Endpunktadresse benötigt. Diese wird als zweiter Parameter der Funktion `connect()` mit der Struktur `sockaddr` angegeben:

```
struct sockaddr {
   sa_family_t  sa_family; // Adressfamilie, AF_xxx
   char sa_data[14];       // 14 Bytes für Protokolladresse
};
```

Diese Struktur lässt sich allerdings recht unbequem ausfüllen (gemeint sind damit Portnummer und Internetadresse in der Strukturvariablen `sa_data`), weshalb es für IP-Anwendungen eine spezielle Struktur dafür gibt:

```
struct sockaddr_in {
    sa_family_t sin_family;        // Addressfamilie
    unsigned short int sin_port;   // Portnummer
    struct in_addr sin_addr;       // Internet-Adresse
};
```

sockaddr_in ermöglicht es Ihnen, die IP-Adresse sowie die Portnummer getrennt einzutragen. Im Speicher sind diese beiden Strukturen kompatibel, es reicht also eine einfache Typumwandlung, um connect() die gewünschten Informationen zu übergeben. Näheres zu den Strukturen sockaddr und sockaddr_in entnehmen Sie bitte Abschnitt 14.6.2.

Beim Ausfüllen der Struktur sockaddr müssen Sie allerdings auf die verschiedenen Architekturen Rücksicht nehmen, denn auf den verschiedenen Architekturen gibt es unterschiedliche Anordnungen der Bytes zum Speichern von Zahlen. So wird bei der Anordnung gewöhnlich zwischen *Big Endian* und *Little Endian* unterschieden. Man spricht dabei gern vom *Zahlendreher*. Bei der *Big-Endian*-Anordnung wird das höchstwertige Byte an der niedrigsten Adresse gespeichert, das zweithöchste an der nächsten Adresse und so weiter. Bei der Anordnung *Little Endian* ist dies genau umgekehrt: Dort wird das niedrigstwertige Byte an der niedrigsten Stelle gespeichert, das zweitniedrigste an der nächsten Stelle usw.

Da man sich mit *Big Endian* (auch als Netzwerk-Byteanordnung (*Network Byte Order*) bezeichnet) auf ein einheitliches Format bei der Datenübertragung geeinigt hat, brauchen Sie sich keine Gedanken über verschiedene Architekturen zu machen, was bedeutet, dass Sie Zahlen immer konvertieren müssen, denn x86 ist *Little Endian*.

Um jetzt eine lokal verwendete Byte-Reihenfolge (*Host Byte Order*) in eine *Network-Byte-Order*-Reihenfolge und umgekehrt zu konvertieren, stehen Ihnen die folgenden Funktionen zur Verfügung:

```
#include <netinet/in.h>

// Rückgabe : network-byte-order
// Parameter: host-byte-order
unsigned short int htons(unsigned short int hostshort);

// Rückgabe : network-byte-order
// Parameter: host-byte-order
unsigned long int htonl(unsigned long int hostlong);

// Rückgabe  :  host-byte-order
// Parameter : network-byte-order
unsigned short int ntohs(unsigned short int netshort);

// Rückgabe :  host-byte-order
// Parameter : network-byte-order
unsigned long int ntohl(unsigned long int netlong);
```

Dies mag jetzt für denjenigen, der sich noch nicht mit architekturspezifischen Problemen befassen musste, ein wenig verwirrend sein, doch sollten Sie sich davon nicht abschrecken lassen.

Weiter geht es mit der Clientanwendung. Nach dem Anlegen des Sockets wird es Zeit, eine Verbindung mit dem Server herzustellen:

```
#include <arpa/inet.h>
#include <netinet/in.h>
#include <sys/socket.h>
...
struct sockaddr_in address;
...
address.sin_family = AF_INET;
address.sin_port = htons (15000);
inet_aton (argv[1], &address.sin_addr);

if (connect ( create_socket,
              (struct sockaddr *) &address,
              sizeof (address) ) == 0)
   /* connect() war erfolgreich */
```

Hinweis

Die Funktion `inet_aton()` konvertiert die IP-Adresse, die Sie als zweites Argument in der Kommandozeile angeben (und somit ist es ein String), von der punktierten Darstellung in einen numerischen Wert. Mehr dazu folgt später.

Wenn bisher alles glatt verlaufen ist, sind Sie jetzt mit dem Server verbunden und können von nun an mit ihm kommunizieren. Das heißt, Sie können mit `send()` oder `write()` Daten an den Server senden oder mit `recv()` oder `read()` Daten empfangen – je nach Anwendung.

Am Ende der Datenübertragung müssen Sie die Verbindung mit `close()` wieder schließen. Das ist alles; mehr ist für die Clientanwendung nicht nötig.

14.7.1 Zusammenfassung Clientanwendung und Quellcode

Lassen Sie uns kurz zusammenfassen, was zum Clientteil gehört:

- ein Socket erzeugen – `socket()`
- Verbindung zum Server herstellen – `connect()`
- Kommunikation mit dem Server – hängt vom Anwendungsfall ab.
- Verbindung wieder beenden – `close()`

Hier ist der Quellcode der Clientanwendung:

```
/* client.c */
#include <sys/types.h>
```

```
#include <sys/socket.h>
#include <netinet/in.h>
#include <arpa/inet.h>
#include <unistd.h>
#include <stdlib.h>
#include <stdio.h>
#include <string.h>
#define BUF 1024

int main (int argc, char **argv) {
  int create_socket;
  char *buffer = malloc (BUF);
  struct sockaddr_in address;
  int size;

  if( argc < 2 ){
     printf("Usage: %s ServerAdresse\n", *argv);
     exit(EXIT_FAILURE);
  }

  printf ("\e[2J");
  if ((create_socket=socket (AF_INET, SOCK_STREAM, 0)) > 0)
    printf ("Socket wurde angelegt\n");

  address.sin_family = AF_INET;
  address.sin_port = htons (15000);
  inet_aton (argv[1], &address.sin_addr);

  if (connect ( create_socket,
                (struct sockaddr *) &address,
                sizeof (address)) == 0)
    printf ("Verbindung mit dem Server (%s) hergestellt\n",
       inet_ntoa (address.sin_addr));
  do {
      size = recv(create_socket, buffer, BUF-1, 0);
      if( size > 0)
         buffer[size] = '\0';
      printf ("Nachricht erhalten: %s\n", buffer);
      if (strcmp (buffer, "quit\n")) {
         printf ("Nachricht zum Versenden: ");
         fgets (buffer, BUF, stdin);
         send(create_socket, buffer, strlen (buffer), 0);
       }
```

```
    } while (strcmp (buffer, "quit\n") != 0);
    close (create_socket);
    return EXIT_SUCCESS;
}
```

Hinweis

Beachten Sie, dass bei den BSDs beim Kompilieren immer die Headerdatei *sys/types.h* noch vor *sys/socket.h* inkludiert werden muss, sonst gibt es einen Fehler beim Kompilieren. Falls Sie also eine seltsame Fehlermeldung erhalten sollten, könnte es daran liegen, dass die Reihenfolge der Headerdateien vertauscht war.

14.8 Aufbau des Serverprogramms

Jetzt benötigen Sie die Verbindung zur Gegenseite, zum Server. Der Unterschied zum Clientprogramm besteht im Wesentlichen nur darin, wie eine Verbindung zustande kommt. Daher wird ein Server immer in einen Wartezustand versetzt, um Verbindungswünsche von Clientprogrammen entgegenzunehmen. Die Datenübertragung hingegen verläuft genauso wie beim Client.

Das Serverprogramm muss auch zunächst herausfinden, an welchem Port es auf Verbindungswünsche warten soll. In unserem Beispiel wird die Portnummer erst fest im Quellcode einkompiliert. Ansonsten könnten Sie hierfür die Funktion `getservbyname()` zur Ermittlung eines Ports anhand von dessen Namen verwenden (mehr dazu folgt später).

Zuerst müssen Sie auch beim Server ein Socket mit `socket()` erzeugen, um überhaupt mit den Clientprogrammen kommunizieren zu können. (Oder: Was nützt der Rasierapparat ohne eine Stromsteckdose?)

Anschließend ist es an der Zeit, dem Betriebssystem mit der Funktion `bind()` mitzuteilen, welchem Port das Socket zugewiesen werden soll. Wenn hierbei ein Datenpaket empfangen wird, weiß das System anhand der Portnummer, für welches Socket das Paket gedacht ist. Sie können sich die Portnummer hierbei als Durchwahl einer Telefonnummer vorstellen, wie es sie bei größeren Firmen gibt. Hat eine Firma z. B. die Nummer 12345 und hat Herr Huber die Durchwahl 134, dann lautet die komplette Nummer mit Durchwahl 12345-134, und Herr Huber ist am Apparat. Umgesetzt auf die Socket-Programmierung ist die IP-Adresse die Nummer zur Firma, und die Durchwahl ist die Nummer des Ports.

Kommen wir zurück zum Thema: Die Aufgabe von `bind()` ist es, das neu erzeugte Socket an den Port zu binden. Mit der Funktion `bind()` geben Sie die Endpunktadresse (IP-Adresse: Portnummer) an, unter der das Socket erreichbar sein soll. Das heißt, dass ein Socket, das mit `bind(192.168.201.1, 8000)` gebunden wurde, *nie* aus dem Internet ansprechbar ist, während es mit `bind(134.76.13.21, 8000)` *nie* aus dem internen Netzwerk erreichbar ist. Aber mit bind(INADDR_ANY, 8000) ist es auf allen Netzwerkgeräten erreichbar, die eine Adresse haben und aktiv sind. Für solch einen Fall wird die Konstante INADDR_ANY anstelle einer festen IP-Adresse verwendet. Dadurch wird der Server angewiesen, Verbindungen für jede IP-Adresse anzunehmen (die dem Server gehört).[5]

```
struct sockaddr_in address;
...
address.sin_family = AF_INET;
address.sin_addr.s_addr = INADDR_ANY;
address.sin_port = htons (15000);

if (bind ( create_socket,
           (struct sockaddr *) &address,
           sizeof (address)) == 0)
       printf ("Binding Socket erfolgreich\n");
```

Jetzt, da der Server bereit ist, auf eingehende Verbindungswünsche zu reagieren, können Sie mit der Funktion listen() eine Warteschlange einrichten, um mehreren Verbindungswünschen Einlass zu gewähren. Anschließend wird die Funktion accept() aufgerufen. Die Adressinformationen über den Client befinden sich danach im zweiten Parameter der Funktion accept(). Diese benötigen Sie, damit Sie überhaupt wissen, mit wem Sie es zu tun haben. Wichtig hierbei ist, dass die Verbindung von nun an über das neu erstellte Socket abgewickelt wird, das accept() als Rückgabewert bei Erfolg liefert. Das »*alte*« Socket steht weiterhin für die weiteren Verbindungsaufbauwünsche zur Verfügung. Allerdings können Sie mit der jetzigen Codeform nur eine Verbindung zur gleichen Zeit bearbeiten. Wie Sie theoretisch mehrere Verbindungen parallel abarbeiten können, erfahren Sie ein paar Seiten später (es geht auch mit einer CPU). Gewöhnlich werden Sie auch wollen, dass der Server sich nach einem Durchlauf nicht beendet. Daher sollten Sie hierfür accept() meistens in eine Endlosschleife verpacken, womit der Server dauerhaft auf Verbindungswünsche eingehen kann.

14.8.1 Zusammenfassung: Serveranwendung und Quellcode

Zusammengefasst besteht eine Serveranwendung für gewöhnlich aus den folgenden Einzelteilen:

- einen Socket erzeugen – socket()
- den eigenen Port festlegen – bind()
- auf Verbindungswünsche warten – listen()
- Verbindung annehmen – accept()

5 Sie sollten diese Eigenschaft in Ihrem Programm konfigurierbar machen, denn häufig ist es vom Anwender nicht gewünscht, dass bestimmte Dienste auch im LAN oder im Internet erreichbar sind.

- Kommunikation – was auch immer (Daten empfangen oder versenden)
- Verbindung schließen – `close()`

Hier sehen Sie den Quellcode des Servers:

```
/* server.c */
#include <sys/types.h>
#include <sys/socket.h>
#include <netinet/in.h>
#include <arpa/inet.h>
#include <unistd.h>
#include <stdlib.h>
#include <stdio.h>
#include <string.h>
#define BUF 1024

int main (void) {
  int create_socket, new_socket;
  socklen_t addrlen;
  char *buffer = malloc (BUF);
  ssize_t size;
  struct sockaddr_in address;
  const int y = 1;

  printf ("\e[2J");
  if ((create_socket=socket (AF_INET, SOCK_STREAM, 0)) > 0)
    printf ("Socket wurde angelegt\n");

  setsockopt( create_socket, SOL_SOCKET,
              SO_REUSEADDR, &y, sizeof(int));

  address.sin_family = AF_INET;
  address.sin_addr.s_addr = INADDR_ANY;
  address.sin_port = htons (15000);
  if (bind ( create_socket,
             (struct sockaddr *) &address,
             sizeof (address)) != 0) {
    printf( "Der Port ist nicht frei - belegt!\n");
  }
  listen (create_socket, 5);
  addrlen = sizeof (struct sockaddr_in);

  while (1) {
```

```
      new_socket = accept ( create_socket,
                            (struct sockaddr *) &address,
                            &addrlen );
      if (new_socket > 0)
       printf ("Ein Client (%s) ist verbunden ...\n",
          inet_ntoa (address.sin_addr));
      do {
         printf ("Nachricht zum Versenden: ");
         fgets (buffer, BUF, stdin);
         send (new_socket, buffer, strlen (buffer), 0);
         size = recv (new_socket, buffer, BUF-1, 0);
         if( size > 0)
            buffer[size] = '\0';
         printf ("Nachricht empfangen: %s\n", buffer);
      } while (strcmp (buffer, "quit\n") != 0);
      close (new_socket);
   }
   close (create_socket);
   return EXIT_SUCCESS;
}
```


Jetzt wird es Zeit, das Client-Server-Beispiel zu testen. Im Folgenden sehen Sie die Client-Server-Anwendung bei der Ausführung. Da wir davon ausgehen, dass Sie dieses Beispiel auf dem lokalen Rechner testen wollen, sollten Sie den Client mit der IP-Adresse Ihres Heimrechners starten – was in der Regel 127.0.0.1 (*localhost*) ist. Falls Sie die Serveranwendung allerdings woanders eingerichtet haben als die Clientanwendung, geben Sie hierfür eben die entsprechende IP-Adresse des Servers an. Sie unterhalten sich im Beispiel quasi über dieselbe IP-Adresse (127.0.0.1).

```
[tty1]$ gcc -o client client.c
[tty1]$ gcc -o server server.c
[tty1] $ ./server
Socket wurde angelegt
---[Terminal wechseln]---
[tty2]$ ./client 127.0.0.1
Socket wurde angelegt
Verbindung mit dem Server (127.0.0.1) hergestellt
---[tty1]---

Socket wurde angelegt
Der Client 127.0.0.1 ist verbunden ...
Nachricht zum Versenden: Hallo Client
---[tty2]---
```

```
Socket wurde angelegt
Verbindung mit dem Server (127.0.0.1) hergestellt
Nachricht erhalten: Hallo Client
Nachricht zum Versenden: Hallo Server
---[tty1]---
Socket wurde angelegt
Der Client 127.0.0.1 ist verbunden ...
Nachricht zum Versenden: Hallo Client
Nachricht empfangen: Hallo Server
Nachricht zum Versenden: Beende dich mit quit
---[tty2]---
Socket wurde angelegt
Verbindung mit dem Server (127.0.0.1) hergestellt
Nachricht erhalten: Hallo Client
Nachricht zum Versenden: Hallo Server
Nachricht erhalten: Beende dich mit quit
Nachricht zum Versenden: quit
$
---[tty1]---
Socket wurde angelegt
Der Client 127.0.0.1 ist verbunden ...
Nachricht zum Versenden: Hallo Client
Nachricht empfangen: Hallo Server
Nachricht zum Versenden: Beende dich mit quit
Nachricht empfangen: quit
[tty3] $ ./client 127.0.0.1
Socket wurde angelegt
Die Verbindung wurde "accepted" mit dem Server 127.0.0.1
---[tty1]---
...
Nachricht zum Versenden: Beende dich mit quit
Nachricht empfangen: quit
Der Client 127.0.0.1 ist verbunden ...
Nachricht zum Versenden:
...
```

Hinweis

Mit der Funktion `setsockopt()` richten Sie das Socket so ein, dass mehrere Prozesse (Clients) denselben Port teilen – sprich: Mehrere Clients können innerhalb kürzester Zeit mit dem Server in Verbindung treten. Außerdem lösen Sie damit auch das Problem, dass der Server beim Neustart seinen lokalen Port erst nach zwei Minuten Wartezeit wieder benutzen kann. Dies werden Sie in fast allen Beispielen wiederfinden. Mehr zur Funktion `setsockopt()` finden Sie in Abschnitt 14.16.1.

Sie haben hier praktisch eine einfache Client-Server-Anwendung erstellt, mit der Sie einfachen Text zwischen Client und Server austauschen können. Natürlich haben wir es uns bei diesem Beispiel sehr leicht gemacht. Für solch ein Beispiel hätten Sie sich kein Buch kaufen müssen – aber zur Einführung ist es genau das Richtige. Daher werden wir auf den folgenden Seiten noch tiefer in die Materie vordringen.

Bisher haben Sie eine Menge Sitzfleisch für das Kapitel aufwenden müssen – dafür haben Sie sich allerdings die Grundlagen zur Netzwerkprogrammierung erarbeitet (siehe Abbildung 14.5). Auf den folgenden Seiten wird jetzt der Praxis-Anteil wieder gesteigert.

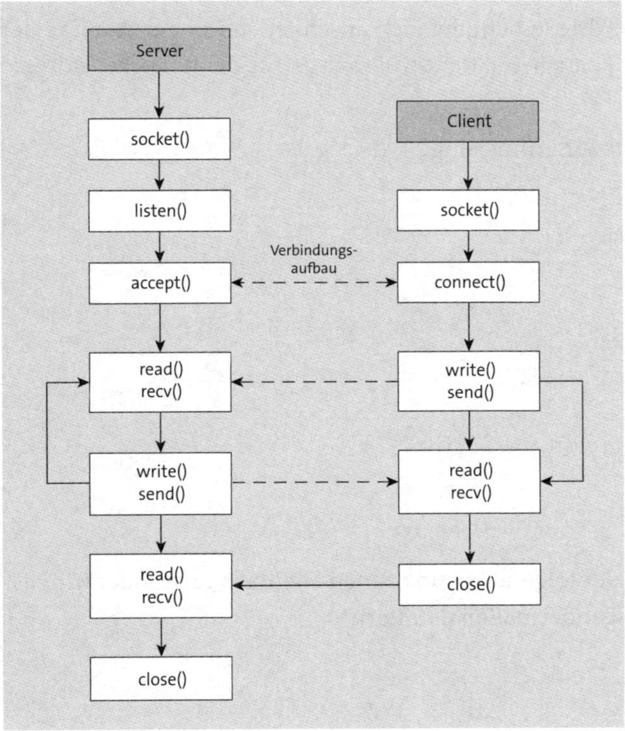

Abbildung 14.5 Grundlegendes Client-Server-Prinzip bei den TCP-Sockets

14.9 IP-Adressen konvertieren, manipulieren und extrahieren

Bevor Sie tiefer in die Welt der Netzwerkprogrammierung einsteigen können, benötigen Sie noch das Wissen um einige Funktionen, die wir auf den vorherigen Seiten noch gar nicht oder noch nicht ausführlich genug behandelt haben.

14.9.1 inet_aton(), inet_pton() und inet_addr()

Mit den Funktionen inet_aton() und inet_addr() konvertieren Sie den String in der punktierten Dezimaldarstellung (z. B. 127.0.0.1) in eine 32-Bit-Internet-Adresse. Die Funktion inet_addr() ist veraltet und wird deshalb hier nicht mehr behandelt.

Die Syntax zu inet_aton() lautet:

```
#include <sys/socket.h>
#include <netinet/in.h>
#include <arpa/inet.h>

int inet_aton(const char *ptr, struct in_addr *inp);
```

Hiermit wird die Adresse aus der punktierten Stringdarstellung ptr in eine 32-Bit-Adresse konvertiert. Der Wert dieser 32-Bit-Adresse befindet sich anschließend in der Adresse der Struktur in_addr. Diese Struktur ist ja auch Teil der Struktur, die für die IP-Socket-Adresse verwendet wird.

Hier sehen Sie nochmals die Struktur zur Erinnerung:

```
struct sockaddr_in {
  /* Adressfamilie normalerweise AF_INET  */
  short int          sin_family;
  /* Port der Verbindung                  */
  unsigned short int sin_port;
  /* Adresse, zu der verbunden werden soll */
  struct in_addr     sin_addr;
  /* Fuelldaten, um auf 14 Bytes zu kommen */
  unsigned char      sin_zero[8];
};
```

Die Struktur in_addr, die von vielen der folgenden Funktionen ebenfalls verwendet wird, ist in der Headerdatei *<netinet/in.h>* folgendermaßen definiert:

```
struct in_addr{
     unsigned long int sin_addr;
}
```

Bei einem Fehler gibt die Funktion inet_aton() 0, ansonsten bei Erfolg einen Wert ungleich 0 zurück.

Zukunftsweisend ist hier noch die Funktion inet_pton(), die im Gegensatz zu inet_aton() auch noch andere Adressen als IPv4 umwandeln kann:

```
#include <arpa/inet.h>
#include <sys/socket.h>
#include <sys/types.h>

int inet_pton(int af, const char *src, void *dst);
```

Für `af` geben Sie die Adressfamilie wie schon bei `socket()` an, für `src` den String in der punktierten Darstellung und mit `dst` einen Zeiger auf die Zielstruktur, die je nach Adressfamilie variiert. In der Praxis sieht das so aus:

```
struct in_addr addr;
inet_pton(AF_INET, "127.0.0.1", &addr);
```

14.9.2 inet_ntoa() und inet_ntop()

Soll im Gegenzug aus der 32-Bit-Darstellung der IP-Adresse wieder eine punktierte Darstellung zum String gemacht werden, steht Ihnen die Funktion `inet_ntoa()` zur Verfügung:

```
#include <sys/socket.h>
#include <netinet/in.h>
#include <arpa/inet.h>

char *inet_ntoa( struct in_addr in );
```

Damit wird die übergebene 32-Bit-Adresse als Parameter, die in *Network Byte Order* vorliegen muss, in einen String (in punktierter Dezimaldarstellung) konvertiert. Der String wird als Rückgabewert der Funktionen in einem statischen Puffer abgelegt. Bei einem Fehler wird `NULL` zurückgegeben.

Die Funktion `inet_ntoa()` ist nicht thread-sicher, da sie einen statischen Puffer verwendet! Daher nutzen wir wieder die zukunftssicherere Alternative – `inet_ntop()`:

```
#include <arpa/inet.h>
#include <sys/socket.h>
#include <sys/types.h>

const char *inet_ntop( int af, const void *src,
                       char *dst, socklen_t cnt );
```

Für `af` geben Sie wieder die Adressfamilie wie schon bei `socket()` an, für `src` die 32-Bit-Darstellung der IP-Adresse und mit `dst` einen Zeiger auf einen String, in dem der konvertierte Wert mit `cnt` Bytes kopiert wird.

In der Praxis sieht das so aus:

```
char buf[16];
...
inet_ntop(AF_INET, &addr, buf, 16);
```

14.9.3 inet_network()

Um aus einer IP-Adresse (punktierte Dezimaldarstellung in Form eines Strings) eine Netzwerknummer zu machen, können Sie die Funktion `inet_network()` verwenden:

```
#include <sys/socket.h>
#include <netinet/in.h>
#include <arpa/inet.h>

in_addr_t int inet_network( const char * ptr );
```

Damit konvertieren Sie die punktierte String-Dezimaldarstellung der IP-Adresse `ptr` in die Netzwerknummer. Diese Netzwerknummer wird bei Erfolg als Rückgabewert von `inet_network()` in *Host Byte Order* zurückgegeben. Bei einem Fehler wird `-1` zurückgegeben.

Netzwerknummer

Die Netzwerknummer ist der Netzanteil einer IP-Adresse. Die IP-Adressen werden wiederum in eine IP-Netzklasse unterteilt. Diese sieht eine Unterteilung in einen Netz- und einen Host-Anteil vor. Die Netzklasse ist abhängig von der Anzahl der Computer, die z. B. in einer Firma an das Internet angeschlossen sind. Generell werden in der Praxis die Klassen A, B und C verwendet. Die Klasse C teilt die Adresse in N.N.N.H (N – Netz, H – Host) und enthält so 255 Adressen. Mit der Klasse B sind 255 × 255 Adressen möglich, weil zwei Bytes für den Hostanteil verwendet werden (N.N.H.H). Und die Klasse A wird kaum noch verwendet, da sie mit 16.581.375 adressierbaren Computern (N.H.H.H) ein sehr großes Stück aus dem knappen Adressraum herausschneidet.

14.9.4 inet_netof()

Um aus einer numerischen 32-Bit-IP-Adresse eine Netzwerknummer zu machen, können Sie die Funktion `inet_netof()` verwenden:

```
#include <sys/socket.h>
#include <netinet/in.h>
#include <arpa/inet.h>

in_addr_t int inet_netof( struct in_addr in );
```

Damit konvertieren Sie die numerische 32-Bit-Darstellung der IP-Adresse, die als Parameter angegeben wird, in die Netzwerknummer. Diese Netzwerknummer wird bei Erfolg als Rückgabewert von `inet_netof()` in *Host Byte Order* zurückgegeben. Bei einem Fehler wird `-1` zurückgegeben.

14.9.5 inet_lnaof()

Um den lokalen Teil aus einer numerischen 32-Bit-IP-Adresse zu extrahieren, steht Ihnen die Funktion `inet_lnaof()` zur Verfügung:

```
#include <sys/socket.h>
#include <netinet/in.h>
#include <arpa/inet.h>

in_addr_t inet_lnaof( struct in_addr in );
```

Damit ermitteln Sie die Adresse des lokalen Teils des Rechners (z. B. ist bei `127.0.0.1` der lokale Teil = `0.0.0.1`). Die Funktion gibt diesen Wert in Form eines 32-Bit-Wertes in *Host Byte Order* zurück. Bei einem Fehler wird `-1` zurückgegeben.

14.9.6 inet_makeaddr()

Um aus dem lokalen Teil eines Rechners und einer Netzwerknummer eine richtige numerische IP-Adresse zu machen, können Sie die Funktion `inet_makeaddr()` verwenden:

```
#include <sys/socket.h>
#include <netinet/in.h>
#include <arpa/inet.h>

struct in_addr inet_makeaddr( int net, int host );
```

Damit wird aus der Netzwerknummer `net` und der Adresse des lokalen Rechnerteils (`host`) eine vollständige numerische 32-Bit-IP-Adresse zurückgeliefert. Die Werte `net` und `host` müssen in *Host Byte Order* übergeben werden.

Hier sehen Sie ein Listing, in dem alle oben genannten Funktionen ausgeführt werden:

```
/* addr.c */
#include <sys/types.h>
#include <sys/socket.h>
#include <netinet/in.h>
#include <arpa/inet.h>
#include <stdio.h>
#include <stdlib.h>
```

```
#include <netdb.h>

static void ip_adressen (const char *ip_addr) {
  struct in_addr ip;
  char *ip_str;

  if (inet_aton (ip_addr, &ip) == 0)
    return;
  printf ("\n  *** Gesamtteil der IP-Adresse *** \n");
  printf ("IP-Adresse (argv[1])                : %s\n",
     ip_addr);
  printf ("IP-Adresse als 32-Bit Wert - inet_aton() : %d\n",
     ip.s_addr);
  ip_str = inet_ntoa (ip);
  if (ip_str == NULL)
    return;
  printf ("IP-Adresse String mit inet_ntoa()      : %s\n",
     ip_str);
}

static void ip_netzwerk (const char *ip_addr) {
  struct in_addr ip, net_ip;
  unsigned long int net, net_num;

  if (inet_aton (ip_addr, &ip) == 0)
    return;
  net = inet_netof (ip);
  if (net <= 0)
    return;
  /* Netzwerkteil */
  printf ("\n  *** Netzwerkteil der IP-Adresse *** \n");
  printf ("Netzwerknummer der IP-Adresse mit "
          "inet_netof()  : %lu\n", net);
  net_ip.s_addr = net_num = ntohl (inet_netof (ip) << 8);
  printf ("--->%s", inet_ntoa (net_ip));
  printf ("--> (als 32-Bit-Wert) : %ld\n", net_num);
  net_ip = inet_makeaddr (htonl (net_num), 0);
  printf ("inet_makeaddr()->(als 32-Bit-Wert) : %d\n",
     net_ip.s_addr);
}

static void ip_lokal (const char *ip_addr) {
  struct in_addr ip, lokal_ip;
```

```
  unsigned long int lokal_num;

  if (inet_aton (ip_addr, &ip) == 0)
    return;
  printf ("\n  *** Lokaler Teil der IP-Adresse *** \n");
  lokal_ip.s_addr = lokal_num = ntohl (inet_lnaof (ip));
  printf ("--->%s", inet_ntoa (lokal_ip));
  printf ("--> (als 32-Bit-Wert) : %ld\n", lokal_num);
  lokal_ip = inet_makeaddr (0, htonl (lokal_num));
  printf ("inet_makeaddr()->(als 32-Bit-Wert) : %d\n",
     lokal_ip.s_addr);
}

static void ip_zusammen (const char *ip_addr) {
  struct in_addr ip, lokal_ip, net_ip, zusammen_ip;
  unsigned long int lokal_num, net_num;

  if (inet_aton (ip_addr, &ip) == 0)
    return;
  printf ("\n  *** Lokale Teile und Netzwerkteil "
          "zusammensetzen *** \n");
  lokal_ip.s_addr = lokal_num = ntohl (inet_lnaof (ip));
  printf ("Lokaler Teil: ");
  printf ("%20s = ", inet_ntoa (lokal_ip));
  printf ("(als 32-Bit-Wert) : %ld\n", lokal_num);
  printf ("Netzwerkteil: ");
  net_ip.s_addr = net_num = ntohl (inet_netof (ip) << 8);
  printf ("%20s = ", inet_ntoa (net_ip));
  printf ("(als 32-Bit-Wert) : %ld\n", net_num);
  zusammen_ip=inet_makeaddr( htonl (net_num),
                             htonl (lokal_num));
  printf("Alles wieder mit inet_makeaddr zusammengefügt: ");
  printf ("\n%s = %d\n", inet_ntoa (zusammen_ip),
     zusammen_ip.s_addr);
}

int main (int argc, char **argv) {
  char *ptr;
  if (argc != 2)
     printf ("Verwendung %s IP-Adresse\n", *argv);
  else {
     ptr = argv[1];
     ip_adressen (ptr);
```

```
      ip_netzwerk (ptr);
      ip_lokal (ptr);
      ip_zusammen (ptr);
   }
   return EXIT_SUCCESS;
}
```

Das Programm bei der Ausführung:

```
$ gcc -o addr addr.c
$ ./addr 213.131.254.130

 *** Gesamtteil der IP-Adresse ***
IP-Adresse (argv[1])                      : 213.131.254.130
IP-Adresse als 32-Bit Wert mit inet_aton() : 2197717973
IP-Adresse String mit inet_ntoa()          : 213.131.254.130

 *** Netzwerkteil der IP-Adresse ***
Netzwerknummer der IP-Adresse mit inet_netof()  : 13992958
--->213.131.254.0--> (als 32-Bit-Wert) : 16679893
mit inet_makeaddr() --> (als 32-Bit-Wert) : 16679893

 *** Lokaler Teil der IP-Adresse ***
--->0.0.0.130--> (als 32-Bit-Wert) : 2181038080
mit inet_makeaddr() --> (als 32-Bit-Wert) : 2181038080

 *** Lokale Teile und Netzwerkteil zusammensetzen ***
Lokaler Teil:            0.0.0.130 = (als 32-Bit-Wert) : 2181038080
Netzwerkteil:        213.131.254.0 = (als 32-Bit-Wert) : 16679893
Alles wieder mit inet_makeaddr() zusammengefügt:
213.131.254.130 = 2197717973
```

14.10 Namen und IP-Adressen umwandeln

Zwar wissen Sie jetzt, dass im Internet alles über IP-Nummern erreichbar ist, aber wenn Sie sich mit diesen Nummern durchs WWW hangeln müssten, wäre das Internet wohl heute nicht so erfolgreich. Deshalb wird zu den Nummern noch zusätzlich ein Name vergeben, der aus einem Host- und einem Domainnamen (und eventuell einer Top-Level-Domain, TLD) besteht. Das Schema `hostname.domainname.tld` führt also z. B. zu *www.elementaria.org*).

Der Domainname ist der Name, mit dem Sie eine Website (z. B. `elementaria.org`) im Internet ansprechen. Ein Domainname wird von hinten nach vorne aufgelöst. Somit steht das `de` für die Top-Level-Domain (wie der Name sagt: »das, was ganz vorne steht«). Die Top-Level-

Domain bezeichnet die Herkunft und/oder die Zugehörigkeit der Website. In unserem Beispiel steht `de` für Deutschland, andere bekannte TLDs sind *.com*, *.gov* oder *.net*. Nach der Top-Level-Domain folgt der eigentliche Name Ihrer Domain, der im Beispiel `elementaria` lautet.

Der Hostname ist die niedrigste Instanz eines Domainnamens, da dieser ja von hinten nach vorne aufgelöst wird. Für gewöhnlich lautet im Internet der Hostname `www` (z. B. bei `www.elementaria.org`) – allerdings spricht nichts dagegen, den Host auch anders zu nennen. Es wird nämlich nur empfohlen, weil sich viele Anwender an das `www` gewöhnt haben. Genauso gut können Sie auch `abc.elementaria.org` verwenden.

Die Vorteile, Namen anstatt Nummern zu verwenden, sind eindeutig:

- Namen lassen sich einfacher lesen und verwenden.
- Die Nummern können verändert werden, und der Name kann trotzdem gleich bleiben, wie dies z. B. bei der Umstellung von IPv4 auf IPv6 ohne Weiteres möglich wäre/ist. Es müssen lediglich dem Namen entsprechende Nummern zugeteilt werden.
- Mehrere Nummern können auch zu einem Ziel führen. Wenn Sie z. B. *www.elementaria.org* angeben und die Nummer 193.129.2.1 lautet, ist es – falls die Seite überlaufen ist – problemlos möglich, auf eine andere IP-Nummer zu wechseln, die zur selben Adresse führt. Das heißt, mehrere Nummern können für den gleichen Host vergeben werden (wie dies z. B. bei Webhostern der Fall ist).

14.10.1 Nameserver

Einfach ausgedrückt ist ein Nameserver ein Rechner, der für die Umsetzung von Rechnernamen in IP-Nummern verantwortlich ist. Seine Tätigkeit ist mit einem Telefonbuch vergleichbar, in dem der Name des Teilnehmers in die Telefonnummer aufgelöst wird. Der Dienst, der Ihnen diese Arbeit im Internet abnimmt, wird als *Domain Name System* (DNS) bezeichnet. Bei kleineren Netzwerken, wie z. B. einem Intranet, werden die lokalen IP-Nummern meistens in Form einer Tabelle in einer Datei (*/etc/hosts*) hinterlegt. Größere Netzwerke, wie das Internet eines ist, halten diese Daten meistens in eigenen Datenbanken. Den Namen des lokalen Nameservers finden Sie in der Datei */etc/resolv.conf*. Kennt dieser Nameserver den Namen und die dazugehörende IP-Adresse nicht, fragt er im Internet bei anderen Nameservern nach.

14.10.2 Informationen zum Rechner im Netz – gethostbyname und gethostbyaddr

Wenn der Client den Dienst eines Servers verwenden will, muss ihm natürlich dessen IP-Adresse bekannt sein. Meistens gibt ein Endanwender aber als Adresse den Rechnernamen anstatt der IP-Adresse an, da dieser einfacher zu merken ist. Damit also ein Client aus dem Rechnernamen (z. B. *www.google.de*) eine IP-Adresse (216.239.59.99) erhält, wird die Funktion `gethostbyname()` verwendet:

```
#include <netdb.h>

struct hostent *gethostbyname( const char *rechnername );
```

Die Funktion gethostbyname() gibt bei Erfolg einen Zeiger auf struct hostent des gefundenen Rechners zurück, ansonsten bei einem Fehler NULL.

Um aus einem Rechnernamen eine IP-Adresse und weitere Informationen zu ermitteln, steht (wie bereits erwähnt) der Nameserver zur Verfügung – dieser Rechner ist für die Umsetzung zwischen Rechnernamen und IP-Nummern zuständig. Selbst auf Ihrem Rechner finden Sie, wie schon erwähnt, Einträge der lokalen IP-Nummern in der Datei */etc/hosts* hinterlegt. Im Internet hingegen werden diese Daten in einer eigenen Datenbank gehalten. Um solche Informationen zu den einzelnen Rechnern zu erhalten, ist in der Headerdatei *<netdb.h>* folgende Struktur definiert:

```
struct hostent {
    char *  h_name;
    char ** h_aliases;
    short   h_addrtype;
    short   h_length;
    char ** h_addr_list;
 };
```

Tabelle 14.3 enthält eine kurze Beschreibung der einzelnen Strukturvariablen.

Strukturvariable	Bedeutung
h_name	Offizieller Name des Rechners im Netz
h_aliases	Ein String-Array, in dem sich eventuelle Alias befinden. Das letzte Element ist immer NULL.
h_addrtyp	Hier steht der Adresstyp, was gewöhnlich AF_INET für IPv4 oder AF_INET6 für IPv6 ist.
h_length	Hier steht die Länge der numerischen Adresse (4 oder 16) in Bytes.
h_addr_list	Hierbei handelt es sich um ein Array von Zeigern auf die Adressen von IPv4/IPv6-Nummern in der Netzwerk-Byte-Reihenfolge (*Network Byte Order*).

Tabelle 14.3 Die Strukturvariablen in »struct hostent«

Benötigen Sie hingegen von einer IP-Adresse Informationen zu einem Rechner, können Sie die Funktion gethostbyaddr() verwenden. Diese Funktion gibt bei Erfolg ebenfalls einen Zeiger auf die Struktur hostent des gefundenen Rechners zurück oder bei einem Fehler NULL.

Hinweis

Dies wird allerdings nur funktionieren, wenn es sich um einen FQDN (*Fully Qualified Domain Name*) handelt, da sonst die Nameserver keinen Namen aus der IP-Adresse auflösen können. FQDN ist ein eindeutiger Name eines Internet-Hosts. Er setzt sich aus dem Hostnamen und dem Namen der Domain zusammen. Mithilfe des FQDN kann per DNS die IP-Adresse des Hosts ermittelt werden. Bei *linux.elementaria.org* wäre z. B. `linux` der Hostname und `elementaria.org` der Domainname.

```
#include <netdb.h>
struct hostent *gethostbyaddr( const char *ip_addr,
                               int len, int type );
```

Mit dem ersten Parameter geben Sie die IP-Adresse des Zielrechners an. Mit dem zweiten wird die Länge dieser Adresse angegeben, und der letzte Parameter gibt den Typ der Adresse an, der auch hier meistens `AF_INET` für IPv4 bzw. `AF_INET6` für IPv6 ist.

Beachten Sie bitte, dass beide Funktionen (`gethostbyname()` und `gethostbyaddr()`) nur einen statischen Speicherbereich für den Rückgabewert reservieren. Jeder nachfolgende Funktionsaufruf überschreibt diesen Speicherplatz wieder. GNU bietet auch `gethostbyname_r()` und `gethostbyaddr_r()` für thread-sichere-Aktionen an.

Hinweis

Die Funktionen `gethostbyname()` und `gethostbyaddr()` benutzen für ihre Anfragen den Nameserver `named`, die Datei */etc/hosts* und den *Network Information Service* (NIS oder YP). Was davon und in welcher Reihenfolge benutzt wird, bestimmt die `order`-Zeile in der Datei */etc/host.conf*. Siehe dazu auch die Man-Page zu `resolv.conf`.

Das Standardverhalten ist, zuerst die Datei */etc/hosts* zu durchsuchen und danach den Nameserver zu befragen (`order hosts, bind`).

Wenn auf der Suche nach einem Rechner mit den Funktionen `gethostbyaddr()` und `gethostbyname()` ein Fehler auftritt, sollten Sie die Funktion `herror()` aufrufen, die ähnlich wie `perror()` ist, um eine sinnvolle Fehlermeldung zu erhalten, warum ein Fehler aufgetreten ist. Die `herror()`-Funktion gibt die zum aktuellen Wert von `h_errno` gehörende Fehlermeldung auf `stderr` aus.

```
#include <netdb.h>
extern int h_errno;

void herror ( const char *string );
```

Die Variable h_errno kann folgende Werte annehmen:

Fehlerwert	Bedeutung
0	Es ist kein Fehler aufgetreten.
HOST_NOT_FOUND	Der angegebene Rechner ist unbekannt.
NO_ADDRESS	Der angegebene Name ist gültig, aber es existiert dazu keine IP-Adresse.
NO_RECOVERY	Ein nicht behebbarer Nameserver-Fehler ist aufgetreten.
TRY_AGAIN	Beim zuständigen Nameserver ist ein vorübergehender Fehler aufgetreten. Versuchen Sie es später nochmals.
NO_DATA	Der Name ist keiner Adresse zugeordnet.

Tabelle 14.4 Mögliche Werte der Fehlervariablen »h_errno«

Falls also auf Ihrem System keine Funktion wie herror() vorhanden ist, können Sie mit den Fehlercodes von h_error ohne Probleme eine eigene Fehlerausgaberoutine nachimplementieren.

Das folgende Beispiel soll demonstrieren, wie Sie Informationen zu einem Rechner durch Angabe eines Rechnernamens oder einer IP-Adresse aus der Struktur hostent ermitteln können:

```
/* hostent.c */
#include <sys/types.h>
#include <sys/socket.h>
#include <netinet/in.h>
#include <arpa/inet.h>
#include <stdio.h>
#include <stdlib.h>
#include <netdb.h>

int main(int argc, char **argv) {
  struct hostent *host;
  struct in_addr ip, **ip_ptr;
  char **ptr;

  if( argc != 2 )
    printf("Usage: %s (Rechnername oder IP-Adresse)\n",
       *argv);
  else {
    /* Argument als IP-Adresse ...? */
    if( inet_aton( argv[1], &ip ) != 0 )
```

```
      host=gethostbyaddr( (const void *)&ip,
                          sizeof(ip),AF_INET );
    /* Argument als Rechnername */
    else
      host = gethostbyname( argv[1] );
    if( host == NULL ) {
       herror("Konnte Rechner nicht finden");
       return EXIT_FAILURE;
    }
    printf("Hostname    : %s\n", host->h_name);
    printf("Aliase      :\n");
    ptr=host->h_aliases;
    while( *ptr != NULL ) {
       printf("\t%s\n", *ptr++);
    }
    printf("IP-Adressen :\n");
    ip_ptr = (struct in_addr **)host->h_addr_list;
    while(*ip_ptr != NULL) {
       printf("\t%s\n", inet_ntoa( **ip_ptr++));
    }
  }
  return EXIT_SUCCESS;
}
```

Das Programm bei der Ausführung:

```
$ gcc -o hostent hostent.c
$ ./hostent google.de
Hostname    : google.de
Aliase      :
IP-Adressen :
        216.239.33.100
        216.239.37.100
        216.239.39.100
$ ./hostent www.elementaria.org
Hostname    : www.elementaria.org
Aliase      :
IP-Adressen :
        109.237.138.30
$ ./hostent 109.237.138.30
Hostname    : alfa3024.alfahosting-server.de
Aliase      :
IP-Adressen :
```

```
        109.237.138.30
$ ./hostent www.microsoft.com
Hostname    : www.microsoft.com.nsatc.net
Aliase      :
        www.microsoft.com
IP-Adressen :
        207.46.19.30
```

Hinweis

Wie schon einmal erwähnt, wird die Funktion gethostbyname() vorwiegend bei Clientanwendungen verwendet, um aus der Angabe eines Rechnernamens eine IP-Adresse zu machen.

14.10.3 Service-Informationen – getservbyname() und getservbyport()

Eine weitere Information, die eine Clientanwendung häufig benötigt, ist die Nummer des Ports, der den gewünschten Service verwendet. Oder wissen Sie auf Anhieb zu allen Portnummern den entsprechenden Service? Natürlich könnten Sie in */etc/services* nachschauen und die Nummer dann fest einkompilieren. Wie schon bei den Informationen zu den Rechnern im Netz gibt es auch hierfür eine Struktur in der Headerdatei *<netdb.h>*, in der die Informationen zu den entsprechenden Diensten stehen.

```
struct servent {
     char *s_name;
     char **s_aliases;
     int  s_port;
     char *s_proto;
  };
```

Tabelle 14.5 liefert eine kurze Beschreibung der einzelnen Strukturvariablen.

Strukturvariable	Bedeutung
s_name	Offizieller Servicename
s_aliases	Ein String-Array mit eventuellen Alias zum Service, falls vorhanden. Das letzte Element in der Liste ist NULL.
s_port	Die Portnummer zum Servicenamen
s_proto	Der Name des verwendeten Protokolls

Tabelle 14.5 Die Strukturvariablen in »servent« und deren Bedeutung

Hier sehen Sie die Syntax zu getservbyname():

```
#include <netdb.h>

struct servent *getservbyname ( const char *name,
                                const char *proto );
```

Bei Angaben des Dienstes name und des Protokolls proto liefert Ihnen diese Funktion bei Erfolg eine Adresse auf die Information in struct servent. Bei einem Fehler wird NULL zurückgegeben.

Ähnlich verhält es sich mit der Funktion getservbyport() (im Vergleich mit getservbyname()). Nur liefert getservbyport() zum Dienst mit der Portnummer port (in Network Byte Order) und dem Protokoll proto die struct servent-Informationen zurück.

```
#include <netdb.h>

struct servent *getservbyport(int port, const char *proto);
```

Hier folgt ein Beispiel, das die Funktion getservbyname() demonstriert. Da meistens Informationen abgefragt werden, die das TCP-Protokoll betreffen, könnten Sie auch das zweite Argument der Funktion getservbyname() gleich mit der Stringkonstante "tcp" belegen.

```
/* servent.c */
#include <sys/types.h>
#include <sys/socket.h>
#include <netinet/in.h>
#include <arpa/inet.h>
#include <stdlib.h>
#include <stdio.h>
#include <netdb.h>

int main (int argc, char **argv) {
  struct servent *service_info;
  char **ptr;

  if( argc != 3) {
    printf("Usage: %s dienst protokoll\n", *argv);
    return EXIT_FAILURE;
  }
  service_info = getservbyname( argv[1], argv[2] );
  if( service_info == NULL ) {
    herror("Konnte den Service nicht finden\n");
    return EXIT_FAILURE;
  }
```

```
  printf("Service   : %s\n", service_info->s_name);
  printf("Port      : %d\n", ntohs( service_info->s_port) );
  printf("Aliase    : \n");
  ptr = service_info->s_aliases;
  while(*ptr != NULL) {
    printf("%s\n", *ptr++);
  }
  printf("Protokoll : %s\n", service_info->s_proto);
  return EXIT_SUCCESS;
}
```

Das Programm bei der Ausführung:

```
$ gcc -o servent servent.c
$ ./servent http tcp
Service   : http
Port      : 80
Aliase    :
(null)
Protokoll : tcp
$ ./servent ftp tcp
Service   : ftp
Port      : 21
Aliase    :
(null)
Protokoll : tcp
$ ./servent pop3 tcp
Service   : pop3
Port      : 110
Aliase    :
(null)
Protokoll : tcp
```

Nun folgt dasselbe Beispiel mit der Funktion `getservbyport()`. Als Protokoll verwenden Sie hierbei gewöhnlich TCP. Beim Beispiel werden entsprechende Informationen von den Ports 1 bis 100 (ohne den Alias) ausgegeben:

```
/* servent2.c */
#include <sys/types.h>
#include <sys/socket.h>
#include <netinet/in.h>
#include <arpa/inet.h>
#include <stdio.h>
#include <stdlib.h>
```

```
#include <netdb.h>

int main (int argc, char **argv) {
  struct servent *service_info;
  int port = 0;

  while (port++ < 100) {
    service_info = getservbyport (htons (port), "tcp");
    if (service_info == NULL)
       printf ("Port %d : Keine Infos\n", port);
    else {
       printf ("Service : %10s ", service_info->s_name);
       printf ("Port    : %3d ",
          ntohs (service_info->s_port));
       printf ("Protokoll : %5s\n", service_info->s_proto);
    }
  }
  return EXIT_SUCCESS;
}
```


Das Programm bei der Ausführung:

```
$ gcc -o servent2 servent2.c
$ ./servent2
Service :     tcpmux Port    : 1  Protokoll :   tcp
Service : compressnet Port    : 2  Protokoll :   tcp
Service : compressnet Port    : 3  Protokoll :   tcp
Port 4  : Keine Infos
Service :        rje Port    :  5  Protokoll :   tcp
Port 6  : Keine Infos
Service :       echo Port    :  7  Protokoll :   tcp
Port 8  : Keine Infos
Service :    discard Port    :  9  Protokoll :   tcp
Port 10 : Keine Infos
Service :     systat Port    :  11  Protokoll :  tcp
Port 12 : Keine Infos
Service :    daytime Port    :  13  Protokoll :  tcp
Port 14 : Keine Infos
Service :    netstat Port    :  15  Protokoll :  tcp
...
...
Service :  swift-rvf Port    :  97 Protokoll :   tcp
```

```
Service :    tacnews Port    :  98 Protokoll :   tcp
Service :   metagram Port    :  99 Protokoll :   tcp
Service :    newacct Port    : 100 Protokoll :   tcp
```

14.11 Der Puffer

Sockets zeigen in Verbindung mit den Funktionen `read()` und `write()` häufig ein möglicherweise überraschendes Verhalten, das sich von der normalen Datei-I/O dieser Funktionen unterscheidet. Mit `read()` und `write()` können bei den Sockets erst einmal weniger Bytes ein- bzw. ausgegeben werden als angenommen. Das Problem ist, dass der Kernel für das Socket eine bestimmte Puffergröße vorgibt. Das bedeutet: Wenn der Puffer voll ist, liest `read()` bzw. schreibt `write()` aus diesem bzw. in diesen Puffer – selbst wenn noch nicht alle gewünschten Daten ausgelesen bzw. geschrieben wurden.

Wie Sie sicher wissen, übernimmt bei den Standard-C-Funktionen (wie `fgets()`, `fputs()` usw.) das System die Aufgabe der Pufferung. Sie mussten sich nie selbst darum kümmern. Bei den elementaren Funktionen wie `read()` oder `write()` müssen Sie sich jedoch selbst darum kümmern.

Welche Puffergröße Sie hierfür verwenden, bleibt Ihnen überlassen und kommt auch auf den Anwendungsfall an. Allerdings macht ein byteweiser Puffer genauso wenig Sinn wie ein überdimensional großer Puffer. Es hat sich bewährt, eine Puffergröße von 512 oder 1024 KB zu verwenden. Selbiges gilt natürlich auch für `send()` und `recv()`, sofern diese Funktionen nicht mit dem Flag `MSG_WAITALL` aufgerufen werden.

Solange Sie Daten in Form eines `char`-Arrays mit einfachem Text übertragen, dürften Sie keine Probleme mit der Pufferung bekommen, sofern Sie einen String ordentlich mit `\0` abschließen. Was ist aber, wenn Sie binäre Dateien übertragen wollen? Hier liegt oft der Hund begraben – denn bei binären Dateien können Sie sich nicht darauf verlassen, dass diese Datei mit `\0` abgeschlossen wird. In solch einem Fall müssen Sie sich selbst um das letzte Zeichen kümmern. Daher haben wir ja schon im ersten Beispiel der Socket-Programmierung folgendes Konstrukt verwendet:

```
size = recv(create_socket, buffer, BUF-1, 0);
if( size > 0)
    buffer[size] = '\0';
```

Der Puffer ist Ihr wichtigstes Kommunikationswerkzeug, mit dem Sie Daten austauschen können. Wenn Sie etwas in den Puffer hineinschreiben, sollten Sie daher immer daran denken, wie dies auf der anderen Seite wieder herauskommt – und eventuell sollten Sie auch überprüfen, *was* herauskommt. Denn wenn etwas häufig nicht klappt, dann ist es die Art und Weise, wie die Daten beim Empfänger ankommen. Nicht selten ist es ein nicht terminierter String, der für Zeichensalat sorgt.

14.12 Standard-E/A-Funktionen verwenden

Auch wenn es vielleicht den Anschein hat, als könne man Sockets nur in Verbindung mit elementaren E/A-Funktionen verwenden, so täuscht dies. Selbstverständlich lassen sich auch Standard-E/A-Funktionen wie `fscanf()` oder `fprintf()` bei den Sockets verwenden. Hierbei genügt es, sich einen `FILE`-Zeiger mit der Funktion `fdopen()` zu einem Socket-Deskriptor zur Verfügung stellen zu lassen.

Wollen Sie einen `FILE`-Zeiger zum Lesen und Schreiben öffnen, raten wir Ihnen, zwei getrennte `FILE`-Zeiger zu verwenden. Der Grund ist einfach: Wenn Sie nur einen `FILE`-Zeiger verwenden (z. B. mit "r+" geöffnet), muss nach jeder Ausgabeoperation eine Funktion wie `fflush()`, `fseek()`, `fsetpos()` oder `rewind()` aufgerufen werden, bevor eine Eingabeoperation ausgeführt wird. Umgekehrt ist dies dasselbe. Das Problem an diesen Funktionen ist, dass sie wiederum auf die elementare Funktion `lseek()` zurückgreifen. Aber es wurde bereits erwähnt, dass es nicht gestattet ist, `lseek()` auf Socket-Deskriptoren zu verwenden.

Daher sollten Sie für das Lesen und für das Schreiben jeweils einen eigenen `FILE`-Zeiger verwenden. Hierzu ist es allerdings notwendig, den Socket-Deskriptor mit `dup()` zu duplizieren, da man mit unterschiedlichen Streams auch unterschiedliche Deskriptoren verwenden sollte. Ein weiterer Vorteil des Duplizierens ist, dass Sie somit jederzeit nur einen der `FILE`-Zeiger schließen können, was ohne zu duplizieren nicht möglich ist.

14

```
int sockfd;
FILE *lese_fz;
FILE *schreib_fz;

sockfd = socket(PF_INET, SOCK_STREAM, 0);

/* FILE-Zeiger für das Schreiben */
schreib_fz = fdopen(sockfd, "w");
if( schreib_fz == NULL ) {
   /* Fehler .... */
}

/* FILE-Zeiger für das Lesen */
lese_fz =fdopen(dup(sockfd), "r");
if( lese_fz == NULL ) {
   /* Fehler ... */
}
```

Wollen Sie jetzt z. B. den `FILE`-Stream der Leseseite schließen, können Sie dies wie folgt machen:

```
fclose(lese_fz);
```

Ähnlich verläuft dies auch, wenn Sie die Schreibseite schließen wollen. Nur sollten Sie hierbei zuvor noch fflush() aufrufen, womit alle noch im Puffer befindlichen Daten geschrieben werden:

```
fflush(schreib_fz);
fclose(schreib_fz);
```

Sofern Sie hierbei mit fork() einen Kindprozess erzeugt haben und sich nicht sicher sind, ob ein anderer Prozess noch auf einen offenen Socket-Deskriptor zugreift, sollten Sie außerdem zusätzlich beim Schließen die Funktion shutdown() verwenden. Beim Schließen der Leseseite wäre dies:

```
shutdown( fileno(lese_fz), SHUT_RD );
fclose(lese_fz);
```

Und beim Schließen der Schreibseite das:

```
fflush(schreib_fz);
shutdown( fileno(schreib_fz), SHUT_RDWR);
fclose(schreib_fz);
```

14.12.1 Pufferung von Standard-E/A-Funktionen

Natürlich muss man sich bei der Verwendung von Standard-E/A-Funktionen auch wieder Gedanken über die Pufferung der Daten machen. Denn wenn hier die Zeilen- bzw. Vollpufferung eingestellt ist, wird immer erst in das Socket geschrieben, wenn ein *Newline*-Zeichen vorkommt oder der Puffer voll ist. Besonders wenn Sie etwas in den Puffer schreiben, hat sich ein anschließendes fflush() schon immer bewährt, sodass die Daten im Puffer sofort geschrieben werden. Natürlich können Sie hier auch die Pufferung des Streams mit den Funktionen setbuf() bzw. setvbuf() verändern.

14.13 Parallele Server

Für einige Anwendungen mag ein Beispiel wie das erste Client-Server-Beispiel, das Sie in diesem Kapitel geschrieben haben, reichen. Der Server wird gestartet, und jeweils ein Client kann mit ihm kommunizieren. Alle anderen Clientprogramme, die ebenfalls mit dem Server kommunizieren wollen, müssen warten. Bei manchen Client-Server-Anwendungen kann dies sogar so gewollt sein. Den Server, den Sie bisher kennen, nennt man einen *iterativen Server*.

Wenn aber die Bearbeitung der Clientanfragen mehr Zeit in Anspruch nimmt oder mehrere Anfragen *gleichzeitig* (nach dem Multitasking-Prinzip) abgearbeitet werden müssen, dann ist es nicht sehr sinnvoll, wenn sich der Server immer nur mit einem Client beschäftigt.

Wenn Sie mehrere Clients gleichzeitig bedienen wollen, müssen Sie einen parallelen Server schreiben. Dies können Sie unter Linux recht einfach mit `fork()` erledigen. Dabei legt der Server für jede Clientbedienung einen eigenen Kindprozess an. Und das ist einfacher, als Sie vielleicht denken werden. Parallele Server können Sie aber auch mit *pthread* entwickeln – aber dazu kommen wir noch.

Im folgenden Beispiel soll ein einfaches Netzwerkprogramm entwickelt werden, mit dem Sie Daten in einem Netzwerk kopieren können. Der Server wartet dabei auf eine Anforderung eines Clients. Zunächst liest der Server den Namen des zu kopierenden Programms aus, das ihm der Client gesendet hat, dann wird in einem entsprechenden Verzeichnis der Serveranwendung (hier lokal beim Server) eine Datei mit dem Namen angelegt. Anschließend schickt der Client dem Server den Inhalt der Datei zum Kopieren. Kopiert werden können dabei alle Dateien, auch ausführbare Dateien und Grafiken. Die Serveranwendung kann auf jedem beliebigen Rechner laufen. Das Beispiel ist eigentlich recht simpel und entspricht im Prinzip dem einfachen Kopiervorgang auf dem lokalen Rechner (abgesehen davon, dass hierbei Sockets verwendet werden).

Bevor wir Ihnen diesen Vorgang anhand eines parallelen Servers zeigen, folgt erst die lineare einfache Version, die im nächsten Schritt erst parallelisiert werden soll.

Hier ist die Serveranwendung, die am Port `1234` auf eine Anfrage wartet:

```
/* server.c */
#include <stdio.h>
#include <stdlib.h>
#include <string.h>
#include <sys/types.h>
#include <netinet/in.h>
#include <sys/socket.h>
#include <arpa/inet.h>
#include <sys/stat.h>
#include <fcntl.h>
#include <unistd.h>
#include <errno.h>
#define  MAX_ZEICHEN  16384
#define  PORT_NUMMER  1234

int main (void) {
  int sockfd, connfd, fd, j, n, ngesamt;
  struct sockaddr_in adresse;
  socklen_t adrlaenge = sizeof (struct sockaddr_in);
  char puffer[MAX_ZEICHEN];
  char path_file[MAX_ZEICHEN];
  const int y = 1;
```

```
if ((sockfd = socket (PF_INET, SOCK_STREAM, 0)) < 0) {
   printf ("Fehler bei socket() ... (%s)\n",
      strerror(errno));
   exit (EXIT_FAILURE);
}
printf("Socket erfolgreich angelegt\n");
adresse.sin_family = AF_INET;
adresse.sin_port = htons (PORT_NUMMER);
memset (&adresse.sin_addr, 0, sizeof (adresse.sin_addr));

setsockopt( sockfd, SOL_SOCKET,
            SO_REUSEADDR, &y, sizeof(int) );

if (bind ( sockfd,
           (struct sockaddr *) &adresse,
           sizeof (adresse) ) ) {
   printf ("Fehler bei bind() ... (%s)\n",
      strerror(errno));
   exit (EXIT_FAILURE);
}

printf("Server ist bereit und wartet ...\n");
if (listen (sockfd, SOMAXCONN) != 0) {
   printf ("Fehler bei listen() ... (%s)\n",
      strerror(errno));
   exit (EXIT_FAILURE);
}
while ((connfd = accept ( sockfd,
                          (struct sockaddr *) &adresse,
                          &adrlaenge)) >= 0) {
   printf (" ... Daten empfangen\n");
   /* Dateiname */
   j = 0;
   while ((n = read (connfd, &puffer[j], 1)) > 0) {
      if (puffer[j] == '\n') {
         puffer[j] = 0;
         break;
      }
      j++;
   }
   if (n < 0) {
      printf ("Fehler bei read() ...\n");
```

```
            exit (EXIT_FAILURE);
         }
         printf ("Dateiname \"%s\" wird kopiert nach ",
            puffer);
         strcpy( path_file, getenv("HOME"));
         strcat( path_file, "/tmp/");
         strcat( path_file, puffer );
         printf("%s\n",path_file);

         /* Datei zum Lesen öffnen */
         if (( fd = open( path_file,
                  O_WRONLY | O_CREAT | O_TRUNC, 0644 ) ) < 0 ) {
            printf ("... kann %s nicht öffnen (%s)\n",
               puffer, strerror(errno));
            close (connfd);
            continue;
         }
         /* Datei aus dem Socket lesen und in lokale */
         /* Kopie schreiben                          */
         ingesamt = 0;
         while((n=read (connfd, puffer, sizeof (puffer))) > 0) {
            if (write (fd, puffer, n) != n) {
               printf("Fehler bei write()...(%s)\n",
                  strerror(errno));
               exit (EXIT_FAILURE);
            }
            ingesamt += n;
         }
         if (n < 0) {
             printf ("Fehler bei read() ...\n");
             exit (EXIT_FAILURE);
         }
         printf (".beendet (%d Bytes)\n", ngesamt);
         close (fd);
         close (connfd);
      }
      if (connfd < 0) {
         printf ("Fehler bei accept() ...\n");
         exit (1);
      }
      close (sockfd);
      exit (EXIT_SUCCESS);
}
```

Als Nächstes sehen Sie die Clientanwendung, die eine Anforderung an den Server stellt und den Namen und anschließend den Inhalt der zu kopierenden Datei sendet.

```
/* client.c */
#include <stdio.h>
#include <stdlib.h>
#include <string.h>
#include <sys/types.h>
#include <sys/socket.h>
#include <netinet/in.h>
#include <netdb.h>
#include <arpa/inet.h>
#include <sys/stat.h>
#include <fcntl.h>
#include <unistd.h>
#include <errno.h>
#define  MAX_ZEICHEN 16384
#define  PORT_NUMMER   1234

int main (int argc, char **argv) {
  int sockfd, i, n, fd;
  ssize_t name_len;
  struct sockaddr_in adresse;
  struct in_addr inadr;
  struct hostent *rechner;
  char puffer[MAX_ZEICHEN];
  char *help;

  if (argc < 3) {
     printf ("Usage: %s rechner datei(en)\n", *argv);
     exit (EXIT_FAILURE);
  }
  if (inet_aton (argv[1], &inadr))
     rechner = gethostbyaddr ( (const void*) &inadr,
                               sizeof (inadr),
                               AF_INET );
  else
     rechner = gethostbyname (argv[1]);
  if (rechner == NULL) {
    herror ("Fehler beim Suchen des Rechners\n");
    exit (EXIT_FAILURE);
  }
```

```
adresse.sin_family = AF_INET;
adresse.sin_port   = htons (PORT_NUMMER);
memcpy ( &adresse.sin_addr,
         rechner->h_addr_list[0],
         sizeof (adresse.sin_addr) );

for (i = 2; i < argc; i++) {
   if ((sockfd = socket (PF_INET, SOCK_STREAM, 0)) < 0) {
      printf("Fehler bei socket() ...(%s)\n",
         strerror(errno));
      exit (EXIT_FAILURE);
   }
   if (connect ( sockfd,
                 (struct sockaddr *) &adresse,
                 sizeof (adresse) ) ) {
      printf("Fehler bei connect() ...(%s)\n",
         strerror(errno));
      exit (EXIT_FAILURE);
   }
   /* Datei, die kopiert wird, soll zum Lesen öffnen */
   if ((fd = open (argv[i], O_RDONLY)) < 0) {
      printf ("kann Datei (%s) nicht oeffnen (%s)\n",
         argv[i], strerror(errno));
      continue;
   }

   strcpy (puffer, argv[i]);
   strcat (puffer, "\n");
   /* Server benötigt den Dateinamen ohne Pfadangabe */
   help = strrchr(puffer,'/');
   if( help == NULL )
      help = puffer;
   else
      *(help++);
   name_len = strlen (help);

   /* Dateinamen an den Server */
   if (write (sockfd, help, name_len) != name_len) {
      printf ("Konnte \"%s\" nicht versenden?\n",
         argv[i]);
      close (fd);
      close (sockfd);
      continue;
```

```
      }
      /* Inhalt der Datei auslesen und an Server senden */
      while ((n = read (fd, puffer, sizeof (puffer))) > 0) {
         /* puffer[n] = 0 ist sehr wichtig, wenn die zu */
         /* versendende Datei keine lesbare Datei ist   */
         /* (Ausführbare Datei, Grafik ...) - ohne      */
         /* würde nur Datensalat entstehen              */
         puffer[n]= 0;
         if (write (sockfd, puffer, n) != n) {
            printf("Fehler bei write()...(%s)\n",
               strerror(errno));
            exit (EXIT_FAILURE);
         }
      }
      if (n < 0) {
         printf ("Fehler bei read() ...\n");
         exit (EXIT_FAILURE);
     }
     close (sockfd);
     sleep(2); /* Kurze Unterbrechung ggf. entfernen */
   }
   printf("Datei(en) erfolgreich versendet\n");
   exit (EXIT_SUCCESS);
}
```

Im Folgenden sehen Sie das Programm bei der Ausführung. Bitte beachten Sie dabei, welche Adresse Sie angeben, um mit der Serveranwendung in Kontakt zu treten. Sollten Sie Ihre Serveranwendung erst auf dem lokalen Rechner testen (was meistens der Fall sein dürfte), dann ist die IP-Adresse `127.0.0.1` oder der Name `localhost`. Ansonsten, wenn Sie die Serveranwendung extern testen wollen, geben Sie die entsprechende IP-Adresse bzw. den Domainnamen an. Nach der Angabe, wo sich die Serveranwendung (IP-Adresse bzw. Domainname) befindet, können Sie als weitere Argumente in der Kommandozeile Dateien (mitsamt Pfad) angeben, die dann an den Server geschickt werden sollen.

```
$ gcc -o server server.c
$ gcc -o client client.c
[Rechner mit der Serveranwendung]
$ ./server
Socket erfolgreich angelegt
Server ist bereit und wartet ..
[Rechner mit der Clientanwendung]
$ ./client localhost home/tot/libproc_DE.pdf \
  home/sicherheit/Race_Conditions.pdf ~/Yast2.tif test.c
```

```
Datei(en) erfolgreich versendet
[Rechner mit der Serveranwendung]
...Daten empfangen
Dateiname "libproc_DE.pdf"  wird kopiert nach /home/tot/tmp/libproc_DE.pdf
..beendet (341518 Bytes)
 ...Daten empfangen
Dateiname "Race_Conditions.pdf"  wird kopiert nach
/home/tot/tmp/Race_Conditions.pdf
..beendet (3886508 Bytes)
 ...Daten empfangen
Dateiname "Yast2.tif"  wird kopiert nach /home/tot/tmp/Yast2.tif
..beendet (845658 Bytes)
 ...Daten empfangen
Dateiname "test.c"  wird kopiert nach /home/tot/tmp/test.c
..beendet (6512 Bytes)
```

So weit, so gut. Solange Sie allein diese Client-Server-Anwendung ausführen, dürften Sie recht zufrieden damit sein. Was aber, wenn Sie diese Serveranwendung als eine Art Backup-Server-Programm in einem großen Unternehmen einsetzen wollen, wo in Stoßzeiten zu Feierabend bis zu hundert solcher Clientanfragen anstehen? Und dabei handelt es sich meistens nicht um Dateien, die nur ein paar Kilobyte groß sind. Sie benötigen also einen parallelen Server, der mehrere Anfragen gleichzeitig abarbeitet.

Lassen wir das ganze Netzwerkzeugs außer Acht – um die Gedanken nicht allzu sehr zu strapazieren. Ein paralleler Server ist hierbei ja nichts anderes als ein neuer Prozess, der die Arbeit verrichtet. Was benötigen Sie also, um einen vernünftigen Prozess vom Start bis zum Ende zu erstellen? Bevor Sie jetzt zurückblättern, verraten wir hier die einzelnen Punkte:

1. Sie müssen einen Signalhandler für das Signal `SIGCHLD` einrichten. Der Signalhandler muss auch `waitpid()` verwenden, um Zombies zu vermeiden.
2. Sie müssen mit `fork()` einen neuen Kindprozess starten.
3. Sie müssen den Kindprozess beenden.

Um uns die anschließende Erklärung zu erleichtern und Ihnen trockene Theorie zu ersparen, folgt hier die Client-Server-Anwendung des vorherigen Beispiels. Die Clientanwendung ist dieselbe geblieben, weshalb wir sie nicht erneut abdrucken. Sie können also dieselbe Clientanwendung wie im iterativen Server-Beispiel zuvor verwenden.

Hier sehen Sie die parallele Serveranwendung. Die Erklärung dazu folgt.

```
/* pserver.c */
#include <stdio.h>
#include <stdlib.h>
#include <string.h>
#include <sys/types.h>
```

```
#include <netinet/in.h>
#include <sys/socket.h>
#include <arpa/inet.h>
#include <sys/stat.h>
#include <fcntl.h>
#include <unistd.h>
#include <signal.h>
#include <sys/types.h>
#include <sys/wait.h>
#include <errno.h>
#define  MAX_ZEICHEN 16384
#define  PORT_NUMMER  1234

typedef void (*sighandler_t)(int);

static sighandler_t
my_signal(int sig_nr, sighandler_t signalhandler) {
   struct sigaction neu_sig, alt_sig;

   neu_sig.sa_handler = signalhandler;
   sigemptyset (&neu_sig.sa_mask);
   neu_sig.sa_flags = SA_RESTART;
   if (sigaction (sig_nr, &neu_sig, &alt_sig) < 0)
      return SIG_ERR;
   return alt_sig.sa_handler;
}

static void no_zombie (int signr) {
  pid_t pid;
  int ret;

  while ((pid = waitpid (-1, &ret, WNOHANG)) > 0)
    printf ("Child-Server mit pid=%d hat sich beendet\n",
       pid );
  return;
}

int main (void) {
  int sockfd, connfd, fd, j, n, ngesamt;
  struct sockaddr_in adresse;
  const int y = 1;
  size_t adrlaenge = sizeof (struct sockaddr_in);
```

```
char puffer[MAX_ZEICHEN];
char path_file[MAX_ZEICHEN];
pid_t pid;

if ((sockfd = socket (PF_INET, SOCK_STREAM, 0)) < 0) {
   printf ("Fehler bei socket() ...(%s)\n",
      strerror(errno));
   exit (EXIT_FAILURE);
}
printf ("Socket erfolgreich angelegt\n");
adresse.sin_family = AF_INET;
adresse.sin_port = htons (PORT_NUMMER);
memset (&adresse.sin_addr, 0, sizeof (adresse.sin_addr));

setsockopt( sockfd, SOL_SOCKET,
            SO_REUSEADDR, &y, sizeof(int) );

if (bind ( sockfd,
           (struct sockaddr *) &adresse,
           sizeof (adresse) ) ) {
   printf ("Fehler bei bind() ...(%s)\n",
      strerror(errno));
   exit (EXIT_FAILURE);
}
printf ("Server ist bereit und wartet ...\n");
if (listen (sockfd, 5) ) {
   printf ("Fehler bei listen() ...(%s)\n",
      strerror(errno));
   exit (EXIT_FAILURE);
}
my_signal (SIGCHLD, no_zombie);

while(1) {
   connfd = accept ( sockfd,
                     (struct sockaddr *) &adresse,
                     &adrlaenge );
   if( connfd < 0 ) {
      if( errno == EINTR )
         continue;
      else {
         printf("Fehler bei accept() (%s)\n",
            strerror(errno));
         exit(EXIT_FAILURE);
```

```
      }
   }
   printf (" ...Daten empfangen\n");

   /* Neuen Kindprozess-Server starten */
   if ((pid = fork ()) == 0) {
      close (sockfd);
      /* Dateiname */
      j = 0;
      while ((n = read (connfd, &puffer[j], 1)) > 0) {
         if (puffer[j] == '\n') {
            puffer[j] = 0;
            break;
         }
         j++;
      }
      if (n < 0) {
         printf ("Fehler bei read() ...\n");
         exit (EXIT_FAILURE);
      }
      printf("(%d): Dateiname \"%s\" wird kopiert nach ",
         getpid(),puffer);
      strcpy (path_file, getenv ("HOME"));
      strcat (path_file, "/tmp/");
      strcat (path_file, puffer);
      printf ("%s\n", path_file);

      /* Datei zum Lesen öffnen */
      if ((fd = open ( path_file,
            O_WRONLY | O_CREAT | O_TRUNC, 0644 ) ) < 0 ) {
         printf ("... kann %s nicht öffnen\n", puffer);
         close (connfd);
         continue;
      }
      /* Datei aus dem Socket lesen und in lokale */
      /*  Kopie schreiben                         */
      ingesamt = 0;
      while((n=read(connfd, puffer, sizeof (puffer)))>0) {
         if (write (fd, puffer, n) != n) {
            printf ("Fehler bei write() ...\n");
            exit (EXIT_FAILURE);
         }
         ingesamt += n;
```

```
        }
        if (n < 0) {
           printf ("Fehler bei read() ...\n");
           exit (EXIT_FAILURE);
        }
        printf ("..beendet (%d Bytes)\n", ingesamt);
        close (fd);
        exit(EXIT_SUCCESS);
        /* Ende Kindprozess */
     } //Ende fork()
     close (connfd);
  }//Ende while(1)
  close (sockfd);
  exit (EXIT_SUCCESS);
}
```

Wenn Sie jetzt den Server und mehrere Clientanwendungen zum Kopieren starten, merken Sie, dass neben einer etwas geänderten Ausgabe die Datenübertragung über verschiedene Rechner wesentlich schneller vor sich geht (natürlich sollten Sie `sleep()` aus der Clientanwendung entfernen). Sicher interessiert es Sie erst einmal, was hier hinter den Kulissen vor sich geht.

Wenn der Server bereit ist und mit `listen()` am Socket *lauscht*, fällt erst auf, dass hier ein Signalhandler eingerichtet wurde:

```
static void no_zombie (int signr) {
   pid_t pid;
   int ret;

   while ((pid = waitpid (-1, &ret, WNOHANG)) > 0)
      printf ("Child-Server mit pid=%d hat sich beendet\n",
         pid);
   return;
}
...
...
/* in main() */
my_signal (SIGCHLD, no_zombie);
...
```

Bei der Signalbehandlung geht es primär darum, Zombie-Prozesse auf dem Server zu beenden. Denn anders als auf einem Einzelplatzrechner, auf dem einem wohl die Prozesse nicht so schnell ausgehen, kann eine stetig anwachsende Zombie-Fraktion auf einem Server dafür sorgen, dass kein Platz mehr für neue Prozesseinträge vorhanden ist. Wie Sie das vermeiden, haben Sie ja bereits mit waitpid() gesehen. Dabei wird waitpid() in einer Schleife aufgerufen, mit der der Status von jedem beendeten Kindprozess geholt wird. Mit der Option WNOHANG geben Sie an, dass waitpid() nicht blockiert, solange es noch unbeendete Kindprozesse gibt. Bitte beachten Sie auch, dass das Einrichten des Signalhandlers nur einmal erfolgt, denn wie Sie in Kapitel 9, »Dämonen, Zombies und Prozesse«, erfahren haben, erbt ja der Kindprozess auch alle eingerichteten Signalhandler. Dies sorgt häufig für Missverständnisse. Für gewöhnlich wird der Signalhandler nach dem Aufruf von listen() und vor accept() eingebaut.

Der Vorgang zum Einrichten eines typischen parallelen Servers sieht meist so aus:

```
while(1) {
   connfd = accept ( sockfd,
                     (struct sockaddr *) &adresse,
                     &adrlaenge );
   if( connfd < 0 ) {
      if( errno == EINTR )
         continue;
      else {
         printf("Fehler bei accept() ...\n");
         exit(EXIT_FAILURE);
      }
   }
   printf (" ...Daten empfangen\n");

   /* Neuen Kindprozess-Server starten */
   if ((pid = fork ()) == 0) {
      close (sockfd);

      /* Arbeit des Kindprozesses steht hier */

      close(connfd);
      exit(EXIT_SUCCESS);
      /* Ende Kindprozess */
   }
  /* Elternprozess */
  close (connfd);
}
```

Sobald ein Client mit connect() eine Verbindung zum Server herstellt, kehrt die Funktion accept() zurück.

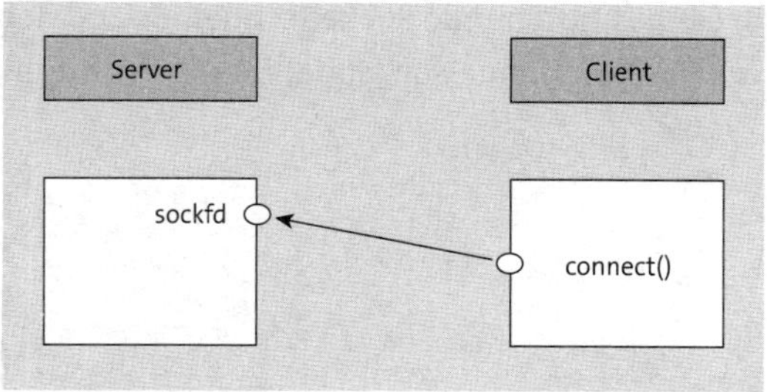

Abbildung 14.6 Der Client baut mit »connect()« eine Verbindung auf.

In Abbildung 14.6 können Sie den Zustand sehen, wenn der Client mit `connect()` eine Verbindung zum Server anfordert. Direkt nach dieser Anforderung kehrt die Funktion `accept()` zurück – wie Abbildung 14.7 demonstriert.

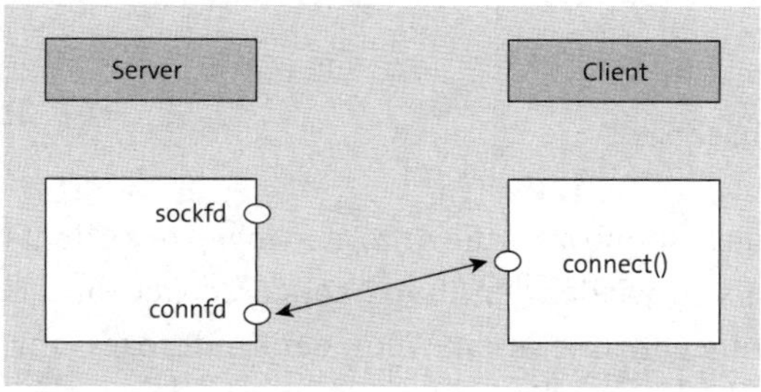

Abbildung 14.7 Der Server bestätigt die Verbindung.

Jetzt kann der Server mit `fork()` einen neuen Kindprozess aufrufen, um dem Client zu dienen (siehe Abbildung 14.8).

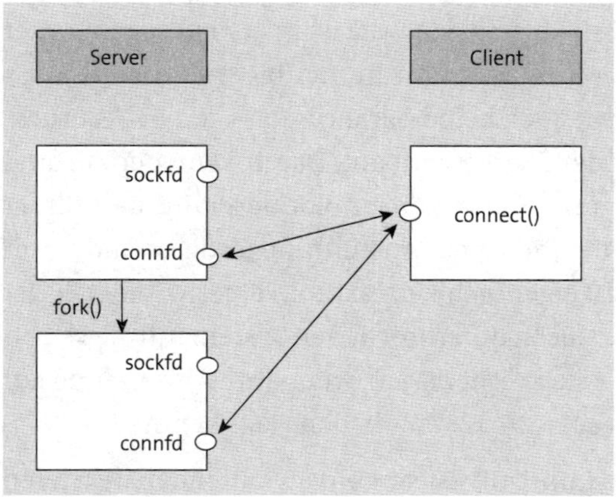

Abbildung 14.8 Ein neuer Serverprozess wird erzeugt.

Im nächsten Schritt kann der (Server-)Kindprozess das horchende Socket schließen und der Elternprozess das verbundene Socket – das ja wie das horchende Socket bei `fork()` mit dupliziert wurde (siehe Abbildung 14.9).

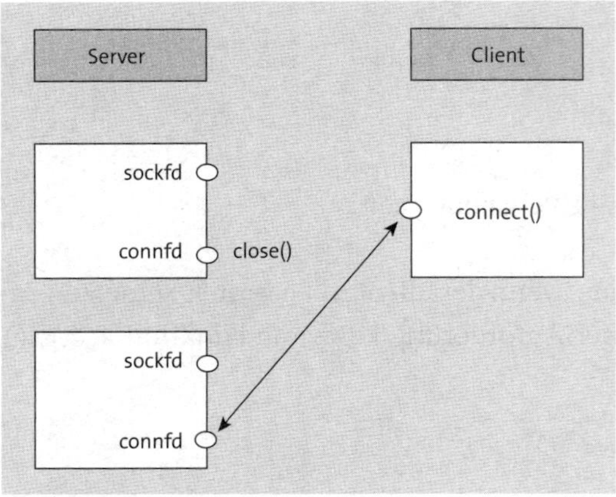

Abbildung 14.9 Nicht mehr benötigte Sockets schließen

Jetzt haben Sie den gewünschten Status, dass der Kindprozess die Anforderungen des Clients abarbeiten kann, und der Elternprozess kann sich wieder dem horchenden Socket mittels `accept()` widmen, um neue Anforderungen entgegenzunehmen. Wenn der Kindprozess mit der Abarbeitung des Clientcodes fertig ist, schließt auch dieser das Socket mit `close()` und beendet sich selbst (`exit()`). Durch die Beendigung des Kindprozesses mittels `exit()` wird der Signalhandler aktiviert, da dabei das Signal `SIGCHLD` gesendet wird.

Das war im Grunde auch schon alles. Mehr ist nicht nötig, um einen parallelen Server zu erstellen. Etwas Wichtiges sollte aber noch erwähnt werden. Nach `accept()` überprüfen wir ja auf die Fehlervariable `EINTR`. Das haben wir deshalb gemacht, weil `accept()` ein sogenannter *langsamer Systemaufruf* ist. Dies bedeutet, `accept()` kann für immer blockieren und muss nicht (unmittelbar) zurückkehren. Es gibt somit auch keine Garantie, dass `accept()` zurückkehrt, wenn kein Client eine Verbindung mit dem Server aufbaut. Damit kann der Zustand eintreten, dass ein Prozess von einem langsamen Systemaufruf blockiert wird und dieser Prozess ein Signal abfängt und der Signalhandler mit seiner Ausführung fertig ist und somit `accept()` den Fehler `EINTR` zurückgibt – obwohl eigentlich kein akuter Fehler vorliegt. Es ist zwar durchaus möglich, dass manche Systeme solche unterbrochenen Systemaufrufe selbstständig neu starten, aber verlassen können Sie sich nicht darauf, wenn Ihre Anwendung auf mehreren Systemen laufen soll. Daher wird ja auch `SA_RESTART` in den Flags benutzt.

Sie haben jetzt gesehen, wie einfach es unter Linux/Unix ist, aus einem laufenden iterativen Server einen parallelen Server zu machen. Ein einfaches `fork()` genügt, und der neue Prozess übernimmt alle Variablen und offenen Socket-Deskriptoren. Ein Manko hat diese Vorgehensweise allerdings bei der Skalierbarkeit. Ein übliches Betriebssystem ist in der Regel für bis zu hundert laufende Prozesse optimiert. Nun kann es aber bei stark frequentierten Servern, auf denen ein paar Tausend Clients gleichzeitig eine Anfrage starten, vorkommen, dass eine bedeutende Menge an Systemspeicher benötigt wird. Zwangsläufig wird der Server dann zum Swappen von Speicher gezwungen, was die Performance erheblich ausbremsen kann. Unter Solaris zum Beispiel dauert die Erzeugung eines neuen Prozesses mittels `fork()` außerdem zum Teil erheblich. Des Weiteren kommt hinzu, dass der Kontextwechsel zwischen den einzelnen Prozessen (Wechsel vom einen zum anderem Prozess) ebenfalls ein ziemlich langsamer Vorgang ist – wobei es allerdings auch einen Support speziell für die Hardware gibt. Selbst der Speicherbedarf eines leeren Prozesses ist im Linux-System ziemlich groß (im Grunde ist der Speicherbedarf allerdings nur virtuell, denn *libc.so.6* ist schließlich ein Shared Object und wird daher nur einmal im System geladen sein) – was allerdings die Schuld der Glibc und nicht von Linux ist. Es kann sich daher lohnen, eine eigene Bibliothek dazu zu entwickeln (was häufig auch gemacht wird).

Unser Ziel ist es übrigens nicht, hier etwas schlecht zu reden, sondern Sie zum Denken anzuregen, wenn Sie eine Netzwerkanwendung schreiben. Für einfache und gewöhnliche Server, wie sie z. B. im Intranet verwendet werden, werden Sie wahrscheinlich niemals an die Grenzen des Systems stoßen (vorausgesetzt, der Server ist entsprechend ausgestattet). Daher werden Sie jetzt auf den folgenden Seiten noch einige flottere Techniken kennenlernen.

Aber ein Beispiel, das gern in der Praxis eingesetzt wird, soll hier nicht unerwähnt bleiben. Denn häufig lohnt es sich, schon mehrere Serverprozesse im Voraus zu erzeugen und in dem Moment, wenn eine Connection stattfindet, im Background einen neuen Server zu starten, der wiederum die nächste Anfrage bearbeiten kann. Diese Technik wird übrigens auch beim Webserver Apache eingesetzt. (Dort heißt sie *Apache-MPM prefork*). Sie ist für Netzwerkdienste geeignet, die aus Kompatibilitätsgründen mit nicht thread-sicheren Bibliotheken Threading vermeiden müssen. Sie ist außerdem das geeignetste MPM (Multi-Processing-Modul), um jede Anfrage isoliert zu bearbeiten, sodass Probleme mit einem einzelnen Prozess keinen anderen beeinflussen.

Datenformat

Häufig müssen Sie sich auch bei der Übertragung von Daten um das vorliegende Format von Daten kümmern. Wollen Sie z. B. Ganzzahlen oder Gleitkommazahlen an den Server verschicken (oder der Server an den Client), dann sind die Funktionen `sscanf()` und `sprintf()` bzw. `snprintf()` bestens dafür geeignet. Ebenso sieht es mit der Übergabe von binären Strukturen aus. Auch hierbei wird gern auf die Konvertierung in einen String zum Versenden der Daten zurückgegriffen. Sicherlich werden Sie sich fragen, warum Sie dabei so vergehen sollten? Wenn Sie nicht sicher sein können, auf was für einen Rechner die Daten übertragen werden, kann es zu Problemen kommen, wenn ein Client Daten im *Little-Endian*-Format schickt, der Server aber auf einem *Big-Endian*-System läuft. Wenn es sich dabei z. B. um Integer handelt, sind Probleme vorprogrammiert. Dasselbe Problem könnte auftreten, wenn Sie einen Wert vom Datentyp `int` versenden, der auf Ihrem System 64 Bit besitzt, aber auf dem Zielrechner nur 32 Bit. Sie wissen also nie genau, welche Größe die Datentypen `int`, `long` und `short` auf der

Gegenseite haben. Zwar gibt es (seit der Einführung des C99-Standards) die unabhängigen Typen (wie z. B. `int8_t`, `int16_t` etc. und `uint8_t` etc.) in der Headerdatei *stdint.h*, was aber recht wenig nützt, weil dieser Standard von einigen Compiler-Herstellern (insbesondere auf Windows-Systemen) überhaupt nicht beachtet wird. (Mehr zum C99-Standard finden Sie im Anhang.)

Daher lautet unsere Empfehlung: Um Probleme zu vermeiden, sollten Sie numerische Daten immer im Textformat an die Gegenseite senden. Natürlich setzt dies voraus, dass die Gegenseite denselben Zeichensatz verwendet. Ein Nachteil, der der verbesserten Kompatiblität gegenüber steht: Es wird Bandbreite verschwendet. Eine 64-Bit-Nummer z. B. kann nämlich über 20 Zeichen lang sein, während im Binärformat gerade mal acht Zeichen dafür benötigt werden.

14.14 Synchrones Multiplexing – select()

Bisher kennen Sie drei Möglichkeiten, um Clients zu bearbeiten: die »normale« Client-Server-Lösung, die für nur eine Clientanfrage ausgelegt ist, die Verwendung von mehreren Prozessen und die Lösung mit der Thread-Programmierung. Welche davon eignet sich nun am besten, wenn man mehrere Clients gleichzeitig bearbeiten will, wie dies z. B. bei einem Webserver, Chat-Programmen, einem Spieleserver usw. benötigt wird?

Die einfache Client-Server-Lösung, die nur für einen Client ausgelegt war, fällt schon mal flach, da alle anderen Clients, die eine Anfrage an den Server stellen, in eine Warteschlange gesteckt werden und warten müssen, bis der Server wieder für Verbindungswünsche frei ist.

Die Threads sind eine weitere interessante Lösung, allerdings schneiden auch die Threads relativ schlecht ab, wenn das Thema »Portabilität« ins Spiel kommt. Zwar gibt es für alle Plattformen Thread-Bibliotheken, nur sind diese leider nur bedingt portabel. Und in der Netzwerkprogrammierung ist das Thema »Portabilität« schon ein großgeschriebenes Thema.

Also wäre die Verwendung von mehreren Prozessen (mittels `fork()`) eine interessante Lösung. Hierbei wird für jeden Client ein neuer (Server-)Prozess erzeugt und gestartet; jeder Client bekommt praktisch einen eigenen Server. Voraussetzung hierfür ist allerdings, dass Sie sich mit der Systemprogrammierung der entsprechenden Plattform auskennen. Schließlich müssen die einzelnen Prozesse auch kontrolliert werden.

Natürlich gibt es hier nebenbei noch weitere Möglichkeiten, mehrere Clients zu behandeln. Allerdings sind dies immer wieder Dinge, die stark von der Zielplattform abhängen, für die Sie entwickeln.

Trotzdem gibt es eine Lösung, mit der man auch mehrere Plattformen zufriedenstellen kann, nämlich die Funktion `select()`. Mit `select()` lassen sich recht komfortabel mehrere Clients behandeln – und das auch auf verschiedenen Plattformen, wie MS Windows und Linux-/Unix-Systemen. Sie ist also ein sehr geeigneter Kandidat für portable Lösungen.

Das Problem bei einem Server, wie Sie ihn bisher verwendet haben, ist, dass er immer nur auf einen Socket-Deskriptor gewartet hat und auch immer über einen Socket-Deskriptor Daten empfangen bzw. versendet wurden. Wurde beim Server z. B. `revc()` aufgerufen, blockierte dieser Aufruf den Socket-Deskriptor so lange, bis der Client wirklich Daten an ihn gesendet hat. Klar, man kann das Blockieren auch damit umgehen, dass man den Socket-Deskriptor als nichtblockierend einrichtet (z. B. mit `fcntl()`). Allerdings sollte man bedenken, dass hierbei ständig überprüft wird, ob an einem Socket Daten vorliegen – das heißt, es wird in einer Schleife dauerhaft »gepollt« – was die CPU unnötig belastet. Mit der Funktion `select()` können Sie den Socket-Deskriptor so einrichten, dass nur dann CPU-Zeit benötigt wird, wenn auch wirklich Daten an einem Socket-Deskriptor vorliegen.

Hinweis

Dieser Abschnitt sollte nicht den Eindruck erwecken, die Funktion `select()` sei eine Routine, die sich nur zur Netzwerkprogrammierung eignet. `select()` kann überall dort eingesetzt werden, wo auch Deskriptoren verwendet werden bzw. synchrones Multiplexing verwendet werden soll. Des Weiteren lassen sich mit `select()` auch hervorragend sogenannte Timeouts einrichten.

Hier sehen Sie die Syntax zur entsprechenden `select()`-Funktion:

```
/* entsprechend nach POSIX 1003.1-2001 */
#include <sys/select.h>

/* entsprechend nach früheren Standards */
#include <sys/time.h>
#include <sys/types.h>
#include <unistd.h>

int select( int n, fd_set *readfds, fd_set *writefds,
            fd_set *exceptfds, struct timeval *timeout );
```

Mit dem ersten Parameter `n` geben Sie die Größe der folgenden Menge an. Hierfür wird gewöhnlich der Wert des höchsten (Socket-)Deskriptors plus 1 angegeben. Sie sollten sich allerdings nicht darauf verlassen, dass hier automatisch eine aufsteigende und lückenlose Reihenfolge für die (Socket-)Deskriptoren vergeben wird. Welche Nummer der nächste (Socket-)Deskriptor verwendet, entscheidet immer noch das System. Daher empfiehlt es sich, jeden gesetzten (Socket-)Deskriptor mit dem zu vergleichen, der rein theoretisch der höchste ist.

Die nächsten drei Parameter sind Zeiger auf die `fd_sets`, die zum Lesen, Schreiben oder auf Ausnahmen getestet werden. Sofern Sie einen der Parameter nicht verwenden wollen, können Sie hierfür `NULL` angeben. Drei getrennte Sets sind nötig, da man ja nicht alle (Socket-)Deskriptoren auf Lesen oder Schreiben testen möchte.

Der am häufigsten verwendete Parameter ist readfds (Sie sehen ihn auch im anschließenden Beispiel in Aktion). Mit diesem Parameter wird überprüft, ob auf den (Socket-)Deskriptoren Daten zum Lesen vorhanden sind. Das Gegenstück dazu ist der Parameter writefds. Mit ihm können Sie die Beschreibbarkeit von (Socket-)Deskriptoren überprüfen – sprich, ob ein Deskriptor bereit ist, eine Ausgabe anzunehmen (diese Prüfung wird z. B. gerne bei Pipes verwendet). Der dritte fd_set-Parameter, exceptfds, wird weitaus seltener verwendet. Er kann eingesetzt werden, um zu überprüfen, ob bei einen (Socket-)Deskriptor irgendwelche besonderen Zustände (Ausnahmen) vorliegen. Dies wird z. B. bei Out-of-band-Daten (MSG_OOB) verwendet (siehe die Manual Page zu send() und/oder recv()).

Nach dem Aufruf von select() wird diese Menge in Teilmengen der Filedeskriptoren verteilt, die die Bedingungen erfüllen.

Mit dem letzten Parameter können Sie ein Timeout einrichten. Die Zeit wird in Sekunden (tv_sec) und Mikrosekunden (tv_usec) angegeben. Diese Zeit wird dann abgewartet, bis eine bestimmte Bedingung eintritt. Sind Sie daran nicht interessiert, können Sie auch hier NULL angeben. Es gibt aber auch einen Nachteil, wenn sich select() vorzeitig verabschiedet (d. h. vor Ablauf der festgelegten Zeit). select() gibt keine Auskunft darüber, wie lange denn tatsächlich gewartet wurde. Dazu muss extra eine Funktion (wie z. B. gettimeofday()) aufgerufen werden.

Die Funktion gibt die Anzahl der Filedeskriptoren zurück, die Ihre Bedingung erfüllt haben (einfach die Anzahl der (Socket-)Deskriptoren, die bereit sind). Wenn die Zeit abgelaufen ist (Timeout), wird 0 zurückgegeben, und bei einem Fehler des Funktionsaufrufs select() wird -1 zurückgeliefert.

Ein Problem bei select() ist, dass sie mit Bitfeldern arbeitet – was somit abhängig vom Betriebssystem ist. Die Bitfeldgröße bei NetBSD z. B. beträgt 256 und unter FreeBSD und Linux 1024. Somit können auf NetBSD nur die ersten 256 und unter FreeBSD und Linux 1024 Deskriptoren angesprochen werden. Wie viele Deskriptoren Sie tatsächlich pro Prozess verwenden können, ist mit der symbolischen Konstante FD_SETSIZE definiert. Natürlich macht es jetzt wenig Sinn, alle (Socket-)Deskriptoren zu überwachen. Zum Glück müssen Sie sich eigentlich recht wenig um diese Menge kümmern, da Ihnen der Datentyp fd_set die Arbeit zum Speichern der (Socket-)Deskriptoren abnimmt und einige Makros den Zugriff darauf erleichtern. Ihnen stehen folgende Makros zur Verfügung, um die Mengen zu bearbeiten:

```
FD_ZERO(fd_set *set);
FD_SET(int element, fd_set *set);
FD_CLR(int element, fd_set *set);
FD_ISSET(int element, fd_set *set);
```

Die Makros lassen sich recht schnell erklären. FD_ZERO() macht aus der Menge set eine leere Menge, FD_SET() fügt element der Menge set hinzu, und FD_CLR() entfernt element aus der Menge set. Mit FD_ISSET() können Sie überprüfen, ob element in der Menge set vorkommt (genauer gesagt: ob es gesetzt ist).

Das folgende Beispiel, ein einfacher TCP-Echo-Server, soll Ihnen die Funktion `select()` demonstrieren. Nach dem Starten des Servers dürfen Sie gern mehrere Clients gleichzeitig starten und dem Server Nachrichten zukommen lassen. Sie werden feststellen, dass der Server keinen Client blockiert und somit ohne Problem mehrere Clients »gleichzeitig« handeln kann (echtes Multiplexing eben) – genauer gesagt `FD_SETSIZE` Clients. Sobald auch hier ein Client die Zeichenfolge »quit« sendet, entfernt der Server den Client (genauer: den (Socket-) Deskriptor) aus der Menge. Die Netzwerkfunktionen um `select()` herum wurden in extra Funktionen »ausgelagert«, damit Sie den Überblick über die eigentlichen Funktionen rund um `select()` behalten können.

Hier ist der Server *multi_server.c*:

```
/* multi_server.c */
#include <stdlib.h>
#include <stdio.h>
#include <string.h>
#include <errno.h>
#include <sys/types.h>
#include <sys/socket.h>
#include <netinet/in.h>
#include <netdb.h>
#include <arpa/inet.h>
#include <unistd.h>
#define BUF 1024

#define socket_t int

/* Funktion gibt aufgetretene Fehler aus und
 * beendet die Anwendung */
void error_exit(char *error_message) {
    fprintf(stderr, "%s: %s\n", error_message,
       strerror(errno));
    exit(EXIT_FAILURE);
}

 int create_socket( int af, int type, int protocol ) {
    socket_t sock;
    const int y = 1;
    /* Erzeuge das Socket */
    sock = socket(af, type, protocol);
    if (sock < 0)
        error_exit("Fehler beim Anlegen eines Sockets");
    setsockopt( sock, SOL_SOCKET,
```

```
              SO_REUSEADDR, &y, sizeof(int));
    return sock;
}

/* Erzeugt die Bindung an die Serveradresse
 * (genauer an einen bestimmten Port) */
void bind_socket(socket_t *sock, unsigned long adress,
                 unsigned short port) {
   struct sockaddr_in server;

   memset( &server, 0, sizeof (server));
   server.sin_family = AF_INET;
   server.sin_addr.s_addr = htonl(adress);
   server.sin_port = htons(port);
   if (bind( *sock, (struct sockaddr*)&server,
             sizeof(server)) < 0 )
       error_exit("Kann das Socket nicht \"binden\"");
}

/* Teile dem Socket mit, dass Verbindungswünsche
 * von Clients entgegengenommen werden */
void listen_socket( socket_t *sock ) {
  if(listen(*sock, 5) == -1 )
      error_exit("Fehler bei listen");
}

/* Bearbeite die Verbindungswünsche von Clients
 * Der Aufruf von accept() blockiert so lange,
 * bis ein Client Verbindung aufnimmt */
void accept_socket(socket_t *socket, socket_t *new_socket){
   struct sockaddr_in client;
   int len;

   len = sizeof(client);
   *new_socket = accept( *socket,(struct sockaddr *)&client,
                         &len );
   if (*new_socket  == -1)
      error_exit("Fehler bei accept");
}

/* Daten empfangen via TCP */
void TCP_recv( socket_t *sock, char *data, size_t size) {
    int len;
```

```
    len = recv (*sock, data, size, 0);
    if( len > 0 || len != -1 )
       data[len] = '\0';
    else
       error_exit("Fehler bei recv()");
}

/* Socket schließen */
void close_socket( socket_t *sock ){
    close(*sock);
}

int main (void) {
  socket_t sock1, sock2, sock3;
  int i, ready, sock_max, max=-1;
  int client_sock[FD_SETSIZE];
  fd_set gesamt_sock, lese_sock;
  char *buffer = (char*) malloc (BUF);

  sock_max = sock1 = create_socket(AF_INET, SOCK_STREAM, 0);

  bind_socket( &sock1, INADDR_ANY, 15000 );
  listen_socket (&sock1);

  for( i=0; i<FD_SETSIZE; i++)
     client_sock[i] = -1;
  FD_ZERO(&gesamt_sock);
  FD_SET(sock1, &gesamt_sock);

  for (;;) {
    /* Immer aktualisieren */
    lese_sock = gesamt_sock;
    /* Hier wird auf die Ankunft von Daten oder
     * neuer Verbindungen von Clients gewartet */
    ready=select(sock_max+1, &lese_sock, NULL, NULL, NULL);
    /* Eine neue Clientverbindung ... ? */
    if( FD_ISSET(sock1, &lese_sock)) {
       accept_socket( &sock1, &sock2 );
       /* Freien Platz für (Socket-)Deskriptor
        * in client_sock suchen und vergeben */
       for( i=0; i< FD_SETSIZE; i++)
          if(client_sock[i] < 0) {
             client_sock[i] = sock2;
```

```
            break;
         }
      /* Mehr als FD_SETSIZE Clients sind nicht möglich */
      if( i == FD_SETSIZE )
         error_exit("Server überlastet - zu viele Clients");
      /* Den neuen (Socket-)Deskriptor zur
       * (Gesamt-)Menge hinzufügen */
      FD_SET(sock2, &gesamt_sock);
      /* select() benötigt die höchste
       * (Socket-)Deskriptor-Nummer */
      if( sock2 > sock_max )
         sock_max = sock2;
      /* höchster Index für client_sock
       * für die anschließende Schleife benötigt */
      if( i > max )
         max = i;
      /* ... weitere (Lese-)Deskriptoren bereit? */
      if( --ready <= 0 )
         continue; //Nein ...
   } //if(FD_ISSET ...

   /* Ab hier werden alle Verbindungen von Clients auf
    * die Ankunft von neuen Daten überprüft */
   for(i=0; i<=max; i++) {
      if((sock3 = client_sock[i]) < 0)
         continue;
      /* (Socket-)Deskriptor gesetzt ... */
      if(FD_ISSET(sock3, &lese_sock)){
         /* ... dann die Daten lesen */
         TCP_recv (&sock3, buffer, BUF-1);
         printf ("Nachricht empfangen: %s\n", buffer);
         /* Wenn quit erhalten wurde ... */
         if (strcmp (buffer, "quit\n") == 0) {
            /* ... hat sich der Client beendet */
            //Socket schließen
            close_socket (&sock3);
            //aus Menge löschen
            FD_CLR(sock3, &gesamt_sock);
            client_sock[i] = -1;        //auf -1 setzen
            printf("Ein Client hat sich beendet\n");
         }
         /* Noch lesbare Deskriptoren vorhanden ... ? */
         if( --ready <= 0 )
```

```
                break; //Nein ...
            }
        }
    } // for(;;)
    return EXIT_SUCCESS;
}
```

Hier ist der Quellcode für den Client:

```
/* client.c */
#include <stdlib.h>
#include <stdio.h>
#include <string.h>
#include <errno.h>
#include <sys/types.h>
#include <sys/socket.h>
#include <netinet/in.h>
#include <netdb.h>
#include <arpa/inet.h>
#include <unistd.h>
#define BUF 1024

#define socket_t int

/* Funktion gibt aufgetretene Fehler aus und
 * beendet die Anwendung */
void error_exit(char *error_message) {
    fprintf(stderr, "%s: %s\n", error_message,
       strerror(errno));
    exit(EXIT_FAILURE);
}

 int create_socket( int af, int type, int protocol ) {
    socket_t sock;
    const int y = 1;
    /* Erzeuge das Socket */
    sock = socket(af, type, protocol);
    if (sock < 0)
        error_exit("Fehler beim Anlegen eines Sockets");
    setsockopt( sock, SOL_SOCKET,
                SO_REUSEADDR, &y, sizeof(int));
    return sock;
}
```

```
/* Baut die Verbindung zum Server auf */
void connect_socket(socket_t *sock, char *serv_addr,
                    unsigned short port) {
   struct sockaddr_in server;
   struct hostent *host_info;
   unsigned long addr;

   memset( &server, 0, sizeof (server));
   if ((addr = inet_addr( serv_addr )) != INADDR_NONE) {
       /* argv[1] ist eine nummerische IP-Adresse */
       memcpy( (char *)&server.sin_addr,
               &addr, sizeof(addr));
   }
   else {
      /* Für den Fall der Fälle: Wandle den Servernamen
       * z. B. "localhost" in eine IP-Adresse um */
       host_info = gethostbyname( serv_addr );
       if (NULL == host_info)
           error_exit("Unbekannter Server");
       memcpy( (char *)&server.sin_addr, host_info->h_addr,
               host_info->h_length);
   }
   server.sin_family = AF_INET;
   server.sin_port = htons( port );
   /* Baue die Verbindung zum Server auf */
   if (connect( *sock, (struct sockaddr *)&server,
                sizeof( server)) < 0)
      error_exit( "Kann keine Verbindung zum Server "
                  " herstellen");
}

/* Daten versenden via TCP */
void TCP_send( socket_t *sock, char *data, size_t size) {
   if(send( *sock, data, size, 0) == -1 )
      error_exit("Fehler bei send()");
}

/* Socket schließen */
void close_socket( socket_t *sock ){
    close(*sock);
}
```

```
int main (int argc, char **argv) {
  socket_t sock;
  char *buffer = (char *)malloc (BUF);

  if( argc < 2 ){
     printf("Usage: %s ServerAdresse\n", *argv);
     exit(EXIT_FAILURE);
  }

  sock = create_socket(AF_INET, SOCK_STREAM, 0);
  connect_socket(&sock, argv[1], 15000);

  do {
      buffer[0] = '\0';
      printf ("Nachricht zum Versenden: ");
      fgets (buffer, BUF, stdin);
      TCP_send (&sock, buffer, strlen (buffer));
  } while (strcmp (buffer, "quit\n") != 0);
  close_socket (&sock);
  return EXIT_SUCCESS;
}
```

Die Programme bei der Ausführung:

```
[ tty1 ]
$ gcc -o multi_server multi_server.c
$ gcc -o client client.c
$ ./multi_server
[ tty2 ]
$ ./client localhost
Nachricht zum Versenden: Hallo Server von tty2
Nachricht zum Versenden:
[ tty3 ]
$ ./client 127.0.0.1
Nachricht zum Versenden: Hallo Server von tty3
Nachricht zum Versenden:

[ tty1 ]
$ ./multi_server
Nachricht empfangen: Hallo Server von tty2

Nachricht empfangen: Hallo Server von tty3
[ tty2 ]
```

```
$ ./client localhost
Nachricht zum Versenden: Hallo Server von tty2
Nachricht zum Versenden: Ich beende mich jetzt dann
Nachricht zum Versenden: quit
$
[ tty3 ]
$ ./client 127.0.0.1
Nachricht zum Versenden: Hallo Server von tty3
Nachricht zum Versenden: Ich auch bye!
Nachricht zum Versenden: quit
$

[ tty1 ]
$ ./multi_server
Nachricht empfangen: Hallo Server von tty2

Nachricht empfangen: Hallo Server von tty3

Nachricht empfangen: Ich beende mich jetzt dann

Nachricht empfangen: quit

Ein Client hat sich beendet
Nachricht empfangen: Ich auch, bye!

Nachricht empfangen: quit

Ein Client hat sich beendet
...
...
```

Zugegeben, dieses Beispiel war noch sehr theoretisch. Daher folgt jetzt ein Fall aus dem echten Leben eines Netzwerkprogrammierers. Das beste Beispiel hierfür dürfte wohl ein HTTP-Webserver sein. Das folgende Listing zeigt Ihnen das Grundgerüst eines solchen Webservers. Im Großen und Ganzen entspricht dieses auf den ersten Blick etwas komplexere Beispiel einem typischen Aufbau eines parallelen Servers, wie Sie ihn bereits in diesem Kapitel gesehen haben. Sie finden in diesem Beispiel viele netzwerktypische Techniken, weshalb es sich lohnen kann, sich umfassend damit zu beschäftigen. Der Quellcode ist, sofern dies nötig ist, gut dokumentiert.

Hinweis

Sofern Sie mit Webserver-Begriffen wie *Request-Header* oder *Response-Header* überhaupt nichts anzufangen wissen, empfehlen wir Ihnen, zur Einführung das Kapitel zur CGI-Programmierung in C zu lesen, das Sie in dem Buch »C von A bis Z« finden. Als Openbook finden Sie es bei den MATERIALIEN ZUM BUCH unter *http://www.rheinwerk-verlag.de/3854/*.

```
/* http_server.c */
#include <unistd.h>
#include <stdio.h>
#include <stdlib.h>
#include <string.h>
#include <errno.h>
#include <sys/types.h>
#include <sys/socket.h>
#include <netinet/in.h>
#include <arpa/inet.h>
#include <signal.h>
#include <time.h>
#include <sys/stat.h>
#include <sys/wait.h>
#include <sys/ioctl.h>

#define bool int
#define true  1
#define false 0
#define SERVER_PORT     2001
#define BUFFER_SIZE     2048

typedef void (*sighandler_t)(int);

static sighandler_t
my_signal(int sig_nr, sighandler_t signalhandler) {
   struct sigaction neu_sig, alt_sig;

   neu_sig.sa_handler = signalhandler;
   sigemptyset (&neu_sig.sa_mask);
   neu_sig.sa_flags = SA_RESTART;
   if (sigaction (sig_nr, &neu_sig, &alt_sig) < 0)
      return SIG_ERR;
   return alt_sig.sa_handler;
}
```

```
/* String anhand bestimmter Tokens zerlegen */
static int
GetToken(char *buf, int n, char *token, int toklen, char delim) {
  int len;
  int i = 0;
  int k;

  for( k=1; k<=n;k++) {
    token[0] = 0;
    len = 0;
    while(buf[i] == delim || buf[i] == ' ' || buf[i] == 0 ||
          buf[i] == '\t' || buf[i] == '\r' ||
          buf[i] == '\n') {
      i++;
    }
    while(buf[i]!=delim && buf[i]!=' ' && buf[i]!='\0' &&
          buf[i]!='\t' && buf[i]!=10 && buf[i]!=13) {
      token[len++]  =  buf[i++];
      if(len > toklen - 1) {
        return -1;
      }
    }
    token[len] = 0;
  }
  return len;
}
/* Ganze Blöcke von size Bytes Größe an den */
/* Socket (Client) senden                   */
static int SendBlock(int soc,unsigned char *buf, int size) {
  unsigned char *r;
  int len = 0;
  r = buf;

  while( size > 0 ) {
    if((len = send(soc, r, size, 0)) == -1) {
      return -1;
    }
    size -= len;
    r += len;
  }
  return 0;
}
```

```
/* Variable Anzahl Bytes an Socket (den Client) schicken */
static int SendBuf(int soc, char *buf) {
  char *r = NULL;
  int len = 0;
  int rlen = strlen(buf);
  r = buf;

  while( rlen > 0 ) {
    if((len = send(soc, r, strlen(r), 0)) == -1) {
      return -1;
    }
    rlen -= len;
    r += len;
  }
  return 0;
}

/* Den Response-Header an den Client senden; z. B.:
   HTTP/1.1 200 OK
   Date: Wed, 29 Jun 2004 00:38:10 GMT
   Server: Apache/2.0.12 (Unix) PHP/5.0.3 mod_ssl/2.8.3 ...
   Last-Modified: Wed, 15 Jun 2004 12:53:23 GMT
   Content-Length: 3752
   Connection: close
   Content-Type: text/html
   ...
*/
static void
SendHTTPHeader( int soc, int code, const char *phase,
                int length, time_t *pftime ) {
  char msg[255] = {0};
  struct tm *ptm, *pftm;
  time_t stime;

  sprintf(msg, "HTTP/1.1%d %s\r\n", code, phase);
  SendBuf(soc, msg);
  time(&stime);
  ptm = gmtime(&stime);
  strftime( msg, 255,
          "Date: %a, %d %b %Y %H:%M:%S %Z\r\n", ptm );
  SendBuf(soc, msg);
  SendBuf(soc, "Server: http_server 0.1\r\n");
```

14

```
  if(pftime != NULL) {
    pftm = gmtime(pftime);
    strftime( msg, 255, "Last-Modified: "
              "%a, %d %b %Y %H:%M:%S %Z\r\n", pftm);
    SendBuf(soc, msg);
  }

  SendBuf(soc, "Accept-Ranges: none\r\n");
  sprintf(msg, "Content-Length: %d\r\n", length);
  SendBuf(soc, msg);
  SendBuf(soc, "Connection: Keep-Alive\r\n");
  SendBuf(soc, "Content-Type: text/html\r\n");
  SendBuf(soc, "\r\n");
}

static int httpd(int soc) {
  int returnval = 0;
  char buf[512] ={0};
  char method[255] = {0};
  char uri[512] = {0};
  char headline[1024] = {0};
  char request_header[BUFFER_SIZE] = {0};
  char *r = NULL;
  char hTitle[32] = {0};
  char hValue[128] = {0};
  FILE *fd;

  bool isFirst = true;
  /* Aus Deskriptor einen FILE-Stream machen */
  fd = fdopen(soc, "r");
  printf("-----------Request-Header Client------------\n");
  /* Request-Header des Clients auslesen */
  while(1) {     /* Request-Header zeilenweise einlesen */
    r = fgets(buf, BUFFER_SIZE, fd);
    /* ... Request-Header des Clients fertig, wenn ... */
    if( *r == '\r' && *(r+1) == '\n') {
      break;
    }
    printf("ClientRequest: %s", r);

/* Als Erstes wird immer die Methode der Anfrage gesendet */
/* meistens ist die Methode GET oder POST                  */
/* Diese Methode wollen wir entsprechend mit GetToken()    */
```

```
/* präpariert in dem char-Array method speichern.        */
    if(isFirst) {
      strcpy(headline, r);
      GetToken(headline, 1, method, 255, 0);
      isFirst = false;
    }
    /*  Keep-Alive? */
    else {
      strcat(request_header, r);
      GetToken(r, 1, hTitle, 32, ':');
      if(strcmp(hTitle, "Connection") == 0 ) {
        GetToken(r, 2, hValue, 128, ' ');
        if(strcmp(hValue, "Keep-Alive") == 0 ) {
          printf("Client benötigt keep alive\r\n");
          returnval = 1;
        } else {
          printf("Client benötigt kein keep alive\r\n");
          returnval = -1;
        }
      }
    }
  }
  printf("Fertig mit dem Lesen des Request-Headers...\r\n");
  printf("------------------------------------------\n");
  fflush(stdout);
  /* Wurde die Methode GET gesendet - */
  /* Beispiel unterstützt nur diese   */
  if((strcmp(method,"GET")==0)||(strcmp(method,"get")==0)) {
    char dir[255];
    char path[512] = {0};
    FILE *file;
    struct stat fst;

    GetToken(headline, 2, uri, 1024, 0);
    GetToken(uri, 1, dir, 255, '/');
    printf("Folgende Datei wurde vom Client"
           " angefordert %s\n",uri);
    sprintf(path, ".%s", uri);
    file = fopen(path, "r");
    if(file == NULL) {
    /* Ausgabe an den Browser, falls Datei nicht vorhanden */
      char error404[] =
        "<HTML><HEAD><TITLE>404 Not Found</TITLE>"
```

```
      "</HEAD><BODY><H1>Nicht gefunden</H1>"
      "Die angeforderte URL konnte nicht auf"
      " diesem Server gefunden werden."
      "<P><HR><I>http_server0.1<I></BODY>"
      "</HTML>\r\n\r\n";
    printf("404 Nachricht\r\n");
    SendHTTPHeader( soc, 404, "FILE NOT FOUND.",
                    strlen(error404)+1, NULL );
    SendBlock( soc, error404, strlen(error404)+1 );
    fflush(stdout);
    SendBuf(soc, "\r\n\r\n");
    return -1;

  } else {
    /* Server-Response erzeugen-Die Antwort des Servers */
    unsigned char *blob = NULL;
    stat(path, &fst);
    printf("Datei existiert ...\r\n");
    fflush(stdout);
    /* Den Response-Header an den Client schicken */
    SendHTTPHeader( soc, 200, "OK", fst.st_size,
                    &(fst.st_mtime) );
    /* Speicher für d. angeforderte Dokument anfordern */
    blob = (unsigned char *)malloc(fst.st_size);
    /* Komplettes Dokument in blob einlesen */
    fread(blob, fst.st_size, 1, file);
    /* Komplettes Dokument an den Client senden */
    SendBlock(soc, blob, fst.st_size);
    /* ...fertig - aufräumen */
    fclose(file);
    printf("Alle Daten gesendet ...\r\n");
    fflush(stdout);
    SendBuf(soc, "\r\n\r\n");
    free(blob);
  }
 }
 return returnval;
}

int main(int argc, char *argv[]) {
 int soc, soc_cli;
 socklen_t srv_len, cli_len;
 int ret = -1;
```

```
struct sockaddr_in srv_addr, cli_addr;
const int y = 1;

/* 1. Typischer Vorgang einer Serveranwendung:     */
/*    + Einen Socket erzeugen - socket()           */
/*    + Den eigenen Port festlegen - bind()        */
/*    + Auf Verbindungswünsche warten - listen()  */
/*    + Verbindung annehmen - accept()             */
soc = socket(AF_INET, SOCK_STREAM, 0);
srv_addr.sin_family = AF_INET;
srv_addr.sin_addr.s_addr = htons(INADDR_ANY);
srv_addr.sin_port = htons(SERVER_PORT);
srv_len = sizeof(srv_addr);
setsockopt( soc, SOL_SOCKET, SO_REUSEADDR,
            &y, sizeof(int));
ret = bind(soc, (struct sockaddr *)&srv_addr, srv_len);
if(ret != 0) {
  printf("Fehler: binding server socket\r\n");
  return EXIT_FAILURE;
}
ret = listen(soc, 5);
if(ret != 0) {
  printf("Fehler: listening server socket\r\n");
  return EXIT_FAILURE;
}
/* SIGCHLD ignorieren */
my_signal(SIGCHLD, SIG_IGN);

while(1) {
  int pid;
  fd_set fdlist, testfd;
  int result = 0;
  int rlen = 0;
  printf("Warte auf Clientverbindung...\r\n");
  cli_len = sizeof(cli_addr);
  soc_cli = accept( soc,
                    (struct sockaddr *)&cli_addr,
                    (socklen_t*)&cli_len );
  /* Parallelen Server erzeugen */
  pid = fork();
  switch(pid) {
    /* Kindprozess kümmert sich um den neuen Client */
    /* (z. B. Browser)                               */
```

```
case 0:
  if(soc_cli != -1) {
    printf("Client verbunden mit socket %d\r\n",
       soc_cli);
    /* Menge in fdlist auf null setzen */
    FD_ZERO(&fdlist);
    /* Den Client-Socket der Menge hinzufügen */
    FD_SET(soc_cli, &fdlist);
    while(1) {
      testfd = fdlist;
      /* Sind auf der Deskriptor(en)-Menge */
      /* testfd Daten zum Lesen vorhanden? */
      result = select( FD_SETSIZE, &testfd,
                       NULL, NULL, NULL );
      /* Fehler bei select() */
      if(result <= 0) {
        break;
      }
      /* Prüfen, ob das Bit für soc_cli in */
      /* testfd gesetzt ist ...            */
      if(FD_ISSET(soc_cli, &testfd)) {
        ioctl(soc_cli, FIONREAD, &rlen);
        if(rlen == 0) {
          /* Bit für soc_cli aus der Menge */
          /* fdlist wieder löschen         */
          FD_CLR(soc_cli, &fdlist);
          break;
        }
        /* Die Anforderung des Clients */
        /* bearbeiten                  */
        result = httpd(soc_cli);
        if(result < 0) {
          break;
        }
      }
    }
    printf("Client socket %d beendet\r\n", soc_cli);
    fflush(stdout);
    close(soc_cli);
  } else {
    printf("Fehler:accepting client's connection.\r\n");
  }
  exit(EXIT_SUCCESS);
```

```
        break;
      case -1:
        printf("Fehler bei fork() (%s)\r\n", strerror(errno));
        break;
      default:
        /* Elternprozess benötigt den verbundenen Socket */
        /* nicht mehr, da sich der Kindprozess damit     */
        /* beschäftigt                                    */
        close(soc_cli);
        break;
      }
    }
  return EXIT_SUCCESS;
}
```

Das Programm bei der Ausführung:

```
$ gcc -o http_server http_server.c
```

Erstellen Sie nun eine HTML-Datei. Speichern Sie diese Datei im selben Verzeichnis, in dem Ihr Webserver ausgeführt wird. Dorthin wird die Datei mit dem Namen *index.html* gespeichert.

```
$ ./http_server
Waiting for client connecting...
```

Öffnen Sie jetzt einen Webclient (Ihren Lieblings-Webbrowser, wenn Sie wollen), und geben Sie folgende Adresse ein:

```
http://localhost:2001/index.html
```

Jetzt müssten Sie den Inhalt der Datei *index.html* in Ihrem Browser lesen können (siehe Abbildung 14.10).

Abbildung 14.10 Erfolgreich mit dem »http_server« verbunden

Für den Fall, dass Sie eine nicht vorhandene Datei anfordern, wird die servertypische 404-Nachricht (*File not found*) zurückgegeben.

Abbildung 14.11 Ein nicht vorhandenes Dokument wurde angefordert.

Außerdem können Sie die Ausgabe Ihres Webservers bei der Arbeit in der Konsole betrachten:

```
$ ./http_server
Warte auf Clientverbindung...
Client verbunden mit socket 4
-------------Request-Header Client---------------
ClientRequest: GET /index.html HTTP/1.1
ClientRequest: Host: localhost:2001
ClientRequest: User-Agent: Mozilla/5.0 (X11; U; Linux i686;
ClientRequest: Accept:text/xml,application/xml,appl ...
ClientRequest: Accept-Encoding: gzip,deflate, compress ...
ClientRequest: Accept-Charset: ISO-8859-1, utf-8;q=0.66, ...
ClientRequest: Keep-Alive: 300
ClientRequest: Connection: keep-alive
Client benötigt kein keep alive
ClientRequest: If-Modified-Since: Sat, 08 May 2004 23:23:26
ClientRequest: Cache-Control: max-age=0
Fertig mit dem Lesen des Request-Headers...
---------------------------------------------
Folgende Datei wurde vom Client angefordert /index.html
Datei existiert ...
Alle Daten gesendet ...
Client-socket-4-Verbindung beendet
Warte auf Client-Verbindung ...
Client verbunden mit socket 4
```

```
Warte auf Clientverbindung ...
-------------Request-Header Client---------------
ClientRequest: GET /icnzgtfhjkldex.html HTTP/1.1
ClientRequest: Connection: Keep-Alive
Client benötigt keep alive
ClientRequest: Pragma: no-cache
ClientRequest: Cache-control: no-cache
ClientRequest: Accept: text/*, image/jpeg, image/png, image/...
ClientRequest: Accept-Encoding: x-gzip, x-deflate, gzip, defla...
ClientRequest: Accept-Charset: iso-8859-15, utf-8;q=0.5, *;q=0.5
ClientRequest: Accept-Language: de, DE, en
ClientRequest: Host: localhost:2001
Fertig mit dem Lesen des Request-Headers ...
------------------------------------------------
Folgende Datei wurde vom Client angefordert /icnzgtfhjkldex.html
404 Nachricht
Client-socket-4-Verbindung beendet
```


Keep Alive

Bei HTTP/1.0 waren alle Verbindungen nicht persistent. Das heißt, der Server hat die Verbindung zum Client (zum Beispiel nach dem Liefern einer HTML-Datei) abgebrochen. Wenn der Client eine persistente Verbindung aufbauen wollte, musste er den Connection-Header mit dem HTTP-Signal Keepalive bestücken. In HTTP/1.1 ist dies jetzt umgekehrt der Fall. Die Verbindungen sind hier immer persistent, außer der Client schickt einen Connection-Header mit `close`.

Eine Zeile, in der Sie sicherlich hängen geblieben sind, war wohl diese:

```
ioctl(soc_cli, FIONREAD, &rlen);
```

Damit lässt sich ganz bequem herausfinden, wie viele ungelesene Bytes in einem Filedeskriptor (hier: einem Socket) noch verfügbar sind. Die Anzahl befindet sich anschließend in `rlen`. Im Beispiel wird, wenn keine Bytes mehr verfügbar sind, der Filedeskriptor (hier: das Socket) aus der Menge `fdlist` mit dem Makro `FD_CLR()` wieder entfernt.

Hinweis zu »\r\n«

Sicherlich ist Ihnen im Listing bei den Ausgaben des Servers auch das `\r\n` am Ende aufgefallen. Im Prinzip ist es allerdings egal, ob Sie an dieser Stelle `\n` oder `\r\n` verwenden – vorausgesetzt natürlich, die Clientsoftware spricht dasselbe Protokoll wie der Server. Gewöhnlich werden Serverdämonen so programmiert, dass sie `\r\n` und `\n` kennen.

14.15 POSIX-Threads und Netzwerkprogrammierung

Wenn `fork()` sich dazu eignet, einen parallelen Server zu entwickeln, dann müssten ja die Threads als Leichtgewichte sensationell performant im Vergleich zu den normalen Prozessen sein. Das Thema »Threads« haben wir ja bereits in Kapitel 12 behandelt. Mit Threads würde man sich praktisch eine Menge Hauptspeicher sparen können, da ja das »aufwendige« Kopieren vom Eltern- in den Kindprozess entfallen würde und man auf die Interprozesskommunikation zum Austausch von Informationen zwischen dem Eltern- und dem Kindprozess verzichten könnte. Die Threads können ja als Leichtgewichtprozesse bis zu 100-mal schneller sein als herkömmliche neue Prozesse, die mit `fork()` erzeugt wurden.

Bei all dem Hurra über Threads in der Netzwerkprogrammierung müssen Sie allerdings einiges beachten, wenn Sie die Threads tatsächlich zur Socket-Programmierung verwenden wollen. Da wäre zum Beispiel die Anzahl der gleichzeitigen Threads. Wenn Threads also bei einem Server eingesetzt werden sollen, der mehrere Tausend Clients bedienen soll, dann sind sie schon nicht mehr dafür geeignet.

Thread-Limit umgehen

Ein interessanter Vorschlag hierzu wäre, zur Extremlösung zu greifen (die aber auch wunderbar funktioniert): Man forkt den Hauptprozess (Elternprozess) direkt nach dem `listen()` mehrmals, und jeder der Subprozesse (jeder Kindprozess) erstellt dann ein paar Threads. Somit umgeht man auch das Limit gleichzeitiger Threads pro Prozess.

Des Weiteren sind die Threads in der Netzwerkprogrammierung noch verhältnismäßig »jung«, sodass in puncto Zuverlässigkeit und Erfahrung noch recht wenige Kenntnisse vorhanden sind.

Hinweis

Thread-sichere Versionen von Funktionen enden gewöhnlich mit der Endung `_r`. Aber dies ist kein Standard und somit für Netzwerkanwendungen, die ja gewöhnlich möglichst portabel sein sollten, eher ungeeignet.

Als Programmbeispiel soll auch hierzu wieder der Server verwendet werden, mit dem sich Dateien über das Netzwerk kopieren lassen. Allzu viel müssen Sie dabei im Vergleich mit dem Beispiel des parallelen Servers mit `fork()` gar nicht ändern, um die Serveranwendung multithreading-fähig zu machen. Die Clientanwendung hingegen muss nicht verändert werden. Hierfür können Sie wieder dieselbe verwenden, die wir bereits gezeigt haben. Nach dem Hinweis sehen Sie den Server, der Threads anstatt Prozesse verwendet, um einzelne Dateien über ein Netzwerk zu kopieren.

Hinweis

Das Programm verwendet Linux-Threads und ist somit nicht unbedingt auf anderen UNIX-Systemen lauffähig. Es setzt Linux-Threads voraus. Speziell unter FreeBSD müssen Sie die *linuxthreads* aus den *ports* installieren und das Programm folgendermaßen übersetzen:

$ gcc -o thserver thserver.c -pthread

```
/* thserver.c */
#include <stdio.h>
#include <stdlib.h>
#include <string.h>
#include <sys/types.h>
#include <sys/socket.h>
#include <arpa/inet.h>
#include <netinet/in.h>
#include <sys/stat.h>
#include <fcntl.h>
#include <unistd.h>
#include <errno.h>
#include <pthread.h>
#define  MAX_ZEICHEN  16384
#define  PORT_NUMMER  1234

static void * threading_socket( void *);
static void copy (int);

pthread_t th;

static void *threading_socket (void *arg) {
  pthread_detach (pthread_self ());
  copy ((int) arg);
  close ((int) arg);
  return NULL;
}

static void copy (int connfd) {
  int  fd;
  ssize_t j, n, ngesamt;
  char puffer[MAX_ZEICHEN];
  char path_file[MAX_ZEICHEN];

  printf (" ... Daten empfangen\n");
```

```
/* Dateiname */
j = 0;
while ((n = read (connfd, &puffer[j], 1)) > 0) {
  if (puffer[j] == '\n') {
      puffer[j] = 0;
      break;
  }
  j++;
}
if (n < 0) {
    printf ("Fehler bei read() ...\n");
    exit (EXIT_FAILURE);
}

printf ("Dateiname \"%s\" wird kopiert nach ", puffer);
strcpy (path_file, getenv ("HOME"));
strcat (path_file, "/tmp/");
strcat (path_file, puffer);
printf ("%s\n", path_file);

/* Datei zum Lesen öffnen */
if ((fd = open ( path_file,
              O_WRONLY | O_CREAT | O_TRUNC, 0644)) < 0) {
  printf ("... kann %s nicht öffnen (%s)\n",
     puffer, strerror(errno));
  close (connfd);
}
/* Datei aus dem Socket lesen und in lokale Kopie schreiben */
ngesamt = 0;
while ((n = read (connfd, puffer, sizeof (puffer))) > 0) {
  if (write (fd, puffer, n) != n) {
      printf ("Fehler bei write() ...(%s)\n",
         strerror(errno));
      exit (EXIT_FAILURE);
  }
  ingesamt += n;
}
if (n < 0) {
    printf ("Fehler bei read() ...\n");
}
printf ("... beendet (%d Bytes)\n", ingesamt);
close (fd);
close (connfd);
```

```
  return;
}

int main (void) {
  int sockfd, connfd;
  struct sockaddr_in adresse;
  size_t adrlaenge = sizeof (struct sockaddr_in);
  const int y = 1;

  if ((sockfd = socket (PF_INET, SOCK_STREAM, 0)) < 0) {
     printf ("Fehler bei socket() ...(%s)\n",
        strerror(errno));
     exit (EXIT_FAILURE);
  }
  printf ("Socket erfolgreich angelegt\n");

  adresse.sin_family = AF_INET;
  adresse.sin_port = htons (PORT_NUMMER);
  memset (&adresse.sin_addr, 0, sizeof (adresse.sin_addr));

  setsockopt( sockfd, SOL_SOCKET,
              SO_REUSEADDR, &y, sizeof(int));

  if (bind ( sockfd,
             (struct sockaddr *) &adresse,
             sizeof (adresse) ) ) {
     printf ("Fehler bei bind() ...(%s)\n",
        strerror(errno));
     exit (EXIT_FAILURE);
  }
  printf ("Server ist bereit und wartet ...\n");

  if (listen (sockfd, 5)) {
     printf ("Fehler bei listen() ...(%s)\n",
        strerror(errno));
     exit (EXIT_FAILURE);
  }
  while (1) {
    connfd = accept ( sockfd,
                      (struct sockaddr *) &adresse,
                      &adrlaenge );
    if (connfd < 0) {
      if (errno == EINTR)
```

```
            continue;
         else {
            printf ("Fehler bei accept() ...\n");
            exit (EXIT_FAILURE);
         }
      }
      pthread_create(&th, NULL, &threading_socket, connfd);
   }
   exit (EXIT_SUCCESS);
}
```

Das Programm bei der Ausführung abzudrucken, sparen wir uns hier, da sich im Vergleich mit den Beispielen zuvor nicht allzu viel geändert hat. Außer in der Schleife des Servers hat sich auch im Listing nicht viel verändert, nur dass das Beispiel jetzt ein wenig modularer aufgebaut ist.

```
while (1) {
   connfd = accept ( sockfd,
                     (struct sockaddr *) &adresse,
                     &adrlaenge );
   if (connfd < 0) {
      if (errno == EINTR)
         continue;
      else {
         printf ("Fehler bei accept() ...\n");
         exit (EXIT_FAILURE);
      }
   }
   pthread_create(&th, NULL, &threading_socket, connfd);
}
```

Hier wird ähnlich vorgegangen wie bei der Prozesserzeugung mittels `fork()` – mit einem Unterschied: Wenn `accept()` zurückkehrt, wird hier ein Thread mit `pthread_create()` erzeugt anstatt ein neuer Prozess mit `fork()`. Jede Clientanfrage startet von nun an einen neuen Thread, und zwar den Thread `threading_socket()`. Zusätzlich übergeben Sie dem Thread als Argument den Deskriptor für das verbundene Socket (`connfd`).

```
static void * threading_socket (void *arg) {
   pthread_detach (pthread_self ());
   copy ((int) arg);
   close ((int) arg);
   return NULL;
}
```

In der Thread-Funktion threading_socket() wird der Thread mittels pthread_detach() ausgehängt, das heißt, der Haupt-Thread wartet nicht mehr auf die Rückkehr des Threads, den er vorher angelegt hat. Im nächsten Schritt wird dann die Funktion copy() aufgerufen, mit der der Kopiervorgang zwischen dem Client und dem Server-Thread abgearbeitet wird. Der Vorgang entspricht auch hier wieder demselben Code, den Sie schon im Beispiel zum parallelen Server mit fork() zuvor im Kindprozess kennengelernt haben. Wir haben hierbei lediglich ein Copy & Paste gemacht.

Als Argument übergeben Sie auch hier der Funktion den Deskriptor für das verbundene Socket. Wichtig ist dann, dass Sie vor der Rückkehr der Funktion threading_socket() das Socket mit close() schießen, da Threads ja alle Socket-Deskriptoren gemeinsam mit dem Main-Thread verwenden. Bei fork() ging dieser Vorgang ja nach Beendigung des Kindprozesses automatisch vor sich, da alle offenen Deskriptoren automatisch geschlossen werden, wenn sich ein Prozess beendet.

14.16 Optionen für Sockets setzen bzw. erfragen

Natürlich ist es auch möglich, das Verhalten von Sockets über Optionen zu verändern bzw. abzufragen. Eine Option setzen können Sie mit der Funktion setsockopt(), und Sie erfragen sie mit getsockopt(); wobei die Optionen zum Setzen bzw. Lesen zum Teil sehr unterschiedliche Datentypen besitzen. Einige Optionen erwarten nur einen binären Wert, mit dem eine Option gesetzt oder eben nicht gesetzt werden kann; andere Optionen hingegen erwarten ganze Strukturen als Optionswerte. Daher sind diese beiden Funktionen relativ flexibel und nicht an spezielle Werte bzw. Größen gebunden.

14.16.1 setsockopt()

Zum Setzen von bestimmten Optionen steht Ihnen die Funktion setsockopt() zur Verfügung:

```
#include <sys/types.h>
#include <sys/socket.h>
int setsockopt( int s, int level, int optname,
                const void *optval, socklen_t optlen );
```

Mit dieser Funktion setzen Sie Optionen für das Socket s. Mit level geben Sie die Schicht der Paketverarbeitung an, auf die sich die Option beziehen soll. Als Schicht sind folgende Angaben möglich:

SOL_SOCKET, IPPROTO, IPPROTO_ICMPV6, IPPROTO_IPV6, IPROTO_TCP

Mit dem Parameter optname geben Sie die Option an, die gesetzt werden soll. Dazu finden Sie anschließend eine Tabelle mit allen vorhandenen Optionen. Der Parameter optval ist ein Zeiger auf eine Adresse, an der die Optionswerte gespeichert sind. optlen gibt an, wie groß der Optionsblock ist, der neu geschrieben werden soll.

14.16.2 getsockopt()

Um die Optionen eines Sockets zu erfragen, steht die Funktion getsockopt() zur Auswahl:

```
#include <sys/types.h>
#include <sys/socket.h>
int getsockopt( int s, int level, int optname,
                void *optval, socklen_t *optlen );
```

Die Bedeutung der einzelnen Parameter entspricht bis auf optlen exakt der von setsockopt(). optlen ist hierbei ein Zeiger auf eine Variable vom Typ socklen_t (was ein primitiver Datentyp für int ist) und liefert die Länge des Blocks zurück, der von getsockopt() in optval geschrieben wurde.

Beide Funktionen geben bei erfolgreicher Ausführung 0, ansonsten bei einem Fehler -1 zurück. Ein Beispiel zu dieser Funktion sparen wir uns vorerst, da die Funktionen im Laufe des Kapitels das eine oder andere Mal verwendet werden (und bereits verwendet wurden), insbesondere setsockopt().

14.16.3 Socket-Optionen

Tabelle 14.6 bis Tabelle 14.11 enthalten eine Auflistung aller Socket-Optionen, die Sie setzen oder erfragen können (ohne Anspruch auf Vollzähligkeit). In der ersten Spalte finden Sie die Optionen, die Sie für einen bestimmten Level verwenden können. Nach einer Kurzbeschreibung der Option finden Sie eine Markierung, ob die Option auf **get**sockopt() und/oder **set**sockopt() angewendet werden kann. In der letzten Spalte finden Sie den Datentyp, der für den vierten Parameter (optval) beider Funktionen unter Angabe der entsprechenden Option verwendet wird.

Level: SOL_SOCKET

Name	Bedeutung	get	set	Datentyp
SO_BROADCAST	senden von Broadcast-Datagrammen	✓	✓	int
SO_DEBUG	Debug-Tracing aktivieren	✓	✓	int
SO_DONTROUTE	Routing-Tabelle umgehen	✓	✓	int

Tabelle 14.6 Optionen für das Level »SOL_SOCKET«

Name	Bedeutung	get	set	Datentyp
SO_ERROR	Fehler aufnehmen und löschen	✓		int
SO_LINGER	beim Schließen warten, ob noch Daten kommen	✓	✓	struct linger
SO_OOBINLINE	Out-of-Band-Daten inline lassen	✓	✓	size_t
SO_RCVBUF	Empfangsgröße des Puffers	✓	✓	size_t
SO_SNDBUF	Größe des Puffers beim Senden	✓	✓	int
SO_RCVTIMEO	Empfangen eines Timeouts	✓	✓	struct timeval
SO_SNDTIMEO	Senden eines Timeouts	✓	✓	struct timeval
SO_REUSEPORT	lokale Adresse wiederverwenden	✓	✓	int
SO_REUSEADDR	lokale Adresse wiederverwenden	✓	✓	int
SO_TYPE	Socket-Type entgegennehmen	✓		int
SO_USELOOPBACK	Das Routing-Socket nimmt eine Kopie dessen entgegen, was es verschickt hat.	✓	✓	int
SO_KEEPALIVE	Tests in bestimmten Zeitabständen, wenn die Verbindung noch aktiv ist.	✓	✓	int

Tabelle 14.6 Optionen für das Level »SOL_SOCKET« (Forts.)

Hinweis

SO_REUSEPORT gibt es nicht für Linux (bzw. es ist als »to add« in Glibc *und* dem Kernel eingetragen. Siehe */usr/src/linux-2.6.4/include/asm/socket.h)*.

Level: IPPROTO_IP

Name	Bedeutung	get	set	Datentyp
IP_HDRINCL	IP-Header mit Daten	✓	✓	int
IP_OPTIONS	IP-Header-Optionen	✓	✓	
IP_RECVDSTADDR	Ziel-IP-Adresse wird zurückgegeben.	✓	✓	int
IP_RECVIF	Schnittstellenindex zurückgeben	✓	✓	int

Tabelle 14.7 Optionen für das Level »IPPROTO_IP«

Name	Bedeutung	get	set	Datentyp
IP_TOS	*Type-of-Service*	✓	✓	int
IP_TTL	*Time-to-Live*	✓	✓	int

Tabelle 14.7 Optionen für das Level »IPPROTO_IP« (Forts.)

Hinweis

Mit IP_OPTIONS können Sie die IPv4-Header-IP-Optionen setzen bzw. abfragen. Allerdings müssen Sie sich hierbei näher mit den Quell-Routen-Optionen für IPv4 befassen, um diese Konstante und deren Datentyp zu verwenden.

Level: IPPROTO_IP (Multicast)

Name	Bedeutung	get	set	Datentyp
IP_MULTICAST_IF	Schnittstelle (ausgehend) angeben	✓	✓	struct in_addr
IP_MULTICAST_TTL	TTL (ausgehend) angeben	✓	✓	u_char
IP_MULTICAST_LOOP	Loopback angeben*	✓	✓	u_char
IP_ADD_MEMBERSHIP	einer Multicast-Gruppe beitreten		✓	struct ip_mreq
IP_DROP_MEMBERSHIP	eine Multicast-Gruppe verlassen		✓	struct ip_mreq
* Die Angabe »Loopback« bewirkt in diesem Fall, dass die Daten zum Sender zurückgeführt werden. Die Option muss gesetzt werden, wenn Sie mehr als einen Listener haben.				

Tabelle 14.8 Optionen für das Level »IPPROTO_IP« (Multicast)

Level: IPPROTO_IPV6

Name	Bedeutung	get	set	Datentyp
IPV6_ADDRFORM	Socket-Adressformat ändern	✓	✓	int
IPV6_CHECKSUM	Prüfsummenfeld (Offset) Raw Sockets	✓	✓	int
IPV6_DSTOPTS	Zieloptionen empfangen	✓	✓	int
IPV6_HOPLIMIT	Unicast-Hop-Limit empfangen	✓	✓	int

Tabelle 14.9 Optionen für das Level »IPPROTO_IPV6«

Name	Bedeutung	get	set	Datentyp
IPV6_HOPOPTS	Hop-by-Hop-Optionen empfangen	✓	✓	int
IPV6_NEXTHOP	Next-Hop-Adresse angeben	✓	✓	struct sockaddr
IPV6_PKTINFO	Paketinformationen empfangen	✓	✓	int
IPV6_PKTOPTIONS	Paketoptionen angeben	✓	✓	

Tabelle 14.9 Optionen für das Level »IPPROTO_IPV6« (Forts.)

Level: IPPROTO_IPV6 (Multicast)

Name	Bedeutung	get	set	Datentyp
IPV6_MULTICAST_IF	Schnittstelle (ausgehend) angeben	✓	✓	struct in6_addr
IPV6_MULTICAST_HOPS	Hops-Limit (ausgehend) angeben	✓	✓	u_int
IPV6_MULTICAST_LOOP	Loopback angeben	✓	✓	u_int
IPV6_ADD_MEMBERSHIP	einer Multicast-Gruppe beitreten		✓	struct ipv6_mreq
IPV6_DROP_MEMBER-SHIP	eine Multicast-Gruppe verlassen		✓	struct ipv6_mreq

Tabelle 14.10 Optionen für das Level »IPPROTO_IPV6« (Multicast)

Level: IPPROTO_TCP

Name	Bedeutung	get	set	Datentyp
TCP_KEEPALIVE	Sekunden zwischen Keep Alive	✓	✓	int
TCP_MAXRT	maximale Wiederholungszeit der Übertragung	✓	✓	int
TCP_MAXSEG	maximale Segmentgröße	✓	✓	int

Tabelle 14.11 Optionen für das Level »IPPROTO_TCP«

Zugegeben, die Tabellen hätten wir uns auch sparen können, da ein Blick auf die Manual Pages Ihnen selbiges und noch einige Optionen mehr gezeigt hätte. Des Weiteren werden für einige Leser viele dieser Optionen auch nach diesem Kapitel spanische Dörfer bleiben. Aber dennoch erschien es uns aus Referenzgründen wichtig, Ihnen einen Großteil dieser Optionen hier zu zeigen, auch wenn wir von ihnen auf den kommenden Seiten kaum Gebrauch machen.

Vereinfacht gesagt, lassen sich diese Optionen in vier Kategorien einteilen: generische Socket-Optionen, IPv4-, IPv6- und TCP-Optionen.

In der Praxis werden allerdings am häufigsten die generischen Optionen `SO_KEEPALIVE`, `SO_RCVBUF`, `SO_SNDBUF` und `SO_REUSEADDR` verwendet. Daneben wird für das Broadcasting und für Multicast-Anwendungen häufig die Option `SO_BROADCAST` eingesetzt. Die generischen Optionen (alle, die mit `SO_` beginnen) werden sehr gut in den Manual Pages von `getsockopt()` und `setsockopt()` beschrieben.

14.17 UDP

Neben TCP, das wir bisher vorgestellt haben, bieten viele Unix-Systeme und -Netze mit UDP noch ein weiteres Transportprotokoll an. Da UDP einen verbindungslosen und ungeschützten Übertragungsdienst anbietet, wird es in der Praxis wesentlich seltener eingesetzt. Wenn zum Beispiel ein Anwender einem anderen Anwender mit UDP eine Nachricht sendet, so ist nicht sichergestellt, dass diese Nachricht je ihr Ziel erreicht. Des Weiteren ist auch nicht, wie bei TCP (wo die Pakete gegebenenfalls sortiert werden), garantiert, in welcher Reihenfolge die einzelnen Pakete am Ziel ankommen. Allerdings bewirkt diese Unzuverlässigkeit, dass bei einer Übertragung mit UDP ein höherer Datendurchsatz erreicht wird, als dies bei TCP der Fall ist. Das ist zum Beispiel bei Anwendungen wie Internet-Spielen (Spieleservern) recht interessant. Dabei ist es nicht so schlimm, wenn ein UDP-Paket unterwegs verloren geht, weil das nächste Paket ja eh wieder die richtige Position enthält. Sofern der Client nicht zu sehr *laggt*, fällt den anderen Spielern die Unstimmigkeit relativ selten auf. Ein noch populäreres Beispiel für UDP wäre *NFS*, das bei Linux (< 2.6) per Default beim *Mounten* auf UDP setzt (mehr dazu finden Sie in der Manual Page zu *nfs*).

Den Grund, warum UDP bei der Datenübertragung schneller als TCP ist, wollen wir Ihnen nicht vorenthalten: TCP ist deshalb so zuverlässig, weil dabei einige Protokollmechanismen implementiert sind, wie die Behandlung verloren gegangener Pakete (Timeout- und Retransmissionsmechanismus) oder Fehlerbehandlungsfälle bei doppelt oder in der falschen Reihenfolge eintreffenden Paketen. Damit TCP auf die eben genannten Fälle reagieren kann, wird natürlich auch Speicherplatz benötigt, damit die gesendeten Pakete so lange verfügbar sind, bis sie bestätigt werden. Wenn dabei mehrere Pakete unterwegs sind, wächst auch der Speicherbedarf enorm an. Neben dem Speicher wird auch die CPU beansprucht, mit der unter anderem die gesendeten Pakete auf Ihre Korrektheit (richtige Sequenznummer, doppelt vorhanden ...) überprüft werden müssen. Das alles benötigt Zeit und Speicher, den UDP nicht benötigt, da bei UDP keiner dieser eben genannten Mechanismen verwendet wird. Bei

UDP wird ein eintreffendes Paket von dem IP-Protokoll direkt ohne Umwege an die Anwendung weitergegeben.

Ein weiterer Vorteil von UDP ist die Nachrichtenorientierung. Im Gegensatz zu TCP (das stream-orientiert ist) werden nicht erst mehrere Aufrufe von Socket-Optionen benötigt, um von allen Partnern eingehende Daten auszulesen. Das Paket wird komplett auf einmal übertragen, was bedeutet, dass Sie das Paket mit einem Leseaufruf lesen können. Trotzdem hat auch ein UDP-Paket eine maximale Größe, spätestens auf der Hardwareebene (bei Ethernet beträgt sie 1500 Bytes).

Trotz dieser Vorteile sollten Sie immer den Hauptnachteil im Augen behalten: UDP eignet sich nicht für eine sichere Datenübertragung – wenn Sie dennoch eine sichere Übertragung im Zusammenhang mit UDP benötigen, müssen Sie sie schon selbst implementieren. Das mag am Ende sogar sicherer ausfallen als bei TCP, schließlich ist Ihren Methoden ja keine Grenze gesetzt.

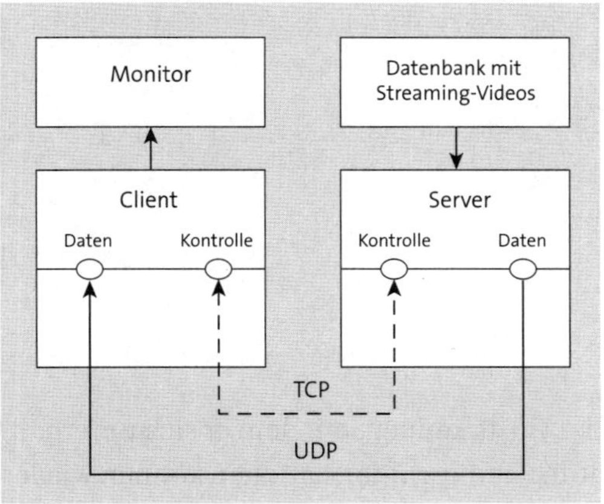

Abbildung 14.12 UDP besitzt keine Fehlerkontrolle wie TCP zur Übertragung.

Der Aufbau der Anwendungen mit dem UDP-Übertragungsprotokoll unterscheidet sich nur geringfügig vom Aufbau beim TCP-Übertragungsprotokoll. Im Prinzip können dieselben Funktionen der Socket-Bibliothek verwendet werden, die Sie bereits mit TCP eingesetzt haben. Der Begriff *verbindungslos* bringt allerdings einige Anfänger immer ins Schleudern. Letztendlich bedeutet dies lediglich, dass hier keine Verbindung mit `connect()` (meistens von der Clientanwendung ausgehend) angefordert wird, sondern dass die Daten gleich zum entsprechenden Rechner geschickt werden. Auf der Gegenseite ist dabei natürlich auch kein `accept()`-Aufruf nötig. Das entspricht der *Erst-schließen-dann-fragen*-Strategie (siehe Abbildung 14.13).

In Abbildung 14.13 sehen Sie den typischen Ablauf bei einer UDP-Übertragung. Die Clientanwendung baut mit dem Server keine Verbindung auf und sendet sofort mit `sendto()` Datagramme an den Server. Der Server akzeptiert hingegen auch keine Verbindung zum Client, ruft lediglich die Funktion `recvfrom()` auf und wartet darauf, dass irgendein Client Daten schickt. Der Server hingegen kann dem Client dann ebenfalls mit `sendto()` antworten, da der Client mit `sendto()` auch seine Protokolladresse mitgeschickt hat. Der Client wiederum kann die Daten vom Server mit `recvfrom()` empfangen.

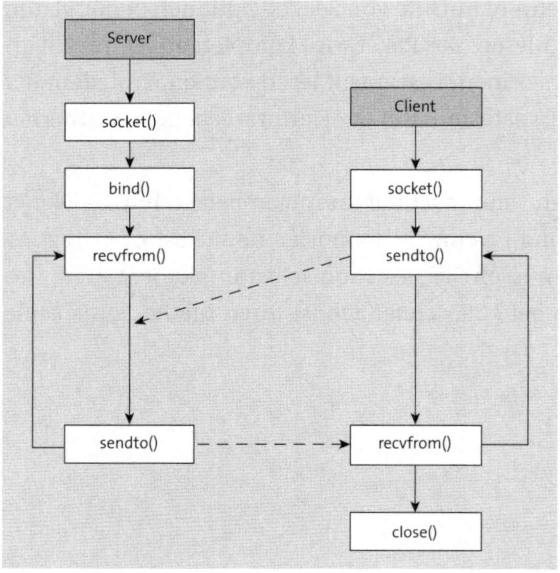

Abbildung 14.13 Das Client-Server-Prinzip mit UDP

14.17.1 Clientanwendung

Wie schon bei TCP sollte der Client den Namen des Hosts kennen, mit dem er sich unterhält, und über den Dienst Bescheid wissen, der dort läuft. Für diese Informationen können wieder die Funktionen `gethostbyname()` und `getservbyname()` verwendet werden.

Auch hier gilt wie schon bei TCP (Client: >1023 und Server <1024), dass die Freigabe von Portnummern vom Admin abhängig ist. In der Zeit der Viren und Würmer werden Dienste gern auf andere Ports gelegt, um die Firewalls auf den Standard-Ports dicht zu machen.

Anstelle des Dienstnamens kann natürlich auch die Portnummer verwendet werden. Beachten Sie bitte, dass bei `getservbyname()` der Dienst UDP angegeben werden muss. Wenn alle Informationen des Gegenübers verfügbar sind, kann ein neues Socket geöffnet werden. Des Weiteren müssen Sie, im Gegensatz zu TCP, für den zweiten Parameter die symbolische Konstante `SOCK_DGRAM` statt `SOCK_STREAM` angeben, um über dieses Socket Datagramme austauschen zu können. Es hindert Sie übrigens niemand daran, auch bei der Clientanwendung `connect()` zu verwenden. Allerdings führt dies lediglich dazu (wie es übrigens bei TCP auch der Fall ist), dass die Adressinformationen gespeichert werden. Anders als bei TCP, wo nach der Speicherung der Adressinformationen überprüft wird, ob der Server überhaupt existiert, kehrt `connect()` bei UDP aber sofort wieder zurück. Jetzt können die Daten an den Server gesendet werden.

Über connect() kann dann auch send() statt sendto() benutzt werden. Ein weiterer Vorteil von connect() ist, dass man zur Laufzeit entscheiden kann, ob SOCK_STREAM oder SOCK_DGRAM verwendet werden soll.

Bei UDP wird aber auch überprüft, ob die Serveranwendung in irgendeiner Form horcht (listen()). Denn schickt man UDP-Pakete an ein nicht existentes Socket (also an einen geschlossenen Port), so gibt das Betriebssystem eine ICMP-Fehlermeldung zurück.

Hinweis

Falsch konfigurierte Firewalls, die ICMP-Pakete nicht oder nicht vollständig durchlassen, können Ihnen in diesem Zusammenhang Schwierigkeiten bereiten. Wenn Ihr Verbindungsaufbau unerklärlich minutenlang hängt, sollten Sie zuerst an Ihre Firewalls denken!

14.17.2 Serveranwendung

Der Aufbau der Serveranwendung ist bei UDP dem Aufbau bei TCP recht ähnlich. Wie bei TCP werden getservbyname(), socket() und bind() verwendet. Bei socket() muss natürlich auch hier der Typ SOCK_DGRAM angegeben werden. Was hier wegfällt, sind die Aufrufe von listen(), connect() und accept(), da ja hiermit eine Verbindung aufgebaut wird, und UDP ist ja ein verbindungsloses Protokoll (das kann man nicht oft genug wiederholen). Jetzt kann der Server mit recvfrom() auf Nachrichten eines beliebigen Clients vom Socket warten.

14.17.3 recvfrom() und sendto()

In diesem Abschnitt beschreiben wir die Funktionen recvfrom() und sendto() genauer. Beide Funktionen sind den Funktionen write()/send() und read()/recv() recht ähnlich – allerdings mit zusätzlichen Argumenten.

```
#include <sys/types.h>
#include <sys/socket.h>

ssize_t  recvfrom( int  s,  void  *buf,  size_t  len,
                   int flags, struct sockaddr *from,
                   socklen_t   *fromlen);

ssize_t  sendto(int  s,  const  void  *msg,  size_t  len,
                int  flags, const struct sockaddr *to,
                socklen_t tolen);
```

Die ersten drei Parameter entsprechen jeweils denen der Funktionen read()/recv() und write()/send(). Hierbei kommen jedoch drei weitere Parameter hinzu. Den vierten Parameter, flags, werden Sie in diesem Kapitel nicht benötigen, weshalb wir Sie für weitere Informationen auf die Manual Page verweisen wollen. Sie geben hierfür immer `0` an – womit der Parameter keinerlei Effekt hat. Mit dem Parameter `to` bzw. `from` muss jedes Mal die Adresse des Verbindungsparameters angegeben werden. Die Parameter `to` und `from` entsprechen dem Parameter `serv_addr` der Funktion `connect()`. Mit `tolen` und `fromlen` müssen Sie die Größe der Struktur `sockaddr` angeben.

Nun folgt ein einfaches Client-Server-Beispiel zum UDP-Übertragungsprotokoll. Der Client schickt eine Textnachricht an den Server und beendet sich, ohne darauf zu warten, ob die Nachricht angekommen ist oder nicht (was ja auch UDP-typisch ist). Der Server hingegen liest stur aus dem von ihm erzeugten Socket und gibt eventuell empfangene Daten mitsamt Uhrzeit auf die Standardausgabe aus.

Zuerst betrachten wir das Listing zum UDP-Server:

```
/* server.c */
#include <sys/types.h>
#include <sys/socket.h>
#include <netinet/in.h>
#include <arpa/inet.h>
#include <netdb.h>
#include <stdio.h>
#include <unistd.h>
#include <string.h>
#include <stdlib.h>
#include <errno.h>
#include <time.h>
#define LOCAL_SERVER_PORT 1234
#define BUF 255

int main (int argc, char **argv) {
  int s, rc, n, len;
  struct sockaddr_in cliAddr, servAddr;
  char puffer[BUF];
  time_t time1;
  char loctime[BUF];
  char *ptr;
  const int y = 1;

  /* Socket erzeugen */
  s = socket (AF_INET, SOCK_DGRAM, 0);
  if (s < 0) {
     printf ("%s: Kann Socket nicht öffnen ...(%s)\n",
        argv[0], strerror(errno));
     exit (EXIT_FAILURE);
```

```
}

/* Lokalen Server Port bind(en) */
servAddr.sin_family = AF_INET;
servAddr.sin_addr.s_addr = htonl (INADDR_ANY);
servAddr.sin_port = htons (LOCAL_SERVER_PORT);

setsockopt(s, SOL_SOCKET, SO_REUSEADDR, &y, sizeof(int));

rc = bind ( s, (struct sockaddr *) &servAddr,
            sizeof (servAddr));
if (rc < 0) {
   printf ("%s: Kann Portnummern %d nicht binden (%s)\n",
      argv[0], LOCAL_SERVER_PORT, strerror(errno));
   exit (EXIT_FAILURE);
}
printf ("%s: Wartet auf Daten am Port (UDP) %u\n",
   argv[0], LOCAL_SERVER_PORT);
/* Serverschleife */
while (1) {
  /* Puffer initialisieren */
  memset (puffer, 0, BUF);

  /* Nachrichten empfangen */
  len = sizeof (cliAddr);
  n = recvfrom ( s, puffer, BUF, 0,
                 (struct sockaddr *) &cliAddr, &len );
  if (n < 0) {
     printf ("%s: Kann keine Daten empfangen ...\n",
        argv[0] );
     continue;
  }
  /* Zeitangaben präparieren */
  time(&time1);
  strncpy(loctime, ctime(&time1), BUF);
  ptr = strchr(loctime, '\n' );
  *ptr = '\0';

  /* Erhaltene Nachricht ausgeben */
  printf ("%s: Daten erhalten von %s:UDP%u : %s \n",
          loctime, inet_ntoa (cliAddr.sin_addr),
          ntohs (cliAddr.sin_port), puffer);
```

```
  }
  return EXIT_SUCCESS;
}
```

Hier sehen Sie die Clientanwendung:

```
/* client.c */
#include <sys/types.h>
#include <sys/socket.h>
#include <netinet/in.h>
#include <arpa/inet.h>
#include <netdb.h>
#include <stdio.h>
#include <unistd.h>
#include <string.h>
#include <stdlib.h>
#include <sys/time.h>
#include <errno.h>
#define SERVER_PORT 1234

int main (int argc, char **argv) {
  int s, rc, i;
  struct sockaddr_in cliAddr, remoteServAddr;
  struct hostent *h;

  /* Kommandozeile auswerten */
  if (argc < 3) {
    printf ("Usage: %s <server> <data1> ... <dataN> \n",
       argv[0] );
    exit (EXIT_FAILURE);
  }


  /* IP-Adresse vom Server überprüfen */
  h = gethostbyname (argv[1]);
  if (h == NULL) {
    printf ("%s: unbekannter Host '%s' \n",
       argv[0], argv[1] );
    exit (EXIT_FAILURE);
  }

  printf ("%s: sende Daten an '%s' (IP : %s) \n",
     argv[0], h->h_name,
```

```
      inet_ntoa (*(struct in_addr *) h->h_addr_list[0]) );

   remoteServAddr.sin_family = h->h_addrtype;
   memcpy ( (char *) &remoteServAddr.sin_addr.s_addr,
            h->h_addr_list[0], h->h_length);
   remoteServAddr.sin_port = htons (SERVER_PORT);

   /* Socket erzeugen */
   s = socket (AF_INET, SOCK_DGRAM, 0);
   if (s < 0) {
      printf ("%s: Kann Socket nicht öffnen (%s) \n",
         argv[0], strerror(errno));
      exit (EXIT_FAILURE);
   }

   /* Jeden Port bind(en) */
   cliAddr.sin_family = AF_INET;
   cliAddr.sin_addr.s_addr = htonl (INADDR_ANY);
   cliAddr.sin_port = htons (0);
   rc = bind ( s, (struct sockaddr *) &cliAddr,
               sizeof (cliAddr) );
   if (rc < 0) {
      printf ("%s: Konnte Port nicht bind(en) (%s)\n",
         argv[0], strerror(errno));
      exit (EXIT_FAILURE);
   }

   /* Daten senden */
   for (i = 2; i < argc; i++) {
     rc = sendto (s, argv[i], strlen (argv[i]) + 1, 0,
                  (struct sockaddr *) &remoteServAddr,
                  sizeof (remoteServAddr));
     if (rc < 0) {
        printf ("%s: Konnte Daten nicht senden %d\n",
           argv[0], i-1 );
        close (s);
        exit (EXIT_FAILURE);
     }
   }
   return EXIT_SUCCESS;
}
```

Das Programm bei der Ausführung:

```
$ gcc -o server server.c
$ gcc -o client client.c
$./server
./server: Wartet auf Daten am Port (UDP) 1234
[Während dessen irgendwo anders im Netzwerk]
$ ./client 127.0.0.1 Test1 Test2 Test3
./client: sende Daten an '127.0.0.1' (IP : 127.0.0.1)
$ ./client 127.0.0.1 erde pluto sonne
./client: sende Daten an '127.0.0.1' (IP : 127.0.0.1)
[Beim Server ergibt sich folgender Zustand]
Mon May 10 07:05:44 2004: Daten erhalten von 127.0.0.1:UDP32838 : Test1
Mon May 10 07:05:44 2004: Daten erhalten von 127.0.0.1:UDP32838 : Test2
Mon May 10 07:05:44 2004: Daten erhalten von 127.0.0.1:UDP32838 : Test3
Mon May 10 07:06:04 2004: Daten erhalten von 127.0.0.1:UDP32838 : erde
Mon May 10 07:06:04 2004: Daten erhalten von 127.0.0.1:UDP32838 : pluto
Mon May 10 07:06:04 2004: Daten erhalten von 127.0.0.1:UDP32838 : sonne
```

14.17.4 bind() verwenden oder weglassen

Sicherlich haben Sie schon gehört, dass Sie beim Clientprogramm den Funktionsaufruf `bind()` ganz weglassen können. Wenn Sie beim Client also `bind()` ganz weglassen, akzeptiert das Programm jede beliebige Ausgangsschnittstelle, um Datagramme an das Ziel zu schicken. Umgekehrt akzeptiert dieses Programm wiederum auch jedes eingehende Datagramm an der Eingangsschnittstelle. Und da hierbei ja auch die Portnummer fehlt, wird jede beliebige Portnummer akzeptiert. Man spricht hierbei von einem »wilden« Socket[6] – das man übrigens auch erreicht, wenn `bind()` mit der IP-Adresse `INADDR_NONE` und der Portnummer 0 aufgerufen wird:

```
...
cliAddr.sin_family = AF_INET;
cliAddr.sin_addr.s_addr = htonl (INADDR_NONE);
cliAddr.sin_port = htons (0);
rc = bind ( s, (struct sockaddr *) &cliAddr,
            sizeof(cliAddr) );
...
```

Wenn kein `bind()` verwendet wird, werden die entsprechenden Daten (IP-Adresse und Portnummer) des Servers beim Versenden von Datagrammen mit der Funktion `sendto()` angegeben. Diese IP-Adresse und Portnummer wird vom System (Kernel) festgelegt und im Datagramm mitgesendet, damit der Server weiß, wohin er seine Antwort senden kann.

6 »Wild« im Sinne von Wildcard, im Deutschen auch oft Joker genannt.

14.18 Unix-Domain-Sockets (IPC)

Die Unix-Domain-Sockets sind keine echten »Sockets« im Sinne der Netzwerkprogrammierung und gehören eigentlich in Kapitel 11 der Interprozesskommunikation (IPC), da diese Sockets nur für den lokalen Rechner verwendet werden können. Aber um die Unix-Domain-Sockets verwenden und vor allem verstehen zu können, benötigt man eben auch das Wissen zu den Sockets allgemein – daher können Sie diesen Abschnitt als nachgereichtes IPC-Kapitel verstehen.

Die Verwendung von Unix-Domain-Sockets als IPC ist recht beliebt, da sie recht einfach und flexibel angewandt werden können. Statt IP-Adressen werden zur Kommunikation zwischen den Socket-Endpunkten Dateien verwendet, die im Dateisystem angelegt werden, wenn ein Socket an eine Datei gebunden wird. Gewöhnlich werden die Unix-Domain-Sockets als Stream-Schnittstelle verwendet, obgleich auch hier eine Datagramm-Schnittstelle möglich ist.

Die Unix-Domain-Sockets arbeiten verbindungsorientiert, was bedeutet, dass Sie immer erst eine Verbindung zwischen zwei Prozessen aufbauen müssen, die miteinander kommunizieren. Die Datenübertragung beider Prozesse kann im Normalfall von keinem anderen Prozess mitgelesen werden. Da hier immer eine private Verbindung zwischen den Prozessen besteht, müssen Sie bei einem Server, wenn dieser mit mehreren Prozessen gleichzeitig kommunizieren soll, für jeden Kommunikationskanal einen eigenen Filedeskriptor einrichten.

Besondere Eigenschaften von Unix-Domain-Sockets sind, dass sie vollduplex und auch schneller als TCP-Sockets sind. Letzteres ist natürlich nur von Vorteil, wenn sich der Server und der Client auf demselben Rechner befinden. Das X-Window-System nutzt daher die Unix-Domain-Sockets.

14.18.1 Die Adressstruktur von Unix-Domain-Sockets

Die Struktur von Unix-Domain-Sockets heißt `sockaddr_un` und ist in *<sys/un.h>* wie folgt definiert:

```
struct sockaddr_un {
   uint8_t     sun_len;     // Länge der Struktur - nicht POSIX-konform
   sa_family_t sun_family; // PF_UNIX, AF_UNIX, PF_LOCAL...
   char      sun_path[104]; // Pfadname
};
```

Mit `sun_family` müssen Sie bei Unix-Domain-Sockets die Konstante `PF_UNIX`, `AF_UNIX` bzw. `PF_LOCAL`, `AF_LOCAL` setzen. `sun_path` hingegen muss mit einem terminierten Dateinamen (mit Pfadangabe) beschrieben werden, der für die Verbindung verwendet werden soll. Diese Datei wird vom Serverprozess beim Aufrufen der Funktion `bind()` angelegt. Wichtig: Existiert diese Datei bereits, so schlägt der Funktionsaufruf von `bind()` fehl. Daher sollte man gegebenenfalls die Datei zuvor mit `unlink()` immer entfernen (egal ob sie nun existiert oder nicht).

Abgesehen von dieser Struktur funktionieren die Unix-Domain-Sockets ansonsten ähnlich wie die TCP-Sockets. Daher zeigen wir wieder ein einfaches Client-Server-Beispiel, das genauso funktioniert wie schon das erste Client-Server-Beispiel (mit TCP-Sockets) in diesem Kapitel, nur dass eben dieses Mal Unix-Domain-Sockets dazu verwendet werden.

Zunächst sehen Sie den Quellcode zum Server:

```
/* uds_server.c */
#include <sys/types.h>
#include <sys/socket.h>
#include <sys/un.h>
#include <netinet/in.h>
#include <arpa/inet.h>
#include <unistd.h>
#include <stdlib.h>
#include <stdio.h>
#include <string.h>
#define BUF 1024

#define UDS_FILE "/tmp/sock.uds"

int main (void) {
  int create_socket, new_socket;
  socklen_t addrlen;
  char *buffer = malloc (BUF);
  ssize_t size;
  struct sockaddr_un address;
  const int y = 1;

  printf ("\e[2J");
  if((create_socket=socket (AF_LOCAL, SOCK_STREAM, 0)) > 0)
    printf ("Socket wurde angelegt\n");

  unlink(UDS_FILE);
  address.sun_family = AF_LOCAL;
  strcpy(address.sun_path, UDS_FILE);

  if (bind ( create_socket,
             (struct sockaddr *) &address,
             sizeof (address)) != 0) {
    printf( "Der Port ist nicht frei - belegt!\n");
```

```
  }
  listen (create_socket, 5);
  addrlen = sizeof (struct sockaddr_in);

  while (1) {
     new_socket = accept ( create_socket,
                           (struct sockaddr *) &address,
                           &addrlen );
     if (new_socket > 0)
      printf ("Ein Client ist verbunden ...\n");
     do {
        printf ("Nachricht zum Versenden: ");
        fgets (buffer, BUF, stdin);
        send (new_socket, buffer, strlen (buffer), 0);
        size = recv (new_socket, buffer, BUF-1, 0);
        if( size > 0)
           buffer[size] = '\0';
        printf ("Nachricht empfangen: %s\n", buffer);
     } while (strcmp (buffer, "quit\n") != 0);
     close (new_socket);
  }
  close (create_socket);
  return EXIT_SUCCESS;
}
```

Jetzt folgt das Beispiel zum Client:

```
/* uds_client.c */
#include <sys/types.h>
#include <sys/socket.h>
#include <sys/un.h>
#include <netinet/in.h>
#include <arpa/inet.h>
#include <unistd.h>
#include <stdlib.h>
#include <stdio.h>
#include <string.h>
#define BUF 1024

#define UDS_FILE "/tmp/sock.uds"

int main (int argc, char **argv) {
  int create_socket;
```

```
    char *buffer = malloc (BUF);
    struct sockaddr_un address;
    int size;

    printf ("\e[2J");
    if((create_socket=socket (PF_LOCAL, SOCK_STREAM, 0)) > 0)
      printf ("Socket wurde angelegt\n");

    address.sun_family = AF_LOCAL;
    strcpy(address.sun_path, UDS_FILE);

    if (connect ( create_socket,
                  (struct sockaddr *) &address,
                  sizeof (address)) == 0)
      printf ("Verbindung mit dem Server hergestellt\n");
    do {
        size = recv(create_socket, buffer, BUF-1, 0);
        if( size > 0)
           buffer[size] = '\0';
        printf ("Nachricht erhalten: %s\n", buffer);
        if (strcmp (buffer, "quit\n")) {
           printf ("Nachricht zum Versenden: ");
           fgets (buffer, BUF, stdin);
           send(create_socket, buffer, strlen (buffer), 0);
         }
    } while (strcmp (buffer, "quit\n") != 0);
    close (create_socket);
    return EXIT_SUCCESS;
}
```

Das Programm bei der Ausführung:

```
[ tty1 ]
$ gcc -o uds_server uds_server.c
$ gcc -o uds_client uds_client.c
$ ./uds_server

Socket wurde angelegt

[ tty2 ]
$ ./uds_client

Socket wurde angelegt
```

```
Verbindung mit dem Server hergestellt

[ tty1 ]
$ ./uds_server

Socket wurde angelegt
Ein Client ist verbunden ...
Nachricht zum Versenden: Hallo Client

[ tty2 ]
$ ./uds_client

Socket wurde angelegt
Verbindung mit dem Server hergestellt
Nachricht erhalten: Hallo Client

Nachricht zum Versenden: Hallo Server

[ tty1 ]
$ ./uds_server

Socket wurde angelegt
Ein Client ist verbunden ...
Nachricht zum Versenden: Hallo Client
Nachricht empfangen: Hallo Server

Nachricht zum Versenden: ...
```


14.18.2 Lokale Sockets erzeugen – socketpair()

Mit socketpair() haben Sie eine Funktion, mit der Sie lokale Sockets erzeugen können:

```
#include <sys/types.h>
#include <sys/socket.h>

int socketpair(int domain,int typ,int protocol,int sv[2]);
```

Damit generieren Sie zwei unbenannte, miteinander verbundene Sockets. Für den Parameter domain muss man bei lokalen Sockets gewöhnlich AF_LOCAL bzw. PF_LOCAL oder auch AF_UNIX bzw. PF_UNIX angeben. Für protocol gibt man hier 0 und für den typ eben SOCK_STREAM oder SOCK_DGRAM an. Die Socket-Deskriptoren werden in sv[0] und sv[1] zurückgegeben. Bei Erfolg gibt diese Funktion 0, ansonsten bei einem Fehler -1 zurück. Auf den zweiten Blick dürfte Ihnen wohl eine Ähnlichkeit zur Funktion pipe() (gemischt mit socket()) aufgefallen sein. Und in der Tat kann diese Funktion ähnlich wie pipe() verwendet werden, nur mit dem entscheidenden Vorteil, dass die Unix-Domain-Sockets vollduplex sind – Pipes hingegen sind ja nur halbduplex. Es kann also in beiden Socket-Deskriptoren gelesen und auch geschrieben werden. Hierzu zeigen wir ein einfaches Beispiel, das »Vollduplex« und die Funktion socketpair() demonstrieren soll:

```
/* fullduplex.c */
#include <sys/types.h>
#include <sys/socket.h>
#include <netinet/in.h>
#include <arpa/inet.h>
#include <unistd.h>
#include <stdlib.h>
#include <stdio.h>
#include <string.h>
#include <errno.h>
#define BUF 1024

int main(void) {
   int sv[2], c;
   char buf1[BUF], buf2[BUF];

   if(socketpair(AF_LOCAL, SOCK_STREAM, 0, sv) == -1) {
      perror("Fehler bei socketpair");
      exit(EXIT_FAILURE);
   }

   printf("Eingabe machen: ");
   fgets(buf1, BUF, stdin);

   /* in sv[0] schreiben */
   write(sv[0], buf1, sizeof(buf1));
   /* aus sv[1] lesen */
   c = read(sv[1], buf2, sizeof(buf2));
   /* Terminieren */
   buf2[c]='\0';
   printf("sv[0] --> sv[1] : %s\n", buf2);

   /* Jetzt das Ganze in die andere Richtung */

   printf("Eingabe machen: ");
   fgets(buf1, BUF, stdin);
```

```
   /* in sv[1] schreiben */
   write(sv[1], buf1, sizeof(buf1));
   /* aus sv[1] lesen */
   c = read(sv[0], buf2, sizeof(buf2));
   /* Terminieren */
   buf2[c]='\0';
   printf("sv[1] --> sv[0] : %s\n", buf2);

   close(sv[0]);
   close(sv[1]);

   return EXIT_SUCCESS;
}
```

Das Programm bei der Ausführung:

```
$ gcc -o fullduplex fullduplex.c
$ ./fullduplex
Eingabe machen: Teste socketpair zum Ersten
sv[0] --> sv[1] : Teste socketpair zum Ersten

Eingabe machen: Teste socketpair zum Zweiten
sv[1] --> sv[0] : Teste socketpair zum Zweiten
```


14.19 Multicast-Socket

Wenn die Umstände es erfordern, dass ein Server Datagramme gleichzeitig an mehrere Clients verschicken muss, können Sie Folgendes tun: Entweder Sie bauen mehrere einzelne Verbindungen (man spricht dabei von *Unicast*-Verbindungen) auf, was allerdings sehr ineffektiv ist und die Bandbreite des Servers erheblich belastet, oder Sie verwenden Multicast-Verbindungen. Hinter Multicast verbirgt sich eine Technik, um Ihnen die Arbeit einfacher in Bezug auf eine UDP-Verbindung zu machen.

Multicast ist eine beliebte Technik, die unter anderem in Anwendungen wie Videokonferenzen oder interaktiven Online-Spielen eingesetzt wird. Multicast-Sockets lassen sich zum Glück auch noch relativ einfach entwickeln. Dabei handelt es sich nicht einmal um ein neues API, sondern es werden lediglich fünf neue Socket-Optionen benötigt, die mit der Funktion `setsockopt()` gesetzt werden. Zur Übertragung der Daten wird das UDP-Protokoll verwendet. Um Multicast-Anwendungen zu schreiben, benötigen Sie eine spezielle IP-Adresse. Dazu wird der Adressraum der Klasse D im Bereich von 224.0.0.0 bis 239.255.255.255 verwendet. Die unteren 28 Bits werden dabei als Multicast-Gruppen-ID und die 32-Bit-Adresse wird als Gruppenadresse bezeichnet.

Prüfen Sie erst, ob Multicast überhaupt in den aktuellen Kernel einkompiliert ist:

```
# gzip -cd /proc/config.gz | egrep \
  "IP_MULTICAST|IP_MROUTE|IP_PIMSM"
CONFIG_IP_MULTICAST=y
CONFIG_IP_MROUTE=y
CONFIG_IP_PIMSM_V1=y
CONFIG_IP_PIMSM_V2=y
```

Da nicht alle Linux-Systeme für Multicast-IP-Adressen konfiguriert sind, kann es sein, dass hier ein wenig Nacharbeit fällig wird. Gewöhnlich ist die Multicast-IP-Funktion nur abgeschaltet und kann recht einfach eingerichtet werden. Machen Sie sich zum Superuser, und geben Sie Folgendes in der Konsole ein:

```
# route add -net 224.0.0.0 netmask 240.0.0.0 dev lo
# route -e
Kernel IP Routentabelle
Ziel       Router  Genmask     Flags  MSS Fenster irtt Iface
224.0.0.0  *       240.0.0.0   U        0 0          0 lo
#
```

Wenn zum Beispiel Ihre lokale Adresse zuvor `127.x.x.x` war, lautet sie jetzt `224.x.x.x`. Sollte sich partout keine Multicast-IP-Adresse einrichten lassen, kann es sein, dass der aktuelle Kernel dies im Augenblick nicht unterstützt. Dann müssen Sie Ihren Kernel neu »bauen«. Wie dies genau funktioniert, entnehmen Sie bitte der jeweiligen Linux-Distribution. Gewöhnlich sollte der Vorgang überall ähnlich ablaufen. Um also den Kernel mit Multicast-Unterstützung neu zu erstellen, müssen Sie bei `make menuconfig` nach der Option SELECT NETWORKING OPTIONS Ausschau halten und ein Häkchen vor IP: MULTICASTING und am besten auch gleich vor IP: MULTICASTING ROUTING sowie vor PIM-SM VERSION 1 und VERSION 2 setzen.

Damit die Netzwerk-API Multicasting unterstützt, sind lediglich fünf neue Optionen nötig. Die folgende Liste enthält eine kurze Beschreibung der Socket-Optionen, die mit den Funktionen `getsockopt()` und `setsockopt()` erfragt bzw. gesetzt werden können. Beide Funktionen wurden ja zuvor schon näher beschrieben.

- `IP_ADD_MEMBERSHIP` – Damit schließen Sie das Socket an eine bestimmte Multicast-Gruppe an. Als Argument des Datentyps für `setsockopt()` oder `getsockopt()` wird die Struktur `ip_mreq` erwartet:

  ```
  struct ip_mreq   {
  //IPv4-Klasse-D-Multicast-Adresse
  struct in_addr imr_multiaddr;
  //IPv4-Adresse der lokalen Schnittstelle
  struct in_addr imr_interface;
  }
  ```

- IP_DROP_MEMBERSHIP – Das Gegenstück zu IP_ADD_MEMBERSHIP. Damit verlässt das Socket die Multicast-Gruppe. Als Argument des Datentyps für setsockopt() oder getsockopt() wird auch hier die Struktur ip_mreq erwartet.
- IP_MULTICAST_IF – Damit wird die Schnittstelle für ausgehende Multicast-Pakete festgelegt, worauf Sockets verschickt werden. Als Argument des Datentyps für setsockopt() oder getsockopt() wird die Struktur ip_mreq erwartet.
- IP_MULTICAST_TTL – Hier wird TTL für das ausgehende Multicast festgelegt. Als Argument des Datentyps für setsockopt() oder getsockopt() wird u_char erwartet.
- IP_MULTICAST_LOOP – Damit lässt sich der lokale Loopback von Multicast-Datagrammen aktivieren bzw. deaktivieren. Als Argument des Datentyps für setsockopt() oder getsockopt() wird u_char erwartet.

Hinweis

Bei IPv6 wird vor die Socket-Optionen IPV6_ statt IP_ geschrieben. Zum Beispiel wird aus IP_ADD_ MEMBERSHIP auf diese Weise IPV6_ADD_MEMBERSHIP. Die Struktur ip_mreq heißt dann auch ipv6_mreq.

Hierzu wollen wir ein einfaches Beispiel realisieren. In diesem Beispiel gehen wir wieder davon aus, dass Sie die Anwendung auf dem lokalen Rechner ausführen, was bedeutet, dass hier die IP-Adresse 224.0.0.1 verwendet wird, die wir oben eingerichtet haben.

Zuerst sehen Sie die Serveranwendung:

```
/* server.c */
#include <stdio.h>
#include <sys/types.h>
#include <sys/socket.h>
#include <netinet/in.h>
#include <arpa/inet.h>
#include <netdb.h>
#include <unistd.h>
#include <stdlib.h>
#include <string.h>
#include <errno.h>

static int port = 1234;

int main (void) {
  int socket_descriptor;
  struct sockaddr_in address;

  socket_descriptor = socket (AF_INET, SOCK_DGRAM, 0);
```

```
  if (socket_descriptor == -1) {
     perror ("socket()");
     exit (EXIT_FAILURE);
  }
  memset (&address, 0, sizeof (address));
  address.sin_family = AF_INET;
  address.sin_addr.s_addr = inet_addr ("224.0.0.1");
  address.sin_port = htons (port);

  printf ("Server ist bereit ...\n");
  /* Broadcasting beginnen */
  while (1) {
    if (sendto( socket_descriptor,
                "broadcast test (hallo client)",
                sizeof ("broadcast test (hallo client)"),
                0,
                (struct sockaddr *) &address,
                sizeof (address)) < 0) {
       perror ("sendto()");
       exit (EXIT_FAILURE);
    }
    sleep (1);
  }
  return EXIT_SUCCESS;
}
```

Der einzige Unterschied zu *herkömmlichen* Unicast-Verbindungen besteht hier in der IP-Adresse, über die der Server mit dem Client kommuniziert:

```
address.sin_addr.s_addr = inet_addr ("224.0.0.1");
```

Die Clientanwendung gestaltet sich ein wenig umfangreicher. Daher wurde der Code, mit dem eine Multicast-Verbindung eingerichtet und aufgebaut wird, extra in einer Funktion namens `setup_multicast_socket()` zusammengefasst.

Hier sehen Sie den kompletten Quellcode für den Client. Er wird anschließend erläutert.

```
/* client.c */
#include <stdio.h>
#include <sys/types.h>
#include <sys/socket.h>
#include <netinet/in.h>
#include <arpa/inet.h>
#include <netdb.h>
#include <stdlib.h>
```

```
#include <unistd.h>
#include <string.h>
#include <errno.h>

/* Adresse für multicast IP */
static char *host_name = "224.0.0.1";
static int port = 1234;
static struct ip_mreq command;

static int setup_multicast_socket (void) {
  int loop = 1;
  int socket_descriptor;
  struct sockaddr_in sin;

  memset (&sin, 0, sizeof (sin));
  sin.sin_family = AF_INET;
  sin.sin_addr.s_addr = htonl (INADDR_ANY);
  sin.sin_port = htons (port);
  if ( ( socket_descriptor = socket(PF_INET,
                                  SOCK_DGRAM, 0)) == -1) {
     perror ("socket()");
     exit (EXIT_FAILURE);
  }
  /* Mehr Prozessen erlauben, denselben Port zu nutzen */
  loop = 1;
  if (setsockopt ( socket_descriptor,
                   SOL_SOCKET,
                   SO_REUSEADDR,
                   &loop, sizeof (loop)) < 0) {
     perror ("setsockopt:SO_REUSEADDR");
     exit (EXIT_FAILURE);
  }
  if(bind( socket_descriptor,
           (struct sockaddr *)&sin,
           sizeof(sin)) < 0) {
     perror ("bind");
     exit (EXIT_FAILURE);
  }
  /* Broadcast auf dieser Maschine zulassen */
  loop = 1;
  if (setsockopt ( socket_descriptor,
                   IPPROTO_IP,
                   IP_MULTICAST_LOOP,
```

```
                   &loop, sizeof (loop)) < 0) {
      perror ("setsockopt:IP_MULTICAST_LOOP");
      exit (EXIT_FAILURE);
   }
   /* Join the broadcast group: */
   command.imr_multiaddr.s_addr = inet_addr ("224.0.0.1");
   command.imr_interface.s_addr = htonl (INADDR_ANY);
   if (command.imr_multiaddr.s_addr == -1) {
      perror ("224.0.0.1 ist keine Multicast-Adresse\n");
      exit (EXIT_FAILURE);
   }
   if (setsockopt ( socket_descriptor,
                   IPPROTO_IP,
                   IP_ADD_MEMBERSHIP,
                   &command, sizeof (command)) < 0) {
     perror ("setsockopt:IP_ADD_MEMBERSHIP");
   }
   return socket_descriptor;
}

int main (void) {
   int iter = 0;
   int sin_len;
   char message[256];
   int socket;
   struct sockaddr_in sin;
   struct hostent *server_host_name;

   if ((server_host_name = gethostbyname (host_name)) == 0) {
      perror ("gethostbyname");
      exit (EXIT_FAILURE);
   }
   socket = setup_multicast_socket ();
   /* Broadcast-Nachrichten empfangen */
   while (iter++ < 10) {
      sin_len = sizeof (sin);
      if (recvfrom( socket, message, 256, 0,
                  (struct sockaddr *) &sin, &sin_len)==-1) {
         perror ("recvfrom");
     }
     printf ("Antwort #%-2d vom Server: %s\n",
        iter, message);
     sleep (2);
```

```
  }
  /* Multicast-Socket aus der Gruppe entfernen */
  if (setsockopt ( socket,
                   IPPROTO_IP,
                   IP_DROP_MEMBERSHIP,
                   &command, sizeof (command)) < 0 ) {
     perror ("setsockopt:IP_DROP_MEMBERSHIP");
  }
  close (socket);
  return EXIT_SUCCESS;
}
```

Zuerst wird im Listing über den gewöhnlichen Weg ein Socket eingerichtet (gethostbyname() und socket()). Im nächsten Schritt richten Sie das Socket mit setsockopt() ein, womit dieses erlaubt, dass mehrere Prozesse (Clients) sich denselben Port teilen – sprich: Mehrere Clients können innerhalb kürzester Zeit mit dem Server in Verbindung treten. Außerdem lösen Sie damit auch das Problem, dass der Server beim Neustart seinen lokalen Port erst nach zwei Minuten Wartezeit wieder benutzen kann (weshalb auch in allen obigen Codesnippets setsockopt hinzugefügt wurde).


```
loop = 1;
if (setsockopt ( socket_descriptor,
                 SOL_SOCKET,
                 SO_REUSEADDR,
                 &loop, sizeof (loop)) < 0 ) {
   perror ("setsockopt:SO_REUSEADDR");
   exit (EXIT_FAILURE);
}
```

Das Setzen dieser Option hat allerdings noch überhaupt nichts mit dem Multicasting zu tun. Betrachten Sie es jetzt einfach als Beiwerk des Listings. Anschließend wird das Socket über den gewöhnlichen Weg gebunden (bind()).

Nach dem Binden richten Sie das Socket für das Broadcasting auf der Maschine ein – genauer den lokalen Loopback der Multicast-Datagramme:

```
loop = 1;
if (setsockopt ( socket_descriptor,
                 IPPROTO_IP,
                 IP_MULTICAST_LOOP,
                 &loop, sizeof (loop)) < 0)  {
   perror ("setsockopt:IP_MULTICAST_LOOP");
   exit (EXIT_FAILURE);
}
```

Jetzt, nachdem Sie die Erlaubnis haben, über die Maschine eine Multicast-Verbindung einzugehen, müssen Sie den Linux-Kernel über die Daten des speziellen Sockets informieren und sich der Multicast-Gruppe anschließen:

```
command.imr_multiaddr.s_addr = inet_addr ("224.0.0.1");
command.imr_interface.s_addr = htonl (INADDR_ANY);

if (command.imr_multiaddr.s_addr == -1) {
    perror ("224.0.0.1 ist keine Multicast-Adresse\n");
    exit (EXIT_FAILURE);
}

if (setsockopt ( socket_descriptor,
                 IPPROTO_IP,
                 IP_ADD_MEMBERSHIP,
                 &command, sizeof (command) ) < 0 )  {
    perror ("setsockopt:IP_ADD_MEMBERSHIP");
}
```

Jetzt ist das Socket für die Multicast-Verbindung eingerichtet. Anschließend können Sie, in die `main()`-Funktion zurückgekehrt, am Port mit `recvfrom()` lauschen.

In diesem Beispiel wurde eine Schleife eingerichtet, die nach zehn Durchgängen mit der Arbeit fertig ist. Am Ende der Multicast-Sitzung müssen Sie die Multicast-Gruppe wieder ordentlich verlassen und das Socket schließen:

```
if (setsockopt ( socket,
                 IPPROTO_IP,
                 IP_DROP_MEMBERSHIP,
                 &command, sizeof (command) ) < 0 ) {
    perror ("setsockopt:IP_DROP_MEMBERSHIP");
}
```

Das Programm bei der Ausführung:

```
$ gcc -o server server.c
$ gcc -o client client.c
$ ./server
Server ist bereit ...
---[neue Konsole]---
$ ./client
Antwort #1  vom Server: broadcast test (hallo client)
Antwort #2  vom Server: broadcast test (hallo client)
Antwort #3  vom Server: broadcast test (hallo client)
Antwort #4  vom Server: broadcast test (hallo client)
```

```
Antwort #5  vom Server: broadcast test (hallo client)
Antwort #6  vom Server: broadcast test (hallo client)
Antwort #7  vom Server: broadcast test (hallo client)
Antwort #8  vom Server: broadcast test (hallo client)
Antwort #9  vom Server: broadcast test (hallo client)
Antwort #10 vom Server: broadcast test (hallo client)
```

Sie können während der Zeit, nachdem Sie den ersten Client gestartet haben, gern weitere Konsolen öffnen und weitere Clients starten. Kein Client muss dabei warten und wird genauso abgearbeitet wie der erste Client. Bei einer gewöhnlichen Unicast-Verbindung wären der Aufwand des Programms und auch der Bedarf der Bandbreite erheblich umfangreicher gewesen.

14.19.1 Anwendungsgebiete von Multicast-Verbindungen

Ganz klar, die wichtigste Frage dürfte lauten: Wann und wo setzt man am besten Multicast-Verbindungen ein? Natürlich ist dies nur sinnvoll für Anwendungen, die eine 1:n-Kommunikation erfordern. Dies könnten unter anderem folgende Anwendungsgebiete sein:

- interaktive Simulationen, Online-Spiele
- effiziente Verteilung von Daten an eine große Anzahl von Empfängern (Software-Updates, Newsticker ...)
- Fileserver
- Clustering
- Multimedia-Anwendungen
  - Videokonferenz
  - Near-Video-on-Demand
  - Verteilkommunikation (Broadcast)

14.20 Nichtblockierende I/O-Sockets

Alle Socket-Beispiele, die Sie bisher kennengelernt haben, haben die Ausführung des Programms blockiert (warten), wenn ein Socket-Aufruf seine Aktion nicht ausführen konnte. Das Blockieren von Sockets ist die Standardeinstellung – dies ist aber nicht unbedingt nötig. Sie können z. B. `fcntl()` verwenden, um ein Socket auf nichtblockierend zu setzen. Aber auf einen gravierenden Nachteil von nichtblockierenden Sockets wollen wir Sie gleich am Anfang aufmerksam machen: Das Programm befindet sich dadurch immer in einem dauerhaften *Poll*-Zustand, das heißt, es wird dauernd nach Daten am Socket überprüft, und das kostet CPU-Zeit, die bei einem Server kostbar ist. Nichtblockierende Sockets lassen sich in mehrere Kategorien einteilen:

- *eingehende Verbindungen mit* accept() – Wird accept() für ein blockierendes Socket aufgerufen und liegt keine Verbindung vor, wartet der Prozess so lange, bis eine Verbindung vorliegt. Das ist die Standardeinstellung. Wird accept() hingegen von einem nichtblockierenden Socket aufgerufen und liegt keine Verbindung an, wird der Fehler EWOULDBLOCK (= EAGAIN) zurückgegeben. Entsprechend müssen Sie diese Fehlermeldung auch mit errno bearbeiten – sprich: abfangen.
- *ausgehende Verbindungen mit* connect() – Richtet ein Client ein connect() an den Server (bei TCP) und handelt es sich um ein blockierendes Socket, so wartet connect() mindestens eine Zeitspanne von RTT (*Round Trip Time*) auf die Antwort vom Server. Wird connect() hingegen mit einem nichtblockierenden Socket aufgerufen und die Verbindung zur Gegenstelle wird nicht aufgebaut, liefert connect() den Fehler EINPROGRESS zurück. Auch diesen Fehler müssen Sie dann für den Fall der Fälle behandeln.
- *Ein- und Ausgabeoperationen mit* read(), recv(), recvfrom() *bzw.* write(), send(), sendto() – Bei Eingabeoperationen wird in der Standardeinstellung das Socket so lange blockiert, bis Daten an ihm gelesen oder gesendet werden konnten. Bei TCP (als stream-orientierte Datenübertragung) wird die Blockierung nach dem Eintreffen von Daten aufgehoben. Bei UDP hingegen wird die Blockierung erst aufgehoben, wenn ein ganzes Paket (UDP-Datagramm) gesendet wird. Dies ist die Standardeinstellung. Werden Eingabeoperationen auf einem nichtblockierenden Socket ausgeführt, obwohl keine Eingaben vorhanden sind, wird der Fehler EWOULDBLOCK zurückgegeben. Bei den Ausgabeoperationen werden die Sockets blockiert, wenn für den Sendepuffer des blockierenden Sockets nicht genügend Platz reserviert wurde. Ist bei einem nichtblockierenden Socket nicht genügend Speicherplatz für den Sendepuffer vorhanden, wird EWOULDBLOCK zurückgegeben.

Im folgenden Beispiel sehen Sie einen einfachen Anwendungsfall von nichtblockierenden Sockets. Im Beispiel wird accept() eines TCP-Servers, der auf eine Verbindung eines Client wartet, auf nichtblockierend eingestellt. Nach jedem accept()-Aufruf fährt das Programm fort. In diesem Beispiel wird überprüft, ob accept() erfolgreich war oder nicht. Bei negativer Abfrage wird einfach die Meldung *Poll: Kein Client am Socket ...* jede Sekunde ausgegeben. Ebenso könnten Sie vorgehen, wenn Sie das zurückgegebene Socket von accept(), das anschließend für Lese- und Schreiboperationen verwendet wird, auf nichtblockierend setzen wollen – was im Beispiel in der do-while()-Schleife demonstriert wird. Bei dem Listing handelt es sich allerdings nur um ein Grundgerüst, das aber den Sachverhalt der nichtblockierenden Ein-/Ausgabe von Sockets recht gut demonstriert.

```
/* non_block.c */
#include <sys/types.h>
#include <sys/socket.h>
#include <netinet/in.h>
#include <arpa/inet.h>
#include <unistd.h>
#include <stdlib.h>
```

```
#include <stdio.h>
#include <string.h>
#include <fcntl.h>
#define BUF 1024

int main (void) {
  int create_socket, new_socket, addrlen;
  char *buffer = malloc (BUF);
  struct sockaddr_in address;
  long save_fd;
  const int y = 1;

  printf ("\e[2J");
  if ((create_socket=socket( AF_INET, SOCK_STREAM, 0)) > 0)
     printf ("Socket wurde angelegt\n");

  address.sin_family = AF_INET;
  address.sin_addr.s_addr = INADDR_ANY;
  address.sin_port = htons (15000);

  setsockopt( create_socket, SOL_SOCKET,
              SO_REUSEADDR, &y, sizeof(int) );

  if (bind( create_socket,
            (struct sockaddr *) &address,
            sizeof (address)) == 0 )
     printf ("Binding Socket\n");

  listen (create_socket, 5);
  addrlen = sizeof (struct sockaddr_in);
  save_fd = fcntl( create_socket, F_GETFL );
  save_fd |= O_NONBLOCK;
  fcntl( create_socket, F_SETFL, save_fd );

  while (1) {
    new_socket = accept ( create_socket,
                          (struct sockaddr *) &address,
                          &addrlen );
    if (new_socket > 0)
       printf ("Der Client %s ist verbunden ...\n",
          inet_ntoa (address.sin_addr));
    else {
      printf("Poll: Kein Client am Socket ...\n");
```

```
        sleep(1);
        continue; /* wieder zum Schleifenanfang */
      }
      do {
        /* Socket für die Datenübertragung auf NON-Blocking */
        save_fd = fcntl( new_socket, F_GETFL );
        save_fd |= O_NONBLOCK;
        fcntl( new_socket, F_SETFL, save_fd );
        /* Daten verarbeiten */
      } while (strcmp (buffer, "quit\n") != 0);
      close (new_socket);
    }
    close (create_socket);
    return 0;
}
```

Das Programm bei der Ausführung:

```
$ gcc -o non_block non_block.c
$ ./non_block
Socket wurde angelegt
Binding Socket
Poll: Kein Client am Socket ...
Poll: Kein Client am Socket ...
Poll: Kein Client am Socket ...
Poll: Kein Client am Socket ...
Poll: Kein Client am Socket ...
...
```

Um also ein Socket (hier durch den Socket-Deskriptor) auf nichtblockierend zu setzen, können Sie immer den folgenden Codeausschnitt einsetzen:

```
save_fd = fcntl( create_socket, F_GETFL );
save_fd |= O_NONBLOCK;
fcntl( create_socket, F_SETFL, save_fd );
```

Mehr zu `fcntl()` können Sie Kapitel 4 entnehmen.

14.21 Etwas zu Streams, Raw Socket und TLI und XTI

Um Ihnen die ganze Welt der Netzwerkprogrammierung nahezubringen, bedarf es schon noch ein wenig mehr als dieses eine Kapitel zur Netzwerkprogrammierung. Sie haben hier zwar gute Grundlagen kennengelernt, doch hat die Welt der Netzwerktechnik noch bei Weitem mehr zu bieten. Deshalb folgt hier noch ein kurzer Überblick, wonach Sie auf jeden Fall noch Ausschau halten sollten.

14.21.1 Raw Socket

Der Name deutet schon an, dass es sich hierbei um eine recht niedrige Ebene der Netzwerkprogrammierung handelt. Mit Protokollen wie TCP oder UDP haben Sie quasi (im Vergleich zu C) im *High-Level*-Bereich der Netzwerkprogrammierung gearbeitet. Allerdings hatten Sie über TCP oder UDP nie den vollen Zugriff über den Internet Layer – sprich IP. Mit Raw Socket können Sie also eine Ebene unter dem TCP- und UDP-Protokoll programmieren. Einen Haken hat die Sache allerdings: Sie benötigen Superuser-Rechte.

Mit Raw Sockets können Sie zum Beispiel bereits definierte Protokolle implementieren (was z. B. für Programmierer von Betriebssystemen interessant ist) oder sogar ein neues Protokoll (auf der Höhe von TCP und UDP) entwickeln. Sie können außerdem beliebige IPv4/IPv6-Pakete (mit Header) erzeugen, übertragen und empfangen. Außerdem können Sie – was TCP und UDP nur intern benutzen – ICMP- und IGMP-Pakete versenden. ICMP-Pakete verwendet zum Beispiel das Programm `ping`. Ein Raw Socket wird wie üblich über die Funktion `socket()` angelegt. Allerdings wird, statt des zweiten Parameters `SOCK_STREAM` oder `SOCK_DGRAMM`, die symbolische Konstante `SOCK_RAW` verwendet. Die Protokollnummer (dritter Parameter) kann als Zahl angegeben werden oder als eine bereits vordefinierte Konstante, wie z. B. `IPPROTO_ICMP` oder `IPPROTO_IGMP`. `bind()` *kann* verwendet werden (wobei hier die Absenderadresse gesetzt wird). Auf der IP-Ebene gibt es außerdem keine Ports. Ebenso *kann* `connect()` verwendet werden, was allerdings die Zieladresse setzt.

Daten werden bei den Raw Sockets, wie schon bei UDP, mit den Funktionen `sendto()` und `recvfrom()` auf ein Socket geschrieben. Diese Daten werden in die Payload des IP-Pakets verpackt und versendet. Alle Felder für das Paket müssen dabei in *Network Byte Order* vorliegen.

14.21.2 TLI und XTI

TLI ist die Abkürzung für *Transport Level Interface*. TLI präsentiert dem Programm eine einheitliche Schnittstelle für alle zur Verfügung stehenden Transportprotokolle. Damit ist eine vom verwendeten Transportprotokoll unabhängige Netzwerkprogrammierung möglich. Im Gegensatz dazu unterstützen die heute hauptsächlich benutzten BSD-Sockets nur TCP und UDP. Die TLI-Programmierung ist die unter Unix System V empfohlene Methode der Netzwerkprogrammierung. Die TLI-Programmierung ist der Socket-Programmierung ähnlich. Für fast alle Socket-Systemaufrufe existieren entsprechende TLI-Routinen. Das Gegenstück zu einem Socket wird in der TLI-Literatur als *Kommunikationsendpunkt* bezeichnet. Außerdem richtet sich TLI, im Gegensatz zur BSD-Socket-Programmierung, strukturell mehr nach ISO-Vorgaben und dem OSI-Referenzmodell.

Das *X/Open Transport Interface* (XTI) stellt nochmals eine Verbesserung von TLI dar. XTI bietet als Transportzugriffsschnittstelle Anwendungsprogrammen (Transportsystembenutzern) in Unix eine einheitliche, nach X/Open ausgerichtete Programmschnittstelle zu den Diensten des Transportsystems. Die Schnittstelle XTI wurde in Form einer Funktionsbibliothek realisiert, die in ein Anwendungsprogramm eingebunden werden kann. Es wird auch der direkte Zugang zu TCP/IP und UDP/IP erlaubt.

14.21.3 RPC (Remote Procedure Call)

Für die Entwicklung von Software verwendet man in C gewöhnlich die modulare Programmierung. *Modular* bedeutet, dass oft verwendete Teile zu Funktionen oder Prozeduren zusammengefasst werden. So wird das Programm kürzer und auch leichter verständlich.

Der *Remote Procedure Call* ist, wie der Name schon sagt, eine Methode, über die es möglich ist, Prozesse, die auf einem anderen System liegen, *remote* aufzurufen.

Man kann sich die Funktion von RPC gut anhand der Funktion eines normalen modularen Programms vorstellen. Beispielsweise befinden sich in einer Funktion `my_func()` folgende Funktionen:

```
read_text(), decrypt_text()
```

Hierbei wird einfach eine Textdatei entschlüsselt und gelesen. Die Funktion `read_text()` befindet sich auf Ihrem Rechner. Die Funktion für das Entschlüsseln der Textdatei mit `decrypt()` befindet sich auf einem anderen entfernten Rechner. Das ist das Prinzip von RPC, mit dem es möglich sein soll, einfach Funktionen aufzurufen, die nicht auf dem lokalen Rechner liegen, ohne dass dies auffällt.

In der Netzwerkprogrammierung gibt es immer wieder ein Problem, wenn Daten zwischen verschiedenen Rechnerarchitekturen (*Big* oder *Little Endian*) ausgetauscht werden. Daraus folgt ja, dass Zahlen von beiden Systemen anders aufgefasst werden. Für dieses Problem hat man XDR (*External Data Representation*) entwickelt. XDR übersetzt die Daten in ein allgemein gültiges Format. Dazu müssen die Daten jedoch in XDR beschrieben werden. Das stellt für einen C-Programmierer kein allzu großes Problem dar, da sich die Syntax ziemlich ähnelt. Wir wollen hier nicht auf die Details eingehen. XDR arbeitet nun so, dass die Daten kodiert, dann übers Netz geschickt und danach wieder dekodiert werden. Sind die Rechner von der gleichen Architektur, entfällt das Verschlüsseln und Entschlüsseln.

Anschließend wird das Werkzeug `rpcgen` verwendet, das aus einer XDR-Datei, z. B. *file.x*, C-Code generiert, der größtenteils unverändert übernommen werden kann. So muss der Programmierer nur noch die Prozeduren schreiben, damit das Programm weiß, was es eigentlich tun soll.

14.22 Netzwerksoftware nach IPv6 portieren

In diesem Abschnitt finden Sie eine kurze Zusammenfassung über das Vorgehen, wie Sie Software von IPv4 nach IPv6 portieren können.

Im Großen und Ganzen muss zum Glück nicht sehr viel verändert werden, da ja mit IPv6 lediglich die Socket-API erweitert wurde. Im Detail wurden einige neue Konstanten eingeführt, Strukturen umbenannt und erweitert und auch neue Funktionen hinzugefügt.

14.22.1 Konstanten

Die IPv4-Konstanten `AF_INET` bzw. `PF_INET` wurden durch `AF_INET6` bzw. `PF_INET6` ersetzt. Hierbei muss eigentlich nur die Konstante um eine `6` erweitert werden. Es ist allerdings kein Fehler, wenn Sie auch bei einer IPv4-Software gleich die neuen Konstanten verwenden, da ein Programm, das auf IPv6 portiert wurde, auch weiterhin auf IPv4-Rechnern läuft (vorausgesetzt, der Rechner ist *dual-stacked*, was in Zukunft bei IPv6-fähigen Rechnern immer der Fall sein sollte).

Was sich auch verändert hat, ist die Konstante `INADDR_ANY`, die beim Binden von Sockets an einen Port angegeben wird. Sie bewirkt, dass Pakete von jedem Interface angenommen werden. Ein wenig ungewöhnlich ist, dass die neue Konstante kleingeschrieben wird – `in6addr_any`. Der Grund hierfür: Die alte Struktur `in_addr` bestand nur aus einem `unsigned long int s_addr`, und somit war die Konstante `INADDR_ANY` auch nur eine Zahl. Da die Adresse bei IPv6 128 Bit breit ist, ist dies nicht mehr möglich (da kein portabler Datentyp mit dieser Breite existiert), weshalb es sich nun um ein Array handelt:

```
struct in6_addr {
   union   {
   uint8_t  u6_addr8[16];
   uint16_t u6_addr16[8];
   uint32_t u6_addr32[4];
} in6_u;

   #define s6_addr    in6_u.u6_addr8
   #define s6_addr16  in6_u.u6_addr16
   #define s6_addr32  in6_u.u6_addr32
};
```

14.22.2 Strukturen

Nachdem `in_addr` durch `in6_addr` ersetzt wurde (siehe oben), ist es auch nötig, die Struktur `sockaddr_in` anzupassen:

```
struct sockaddr_in6 {
   sa_family_t sin6_family  // Address family - AF_INET6
   in_port_t sin6_port;     // Transport layer port #
   uint32_t sin6_flowinfo;  // IPv6 flow information */
   struct in6_addr sin6_addr; // IPv6 address
   uint32_t sin6_scope_id;    // IPv6 scope-id
};
```

Außer dass die Adressstruktur verändert wurde, wurden noch die zusätzlichen Strukturvariablen `sin6_flowinfo` und `sin6_scope_id` hinzugefügt.

14.22.3 Funktionen

Der Großteil der Socket-API-Funktionen ist gleich geblieben. Verändert (hinzugefügt) wurden lediglich die meisten Adressauflösungs- und Konvertierungsfunktionen. So werden (wie bereits erwähnt) die Funktionen `inet_aton()` bzw. `inet_ntoa()` durch die Funktionen `inet_pton()` bzw. `inet_ntop()` ersetzt. Da diese neuen Funktionen jetzt nicht mehr auf Zahlen operieren, sondern auf den konkreten Adressstrukturen (z. B. `in6_addr`), unterstützen sie somit auch beliebige Adressfamilien.

Noch wichtiger sind die neu hinzugekommenen Funktionen `getaddrinfo()` und `getnameinfo()`. Diese wurden als Ersatz für die Funktionen `gethostbyname()`/`gethostbyaddr()` und `getipnodebyname()`/`getipnodebyaddr()` eingeführt und haben den Vorteil, dass sie direkt `sockaddr`-Strukturen bearbeiten. Des Weiteren wurde noch die Funktion `gethostbyname2()` hinzugefügt, bei der es sich allerdings nur um eine reine GNU-Extension handelt!

Hinweis

All diese Funktionen stehen Ihnen übrigens auch schon für IPv4 zur Verfügung, weshalb es nicht falsch sein kann, diese jetzt schon zu verwenden, um eine eventuell spätere Portierung zu erleichtern.

14.23 Sicherheit

In diesem Kapitel haben Sie die Grundlagen erworben, um auch Software für Netzwerke zu schreiben. Denken Sie aber daran, dass Sie sich mit einem der wohl faszinierendsten und gefährlichsten Kapitel der (C-)Programmierung angelegt haben! Wenn Sie also Software für die Masse entwickeln, sollten Sie bei der Netzwerkprogrammierung immer mit höchster Vorsicht zu Werke gehen. Rechnen Sie damit, dass jeder Fehler im Programm mindestens einmal ausgenutzt wird. Wir meinen, ein Buffer Overflow bei einem simplen Home-

Anwendungsprogramm hat weitaus nicht die verheerende Wirkung wie ein Buffer Overflow in einem Netzwerkprogramm. Diese Warnung gilt insbesondere für die Programmierung mit RPC.

Bedenken Sie, dass im Internet, wie es heute ist, praktisch jede Information gefälscht oder verfälscht sein kann. Wenn Sie eine DNS-Abfrage machen, garantiert Ihnen zunächst niemand, dass die Antwort der Wahrheit entspricht. Informationen zur Authentifizierung und Absicherung der Verbindung gegenüber fremdem Mitlesen, aber auch gegenüber Verfälschung, kurz »das magische Thema« *Verschlüsselung* – das finden Sie im nächsten Kapitel.

Kapitel 15
Abgesicherte Netzwerkverbindungen

Auch wenn sozusagen jeder weiß, dass Netzwerkkommunikation heute besser verschlüsselt ablaufen sollte, wird meistens der programmiertechnische Aufwand gescheut. Dabei ist es gar nicht schwierig!

15.1 Grundlagen

Sichere Kommunikation über das Internet ist spätestens seit Edward Snowden und zahllosen durchgeführten oder vorgezeichneten Angriffsszenarien ein sehr aktuelles Thema.

In einer reinen Unix-Umgebung und im LAN würde man vielleicht IPsec und Kerberos den Vorzug geben, aber in heterogenen Netzen und im WAN mit seiner Tendenz zu HTTP-basierten Clients empfiehlt sich einem primär SSL bzw. TLS (also HTTPS) für die Verschlüsselung von Netzwerkverbindungen und die Authentifizierung von Netzteilnehmern. Da HTTPS mit SOAP und REST funktioniert, ist eine simple verteilte Interprozesskommunikation auch zwischen verschiedenen Netzen einfach umzusetzen, und sowohl Firewalls als auch Loadbalancer und Proxys, aber auch Bridges können mit HTTPS gut umgehen.

Es ist unter Unix von Hause aus relativ simpel, mittels Sockets eine Kommunikation aufzubauen, aber die Verbindung abzusichern, erfordert etwas Vorarbeit. Das liegt auch daran, dass das Konzept hinter SSL respektive TLS (im Grunde nur verschiedene Namen für praktisch denselben Mechanismus – in verschiedenen Versionen) auf einer Client-Server-Philosophie fußt, die sich in einer Umgebung von hierarchisch aufgebauten Vertrauensbeziehungen bewegt.

TLS spielt sich auf der Transportebene ab, ist quasi ein Aufsatz auf TCP und umfasst ein eigenes Protokoll, dass sich sowohl nach unten (TCP) als auch nach oben (Anwendung) weitgehend transparent verhält, sobald die Session erst einmal aufgebaut ist. DTLS setzt übrigens analog auf UDP auf, wird jedoch hauptsächlich im Zusammenhang mit SIP auf Anwendungsebene verwendet.

TLS beruht auf asymmetrischer Verschlüsselung. Folgende Ziele sollen damit erreicht werden:

- eindeutige Identifikation des Servers (nach Name)
- Aufbau einer symmetrisch verschlüsselten Verbindung durch Schlüsselaustausch (Session Key), was die Vertraulichkeit der übertragenen Daten schützt
- Absicherung der Verbindung sowohl gegen Injektion (Man-in-the-Middle-Angriff) als auch Paketverlust

Bemerkenswert dabei ist der Umstand, dass in der klassischen Client-Server-Philosophie der Client nicht durch seinen TLS-Schlüssel authentifiziert wird, sondern sich gegebenenfalls innerhalb der bereits aufgebauten Session ausweisen muss, zum Beispiel durch ein Login.[1]

15.1.1 Schlüsselgenerierung

Da der Server zwingend sowohl ein Schlüsselpaar als auch ein Zertifikat benötigt, das ihn als »echt« ausweist, besteht die Generierung aus mehreren Schritten.

Das typische Vorgehen sieht so aus:

1. Man generiert ein Schlüsselpaar, in der Regel ein RSA-Schlüsselpaar.
2. Mit dem Schlüsselpaar generiert man einen CSR (*Certificate Signing Request*).
3. Den CSR schickt man an die CA (*Certification Authority*) seiner Wahl, in der Regel zusammen mit einem nennenswerten Geldbetrag und einer von der CA bestimmten Form der Legitimierung (z. B. Firmendokumente, oder indem man eine bestimmte Datei an einer vorgegebenen Stelle des Webservers deponiert).
4. Von der CA erhält man dann das CRT (*Certificate*) zurück. Dieses ist normalerweise befristet; im kommerziellen Bereich in der Regel auf 1 Jahr oder maximal 3 Jahre.
5. Normalerweise ist der private Schlüssel des Servers durch ein Passwort geschützt. Um nicht jedes Mal beim Hochfahren des Servers ein Passwort eingeben zu müssen, kann man eine unsichere, da ungeschützte Datei erzeugen, die man dann auf dem Server platziert.[2]

Ob der eigene Browser (denn HTTPS wird über TLS abgewickelt) oder Client das Zertifikat widerspruchlos akzeptiert, hängt davon ab, ob die CA sich in einer Hierarchie befindet, deren Wurzelzertifikat beim Browser bzw. Client hinterlegt ist.

Möchten Sie sich die Kosten und den Aufwand einer offiziellen CA sparen, können Sie Ihre Schlüssel selbst signieren (*Self-Signing*), jedoch bleibt Ihnen das Erzeugen eines CSR dadurch nicht erspart. Da ein offizielles Zertifikat zwingend einen passenden offiziellen (und auch öffentlich zugänglichen) DNS-Eintrag erfordert, kommt für viele Anwendungen ein offizielles Zertifikat auch gar nicht in Frage.

Ein selbst signiertes Zertifikat mag die Verbindung absichern, aber die Identität des Servers ist damit natürlich nicht abgesichert. Das bedingt aber auch, dass der betreffende Verbindungsaufbau im Rahmen eines Man-in-the-Middle-Angriffs verwundbar ist – jeder kann ja mit der gleichen Glaubwürdigkeit behaupten, ebenfalls der betreffende Server zu sein.

1 Angenommen, einem Angreifer gelänge es, des geheimen Schlüssels habhaft zu werden, wäre also dieser Login-Vorgang bereits fatal. Man würde also zu einer Challenge-Response-Authentifizierung raten, oder alternativ, aber völlig unüblich, einen Client-Key hinterlegen, damit dieser nicht ausgetauscht werden muss.

2 Das wird in der Praxis fast immer so gemacht – ist aber im Grunde genommen eine gefährliche Sache.

15.1.2 Bibliotheken und Protokollversionen

Nachdem wir nun wissen, was alles zu geschehen hat, damit wir überhaupt anfangen können, schauen wir uns kurz an, womit wir das erreichen.

OpenSSL ist die mit Abstand am meisten verwendete Library für TLS. In den letzten Jahren hat jedoch eine ganze Anzahl von Zwischenfällen die Library in einem nicht mehr ganz so guten Licht dastehen lassen, zum Teil aber unverschuldet. Auch zeichnete sich OpenSSL in der Vergangenheit stets dadurch aus, dass es auch Algorithmen unterstützte, die schon lange als unsicher galten, was es nicht einfacher machte, damit sichere Programme zu schreiben.

In letzter Zeit ist viel passiert, um die Codequalität von OpenSSL wieder zu verbessern, auch wenn vielleicht noch nicht alles optimal ist. Zu den verwendbaren Mitbewerbern zählen LibreSSL und GnuTLS, doch auch deren Geschichte ist auch nicht ohne Makel; sie haben gewisse, manchmal distributionsbedingte Eigenheiten, und sie sind nicht überall verfügbar. Google und andere verwenden NSS (`libssl`) von Mozilla. Die Aufsplitterung eines Protokolls in verschiedene Projekte hat leider dazu geführt, dass dieselben Programmier- bzw. Denkfehler hin und wieder zeitversetzt an verschiedenen Stellen auftauchen. Auch hat nicht jedes Projekt die personellen Ressourcen, aktuelle Erkenntnisse zeitnah einzupflegen.

Nicht nur die Bibliothek, sondern auch das Protokoll wurde weiterentwickelt, von SSLv1 über SSLv2, SSLv3 nach TLSv1, TLSv1_1 bis zum derzeit aktuellen TLSv1_2. Zum Zeitpunkt der Drucklegung gilt alles oberhalb SSLv3 als relativ sicher, wobei der Ruf von SSLv3 selbst unter dem *POODLE-Angriff* gelitten hat und Sie dieses Protokoll eher meiden sollten.[3]

15.1.3 Schlüsselgenerierung in der Praxis

OpenSSL bringt ein Tool mit, das es uns erlaubt, die obigen Schritte nachzuvollziehen:

```
$ openssl genrsa -des3 -out server.key 4096
$ openssl req -new -key server.key -out server.csr
$ openssl x509 -req -days 3650 -in server.csr -signkey server.key -out server.crt
$ openssl rsa -in server.key -out server.key.insecure
$ openssl rsa -in server.key.insecure -pubout > server.pub
```

3 POODLE (*Padding Oracle On Downgraded Legacy Encryption*) war ein Hack, der auf der Idee beruhte, das Protokoll zu einer niedrigen Verschlüsselungsqualität zu zwingen (zum Beispiel RC4) und damit im Rahmen eines Man-in-the-Middle-Angriffs eigentlich verschlüsselte Informationen auszulesen. Dieser Angriff basierte auf der Fähigkeit von SSLv3, zu Kompatibilitätszwecken auf ältere Verschlüsselungsstandards herunterzuschalten, die bereits lange als unsicher galten. Die Entdecker dieses Hacks wiesen darauf hin, dass sich der »Man in the Middle« durchaus in Form eines Stücks Javascript im Browser des Opfers befinden könnte.

Sie brauchen keinerlei Daten einzugeben – außer den *Common Name* (CN), wo Sie bitte für unseren Anwendungsfall `localhost` eingeben. Ohne ein Passwort weigert sich `openssl`, fortzufahren; geben Sie dort bitte etwas Simples ein, und zwar immer wieder das Gleiche.

Hinweis

Der Befehl `openssl` ist ein Schweizer Offiziersmesser und ein Leatherman in einem. Wenn Sie sich die Mühe machen, die Dokumentation durchzulesen, werden Sie feststellen, dass wenig an diesem Tool intuitiv verständlich und merkbar ist. Und als wäre das nicht genug, so kursieren auch noch verschiedene Versionen mit teilweise recht unterschiedlichen Fähigkeiten. Mit anderen Worten: Wenn Sie es brauchen, werden Sie in der Regel sowieso in der Dokumentation nachschlagen müssen – das bleibt Ihnen nicht erspart. Sehen Sie es uns darum bitte nach, wenn wir keine Funktionsreferenz mitliefern – das tut aber mit Sicherheit bereits Ihre Linux-Distribution.

15.2 Server

Einen kleinen Webserver zu schreiben, ist nicht schwierig. Bemerkenswert ist allerdings, dass sich die Art und Version des Protokolls an vielen Stellen in Funktionsnamen von OpenSSL widerspiegelt, was es nicht einfacher macht, verschiedene TLS-Versionen gleichzeitig zu unterstützen. Die Autoren von OpenSSL arbeiten daran, diesem Manko abzuhelfen, aber in dem zum Zeitpunkt der Drucklegung dieses Buch aktuellen Release sind die neuen, versionsnummernlosen Varianten der Schnittstelle noch nicht vorhanden.

Hinweis

Wir diskutieren im Folgenden den Quelltext zweier Beispielprogramme, die Sie im Original noch einmal in den Materialien zum Buch unter *http://www.rheinwerk-verlag.de/3854/* finden. Wir unterbrechen den Quelltext immer wieder für Anmerkungen, doch ist das Programm an sich komplett und in dieser Form lauffähig.

```
#include <stdio.h>
#include <stdlib.h>
#include <string.h>
#include <unistd.h>
#include <sys/types.h>
#include <sys/socket.h>
#include <sys/stat.h>
#include <fcntl.h>
#include <arpa/inet.h>       /* fuer htons() */
#include <openssl/conf.h>
#include <openssl/opensslconf.h>
```

```
#include <openssl/err.h>
#include <openssl/ssl.h>
#include <openssl/x509.h>
#define CERT_FILENAME "cert/server.crt"
#define KEY_FILENAME "cert/server.key.insecure"
#define BUFSIZE 1024
static int respond(SSL *ssl, char *mesg, int rcvd, const char *root);
```

Das ist unsere eigentliche Serverroutine; sie wartet auf eine einkommende Verbindung auf einem Port, und der mitgegebene Pfad ist ein Bereich, aus dem der Client Seiten (Dateien) abrufen darf. Dort muss natürlich auch etwas sein, sonst sieht man nichts.

```
const char *do_accept(int port, const char *root) {
    const SSL_METHOD *method;
    SSL_CTX *ctx;
    char buf[BUFSIZE];
    int r;
    method = TLSv1_1_server_method();   /* Server-Instanz erzeugen */
    if(!method) return "TLS_server_method";
    ctx = SSL_CTX_new(method);          /* Context erzeugen */
    if(!ctx) return "SSL_CTX_new";
     /* set the local certificate from CertFile */
    SSL_CTX_use_certificate_file(ctx, CERT_FILENAME, SSL_FILETYPE_PEM);
     /* set the private key from KeyFile */
    SSL_CTX_use_PrivateKey_file(ctx, KEY_FILENAME, SSL_FILETYPE_PEM);
     /* verify private key */
    if(!SSL_CTX_check_private_key(ctx))
        return "SSL_CTX_check_private_key";
    /*--- Standard-TCP-Server-Setup ---*/
    int sd, client;
    struct sockaddr_in addr;
    sd = socket(PF_INET, SOCK_STREAM, 0); /* Stream-Socket erzeugen */
    if(sd<0)
        return "%socket";   /* fuehrendes % bedeutet unistd.h-Funktion */
    memset(&addr, 0, sizeof(addr));
    addr.sin_family = AF_INET;
    addr.sin_port = htons(port);          /* Port auswaehlen */
    addr.sin_addr.s_addr = INADDR_ANY;    /* jede moegliche adresse */
    r=bind(sd, (struct sockaddr*)&addr, sizeof(addr));  /* bind it */
    if(r<0)
        return "%bind";
    r=listen(sd, 10);          /* horchendes Socket erzeugen */
    if(r<0)
```

```
        return "%listen";
    client = accept(sd, NULL, NULL);  /* auf Verbindung warten und annehmen */
    if(accept<0)
        return "%accept";
    int bytes;
    SSL *ssl = SSL_new(ctx);  /* neuen SSL-Status mit Context erzeugen */
    if(!ssl)
        return "SSL_new";
    r=SSL_set_fd(ssl, client);    /* Verbindung auf SSL-Status setzen */
    if(r!=1)
        return "SSL_set_fd";
    r=SSL_accept(ssl);            /* Handshake beginnen */
    if(r!=1)
        return "SSL_accept";
    /* von hier ab kann man Lesen und Schreiben */
    bytes = SSL_read(ssl, buf, sizeof(buf)); /* HTTP-Request einlesen */
    if(bytes<0)
        return "SSL_read";
    if(bytes<0)    // receive error {
        return "SSL_read";
    }
    if(bytes==0)    // receive-Socket geschlossen {
        fprintf(stderr,"Client-Verbindung unerwartet verloren.\n");
        return NULL;
    }
    r=respond(ssl, buf, bytes, root);
    if(r!=1)
        return "respond";
    /* loop */
     /* Schliesse Verbindung & Aufraeumen */
    client = SSL_get_fd(ssl);      /* get the raw connection */
    if(client<0)
        return "SSL_get_fd";
    SSL_free(ssl);               /* SSL-Status freigeben */
    close(sd);                 /* schliesse Verbindung */
    return NULL;
}
static int stringwrite(SSL *ssl, const char *outmesg) {
    return SSL_write(ssl, outmesg, strlen(outmesg));
}
```

Die Routine parst das einkommenden HTTP-GET. Nicht schön, aber kurz.

```
/* Client-Verbindung */
static int respond(SSL *ssl, char *mesg, int rcvd, const char *root)
    /* zerstoert mesg */ {
    char *reqline[3], data_to_send[BUFSIZE], path[BUFSIZE];
    int fd, bytes_read;
    /* Message empfangen */
    printf("DEBUG: %s", mesg);
    reqline[0] = strtok(mesg, " \t\n");
    if(strncmp(reqline[0], "GET\0", 4)==0 ) {
        reqline[1] = strtok(NULL, " \t");
        reqline[2] = strtok(NULL, " \t\n");
        if( strncmp(reqline[2], "HTTP/1.0", 8)!=0 && strncmp( reqline[2],
          "HTTP/1.1", 8)!=0 ) {
            stringwrite(ssl, "HTTP/1.0 400 Bad Request\n");
        }
        else {
            if(strncmp(reqline[1], "/\0", 2)==0 )
                reqline[1] = "/index.html";
/* Wenn kein file angegeben ist, wird index.html genommen, wie beim APACHE... */
            if(strlen(root)+strlen(reqline[1])+1>BUFSIZE)
                return 0;   /* schuetze den Stack */
            strcpy(path, root);
            strcat(path, reqline[1]);
            printf("file: %s\n", path);
            if( (fd=open(path, O_RDONLY))!=-1 )    /* FILE FOUND */ {
                stringwrite(ssl, "HTTP/1.0 200 OK\n\n");
                while((bytes_read=read(fd, data_to_send, BUFSIZE))>0)
                    SSL_write(ssl, data_to_send, bytes_read);
            }
            else
                stringwrite(ssl, "HTTP/1.0 404 Not Found\n"); /* FILE NOT FOUND */
        } }
    return 1;
}
```

Die SSL-Library (OpenSSL) initialisieren wir wie folgt:

```
void init_ssl_lib(void) {
    (void)SSL_library_init();
    /* SSL_add_all_algorithms();   * alle Algorithmen laden */
    SSL_load_error_strings();     /* alle Fehlermeldungen laden */
    /* ERR_load_crypto_strings(); */
    OPENSSL_config(NULL);
    /* Include <openssl/opensslconf.h> to get this define */
```

```
#if defined (OPENSSL_THREADS)
    fprintf(stdout, "Warning: thread locking is not implemented\n");
#endif
}
```

Die Hauptroutine, die im Grunde nichts anderes macht als `do_accept()` aufzurufen, sieht so aus:

```
int main(int argc, char *argv[]) {
    const char *s;
    int r;
    if(argc<3) {
        printf("usage: %s <port> <path>\n", argv[0]);
        return 1;
    }
    r=strlen(argv[2]);
    if(r!=0 && argv[2][r-1]=='/') {
        argv[2][r-1]='\x00';
    }
    init_ssl_lib();
    s=do_accept(atol(argv[1]), argv[2]);
    if(s!=NULL) {
        if(s[0]!='%') {
            char buf[120];
            puts(ERR_error_string(ERR_get_error(), buf));
        }
        else {
            perror(s+1);
        }
        return 9;
    }
    return 0;
}
```

Unser kleiner Webserver unterstützt übrigens nur HTTP 1.1 und TLS 1.2 und beendet sich nach der ersten Anfrage.

`lynx` hat damit keine Probleme, denn es hält die Verbindung offen, während es sich über das sparsame Zertifikat beschwert (das ist ja nur selbstsigniert), Firefox dagegen schließt die Verbindung wieder und beschwert sich erst dann. (Wir starten dazu den kleinen Server einfach neu, bis sich Firefox das Zertifikat gemerkt hat – dazu müssen wir Firefox aber auch mitteilen, dass er das tun soll.) Chrome hingegen scheitert an `TLSv1_2...method` und möchte gerne `TLSv1_1...method` (das gilt für die Version 48, die zum Zeitpunkt der Drucklegung aktuell war).

Wir können alternativ auch klein anfangen, mit `SSLv23_method`, und die älteren Protokollvarianten per Optionen `SSL_CTX_set_options` verbieten. Dummerweise ist zu dem Zeitpunkt des *Handshakes* (der *Negotiation*)[4] aber ein Teil dessen möglicherweise schon passiert, was wir mit der Auswahl eines neueren Protokolls eigentlich verhindern wollten. Unter anderem könnte ein geschickter Angreifer im Augenblick des Handshakes eine Negotiation mit unsicheren Parametern forcieren – oder auch später durch *Renegotiation*.

Sie sehen, es ist gar nicht so einfach, es jedem recht zu machen, und das mag einer der Gründe sein, warum TLS-Server so selten programmiert werden. Wir, die wir unseren Client selbst programmieren, haben das Problem allerdings nicht, und für uns ist HTTP bloß der Aufhänger, um unsere Daten auswählen zu können.

15.3 Client

Hier noch ein Client, der zeigt, wie Sie eine Verbindung von der anderen Seite aufbauen:

```
#include <stdio.h>
#include <stdlib.h>
#include <string.h>
#include <openssl/conf.h>
#include <openssl/opensslconf.h>
#include <openssl/err.h>
#include <openssl/ssl.h>
#include <openssl/x509.h>
const char * const PREFERRED_CIPHERS = "HIGH";
const char * const GET_COMMAND = "GET %s HTTP/1.1\r\n"
                  "Host: %s\r\n"
                  "Connection: close\r\n\r\n";
int verify_callback(int preverify, X509_STORE_CTX* x509_ctx);
```

Das ist nun der Haupt-Wirkteil, der ein HTTP-GET absetzt und dafür eine Datei haben möchte. Diese Datei wird direkt auf die Konsole (TTY) ausgegeben – was in einem realen Programm eher weniger wünschenswert sein dürfte, aber uns zeigt, dass es auch funktioniert.

```
const char *do_
get(const char *hostname, int hostport, const char *rsrc, FILE *outf) {
    long res = 1;
    SSL_CTX* ctx = NULL;
    BIO *web = NULL;
```

4 Der Begriff *Handshake* (»Händeschütteln«) wird gerne verwendet, wenn man von einem kurzen Dialog zum Aufbau einer Verbindung spricht; *Negotiation* (»Verhandlung«) wird dagegen benutzt, wenn bestimmte Bedingungen ausgehandelt werden müssen. Beides findet hier zum Aufbau der SSL-Verbindung statt.

```
SSL *ssl = NULL;
int buflen = strlen(hostname)+strlen(GET_COMMAND)+strlen(rsrc);
char *buf = alloca(buflen);
const SSL_METHOD* method = TLSv1_2_client_method();
if(!method) return "TLS_client_method";
ctx = SSL_CTX_new(method);
if(!ctx) return "SSL_CTX_new";
SSL_CTX_set_verify(ctx, SSL_VERIFY_PEER, verify_callback);
SSL_CTX_set_verify_depth(ctx, 4);
const long flags = SSL_OP_NO_SSLv2 | SSL_OP_NO_SSLv3 | SSL_OP_NO_COMPRESSION;
SSL_CTX_set_options(ctx, flags);
res = SSL_CTX_load_verify_locations(ctx, "cert/server.crt", NULL);
if(res!=1) return "SSL_CTX_load_verify_locations";
web = BIO_new_ssl_connect(ctx);
if(!web) return "BIO_new_ssl_connect";
sprintf(buf, "%s:%d", hostname, hostport); printf("DEBUG: %s\n", buf);
res = BIO_set_conn_hostname(web, buf);
if(res!=1) return "BIO_set_conn_hostname";
BIO_get_ssl(web, &ssl);
if(!ssl) return "BIO_get_ssl";
res = SSL_set_cipher_list(ssl, PREFERRED_CIPHERS);
if(res!=1) return "SSL_set_cipher_list";
res = SSL_set_tlsext_host_name(ssl, hostname);
if(res!=1) return "SSL_set_tlsext_host_name";
res = BIO_do_connect(web);
if(res!=1) return "BIO_do_connect";
res = BIO_do_handshake(web);
if(res!=1) return "BIO_do_handshake";
/* Schritt 1: Ein Server-Zertifikat ueberpruefen, das waehrend des Handshakes
   uebermittelt wurde */
X509* cert = SSL_get_peer_certificate(ssl);
if(cert) { X509_free(cert); } /* Free immediately */
else
    return "SSL_get_peer_certificate";
/* Schritt 2: das Ergebnis der Kettenueberpruefung pruefen */
//res = SSL_get_verify_result(ssl);
//if(!(X509_V_OK == res)) return "SSL_get_verify_result";
/* Schritt 3: Hostname ueberpruefen */
/* An exercise left to the reader */
sprintf(buf, GET_COMMAND, rsrc, hostname);
BIO_puts(web, buf);
int len = 0;
do {
```

```
        len = BIO_read(web, buf, buflen-1);
        buf[buflen-1]=0; /* egal wie lang, in jedem Fall terminieren */
        if(len>0 && outf)
          fputs(buf, outf);
    } while (len > 0 || BIO_should_retry(web));
    if(web != NULL)
      BIO_free_all(web);
    if(NULL != ctx)
      SSL_CTX_free(ctx);
    return NULL;
}
```

Diese Routine ist die heikelste, soll sie doch das Zertifikat verifizieren. Unsere macht das nicht, sondern sie sagt immer »okay«;für Testzwecke und Heimanwendungen reicht das völlig aus, wenn Sie das Programm an einen Kunden liefern, aber wohl eher nicht.

```
int verify_callback(int preverify, X509_STORE_CTX* x509_ctx) {
    return 1;
}
void init_ssl_lib(void) {
    (void)SSL_library_init();
    SSL_load_error_strings();
    /* ERR_load_crypto_strings(); */
    OPENSSL_config(NULL);
    /* include <openssl/opensslconf.h> fuer OPENSSL_THREADS */
#if defined (OPENSSL_THREADS)
    fprintf(stdout, "Warning: thread locking is not implemented\n");
#endif
}
```

Das ist nun wieder die Hauptroutine, die quasi eine URL mitgegeben haben möchte – gesplittet in drei einzelne Parameter.

```
int main(int argc, char *argv[]) {
    const char *r;
    if(argc<4) {
        printf("usage: %s <hostname> <port> <path>\n", argv[0]);
        return 1;
    }
    if(argv[3][0]!='/') {
        fputs("Pfad muss mit einem Schraegstrich beginnen '/'.\n", stderr);
        return 2;
    }
    init_ssl_lib();
```

```
    r=do_get(argv[1],atol(argv[2]),argv[3],NULL);
    printf("do_get() Rueckgabewert = %s\n", r?r:"NULL (=OKAY)");
    if(r!=NULL) {
        char buf[120];
        puts(ERR_error_string(ERR_get_error(), buf));
    }
    return (r!=NULL)?9:0;
}
```

Wir haben also jetzt folgende Funktionalität: Ein Server, der statisch hinterlegte Dateien per HTTP auf einer SSL-Verbindung bereitstellt, und ein Tool, das sie abruft. Mehr Funktionalität braucht ein normales Duo von Server und Client ja nicht. Wir können Ihnen hier – nach dem jetzigen Stand der Dinge – leider kein fertiges Rezept anbieten, das Ihnen zu jeder Zeit, und vor allem immer dann, wenn Sie das Buch aufschlagen, eine perfekte Lösung sein wird.

Das liegt schlicht daran, dass die Protokolle weiterentwickelt werden und die Schnittstellen sich verändern. War vor einigen Monaten beispielsweise der Hash-Algorithmus *MD5* durchaus noch vertretbar, so gilt er zum Zeitpunkt der Drucklegung des Buches bereits als gefährlich veraltet, und auf einem ähnlichen Weg befindet sich der etwas modernere *SHA1*-Algorithmus.

Denn wie Sie letztlich Ihr Client-Server-Duo im Einzelnen konfigurieren (siehe auch `OPENSSL_config()`), das steht ja auf einem anderen Blatt. Momentan ist es sehr angeraten, alles explizit zu verbieten, was als unsicher gilt. Nur wird Ihnen dann halt andererseits das Problem begegnen, dass, wenn Sie mit nicht ganz gleichen Plattformen arbeiten, Sie unter Umständen Zugeständnisse machen müssen – weil die eine Plattform vielleicht nicht denjenigen Hash-Algorithmus unterstützt, der ansonsten die beste Lösung darstellen würde. Vielleicht spielt für Sie Sicherheit aber auch gar keine primäre Rolle, oder Sie wollen die Konfiguration dem Benutzer, dem Anwender Ihrer Software überlassen. Das ist mit Sicherheit nicht die schlechteste Wahl, sofern Sie ihn in Ihrer Dokumentation darauf aufmerksam machen.

Beim Programmieren ist es im Moment – wie Sie gesehen haben – zum Teil unausweichlich, die verwendete Protokollversion zu erwähnen. Das ist fatal, denn auf die Art ist es quasi unmöglich, zukunftstaugliche Programme zu schreiben, die irgendwann später, wenn es eine neue Protokollversion gibt, diese automatisch verwenden. Stattdessen muss man ständig programmiertechnisch hinterherarbeiten.[5]

Häufig werden Sie als Programmierer im richtigen Leben auch der Situation begegnen, dass Sie sich vollkommen den Vorgaben Ihres Auftraggebers oder der Problemstellung fügen müssen, Sie also gefordert sind, entweder einen Client für einen bestehenden Server (zum Beispiel einen Webserver) oder umgekehrt einen Server für einen bestehenden Client zu

5 Wenn Sie sich die Schnittstellen in den Headerdateien anschauen, sehen Sie aber, dass man beim OpenSSL-Projekt an dem Problem arbeitet. Nur sind die »versionslosen« Schnittstellen anscheinend noch nicht so weit gereift, dass man sie öffentlich empfehlen – und dokumentieren – kann.

schreiben. Manche Entwickler sind völlig unsensibilisiert und bauen darauf, dass mit den Default-Einstellungen schon alles wunderbar »hinhauen« wird. Gerade OpenSSL hat aber nun bewiesen, dass dem nicht so ist. Wenn Sie das Thema vertiefen wollen, finden Sie beispielsweise beim Heise-Zeitschriften-Verlag im Newsticker manchmal fast täglich Nachrichten von kompromittierten oder falsch konfigurierten Systemen, die entweder von wohlmeinenden Zeitgenossen entdeckt oder von wesentlich weniger wohlmeinenden gehackt worden sind.

15.4 Referenz OpenSSL

Hinweis

Bitte beachten Sie, dass diese Referenz dem Zahn der Zeit unterworfen ist, wie Sie weiter oben gesehen haben. Wenn Sie die Funktionen verwenden, die sich auf ein bestimmtes Protokoll beziehen, sollten Sie schauen, ob es von der jeweiligen Funktion eine modernere Variante gibt.

Wenn Sie andere Literatur nutzen außer der Originaldokumentation des OpenSSL-Projekts, so beachten Sie bitte, dass verschiedene Angaben in Fachbüchern traditionell falsch sind. Ein typisches Beispiel hierfür ist die Funktion `BIO_set_conn_ip()`.[6]

Die Funktionen der OpenSSL-Bibliothek gliedern sich nach der »Höhe«, auf der die Funktion eine Rolle spielt, schließlich ist SSL/TLS ein Aufsatz auf TCP/IP und wird erst auf Basis einer existierenden TCP/IP-Verbindung (wie Sie bereits in Kapitel 14 »Netzwerkprogrammierung«, gesehen haben) aufgebaut.

Die protokollmäßig niedrigste Ebene ist BIO (Basic Input/Output), die höchste SSL, alle Operationen auf der Authentisierungs-Logik-Ebene beginnen mit `SSL_CTX`.

15.4.1 BIO: Session eröffnen und schließen

Wie Sie unserem Beispielprogramm entnehmen konnten, baut man serverseitig eine Verbindung über die in Kapitel 14 behandelte Kombination von `bind()` und `listen()` auf, also mit einem ganz normalen TCP/IP-Socket, das auf einen Port horcht. Erst in einem zweiten Schritt ziehen wir damit dann eine SSL-Verbindung »hoch«.

Clientseitig gehen wir anders zu Werke, da der Aufbau der Verbindung schrittweise erfolgt und wir in jedem einzelnen Schritt die Kontrolle behalten wollen – im Gegensatz zum Server, der ohnehin nehmen muss, was er kriegen kann, solange es seine SSL-Konfiguration generell

6 Laut OpenSSL-Dokumentation wird hier als Parameter ein *Big-Endian*-Quadrupel in einem 4-Bytes-Char-Buffer eingesetzt. Das Format ist gelinde gesagt exotisch. Diese Funktion haben wir uns hier gespart, um die Verwirrung nicht zu erhöhen – benutzen werden Sie sie wahrscheinlich so gut wie nie.

zulässt. Für diesen Zweck kennt OpenSSL die BIO-Schnittstellen, die grob das nachbilden, was eigentlich ohnehin schon da wäre[7], die jedoch im Unterschied nahtlos in die OpenSSL-Schnittstellen der höheren Ebenen übergehen.

```
#include <openssl/bio.h>
#include <openssl/ssl.h>

BIO *BIO_new_connect(char *name);
```

Diese Funktion öffnet eine Verbindung mit einem Host (Hostname oder IP), es darf auch ein Port abgetrennt durch einen Doppelpunkt angegeben werden. Zurückgegeben wird die erzeugte »Verbindung«[8] als BIO-Pointer. Diese Funktion fasst mehrere andere in einem Aufruf zusammen.[9]

Wenn Sie bereits ein POSIX-Handle haben und es mit BIO-Schnittstellen einsetzen wollen, benutzen Sie die folgende Funktion:

```
BIO *BIO_new_fp(FILE *stream, int flags);
```

Als Flags sind hier erlaubt: `BIO_CLOSE`, `BIO_NOCLOSE` und `BIO_FP_TEXT`, also Stream schließen wenn BIO geschlossen wird, bzw. nicht schließen, und Textmodus, was für Plattformen wie Windows interessant ist, die Text- und Binärmodus unterscheiden.

```
long BIO_set_conn_hostname(BIO *b, char *name);
long BIO_set_conn_port(BIO *b, char *port);
long BIO_set_conn_int_port(BIO *b, char *port);
char *BIO_get_conn_hostname(BIO *b);
char *BIO_get_conn_port(BIO *b);
long BIO_get_conn_int_port(BIO *b);
long BIO_set_nbio(BIO *b, long n);
```

Die obigen Funktionen dienen zum Setzen bzw. Lesen von »Verbindungs«-Parametern. `BIO_set_nbio()` setzt mit seinem »langen« Parameter `n` witzigerweise nur ein Flag, und zwar `0` für nicht blockierend und `1` für blockierend.

```
int BIO_do_connect(BIO *b);
```

Diese Funktion macht aus einer vorbereiteten Verbindung eine tatsächliche, indem sie beginnt, die Verbindung physisch aufzubauen. Mit dem Makro `BIO_should_retry(b)` bringen

7 Nämlich die POSIX-Netzwerkfunktionen aus Kapitel 14, »Netzwerkprogrammierung«.

8 »Verbindung« in Anführungsstrichen, denn möglicherweise ist BIO zu dem Zeitpunkt gar keine aktive Verbindung. `BIO_new()` und `BIO_set_conn_hostname()` werden zusammengefasst. Man könnte auch von Session sprechen, aber wir halten uns an die englische Terminologie, die von »connection« redet.

9 Mehr dazu wie immer in der zugehörigen Dokumentation. Beachten Sie, dass die genannten Funktionen gleich als ganzer Schwarm kommen und es meist mehrere Vertreter gibt, die ähnlich heißen, aber etwas (völlig) anderes machen.

wir in Erfahrung, ob (bei einer nicht blockierenden Verbindung) der Versuch wiederholt werden soll, falls er fehlgeschlagen ist.

```
#define BIO_do_handshake(b)      BIO_ctrl(b,BIO_C_DO_STATE_MACHINE,0,NULL)
```

Diese Funktion ist nur als Makro implementiert und bewirkt anschließend den Verbindungsaufbau auf SSL-Ebene. Wie oben bereits erwähnt – das ist jetzt noch nicht die eigentliche SSL-Verbindung, sondern erst ihre Vorstufe (nach dem Handshake), auf deren Basis dann die Verhandlung der Bedingungen (Negotiation) stattfindet.

Hinweis

Wenn Sie mit dem rechten Teil einer Makrodefinition nichts anfangen können: Das brauchen Sie auch nicht. Der Teil mag aber als Anhaltspunkt dienen, welche Parameter auf der linken Seite gewünscht sind, da vor allem OpenSSL etwas zur Kürze bei Bezeichnern neigt.

```
int    BIO_free(BIO *a);
void   BIO_free_all(BIO *a);
```

Alle drei Funktionen geben den Speicher von Verbindungen wieder frei, aber `BIO_free_all()` arbeitet auf einer Kette von Verbindungen.


```
#define BIO_set_ssl(b,ssl,c)   BIO_ctrl(b,BIO_C_SET_SSL,c,(char *)ssl)
#define BIO_get_ssl(b,sslp)    BIO_ctrl(b,BIO_C_GET_SSL,0,(char *)sslp)
#define BIO_set_ssl_mode(b,client)     BIO_ctrl(b,BIO_C_SSL_MODE,client,NULL)
```

Wenn wir weiter mit der Verbindung arbeiten wollen, müssen wir sie als SSL-Verbindung verwenden (siehe die Funktionen in Abschnitt 15.4.4). Um die SSL-Verbindung zu erhalten, verwenden wir das Makro `BIO_get_ssl()` in der Form `BIO_get_ssl(bio, &ssl)`. Der Parameter `c` bei `BIO_set_ssl()` ist lediglich das oben bereits erwähnte *Close Flag*.

```
BIO *BIO_new_ssl(SSL_CTX *ctx, int client);
BIO *BIO_new_ssl_connect(SSL_CTX *ctx);
BIO *BIO_new_buffer_ssl_connect(SSL_CTX *ctx);
```

Diese Funktionen erzeugen einen neuen `BIO` aus einem bestehenden Kontext (`CTX`) und verbinden ihn wahlweise. `BIO_new_buffer_ssl_connect()` erzeugt dabei einen gepufferten BIO.

```
int BIO_reset(BIO *b);
void BIO_ssl_shutdown(BIO *bio);
```

`BIO_reset()` schließt alle offenen SSL-Verbindungen, indem es auf jeder `BIO_ssl_shutdown()` ausführt.

```
int     BIO_read(BIO *b, void *buf, int len);
int     BIO_gets(BIO *b, char *buf, int size);
int     BIO_write(BIO *b, const void *buf, int len);
int     BIO_puts(BIO *b, const char *buf);
int     BIO_socket(int domain, int socktype, int protocol, int options);
int     BIO_connect(int sock, const BIO_ADDR *addr, int options);
int     BIO_listen(int sock, const BIO_ADDR *addr, int options);
int     BIO_accept_ex(int accept_sock, BIO_ADDR *peer, int options);
int     BIO_closesocket(int sock);
```

Es handelt sich um Funktionen, die analog zu den uns altbekannten funktionieren, fast selbsterklärend, denken wir. Zu den bekannten BIO_SOCK_KEEPALIVE, BIO_SOCK_NONBLOCK, BIO_SOCK_NODELAY kommen BIO_SOCK_REUSEADDR (Adresse und Portnummer einer kürzlich geschlossenen Verbindung recyceln) und BIO_SOCK_V6_ONLY (nur auf IPv6-Adressen hören und IPv4 ignorieren).

15.4.2 ERR: Alles über Fehlermeldungen

```
#include <openssl/err.h>

unsigned long ERR_get_error(void);
unsigned long ERR_peek_error(void);
unsigned long ERR_peek_last_error(void);
```

Diese Funktionen zum Abholen eines Fehlercodes sind praktisch selbsterklärend, wobei peek jeweils bedeutet, dass der aktuelle Status unverändert bleibt. Wichtig ist allerdings, dass es mehrere, also »gestapelte« Fehlercodes geben kann, die dann der Reihe nach ausgelesen werden sollten bzw. müssen, bis kein Fehlercode mehr kommt.

```
unsigned long ERR_get_error_line(const char **file, int *line);
unsigned long ERR_peek_error_line(const char **file, int *line);
unsigned long ERR_peek_last_error_line(const char **file, int *line);
```

Diese Funktionen tun praktisch dasselbe, geben aber zusätzlich einen Zeiger auf einen String zurück, der die Fehlermeldung enthält, und im Weiteren die Zeile des Fehlers. Beispiel:

```
int zeile;
const char *fehlermeldung;

while(ERR_get_error_line(&fehlermeldung, &zeile) != 0) {
    fprintf(stderr, "%d: %s\n", zeile, fehlermeldung);
}
```

Zuerst allerdings muss man die vorhandenen Strings erst einmal laden, und anschließend muss/soll/kann man den entsprechenden Speicherbereich wieder freigeben.[10]

```
void ERR_load_crypto_strings(void);
void SSL_load_error_strings(void);
void ERR_free_strings(void);
```

15.4.3 OpenSSL-Konfiguration

Relativ wichtig ist, wie bereits erwähnt, der Umstand, dass OpenSSL grundsätzlich

1. global,
2. benutzerspezifisch und
3. applikationsspezifisch

konfiguriert werden kann, sodass zum Beispiel bestimmte Hash- und Verschlüsselungsalgorithmen von vornherein ausgeschlossen werden.

```
#include <openssl/conf.h>

void OPENSSL_config(const char *config_name);
void OPENSSL_no_config(void);
void OPENSSL_add_all_algorithms_noconf(void);
```

`no config` bzw. `noconf` schließen dabei niederrangige Konfigurationen (also global und benutzerspezifisch) explizit aus.

15.4.4 SSL: Operationen auf SSL-Verbindungen

Hier an reichlich unpassender Stelle, aber dennoch, nicht zu vergessen:

```
SSL_library_init(void);
```

Diese Funktion initialisiert die gesamte OpenSSL-Bibliothek und muss als Allerererstes aufgerufen werden, vor allen anderen Funktionen.

```
int SSL_CTX_use_certificate(SSL_CTX *ctx, X509 *x);
int SSL_CTX_use_certificate_ASN1(SSL_CTX *ctx, int len, unsigned char *d);
int SSL_CTX_use_certificate_file(SSL_CTX *ctx, const char *file, int type);
int SSL_use_certificate(SSL *ssl, X509 *x);
int SSL_use_certificate_ASN1(SSL *ssl, unsigned char *d, int len);
int SSL_use_certificate_file(SSL *ssl, const char *file, int type);
```

10 Wenn Ihr Programm sich danach sowieso beendet, können Sie sich vielleicht die Mühe sparen, aber ansonsten ist es eine gute Idee, um sich Speicherlecks zu ersparen.

```
int SSL_CTX_use_certificate_chain_file(SSL_CTX *ctx, const char *file);
int SSL_CTX_use_RSAPrivateKey_file(SSL_CTX *ctx, const char *file, int type);
int SSL_use_PrivateKey_file(SSL *ssl, const char *file, int type);
int SSL_use_RSAPrivateKey_file(SSL *ssl, const char *file, int type);
```

Diese Funktionen legen die verschiedenen Dateien für einen Kontext (CTX) bzw. für eine Session fest, die wir am Anfang dieses Kapitels erwähnt haben.

Sie können die Daten aber auch in Binärform an die Bibliothek übergeben:

```
int SSL_CTX_use_PrivateKey(SSL_CTX *ctx, EVP_PKEY *pkey);
int SSL_CTX_use_PrivateKey_ASN1(int pk, SSL_CTX *ctx, unsigned char *d, long len);
int SSL_CTX_use_PrivateKey_file(SSL_CTX *ctx, const char *file, int type);
int SSL_CTX_use_RSAPrivateKey(SSL_CTX *ctx, RSA *rsa);
int SSL_CTX_use_RSAPrivateKey_ASN1(SSL_CTX *ctx, unsigned char *d, long len);
int SSL_use_PrivateKey(SSL *ssl, EVP_PKEY *pkey);
int SSL_use_PrivateKey_ASN1(int pk,SSL *ssl, unsigned char *d, long len);
int SSL_use_RSAPrivateKey(SSL *ssl, RSA *rsa);
int SSL_use_RSAPrivateKey_ASN1(SSL *ssl, unsigned char *d, long len);
int SSL_CTX_check_private_key(const SSL_CTX *ctx);
```

Diese Funktion prüft, ob der geladene private Schlüssel zu dem geladenen Zertifikat passt.

Dasselbe können Sie auch auf einer SSL-Session tun:

```
int SSL_check_private_key(const SSL *ssl);
```

Die obigen Funktionen geben im Erfolgsfall 1 zurück. In allen anderen Fällen ist der Fehlerstatus zu prüfen.[11]

```
int SSL_accept(SSL *ssl);
```

Dies entspricht einem accept() unter POSIX: eine einkommende Verbindung abwarten und aufbauen.

```
void SSL_CTX_free(SSL_CTX *ctx);
```

Diese Funktion gibt einen Kontext wieder frei.

```
int SSL_CTX_load_verify_locations(SSL_CTX *ctx, const char *CAfile,
                                  const char *CApath);
```

Die obige Funktion legt die CA-Zertifikate[12] fest, denen das System vertrauen soll. Ist CAfile ungleich NULL, so enthält es einen Dateinamen mit den CA-Zertifikaten im PEM-Format;

11 Von einer 0 oder einer anderen Zahl im Fehlerfall ist in der Dokumentation nicht die Rede.

12 Die *Certification Authorities* sind diejenigen, die ein Zertifikat ausstellen dürfen.

wenn `CApath` ungleich `NULL` ist, so enthält es den Namen des Verzeichnisses, in dem die CA-Zertifikate im PEM-Format aufbewahrt werden.

Hinweis

Im Folgenden werden Präprozessor-Instruktionen mit angegeben. Der Grund liegt darin, dass unter Umständen die entsprechend ausgeklammerten Funktionsdeklarationen nicht vorhanden sind und deren Verwendung damit einen Fehler auslöst.[13]

```
const SSL_METHOD *SSLv23_method(void);
const SSL_METHOD *SSLv23_server_method(void);
const SSL_METHOD *SSLv23_client_method(void);
const SSL_METHOD *TLSv1_2_method(void);
const SSL_METHOD *TLSv1_2_server_method(void);
const SSL_METHOD *TLSv1_2_client_method(void);
const SSL_METHOD *TLSv1_1_method(void);
const SSL_METHOD *TLSv1_1_server_method(void);
const SSL_METHOD *TLSv1_1_client_method(void);
const SSL_METHOD *TLSv1_method(void);
const SSL_METHOD *TLSv1_server_method(void);
const SSL_METHOD *TLSv1_client_method(void);
#ifndef OPENSSL_NO_SSL3_METHOD
const SSL_METHOD *SSLv3_method(void);
const SSL_METHOD *SSLv3_server_method(void);
const SSL_METHOD *SSLv3_client_method(void);
#endif
#ifndef OPENSSL_NO_SSL2
const SSL_METHOD *SSLv2_method(void);
const SSL_METHOD *SSLv2_server_method(void);
const SSL_METHOD *SSLv2_client_method(void);
#endif

const SSL_METHOD *DTLS_method(void);
const SSL_METHOD *DTLS_server_method(void);
const SSL_METHOD *DTLS_client_method(void);
const SSL_METHOD *DTLSv1_2_method(void);
const SSL_METHOD *DTLSv1_2_server_method(void);
const SSL_METHOD *DTLSv1_2_client_method(void);
const SSL_METHOD *DTLSv1_method(void);
const SSL_METHOD *DTLSv1_server_method(void);
const SSL_METHOD *DTLSv1_client_method(void);
```

13 Man kann sich bestimmt darüber streiten, ob man auf die Art programmieren sollte, wie es hier die OpenSSL-Autoren vormachen.

Und unter Angabe einer der obigen Methoden kann dann ein Kontext erzeugt werden:

```
SSL_CTX *SSL_CTX_new(const SSL_METHOD *method);
```

15.4.5 SSL_CTX und andere: Schlüssel und ihre Optionen

```
long SSL_CTX_set_options(SSL_CTX *ctx, long options);
long SSL_set_options(SSL *ssl, long options);

long SSL_CTX_clear_options(SSL_CTX *ctx, long options);
long SSL_clear_options(SSL *ssl, long options);

long SSL_CTX_get_options(SSL_CTX *ctx);
long SSL_get_options(SSL *ssl);
```

Die Funktionen sollten im Großen und Ganzen selbsterklärend sein. Die Optionen bestehen aus zwei Klassen, und zwar zum ersten einer Reihe von »Bug Workaround«-Optionen, die dazu dienen, bestehende Fehler oder Kompatibilitätsprobleme anderer Software zu umgehen,[14] und verschiedenen modifizierenden Optionen:

- `SSL_OP_TLS_ROLLBACK_BUG`: Erkennung von Rollback-Attacken abschalten. Unter Umständen mag das sinnvoll sein, wenn mit einem Server ansonsten durch eine falsch verstandene Negotiation keine Verbindung zustande kommt.[15]
- `SSL_OP_SINGLE_DH_USE`: Zur Umgehung von Sicherheitsproblemen bei der Verwendung von Diffie-Hellman-Temporärschlüsseln; es soll dann immer ein neuer Schlüssel generiert werden.
- `SSL_OP_CIPHER_SERVER_PREFERENCE`: Verwende beim Verhandeln die Serverpräferenzen und nicht die Clientpräferenzen.
- `SSL_OP_NO_SSLv2`,
  `SSL_OP_NO_SSLv3`,
  `SSL_OP_NO_TLSv1`,
  `SSL_OP_NO_TLSv1_1`,
  `SSL_OP_NO_TLSv1_2`: Verschiedene Protokollvarianten abschalten – teilweise automatisch gesetzt, teilweise empfohlen (`SSL_OP_NO_SSLv3`).
- `SSL_OP_NO_SESSION_RESUMPTION_ON_RENEGOTIATION`: Nur für Server relevant; wenn eine Renegotiation (Neuverhandlung) durchgeführt wird, diese immer in einer neuen Session ausführen.

---

14 Wir lassen diese Optionen hier komplett weg. Wenn Sie auf ein Problem stoßen sollten, das über das Fehlen eines Algorithmus hinausgeht, sollten Sie aber einen Blick in die OpenSSL-Dokumentation werfen.

15 Client sendet SSLv2 Hallo und akzeptiert SSLv3.1=TLSv1, der Server kennt aber nur bis SSLv3 – um eine Verbindung erfolgreich aufzubauen, müsste man also auf SSLv3 zurückgehen, was aber normalerweise verboten ist.

- SSL_OP_NO_TICKET: Normalerweise versuchen Clients und Server, transparent RFC-4507bis-Tickets zu verwenden, um eine Session wiederaufzunehmen. Diese Option schaltet das ab.
- SSL_OP_ALLOW_UNSAFE_LEGACY_RENEGOTIATION: Unter Umständen findet eine Renegotiation (Neuverhandlung) der verwendeten Verschlüsselung usw. statt, diese Option erlaubt es, dass ein solcher Vorgang zwischen einem gepatchten Client[16] und einem ungepatchten Server zu einer Regression zu SSLv3 oder niedriger führt.
- SSL_OP_LEGACY_SERVER_CONNECT: Eine generelle Verbindung zwischen einem gepatchten Client und einem ungepatchten Server ist erlaubt. (Laut Dokumentation ist die Option zum Zeitpunkt der Drucklegung per Default gesetzt.)

```
void SSL_CTX_set_verify(SSL_CTX *ctx, int mode,
                        int (*verify_callback)(int, X509_STORE_CTX *));
void SSL_set_verify(SSL *s, int mode,
                        int (*verify_callback)(int, X509_STORE_CTX *));
void SSL_CTX_set_verify_depth(SSL_CTX *ctx,int depth);
void SSL_set_verify_depth(SSL *s, int depth);

/* int verify_callback(int preverify_ok, X509_STORE_CTX *x509_ctx); */
```


Wie bereits erwähnt, ist die Überprüfung der vollständigen und durchgehenden Kette der Zertifizierungen integral wichtig, da sich sonst Zertifikate einschleichen könnten, die aus unsicheren Quellen stammen. Obige Funktionen unterstützen folgende mode-Flags:

- SSL_VERIFY_NONE. **Im Servermodus** wird der Server kein Clientzertifikat anfordern und daher auch keines erhalten. **Im Clientmodus**: Bei Verwendung einer nicht anonymen Verschlüsselung (das ist der Normalfall) sendet der Server ein Zertifikat, das geprüft wird, und zwar nach dem SSL/TLS-Handshake bei Verwendung der Funktion SSL_get_verify_result(). Der Handshake wird in jedem Fall durchgeführt, egal, welches Ergebnis die Überprüfung hat.
- SSL_VERIFY_PEER. **Im Servermodus** wird ein Clientzertifikat angefordert, und falls es geliefert wird, wird es überprüft. Falls die Prüfung fehlschlägt, wird der SSL/TLS-Handshake sofort mit einer Fehlermeldung abgebrochen. Dieses Verhalten kann mit den zusätzlichen Flags SSL_VERIFY_FAIL_IF_NO_PEER_CERT und SSL_VERIFY_CLIENT_ONCE beeinflusst werden. **Im Clientmodus** wird das Serverzertifikat überprüft. Wenn die Überprüfung fehlschlägt, wird der SSL/TLS-Handshake sofort mit einer Fehlermeldung abgebrochen. Wenn kein Serverzertifikat gesendet wird, weil eine anonyme Verschlüsselung verwendet wird, wird das Flag SSL_VERIFY_PEER ignoriert.

16 »Gepatcht« im Sinne von: Die bekannte Schwachstelle von 2009 genannt »SSL/TLS Renegotiation Attack« wurde behoben. Auch dies ist wieder ein Beispiel dafür, wie Sie Tags auf gar keinen Fall vergeben sollten.

- SSL_VERIFY_FAIL_IF_NO_PEER_CERT. **Im Servermodus**: Falls der Client kein Zertifikat gesendet hat, wird der SSL/TLS-Handshake sofort mit einem Handshake-Fehler abgebrochen. (Nur zusammen mit SSL_VERIFY_PEER verwendbar.) **Im Clientmodus** wird dieses Flag ignoriert.
- SSL_VERIFY_CLIENT_ONCE. **Im Servermodus**: Nur beim ersten Handshake ein Clientzertifikat anfordern, nicht bei einer Neuverhandlung. (Nur zusammen mit SSL_VERIFY_PEER verwendbar.) **Im Clientmodus** wird dieses Flag ignoriert.

verify_callback ist dabei der Typ einer aufruferdefinierten Callback-Funktion (Sie müssen also diese Funktion implementieren und entweder sie oder aber NULL als Parameter angeben), wobei der erste Parameter prverify_ok anzeigt, ob die Verifikation des Zertifikats geklappt hat (1) oder nicht (0). x509_ctx ist ein Zeiger auf den gesamten Kontext der Zertifikatkettenüberprüfung. Gibt die Funktion 0 zurück, so wird die gesamte Überprüfung sofort gestoppt, und falls SSL_VERIFY_PEER gesetzt ist, wird ein Alarm an den Peer gesendet und der Handshake abgebrochen. Ist der Rückgabewert dagegen 1, so wird der Handshake fortgesetzt, und eine Verbindung kommt zustande. Daneben kann aber der Aufrufer sein eigenes Fehlermeldungssystem pflegen oder den letzten Prüffehler per SSL_get_verify_result() abrufen.

Die angegebene Prüftiefe ist wie folgt definiert: Stufe 0, das Peer Certificate allein; Stufe 1: das CA-Zertifikat; Stufe 2: das übergeordnete CA-Zertifikat usw. bis zu einem Maximum von 100 (Default).

```
void SSL_free(SSL *ssl);
```

Diese Funktion löscht ein SSL-Objekt.

```
long SSL_get_verify_result(const SSL *ssl);
```

Diese Funktion gibt entweder X509_V_OK zurück, oder es ist ein Fehler aufgetreten.

```
int SSL_read(SSL *ssl, void *buf, int num);
int SSL_write(SSL *ssl, const void *buf, int num);
```

Auch diese Funktionen sollten selbsterklärend sein.

Damit haben wir das Gröbste erwähnt. OpenSSL erfreut den Anwender aber zusätzlich mit einer Unzahl von weiteren Funktionen, Optionen und Features, die zum Teil keiner kennt – was man zuletzt bei *Heartbleed* gemerkt hat, in dem eine unüberprüfte Angabe bei einem selten benutzten Unterprotokoll dazu führte, dass man den Speicher des Servers auslesen konnte.

Es wäre zu kurz gedacht, alle Schuld auf das OpenSSL-Entwicklerteam zu schieben, denn schließlich sind die SSL/TLS-Protokolle historisch gewachsen und immer wieder ergänzt worden, auch wenn manche Änderung sich am Ende als wenig sinnvoll erwiesen haben mag; schlau ist man ja immer hinterher.

Wir hoffen, dass Sie sich mit den Handreichungen in diesem Kapitel in der Lage sehen, den eigentlich recht kleinen Schritt von der unverschlüsselten Vergangenheit in die verschlüsselte Zukunft zu gehen, denn eines muss allen klar sein: Lange wird es das unverschlüsselte Internet nicht mehr geben – schon haben die Gurus vom IETF gedroht, es per RFC für obsolet zu erklären, zum Ärger der meisten Geheimdienste und Online-Gangster.

Kapitel 16

Relationale Datenbanken: MySQL, PostgreSQL und SQLite

MySQL und PostgreSQL bringen eine interessante Schnittstelle zur Programmierung eigener Clientanwendungen mit. In diesem Kapitel bekommen Sie einen umfangreichen Überblick.

Das Thema der Datenbankprogrammierung mit der API (*Application Programming Interface* = eine Schnittstelle für Programmierer) von Datenbanksystemen stellt einen gewissen Reiz dar. Dass man recht selten etwas dazu in der Literatur findet, liegt an der recht ungemütlichen Hürde, auch Hintergrundwissen zu Datenbanken – sprich SQL – mitzubringen.[1]

SQL ist diejenige Programmiersprache, die Sie sich nicht ersparen können, wenn Sie im Umfeld von relationalen Datenbanken operieren. Sie stellt das Mittel dar, Datenstrukturen in der Datenbank zu erzeugen, zu verwalten, zu füllen und abzufragen. Vielen kommt die Vorstellung seltsam vor, innerhalb einer Programmiersprache (wie schreiben hier schließlich C!) plötzlich eine andere einzusetzen. Machen Sie sich keine Sorgen, es ist keine schwarze Magie, und wenn Sie nicht anfangen, größere Objektzusammenhänge abzubilden, kommen Sie mit relativ wenigen Befehlen und Formulierungen gut über die Runden.

SQL ist als Gesamtsprache nicht unkomplex; wir versuchen dennoch, auf dem schmalen Pfad zu wandern und Ihnen die Programmierung mit den verschiedenen Datenbank-APIs etwas näher zu bringen, ohne dass Sie unbedingt Vorkenntnisse zu den Datenbanken benötigen. Natürlich dürfen Sie dabei nicht erwarten, dass wir Sie damit zu einem Datenbank-Guru machen, sondern wir erklären Ihnen lediglich, was zum Verständnis für die Programmierung nötig ist.

Um es vorwegzuschicken: SQL ist nicht SQL! (Das wäre doch auch zu einfach.) Tatsächlich hat jede einzelne Datenbank unterschiedliche Vorstellungen davon, wie genau eine Aufgabenstellung in SQL formuliert werden muss, und manche Formulierung ist im Detail auch noch verschieden, je nachdem, welche Version, welches Frontend und welches Backend einer Datenbank man benutzt.

Sollten Sie sich also ernsthaft mit relationalen Datenbanken beschäftigen wollen/müssen, so stellt dieses Buch keinen Ersatz für eine entsprechende Fachliteratur dar.

1 Uns ist klar – und wir werden es auch noch betonen, dass SQL keineswegs mit Datenbanken an sich identisch ist. Aber, grob formuliert: Wo Datenbanken sind, ist auch häufig SQL, auch wenn die betreffenden Datenbanken nicht einmal relational sind.

16.1 Relationales Datenbankdesign

Um sich mit einer relationalen Datenbank zu befassen, sollten Sie einige grundlegende Kenntnisse darin besitzen, was es damit auf sich hat.

Zuerst die einfachere Ausführung. Eine relationale Datenbank ist erst einmal nichts anderes als eine Sammlung von Tabellen. In dieser Tabelle sind mehrere Zeilen vorhanden. Eine Zeile ist dabei ein *Datensatz*. Dieser Datensatz kann wiederum aus mehreren Spalten bestehen, die als *Felder* bezeichnet werden. Bis hierhin könnte man meinen, wir würden Ihnen das Prinzip einer Tabellenkalkulation erklären. Jedes dieser Felder einer Tabelle besitzt einen bestimmten Datentypen, der ein String, ein Datum oder eine Zahl sein kann. Je nach Datenbanksystem gibt es hierbei erheblich mehr Datentypen, als Sie dies z. B. von C her kennen. Aber – um es gleich von vornherein klarzustellen – so hat ein Integer-Datentyp nichts mit einem `int` von C zu tun, etc.! Es gibt auch sogenannte *untypisierte Felder* für große Binärdaten. Einigen Feldern kommt eine besondere Bedeutung zu: den sogenannten *Schlüsselfeldern*.

So weit, so gut, wenn Sie jetzt allerdings mit einem SQL-Guru über Felder und Spalten reden wollen, dann müssen Sie wohl einige Fachbegriffe lernen. Auch hier sei mir die etwas nüchterne Erklärung verziehen.

- *Relation*: Als Relation wird all das bezeichnet, was wir Ihnen oben in der einfachen Ausführung beschrieben haben – die Tabelle. Eine Relation (Tabelle) kann also wie folgt aufgeteilt werden:
  - Spaltenbezeichnung
  - Daten einer Spalte
  - Anordnung der Spalte
  - Datensatz (Zeile)
  - Schlüsselwert, der den Datensatz eindeutig identifiziert (ist allerdings nicht zwingend notwendig. MySQL z. B. braucht keinen `PRIMARY_KEY`)
- *Entität*: Mit Entität wird der einzelne Datensatz (Zeile) der Tabelle beschrieben – also der Tabellenname.
- *Attribut* und *Attributname*: Als Attribut bezeichnet man schlichtweg die Spalte, von der es mindestens eine gibt (so, wie es mindestens eine Zeile gibt). Der Attributname ist die Überschrift der Spalte.
- *Tupel*: Tupel steht für die Zeile bei einer Datenbank. Es ist zwar nicht einfach eine Zeile – aber für das Verständnis sollte dies hier ausreichen. Der Tupel ist ein »Kunstbegriff« aus der Mathematik.
- *Grad* der *Relation*: Hiermit ist die Anzahl der Spalten gemeint.
- *Kardinalität*: Hiermit wird die Zeilenanzahl beschrieben.
- *Domäne*: Dies bezeichnet die Anzahl aller Felder in einer Spalte.

Die einzelnen Entitäten (Tabellennamen) können auch in Beziehungen zueinander stehen. Dabei sind im relationalen Datenbankmodell drei Formen von Beziehungstypen präsent:

- 1:1-Beziehung: Dabei besteht eine eindeutige Beziehung zwischen zwei Tabellen. Jeder Datensatz einer Tabelle besitzt dabei einen verbundenen Datensatz einer anderen Tabelle. Diese Beziehung lässt sich allerdings auch mit einer einzigen Tabelle darstellen. Beispiel aus dem echten Leben: Die Autoren essen jeder einen Donut.
- 1:n-Beziehung: Dabei sind mit einem Datensatz einer Tabelle mehrere Datensätze einer anderen Tabelle verbunden. Im echten Leben hieße dies: Der Autor isst beliebig viele und unterschiedliche Donuts.
- n:m-Beziehung: Hierbei kann ein Datensatz, der einer Tabelle zugeordnet ist, mehreren Datensätzen einer anderen Tabelle zugeordnet sein und umgekehrt. Im Leben hieße dies: Der Autor isst beliebig viele und unterschiedliche Donut-Typen, und (umgekehrt) ein Donut kann auch von mehreren Autoren gegessen werden. Also einfach: Multiple Autoren essen multiple Donuts.

Stricken wir weiter. Die Definition der einzelnen Tabellen und die Beziehung, in der diese zueinander stehen, werden als *Datenbankschema* bezeichnet. Bei geringen Kenntnissen und einer übertriebenen Befolgung solcher Regeln kann dies allerdings auch zum Nachteil werden. Was bringt es denn, wenn Sie Ihre Datenbank in zehn verschiedene Tabellen aufteilen, weil sie um ein Prozent schneller läuft, und Sie dasselbe mit zwei Tabellen hätten realisieren können? Spätestens wenn Sie Ihre Tabelle warten oder erweitern wollen, sehen Sie die Probleme vor sich. Sie stehen vor einem Haufen von Tabellen, wo vielleicht jede Tabelle eine bestimmte Beziehung zu einer anderen hat. Wird dabei eine solche Beziehung vergessen, erhalten Sie, wenn Sie Glück haben, eine Fehlermeldung, und wenn Sie Pech haben, befinden sich zwar die Daten in der Datenbank, werden aber nie berücksichtigt.

Um (bei den Beziehungen) einigen Problemen aus dem Weg zu gehen, gibt es die *Normalisierungstheorie*. Hier existieren sechs Formen, von denen in der Praxis gewöhnlich nur die ersten drei verwendet werden:

- Erste Normalform (1NF): Jedes Datenfeld (Spalte) enthält nur einen einzigen untrennbaren Wert.
- Zweite Normalform (2NF): Die Relation befindet sich in der ersten Normalform, und jedes Nicht-Schlüsselattribut ist voll funktional von jedem Schlüssel abhängig.
- Dritte Normalform (3NF): Die Relation befindet sich in der zweiten Normalform, und jedes Nicht-Schlüsselattribut ist voll funktional und unabhängig.

Wir möchten es hierbei mit dem Thema »Datenbankdesign« belassen, weil eine genauere Beschreibung zu ein paar mehr Seiten führen würde, was wiederum weniger Seiten zur Programmierung (dem eigentlichen Sinn des Kapitels) bedeuten würde. Es ist hierbei jetzt nicht so wichtig, dass Sie das Prinzip der zweiten oder dritten Normalform verstanden haben – da Sie diese im Buch ohnehin nicht verwenden. (Sie können ausatmen und entspannt weiterlesen!) Sie sollten ohnehin nicht den Sinn einer Datenbank aus den Augen verlieren, denn häufig ist die einfachste Methode die beste. Sofern Sie also kein Datenbank-Guru sind, empfehlen wir Ihnen, sich erst mit der ersten Normalform zu befassen, da sie einfacher und schneller zu erstellen und zu pflegen ist.

16.2 Datenhaufen und indizierte Listen

Sie werden es möglicherweise provokativ finden, wenn wir nach all der Vorrede über relationale Datenorganisation plötzlich von »Haufen« reden, was ja doch eine ziemlich chaotische Art der Speicherung impliziert. Tatsächlich speichert das Datenbanksystem Daten so, wie die Autoren der Software es für sinnvoll erachten. Es handelt sich um schwarze Kisten (*Black Boxes*), die man fast so programmieren kann, als es wäre es egal, wie sie etwas speichern.

Dass das so ist, liegt daran, dass es ursprünglich eigentlich nur einen Weg gab, Daten auf ein Medium zu speichern, und zwar in sogenannten *ISAM-Dateien* (ISAM = *Indexed Sequential Access Method*). Bereits diese noch recht einfach gestrickte Speichertechnik erlaubte es, dass gleichzeitig mehrere Clients auf die Daten zugreifen.

Mit der Zeit kamen aber Anforderungen hinzu, die die Art der Speicherung stark veränderten:

- Der Wunsch nach größerer Geschwindigkeit beim direkten Zugriff.
- Die lineare, eventuell indexbasierte Suche über die Datenbank soll vereinfacht und beschleunigt werden.
- Datenbankoperationen sollten »transaktionsorientiert« ablaufen, sodass im Falle eines plötzlichen Hard- oder Software-Ausfalls die bis dahin teilweise durchgeführte Transaktion zurückabgewickelt werden kann (*Rollback*).
- Die Daten sollten auf mehreren Systemen gleichzeitig, redundant gespeichert werden, um den Totalausfall als Risiko auszuschließen und gleichzeitig den parallelen Zugriff von verschiedenen Lokalitäten aus zu erlauben.[2]
- Die Daten sollten auf Medien verteilt werden, sodass zum Beispiel zueinandergehörende Daten parallel abgefragt werden können.
- Bestimmte Arten von Daten wie zum Beispiel Binärdateien oder BLOBs (*Binary Large Objects*) sollten besonders optimiert gespeichert werden.
- Unstrukturierte Daten sollten anhand von zu vergebenden Merkmalen (*Tags*) sozusagen nachstrukturiert werden können, um damit einen Haufen nichtuniformer Daten in etwas Verwertbares zu verwandeln.

2 International tätige Firmen leiden häufig darunter, dass ihr zentraler Datenbankserver aus anderen Ländern nicht so schnell zu erreichen ist, wie sie es benötigen.

Wie Ihr Datenbanksystem nun wirklich Daten speichert, ist nicht zuletzt eine Geldfrage. Sie können nämlich passende kommerzielle *Backends* beispielsweise für MySQL kaufen, aber auch die frei erhältlichen haben mittlerweile ansehnliche Leistungsdaten erreicht. Bei anderen Datenbanksystemen haben Sie zum Teil keine Auswahl, und Sie müssen nehmen, was Sie bekommen.

Die Clientanwendungen kommunizieren mittels den genormten SQL (SQL = *Structured Query Language*) mit dem Datenbankserver. Mit dieser Sprache werden alle möglichen Operationen (Datenbank/Tabelle/Daten anlegen/einfügen/löschen ...) durchgeführt, die nötig sind, um mit einer Datenbank zu arbeiten.

Dank des Datenbankservers müssen Sie sich nicht mehr um die Pflege der Dateien kümmern oder die einzelnen Clients bei mehrfachem Zugriff synchronisieren. Sie können mit einer eingerichteten Zugangskontrolle mit Username und Passwort[3] dem Anwender Zugriff nur auf eine bestimmte Datenbank, eine bestimmte Tabelle oder gar nur auf eine bestimmte Spalte gewähren. Ebenfalls können Sie dabei angeben, ob der User darauf nur lesend, schreibend und/oder ändernd zugreifen darf.

16.3 SQL-Systeme im Überblick

Wir wollen kurz umrisshaft andeuten, mit was für Datenbanksystemen wir es hier im Buch zu tun bekommen, doch soll auch ein Blick über den Tellerrand nicht schaden.

Früher konnte man guten Gewissens zwischen kommerziellen und nichtkommerziellen Lösungen unterscheiden, aber seit ein paar Jahren ergibt das nicht mehr ganz so viel Sinn, da mittlerweile oft beide Gruppen in einer Liga spielen und sich kaum noch signifikant unterscheiden.

Die Geschäftsmodelle haben sich zum Teil geändert – so existieren kommerzielle Lösungen als kostenlose Open-Source-Software, bei denen sich der Hersteller über Serviceleistungen finanziert, andererseits sind einige Datenbanksysteme modularer geworden, sodass es kommerzielle Erweiterungen für nichtkommerzielle Systeme gibt. Häufig ist in diesem Zusammenhang von »Backends« die Rede, dabei handelt es sich meist um Plugins, die an sich bereits vorhandene Funktionalität durch andere ersetzen oder erweitern.

Überblick: MySQL

MySQL fing mit dem Ruf an, »simpel und schnell« zu sein, und das damit verwendbare SQL war früher nicht einmal in der Nähe des vollständigen SQL-Standards. Gerade Webentwicklern kam das aber entgegen, da man weniger auf komplexen Datenstrukturen arbeiten wollte und viel eher Wert auf Performance legte.

3 Andere Authentisierungstechniken gibt es natürlich auch; das ist insbesondere für Entwickler von Bedeutung, da sie im Programmcode nur ungerne Username-Passwort-Kombinationen fest verdrahten wollen.

Die erzwungene Simplizität hat sich weitgehend geändert, und auch dank der Verwendung von *InnoDB* und einer ganzen Reihe anderer Backends stehen viele Features einstmals »großer« Datenbankvorbilder zur Verfügung, wie zum Beispiel *Transaktionen* und *Views*.[4] Wer lieber Geschwindigkeit hat, kann auf Transaktionen verzichten oder das ältere *MyISAM*-Backend verwenden. Mit *MariaDB* ist ein Ableger von MySQL entstanden, weil MySQL mittlerweile von Oracle eingekauft wurde[5] und mit weniger offenen Karten gepflegt wird, als manche das gerne hätten.

Überblick: PostgreSQL

PostgreSQL fing als teilweise universitäres Projekt an, und sein eigentlicher Ursprung *Ingres* war jahrelang kommerziell, aber mittlerweile sind beide gleichermaßen Open-Source-Software. Von Anfang an war PostgreSQL auf eine breite und fundierte Unterstützung von SQL angelegt; allerdings galt es in der Anfangszeit als das genaue Gegenteil von MySQL, sozusagen »komplex und langsam«, aber das hat sich zum Besseren geändert.

PostgreSQL hat im Gegensatz zu Ingres keine Firma hinter sich, die gezielt Support anbietet. Wenn Sie also auf ein Problem des Datenbanksystems stoßen, müssen Sie sich bei PostgreSQL wohl oder übel gedulden, bis es jemand aus gutem Willen repariert – sofern Sie nicht selbst in die Tasten greifen.

Zum Zeitpunkt der Drucklegung dieses Buches waren die folgenden wichtigsten Features gegeben:

- Transaktionskonzept mithilfe von *Multiversion Concurrency Control* (MVCC)
- komplexe Abfragen mit Unterabfragen
- referentielle Integrität
- Mengenoperationen
- Vererbung von Tabellen
- Views
- *Trigger* (Prozeduren, die durch eine gegebene Eigenschaft von Daten ausgelöst werden)
- Asynchrone und synchrone Replikation
- Clustering und verschiedene Modifikationen von Replizierung über externe Erweiterungen

Überblick: Firebird

Bei Firebird handelt es sich um die ursprünglich rein kommerzielle Software InterBase von Embarcadero, ehemals CodeGear bzw. Borland.

4 Views sind sozusagen virtuelle Tabellen, die aus Daten von mehreren anderen Tabellen zusammengesetzt sein können.

5 Gekauft wurde die Firma MySQL AB, die die Software entwickelte. MySQL ist zwar Open Source, aber bei der Weiterentwicklung hat die Herstellerfirma praktisch ein Monopol.

Zum Zeitpunkt der Drucklegung dieses Buches waren die folgenden wichtigsten Features gegeben:

- Multiversion Concurrency Control (MVCC)
- referentielle Integrität
- inkrementelle Backups
- Trigger
- asynchrone *Notification Events*
- Unterstützung von *Symmetric Multiprocessing*[6]

Firebird wird häufig in kleineren datenbankbasierten Applikationen verwendet. Unsere persönlichen Erfahrungen mit der Software waren in der Vergangenheit eher so, dass wir die Verwendung nicht uneingeschränkt empfehlen würden. Firebird kann auch als eingebettete Version verwendet werden.

Überblick: mSQL

mSQL und MySQL waren ursprünglich direkte Konkurrenten, aber die Weiterentwicklung bei mSQL begann nach 1996 zu stagnieren.

Überblick: MS-SQL

Zum Zeitpunkt der Drucklegung hat Microsoft eine Version von MS-SQL für Linux angekündigt, Näheres ist aber noch nicht bekannt.

Überblick: Oracle

Oracle hat sein gleichnamiges Datenbanksystem schon früh auf Linux portiert, und verglichen mit fast allen anderen Produkten steht die Oracle-Datenbank praktisch unangefochten an der Spitze – auch preislich; sie ist weder Open Source noch kostenfrei erhältlich (außer spezielle Entwicklerversionen). Außerdem stellt die Software gehobene Ansprüche an die verwendete Hardware. Die eigentliche Stärke der Software dürfte bei der Volltextsuche liegen und bei der sehr guten Skalierbarkeit, auch bei extrem großen Datenbanken.

Überblick: DB2

DB2 von IBM ist eine Datenbank, die praktisch nur im Business-Bereich verbreitet ist und dort eher in den weniger webaffinen Umgebungen. Früher galt DB2 als die performanteste Lösung (je nach Komplexität der Abfragen). DB2 hat einen vergleichsweise schmalen Fußabdruck (*Footprint*) und bestraft einen Einsatz auf einem nicht dedizierten Server dadurch fast nicht. Mit DB2 Express-C steht für Linux sogar eine kostenlose Variante zur Verfügung, allerdings nicht als Open Source.

6 Symmetric Multiprocessing, SMP, bedeutet bessere Ausnutzung mehrerer Prozessorkerne.

Überblick: Eingebettete Datenbanksysteme

Es gibt grundsätzlich zwei verschiedene Kategorien von Datenbanksystemen; da sind zum einen die eigenständigen Serverapplikationen, die als eigene Prozesse, in Produktivumgebungen häufig sogar auf ein oder mehreren dedizierten Servern laufen, und zum anderen recht schmale »eingebettete« (*embedded*) Lösungen, die fest mit ihrer Anwendung verlinkt sind und damit Client und Server in einer Instanz miteinander vereinigen. Sie werden beispielsweise Firebird und MariaDB hin und wieder auch als eingebetteter Lösung begegnen, auch wenn die dann zum Teil recht »fett« ausfällt, weil die Datenbank nicht viel kleiner wird, auch wenn sie mit einem anderen Programm verbunden ist.

Grundsätzliche Vorteile einer eingebetteten Lösung:

- Es muss kein separater Datenbankserver installiert und administriert werden.
- Die Daten liegen kompakt an einem Ort und nicht verteilt über das Dateisystem.
- Die Programminstallation ist für den Anwender nicht komplizierter als die einfacher anderer Programme.

SQLite ist dabei eine der schlanksten und performantesten Lösungen, bei der es wenig Aufwand bedeutet, strukturierte Daten zu speichern und abzurufen. Grundsätzlich ist SQLite trotz der kleinen Größe ein vollwertiger SQL-Server, und sollte Ihnen zu einem späteren Zeitpunkt der Entwicklung auffallen, dass Sie um einen klassischen Server wider Erwarten nicht herumkommen – die Umstellung kostet Sie bloß ein paar Zeilen.

Überblick: SQLite

Für kleinere, kompakte Anwendungen möchte man häufig SQL für das Speichern von strukturierten Daten einsetzen, aber den Benutzer nicht damit belasten, einen SQL-Server wie MySQL oder PostgreSQL aufzusetzen. Für einen Benutzer ist das ja sowohl aus Sicherheitsaspekten (System Policy) als auch bei der Datensicherung nicht ganz untrivial und führt auch nicht selten zu rätselhaften Artefakten auf der Festplatte, die sich nicht mehr zuordnen lassen.

SQLite hat sich hier als simple, schnelle und kompakte Lösung profiliert, die selbst in sparsamen Umgebungen (zum Beispiel in eingebetteten Systemen, Handys) anstandslos funktioniert.

SQLite bietet dabei folgende Vorteile:

- atomare Transaktionen, sodass im Falle eines Programmabbruchs die Konsistenz der Datenbank erhalten bleibt
- konfigurationsfrei, das heißt, weder Administration noch Einrichtung erforderlich.
- Trigger
- weitgehende SQL-Implementation mit fortgeschrittenen Eigenschaften wie partiellen Indizes und temporären Views (*Common Table Expressions*)

- Speicherung aller Daten in einer einzigen, systemunabhängigen Datei
- unterstützt lange Strings und BLOBs (bis zu mehreren Gigabyte Größe)
- kleiner Code, als Bibliothek verlinkbar
- multiprozessfähig, das heißt gleichzeitiger Zugriff mehrerer Prozesse (wobei allerdings nur einer jeweils schreiben kann)

Für Anwendungen mit einer größeren Datenmenge und einer Vielzahl von Tabellen wäre SQLite weniger zu empfehlen, ebenso, wenn Sie schnelle Operationen auf Volltexten benötigen. Threads unterstützt SQLite nicht (Stand: Version 3).

Überblick: Schlüssel-Inhalt-Tabellen

Wenn es beispielsweise um Geschwindigkeit bei sehr großen Datenmengen und insbesondere von einfachen Tabellen nach dem Schlüssel-Inhalt-Schema geht, wäre eine Bibliothek wie LevelDB[7] oft zu empfehlen. Am ehesten ist eine solche Tabelle mit einem Index bei SQL zu vergleichen: sehr einfach strukturiert, aber effektiv. Der Nachteil dabei ist, dass das Programm sehr spezifisch an die gewählte Speicherlösung angepasst werden muss und kein SQL damit verwendet werden kann. In der Regel würde man den Inhalt je nach Bedarf im Falle von komplexeren Daten in *JSON* kodieren.

Überblick: NoSQL

Ein ganz heißes Thema war in den letzten Jahren eine Tendenz weg von relationalen Datenbanken, hin zu *NoSQL*-Datenbanken, die andere Ordnungsschemata verfolgen.[8] In dem Zusammenhang kommt häufig auch das Stichwort *BigData* und damit die Idee chaotischer Ordnungskriterien. Da auch NoSQL-Datenbanken heute per SQL angesprochen werden können, bleibt es sinnvoll, sich zunächst mit SQL auseinanderzusetzen, was wir in diesem Kapitel tun.

16.4 Vorbereitungen

Wir möchten in diesem Kapitel gleich drei verschiedene Datenbanksysteme vorstellen: MySQL, PostgreSQL und SQLite. Der gemeinsame Nenner bei allen dreien ist SQL. Damit Sie jedoch erst einmal loslegen können, benötigen wir eine Umgebung, in der die jeweilige Datenbank auch läuft – das ist nicht so einfach, wie es sich anhört, da MySQL und PostgreSQL

---

7 LevelDB stammt von Google; andere Alternativen wären zum Beispiel Tokyo Cabinet oder Kyoto Cabinet. Aber auch mit Berkeley DB (von Sleepycat, heute Oracle) oder GNU dbm erreicht man letztlich das Gleiche – nur meist nicht so performant.

8 Der Wikipedia-Artikel zu NoSQL erklärt uns, dass NoSQL nicht etwa »No SQL« bedeutet, wie jeder gedacht hatte, sondern »Not only SQL«.

meist jeweils Server- und Clientpakete mitbringen und alle drei zusätzlich natürlich die entsprechenden Entwicklerpakete, die wir natürlich auch benötigen.

Der Serverteil[9] muss dann jeweils gestartet sein, und bei manchen Distributionen müssen Sie zusätzlich dafür sorgen, dass eine passende – leere! – Datenbank vorhanden ist, damit der Server überhaupt startet.

Während ein Benutzer sich bei MySQL in der Regel über eine Kombination von Nutzername und Passwort ausweist, unterstützt PostgreSQL von Hause aus die Authentifizierung über den Namen des eingeloggten Linux-Benutzers, und SQLite erfordert überhaupt keine Authentifizierung, da nur das verlinkte Programm selbst auf die Datenbank-Datei zugreifen kann.

16.4.1 MySQL installieren und starten

MySQL zu installieren, ist komplizierter geworden, seitdem es das (im Prinzip kompatible) MariaDB gibt, die übrigens ebenfalls über eine kostenfreie und eine kostenpflichtige Variante verfügt (nämlich MariaDB Enterprise), sowie demgegenüber die ältere offizielle Version von MySQL, die noch ganz schlicht MySQL heißt, sowie die aktuelle und ebenso offizielle Open-Source-Version MySQL Community. Um die Verwirrung zu erhöhen, teilen sich diese verschiedenen Versionen zum Teil Tools und Bibliotheken – je nach Distribution; MariaDB nutzt zum Beispiel ein Package namens `libmysqlclient`. Unter CentOS, Oracle Linux OS oder RHEL kommt die kommerzielle und kostenpflichtige Version von MySQL hinzu (die es für diese Plattformen gibt und die teilweise Packages umfasst, die wiederum kostenlos sind, aber nicht identisch sind mit den Community-Varianten und auch andere Versionsnummern aufweisen).

Unter OpenSUSE Leap müssen Sie beispielsweise installiert haben:

- `libmysqlclient-devel`
- `mysql-community-server`
- `mysql-community-server-client`
- `mysql-community-server-tools`

Gestartet wird der Server mit `systemctl` dann so:

```
$ sudo systemctl start mysql
[sudo] password for user: ******
```

Schauen Sie nach, ob das geklappt hat (hier nur eine Beispielausgabe):

```
$systemctl status mysql
mysql.service - LSB: Start the MySQL database server
        Loaded: loaded (/etc/init.d/mysql)
```

9 Das betrifft natürlich nur MySQL und PostgreSQL, denn SQLite hat ja keinen eigenständigen Server-Teil.

```
        Active: active (running) since
Sat, 2016-02-13 11:03:13 CET; 31s ago
        Process: 22345 ExecStart=/etc/init.d/mysql start (code=exited,
status=0/SUCCESS)
        CGroup: name=systemd:/system/mysql.service
                ├ 22476 /bin/sh /usr/bin/mysqld_safe --mysqld=mysqld --use...
                └ 22827 /usr/sbin/mysqld --basedir=/usr --datadir=/var/lib...
```

Ebenso einfach lässt sich der Server auch wieder stoppen:

```
$ sudo systemctl stop mysql
```

Um den Server automatisch zu starten, verwenden Sie:

```
$ sudo systemctl enable mysql
```

Umgekehrt, um ihn nicht mehr automatisch zu starten:

```
$ sudo systemctl disable mysql
```

Wie bereits eingangs erwähnt: Bei MySQL authentisiert man sich in der Regel über ein Benutzername-Passwort-Paar. Das müssen Sie aber zuerst anlegen. Am Anfang gibt es keinen »ordentlichen« Benutzer, und der obligatorische Administrator *root* hat kein Passwort. Das sollten Sie ändern:

```
$ mysqladmin -uroot password 'irgendeinpasswort'
```


Von jetzt ab müssen Sie immer dieses Passwort (hier: »irgendeinpasswort«) angeben, wenn Sie einen Befehl im Namen des Benutzers *root* absetzen.

In der Regel wollen Sie das aber nicht, denn der Benutzer *root* darf selbstverständlich, wie in einem ordentlichen Unix-artigen System, wieder einmal alles. Alles zu dürfen, ist aber in einem Sicherheitskontext eine Stufe vor der Katastrophe.

Traditionell – um die Verwirrung in Grenzen zu halten – nennt man eine Datenbank häufig so wie den User, der alle Zugriffsrechte auf sie hat. Um das zu betonen: Er hat also alle Zugriffsrechte auf **eine** Datenbank, nicht auf alle Datenbanken. Damit Sie die Zielrichtung einschätzen können: In der Regel werden wir noch zwei weitere Benutzer erzeugen – einen, der diese Datenbank administrieren darf (aber nicht alle vorhandenen Datenbanken, und er darf insbesondere keine Benutzer anlegen), diesen Zugang nutzen wir dann als Entwickler, und einen weiteren, den die *Applikation* benutzt, *die wir entwickeln*. Das dient der Sicherheit, da so jemand, der es schafft, die Kombination Benutzername/Passwort aus unserem Programm herauszukitzeln, damit noch lange nicht unsere gesamte Datenbank kompromittieren kann. (Wir machen das hier im Buch aber nicht so, damit Sie Benutzer und Datenbankname nicht verwechseln und vor lauter Namen für praktisch dasselbe nicht die Orientierung verlieren.)

Starten wir nun eine SQL-Session als Benutzer *root*:

```
$ mysql -uroot -p
```

```
Enter password:
Welcome to the MySQL monitor. Commands end with ; or \g.
Your MySQL connection id is 5
Server version: 5.6.28 openSUSE package
Copyright (c) 2000, 2015, Oracle and/or its affiliates. All rights reserved.
Oracle is a registered trademark of Oracle Corporation and/or its
affiliates. Other names may be trademarks of their respective
owners.
Type 'help;' or '\h' for help. Type '\c' to clear the current input statement.
mysql>
```

Das -p« in der Kommandozeile gibt an, dass wir ein Passwort angeben wollen, da wir es aber nicht dahintergeschrieben haben, wollen wir danach gefragt werden. Hier geht es um Sicherheit, denn für die Zeit unserer MySQL-Session könnte man sonst das Passwort in der Kommandozeile sehen (zumindest für einen kurzen Augenblick, auch wenn die Clientapplikation versucht, es zu überschreiben).

```
mysql> CREATE DATABASE unsereneuedatenbank;
```

Um uns zu ärgern, verlangt MySQL hier, dass wir keine Anführungszeichen schreiben (fast überall sonst sind sie aber erforderlich[10]).

```
mysql> CREATE USER 'jw'@'localhost' IDENTIFIED BY 'nocheinpasswort';
```

Das erzeugt einen Benutzer »jw« auf *localhost*. Wenn wir über ein Socket mit dem Datenbanksystem kommunizieren, schreiben wir `@'host'`. Wenn wir alle Hosts erlauben wollen, auch nicht lokale, schreiben wir `@'%'`. Das Prozentzeichen steht für »alle«, es ist also eine *Wildcard*[11]. Kommunizieren wir dagegen nicht über ein Netzwerk-Socket, lassen wir den @-Part weg. Das kann dazu führen, dass man für einen Benutzer mehrere Einträge machen muss (das ist möglich).

Jetzt geben wir noch dem Benutzer die Rechte auf die Datenbank:

```
mysql> GRANT ALL PRIVILEGES ON unsereneuedatenbank.* TO 'jw'@'localhost';
```

Auch hier gilt wieder, dass der Eintrag wiederholt werden kann. `unsereneuedatenbank.*` (schon wieder eine Wildcard) bezeichnet alle Tabellen innerhalb der Datenbank.[12]

10 Anführungszeichen zu schreiben, empfiehlt sich in SQL generell, auch wenn sie häufig nicht unbedingt erforderlich sind.

11 In Deutschland auch gerne Joker genannt.

12 SQL ist von Hause aus sehr geschwätzig. Meistens kann man einen Teil weglassen, und Groß- und Kleinschreibung wird meist nicht unterschieden. Hier könnte man ebenso gut schreiben: `grant all on unsereneuedatenbank.* TO 'jw'@'localhost';`

Wir schließen jetzt die Session mit `Strg`+`D` und starten eine neue Session als der eben angelegte Benutzer, mit dem wir dann im nächsten Abschnitt mit dem Anlegen von Tabellen weitermachen:

```
$ mysql -ujw -p unsereneuedatenbank
```

16.4.2 PostgreSQL installieren und starten

Bei PostgreSQL gibt es weit weniger Auswahl; meistens müssen Sie nur darauf achten, die richtigen Versionen zu erwischen. Unter OpenSUSE wäre das zum Beispiel:

- `postgresql??`
- `postgresql??-server`
- `postgresql??-contrib`
- `postgresql??-devel`[13]

Starten Sie den PostgreSQL-Server analog zu MySQL wie im vorigen Abschnitt beschrieben, also zumindest:

```
$ sudo systemctl start postgresql
$ sudo systemctl enable mysql
```

Wir müssen zunächst zweimal den User wechseln, um uns mit dem Datenbanksystem unterhalten zu können; wir wechseln jetzt zum Benutzer »postgres«, das ist der Administrator von PostgreSQL. Wir brauchen kein Passwort, sondern wir müssen mit dem gleichnamigen System-Account angemeldet sein. Da »postgres« kein[14] Passwort hat, müssen wir zunächst *root* werden:

```
$ su -
Password:
```

Und dann erst »postgres«:[15]

```
# su - postgres
$
```

Zunächst erzeugen wir wieder eine Datenbank, bei PostgreSQL von der System-Kommandozeile aus:

```
$ createdb unsereneuedatenbank
```

Weiter geht es mit der SQL-Bedienoberfläche von PostgreSQL:

```
$ psql unsereneuedatenbank
```

13 Die Fragezeichen symbolisieren hier eine Versionsnummer.

14 Es sollte kein leeres Passwort sein, sondern ein gesperrtes.

15 Statt dieses Umwegs bleibt auch der kürzere Weg `sudo -u postgres psql`, aber ob das bei Ihnen geht, hängt von der Konfiguration ab. Bei Ubuntu sollte das klaglos funktionieren.

```
psql (9.4.6)
Type "help" for help.

unsereneuedatenbank=#
```

Unsere Aufgabe ist es zunächst, demjenigen Systembenutzer, als der wir arbeiten, eine Rolle zuzuteilen. In unserem Falle ist das jetzt der Benutzer »kj«.[16]

```
unsereneuedatenbank=# CREATE USER kj WITH PASSWORD 'nocheinpasswort';
CREATE ROLE
unsereneuedatenbank=# GRANT ALL PRIVILEGES ON DATABASE unsereneuedatenbank TO kj;
GRANT
```

Der Unterschied ist hier das Schlüsselwort DATABASE, die fehlenden Quotes nehmen wir wieder einfach als gottgegeben.

Wir drücken jetzt dreimal Strg+D und sind wieder zurück, in unserem Beispielfalle als Systembenutzer »kj«.

Jetzt eine kleine Überraschung:

```
$ psql unsereneuedatenbank
psql (9.4.6)
Type "help" for help.
unsereneuedatenbank=>
```

Das System wollte von uns kein Passwort wissen, es glaubt uns auch so, und zwar, weil wir gerade als dieser Benutzer eingeloggt sind.

Würden wir das als Benutzer »jw« versuchen, sähe das Ergebnis so aus:

```
$ psql unsereneuedatenbank
psql: FATAL: role "jw" does not exist
```

Aber wir können uns auch über ein Netzwerk-Socket einloggen:

```
$ psql -hlocalhost -W unsereneuedatenbank
Password:
psql (9.4.6)
Type "help" for help.
unsereneuedatenbank=>
```

Bei PostgreSQL ist die Option -W dafür zuständig, mitzuteilen, dass wir ein Passwort eingeben wollen. Aber es kann sein, dass Sie trotz richtigem Passwort die folgende Fehlermeldung bekommen:

```
psql: FATAL: Ident authentication failed for user "kj"
```

16 Falls sie es noch nicht gemerkt haben sollten, wir, die Autoren, heißen Jürgen Wolf (jw) und Klaus-Jürgen Wolf (kj).

Das teilt uns mit, dass Sie einen sogenannten Ident-Dämon nachinstallieren müssten, wenn Sie das Feature benötigen. Unter OpenSUSE wäre das dann zum Beispiel der *pidentd*[17]. Liefert der Dämon den richtigen Usernamen, darf das Passwort auch falsch sein, die Authentisierung gelingt trotzdem – zumindest mit den Default-Einstellungen; allerdings gilt die Einstellung nur für den lokalen Rechner. Sie können die Authentisierungseinstellungen ändern in der Datei *pg_hba.conf*.[18]

Wenn Ihre Benutzernamen nicht zu den Datenbanknamen passen, können Sie sie auch neu mappen, und zwar in der Datei *pg_ident.conf*.

16.4.3 SQLite installieren und starten

SQLite ist am einfachsten in Betrieb zu nehmen, da es keinen Serverteil und keine Benutzerverwaltung hat. Wir benötigen die Pakete (Beispiel OpenSUSE):

- `sqlite3`
- `sqlite3-devel`

Und wir starten das Ganze, indem wir Folgendes eingeben:[19]

```
$ sqlite3 unseredatenbank.db
```

Eine passende Datei wird erzeugt, sobald sie benötigt wird.

16.5 Beispiele in SQL

Bevor wir uns jetzt auf die Programmierung stürzen, werden wir sämtliche Fälle in SQL durchspielen, wobei uns zunächst nicht interessiert, wie der C-Code dazu aussieht.

Alle drei Oberflächen machen im Prinzip das Gleiche, sehen jedoch anders aus. Wir machen es deswegen so, dass wir > als Anfangsprompt nehmen und -> als Folgeprompts. Wundern Sie sich bitte nicht, wenn es bei Ihnen anders aussieht.

16.5.1 Tabellen anlegen

```
> CREATE TABLE privat(
-> vname   VARCHAR(25),
```

17 Dieser Dämon teilt einem Anfrager über das Netzwerk mit, welchem Benutzer ein bestimmter Port zugeordnet ist. Beachten Sie, dass der Service allerhöchstens im LAN sicher ist. Besser ist es, diese Art der Authentisierung grundsätzlich abzuschalten, zumindest übers Netz, oder sie **nur** so zu benutzen, wie PostgreSQL es per Default tut. (Lassen Sie sich übrigens nicht `oidentd` aufschwatzen, das ist ein Dämon, der hauptsächlich zum Fälschen von Ident-Antworten gedacht ist.)

18 Die Datei finden Sie im Verzeichnis des Benutzers »postgres«.

19 Der tatsächliche Befehl hängt von Ihrer Distribution ab.

```
-> nname    VARCHAR(25),
-> plz      INT,
-> ort      VARCHAR(100),
-> strasse VARCHAR(100),
-> hausnr   INT
-> );
```

Mehr ist nicht nötig, um eine einfache Tabelle zu definieren. Im Beispiel haben Sie auch gesehen, dass es ohne Probleme möglich ist, SQL-Befehle über mehrere Zeilen zu schreiben. Entscheidend ist letztendlich das Semikolon am Ende einer SQL-Anweisung.

(Bitte beachten Sie, dass die Definition der Postleitzahl `plz` als `INT` wie in diesem Beispiel keine gute Idee ist – es sei denn, Sie verzichten auf führende Nullen. Das Beispiel ist bewusst schlicht gehalten.)

Die allgemeine Syntax zur Erstellung einer neuen Tabelle sieht wie folgt aus:

```
CREATE TABLE <tabellenname> ( <spaltenname> <datentyp>, ... );
```

Häufig wird die Frage gestellt, wie man eine neue Tabelle mit dem Inhalt einer anderen Tabelle anlegen kann. Dies ist einfacher, als Sie denken:

```
CREATE TABLE neue_Tabelle AS SELECT * FROM andere_Tabelle;
```

Schon finden Sie in `neue_Tabelle` dieselben Spalten und denselben Inhalt vor wie bei `andere_Tabelle` (eine sogenannte *Subquery*). Auf `SELECT` werden wir noch ausführlich eingehen.

Natürlich sind beim Anlegen einer neuen Tabelle noch viel mehr Angaben möglich: Parameter wie Erstellungsanweisungen, Tabellenoptionen oder Auswahlanweisungen können zusätzlich verwendet werden. Wenn wir allerdings darüber schrieben, würde das definitiv den Rahmen sprengen. Für noch mehr Details sei entsprechende Literatur empfohlen. Dennoch sollen hierzu einige Dinge kurz beschrieben werden.

16.5.2 Schlüsselfelder

Schlüsselfelder werden benötigt, wenn Sie eine relationale Verknüpfung zwischen verschiedenen Tabellen herstellen wollen. Mit solch einem Schlüssel – man bezeichnet ihn als *Primärschlüssel* – kann jeder Datensatz in der Tabelle eindeutig identifiziert werden. Die einfachste und gewöhnlichste Methode, einen solchen Schlüssel für eine Tabelle zu definieren, ist es, in jeder Tabelle ein Feld mit einem Integer zu definieren. Dabei sollten Sie darauf achten, dass solche Felder keine `NULL`-Werte (nicht mit `NULL` in C zu verwechseln) oder doppelte Einträge zulassen. Dafür werden die Erstellungsanweisungen des `CREATE TABLE`-Befehls verwendet. Dies wird mit folgenden Vorgaben erledigt:

- `NOT NULL` gibt vor, dass keine leeren Werte gespeichert werden dürfen; folgt hinter der Angabe der Definition des Datentyps (z. B. `plz INT NOT NULL`).

- UNIQUE oder PRIMARY KEY gibt vor, dass keine doppelten Einträge für das Feld vorgenommen werden dürfen.
- AUTO_INCREMENT (MySQL), AUTOINCREMENT (SQLite): Der Integer-Wert wird automatisch bei einem Neueintrag inkrementiert und hinzugefügt, falls er nicht angegeben wurde.[20]

Leider ist AUTO_INCREMENT nicht SQL-standardgemäß und muss bei PostgreSQL durch folgendes Konstrukt ersetzt werden (Beispiel):

```
CREATE SEQUENCE beispieltable_id_seq;
CREATE TABLE beispieltable (
    beispieltable_id smallint NOT NULL
      DEFAULT nextval(' beispieltable_id_seq')
);
ALTER SEQUENCE beispieltable_id_seq OWNED BY beispieltable.beispieltable_id;
```

(Die letzte Zeile ist dazu da, den Code logisch zu verschönern; unbedingt notwendig ist sie nicht.)

16.5.3 Indizes

Eine weitere Möglichkeit beim Anlegen einer Datenbank sind *Indizes*. Damit kann die Suchgeschwindigkeit verbessert werden. Vorwiegend werden Indizes verwendet, um folgende Vorgänge zu beschleunigen:

- die iterative Suche nach Informationen (also durch lineares Suchen und »Einkreisen«)
- das Sortieren von Tabelleninhalten
- die Suche nach den größten und kleinsten Werten einer Tabelle
- die Abfrage über unterschiedliche Tabellen, die miteinander verknüpft sind

Mit Indizes werden die Daten in einer Form aufbereitet, die es ermöglicht, sie bei der Suche schneller zu finden. Dazu wird ein Index angelegt, der bei jedem Hinzufügen, Löschen und Ändern von Daten in der Tabelle aktualisiert wird. Bedenken Sie allerdings, dass beim Anwachsen des Index gleichzeitig die Arbeit der Aktualisierung aufwendiger wird, worunter die Performance beim Einfügen, Ändern oder Löschen leiden kann.

Beachten Sie in diesem Zusammenhang, dass Sie mehrere verschiedene Tabellenfelder in einem Index zusammenfassen dürfen, auch gerne mehrmals in verschiedenen Indizes. Sie dürfen einen Index als UNIQUE kennzeichnen, wenn alle Felder zusammen einen einzigartigen, niemals wiederholten Schlüssel ergeben. Ob Ihre Auswahl an Indizes Ihre Abfragen schneller macht, kann nur Ausprobieren entscheiden, denn das Datenbanksystem setzt

20 Die SQLite-Anleitung weist darauf hin, dass es ein verstecktes Tabellenelement namens ROWID gibt, das automatisch angelegt wird und diese Funktionalität von Hause aus mitbringt. Umgekehrt – wenn Sie keine ROWID benötigen, können Sie WITHOUT ROWID bei der Tabellendefinition angeben.

vorhandene Indizes automatisch dann ein, wenn es ihm sinnvoll erscheint. Das Schema sieht so aus:

```
CREATE TABLE <indexname> ON <tabellenname> ( <spaltenname>, ... );
```

oder

```
CREATE UNIQUE INDEX <indexname> ON <tabellenname> ( <spaltenname>, ... );
```

Für unser obiges Beispiel könnten wir Folgendes schreiben:

```
CREATE UNIQUE INDEX vn_nn_index ON privat (nname, vname, plz);
```

Hiermit würde ein Index für den Nachnamen plus Vorname plus PLZ angelegt, der über den Namen `vn_nn_index` angesprochen werden kann. Im festen Vertrauen auf die Annahme, dass es immer nur einen einzigen Menschen gleichen Namens unter einer Postleitzahl gibt, haben wir den Index `UNIQUE` (also einzigartig) gemacht. Beachten Sie bitte, dass, falls wir uns mit dieser Prämisse geirrt haben sollten, es unmöglich ist, in dieser Datenbank weitere Personen mit der gleichen Nachname-Vorname-Postleitzahl-Kombination zu speichern.

Wir haben außerdem den Nachnamen als Erstes genannt, weil wir angenommen haben, dass die Suche Nachname plus Vorname wahrscheinlicher ist als die Suche Vorname plus Nachname.

Übrigens bewirkt der Ausdruck `PRIMARY KEY` beim Anlegen der Tabelle das Anlegen eines Index über diese Spalte.

16.5.4 Tabellen umbenennen und ändern

Informationen ermitteln

Wenn etwas völlig unterschiedlich bei den verschiedenen Datenbanksystemen ausgefallen ist, dann ist es die Methode, zu ermitteln, welche Benutzer, Tabellen, Indizes usw. bereits definiert sind. Das liegt auch daran, dass der SQL-Sprachstandard es nicht hergibt. Am schönsten ist das bei MySQL gelöst, wo wir mit Folgendem schon sehr weit kommen (Beispielausgaben):

```
mysql> SHOW TABLES;
+------------------------------+
| Tables_in_unsereneuedatenbank |
+------------------------------+
| honors                       |
| privat                       |
| privat1                      |
+------------------------------+
3 rows in set (0.01 sec)
```

```
mysql> EXPLAIN privat;
+---------+--------------+------+-----+---------+-------+
| Field   | Type         | Null | Key | Default | Extra |
+---------+--------------+------+-----+---------+-------+
| vname   | varchar(25)  | YES  |     | NULL    |       |
| nname   | varchar(25)  | YES  | MUL | NULL    |       |
| plz     | int(11)      | YES  |     | NULL    |       |
| ort     | varchar(100) | YES  |     | NULL    |       |
| strasse | varchar(100) | YES  |     | NULL    |       |
| hausnr  | int(11)      | YES  |     | NULL    |       |
+---------+--------------+------+-----+---------+-------+
6 rows in set (0.01 sec)
```

Mehr über Indizes erfahren wir mit:

```
mysql> SHOW INDEX IN privat;
```

(Aus technischen Gründen können wir die Ausgabe hier nicht wiedergeben.)

Die Benutzer müssten wir uns allerdings schon aus der internen MySQL-Tabelle herauskramen.

Das Gleiche mit den anderen Datenbanksystemen? Leider nicht so einfach; mehr erfahren Sie im speziellen Abschnitt über ihre spezielle Techniken.

Den Namen der Tabelle können Sie mit folgendem Befehl ändern:

```
ALTER TABLE <tabellenname> RENAME TO <neuer_tabellenname>;
```

Neue Felder fügen Sie mit `ALTER TABLE` und dem Befehl `ADD` hinzu:

```
mysql> ALTER TABLE privat ADD COLUMN telefon INT;
Query OK, 0 rows affected (0.01 sec)
Records: 0  Duplicates: 0  Warnings: 0
mysql> EXPLAIN privat;
+---------+--------------+------+-----+---------+-------+
| Field   | Type         | Null | Key | Default | Extra |
+---------+--------------+------+-----+---------+-------+
| vname   | varchar(25)  | YES  |     | NULL    |       |
| nname   | varchar(25)  | YES  |     | NULL    |       |
| plz     | int(11)      | YES  |     | NULL    |       |
| ort     | varchar(100) | YES  |     | NULL    |       |
| strasse | varchar(100) | YES  |     | NULL    |       |
| hausnr  | int(11)      | YES  |     | NULL    |       |
| telefon | int(11)      | YES  |     | NULL    |       |
+---------+--------------+------+-----+---------+-------+
7 rows in set (0.00 sec)
```

Hier haben Sie zur Adressverwaltung das Feld für die Telefonnummer hinzugefügt. Hätten Sie die Telefonnummer an einer anderen Stelle platzieren wollen, hätten Sie den Befehl AFTER verwenden müssen (PostgreSQL versteht dieses Schlüsselwort nicht):

```
mysql> ALTER TABLE privat ADD COLUMN test INT AFTER nname;
Query OK, 0 rows affected (0.01 sec)
Records: 0  Duplicates: 0  Warnings: 0
mysql> EXPLAIN privat;
+---------+--------------+------+-----+---------+-------+
| Field   | Type         | Null | Key | Default | Extra |
+---------+--------------+------+-----+---------+-------+
| vname   | varchar(25)  | YES  |     | NULL    |       |
| nname   | varchar(25)  | YES  |     | NULL    |       |
| test    | int(11)      | YES  |     | NULL    |       |
| plz     | int(11)      | YES  |     | NULL    |       |
| ort     | varchar(100) | YES  |     | NULL    |       |
| strasse | varchar(100) | YES  |     | NULL    |       |
| hausnr  | int(11)      | YES  |     | NULL    |       |
| telefon | int(11)      | YES  |     | NULL    |       |
+---------+--------------+------+-----+---------+-------+
8 rows in set (0.00 sec)
```

Hier wurde die Variable test hinter der Spalte nname hinzugefügt. Wollen Sie einen neuen Eintrag am Anfang einfügen, können Sie das Gegenstück FIRST verwenden. Wollen Sie den Eintrag von test in der Tabelle wieder löschen, benötigen Sie DROP (SQLite versteht dieses Schlüsselwort nicht):

```
mysql> ALTER TABLE privat DROP COLUMN test;
Query OK, 0 rows affected (0.00 sec)
Records: 0  Duplicates: 0  Warnings: 0
```

In MySQL können Sie auch nachträglich neue Unique-Felder (ADD UNIQUE) und Primärschlüssel (ADD PRIMARY) hinzufügen oder löschen (DROP). PostgreSQL löst vergleichbare Problematiken über das Hinzufügen bzw. Löschen von *Constraints*. Eine genauere Beschreibung ersparen wir uns hierzu an dieser Stelle.

Zum Verändern von bestehenden Feldern einer Tabelle stehen Ihnen CHANGE und MODIFY zur Verfügung. Den Datentyp und/oder den Variablennamen ändern Sie mit CHANGE folgendermaßen (MySQL):

```
mysql> ALTER TABLE privat CHANGE COLUMN telefon phone BIGINT;
Query OK, 0 rows affected (0.00 sec)
Records: 0  Duplicates: 0  Warnings: 0
```

```
mysql> EXPLAIN privat;
+---------+--------------+------+-----+---------+-------+
| Field   | Type         | Null | Key | Default | Extra |
+---------+--------------+------+-----+---------+-------+
| vname   | varchar(25)  | YES  |     | NULL    |       |
| nname   | varchar(25)  | YES  |     | NULL    |       |
| plz     | int(11)      | YES  |     | NULL    |       |
| ort     | varchar(100) | YES  |     | NULL    |       |
| strasse | varchar(100) | YES  |     | NULL    |       |
| hausnr  | int(11)      | YES  |     | NULL    |       |
| phone   | bigint(20)   | YES  |     | NULL    |       |
+---------+--------------+------+-----+---------+-------+
7 rows in set (0.00 sec)
```

Hiermit haben Sie den Variablennamen `telefon` in `phone` umbenannt und als neuen Datentyp `BIGINT` anstatt `INT` verwendet. Mit dem SQL-Befehl `MODIFY` hingegen können Sie nur den Datentypen verändern. Die Existenzberechtigung von `MODIFY` basiert auf Oracle-Kompatibilität, da `CHANGE` alle Anwendungsfälle des Veränderns bestehender Felder in Tabellen abdeckt.

In PostgreSQL sieht das so aus:

```
ALTER TABLE privat ALTER COLUMN telefon TYPE VARCHAR(50);
```


Hier unterscheidet sich nicht nur die Syntax, sondern PostgreSQL kennt auch nicht den Typ `BIGINT` (siehe dazu weiter unten).

SQLite kennt solcherlei Ansinnen überhaupt nicht.

Hinweis

Sie haben es schon gemerkt, die verschiedenen SQL-Dialekte sind sich sehr ähnlich, aber nicht gleich. Wir haben für dieses Buch allerdings speziell diejenigen Formulierungen ausgewählt, bei denen die Unterschiede nicht allzu groß sind. Wenn Sie aufs Geratewohl verschiedene SQL-Formulierungen aus der Anleitung des einen Datenbanksystems nehmen und zusammen mit dem anderen einsetzen wollen, so könnte das weniger erfolgreich sein, als man denken sollte – die Tücke liegt da häufig im Detail. Vor allem MySQL kann mehr Wörter weglassen und erlaubt eine freiere Syntax als die anderen Systeme.

Auch wenn es unangenehm klingt – MySQL bietet meist die einfachere, aber aus SQL-Sicht falsche Lösung. Aus diesem Grunde sollten Sie nicht mit der Erwartungshaltung an andere Systeme herangehen, alles so vorzufinden, wie Sie es bei MySQL kennengelernt haben.

16.5.5 Daten einfügen, ändern und löschen

Jetzt, nachdem die DDL-Elemente[21] für die strukturelle Definition der Datenbank abgeschlossen sind, können wir mit der eigentlichen Arbeit (wofür Datenbanken eben existieren) einer Datenbank beginnen.

An dieser Stelle sind eigentlich auch Sie als Programmierer angesprochen, denn bei der Arbeit mit den Daten werden Benutzerwerkzeuge und Schnittstellen verwendet. Alternativ können Sie hierfür einen grafischen Client verwenden, oder – das ist ja auch der Sinn dieses Kapitels – Sie programmieren eine eigene Benutzerschnittstelle (Client) zur MySQL-Datenbank (Server). Dabei können Sie sowohl Desktop-Anwendungen entwerfen als auch eigene Webapplikationen, die mit dem Browser zusammenarbeiten verwenden.

Um aber eigene Clientanwendungen für MySQL zu entwickeln, benötigen Sie (vor allem) auch Kenntnisse der DML-Elemente[22] zum Manipulieren von Daten.

Als Erstes wollen Sie wohl Datensätze in die Tabelle einfügen. Sie haben dabei mehrere Möglichkeiten – wobei wir hier die einfachste verwenden werden, das Kommandozeilenwerkzeug `mysql`. Bei der DDL sind die Unterschiede der verschiedenen Datensysteme (Gott sei Dank!) nicht so groß, und alles sollte so gut wie unbesehen überall funktionieren.

Wenn man von den Paketen wie *LibreOffice Base* (dessen Datenbank-Modul) absieht, das zum Teil mittels der Abstraktionsschnittstelle ODBC bzw. JDBC[23] praktisch alle Linux-Datenbanksystemen ansprechen kann, sind die meisten anderen graphischen Clients auf jeweils ein Datenbanksystem spezialisiert. Die Unterschiede sind dort so groß, dass es keinerlei Sinn ergibt, die Arbeitsweise in diesem Buch darzustellen. Wir konzentrieren uns daher auf die Kommandozeile und hoffen, dass Sie sich Ihrer »Verpflichtung« als Entwickler gewachsen sehen, uns dabei zu folgen, gerne auch mit mehreren Clients gleichzeitig (also `mysql`, `sqlite3` und `psql`).

Datensätze fügen Sie mit dem SQL-Kommando `INSERT` ein. Zur Demonstration soll der erste Datensatz in die Tabelle `adressen` eingefügt werden:

```
mysql> USE adressen;
mysql> INSERT INTO privat(
    -> vname, nname, plz, ort, strasse, hausnr, phone )
    -> VALUES (
    -> 'Jürgen', 'Wolf', 86316, 'Friedberg', 'Musterweg',
    -> 123, 821123456 );
Query OK, 1 row affected (0.26 sec)
```

21 DDL = *Data Description Language*, das ist der Teil der Sprache SQL, der für die Beschreibung der Tabellenstrukturen zuständig ist.

22 DML = *Data Manipulation Language*, das ist der Teil der Sprache SQL, der für die Abfrage und Veränderung der Daten zuständig ist.

23 ODBC = *Open Database Connectivity*, JDBC = *Java Database Connectivity*. Zwei sehr populäre Programmierschnittstellen (API) für die Anbindung an SQL-Datenbanken.

Es wird also der Tabellenname angegeben, gefolgt von den Tabellenspalten und den Werten (VALUES), die in den einzelnen Spalten gespeichert werden sollen. Beim Datentyp VARCHAR muss der String in einfache Hochkommata gesetzt werden.[24] Die Tabellenspalten und Werte werden dabei durch Kommata getrennt. Wichtig dabei ist, dass Sie die Reihenfolge der Tabellenspalten auch bei den Werten einhalten. Dabei müssen Sie die Reihenfolge nicht stur so einhalten, wie Sie die Tabellenstruktur definiert haben. Sie können z. B. auch alles in der umgekehrten Reihenfolge schreiben:

```
mysql> INSERT INTO privat(
    -> phone, hausnr, strasse, ort, plz, nname, vname)
    -> VALUES (
    -> 0821123456,  123, 'Musterweg', 'Friedberg', 86316,
    -> 'Wolf', 'Jürgen');
```

Wichtig ist einfach nur, dass Sie die Reihe der Spalten und Werte einhalten und die Namen der Tabellenstruktur in den Spalten auch existieren. MySQL und PostgreSQL (aber nicht SQLite) erlauben auch – entgegen dem SQL-Standard –, mehrere Datensätze auf einmal einzufügen:

```
mysql> INSERT INTO privat(
    -> vname, nname, plz, ort, strasse, hausnr, phone )
    -> VALUES (
    -> 'Jonathan', 'Wolf', 12345, 'Musterhausen',
    -> 'Strassenweg', 1, 9112341 ),
    -> ('Fatma', 'Wolf', 34344, 'Schlumpfhausen',
    -> 'Schlumpfweg',33, 7122343 );
Query OK, 2 rows affected (0.00 sec)
Records: 2  Duplicates: 0  Warnings: 0
```

Natürlich lassen sich hier mithilfe einer SELECT-Subquery Datensätze von anderen Tabellen übernehmen:

```
INSERT INTO <tabellenname> ( <spaltenname>, ...)
    SELECT <auswahlbedingung>;
```

Eine Subquery bezeichnet hier wieder einmal ein Statement, in dem der Datenteil weggelassen und durch ein SELECT ersetzt wurde.

24 An verschiedenen Stellen sollten auch Zahlen in Hochkommata gesetzt werden – am besten, Sie lassen es gar nicht darauf ankommen und machen es immer so. Die DML ist insofern pflegeleicht, als sie überall Quotes zulässt.

Natürlich gibt es auch beim Einfügen einiges zu beachten. Vor allem gilt es, Problemen beim Einfügen doppelter Datensätze Herr zu werden. Als Entwickler haben Sie da zwei Möglichkeiten:

1. Entweder Sie verhindern, dass SQL mit einer Fehlermeldung ankommt, indem Sie *keine* Constraints und keine `UNIQUE` Indizes verwenden und daher alle Überprüfungen ausschließlich in Ihrem Programm vornehmen, oder
2. Sie überlassen die Überprüfung und die Konsistenz dem SQL-Server und prüfen dafür aufs Genaueste jedes einzelne Mal den Rückgabewert, um Fehler damit abzufangen, die dem SQL-Server aufgefallen sind.

Wenn eine Person umgezogen ist, müssen Sie ihre Daten verändern. Der SQL-Befehl hierfür lautet `UPDATE`. Hier ein Beispiel dazu:

```
mysql> UPDATE privat
    -> SET plz=23456, ort='München', strasse='Schleichweg',
    -> hausnr=12, phone=89123412
    -> WHERE vname='Jonathan' AND nname='Wolf' LIMIT 1;
Query OK, 0 rows affected (0.27 sec)
Rows matched: 0  Changed: 0  Warnings: 0
```

Hier wurde die Adresse von *Jonathan Wolf* geändert. Gesprochen heißt dies: Aktualisiere in der Datenbank *privat* (`UPDATE privat`), verändere/setze neue Werte (`SET`) für `plz 23456`, `ort` ist `München` etc., ändere aber nur dort, wo (`WHERE`) die Daten `nname=Wolf` und (`AND`) `vname=Jonathan` sind. Der Zusatz `LIMIT 1` weist den Datenbankserver an, den Befehl nach dem ersten Treffer abzubrechen, was bei großen Datenbeständen erhebliche Performance bringen kann. Natürlich können Sie auch mehrere Daten in einem Rutsch verändern:

```
mysql> UPDATE privat
    -> SET hausnr=1
    -> WHERE nname='Wolf';
Query OK, 2 rows affected (0.00 sec)
Rows matched: 3  Changed: 2  Warnings: 0
```

Somit haben Sie bei allen Datensätzen, wo die Spalte `nname` den Wert `'Wolf'` hat, die Hausnummer (`hausnr`) auf `1` gesetzt. Mit `SET` setzen Sie also in einer gewünschten Spalte einen neuen Wert.

Daten löschen Sie mit dem SQL-Befehl `DELETE` folgendermaßen:

```
mysql> DELETE FROM privat WHERE ort='Friedberg';
Query OK, 1 row affected (0.00 sec)
```

Natürlich können Sie hierbei auch mehrere Bedingungen mit `AND` oder `OR` verknüpfen.

16.5.6 Daten importieren

Ein häufiger Anwendungsfall ist es, die Daten aus einer anderen Anwendung nach MySQL zu importieren. Oft handelt es sich dabei um eine sehr wackelige Angelegenheit, die schon einiges an Erfahrung fordert. Eine falsche Feldzuordnung, und Sie haben den (Daten-)Salat. Denn gewöhnlich sind die Tabellen der Datenbanken nicht so einfach aufgebaut, wie wir dies im Buch demonstrieren. Um Daten zu importieren, haben Sie folgende Möglichkeiten:

- Import über den SQL-Befehl `INSERT`. Dabei müssen die Daten in einem SQL-String vorliegen, so wie er z. B. bei einem Dump mit `mysqldump` bzw. `pg_dump` zurückgegeben wird.
- Import über sogenannte Delimited-ASCII-Dateien (z. B. eine CSV-Datei aus einer Tabellenkalkulation). Für den Import solcher Dateien wird der SQL-Befehl `LOAD DATA INFILE` (MySQL), `COPY FROM DELIMITER CSV` (PostgreSQL) oder das Kommandozeilenwerkzeug `mysqlimport` (MySQL) verwendet.
- Sie importieren die Daten über die ODBC-Schnittstelle.
- Und natürlich die vielen Tools, die für den Dateiimport entwickelt wurden. Und wenn keines da ist, dann schreibt man es eben selbst, denn wozu ist man schließlich Entwickler?

16.5.7 Daten ausgeben

Jetzt fehlt Ihnen nur noch das Wissen über die Ausgabe von Daten. Dabei bedienen Sie sich des mächtigen Befehls `SELECT`, der Ihnen je nach Inhalt kein, ein oder mehrere Ergebnisse zurückliefert. Um Ihnen die Vielseitigkeit von `SELECT` zu beschreiben, müssten noch mindestens 50 Seiten mehr für das Buch reserviert werden. Daher hierzu nur die grundlegenden `SELECT`-Operationen. Wollen Sie alle Daten einer Tabelle ausgeben lassen, gehen Sie wie folgt vor:

```
mysql> SELECT * FROM privat;
+--------+-----+-----+-------------+----------+-----+-------+
|vname   |nname|plz  |ort          |strasse   |hausnr| phone |
+--------+-----+-----+-------------+----------+-----+-------+
|Jürgen  |Wolf |86316|Friedberg    |Musterweg |   123| ...   |
|Jonathan|Wolf |12345|Musterhausen |Strassenweg|     1| ...   |
|Fatma   |Wolf |34344|Schlumpfhausen|Schlumpfweg|     1| ...   |
+--------+-----+-----+-------------+----------+-----+-------+
3 rows in set (0.00 sec)
```

Das Sternchen (Wildcard) wird hierbei als Platzhalter für alle in der Tabelle vorhandenen Spalten verwendet. Mit `FROM` geben Sie an, welche Tabelle Sie selektieren wollen. Benötigen Sie nur Daten von einer einzelnen Spalte, gehen Sie so vor:

```
mysql> SELECT ort FROM privat;
+----------------+
| ort            |
+----------------+
| Friedberg      |
| Musterhausen   |
| Schlumpfhausen |
+----------------+
3 rows in set (0.00 sec)
```

Sind Sie nur an ganz speziellen Inhalten von Spalten interessiert, können Sie auch hier wieder den SQL-Befehl WHERE verwenden:

```
mysql> SELECT * FROM privat WHERE vname='Jürgen';
+--------+-----+-----+-------------+----------+-----+-------+
|vname   |nname|plz  |ort          |strasse   |hausnr| phone |
+--------+-----+-----+-------------+----------+-----+-------+
|Jürgen  |Wolf |86316|Friedberg    |Musterweg |  123| ...   |
+--------+-----+-----+-------------+----------+-----+-------+
1 row in set (0.00 sec)
```

Sie können mit SELECT natürlich noch viel mehr und genauere Abfragen stellen. Die Abfrage kann sich dabei über mehrere Tabellen des relationalen Datenbankmodells beziehen. Hierzu eine vollständige Syntax von SELECT:

```
SELECT <ausdruck>
   FROM <tabellennamen>
   WHERE <bedingung>
   GROUP BY <feldname>
   HAVING <bedingung>
   ORDER BY <feldname>;
```

Sie müssen dabei nicht alle Angaben verwenden, allerdings müssen Sie die Reihenfolge einhalten. Sie können somit nicht erst ORDER BY verwenden und anschließend WHERE.

Die Ausgabe sortieren können Sie mit:

```
mysql> SELECT * FROM privat ORDER BY vname;
+--------+-----+-----+-------------+----------+-----+-------+
|vname   |nname|plz  |ort          |strasse   |hausnr| phone |
+--------+-----+-----+-------------+----------+-----+-------+
|Fatma   |Wolf |34344|Schlumpfhausen|Schlumpfweg|    1| ...   |
|Jonathan|Wolf |12345|Musterhausen |Strassenweg|    1| ...   |
|Jürgen  |Wolf |86316|Friedberg    |Musterweg |  123| ...   |
+--------+-----+-----+-------------+----------+-----+-------+
3 rows in set (0.00 sec)
```

Hierbei wird standardmäßig in aufsteigender Reihenfolge sortiert. Natürlich können Sie auch nach zwei Kriterien sortieren:

```
mysql> SELECT * FROM privat ORDER BY nname, vname;
+--------+-----+-----+-------------+----------+-----+-------+
|vname   |nname|plz  |ort          |strasse   |hausnr| phone |
+--------+-----+-----+-------------+----------+-----+-------+
|Fatma   |Wolf |34344|Schlumpfhausen|Schlumpfweg|     1| ...   |
|Jonathan|Wolf |12345|Musterhausen |Strassenweg|     1| ...   |
|Jürgen  |Wolf |86316|Friedberg    |Musterweg  |   123| ...   |
+--------+-----+-----+-------------+----------+-----+-------+
3 rows in set (0.00 sec)
```

Hier wird erst nach Nachnamen und anschließend nach dem Vornamen sortiert, wie dies z. B. auch in Telefonbüchern der Fall ist. Schließlich gibt es von einem Nachnamen meistens mehrere, weshalb ein Sortieren nach dem Vornamen auch sinnvoll erscheint. Wollen Sie hingegen in absteigender Form sortieren, müssen Sie am Ende `DESC` hinzufügen:

```
mysql> SELECT * FROM privat ORDER BY nname, vname DESC;
+--------+-----+-----+-------------+----------+-----+-------+
|vname   |nname|plz  |ort          |strasse   |hausnr| phone |
+--------+-----+-----+-------------+----------+-----+-------+
|Jürgen  |Wolf |86316|Friedberg    |Musterweg  |   123| ...   |
|Jonathan|Wolf |12345|Musterhausen |Strassenweg|     1| ...   |
|Fatma   |Wolf |34344|Schlumpfhausen|Schlumpfweg|     1| ...   |
+--------+-----+-----+-------------+----------+-----+-------+
3 rows in set (0.00 sec)
```

Wollen Sie den Inhalt der Daten für andere Programme exportieren, wie dies z. B. für Tabellenkalkulationsprogramme gerne gemacht wird, bietet sich folgender Lösungsweg an:

```
mysql> SELECT * INTO OUTFILE 'test.csv'
    -> FIELDS TERMINATED BY ';' LINES TERMINATED BY '%'
    -> FROM privat;
Query OK, 3 rows affected (0.00 sec)
```

Jetzt können Sie die Datei *test.csv* in einer tabellenkalkulationsüblichen Form mit z. B. *LibreOffice Calc* oder *Kspread* öffnen.

16.5.8 NULL ist 0 oder undefiniert?

Der `NULL`-Wert hat bei MySQL eine andere Bedeutung. `NULL` bedeutet, dass ein Wert für das Feld fehlt – sprich: Der Wert ist undefiniert bzw. ungesetzt. `NULL` ist somit nicht 0 und auch kein leerer String.

16.5.9 Unscharfe Suche

Manchmal fällt einem partout nicht der genaue Name oder die genaue Ortschaft ein. Oder wie schreibt sich `'Wolf' 'Jonathan'` gleich wieder – war es jetzt `'Wolff'` oder `'Wolf'` ... – Oder wie kann man E-Mail-Adressen von einem bestimmten Provider ausfiltern? Für solche und viele weitere Möglichkeiten gibt es die unscharfe Suche mit den SQL-Befehlen `LIKE` und `IN`.

So suchen Sie z. B. nach einer bestimmten Postleitzahl:

```
mysql> SELECT * FROM privat WHERE plz LIKE '%63%';
+--------+-----+-----+-------------+----------+-----+-------+
|vname   |nname|plz  |ort          |strasse   |hausnr| phone |
+--------+-----+-----+-------------+----------+-----+-------+
|Jürgen  |Wolf |86316|Friedberg    |Musterweg |  123| ...   |
+--------+-----+-----+-------------+----------+-----+-------+
1 row in set (0.00 sec)
```

Hier wird eine Postleitzahl ausgegeben, die die Zahlenfolge `63` enthält. `%` wird als Wildcard verwendet. Oder wie lautete denn nun gleich wieder die Ortschaft, die auf »...berg« endete?

```
mysql> SELECT * FROM privat WHERE ort LIKE '%berg';
+--------+-----+-----+-------------+----------+-----+-------+
|vname   |nname|plz  |ort          |strasse   |hausnr| phone |
+--------+-----+-----+-------------+----------+-----+-------+
|Jürgen  |Wolf |86316|Friedberg    |Musterweg |  123| ...   |
+--------+-----+-----+-------------+----------+-----+-------+
1 row in set (0.00 sec)
```

Soll dabei auf Groß- und Kleinschreibung geachtet werden, setzen Sie einfach vor `LIKE` das Schlüsselwort `BINARY`.

Schluss, aus und Ende. Da der Crashkurs eh schon länger geworden ist, muss jetzt Schluss damit sein. Sie wollen schließlich auch etwas programmieren. Und sofern Sie bereits Kenntnisse in MySQL haben, möchten wir Ihre Geduld nicht überstrapazieren.

Sie kennen jetzt die grundlegenden Befehle, um recht gut mit der MySQL-Datenbank zu arbeiten und um eigene Clientprogramme zu entwickeln – daher wollen wir jetzt auch damit beginnen.

16.6 MySQL-C-Programmierschnittstelle

Hinweis

Die C-APIs (API = *Application Programming Interface*, Programmierschnittstelle) der drei hier vorgestellten Datenbanksysteme sind immerhin so sehr unterschiedlich – wenn man wie gesagt von ODBC und JDBC absieht –, dass wir sie separat abhandeln müssen. Die APIs bieten dabei viele Aufrufe, die über das bloße Ausführen von Abfragen hinausgehen. Das ist theoretisch zwar nützlich, aber im Sinne einer wünschenswerten Portabilität natürlich eher schädlich.

Mit der MySQL-C-API sind Sie in der Lage, eigene Clientanwendungen wie `mysql` (Shell) oder `mysqladmin` zu entwickeln, mit denen Sie Zugriff auf den MySQL-Server haben. Um eigene Clientanwendungen zu schreiben, benötigen Sie die Bibliothek zu MySQL und die entsprechenden Headerdateien. Die Bibliothek sollten Sie gewöhnlich im Verzeichnis */usr/lib*, */usr/lib/mysql* oder */usr/local/lib/mysql* vorfinden.[25] Die Headerdateien befinden sich in dem Verzeichnis, wo sich auch die anderen Include-Dateien aufhalten sollten (*/usr/include/mysql* oder */usr/local/include/mysql*). Sollte sich bei Ihnen in den eben genannten Verzeichnissen nichts dergleichen befinden, fehlen Ihnen wahrscheinlich Entwickler-Packages, und zwar vermutlich eine ganze Reihe. Entsprechende Listen von Paketen haben wir eingangs in diesem Kapitel erwähnt. Ansonsten müssen Sie bei *http://www.mysql.de* vorbeischauen und entsprechende RPM-Packages herunterladen und installieren.

Wenn Sie Ihren MySQL-Client-Quellcode erstellt haben, müssen Sie dem Compiler sagen, wo sich die Include-Dateien befinden, und der Linker will ebenfalls wissen, welche Bibliotheken er von wo zum Linken verwenden soll. Die Information für den Compiler geben Sie mit dem Flag `-I` an. Ist der Programmname z. B. *mein_Client.c*, dann sieht der Compileraufruf wie folgt aus:

```
$ gcc -c -I/usr/include/mysql mein_Client.c
```

Nach erfolgreicher Kompilierung befindet sich jetzt im Verzeichnis eine Objektdatei (**.o*). Um daraus eine ausführbare Datei zu machen, müssen Sie dem Linker sagen, wo er die Bibliothek für seine Arbeit findet und welche Bibliothek er dazu verwenden soll. Das *Wo* erledigen Sie mit dem Flag `-L` und der Pfadangabe, und welche Bibliothek dazu verwendet werden soll, geben Sie hinter dem Flag `-l` an. Die komplette Eingabe lautet also:

```
$ gcc -o mein_Client mein_Client.o -L/usr/lib/mysql -lmysqlclient
```

Wenn beim Compilerlauf und beim anschließenden Linken keine Probleme aufgetreten sind, können Sie die Clientanwendung mit dem Namen starten:

```
$ ./my_Client
```

Damit Sie aber nicht dauernd so viel tippen müssen, können Sie auch die Datei *.bash_profile* anpassen, oder besser noch, Sie verwenden ein *Makefile*.

25 Beziehungsweise auf 64-Bit-Systemen unter Umständen in */usr/lib64*, */usr/lib64/mysql* usw.

Bei manchen Systemen kann es zu Problemen mit dem Linkerlauf kommen. Meistens will der Linker dabei nur mehr Input zu weiteren Bibliotheken. Geben Sie dem Linker, was er will, und Sie können in Ruhe weiterarbeiten. Hier einige Librarys, die Sie eventuell hinzulinken müssen:

Flag	Bedeutung
`-lm`	Die C-API verwendet einige Funktionen aus der Headerdatei *<math.h>*, und einige Linux-Systeme wollen dies immer noch extra angegeben haben.
`(-lm) -lsocket -lnsl`	Diese Flags wollen die Solaris-Rechner haben.
`-lz (zlib)`	Diese Bibliothek benötigen Sie bei einem *Undefined-Reference*-Fehler bei den Funktionen `compress` und `uncompress`. Dieser Fehler hat einen der Autoren schon an den Rand eines Nervenzusammenbruchs gebracht.

Tabelle 16.1 Eventuell weitere benötigte Linkerflags

Hinweis

Auf Linux braucht Sie keine der oben genannten Extrabibliotheken anzugeben, da weitere von MySQL benötigte Bibliotheken bereits in der *libmysqlclient.so* angegeben sind und daher automatisch eingebunden werden.

Sollten Sie dennoch Probleme mit den Pfaden zum Include-Verzeichnis oder den Bibliotheken haben, können Sie hierzu auch das Shellscript `mysql_config` mit dem Flag `--cflags` (für die Include-Angaben) und `--libs` (für die Bibliotheksangaben) verwenden.

Hinweis am Rande

Das Verwenden einer neuen API (unabhängig davon, welche das ist) lässt den Code anfangs immer etwas komplexer und eben fremd aussehen. Sie sollten sich davon aber nicht abschrecken lassen. Gewöhnlich steckt in jeder API ein gut durchdachtes Design, das schnell zu durchschauen ist. Gewöhnlich funktionieren APIs immer nach demselben Prinzip: Man initialisiert etwas, indem man z. B. Speicher reserviert. Dann stellt man eine Verbindung/Beziehung her, und anschließend kann mit dieser Verbindung/Beziehung gearbeitet werden. Am Ende gibt man alles wieder frei. Wenn Sie ein wenig zurückdenken, wird Ihnen auffallen, dass das Prinzip immer dasselbe ist.

16.6.1 Verbindung mit dem MySQL-Server aufbauen

Im ersten Beispiel werden Sie sehen, wie Sie eine Verbindung zum MySQL-Server aufbauen, die Verbindung auf Fehler hin überprüfen und die Verbindung wieder ordentlich schließen.

MySQL-Objekt allozieren oder initialisieren – mysql_init()

Bevor Sie eine Verbindung zum Server aufbauen, müssen Sie erst für ein MySQL-Objekt Speicher allozieren oder es initialisieren. Diese Aufgabe erledigt die Funktion `mysql_init()`:

```
#include <mysql.h>
MYSQL *mysql_init(MYSQL *mysql)
```

Geben Sie dieser Funktion als Parameter `NULL`, wird zuerst Speicherplatz für das MySQL-Objekt reserviert und dieses anschließend gleich initialisiert. Der Rückgabewert ist dabei die Adresse eines neuen MySQL-Objekts. Bei diesem MySQL-Objekt handelt es sich intern natürlich nur um eine Struktur, die sich hinter einem `typedef` versteckt. Dieses MySQL-Objekt – Sie können es auch gerne Handle oder MySQL-Stream nennen – wird für fast alle Funktionen der MySQL-C-API benötigt. Geben Sie hingegen für den Parameter ein MySQL-Objekt an, wird das Objekt initialisiert und die Adresse des Objekts zurückgegeben. `mysql_init()` ist somit das `malloc()` für MySQL, wenn Sie so wollen. Reicht der Speicher für ein neues Objekt nicht aus, wird `NULL` zurückgegeben.

Verbindung zum MySQL-Server aufbauen – mysql_real_connect()

Nach erfolgreicher Ausführung der Funktion `mysql_init()` wird versucht, mit der Funktion `mysql_real_connect()` eine Verbindung zum MySQL-Server herzustellen. Natürlich ist auch klar, dass ohne das Zustandekommen einer Verbindung keine weiteren API-Funktionen verwendet werden können (abgesehen von `mysql_get_client_info()`). Die Syntax zu dieser Funktion:

```
#include <mysql.h>
MYSQL *mysql_real_connect( MYSQL *mysql, const char *host,
                           const char *user, const char *passwd,
                           const char *db, unsigned int port,
                           const char *unix_socket,
                           unsigned int client_flag    );
```

Auf den ersten Blick wirkt diese Funktion mit den vielen Parametern recht erschlagend. Aber bei genauerem Hinsehen erkennen Sie ein wenig die Parallelen beim Einloggen in der *MySQL-Shell* (`mysql`). Der erste Parameter ist die Adresse der MySQL-Struktur, die Sie zuvor mit der Funktion `mysql_init()` alloziert und initialisiert haben.

Mit dem zweiten Parameter können Sie den Hostnamen oder eine IP-Adresse zum MySQL-Server angeben. Der Vorteil ist, dass Sie sich selbst hier nicht die Mühe machen müssen, Sockets oder Named Pipes zu erstellen, um sich mit dem Server zu verbinden (zumindest ist dies unter Linux und BSD so). Bei einer Angabe von `NULL` oder `localhost` wird versucht, sich mit einem Unix-Socket zu verbinden.

Mit dem dritten Parameter, user, geben Sie den Usernamen an, den Sie als MySQL- Benutzererkennung verwenden. Bei der Angabe von NULL wird versucht, den aktuellen Benutzer einzuloggen – was unter Linux der aktuelle Login-Name wäre.

Mit passwd geben Sie das entsprechende Passwort für user an. Bei einer Angabe von NULL gilt hier, dass in der user-Tabelle auf Übereinstimmung mit solchen Benutzern überprüft wird, bei denen das Passwortfeld leer ist[26].

Mit db geben Sie den Namen der Datenbank an, mit der Sie gleich arbeiten wollen. Bei einer Angabe von NULL wird eine den Vorgaben entsprechende Datenbank für die Verwendung gesetzt. Natürlich können Sie auch erst nach der Verbindung eine bestimmte Datenbank zum Arbeiten auswählen.

Wenn Sie für port nicht 0 angeben, hängt dieser Parameter von der Portnummer der TCP/IP-Verbindung des host-Parameters ab.

Mit dem Parameter unix_socket können Sie einen String angeben, der ein Socket oder eine Named Pipe festlegt, über die eine Verbindung hergestellt werden soll. Hierbei ist der Verbindungstyp allerdings ebenfalls von dem Parameter host abhängig. Alternativ können Sie auch hier NULL angeben.

Für den letzten Parameter wird üblicherweise 0 angegeben. Allerdings lassen sich auch spezielle Optionen einzeln oder auch miteinander kombiniert setzen. Folgende Flags mit folgender Bedeutung können Sie dabei setzen:

- CLIENT_COMPRESS – Die Verbindung soll ein komprimiertes Protokoll benutzen.
- CLIENT_FOUND_ROWS – Als Resultat soll die Anzahl übereinstimmender Zeilen zurückgegeben werden.
- CLIENT_IGNORE_SPACE – Leerzeichen nach Funktionsnamen sollen zulässig sein; dies macht alle Funktionsnamen zu reservierten Wörtern.
- CLIENT_INTERACTIVE – Bei interactive_timeout Sekunden der Inaktivität wird die Verbindung beendet – standardmäßig ist das wait_timeout Sekunden.
- CLIENT_NO_SCHEMA – Das Flag ist bei der Fehlersuche einiger Anwendungen hilfreich, die ODBC verwenden. Damit wird die Syntax *datenbank.tabelle.spalte* verboten.
- CLIENT_ODBC – Der Client ist ein ODBC-Client.
- CLIENT_SSL – Die Verbindung soll SSL benutzen (Verschlüsselung).

Wenn mysql_real_connect() ordnungsgemäß eine Verbindung aufbauen konnte, wird derselbe Zeiger auf die Adresse der MySQL-Struktur zurückgegeben, den Sie als ersten Parameter in der Funktion angegeben haben. Bei einem Fehler wird NULL zurückgegeben.

26 Ein leeres Passwort zu verwenden, kann Ihnen zwar sowohl als Anwender als auch als Entwickler Arbeit sparen, aber es hat die gleiche Wirkung bei Hackern, die versuchen, Kontrolle über Ihr System zu erlangen. Daher gilt: nicht zu empfehlen!

Folgende Fehler, die Sie mit der Funktion `mysql_errno()` ermitteln könnten (dazu gleich mehr), können bei der Funktion `mysql_real_connect()` auftreten:

- `CR_CONN_HOST_ERROR`: Verbindung zum MySQL-Server ist fehlgeschlagen.
- `CR_CONNECTION_ERROR`: Verbindung zum lokalen MySQL-Server ist fehlgeschlagen.
- `CR_IPSOCK_ERROR`: IP-Socket konnte nicht erzeugt werden.
- `CR_OUT_OF_MEMORY`: Nicht mehr genügend Speicherplatz vorhanden.
- `CR_SOCKET_CREATE_ERROR`: Unix-Socket konnte nicht erzeugt werden.
- `CR_UNKNOWN_HOST`: IP-Adresse für den Hostnamen konnte nicht gefunden werden.
- `CR_VERSION_ERROR`: Client und Server verwenden eine unterschiedliche Protokollversion (z. B. Clientbibliothek ist veraltet).
- `CR_SERVER_LOST`: Verbindung zum Server dauerte länger als `connect_timeout` Sekunden, oder der Server ist während der Ausführung von `init-command` gestorben.

Hinweis

Sofern Sie in der Dokumentation von MySQL auf die Funktion `mysql_connect()` gestoßen sind: Diese ist mittlerweile veraltet und wird nur aus Gründen der Kompatibilität mit älteren Programmen erhalten, die diese Funktion verwenden.

16.6.2 Aufgetretene Fehler ermitteln – mysql_errno() und mysql_error()

Allein bei der Funktion `mysql_real_connect()` kann eine Menge Fehler auftreten, wie Sie soeben gelesen haben. Da sich in den Headerdateien *<errmsg.h>* (Fehlermeldungen vom Client) und *<mysqld_error.h>* (Fehlermeldungen vom Server), die sich im selben Verzeichnis befindet wie *<mysql.h>*, mehrere Hundert Fehlercodes befinden, könnte ein Suchen danach ohne die Funktionen `mysql_errno()` und `mysql_error()` recht schwierig werden. Mit der Funktion

```
#include <mysql.h>
unsigned int mysql_errno(MYSQL *mysql) ;
```

können Sie sich, falls ein Fehler auftrat, den Fehlercode der zuletzt aufgerufenen API-Funktion zurückgeben lassen. Wird dabei `0` zurückgegeben, ist kein Fehler aufgetreten, ansonsten wird der entsprechende Fehlercode vom Client oder vom Server (je nachdem, wo der Fehler auftrat) zurückgegeben.

Die Fehlernummern sind häufig nicht hilfreich und davon abhängig, ob der Anwender weiß, dass er im Dokumentenverzeichnis der MySQL-Distribution nach der Datei *mysqld_error.txt* suchen muss. Zum Glück gibt es auch für die MySQL-C-API eine `perror()`-Funktion, die den Fehler im Klartext (zumindest so klar wie möglich) ausgibt:

```
#include <mysql.h>
const char *mysql_error(MYSQL *mysql) ;
```

Hierbei wird bei einer Verbindung eine Fehlermeldung (ein String) der zuletzt fehlgeschlagenen API-Funktion zurückgegeben. Wenn keine Fehlermeldung zurückgegeben wird, dann wird ein leerer String (`index[0] = '\0'`) ausgegeben. Wollen Sie anstatt der Standardsprache Englisch eine andere ausgeben lassen, müssen Sie entweder die MySQL-Client-Bibliothek neu kompilieren oder den Server mit `mysqld` und der Option `-language=german` starten. Was Sie dabei beachten müssen, entnehmen Sie bitte der Dokumentation.

16.6.3 Schließt die Verbindung zum Server – mysql_close()

Wenn Sie die mit `mysql_real_connect()` eingerichtete Verbindung wieder schließen wollen, dann verwenden Sie die Funktion `mysql_close()`:

```
#include <mysql.h>
void mysql_close(MYSQL *mysql) ;
```

Damit schließen Sie die Verbindung mit dem MySQL-Handle und geben auch den Speicher dazu wieder frei, der zuvor mit `mysql_init()` alloziert oder initialisiert wurde.

16.6.4 Erstes Beispiel

Nachdem Sie die grundlegenden Funktionen nun kennen, können Sie den ersten Schritt machen, um sich mit Ihrer (Client-)Anwendung dem MySQL-Server zu nähern. Das Beispiel macht keine großen Aktionen, es versucht lediglich, eine Verbindung mit dem Server einzugehen, wertet gegebenenfalls Fehler aus und schließt anschließend diese Verbindung gleich wieder. Bitte passen Sie die Verbindungsdaten für `mysql_real_connect()` an Ihren Account an.

```
/* mysql1.c */
#include <stdio.h>
#include <stdlib.h>
#include <mysql.h>

/* Bitte Daten anpassen */
#define HOST     "localhost"
#define USER     "root"
#define PASSWORT "k4p6m3o3"
#define DBNAME   NULL
#define PORT     0
#define SOCKET   NULL
#define FLAG     0
```

```
int main (int argc, char **argv) {
  MYSQL *my;
  /* Handle initialisieren */
  my = mysql_init (NULL);
  if (my == NULL) {
    fprintf (stderr, " Initialisierung fehlgeschlagen\n");
    exit (EXIT_FAILURE);
  }
  /* Mit dem Server verbinden */
  if (mysql_real_connect (my,     /* Zeiger auf MySQL-Handler */
                         HOST,     /* Hostname */
                         USER,     /* User-Name */
                         PASSWORT, /* Passwort für user_name */
                         DBNAME,   /* Name der Datenbank */
                         PORT,     /* Port (default=0) */
                         SOCKET,   /* Socket (default=NULL) */
                         FLAG      /* keine Flags */
                        ) == NULL) {
    fprintf (stderr, "Fehler mysql_real_connect():"
             "%u (%s)\n", mysql_errno (my), mysql_error (my));
  }
  else
     printf ("Erfolgreich mit dem MySQL-Server verbunden\n");

  /* Hier befindet sich der Code für die Arbeit mit MySQL */

  /* Verbindung trennen */
  mysql_close (my);
  return EXIT_SUCCESS;
}
```

Das Programm bei der Ausführung:

```
$ gcc -c -I/usr/include/mysql mysql1.c
$ gcc -o mysql1 mysql1.o -L/usr/lib/mysql -lmysqlclient
$ ./mysql1
Fehler mysql_real_connect():2002 (Can't connect to local MySQL server ⤸
through socket '/var/lib/mysql/mysql.sock' (2))
$ sudo systemctl start mysql
[sudo] password for user: ******
$ ./mysql1
Erfolgreich mit dem MySQL-Server verbunden
```

Sofern Sie nicht die passenden Angaben für die Funktion mysql_real_connect() gemacht haben, informiert Sie eine entsprechende Fehlermeldung darüber, was schiefgelaufen ist.

Besser ist es natürlich, die Abfrage erst beim Starten des Programms vorzunehmen. Dazu können Sie entweder die Kommandozeilenoptionen auswerten (man popt) oder eine entsprechende Abfrage bei der Anwendung ausführen. Wie eine solche Abfrage aussehen könnte, demonstriert Ihnen folgendes Beispiel:

```
/* mysql2.c */
#include <stdio.h>
#include <string.h>
#include <stdlib.h>
#include <mysql.h>
#define MAX 255

/* Verbindungsdaten für mysql_real_connect */
static char *connect_param[7];
/* globaler Hilfszähler für die Verbindungsdaten */
static int connect_param_count = 0;

/* Eigene fgets-Funktion, die \n entfernt */
static void my_fgets( char *ptr, unsigned int max ) {
  char *help;
  fgets(ptr, max, stdin );
  if( ( help = strchr( ptr, '\n') ) != NULL )
    *help = '\0'; /* Newline durch \0 ersetzen */
}

/* Zusammenstellen der Verbindungsdaten in connect_param */
static void my_cat( char *ptr ) {
  connect_param[connect_param_count] = malloc( strlen (ptr) + 1);
  if (connect_param[connect_param_count] == NULL) {
    printf("Konnte keinen Speicher reservieren ...\n");
    exit (EXIT_FAILURE);
  }
  strcpy( connect_param[connect_param_count], ptr );
  connect_param_count++;
}

/* Einlesen der Verbindungsdaten - Ein Drücken von <ENTER> */
/* bezweckt, dass die Standardwerte verwendet werden -     */
/* Garantiert allerdings keinen Verbindungsaufbau.         */
static void get_connect_param( void ) {
```

```
char puffer[MAX];

printf("Host-Name (<ENTER> == default) : ");
my_fgets( &puffer[0], MAX );
if( puffer[0] == '\0' )
  connect_param[connect_param_count++] = NULL;
else
  my_cat( &puffer[0] );
printf("User-Name (<ENTER> == default) : ");
my_fgets( &puffer[0], MAX );
if( puffer[0] == '\0' )
  connect_param[connect_param_count++] = NULL;
else
  my_cat( &puffer[0] );
printf("Passwort (<ENTER> == default)  : ");
my_fgets( &puffer[0], MAX );
if( puffer[0] == '\0' )
  connect_param[connect_param_count++] = NULL;
else
  my_cat( &puffer[0] );
printf("Datenbank (<ENTER> == default) : ");
my_fgets( &puffer[0], MAX );
if( puffer[0] == '\0' )
  connect_param[connect_param_count++] = NULL;
else
  my_cat( &puffer[0] );
printf("Port (<ENTER> == default)      : ");
my_fgets( &puffer[0], MAX );
if( puffer[0] == '\0' ) {
  puffer[0] = '0';
  my_cat( &puffer[0] );
}
else
  my_cat( &puffer[0] );
printf("Socket (<ENTER> == default)    : ");
my_fgets( &puffer[0], MAX );
if( puffer[0] == '\0' )
  connect_param[connect_param_count++] = NULL;
else
  my_cat( &puffer[0] );
printf("Flag (<ENTER> == default)      : ");
my_fgets( &puffer[0], MAX );
if( puffer[0] == '\0' ) {
```

16

```
    puffer[0] = '0';
    my_cat( &puffer[0] );
  }
  else
    my_cat( &puffer[0] );
}

/* Mit dem MySQL-Server und den entsprechenden */
/* Verbindungsdaten eine Verbindung herstellen  */
static int mein_connect( MYSQL *my ) {
  /* Mit dem Server verbinden */
  if( mysql_real_connect (
        my,                      /* Zeiger auf MySQL-Handler*/
        connect_param[0],        /* Hostname*/
        connect_param[1],        /* User-Name*/
        connect_param[2],        /* Passwort für user_name */
        connect_param[3],        /* Name der Datenbank*/
        strtoul(connect_param[4], NULL, 0), /* Port(default=0) */
        connect_param[5],        /* Socket (default=NULL)*/
        strtoul(connect_param[6], NULL, 0)  /* keine Flags */
      )  == NULL) {
    fprintf (stderr, "Fehler mysql_real_connect():"
             "%u (%s)\n",mysql_errno (my), mysql_error (my));
    return -1;
  }
  return 1;
}

/* Speicher freigeben und Verbindung beenden */
static void clean_up_shutdown( MYSQL * my ) {
  mysql_close (my);
}

int main (int argc, char **argv) {
  MYSQL  *my;
  /* Handle initialisieren */
  my = mysql_init(NULL);
  if(my == NULL) {
    fprintf(stderr, " Initialisierung fehlgeschlagen\n");
    exit (EXIT_FAILURE);
  }
  /* Verbindungsdaten für die Datenbank abfragen */
  get_connect_param( );
```

```
  /* Mit dem Server verbinden */
  if( mein_connect( my ) != -1 )
    printf("Erfolgreich mit dem MySQL-Server verbunden\n");

  /* Hier befindet sich der Code für die Arbeit mit MySQL */

  /* Verbindung trennen */
  clean_up_shutdown( my );
  return EXIT_SUCCESS;
}
```

Das Programm bei der Ausführung:

```
$ gcc -c -I/usr/include/mysql mysql2.c
$ gcc -o mysql2 mysql2.o -L/usr/lib/mysql -lmysqlclient
$ ./mysql2
Hostname (<ENTER> == default)   : localhost
User-Name (<ENTER> == default)  : root
Passwort (<ENTER> == default)   : k4p6m3o3
Datenbank (<ENTER> == default)  : news
Port (<ENTER> == default)       : ENTER
Socket (<ENTER> == default)     : ENTER
Flag (<ENTER> == default)       : ENTER
Erfolgreich mit dem MySQL-Server verbunden
```


Da ja C-Kenntnisse Voraussetzung für das Buch sind, denken wir, dass Sie den Code selbst nachvollziehen können. Bezüglich der MySQL-C-API finden Sie hierbei nichts Neues, außer dass die Ausführung des Programms ein wenig modularisiert wurde.

16.6.5 Verschiedene Informationen ermitteln

Die MySQL-C-API bietet auch Funktionen, mit denen Sie diverse Informationen abfragen können. Die Funktionen sind alle recht einfach aufgebaut, weshalb die Erklärung hierfür etwas kürzer ausfällt als gewöhnlich.

Benötigen Sie die Versionsnummer der Clientbibliothek, dann ist die folgende Funktion Ihr Fall:

```
#include <mysql.h>

const char *mysql_get_client_info(void) ;
```

Diese Funktion gibt eine Adresse zurück, die auf eine Zeichenkette mit der Versionsnummer der Clientbibliothek verweist.

Benötigen Sie Informationen zur benutzten Verbindung (TCP, Unix-Socket ...), dann können Sie folgende Funktion verwenden:

```
#include <mysql.h>
const char *mysql_get_host_info(MYSQL *mysql) ;
```

Die Funktion liefert Ihnen neben dem Typ der benutzten Verbindung auch den Server-Hostnamen zurück. Als Parameter wird ein Zeiger auf die verbundene MySQL-Struktur übergeben.

Um die Protokollversion der aktuellen Verbindung zu ermitteln, wird folgende Funktion verwendet:

```
#include <mysql.h>
unsigned int mysql_get_proto_info(MYSQL *mysql) ;
```

Als Parameter wird ein Zeiger auf die verbundene MySQL-Struktur übergeben. Der Rückgabewert (eine vorzeichenlose Ganzzahl) gibt dabei die Protokollversion an.

Um die Versionsnummer des Servers zu ermitteln, steht Ihnen die folgende Funktion zur Verfügung:

```
#include <mysql.h>
const char *mysql_get_server_info(MYSQL *mysql) ;
```

Dabei wird eine Zeichenkette von der angegebenen Verbindung (MySQL-Struktur), die die Serverversionsnummer angibt, zurückgegeben.

Informationen über zuletzt ausgeführte Abfragen erhalten Sie mit der Funktion:

```
#include <mysql.h>
const char *mysql_info(MYSQL *mysql) ;
```

Damit wird ein String abgerufen, der einem der folgenden Statements entspricht:

- `INSERT INTO ... SELECT ...`

  `Zeichenkettenformat: Records: 100 Duplicates: 0 Warnings: 0`

- `INSERT INTO ... VALUES (...),(...),(...)...`

  `Zeichenkettenformat: Records: 3 Duplicates: 0 Warnings: 0`

- `LOAD DATA INFILE ...`

  `Zeichenkettenformat: Records: 1 Deleted: 0 Skipped: 0 Warnings: 0`

- `ALTER TABLE`

  `Zeichenkettenformat: Records: 3 Duplicates: 0 Warnings: 0`

- UPDATE

  `Zeichenkettenformat: Rows matched: 40 Changed: 40 Warnings: 0`

Bei anderen Statements wird `NULL` zurückgegeben. Das Format der Zeichenkette variiert außerdem abhängig vom Abfragetyp, wie eben gesehen (die Zahlen sind dabei nur Beispiele). Beachten Sie, dass `mysql_info()` einen Nicht-`NULL`-Wert für das `INSERT ... VALUES`-Statement nur dann zurückgibt, wenn im Statement mehrfache Wertlisten angegeben sind. Wenn keine Abfrageinformationen zur Verfügung stehen, gibt diese Funktion `NULL` zurück.

Die eben erwähnten Funktionen sollen anhand eines einfachen Beispiels demonstriert werden.

```
/* mysql3.c */
#include <stdio.h>
#include <string.h>
#include <stdlib.h>
#include <mysql.h>
#define MAX 255

/* Verbindungsdaten für mysql_real_connect */
static char *connect_param[7];
/* globaler Hilfszähler für die Verbindungsdaten */
static int connect_param_count = 0;

/*
 *  Übernehmen Sie die my_fgets()-, my_cat()-, get_connect_param()-,
 *  mein_connect()-, cleanup_shutdown()-Funktionen von oben
 *  (mysql2.c) -> oder den kompletten Code aus dem Download-Bereich
 */

int main (int argc, char **argv) {
  MYSQL *my;
  int auswahl;

  /* Handle initialisieren */
  my = mysql_init (NULL);
  if (my == NULL) {
    fprintf (stderr, " Initialisierung fehlgeschlagen\n");
    exit (EXIT_FAILURE);
  }
  /* Verbindungsdaten für die Datenbank abfragen */
  get_connect_param ();
```

```
/* Mit dem Server verbinden */
if (mein_connect (my) != -1)
  printf ("Erfolgreich mit dem MySQL-Server verbunden\n");
do {
  printf ("Informationen zum MySQL-Server auf"
          " Ihrem System\n");
  printf ("-----------------------------------"
          "------------\n\n");
  printf ("- 1 - Aktiven Zeichensatz ausgeben \n");
  printf ("- 2 - Versionsnummer des Clients\n");
  printf ("- 3 - Hostinformationen\n");
  printf ("- 4 - Protokollversion\n");
  printf ("- 5 - Versionsnummer des Servers\n");
  printf ("- 6 - Infos über die letzten MySQL-Abfragen\n");
  printf ("- 0 - Beenden\n\n");
  printf ("Ihre Auswahl : ");
  scanf ("%d", &auswahl);
  switch (auswahl) {
  case 1:
    printf ("\nZeichensatz auf Ihrem MySQL-System : %s\n\n",
       mysql_character_set_name (my));
    getchar ();
    break;
  case 2:
    printf ("\nVersionsnummer : %s\n\n",
       mysql_get_client_info ());
    getchar ();
    break;
  case 3:
    printf ("\nInfos zum Host : %s\n\n",
       mysql_get_host_info (my));

    getchar ();
    break;
  case 4:
    printf ("\nProtokollversion : %d\n\n",
       mysql_get_proto_info (my));
    getchar ();
    break;
  case 5:
    printf ("\nVersionsnummer : %s\n\n",
       mysql_get_server_info (my));
    getchar ();
```

```
        break;
      case 6:
        printf ("\nDie letzten Aktionen : %s\n\n",
           mysql_info (my));
        getchar ();
        break;
      case 0:
        printf ("Bye\n");
        break;
      default:
        printf ("Fehlerhafte Eingabe\n");
      }
  } while (auswahl != 0);
  /* Verbindung trennen */
  clean_up_shutdown (my);
  return EXIT_SUCCESS;
}
```

16.6.6 Datenbanken, Tabellen und Felder ausgeben (MYSQL_RES)

Mit den gleich folgenden API-Funktionen können Sie sich die vorhandenen Datenbanken, Tabellen oder Felder mit einer unscharfen Suche ausgeben lassen. Nebenbei werden wir Funktionen der API beschreiben, die die aktuellen Prozesse auflistet, was sonst durch den Aufruf von `mysqladmin processlist` oder `SHOW PROCESSLIST` möglich ist.

Alle hier beschriebenen Funktionen geben einen Datentyp von `MYSQL_RES` zurück. Dabei handelt es sich um eine Struktur, die das Ergebnis einer Abfrage repräsentiert, die Zeilen zurückgibt (`SELECT`, `SHOW`, `DESCRIBE`, `EXPLAIN`). Bei der Rückgabe spricht man hierbei von einer *Ergebnismenge* (auch *Resultset* genannt).

> **Hinweis**
> Wenn Sie die Ergebnismenge in `MYSQL_RES` nicht mehr benötigen, müssen Sie sie wieder freigeben, um Memory Leaks zu vermeiden. Die Ergebnismenge wird immer mit der Funktion `mysql_free_result()` oder (natürlich) bei Beendigung der Anwendung freigegeben.

Datenbanknamen eines Servers – mysql_list_dbs()

Um Datenbanknamen abzufragen, wird die folgende Funktion verwendet:

```
#include <mysql.h>
MYSQL_RES *mysql_list_dbs(MYSQL *mysql, const char *wild) ;
```

Hiermit bekommen Sie eine Ergebnismenge zum MySQL-Handle mysql zurück, die aus den Datenbanknamen besteht, die mit dem regulären Ausdruck des wild-Parameters übereinstimmen. Dabei dürfen Sie für wild die Platzhalterzeichen % und _ verwenden.

Wird hingegen der NULL-Zeiger für wild angegeben, werden alle vorhandenen Datenbanken ausgegeben. Wenn ein Fehler auftrat, wird NULL zurückgegeben. Sie müssen die Ergebnismenge mit mysql_free_result() freigeben.

Tabellennamen einer Datenbank – mysql_list_tables()

Weiter geht's mit:

```
#include <mysql.h>
MYSQL_RES *mysql_list_tables(MYSQL *mysql, const char *wild) ;
```

Mit dieser Funktion bekommen Sie als Ergebnismenge Tabellennamen der aktuellen Datenbank zurück, die mit dem regulären Ausdruck wild übereinstimmen. Auch hierbei können Sie für wild die Platzhalterzeichen % oder _ verwenden, und auch hierbei werden bei einer Angabe von NULL für den Parameter wild alle Tabellen einer Datenbank aufgelistet. Bei einem Fehler wird NULL zurückgegeben. Natürlich müssen Sie auch hier die Ergebnismenge mit mysql_free_result() freigeben.

Feldnamen einer Tabelle – mysql_list_fields()

Mit der Funktion

```
#include <mysql.h>
MYSQL_RES *mysql_list_fields( MYSQL *mysql,
                              const char *table,
                              const char *wild );
```

wird eine Ergebnismenge zurückgegeben, die aus denjenigen Feldnamen in der angegebenen Tabelle besteht, die auf den regulären Ausdruck wild passen. Auch hierbei können Sie als Platzhalterzeichen % oder _ angeben. Bei der Verwendung des NULL-Zeigers für wild werden alle Feldnamen der Tabelle ausgegeben. Bei einem Fehler liefert auch diese Funktion NULL zurück. Sie müssen die Ergebnismenge mit mysql_free_result() freigeben.

Aktuelle Server-Threads – mysql_list_processes()

Mit der nächsten Funktion

```
#include <mysql.h>
MYSQL_RES *mysql_list_processes(MYSQL *mysql) ;
```

können Sie die Ergebnismenge der aktuellen Server-Threads zur aktuellen Verbindung des MySQL-Handles ermitteln. Das Ergebnis ist dasselbe wie bei mysqladmin processlist oder einer SHOW PROCESSLIST-Abfrage. Bei einem Fehler wird NULL zurückgegeben. Auch diese Ergebnismenge müssen Sie mit mysql_free_result() freigeben.

Die Rückgaben der letzten Befehle können durch die Benutzerverwaltung von MySQL eingeschränkt sein. Wenn Sie sich zum Beispiel alle Datenbanknamen auflisten lassen, bekommen Sie nicht zwangsläufig alle Datenbanknamen zurückgeliefert.

16.6.7 Ergebnismenge zeilenweise bearbeiten (MYSQL_ROW)

Wollen Sie eine Ergebnismenge, die sich in der Struktur MYSQL_RES befindet, nur zeilenweise einlesen oder ausgeben lassen, benötigen Sie auf jeden Fall hierzu den Datentyp oder besser die Struktur MYSQL_ROW. Dieser Datentyp repräsentiert eine Zeile von Daten, die als ein Array von gezählten Byte-Zeichenketten implementiert ist.

Um einzelne Zeilen (bei einer Datenbank spricht man ja vom Datensatz) aus der Ergebnismenge zu holen, wird folgende Funktion verwendet:

```
#include <mysql.h>
MYSQL_ROW mysql_fetch_row(MYSQL_RES *result) ;
```

Damit wird immer der nächste Datensatz (Zeile) einer Ergebnismenge abgerufen. Als Rückgabewert erhalten Sie einen Zeiger auf die Werte einer Zeile, auf die Sie mit feld[0] bis feld[n-1] zugreifen können. Sind keine Datensätze mehr einzulesen oder trat ein Fehler auf, wird NULL zurückgegeben.

Auf die einzelnen Felder greifen Sie, wie Sie soeben erfahren haben, mit feld[0] bis feld[n-1] zu. Nur wenn Sie bei einer Datenbank die Tabelle um ein weiteres Feld erweitern, bringt Ihnen der konstante Wert n für die Anzahl der Felder nichts mehr. Dann benötigen Sie zum Ermitteln der einzelnen Felder, die sich im Datensatz (Zeile) befinden und die Sie soeben mit mysql_fetch_row() ermittelt haben, die folgende Funktion:

```
#include <mysql.h>
unsigned int mysql_num_fields(MYSQL_RES *result) ;
```

Mit dieser Funktion erhalten Sie die Anzahl von Spalten (Felder) der Ergebnismenge, die sich in MYSQL_RES befindet. Somit können Sie jetzt auf die einzelnen Spalten mit feld[0] bis feld[mysql_num_fields(result)-1] zugreifen. Somit sähe ein zeilenweises Auslesen eines Datensatzes wie folgt aus:

```
MYSQL_RES *res;
MYSQL_ROW row;
/* Datensatz einlesen */
while ((row = mysql_fetch_row (res)) != NULL)
{ /* Anzahl der Spalten ermitteln und Feld für Feld ausgeben */
   for (i = 0; i < mysql_num_fields (res); i++)
```

```
        printf ("%s | ", row[i]);
    printf ("\n");
}
```

Benötigen Sie jetzt auch noch die Länge der Feldwerte in der Zeile, dann können Sie diese mit der Funktion `mysql_fetch_lengths()` bestimmen. Mehr dazu später.

Wollen Sie hingegen die Anzahl der Datensätze (Zeilen) ermitteln, die sich in der Ergebnismenge befinden, so können Sie auf die Funktion `mysql_num_rows()` zurückgreifen:

```
#include <mysql.h>
my_ulonglong mysql_num_rows(MYSQL_RES *result) ;
```

Hinweis

Die Dokumentation der MySQL-API empfiehlt aus Portabilitätsgründen des Typs `my_ulonglong`, den Rückgabewert mit `unsigned long` zu casten! Dieser Typ stellt einen Bereich von 0 bis 1.84e19 zur Verfügung. Auf manchen »Systemen« funktioniert der Versuch, einen Wert des Typs `my_ulonglong` auszugeben, nicht – was allerdings mehr ein Problem des Compilers als des Systems ist.

Platzieren und Abfragen eines Zeilencursors – MYSQL_ROW_OFFSET

`MYSQL_ROW_OFFSET` ist eine typensichere Repräsentation eines Offsets für einen Zeilencursor. Das Offset sollte ein Wert sein, der von einem Aufruf von `mysql_row_tell()` oder `mysql_row_seek()` zurückgegeben wird. Dieser Wert ist nicht einfach eine Zeilennummer.

Den Zeilencursor können Sie mit der folgenden Funktion verschieben:

```
#include <mysql.h>
MYSQL_ROW_OFFSET mysql_row_seek( MYSQL_RES *ergebnis,
                                 MYSQL_ROW_OFFSET offset ) ;
```

Damit setzen Sie den Zeilencursor auf eine beliebige Zeile in der Abfrage-Ergebnismenge. Zurückgegeben wird der vorherige Wert des Zeilencursors. Diesen Wert können Sie wiederum bei einer späteren Verwendung von `mysql_row_seek()` als zweiten Parameter übergeben.

Wollen Sie hingegen die aktuelle Position des Zeilencursors ermitteln, so steht Ihnen die folgende Funktion zur Verfügung:

```
#include <mysql.h>
MYSQL_ROW_OFFSET mysql_row_tell(MYSQL_RES *ergebnis) ;
```

Mit `mysql_row_tell()` erhalten Sie die aktuelle Position des letzten `mysql_fetch_row()`-Aufrufs zurück. Den Rückgabewert können Sie auch hier für eine spätere Verwendung von mysql_row_seek() als zweiten Parameter verwenden. Als Rückgabewert erhalten Sie hierbei die aktuelle Position des Zeilencursors.

Hinweis

Da mysql_row_tell() und mysql_row_seek() als Parameter eine Ergebnismenge der Struktur MYSQL_RES benötigen, können Sie diese Funktionen nur nach einem mysql_store_result() und nicht nach einem mysql_use_result() verwenden. Mehr dazu später.

16.6.8 Ergebnismenge spaltenweise einlesen (und ausgeben) – MYSQL_FIELD

Sie werden es sicherlich erahnen: Wenn es eine Struktur für die Verbindung zur Datenbank (MYSQL), eine für die Ergebnismenge (MYSQL_RES) und eine für die Zeile/den Datensatz (MYSQL_ROW) gibt, dann ist das nächst*kleinste* Glied in der Kette das Feld. Dafür steht Ihnen die Struktur MYSQL_FIELD zur Verfügung. Diese Struktur enthält Informationen zu einem Feld wie den Namen, den Feldtyp und die Feldgröße. Sie erhalten solch eine MYSQL_FIELD-Struktur für jedes Feld durch einen wiederholten Aufruf von mysql_fetch_field(). Um Missverständnisse zu vermeiden: Feldwerte sind nicht Teil der MYSQL_FIELD-Struktur. Die Werte selbst sind in der zuvor beschriebenen Struktur MYSQL_ROW enthalten.

Die Elemente der Struktur MYSQL_FIELD sind im Folgenden erklärt.

MYSQL_FIELD – Struktur

- char *name – Name des Feldes als terminierte Zeichenkette
- char *table – Name der Tabelle, die das Feld enthält, sofern es sich nicht um ein berechnetes Feld handelt; bei berechneten Feldern eine leere Zeichenkette
- char *def – Vorgabewert des Feldes als terminierte Zeichenkette; wird nur gesetzt, wenn Sie die Funktion mysql_list_fields() verwenden.
- enum enum_field_types – der Typ des Feldes, der folgende Werte haben kann:

Wert	Bedeutung
FIELD_TYPE_TINY	TINYINT-Feld
FIELD_TYPE_SHORT	SMALLINT-Feld
FIELD_TYPE_LONG	INTEGER-Feld
FIELD_TYPE_INT24	MEDIUMINT-Feld
FIELD_TYPE_LONGLONG	BIGINT-Feld

Tabelle 16.2 Typ des Feldes in »enum enum_field_types«

Wert	Bedeutung
FIELD_TYPE_DECIMAL	DECIMAL- oder NUMERIC-Feld
FIELD_TYPE_FLOAT	FLOAT-Feld
FIELD_TYPE_DOUBLE	DOUBLE- oder REAL-Feld
FIELD_TYPE_TIMESTAMP	TIMESTAMP-Feld
FIELD_TYPE_DATE	DATE-Feld
FIELD_TYPE_TIME	TIME-Feld
FIELD_TYPE_DATETIME	DATETIME-Feld
FIELD_TYPE_YEAR	YEAR-Feld
FIELD_TYPE_STRING	CHAR- oder VARCHAR-Feld
FIELD_TYPE_BLOB	BLOB- oder TEXT-Feld (benutzen Sie max_length, um die maximale Länge festzulegen)
FIELD_TYPE_SET	SET-Feld
FIELD_TYPE_ENUM	ENUM-Feld
FIELD_TYPE_NULL	NULL-Feld
FIELD_TYPE_CHAR	Veraltet; benutzen Sie stattdessen FIELD_TYPE_TINY.

Tabelle 16.2 Typ des Feldes in »enum enum_field_types« (Forts.)

Außerdem können Sie das Makro IS_NUM() verwenden, um zu testen, ob ein Feld einem numerischen Typ entspricht oder nicht. Beispiel einer solchen Anwendung:

```
if (IS_NUM(field->type))
    printf("Feld ist numerisch\n");
```

- unsigned int length – Gibt die Breite des Feldes an, die in der Tabellendefinition festgelegt wurde.
- unsigned int max_length – Gibt die maximale Breite des Feldes für die Ergebnismenge (die Länge des längsten Feldwertes für die Zeilen, die tatsächlich in der Ergebnismenge enthalten sind) an. Wenn Sie mysql_store_result() oder mysql_list_fields() benutzen, enthält die Variable die maximale Länge für das Feld. Wenn Sie mysql_use_result() benutzen, ist sie 0.
- unsigned int flags – Hier finden Sie die verschiedenen Flags. Wenn dieser Wert nicht 0 ist, dann ist mindestens eines der folgenden Bits gesetzt:

Flag	Bedeutung
NOT_NULL_FLAG	Feld darf nicht NULL sein.
PRI_KEY_FLAG	Feld ist Teil eines Primärschlüssels.
UNIQUE_KEY_FLAG	Feld ist Teil eines eindeutigen Schlüssels.
MULTIPLE_KEY_FLAG	Feld ist Teil eines nicht eindeutigen Schlüssels.
UNSIGNED_FLAG	Feld hat das UNSIGNED-Attribut.
BINARY_FLAG	Feld hat das BINARY-Attribut.
AUTO_INCREMENT_FLAG	Feld hat das AUTO_INCREMENT-Attribut.
ENUM_FLAG	Feld ist ein ENUM (veraltet).
BLOB_FLAG	Feld ist ein BLOB oder TEXT (veraltet).
TIMESTAMP_FLAG	Feld ist ein TIMESTAMP (veraltet).
ZEROFILL_FLAG	Feld hat das ZEROFILL-Attribut.

Tabelle 16.3 Spezielle Feldattribute für die Strukturvariable »flags«

Sie können diese Flags auch mit den folgenden Makros testen, um einen Flag-Wert zu bestimmen:

- IS_NOT_NULL(flags) – WAHR, wenn der Feldwert als NOT NULL definiert ist.
- IS_PRI_KEY(flags) – WAHR, wenn der Feldwert ein Primärschlüssel ist.
- IS_BLOB(flags) – veraltet; testen Sie stattdessen field->type.

- unsigned int decimals – die Anzahl von Dezimalstellen für numerische Felder

Um die Definition einer Spalte aus der Ergebnismenge zu holen, kann die Funktion

```
#include <mysql.h>
MYSQL_FIELD *mysql_fetch_field(MYSQL_RES *result) ;
```

verwendet werden. Damit Sie die Informationen zu allen Spalten erhalten, müssen Sie diese Funktion mehrmals aufrufen. Bei einem Fehler gibt diese Funktion NULL zurück. NULL wird auch zurückgegeben, wenn keine weiteren Felder mehr vorhanden sind. Ein Beispiel der Anwendung:

```
MYSQL_FIELD *field;
while((field = mysql_fetch_field(ergebnis))) {
   printf("Feldname %s\n", field->name);
}
```

Wollen Sie ein Array aller MYSQL_FIELD-Strukturen für eine Ergebnismenge auf einmal ermitteln, so können Sie die folgende Funktion verwenden:

```
#include <mysql.h>
MYSQL_FIELD *mysql_fetch_fields(MYSQL_RES *result) ;
```

Jede Struktur stellt hierbei Felddefinitionen für eine Spalte der Ergebnismenge zur Verfügung. Beispiel einer solchen Verwendung:

```
unsigned int num_fields;
unsigned int i;
MYSQL_FIELD *fields;

/* Anzahl der Felder ermitteln */
num_fields = mysql_num_fields(ergebnis);
fields = mysql_fetch_fields(ergebnis);
for(i = 0; i < num_fields; i++) {
   printf("Feld %u ist %s\n", i, fields[i].name);
}
```

Um innerhalb einer Ergebnismenge eine bestimmte Spalte direkt abzurufen, steht Ihnen die folgende Funktion zur Verfügung:

```
#include <mysql.h>
MYSQL_FIELD *mysql_fetch_field_direct( MYSQL_RES *result,
                                       unsigned int feldnr ) ;
```

Mit der Angabe einer Feldnummer feldnr für eine Spalte innerhalb einer Ergebnismenge gibt diese Funktion die Felddefinition dieser Spalte als MYSQL_FIELD-Struktur zurück. Sie können diese Funktion verwenden, um die Definition für eine beliebige Spalte abzurufen. Der Wert von feldnr sollte im Bereich von 0 bis mysql_num_fields(ergebnis)-1 liegen. Beispiel einer solchen Aktion:

```
unsigned int num_fields;
unsigned int i;
MYSQL_FIELD *field;

num_fields = mysql_num_fields(ergebnis);
for(i = 0; i < num_fields; i++) {
    field = mysql_fetch_field_direct(ergebnis, i);
    printf("Feld %u ist %s\n", i, field->name);
}
```

Wie bei der Ergebnismenge von Zeilen mit dem Zeilencursor kann auch bei den Spalten der Feldcursor abgefragt und versetzt werden. Hierfür wird der Datentyp MYSQL_FIELD_OFFSET benötigt. Das ist eine typsichere Repräsentation eines Offsets in einer MySQL-Feldliste (benutzt von mysql_field_seek()). Offsets sind Feldnummern innerhalb einer Zeile, beginnend mit 0.

Um einen Feldcursor zu versetzen, kann die Funktion

```
#include <mysql.h>
MYSQL_FIELD_OFFSET mysql_field_seek(MYSQL_RES *result,
                                    MYSQL_FIELD_OFFSET offset) ;
```

verwendet werden. Damit wird der Feldcursor auf das angegebene Offset des zweiten Parameters gesetzt. Folgt anschließend ein Aufruf von mysql_fetch_field(), wird die Felddefinition der Spalte aufgerufen, die mit diesem Offset verknüpft ist. Wollen Sie (wieder) an den Anfang der Zeile springen, geben Sie den offset-Wert 0 an.

Um die aktuelle Position des Feldcursors zu ermitteln, kann die Funktion mysql_field_tell() verwendet werden:

```
#include <mysql.h>
MYSQL_FIELD_OFFSET mysql_field_tell(MYSQL_RES *result) ;
```

Den Rückgabewert von der aktuellen Position des Feldcursors können Sie anschließend auch wieder für die Funktion mysql_field_seek() verwenden.

Benötigen Sie die Anzahl der Spalten, die für die letzte Abfrage zu einer Verbindung (Achtung! Nicht Ergebnismenge!) gestellt wurde, dann können Sie die folgende Funktion verwenden:

```
#include <mysql.h>
unsigned int mysql_field_count(MYSQL *mysql) ;
```

Gewöhnlich wird diese Funktion benutzt, wenn mysql_store_result() NULL zurückgab (und Sie somit keinen Ergebnismengen-Zeiger haben). In diesem Fall können Sie mysql_field_count() aufrufen, um festzustellen, ob mysql_store_result() ein leeres Ergebnis hätte zurückgeben sollen oder nicht. Dies ermöglicht es Ihnen, die richtigen Entscheidungen zu treffen, ohne dass Sie wissen müssen, ob es sich bei der Abfrage um ein SELECT handelte oder nicht.

Hinweis

Die Funktion wurde erst in der MySQL-Version 3.2.24 eingeführt. Daher sollten Sie bei einer älteren Version stattdessen die Funktion mysql_num_fields() verwenden (oder noch besser, schnellstens ein Update machen).

16.6.9 Ein Beispiel

Bevor Sie auf den nächsten Seiten weitere API-Funktionen zu MySQL kennenlernen, folgt hierzu wieder ein Beispiel, das einige der Funktionen, über die Sie auf den Seiten zuvor etwas gelesen haben, in der Praxis demonstriert. Mit dem Listing können Sie alle vorhandenen Datenbanken, alle Tabellen einer Datenbank und alle Spalten einer Tabelle auflisten lassen. Außerdem können Sie alle vorhandenen Prozesse auflisten lassen – einfach alles, was eben in der (etwas langatmigen) Theorie beschrieben wurde.

```
/* mysql4.c */
#include <stdio.h>
#include <stdlib.h>
#include <string.h>
#include <mysql.h>
#define MAX 255

/* Verbindungsdaten für mysql_real_connect */
static char *connect_param[7];
/* globaler Hilfszähler für die Verbindungsdaten */
static int connect_param_count = 0;
static void print_line (MYSQL_RES * res);

/*
 * Übernehmen Sie die my_fgets()-, my_cat()-, get_connect_param()-,
 * mein_connect()-, cleanup_shutdown()-Funktionen von oben
 * (mysql2.c) -> oder den kompletten Code aus dem Download-Bereich
 */

/* Listet alle vorhandenen Datenbanken auf */
static void list_DB (MYSQL * my) {
  MYSQL_RES *res;
  MYSQL_ROW row;
  int zeilen;
  unsigned int i;

  res = mysql_list_dbs (my, NULL);
  zeilen = (unsigned long) mysql_num_rows (res);
  printf ("Datenbanken gefunden : %d\n", zeilen);
  while ((row = mysql_fetch_row (res)) != NULL)
    /* mysql_num_flields() wäre hier  nicht nötig */
    for (i = 0; i < mysql_num_fields (res); i++)
      printf ("%s\n", row[i]);
  mysql_free_result (res);
  getchar ();
```

```
}
/* Listet alle Tabellen einer Datenbank auf */
static void list_table_DB (MYSQL * my) {
  MYSQL_RES *res;
  MYSQL_ROW row;
  int zeilen;
  unsigned int i;

  res = mysql_list_tables (my, NULL);
  if (res == NULL) {
    fprintf (stderr, "Fehler bei mysql_list_tables():"
             "%u (%s)\n", mysql_errno (my), mysql_error (my));
    return;
  }
  zeilen = (unsigned long) mysql_num_rows (res);
  printf ("Tabellen in der Datenbank : %d\n", zeilen);
  while ((row = mysql_fetch_row (res)) != NULL) {
    for (i = 0; i < mysql_num_fields (res); i++)
      printf ("%s", row[i]);
    printf ("\n");
  }
  mysql_free_result (res);
  getchar ();
}

/* Listet alle Felder einer Tabelle auf */
static void list_fields_DB (MYSQL * my) {
  unsigned int i, col_len;
  MYSQL_RES *res;
  MYSQL_FIELD *field;
  char buffer[MAX];

  printf ("Bitte eine Tabelle auswählen: ");
  my_fgets (buffer, MAX);
  res = mysql_list_fields (my, buffer, NULL);
  if (res == NULL) {
    fprintf (stderr, "Fehler bei mysql_list_tables():"
             "%u (%s)\n", mysql_errno (my), mysql_error (my));
    return;
  }
  /* offset = 0 bedeutet, auf den Anfang der Zeile setzen */
  mysql_field_seek (res, 0);
```

16

```
/* Damit bei der Ausgabe ein einheitliches Bild entsteht,
 * sollen die Daten für die max. Länge einer Spalte bei jeder
 * einzelnen (MYSQL_FIELD)-Spalte verändert werden   */
for (i = 0; i < mysql_num_fields (res); i++) {
   field = mysql_fetch_field (res);
   /* Länge des Namens in der Spalte ermitteln */
   col_len = strlen (field->name);
   /* Ist die Länge des Elements in der Spalte kleiner als
    * die max. Länge ... */
   if (col_len < field->max_length)
      /* ... dann bekommt col_len den Wert der max. erl. Länge
       * der Spalte */
      col_len = field->max_length;
   /* Für den Fall, dass eine Spalte keine Daten
    * beinhaltet ... */
   if (col_len < 4 && !IS_NOT_NULL (field->flags))
      /* col_len bekommt den Wert 4 für den String
       * "NULL" ->keine Daten */
      col_len = 4;
   /* max. Länge von Spalten-Info verändern */
   field->max_length = col_len;
}
/* Namen der Tabelle ausgeben */
printf ("Daten der Tabelle: [ %s ]\n", field->table);
printf("Mit mysql_fetch_field()\n");
/* Demonstriert mysql_fetch_field() */
print_line (res);
printf ("|");
/* Alles wieder auf den Anfang stellen */
mysql_field_seek (res, 0);

/* Jetzt den Tabellenkopf ausgeben  */
for (i = 0; i < mysql_num_fields (res); i++) {
   field = mysql_fetch_field (res);
   printf (" %-*s |", field->max_length, field->name);
}
printf ("\n");
print_line (res);

printf("Gleiches mit mysql_fetch_fields()\n");
/* Dasselbe nochmals mit mysql_fetch_fields() */
print_line (res);
printf ("|");
```

```
  /* Alles wieder auf den Anfang stellen */
  mysql_field_seek (res, 0);
  field = mysql_fetch_fields (res);
  for (i = 0; i < mysql_num_fields (res); i++) {
     printf (" %-*s |", field[i].max_length, field[i].name);
  }
  printf ("\n");
  print_line (res);
  mysql_free_result (res);
}

static void print_line (MYSQL_RES * res) {
  MYSQL_FIELD *field;
  unsigned int i, j;

  mysql_field_seek (res, 0);
  /* Erstes Zeichen der Linie */
  printf ("+");
  for (i = 0; i < mysql_num_fields (res); i++) {
     field = mysql_fetch_field (res);
     /* max_length '-' Zeichen jeder Spalte ausgeben */
     for (j = 0; j < field->max_length + 2; j++)
        printf ("-");
     /* Am Ende der Spalte '+' ausgeben */
     printf ("+");
  }
  printf ("\n");
}

/* Listet alle vorhandenen Prozesse auf */
static void list_process (MYSQL * my) {
  MYSQL_RES *res;
  MYSQL_ROW row;
  int zeilen;
  unsigned int i, col_len;
  MYSQL_FIELD *field;

  res = mysql_list_processes (my);
  zeilen = (unsigned long) mysql_num_rows (res);
  printf ("Prozesse gefunden : %d\n", zeilen);
  /* offset = 0 bedeutet, auf den Anfang der Zeile setzen */
  mysql_field_seek (res, 0);
```

16

```
/* Damit bei der Ausgabe ein einheitliches Bild entsteht,
 * sollen die Daten für die max. Länge einer Spalte bei jeder
 * einzelnen (MYSQL_FIELD)-Spalte verändert werden */
for (i = 0; i < mysql_num_fields (res); i++) {
   field = mysql_fetch_field (res);
   /* Länge des Namens in der Spalte ermitteln */
   col_len = strlen (field->name);
   /* Ist die Länge des Elements in der Spalte kleiner als
    * die max. Länge ... */
   if (col_len < field->max_length)
      /* ... dann bekommt col_len den Wert der max. erl. Länge
       * der Spalte */
      col_len = field->max_length;
   /* Für den Fall, dass eine Spalte keine Daten
    * beinhaltet ... */
   if (col_len < 4 && !IS_NOT_NULL (field->flags))
      /* col_len bekommt den Wert 4 für den String
       * "NULL" ->kein Daten */
      col_len = 4;
   /* max. Länge von Spalten-Info verändern */
   field->max_length = col_len;
}
print_line (res);
printf ("|");
/* Alles wieder auf den Anfang stellen */
mysql_field_seek (res, 0);

/* Jetzt den Tabellenkopf ausgeben (titel, hauptrolle, fsk,
 * gedreht) */
for (i = 0; i < mysql_num_fields (res); i++) {
    field = mysql_fetch_field (res);
    printf (" %-*s |", field->max_length, field->name);
}
printf ("\n");
print_line (res);
mysql_field_seek (res, 0);
while ((row = mysql_fetch_row (res)) != NULL) {
   printf ("|");
   for (i = 0; i < mysql_num_fields (res); i++) {
      field = mysql_fetch_field (res);
      printf (" %-*s |",field->max_length, row[i]);
   }
   printf ("\n");
```

```
    mysql_field_seek (res, 0);
  }
  print_line (res);
  mysql_free_result (res);
}

int main (int argc, char *argv[]) {
  MYSQL *my;
  int auswahl;

  /* Handle initialisieren */
  my = mysql_init (NULL);
  if (my == NULL) {
    fprintf (stderr, " Initialisierung fehlgeschlagen\n");
    exit (EXIT_FAILURE);
  }
  /* Verbindungsdaten für die Datenbank abfragen */
  get_connect_param ();
  /* Mit dem Server verbinden */
  if (mein_connect (my) != -1)
    printf ("Erfolgreich mit dem MySQL-Server verbunden\n");
  do {
    printf ("\nInformationen zu den Datenbanken auf dem"
            " MySQL-Server\n\n");
    printf ("- 1 - Alle vorhandenen Datenbanken ausgeben \n");
    printf ("- 2 - Tabellen einer Datenbank auflisten\n");
    printf ("- 3 - Spalten der Tabelle auflisten\n");
    printf ("- 4 - Prozessliste anzeigen\n");
    printf ("- 0 - Beenden\n\n");
    printf ("Ihre Auswahl : ");
    scanf ("%d", &auswahl);
    switch (auswahl) {
    case 1:
      list_DB (my);
      getchar ();
      break;
    case 2:
      getchar ();
      list_table_DB (my);
      break;
    case 3:
      getchar ();
      list_fields_DB (my);
```

```
        break;
      case 4:
        getchar ();
        list_process (my);
        break;
      case 0:
        printf ("Bye\n");
        break;
      default:
        printf ("Fehlerhafte Eingabe\n");
      }
    } while (auswahl != 0);
    /* Verbindung trennen */
    clean_up_shutdown (my);
    return EXIT_SUCCESS;
  }
```

Das Programm bei der Ausführung:

```
$ gcc -c -I/usr/include/mysql mysql4.c
$ gcc -o mysql4 mysql4.o -L/usr/lib/mysql -lmysqlclient
$ ./mysq4
Hostname (<ENTER> == default)  : localhost
User-Name (<ENTER> == default) : root
Passwort (<ENTER> == default)  : k4p6m3o3
Datenbank (<ENTER> == default) : adressen
Port (<ENTER> == default)      : ENTER
Socket (<ENTER> == default)    : ENTER
Flag (<ENTER> == default)      : ENTER
Erfolgreich mit dem MySQL-Server verbunden
Informationen zu den Datenbanken auf dem MySQL-Server
-----------------------------------------------

- 1 - Alle vorhandenen Datenbanken ausgeben
- 2 - Tabellen einer Datenbank auflisten
 -3 - Spalten der Tabelle auflisten
- 4 - Prozessliste anzeigen
- 0 - Beenden

Ihre Auswahl : 1
Datenbanken gefunden : 7
adressen
dvd_archiv
```

```
mail_archiv
mein_test
mysql
news
test
...
...
Ihre Auswahl : 2
Tabellen in der Datenbank : 1
privat
...
...
Ihre Auswahl : 3
Bitte eine Tabelle auswählen : privat
Daten der Tabelle: [ privat ]
+-------+-------+-----+-----+--------+-------+-------+
| vname | nname | plz  | ort  | strasse | hausnr | phone |
+-------+-------+-----+-----+--------+-------+-------+
...
...
Ihre Auswahl : 4
Prozesse gefunden : 2
+--+----+---------+-------+-----------+----+-----+-------+
|Id|User|Host     |db      |Command     |Time|State | Info  |
+--+----+---------+-------+-----------+----+-----+-------+
|1 |root|localhost|adressen|Processlist|0   |(null)| (null)|
|3 |root|localhost|(null)  |Sleep       |6   |      | (null)|
+--+----+---------+-------+-----------+----+-----+-------+
```

16.6.10 Ergebnismenge – weitere Funktionen

Jetzt folgen noch weitere Funktionen in Bezug auf die Ergebnismenge (MYSQL_RES), die sich recht allgemein einsetzen lassen.

Besitzt eine Ergebnismenge das gesamte Abfrageergebnis, dann können Sie mit der Funktion

```
#include <mysql.h>
void mysql_data_seek( MYSQL_RES *result,
                      my_ulonglong offset );
```

bis zu einer beliebigen Zeile in der Ergebnismenge suchen. Die Funktion kann daher nur in Verbindung mit der Funktion mysql_store_result() verwendet werden – nicht mit mysql_ use_result(). Als Offset sollte ein Wert zwischen dem Bereich 0 bis mysql_num_row(max)-1 verwendet werden.

Benötigen Sie die Länge der Spalten der aktuellen Zeile einer Ergebnismenge, um etwa Feldwerte zu kopieren, dann können Sie hierfür folgende Funktion einsetzen:

```
#include <mysql.h>
unsigned long *mysql_fetch_lengths(MYSQL_RES *result) ;
```

Der Vorteil dieser Funktion ist, dass sie nicht die Funktion strlen() aufruft, was sich positiv auf die Performance auswirkt und sich somit auch bestens für Binärdaten eignet, denn bei Binärdaten gäbe die Funktion strlen() ein falsches Ergebnis für diejenigen Felder zurück, die Nullzeichen enthalten. Ist das Feld leer oder enthält es Nullwerte, gibt mysql_fetch_ length() 0 zurück – was dabei zutrifft, können Sie mit mysql_fetch_row() ermitteln. Hier ein Beispiel, wie das in der Praxis geht:

```
MYSQL_ROW zeile;
unsigned int anzahl_felder;
unsigned int i;

anzahl_felder = mysql_num_fields(ergebnis);
while ((zeile = mysql_fetch_row(ergebnis))) {
   unsigned long *laengen;
   laengen = mysql_fetch_lengths(ergebnis);
   for(i = 0; i < anzahl_felder; i++) {
       printf("[%.*s] ",
           (int) laengen[i], zeile[i] ? zeile[i] : "NULL");
   }
   printf("\n");
}
```

Als Rückgabewert liefert Ihnen mysql_fetch_length() ein Array von vorzeichenlosen Ganzzahlen zurück, das die Größe einer jeden Spalte enthält. Bei einem Fehler wird NULL zurückgegeben.

16.6.11 Befehle an den Server – mysql_query() und mysql_real_query()

Sicherlich haben Sie sich schon überlegt, wie Sie wohl SQL-Abfragen à la SELECT, INSERT ... an den MySQL-Server mithilfe der C-API stellen können.

Eine SQL-Abfrage stellen Sie mit der Funktion mysql_query() bzw. mysql_real_query(). Der Vorgang einer solchen Abfrage ist folgender:

- Eine SQL-Abfrage wird an den Server gestellt.
- Der Server empfängt die Abfrage und überprüft sie auf syntaktische Fehler hin.

- Der Server führt die angefragte Aktion aus und gibt abhängig von der Art der Abfrage ein Resultat zurück. So wird, im Gegensatz zu einer SELECT-Abfrage, bei einer INSERT-Abfrage nichts zurückgegeben.

Die Funktion, mit der Sie eine SQL-Abfrage an den Server stellen, ist:

```
#include <mysql.h>
int mysql_query(MYSQL *mysql, const char *anfrage);
int mysql_real_query( MYSQL *mysql, const char *anfrage,
                      unsigned long laenge );
```

Damit können Sie SQL-Anweisungen (Abfragen) als nullterminierten String ausführen, der am Ende allerdings im Gegensatz zur MySQL-Shell kein Semikolon oder \g haben darf. Verläuft bei der Abfrage alles planmäßig, wird 0, ansonsten bei einem Fehler ungleich 0 zurückgegeben.

Da mysql_query() wegen der Bedeutung des String-Endezeichens nicht für Binärdaten geeignet ist, müssen Sie hierfür die Funktion mysql_real_query() mit der Angabe der Länge (laenge) des Strings als Extraparameter verwenden.

Hinweis

Da mit mysql_query() keinerlei Angaben zur Länge des Strings gemacht werden, ist diese Funktion ein Kandidat für einen Buffer Overflow – deshalb sollten Sie immer die Funktion mysql_real_query() bevorzugen.

Wenn die SQL-Abfrage an den Server nicht klappen will, sollten Sie den Fehler mit mysql_errno() und mysql_error() überprüfen. Folgende Fehler können dabei auftreten:

- CR_COMMANDS_OUT_OF_SYNC – Befehle wurden nicht in der korrekten Reihenfolge ausgeführt.
- CR_SERVER_GONE_ERROR – Der MySQL-Server ist weg.
- CR_SERVER_LOST – Die Verbindung zum Server ging während der Abfrage verloren.
- CR_UNKNOWN_ERROR – Ein unbekannter Fehler trat auf.

Für Abfragen an den Server mit z. B. INSERT, wo ja nichts zurückgegeben wird, reichen mysql_query() und mysql_real_query() aus. Bei Abfragen mittels SELECT, SHOW, DESCRIBE oder EXPLAIN allerdings, wo etwas zurückgegeben wird, benötigen Sie eine Funktion, um die Daten der SQL-Abfrage abzuholen. Hierfür müssen Sie die Funktionen mysql_store_ result() oder mysql_use_result() aufrufen. Es ist allerdings auch möglich, die beiden Funktionen bei SQL-Abfragen aufzurufen, die keinen Wert zurückgeben. Damit können Sie beispielsweise feststellen, ob die Abfrage eine Ergebnismenge hatte, indem Sie prüfen, ob mysql_store_result() 0 zurückgibt.

Beginnen wir mit `mysql_store_result()` – die Syntax lautet:

```
#include <mysql.h>
MYSQL_RES *mysql_store_result(MYSQL *mysql) ;
```

Damit lesen Sie das gesamte Ergebnis einer SQL-Abfrage (meist mit `mysql_real_query()`) zum Client ein. Als Rückgabewert erhalten Sie eine Ergebnismenge vom Typ der `MYSQ_RES`-Struktur zurück. Wie Sie diese Ergebnismenge behandeln können, haben Sie ja bereits gelesen. Hat die Abfrage keine Ergebnismenge zurückgegeben, gibt `mysql_store_result()` `NULL` zurück (z. B. wenn die Abfrage ein `INSERT`-Statement war). `NULL` wird allerdings auch zurückgegeben, wenn das Lesen der Ergebnismenge fehlgeschlagen ist. Sie können überprüfen, ob es sich dabei um einen Fehler handelt, wenn `mysql_error()` keinen `NULL`-Zeiger zurückgibt und/oder `mysql_errno()` ungleich `0` zurückgab. Eine leere Ergebnismenge wird zurückgegeben, wenn keine Zeilen zurückgegeben werden. (Eine leere Ergebnismenge unterscheidet sich als Rückgabewert von einem `NULL`-Zeiger.)

Wenn Sie mittels `mysql_store_result()` ein Ergebnis erhalten haben, das kein `NULL`-Zeiger ist, können Sie mit der Funktion `mysql_num_rows()` herausfinden, wie viele Zeilen in der Ergebnismenge enthalten sind. Mit `mysql_fetch_row()` können Sie die einzelnen Zeilen der Ergebnismenge holen oder mit `mysql_row_seek()` und `mysql_row_tell()` die Zeilenposition (Zeilencursor) innerhalb der Zeile setzen oder abfragen (funktioniert auch mit `mysql_data_seek()`).

Den Erhalt der Ergebnismenge mit `mysql_store_result()` können Sie also ebenso behandeln, wie Sie dies schon in den Seiten zuvor bei der Behandlung der Mengen zeilenweise und spaltenweise gesehen und (hoffentlich auch) gemacht haben.

Sie müssen `mysql_free_result()` aufrufen, wenn Sie mit der Ergebnismenge fertig sind.

Natürlich kann es auch passieren, dass `mysql_store_result()` `NULL` zurückliefert, obwohl der Aufruf von `mysql_real_query()` erfolgreich war. Dies kann mehrere Ursachen haben. So war die Rückgabe der Ergebnismenge zu groß, und es konnte dafür kein Speicher mehr reserviert werden, oder die Daten konnten nicht gelesen werden. Und – der plausibelste Grund – die Abfrage gibt keine Daten zurück, wie dies bei `INSERT`, `UPDATE` oder `DELETE` der Fall ist.

Um zu überprüfen, ob das Statement eine leere Ergebnismenge zurückgegeben hat, sollten Sie `mysql_field_count()` aufrufen. Wenn `mysql_field_count()` `0` zurückgibt, ist die Ergebnismenge leer, und bei der Abfrage handelte es sich um ein SQL-Statement, das keinen Rückgabewert liefert (`INSERT`, `UPDATE`, `DELETE`).

Es empfiehlt sich außerdem, mit `mysql_error()` und `mysql_errno()` auf Fehler hin zu überprüfen. Folgende Fehler können dabei auftreten:

- `CR_COMMANDS_OUT_OF_SYNC` – Befehle wurden nicht in der korrekten Reihenfolge ausgeführt.
- `CR_OUT_OF_MEMORY` – Es ist kein Speicher mehr verfügbar.
- `CR_SERVER_GONE_ERROR` – Der MySQL-Server ist weg.

- `CR_SERVER_LOST` – Die Verbindung zum Server ging während der Abfrage verloren.
- `CR_UNKNOWN_ERROR` – Ein unbekannter Fehler trat auf.

Die Funktion `mysql_use_result()` initiiert einen Ergebnismengen-Abruf, aber liest die Ergebnismenge nicht in die Clientanwendung ein wie `mysql_store_result()`.

```
#include <mysql.h>
MYSQL_RES *mysql_use_result(MYSQL *mysql);
```

Mit `mysql_use_result()` muss jede Zeile extra abgerufen werden, indem hierzu Aufrufe mit `mysql_fetch_row()` ausgeführt werden. Damit wird das Ergebnis einer Abfrage direkt vom Server geholt, ohne (wie bei `mysql_store_result()`) zuvor eine temporäre Tabelle oder einen lokalen Puffer zu belasten – was daher logischerweise schneller sein kann als `mysql_store_result()`. Der Clientanwendung wird nur Speicher für die aktuelle Zeile zugewiesen sowie ein Kommunikationspuffer, der bis zu `max_allowed_packet` Bytes groß werden kann.

Auf der anderen Seite sollten Sie `mysql_use_result()` nicht verwenden, wenn Sie viele Verarbeitungen für jede Zeile auf der Clientseite durchführen oder wenn die Ausgabe auf den Bildschirm geschickt wird, auf dem der Benutzer [Strg]+[S] (*stop scroll*) eingeben kann. Das bindet den Server und sorgt dafür, dass andere Threads irgendwelche Tabellen nicht aktualisieren können, von denen gerade Daten geholt werden.

16

Bei der Funktion `mysql_use_result()` müssen Sie außerdem `mysql_fetch_row()` ausführen, bis ein `NULL`-Wert zurückgegeben wird, da sonst die nicht geholten Zeilen als ein Teil der Ergebnismenge bei der nächsten Abfrage zurückgegeben werden. Wird dies nicht beachtet, bekommen Sie einen Fehler wie *»Commands out of sync; You can't run this command now«* zurück.

Da die Funktion `mysql_use_result()` jede Zeile extra aufruft, können Sie Funktionen wie `mysql_data_seek()`, `mysql_row_seek()`, `mysql_row_tell()`, `mysql_num_rows()` oder `mysql_affected_rows()` nicht bei einem Ergebnis verwenden. Des Weiteren darf keine Abfrage gesetzt werden, wenn `mysql_use_result()` nicht beendet ist. Wenn alle Zeilen geholt wurden, wird die Funktion `mysql_num_row()` aber dennoch die exakte Anzahl der geholten Zeilen zurückgeben. Sie müssen `mysql_free_result()` aufrufen, wenn Sie mit der Ergebnismenge fertig sind.

Die Fehler, die Sie mit `mysql_error()` und `mysql_errno()` abfragen können, sind dieselben wie bei der Funktion `mysql_store_result()`.

Um herauszufinden, wie viele Zeilen von einem SQL-Statement wie `UPDATE`, `DELETE` oder `INSERT` betroffen waren, können Sie direkt nach `mysql_real_query()` die Funktion

```
#include <mysql.h>
my_ulonglong mysql_affected_rows(MYSQL *mysql) ;
```

aufrufen. Bei `SELECT`-Statements funktioniert `mysql_affected_rows()` wie `mysql_num_rows()`. Ein Wert größer als 0 gibt die Anzahl der Zeilen, die vom Abruf betroffen waren. Bei `0` wurde kein Datensatz geändert, und bei -1 ist ein Fehler aufgetreten. So wird auch ein Fehler zurückgegeben, wenn Sie bei einem SELECT-Statement die Funktion mysql_affected_row() vor der Funktion mysql_store_result() aufrufen. Ein Beispiel einer solchen Abfrage könnte so aussehen:

```
char
str[BUF] = "UPDATE adressen SET plz=86316 WHERE ort='Friedberg'";

mysql_real_query(&mysql, str, strlen(str));
printf("%ld Adressen vom UPDATE betroffen",
        (long) mysql_affected_rows(&mysql));
```

Bei der Verwendung eines REPLACE-Statements und für den Fall, dass ein Datensatz verändert wurde, gibt mysql_affected_rows() 2 zurück. Dies liegt daran, dass erst eine neue Zeile eingefügt und dann die alte gelöscht wird.

Wenn Sie mit der Abarbeitung der Ergebnismenge von mysql_store_result(), mysql_use_result(), mysql_list_dbs(), mysql_list_fields(), mysql_list_tables() ... fertig sind, sollten Sie den Speicher wieder freigeben, um Memory Leaks zu vermeiden. Eine Ergebnismenge freigeben können Sie mit der Angabe der Ergebnismenge als Parameter mit der Funktion:

```
#include <mysql.h>
void mysql_free_result(MYSQL_RES *result) ;
```

16.6.12 Weitere Funktionen

Bevor Sie ein etwas umfangreicheres Beispiel sehen werden, folgen hier noch zu Referenzzwecken weitere API-Funktionen im Schnelldurchlauf, die allerdings im anschließenden Beispiel nicht verwendet werden.

Soll der Benutzer geändert werden, kann die Funktion

```
#include <mysql.h>
my_bool mysql_change_user(MYSQL *mysql, const char *user,
                          const char *password, const char *db);
```

verwendet werden. Damit wird der Benutzer für die Verbindung mit dem MySQL-Handle geändert. Als weitere Parameter werden der Username, das Passwort und eventuell die Datenbank benötigt. Wenn Sie keine den Vorgaben entsprechende Datenbank haben wollen, können Sie hierfür auch NULL angeben. Kann der Benutzer nicht authentifiziert werden oder fehlen die entsprechenden Zugriffsrechte auf die Datenbank, schlägt die Funktion mysql_change_user() fehl. Bei einem Fehler wird ein Wert ungleich 0 zurückgegeben – bei Erfolg 0. Um zu ermitteln, welcher Fehler aufgetreten ist, empfiehlt es sich, die Funktionen mysql_error() und mysql_errno() zu verwenden. Die Fehler, die Sie dabei erhalten können, entsprechen denjenigen bei der Funktion mysql_real_connect().

Hinweis

Bei einer API-Version vor 3.23.3 sind diese Funktionen noch nicht implementiert.

Ein Codeausschnitt zur Anwendung sieht wie folgt aus:

```
if (mysql_change_user(&mysql, "nobody",
                              "x4i4d1k4",
                              "datenbank_3")) {
   fprintf(stderr, "Änderung des Benutzers fehlgeschlagen. "
                   " Fehler: %s\n", mysql_error(&mysql));
}
```

Um eine korrekte SQL-Zeichenkette für ein SQL-Statement zu erzeugen, kann folgende Funktion verwendet werden:

```
#include <mysql.h>

unsigned int mysql_escape_string( MYSQL *mysql, char *nach,
                                  const char *von,
                                  unsigned int laenge );


unsigned int mysql_real_escape_string( MYSQL *mysql, char *nach,
                                       const char *von,
                                       unsigned int laenge );
```

Die Zeichenkette von wird in eine Escape-SQL-Zeichenkette kodiert. Kodierte Zeichen sind NUL (ASCII 0), \n, \r, \, ', " und [Strg]+[Z], wobei die Funktion mysql_real_escape_string() der Funktion mysql_escape_string() vorzuziehen ist, da diese Funktion den aktuell verwendeten Zeichensatz berücksichtigt. Bei mysql_escape_string() wird die aktuelle Zeichenstellung ignoriert. Das Ergebnis finden Sie als einen terminierten String in nach. Der String, auf den von zeigt, muss laenge Bytes lang sein. Sie müssen den nach-Puffer so zuweisen, dass er mindestens laenge*2+1 Bytes lang ist. Der Rückgabewert ist die Länge der kodierten Zeichenkette ohne das Nullzeichen am Ende.

Wenn Sie eine Kennung für eine AUTO_INCREMENT-Spalte benötigen, die durch eine vorherige Abfrage erzeugt wurde, dann verwenden Sie die Funktion

```
#include <mysql.h>
my_ulonglong mysql_insert_id(MYSQL *mysql) ;
```

Benutzen sollten Sie die Funktion unmittelbar nach einer INSERT-Abfrage für eine Tabelle, die den AUTO_INCREMENT-Wert erzeugt hat. mysql_insert_id() wird nach jedem INSERT- und UPDATE-Statement aktualisiert, das einen AUTO_INCREMENT-Wert erzeugt oder einen Spaltenwert auf LAST_INSERT_ID(ausdruck) setzt. Beachten Sie auch, dass der Wert der LAST_INSERT_ID()-Funktion immer den aktuellsten erzeugten AUTO_INCREMENT-Wert enthält und zwischen den Abfragen nicht zurückgesetzt wird, weil der Wert dieser Funktion beim Server erwartet wird. Zurückgegeben wird der Wert des AUTO_INCREMENT-Feldes, der durch die vorherige Abfrage verändert wurde – ansonsten 0, wenn es keine Abfrage gab oder wenn die Abfrage keinen AUTO_INCREMENT-Wert aktualisiert hat.

Wollen Sie einen bestimmten Thread mit einer bestimmten Prozess-ID beenden, können Sie folgende Funktion verwenden:

```
#include <mysql.h>
int mysql_kill(MYSQL *mysql, unsigned long pid) ;
```

Damit wird der Thread der aktuellen Verbindung mysql mit der Kennung pid beendet. Konnte der Thread erfolgreich »getötet« werden, gibt diese Funktion 0, ansonsten bei einem Fehler ungleich 0 zurück.

Es besteht auch die Möglichkeit, das Verhalten einer Verbindung zu verändern. Mit der Funktion mysql_options() können Sie zusätzlich Optionen zu einer Verbindung setzen.

```
#include <mysql.h>
int mysql_options(MYSQL *mysql, enum mysql_option option,
                  const char *arg) ;
```

mysql_options() kann zwar mehrfach aufgerufen werden, um verschiedene Optionen zu setzen, allerdings muss dies nach mysql_init() und noch vor mysql_real_connect() (bzw. mysql_connect()) geschehen. Ist eine Verbindung erst hergestellt, gibt es keine Möglichkeit mehr, die laufende Verbindung mit den Optionen zu modifizieren. Die Funktion gibt 0 bei Erfolg und ungleich 0 zurück, wenn Sie eine unbekannte Option verwenden. Das option-Argument ist die Option, die Sie setzen wollen. Das arg-Argument ist der Wert für die Option. Wenn die Option eine Ganzzahl ist, sollte arg auf den Wert der Ganzzahl zeigen; ist die Option ein String, dann sollte arg auch auf einen String zeigen. Die möglichen Optionswerte mit den Argumenttypen und ihre Bedeutungen lauten wie folgt:

Option	arg-Typ	Bedeutung
MYSQL_OPT_CONNECT_TIMEOUT	unsigned int *	Verbindungszeitüberschreitung (Timeout) in Sekunden
MYSQL_OPT_COMPRESS	Unbenutzt	das komprimierte Client-Server-Protokoll verwenden
MYSQL_OPT_NAMED_PIPE	Unbenutzt	Named Pipes benutzen, um sich mit einem MySQL-Server unter NT zu verbinden

Tabelle 16.4 Optionen und ihre Argumenttypen für »mysql_options()«

Option	arg-Typ	Bedeutung
MYSQL_INIT_COMMAND	char *	Befehl, der beim Verbinden mit dem MySQL-Server ausgeführt werden soll. Wird beim erneuten Verbinden automatisch wieder ausgeführt.
MYSQL_READ_DEFAULT_FILE	char *	Optionen aus der benannten Optionsdatei anstelle von *my.cnf* einlesen.
MYSQL_READ_DEFAULT_GROUP	char *	Optionen aus der benannten Gruppe von *my.cnf* oder der Datei einlesen, die durch MYSQL_READ_DEFAULT_FILE angegeben wurde

Tabelle 16.4 Optionen und ihre Argumenttypen für »mysql_options()« (Forts.)

Beachten Sie, dass die Gruppe client immer gelesen wird, wenn Sie MYSQL_READ_DEFAULT_FILE oder MYSQL_READ_DEFAULT_GROUP benutzen. Die angegebene Gruppe in der Optionsdatei kann folgende Optionen enthalten:

- connect_timeout – Es handelt sich bei dieser Angabe um die erlaubte maximale Zeitüberschreitung (Timeout) für die Verbindung in Sekunden. Unter Linux wird dieser Wert zusätzlich für die Wartezeit bis zur ersten Antwort vom Server benutzt. Beachten Sie, dass timeout durch connect_timeout ersetzt wurde. Dennoch wird timeout noch für eine Weile funktionieren.
- compress – Mit gesetzter Option soll das komprimierte Client-Server-Protokoll benutzt werden.
- database – Mit dieser Datenbank soll verbunden werden (Angabe des Datenbanknamens), wenn im Verbindungsbefehl keine Datenbank angegeben wurde.
- debug – Mit dieser Angabe können Debug-Optionen gesetzt werden, wenn die Fehlermeldungen im Log zu sparsam ausfallen.
- host – Mit diesem Host soll verbunden werden (Angabe des Hostnamens), wenn im Verbindungsbefehl kein Host angegeben wurde.
- init-command – Angabe eines Befehls, der bei der Verbindung zum MySQL-Server ausgeführt werden soll; dieser wird automatisch beim erneuten Verbinden noch einmal ausgeführt.
- interactive-timeout – Diese Angabe bedeutet dasselbe wie die Angabe von CLIENT_INTERACTIVE für mysql_real_connect(), d. h. nach der Anzahl von Sekunden Inaktivität wird die Verbindung beendet.
- password – Mit dieser (sicherheitstechnisch problematischen) Option kann ein Passwort gesetzt werden, das verwendet wird, falls keines beim Verbindungsbefehl angegeben wurde.

- `pipe` – Beim Aufbau der Verbindung named Pipes sollen benutzt werden, um sich mit einem MySQL-Server unter NT zu verbinden.
- `port` – Mit dieser Portnummer soll verbunden werden, sofern keine im Verbindungsbefehl angegeben wurde.
- `return-found-rows` – Weist `mysql_info()` an, gefundene Zeilen anstelle von aktualisierten Zeilen zurückzugeben, wenn `UPDATE` benutzt wird.
- `socket` – Mit diesem Socket soll verbunden werden (Angabe der Socket-Nummer).
- `user` – Diese Option setzt den Benutzernamen für eine Verbindung, sofern kein anderer im Verbindungsbefehl angegeben wurde.

Ein Codeausschnitt einer solchen Anwendung:

```
MYSQL my;

mysql_init(&my);
mysql_options(&my,MYSQL_OPT_COMPRESS,0);
mysql_options(&my,MYSQL_READ_DEFAULT_GROUP,"odbc");
if (mysql_real_connect(&my, "host",
                            "benutzer",
                            "passwort",
                            "datenbank"
                            ,0,NULL,0) == 0 ) {
    fprintf(stderr, "Fehler bei mysql_real_connect: %s\n",
          mysql_error(&my));
    exit(EXIT_FAILURE);
}
```

Im obigen Beispiel wird der Client angewiesen, das komprimierte Client-Server-Protokoll zu benutzen und zusätzliche Optionen aus dem *ODBC*-Abschnitt in *my.cnf* zu lesen.

Um zu überprüfen, ob eine Verbindung zum Server noch steht oder nicht, können Sie folgende Funktion verwenden:

```
#include <mysql.h>

int mysql_ping(MYSQL *mysql) ;
```

Besteht keine Verbindung mehr zum Server, wird versucht, clientseitig erneut eine Verbindung zum Server herzustellen. Dies ist z. B. nötig, wenn Ihre Clientanwendung lange Zeit im Leerlauf mit dem Server verbunden ist und der Server die Verbindung getrennt hat und Sie sich erneut verbinden wollen. Die Funktion gibt bei Erfolg 0, ansonsten, wenn der Server nicht mehr da ist oder ein Fehler auftrat, ungleich 0 zurück. Was genau passiert ist, überprüfen Sie am besten mit `mysql_error()` und `mysql_errno()`. Folgende Fehler können dabei aufgetreten sein:

- `CR_COMMANDS_OUT_OF_SYNC`: Befehle wurden nicht in der korrekten Reihenfolge ausgeführt.
- `CR_SERVER_GONE_ERROR`: Der MySQL-Server ist weg.
- `CR_UNKNOWN_ERROR`: Ein unbekannter Fehler trat auf.

Wollen Sie für eine Verbindung eine Datenbank als Vorgabe angeben, dann können Sie folgende Funktion verwenden:

```
#include <mysql.h>
int mysql_select_db(MYSQL *mysql, const char *db) ;
```

Damit wird die Datenbank, die Sie mit `db` angeben, zur aktuellen Datenbank der Verbindung `mysql`. Alle nachfolgenden Abfragen beziehen sich auf diese Datenbank. Die Funktion schlägt fehl, sofern der Benutzer keine Zugriffsrechte auf diese Datenbank hat. Die Funktion gibt bei Erfolg `0`, ansonsten bei einem Fehler ungleich 0 zurück.

Den MySQL-Server herunterfahren können Sie, sofern entsprechende Berechtigungen vorhanden sind, mit der folgenden Funktion:

```
#include <mysql.h>
int mysql_shutdown(MYSQL *mysql) ;
```

Konnte der Server erfolgreich heruntergefahren werden, wird `0`, ansonsten bei einem Fehler ungleich 0 zurückgegeben.

Benötigen Sie ähnliche Informationen wie die der Ausgabe von `mysqladmin status`, können Sie folgende Funktion verwenden:

```
#include <mysql.h>
const char *mysql_stat(MYSQL *mysql);
```

Dabei erhalten Sie einen terminierten String zurück, der Informationen wie die Betriebszeit (*Uptime*) in Sekunden und die Anzahl laufender Threads, Abfragen (*Questions*), Neuladen (*Reloads*) und offene Tabellen ausgibt. Konnte der Status nicht erfragt werden oder trat sonst ein Fehler auf, wird `NULL` zurückgegeben.

Die Kennung (*pid*) eines aktuellen Threads ermitteln Sie mit der Funktion

```
#include <mysql.h>
unsigned long mysql_thread_id(MYSQL *mysql) ;
```

Diesen zurückgegebenen Wert können Sie anschließend z. B. verwenden, um den Thread mit der Funktion `mysql_kill()` zu beenden. Beachten Sie allerdings, dass, wenn eine Verbindung beendet wird und Sie mit `mysql_ping()` eine neue Verbindung aufbauen, sich die Thread-ID ebenfalls verändert hat und Sie somit die Funktion mysql_thread_id() erneut aufrufen sollten, sofern Sie die Kennung benötigen.

Sofern Sie Probleme mit dem Server oder der Clientanwendung haben, können Sie mit der Funktion mysql_debug() ein DBUG_PUSH mit einem angegebenen String durchführen, z. B.:

```
mysql_debug("d:t:O,/tmp/client.trace");
```

Mit dieser Funktion wird die Debug-Bibliothek von Fred Fish benutzt. Voraussetzung für die Verwendung dieser Funktion ist, dass Sie die Clientbibliothek so kompilieren, dass diese das Debuggen unterstützt. Mit der Funktion mysql_dump_debug_info() weisen Sie den Server an, Debug-Informationen in die Logdatei zu schreiben (entsprechende Zugriffsrechte vorausgesetzt!). Wir wollen allerdings auf das Debuggen nicht näher eingehen, da dies ein umfangreicheres Unterfangen und nicht Diskussionspunkt in diesem Buch ist.

16.6.13 Veraltete Funktionen

Zum Abschluss folgen hier noch einige Funktionen, die allerdings nicht mehr verwendet werden sollten, da sie als veraltet gelten. Damit ältere Clientanwendungen noch mit einer neueren API-Bibliothek übersetzt werden können, sind diese Funktionen noch vorhanden. Falls Sie eine ältere Clientanwendung verändern müssen und Sie auf eine dieser Funktionen treffen, wissen Sie wenigstens Bescheid, worum es sich handelt.

Mit der Funktion

```
#include <mysql.h>
int mysql_create_db(MYSQL *mysql, const char *db) ;
```

erzeugen Sie eine Datenbank, die Sie mit dem Parameter db angeben. Als Alternative wird empfohlen, die Funktion mysql_real_query() und das SQL-Statement CREATE DATABASES zu verwenden, z. B.:

```
const char buf[BUF] = "CREATE DATABASE datenbank";
mysql_real_query( my, buf, strlen(buf));
```

Ebenso sieht es mit der Funktion

```
#include <mysql.h>
int mysql_drop_db(MYSQL *mysql, const char *db) ;
```

aus. Damit wird eine Datenbank, die mit dem Parameter db angegeben wird, gelöscht. Auch hierzu sollte mysql_real_query() mit dem SQL-Statement DROP_DATABASES bevorzugt werden:

```
const char buf[BUF] = "DROP DATABASE datenbank";
mysql_real_query(my, buf, strlen(buf));
```

Mit der Funktion

```
#include <mysql.h>
my_bool mysql_eof(MYSQL_RES *result) ;
```

kann festgestellt werden, ob die letzte Zeile einer Ergebnismenge gelesen wurde oder nicht. Es wird allerdings empfohlen, die Funktionen `mysql_error()` und `mysql_errno()` zu verwenden, da diese diesen Fehler ebenfalls überprüfen und auch detaillierter Auskunft geben als `mysql_eof()`, die nur einen booleschen Wert zurückgibt und keine Meldung darüber, warum der Fehler auftrat.

Um die Anforderung an den Server zu stellen, die Berechtigungstabelle neu zu laden, kann die Funktion

```
#include <mysql.h>
int mysql_reload(MYSQL *mysql) ;
```

verwendet werden. Voraussetzung ist natürlich eine entsprechende Berechtigung dazu. Auch hierbei sei empfohlen, die Funktion `mysql_real_query()` mit dem SQL-Statement `FLUSH_PRIVILEGS` zu verwenden.

16.7 Beispiel eines Newssystems mit MySQL

Um ein solches Beispiel zu realisieren, sollten hierzu gleich einige Sicherheitsaspekte zu Beginn angesprochen werden.

Um ein Login zu verwirklichen, sollten Sie möglichst nicht die Zugangsdaten für MySQL nutzen, da diese sonst immer per *Plaintext* (Klartext = für jedermann lesbar) ins Netz übertragen werden. Im folgenden Beispiel werden die Login-Daten nur der Einfachheit halber jedes Mal im Adminbereich weiter übergeben!

Diese Login-Daten für den öffentlichen Bereich sollten aber nach Möglichkeit nicht hartkodiert im Programm liegen. Falls es jemand schafft, das Programm herunterzuladen, kommt er per Hexeditor an die Zugangsdaten. Hier sollten Sie eine Textdatei bevorzugen, die außerhalb des `DOKUMENT_ROOT` des Apache-Webservers liegt (also nicht per HTTP erreichbar ist, aber vom Programm aus lesbar), und die Daten dann vom Programm aus einlesen. Den Pfad zu der Datei können Sie dem Programm beim Kompilieren angeben (`-D_PATH_="/pfad/zur/logindatei"`).

Hinweis

Bei den Materialien zum Buch unter *http://www.rheinwerk-verlag.de/3854* finden Sie eine solche Funktion (*connect_db.c*) zum Auslesen von Login-Daten – die auch schon praxiserprobt eingesetzt wurde. Diese können Sie gerne in dem anschließenden Beispiel einsetzen (in der Praxis – also auf einem öffentlichen Server – sollten Sie sie unbedingt einsetzen).

Um Ihnen jetzt das ganze Thema praxisnäher zu demonstrieren, wollen wir ein einfaches Newssystem, das Sie bei allen größeren Websites finden, erstellen, ein eigenes kleines CMS (*Content Management System*), wenn Sie so wollen. Für den Laien: Ein Newssystem können Sie sich wie eine Tageszeitung vorstellen. Der Websurfer kommt auf Ihrer Seite vorbei und sieht von oben nach unten Schlagzeilen und einen kurzen Text über irgendwelche Neuigkeiten. Will er mehr dazu lesen, kann er, wie auch bei einer Zeitung, auf einen Link klicken, um den ganzen Artikel abzurufen. Der Reporter in dem Newssystem sind Sie oder irgendwelche Personen, denen Sie die Rechte dazu erteilt haben.

Wir werden Ihnen das Beispiel so erklären, dass Sie es selbst an Ihrem heimischen Rechner ausführen können. Sofern Sie vorhaben, dass Beispiel auszubauen und auf Ihrer Website zu veröffentlichen, müssen Sie sicherstellen, dass Sie bei Ihrem Webhoster (dem Server, wo Ihre Website liegt – vielleicht haben Sie ja auch einen eigenen Server) CGI-Anwendungen in C ausführen können, sprich, Sie müssen Ihre Anwendung auf dem Server kompilieren dürfen. Dazu gehört auch, dass Sie Zugriff auf Ihren Webspace via SSH haben. Aber wie und ob Sie das Ganze publizieren, steht hier jetzt nicht zur Diskussion, und darüber müssen Sie sich selbst einen Überblick verschaffen.

Das Beispiel, das hier zur Anwendung kommt, verwendet den Apache als Webserver und CGI als Kommunikationsschnittstelle zwischen dem Webserver und Ihrer Clientanwendung. Die Sprache, mit der sich der Webserver und Ihre Clientanwendung über die CGI-Schnittstelle unterhalten, ist HTTP. Die Anforderungen im Beispiel sind also recht hoch. Sofern Sie sich einen besseren Überblick zur CGI-Programmierung verschaffen wollen, können wir Ihnen das Buch »C von A bis Z« von Jürgen Wolf empfehlen.

Hinweis

Sofern Sie wirklich absoluter Laie in der Webprogrammierung mit CGI und dem Webserver Apache sind, dann sollten Sie das Kapitel 27 des Buchs »C von A bis Z« lesen. Eine bereits etwas ältere Auflage finden Sie als Openbook bei den MATERIALIEN ZUM BUCH unter *http://www.rheinwerk-verlag.de/3854*.

16.7.1 Die Headerdatei my_cgi.h

Bevor Sie das kleine Projekt beginnen, soll hierzu eine Headerdatei *my_cgi.h* erstellt werden, die die ganze CGI-Seite für uns erledigt. Somit können Sie theoretisch auch ohne Kenntnisse zur CGI-Schnittstelle die anschließenden Beispiele ausführen (falls Sie keine Lust haben, sich mit ihr zu befassen). Diese Headerdatei wird in allen folgenden Listings verwendet.

```
/* my_cgi.h */
#define MAX_PAARE 255
#define BUF 255
```

```
char *getdata( void );
char *Strdup(const char *);
void hex2ascii(char *);
char convert(char *);
struct CGI_DATEN *erstellen(char *);

struct CGI_DATEN {
  char *variable;
  char *wert;
  struct CGI_DATEN *next;
};

struct CGI_DATEN *ende = NULL;

/*
 *  Funktion liest Daten in der POST- oder GET-Methode ein.
 *  Rückgabewert: Stringpuffer mit den Daten
 *  bei Fehler  : NULL
*/
char *getdata() {
  unsigned long size;
  char *puffer = NULL;
  char *request = getenv("REQUEST_METHOD");
  char *cont_len;
  char *cgi_string;

  /* Zuerst die Request-Methode überprüfen */
  if(  NULL == request )
    return NULL;
  else if( strcmp(request, "GET") == 0 ) {
    /* Die Methode GET -> Query-String abholen */
    cgi_string = getenv("QUERY_STRING");
    if( NULL == cgi_string )
      return NULL;
    else {
      puffer =(char *) Strdup(cgi_string);
      return puffer; /* Rückgabewert an den Aufrufer */
    }
  }
  else if( strcmp(request, "POST") == 0 ) {
    /* Die Methode POST -> Länge des Strings
       ermitteln (CONTENT_LENGTH) */
    cont_len = getenv("CONTENT_LENGTH");
```

16

```
    if( NULL == cont_len)
      return NULL;
    else { /* String CONTENT_LENGTH in
                unsigned long umwandeln */
      size = (unsigned long) atoi(cont_len);
      if(size <= 0)
        return NULL; /* Keine Eingabe!?!? */
    }
    /* Jetzt lesen wir die Daten von stdin ein */
    puffer =(char *) malloc(size+1);
    if( NULL == puffer )
      return NULL;
    else {
      if( NULL == fgets(puffer, size+1, stdin) ) {
        free(puffer);
        return NULL;
      }
      else   /* Rückgabewerte an den Ausrufer */
        return puffer;
    }
  }
  /* Weder GET-Methode noch die POST-Methode wurden verwendet */
  else
    return NULL;
}

/*
 *  Da die Funktion strdup() in der Headerdatei <string.h> keine
 *  ANSI C-Funktion ist, schreiben wir eine eigene
 */
char *Strdup(const char *str) {
  char *p;
  if(NULL == str)
    return NULL;
  else {
    p =(char *) malloc(strlen(str)+1);
    if(NULL == p)
      return NULL;
    else
      strcpy(p, str);
  }
  return p;
}
```

```
/* Wandelt einzelne Hexzeichen (%xx) in ASCII-Zeichen
   und kodierte Leerzeichen (+) in echte Leerzeichen um */
void hex2ascii(char *str) {
  int x,y;
  for(x=0,y=0; str[y] != '\0'; ++x,++y) {
    str[x] = str[y];
    /* Ein hexadezimales Zeichen ? */
    if(str[x] == '%') {
      str[x] = convert(&str[y+1]);
      y+=2;
    }
    /* Ein Leerzeichen? */
    else if( str[x] == '+')
      str[x]=' ';
  }

  /* Geparsten String sauber terminieren */
  str[x] = '\0';
}

/* Funktion konvertiert einen String von zwei hexadezimalen
   Zeichen und gibt das einzelne dafür stehende Zeichen zurück
 */
char convert(char *hex) {
  char ascii;

  /* erster Hexwert */
  ascii =
  (hex[0] >= 'A' ? ((hex[0] & 0xdf) - 'A')+10 : (hex[0] - '0'));
  /* Bitverschiebung schneller als ascii*=16 */
  ascii <<= 4;

  /* zweiter Hexwert */
  ascii +=
  (hex[1] >= 'A' ? ((hex[1] & 0xdf) - 'A')+10 : (hex[1] - '0'));
  return ascii;
}

/* Liste aus Variablen/Wertpaaren erstellen
 * Rückgabewert: Anfangsadresse der Liste
 * Bei Fehler: NULL
 */
```

```
struct CGI_DATEN *erstellen(char *str) {
  char* s;
  char* res;
  /* Irgendwo gibt es auch eine Grenze, hier sind
     MAX_PAARE erlaubt */
  char *paare[MAX_PAARE];
  struct CGI_DATEN *ptr_daten = NULL;
  struct CGI_DATEN *ptr_anfang = NULL;
  int i=0, j=0;

  /* Zuerst werden die Variablen/Wertpaare anhand des Zeichens
     '&' getrennt, sofern es mehrere sind  */
  s=str;
  res=strtok(s,"&");
  while( res != NULL && i < MAX_PAARE) {
    /* Wert von res dynamisch in char **pair speichern */
    paare[i] = (char *)malloc(strlen(res)+1);
    if(paare[i] == NULL)
      return NULL;
    paare[i] = res;
    res=strtok(NULL,"&");
    i++;
  }

  /* Jetzt werden die Variablen von den Werten getrennt und
     an die Struktur CGI_DATEN übergeben */
  while ( i > j ) {/* Das erste Element? */
    if(ptr_anfang == NULL) {
      ptr_anfang =(struct CGI_DATEN *)
                  malloc(sizeof (struct CGI_DATEN *));
      if( ptr_anfang == NULL )
        return NULL;
      res = strtok( paare[j], "=");
      if(res == NULL)
        return NULL;
      ptr_anfang->variable =(char *)
                      malloc(strlen(res)+1);
      if( ptr_anfang->variable == NULL )
        return NULL;
      ptr_anfang->variable = res;
      res = strtok(NULL, "\0");
      if(res == NULL)
        return NULL;
```

```
        ptr_anfang->wert =(char *) malloc(strlen(res)+1);
        if( ptr_anfang->wert == NULL )
          return NULL;
        ptr_anfang->wert = res;
        /* printf("%s %s<br>",ptr_daten->variable,
                             ptr_daten->wert); */
        ptr_anfang->next = (struct CGI_DATEN *)
                           malloc(sizeof (struct CGI_DATEN *));
        if(ptr_anfang->next == NULL)
          return NULL;
        ptr_daten = ptr_anfang->next;
        j++;
      }
      else {   /* Die restlichen Elemente */
        res = strtok( paare[j], "=");
        if(res == NULL)
          return NULL;
        ptr_daten->variable =(char *)
                             malloc(strlen(res)+1);
        if(ptr_daten->variable == NULL)
          return NULL;
        ptr_daten->variable = res;
        res = strtok(NULL, "\0");
        if(res == NULL)
          return NULL;
        ptr_daten->wert =(char *) malloc(strlen(res)+1);
        if(ptr_daten->wert == NULL)
          return NULL;
        ptr_daten->wert = res;
        /* printf("%s %s<br>",ptr_daten->variable,
                             ptr_daten->wert);*/
        ptr_daten->next = (struct CGI_DATEN *)
                          malloc(sizeof (struct CGI_DATEN *));
        if( ptr_daten->next == NULL )
          return NULL;
        ptr_daten = ptr_daten->next;
        j++;
      }
    }
    ende = ptr_daten;
    /* Anfangsadresse der Liste struct CGI_DATEN zurückgeben */
    return ptr_anfang;
}
```

16.7.2 (Pseudo-)Planung

In Abbildung 16.1 erkennen Sie die einzelnen Listings und auch, welche Bedeutung bzw. Arbeit ihnen in dem anschließenden Beispiel zukommt:

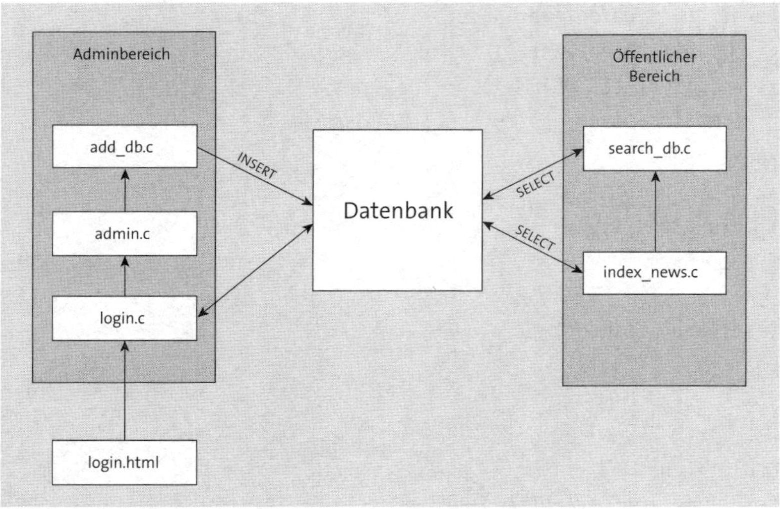

Abbildung 16.1 Die einzelnen Listings im Überblick

> **Hinweis**
>
> Bei diesem Beispiel handelt es sich um ein kurz gehaltenes Newssystem ohne viele Extras (auch ohne die Sicherheitsaspekte besonders zu berücksichtigen). Es ließen sich noch viele Dinge verändern bzw. verbessern und hinzufügen – was Sie hoffentlich auch machen.

16.7.3 Datenbank und Tabellen anlegen

Zuerst sollten Sie die MySQL-Shell öffnen, um eine neue Datenbank und entsprechende Tabellen anzulegen:

```
$ sudo systemctl start mysql
[sudo] password for user: ******
 * Starting MySQL database server mysqld        [ OK ]
$ mysql -uroot -hlocalhost -p
Enter password: *****
Welcome to the MySQL monitor.  Commands end with ; or \g.
Your MySQL connection id is 30
Server version: 5.0.67-0ubuntu6 (Ubuntu)
Type 'help;' or '\h' for help. Type '\c' to clear the buffer.
mysql> CREATE DATABASE news;
```

```
mysql> USE news;
mysql> CREATE TABLE DATA( datum TIMESTAMP, autor VARCHAR(200),
    -> suche VARCHAR(200), title VARCHAR(150),
    -> beschreibung BLOB, inhalt BLOB);
```

Hinweis

Diesen Arbeitsschritt können (sollten) Sie in der Praxis auch mit einer CGI-Anwendung (z. B. *install.cgi*) ausführen lassen. Hierfür müssten Sie sich lediglich einloggen, eine Verbindung initialisieren, aufbauen und entsprechende SQL-Statements mit der Funktion `mysql_real_query()` ausführen lassen.

Hinweis zu BLOB

Auch wenn wir hier BLOBs eingesetzt haben, sollten Sie sie in der Praxis nicht verwenden, weil dies die Performance der gesamten Datenbank erheblich bremsen kann.

Login.html

Zuerst erstellen wir die HTML-Datei zum Einloggen in die Datenbank *news*.


```
<html>
<head>
  <title>Login zum Admin-Bereich</title>
</head>
<body bgcolor="white">
<h1>Login in den Admin-Bereich</h1>
<pre>
<form action="http://localhost/cgi-bin/login" method="POST"><br>
Host      :
<input type="text" name="host" value="localhost" size=25><br>
User      :
<input type="text" name="user" value="root" size=25><br>
Passwort  :
<input type="password" name="passwort" size=25><br>
Datenbank :
<input type="text" name="datenbank" value="Name Datenbank" size=25><br>
<input type="submit" value="Bestätigen">
<input type="reset" value="Reset">
</pre>
</form>
</body>
</html>
```

Speichern Sie die Datei in Ihrem Heimverzeichnis, oder kopieren Sie sie als Superuser in das *htdocs*-Verzeichnis des Servers (im Beispiel unter Ubuntu ist dies das Verzeichnis */usr/share/apache2/default-site* oder */etc/www/*), und passen Sie gegebenenfalls die Zugriffsrechte an.

Hinweis

Mehr zu den Pfaden wie beispielsweise. dem *htdocs*-Verzeichnis können Sie gewöhnlich der Konfigurationsdatei *http.conf* bzw. *apache.conf* entnehmen und natürlich auch einstellen. Sie finden diese Dateien in der Regel im */etc*-Verzeichnis (z. B. */etc/apache2*). Noch mehr Informationen zu den Pfaden erhalten Sie natürlich auch unter `man apache2` bzw. `man httpd`. Leider lassen sich auch hier keine pauschalen Aussagen zu den verschiedenen Distributionen machen. Aber als Linux/Unix-User sind Sie dies ja bereits gewohnt.

Anschließend sollten Sie den Apache-Webserver und den MySQL-Server starten (bei anderen Systemen als *root* ohne `sudo`):

```
$ sudo cp login.html /usr/share/apache2/default-site
[sudo] password for user: ******
$ sudo chmod a+rx /usr/share/apache2/default-site/login.html
$ sudo systemctl start apache2
```

Öffnen Sie Ihren Lieblingsbrowser (hier Mozilla), und geben Sie die Login-Daten ein, die Sie zuvor auch bei der MySQL-Shell verwendet haben:

Abbildung 16.2 Das HTML-Formular zum Einloggen

Bevor Sie nun den Bestätigungsbutton drücken, benötigen Sie noch die CGI-Anwendung, um die Eingabe zu überprüfen.

login.c

Die CGI-Anwendung *login.c* macht nichts anderes, als die Daten von der Clientanwendung (*login.html*), die über die POST-Methode versendet wurden, zu dekodieren und zu versuchen, mit dem MySQL-Server eine Verbindung einzugehen. Gelingt dies, wird Ihnen eine Ausgabe wie in Abbildung 16.2 das bestätigen:

Abbildung 16.3 Bestätigung bei erfolgreichem Login

Wenn dies nicht gelingt, dann sollten Sie wenigstens eine Ausgabe erhalten mit der Information, warum die Verbindung nicht zustande kam. Wenn die Zugangsdaten zum MySQL-Server korrekt waren, werden sie beim Drücken des LOS GEHTS!-Buttons an die CGI-Anwendung *admin.c* versteckt (hidden) mit der POST-Methode mitgeschickt.

16

```
/* login.c */
#include <stdio.h>
#include <string.h>
#include <stdlib.h>
#include <mysql.h>
#define MAX 255
#define BUFFER 4096
#include "my_cgi.h"

static char *connect_param[4];
/* Mit dem MySQL-Server und den entsprechenden */
/* Verbindungsdaten eine Verbindung herstellen  */
static int mein_connect (MYSQL * my, struct CGI_DATEN *ptr) {
  int i;
  for( i = 0; i < 4; i++ ) {
    connect_param[i] = ptr->wert;
    ptr = ptr->next;
  }
  /* Mit dem Server verbinden */
  if (mysql_real_connect (my,    /* Zeiger auf MySQL-Handler */
              connect_param[0],  /* Hostname */
```

```
                    connect_param[1],  /* User-Name */
                    connect_param[2],  /* Passwort für user_name */
                    connect_param[3],  /* Name der Datenbank */
                                   0,  /* Port (default=0) */
                                NULL, /* Socket (default=NULL) */
                          0 /* keine Flags */ ) ==    NULL) {
      fprintf (stdout, "Fehler mysql_real_connect():"
               "%u (%s)\n", mysql_errno (my), mysql_error (my));
      exit (EXIT_FAILURE);
    }
    return 1;
  }

  /* Speicher freigeben und Verbindung beenden */
  static void clean_up_shutdown (MYSQL * my) {
    mysql_close (my);
  }

  int main (int argc, char **argv) {
    MYSQL *my;
    char *str;
    struct CGI_DATEN *cgi;
    struct CGI_DATEN *free_cgi;
    char buf[BUFFER];
    /* Handle initialisieren */
    my = mysql_init (NULL);
    if (my == NULL) {
      fprintf (stderr, " Initialisierung fehlgeschlagen\n");
      exit (EXIT_FAILURE);
    }
    /* Für Fehlermeldungen */
    printf("Content-Type: text/html\n\n");
    /* Eingabe einlesen */
    str = getdata();
    if(str == NULL) {
      printf("Fehler beim Einlesen der Formulareingabe");
      return 0;
    }
    /* Hexzeichen in ASCII-Zeichen konvertieren und aus '+'
       Leerzeichen machen */
    hex2ascii(str);
    /* Liste der Formulardaten erstellen */
    cgi = erstellen(str);
```

```
  free_cgi = cgi;
  if (cgi == NULL) {
    printf("Fehler beim Erstellen der "
           "Variablen/Werteliste!!\n");
    return EXIT_FAILURE;
  }
  /* Mit dem Server verbinden */
  if (mein_connect (my, cgi) != -1)
    printf ("Erfolgreich mit dem MySQL-Server verbunden\n");
  /* Wenn alles o.k. ging, auf zum Admin-Bereich mit */
  /* den DB-Daten                                    */
  sprintf(buf,
     "<form action=\"http://localhost/cgi-bin/admin\""
     " method=\"POST\"><input type=\"hidden\"  name=\"host\""
     " value=\"%s\"><input type=\"hidden\"  name=\"user\"  "
     "value=\"%s\"><input type=\"hidden\"  name=\"passwort\"  "
     "value=\"%s\"><input type=\"hidden\"  name=\"datenbank\"  "
     "value=\"%s\">Login zur Datenbank erfolgreich. Zum"
     " Admin-Bereich auf den Button klicken.<br><input "
     "type=\"submit\"  value=\"Los gehts!\"></form>",
       connect_param[0], connect_param[1], connect_param[2],
       connect_param[3]);
  printf("%s\n",buf);
  clean_up_shutdown( my );
  return EXIT_SUCCESS;
}
```

Um die Anwendung `login` auch zu verwenden, sollten Sie sie in das Verzeichnis *cgi-bin* des Webservers kopieren und die entsprechenden Zugriffsrechte anpassen:

```
$ gcc -c -I/usr/include/mysql login.c
$ gcc -o login login.o -L/usr/lib/mysql -lmysqlclient
$ sudo cp login /usr/share/apache2/default-site/cgi-bin
[sudo] password for user: ******
$ sudo chmod a+rx /usr/share/apache2/default-site/cgi-bin/login
```

Hinweis

Das *cgi-bin*-Verzeichnis muss natürlich in der Konfigurationsdatei *apache2.conf* entsprechend eingestellt sein, damit das Ganze funktioniert. Standardmäßig findet man hier auch oft das Verzeichnis */usr/lib/cgi-bin oder /srv/www/cgi-bin* vor. Der Pfad im Beispiel wurde an unsere Umgebung angepasst. Dasselbe sollten Sie natürlich auch auf Ihrem Rechner machen.

admin.c

Nach der Betätigung des LOS GEHTS!-Buttons wird die CGI-Anwendung `admin` zur Eingabe von neuen News gestartet.

Abbildung 16.4 Erstellen eines neuen Newseintrags

Die Anwendung `admin` holt zuerst wieder die Daten, die nötig sind, um anschließend Einträge in die Datenbank zu machen. Die Daten werden danach wieder dekodiert und für die Weitergabe aufbewahrt. Jetzt können Sie im HTML-Formular Daten für die neuesten News eingeben. Bei Betätigung des ABSCHICKEN-Buttons werden diese Daten mitsamt den Daten für die Verbindung zum MySQL-Server (wieder versteckt) an die CGI-Anwendung `add_db` weitergegeben. Hier der Quellcode zur CGI-Anwendung `admin`:

```
/* admin.c */
#include <stdio.h>
#include <stdlib.h>
#include <string.h>
#include <mysql.h>
#include "my_cgi.h"
#define MAX 255
#define BUFFER 4096

static char *connect_param[4];

static int fetch_login_db( void ) {
```

```
  int i;
  char *str;
  struct CGI_DATEN *cgi;
  /* Für Fehlermeldungen */
  printf("Content-Type: text/html\n\n");
  /* Eingabe einlesen */
  str = getdata();
  if(str == NULL) {
    printf("Fehler beim Einlesen der Formulareingabe");
    return 0;
  }
  /* Hexzeichen in ASCII-Zeichen konvertieren und aus '+' */
  /* Leerzeichen machen                                   */
  hex2ascii(str);
  /* Liste der Formulardaten erstellen */
  cgi = erstellen(str);
  if (cgi == NULL) {
    printf("Fehler beim Erstellen der "
           "Variablen/Werteliste!!\n");
    return 0;
  }
  for( i = 0; i < 4; i++ ) {
    connect_param[i] = cgi->wert;
    cgi = cgi->next;
  }
  return 1;
}

static void print_admin_input( void ) {
  char buf[BUFFER];
  sprintf(buf,
    "<h1>Eintragen von neuen Artikeln</h1>"
    "<form action=\"http://localhost/cgi-bin/add_db\"  "
    "method=\"POST\">"
    "<input type=\"hidden\"  name=\"host\"  value=\"%s\">"
    "<input type=\"hidden\"  name=\"user\"  value=\"%s\">"
    "<input type=\"hidden\"  name=\"passwort\"  value=\"%s\">"
    "<input type=\"hidden\"  name=\"datenbank\"  value=\"%s\">"
    "<pre>Autor: <input type=\"text\"  name=\"autor\"  "
    "value=\"Admin\"  size=30><br>"
    "Titel: <input type=\"text\"  name=\"titel\"  size=30><br>"
    "Schlüsselworte zur Suche :\n"
    "<input type=\"text\"  name=\"suche\"  value=\"Suchwörter\""
```

```
      " size=50><br>"
      "Schlagzeilen für die Hauptseite :\n"
      "<textarea name=\"beschreibung\"  cols=\"50\"  "
      "rows=\"6\"></textarea><br>"
      "Rest vom Artikel :\n"
      "<textarea name=\"beschreibung\"  cols=\"50\"  "
      "rows=\"6\"></textarea><br>"
      "<input type=\"submit\"  value=\"Abschicken\"><input "
      "type=\"reset\"  value=\"Zurücksetzen\"></pre></form>",
      connect_param[0],connect_param[1],connect_param[2],
      connect_param[3]);
  printf("%s",buf);
}

int main (int argc, char **argv) {
  /* Login-Daten für die Datenbank abholen */
  fetch_login_db( );
  /* Eingabeformular für Admin ausgeben */
  print_admin_input( );
  return EXIT_SUCCESS;
}
```

Die Anwendung zur Ausführung vorbereiten:

```
$ gcc -c -I/usr/include/mysql admin.c
$ gcc -o admin admin.o -L/usr/lib/mysql -lmysqlclient
$ sudo cp admin /usr/share/apache2/default-site/cgi-bin
[sudo] password for user: ******
$ sudo chmod a+rx /usr/share/apache2/default-site/cgi-bin/admin
```

Hinweis

Damit Sie sich nicht immer, wie im Beispiel, als Root einloggen müssen, wäre es sinnvoller, dem User Schreibrechte für das CGI-Verzeichnis zu erteilen. (Der obligatorische Sicherheitshinweis: Dieselbe Aktion auf dem Server wäre ein Sicherheitsrisiko.)

add_db.c

Die CGI-Anwendung `add_db` holt nun alle Daten ab, die sie von der Anwendung `admin` per `POST`-Methode erhalten hat, und dekodiert diese Daten in einer leserlichen Form. Anschließend wird eine Verbindung mit dem Server hergestellt, und die Daten werden mittels `mysql_real_query()` in die Datenbank eingetragen. Konnten die Daten erfolgreich eingetragen werden, erscheint die Ausgabe aus Abbildung 16.5 in Ihrem Browser:

Abbildung 16.5 Bei Erfolg gibt es eine entsprechende Meldung.

```
/* add_db.c
 * Eine Gedächtnisstütze:
mysql> create database news;
mysql> use news;
mysql> create table data( datum TIMESTAMP, autor VARCHAR(200),
    -> suche VARCHAR(200), title VARCHAR(150), beschreibung BLOB,
    -> inhalt BLOB);
mysql> INSERT INTO data (autor, title, suche, beschreibung,
    -> inhalt)
    -> VALUES (
    -> "Jürgen Wolf", "Ein Testtitel", "suchwörter test titel",
    -> "Beispiel, wie man mit MySQL und der C-API ein eigenes
    -> Newssystem erstellt",
    -> "Der eigentliche Inhalt nach den Schlagzeilen zum Thema
    -> MySQL und der C-API");
*/
#include <stdio.h>
#include <string.h>
#include <stdlib.h>
#include <mysql.h>
#define MAX 255
#define BUFFER 4096
#include "my_cgi.h"

enum { HOST, USER, PASSWORT, DATENBANK,
       AUTOR, TITLE, SUCHE, BESCHREIBUNG, INHALT};
static char *param[9];

static int fetch_data( void ) {
  int i;
  char *str;
  struct CGI_DATEN *cgi;
```

```
  /* Für Fehlermeldungen */
  printf("Content-Type: text/html\n\n");
  /* Eingabe einlesen */
  str = getdata();
  if(str == NULL) {
    printf("Fehler beim Einlesen der Formulareingabe");
    return 0;
  }
  /* Hexzeichen in ASCII-Zeichen konvertieren und aus '+' */
  /* Leerzeichen machen                                    */
  hex2ascii(str);
  /* Liste der Formulardaten erstellen */
  cgi = erstellen(str);
  if (cgi == NULL) {
    printf("Fehler beim Erstellen der "
           "Variablen/Werteliste!!\n");
    return 0;
  }
  for( i = 0; i < 9; i++ ) {
    param[i] = cgi->wert;
    cgi = cgi->next;
  }
  return 1;
}

/* Mit dem MySQL-Server und den entsprechenden */
/*  Verbindungsdaten eine Verbindung herstellen */
static int mein_connect (MYSQL * my) {
  /* Mit dem Server verbinden */
  if (mysql_real_connect (my,   /* Zeiger auf MYSQL-Handler */
             param[HOST],         /* Hostname */
             param[USER],         /* User-Name */
             param[PASSWORT],     /* Passwort für user_name */
             param[DATENBANK],    /* Name der Datenbank */
                        0,        /* Port (default=0) */
                        NULL,     /* Socket (default=NULL) */
                        0 /* keine Flags */ ) ==    NULL) {
    fprintf (stdout, "Fehler mysql_real_connect():"
            "%u (%s)\n", mysql_errno (my), mysql_error (my));
    exit (EXIT_FAILURE);
  }
  return 1;
}
```

```
static void insert_into_db( MYSQL *my ) {
  char buf[8192];
  /* Tabelle */
  sprintf(buf, "INSERT INTO data (autor, title, suche, "
          "beschreibung, inhalt)"
          " VALUES (\'%s\','\%s\','\%s\', '\%s\', \'%s\');"
          ,param[AUTOR], param[TITLE], param[SUCHE],
          param[BESCHREIBUNG], param[INHALT]);
  /* printf("%s\n", buf); */
  if(mysql_real_query(my, buf, strlen(buf)) !=0) {
    fprintf (stdout, "Fehler mysql_real_connect():"
             "%u (%s)\n", mysql_errno (my), mysql_error (my));
    exit (EXIT_FAILURE);
  }
}

/* Speicher freigeben und Verbindung beenden */
static void clean_up_shutdown (MYSQL * my) {
  mysql_close (my);
}

int main (int argc, char **argv) {
  MYSQL *my;
  /* Daten abholen und für die Eintragung vorbereiten */
  fetch_data();
  /* Handle initialisieren */
  my = mysql_init (NULL);
  if (my == NULL) {
    fprintf (stderr, " Initialisierung fehlgeschlagen\n");
    exit (EXIT_FAILURE);
  }
  /* Mit dem Server verbinden */
  if (mein_connect (my) != -1)
    printf ("Erfolgreich mit dem MySQL-Server verbunden\n");
  /* Daten in die Datenbank schreiben */
  insert_into_db( my );

  printf("Eintragung erfolgreich<br>Zur Indexseite geht's "
     "<a href=\"http://localhost/cgi-bin/index_news\">hier </a>"
     " und für weitere Artikel klicken Sie bitte"
     " <a href=\"http://localhost/login.html\">hier</a>\n");
```

```
  clean_up_shutdown( my );
  return EXIT_SUCCESS;
}
```

Die Anwendung für die Ausführung vorbereiten:

```
$ gcc -c -I/usr/include/mysql add_db.c
$ gcc -o add_db add_db.o -L/usr/lib/mysql -lmysqlclient
$ sudo cp add_db /usr/share/apache2/default-site/cgi-bin
[sudo] password for user: ******
$ sudo chmod a+rx /usr/share/apache2/default-site/cgi-bin/ add_db
```

Jetzt können Sie entweder einen weiteren Newseintrag erstellen oder zur Hauptseite *index_news*, auf der sich die Schlagzeilen mit einer Kurzbeschreibung befinden, wechseln. Für einen weiteren Newseintrag haben wir uns für ein erneutes Login entschieden. Wie Sie in der Praxis dabei vorgehen, bleibt Ihnen überlassen.

index_news.c

Nach den Anwendungen für den administrativen Teil folgen nun zwei CGI-Anwendungen für den Websurfer; zuerst die Titelseite mit den Schlagzeilen in Kurzform – *index_news*. Da die Anwendung `index_news` für jedermann zugänglich sein soll, wurden hierbei die Daten für den Zugriff auf dem Datenbankserver fest einkompiliert. Hierbei wäre es nicht schlecht, wenn Sie hierfür, sofern Sie die Rechte dazu haben, extra einen User (z. B. »Anonymous«) mit entsprechenden (Lese-)Rechten für die Datenbank *news* einrichten. Die Anwendung macht nichts anderes, als die Schlagzeilen aus der Datenbank *news* auszulesen und in lesbarer Form für den Webbrowser aufzubereiten, so wie Sie es in Abbildung 16.6 sehen.

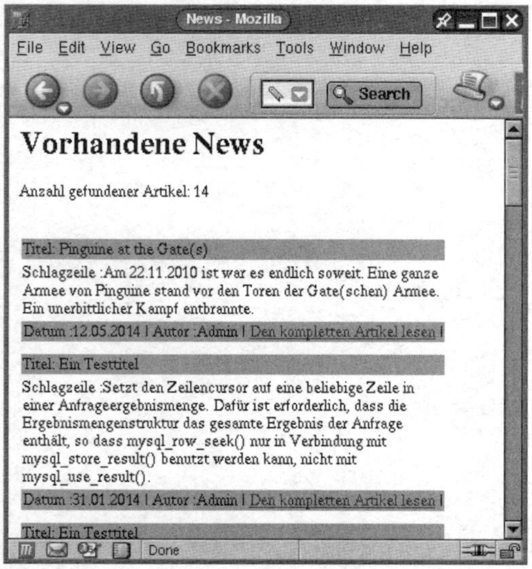

Abbildung 16.6 Die Startseite und das Portal des Newssystems

```
/* index_news.c */
#include <stdio.h>
#include <stdlib.h>
#include <string.h>
#include <mysql.h>
#define MAX 255
#define BUFFER 4096
#include "my_cgi.h"
#define HOST      "localhost"
#define USER      "root"
#define PASSWORT  "k4p6m3o3"
#define DATENBANK "news"

static char *timestamp2date( char * );
static char date[11];

/* Mit dem MySQL-Server und den entsprechenden */
/* Verbindungsdaten eine Verbindung herstellen */
static int mein_connect (MYSQL * my) {
  /* Mit dem Server verbinden */
  if (mysql_real_connect (my,   /* Zeiger auf MYSQL-Handler */
                 HOST,          /* Hostname */
                 USER,          /* User-Name */
                 PASSWORT,      /* Passwort für user_name */
                 DATENBANK,     /* Name der Datenbank */
                        0,      /* Port (default=0) */
                     NULL,      /* Socket (default=NULL) */
                        0 /* keine Flags */ ) ==    NULL) {
    fprintf (stdout, "Fehler mysql_real_connect():"
             "%u (%s)\n", mysql_errno (my), mysql_error (my));
    exit (EXIT_FAILURE);
  }
  return 1;
}

static void select_data_from_db( MYSQL *my ) {
  char *tmp[6];
  MYSQL_ROW  row;
  MYSQL_RES  *mysql_res;
  unsigned long  anzahl_reihen;
  unsigned int i;
  char buf[BUF] = "SELECT * FROM data ORDER BY datum DESC";
  char bigbuf[8096];
```

16

```
  if(mysql_real_query(my, buf, (strlen(buf)))!=0) {
    fprintf (stdout, "Fehler mysql_real_connect():"
             "%u (%s)\n", mysql_errno (my), mysql_error (my));
    exit (EXIT_FAILURE);
  }
  /* Daten der Anfrage abholen */
  mysql_res = mysql_store_result(my);
  /* Anzahl der gefundenen Datensätze ermitteln */
  anzahl_reihen = (unsigned long) mysql_num_rows (mysql_res);
  printf ("Anzahl gefundener Artikel: %lu\n\n<br><br>",
          anzahl_reihen);
  printf("<table width=\"90%\"> ");
  /* Gefundenen Datensatz bzw. Datensätze ausgeben */
  while ((row = mysql_fetch_row (mysql_res)) != NULL) {
    /* Einzelne Spalten der Zeile ausgeben */
    for (i = 0;  i < mysql_num_fields(mysql_res);  i ++)
      tmp[i] = row[i];

    sprintf(bigbuf, "<tr><td bgcolor=\"darkgrey\">Titel: "
      " %s</td></tr><tr><td>Schlagzeile :%s</td></tr>"
      "<tr><td bgcolor=\"darkgrey\"  align=\"right\">Datum "
      ":%s |  Autor :%s  |  "
      "<a href=\"http://localhost/cgi-bin/search_db?full=%s\">"
      "Den kompletten Artikel lesen</a>  |"

      "</td></tr><td><tr> </tr></td>",
      tmp[3], tmp[4], timestamp2date(tmp[0]), tmp[1], tmp[3]);
    printf("%s",bigbuf);
  }
  printf("</table>");
  printf("<hr><br>"
  "<form action=\"http://localhost/cgi-bin/search_db\"  "
  "method=\"POST\">Nach Artikel suchen <br>"
  "<input type=\"text\"   maxlength=\"30\"name=\"suchstring\">"
  "<input type=\"submit\"  value=\"Suche\"></form>");
  /* Speicherplatz wieder freigeben */
  mysql_free_result(mysql_res);
}

/* Extrahieren des Timestamp-Formats */
/* bspw. 200404121602... das Datum    */
/* und gibt einen String à la DD:MM:YYYY zurück
```

```
 */
static char *timestamp2date( char *timestamp ) {
  char *ptr = NULL;
  date[0] = '\0';
  ptr = timestamp+6;
  strncpy(date, ptr, 2);
  strcat(date, ".");
  ptr = timestamp+4;
  strncpy(&date[3], ptr, 2);
  strcat(date, ".");
  ptr = timestamp;
  strncpy(&date[6], ptr, 4);
  date[10] = '\0';
  ptr = date;
  return ptr;
}

/* Speicher freigeben und Verbindung beenden */
static void
clean_up_shutdown (MYSQL * my) {
  mysql_close (my);
}

static void print_header( ) {
  printf("<html><head><title>News</title></head>"
         "<body bgcolor=\"white\">"
         "<h1>Vorhandene News</h1>");
}

static void print_footer( ) {
  printf("</body></html>");
}

int main (int argc, char **argv) {
  MYSQL *my;
  /* Handle initialisieren */
  my = mysql_init (NULL);
  if (my == NULL) {
    fprintf (stderr, " Initialisierung fehlgeschlagen\n");
    exit (EXIT_FAILURE);
  }
  /* Für Fehlermeldungen */
  printf("Content-Type: text/html\n\n");
```

```
  /* Mit dem Server verbinden */
  if (mein_connect (my) != -1)
    print_header( );
  /* Daten aus der Datenbank holen */
  select_data_from_db( my );
  print_footer( );
  clean_up_shutdown( my );
  return EXIT_SUCCESS;
}
```

Die Anwendung zur Ausführung vorbereiten:

```
$ gcc -c -I/usr/include/mysql index_news.c
$ gcc -o index_news index_news.o -L/usr/lib/mysql -lmysqlclient
$ sudo cp index_news /usr/share/apache2/default-site/cgi-bin
[sudo] password for user: ******
$ sudo chmod a+rx /usr/share/apache2/default-site/cgi-bin/index_news
```

search_db.c

Um jetzt den vollen Report einer Schlagzeile zu lesen oder nach bestimmten Artikeln zu suchen, benötigen Sie noch die CGI-Anwendung `search_db`, die beides erledigt. Wollen Sie den vollen Text eines Artikels lesen, wird als CGI-Variable `full` mitgeschickt, da ja die Anwendung `search_db` den mitgesandten Text immer erst dekodiert. Ist die Variable `full` angegeben, wird der Wert der Variable, der dem Titel (`title VARCHAR(150)`) in der Datenbank *news* und der Tabelle `data` entspricht, mitsamt des kompletten Inhalts aus der Datenbank ausgelesen und in voller Form im Browser ausgegeben, z. B. so wie in Abbildung 16.7.

Abbildung 16.7 Ergebnis bei einer erfolgreichen Suche

Ist die erste dekodierte Variable nicht `full`, wurde eine Suchanfrage gestartet. Für die Suche wurde ja in der Tabelle extra eine Spalte eingerichtet (`suche VARCHAR(200)`), in der nach speziellen von Ihnen vorgegebenen Schlüsselwörtern gesucht wird. Wurde Entsprechendes gefunden, wird auch dies in leserfreundlichem Stil über den Webbrowser ausgegeben.

```
/* search_db.c */
#include <stdio.h>
#include <stdlib.h>
#include <string.h>
#include <mysql.h>
#define MAX 255
#define BUFFER 4096
#include "my_cgi.h"
#define HOST      "localhost"
#define USER      "root"
#define PASSWORT  "k4p6m3o3"
#define DATENBANK "news"

static char *search_string;
static char *news_full;
static char *timestamp2date( char * );
static char date[11];

static int fetch_http_string (void) {
  char *str;
  struct CGI_DATEN *cgi;
  /* Eingabe einlesen */
  str = getdata ();
  if (str == NULL) {
    printf ("Fehler beim Einlesen von der Formulareingabe");
    return 0;
  }
  /* Hexzeichen in ASCII-Zeichen konvertieren und aus '+' */
  /* Leerzeichen machen                                   */
  hex2ascii (str);
  /* Liste der Formulardaten erstellen */
  cgi = erstellen (str);
  if (cgi == NULL) {
    printf ("Fehler beim Erstellen der "
            "Variablen/Werteliste!!\n");
    return 0;
  }
  /* Suche nur mit einem Suchbegriff möglich */
```

```
  news_full = cgi->variable;
  search_string = cgi->wert;
  return 1;
}

/* Mit dem MySQL-Server und den entsprechenden */
/* Verbindungsdaten eine Verbindung herstellen  */
static int mein_connect (MYSQL * my) {
  /* Mit dem Server verbinden */
  if (mysql_real_connect (my,   /* Zeiger auf MYSQL-Handler */
                        HOST,      /* Hostname */
                        USER,      /* User-Name */
                        PASSWORT,  /* Passwort für user_name */
                        DATENBANK, /* Name der Datenbank */
                          0,       /* Port (default=0) */
                          NULL,    /* Socket (default=NULL) */
                          0 /* keine Flags */ ) == NULL) {

    fprintf (stdout, "Fehler mysql_real_connect():"
             "%u (%s)\n", mysql_errno (my), mysql_error (my));
    exit (EXIT_FAILURE);
  }
  return 1;
}

/* Mit Suche integrieren */
static void
search_data_from_db (MYSQL * my) {
  char *tmp[6];
  MYSQL_ROW row;
  MYSQL_RES *mysql_res;
  unsigned long anzahl_reihen;
  unsigned int i;
  char buf[BUF];
  char bigbuf[8096];

  if (strcmp (news_full, "full") == 0) {
    sprintf ( buf,
              "SELECT * FROM data WHERE title=\'%s\';",
              search_string );
    /* printf ("%s", buf); */
    if (mysql_real_query (my, buf, strlen(buf)) != 0) {
      fprintf (stdout, "Fehler mysql_real_connect():"
```

```
              "%u (%s)\n", mysql_errno (my),
              mysql_error (my));
      exit (EXIT_FAILURE);
    }
    /* Daten der Anfrage abholen */
    mysql_res = mysql_store_result (my);
    printf ("<table width=\"90%\">");
    /* Gefundenen Datensatz bzw. Datensätze ausgeben */
    while ((row = mysql_fetch_row (mysql_res)) != NULL) {
      /* Einzelne Spalten der Zeile ausgeben */
      for (i = 0; i < mysql_num_fields (mysql_res); i++)
        tmp[i] = row[i];

      sprintf (bigbuf,
         "<tr><td bgcolor=\"darkgrey\">Titel: %s</td></tr>"
         "<tr><td>Schlagzeile :%s<br><br>Inhalt: %s</td></tr>"
         "<tr><td bgcolor=\"darkgrey\"  align=\"right\">"
         " Datum :%s |  Autor :%s  |"
         "</td></tr><td><tr> </tr></td>",
         tmp[3], tmp[4],tmp[5], timestamp2date(tmp[0]), tmp[1]);
      printf ("%s", bigbuf);
    }
    printf ("</table>");
    printf ("<hr><br>"
    "<form action=\"http://localhost/cgi-bin/search_db\""
    " method=\"POST\">" "Nach Artikel suchen <br>"
    "<input type=\"text\"  maxlength=\"30\"name=\"suchstring\">"
    "<input type=\"submit\"  value=\"Suche\"></form>");
  } else {
    sprintf (buf,
            "SELECT * FROM data WHERE suche LIKE \'%%%s%%\'"
            " ORDER BY datum DESC;", search_string);
    /* printf ("%s", buf); */
    if (mysql_real_query (my, buf, strlen(buf)) != 0) {
      fprintf (stdout, "Fehler mysql_real_connect():"
              "%u (%s)\n", mysql_errno (my),
              mysql_error (my));
      exit (EXIT_FAILURE);
    }
    /* Daten der Anfrage abholen */
    mysql_res = mysql_store_result (my);
    /* Anzahl der gefundenen Datensätze ermitteln */
    anzahl_reihen = (unsigned long) mysql_num_rows (mysql_res);
```

```
    printf ("Anzahl gefundener Artikel: %lu\n\n<br><br>",
            anzahl_reihen);
    printf ("<table width=\"90%\">");
    /* Gefundenen Datensatz bzw. Datensätze ausgeben */
    while ((row = mysql_fetch_row (mysql_res)) != NULL) {
      /* Einzelne Spalten der Zeile ausgeben */
      for (i = 0; i < mysql_num_fields (mysql_res); i++)
        tmp[i] = row[i];
      sprintf (bigbuf,
               "<tr><td bgcolor=\"darkgrey\">Titel: %s</td>"
               "</tr><tr><td>Schlagzeile :%s</td></tr>"
               "<tr><td bgcolor=\"darkgrey\"  align=\"right\">"
               "Datum :%s |  Autor :%s  |  <a href=\""
               "http://localhost/cgi-bin/search_db?full=%s\">"
               "Den kompletten Artikel lesen</a>  |"
               "</td></tr><td><tr> </tr></td>",
               tmp[3], tmp[4], timestamp2date(tmp[0]),
               tmp[1], tmp[3]);
      printf ("%s", bigbuf);
    }
    printf ("</table>");
    printf ("<hr><br><form action=\""
       "http://localhost/cgi-bin/search_db\"  method=\"POST\">"
       "Nach Artikel suchen <br><input type=\"text\""
       " maxlength=\"30\"name=\"suchstring\">"
       "<input type=\"submit\"  value=\"Suche\"></form>");
  }
  /* Speicherplatz wieder freigeben */
  mysql_free_result (mysql_res);
}


/* Extrahieren des Timestamp-Formats             */
/* bspw. 200404121602... das Datum               */
/* und gibt einen String à la DD:MM:YYYY zurück */
static char *timestamp2date( char *timestamp ) {
  char *ptr = NULL;
  date[0] = '\0';
  ptr = timestamp+6;
  strncpy(date, ptr, 2);
  strcat(date, ".");
  ptr = timestamp+4;
  strncpy(&date[3], ptr, 2);
```

```
  strcat(date, ".");
  ptr = timestamp;
  strncpy(&date[6], ptr, 4);
  date[10] = '\0';
  ptr = date;
  return ptr;
}

/* Speicher freigeben und Verbindung beenden */
static void
clean_up_shutdown (MYSQL * my) {
  mysql_close (my);
}

void
print_header () {
  printf ( "<html><head><title>News</title></head>"
           "<body bgcolor=\"white\">" "<h1>News</h1>");
}

static void
print_footer (void) {
  printf ("</body></html>");
}

int main (int argc, char **argv) {
  MYSQL *my;
  /* Handle initialisieren */
  my = mysql_init (NULL);
  if (my == NULL) {
    fprintf (stderr, " Initialisierung fehlgeschlagen\n");
    exit (EXIT_FAILURE);
  }
  /* Für Fehlermeldungen */
  printf ("Content-Type: text/html\n\n");
  /* Mit dem Server verbinden */
  if (mein_connect (my) != -1)
    print_header ();

  /* Suchstring auslesen */
  fetch_http_string ();
  /* Daten aus der Datenbank holen */
  search_data_from_db (my);
```

```
  print_footer ();
  clean_up_shutdown (my);
  return EXIT_SUCCESS;
}
```

Die Anwendung zur Ausführung vorbereiten:

```
$ gcc -c -I/usr/include/mysql search_db.c
$ gcc -o search_db search_db.o -L/usr/lib/mysql -lmysqlclient
$ sudo cp search_db /usr/share/apache2/default-site/cgi-bin
[sudo] password for user: ******
$ sudo chmod a+rx /usr/share/apache2/default-site/cgi-bin/ search_db
```

Der Anwender kann jetzt die aktuellen Schlagzeilen immer mit der URL *http://localhost/cgi-bin/index_news* in seinem Browser aufrufen. Dies nun auf Ihre Website zu portieren, sollte je nach Erfahrung nicht allzu schwer sein.

16.7.4 MySQL-Clients mit GUI

Jetzt haben Sie gesehen, dass es im Prinzip gar nicht so schwer ist, eigene MySQL-Anwendungen zu entwerfen. In diesem Beispiel haben Sie als Pseudo-GUI den Webbrowser verwendet, was auch den Vorteil hat, dass die Clientseite plattformunabhängig ist. Im Großen und Ganzen ist es auch nicht allzu schwer, wenn Sie Kenntnisse in der GUI-Programmierung mit z. B. GTK+ oder Qt haben, diese Anwendung mit einer echten grafischen Oberfläche zu versehen. Sie müssen lediglich wissen, wie Sie eine Abfrage an den Server stellen (`mysql_real_query()`) und wie Sie die Ergebnismenge, sofern eine zurückgegeben wird, bearbeiten können. All dies haben Sie hier jetzt mehrfach gesehen.

16.7.5 Randnotiz

Nicht behandelt wurde das Casten von MySQL-Rückgabewerten. Angenommen Sie haben ein `INT(2)`-Feld namens `zahl`. Folgendes wird nicht funktionieren, es muss gecastet werden:

```
int i;
mysql_real_query(
   &mysql, "SELECT 'zahl' FROM 'table' LIMIT 1", 34);
result = mysql_store_result(&mysql);
row = mysql_fetch_row(result);
i = row[0];
```

In diesem Fall müsste es heißen:

```
i = (atoi)row[0];
```

Wohl wird aber dieses hier gehen:

```
printf("%s\n", row[0]);
```

16.8 Neue SQL-Funktionen für die Shell – MySQL erweitern

Um Missverständnisse zu diesem Abschnitt von vornherein zu vermeiden: Hier geht es nicht mehr um die C-API von MySQL. Es geht darum, neue – oder besser: benutzerdefinierte – Funktionen in C zu erstellen und zur MySQL-Shell hinzuzufügen. MySQL wurden mittlerweile zahlreiche Funktionen z. B. mathematischer Natur (`COS()`, `SIN()` ...) oder zur Stringmanipulation (`CONCAT()` ...) hinzugefügt. Hier ein Beispiel anhand der mathematischen Funktion `COS()`, wie Sie Funktionen in der MySQL-Shell (und natürlich auch bei Ihrer Clientanwendung mit `mysql_real_query()`) verwenden können:

```
mysql> CREATE DATABASE rechnungen;
Query OK, 1 row affected (0.26 sec)
mysql> USE rechnungen;
Database changed
mysql> CREATE TABLE xyz ( erg FLOAT );
Query OK, 0 rows affected (0.01 sec)
mysql> INSERT INTO xyz (erg) VALUES ( COS(2.32) );
Query OK, 1 row affected (0.00 sec)
mysql> INSERT INTO xyz (erg) VALUES ( COS(12.22) );
Query OK, 1 row affected (0.01 sec)
mysql> SELECT * FROM xyz;
+-----------+
| erg       |
+-----------+
| -0.681056 |
|  0.940611 |
+-----------+
2 rows in set (0.00 sec)
```

Wenn Sie MySQL um eigene Funktionen erweitern wollen, haben Sie zwei Möglichkeiten:

- Sie fügen die Funktion dynamisch zur Laufzeit über die UDF-Schnittstelle hinzu (UDF = User-Definable Function). Dabei fügen Sie die benutzerdefinierte Funktion dynamisch mit `CREATE FUNCTIONS` hinzu oder löschen sie wieder mit `DROP FUNCTIONS`. Der Vorteil gegenüber der gleich folgenden zweiten Möglichkeit ist, dass Sie jederzeit zu Ihrer binären Distribution Funktionen hinzufügen können und nicht den kompletten Server-Quellcode (`mysqld`) verändern müssen. Und bei einer Aktualisierung Ihrer MySQL-Distribution können Sie die zuvor installierten benutzerdefinierten Funktionen weiterhin verwenden.

- Die zweite Möglichkeit erfordert etwas mehr Erfahrung im Umgang mit MySQL. Sie fügen Funktionen *nativ* zum MySQL-Server hinzu. Das bedeutet allerdings, dass Sie den Server neu kompilieren müssen – auch bei einem Versionswechsel. Der Vorteil hierbei ist, dass Sie die Funktionen, da sie ja fest einkompiliert sind, nicht extra installieren müssen und sie wie übliche MySQL-Funktionen verwenden können.

Im Folgenden zeigen wir Ihnen anhand von recht einfachen und primitiven Beispielen, wie Sie die UDF-Schnittstelle verwenden und Ihre selbst geschriebenen Funktionen in MySQL erstellen können.

16.9 MySQL-Funktionen mit der UDF-Schnittstelle entwerfen

Damit der MySQL-Server UDF-Funktionen verwenden kann, sollte `mysqld` mit dem Flag `--with-mysqld-ldflags=-rdynamic` konfiguriert sein, um auf alle Symbole von `mysqld` zugreifen zu können.

Der Grund liegt darin, dass Sie auf vielen Plattformen (inklusive Linux) eine dynamische Bibliothek (mit `dlopen()`) von einem statisch gelinkten Programm aus laden können, welches Sie erhalten würden, wenn Sie `--with-mysqld-ldflags=-all-static` benutzen. Die Funktion `dlopen()` werden wir zu einem späteren Zeitpunkt im Buch behandeln.

Wenn Sie eine Funktion schreiben, die Sie für SQL-Statements verwenden wollen, sollten Sie einen entsprechenden C-Funktionsnamen wählen, den Sie auch für MySQL verwenden. Beim Schreiben einer Funktion mit der UDF-Schnittstelle wird Ihnen aber nicht absolut freie Hand gelassen, sondern Sie müssen einiges dabei beachten. Eine UDF-Funktion sieht demnach wie folgt aus:

```
rückgabetyp funktionsname()
```

Dies ist die Hauptfunktion (bitte nicht mit der `main()`-Hauptfunktion verwechseln), mit deren Namen auch das SQL-Statement aufgerufen wird. `funktionsname()` dient hier nur als Beispiel und kann durch jeden erlaubten Funktionsnamen ersetzt werden. Folgende Rückgabewert kommen hier im Zusammenhang mit den SQL-Datentypen für Ihre C/C++-Funktion(en) in Frage:

SQL-Typ	C/C++-Typ
STRING	char *
INTEGER	long long
REAL	double

Tabelle 16.5 Erlaubte Rückgabetypen mit der UDF-Schnittstelle

Optional hingegen sind die Funktionen zum Initialisieren bzw. Deinitialisieren. Die Syntax einer Initialisierung sieht wie folgt aus (bezogen auf die Hauptfunktion `funktionsname()`):

```
funktionsname_init()
```

Die Initialisierungsfunktion kann für folgende Aufgaben verwendet werden:

- die Anzahl von Argumenten überprüfen,
- die Datentypen überprüfen, die als Argumente übergeben werden,[27]
- Speicher für die Hauptfunktion bereitstellen,
- maximale Länge des Rückgabewertes festlegen,
- maximale Anzahl von Dezimalstellen für den `REAL`-Typ (`double`) festlegen,
- festlegen, ob das Ergebnis `NULL` sein darf oder nicht.

Die Funktion zum Deinitialisieren sieht in der Syntax so aus:

```
funktionsname_deinit()
```

Dies ist die Deinitialisierungsfunktion für `funktionsname()`. Damit sollte jeglicher Speicher freigegeben (*Deallokation*) werden, der durch die Initialisierungsfunktion zugewiesen wurde.

Wie schon erwähnt, sind die Funktionen zum Deinitialisieren und zur Initialisierung optional und müssen nicht verwendet werden.

Angenommen, Ihre Funktion ist bereits in MySQL implementiert und Sie rufen sie nun mit `funktionsname()` auf, dann ruft MySQL zuvor noch (vor der eigentlichen Hauptfunktion) die Initialisierungsfunktion `funktionsname_init()` auf, um alle notwendigen Einrichtungen – wie das Überprüfen von Argumenten oder die Speicherzuweisung – vorzunehmen. Gibt `funktionsname_init()` einen Fehler zurück, wird das SQL-Statement mit einer entsprechenden Fehlermeldung abgebrochen. Demnach werden bei einem Fehler die Haupt- und Deinitialisierungsfunktion nicht mehr aufgerufen. Wenn alles glatt verlief, wird hingegen `funktionsname()` aufgerufen und ausgeführt. Wurde die Hauptfunktion ausgeführt, führt die Deinitialisierungsfunktion am Ende alle Aufräumarbeiten durch.

Hinweis

Sehr wichtig! Alle Funktionen müssen threadsicher sein. Das heißt, dass Sie keinerlei globale oder statische Variablen zuweisen dürfen, die sich ändern! Wenn Sie Speicher brauchen, sollten Sie ihn in `funktionsname_init()` zuweisen und in `funktionsname_deinit()` freigeben.

27 Sind die Argumente nicht vom erforderlichen Typ, müssen Sie dies MySQL mitteilen, um den Argumenttyp zu erzwingen, der für die Hauptfunktion benötigt wird.

16.9.1 UDF-Sequenzen

Die Hauptfunktion können Sie auch nicht angeben, wie es Ihnen gerade passt (abgesehen vom Funktionsnamen), sondern auch hierbei müssen Sie einiges beachten. Abhängig vom Rückgabetyp Ihrer Funktion müssen Sie folgende Parameter verwenden, damit STRING, INTEGER oder REAL zurückgegeben werden – was das CREATE FUNCTION-Statement auch fordert:

Bei STRING-Funktionen:

```
char *funktionsname( UDF_INIT *initid, UDF_ARGS *args,
                     char *result, unsigned long *length,
                     char *is_null, char *error );
```

Bei INTEGER-Funktionen:

```
long long funktionsname( UDF_INIT *initid, UDF_ARGS *args,
                         char *is_null, char *error );
```

Bei REAL-Funktionen:

```
double funktionsname( UDF_INIT *initid, UDF_ARGS *args,
                      char *is_null, char *error );
```

Die Initialisierungs- und Deinitialisierungsfunktionen werden immer wie folgt deklariert:

```
my_bool funktionsname_init( UDF_INIT *initid,
                            UDF_ARGS *args,
                            char *message);
void funktionsname_deinit( UDF_INIT *initid );
```

16.9.2 UDF_INIT-Struktur

Der initid-Parameter wird an alle Funktionen übergeben. Er verweist auf eine UDF_INIT-Struktur, die benutzt wird, um Informationen zwischen den Funktionen zu übergeben. Die Initialisierungsfunktion funktionsname_init() sollte alle Strukturvariablen verwenden, die verändert werden sollen. Die Variablen, die Sie nicht verändern wollen, können Sie auf ihrem Vorgabewert belassen. Folgende UDF_INIT-Strukturvariablen sind dabei vorhanden:

- my_bool maybe_null: funktionsname_init() sollte maybe_null auf 1 setzen, wenn funktionsname() NULL zurückgeben kann. Der Vorgabewert ist 1, wenn eines der Argumente als maybe_null deklariert ist.
- unsigned int decimals: Anzahl von Dezimalstellen. Der Vorgabewert ist die maximale Anzahl von Dezimalstellen in den Argumenten, die an die Hauptfunktion übergeben werden. (Wenn der Funktion beispielsweise die Argumente 1.34, 1.345 und 1.3 übergeben werden, wäre der Vorgabewert 3, weil 1.345 drei Dezimalstellen hat.)

- unsigned int max_length: maximale Anzahl der Zeichen im String. Der Vorgabewert ist abhängig vom Ergebnistyp der Funktion. Bei String-Funktionen ist die Vorgabe die Länge des längsten Arguments. Bei Ganzzahl-Funktionen ist die Vorgabe 21 Ziffern. Bei REAL-Funktionen ist die Vorgabe 13 plus die Anzahl von Dezimalstellen, die von initid->decimals angezeigt werden. (Bei numerischen Funktionen enthält die Länge jedes Vorzeichen- oder Dezimalpunkt-Zeichen.) Wenn Sie ein BLOB zurückgeben wollen, können Sie es auf 65 KB oder 16 MB setzen. Der Speicher wird nicht zugewiesen, aber dazu verwendet, zu entscheiden, welcher Spaltentyp benutzt werden soll, falls es notwendig werden sollte, Daten temporär zu speichern.
- char *ptr: ein Zeiger, der für eigene Zwecke verwendet werden kann. Beispielsweise können Funktionen initid->ptr benutzen, um Informationen über den zugewiesenen Speicher zwischen den Funktionen zu kommunizieren, beispielsweise um in funktionsname_init() Speicher zuzuweisen und ihm den folgenden Zeiger zuzuordnen: initid->ptr = reservierter_speicher;. In funktionsname() können Sie diesen Speicher anschließend verwenden, und in funktionsname_deinit() wird er wieder freigegeben.

16.9.3 UDF_ARGS-Struktur

Der Parameter args beinhaltet bis auf funktionsname_deinit() ebenfalls alle Funktionen. Dabei handelt es sich um einen Zeiger auf die UDF_ARGS-Struktur, die mit folgenden Strukturvariablen bestückt ist:

16

- unsigned int arg_count: Hier befindet sich die Anzahl der Argumente. Gewöhnlich wird dieser Wert in der Initialisierungsfunktion funktionsname_init() überprüft, wenn Sie wollen, dass Ihre Funktion mit einer bestimmten Anzahl von Argumenten aufgerufen wird. Beispiel der Anwendung:

```
if (args->arg_count != 3) {
    strcpy(message,"funktionsname() benötigt 3 Argumente");
    return 1;
}
```

- enum Item_result *arg_type: Hier befindet sich der Typ für die Argumente. Die Typenwerte können Sie mit den Konstanten STRING_RESULT, INT_RESULT und REAL_RESULT folgendermaßen überprüfen:

```
if (args->arg_type[0] != REAL_RESUL ||
    args->arg_type[1] != INT_RESULT ||
    args->arg_type[2] != STRING_RESULT) {
    strcpy( message,
            "funktionsname() erfordert eine Gleitkommazahl, "
```

```
            " einen Integer und einen String");
    return 1;
}
```

Als Alternative dazu, dass Ihre Funktionsargumente von bestimmten Typen sein müssen, können Sie die Initialisierungsfunktion benutzen, um die `arg_type`-Elemente auf die Typen zu setzen, die Sie wollen. Das veranlasst MySQL, die Typen der Argumente bei jedem Aufruf von `funktionsname()` zu erzwingen. Um beispielsweise zu erzwingen, dass die ersten zwei Argumente Zeichenkette und Ganzzahl sind, geben Sie in `funktionsname_init()` Folgendes ein:

```
args->arg_type[0] = args->arg_type[1] = STRING_RESULT;
args->arg_type[2] = INT_RESULT;
```

In `funktionsname_init()` daher, weil diese Funktion noch vor der eigentlichen Hauptfunktion `funktionsname()` aufgerufen wird.

- `char **args`: Hierbei handelt es sich um die tatsächlichen Argumente, mit denen die Funktion aufgerufen wurde (ähnlich wie `argv` in der `main()`-Funktion). Ist das Argument `x` z. B. ein konstanter Wert, zeigt `args->args[x]` auf den Argumentwert. Ist der Wert hingegen nicht konstant, ist `args->args[x]` `0`. Was ein konstanter Wert ist, müssen wir Ihnen nicht mehr erzählen. Ein nichtkonstantes Argument hingegen ist ein Ausdruck, der auf Werte verweist, die sich von Zeile zu Zeile ändern können wie Spaltennamen oder Funktionen, die mit nichtkonstanten Argumenten aufgerufen werden. Nach jedem Aufruf der Funktion `funktionsname()` enthält `args->args` die tatsächlichen Argumente, die für die Zeile übergeben wurden und momentan überarbeitet werden.

  Um den Wert von Argument `x` zu erhalten, gehen Sie je nach Datentyp wie folgt vor:

  – `STRING_RESULT`: Wird als ein Zeiger auf einen String mit einer bestimmten Länge angegeben, womit die Handhabung von Binärdaten oder Daten beliebiger Länge erlaubt ist – dank Längenangabe. Die Zeichenketteninhalte sind als `args->args[x]` und die Zeichenkettenlänge als `args->lengths[x]` verfügbar. Sie dürfen auch hier niemals davon ausgehen, dass der String terminiert ist.

  – `INT_RESULT`: Wird als Argument ein `INT_RESULT` übergeben, müssen Sie `args->args[x]` zu einem `long long`-Wert casten: `long long int_val = *((long long*) args->args[x]);`.

  – `REAL_RESULT`: Wird als Argument ein `REAL_RESULT` übergeben, müssen Sie `args->args[x]` zu einem `long double`-Wert casten: `long double real_val = *((long double*) args->args[x])`.

- `unsigned long *lengths`: Hier befindet sich die Länge des Strings für jedes Argument. Bei Argumenten des Typs `INT_RESULT` oder `REAL_RESULT` enthält `lengths` immer noch die maximale Länge des Arguments (wie bei der Initialisierungsfunktion).

16.9.4 Rückgabewert

Die Initialisierungsfunktion `funktionsname_init()` sollte, wenn alles glatt verlief, `0`, bei einem Fehler hingegen `1` zurückliefern. Als Fehlermeldung sollten Sie einen terminierten String mit maximal `MYSQL_ERRMSG_SIZE` Länge in den `message`-Parameter von `funktionsname_init()` schreiben. Der Rückgabewert von `funktionsname()` sollte entsprechend der Deklaration dem Wert entsprechen, wie dies C-typisch ist. Bei `long long` wird eben ein entsprechender Wert zurückgegeben. Bei einem String sollte ein Zeiger auf den Anfang plus der Länge des Strings zurückgegeben werden, z. B.:

```
memcpy(result, "ein_string_als_rueckgabe", 24);
*length = 24;
```

Wenn die Zeichenkette die Länge von 255 Bytes nicht überschreitet, müssen Sie sich nicht um die Speicherzuweisung von `result` kümmern. Ist Ihr Ergebnis allerdings länger, müssen Sie eine dynamische Speicherzuweisung mit `malloc()` in den Funktionen `funktionsname_init()` oder `funktionsname()` vornehmen. Sie können den zugewiesenen Speicher im `ptr`-Slot in der `UDF_INIT`-Struktur für eine erneute Benutzung durch zukünftige `funktionsname()`-Aufrufe speichern.

Wollen Sie den Rückgabewert `NULL` anzeigen, müssen Sie den Parameter `is_null` auf `1` setzen. Ebenso auf `1` setzen müssen Sie den `error`-Parameter, wenn Sie eine Fehlerrückgabe der Hauptfunktion anzeigen wollen.

16

16.9.5 Benutzerdefinierte Funktionen erstellen

Damit Sie eine Vorstellung davon bekommen, wie Sie benutzerdefinierte Funktionen erstellen können, erstellen wir anhand zweier Beispiele, `STRING_RESULT` und `INT_RESULT`, jeweils eine einfache Funktion.

Zuerst ein Beispiel zu einer benutzerdefinierten Funktion für Strings. Die Funktion erwartet einen Parameter als String, kehrt diesen String anschließend einfach um und gibt dies an den MySQL-Server zurück.

```
/* reverse.c */
#include <mysql/mysql.h>
#include <string.h>
#define MAX 255
char *
reverse (UDF_INIT * initid, UDF_ARGS * args, char *result,
         unsigned long *length, char *is_null, char *error) {
  char name_buf[256];
  int i, j;
  char c;
```

```
  if (!args->args[0]) {
    /* Return NULL for NULL values */
    *is_null = 1;
    return 0;
  }
  length = args->lengths[0];
  strcpy (name_buf, args->args[0]);
  for (i = 0, j = strlen (name_buf) - 1; i < j; i++, j--) {
    c = name_buf[i];
    name_buf[i] = name_buf[j];
    name_buf[j] = c;
  }
  memcpy (result, name_buf, (int)length);
  result[(int)length] = 0;
  return result;
}

my_bool
reverse_init (UDF_INIT * initid,UDF_ARGS * args,char *message) {
  if (args->arg_count == 1)
    args->arg_type[0] = STRING_RESULT;
  else {
    strncpy (message, "UPPER() mit einem Argument aufrufen!",
             MYSQL_ERRMSG_SIZE);
    return 1;
  }
  initid->max_length = sizeof (args->args[0]);
  initid->maybe_null = 1;
  return 0;
}
```

Das zweite Beispiel, ein Beispiel mit einem Integer als Rückgabewert, übernimmt eine Reihe von Zahlen, rechnet diese zu einer Gesamtsumme zusammen und gibt diesen Wert an den MySQL-Server zurück.

```
/* summe.c */
#include <mysql/mysql.h>
#include <string.h>
#include <stdlib.h>

long long
summe( UDF_INIT * initid, UDF_ARGS * args, char *is_null,
       char *error ) {
```

```
  long long summe=0;
  unsigned int i;
  for(i = 0; i<args->arg_count; i++)
    summe += *((long long *) args->args[i]);
  return summe;
}

my_bool
summe_init (UDF_INIT * initid, UDF_ARGS * args, char *message) {
  unsigned int i;
  if (args->arg_count < 1) {
    strncpy (message,
             "SUMME(): Mindestens 1 Argument angeben!",
             MYSQL_ERRMSG_SIZE);
    return 1;
  }
  for (i = 0; i < args->arg_count; i++)
    if (args->arg_type[i] != INT_RESULT) {
      strncpy (message,
               "SUMME(): Nur eine Ganzzahl als Argument!",
               MYSQL_ERRMSG_SIZE);
      return 1;
    }
  initid->maybe_null = 0;
  return 0;
}
```


Hinweis

Wenn Sie weitere Beispiele suchen, sollten Sie sich die MySQLSource-Distribution herunterladen. Dabei finden Sie einige UDF-Beispiele mit dem Namen *udf_example.cc* – weitere Beispiele finden Sie unter der URL *http://empyrean.lib.ndsu.nodak.edu/~nem/mysql/udf/*.

16.9.6 Benutzerdefinierte Funktion kompilieren, installieren und ausführen

Wollen Sie eine Datei dynamisch ladbar machen, sollten Sie sie als gemeinsame nutzbare Objektdatei kompilieren, etwa mit folgendem Befehl (als Beispiel die Stringfunktion *reverse.c*):

```
$ gcc -shared -o reverse.so reverse.c
```

Das gemeinsame Objekt *reverse.so* müssen Sie nun mit MySQL bekannt machen. Dazu sollten Sie diese Datei erst in den Pfad kopieren, den auch der dynamische Linker *ld-linux.so* durchsucht. Dieser Pfad kann von System zu System variieren. Meistens ist dies der Pfad */usr/lib* oder */usr/local/lib*. Sie können ihn aber auch über die Umgebungsvariable LD_LIBRARY_PATH so setzen, dass auf ein Verzeichnis gezeigt wird, wo sich die UDF-Funktionsdateien befinden. Ein Blick in die Manual-Pages von dlopen() oder in ein späteres Kapitel verrät Ihnen dazu mehr.

Noch ein anderer eleganter Weg unter Linux wäre (Pfad zum *lib*-Verzeichnis bitte entsprechend anpassen):

```
$  mkdir /usr/local/lib/my_mysql_funcs
$  cd /usr/local/lib/my_mysql_funcs
$  cp /path/to/new/func ./
$  echo "/usr/local/lib/my_mysql_funcs" >> /etc/ld.so.conf
$  ldconfig
```

Unter BSD können Sie die Variablen in der *rc.conf* setzen – doch dies führt hier zu weit.

Nachdem Sie die Bibliothek kopiert haben, können Sie den MySQL-Server mit der neuen Funktion bekannt machen (auch hier: Pfad zum *lib*-Verzeichnis bitte entsprechend anpassen):

```
$ gcc -shared -o reverse.so reverse.c
$ su
Password:********
$ sudo cp reverse.so /usr/lib
[sudo] password for user: ******
$ sudo systemctl start mysql
 * Starting MySQL database server mysqld         [ OK ]
$ mysql -uroot -hlocalhost -p
Enter pasword: ******
Welcome to the MySQL monitor.  Commands end with ; or \g.
Your MySQL connection id is 1 to server version: 3.23.55-log
Type 'help;' or '\h' for help. Type '\c' to clear the buffer.

mysql> CREATE FUNCTION reverse
    -> RETURNS STRING SONAME "reverse.so";
...
mysql> SELECT reverse("Das ist ein langer Text");
+----------------------------------+
| reverse("Das ist ein langer Text") |
+----------------------------------+
| txeT regnal nie tsi saD          |
+----------------------------------+
1 row in set (0.00 sec)
```

Neue Funktionen werden also mit CREATE FUNCTION angemeldet. Hier die genaue Syntax zum Anmelden von Funktionen in MySQL:

```
CREATE FUNCTION <funktionsname> RETURNS (STRING | REAL | INTEGER) SONAME <name der
shared library>;
```

Wichtig dabei ist auch, dass der Funktionsname der Hauptfunktion im Listing entsprechen muss. Bei RETURNS müssen Sie den (richtigen) Datentyp angeben, der von der Hauptfunktion zurückgegeben wird. Hinter SONAME geben Sie den Dateinamen der UDF-Datei an. Wie schon erwähnt, ist der Ort der Datei zweitrangig, solange *ld-linux.so* die Datei über einen Suchpfad findet.

Wollen Sie zum Beispiel die Funktion summe() zum Addieren mehrerer Ganzzahlwerte bei MySQL anmelden, können Sie dies folgendermaßen machen (natürlich muss auch hier entsprechend kompiliert und die Datei *installiert* werden, wie Sie es zuvor gesehen und – hoffentlich – gemacht haben):

```
mysql> CREATE FUNCTION summe RETURNS INTEGER SONAME "summe.so";
...
mysql> SELECT summe(5, 5, 5, 6);
+-------------------+
| summe(5, 5, 5, 6) |
+-------------------+
|                21 |
+-------------------+
1 row in set (0.32 sec)
```

Selbst erstellte UDF-Funktionen können Sie mit dem SQL-Befehl DROP FUNCTION wieder löschen:

```
mysql> DROP FUNCTION reverse;
mysql> DROP FUNCTION summe;
```

Die benutzerdefinierten Funktionen werden dabei in der Verwaltungsdatenbank *mysql* in der Tabelle func gespeichert, weshalb Sie oder der Entwickler der benutzerdefinierten Funktion auch entsprechende Schreibrechte für CREATE FUNCTION und Löschrechte für DROP FUNCTION benötigen.

```
mysql> USE mysql;
Database changed
mysql> SELECT * FROM func;
+---------+-----+-----------+----------+
| name    | ret | dl        | type     |
+---------+-----+-----------+----------+
```

```
| reverse |   0 | reverse.so | function |
| summe   |   2 | summe.so   | function |
+---------+-----+------------+----------+
2 rows in set (0.00 sec)
```

Wollen Sie entgegen der standardmäßigen Einstellung, dass die benutzerdefinierten Funktionen nicht beim Start vom MySQL-Server mitgeladen werden, müssen Sie den Server mit dem Flag `-skip-grant-tables` starten.

16.10 PostgreSQL – Konfiguration

16.10.1 Konfigurationsdateien bei PostgreSQL (postgresql.conf, pg_hba.conf)

In diesem Buch werden Sie die Konfigurationsdatei zwar nicht benötigen, aber es kann recht hilfreich bei Problemen sein – besonders bei den Zugriffsrechten –, wenn Sie wissen, unter welchem Namen Sie sie auf Ihrem System finden.

Die Konfigurationsdateien bei PostgreSQL lauten *postgresql.conf* und *pg_hba.conf*. Die erste Datei ist dabei die eigentliche Konfigurationsdatei, und mit der zweiten Datei stellt man die Zugriffsbeschränkungen ein. Jedes Cluster besitzt seine eigenen Konfigurationsdateien.

Die Konfigurationsdatei *postgresql.conf* werden Sie wohl nicht so schnell verändern müssen. Sie ist standardmäßig für bis zu 100.000 Datensätze optimal eingerichtet. Sofern Sie die Datei dennoch verändern wollen oder gar müssen, sei für mehr Details die Dokumentation von PostgreSQL empfohlen. Wenn Sie sich diese Datei betrachten, finden Sie immer folgendes Format vor:

```
Option=Wert
```

Damit wird immer für die entsprechende Option ein bestimmter Wert gesetzt. Zeilen, die mit dem Zeichen # beginnen, sind Kommentarzeilen und werden vom PostgreSQL-Server ignoriert. Häufig findet man hier auch einige Option-Wert-Paare auskommentiert.

Die Zugriffsrechte werden über die Datei *pg_hba.conf* eingestellt. Natürlich ist dies nur nötig, wenn eine Authentifizierung erfolgt. In den Beispielen dieses Buchs ist dies nicht notwendig. Da diese Datei nur einmal beim Starten geladen wird, muss bei einer Veränderung der Datei der Server nochmals neu gestartet werden, bzw. es reicht ein `reload`, um nur die Konfiguration neu einzulesen.

Der Aufbau einer solchen Zeile wird als eine *Regel* bezeichnet. Jede dieser Regeln besteht aus mehreren Teilen, die durch ein Leerzeichen voneinander getrennt werden. Hier eine solche komplette Regel:

```
host Datenbankname IP-Adresse Netzmaske Authentifizierung
```

Der erste Regeltyp, `host`, ist der wichtigste und gibt den Host für die Netzwerkadresse an. Würde anstatt `host` der Regeltyp `local` verwendet, so würde eine Verbindung über Unix Domain Sockets verwendet. Die weiteren Regeltypen bis zur `Authentifizierung` sprechen für sich. Wollen Sie bezüglich der Datenbank keine Einschränkungen machen, dann können Sie hier einfach `all` einsetzen – ansonsten geben Sie eine existierende Datenbank mit dem Namen an. Bei der Authentifizierung haben Sie mehrere Möglichkeiten:

- `trust` – keine Authentifizierung nötig. Der Benutzername und das (falls eingegeben) Passwort werden akzeptiert.
- `password` – eine Klartext-Passwort-Authentifizierung. Dies kann auch eine Passwortdatei (*.pgpass*) sein.
- `crypt` – wie `password`, nur über das Netzwerk werden die Passwörter verschlüsselt übertragen. Bei Anwendungen mit Threads sollte stattdessen `md5` verwendet werden, da `crypt` nicht Thread-sicher ist.
- `md5` – wie `crypt`, verwendet aber einen anderen, besseren Algorithmus zur Verschlüsselung.
- `Ident` – `Ident`-Dämon wird abgefragt. Hier kann ein Benutzernamen-Mapping über eine Datei namens *pg_ident.conf* durchgeführt werden.
- `reject` – Verbindung wird immer abgelehnt.

16

16.10.2 Crashkurs: PostgreSQL

Server starten und stoppen

Beim Starten und Stoppen des Servers gilt: es gibt mehr als nur einen Weg. Daher empfehlen wir Ihnen diesbezüglich, die mitgelieferte Dokumentation von PostgreSQL zu lesen. Im Großen und Ganzen ist hierbei kein großer Aufwand nötig. Sie müssen lediglich ein entsprechendes Skript, das Ihnen die Distribution bei der Installation zur Verfügung stellt, mit der Option `start` zum Starten oder mit der Option `stop` zum Stoppen aufrufen. Alternativ zum Neustart des Datenbankservers können Sie auch `reload` oder `restart` verwenden.

```
$ sudo systemctl start postgresql
[ sudo ] password for user : *****
$ sudo systemctl stop postgresql
[ sudo ] password for user : *****
```

Wenn Ihnen keines dieser Skripte zur Verfügung steht, sei Ihnen die Website von PostgreSQL empfohlen. Hier werden für diverse Systeme solche Skripte zum Download angeboten. Dies ist für Sie z. B. von Bedeutung, wenn Sie PostgreSQL selbst übersetzt haben. Natürlich können Sie auch ohne ein solches Skript den Datenbankserver – wenn auch etwas umständlich – starten und stoppen:

```
$ su -c 'pg_ctl start -D /usr/local/pgsql/data -l serverlog' \
  postgres
```

Notfalls können Sie zum Beenden des Datenbankservers auch mit `kill` die Signale `SIGINT` und `SIGQUIT` senden.

Datentypen in PostgreSQL

PostgreSQL bietet Ihnen eine enorme Menge an Datentypen an. Neben den gewöhnlichen Datentypen, die es in MySQL auch gibt, gibt es u. a. Datentypen für Geometrie, für Netzwerkadressen, Bitkettentypen und Arrays. Alle Datentypen zu erläutern, wäre recht umfangreich, weshalb wir hier nur auf die gängigsten Datentypen eingehen – da sich doch die Syntax im Gegensatz zu MySQL erheblich unterscheidet.

Zuerst eine Zusammenfassung der numerischen Datentypen – also sowohl Ganzzahl als auch Fließkommazahl:

Name	Speichergröße	Beschreibung	Reichweite
`smallint`	2 Bytes	ganze Zahl mit kleiner Reichweite	–32.768 bis +32.767
`integer`	4 Bytes	normale Wahl für ganze Zahlen	–2.147.483.648 bis +2.147.483.647
`bigint`	8 Bytes	ganze Zahl mit großer Reichweite	–9.223.372.036.854.775.808 bis 9.223.372.036.854.775.807
`decimal`	variabel	benutzerdefinierte Präzision, exakt	keine Begrenzung
`numeric`	variabel	benutzerdefinierte Präzision, exakt	keine Begrenzung
`real`	4 Bytes	variable Präzision, inexakt	6 Dezimalstellen Präzision
`double precision`	8 Bytes	variable Präzision, inexakt	15 Dezimalstellen Präzision
`serial`	4 Bytes	selbstzählende ganze Zahl	1 bis 2.147.483.647
`bigserial`	8 Bytes	große selbstzählende ganze Zahl	1 bis 9.223.372.036.854.775.807

Tabelle 16.6 Numerische Datentypen

Als Nächstes erfolgt ein Überblick zu den Datentypen für Zeichenketten:

Name	Beschreibung
`character varying(n)`, `varchar(n)`	variable Länge mit Höchstgrenze
`character(n)`, `char(n)`	feste Länge, mit Leerzeichen aufgefüllt
`text`	variable Länge ohne Höchstgrenze

Tabelle 16.7 Datentypen für Zeichenketten (Strings)

Zum Schluss noch Datentypen zur Datums- und Zeitangabe:

Name	Bytes	Beschreibung	Wert	Genauigkeit
`timestamp [ (p) ] without time zone`	8	Datum und Zeit	4713 v. u. Z bis 1465001 u. Z.	1 Mikrosekunde/ 14 Stellen
`timestamp [ (p) ] with time zone`	8	Datum und Zeit	4713 v. u. Z. bis 1465001 u. Z.	1 Mikrosekunde/ 14 Stellen
`interval [ (p) ]`	12	Zeitspanne	-178000000 a bis 178000000 a	1 Mikrosekunde
`date`	4	nur Datum	4713 v. u. Z. bis 32767 u. Z.	1 Tag
`time [ (p) ] without time zone`	8	nur Tageszeit	00:00:00.00 bis 23:59:59.99	1 Mikrosekunde
`time [ (p) ] with time zone`	12	nur Tageszeit	00:00:00.00+1459 bis –23:59:59.99-1459	1 Mikrosekunde

Tabelle 16.8 Datentypen zur Datums- und Zeitangabe

Hinweis
Natürlich gibt es in PostgreSQL auch einen Datentypen für binäre Daten, wie das bei MySQL mit `BLOB` der Fall ist. Der entsprechende Typ in PostgreSQL lautet `bytea`.

Datenbank verwenden

Wie Sie eine neue Datenbank anlegen und eine bereits vorhandene Datenbank löschen, haben Sie bereits erfahren. Wenn Sie jetzt auf die Datenbank zugreifen wollen, haben Sie mehrere Möglichkeiten:

- Sie verwenden das PostgreSQL-Clientprogramm `psql` – vergleichbar in MySQL mit dem Client `mysql`. Mit diesem Clientprogramm können Sie in der Kommandozeile SQL-Befehle eingeben.
- Sie verwenden ein grafisches Frontend wie z. B. *PgAccess* oder *Knoda*.
- Sie verwenden ein Office-Paket mit ODBC-Unterstützung.
- Sie schreiben eine eigene Clientanwendung in einer der verschiedenen Sprachanbindungen – was letztendlich auch das Ziel dieses Kapitels ist.

Da es sich hier um einen Crashkurs handelt, verwenden Sie erst das Clientprogramm `psql`. Sofern Sie die Datenbank *adressen* von der Einführung noch nicht gelöscht haben, werden Sie sie jetzt wiederverwenden. Um die Datenbank zu verwenden, müssen Sie den Client `psql` unter der Angabe der Datenbank, die verwendet werden soll, folgendermaßen starten:

```
$ createdb adressen
$ psql adressen
Dies ist psql 8.3.5, das interaktive PostgreSQL-Terminal.
Geben Sie ein: \copyright für Urheberrechtsinformationen
               \h für Hilfe über SQL-Anweisungen
               \? für Hilfe über interne Anweisungen
               \g oder Semikolon,um eine Anfrage auszuführen
               \q um zu beenden
adressen=#
```

Sie greifen jetzt auf die Datenbank *adressen* zu. Dies erkennen Sie in der Zeile, in der sich jetzt auch das Eingabeprompt befindet. Die Zeile könnte allerdings auch so aussehen:

```
adressen=>
```

Das bedeutet dann, dass Sie nicht der Datenbank-Superuser sind, was auch heißt, dass Sie einige rechtliche Einschränkungen bezüglich des Zugriffs auf die Datenbank haben. Für den weiteren Verlauf im Buch ist dies allerdings nicht so wichtig. In der letzten Zeile befindet sich nun der Prompt und wartet auf Ihre Eingaben. Im Folgenden lassen Sie sich die Version von PostgreSQL anzeigen, und anschließend beenden Sie die Arbeit mit der Datenbank *adressen* mit `\q` wieder.

```
adressen=# SELECT version();
-----------------------------------------------------------
PostgreSQL 8.3.5 on i486-pc-linux-gnu,
compiled by GCC gcc-4.3.real (Ubuntu 4.3.2-1ubuntu11) 4.3.2
(1 Zeile)
adressen=# \q
```

`psql` erfordert als Parameter mindestens den Namen der Datenbank, mit der verbunden werden soll. Über weitere Optionen können Sie z. B. angeben, auf welchem Server die Datenbank läuft oder welcher Benutzername verwendet werden soll, beispielsweise:

```
$ psql -h localhost -U meinusername datenbankname
```

Hier verbinden Sie sich z. B. mit dem Host `localhost` und dem Usernamen `meinusername` mit der Datenbank `datenbankname`. `psql` kann noch mit weiteren Optionen gestartet werden – manchmal ist dies auch Voraussetzung, um eine Verbindung aufzubauen. Mehr darüber erfahren Sie mit `psql -help`. Benötigt eine Verbindung ein Authentifizierungsverfahren, so werden Sie daraufhin nach dem Passwort gefragt.

Grafische Frontends für PostgreSQL

Der eine oder andere wird hierbei lieber die Kommandozeile mit einem grafischen Client austauschen wollen. Für Umsteiger von MySQL auf PostgreSQL, die gerne und viel mit *phpMyAdmin* gearbeitet haben, gibt es eine postgressche Alternative mit *phpPgAdmin*.

Hierbei handelt es sich um ein Webfrontend, das einen Webbrowser voraussetzt. Das Frontend verfügt über viele Funktionen, um mindestens genauso effektiv mit der PostgreSQL-Datenbank zusammenzuarbeiten wie mit dem Kommandozeilenclient `psql`. Dieses Frontend bietet alles, was auch *phpMyAdmin* dem MySQL-Kenner schon bietet, vom Betrachten der Tabellendaten als HTML-Tabelle zum Bearbeiten von Feldern bis hin zu Kopier- und Dump-Funktionen. Natürlich lassen sich auch hiermit die SQL-Befehle wie aus der Kommandozeile eingeben – weshalb Sie ohne Weiteres *phpPgAdmin* installieren und im weiteren Verlauf des Crashkurses verwenden können. Des Weiteren haben Sie mit einer Verlinkung zu den passenden Seiten der PostgreSQL-Dokumentlation alles in einer Hand (besser: in einem Fenster).

Als weiteres grafisches Frontend, mit dem Sie sich die üblichen Dialoge zwischen dem Client und den Server erklicken können, wäre *PgAccess*. Auch mit diesem Frontend lassen sich alle Arbeiten mit der Datenbank recht einfach und komfortabel (häufig) mit einem Mausklick erledigen. Allerdings ist *PgAccess* seit der Version 7.3 nicht mehr Bestandteil der PostgreSQL-Distribution und muss extra von *https://sourceforge.net/projects/pgaccess/* besorgt werden.[28]

Hinweis

Viele dieser Tools funktionieren nicht mit dem Unix-Socket, da meistens Netzwerk-Sockets dazu benötigt werden, weshalb in der *postgresql.conf*-Datei des Clusters der Schalter `tcpip_socket = true` gesetzt sein muss.

28 PgAccess verwendet Tcl/Tk als Programmiersprache, die Sie ggf. beide erst nachinstallieren müssen.

Tabelle anlegen und löschen

Das Anlegen einer neuen Tabelle in der Datenbank unterscheidet sich fast gar nicht von der Syntax von MySQL. Auch hier wird der SQL-Befehl CREATE TABLE wie folgt verwendet:

```
CREATE TABLE <tabellennamen> ( <spaltennamen> <datentype>, ... );
```

In der Praxis sieht dies somit genauso wie mit MySQL aus – unter der Berücksichtigung, dass einige Datentypen eine andere Syntax haben.

```
adressen=# CREATE TABLE adressen(
adressen(# vname varchar(80),
adressen(# nname varchar(80),
adressen(# plz int,
adressen(# ort varchar(80),
adressen(# strasse varchar(100),
adressen(# hausnr int
adressen(# );
CREATE TABLE
```

Sie können auch hier Leerzeichen, Tabulatoren und Zeilenumbrüche in den SQL-Befehlen beinahe beliebig verwenden. Kommentare leiten Sie mit zwei Minuszeichen ein (--). Alles dahinter wird ignoriert bis zum Zeilenumbruch. Ebenso sieht es mit der Groß- und Kleinschreibung der Befehle aus, die im SQL-Standard schon immer unerheblich war.

Löschen können Sie diese Tabelle wieder mit dem Befehl:

```
DROP TABLE tabellenname;
```

Was Sie hier aber nicht durchzuführen brauchen, da Sie diese Tabellen noch für den weiteren Verlauf des Crashkurses verwenden.

Daten in die Tabelle einfügen, verändern und löschen

Nachdem Sie nun die Datenbank angelegt und die Tabelle definiert haben, sind Sie wieder als Programmierer gefragt, um die Daten in diese Tabelle einzufügen. Den Vorgang heben wir uns zunächst für später – nach dem Crashkurs – auf. Auch hierbei können Sie den in MySQL bereits bekannten Befehl INSERT INTO verwenden:

```
adressen=# INSERT INTO adressen(vname, nname, plz, ort, strasse,
adressen(# hausnr )
adressen-# VALUES (
adressen(# 'Jürgen', 'Wolf', 86316, 'Mering', 'Musterweg', 123 );
INSERT 16988 1
```

Hierbei wird also der Tabellenname angegeben, gefolgt von den Tabellenspalten und den Werten (VALUES), die in den einzelnen Spalten gespeichert werden sollen. Die Tabellenspalten und Werte werden dabei von Kommata getrennt. Wichtig ist auch hier, dass Sie die Reihenfolge der Tabellenspalten auch bei den Werten einhalten. Dabei müssen Sie die Reihenfolge nicht stur so einhalten, wie Sie die Tabellenstruktur definiert haben. Sie können z. B. auch alles in der umgekehrten Reihefolge schreiben – wie eben schon in MySQL.

Sofern Sie die Reihenfolge der Tabellenspalten im Kopf haben, können Sie auch direkt die Werte in die Tabelle einfügen:

```
adressen=# INSERT INTO adressen
adressen-# VALUES('Fatma', 'Wolf', 33333, 'Schlumpfhausen',
adressen(# 'Schlumpfweg', 444);
INSERT 16990 1
```

Hinweis

Bei der Erstellung Ihrer eigenen Clientanwendungen ist von diesem direkten Einfügen abzuraten. Denn wird während der Programmerstellung z. B. ein Feld hinzugefügt, funktioniert das gesamte bisherige Programm nicht mehr. Daher sollten Sie sich angewöhnen, die Felder, die Sie einfügen möchten, mit anzugeben.

Im Gegensatz zu MySQL ist es allerdings mit PostgreSQL nicht möglich, mehrere Datensätze auf einmal einzufügen – da folgt PostgreSQL brav dem ANSI-SQL-Standard. Sie können also in der Praxis immer nur eine komplette Adresse in die Datenbank einfügen – nicht zwei oder drei auf einmal.

Nicht nur das Hinzufügen von Daten, auch das Verändern und Löschen der Daten verhalten sich wie in MySQL. Auch in PostgreSQL werden hierfür die Befehle `DELETE FROM` (zum Löschen von Zeilen) und `UPDATE` (zum Verändern bzw. Aktualisieren) verwendet.

Datenausgabe

Auch die Datenausgabe lässt sich bei PostgreSQL mit derselben Syntax wie in MySQL erledigen. Dabei bedienen Sie sich auch hier wieder des mächtigen Befehls `SELECT`, dessen komplette Beschreibung wohl mehrere Hundert Seiten füllen könnte. Der einfachste Befehl ist natürlich das Anzeigen aller Daten in einer Tabelle:

```
adressen=# SELECT * FROM adressen;
vname    | nname |  plz  |       ort       |    strasse     | hausnr
---------+-------+-------+-----------------+----------------+-------
Jürgen   | Wolf  | 86316 | Mering          | Musterweg      |    123
Jonathan| Wolf  | 12345 | Musterdorf      | Musterstrasse  |      1
Fatma    | Wolf  | 33333 | Schlumpfhausen  | Schlumpfweg    |    444
(3 rows)
```

Auf einzelne Werte in der Tabelle können Sie mit der Angabe des Namens der Spalte zurückgreifen (und sie ausgeben lassen):

```
adressen=# SELECT ort FROM adressen;
      ort
----------------
 Mering
 Musterdorf
 Schlumpfhausen
(3 rows)
```

Für spezielle Inhalte können Sie sich auch hierbei des SQL-Befehls `WHERE` bedienen:

```
adressen=# SELECT * FROM adressen WHERE ort='Mering';
 vname  | nname |  plz  |  ort   |  strasse  | hausnr
--------+-------+-------+--------+-----------+--------
 Jürgen | Wolf  | 86316 | Mering | Musterweg |    123
(1 row)
```

Wollen Sie die Ausgabe nach einem bestimmten Kriterium sortieren, können Sie auch hierbei den Befehl `ORDER BY` verwenden:

```
adressen=# SELECT * FROM adressen ORDER by plz;
vname    | nname |  plz  |      ort       |    strasse    | hausnr
---------+-------+-------+----------------+---------------+-------
Jonathan| Wolf  | 12345 | Musterdorf     | Musterstrasse |      1
Fatma    | Wolf  | 33333 | Schlumpfhausen | Schlumpfweg   |    444
Jürgen   | Wolf  | 86316 | Mering         | Musterweg     |    123
(3 rows)
```

Wollen Sie nach allen Ortschaften suchen, die mit der Zeichenfolge `M` beginnen, können Sie die unscharfe Suche mittels `LIKE` verwenden:

```
adressen=# SELECT * FROM adressen WHERE ort LIKE 'M%';
  vname   | nname |  plz  |    ort     |    strasse    | hausnr
----------+-------+-------+------------+---------------+--------
 Jürgen   | Wolf  | 86316 | Mering     | Musterweg     |    123
 Jonathan | Wolf  | 12345 | Musterdorf | Musterstrasse |      1
(2 rows)
```

Sie bemerken hier bereits, warum wir den Crashkurs von PostgreSQL kürzer gehalten haben. Die Verwendung beider Datenbanken (und vieler anderer auch) ist eben recht ähnlich. Wenn Sie sich erst einmal gute Kenntnisse eines Datenbanksystems angeeignet haben, fällt es relativ einfach, sich in anderen Systemen zurechtzufinden. Häufig vermisst man hier und da die eine oder andere Bequemlichkeit. Der Vorteil der Kenntnisse in PostgreSQL ist, dass PostgreSQL sehr ANSI-konform ist und damit nahe am Sprachstandard und somit der Umstieg von PostgreSQL auf eine andere Datenbank wie MySQL oder gar Oracle wesentlich einfacher fallen dürfte als umgekehrt. Beim Umstieg von MySQL auf PostgreSQL z. B. müssen Sie sich einige Dinge wieder abgewöhnen – was bekanntlich immer schwerfällt.

Hinweis

Sofern Sie jetzt gerne tiefer in die Details von PostgreSQL einsteigen wollen, können wir Ihnen von Peter Eisentraut »PostgreSQL-Administration«, eine Übersetzung (viel mehr als das) der Originaldokumentation der PostgreSQL Global Development Group, empfehlen. Diese Dokumentation ist sowohl im HTML-Format zum Lesen am PC als auch als Buch erhältlich. Die HTML-Version finden Sie auf der Webseite *http://www.postgresql.org/docs/books/pghandbuch.html*. Leider gibt es derzeit keine aktuellere Version des wirklich guten Buches, aber bis auf die Installation kann man im Grunde alles nach wie vor verwenden.

16.10.3 PostgreSQL-C-API – libpg

Die Bibliothek, die Sie zur Schnittstelle zu PostgreSQL für die Anwendungsprogrammierung in C benötigen, ist die `libpg`-Bibliothek. Diese Bibliothek liegt gewöhnlich Ihrer Distribution bei und muss meistens nur noch nachinstalliert werden. Sofern dies nicht der Fall ist, müssen Sie sie von der Website *http://www.postgresql.org/* beziehen und installieren. Mit `libpg` steht Ihnen eine ganze Sammlung von Funktionen zur Erstellung von Clientanwendungen zur Kommunikation mit dem PostgreSQL-Server zur Verfügung. `libpg` ist auch die Grundlage für alle anderen Anwendungsschnittstellen zu PostgreSQL wie libpg++ (C++), libpgtcl (Tcl), Perl oder ECPG.

Hinweis

Auch hierbei finden Sie wie schon bei der MySQL-C-API mehrere komplette Listings in der Quelltextdistribution im Verzeichnis */src/test/examples.*

Eine PostgreSQL-Anwendung übersetzen

Um PostgreSQL-Anwendungen zu erstellen, ist nicht allzu viel Know-how nötig. Sie müssen dem Compiler lediglich den Pfad zur Headerdatei angeben und dem Linker den Pfad zur Bibliothek (eigentlich logisch). Folgende drei Punkte sind zu beachten:

1. Die Headerdatei *<libpq-fe.h>* einbinden:

   ```
   #include <libpq-fe.h>
   ```

2. Sagen Sie dem Compiler mit der Option `-I`, wo er die PostgreSQL-Headerdateien findet. In unserem Beispiel sieht dies so aus:

   ```
   gcc -c -I/usr/include/pgsql programm.c
   ```

Es kann sein, dass sich von Distribution zu Distribution das Verzeichnis mit den PostgreSQL-Headerdateien woanders befindet (in unserem Fall ist dies */usr/include/*). Sollte der Compilerlauf bei Ihnen einen Fehler ausspucken wie »*No such file or directory*«, dann können Sie das Verzeichnis mit `pg_config` ermitteln:

```
$ pg_config --includedir
/usr/include/pgsql
```

3. Jetzt müssen Sie aus der Objektdatei noch eine ausführbare Datei machen. Dazu benötigt der Linker noch den Pfad zur entsprechenden `libpg`-Bibliothek und die Bibliothek selbst. Den Pfad geben Sie mit dem Flag `-L` an und die Bibliothek mit `-l`. Da es auch hier Unterschiede bei den Pfadangaben gibt, hilft Ihnen wieder `pg_config` weiter, um den Pfad zu den Bibliotheken zu ermitteln:

```
$ pg_config --libdir
/usr/lib
```

Somit sieht in diesem Fall das Linken zu einer ausführbaren Datei folgendermaßen aus:

```
gcc -o programm programm.o -L/usr/lib/pgsql -lpq
```

... oder ganz einfach in einem Rutsch und quasi eine überall funktionierende Alternative:

```
gcc -o programm programm.o -I$(pg_config -includedir) \
-L$(pg_config -libdir) -lpq
```

Nach dem Vorgang befindet sich in Ihrem Verzeichnis eine ausführbare PostgreSQL-Clientanwendung. Nach dem Trockenschwimmen ist es nun Zeit, ins Wasser zu gehen.

Eine Verbindung zum PostgreSQL-Server herstellen

Die `libpg` bietet Ihnen gleich mehrere Funktionen an, die eine Verbindung mit einem PostgreSQL-Server aufnehmen. Hier die Syntax der Funktionen:

```
#include <libpq-fe.h>

PGconn *PQconnectdb(const char *conninfo);
PGconn *PQsetdbLogin(const char *pghost,
                     const char *pgport,
                     const char *pgoptions,
                     const char *pgtty,
                     const char *dbName,

                     const char *login,
                     const char *pwd);
PGconn *PQsetdb(char *pghost,
                char *pgport,
                char *pgoptions,
```

```
                char *pgtty,
                char *dbName);

/* Nicht blockierende Funktionen */
PGconn *PQconnectStart(const char *conninfo);
PostgresPollingStatusType PQconnectPoll(PGconn *conn);
```

Trotz der unterschiedlichen Syntax machen alle Funktionen im Grunde dasselbe. Jede Verbindung, die mit einer dieser Funktionen erstellt wurde, gibt ein Objekt von Typ PGconn zurück. Im seltensten Fall wird dabei bei einem Fehler der NULL-Zeiger zurückgegeben (nur in dem Fall, dass kein Speicherplatz mehr für PGconn vorhanden war). Daher sollten Sie den Rückgabewert jeder dieser Funktionen immer mit der Funktion PQstatus() überprüfen lassen. Dazu gleich mehr.

Die Funktion PQconnectdb() öffnet eine Verbindung mit den Parametern, die im String conninfo angegeben werden. Es scheint ein wenig ungewöhnlich, aber der Vorteil an dieser Funktion ist, dass hierbei die Parametersammlung ohne Weiteres erweitert werden kann und dass Sie nicht extra einen Parser schreiben müssen, wenn Sie die Verbindungsdaten in eine Konfigurationsdatei schreiben wollen. Geben Sie einen leeren String an, wird versucht, mit den Vorgabeparametern eine Verbindung zum Server aufzubauen. Sie können aber auch mehrere durch Whitespaces getrennte Parameter verwenden. Jeder dieser Parameter hat das Format schlüssel=wert. Einen leeren Wert können Sie zwischen Apostrophe setzen, wobei Sie diese mit einem Backslash einleiten sollten. Ein Beispiel für einen solchen Verbindungsaufbau sieht so aus:

```
conn = PQconnectdb (
        "dbname=adressen user=tot password=k4p6m3o3 tty=\' \'");
```

Bekannte Parameterschlüssel, die Sie hierfür verwenden können, wären:

- host: der Name des Servers, mit dem eine Verbindung hergestellt werden soll,[29]
- hostaddr: die IP-Adresse des Servers in Form von Zahlen und Punkten (193.23.32.3),
- port: Nummer des Ports, über den eine Verbindung aufgebaut werden soll,
- dbname: Name der Datenbank,
- user: Name des Benutzers der Verbindung,
- password: das Passwort für den Server,
- connect_timeout: Zeit in Sekunden, die dieser Verbindungsfunktion gegeben wird (0 oder nicht verwendet heißt unendlich, mit Vorsicht benutzen),
- options: Optionen zur Konfiguration, die an den Server geschickt werden,

29 Ist der Wert ein Unix Domain Socket statt TCP/IP, wird am Anfang ein Schrägstrich verwendet, was ein Verzeichnis einleitet, in dem sich die Socket-Datei befindet (standardmäßig wird das */tmp*-Verzeichnis verwendet).

- `tty`: eine Datei oder ein TTY für die Debug-Ausgabe vom Server,
- `requiressl`: wenn auf 1 gesetzt, wird zwingend eine SSL-Verbindung mit dem Server verlangt.[30]

Verwenden Sie bestimmte Parameter nicht, wird erst (falls vorhanden) in den entsprechenden Umgebungsvariablen gesucht, ansonsten werden entsprechende Vorgabewerte verwendet.

Die Funktion `PQsetdbLogin()` verwendet eine feste Anzahl von Parametern, hat aber die gleiche Funktion wie die Funktion `PQconnectdb()`. Die einzelnen Parameter sprechen nach der Erklärung der Funktion `PQconnectdb()` für sich. Diese Funktion war die Vorgängerfunktion von `PQconnectdb()`.

`PQsetdb()` ist ein Makro, das die Funktion `PQsetdbLogin()` mit `NULL`-Zeigern für die Parameter `login` und `pwd` aufruft. Die Funktion gilt als veraltet und ist aus Kompatibilitätsgründen noch vorhanden.

Die Funktionen `PQconnectStart()` und `PQconnectPoll()` werden verwendet, um eine Verbindung mit dem Datenbankserver zu öffnen, ohne dass die Anwendung während der Eingabe- oder Ausgabeoperationen blockiert wird. Darauf gehen wir allerdings hier nicht ein.

Status und Informationen zur Verbindung ermitteln

Um zu ermitteln, ob die Verbindung zum Server erfolgreich verlief, sollten Sie immer den Status des Verbindungsaufbaus von `PGconn` mit der Funktion `PQstatus()` überprüfen.

```
ConnStatusType PQstatus(const PGconn *conn);
```

In einer gewöhnlichen asynchronen Verbindung können hierbei `CONNECTION_OK` und `CONNECTION_BAD` auftreten. `CONNECTION_OK` signalisiert, dass alles glatt verlaufen ist, und `CONNECTION_BAD` zeigt an, dass ein Fehler beim Verbindungsaufbau aufgetreten ist. Beim Aufbau einer nicht blockierenden Verbindung mit `PQconnectStart()` können noch weitere Statusangaben überprüft werden, die wir hier allerdings nicht näher behandeln. Dies wären die Flags:

- `CONNECTION_STARTED`: Auf die Erstellung einer Verbindung wird gewartet.
- `CONNECTION_MADE`: Verbindung wurde aufgebaut, wartet nun auf das Senden.
- `CONNECTION_AWAITING_RESPONSE`: Wartet auf eine Antwort vom Server.
- `CONNECTION_AUTH_OK`: Authentifizierung erhalten; wartet auf Fortsetzung des Verbindungsaufbaus.
- `CONNECTION_SETENV`: Aushandlung der Umgebungsvariablen (gehört zum Teil eines Verbindungsaufbaus).

---

30 Bietet der Server das nicht an, schlägt der Funktionsaufruf fehl. Bei keiner Angabe oder bei `0` wird der Verbindungstyp mit dem Server ausgehandelt.

Wenn die Funktion PQstatus() den Status CONNECTION_OK zurückgegeben hat, bleibt eine Verbindung im Normalfall bis zum nächsten PQfinish() bestehen. Tritt allerdings aus irgendwelchen Gründen ein Fehler auf, wird bei eventueller nochmaliger Überprüfung mit PQstatus() das Flag CONNECTION_BAD zurückgegeben, und Sie könnten in diesem Fall einen erneuten Verbindungsaufbau mit der Funktion PQreset() versuchen.

Im Falle einer Fehlermeldung CONNECTION_BAD können Sie den Fehler, der die Verbindung zum Scheitern brachte bzw. sie nicht zustande kommen ließ, mit der Funktion PQerrorMessage() in Klartext ausgeben lassen:

```
char *PQerrorMessage(const PGconn* conn);
```

Eine solche Fehlerüberprüfung eines Verbindungsaufbaus kann z. B. so aussehen:

```
conn = PQconnectdb("dbname=adressen");
if (PQstatus(conn) == CONNECTION_BAD) {
    fprintf(stderr, "Connection to database '%s' failed.\n",
            dbName);
    fprintf(stderr, "%s", PQerrorMessage(conn));
    exit_nicely(conn);
}
```

Läuft z. B. der Datenbankserver von PostgreSQL nicht, würde hier folgende Fehlermeldung ausgegeben:

```
Connection to database 'adressen' failed.
could not connect to server: No such file or directory
        Is the server running locally and accepting
        connections on Unix domain socket "/tmp/.s.PGSQL.5432"?
```

Natürlich gilt dies nicht nur für die Funktionen, mit denen eine Verbindung zum Datenbankserver aufgebaut wird, sondern fast alle libpq-Funktionen geben eine Fehlermeldung mit PQerrorMessage() aus, wenn ein Fehler aufgetreten ist.

Benötigen Sie für die laufende Verbindung Informationen darüber, welche Datenbank verwendet wird oder welcher User damit arbeitet, steht Ihnen hierzu eine ganze Palette an Funktionen zur Verfügung. Alle Funktionen erwarten als Parameter einen PGconn-Zeiger, den Sie bei einem erfolgreichen Verbindungsaufbau erhalten haben. Alle Werte, die diese Funktionen zurückgeben, sind während der Laufzeit des Objekts PGconn nicht mehr veränderbar. Hier die Funktionen:

Funktion	Bedeutung
`char *PQdb(const PGconn *conn);`	Gibt einen Zeiger auf den Datenbanknamen der Verbindung zurück.
`char *PQuser(const PGconn *conn);`	Gibt den Benutzernamen der Verbindung zurück
`char *PQpass(const PGconn *conn);`	Gibt das Passwort der Verbindung zurück.
`char *PQhost(const PGconn *conn);`	Gibt den Server-Hostnamen der Verbindung zurück.
`char *PQport(const PGconn *conn);`	Gibt den Port der Verbindung zurück.
`char *PQtty(const PGconn *conn);`	Gibt das TTY für die Debug-Ausgaben der Verbindung zurück.
`char *PQoptions(const PGconn *conn);`	Gibt Konfigurationsoptionen, die der Verbindungsanfrage übergeben wurden, zurück.
`int PQsocket(const PGconn *conn);`	Gibt die Deskriptornummer des mit dem Server verbundenen Sockets zurück. Durch `-1` wird angezeigt, dass keine Verbindung besteht.
`int PQbackendPID(const PGconn *conn);`	Gibt die Prozesskennung (PID) des Serverprozesses zurück, der mit dieser Verbindung arbeitet.
`SSL *PQgetssl(const PGconn *conn);`	Hier wird eine SSL-Struktur zurückgegeben. Wird SSL nicht verwendet, wird `NULL` zurückgegeben. Mehr dazu entnehmen Sie gegebenenfalls der Anleitung von OpenSSL.

Tabelle 16.9 Funktionen, die Informationen zur aktuellen Verbindung zurückgeben

Verbindung beenden oder wieder aufnehmen

Wenn Sie mit der Arbeit am Datenbankserver fertig sind, sollten Sie die Verbindung mit der Funktion `PQfinish()` wieder schließen.

```
void PQfinish(PGconn *conn);
```

Damit wird die Verbindung geschlossen und der Speicher für das `PGconn`-Objekt wieder freigegeben. Es wird empfohlen, diese Funktion auch zu verwenden, wenn der Versuch, eine Verbindung zum Server aufzubauen, fehlschlägt, um den eventuell allozierten Speicher wieder freizugeben.

Es kann passieren, dass eine Verbindung zum Server während der Arbeit verloren geht. In solch einem Fall können Sie mit der Funktion `PQreset()` versuchen, erneut eine Verbindung zum selben Server aufzubauen:

```
void PQreset(PGconn *conn);
```

Diese Funktion schließt die Verbindung zum Server und versucht, eine neue Verbindung zum selben Server mit den gleichen Parametern aufzubauen. Das kann zur Fehlerbehandlung nützlich sein, wenn eine funktionierende Verbindung verloren gegangen ist.

Auch für die nicht blockierenden Verbindungen gibt es zwei Funktionen, die versuchen, eine Verbindung zu schließen und erneut mit demselben Server eine neue, nicht blockierende Verbindung aufzubauen:

```
int PQresetStart(PGconn *conn);
PostgresPollingStatusType PQresetPoll(PGconn *conn);
```

Programmbeispiel: Verbindung zum Server herstellen

Hierzu folgt nun ein einfaches Listing, das eine Verbindung zum (hoffentlich gestarteten) PostgreSQL-Server aufbaut, das Informationen zur Verbindung ausgibt und die Verbindung wieder schließt; das Grundgerüst, wenn Sie so wollen. Bitte passen Sie gegebenenfalls die Parameter zum Verbindungsaufbau an Ihre Konfigurationen und Systemgegebenheiten an.

> **Hinweis**
>
> Im Beispiel wird davon ausgegangen, dass die Datenbank *adressen*, die Sie im Crashkurs zu PostgreSQL erzeugt haben, noch existiert.

```
/* postgre1.c */
#include <stdio.h>
#include <stdlib.h>
#include <libpq-fe.h>

void exit_nicely(PGconn *conn) {
  PQfinish(conn);
  exit(EXIT_FAILURE);
}

int main(void) {
  /* char     *pghost = NULL,
   *          *pgport = NULL,
   *          *pgoptions = NULL,
   *          *pgtty = NULL; */
  char      *dbName = "adressen";
```

```
  PGconn     *conn;
  /* ... entsprechende Angaben selbst ergänzen - */
  /* Verbindungsaufbau                           */
  conn = PQconnectdb("dbname=adressen");
  /* Verbindung überprüfen ... */
  if (PQstatus(conn) == CONNECTION_BAD) {
    fprintf(stderr, "Connection to database '%s' failed.\n",
            dbName);
    fprintf(stderr, "%s", PQerrorMessage(conn));
    exit_nicely(conn);
  }
  else
    printf("Mit PostgreSQL-Server verbunden ...\n");
  /* Informationen zur Verbindung ... */
  printf("Datenbank : %s\n", PQdb(conn));
  printf("User      : %s\n", PQuser(conn));

  /*  printf("Passwort  : %s\n", PQpass(conn));
   *  printf("Host      : %s\n", PQhost(conn));
   *  printf("Port      : %s\n", PQport(conn));
   *  printf("TTY       : %s\n", PQtty(conn));
   *  printf("Options   : %s\n", PQoptions(conn)); */
  /* Verbindung beenden und Aufräumarbeiten durchführen */
  PQfinish(conn);
  return EXIT_SUCCESS;
}
```

Das Programm bei der Ausführung:

```
$ gcc -c -I/usr/include/postgresql postgre1.c
$ gcc -o postgre1 postgre1.o -L/usr/lib/postgresql -lpq
$ ./postgre1
Mit PostgreSQL-Server verbunden ...
Datenbank : adressen
User      : user
```

Abfragen an den Server

Wenn die Verbindung zum PostgreSQL-Server aufgebaut wurde, können Sie die nun folgenden Befehle verwenden, um Abfragen und Befehle auszuführen. Die Funktion, mit der ein Befehl oder eine Abfrage an den Server geschickt wird, ist PQexec(). Die Syntax dazu lautet:

```
PGresult *PQexec(PGconn *conn, const char *command);
```

Bei Erfolg erhalten Sie einen Zeiger auf `PGresult` zurück. `NULL` wird gewöhnlich nur dann zurückgegeben, wenn kein Speicher für die Antwort alloziert oder der Befehl gar nicht erst an den Server geschickt werden konnte. Um mehr Informationen zum Auftreten eines Fehlers zu erhalten, sollten Sie die Funktion `PQerrorMessage()` verwenden. In der Struktur `PGresult` finden Sie das vom Server geschickte Ergebnis, das Sie mit den gleich folgenden vielen Funktionen verwenden können.

Hinweis

Sofern Sie mit der `libpq`-Version vor 6.4 noch vertraut sind, so sollten Sie nicht mehr auf die einzelnen Variablen der Struktur `PGresult` zugreifen, sondern eine entsprechende Zugriffsfunktion verwenden. Dies nur für den Fall, dass Sie Ihre Anwendung zukunftssicher gestalten wollen.

Status der Abfrage

Ob und was der Aufruf von `PQexec()` bewirkt hat, können Sie mit der Funktion `PQresultStatus()` und dem Zeiger auf `PGresult` ermitteln:

```
ExecStatusType PQresultStatus(const PGresult *res);
```

16

Mögliche Werte, die dabei zurückgegeben werden können, wären:

- `PGRES_EMPTY_QUERY`: Eine leere Zeichenkette wurde an den Server geschickt.
- `PGRES_COMMAND_OK`: Ein Befehl, der keine Daten zurückgibt, wurde erfolgreich ausgeführt (z. B. ein Befehl mit `INSERT` oder `UPDATE`).
- `PGRES_TUPLES_OK`: Es wurde eine erfolgreiche Abfrage durchgeführt. Anschließend können somit die Funktionen verwendet werden, um die von der Abfrage gelieferten Zeilen zu lesen. `PGRES_TUPLES_OK` wird auch dann zurückgegeben, wenn eine `SELECT`-Abfrage kein Ergebnis (0) zurückliefert.
- `PGRES_COPY_OUT`: Ein ausgehender `COPY`-Datentransfer wurde ausgelöst, der vom Server gestartet ausging.
- `PGRES_COPY_IN`: Ein eingehender `COPY`-Datentransfer wurde ausgelöst, und zwar in Richtung zum Server.
- `PGRES_BAD_RESPONSE`: Die Antwort vom Server konnte nicht ausgewertet werden.
- `PGRES_NONFATAL_ERROR`: Ein nicht-fataler Fehler ist aufgetreten.
- `PGRES_FATAL_ERROR`: Ein fataler Fehler trat auf. Meistens ein Fehler in der Clientanwendung.

Um aus dem von `PQresultStatus()` zurückgegebenen Wert eine Stringkonstante zu machen, steht Ihnen die Funktion `PQresStatus()` zur Verfügung:

```
char *PQresStatus(ExecStatusType status);
```

Damit erhalten Sie einen Zeiger auf eine Stringkonstante, die den Statuscode etwas genauer beschreibt.

Die Funktionen `PQresultStatus()` und `PQresStatus()` können Sie mit der Funktion `PQresultErrorMessage()` in einem Rutsch realisieren:

```
char *PQresultErrorMessage(const PGresult *res);
```

Liegt hier kein Fehler vor, wird ein leerer String zurückgegeben.

Ergebnis der Abfrage

Benötigen Sie Informationen zum Ergebnis einer Abfrage, finden Sie in Tabelle 16.10 einen ganzen Satz von Funktionen:

Funktion	Bedeutung
`int PQntuples(const PGresult *res);`	Gibt die Anzahl der Zeilen (Tupel) des Abfrageergebnisses zurück.
`int PQnfields(const PGresult *res);`	Gibt die Anzahl der Spalten in einer Zeile des Abfrageergebnisses zurück.
`char *PQfname(const PGresult *res, int spalten_nummer);`	Gibt den Namen der Spalte `spalten_nummer` – beginnend bei 0 – zurück.
`int PQfnumber(const PGresult *res, const char *field_name);`	Gibt die Nummer der Spalte zum angegebenen Spaltennamen `field_name` zurück – beginnend bei 0.
`Oid PQftype(const PGresult *res, int spalten_nummer);`	Hiermit erfahren Sie den Datentyp der Spalte. Eine Übersicht der OIDs finden Sie in der Datei *pg_type.h* (meistens im Verzeichnis von `libpq` im Pfad *server/catalog/pg_type.h*).*
`int PQfmod(const PGresult *res, int spalten_nummer);`	Gibt die typenspezifischen Modifikationsdaten der Spalte (beginnend mit 0) mit der angegebenen Nummer zurück.
`int PQfsize(const PGresult *res, int spalten_nummer);`	Gibt die Größe in Bytes der Spalte `spalten_nummer` zurück. Wird `-1` zurückgegeben, handelt es sich um einen String variabler Länge.

Tabelle 16.10 Funktionen, die das Ergebnis einer Abfrage auswerten

Funktion	Bedeutung
`int PQbinaryTuples(const PGresult *res);`	Diese Funktion gibt `1` zurück, wenn `PGresult` binäre Zeilendaten enthält. Bei `0` handelt es sich um Textdaten.
* OIDs werden für jedes Objekt erzeugt, auch für abstrakte Objekte wie Typen. Ursprünglich waren OIDs auch inhärent an Tabellen befestigt und sichtbar; das ist jedoch nicht mehr der Fall.	

Tabelle 16.10 Funktionen, die das Ergebnis einer Abfrage auswerten (Forts.)

Speicherplatz der Abfrage freigeben

Wenn Sie mit dem Auswerten des Ergebnisses einer Abfrage fertig sind, sollten Sie immer mit der Funktion `PQclear()` das `PGresult`-Objekt wieder freigeben, um die berüchtigten Memory Leaks (Speicherlecks) zu vermeiden.

```
void PQclear(PQresult *res);
```

Programmbeispiel – Abfrage an den Server

Das nun folgende Beispiel demonstriert Ihnen einige der zuvor erwähnten Funktionen. Verwendet wurde in diesem Beispiel auch die Funktion `PQgetvalue()`, die wir im nächsten Abschnitt erläutern werden.


```
/* postgre2.c */
#include <stdio.h>
#include <string.h>
#include <stdlib.h>
#include <libpq-fe.h>
/* weitere Typen siehe server/catalog/pg_type.h */
#define INT 23
#define VARCHAR 1043

static void exit_nicely (PGconn * conn) {
  PQfinish (conn);
  exit (EXIT_FAILURE);
}

static void read_fields (PGresult * res) {
  int i;
  int n_fields = PQnfields (res);
  printf("\n");
  for (i = 0; i < n_fields; i++)
    printf ("%s %s, ", PQfname (res, i),
```

```
          (PQftype (res, i) == INT) ? "INT" : "VARCHAR");
  printf ("\n\n");
}

static void read_full (PGresult * res) {
  int i, j;
  int n_fields = PQnfields (res);
  int n_line = PQntuples (res);
  printf("\n");
  for (j = 0; j < n_line; j++) {
    for (i = 0; i < n_fields; i++)
      printf ("%-15s", PQgetvalue (res, j, i));
    printf ("\n");
  }
  printf("\n");
}

static void read_info (PGresult * res) {
  int i, size = 0;
  int n_fields = PQnfields (res);
  int n_line = PQntuples (res);
  printf ("Tabelle enthält %d Zeile %d Spalten\n",
          n_line, n_fields);
  printf ("Speichergröße der einzelnen Spalten\n");
  for (i = 0; i < n_fields; i++) {
    printf ("%10s : %d Byte ", PQfname (res, i),
            PQfsize (res, i));
    if(PQfsize(res, i) != -1 ) {
      size += PQfsize (res, i);
      printf("\n");
    } else
      printf("( == Ein String mit variabler Länge)\n");
  }
  printf ("Gesamtspeichergröße ist %d Bytes\n", size);
}

static PGresult *select_all (char *dbName, PGconn * conn) {
  char query[255] = { "SELECT * FROM " };
  PGresult *res;
  strcat (query, dbName);
  res = PQexec (conn, query);
  if (!res || PQresultStatus (res) != PGRES_TUPLES_OK) {
    fprintf (stderr, "Fehler beim Befehl SELECT\n");
```

```
    PQclear (res);
    exit_nicely (conn);
  }
  return res;
}
int main (void) {
  /*char *pghost = NULL, *pgport = NULL,  */
  /*    *pgoptions = NULL, *pgtty = NULL; */
  char *dbName;
  char buf[64];
  char db[255] = { "dbname=" };
  PGconn *conn;
  PGresult *res;
  int auswahl;

  printf ("Mit welcher Datenbank wollen Sie arbeiten?: ");
  scanf ("%s", buf);
  dbName = buf;
  strcat (db, buf);
  /* ... bitte ggf. anpassen */
  conn = PQconnectdb (db);
  if (PQstatus (conn) == CONNECTION_BAD) {

    fprintf (stderr, "Verbindung z. Datenbank '%s' verfehlt\n",
             dbName);
    fprintf (stderr, "%s", PQerrorMessage (conn));
    exit_nicely (conn);
  }
  else
    printf ("Mit PostgreSQL-Server verbunden ...\n");
  do {
    printf ("-1- Info zur Datenbank %s\n", dbName);
    printf ("-2- Alle Spaltennamen ausgeben\n");
    printf ("-3- Komplette Datenbank %s ausgeben\n", dbName);
    printf ("-4- Ende\n");
    printf ("Ihre Auswahl : ");
    scanf ("%d", &auswahl);
    switch (auswahl) {
    case 1:
      res = select_all (buf, conn);
      read_info (res);
      PQclear (res);
      break;
```

```
      case 2:
        res = select_all (buf, conn);
        read_fields (res);
        PQclear (res);
        break;
      case 3:
        res = select_all (buf, conn);
        read_full (res);
        PQclear (res);
        break;
      default:
        break;
      }
    } while (auswahl != 4);
    PQfinish (conn);
    return EXIT_SUCCESS;
}
```

Das Programm bei der Ausführung:

```
$ gcc -c -I/usr/include/postgresql postgre2.c
$ gcc -o postgre2 postgre2.o -L/usr/lib/postgresql -lpq
$ ./postgre2
Mit welcher Datenbank wollen Sie arbeiten?: adressen
Mit PostgreSQL-Server verbunden ...
-1- Info zur Datenbank adressen
-2- Alle Spaltennamen ausgeben
-3- Komplette Datenbank adressen ausgeben
-4- Ende
Ihre Auswahl : 1
Tabelle enthält 5 Zeile, 6 Spalten
Speichergröße der einzelnen Spalten
     vname : -1 Byte ( == Ein String mit variabler Länge)
     nname : -1 Byte ( == Ein String mit variabler Länge)
       plz : 4 Byte
       ort : -1 Byte ( == Ein String mit variabler Länge)
   strasse : -1 Byte ( == Ein String mit variabler Länge)
    hausnr : 4 Byte
Gesamtspeichergröße ist 8 Bytes
-1- Info zur Datenbank adressen
-2- Alle Spaltennamen ausgeben
-3- Komplette Datenbank adressen ausgeben
-4- Ende
```

```
Ihre Auswahl : 2

vname VARCHAR, nname VARCHAR, plz INT, ort VARCHAR, strasse VARCHAR, hausnr INT,

-1- Info zur Datenbank adressen
-2- Alle Spaltennamen ausgeben
-3- Komplette Datenbank adressen ausgeben
-4- Ende
Ihre Auswahl : 3

Jonathan    Wolf      12345     Musterdorf     Musterstrasse 1
Fatma       Wolf      33333     Schlumpfhausen Schlumpfweg   444
John        Travolta  555444    Kalifornien    Broadway      1
Jonny       Depp      11234     Hollywood      Kingsroad     1
Jacko       Jackson   1234      New York       5th Avenue    1
```

Rückgabe des Abfrageergebnisses auslesen

Sicher wollen Sie nicht nur Informationen wie die Anzahl der betroffenen Spalten einer Abfrage ermitteln, sondern auch *echte* Daten aus der Datenbank lesen – sprich, den Inhalt der Zeilen und der einzelnen Spalten. Die folgenden Funktionen benötigen alle dieselben Parameter: den Zeiger auf das Abfrageergebnis (PGresult), die Zeilennummer und die Spaltennummer, von der Position, von der Sie den Wert haben wollen.

Die einzelnen Spaltenwerte ermitteln Sie mit der Funktion PQgetvalue():

```
char* PQgetvalue(const PGresult *res,
                 int zeilen_nummer,
                 int spalten_nummer);
```

Damit lesen Sie aus der Abfrage res, die Sie durch eine Ausführung von PQexec() zurückbekommen haben, den Wert von der Zeile zeilen_nummer und der Spalte spalten_nummer aus. Die Zählung sowohl von Zeilen als auch von Spalten beginnt bei 0. Bei erfolgreicher Ausführung wird ein Zeiger auf einen entsprechenden String mit einem abschließenden Null-Byte zurückgegeben. Da sich die Daten hier in der Struktur PGresult befinden, hält die Lebensdauer des Rückgabewerts bis zum nächsten PQexec()-Aufruf. Für eine längere Benutzung müssen Sie diese Daten in einen anderen Speicherbereich kopieren.

Hinweis

Sofern Sie binäre Daten (z. B. eine Grafik) aus der Abfrage auslesen wollen – die Funktion PQbinaryTuples() gibt ja hierbei 1 zurück –, sind Sie selbst für die richtige Verarbeitung der Daten verantwortlich.

Wollen Sie testen, ob der Wert einer Spalte NULL ist, können Sie die Funktion PQgetisnull() verwenden:

```
int PQgetisnull(const PGresult *res,
                int zeilen_nummer,
                int spalten_nummer);
```

Wie immer beginnen Zeilen- und Spaltennummer bei 0. Enthält der Wert einer Spalte den NULL-Wert, wird 1, ansonsten 0 zurückgegeben.[31]

Hinweis

Auch hier gilt, ähnlich wie schon bei MySQL, dass bei PostgreSQL NULL ein leerer String ist und keine NULL im Sinne von C.

Benötigen Sie die wirkliche Länge des Datenwertes, den Sie mit PQgetvalue() erhalten haben, können Sie die Funktion PQgetlength() verwenden.

```
int PQgetlength(const PGresult *res,
                int zeilen_nummer,
                int spalten_nummer);
```

Zeilen- und Spaltenwerte beginnen bei 0. Die wirkliche Länge hat allerdings nichts mit der Länge der binären Größe zu tun, die Sie mit PQfsize() erhalten (insbesondere nicht im Textformat).

Ergebnisse anderer Befehle ermitteln

Wenn Sie mit dem Client psql einen SQL-Befehl an den Server geschickt haben, haben Sie meistens eine Statuszeichenkette des Befehls erhalten, z. B.:

```
INSERT 16994 1
```

Hier wurde ein Datensatz (1) mit dem Befehl INSERT eingefügt. Die OID der eingefügten Zeile lautet 16994. Diesen Status können Sie sich natürlich auch auf PGresult mit der Funktion PQcmdStatus() zurückgeben lassen.

```
char * PQcmdStatus(PGresult *res);
```

Benötigen Sie hiervon nur die Anzahl der Zeilen, auf die SQL-Befehle wie INSERT, UPDATE oder DELETE eine Auswirkung hatten, so können Sie auch die Funktion PQcmdTuples() verwenden.

```
char * PQcmdTuples(PGresult *res);
```

31 Ansonsten hat NULL den gleichen Zahlenwert wie 0, ist also schlecht anders abzuprüfen.

Wenn der Befehl kein INSERT, UPDATE oder DELETE war, wird hierbei eine leere Zeichenkette zurückgegeben.

Benötigen Sie hingegen nur die OID der eingefügten Zeile, die mit dem Befehl INSERT eingefügt wurde, und hat die Zieltabelle auch OIDs, so können Sie die Funktionen PQoidValue() oder PQoidStatus() verwenden.

```
Oid PQoidValue(const PGresult *res);
char * PQoidStatus(const PGresult *res);
```

PQoidValue() gibt entweder einen (ganzzahligen) Wert vom Typ Oid oder im Falle eines Fehlers InvalidOid zurück. Beide Typen sind definiert, wenn die libpq-Headerdatei eingebunden wurde.

PQoidStatus() gibt eine Zeichenkette mit der OID der eingefügten Zeile zurück, wenn die SQL-Anweisung ein INSERT war, ansonsten 0, wenn die Zieltabelle keine OID hatte. Wenn der SQL-Befehl kein INSERT war, wird ein leerer String zurückgegeben.

Mit den beiden Funktionen PQoidValue() und PQoidStatus() bekommen Sie im Endeffekt dasselbe Ergebnis zurück, wobei die Funktion PQoidValue() nicht für Anwendungen mit Threads verwendet werden sollte, da sie nicht Thread-sicher ist.

Programmbeispiel – Daten in Datenbank einfügen

Das folgende Beispiel ist eine Erweiterung des Listings zuvor, nur dass hierbei die Funktionen zum Hinzufügen neuer und zum Löschen alter Datensätze hinzugekommen sind – eine fast komplette Clientanwendung zum Arbeiten mit dem PostgreSQL-Server.

```
/* postgre3.c */
#include <stdio.h>
#include <string.h>
#include <stdlib.h>
#include <libpq-fe.h>
/* weitere Typen siehe server/catalog/pg_type.h */
#define INT 23
#define VARCHAR 1043

static void exit_nicely (PGconn * conn) {
  PQfinish (conn);
  exit (EXIT_FAILURE);
}
static void read_fields (PGresult * res) {
  int i;
  int n_fields = PQnfields (res);
  printf("\n");
  for (i = 0; i < n_fields; i++)
```

```
    printf ("%s %s, ", PQfname (res, i),
            (PQftype (res, i) == INT) ? "INT" : "VARCHAR");
  printf ("\n\n");
}

static void read_full (PGresult * res) {
  int i, j;
  int n_fields = PQnfields (res);
  int n_line = PQntuples (res);
  printf("\n");
  for (j = 0; j < n_line; j++) {
    for (i = 0; i < n_fields; i++)
      printf ("%-15s", PQgetvalue (res, j, i));
    printf ("\n");
  }
  printf("\n");
}

static void read_info (PGresult * res) {
  int i, size = 0;
  int n_fields = PQnfields (res);
  int n_line = PQntuples (res);
  printf ("Tabelle enthält %d Zeile %d Spalten\n",
          n_line, n_fields);
  printf ("Speichergröße der einzelnen Spalten\n");
  for (i = 0; i < n_fields; i++) {
    printf ("%10s : %d Byte ", PQfname (res, i),
            PQfsize (res, i));
    if(PQfsize(res, i) != -1 ) {
      size += PQfsize (res, i);
      printf("\n");
    } else
      printf("( == Ein String mit variabler Länge)\n");
  }
  printf ("Gesamtspeichergröße ist %d Bytes\n", size);
}

static PGresult *select_all (char *dbName, PGconn * conn) {
  char query[255] = { "SELECT * FROM " };
  PGresult *res;
  strcat (query, dbName);
  res = PQexec (conn, query);
  if (!res || PQresultStatus (res) != PGRES_TUPLES_OK) {
```

```
    fprintf (stderr, "Fehler beim Befehl SELECT\n");
    PQclear (res);
    exit_nicely (conn);
  }
  return res;
}

static void insert_into (char *dbName, PGconn * conn) {
  int i;
  char query[4096] = { "INSERT INTO " };
  char buf[255];
  char *ptr;
  PGresult *res;
  int n_fields;

  strcat (query, dbName);
  strcat (query, " VALUES(");
  res = select_all (dbName, conn);
  n_fields = PQnfields (res);
  for (i = 0; i < n_fields; i++) {
    printf ("Eingabe für %s (%s)\t:", PQfname (res, i),
            (PQftype (res, i) == INT) ? "(INT)" : "(VARCHAR)");
    fgets (buf, 255, stdin);
    ptr = strchr (buf, '\n');
    *ptr = '\0';
    if (PQftype (res, i) == VARCHAR) {
      strcat (query, "'");
      strcat (query, buf);
      strcat (query, "',");
    }
    else if (PQftype (res, i) == INT) {
      strcat (query, buf);
      strcat (query, ",");
    }
    else {
      printf ("Konnte Datentyp (OID) nicht ermitteln!\n");
      exit_nicely (conn);
    }
  }
  ptr = strchr (query, '\0');
  *(ptr - 1) = '\0';
  strcat(query, ");");
  PQclear(res);
```

```
  //printf ("Query: %s\n", query);
  res = PQexec (conn, query);
  if (!res || PQresultStatus (res) != PGRES_COMMAND_OK) {
    fprintf (stderr, "Fehler beim Befehl INSERT\n");
    PQclear (res);
    exit_nicely (conn);
  }
  printf("Statuszeichenkette (ges.)      : %s\n",
     PQcmdStatus(res));
  printf("Betroffene Zeilen der Anfrage : %s\n",
     PQcmdTuples(res));
  printf("OID der Anfrage               : %s\n",
     PQoidStatus(res));
  PQclear(res);
}

static void delete(char *dbName, PGconn * conn) {
  int i, n_fields;
  char query[4096] = { "DELETE FROM " };
  char buf[255];
  char *ptr;
  PGresult *res;
  int n;

  strcat (query, dbName);
  strcat (query, " WHERE ");
  res = select_all( dbName, conn );
  n_fields = PQnfields (res);
  printf("Nach welchem Kriterium wollen Sie löschen?\n");
  for (i = 0; i < n_fields; i++)
    printf ("%d=%s   ",i, PQfname (res, i));
  printf(":->");
  scanf("%d", &n);
  getchar();
  strcat(query, PQfname(res, n));
  printf("Was wollen Sie löschen?: ");
  fgets(buf, 255, stdin );
  ptr = strchr( buf, '\n');
  *ptr = '\0';
  if (PQftype (res, n) == VARCHAR) {
    strcat (query, "='");
    strcat (query, buf);
    strcat (query, "';");
```

```
  }
  else if (PQftype (res, n) == INT) {
    strcat (query, "=");
    strcat (query, buf);
    strcat (query, ";");
  }
  else {
    printf ("Konnte Datentyp (OID) nicht ermitteln!\n");
    exit_nicely (conn);
  }
  PQclear(res);
  /* printf ("Query: %s\n", query); */
  res = PQexec (conn, query);
  if (!res || PQresultStatus (res) != PGRES_COMMAND_OK) {
    fprintf (stderr, "Fehler beim Befehl INSERT\n");
    PQclear (res);
    exit_nicely (conn);
  }
  printf("Statuszeichenkette (ges.)     : %s\n",
     PQcmdStatus(res));
  printf("Betroffene Zeilen der Anfrage : %s\n",
     PQcmdTuples(res));
  PQclear(res);
}

int main (void) {
  /* char *pghost = NULL, *pgport = NULL,    */
  /*      *pgoptions = NULL, *pgtty = NULL; */
  char *dbName;
  char buf[64];
  char db[255] = { "dbname=" };
  PGconn *conn;
  PGresult *res;
  int auswahl;

  printf ("Mit welcher Datenbank wollen Sie arbeiten?: ");
  scanf ("%s", buf);
  dbName = buf;
  strcat(db, buf);
  conn = PQconnectdb(db);
  if (PQstatus (conn) == CONNECTION_BAD) {
    fprintf (stderr, "Verbindung z. Datenbank '%s' verfehlt\n",
             dbName);
```

```
    fprintf (stderr, "%s", PQerrorMessage (conn));
    exit_nicely (conn);
  }
  else
    printf ("Mit PostgreSQL-Server verbunden ...\n");
  do {
    printf ("-1- Info zur Datenbank '%s'\n", dbName);
    printf ("-2- Alle Spaltennamen ausgeben\n");
    printf ("-3- Komplette Datenbank '%s' ausgeben\n", dbName);
    printf ("-4- Neue Daten in '%s' eingeben\n", dbName);
    printf ("-5- Eine Zeile löschen in '%s'\n",dbName);
    printf ("-6- Ende\n");
    printf ("Ihre Auswahl : ");
    scanf ("%d", &auswahl);
    getchar ();
    switch (auswahl) {
    case 1:
      res = select_all (buf, conn);
      read_info (res);
      PQclear (res);
      break;
    case 2:
      res = select_all (buf, conn);
      read_fields (res);
      PQclear (res);
      break;
    case 3:
      res = select_all (buf, conn);
      read_full (res);
      PQclear (res);
      break;
    case 4:
      insert_into (buf, conn);
      break;
    case 5:
      delete ( buf, conn );
      break;
    default:
      break;
    }
  } while (auswahl != 6);
```

```
  PQfinish (conn);
  return EXIT_SUCCESS;
}
```

Das Programm bei der Ausführung:

```
$ gcc -c -I/usr/include/postgresql postgre3.c
$ gcc -o postgre3 postgre3.o -L/usr/lib/postgresql -lpq
$ ./postgre3
Mit welcher Datenbank wollen Sie arbeiten_?: adressen
Mit PostgreSQL-Server verbunden ...
-1- Info zur Datenbank 'adressen'
-2- Alle Spaltennamen ausgeben
-3- Komplette Datenbank 'adressen' ausgeben
-4- Neue Daten in 'adressen' eingeben
-5- Eine Zeile löschen in 'adressen'
-6- Ende
Ihre Auswahl : 3

Jonathan  Wolf          12345   Musterdorf     Musterstrasse  1
Fatma     Wolf          33333   Schlumpfhausen Schlumpfweg    4
John      Travolta      555444  Kalifornien    Broadway       1
Jonny     Depp          11234   Hollywood      Kingsroad      1
Arnold    Schwarzenegger 1234   Augsburg       Am Weg         3

-1- Info zur Datenbank 'adressen'
-2- Alle Spaltennamen ausgeben
-3- Komplette Datenbank 'adressen' ausgeben
-4- Neue Daten in 'adressen' eingeben
-5- Eine Zeile löschen in 'adressen'
-6- Ende
Ihre Auswahl : 4
Eingabe für vname ((VARCHAR))    :Frank
Eingabe für nname ((VARCHAR))    :Sinatra
Eingabe für plz ((INT))          :1234
Eingabe für ort ((VARCHAR))      :Kings Road
Eingabe für strasse ((VARCHAR))  :Broadway
Eingabe für hausnr ((INT))       :1
Statuszeichenkette (ges.)       : INSERT 16996 1
Betroffene Zeilen der Anfrage : 1
OID der Anfrage                 : 16996
-1- Info zur Datenbank 'adressen'
-2- Alle Spaltennamen ausgeben
```

```
-3- Komplette Datenbank 'adressen' ausgeben
-4- Neue Daten in 'adressen' eingeben
-5- Eine Zeile löschen in 'adressen'
-6- Ende
Ihre Auswahl : 3

Jonathan  Wolf           12345   Musterdorf     Musterstrasse  1
Fatma     Wolf           33333   Schlumpfhausen Schlumpfweg    4
John      Travolta       555444  Kalifornien    Broadway       1
Jonny     Depp           11234   Hollywood      Kingsroad      1
Arnold    Schwarzenegger 1234    Augsburg       Am Weg         3
Frank     Sinatra        1234    Kings Road     Broadway       1
...
Ihre Auswahl : 5
Nach welchem Kriterium wollen Sie löschen?
0=vname   1=nname   2=plz   3=ort   4=strasse   5=hausnr   :->2
Was wollen Sie löschen?: 1234
Statuszeichenkette (ges.)     : DELETE 2
Betroffene Zeilen der Anfrage : 2
```

16.10.4 Umgebungsvariablen und Passwortdatei

Der folgende Abschnitt darf als eine Art Anhang zur `libpq`-Bibliothek verstanden werden. Wir zeigen Ihnen hier die Umgebungsvariablen, die Sie verwenden können, um Vorgabewerte für die Verbindungsparameter zu setzen, die von den Funktionen `PQconnectdb()` und `PQsetdbLogin()` verwendet werden. Dies ist recht hilfreich, wenn Sie diese Daten nicht direkt in den Code schreiben wollen. Folgende Umgebungsvariablen und ihre Bedeutung können Sie hierbei setzen – was im Endeffekt eine Wiederholung der Verbindungsparameter der Funktion `PQconnectdb()` darstellt.

- `PGHOST`: Setzt den Servernamen. Bei beginnendem Schrägstrich wird ein Unix Domain Socket statt TCP/IP verwendet. Der Wert gibt dann das Verzeichnis an, in dem sich die Socket-Datei befindet (Standard: `/tmp`).
- `PGPORT`: Setzt die vorgegebene TCP-Portnummer oder den Unix-Domain-Socket-Namen.
- `PGDATABASE`: Hiermit setzen Sie einen Datenbanknamen als Vorgabe.
- `PGUSER`: Repräsentiert den Benutzernamen für die Datenbankverbindung.
- `PGPASSWORD`: Hier könnten Sie das Passwort setzen, wenn eine Authentifizierung nötig ist – was logischerweise aus Sicherheitsgründen nicht zu empfehlen ist. Es wird hierzu empfohlen, die Datei *./pgpass* im Homeverzeichnis zu verwenden (dazu gleich mehr).

- `PGOPTIONS`: Hier werden die Konfigurationsoptionen gesetzt, die an den PostgreSQL-Server geschickt werden sollen.
- `PGTTY`: Hier können Sie eine Datei oder das TTY für die Debug-Ausgabe des Servers angeben.

Hinweis

Natürlich gilt hierbei, wenn Sie eine bestimmte Umgebungsvariable gesetzt haben, aber beim Verbindungsaufbau einen anderen Parameter verwenden, dass der Parameter im Code Vorrang gegenüber der Umgebungsvariablen hat.

Die Passwortdatei zur Authentifizierung im Home-Verzeichnis haben wir bereits kurz erwähnt. Wenn eine Verbindung ein Passwort benötigt, wird die Datei *.pgpass* dazu verwendet. Eine Zeile in dieser Datei sollte folgendermaßen aufgebaut sein:

```
hostname:port:datenbank:benutzername:passwort
```

Für jede dieser Angaben geben Sie entweder eine Konstante an oder das Zeichen *, das für alles passen würde. Befindet sich in der Konstante ein \ oder ein :, müssen Sie einen Backslash davorsetzen (`\:` und `\\`). Außerdem müssen Sie die Zugriffsrechte auf `0600` setzen, womit nur der Eigentümer Zugriff hat. Werden die Zugriffsrechte nicht gesetzt, wird die Datei *.pgpass* ignoriert.

16.10.5 PostgreSQL und Threads

Da PostgreSQL im Gegensatz zu MySQL schon mehr im professionellen Bereich eingesetzt wird, ist zwangsläufig auch die Frage nach der Thread-Sicherheit gestellt. Hierbei sollte es seit Version 7.0 keine Probleme geben, sofern Sie nicht mit zwei Threads gleichzeitig auf dasselbe `PGconn`-Objekt zugreifen. Sie können also nicht mit *Thread1* eine Zeile in der Datenbank hinzufügen und zur gleichen Zeit mit *Thread2* eine Zeile aus der Datenbank entfernen. Bedenken Sie, dass Sie gleichzeitig dieselbe Verbindung verwenden. Verwenden Sie für gleichzeitige Ausführungen lieber mehrere Verbindungen. Das `PGresult`-Objekt bleibt bis zum nächsten Aufruf auf das Objekt unverändert und kann somit problemlos zwischen den Threads ausgetauscht werden.

Nicht thread-sicher ist die Funktion `PQoidStatus()` – als Alternative können Sie `PQoidValue()` verwenden.

Des Weiteren sollten Sie, sofern Sie eine Authentifizierungsmethode verwenden, nicht die Betriebssystemfunktion `crypt()` verwenden. Als Alternative wird die Methode `md5` empfohlen. `md5` ist auf allen Betriebssystemen thread-sicher.

16.10.6 Ausblick

Das Kapitel zur Schnittstelle von `libpq` ließe sich noch ein wenig erweitern – allerdings wäre das Buch dann sehr einseitig durch die Programmierung von Clientanwendungen für Datenbanken geprägt. Außerdem haben wir die grundlegenden und gängigen Funktionen hier beschrieben und erwähnt. Nicht angesprochen wurden Themen wie:

- asynchrone Befehlsverarbeitung und asynchrone Benachrichtigung
- Die Fast-Path-Schnittstelle (aus Sicherheitsgründen nicht zu empfehlen)
- Hinweismeldungen des Servers verarbeiten und das Nachverfolgen der Server-Client-Kommunikation

Des Weiteren haben wir hier nicht behandelt, was aus der Sicht des C-Programmierers doch recht interessant ist, wie Sie benutzerdefinierte Funktionen für PostgreSQL erstellen können (ähnlich wie bei der UDP-Schnittstelle in MySQL). Der Vorgang entspricht hier demjenigen bei der C-API. Für diese und weitere Informationen sei die sehr gute Dokumentation (auch als Buch erhältlich und sehr empfehlenswert) »PostgreSQL-Administration« von Peter Eisentraut und Bernd Helmle) empfohlen. Unter *http://www.postgresql.sk/docs/books/pghandbuch.html.de* finden Sie eine Online-Ausgabe des Buchs.

Kommen wir als Letztes zu dem Attraktivsten und Kürzesten, was man zu SQL schreiben kann. SQLite erfreut den Benutzer dadurch, dass es weder konfiguriert noch administriert werden muss. Und alles ist so einfach gestrickt, dass man im Vergleich zu den beiden »großen Brüdern«, die wir hier vorgestellt haben, fast lachen muss.

Die Syntax haben wir weiter am Anfang dieses Kapitels bereits angesprochen. Als wichtigsten Unterschied auf der SQL-Ebene muss man jedoch den reduzierten Satz von Datentypen ansehen:

Typ	Beschreibung
`NULL`	Der Wert ist `NULL`.*
`INTEGER`	ein ganzzahliger Wert, der in 1, 2, 3, 4, 6 oder 8 Bytes gespeichert wird, je nach seiner Größe
`REAL`	eine Fließpunktzahl, die als IEEE-8-Byte-Fließpunktwert gespeichert wird
`TEXT`	Ein String, der in der datenbankweit definierten Kodierung gespeichert wird, das ist UTF-8, UTF-16BE oder UTF-16LE.**
`BLOB`	eine Menge von Bytes, die genauso gespeichert wird, wie sie angeliefert wurde

* Wie bereits erwähnt, das bedeutet: undefiniert, nicht etwa numerisch Null oder Leerstring.

** Verwechseln Sie UTF-16 bitte nicht mit UCS 2, das unter Windows stark verbreitet ist.

Tabelle 16.11 Datentypen bei SQLite

Als der »kleine Bruder« braucht SQLite sich aber nicht zu verstecken – die Performance ist durchaus ansehnlich und in einigen Spezialfällen sogar besser als die der großen Konkurrenz. Für einen Betrieb eines Warenwirtschaftssystems ist das sicherlich weniger ausreichend, aber viele User-Programme, auch solche mit massiv auftretenden Daten, kommen mit SQLite gut zurande. Beachten sollten Sie aber, dass alle Daten und Indizes sich in einer einzigen Datei befinden. Dadurch – das sollte jedem einleuchten – wird das Zeitverhalten des Datenbanksystems suboptimal, wenn man alle Datentabellen nur in eine einzige Datenbankverbindung und damit in eine einzige Datei auslagert.

Was auch immer Sie machen, bedenken Sie, dass SQLite zwar Locking kennt und daher Zugriffskonflikte nicht auftreten dürften, auch wenn mehrere Benutzer gleichzeitig auf Daten zugreifen, aber leider Threading (also Aufruf aus verschiedenen Threads gleichzeitig) nicht funktioniert. Wenn Sie multithreading programmieren, dürfen Sie also bloß aus einem einzigen Thread heraus auf die Datenbank zugreifen.

16.10.7 Funktionsüberblick

`sqlite_config()` erlaubt es, einige Konfigurationsparameter zu ändern.

Die zentralen Funktionen der SQLite-API sind mit 6 Funktionsaufrufen abgedeckt.

- `sqlite3_open...()` öffnet eine SQLite-Datenbank und gibt ein Verbindungsobjekt zurück. Aus objektorientierter Sichtweise ist diese Funktion der Konstruktor.[32]
- `sqlite3_prepare()` erstellt aus einem SQL-Befehl ein *Prepared-Statement*-Objekt, das bereits in einen schrittweise organisierten Objektcode umgewandelt ist.
- `sqlite3_step()` führt einen Schritt eines Statements aus, das entspricht zum Beispiel einer Zeile der zurückgegebenen Daten. Die Funktion muss so lange wiederholt werden, bis das Statement komplett abgearbeitet ist.
- `sqlite3_column_...()` liest aus einer Ergebniszeile wie von `sqlite3_step()` erzeugt eine Spalte aus (siehe unten).
- `sqlite3_finalize()` terminiert ein *Prepared Statement*-Objekt.
- `sqlite3_close()` terminiert ein Verbindungsobjekt.

Die Spalten sind wie folgt auslesbar:

- `sqlite3_column_blob()` liefert einen Zeiger auf ein BLOB.
- `sqlite3_column_bytes()` gibt die Anzahl der Bytes eines BLOBs oder eines UTF-8-Strings zurück.
- `sqlite3_column_bytes16()` gibt die Anzahl der Bytes eines BLOBs oder eines UTF-16-Strings zurück (ist der String gar nicht in UTF-16 kodiert, wird er vorher umgewandelt).

32 Ja, natürlich wissen wir, dass C keine objektorientierte Programmiersprache ist, aber man kann ja trotzdem objektorientiert in ihr programmieren.

- `sqlite3_column_count()` gibt die Anzahl der Spalten zurück.
- `sqlite3_column_double()` gibt eine Spalte als `double` zurück.
- `sqlite3_column_int()` gibt eine Spalte als `int` zurück.
- `sqlite3_column_int64()` gibt eine Spalte als `uint64_t` zurück.[33]
- `sqlite3_column_text()` gibt eine Spalte als Zeiger auf einen UTF-8-String zurück.
- `sqlite3_column_text16()` gibt eine Spalte als Zeiger auf einen UTF-16-String zurück.
- `sqlite3_column_type()` gibt einen Spaltentyp als `int` zurück.
- `sqlite3_column_value()` gibt eine Spalte als `sqlite3_value` zurück.

Die Funktion `sqlite3_exec()` fasst die vier notwendigen Schritte einer SQL-Befehlsausführung zusammen:

1. ein Prepared Statement erzeugen
2. das Prepared Statement Schritt für Schritt bis zum Ende ausführen
3. bei Abfragen jede Spalte einer Zeile auslesen
4. das Prepared Statement terminieren

Mit `sqlite3_reset()` setzen Sie ein Prepared Statement zurück, um wieder am Anfang weiterzumachen.

Mit folgenden Funktionen erweitern Sie die Funktionalität von SQLite erweitern:[34]

- `sqlite3_create_collation()`
- `sqlite3_create_function()`
- `sqlite3_create_module()`

In einer neu erzeugten Funktion können Sie sinnvollerweise folgende Aufrufe einsetzen:

- `sqlite3_aggregate_context()`
- `sqlite3_result()`
- `sqlite3_user_data()`
- `sqlite3_value()`

Flags für `sqlite3_open_v2()`; sie können mit logischem Oder | verknüpft werden:

- `SQLITE_OPEN_READONLY`: als nur lesbar öffnen
- `SQLITE_OPEN_READWRITE`: als les- und schreibbar öffnen, aber, falls das Betriebssystem das Öffnen zum Schreiben nicht erlaubt, dann nur als lesbar

33 Implementiert ist das über den internen Typ `sqlite3_int64`, der aber dieselbe Länge haben sollte wie `uint64_t` aus *stdint.h*.

34 Diese und die folgenden Schnittstellen werden seltener verwendet – Sie finden die genauen Deklarationen in der Dokumentation in den Buchmaterialien.

- SQLITE_OPEN_CREATE: Datenbankdatei erzeugen
- SQLITE_OPEN_DELETEONCLOSE: Datei nach dem Schließen löschen
- SQLITE_OPEN_EXCLUSIVE: (zusammen mit SQLITE_OPEN_CREATE) Fehler erzeugen, wenn Datenbankdatei schon existiert

Im Folgenden finden Sie die vollständigen Funktions-APIs:[35]

```
int sqlite3_open_v2(
  const char *filename,   /* Datenbank Dateiname (UTF-8) */
  sqlite3 **ppDb,         /* AUSGABE: SQLite Datenbank-Handle */
  int flags,              /* Optionen */
  const char *zVfs        /* Zeiger auf das VFS-Modul
                             (am besten auf NULL setzen) */
);
int sqlite3_prepare(
  sqlite3 *db,            /* Datenbank-Handle */
  const char *zSql,       /* SQL Befehl, UTF-8 kodiert */
  int nByte,              /* Maximale Laenge von zSql in Bytes. */
  sqlite3_stmt **ppStmt,  /* AUSGABE: Befehls-Handle */
  const char **pzTail     /* AUSGABE: Zeiger auf den ungenutzten
                             Bereich von zSql */
);
int sqlite3_prepare_v2(
  sqlite3 *db,            /* Datenbank-Handle */
  const char *zSql,       /* SQL Befehl, UTF-8 kodiert */
  int nByte,              /* Maximale Laenge von zSql in Bytes. */
  sqlite3_stmt **ppStmt,  /* AUSGABE: Befehls-Handle */
  const char **pzTail     /* AUSGABE: Zeiger auf den ungenutzten
                             Bereich von zSql */
);
int sqlite3_step(sqlite3_stmt*);
int sqlite3_finalize(sqlite3_stmt *pStmt);
int sqlite3_close(sqlite3*);
int sqlite3_close_v2(sqlite3*);
const void *sqlite3_column_blob(sqlite3_stmt*, int iCol);
int sqlite3_column_bytes(sqlite3_stmt*, int iCol);
int sqlite3_column_bytes16(sqlite3_stmt*, int iCol);
double sqlite3_column_double(sqlite3_stmt*, int iCol);
int sqlite3_column_int(sqlite3_stmt*, int iCol);
sqlite3_int64 sqlite3_column_int64(sqlite3_stmt*, int iCol);
const unsigned char *sqlite3_column_text(sqlite3_stmt*, int iCol);
```

35 Ein Handle ist übrigens eine interne Zahl, die die Zuordnung ermöglicht.

```
const void *sqlite3_column_text16(sqlite3_stmt*, int iCol);
int sqlite3_column_type(sqlite3_stmt*, int iCol);
sqlite3_value *sqlite3_column_value(sqlite3_stmt*, int iCol);
```

Ein Beispielprogramm, das einfach einen SQL-Befehl auf einer SQLite-Datenbankdatei ausführt, sehen Sie im folgenden Listing:

```
#include <stdio.h>
#include <sqlite3.h>

static int callback(void *NotUsed, int argc, char **argv, char **azColName){
  int i;
  for(i=0; i<argc; i++){
    printf("%s = %s\n", azColName[i], argv[i] ? argv[i] : "NULL");
  }
  printf("\n");
  return 0;
}

int main(int argc, char **argv){
  sqlite3 *db;
  char *zErrMsg = 0;
  int rc;

  if( argc!=3 ){
    fprintf(stderr, "Usage: %s DATABASE SQL-STATEMENT\n", argv[0]);
    return(1);
  }
  rc = sqlite3_open(argv[1], &db);
  if( rc ){
    fprintf(stderr, "Kann Datenbank nicht oeffnen: %s\n", sqlite3_errmsg(db));
    sqlite3_close(db);
    return(1);
  }
  rc = sqlite3_exec(db, argv[2], callback, 0, &zErrMsg);
  if( rc!=SQLITE_OK ){
    fprintf(stderr, "SQL error: %s\n", zErrMsg);
    sqlite3_free(zErrMsg);
  }
  sqlite3_close(db);
  return 0;
}
```

In diesem Kapitel sind wir auf drei verschiedene und zum Teil recht unterschiedliche Datenbanken eingegangen. Wir zögern, Ihnen ein drittes Mal einen anderen Dialekt von SQL zu demonstrieren, und empfehlen daher, die recht gute Dokumentation in den Begleitmaterialien zu konsultieren. Das SQL, das SQLite benutzt, ist wohl dem von MySQL am ähnlichsten.

Wenn Sie die Thematiken vertiefen wollen, können Sie auch einen Blick auf Kapitel 13, »Populäre Programmiertechniken unter Linux«, werfen, wo wir in aller Kürze auf die Programmierung mit regulären Ausdrücken eingegangen sind.

Kapitel 17
GTK+

In diesem Kapitel erfahren Sie, wie Sie Anwendungen mit einer grafischen Oberfläche mithilfe der beliebten GTK+-Bibliothek erstellen können.

17.1 Was ist GTK+?

GTK+ ist eine Sammlung von grafischen Objekten (Toolkits) wie Buttons, Scrollbars, Menüs und allem, was der *Look&Feel*-Mensch eben kennt, um Programme mit einer grafischen Oberfläche zu erstellen. Die grafischen Objekte werden auch als Widgets bezeichnet – genauer, da hier ja von GTK+ die Rede ist – als das *GTK+ Widget Set*. Außerdem ist GTK+ freie Software im Sinne der GNU-LGPL-Lizenz.

GTK+ selbst wurde während der Entwicklung des *GNU Image Manipulation Program* »erschaffen«, das Sie wohl als GIMP kennen (sollten). GIMP ist ein professionelles Open-Source-Bildbearbeitungsprogramm (das mit dem Programm Adobe Photoshop vergleichbar ist – abgesehen von der Bedienung). GIMP wurde erstmals 1995 von den Studenten Spencer Kimball und Peter Mattis veröffentlicht. Zu dieser Zeit wurde allerdings nicht GTK+ als Toolkit verwendet, sondern *Motif*. Mit der Zeit waren die Entwickler aber recht unzufrieden mit der Unflexibilität von Motif, und daher wurde 1996 GTK+ (kurz für **G**IMP **T**ool**K**it) entwickelt. Ein weiterer Nachteil von Motif war wohl auch, dass es sich hierbei um ein kommerzielles Toolkit handelte. Das Plus (+) von GTK wurde ein Jahr später hinzugefügt, womit die Entwickler anzeigen wollten, dass GTK+ objektorientiert entwickelt wurde, es aber immer noch in C geschrieben ist.

GTK+ basierte ursprünglich auf dem *X Window System*, wurde aber inzwischen an *Wayland* angepasst. Die Anpassung an Wayland fiel nicht schwer, da GDK als Abstraktionsebene zum Display Server zwischengeschaltet ist. Abgesehen davon, dass die Datenstrukturen und Datentypen anders als bei den anderen Toolkits aussehen, besitzt GTK+ weitaus mehr Widgets als die meisten der anderen X-Toolkits.

> **Hinweis**
> Bitte verzeihen Sie uns im Verlaufe des Textes die Mischung aus englischen und deutschen Wörtern. Häufig ist der englische Begriff geläufiger, weshalb auf eine Eindeutschung weitgehend verzichtet wird.

> **Hinweis**
>
> Wenn Sie sich mit den Grundlagen des *X Window System* befassen wollen, finden Sie bei den MATERIALIEN ZUM BUCH unter *http://www.rheinwerk-verlag.de/3854/* ein 70 Seiten starkes Kapitel der Vorauflage dazu, das es aus Platzgründen nicht mehr ins Buch geschafft hat.

17.1.1 Was sind GDK und Glib?

Im Zusammenhang mit der Verwendung von GTK+ werden häufig auch die Bibliotheken GDK und Glib erwähnt bzw. verwendet. In Kurzfassung fügt sich das Puzzle wie folgt zusammen: Glib ist das Fundament mit den grundlegenden Datenstrukturen und Hilfsfunktionen, GDK ist die Schnittstelle zum *Display Server*, und GTK+ liegt oben drauf. Abbildung 17.1 zeigt schematisch den Aufbau von GTK+.

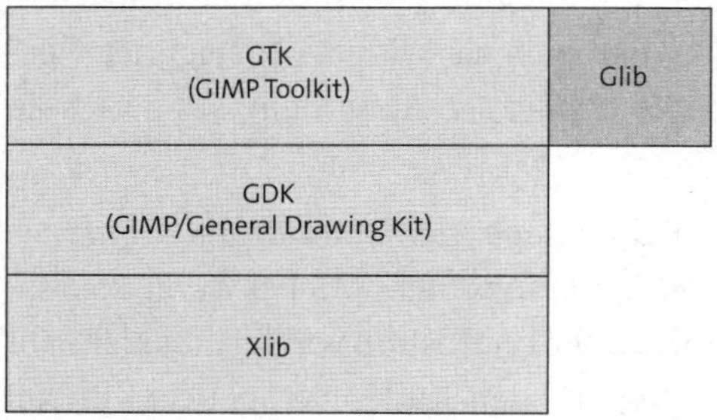

Abbildung 17.1 Die Komponenten von GTK

GDK ist also das GTK+-Zeichnen-Toolkit und stellt die Abstraktionsebene vor der Weitergabe der eigentlichen Zeichenbefehle an den zugrunde liegenden *Display Manager* dar. Gewöhnlich verwenden Sie GDK-Funktionen, wenn Sie Grafiken zu Ihrer Anwendung hinzufügen wollen. Mit Grafiken sind hierbei Dinge gemeint wie das Zeichnen von Linien, Kreisen, Ellipsen, Rechtecken oder das Erzeugen von Icons und die Verwendung von Farben oder Fonts. Da GDK eine Bibliothek einer etwas niedrigeren Ebene ist, bedeutet das, dass hierbei mit Fenstern anstatt mit Widgets gearbeitet wird. Natürlich können Sie auch hier den steinigen Weg gehen und Anwendungen nur mit GDK-Funktionen schreiben, wovon wir Ihnen aber abraten müssen. Sofern Sie also Funktionen des Display Servers – sei das nun X11 oder Wayland – verwenden wollen, sollten Sie auf die entsprechende Wrapper-Funktion von GDK zurückgreifen, und das auch nur dann, wenn Sie Grafiken zu Ihrem Programm hinzufügen wollen.

Glib (nicht zu verwechseln mit *Glibc*) ist eine Art Hilfsbibliothek. Das heißt, ohne diese Bibliothek würde das GTK+-Leben auch existieren. Mit der Glib lassen sich viele Aufgaben, wie Stringmanipulationen, Datenstrukturen, binäre Bäume oder Hashtabellen, jedoch enorm einfacher erstellen. Des Weiteren liefert die Glib Ihnen eine Menge hilfreicher Routinen für den täglichen Gebrauch von C mit. Sprich, die Glib beinhaltet adressierte Standard-C-Funktionen, wie z. B. `malloc()` (`g_malloc()`) oder `printf()` (`g_printf()`), die aber im Gegensatz zu den Standardfunktionen von C eine eingebaute Fehlerbehandlung besitzen und bei einem Problem, das während eines Vorgangs auftritt, automatisch mit `g_error()` (Glib-Version für `perror()`) eine Fehlermeldung ausgeben. Aus Portabilitätsgründen raten wir Ihnen, die Funktionen der Glib zu verwenden, weil diese in puncto Portabilität oft zuverlässiger sind als die C-Standardfunktionen – auf manchen Plattformen zumindest.

17.1.2 Schnittstellen von GTK+ zu anderen Programmiersprachen

Um Anwendungen mit der GTK+-Bibliothek zu schreiben, müssen Sie nicht unbedingt C verwenden. Zwar wurde GTK+ komplett mitsamt dem objektorientierten Konzept in C geschrieben, aber es sind trotzdem eine Menge Sprachanbindungen vorhanden: C++, C#, Ada, Perl/Gtk, Python, PHP, Pascal und noch eine Menge mehr. Für weitere diesbezügliche Informationen empfehlen wir die Webseite von GTK als erste Anlaufstelle (*www.gtk.org*).

17.1.3 GTK+ und GNOME

Der GNOME-Desktop erfreut sich neben dem KDE-Desktop in der Linux-Welt größter Beliebtheit. Er ist so beliebt, dass viele Distributionen diesen Desktop als Standard-Desktop verwenden. Der Desktop wird deswegen hier erwähnt, weil das komplette GNOME-Projekt mit dem GTK+-Toolkit entwickelt wurde. Somit ist im Prinzip jede GNOME-Anwendung eine GTK+-Anwendung.

GNOME-Anwendungen werden aber nicht mit reinem GTK+-Code erstellt, sondern schon mit einer GNOME-eigenen Bibliothek, die mehr als nur noch eine Erweiterung von GTK+ darstellt. Allerdings haben sich die Entwickler in zwei Lager gespalten: Es gibt nämlich GTK+-Puristen, die sich weigern, die GNOME-Bibliothek zu verwenden, da angeblich die schlanken GTK+-Programme unnötig »fett« würden.

Hinweis

Die GNOME-Bibliothek ist nicht das Thema dieses Buches. Wenn das Thema Sie interessiert, können wir Ihnen das »Das GTK+/GNOME-Entwicklerhandbuch« von Matthias Warkus ans Herz legen.

Dennoch soll hier nicht der Eindruck entstehen, GTK+ sei vom GNOME-Desktop abhängig. Sie können diese Bibliothek überall dort einsetzen, wo eben diese Bibliothek existiert – also auch jenseits der Linux-Welt.

17.1.4 Die GTK+-Versionen 1.2, 2.x und 3.x

In diesem Buch wird GTK+ in der Version 3.x beschrieben. Alle drei Versionszweige sind noch parallel im Gebrauch. Allerdings wird Version 1.2 meist nur allenfalls als »*legacy*« als »Pflichtprogramm« gepflegt, während Version 2.x und 3.x aktiv verwendet werden. Alle drei sind nicht eins zu eins miteinander kompatibel, aber in der Regel durch wenige Änderungen zu portieren. Leider aber wurden auch im 3er-Release zwischenzeitlich Dinge über Bord geworfen, sodass die Versionen 3.x nicht einmal richtig mit sich selbst kompatibel sind, weil einige neue Ansätze nicht stringent durchgehalten worden sind, aber die älteren zum Teil bereits gestrichen wurden.[1] Im Großen und Ganzen geht die Tendenz hin zu stärkerer Objektorientierung und einheitlicherer Behandlung unterschiedlicher Objekttypen.

In vielen Fällen werden Sie auf Designtools wie *Glade* zurückgreifen und nicht alles von Hand kodieren wollen, aber in unseren Beispielen machen wir es so, als würden wir alles von von Null entwickeln.

17.1.5 GTK+ – Aufbau dieses Kapitels

Der Umfang von GTK+ ist enorm, und es würde Sinn ergeben, hierzu ein ganzes Buch zu schreiben. Da Sie hier *nur* ein Kapitel zur Verfügung haben, sollen Sie auch maximalen Nutzen daraus ziehen können.

Dank der sauberen Strukturierung ist die Verwendung von GTK+ recht einfach, wenn man sich ein wenig intensiver damit befasst. Nur sollten Sie immer die GTK+-Funktionsreferenz, die als HTML-Version von der GTK+-Homepage zu beziehen ist, parat halten, um den Überblick über die umfangreichen, aber gut strukturierten API-Funktionen zu behalten. Es empfiehlt sich also, parallel zu diesem Buch auch die Referenz zum entsprechenden Thema zu studieren.

Dieses Kapitel kann Ihnen *nur* eine Einführung geben. Wird z. B. das Kapitel der Fenster behandelt, so finden Sie eine Einführung, wie man ein Fenster erstellt, anzeigt und wie Sie die Ereignisse des Fensters auswerten können. Dennoch gibt es zu jedem Widget noch eine fast unüberschaubare Menge an weiteren Funktionen und Eigenschaften, die Sie verwenden könnten. Meistens jedoch handelt es sich um sprechende, hierarchisch aufgebaute Funktionsnamen wie `gtk_window_set_resizable()`.

Des Weiteren muss erwähnt werden, dass die Erstellung einer GTK+-Anwendung mittlerweile recht flexibel geworden ist – sprich, es gibt mehrere Wege, um ans Ziel zu kommen. Als Beispiel wäre hier die Erzeugung eines Widgets selbst zu erwähnen. Beispielsweise kann ein Widget mit dem Funktionsaufruf `gtk_widgetname_new()` erzeugt werden. Eine weitere Möglichkeit hat man hingegen mit der Funktion `g_object_new(GTK_TYPE_WIDGETNAME ...)`, wobei die Tendenz wieder hin zur ersten Variante geht. Dies soll nur erwähnt werden, um Missverständnisse zu vermeiden, wenn Sie z. B. das GTK+-Tutorial von der GTK-Homepage gelesen haben oder noch lesen wollen (was wir Ihnen sehr empfehlen).

1 Bevor wir uns auf dünnes Eis begeben, indem wir auf anderer Leute Software schimpfen, sei gesagt, dass GTK+ 3.x sich in aktiver Entwicklung befindet und die Autoren ständig daran verbessern.

In diesem Buch wählen wir den traditionellen Weg und erzeugen, sofern dies möglich ist, die Widgets mit `g_object_new()`, weil nicht jedes Widget bereits über einen eigenen Erzeugungsmechanismus verfügt. Zum Abfragen der Attribute können Sie in der Regel dennoch die klassische Methode mit `gtk_`**`einwidget`**`_get_`**`einwert()`** verwenden oder die Möglichkeit mit `g_object_get()` zum Abfragen der Eigenschaften oder des Zustands eines Widgets.[2]

Somit ist der Aufbau der einzelnen Abschnitte immer recht ähnlich: Zuerst folgt eine kurze Beschreibung dessen, was kommt, dann ein Listing, das die einzelnen Widgets demonstriert. Anschließend folgt eine Beschreibung der einzelnen Widgets mitsamt ihren wichtigsten Eigenschaften, die hierfür verwendet (gesetzt bzw. abgefragt) werden können.

Hinweis

Auch wenn GTK+ objektorientierte Konzepte verwendet, ist es nicht Voraussetzung, dass man schon selbst objektorientiert programmiert hat.

17.2 GTK+-Anwendungen übersetzen

Um überhaupt Anwendungen mit der GTK+-Bibliothek erstellen zu können, müssen Sie logischerweise die entsprechenden Bibliotheken installiert haben. Gewöhnlich sollten diese Bibliotheken Ihrer Linux-Distribution beiliegen. Halten Sie nach den ...*-devel*-Paketen Ausschau, also nach *gtk-devel* und *glib-devel*. Ob bei Ihnen die aktuelle Version *gtk3-...* oder nur *gtk-...* heißt, hängt von Ihrer Distribution ab. Natürlich lassen sich die verschiedenen Versionen auch ohne Probleme parallel verwenden.

Sollten Sie in Ihrer Distribution keine der besagten Bibliotheken finden, dann können Sie sich die benötigten Pakete auch von *http://www.gtk.org/* besorgen. Befolgen Sie dabei bitte die Installationsanweisungen in der Readme-Datei, die sich in dem Paket befindet.

17.3 Eine Einführung in die Glib-Bibliothek

GTK+ und GDK sind für die *grafische* Seite einer Anwendung verantwortlich, und *Glib* ist für denjenigen Teil der Logik verantwortlich, der nicht direkt mit auf dem Bildschirm sichtbaren Darstellungen zu tun hat. Alles, was hinter den grafischen Kulissen so passiert, wird gewöhnlich über die *Glib* gemacht. Diese Bibliothek beinhaltet Funktionen für die Speicherverwaltung, Stringmanipulationen, verkettete Listen, Arrays, Bäume und eine Menge mehr. Natürlich finden Sie im Buch nur wieder einen kleinen Einblick in die *Glib*-Welt, was aber für die

2 Die Tendenzen bei der Entwicklung der API scheinen öfter zu wechseln. Schwierig wird es, wenn sich die Namen der Attribute innerhalb des Objekts ändern, zumal dieses Kompatibilitätsproblem zunächst nicht automatisch auffällt.

weitere Verwendung mithilfe der Dokumentation zur *Glib* völlig ausreichen sollte. Trotzdem kommen Sie, sofern Ihre Programme GTK+- oder GNOME-Bibliotheken verwenden werden, nicht um das Erlernen der *Glib* herum. Um *Glib* zu verwenden, müssen Sie die Headerdatei *glib.h* in die Programme mit einbinden. Wenn Sie eine Anwendung mit GTK+ oder GNOME schreiben, kann es außerdem vorkommen, dass die *Glib*-Bibliothek benötigt wird, obwohl Sie keine dieser Funktionen in der Anwendung verwendet haben.

Für Funktionen der *Glib* wurde folgende Schreibweise festgelegt: Alle *Glib*-Funktionen beginnen mit dem Präfix `g_`, die Datentypen beginnen mit dem Präfix `g` (ohne Unterstrich), und Makros werden meist mit einem großen `G` oder `GLIB` am Anfang gekennzeichnet.

17.3.1 Datentypen

Jeder, der schon einmal Software auf ein anderes System portieren musste, weiß, wie das enden kann: Spätestens wenn auf dem einen System eine vorzeichenlose 16-Bit-Ganzzahl deklariert ist, lernt man beim Portieren die andere Seite von C wieder kennen. Um die richtige Darstellung von Datentypen kümmert sich die Glib für Sie. Somit wäre das Problem schon weg. Tabelle 17.1 zeigt, welche Datentypen und deren Gegenstücke (falls vorhanden) in Standard-C in der Headerdatei *glib.h* definiert sind.

Glib-Datentyp	Standard-C-Datentyp
`gchar`	`char`
`guchar`	`unsigned char`
`gint`	`int`
`guint`	`unsigned int`
`gshort`	`short`
`gushort`	`unsigned short`
`glong`	`long`
`gulong`	`unsigned long`
`gfloat`	`float`
`gdouble`	`double`
`gintN`	`int` mit genau *n* Bit Breite (möglicher Wert für *n* = 8, 16, 32, 64); entspricht den Typdeklarationen in *stdint.h*: `intN_t`
`gpointer`	`void *`, typloser Zeiger

Tabelle 17.1 Datentypen der Glib-Bibliothek

Glib-Datentyp	Standard-C-Datentyp
gconstpointer	const void *, konstanter typloser Zeiger
gboolean	Wahrheitswert, entweder TRUE oder FALSE; C99 kennt bool, true und false
gsize und gssize	signed und unsigned Werte, die die Größe einer Datenstruktur repräsentieren; entspricht size_t oder ssize_t

Tabelle 17.1 Datentypen der Glib-Bibliothek (Forts.)

Die 8-, 16-, 32- und 64-Bit-Integer (gintN) sind sehr sinnvoll, wenn garantiert werden muss, dass ein Integer eine bestimmte Bitlänge haben muss. Da nicht auf jedem System eine Darstellung von 64-Bit-Werten möglich ist, müssen Sie bei Verwendung eines solchen Typs erst überprüfen, ob die symbolische Konstante G_HAVE_GINT64 gesetzt ist.

Hinweis

Als Glib diese Typen eingeführt hat, gab es noch keine vergleichbaren offiziellen Standards. Mittlerweile aber gibt es sie teilweise, was die Verwirrung generell vielleicht ein wenig erhöht. Versuchen Sie bitte nach Möglichkeit, in Ihrem Code nicht beide Varianten wild zu mischen.

17.3.2 Routinen

Für den täglichen Gebrauch finden Sie in der Glib eine Menge Routinen, die meistens sicherere Wrapper-Funktionen zu den Standardfunktionen von C sind. Aufgeteilt werden diese Funktionen in Hilfsfunktionen und in Funktionen zur Manipulation von Datenstrukturen. Zuerst werden die einfachen Hilfsfunktionen beschrieben.

Ausgabe von Fehlern und anderen Nachrichten

Die häufigste Methode, um ein Programm zu debuggen bzw. eine Meldung auszugeben, besteht darin, eine Nachricht auf die Konsole oder in eine Datei zu schreiben. Die Glib hat hierfür zum Glück mehrere Möglichkeiten zur Verfügung.

Die wohl einfachste und am häufigsten verwendete Methode dürften wohl die Funktionen g_print() und g_printerr() sein:

```
void g_print(const gchar *format, ...);
void g_printerr(const gchar *format, ...);
```

Die Funktion g_print() ist als Ersatz für die Standardfunktion printf() zu betrachten. Mit g_print() wird der formatierte, variabel lange Textstring auf die Standardausgabe (stdout) ausgegeben (sofern diese nicht umgeleitet wurde). Die Funktion g_printerr() hingegen schreibt die Ausgabe auf die Standardfehlerausgabe (bekannt als stderr). Sicherlich stellen Sie sich die Frage, warum Sie jetzt diese beiden Funktionen im Gegensatz zu printf() und fprintf() verwenden sollten. Der Grund ist simpel und einfach: Mit den beiden Funktionen können Sie noch zusätzlich einen Handler einrichten. Mit diesem Handler wiederum können Sie die Ausgabe in eine Datei umleiten, in ein GTK+-Widget oder in ein anderes Programm. Um allerdings die Standardausgabe der beiden Funktionen (g_print() und g_printerr()) zu verändern, müssen Sie die entsprechenden Funktionen g_set_ print_handler() bzw. g_set_printerr_handler() verwenden. Jede der beiden Funktionen erhält einen Zeiger auf eine selbst geschriebene Funktion, die als Argument einen String erwartet. Mehr dazu entnehmen Sie bei Bedarf bitte der Dokumentation.

Weitere Funktionen, die meistens noch einen Zusatz zum eigentlichen Formatstring ausgeben, sind:

```
void g_message(const gchar *format, ...);
void g_warning(const gchar *format, ...);
void g_error(const gchar *format, ...);
const gchar *g_strerror(gint errnum);
```

Die Funktionen g_message() und g_warning() sind der Funktion g_print() recht ähnlich. Mit g_message() wird vor dem String die Zeichenfolge Message: ausgegeben, und bei g_warning() wird die Textfolge *** (process:1234) WARNING *** dem eigentlichen String vorangestellt. Die Funktion g_error() hingegen setzt vor den Formatstring noch den String *** ERROR *** und beendet anschließend mit dem Signal SIGABRT das Programm. g_strerror() erwartet als Parameter die Fehlervariable errno und gibt einen dementsprechenden String aus, wofür der Fehlercode der Ganzzahl steht. Diese Funktion ist das Pendant zur Funktion perror(). Es wird empfohlen, diese Funktionen immer bei der Ausgabe von Fehlermeldungen zu verwenden.

Hierzu folgt ein einfaches Listing, das die eben vorgestellten Funktionen in der Praxis zeigt:

```
/* glib1.c */
#include <stdio.h>
#include <stdlib.h>
#include <errno.h>
#include <gtk/gtk.h>
int main(void) {
   FILE *f1;
   const gchar *text = "Ausgabe mit g_message";

   g_print("Ausgabe mit g_print\n");
   g_printerr("Ausgabe mit g_printerr\n");
```

```
   g_message("%s\n",text);
   g_warning("Ausgabe mit g_warning\n");
   f1 = fopen("abcd", "r");
   if( f1 == NULL ) {
      printf("Fehler : %s\n", g_strerror(errno));
   }
   g_error("Ausgabe mit g_error (FATALER FEHLER - Ende)\n");
   return EXIT_SUCCESS;
}
```

Das Programm bei der Ausführung:

```
$ gcc -o glib1 glib1.c $(pkg-config --libs --cflags gtk+-3.0)
$ ./glib1
Ausgabe mit g_print
Ausgabe mit g_printerr
** Message: Ausgabe mit g_message
** (process:2272): WARNING **: Ausgabe mit g_warning
Fehler : No such file or directory
** ERROR **: Ausgabe mit g_error (FATALER FEHLER - Ende)
aborting...
Abgebrochen
```


17.3.3 Assertions-Funktionen

Natürlich gibt es bei der Glib auch eine assert()-Version mit g_assert(), wobei hier die Funktion g_assert() voll und ganz der Funktion von assert() entspricht, z. B.:

```
int x=5, y=4, z=3;

g_assert( x > y );  /* OK */
g_assert( x > z );  /* OK */
g_assert( z > y );  /* Fehler !!! */
```

Folgende Fehlermeldung wird dabei ausgegeben:

```
** ERROR **:
file glibx.c: line xx (main): assertion failed: (z > y)
aborting...
Abgebrochen
```

In Standard-C mussten Sie assert() mit einem Flag im Programmcode außer Kraft setzen. Glib macht es Ihnen dabei noch einfacher, indem Sie beim Übersetzen das Flag -DG_DISABLE_ASSERT verwenden:

```
$ gcc -o -DG_DISABLE_ASSERT glibx glibx.c $(pkg-config --libs --cflags gtk+-3.0)
```

Die Glib stellt Ihnen außerdem mit `g_assert_not_reached()` noch ein anderes *Assert* ohne Argumente zur Verfügung. Dieses kann z. B. verwendet werden, wenn eine Situation eintritt, die einfach niemals hätte eintreten sollen/können. g_assert_not_reached() eignet sich in der Regel nur für die Fehlersuche, z. B.:

```
while(1) {
    ...
}
g_assert_not_reached();
```

Hier könnte es ja durch irgendeinen Speicherüberlauf passieren, dass die `while`-Schleife abgebrochen wird – wie immer das auch passieren kann. In einem solchen Fall kann man sagen: »*line should never be reached.*« Dabei wird folgende Fehlermeldung ausgegeben:

```
** ERROR **:
file glibx.c: line 9 (main): should not be reached aborting...
```

Weitere Routinen, um z. B. eine Funktion zu beenden, wenn eine bestimmte Bedingung nicht eintraf, wären die Funktionen `g_return_if_fail()` und `g_return_val_if_fail()`. Beide Funktionen können wie `g_assert()` verwendet werden, nur ohne dass das Programm beendet wird. Hier sehen Sie ein Beispiel mit `g_return_if_fail()`:

```
/* glib2.c */
#include <gtk/gtk.h>

static void myfunc( gint val1, gint val2 ) {
   g_return_if_fail( (val1 > 0 && val2 > 0) );
   /* Tu was ... */
   g_print("val1 und val2 haben nicht den Wert 0\n");
   return;
}

int main(void) {
   myfunc(5, 4);
   myfunc(3, 1);
   myfunc(0, 3); /* Fehler - aber nicht kritisch */
   g_print("Kein Programmabbruch!\n");
   return 0;
}
```

Das Programm bei der Ausführung:

```
$ gcc -o glib2 glib2.c $(pkg-config --libs --cflags gtk+-3.0)
$ ./glib2
val1 und val2 haben nicht den Wert 0
val1 und val2 haben nicht den Wert 0
** CRITICAL **:
file glib2.c: line 6 (myfunc): assertion `(val1 > 0 && val2 > 0)' failed.
Kein Programmabbruch!
```

17.3.4 Speicherverwaltung

Die Funktionen aus Tabelle 17.2 werden Ihnen von der Glib zur Reservierung und zum Freigeben von Speicherplatz zur Verfügung gestellt. Als Vergleich geben wir auch ihre Gegenstücke aus der Standardbibliothek an.

Glib-Funktion	entspricht
gpointer g_malloc(gulong n_bytes)	void *malloc(size_t size)
gpointer g_malloc0(gulong n_bytes)	wie malloc(), initialisiert Speicher wie calloc()
gpointer g_try_malloc(gulong n_bytes)	wie malloc()
gpointer g_realloc(gpointer mem, gulong n_bytes)	wie void *realloc(void *ptr, size_t size)
gpointer g_try_realloc(gpointer mem, gulong n_bytes)	wie realloc()
void g_free(gpointer mem)	void free(void *ptr)

Tabelle 17.2 Funktionen zum Reservieren und Freigeben von Speicherplatz

Folgende besonderen Merkmale weist g_malloc() im Gegensatz zu malloc() in Standard-C auf:

- g_malloc() gibt NULL zurück, wenn die Größe des zu reservierenden Speichers 0 ist. Das liegt aber daran, dass man sich aus Portabilitätsgründen innerhalb der *GNU libc* dazu entschlossen hat, malloc(0) gültig zu machen.
- g_malloc() beendet das Programm von selbst, wenn ein Fehler (NULL) bei der Allozierung aufgetreten ist. Sie müssen nicht mehr selbst auf NULL überprüfen. g_malloc() eignet sich daher nicht für eigene Bibliotheken, da diese NULL zurückgeben müssen.
- Die _try_-Versionen g_try_malloc() und g_try_realloc() beenden sich im Gegensatz zu den Versionen ohne _try_ (g_malloc(); g_realloc()) nicht selbstständig bei einem Fehler, sondern geben C-typisch NULL (beim Auftreten eines Fehlers) zurück.

Hier sehen Sie ein Listing, das Ihnen die g-Familie der malloc()-Fraktion demonstriert:

```
/* glib3.c */
#include <gtk/gtk.h>
#define MMAX 100

int main(void) {
   gpointer *mem, *dup;
   gchar *text = "Text zum Kopieren";

   /* Speicher reservieren */
   mem = g_malloc(MMAX);
   /* Etwas in Speicher schreiben */
   g_snprintf((gchar *)mem, MMAX, "%s\n",text);
   /* Inhalt des Speichers ausgeben */
   g_print("mem: %s",(gchar *)mem);

   /* Speicherplatz duplizieren */
   dup = g_memdup(mem, MMAX);
   /* Inhalt des kopierten Speichers ausgeben */
   g_print("dup: %s",(gchar *)dup);
   /* Kopierten Speicherplatz freigeben */
   g_free(dup);
   /* Ein Fehler mit Absicht - Programmabbruch */
   mem = g_malloc( -1 );
   return 0;
}
```

Das Programm bei der Ausführung:

```
$ gcc -o glib3 glib3.c $(pkg-config --libs --cflags gtk+-3.0)
$ ./glib3
mem: Text zum Kopieren
dup: Text zum Kopieren
GLib-ERROR **: gmem.c:140: failed to allocate 4294967295 bytes
aborting...
Abgebrochen
```

Speicherblöcke kopieren

Der einfachste Weg, um einen Speicherblock zu kopieren, ist (wie Sie im Beispiel oben gesehen haben) die Verwendung der Funktion g_memdup(). Diese Funktion reserviert die Menge an Speicherplatz, die Sie als zweiten Parameter angegeben haben, und kopiert die Anzahl der

Bytes von der Adresse des ersten Parameters in den neuen Block. Als Rückgabewert erhalten Sie die Anfangsadresse des neuen Blocks oder NULL.

Makros zur Speicherverwaltung

Neben malloc()-ähnlichen Funktionen der Glib bietet Ihnen diese Bibliothek auch einige Makros zur Speicherbeschaffung an. Da ja die Speicherblockgröße beim Aufruf mit z. B. g_malloc() nicht numerisch angegeben werden sollte, sondern als Größe des Datentyps oder der Struktur mit dem sizeof()-Operator, finden sich in der Glib Makros, die Ihnen die Arbeit des Castens abnehmen. (Das Casten ist immer noch eine häufige Fehlerquelle, weshalb Sie es, falls es nicht nötig ist, sein lassen sollten.)

Ein Beispiel:

```
Strukturzeiger = (structurtyp *)g_malloc(sizeof(structurtyp)*10);
```

Hiermit werden für den Strukturzeiger zehn Elemente vom Typ structurtyp mit der entsprechenden Größe reserviert. Es ist jetzt im Prinzip egal, wie diese Struktur aussieht. Diese Casterei wird Ihnen jetzt mit dem Makro g_new() abgenommen:

```
Strukturzeiger = g_new(strukturtyp, 10);
```

Auch wenn das Konstrukt dem C++-Pendant recht ähnlich sieht, es hat nichts damit zu tun! Speicherplatz müssen Sie hierbei weiterhin mit g_free() freigeben und nicht etwa mit einem C++-ähnlichen delete(). Tabelle 17.3 gibt Ihnen einen Überblick über die Makros und die gleichwertigen Gegenstücke.

Makro	Gleichwertig zu
g_new(type , size);	g_malloc(sizeof(type) * size);
g_new0(type, size);	g_malloc0(sizeof(type) * size);
g_renew(type, ptr, size);	g_realloc(ptr, sizeof(type) * size);

Tabelle 17.3 Makros zur Speicherreservierung

Weitere Funktionen zur Speicherbeschaffung

Die Glib bietet noch eine Menge mehr Funktionen und Makros zur Speicherbeschaffung und -verwaltung an. Alle hier zu diskutieren würde den Umfang des Buchs sprengen. Die gängigen kennen Sie zumindest jetzt, und sie sind in der Regel auch völlig ausreichend, um damit arbeiten zu können.

Erwähnen müssen wir allerdings noch einen speziellen Mechanismus der Glib – den *Speicherklumpen* (GmemChunk). Dieser wird für das Belegen immer gleichartiger Speicherblöcke verwendet, was bei einer GUI-Software recht häufig vorkommt. Der Klumpen setzt sich dabei aus

Atomen (Speicherblöcken) zusammen. GmemChunk ist allerdings keine Datenstruktur, sondern ein Hilfsmittel zur Verwaltung der Speicherblöcke. Damit erhöht sich die Geschwindigkeit von GUI-Anwendungen. Eine weitere Speichertechnik sind die *Quarks* mit GQuark, die erst einmal nichts mit Physik oder der Speicherverwaltung zu tun haben, aber intern irgendwie doch, da mit dieser Technik Speicherplatz gespart werden kann.

Sofern Sie also umfangreiche und speicherintensive Anwendungen erstellen, sollten Sie sich GMemChunk und GQuark auf jeden Fall in der Dokumentation ansehen.

17.3.5 Stringbearbeitung

Die Behandlung und Bearbeitung von Strings ist häufig eine der umfangreicheren Aufgaben für den C-Programmierer. Die meiste Zeit muss der Programmierer dabei häufig für den Puffer des Strings aufwenden. Die Glib hat Ihnen hierfür viele Funktionen zur Verfügung gestellt, die Ihnen (fast) die ganze Arbeit abnehmen. Die Glib bietet Ihnen eine unglaubliche Anzahl von Stringfunktionen, sodass wir Sie auch hier mit einem »*Tut uns leid, dass der Überblick so kurz ist*« abspeisen müssen. Aber die wichtigsten werden erwähnt – versprochen.

Sofern Sie anschließend weiter nach Stringfunktionen forschen wollen, müssen Sie lediglich nach Funktionen mit dem Präfix g_str Ausschau halten. Alle Stringfunktionen der Glib beginnen damit. Dann gibt es noch Funktionen, die im Zusammenhang mit dem Datentyp GString stehen. Sie beginnen alle mit dem Präfix g_string. Sämtliche Funktionen, die Sie vom Standard-C her kennen, sind natürlich auch in verbesserter Form in der g_-Variante vorhanden, auf die wir allerdings nicht näher eingehen, da sie ähnlich angewendet werden, wie Sie dies vom Standard-C her kennen.

Stringkonvertierungs- und Modifikationsfunktionen

Um alle Zeichen eines Strings in Groß- bzw. Kleinbuchstaben umzuwandeln, können Sie die folgenden Funktionen verwenden:

```
void g_strup(const gchar * string);/* alles in Großbuchstaben  */
void g_strdown(gchar * sring);      /* alles in Kleinbuchstaben */
```

Beachten Sie, dass hierbei die Strings direkt verändert werden. Sofern der String NULL ist, kehren beide Funktionen einfach zurück. Wollen Sie zwei Strings unabhängig von der Groß- bzw. Kleinschreibung vergleichen, können Sie folgende Funktionen verwenden:

```
gint g_strcasecmp (gchar *str1, gchar *str2);
gint g_strncasecmp(gchar *str1, gchar *str2, guint n);
```

Mit der Funktion g_strncasecmp() können Sie im Gegensatz zur Funktion g_strcasecmp() die ersten n-Bytes, statt die beiden kompletten Strings, miteinander vergleichen. Sind beide Strings gleich, gibt die Funktion 0 zurück, ansonsten liefert sie die Adressen der Position zurück, an der die Strings nicht mehr miteinander übereinstimmen.

Einen String umdrehen können Sie mit folgender Funktion:

```
void g_strreverse(gchar *str);
```

Mit ihr wird der String verändert und in umgekehrter Reihenfolge ausgegeben. Bei einer Übergabe von `NULL` kehrt die Funktion unwiderruflich zurück.

Hier sehen Sie ein Listing, das diese Funktionen demonstrieren soll:

```
/* glib4.c */
#include <gtk/gtk.h>

int main(void) {
   gchar text[]  = { "Text zum Manipulieren" };
   gchar text2[] = { "Text (noch mehr)" };

   g_strup(text);
   g_print("g_strup()  : %s\n",text);
   g_strdown(text);
   g_print("g_strdown(): %s\n",text);

   if(g_strcasecmp( text, text2 ) )
      g_print("'text' und 'text2' sind ungleich\n");
   else
      g_print("Beide Zeichenketten sind gleich\n");

   if(g_strncasecmp(text, text2, 5) )
      g_print("'text' und 'text2' sind ungleich"
              " (erste 5 Zeichen)\n");
   else
      g_print("Die ersten 5 Zeichen der beiden "
              "Strings sind gleich\n");

   g_strreverse( text );
   g_print("g_strreverse() : %s\n",text);
   return 0;
}
```

Das Programm bei der Ausführung:

```
$ gcc -o glib4 glib4.c $(pkg-config --libs --cflags gtk+-3.0)
$ ./glib4
g_strup()  : TEXT ZUM MANIPULIEREN
g_strdown(): text zum manipulieren
'text' und 'text2' sind ungleich
```

```
Die ersten 5 Zeichen der beiden Strings sind gleich
g_strreverse() : nereilupinam muz txet
```

Um eine Kopie einer Zeichenkette anzulegen, sind folgende Funktionen vorhanden:

```
gchar* g_strdup (const gchar *str);
gchar* g_strndup(const gchar *str, gsize n);
```

Beide Funktionen geben eine Kopie der Zeichenkette `str` zurück. Mit `g_strndup()` werden nur die ersten `n` Bytes kopiert und zurückgegeben. Ist `str` kürzer als `n` Bytes, wird der Rest mit `\0` aufgefüllt.

Weitere interessante Funktionen hierzu sind:

```
gchar* g_strdup_printf (const gchar *format, ...);
gchar* g_strdup_vprintf(const gchar *format, va_list args);
```

Beide Funktionen erstellen ein Format und eine Werteliste wie `printf()`. Anschließend legen diese Funktionen eine neue Zeichenkette mit passender Länge an und schreiben die Ausgabe hinein. Dies ist die sicherere und komfortablere Alternative zu `sprintf()`. Die Funktion `g_strdup_vprintf()` unterscheidet sich dadurch, dass eine `va_list` entgegengenommen wird, wie dies zum Beispiel bei der Verwendung einer selbst geschriebenen Funktion mit variabler Argumentenanzahl der Fall ist.

Beliebig viele Strings aneinanderhängen, ohne sich um den Speicherplatz zu kümmern, können Sie mit der Funktion:

```
gchar* g_strconcat(const gchar *str1, ...);
```

Damit diese Funktion auch funktioniert, muss die Liste mit `NULL` abgeschlossen werden. Zurückgegeben wird die Anfangsadresse aller zusammengehängten Strings.

Wollen Sie selbiges machen und dabei noch ein Zwischenraumzeichen (Feldtrenner) zwischen den einzelnen Strings einfügen, können Sie die Funktion `g_strjoin()` verwenden:

```
gchar* g_strjoin(const gchar *trenner, ...);
```

Ansonsten funktioniert diese Funktion genauso wie `g_strconcat()`, also muss die Liste auch mit `NULL` abgeschlossen werden.

Die `snprintf()`-Funktion der Glib sei in diesem Zusammenhang ebenfalls erwähnt, da diese recht häufig in der Praxis eingesetzt wird:

```
gint g_snprintf( gchar *zielstring,
                 gulong n,
                 const gchar *format, ... );
```

Sie funktioniert ähnlich wie `snprintf()` und schreibt einen durch `format` formatierten String mit der sich anschließenden Werteliste in den Puffer `zielstring`. Geschrieben werden `n` Bytes

Zeichen mit dem abschließenden \0. Der Rückgabewert von g_snprintf() ist die Anzahl an Zeichen, die die Funktion ausgäbe, wenn der Puffer groß genug wäre. Dies entspricht nicht dem Verhalten traditioneller sprintf()-Implementationen.

Um das letzte Zeichen einer Zeichenkette zu entfernen, verwenden Sie diese Funktion:

```
gchar* g_strchomp(gchar *zkette);
```

Diese Funktion wird gern bei der Eingabe mittels fgets() eingesetzt, um das Newline-Zeichen am Ende loszuwerden. Dabei wird aber nicht das Stringterminierungszeichen entfernt! Es gibt auch eine Version, um das erste Zeichen eines Strings zu entfernen:

```
gchar *g_strchug(gchar * str);
```

Um Zeichen, die im String vorkommen, durch andere zu ersetzen, wird diese Funktion verwendet:

```
gchar* g_strdelimit( gchar *str,
                     const gchar *trenner,
                     gchar neuer_trenner );
```

Sie ersetzt alle in trenner vorkommenden Zeichen in str durch das Zeichen neuer_trenner. Ist der trenner NULL, wird eine Standardzeichenkette verwendet, die als symbolische Konstante mit G_STR_DELIMITERS definiert ist.

Hier sehen Sie wieder ein Listing, das Ihnen die einzelnen Funktionen in der Praxis zeigt:

```
/* glib5.c */
#include <stdio.h>
#include <gtk/gtk.h>
#define MMAX 255

int main(void) {
   const gchar *text = "Hallo ";
   const gchar *tex2 = "Welt! ";
   gchar *copy, *more;
   gchar *str, *test;
   const gchar str1[] = { "String1" };
   const gchar str2[] = { "String2" };
   const gchar str3[] = { "String3" };
   char buf[MMAX];

   copy = g_strdup(text);
   g_print("g_strdup() : %s\n",copy);

   more = g_strdup_printf("%s %s",text, tex2);
```

```
    g_print("g_strdup_printf(): %s\n", more);

    str = g_strconcat(str1,"|", str2,"|", str3, NULL);
    g_print("g_strconcat() : %s\n",str);

    str = g_strjoin("|", str1, str2, str3, NULL);
    g_print("g_strjoin() : %s\n", str);

    test = g_malloc(MMAX);
    g_snprintf(test, MMAX, "PIN-Code: 432-557-32 (speichern)");

    g_strdelimit(test, "0123456789", '*');
    g_print("%s\n",test);
    g_print("G_STR_DELIMITERS : %s\n",G_STR_DELIMITERS);

    g_print("Text eingeben : ");
    fgets(buf, MMAX, stdin);
    /* Weg mit dem Newline-Zeichen */
    g_strchomp(buf);
    g_print("%s\n",buf);
    g_print("Hinter buf\n");
    return 0;
}
```

Das Programm bei der Ausführung:

```
$ gcc -o glib5 glib5.c $(pkg-config --libs --cflags gtk+-3.0)
$ ./glib5
g_strdup() : Hallo
g_strdup_printf(): Hallo Welt!
g_strconcat() : String1|String2|String3
g_strjoin() : String1|String2|String3
PIN-Code: ***-***-** (speichern)
G_STR_DELIMITERS : _-|> <.
Text eingeben : Die GLib ist genial
Die GLib ist genial
Hinter buf
```

Hinweis

Nicht behandelt wurden außerdem die Unmengen an Funktionen für Unicode- und Zeichencodierung. Schlagen Sie bei Bedarf bitte in der Dokumentation oder in entsprechender Literatur nach.

17.3.6 Selbstverwaltender Stringpuffer

In der Glib wurde ein neuer Datentyp mit dem Namen GString eingeführt, der zwar gleichwertig zu einem gewöhnlichen String ist, nur dass er sich automatisch um den Puffer kümmert. Damit gehören Buffer Overflows in Ihrem Programm der Vergangenheit an. Realisiert wird dieser Puffer mit einer einfachen Struktur namens GString:

```
struct GString {
  /* Zeiger auf einen \0-terminierten String */
  gchar *str;
  /* Aktuelle Länge */
  gint len;
};
```

Einen neuen Textpuffer können Sie mit den folgenden Funktionen erstellen:

```
GString *g_string_new(const gchar *init);
Gstring *g_string_sized_new(guint size);
```

Die erste Funktion erstellt einen neuen Textpuffer, wobei der neue Puffer gleich mit einer Kopie von init initialisiert wird, auf das er verweist. Mit der zweiten Funktion (g_string_sized_new()) reservieren Sie einen Speicherplatz für einen neuen String mit size Bytes Länge. Der Puffer wird dabei automatisch mit '\0' Zeichen initialisiert. Den Speicherplatz für GString geben Sie mit der Funktion g_string_free() wieder frei:


```
void g_string_free(GString *string, gint free_segment);
```

Ist free_segment TRUE, werden auch die Daten von str der GString-Struktur freigegeben.

Jetzt folgen einige Funktionen, mit denen Sie den Textpuffer bearbeiten können. Hierzu zeigen wir Ihnen erst einmal eine – natürlich nicht komplette – Liste einiger Funktionen, die mit dem Datentyp GString zusammenarbeiten:

```
GString *g_string_assign(GString  *lval,  const gchar *rval);
GString *g_string_append(GString *string, gchar *val);
GString *g_string_append_c(GString *string, gchar c);
GString *g_string_prepend(GString *string, gchar *val);
GString *g_string_prepend_c(GString *string, gchar c);
GString *g_string_insert(
                  GString *string, gint offset, gchar *val);
GString *g_string_insert_c(
                  GString *string, gint offset, gchar val);
GString *g_string_erase( GString *string, gint pos, gint length);
```

Mit der Funktion g_string_assign() kopieren Sie den String rval in den GString lval. Wie bei der Standard-C-Funktion strcpy() wird dabei der Originaltext (falls einer vorhanden ist) in lval überschrieben. Um den Speicherplatz müssen Sie sich keine Gedanken machen, das erledigt Glib für Sie und alloziert ausreichend Speicher. Als Rückgabewert erhalten Sie bei Erfolg einen Zeiger auf lval.

Mit den Funktionen g_string_append() und g_string_append_c() hängen Sie an den Quellstring string (erster Parameter) einen String oder (bei g_string_append_c()) ein Zeichen (zweiter Parameter) an. Als Rückgabewert erhalten Sie einen Zeiger auf die Anfangsadresse von string.

Mit g_string_prepend() oder g_string_prepend_c() fügen Sie am Anfang des Zielstrings string einen String oder ein Zeichen hinzu. Auch hier wird als Rückgabewert ein Zeiger auf die Anfangsadresse von string zurückgegeben.

Mit den Funktionen g_string_insert() und g_string_insert_c() fügen Sie einen String oder ein Zeichen in den Zielstring string ein. Wo dieser String oder das Zeichen eingefügt wird, geben Sie mit offset an. Als Rückgabewert erhalten Sie einen Zeiger auf die Anfangsadresse von string.

Mit g_string_erase() können Sie im Zielstring string von der Position pos bis zu length Zeichen löschen. Bei falscher Angabe von pos oder length wird string unverändert zurückgegeben. Die Rückgabe ist auch hierbei ein Zeiger auf den Anfang von string.

Alle hier erwähnten Funktionen liefern im Fehlerfall NULL zurück, wenn der Zielstring NULL ist. Ist allerdings der Quellstring NULL, wird der Zielstring nicht verändert und auch so zurückgegeben.

Eine besondere Funktion sollte noch erwähnt werden:

```
void g_string_sprintf(GString *string, const gchar *fmt ...);
```

Diese Funktion ist der sprintf()-Funktion von C sehr ähnlich und hat den Vorteil, dass der Puffer bei Bedarf automatisch erweitert wird. Befinden sich im GString string noch Zeichen, werden diese unwiderruflich überschrieben.

Das folgende Listing soll Ihnen diese Funktionen und den neuen Glib-Datentyp GString in der Praxis zeigen:

```
/* glib6.c */
#include <gtk/gtk.h>
#include <string.h>
#define MMAX 255

int main(void) {
   GString *gstr;
   guint size;
   gint val = 1;
```

```
    gstr = g_string_new("GString initialisiert");
    g_print("%s mit %d Bytes\n\n",gstr->str, gstr->len);

    g_string_assign(gstr,
            "g_string_assign() ueberschreibt den Originalstring");
    g_print("%s\n\n", gstr->str);

    g_string_append(gstr,
             "\n-> hinzugefuegt mit g_string_append()");
    g_print("%s\n\n", gstr->str);
    /* Einzelnes Zeichen hinzufügen am Ende */
    g_string_append_c(gstr, '!');
    g_print("%s\n\n", gstr->str);

    g_string_prepend(gstr,
             "Vorne angefuegt mit g_string_prepend()\n");
    g_print("%s\n\n", gstr->str);
    /* Einzelnes Zeichen hinzufügen am Anfang */
    g_string_prepend_c(gstr, '!');
    g_print("%s\n\n", gstr->str);
    g_string_insert(gstr, 10, " xxxEINGEFUEGTxxx " );
    g_print("%s\n\n", gstr->str);

    size = strlen(gstr->str);
    /* String löschen */
    g_string_erase(gstr, 0, size);

    g_string_sprintf(gstr,
             "Puffer wird mit g_string_sprintf() automatisch"
             " verwaltet (%d)\n",val);
    g_print("%s\n\n", gstr->str);
    return 0;
}
```

Das Programm bei der Ausführung:

```
$ gcc -o glib6 glib6.c $(pkg-config --libs --cflags gtk+-3.0)
$ ./glib6
GString initialisiert mit 21 Bytes
g_string_assign() überschreibt den Originalstring
g_string_assign() überschreibt den Originalstring
-> hinzugefügt mit g_string_append()
g_string_assign() überschreibt den Originalstring
```

```
-> hinzugefügt mit g_string_append()!
Vorne angefügt mit g_string_prepend()
g_string_assign() überschreibt den Originalstring
-> hinzugefügt mit g_string_append()!
!Vorne angefügt mit g_string_prepend()
g_string_assign() überschreibt den Originalstring
-> hinzugefügt mit g_string_append()!
!Vorne ang xxxEINGEFÜGTxxx efügt mit g_string_prepend()
g_string_assign() überschreibt den Originalstring
-> hinzugefügt mit g_string_append()!
Puffer wird mit g_string_sprintf() automatisch verwaltet (1)
```

17.3.7 Timer

Im Großen und Ganzen ist ein Timer nichts anderes als eine Stoppuhr, die so genau wie die Systemuhr ist. Timer werden gern verwendet, wenn z. B. für eine bestimmte Zeit auf ein Event gewartet werden soll – oder einfach als Verzögerung (wie Sie dies im Beispiel der X-Programmierung gesehen haben). Timer sind eigentlich recht einfach zu verwenden. Tabelle 17.4 bietet einen Überblick über einige Funktionen, die Ihnen dazu zur Verfügung stehen.

Bedeutung	Funktion
Timer erzeugen	`GTimer *g_timer_new();`
Timer starten	`void g_timer_start( GTimer *timer );`
Zeit abfragen (Sekunden und Millisekunden), die seit dem Start des Timers vergangen ist	`gdouble g_timer_elapsed( GTimer *timer, gulong *msecs );`
Die abgelaufene Zeit auf 0 zurücksetzen (und neu starten)	`void g_timer_reset( GTimer *timer);`
Timer stoppen	`g_timer_stop( GTimer *stop );`
Timer zerstören (freigeben)	`void g_timer_destroy(GTimer *timer);`

Tabelle 17.4 Timer-Funktionen der Glib

Das folgende einfache Listing demonstriert die Timer-Funktionen:

```
/* glib7.c */
#include <gtk/gtk.h>
#include <stdio.h>

int main (void) {
   GTimer *timer = NULL;
```

```
   gdouble time;
   gulong us;
   gint i=300000000;
   gint j=300000000;
   timer = g_timer_new ();

   g_timer_start (timer);
   g_print ("Timer laeuft\n");

   while(i--);
   time = g_timer_elapsed (timer, &us);
   g_print ("Schleife dekrementiert %g sek == %ld usek\n",
            time, us);
   g_timer_reset( timer );
   while(i++ <= j);
   time = g_timer_elapsed (timer, &us);
   g_print ("Schleife inkrementieren %g sek == %ld usek\n",
            time, us);
   g_timer_reset( timer );
   g_print("Timer von Hand starten <ENTER>\n");
   getchar();
   g_timer_start (timer);

   g_print("Timer von Hand stoppen <ENTER>\n");
   getchar();
   g_timer_stop( timer );

   time = g_timer_elapsed (timer, &us);
   g_print ("Vergangene Zeit zwischen Start und Stopp"
           " %g sek == %ld usek\n", time, us);
   g_timer_destroy (timer);
   return 0;
}
```

Das Programm bei der Ausführung:

```
$ gcc -o glib7 glib7.c $(pkg-config --libs --cflags gtk+-3.0)
$ ./glib7
Timer läuft
Schleife dekrementiert 0.769323 sek == 769323 usek
Schleife inkrementieren 0.775894 sek == 775894 usek
Timer von Hand starten <ENTER>
```

```
Timer von Hand stoppen <ENTER>

Vergangene Zeit zwischen Start und Stopp 2.26975 sek == 269751 usek
```

17.3.8 Dynamische Arrays

Die Glib bietet Ihnen mit `GArray` einen Datentyp für ein C-typisches Arrayfeld, nur mit dem Unterschied, dass dieses nicht von fester Größe sein muss. Mit dem flexibleren Array-Datentyp können Sie beliebig neue Elemente einfügen, und das sowohl am Anfang und am Ende wie auch mittendrin – natürlich ist auch das Löschen inbegriffen.

Dabei bietet Ihnen die Glib gleich drei Formen von dynamischen Arrays an:

- gewöhnliche Arrays
- Zeiger-Arrays
- Byte-Arrays

Durchgenommen werden hier nur die gewöhnlichen Arrays, die praktisch mit allen Elementen beliebigen Typs – inklusive Strukturen – verwendet werden können. Dazu sehen Sie hier eine kurze Zusammenstellung von einigen Funktionen für `GArray`, die gewöhnlich alle mit dem Präfix `g_array_` beginnen:

```
GArray *g_array_new(
        gboolean zero_terminated, gboolean clear, guint size );
void g_array_free( GArray *array, gboolean free_segment );
GArray *g_array_append_vals(
        GArray *array, gconstpointer *data, guint len );
GArray *g_array_prepend_vals(
        GArray *array, gconstpointer *data, guint len );
GArray *g_array_insert_vals(
    GArray *array, guint index, gconstpointer *data, guint len );
GArray *g_array_remove_index( GArray *array, guint index );
g_array_index( array, datentyp, index );
```

Zuerst muss mit der Funktion `g_array_new()` das Array alloziert werden. Mit den beiden `gboolean`-Parametern geben Sie an, ob ein Nullwert als Terminierungszeichen angehängt wird und ob neue Elemente auf null gesetzt werden. Der letzte Parameter muss die Größe des Elements in Bytes (Datentyp) enthalten, von dem Sie ein dynamisches Array erzeugen wollen. Zurückgegeben wird bei Erfolg ein Zeiger auf das neue `GArray`.

Die Speicherverwaltung wird von nun an mit den entsprechenden Funktionen von der Glib übernommen. Allerdings müssen Sie nicht verwendeten Speicherplatz mit der Funktion `g_array_free()` wieder selbst freigeben.

Wollen Sie ein neues Element am Anfang bzw. Ende des GArray hinzufügen, können Sie hierfür die Funktionen g_array_prepend_vals() bzw. g_array_append_vals() verwenden. Beide Funktionen erwarten als ersten Parameter einen Zeiger auf das Array, wo entsprechende Daten, die mit dem zweiten Parameter angegeben werden, hinzugefügt werden. Mit dem dritten Parameter geben Sie die Anzahl der Elemente an, die Sie hinzufügen wollen.

Die Funktion g_array_insert_vals() hat im Gegensatz zu den Funktionen g_array_prepend_vals() und g_array_append_vals() noch einen zusätzlichen Parameter (zweiten Parameter), mit dem Sie die Indexposition angeben und das neue Element einfügen können.

Ein Element aus der Liste des GArray (erster Parameter) können Sie unter Angabe der Indexnummer des zweiten Parameters mit der Funktion g_array_remove_index() entfernen.

Um anschließend wieder auf die einzelnen Elemente des GArray zurückzugreifen, benötigen Sie das Makro g_array_index(). Als Argument übergeben Sie dieser Funktion das Array, den Datentyp der Elemente und die Indexnummer. Zurückgegeben wird dann der Wert des entsprechenden Elements.

Das folgende Listing soll Ihnen die Verwendung des dynamischen GArray mit der Glib demonstrieren. Sie können gern versuchen, das Beispiel in Standard-C in dieser kurzen Form und mit solch einfachem Code zu schreiben.

```
/* glib8.c */
#include <gtk/gtk.h>
#include <stdio.h>
#define MMAX 255

static struct daten {
   gchar ort[MMAX];
   guint plz;
};

static struct daten help;
static guint count = 0;

static void read_data (void) {
   g_print ("Ort eingeben           : ");
   fgets (help.ort, MMAX, stdin);
   g_strchomp (help.ort);
   g_print ("Postleitzahl eingeben : ");
   scanf ("%d", &help.plz);
}

static void insert_beginn (GArray * arr) {
   read_data ();
```

```
   g_array_prepend_vals (arr, &help, 1);
   count++;
}

static void insert_end (GArray * arr) {
   read_data ();
   g_array_append_vals (arr, &help, 1);
   count++;
}

static void insert_middle (GArray * arr) {
   guint pos;
   read_data();
   g_print ("Position angeben      : ");
   scanf ("%d", &pos);
   if (pos < count) {
      g_array_insert_vals (arr, pos, &help, 1);
      count++;
   }
   else
      g_print ("Konnte Array nicht einfuegen (%d < %d)\n",
                pos, count);
}

static void remove_array (GArray * arr) {
   guint pos;
   g_print ("Position zum Loeschen angeben    : ");
   scanf ("%d", &pos);
   if (pos < count) {
      g_array_remove_index (arr, pos);
      count--;
   }
   else
      g_print ("Konnte Array nicht entfernen (%d < %d)\n",
                pos, count);
}

static void show_arrays (GArray * arr) {
   struct daten test;
   guint pos = 0;
   while (pos < count) {
      test = g_array_index (arr, struct daten, pos);
      g_print ("Ort     :  %s\n", test.ort);
```

```
      g_print ("PLZ      :  %d\n", test.plz);
      pos++;
   }
}

int main (int argc, char **argv) {
   GArray *darray;
   guint auswahl;

   darray = g_array_new (FALSE, FALSE, sizeof (struct daten));
   do {
      printf ("Demonstration: dynamische Arrays (Glib)\n\n");
      printf ("1 - Neue Daten am Anfang einfuegen\n");
      printf ("2 - Neue Daten am Ende einfuegen\n");
      printf ("3 - Neue Daten an gewuenschte Pos. einfuegen\n");
      printf ("4 - Daten entfernen\n");
      printf ("5 - Daten ausgeben\n");
      printf ("0 - Programmende\n");
      printf ("\nIhre Auswahl : ");
      scanf ("%d", &auswahl);
      getchar ();
      switch (auswahl) {
      case 1:
         insert_beginn (darray);
         break;
      case 2:
         insert_end (darray);
         break;
      case 3:
         insert_middle (darray);
         break;
      case 4:
         remove_array (darray);
         break;
      case 5:
         show_arrays (darray);
         break;
      }
   }
   while (auswahl != 0);
   g_array_free (darray, TRUE);
   return 0;
}
```

Das Programm bei der Ausführung:

```
$ gcc -o glib8 glib8.c $(pkg-config --libs --cflags gtk+-3.0)
$ ./glib8
Demonstration von dynamischen Arrays mit GLib
1 - Neue Daten am Anfang einfuegen
2 - Neue Daten am Ende einfuegen
3 - Neue Daten an gewuenschte Pos. einfügen
4 - Daten entfernen
5 - Daten ausgeben
0 - Programmende
Ihre Auswahl :
...
```

Hinweis

Wenn Sie das GArray auch noch sortieren wollen, können Sie sich die Funktionen g_array_sort() und g_array_sort_with_data() ansehen.

17.3.9 Listen, Hashtabellen und binäre Bäume

Weiterhin bietet die Glib eine Unmenge an Funktionen für dynamische Datenstrukturen, wie die einfachen und doppelt verketteten Listen. Für die einfach verketteten Listen werden der Datentyp GSList und die Funktionen mit dem Präfix g_slist_ verwendet und für die doppelt verketteten Listen der Typ GList und die Funktionen mit dem Präfix g_list_. Der Vorteil dieser Funktionen ist natürlich, dass man eben schnell auf abgepackte Routinen zugreifen kann und nicht eigene und somit auch wieder fehleranfällige Versionen der Listen schreiben muss.

Ebenfalls eine klassische, aber auch lästig zu schreibende Datenstruktur stellt die Glib Ihnen mit den Hashtabellen zur Verfügung. Hashtabellen sind Tabellen, die Schlüsseln einen sogenannten Hash zuordnen. Mit diesem Hash werden neue Werte eingefügt und vor allem auch schneller wiedergefunden. Der Glib-Datentyp für Hashtabellen ist GHashTable, und die Routinen haben das Präfix g_hash_. Bei dem GNOME-Desktop und dessen Software werden Hashtabellen zum Beispiel intensiv eingesetzt.

Der eingebaute Typ Gtree ist eine Implementierung binärer Bäume in der Glib mit allen möglichen Routinen dazu. Besser noch: Bei den Bäumen der Glib handelt es sich zusätzlich noch um *ausbalancierte Bäume*. Wenn Sie schon einmal versucht haben, eine eigene Routine für ausbalancierte Bäume zu schreiben, wissen Sie, wie schwierig und vor allem fehleranfällig das ist. Des Weiteren sind die einzelnen Elemente im binären Baum eben nicht nur einfache Elemente, die aus einem Datensatz bestehen, sondern besitzen außerdem auch einen Schlüssel, anhand dessen die Datensätze sortiert und gefunden werden – sprich, eine Hashtabelle von binären Bäumen, wenn Sie so wollen. Die Routinen, die sich auf den Typ `Gtree` beziehen, beginnen alle mit dem Präfix `g_tree_`.

Auf die beiden klassischen Datenstrukturen gehen wir nicht mehr näher ein, da sich die Einführung in die Glib ohnehin schon ziemlich umfangreich gestaltet und wir mehr Platz für das eigentliche Thema der GUI-Programmierung reservieren wollen. Für den weiteren Verlauf dieses Buchs benötigen Sie dieses Wissen ohnehin nicht.

Hinweis

Sollten Sie mit Begriffen wie Listen, Hashtabellen oder binären Bäumen nichts anzufangen wissen, dann müssen wir Sie auf ein Einsteigerbuch zu C verweisen. Gut geeignet ist etwa der »Einstieg in C« von Thomas Theis, zu dem Sie weitere Informationen unter *http://www.rheinwerk-verlag.de/3557* finden. Bei den MATERIALIEN ZUM BUCH unter *http://www.rheinwerk-verlag.de/3854* finden Sie zudem das bereits etwas ältere Openbook »C von A bis Z« von Jürgen Wolf.

17.3.10 Ausblick zur Glib

Hier angekommen, lässt sich nur sagen, dass die Glib noch eine Menge mehr an hilfreichen Routinen und Typen anbietet. Wir würden teilweise sogar so weit gehen und Ihnen empfehlen, die Glib zur Erstellung von Konsolenprogrammen zu verwenden. Zu ihren Vorteilen gehören Dinge wie die Sicherheit und ein Einsparen an *Overhead* bei der Programmierung. Natürlich sollte es nicht unerwähnt bleiben, dass Sie die Glib nicht verwenden müssen, um GTK+-Programme zu schreiben – Sie können natürlich weiterhin für diese Aufgaben die Standard-C-Funktionen verwenden oder im Falle von Algorithmen und Datenstrukturen selbst zum x-ten Mal etwas neu schreiben. Fakt ist, dass die Glib eine ausgereifte und sehr hilfreiche Bibliothek ist, die Ihnen das Leben enorm erleichtern kann und vor allem bei dem Thema *Portieren auf andere Systeme* Ihre erste Wahl sein sollte.

17.4 Grundlagen der GTK+-Programmierung

Anwendungen mit einer grafischen Oberfläche (GUI) können sehr komplex werden. Daher werden Sie erst die grundlegenden Schritte kennenlernen, die nötig sind, um eigene GTK+-Anwendungen zu schreiben. Wenn Sie die grundlegenden Eigenschaften kennen- und schätzen gelernt haben, wird es Ihnen nicht mehr sonderlich schwerfallen, komplexere GTK+-Programme zu schreiben, denn im Endeffekt wird immer nach demselben Schema verfahren. Folgende Schritte sind (fast) immer nötig, um eine GTK+-Anwendung zu erstellen:

- die Umgebung initialisieren
- Widgets erzeugen und gegebenenfalls die Attribute setzen

- eine Callback-Funktion einrichten, um Events abzufangen
- die hierarchische Anordnung der Widgets definieren
- Widgets anzeigen
- Signale und Events abfangen und bearbeiten – (Events-)Verarbeitungsschleife

Auf den folgenden Seiten werden wir auf die einzelnen Schritte etwas genauer eingehen, ohne jetzt schon die einzelnen Widgets im Detail zu beschreiben.

17.4.1 Die Umgebung initialisieren

Der erste Schritt beim Schreiben einer jeden GTK+-Anwendung besteht darin, die Umgebungsvariablen zu initialisieren. Dabei werden die Standardwerte für z. B. Farben vergeben. Die Funktion, mit der Sie dies realisieren, lautet:

```
#include <gtk/gtk.h>

void gtk_init(int *argc_ptr, char ***argv_ptr);
```

Bei `argc_ptr` handelt es sich um eine Adresse des ersten Parameters der Standard-C-Funktion `main()`, die die Anzahl der Argumente aus der Kommandozeile beinhaltet. Der zweite Parameter, `argv_ptr`, ist dann eine Adresse auf den zweiten Parameter der `main()`-Funktion, und der beinhaltet die Werte der einzelnen Argumente aus der Kommandozeile.

Mit `gtk_init()` wird die Verbindung zum X-Server aufgebaut, daher können Sie in der Kommandozeile mit der Option `-display display_name` die Anwendung auf einem anderen Display ausführen. Für die Syntax des Namens des Displays lesen Sie bitte die Dokumentation, da diese Angabe je nach System variieren kann.

Des Weiteren wird mit der Funktion `gtk_init()` automatisch mit `atexit()` eine Clean-up-Funktion eingerichtet.

> **Hinweis**
> Es können auch zwei X-Server lokal laufen; es muss nicht ein anderer Rechner sein.

17.4.2 Widgets erzeugen und gegebenenfalls die Attribute setzen

Widgets können mit den `gtk_xxx_new()`-Funktionen erzeugt werden – wobei `xxx` für den Typ des Widgets steht, das erzeugt werden soll. Es gibt eine enorme Anzahl von Widgets, die verständlicherweise nicht alle in diesem Buch erwähnt werden können. Die Funktionen `gtk_xxx_new()` sind als gleichwertig zu einem Konstruktor in C++ oder Java anzusehen. Mit den Funktionen wird Speicher für ein neues Objekt alloziert.

Noch umfangreicher ist die Anzahl der Routinen, mit denen Sie die Attribute der Widgets verändern können. Für einzelne Widgets gibt es häufig mehrere Funktionen. Die Funktionen, mit denen Sie die Attribute von Widgets verändern können, haben alle die Syntax gtk_xxx_set_yyy(). xxx steht dabei für das Widget und yyy für das Attribut, das verändert werden soll. Wenn Sie z. B. den Titel des Fensters setzen wollen, so geschieht dies mit dem Aufruf gtk_window_set_title(...).

Alle Widgets sind Unterklassen der GtkWidget-Basisklasse, weshalb Sie auch den Typ GtkWidget verwenden können, um ein Widget zu referenzieren; wobei wir im Buch meistens den Typ des Widgets angeben. Anstatt ein Fenster mit

```
GtkWidget  *win;
```

zu referenzieren, verwenden wir in diesem Buch immer folgende Schreibkonvention:

```
GtkWindow  *win;
```

Daran erkennt man gleich, worum es sich bei dem Widget handelt, und somit lässt sich auch schneller die entsprechende Referenzseite des Widgets finden. Was Sie später in der Praxis verwenden, bleibt natürlich Ihnen überlassen. (Verfallen Sie aber nicht der ungarischen Notation, die z. B. Microsoft gern verwendet, d. h. GtkWindow *wMain, *wPanel etc.: Sie ist viel zu fehleranfällig!)

Wenn Sie zum Erzeugen von neuen Widgets den Konstruktor GtkWidget verwenden, benötigen einige Funktionen einen genaueren Typ als GtkWidget. In solch einem Fall gibt es spezielle Makros, die den Typ casten.

Die zweite Möglichkeit, ein Widget zu erzeugen, die auch in diesem Buch hier vorwiegend verwendet wird, besteht in der Funktion g_object_new():

```
GtkObject* g_object_new (
          GtkType type, const gchar *first_arg_name, ... );
```

Hiermit erzeugen Sie ein Objekt (Widget) type mit den Eigenschaften, die Sie mit den weiteren Parametern (first_arg_name) angeben können. Abgeschlossen wird diese variabel lange Argumentenliste mit NULL. Zurückgegeben wird ein Zeiger auf das neue Objekt (Widget). Das Prinzip ist einfach und typisch objektorientiert. Sie wollen z. B. ein einfaches Fenster erzeugen:

```
GtkWindow *win;
...
win = g_object_new( GTK_TYPE_WINDOW, NULL );
```

Anstatt also den Funktionsaufruf wie gtk_xxx_new() zu verwenden, führen Sie hierbei g_object_new(GTK_TYPE_XXX, NULL) aus. Aber im Gegensatz zu gtk_xxx_new() können Sie beim Erzeugen eines neuen Objekts gleich weitere Eigenschaften des Objekts mit angeben. Um beim Beispiel des Fensters zu bleiben:

```
/* Fenster mit Eigenschaften anlegen */
win = g_object_new( GTK_TYPE_WINDOW,
                    "title", "Ein leeres Fenster",
                    "default-width",  300,
                    "default-height", 200,
                    "resizable", TRUE,
                    "window-position", GTK_WIN_POS_CENTER,
                    "border-width", 5,
                    "icon", pic,
                    NULL );
```

Bei den Funktionen `gtk_xxx_set_yyy()` müssten diese Angaben häufig mühevoll mit mehreren Funktionen übergeben werden. An den konstanten Namen des ersten Parameters zu kommen, sollte Ihnen im Prinzip keine Probleme bereiten. Wollen Sie z. B. ein Objekt vom Typ `GtkSpinButton` erzeugen, lässt sich dies ganz einfach auf den ersten Parameter projizieren:

```
GtkSpinButton => GTK_TYPE_SPIN_BUTTON
```

`Gtk` wird zu Beginn des Widgets entfernt, und vor jeden Großbuchstaben des Widgets wird ein Unterstrichzeichen gesetzt. Natürlich wird, wie bei Konstanten üblich, der Typ großgeschrieben (dies ist keine Regel, sondern nur ein Tipp). Aber Sie werden dies besser verstehen, wenn Sie die Beispiele in der Praxis einsetzen werden.

17.4.3 Eine Callback-Funktion einrichten, um Events abzufangen

Informationen dazu, was Events sind und wie Sie darauf regieren können, finden Sie im Zusatzkapitel zur X-Programmierung, das bei den MATERIALIEN ZUM DOWNLOAD unter *https://www.rheinwerk-verlag.de/3854/* auf Sie wartet. Jetzt wollen Sie sicherlich wissen, wie eine solche Ereignisverarbeitung in GTK+ realisiert wird. In GTK+ wird hierbei zwischen Ereignissen (Events) und Signalen unterschieden. Allerdings sind diese Signale nicht mit den Linux-typischen Signalen zu vergleichen! Tritt z. B. ein Ereignis ein (wie ein Mausklick auf einen Button), wird programmintern ein Signal gesendet (in diesem Fall sagt man, es wird *emittiert*). Für gewöhnlich führt allerdings jedes Ereignis zur Auslösung eines oder mehrerer Signale. Ereignissignale sind zum Beispiel an der Endung `-event` zu erkennen. Hier ist wieder derjenige im Vorteil (also Sie mit diesem Buch), der bereits Vorkenntnisse in der X-Programmierung hat. Allerdings müssen Sie sich jetzt nicht mehr um die Implementierung kümmern, sondern vielmehr darum, wie Sie mit den Ereignissignalen arbeiten müssen. Auf die Events und deren Behandlung gehen wir noch extra in einem Abschnitt ein.

Der Aufbau von Signalen entspricht einem typischen Klassenbaum (siehe Abbildung 17.2), z. B. bei den Buttons. Ganz oben in der Klasse steht das Widget `GtkObject` mit dem Signal `destroy` – was die Beendigung bedeutet. Anschließend folgt im Hierarchiebaum `GtkWidget`, das weiterhin unabhängig vom eigentlichen Widget bestimmte Signale empfangen und verarbeiten kann. So ist die Größe, ob sichtbar oder versteckt, ein Signal, das alle `GtkWidget` besitzen und das zurückgegeben werden kann. Eine Klasse tiefer finden Sie `GtkContainer`, das wiederum speziell für den Container eingehende Signale verarbeiten kann. Darunter befindet sich dann das Widget `GtkBin`, das keinerlei Signale empfangen kann. Jetzt erst kommen Sie im Klassenbaum zum Widget `GtkButton`. Dem Button können Sie die Signale `clicked`, `enter`, `leave`, `pressed` oder `released` zuweisen – sprich, diese Signale können Sie für einen Button mittels `g_signal_connect()` einrichten (registrieren).

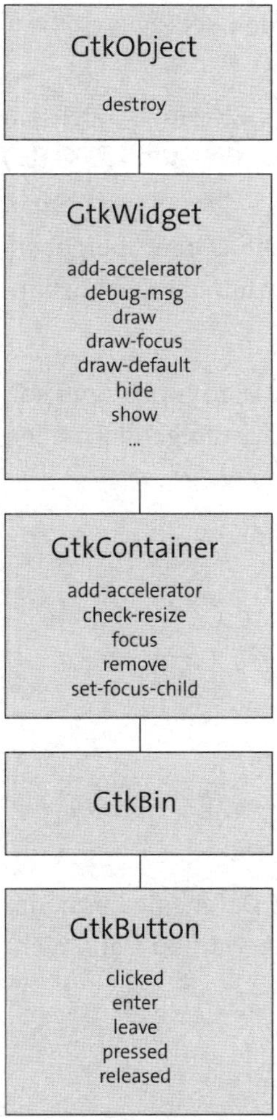

Abbildung 17.2 Der Klassenbaum von »GtkButton« mit den Signalen

Wenn Sie eine Callback-Funktion geschrieben haben, müssen Sie diese registrieren, um sie aufzurufen, wenn ein bestimmtes Signal emittiert wird. Registriert wird eine Callback-Funktion mit folgender Funktion:

```
gulong g_signal_connect( gpointer      *object,
                         const gchar   *name,
                         GCallback     func,
                         gpointer      func_data );
```

Die Bedeutungen der einzelnen Parameter sind folgende:

- `object` – Das Objekt, mit dem Sie die Callback-Funktion verbinden wollen. Hier wird häufig ein Casting (`GTK_OBJECT( widget )`) verwendet.
- `name` – Das Signal, mit dem die Callback-Funktion aufgerufen werden soll, wie `clicked`, wenn ein Button mit der Maustaste *ge*`clicked` wurde.
- `func` – Die Callback-Funktion, die Sie registrieren wollen. Bei der `g_`-Version (GTK+ 2.x) müssen Sie diese Funktion mit `G_CALLBACK(func)` casten; bei der `gtk_`-Version (GTK+ 1.2) war dies `GTK_SIGNAL_FUNC(func)`.
- `func_data` – Hier können Sie der Callback-Funktion noch zusätzliche Daten übergeben, wenn sie aufgerufen wird. Wollen Sie der Callback-Funktion keine Daten übergeben, können Sie hier auch `NULL` angeben.

Mit `g_signal_connect()` haben Sie eine Callback-Funktion eingerichtet. Die Syntax einer solchen Callback-Funktion, die Sie gewöhnlich selbst schreiben müssen, sieht folgendermaßen aus:

```
type function( parameter_liste );
```

So sieht beim Anklicken eines Buttons Ihre Callback-Funktion aus:

```
static void my_buttonCB( GtkButton *clicked, gpointer data ) {
   /* Ausgabe für die Konsole */
   g_print("Callback my_buttonCB aufgerufen (%s)\n",
            (gchar *)data );
}
```

`clicked` ist hierbei der Button, der angeklickt wurde, und `data` sind die Daten, die beim Einrichten des Signalhandlers mittels `g_signal_connect()` mit übergeben werden (falls nicht `NULL`). Diese Funktion registrieren Sie in der Praxis so:

```
g_signal_connect(GTK_OBJECT ( button ),  /* für welches Widget */
                 "clicked",              /* welches Signal     */
                 G_CALLBACK(my_buttonCB),/* welche Funktion    */
                 "Daten");               /* Daten für Funktion */
```

17.4.4 Eine GTK+-Anwendung beenden

Zwar wird das Thema der Events noch in einem anderen Kapitel ausführlicher behandelt, doch Folgendes gehört zur Grundausstattung einer GTK+-Anwendung: Gemeint ist die Beendigung einer Anwendung. Wenn Sie Ihre GTK+-Anwendung starten und vom Rahmen des Window-Managers aus beenden wollen, wird sich das Fenster Ihrer Anwendung zwar schließen lassen, wohl aber nicht beenden, wenn Sie nicht spezielle Vorkehrungen treffen. Einfach gesagt: Die Anwendung läuft still und ruhig im Hintergrund als aktiver Prozess weiter.

Intern passiert dabei Folgendes: Sie schließen das GTK+-Fenster mit dem Window-Manager, und es wird ein `delete-event`-Signal emittiert. Dieses Signal zeigt an, dass der Anwender das Programm beenden will. Jetzt müssen Sie als Programmierer entscheiden, ob das so in Ordnung geht. Wenn Sie das Beenden erlauben, wird das Signal `destroy` gesendet, und die Anwendung wird komplett beendet. Somit benötigen Sie zuerst eine Callback-Routine, die das Signal `delete-event` bearbeiten kann. Der Prototyp dieser Funktion sieht wie folgt aus:

```
static gboolean my_delete_Event( GtkWidget *widget,
                                 GdkEvent *event,
                                 gpointer data )
```

Der Parameter `widget` wird benötigt und beinhaltet unter anderem die Kennungs-ID des Widgets, das das Signal `delete-event` erzeugt hat. Der `event`-Parameter ist die Adresse einer Struktur, in der sich alles befindet, was Sie für das Event benötigen (darauf gehen wir noch genauer ein). Mit `data` können Sie beim Registrieren des Signalhandlers Daten an die Funktion übergeben. Wichtig ist der Rückgabewert der Funktion `my_delete_Event()`. Wenn er `TRUE` ist, wird verhindert, dass die Anwendung beendet wird. `FALSE` hingegen beendet die Anwendung, schließt also das Fenster und emittiert das Signal `destroy`. Somit sieht eine komplette Callback-Funktion zum Beenden der Anwendung über den Window-Manager folgendermaßen aus:

```
static gboolean my_delete_Event( GtkWidget *widget,
                                 GdkEvent *event,
                                 gpointer data ) {
       /* Ausgabe für die Konsole */
       g_print("Der Window-Manager will die Anwendung beenden\n");
       /* Unsern Segen zur Beendigung soll er haben */
       return FALSE;
}
```

Jetzt muss diese Funktion nur noch mit dem Fenster der Anwendung verbunden werden, da das Fenster die einzige Anwendung ist, die mit dem Window-Manager kommuniziert. Hierzu müssen Sie nur die `g_signal_connect()`-Funktion wie folgt verwenden:

```
g_signal_connect( GTK_OBJECT (fenster), "delete-event",
                  G_CALLBACK(my_delete_Event), NULL);
```

Jetzt hat unser Fenster das destroy-Event erhalten. Natürlich müssen Sie auch hierzu noch eine Callback-Funktion einrichten:

```
g_signal_connect ( win, "destroy",
                   G_CALLBACK (end), NULL);
```

Die Callback-Funktion end sorgt nun mit dem Aufruf der Funktion gtk_main_quit() (dazu folgt in Kürze mehr) für das absolute Ende der GTK+-Anwendung:

```
static void end (GtkWidget * widget, gpointer daten) {
  g_print ("Und tschuess!\n");
  /* Die Verarbeitungsschleife beenden */
  gtk_main_quit ();
}
```

Sicherlich mag Ihnen dieser Weg auf den ersten Blick ein wenig umständlich vorkommen – und ja, Sie können die GTK+-Anwendung auch schneller beenden (ohne den aufwendigeren Weg). Allerdings sollten Sie dann Folgendes bedenken: Falls sich in der Anwendung noch nicht gespeicherte Daten befinden (wie bei einem Texteditor), sind diese bei der Beendigung auch weg, wenn Sie keine Vorkehrungen getroffen haben. Mit dem eben gezeigten Weg können Sie z. B. in der Callback-Funktion my_delete_Event() noch überprüfen, ob irgendwelche zusätzlichen Arbeiten vor Beendigung der Anwendung zu erledigen sind, und gegebenenfalls TRUE (anstatt FALSE) zurückgeben, womit die Anwendung nicht beendet wird (weil dadurch das Signal destroy nicht emittiert wird). Ein Beispiel dazu finden Sie etwas später mit dem Listing gtk1b.c.

17.4.5 Die hierarchische Anordnung der Widgets definieren

Wenn Sie z. B. ein Fenster- und ein Button-Widget erzeugen, haben Sie noch lange nicht die Eltern-Kind-Beziehung zwischen den Widgets zustande gebracht. Vereinfacht heißt das, Sie müssen die Hierarchie errichten, damit GTK+ weiß, wie und wo die Widgets auf dem Bildschirm angezeigt werden sollen.

Um eine Eltern-Kind-Beziehung einzurichten, müssen Sie erst ein Kind-Widget zum verwaltenden Eltern-Widget hinzufügen. Der Funktionsaufruf hängt vom Eltern-Widget ab. Im Beispiel wird davon ausgegangen, dass das Fenster (GtkWindow) das Eltern-Widget ist – was gleichzeitig auch ein Abkömmling des GtkContainer-Widgets ist. Daher können Sie folgende Funktion verwenden:

```
void gtk_container_add( GtkContainer *container,
                        GtkWidget *widget );
```

Mit container geben Sie das Eltern-Widget an und mit widget dasjenige, das Sie zum container hinzufügen wollen.

Container

Container sind Widgets, die wiederum andere Widgets enthalten können, und sind meistens für das Layout der Anwendung verantwortlich. Häufig werden Fenster als Container (zu Deutsch: *Behälter*) verwendet, worin sich alle anderen Widgets des Programms befinden.

Vorwiegend werden Box- und Tabellen-Widgets als Behälter für andere Widgets verwendet. Mit den Box- bzw. Tabellen-Widgets ist es recht einfach, die Widgets in einer bestimmten Lage zueinander anzuordnen. Natürlich lassen sich auch solche Behälter ineinander verschachteln, um die Form und Gestalt der Anwendung zu bestimmen. Wenn man ein Widget in einen Behälter steckt, spricht man vom Packen. Die Widgets in einem Behälter werden als Kind-Widgets bezeichnet, wobei kein Kind-Widget gleichzeitig in verschiedenen Behältern vorkommen kann.

In den (bald) folgenden Listings werden Sie z. B. eine vertikale Box als Kind-Widget in den Behälter stecken – in einem Fall ist der Behälter z. B. ein Fenster. Damit packen Sie praktisch einen Behälter in einen Behälter: Die Box ist zwar ein Widget, aber gleichzeitig ist sie auch ein Behälter. Die einfachste Möglichkeit, jetzt weitere Widgets in die Box zu packen, wäre diese Funktion:

```
void gtk_box_pack_defaults( GtkBox *box, GtkWidget *widget );
```

Damit können Sie z. B. nacheinander weitere Widgets mit einer Standardeinstellung packen. Wurde eine Box z. B. mit der Funktion gtk_vbox_new() erzeugt, bedeutet dies, dass die weiteren Widgets mit der Funktion gtk_pack_defaults() vertikal angeordnet hinzugefügt werden.

17.4.6 Widgets anzeigen

Jetzt haben Sie zwar Widgets erzeugt, die Anordnung und Hierarchie festgelegt, aber noch existieren diese Daten im Verborgenen (im Hauptspeicher). Sie haben jetzt zwei Möglichkeiten, die Widgets anzeigen zu lassen:

```
void gtk_widget_show( GtkWidget *widget );
void gtk_widget_show_all( GtkWidget *eltern_widget );
```

Mit der Funktion gtk_widget_show() können Sie die einzelnen Widgets nacheinander auf den Bildschirm zeichnen lassen. Allerdings ist es doch sehr umständlich, wenn man bedenkt, dass umfangreichere Anwendungen schon mal ein paar Dutzend Widgets besitzen – schnell wird dabei ein Widget vergessen. Einfacher können Sie es sich mit der Funktion `gtk_widget_show_all()` machen. Hierfür müssen Sie nur das Eltern-Widget angeben, und alle sich darunter befindlichen Kinder-Widgets werden mit angezeigt.

Natürlich können Sie auch einzelne oder alle Widgets verstecken. Dies machen Sie mit den entsprechenden Gegenstücken zu den eben erwähnten Funktionen:

```
void gtk_widget_hide( GtkWidget *widget );
void gtk_widget_hide_all( GtkWidget *eltern_widget );
```

Wird ein Widget nicht mehr benötigt, so sollte es mit der Funktion `gtk_widget_destroy()` freigegeben werden:

```
void gtk_widget_destroy ( GtkWidget *widget );
```

17.4.7 Signale und Events abfangen und bearbeiten – (Events-)Verarbeitungsschleife

Wie schon bei der Xt-Bibliothek befindet sich die Verarbeitungsschleife am Ende des Codes. Die Syntax der Verarbeitungsschleife ist einfach:

```
void gtk_main();
```

Bis zur Funktion `gtk_main()` läuft das Programm erst iterativ ab. Nun wartet das Programm in der `gtk_main()`-Funktion auf ein Ereignis. Das Programm befindet sich praktisch in einer Endlosschleife. Tritt ein Ereignis auf, arbeitet GTK das Ereignis ab (vorausgesetzt, es wurde eine entsprechende Funktion für das Ereignis registriert) und springt anschließend wieder zur `gtk_main()`-Funktion zurück – es sei denn, bei diesem Ereignis handelt es sich um einen Aufruf der Funktion `gtk_main_quit()`, womit die Verarbeitungsschleife beendet und die Ausführung des Programms hinter `gtk_main()` fortgeführt wird.

```
void gtk_main_quit();
```

Wird `gtk_main_quit()` in einer Callback-Funktion aufgerufen, wird das Programm nicht unmittelbar beendet, sondern kehrt vorher noch hinter die Ausführung von `gtk_main()` zurück. Befindet sich hinter der `gtk_main()`-Funktion noch Code, wird dieser natürlich ausgeführt. Wollen Sie eine Anwendung unwiderruflich egal von welcher Stelle aus beenden, können Sie dies mit der Funktion `gtk_exit()` tun, die gleichwertig zur Standard-C-Funktion `exit()` ist.

Abbildung 17.3 verdeutlicht grafisch den Vorgang in der Verarbeitungsschleife (`gtk_main()`) und gleichzeitig auch das Signalhandler-Modell von GTK+.

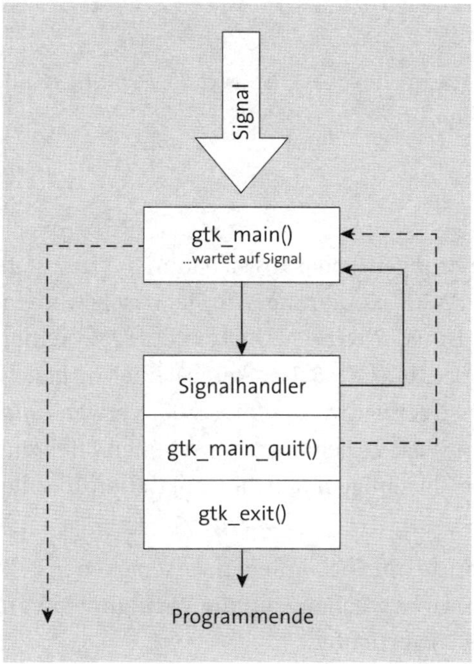

Abbildung 17.3 Das Signalmodell von GTK+

17.4.8 GTK+ und Umlaute (Zeichenkodierung)

Sofern Sie Umlaute bzw. Nicht-ASCII-Zeichen in einer GTK+-Anwendung verwenden bzw. darstellen wollen, ohne eine Fehler- bzw. Warnmeldung zurückzubekommen, wie z. B. `[Invalid UTF-8]`, muss die Quelldatei in UTF-8 kodiert bzw. abgespeichert werden.

Wenn Sie z. B. den GNU Emacs verwenden, sind Sie fein raus, denn dann reicht es aus, am Anfang des Listings folgende Steuerzeile einzufügen:

```
/* -*-coding: utf-8;-*- */
```

Bei anderen Editoren müssen Sie selbst nachsehen, ob eine solche Funktionalität vorhanden ist. Eventuell kann es sinnvoll sein, den Text mit dem Konverter `iconv` selbst vom *Latin1*-Format in das *UTF-8*-Format zu konvertieren. Ein Beispiel dazu könnte wie folgt aussehen:

```
$ iconv -f latin1 -t utf-8 gtk1.c > gtk1_utf8.c
```

Hiermit machen Sie aus der Quelldatei *gtk1.c*, die sich im *Latin1*-Format befindet, eine *UTF-8*-codierte Datei namens *gtk1_utf8.c*, die jetzt in der Lage ist, auch Umlaute und Nicht-ASCII-Zeichen anzuzeigen.

Hinweis

Eine weitere Möglichkeit zur Lokalisierung von Software stellt *GNU Gettext* da. Mehr hierzu können Sie der Manual Page von `gettext` entnehmen.

UTF-8

Die UTF-8-Kodierung ist eine der wichtigsten Kodierungen, sodass es sich lohnen kann, sich näher mit ihr zu befassen. UTF-8 ist kompatibel zur ASCII-Kodierung. Wie Sie wissen, werden ASCII-Zeichen mit einem Byte dargestellt. Somit ist jeder reine ASCII-Text auch ein reiner UTF-8-Text. Leider besteht hier auch das Problem, dass ein UTF-8-Text keine Reihe von gleich breiten Zeichen hat und somit iterativ zeichenweise zerlegt werden muss. Bei Verwendung von Nicht-ASCII-Zeichen, z. B. von Umlauten, führt diese Zerlegung zu unschönen Effekten. Um dieses Problem zu umgehen, finden Sie in der Glib einige nützliche Funktionen, die alle mit dem Präfix `g_utf8_` beginnen.

Damit Sie sich nicht schon während der ersten Schritte mit GTK+ mit den verschiedenen Zeichenkodierungen herumschlagen müssen, haben wir weitgehend auf die Verwendung von Umlauten und Nicht-ASCII-Zeichen in den Beispielen verzichtet.

17.5 Fenster – GtkWindow

Der erste Schritt beim Schreiben einer GTK+-Anwendung dürfte wohl meistens das Erzeugen eines Fensters sein. Das folgende Beispiel zeigt Ihnen, wie Sie ein solches (Behälter-)Widget der Klasse `GtkWindow` mit der Typenkennung `GTK_TYPE_WINDOW` erstellen und anzeigen können.

```
/* gkt1.c */
/* Ein leeres Fenster und Pixbuf */
#include <stdio.h>
#include <stdlib.h>
#include <gtk/gtk.h>
static gint
delete_Event(GtkWidget * widget, GdkEvent event, gpointer daten){
  g_print ("Das Fenster wird zerstoert!\n");
  /* Nur mit FALSE wird die Anwendung wirklich beendet */
  return FALSE;
}
static void end (GtkWidget * widget, gpointer daten) {
  g_print ("Und Tschues!\n");
  /* Die Verarbeitungsschleife beenden */
  gtk_main_quit ();
}
```

```
int main (int argc, char **argv) {
  GtkWindow *win;
  GdkPixbuf *pic;
  /* 1. Die Umgebung initialisieren */
  gtk_init (&argc, &argv);
  /* 2. Die Widgets erzeugen */
  /* Eine Grafik in einen Pixbuf laden */
  pic = gdk_pixbuf_new_from_file ("icon/at-work.gif", NULL);
  /* 2a. Fenster mit den folgenden Eigenschaften ... anlegen */
  win = g_object_new (GTK_TYPE_WINDOW,
                      "title", "Ein leeres Fenster",
                      "default-width", 300,
                      "default-height", 200,
                      "resizable", TRUE,
                      "window-position", GTK_WIN_POS_CENTER,
                      "border-width", 5, "icon", pic, NULL);
  /* 3. Signalhandler (Callbackfunktion)  einrichten  */
  g_signal_connect ( win, "delete-event",
                     G_CALLBACK (delete_Event), NULL);
  g_signal_connect ( win, "destroy",
                     G_CALLBACK (end), NULL);
  /* 4. Hier gibt es noch nichts zum packen */
  /* 5. (Widgets) Fenster anzeigen */
  gtk_widget_show_all (GTK_WIDGET (win));
  /* 6. Hauptschleife von gtk - Verarbeitungsschleife */
  gtk_main ();
  g_print ("Die GTK-Hauptschleife wurde beendet\n");
  return 0;
}
```

Das Programm bei der Ausführung:

```
$ gcc -Wall -o gtk1 gtk1.c $(pkg-config --libs --cflags gtk+-3.0)
$ ./gtk1
```

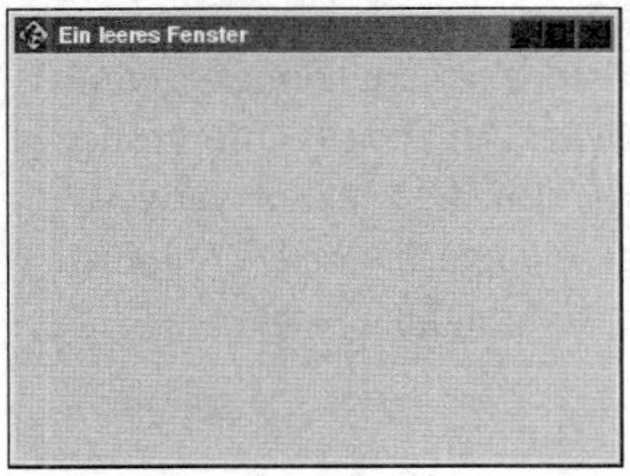

Abbildung 17.4 Ein leeres Fenster (GtkWindow)

Im Großen und Ganzen muss eigentlich nicht mehr viel zu diesem Listing gesagt werden. Mit g_object_new() erzeugen Sie ein neues Fenster (GtkWindow) vom Typ GTK_TYPE_WINDOW mit einer variabel langen Liste von Eigenschafts-/Wertpaaren. Diese Liste wird mit NULL abgeschlossen:

```
"Eigenschaft1", Wert,
"Eigenschaft2", "Wert",
...,
NULL
```

Jede Eigenschaft ist abhängig von einem entsprechenden Datentyp, der als Wert gesetzt werden kann. Beispielsweise ist die Eigenschaft resizable vom Typ gboolean, und somit kann der Wert nur ein boolescher (TRUE oder FALSE) sein. title hingegen ist vom Typ gchararray, weshalb hier auch eine Zeichenkette für den Fenstertitel verwendet werden muss.

Folgende nützliche Eigenschaften können Sie für ein Fenster der Klasse GtkWindow verwenden (setzen) oder aber auch abfragen (noch mehr Eigenschaften können Sie aus der Dokumentation entnehmen):

Eigenschaft	Datentyp	Bedeutung
"allow-grow"	gboolean	Fenster darf vergrößert werden.
"allow-shrink"	gboolean	Fenster darf verkleinert werden.
"default-height"	gint	Höhe des neuen Fensters in Pixel
"default-width"	gint	Breite des neuen Fensters in Pixel
"destroy-with-parent"	gboolean	Wenn das Eltern-Widget zerstört wird, wird auch das Fenster zerstört.
"has-toplevel-focus"	gboolean	Ist das Fenster ganz *vorne* sichtbar und hat den Fokus, kann nur gelesen werden.
"icon"	GdkPixbuf	Ein Icon, das das Fenster erhält. Im Beispiel anhand von GdkPixbuf demonstriert.
"is-active"	gboolean	Ist das Fenster aktiv, kann nur gelesen werden.
"modal"	gboolean	Wenn dieses Fenster existiert, können hier mit TRUE alle anderen Fenster in den Hintergrund gestellt werden (sprich, die Reaktion verweigern) – und zwar so lange, bis Sie die Angabe mit FALSE wieder rückgängig machen.

Tabelle 17.5 Eigenschaften für »GtkWindow« (GTK_TYPE_WINDOW)

Eigenschaft	Datentyp	Bedeutung
"resizable"	gboolean	Der Anwender darf die Größe des Fensters verändern.
"title"	gchararray	Ein String mit dem Titel des Fensters
"window-position"	GtkWindow-Position	Hier können Aufzählungswerte verwendet werden, womit die Position des Fensters auf dem Bildschirm bestimmt werden kann. Mögliche Angaben hierfür sind: ▸ GTK_WIN_POS_NONE Das Platzieren überlassen Sie dem Fenstermanager (Standard). ▸ GTK_WIN_POS_CENTER Zentriert in der Bildschirmmitte. ▸ GTK_WIN_POS_CENTER_ON_PARENT Zentriert in der Mitte des Eltern-Widgets. ▸ GTK_WIN_POS_MOUSE Wenn möglich, an der Position des Mauszeigers

Tabelle 17.5 Eigenschaften für »GtkWindow« (GTK_TYPE_WINDOW) (Forts.)

Hinweis

Die Reihenfolge, in der Sie die Eigenschafts-/Wertpaare angeben, ist frei wählbar. Es ist somit egal, ob Sie `title` vor die Eigenschaft `icon` setzen oder dahinter.

Nach der umfangreichen Einführung in GTK+ zuvor haben Sie sicherlich etwas Komplizierteres als das Listing und die Erläuterungen hier erwartet. Es kommt noch besser. Wenn Sie das Beispiel verstanden haben, ist der Rest des Kapitels und der Rest von GTK+ eigentlich nur noch »Formsache«, da der Vorgang immer ähnlich wie im Beispiel eben abläuft (abgesehen davon, dass Sie in diesem Listing noch keine Widgets packen mussten).

17.5.1 Dialogfenster (Dialogboxen)

Abgeleitet von der Klasse `GtkWindow` gibt es noch die Fensterklasse `GtkDialog`. Das ist ein Widget für ein Dialogfenster, das gewöhnlich dazu verwendet wird, dem Anwender etwas Wichtiges mitzuteilen oder ihn abzufragen. Das folgende Listing ist eine Erweiterung des ersten Beispiels. Hinzugefügt wurde gegenüber dem Beispiel zuvor eine Abfragefunktion in Form eines einfachen Dialogfensters, das aufpoppt, wenn der Anwender das (Haupt-)Fenster schließen (zerstören) will. Es handelt sich also um eine übliche »Sind Sie sicher?«-Abfrage.

```
/* gkt1b.c */
/* Ein leeres Fenster und ein Dialogbox */
#include <stdio.h>
#include <stdlib.h>
#include <gtk/gtk.h>
static GtkWindow *win;
static gint
delete_Event(GtkWidget * widget, GdkEvent event, gpointer daten){
  GtkWidget *dialog, *label;
  gint result;
  /* Einen neue Dialogbox erzeugen */
  dialog = gtk_dialog_new_with_buttons (
                              "Sind Sie sicher?",
                              win,
                              GTK_DIALOG_DESTROY_WITH_PARENT,
                              "Ja", GTK_RESPONSE_ACCEPT,
                              "Nein", GTK_RESPONSE_REJECT,
                              NULL);
  /* Ein Label dazu */
  label = gtk_label_new (
            "Wollen Sie das Programm wirklich beenden?");
  /* Label in die vorhandene (Standard)-Box (vertikal) */
  /* von der Dialogbox packen                        */
  gtk_container_add( GTK_CONTAINER( gtk_dialog_get_content_area( GTK_
DIALOG( dialog ))),
     label);
  /* Dialogbox anzeigen */
  gtk_widget_show_all (dialog);
  /* Wartet auf eine Eingabe in der Dialogbox des Anwenders */
  result = gtk_dialog_run (GTK_DIALOG (dialog));
  switch (result) {
  case GTK_RESPONSE_ACCEPT: /* Ja-Button wurde gedrückt */
    g_print("GTK_RESPONSE_ACCEPT\n");
    /* Dialogbox zerstören */
    gtk_widget_destroy (dialog);
    /* Hauptfenster auch zerstören */
    return FALSE;
    break;
  case GTK_RESPONSE_REJECT:
    g_print("GTK_RESPONSE_REJECT\n");
```

```
      /* Dialogbox zerstören */
      gtk_widget_destroy (dialog);
      /* Hauptfenster nicht zerstören */
      return TRUE;
      break;
    case GTK_RESPONSE_DELETE_EVENT:
      g_print("GTK_RESPONSE_DELETE_EVENT\n");
      /* Dialogbox zerstören */
      gtk_widget_destroy (dialog);
      /* Hauptfenster nicht zerstören */
      return TRUE;
      break;
    default:
      g_print("Fehler beim Auswerten der Dialogbox?\n");
      return TRUE;
  } }
static void end (GtkWidget * widget, gpointer daten) {
  g_print ("Und Tschues!\n");
  /* Die Verarbeitungsschleife beenden */
  gtk_main_quit ();
}
int main (int argc, char **argv) {
  /* 1. Die Umgebung initialisieren */
  gtk_init (&argc, &argv);
  /* 2. Die Widgets erzeugen */
  /* 2a. Fenster mit den folgenden Eigenschaften ... anlegen */
  win = g_object_new (GTK_TYPE_WINDOW,
                      "title", "Ein leeres Fenster",
                      "default-width", 300,
                      "default-height", 200,
                      "resizable", TRUE,
                      "window-position", GTK_WIN_POS_CENTER,
                      "border-width", 5, NULL);
  /* 3. Signalhandler (Callbackfunktion)  einrichten  */
  g_signal_connect ( win, "delete-event",
                     G_CALLBACK (delete_Event), NULL );
  g_signal_connect ( win, "destroy",
                     G_CALLBACK (end), NULL );
  /* 4. Hier gibt es noch nichts zum packen */
  /* 5. (Widgets) Fenster anzeigen */
  gtk_widget_show_all (GTK_WIDGET (win));
  /* 6. Hauptschleife von gtk - Verarbeitungsschleife */
  gtk_main ();
```

```
  g_print ("Die GTK-Hauptschleife wurde beendet\n");
  return 0;
}
```

Das Programm bei der Ausführung:

```
$ gcc -Wall -o gtk1b gtk1b.c $(pkg-config --libs --cflags gtk+-3.0)
$ ./gtk1b
```

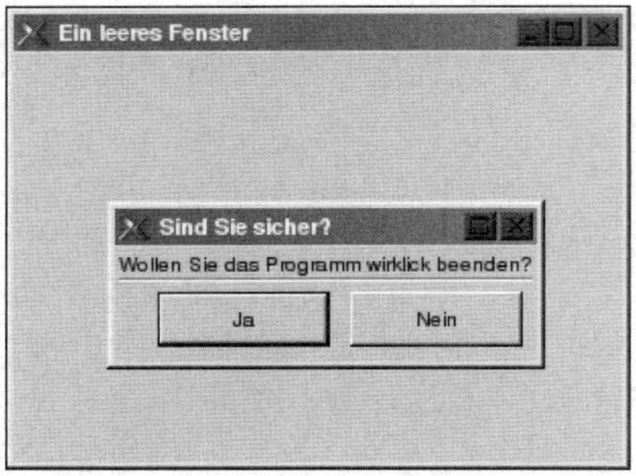

Abbildung 17.5 Ein einfaches Dialogfenster

Zum Erstellen eines neuen Dialogfensters wurde hier die Funktion `gtk_dialog_new_with_buttons()` verwendet. Zwar wäre auch hier der Weg über `g_object_new()` möglich gewesen, nur wäre es in diesem Fall (ausnahmsweise) nicht so komfortabel wie mit `gtk_dialog_new_with_buttons()`. Die Funktion besitzt folgende Syntax:

```
GtkWidget* gtk_dialog_new_with_buttons(
                             const gchar *title,
                             GtkWindow *parent,
                             GtkDialogFlags flags,
                             const gchar *first_button_text, ...);
```

Mit dem ersten Parameter können Sie den Titel des Dialogfensters angeben. Als zweiter Parameter wird das Elternfenster verwendet – quasi das Fenster, das das Dialogfenster erzeugt hat. Jetzt werden noch einige Flags benötigt (dritter Parameter), wovon Sie folgende zur Auswahl haben:

- `GTK_DIALOG_MODAL` – Wie schon beim gewöhnlichen Fenster können Sie auch hier ein modales Fenster erzeugen (wovon allerdings in der Praxis immer abzuraten ist).
- `GTK_DIALOG_NO_SEPARATOR` – Hiermit können Sie den Trennbalken (Separator) über den Buttons in der vertikalen Box entfernen.
- `GTK_DIALOG_DESTROY_WITH_PARENT` – Mit dem Setzen dieses Flags stellen Sie sicher, dass das Dialogfenster auch zerstört wird, wenn sich das Elternfenster noch vor dem Dialogfenster beendet.

Mit den letzten Parametern können Sie eine variable Buttonliste angeben, die abwechselnd aus der Beschriftung des Buttons und einer Antwortkennung vom Typ gint für den Button besteht. Theoretisch können Sie für diese Antwortkennung eine beliebige positive Ganzzahl verwenden. In der Praxis wird hierbei allerdings gewöhnlich auf eine der vordefinierten Konstanten zurückgegriffen. Wird im Dialogfenster ein Button geklickt, wird das Signal response emittiert. Theoretisch könnten Sie hier auch eine Callback-Funktion einrichten, die wie folgt aussieht:

```
void dialog_callback( GtkDialog *dlg, gint resp, gpointer data)
```

Im zweiten Parameter würden Sie dann die Antwortkennung vorfinden, die response emittiert hat. Folgende vordefinierte Konstanten sind für die Antwortkennung (Kennungs-ID) dabei schon vergeben:

- GTK_RESPONSE_DELETE_EVENT – Dies wird zurückgegeben, wenn das Dialogfenster über den Fenstermanager geschlossen wird. Hierbei wird das übliche delete-event-Signal emittiert.
- GTK_RESPONSE_NONE – Wurde das Dialogfenster vom Programm entfernt, wird diese Kennung zurückgegeben.

Die weiteren Konstanten sind Kennungen, die im Gegensatz zu den beiden eben erwähnten Konstanten keine besondere Bedeutung haben und nur dem Komfort dienen:

- GTK_RESPONSE_ACCEPT – Annehmen
- GTK_RESPONSE_REJECT – Ablehnen
- GTK_RESPONSE_OK – O. k.
- GTK_RESPONSE_CANCEL – Abbrechen
- GTK_RESPONSE_CLOSE – Schließen
- GTK_RESPONSE_YES – Ja
- GTK_RESPONSE_NO – Nein
- GTK_RESPONSE_HELP – Hilfe

Da im Beispiel keine Callback-Funktion mit g_signal_connect() eingerichtet wurde, wird die Funktion gtk_dialog_run() verwendet:

```
gint gtk_dialog_run (GtkDialog *dialog);
```

Diese Funktion blockiert so lange in einer rekursiven Schleife, bis das Dialogfenster ein empfangenes (response) Signal emittiert oder das Fenster zerstört wird. Wird das Dialogfenster während der Ausführung von gtk_dialog_run() zerstört, wird GTK_RESPONSE_NONE zurückgegeben. Ansonsten wird die Kennungs-ID vom response-Signal zurückgegeben. (Kennungs-IDs wurden eben beschrieben.) Beachten Sie bitte, dass in der rekursiven Schleife die Funktion gtk_widget_show() verwendet wird. Würden Sie im Beispiel nicht

```
gtk_widget_show_all (dialog);
```

verwenden, würde das Dialogfenster zwar trotzdem angezeigt, allerdings ohne seine Kinder-Widgets (im Beispiel ohne das Text-Label)!

Im Listing wurde auch ein Text-Label erzeugt und in die Box des Dialogfensters gepackt. Genaueres zu diesen beiden Widgets erfahren Sie noch ausführlicher. Natürlich können Sie jedes beliebige Widget in das Dialogfenster packen, da es sich ja bei ihm auch um eine abgeleitete Klasse von `GtkWindow` handelt.

17.5.2 GtkMessageDialog

`GtkMessageDialog` ist wiederum eine abgeleitete Klasse von `GtkDialog` und somit auch abgeleitet von `GtkWindow`. Der Vorteil von `GtkMessageDialog` ist, dass sich hiermit noch einfacher und schneller einige Hinweis-Dialoge zusammenbasteln lassen. Wobei man dazu gleich erwähnen muss, dass diese Klasse im Funktionsumfang sehr eingeschränkt ist und man kaum mehr als einfache Ja/Nein-Buttons erstellen kann. Somit ist diese Klasse nur beschränkt für den Praxisgebrauch geeignet.

17.6 Anzeige-Elemente

Als Nächstes sollen hier einige Widgets vorgestellt werden, mit denen *nur* etwas angezeigt werden kann – also einfache Widgets ohne irgendwelche Interaktionen wie Ein- oder Ausgabe.

Im folgenden Beispiel werden das Widget `GtkLabel`, mit dem Sie eine einfache Beschriftung auf einem Widget anbringen, sowie das Widget `GtkImage` verwendet, mit dem Sie (wie man dem Klassennamen schon entnehmen kann) Bilder auf einem Widget anzeigen lassen können. Mit `GtkImage` lassen sich Bilder fast jeglicher Art darstellen. Des Weiteren finden Sie das Widget `GtkStatusbar`, womit gewöhnlich der Status – die aktuelle Aktion – der Anwendung in einem kleinen Balken am unteren Fensterrand angezeigt wird. Daneben wird auch noch das häufig verwendete Widget `GtkSeparator` (hier mit der Unterklasse `GtkHSeparator`) zum Anzeigen einer Linie verwendet.

Hier sehen Sie das Programmbeispiel mit anschließender Erläuterung der einzelnen Widgets:

```
/* gkt1b.c */
/* Ein leeres Fenster und eine Dialogbox */
#include <stdio.h>
#include <stdlib.h>
#include <gtk/gtk.h>
static GtkWindow *win;
static gint
```

```
delete_Event(GtkWidget * widget, GdkEvent event, gpointer daten){
  GtkWidget *dialog, *label;
  gint result;
  /* Einen neue Dialogbox erzeugen */
  dialog = gtk_dialog_new_with_buttons (
                              "Sind Sie sicher?",
                              win,
                              GTK_DIALOG_DESTROY_WITH_PARENT,
                              "Ja", GTK_RESPONSE_ACCEPT,
                              "Nein", GTK_RESPONSE_REJECT,
                              NULL);
  /* Ein Label dazu */
  label = gtk_label_new (
          "Wollen Sie das Programm wirklich beenden?");
  /* Label in die vorhandene (Standard)-Box (vertikal) */
  /* von der Dialogbox packen                          */
  gtk_container_add( GTK_CONTAINER( gtk_dialog_get_content_area(
     GTK_DIALOG( dialog ))),
     label);
  /* Dialogbox anzeigen */
  gtk_widget_show_all (dialog);
  /* Wartet auf eine Eingabe in der Dialogbox des Anwenders */
  result = gtk_dialog_run (GTK_DIALOG (dialog));
  switch (result) {
  case GTK_RESPONSE_ACCEPT: /* Ja-Button wurde gedrückt */
    g_print("GTK_RESPONSE_ACCEPT\n");
    /* Dialogbox zerstören */
    gtk_widget_destroy (dialog);
    /* Hauptfenster auch zerstören */
    return FALSE;
    break;
  case GTK_RESPONSE_REJECT:
    g_print("GTK_RESPONSE_REJECT\n");
    /* Dialogbox zerstören */
    gtk_widget_destroy (dialog);
    /* Hauptfenster nicht zerstören */
    return TRUE;
    break;
  case GTK_RESPONSE_DELETE_EVENT:
    g_print("GTK_RESPONSE_DELETE_EVENT\n");
    /* Dialogbox zerstören */
    gtk_widget_destroy (dialog);
    /* Hauptfenster nicht zerstören */
```

```
      return TRUE;
      break;
    default:
      g_print("Fehler beim Auswerten der Dialogbox?\n");
      return TRUE;
    } }
static void end (GtkWidget * widget, gpointer daten) {
  g_print ("Und Tschues!\n");
  /* Die Verarbeitungsschleife beenden */
  gtk_main_quit ();
}
int main (int argc, char **argv) {
  /* 1. Die Umgebung initialisieren */
  gtk_init (&argc, &argv);
  /* 2. Die Widgets erzeugen */
  /* 2a. Fenster mit den folgenden Eigenschaften ... anlegen */
  win = g_object_new (GTK_TYPE_WINDOW,
                      "title", "Ein leeres Fenster",
                      "default-width", 300,
                      "default-height", 200,
                      "resizable", TRUE,
                      "window-position", GTK_WIN_POS_CENTER,
                      "border-width", 5, NULL);
  /* 3. Signalhandler (Callbackfunktion)  einrichten  */
  g_signal_connect ( win, "delete-event",
                     G_CALLBACK (delete_Event), NULL );
  g_signal_connect ( win, "destroy",
                     G_CALLBACK (end), NULL );
  /* 4. Hier gibt es noch nichts zum packen */
  /* 5. (Widgets) Fenster anzeigen */
  gtk_widget_show_all (GTK_WIDGET (win));
  /* 6. Hauptschleife von gtk - Verarbeitungsschleife */
  gtk_main ();
  g_print ("Die GTK-Hauptschleife wurde beendet\n");
  return 0;
}
```

Das Programm bei der Ausführung:

```
$ gcc -Wall -o gtk2 gtk2.c $(pkg-config --libs --cflags gtk+-3.0)
$ ./gtk2
```

Abbildung 17.6 Einfache Anzeige-Elemente

Im Beispiel wurden sämtliche Objekte mit der Funktion `g_object_new()` und der entsprechenden Typenkennung erzeugt. Neben dem bereits bekannten Typ `GTK_TYPE_WINDOW` und dem Typ `GTK_TYPE_VBOX`, den Sie im nächsten Abschnitt näher kennenlernen, finden Sie hier noch die Typen `GTK_TYPE_LABEL`, `GTK_TYPE_HSEPARATOR`, `GTK_TYPE_IMAGE` und `GTK_ TYPE_STATUSBAR` vor.

17.6.1 Text – GtkLabel

Mit `GtkLabel` können Sie einen einfachen Text an ein Widget anbringen. Obwohl Sie im Beispiel nur das Attribut `justify` zur Ausrichtung der Zeilen der Schriften zueinander verwendet haben, können Sie hierbei noch eine Menge weiterer Eigenschaften einsetzen (siehe Tabelle 17.6).

Eigenschaft	Datentyp	Bedeutung
`"justify"`	`GtkJustification`	Die Ausrichtung der einzelnen Zeilen zueinander. Folgende Werte sind hierbei möglich: `GTK_WIN_POS_NONE` linksbündig `GTK_WIN_POS_NONE` rechtsbündig `GTK_WIN_POS_NONE` zentriert `GTK_WIN_POS_NONE` Blocksatz

Tabelle 17.6 Eigenschaften für »GtkLabel« (GTK_TYPE_LABEL)

Eigenschaft	Datentyp	Bedeutung
"label"	gchararray	Der eigentliche Text
"selectable"	gboolean	Bei TRUE kann der Wert selektiert werden (z. B. für Copy & Paste).
"selection-bound"	gint	(nur lesbar) Die Position vom Ende der Markierung (in Zeichen vom Anfang der Markierung). Kann z. B. verwendet werden, wenn der Text per Copy & Paste in einen dynamischen Textpuffer gelegt werden soll. Vorausgesetzt, selectable ist auf TRUE gesetzt!
"cursor-position"	gint	(nur lesbar) Die Position vom Anfang der Markierung (in Zeichen vom Anfang der Markierung). Verwendungszweck und Voraussetzung siehe selection-bound.
"use-underline"	gboolean	Wird hier TRUE verwendet, wird ein Unterstrich unter einem Zeichen verwendet, wenn das Zeichen '_' davor steht. Zum Beispiel wird mit "_Hallo" der Buchstabe H unterstrichen. Hiermit kann man einen Buchstaben als Abkürzungszeichen markieren.
"mnemonic-widget"	GtkWidget	Hier befindet sich das Widget, das aktiviert werden soll, wenn das Abkürzungszeichen (siehe "use-underline") betätigt wurde.
"wrap"	gboolean	Bei TRUE werden zu lange Zeilen umbrochen.
"use-markup"	gboolean	Bei TRUE kann hierbei eine Markup-Sprache (Pango-Markup) verwendet werden.

Tabelle 17.6 Eigenschaften für »GtkLabel« (GTK_TYPE_LABEL) (Forts.)

Ein Label mit use-markup zu verwenden, lässt die häufig etwas blass aussehenden Text-Labels etwas freundlicher erscheinen. Verantwortlich für diese Markup-Sprache ist *Pango*. Die Syntax von Pango lässt sich aus einer Mischung von HTML mit CSS beschreiben. Die Text-Engine von Pango ist wirklich sehr mächtig, weshalb wir Ihnen für weitere Informationen die entsprechende Dokumentation empfehlen. Dennoch wollen wir Ihnen ein kurzes Listing, das den Einsatz von Pango-Markup demonstriert, nicht vorenthalten:

```
/* gkt2b.c */
/* Anzeigeelemente:            */
/*        Label mit Pango-Markup */
```

```
#include <stdio.h>
#include <stdlib.h>
#include <gtk/gtk.h>
static gint
delete_Event(GtkWidget *widget, GdkEvent event, gpointer daten) {
  g_print("Das Fenster wird zerstoert!\n");
  /* Nur mit FALSE wird die Anwendung wirklich Beendet */
  return FALSE;
}
static void end ( GtkWidget *widget, gpointer daten ) {
  g_print("Und Tschues!\n");
  gtk_main_quit();
}
int main(int argc, char **argv) {
  GtkWindow  *win;
  GdkPixbuf  *pic;
  GtkWidget  *vbox;
  GtkLabel   *text;
  gtk_init( &argc, &argv );
  /* Eine Grafik in einen Pixbuf laden */
  pic = gdk_pixbuf_new_from_file("icon/at-work.gif", NULL );
  /* Fenster mit folgenden Eigenschaften anlegen */
  win = g_object_new( GTK_TYPE_WINDOW,
                      "title", "Demonstriert Pango-Markup",
                      "default-width",  300,
                      "default-height", 200,
                      "resizable", TRUE,
                      "window-position", GTK_WIN_POS_CENTER,
                      "border-width", 5,
                      "icon", pic,
                      NULL );
  /* Ein vertikale Box erzeugen */
  vbox = gtk_box_new( GTK_ORIENTATION_VERTICAL, 5 );
  /* Einen Text-Label erzeugen */
  text = g_object_new( GTK_TYPE_LABEL,
 "justify", GTK_JUSTIFY_CENTER,
 "use-markup", TRUE,
 "label",
 "<span font_desc=\"Times Normal 12\"> Times Normal 12</span> - "
 "<span font_desc=\"Verdana\"> Verdana </span> - "
 "<span font_desc=\"Courier Bold 10\"> Courier Bold 10 "
 " </span>\n\n"
 "<span style=\"italic\"> Kursiv </span> - "
```

```
    "<span style=\"oblique\"> Geschraegt </span> - "
    "<span style=\"normal\"> Normal </span>\n\n"
    "<span font_desc=\"Times Normal 12\"  background=\"white\""
    " foreground=\"blue\"> Invers1 </span> - "
    "<span font_desc=\"Courier Bold 14\"  background=\"black\""
    " foreground=\"green\"> Invers2 </span> - "
    "<span style=\"italic\"  background=\"red\""
    " foreground=\"yellow\"> Invers3 </span>\n",
                          NULL);
  /* Signalhandler einrichten */
  g_signal_connect( win, "delete-event",
                    G_CALLBACK(delete_Event), NULL );
  g_signal_connect( win, "destroy",
                    G_CALLBACK(end), NULL );
  /* Packen */
  gtk_container_add( GTK_CONTAINER(win), GTK_WIDGET(vbox));
  gtk_box_pack_start( GTK_BOX(vbox),
                      GTK_WIDGET(text),
                      FALSE, FALSE, 0);
  /* Fenster anzeigen */
  gtk_widget_show_all( GTK_WIDGET(win) );
  /* Hauptschleife von gtk */
  gtk_main();
  g_print("Die GTK-Hauptschleife wurde beendet\n");
  return 0;
}
```

Das Programm bei der Ausführung:

```
$ gcc -Wall -o gtk2b gtk2b.c $(pkg-config --libs --cflags gtk+-3.0)
$ ./gtk2b
```

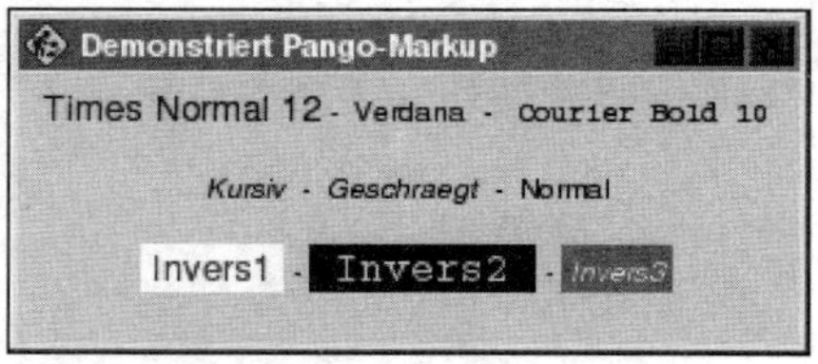

Abbildung 17.7 Verwendung von Pango-Markup mit »GtkLabel«

17.6.2 Trennlinie – GtkSeparator

Viel lässt sich zu diesem Widget eigentlich nicht sagen, nur dass `GtkSeparator` die Basisklasse für die Widgets `GtkVSeparator` (vertikale Linie) und `GtkHSeparator` (horizontale Linie) ist. Im

Beispiel wurden mit dem Typ GTK_TYPE_HSEPARATOR drei horizontale Linien erzeugt. Mit dem Typ GTK_TYPE_VSEPARATOR lassen sich auch vertikale Linien erzeugen.

17.6.3 Grafiken – GtkImage

Ebenso einfach wie einen Text (GtkLabel) können Sie auch eine Grafik auf einem Widget anbringen. Hierzu müssen Sie nur ein Widget mit der Klasse GtkImage (vom Typ GTK_TYPE_IMAGE) erzeugen und mithilfe der Eigenschaft file den Pfadnamen zur Grafik angeben. Hierbei werden so ziemlich alle wichtigen Grafikformate unterstützt (GIF, JPEG, PNG, ICO, TIFF, BMP, TGA etc.).

Wenn Sie allerdings neben dem Anzeigen einer Grafik auch daran interessiert sind, diese Grafik zu verändern, dann kommen Sie nicht um Pixbufs (GdkPixbuf) herum. Denn letztendlich geschieht die Verarbeitung und Anzeige der Grafik mit GtkImage über ein GdkPixbuf-Objekt. GdkPixbuf ist eine GDK-interne Struktur für Grafikdaten.

Da GdkPixbuf ein recht umfangreiches Thema ist, wurde der GTK+-Lib hierfür gleich eine extra umfangreiche Dokumentation spendiert, auf die wir Sie bei Bedarf verweisen müssen.

17.6.4 Statusleiste – GtkStatusbar

Gewöhnlich platziert man eine Statusbar, wie im Beispiel gesehen, unten am Hauptfenster von GtkWindow. Meistens befinden sich darin Informationen, wie z. B. bei einem Texteditor, welche Datei (mit Pfad) geöffnet wurde, in welcher Zeile/Spalte sich der Cursor befindet oder welche Seite von den insgesamt vorhandenen Seiten gerade bearbeitet wird.


```
guint gtk_statusbar_push (
  GtkStatusbar *statusbar, guint context_id, const gchar *text );
void gtk_statusbar_pop (
 GtkStatusbar *statusbar, guint context_id );
guint gtk_statusbar_get_context_id (
 GtkStatusbar *statusbar, const gchar *context_description );
void gtk_statusbar_set_has_resize_grip (
 GtkStatusbar *statusbar, gboolean setting );
void gtk_statusbar_remove (
 GtkStatusbar *statusbar, guint context_id, guint message_id );
```

Nach dem Erzeugen einer solchen Statusleiste können Sie mit der Funktion gtk_statusbar_push() eine neue Statusinformation in diese Leiste einfügen. Hiermit wird eine Nachricht auf einen Stack der Statusleiste gepusht. Beim Anzeigen der Statusleiste wird dann immer die Nachricht angezeigt, die oben auf liegt. Mit der Funktion gtk_statusbar_pop() hingegen können Sie eine Nachricht oberhalb des Stacks wieder entfernen.

Jede Nachricht, die auf dem Stack der Statusbar hinzugefügt wird, benötigt eine bestimmte ID, um die Quelle der Nachricht eindeutig identifizieren zu können. Eine solche ID können Sie auch mit der Funktion `gtk_statusbar_get_context_id()` erzeugen. Diese Funktion gibt eine neue ID (`gint`) zurück. Natürlich können Sie hierbei auch die ID selbst, wie im Beispiel gesehen, in der Funktion `gtk_statusbar_push()` als zweiten Parameter eintragen.

Der Vorteil bei der Verwendung von `gtk_statusbar_get_context_id()` besteht darin, dass mit der Funktion `gtk_statusbar_remove()` eine Statusnachricht von einer beliebigen Stelle des Stacks entfernt werden kann.

Wollen Sie, dass die Größe der Statusbar veränderbar ist, können Sie mit der Funktion `gtk_statusbar_set_has_resize_grip()` den zweiten Parameter auf `TRUE` setzen.

17.6.5 Fortschrittsbalken – GtkProgressBar

Ein weiteres reines Anzeige-Widget, das in diesem Beispiel nicht verwendet wurde, ist das Widget der Klasse `GtkProgressBar` vom Typ `GTK_TYPE_PROGRESS_BAR`. Hierbei handelt es sich um einen Fortschrittsbalken, der z. B. anzeigen kann, wie weit ein bestimmter Vorgang abgeschlossen ist.

17.7 Behälter

In der Einführung sind Sie bereits auf ein Behälter-Widget mit `GtkBox` gestoßen. Ohne das Behälter-Widget – gern auch als Packing-Widgets bezeichnet – wäre es wohl aussichtslos, eine Anwendung zu erstellen. Denn gerade mithilfe der Behälter-Widgets entsteht das Layout des Fensters und somit der Anwendung.

17.7.1 Boxen – GtkBox

Die wichtigsten und grundlegenden Behälter sind dabei die vertikalen und horizontalen Boxen. Diese werden immer dann verwendet, wenn mehrere Widgets nebeneinander und übereinander angeordnet werden sollen. Die Behälter-Widgets der Klasse `GtkHBox` und `GtkVBox` sind abgeleitet von der Oberklasse `GtkBox`. In Abbildung 17.8 sehen Sie den Klassenbaum von `GtkBox`.

In den meisten Fällen wird als Behälter `GtkBox` verwendet. Für den Fall, dass Sie sehr viele Zeilen und Spalten benötigen, können Sie entweder mehrere vertikale und horizontale Boxen in der richtigen Anordnung verwenden oder das Tabellen-Widget `GtkTable`. Ein Tabellen-Widget ist ein Behälter, mit dem Sie die weiteren Widgets in Zeilen und Spalten packen können.

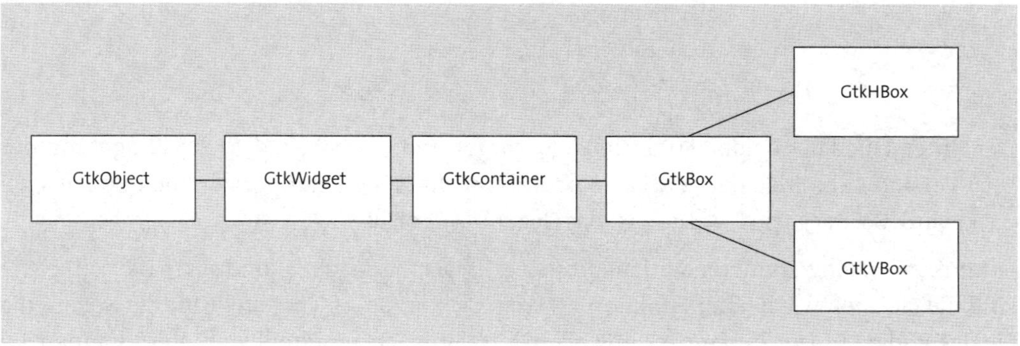

Abbildung 17.8 Der Klassenbaum von »GtkBox«

Der Sinn und Zweck der Boxen – sei dies nun eine vertikale Box (Klasse `GtkVBox` mit der Typenkennung `GTK_TYPE_VBOX`) oder eine horizontale Box (Klasse `GtkHBox` mit der Typenkennung `GTK_TYPE_HBOX`) – ist immer derselbe: Boxen werden verwendet, um andere Widgets in sie hineinzupacken.

Folgende zwei Eigenschaften können einer Klasse `GtkBox` vom Typ `GTK_TYPE_VBOX` oder `GTK_TYPE_HBOX` zugewiesen bzw. abgefragt werden:

Eigenschaft	Datentyp	Bedeutung
`"spacing"`	`gint`	Abstand zwischen den einzelnen gepackten Widgets in Pixel
`"homogeneous"`	`gboolean`	Bei `TRUE` bleiben alle gepackten Widgets gleich groß.

Tabelle 17.7 Eigenschaften für eine »GtkVBox« und eine »GtkHbox«

In den Listings bisher wurden die einzelnen Widgets mithilfe der Funktion `gtk_box_pack_start_defaults()` unter Verwendung der Standardeinstellungen einer Box hinzugefügt.

Mit den folgenden Funktionen können Sie ganz individuell für jedes einzelne Widget eine Angabe dazu machen, auf welche Art es zur Box hinzugefügt (gepackt) werden soll:

```
void gtk_box_pack_start_defaults( GtkBox *box,
                                  GtkWidget *widget );
void gtk_pack_box_start( GtkBox *box,
                         GtkWidget *widget,
                         gboolean expand,
                         gboolean fill,
                         guint padding );
void gtk_pack_box_end (  GtkBox *box,
                         GtkWidget *widget,
```

```
                    gboolean expand,
                    gboolean fill,
                    guint padding );
```

Der Unterschied der beiden Funktionen (.._start und .._end) ist, dass ein Widget mit der _end-Version vom Ende der vertikalen oder der rechten Seite der horizontalen Box aus gepackt wird. Bei der _start-Version ist das Gegenteil der Fall.

Die ersten beiden Parameter der Funktionen gtk_pack_box_start() und gtk_pack_box_ end() sind die gleichen wie bei der Funktion gtk_box_pack_default(). box steht für die Box, in die Sie das Widget widget hineinpacken wollen. Mit den nächsten drei Parametern können Sie die Darstellung des Widgets in der Box beeinflussen:

- expand – Wird hier TRUE angegeben, darf sich das Widget ausdehnen. Befinden sich mehrere Widgets in dieser Box, wird der verfügbare Bereich unter denjenigen Widgets aufgeteilt, bei denen dieser Parameter ebenfalls TRUE ist.
- fill – Wird für expand TRUE verwendet und für fill (»ausfüllen«) ebenfalls, wird der übrige Freiraum zwischen den Widgets selbst völlig ausgefüllt, anstatt sich nur zu zentrieren.
- padding – Hier können Sie einen Wert in Pixeln angeben, mit dem ein Leerraum rund um das Widget »gepolstert« werden darf.

In den gleich folgenden beiden Beispielen wurde auf ein Widget mit einer Box als Behälter erst einmal verzichtet, da es ohnehin in fast jedem der noch folgenden Listings verwendet wird oder bereits verwendet wurde. Daher soll hier erst ein umfassender Blick auf andere Behälter-Widgets geboten werden.

17.7.2 Aufteilungen, Register und Button-Box

In den jetzt folgenden Listings werden die (Behälter-)Widgets GtkHPaned und GtkVPaned (mit den Typenkennungen GTK_TYPE_HPANED bzw. GTK_TYPE_VPANED) gezeigt, mit denen Sie mehrere verstellbare (sowohl horizontale als auch vertikale) Aufteilungen erzeugen können, wie Sie dies z. B. von FTP- oder Mailclient-Anwendungen her kennen. Des Weiteren wird ein Behälter mit mehreren Registern erzeugt (GtkNotebook von der Typenkennung GTK_TYPE_NOTEBOOK), wie Sie dies z. B. von Notizbüchern (oder Ringordnern) her kennen. Daneben werden Sie auch noch Behälter kennenlernen, die nur Buttons aufnehmen können.

```
/* gkt3.c */
/* Behälter:        */
/*    horizontale und vertikale Aufteilung (GtkPaned) */
/*    Register (GtkNootebook)                          */
/*    horizontale und vertikale Boxen                  */
#include <stdio.h>
#include <stdlib.h>
```

```
#include <gtk/gtk.h>
#define NBOOK 6
#define BUF 35
#define BUTTONS 4
static gint
delete_Event(GtkWidget *widget, GdkEvent event, gpointer daten) {
  g_print("Das Fenster wird zerstoert!\n");
  /* Nur mit FALSE wird die Anwendung wirklich Beendet */
  return FALSE;
}
static void end ( GtkWidget *widget, gpointer daten ) {
  g_print("Und Tschues!\n");
  gtk_main_quit();
}
int main(int argc, char **argv) {
  GtkWindow  *win;
  GdkPixbuf  *pic;
  GtkWidget  *vpan;
  GtkWidget  *hpan;
  GtkNotebook *nbook;
  GtkLabel    *nbook_content[NBOOK],
  *nbook_titel[NBOOK];
  GtkWidget     *vbutbox;
  GtkButton     *vbuttons[BUTTONS];
  GtkWidget     *hbutbox;
  GtkButton     *hbuttons[BUTTONS];
  guint i;
  gchar buf[BUF];
  gtk_init( &argc, &argv );
  /* Eine Grafik in einen Pixbuf laden */
  pic = gdk_pixbuf_new_from_file("icon/at-work.gif", NULL );
  /* Fenster mit folgenden Eigenschaften anlegen */
  win = g_object_new( GTK_TYPE_WINDOW,
                      "title", "Behaelter-Widgets",
                      "default-width",  300,
                      "default-height", 200,
                      "resizable", TRUE,
                      "window-position", GTK_WIN_POS_CENTER,
                      "border-width", 10,
                      "icon", pic,
                      NULL );
  /* vertikale Aufteilung erzeugen */
  vpan = gtk_paned_new( GTK_ORIENTATION_HORIZONTAL );
```

```
/* horizontale Aufteilung erzeugen */
hpan = gtk_paned_new( GTK_ORIENTATION_VERTICAL );
/* vpan oben-links von hpan mit den */
/* Standardparametern hinzufügen    */
gtk_paned_add1( GTK_PANED(hpan), GTK_WIDGET(vpan) );
/* ein neues Notizbuch erzeugen */
nbook = g_object_new( GTK_TYPE_NOTEBOOK,
                      "enable-popup", TRUE,
                      NULL );
/* nbook rechts-unten von vpan mit den */
/* Standardparametern hinzufügen */
gtk_paned_add2(GTK_PANED(vpan), GTK_WIDGET(nbook));
/* Titel der Reiter mit entsprechenden Inhalt erzeugen  */
/* und im Notizbuch hinzufügen */
for(i=0; i < NBOOK; i++) {
  g_snprintf(buf,BUF,"Inhalt von GtkNotebook Seite %d",i+1);
  nbook_content[i] = g_object_new( GTK_TYPE_LABEL,
                                   "label", buf,
                                   NULL);
  g_snprintf(buf,BUF,"Seite %d",i+1);
  nbook_titel[i]   = g_object_new( GTK_TYPE_LABEL,
                                   "label", buf,
                                   NULL );
  gtk_notebook_append_page_menu(nbook,
                                GTK_WIDGET(nbook_content[i]),
                                GTK_WIDGET(nbook_titel[i]),
                                NULL);
}
/* vertikale Button-Box erzeugen */
vbutbox = gtk_button_box_new( GTK_ORIENTATION_VERTICAL );
/* horizontale Button-Box erzeugen */
hbutbox = gtk_button_box_new( GTK_ORIENTATION_HORIZONTAL );
/* Buttons erzeugen und in die Button-Box packen */
for(i=0; i < BUTTONS; i++ ) {
  g_snprintf(buf,BUF,"(v)Button %d",i+1);
  vbuttons[i] = g_object_new( GTK_TYPE_BUTTON,
                              "label", buf,
                              NULL);
  gtk_box_pack_start( GTK_BOX(vbutbox), GTK_WIDGET(vbuttons[i]), FALSE, FALSE, 0);
  g_snprintf(buf,BUF,"(h)Button %d",i+1);
  hbuttons[i] = g_object_new( GTK_TYPE_BUTTON,
                              "label", buf,
                              NULL );
```

```
    gtk_box_pack_start( GTK_BOX(hbutbox), GTK_WIDGET(hbuttons[i]), FALSE, FALSE, 0);
  }
  /* vbutbox oben-links von vpan mit den */
  /* Standardparametern hinzufügen      */
  gtk_paned_add1(GTK_PANED(vpan), GTK_WIDGET(vbutbox));
  /* hbutbox rechts-unten von hpan mit den */
  /* Standardparametern hinzufügen         */
  gtk_paned_add2(GTK_PANED(hpan), GTK_WIDGET(hbutbox));
  /* Signalhandler einrichten */
  g_signal_connect( win, "delete-event",
                    G_CALLBACK(delete_Event), NULL );
  g_signal_connect( win, "destroy",
                    G_CALLBACK(end), NULL );
  gtk_container_add(GTK_CONTAINER( win ), GTK_WIDGET( hpan ) );
  /* Fenster anzeigen */
  gtk_widget_show_all( GTK_WIDGET(win) );
  /* Hauptschleife von gtk */
  gtk_main();
  g_print("Die GTK-Hauptschleife wurde beendet\n");
  return 0;
}
```

Das Programm bei der Ausführung:

```
$ gcc -Wall -o gtk3 gtk3.c $(pkg-config --libs --cflags gtk+-3.0)
$ ./gtk3
```

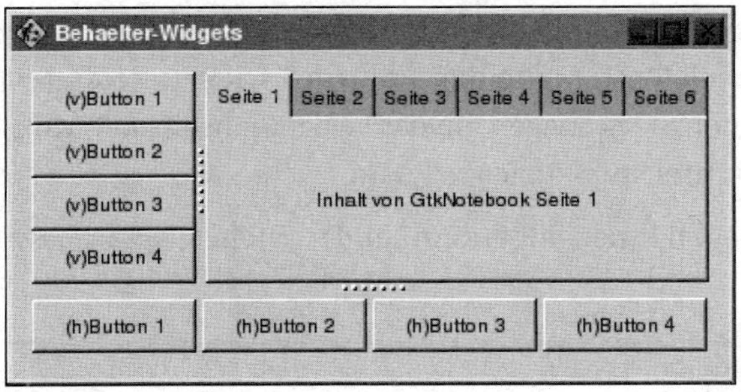

Abbildung 17.9 Einige Behälter-Widgets – Aufteilungen, Register, Button-Box

Aufteilungen – GtkPaned

Im Beispiel haben Sie jeweils eine vertikale und eine horizontale Schiebeleiste (Aufteilung) verwendet. Bei einer Aufteilung der Klassen GtkVPaned (Typenkennung: GTK_TYPE_VPANED) bzw. GtkHPaned (Typenkennung: GTK_TYPE_HPANED) kann an beiden Seiten je ein Widget gepackt werden. Bei GtkVPaned ist dies je ein Widget oberhalb und unterhalb der Schiebeleiste und bei GtkHPaned links und rechts von der Leiste. Um das Packen entsprechend vorzunehmen, werden hierfür die Funktionen gtk_paned_add1() und gtk_paned_add2() verwendet:

```
void gtk_paned_add1 ( GtkPaned *paned,
                      GtkWidget *child );
void gtk_paned_add2 ( GtkPaned *paned,
                      GtkWidget *child );
```

Als erstes Argument verwenden je beide Funktionen die Schiebeleiste (GtkPaned) und als zweites Argument ein Widget, das in sie hineingepackt werden soll. Mit gtk_paned_add1() wird ein Widget links über und mit gtk_paned_add2() rechts unter die Schiebeleiste gepackt.

Sofern Sie ähnlich wie beim Packen von Boxen mit gtk_box_pack_start() auch die Größenveränderung des Widgets beeinflussen wollen, können Sie hierfür die Funktionen gtk_paned_pack1() und gtk_paned_pack2() verwenden:

```
/* links oben */
void gtk_paned_pack1 ( GtkPaned *paned,
                       GtkWidget *child,
                       gboolean resize,
                       gboolean shrink );
/* rechts unten */
void gtk_paned_pack2 ( GtkPaned *paned,
                       GtkWidget *child,
                       gboolean resize,
                       gboolean shrink );
```

Beide Funktionen sind bis auf den ersten beiden Parametern identisch mit gtk_paned_add1() und gtk_panded_add2(). Zusätzlich können Sie hier noch mit dem dritten Parameter angeben, ob sich das Kind-Widget ausdehnen soll (darf), wenn die Größe des Widgets verändert wird. Mit dem vierten Argument bestimmen Sie hingegen, ob das Widget jenseits der Minimalgröße schrumpfen darf, wenn das Hauptfenster verkleinert wird.

Die zwei Eigenschaften aus Tabelle 17.8 stehen Ihnen außerdem für das Widget GtkPaned zur Verfügung:

Eigenschaft	Datentyp	Bedeutung
"position"	gint	Hier kann eine Position, gerechnet von der linken bzw. oberen Seite, für die Schiebeleiste eingetragen werden (abhängig von position-set).
"position-set"	gboolean	Damit der Wert in position auch beachtet wird, muss hier TRUE eingetragen werden.

Tabelle 17.8 Eigenschaften für »GtkPaned«

Notizbuch – GtkNotebook

Das Notizbuch (GtkNotebook; Typenkennung: GTK_TYPE_NOTEBOOK) besteht aus mehreren Reitern, die beim Anklicken auch jeweils eine neue Seite beinhalten. Um zum Notizbuch weitere Seiten und Reiter hinzuzufügen, stehen Ihnen mindestens folgende Funktionen zur Verfügung (von denen Sie ja im Beispiel die Funktion gtk_notebook_append_page_menu() verwenden):

```
void gtk_notebook_append_page_menu ( GtkNotebook *notebook,
                                     GtkWidget *child,
                                     GtkWidget *tab_label,
                                     GtkWidget *menu_label );
void gtk_notebook_prepend_page_menu ( GtkNotebook *notebook,
                                      GtkWidget *child,
                                      GtkWidget *tab_label,
                                      GtkWidget *menu_label );
void gtk_notebook_insert_page_menu ( GtkNotebook *notebook,
                                     GtkWidget *child,
                                     GtkWidget *tab_label,
                                     GtkWidget *menu_label,
                                     gint position );
```

Die einzelnen Argumente haben bei allen drei Funktionen dieselbe Bedeutung. Das erste Argument ist das Widget GtkNotebook selbst, dem ein neuer Eintrag hinzugefügt werden soll. Mit dem zweiten Argument geben Sie den Inhalt der Seite an, den Sie in das Notizbuch hineinpacken wollen. Hierbei können Sie natürlich (fast) jedes beliebige andere Widget hineinpacken, wie Sie im Beispiel mit GtkLabel gesehen haben. Mit dem dritten Argument gibt man normalerweise die Beschriftung (Reitername) für die neue Seite an, wobei rein theoretisch auch hier ein beliebiges Widget verwendet werden könnte (ob das jetzt Sinn macht, sei dahingestellt). Im Beispiel wurde auch hierzu GtkLabel verwendet. Das vierte Argument könnte ein weiteres Beschriftungs-Widget aufnehmen, das für das Schnellzugriffsmenü der einzelnen Reiter dient. Dieses Menü erreichen Sie über einen Rechtsklick auf irgendeinen der Reiter. Wollen Sie, dass sich hier derselbe Eintrag befindet wie der Name des Reiters selbst (drittes Argument), können Sie hier auch NULL angeben.

Der Unterschied der Funktionen gtk_notebook_append_page_menu() und gtk_notebook_prepend_page_menu() besteht darin, dass mit _append_ der neue Eintrag hinten und mit _prepend_ der neue Eintrag vorne eingefügt wird. Die Funktion gtk_notebook_insert_page_menu() hingegen hat noch ein fünftes Argument, mit dem der Menüeintrag an einer beliebigen Stelle bestimmt werden kann (angefangen von links (vorne) = 0).

Entfernen können Sie einen Notizbucheintrag wieder mit gtk_notebook_remove_page():

```
void gtk_notebook_remove_page ( GtkNotebook *notebook,
                                gint page_num );
```

Hierzu müssen Sie neben der Angabe des Notizbuches (erstes Argument) auch die Position (angefangen von vorne mit 0) des Eintrags angeben, der entfernt werden soll.

Die Eigenschaften, die Sie für ein neues Notizbuch von der Klasse GtkNootebook (Typenkennung: GTK_TYPE_NOTEBOOK) vergeben können, finden Sie in Tabelle 17.9 aufgelistet.

Eigenschaft	Datentyp	Bedeutung
"enable-popup"	gboolean	Hier kann bestimmt werden, ob das Kontextmenü (Schnellzugriff) für das direkte Anspringen bei einem Rechtsklick auf einen Reiter erscheint (standardmäßig TRUE).
"homogeneous"	gboolean	Bei TRUE haben alle Reiter die gleiche Breite.
"page"	gint	Indexnummer der aktuellen Seite
"scrollable"	gboolean	Sind mehr Reiter vorhanden, als auf dem Fenster angezeigt werden können, kann hier mit TRUE dafür gesorgt werden, dass ein scrollbarer Pfeil angezeigt wird, mit dem Sie quer durch die Reiter blättern können.
"show-border"	gboolean	Soll der Rand angezeigt werden oder nicht?
"show-tabs"	gboolean	Sollen die Reiter angezeigt werden oder nicht?
"tab-border"	guint	(nur beschreibbar) Breite des Randes um die Reiterbeschriftung (in Pixel)
"tab-hborder"	guint	Breite des Randes über und unter der Reiterbeschriftung (in Pixel)
"tab-vborder"	guint	Breite des Randes links und rechts der Reiterbeschriftung (in Pixel)
"tab-pos"	GtkPositionType	Position des Reiters: ▸ GTK_POS_LEFT – links ▸ GTK_POS_RIGHT – rechts ▸ GTK_POS_TOP – oben ▸ GTK_TOP_BOTTOM – unten

Tabelle 17.9 Eigenschaften für »GtkNootebook« (GTK_TYPE_NOTEBOOK)

Button-Boxen – Gtk*ButtonBox

Die Button-Boxen GtkVButtonBox (Typenkennung: GTK_TYPE_VBUTTON_BOX) und GtkHButtonBox (Typenkennung: GTK_TYPE_HBUTTON_BOX) sind abgeleitete Klassen von GtkVBox und GtkHBox.

Diese Behälter-Widgets können überall dort zum Einsatz kommen, wo Sie Buttons in einer vertikalen oder horizontalen Reihenfolge anordnen müssen. Ansonsten verhalten sich Button-Boxen bezüglich ihrer Eigenschaften, die vorhanden sind, genauso wie die *normalen* Boxen. Hinzu kommt noch die zusätzliche Eigenschaft `layout-style`, mit der Sie angeben können, wie die Knöpfe in der Box angeordnet werden sollen. Mögliche Werte hierfür wären:

- `GTK_BUTTONBOX_DEFAULT_STYLE` – Standardeinstellung lassen
- `GTK_BUTTONBOX_SPREAD` – gleichmäßig verteilen
- `GTK_BUTTONBOX_EDGE` – an den Enden der Box platzieren
- `GTK_BUTTONBOX_START` – am Anfang der Box gruppieren
- `GTK_BUTTONBOX_END` – am Ende der Box gruppieren

17.7.3 Tabellen – GtkTable

Neben den Boxen sind Tabellen (Klasse `GtkTable`; Typenkennung: `GTK_TYPE_TABLE`) sehr gut geeignet, um das Layout der Software *zusammenzupacken*. Ähnlich wie bei einer Tabellenkalkulation lassen sich die Widgets hiermit in Zeilen und Spalten anordnen. Ebenso wie auf die Boxen, so werden Sie auch auf die Tabellen noch das eine oder andere Mal in diesem Kapitel stoßen, sodass wir hier nur ein kurzes Beispiel zeigen, das mehr oder weniger nur die Packfunktionen der Tabellen demonstriert:


```
/* gtk3b.c */
/* Behälter:        */
/*    Tabellen-Demo */
#include <stdio.h>
#include <stdlib.h>
#include <gtk/gtk.h>
#define BUTTONS 3
static gint
delete_Event(GtkWidget *widget, GdkEvent event, gpointer daten) {
  g_print("Das Fenster wird zerstoert!\n");
  /* Nur mit FALSE wird die Anwendung wirklich Beendet */
  return FALSE;
}
static void end ( GtkWidget *widget, gpointer daten ) {
  g_print("Und Tschues!\n");
  gtk_main_quit();
}
int main(int argc, char **argv) {
  GtkWindow  *win;
  GdkPixbuf  *pic;
  GtkGrid    *table;
```

```
GtkButton  *button1, *button2, *button3;
gtk_init( &argc, &argv );
/* Eine Grafik in einen Pixbuf laden */
pic = gdk_pixbuf_new_from_file("icon/at-work.gif", NULL );
/* Fenster mit folgenden Eigenschaften anlegen */
win = g_object_new( GTK_TYPE_WINDOW,
                    "title", "Eine einfache Tabelle",
                    "default-width",  300,
                    "default-height", 200,
                    "resizable", TRUE,
                    "window-position", GTK_WIN_POS_CENTER,
                    "border-width", 10,
                    "icon", pic,
                    NULL );
button1 = g_object_new( GTK_TYPE_BUTTON,
                   "label","Kein schrumpfen\nkein expandieren",
                   NULL);
button2 = g_object_new( GTK_TYPE_BUTTON,
                  "label","Expandiert und schrumpft\nvertikal",
                  NULL);
gtk_widget_set_vexpand(GTK_WIDGET(button2), TRUE);
button3 = g_object_new( GTK_TYPE_BUTTON,
         "label","Expandiert und schrumpft\n  in beide Seiten",
         NULL);
gtk_widget_set_hexpand(GTK_WIDGET(button3), TRUE);
gtk_widget_set_vexpand(GTK_WIDGET(button3), TRUE);
table = GTK_GRID(gtk_grid_new());
/* Signalhandler einrichten */
g_signal_connect( win, "delete-event",
                  G_CALLBACK(delete_Event), NULL );
g_signal_connect( win, "destroy",
                  G_CALLBACK(end), NULL );
/* Inhalt der Tabelle mit verschiedenen Optionen erstellen */
gtk_grid_attach ( table, GTK_WIDGET(button1),
                   0, 0, 1, 1);
gtk_grid_attach ( table, GTK_WIDGET(button2),
                   0, 1, 1, 1);
gtk_grid_attach ( table, GTK_WIDGET(button3),
                   1, 1, 1, 1);
gtk_container_add(GTK_CONTAINER( win ), GTK_WIDGET( table ) );
/* Fenster anzeigen */
gtk_widget_show_all( GTK_WIDGET(win) );
/* Hauptschleife von gtk */
```

```
  gtk_main();
  g_print("Die GTK-Hauptschleife wurde beendet\n");
  return 0;
}
```

Das Programm bei der Ausführung:

```
$ gcc -Wall -o gtk3b gtk3b.c $(pkg-config --libs --cflags gtk+-3.0)
$ ./gtk3b
```

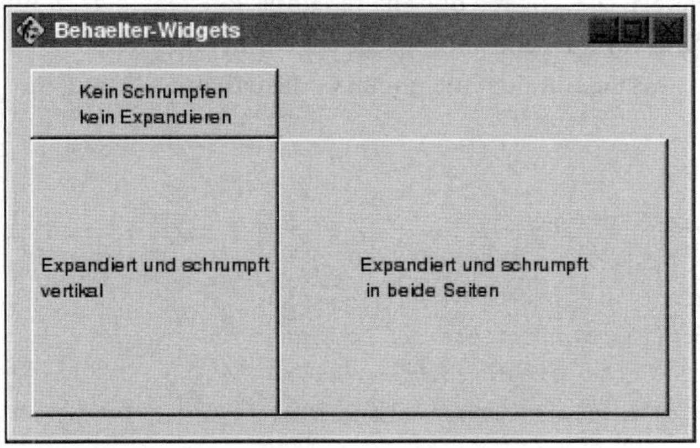

Abbildung 17.10 Widgets in »GtkTable« mit verschiedenen Optionen packen

Das Tabellen-Packing-Widget mit der Klasse `GtkTable` (Typenkennung: `GTK_TYPE_TABLE`) funktioniert im Prinzip genauso wie das Widget für die vertikalen bzw. horizontalen Boxen. Nur verwenden Sie für das Packen eines Widgets *x/y-Koordinaten*. Sie können sich das Ganze wie bei einem Tabellenkalkulationsprogramm vorstellen. Sie erzeugen mithilfe der Eigenschaften `n-rows` für die Zeilen und `n-columns` für die Spaltenanzahl eine Tabelle. Dann geben Sie bei den entsprechenden Packfunktionen die *Koordinaten* an, in welcher Reihe und Spalte das Widget platziert werden soll.

Die Funktionen, mit denen Sie das Packen mit Tabellen realisieren können, lauten:

```
void gtk_table_attach_defaults( GtkTable *table,
                                GtkWidget *widget,
                                quint left_attach,
                                quint right_attach,
                                quint top_attach,
                                quint bottom_attach );
GtkWidget *gtk_table_attach ( GtkTable *table,
                              GtkWidget *widget,
                              quint left_attach,
                              quint right_attach,
```

```
                    quint top_attach,
                    quint bottom_attach,
                    GtkAttachOptions xoptions,
                    GtkAttachOptions yoptions,
                    quint xpadding,
                    quint ypadding );
```

Die einfachste Version, um einzelne Widgets in den Tabellenbehälter zu packen, ist mit der Funktion `gtk_table_attach_defaults()` gegeben. Damit packen Sie das Widget (zweiter Parameter) in die Tabelle (erster Parameter). Die Angabe der Spalte lautet von `left_attach` für links nach `right_attach` für rechts und für die Zeile von `top_attach` für oben bis `bottom_attach` für unten. Abbildung 17.11 zeigt, was Sie mit dem folgenden Codeausschnitt erzeugen:

```
/* Erzeugen einer 3x2-Tabelle */
table = gtk_table_new(3,2,TRUE);
/* ein Widget an die linke obere Ecke einfügen */
gtk_table_attach_defaults(GTK_TABLE(table), button1, 0,1, 0,1);
/* ein Widget an der linken unteren Ecke hinzufügen */
gtk_table_attach_defaults(GTK_TABLE(table), button2, 0,1, 1,2);
/* ein Widget an der rechten unteren Ecke hinzufügen */
gtk_table_attach_defaults(GTK_TABLE(table), button3, 2,3, 1,2);
```

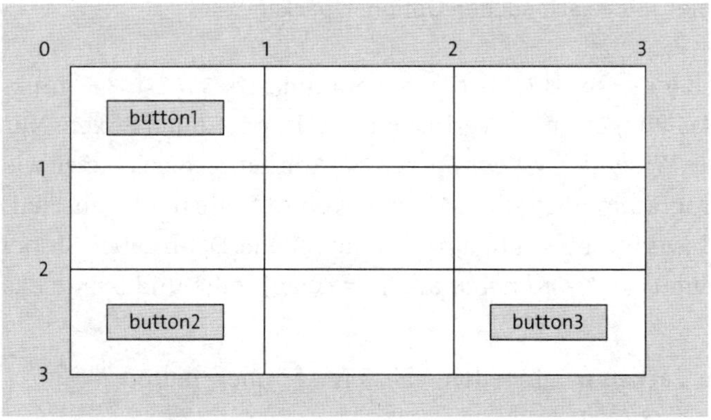

Abbildung 17.11 Verwendung eines tabellarischen Packet-Widgets

Wollen Sie hingegen mehr als die Standardeinstellung zum Packen der Widgets in eine Tabelle verwenden, müssen Sie die Funktion `gtk_table_attach()` verwenden. Hier sind noch weitere vier Parameter neben `gtk_table_attach_defaults()` hinzugekommen. Für `xoptions` und `yoptions` vom Typ `GtkAttachOptions` können Sie noch folgende symbolische Konstanten verwenden:

- `GTK_EXPAND` – Das Widget breitet sich aus, falls überschüssiger Platz vorhanden ist (siehe Box-Widget).

- GTK_FILL – Das Widget füllt den zusätzlichen Platz ganz aus (siehe Box-Widget).
- GTK_SHRINK – Das Widget lässt sich verkleinern, und zwar, falls nötig, kleiner als seine Zelle.

Die einzelnen Optionen lassen sich auch mit dem bitweisen ODER-Operator (|) verknüpfen.

Mit xpadding und ypadding können Sie den Abstand in Pixeln vom Nachbarn rechts/links bzw. oben/unten angeben. Wir finden, das zuvor gezeigte ausführbare Beispiel zeigt die Bedeutungen der einzelnen Argumente recht eindeutig.

Folgende Eigenschaften können außer der Spalten- und Reihenanzahl noch an die Tabelle GtkTable übergeben werden:

Eigenschaft	Datentyp	Bedeutung
"column-spacing"	guint	Spaltenabstand in Pixel
"homogeneous"	gboolean	Bei TRUE bleiben alle Spalten der Tabelle gleich hoch und breit.
"n-columns"	guint	Spaltenanzahl der Tabelle
"n-rows"	guint	Zeilenanzahl der Tabelle
"row-spacing"	guint	Zeilenabstand in Pixel

Tabelle 17.10 Eigenschaften für »GtkTable« (GTK_TYPE_TABLE)

17.7.4 Ausrichtung – GtkAlignment

GtkAlignment (von der Typenkennung GTK_TYPE_ALIGNMENT) ist ein Behälter, in den Sie Widgets hineinpacken und nach bestimmten Eigenschaften dort ausrichten können. Tabelle 17.11 zeigt die möglichen Eigenschaften für dieses Behälter-Widget:

Eigenschaft	Datentyp	Bedeutung
"xalign"	gfloat	Horizontale Ausrichtung des Kind-Widgets (0.0 = linksbündig; 0.5 = horizontal zentriert; 1.0 = rechtsbündig)
"xscale"	gfloat	Nimmt der Behälter mehr Fläche ein als das Kind-Widget, kann hiermit die horizontale Ausrichtung des Kind-Widgets im Behälter bestimmt werden. (0.0 = Kind-Widget darf nicht vergrößert werden; 1.0 = Kind-Widget darf den kompletten zur Verfügung stehenden Platz im Behälter einnehmen.)

Tabelle 17.11 Eigenschaften für »GtkAlignment« (GTK_TYPE_ALIGNMENT)

Eigenschaft	Datentyp	Bedeutung
"yalign"	gfloat	Vertikale Ausrichtung des Kind-Widgets (0.0 = oben; 0.5 = vertikal zentriert; 1.0=unten)
"yscale"	gfloat	Siehe xscale, nur für die vertikale Ausrichtung

Tabelle 17.11 Eigenschaften für »GtkAlignment« (GTK_TYPE_ALIGNMENT) (Forts.)

17.8 Buttons und Toggled-Buttons

Einfache Buttons haben Sie in den Beispielen zuvor schon mehrfach verwendet, ohne dass wir genauer auf sie eingegangen sind. Buttons (die auch als »Knöpfe« bezeichnet werden) gibt es bei GTK+ in vierfacher Ausführung – wobei alle von der Klasse GtkButton (Typenkennung: GTK_TYPE_BUTTON) abstammen.

Neben dem einfachen Button (GtkButton) stehen Ihnen noch Ankreuzfelder (GtkCheckButtons; Typenkennung: GTK_TYPE_CHECK_BUTTON), Radio-Buttons (GtkRadioButton; Typenkennung: GTK_TYPE_RADIO_BUTTON) und Umschalt-Buttons (GtkToggleButton; Typenkennung: GTK_TYPE_TOGGLED_BUTTON) zur Verfügung. Bevor wir auf die einzelnen Buttons im Detail eingehen, zeigen wir ein Listing, das die einzelnen Buttons präsentiert:

```
/* gkt4.c */
/* Buttons:        */
/*    Button-Demo */
#include <stdio.h>
#include <stdlib.h>
#include <gtk/gtk.h>
#define VBOX 5
#define BUTTONS 4
#define LABEL   4
#define BUF 50
static GtkToggleButton *tbuttons[BUTTONS];
static GtkRadioButton  *rbuttons[BUTTONS];
static GtkCheckButton  *cbuttons[BUTTONS];
static gint
delete_Event(GtkWidget *widget, GdkEvent event, gpointer daten) {
  g_print("Das Fenster wird zerstoert!\n");
  /* Nur mit FALSE wird die Anwendung wirklich Beendet */
  return FALSE;
}
static void end ( GtkWidget *widget, gpointer daten ) {
  g_print("Und Tschues!\n");
```

```
  gtk_main_quit();
}
/* Zustand aller Umschaltbuttons auswerten */
static void toogled_auswerten(gpointer button) {
  gboolean toogled1, toogled2, toogled3, toogled4 = FALSE;
  g_print("Toogled-Button Auswertung:\n");
  g_object_get(tbuttons[0], "active", &toogled1, NULL);
  g_object_get(tbuttons[1], "active", &toogled2, NULL);
  g_object_get(tbuttons[2], "active", &toogled3, NULL);
  g_object_get(tbuttons[3], "active", &toogled4, NULL);
  if(toogled1)
    g_print("Toogled-Button 1 ist aktiviert\n");
  if(toogled2)
    g_print("Toogled-Button 2 ist aktiviert\n");
  if(toogled3)
    g_print("Toogled-Button 3 ist aktiviert\n");
  if(toogled4)
    g_print("Toogled-Button 4 ist aktiviert\n");
  if(!toogled1 && !toogled2 && !toogled3 && !toogled4)
    g_print("Kein Toogled-Button ist aktiv\n");
  g_print("--------------------------------\n");
}
/* Zustand aller Radio-Buttons auswerten */
static void radio_auswerten(gpointer button) {
  gboolean radio1, radio2, radio3, radio4 = FALSE;
  g_print("Radio-Button Auswertung:\n");
  g_object_get(rbuttons[0], "active", &radio1, NULL);
  g_object_get(rbuttons[1], "active", &radio2, NULL);
  g_object_get(rbuttons[2], "active", &radio3, NULL);
  g_object_get(rbuttons[3], "active", &radio4, NULL);
  if(radio1)
    g_print("Radio-Button 1 ist aktiviert\n");
  else if(radio2)
    g_print("Radio-Button 2 ist aktiviert\n");
  else if(radio3)
    g_print("Radio-Button 3 ist aktiviert\n");
  else
    g_print("Radio-Button 4 ist aktiviert\n");
  g_print("--------------------------------\n");
}
/* Zustand aller Ankreuz-Buttons auswerten */
static void check_auswerten(gpointer button) {
  gboolean check1, check2, check3, check4 = FALSE;
```

```
  g_print("Check-Button Auswertung:\n");
  g_object_get(cbuttons[0], "active", &check1, NULL);
  g_object_get(cbuttons[1], "active", &check2, NULL);
  g_object_get(cbuttons[2], "active", &check3, NULL);
  g_object_get(cbuttons[3], "active", &check4, NULL);
  if(check1)
    g_print("Check-Button 1 ist aktiviert\n");
  if(check2)
    g_print("Check-Button 2 ist aktiviert\n");
  if(check3)
    g_print("Check-Button 3 ist aktiviert\n");
  if(check4)
    g_print("Check-Button 4 ist aktiviert\n");
  if(!check1 && !check2 && !check3 && !check4)
    g_print("Kein Check-Button aktiv\n");
  g_print("--------------------------------\n");
}
int main(int argc, char **argv) {
  GtkWindow  *win;
  GdkPixbuf  *pic;
  GtkHBox    *hbox;
  GtkVBox    *vbox[VBOX];
  GtkLabel   *label[LABEL];
  GtkVSeparator *vsep[VBOX-2];
  GtkButton  *buttons[BUTTONS];
  guint i;
  gchar buf[BUF];
  gtk_init( &argc, &argv );
  /* Eine Grafik in einen Pixbuf laden */
  pic = gdk_pixbuf_new_from_file("icon/at-work.gif", NULL );
  /* Fenster mit folgenden Eigenschaften anlegen */
  win = g_object_new( GTK_TYPE_WINDOW,
                      "title", "Behaelter-Widgets",
                      "default-width",  350,
                      "default-height", 200,
                      "resizable", TRUE,
                      "window-position", GTK_WIN_POS_CENTER,
                      "border-width", 10,
                      "icon", pic,
                      NULL );
  /* Eine horizontale Box erzeugen */
  hbox = g_object_new( GTK_TYPE_HBOX,
                       "spacing", 10,
```

```
                    NULL);
/* VBOX vertiakle Boxen erzeugen */
for(i=0; i < VBOX; i++)
  vbox[i] = g_object_new( GTK_TYPE_VBOX,
                          "spacing", 10,
                          NULL);
/* VBOX-2 vertikale Linien erzeugen */
for(i=0; i < VBOX-2; i++)
  vsep[i] = g_object_new( GTK_TYPE_VSEPARATOR, NULL);
/* Labels erzeugen */
label[0] = g_object_new( GTK_TYPE_LABEL,
                         "label", "Auswerten der ...",
                         NULL);
label[1] = g_object_new( GTK_TYPE_LABEL,
                         "label", "Toogled Buttons:",
                         NULL );
label[2] = g_object_new( GTK_TYPE_LABEL,
                         "label", "Radio Buttons:",
                         NULL);
label[3] = g_object_new( GTK_TYPE_LABEL,
                         "label", "Check Buttons:",
                         NULL );
/* "normale" Buttons erzeugen */
buttons[0] = g_object_new( GTK_TYPE_BUTTON,
                           "label", "Toggled Buttons",
                           "relief", GTK_RELIEF_HALF,
                           NULL );
buttons[1] = g_object_new( GTK_TYPE_BUTTON,
                           "label", "Radio Buttons",
                           "relief", GTK_RELIEF_HALF,
                           NULL );
buttons[2] = g_object_new( GTK_TYPE_BUTTON,
                           "label", "Check Buttons",
                           "relief", GTK_RELIEF_HALF,
                           NULL );
buttons[3] = g_object_new( GTK_TYPE_BUTTON,
                           "label", "Programmende",
                           "relief", GTK_RELIEF_HALF,
                           NULL );
/* BUTTONS Umschalt-Buttons erzeugen */
for(i = 0; i < BUTTONS; i++) {
  g_snprintf(buf,BUF,"Toggled %d",i+1);
  tbuttons[i] = g_object_new( GTK_TYPE_TOGGLE_BUTTON,
```

```
                                 "label", buf,
                                 NULL );
}
/* BUTTONS Radio-Buttons erzeugen */
for(i = 0; i < BUTTONS; i++) {
  g_snprintf(buf,BUF,"Radio %d",i+1);
  rbuttons[i] = g_object_new( GTK_TYPE_RADIO_BUTTON,
                                 "label", buf,
                                 NULL );
  if(i!=0)
    g_object_set( rbuttons[i],
                  "group", rbuttons[0],
                  NULL );
}
/* BUTTONS Check-Buttons erzeugen */
for(i = 0; i < BUTTONS; i++) {
  g_snprintf(buf,BUF,"Ckeck %d",i+1);
  cbuttons[i] = g_object_new( GTK_TYPE_CHECK_BUTTON,
                                 "label", buf,
                                 NULL );
}
/* Signalhandler einrichten */
g_signal_connect( win, "delete-event",
                  G_CALLBACK(delete_Event), NULL );
g_signal_connect( win, "destroy",
                  G_CALLBACK(end), NULL );
/* Signalhandler zum Auswerten der einzelnen */
/* Buttons einrichten                        */
g_signal_connect( buttons[0], "clicked",
                  G_CALLBACK(toogled_auswerten), NULL);
g_signal_connect( buttons[1], "clicked",
                  G_CALLBACK(radio_auswerten), NULL);
g_signal_connect( buttons[2], "clicked",
                  G_CALLBACK(check_auswerten), NULL);
g_signal_connect( buttons[3], "clicked",
                  G_CALLBACK(end), NULL);
/* Vertikale Boxen und Linien in die horizontalen */
/* Boxen packen                                   */
for(i=0; i<VBOX; i++) {
  gtk_box_pack_start( GTK_BOX(hbox),
                      GTK_WIDGET(vbox[i]),
                      FALSE, FALSE, 0);
  if(i < VBOX-2)
```

```
    gtk_box_pack_start( GTK_BOX(hbox),
                        GTK_WIDGET(vsep[i]),
                        FALSE, FALSE, 0);
}
/* Beschriftung der ersten vertialen Box packen */
gtk_box_pack_start( GTK_BOX(vbox[0]),
                    GTK_WIDGET(label[0]),
                    FALSE, FALSE, 0);
/* normale Buttons in die erste vertikale Box */
/* unter der Beschriftung einfügen            */
for(i = 0; i < BUTTONS; i++)
  gtk_box_pack_start( GTK_BOX(vbox[0]),
                      GTK_WIDGET(buttons[i]),
                      FALSE, FALSE, 0);
/* Beschriftung der zweiten vertialen Box packen */
gtk_box_pack_start( GTK_BOX(vbox[1]),
                    GTK_WIDGET(label[1]),
                    FALSE, FALSE, 0);
/* Umschalt-Buttons in die zweite vertikale Box */
/* unter der Beschriftung einfügen              */
for(i = 0; i < BUTTONS; i++)
  gtk_box_pack_start( GTK_BOX(vbox[1]),
                      GTK_WIDGET(tbuttons[i]),
                      FALSE, FALSE, 0);
/* Beschriftung der dritten vertialen Box packen */
gtk_box_pack_start( GTK_BOX(vbox[2]),
                    GTK_WIDGET(label[2]),
                    FALSE, FALSE, 0);
/* Radio-Buttons in die dritte vertikale Box */
/* unter der Beschriftung einfügen           */
for(i = 0; i < BUTTONS; i++)
  gtk_box_pack_start( GTK_BOX(vbox[2]),
                      GTK_WIDGET(rbuttons[i]),
                      FALSE, FALSE, 0);
/* Beschriftung der vierten vertialen Box packen */
gtk_box_pack_start( GTK_BOX(vbox[3]),
                    GTK_WIDGET(label[3]),
                    FALSE, FALSE, 0);
/* Check-Buttons in die vierte vertikale Box */
/* unter der Beschriftung einfügen           */
for(i = 0; i < BUTTONS; i++)
  gtk_box_pack_start( GTK_BOX(vbox[3]),
                      GTK_WIDGET(cbuttons[i]),
```

```
                        FALSE, FALSE, 0);
  /* Die horizonale Box in das Hauptfenster packen */
  gtk_container_add(GTK_CONTAINER( win ), GTK_WIDGET( hbox) );
  /* Fenster anzeigen */
  gtk_widget_show_all( GTK_WIDGET(win) );
  /* Hauptschleife von gtk */
  gtk_main();
  g_print("Die GTK-Hauptschleife wurde beendet\n");
  return 0;
}
```

Das Programm bei der Ausführung:

```
$ gcc -Wall -o gtk4 gtk4.c $(pkg-config --libs --cflags gtk+-3.0)
$ ./gtk4
```

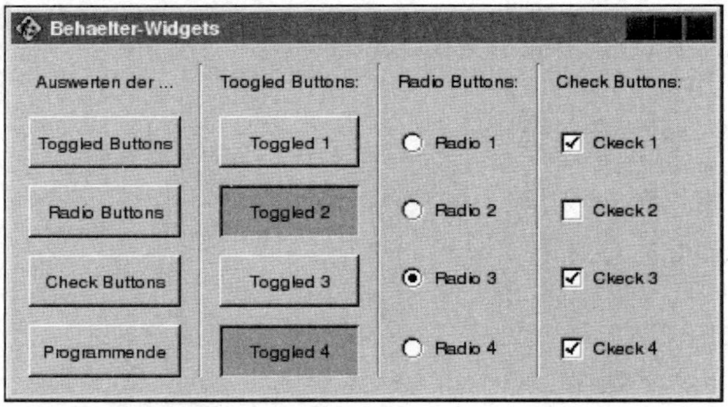

Abbildung 17.12 Demonstration von Buttons

Wurden anhand der Abbildung nacheinander die Buttons zur Auswertung betätigt, erhalten Sie nun die entsprechende Ausgabe:

```
Toogled-Button Auswertung:
Toogled-Button 2 ist aktiviert
Toogled-Button 4 ist aktiviert
-------------------------------
Radio-Button Auswertung:
Radio-Button 3 ist aktiviert
-------------------------------
Check-Button Auswertung:
Check-Button 1 ist aktiviert
Check-Button 3 ist aktiviert
Check-Button 4 ist aktiviert
-------------------------------
```

17.8.1 Buttons allgemein

Im Großen und Ganzen lassen sich die einzelnen Buttons zusammenfassen, da alle Knöpfe auf die gleiche Art erstellt werden. Jeder Button wird beim Erzeugen (mit entsprechender Typenkennung) mit einem Label versehen und wie ein übliches Widget in den Behälter (hier: die vertikale Box) gepackt. Folgende Eigenschaften können daher auch für alle Buttons übernommen werden:

Eigenschaft	Datentyp	Bedeutung
`"label"`	`gchararray`	Beschriftung des Buttons
`"use-stock"`	`gboolean`	Bei `TRUE` wird der Inhalt von `label` aus dem Repertoire (mehr dazu gleich) und nicht als Beschriftung dargestellt. Vorausgesetzt, eine solche Angabe existiert im Repertoire.
`"use-underline"`	`gboolean`	Bei `TRUE` kann als Unterstrich ein markierter Buchstabe als Abkürzung verwendet werden, z. B. `"label", "_Programmende"`. Hiermit würde der Anfangsbuchstabe `P` des Labels unterstrichen und könnte somit als Abkürzung mittels [Alt]+[P] aktiviert werden.

Tabelle 17.12 Allgemeine Eigenschaften für alle Arten von Buttons

17

Hinweis

Das Repertoire enthält unter anderem standardisierte Icons. Dabei ist jedes dieser Icons in mehreren Größen verfügbar. Neben Icons befinden sich im Repertoire-Eintrag auch standardisierte Beschriftungen und Abkürzungsbuchstaben mit Tastaturkürzeln. GTK+ 2.0 liegt eine Demo-Anwendung namens `gtk-demo` bei (die Sie auch mit diesem Namen in der Kommandozeile starten können). Dabei finden Sie eine Demonstration *Stock Item and Icon Browser*, die Ihnen sämtliche Einträge des Repertoires auflistet und anzeigt.

17.8.2 Radio-Buttons (GtkRadioButton)

Eine Eigenschaft, die für gewöhnlich nur ein Radio-Button besitzt, ist, dass hierbei nur *eine* Auswahl betätigt werden soll bzw. darf. Wird z. B. ein anderer Radio-Button aktiviert, muss der aktive Button automatisch deaktiviert werden. Hierbei werden alle Radio-Buttons einer Gruppe einem betreffenden Button (meistens dem ersten) zugeordnet, der dann beim Start der Anwendung auch markiert ist. Im Beispiel wurde hier mit

```
g_object_set( rbuttons[i],
              "group", rbuttons[0],
              NULL );
```

allen anderen Radio-Buttons, außer dem ersten, die group-Eigenschaft vergeben.

Eigenschaften von Widgets nachträglich setzen oder abfragen

Sie sahen außerdem, wie Sie nachträglich mit der Funktion g_object_set() einzelne oder mehrere Eigenschaften eines Widgets setzen können, wenn dieses bereits erzeugt wurde. Gleichwertig können Sie hierzu auch die get-Version zum Abfragen von Eigenschaften einzelner Widgets verwenden. Hier sehen Sie die Syntax der beiden Funktionen:

```
void g_object_set ( gpointer object,
                    const gchar *first_property_name, ...);
void g_object_get ( gpointer object,
                    const gchar *first_property_name, ...);
```

Im Prinzip könnten Sie in den meisten GTK+-Anwendungen die drei Funktionen g_object_new() zum Erzeugen und Setzen, g_object_get() zum Abfragen und g_object_set() zum Setzen der Eigenschaften von Widgets verwenden. Wir möchten auch darauf hinweisen, dass Sie auf die vielen unzähligen Funktionen (wie gtk_**einWidget**_get_**einWert()**) eines jeden Widgets zugreifen können, anstatt g_object_get() zu verwenden.

17.8.3 GtkRadioButton, GtkCheckButton und GtkToggleButton

Diese drei Button-Typen haben zusätzlich noch zwei weitere wichtige Eigenschaften:

Eigenschaft	Datentyp	Bedeutung
"active"	gboolean	Dies ist eigentlich die wichtigste Eigenschaft. Hier kann der Wahrheitswert ermittelt werden: Ist der Button aktiv (betätigt, angekreuzt) oder nicht? Hierzu können Sie die Funktion g_object_get() (wie im Beispiel gesehen) verwenden.
"inconsistent"	gboolean	Bei TRUE wird der Button oder alles um den Button mit einem Querbalken und grau dargestellt, was bedeuten soll, dass sich keine eindeutige Aussage über den Zustand des Widgets machen lässt.

Tabelle 17.13 Die Eigenschaften »GtkRadioButton«, »GtkCheckButton« und »GtkToggleButton«

17.8.4 Signale für Buttons (GtkButton)

In Tabelle 17.14 finden Sie eine Liste der Signale, die von jedem Button-Typ (ausgehend von `GtkButton`) emittiert werden können. Im Beispiel wurden zum Auswerten der Buttons globale Widgets als Buttons erzeugt. Dies wäre nicht nötig gewesen, wenn Sie als Callback-Funktion folgenden Prototyp verwendet hätten, um die Signale zu emittieren:

```
void button_callback (GtkButton *button, gpointer user_data)
```

Signal	Bedeutung
"activate"	Kann verwendet werden, um einen Button zu *betätigen*, ohne dass der Anwender diesen angeklickt hätte – Geistermodus.
"clicked"	Wird beim Anklicken des Buttons emittiert (bedeutet = Mauszeiger auf dem Button, während Maustaste gedrückt und losgelassen wurde). Dieses Signal wird gewöhnlich am meisten verwendet.
"enter"	Wird emittiert, wenn der Mauszeiger sich über dem Button befindet.
"leave"	Wird emittiert, wenn der Mauszeiger den Button verlässt.
"pressed"	Wird emittiert, wenn der Button gedrückt wurde.
"released"	Wird emittiert, wenn der Button losgelassen wurde.

Tabelle 17.14 Signale für Buttons

17.9 Dateneingabe

In diesem Abschnitt lernen Sie einige Widgets kennen, die sich rein zum Erfassen von Daten eignen. Zur Eingabe einzelner Zeilen wird gern das Widget der Klasse `GtkEntry` (Typenkennung: `GTK_TYPE_ENTRY`) verwendet. Einen Schieberegler, mit dem Sie einige Werte ähnlich wie bei einer Stereoanlage einstellen können, stellt Ihnen die Klasse `GtkScale` mit ihren Unterklassen `GtkVScale` (Typenkennung: `GTK_TYPE_VSCALE`) für einen vertikalen Schieberegler und `GtkHScale` (Typenkennung: `GTK_HSCALE`) für einen horizontalen Schieberegler zur Verfügung.

Des Weiteren finden Sie Zahlenfelder der Klasse `GtkSpinButton` (Typenkennung: `GTK_TYPE_SPIN_BUTTON`), die sich recht ähnlich wie die Schieberegler verhalten und einsetzen lassen. Zu guter Letzt werden Sie für die beiden Widgets `GtkSpinButton` und `GtkScale` eine Stellgröße zur Regulierung der Werte benötigen. Hierzu verwendet man das Widget der Klasse `GtkAdjustment` (Typenkennung: `GTK_TYPE_ADJUSTMENT`).

Hierzu folgt wieder ein Listing mit anschließender Erläuterung der Widgets:

```
/* gkt5.c */
/* Dateneingabe: */
/*    Textfelder - GtkEntry          */
/*    Schieberegler -  GtkScale      */
/*    Zahlenfelder   -  GtkSpinButton */
#include <stdio.h>
#include <stdlib.h>
#include <gtk/gtk.h>
#define VBOX   3
#define ENTRYS 3
#define SCALES 3
#define SPIN   2
#define BUF 50
static  GtkEntry   *entry[ENTRYS];
static  GtkWidget  *vscale[SCALES];
static  GtkAdjustment *vadj[SCALES];
static  GtkSpinButton  *spin[SPIN];
static  GtkAdjustment *spinadj[SPIN];
static gint
delete_Event(GtkWidget *widget, GdkEvent event, gpointer daten) {
  g_print("Das Fenster wird zerstoert!\n");
  /* Nur mit FALSE wird die Anwendung wirklich Beendet */
  return FALSE;
}
static void end ( GtkWidget *widget, gpointer daten ) {
  g_print("Und Tschues!\n");
  gtk_main_quit();
}
/* Auswertung Eingabefelder */
static void entry_auswerten(gpointer auswert) {
  gchar *e1, *e2, *e3;
  g_object_get(entry[0], "text", &e1, NULL);
  g_object_get(entry[1], "text", &e2, NULL);
  g_object_get(entry[2], "text", &e3, NULL);
  g_print("Entry-Feld Auswertung:\n");
  g_print("Name, Vorname    : %s\n", e1);
  g_print("Strasse, Hausnr. : %s\n", e2);
  g_print("Ort, PLZ         : %s\n", e3);
  g_print("---------------------------\n");
}
/* Auswertung Schiebregler */
```

```
static void scale_auswerten(GtkAdjustment *adj, gpointer scale) {
  g_print("Schieberegler Auswertung:\n");
  g_print("Regler 1 : %.1f\n",
          gtk_adjustment_get_value(vadj[0]));
  g_print("Regler 2 : %.1f\n",
          gtk_adjustment_get_value(vadj[1]));
  g_print("Regler 3 : %.1f\n",
          gtk_adjustment_get_value(vadj[2]));
}
/* Auswertung Zahlenfelder */
static void spin_auswerten(GtkAdjustment *adj, gpointer scale) {
  g_print("Zahlenfelder Auswertung:\n");
  g_print("Regler 1 : %.1f\n",
          gtk_adjustment_get_value(spinadj[0]));
  g_print("Regler 2 : %.1f\n",
          gtk_adjustment_get_value(spinadj[1]));
}
/* Eingabefelder zurücksetzen - löschen */
static void entry_loeschen(gpointer auswert) {
  gint i;
  for(i=0; i<ENTRYS; i++)
    gtk_entry_set_text(entry[i], "");
}
int main(int argc, char **argv) {
  GtkWindow  *win;
  GdkPixbuf  *pic;
  GtkGrid    *table;
  GtkLabel   *label[ENTRYS];
  GtkButton  *entry_button[2];
  GtkWidget  *hbox, *hbox_2, *hbox_vscale;
  GtkWidget  *vbox, *vbox_spin;
  GtkWidget  *hsep;
  guint i;
  gtk_init( &argc, &argv );
  /* Eine Grafik in einen Pixbuf laden */
  pic = gdk_pixbuf_new_from_file("icon/at-work.gif", NULL );
  /* Fenster mit folgenden Eigenschaften anlegen */
  win = g_object_new( GTK_TYPE_WINDOW,
                      "title", "Dateieingabe",
                      "default-width",  380,
                      "default-height", 200,
                      "resizable", TRUE,
                      "window-position", GTK_WIN_POS_CENTER,
```

```
                    "border-width", 10,
                    "icon", pic,
                    NULL );
/* Eine Tabelle 8x3 erzeugen */
table = GTK_GRID(gtk_grid_new());
gtk_grid_set_row_spacing(table, 3);
gtk_grid_set_column_spacing(table, 3);
/* horizontale Box erzeugen */
hbox = gtk_box_new( GTK_ORIENTATION_HORIZONTAL , 10 );
/* horizontale Box erzeugen */
hbox_2 = gtk_box_new( GTK_ORIENTATION_HORIZONTAL , 10 );
/* horizontale Box für Schieberegler erzeugen */
hbox_vscale = gtk_box_new( GTK_ORIENTATION_HORIZONTAL , 20 );
/* vertikale Box erzeugen */
vbox = gtk_box_new( GTK_ORIENTATION_VERTICAL , 10 );
/* vertiakle Box für Zahlenfelder erzeugen */
vbox_spin = gtk_box_new( GTK_ORIENTATION_VERTICAL , 7 );
/* ENTRYS Textfelder erzeugen */
for(i=0; i < ENTRYS; i++) {
  entry[i] = GTK_ENTRY(gtk_entry_new());
  gtk_entry_set_text(entry[i], "Ihre Eingabe hier ...");
  gtk_entry_set_max_length(entry[i], BUF);
}
/* Labels für die Textfelder erzeugen */
label[0] = g_object_new( GTK_TYPE_LABEL,
                         "justify", GTK_JUSTIFY_LEFT,
                         "label", "Name, Vorname",
                         NULL );
label[1] = g_object_new( GTK_TYPE_LABEL,
                         "label", "Strasse/Hausnr.",
                         NULL );
label[2] = g_object_new( GTK_TYPE_LABEL,
                         "label", "Ort, Postleitz.",
                         NULL );
/* Buttons zum Auswerten der Textfelder erzeugen */
entry_button[0] = g_object_new( GTK_TYPE_BUTTON,
                                "label", "Auslesen",
                                NULL );
entry_button[1] = g_object_new( GTK_TYPE_BUTTON,
                                "label", "Reset",
                                NULL );
/* SCALES Stellgrößen für die Schieberegeler erzeugen */
for(i=0; i<SCALES; i++)
```

```
  vadj[i] = GTK_ADJUSTMENT(
              gtk_adjustment_new(     1.0,
                                   -100.0,
                                    100.0,
                                      0.1,
                                     10.0,
                                      0.0) );
/* SCALES vertikale Schieberegler erzeugen */
for(i=0; i<SCALES; i++)
  vscale[i] = gtk_scale_new( GTK_ORIENTATION_VERTICAL,
                             vadj[i]);
/* SPIN Stellgrößen für die Zahlenfelder erzeugen */
for(i=0; i<SPIN; i++)
  spinadj[i] = GTK_ADJUSTMENT(
                gtk_adjustment_new(    1.0,
                                    -100.0,
                                     100.0,
                                       0.1,
                                      10.0,
                                       0.0) );
/* SPIN Zahlenfelder erzeugen */
for(i=0; i<SPIN; i++)
  spin[i] = g_object_new( GTK_TYPE_SPIN_BUTTON,
                          "adjustment", spinadj[i],
                          "digits", 1,
                          "value", 20.0,
                          NULL );
/* horizontale Linie erzeugen */
hsep = gtk_separator_new (GTK_ORIENTATION_HORIZONTAL);
/* Signalhandler einrichten */
g_signal_connect( win, "delete-event",
                  G_CALLBACK(delete_Event), NULL );
g_signal_connect( win, "destroy",
                  G_CALLBACK(end), NULL );
/* Signalhandler für die Buttons */
g_signal_connect( entry_button[0], "clicked",
                  G_CALLBACK(entry_auswerten), NULL);
g_signal_connect( entry_button[1], "clicked",
                  G_CALLBACK(entry_loeschen), NULL);
/* Signalhandler, wenn sich einer der */
/* Schieberegler verändert            */
g_signal_connect( vscale[0], "value-changed",
                  G_CALLBACK(scale_auswerten), NULL);
```

```
g_signal_connect( vscale[1], "value-changed",
                  G_CALLBACK(scale_auswerten), NULL);
g_signal_connect( vscale[2], "value-changed",
                  G_CALLBACK(scale_auswerten), NULL);
/* Signalhandler, wenn sich eines der Zahlenfelder */
/* verändert                                       */
g_signal_connect( spin[0], "value-changed",
                  G_CALLBACK(spin_auswerten), NULL);
g_signal_connect( spin[1], "value-changed",
                  G_CALLBACK(spin_auswerten), NULL);
/* Großes Packen der Widget beginnt */
gtk_grid_attach ( table, GTK_WIDGET(label[0]),
                   0, 0, 1, 1);
gtk_grid_attach ( table, GTK_WIDGET(entry[0]),
                   1, 0, 1, 1);
gtk_grid_attach ( table, GTK_WIDGET(label[1]),
                   0, 2, 1, 1);
gtk_grid_attach ( table, GTK_WIDGET(entry[1]),
                   1, 2, 1, 1);
gtk_grid_attach ( table, GTK_WIDGET(label[2]),
                   0, 4, 1, 1);
gtk_grid_attach ( table, GTK_WIDGET(entry[2]),
                   1, 4, 1, 1);
gtk_grid_attach ( table, GTK_WIDGET(hbox),
                   1, 6, 1, 1);
gtk_box_pack_start( GTK_BOX(hbox),
                    GTK_WIDGET(entry_button[0]),
                    FALSE, FALSE, 0);
gtk_box_pack_start( GTK_BOX(hbox),
                    GTK_WIDGET(entry_button[1]),
                    FALSE, FALSE, 0);
gtk_box_pack_start( GTK_BOX(vbox_spin),
                    GTK_WIDGET(hsep),
                    FALSE, FALSE, 0);
gtk_box_pack_start( GTK_BOX(vbox_spin),
                    GTK_WIDGET(spin[0]),
                    FALSE, FALSE, 0);
gtk_box_pack_start( GTK_BOX(vbox_spin),
                    GTK_WIDGET(spin[1]),
                    FALSE, FALSE, 0);
gtk_grid_attach ( table, GTK_WIDGET(vbox_spin),
                  1, 7, 1, 1);
for(i=0; i<SCALES; i++)
```

```
    gtk_box_pack_start( GTK_BOX(hbox_vscale),
                        GTK_WIDGET(vscale[i]),
                        FALSE, FALSE, 0);
  gtk_container_add( GTK_CONTAINER( vbox ),
                     GTK_WIDGET( hbox_2) );
  gtk_container_add( GTK_CONTAINER( hbox_2 ),
                     GTK_WIDGET( table ) );
  gtk_container_add( GTK_CONTAINER( hbox_2 ),
                     GTK_WIDGET( hbox_vscale ) );
  gtk_container_add( GTK_CONTAINER( win ), GTK_WIDGET( vbox ) );
  /* Fenster anzeigen */
  gtk_widget_show_all( GTK_WIDGET(win) );
  /* Hauptschleife von gtk */
  gtk_main();
  g_print("Die GTK-Hauptschleife wurde beendet\n");
  return 0;
}
```

Das Programm bei der Ausführung:

```
$ gcc -Wall -o gtk5 gtk5.c $(pkg-config --libs --cflags gtk+-3.0)
$ ./gtk5
```


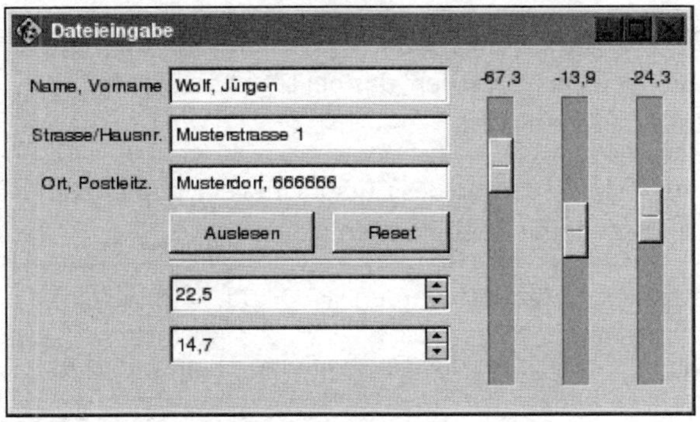

Abbildung 17.13 Widgets zur Dateieingabe

Bei der Betätigung einzelner Aktionen kann die Ausgabe auf die Konsole wie folgt aussehen:

```
...
Schieberegler Auswertung:
Regler 1 : -67,3
Regler 2 : -13,9
Regler 3 : -24,3
Zahlenfelder Auswertung:
Regler 1 : 22,5
```

```
Regler 2 : 14,7
Zahlenfelder Auswertung:
Regler 1 : 22,5
Regler 2 : 14,7
Entry-Feld Auswertung:
Name, Vorname    : Wolf, Jürgen
Strasse, Hausnr. : Musterstrasse 1
Ort, PLZ         : Musterdorf, 666666
---------------------------
...
```

17.9.1 Textfelder – GtkEntry

Für einfache einzeilige Texteingaben (z. B. bei einer Passwortabfrage) eignet sich das Textfeld-Widget `GtkEntry` (Typenkennung: `GTK_TYPE_ENTRY`). Standardmäßig liefert dieses Widget ein eigenes Kontextmenü mit, das neben den gewöhnlichen Funktionen, die auf eine Zwischenablage zugreifen (Ausschneiden, Kopieren, Einfügen), auch die Eingabe von Unicode-Steuerzeichen unterstützt. Auch die Erstellung und das Packen des Widgets gestalten sich wieder recht einfach, und es kann neben den Eigenschaften, die wir im Beispiel verwenden, noch folgende weitere Eigenschaften beinhalten:

Eigenschaft	Datentyp	Bedeutung
"activates-default"	gboolean	Bei TRUE kann ein Vorgabe-Widget, meistens ein Button, verwendet werden, das bei Druck auf die [↵]-Taste aktiviert wird.
"cursor-position"	gint	(nur lesbar) Position des Cursors im Feld, beginnend bei 0 vor dem ersten Zeichen
"editable"	gboolean	Darf Text verändert werden? (TRUE=Ja; FALSE=Nein)
"has-frame"	gboolean	Bei TRUE bekommt das Textfeld einen Reliefrahmen.
"max-length"	gint	maximale Länge des Feldinhalts in Zeichen (0 = unbegrenzte Länge)
"scroll-offset"	gint	(nur lesbar) die Anzahl der Pixel (!), um die der Textinhalt im Feld nach links gerollt ist
"selection-bound"	gint	(nur lesbar) Bei markiertem Text werden hier die einzelnen Zeichen vom Anfang bis zum Ende der markierten Position gezählt und zurückgegeben.

Tabelle 17.15 Eigenschaften für »GtkEntry« (GTK_TYPE_ENTRY)

Eigenschaft	Datentyp	Bedeutung
"text"	gchararray	vorgegebener Text, der beim Anzeigen des Widgets im Entry-Feld stehen soll
"visibility"	gboolean	Bei FALSE kann hier eine passwortabfrage-typische Eingabe gemacht werden – sprich, der Text ist bei der Eingabe nicht ablesbar und wird meistens durch Sternchen vertreten. Das Zeichen kann aber mit der Eigenschaft "invisible-char" verändert werden.
"invisible-char"	guint	Das Zeichen, das verwendet werden soll, wenn visibility auf FALSE gesetzt wird.
"width-chars"	gint	Breite des Textfeldes in Zeichen

Tabelle 17.15 Eigenschaften für »GtkEntry« (GTK_TYPE_ENTRY) (Forts.)

GtkEntry kann auch eine Reihe von Signalen emittieren. Die wichtigsten Signale sind:

Signal	Bedeutung
"changed"	Der Inhalt des Textfeldes wurde verändert.
"activate"	Wird emittiert, wenn die [↵]-Taste im Textfeld gedrückt wurde.
"copy-clipboard"	Wird beim Kopieren eines Textes aus dem Textfeld emittiert.
"cut-clipboard"	Wird beim Ausschneiden eines Textes aus dem Textfeld emittiert.
"paste-clipboard"	Wird beim Einfügen eines Textes aus der Zwischenablage emittiert.

Tabelle 17.16 Mögliche Signale für »GtkEntry«

17.9.2 Schieberegler – GtkScale

Die Schieberegler sind eine abgeleitete Klasse von GtkRange (Typenkennung: GTK_TYPE_RANGE), einem Rollbalken. Sie können hiermit entweder einen vertikalen Schieberegler (GtkVScale; Typenkennung: GTK_TYPE_VSCALE) oder einen horizontalen Schieberegler (GtkHScale; Typenkennung: GTK_TYPE_HSCALE) erzeugen. Das Wichtigste bei einem Schieberegler ist wohl die Eigenschaft der Stellgröße adjustment, die Sie bei der Erzeugung mit angeben müssen. Folgende Eigenschaften können Sie für einen solchen Schieberegler setzen bzw. erfragen:

Eigenschaft	Datentyp	Bedeutung
"digits"	gint	Anzahl der Nachkommastellen
"draw-value"	gboolean	Bei TRUE wird der Wert neben dem Schieberegler angezeigt.
"value-pos"	GtkPositionType	Hier kann angegeben werden, wo der Wert beim Schieberegler angezeigt werden soll: GTK_POS_LEFT = links ▸ GTK_POS_RIGHT = rechts ▸ GTK_POS_TOP = darüber ▸ GTK_POS_BOTTOM = darunter
"adjustment"	GtkAdjustment	Die Stellgröße GtkAdjustment des Schiebereglers

Tabelle 17.17 Eigenschaften für »GtkVScale« und »GtkHScale«

In Tabelle 17.18 haben wir wichtige Signale aufgelistet, die ein Schieberegler emittieren kann:

Signal	Bedeutung
"adjust-bounds"	Der Schieberegler wurde verändert.
"move-slider"	Der Schieberegler wurde mit einem entsprechenden Tastendruck (z. B. [↑]) verändert.
"value-changed"	Der Wert des Schiebereglers hat sich verändert.

Tabelle 17.18 Mögliche Signale für »GtkVScale« und »GtkHScale«

17.9.3 Zahlenfelder – GtkSpinButton

Die Zahlenfelder GtkSpinButton (Typenkennung: GTK_TYPE_SPIN_BUTTON) sind eine Unterklasse des Widgets GtkEntry, sodass Sie bei diesen auch alle Signale und Eigenschaften verwenden können, die Sie bei den Textfeldern kennengelernt haben.

Abgesehen davon ist die Erstellung von Zahlenfeldern ähnlich wie bei einem Schieberegler. Das heißt, auch bei den Zahlenfeldern wird die Eigenschaft der Stellgröße unbedingt benötigt. Tabelle 17.19 zeigt die Eigenschaften, die sich bei den Zahlenfeldern verwenden lassen:

Eigenschaften	Datentyp	Bedeutung
"adjustment"	GtkAdjustment	Die Stellgröße GtkAdjustment des Schiebereglers
"climb-rate"	gdouble	Hier wird die Rate eingetragen, um wie viel der Wert zu- bzw. abnimmt, wenn der Schrittschalter länger gedrückt wurde.
"digits"	guint	Die Anzahl der Nachkommastellen
"numeric"	gboolean	Bei FALSE sind numerische Eingaben zulässig.
"snap-to-ticks"	gboolean	Bei TRUE werden von Hand eingetragene Werte auf die nächste Schrittweite gerundet.
"value"	gdouble	Wird für den Zugriff auf den aktuellen Wert benötigt.
"wrap"	gboolean	Mit TRUE wird ein zyklisches Zahlenfeld erzeugt, das beim Erreichen des höchsten Wertes zum niedrigsten Wert umschlägt.

Tabelle 17.19 Eigenschaften für »GtkSpinButton« (GTK_TYPE_SPIN_BUTTON)

Neben den Signalen von GtkEntry, die für GtkSpinButton verwendet werden können, steht Ihnen auch das Signal value-changed zur Verfügung, das emittiert wird, wenn sich das Zahlenfeld verändert hat.

17.9.4 Einstellungen – GtkAdjustment

Im Beispiel wurde zweimal das Widget GtkAdjustment (Typenkennung: GTK_TYPE_ADJUSTMENT) für GtkSpinButton und GtkScale verwendet. Neben diesen beiden Widgets werden Stellgrößen auch gern als Verbindung zwischen rollbaren Flächen und Rollbalken verwendet.

Erzeugt wird eine solche Stellgröße mit der Funktion gtk_adjustment_new(). Da es für GtkAdjustment keine Eigenschaften gibt, werden zum Abfragen und Setzen von bestimmten Größen die Funktionen gtk_adjustment_set_value() und gtk_adjustment_get_value() verwendet. Hier sehen Sie die Syntax der Funktionen:

```
GtkObject* gtk_adjustment_new ( gdouble value,
                                 gdouble lower,
                                 gdouble upper,
                                 gdouble step_increment,
                                 gdouble page_increment,
                                 gdouble page_size );
gdouble gtk_adjustment_get_value ( GtkAdjustment *adjustment);
```

```
void gtk_adjustment_set_value ( GtkAdjustment *adjustment,
                                gdouble value );
```

Das erste Argument value der Funktion gtk_adjustment_new() entspricht dem anfänglichen Wert der Stellgröße, wenn das Widget erzeugt und angezeigt wird. Mit den Argumenten zwei und drei geben Sie den minimalen (lower) und maximalen (upper) Wert der Stellgröße an. Im Beispiel betrug dieser Wert -100 bis +100. Mit step_increment geben Sie die Schrittweite an, um die sich der Wert minimal verändert, wenn die Stellgröße durch die Maus bzw. durch die Tastatur (Pfeiltaste) verändert wird. Mit dem Argument page_increment geben Sie die maximale Schrittweite an, um die der Wert verändert wird, wenn Sie mit der Maus in der freien Fläche z. B. eines Schiebereglers klicken. Mit dem letzten Argument können Sie noch die Seitengröße angeben. Dies ist nur dann sinnvoll, wenn die Stellgröße mit der Größe eines Reglers gekoppelt ist. In diesem Fall stellt dieser Wert dann den Wert für die Größe des Schiebers dar. Bei Schiebereglern wird hierfür gewöhnlich 0.0 angegeben.

Mit gtk_adjustment_get_value() können Sie den Wert der aktuellen Stellgröße abfragen; mit gtk_adjustment_set_value() können Sie hingegen einen neuen Wert dafür setzen. Natürlich können Sie auch während der Ausführung die minimale und maximale Stellgröße (Argument Nr. zwei und drei bei gtk_adjustment_new()) mit der Funktion gtk_adjustment_clamp_page() verändern. Sofern Sie allerdings einen Wert wie die Schrittweite oder Seitengröße von GtkAdjustment verändern, müssen Sie die Funktion gtk_adjustment_changed() aufrufen, um der Anwendung mitzuteilen, dass Sie die Parameter des Widgets verändert haben.

```
void gtk_adjustment_clamp_page ( GtkAdjustment *adjustment,
                                 gdouble lower,
                                 gdouble upper );
```

Ein GtkAdjustment-Widget kann zwei Signale emittieren:

Signal	Bedeutung
"changed"	Die Werte des Widgets selbst haben sich verändert, wie Schrittweite oder Seitengröße (z. B. mit gtk_adjustment_clamp_page()).
"value-changed"	Der eigentliche Wert der Stellgröße hat sich verändert.

Tabelle 17.20 Signale für »GtkAdjustment«

17.9.5 GtkEditable

GtkEditable ist eine Unterklasse des Widgets GtkEntry und stammt noch aus der *älteren* Zeit von GTK+. Es ist nur noch aus Kompatibilitätsgründen vorhanden, und somit belassen wir es auch hiermit und geben diesem Widget den Stempel »veraltet«.

17.10 Menü und Toolbar

Ein Menü, wie Sie es bei fast jedem Programm finden, lässt sich in GTK+ recht einfach realisieren. Es gibt hierbei zwei Wege: den steinigenen Weg mit den Widget-Klassen `GtkMenu` und `GtkMenuBar` und den einfacheren Weg über `GtkItemFactory`, der in diesem Buch behandelt wird.

> **Hinweis**
>
> Sollten Sie sich auch für den harten Weg zur Erstellung von Menüs interessieren, finden Sie bei den Materialien zum Download unter *http://www.rheinwerk-verlag.de/3854/* weitere Informationen.

Im Folgenden werden Sie erfahren, wie Sie einfache Toolbars von der Klasse `GtkToolbar` (Typenkennung: `GTK_TYPE_TOOLBAR`) mit Buttons erzeugen können, wie Sie dies von vielen Anwendungen (z. B. einem Texteditor) her kennen. Natürlich lassen sich neben Buttons noch beliebig andere Widgets in eine solche Toolbar stecken (sonst hätten Sie ja gleich die Button-Box verwenden können). Hierzu zeigen wir wieder ein Listing mit anschließender Erläuterung:

```
/* gkt6.c */
/* Ein einfaches Menü    */
/*        GtkItemFactory */
/*        GtkToolbar     */
#include <gtk/gtk.h>

static gint
delete_Event(GtkWidget *widget, GdkEvent event, gpointer daten) {
  g_print ("Das Fenster wird zerstoert!\n");
  /* Nur mit FALSE wird die Anwendung wirklich beendet */
  return FALSE;
}

static void end (GtkWidget * widget, gpointer daten) {
  g_print ("Und tschuess!\n");
  gtk_main_quit ();
}

/* Auswahl der Menüs auswerten und die Auswahl      */
/* mit einer einfachen Dialogbox anzeigen lassen   */
static void
menuitem_auswerten (gpointer callback_data,
```

```
                    guint callback_action, GtkWidget * widget) {
  GtkWidget *dialog;

  dialog = gtk_message_dialog_new (
             GTK_WINDOW (callback_data),
             GTK_DIALOG_DESTROY_WITH_PARENT,
             GTK_MESSAGE_INFO,
             GTK_BUTTONS_CLOSE,
             "Ihre Menueauswahl war: \"%s\"",
             gtk_item_factory_path_from_widget
             (widget));
  /* Sobald Dialog bestätigt, auch wieder zerstören */
  g_signal_connect ( dialog, "response",
                    G_CALLBACK (gtk_widget_destroy), NULL);
  /* Dialogbox anzeigen */
  gtk_widget_show (dialog);
}

/* Ein Toolbar-Element wurde betätigt ...              */
/* Gewöhnlich wird für jedes Toolbar-Element eine extra */
/* Callback-Funktion erstellt - Neu, Speichern, ...     */
/* ... daher hierzu nur ein einfaches Dialogfenster     */
static void
toolbar_auswerten (GtkWidget * button, gpointer data) {
  GtkWidget *dialog;

  dialog = gtk_message_dialog_new (
             GTK_WINDOW (data),
             GTK_DIALOG_DESTROY_WITH_PARENT,
             GTK_MESSAGE_INFO,
             GTK_BUTTONS_CLOSE,
             "Es wurde ein Toolbar-Button betaetigt");
  /* Sobald Dialog bestätigt, auch wieder zerstören */
  g_signal_connect ( dialog, "response",
                    G_CALLBACK (gtk_widget_destroy), NULL);


  /* Dialogbox anzeigen */
  gtk_widget_show (dialog);
}

int main (int argc, char **argv) {
  GtkWindow *win;
```

```
GdkPixbuf *pic;
GtkVBox *vbox;
GtkWidget *menu_bar;
GtkAccelGroup *accel_group;
GtkItemFactory *itemfac;
GtkToolbar *toolbar;
/* Die einzelnen Menüelemente */
static GtkItemFactoryEntry menu[] = {
    {"/_Datei", NULL, 0, 0, "<Branch>"},
    {"/Datei/_Neu", "<control>N", menuitem_auswerten, 0,
                         "<StockItem>", GTK_STOCK_NEW},
    {"/Datei/_Oeffnen", "<control>O", menuitem_auswerten, 0,
                           "<StockItem>", GTK_STOCK_OPEN},
    {"/Datei/_Speichern", "<control>S", menuitem_auswerten, 0,
                             "<StockItem>", GTK_STOCK_SAVE},
    {"/Datei/Speichern unter...", NULL, menuitem_auswerten, 0,
                             "<StockItem>", GTK_STOCK_SAVE},
    {"/Datei/sep1",NULL, menuitem_auswerten, 0,"<Separator>"},
    {"/Datei/_Ende", "<control>E", end, 0, "<StockItem>",
                                        GTK_STOCK_QUIT},
    {"/_Eigenschaften", NULL, 0, 0, "<Branch>"},
    {"/_Eigenschaften/_Farbe", NULL, 0, 0, "<Branch>"},
    {"/_Eigenschaften/Farbe/_Rot", NULL, 0, 0, "<RadioItem>"},
    {"/_Eigenschaften/Farbe/_Gruen", NULL, 0, 0,
                    "/Eigenschaften/Farbe/Rot"},
    {"/_Eigenschaften/Farbe/_Blau", NULL, 0, 0,
                   "/Eigenschaften/Farbe/Rot"},
    {"/_Eigenschaften/_Form", NULL, 0, 0, "<Branch>"},
    {"/_Eigenschaften/Form/_Quadrat", NULL, 0, 0,
                                 "<RadioItem>"},
    {"/_Eigenschaften/Form/_Rechteck", NULL, 0, 0,
                   "/Eigenschaften/Form/Quadrat"},
    {"/_Eigenschaften/Form/_Kreis", NULL, 0, 0,
                "/Eigenschaften/Form/Quadrat"},
    {"/_Hilfe", NULL, 0, 0, "<LastBranch>"},
    {"/Hilfe/_Ueber", NULL, menuitem_auswerten, 0},
  };

gtk_init (&argc, &argv);
/* Eine Grafik in einen Pixbuf laden */
pic = gdk_pixbuf_new_from_file ("icon/at-work.gif", NULL);
/* Fenster mit folgenden Eigenschaften anlegen */
win = g_object_new (GTK_TYPE_WINDOW,
```

```
                        "title", "Menue und Toolbar",
                        "default-width", 300,
                        "default-height", 200,
                        "resizable", TRUE,
                        "window-position", GTK_WIN_POS_CENTER,
                        "border-width", 0, "icon", pic, NULL);
/* vertikale Box erzeugen */
vbox = g_object_new (GTK_TYPE_VBOX, "spacing", 0, NULL);
/* Neue Gruppe von Tastaturkürzeln erzeugen */
accel_group = g_object_new (GTK_TYPE_ACCEL_GROUP, NULL);
/* Tastaturkürzel-Gruppe mit dem Hauptfenster verknüpfen */
gtk_window_add_accel_group (win, accel_group);
/* Ein neues Widget der Klasse GtkItemFactory erzeugen */
itemfac = gtk_item_factory_new ( GTK_TYPE_MENU_BAR,
                                 "<main>", accel_group);

/* Jetzt kann das Menü mit einem Rutsch mit seinen */
/* Elementen bestückt werden                       */
gtk_item_factory_create_items (
  itemfac,sizeof (menu) / sizeof (menu[0]), menu, NULL );
/* Menüleiste zum späteren "Packen" abholen */
menu_bar = gtk_item_factory_get_widget (itemfac, "<main>");
/* Tastenkombination STRG+G für Radio-Menüauswahl 'Grün' */
gtk_widget_add_accelerator (
  gtk_item_factory_get_widget (
    itemfac, "/Eigenschaften/Farbe/Gruen"),
  "activate", accel_group,
  'G', GDK_CONTROL_MASK, GTK_ACCEL_VISIBLE);
/* Kombination Shift+S für Auswahl 'Speichern unter ...' */
gtk_widget_add_accelerator (
  gtk_item_factory_get_widget (
    itemfac, "/Datei/Speichern unter ..."),
  "activate", accel_group,
  'S', GDK_SHIFT_MASK, GTK_ACCEL_VISIBLE);
/* Tastenkombination Shift+STRG+H für Menüauswahl 'Ueber' */
gtk_widget_add_accelerator (
  gtk_item_factory_get_widget (
    itemfac, "/Hilfe/Ueber"),
  "activate", accel_group,
  'H', GDK_SHIFT_MASK|GDK_CONTROL_MASK,GTK_ACCEL_VISIBLE);
/* Eine neue Toolbar erzeugen */
toolbar = g_object_new (GTK_TYPE_TOOLBAR, NULL);
/* Einzelne Buttons mit Icon, Beschriftung und  */
```

```
/* Tooltipp einfügen                          */
gtk_toolbar_insert_stock (
  GTK_TOOLBAR (toolbar),
  GTK_STOCK_NEW,
  "Ein Button mit einem 'NEU' Icon", NULL,
  G_CALLBACK (toolbar_auswerten), win, -1);

gtk_toolbar_insert_stock (
  GTK_TOOLBAR (toolbar),
  GTK_STOCK_OPEN,
  "Ein Button mit einem 'Oeffnen'-Icon",
  NULL,
  G_CALLBACK (toolbar_auswerten), win, -1);
gtk_toolbar_insert_stock (
  GTK_TOOLBAR (toolbar),
  GTK_STOCK_SAVE,
  "Ein Button mit einem 'SPEICHERN'-Icon",
  NULL,
  G_CALLBACK (toolbar_auswerten), win, -1);
gtk_toolbar_insert_stock (
  GTK_TOOLBAR (toolbar),
  GTK_STOCK_QUIT,
  "Ein Button mit einem 'ENDE'-Icon",
  NULL, G_CALLBACK (end), win, -1);
gtk_toolbar_append_space (GTK_TOOLBAR (toolbar));
gtk_toolbar_insert_stock (
  GTK_TOOLBAR (toolbar),
  GTK_STOCK_DIALOG_QUESTION,
  "Ein Button mit einem 'FRAGE'-Icon",
  NULL,
  G_CALLBACK (toolbar_auswerten), win, -1);

/* Signalhandler einrichten */
g_signal_connect ( win, "delete-event",
                   G_CALLBACK (delete_Event), NULL );
g_signal_connect ( win, "destroy",
                   G_CALLBACK (end), NULL );
/* Alles packen */
gtk_container_add (GTK_CONTAINER (win), GTK_WIDGET (vbox));
gtk_box_pack_start ( GTK_BOX (vbox), menu_bar,
                     FALSE, FALSE, 0 );
gtk_box_pack_start ( GTK_BOX (vbox), GTK_WIDGET (toolbar),
                     FALSE, FALSE, 0);
```

17

```
    /* Fenster anzeigen */
    gtk_widget_show_all (GTK_WIDGET (win));
    /* Hauptschleife von gtk */
    gtk_main ();
    g_print ("Die GTK-Hauptschleife wurde beendet\n");
    return 0;
}
```

Das Programm bei der Ausführung:

```
$ gcc -Wall -o gtk6 gtk6.c $(pkg-config --libs --cflags gtk+-2.0)
$ ./gtk6
```

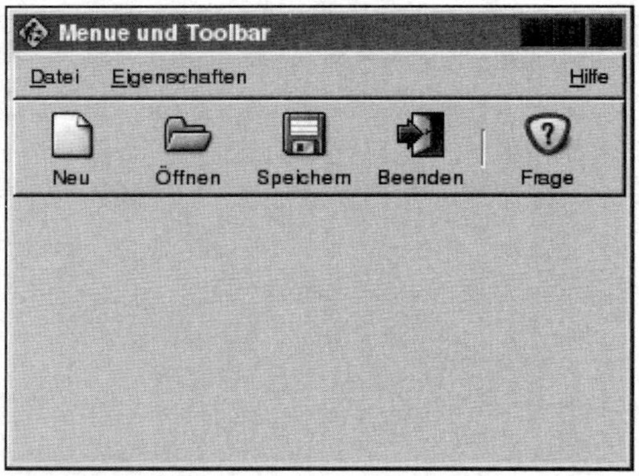

Abbildung 17.14 Ein Beispiel mit »GtkItemFactory« und »GtkToolbar«

17.10.1 Menü – GtkItemFactory

Wie schon erwähnt, stellt diese Möglichkeit, ein Menü zu erstellen, die einfachere Methode von zwei möglichen Wegen dar.

> **Hinweis**
>
> Der Unterschied zwischen beiden Möglichkeiten ist für den Anwender nicht ersichtlich. Lediglich Sie als Programmierer entscheiden sich praktisch zwischen besserer Kontrolle (harter Weg) oder »einfacher zu erstellen« (leichter Weg).

Der Aufwand mit `GtkItemFactory` (im Gegensatz zum anderen Weg) ist minimal. Gewöhnlich reichen zum Erstellen folgende drei Schritte aus:

1. Sie erstellen ein Array vom Typ `GtkItemFactoryEntry`, in dem sämtliche Informationen enthalten sind, die für das Menü nötig sind.

2. Sie erzeugen ein GtkItemFactory-Widget mit gtk_item_factory_create_new().
3. Jetzt können Sie das Menü mit seinen Elementen erzeugen, indem Sie das Array mit den Informationen verwenden – gtk_item_factory_create_items().

Um den ersten Schritt durchzuführen, müssen Sie erst wissen, welche Einträge in der Struktur GtkItemFactoryEntry vorhanden sind, um ein entsprechendes Array mit Werten zu belegen. Jedes dieser Mitglieder ist Teil eines Menüelements:

```
struct _GtkItemFactoryEntry {
  gchar *path;
  gchar *accelerator;
  GtkItemFactoryCallback callback;
  guint callback_action;
  gchar *item_type;
};
```

Mit path geben Sie den Menüpfad an, was wie bei einer gewöhnlichen Verzeichnisstruktur gemacht wird. Mit /Datei/Speichern unter bekommen Sie z. B. einen Menüeintrag Speichern unter, der sich unter dem Eintrag /Datei befindet. Natürlich wird mit /Datei/Speichern unter nur der Name Speichern unter angezeigt. Unterstriche können hierbei auch gleich verwendet werden. Soll z. B. der erste Buchstabe von Speichern unter unterstrichen werden, dann gehen Sie so vor: /Datei/_Speichern unter.

Mit der zweiten Strukturvariablen geben Sie den Accelerator (Shortcut) des Menüeintrags an. Wollen Sie keinen verwenden, können Sie hier auch NULL angeben. Als Shortcut kommt hierbei entweder der String (!) eines einzelnen Zeichens infrage oder eine Kombination von modifizierten Tasten mit einem einzelnen Zeichen. Folgende Modifizierer stehen Ihnen dabei zur Verfügung:

Zeichen	Bedeutung
"<ALT>"	[Alt]-Taste
"<CTL>""<CTRL>""<CONTROL>"	Control([Strg])-Taste
"<SHFT>""<SHIFT>"	[⇧]-Taste

Tabelle 17.21 Modifizierer für einen Accelerator (GtkItemFactoryEntry)

Natürlich sind auch mehrere Kombinationen möglich, z. B. "<SHIFT><ALT><CONTROL>Z". Die nächsten beiden Strukturvariablen sind für die Callback-Funktion gedacht. Auf die Callback-Funktion selbst gehen wir gleich extra ein.

Mit item_type geben Sie an, was für einen Typ von (Menü-)Widget Sie in den Container packen wollen. Folgende Typen stehen zur Auswahl:

Widget-Typ	Bedeutung
NULL oder "" oder "<Item>"	normaler Menüeintrag
"<Title>"	Titeleintrag
"<CheckItem>"	Checkmenüeintrag
"<ToggleItem>"	Toogle-Eintrag
"<RadioItem>"	Wurzel-Radiomenüeintrag
"Path"	Pfad zu restlichen Radiomenüeinträgen
"<Tearoff>"	Abreißkante
"<Separator>"	Trennlinie
"<Branch>"	Eintrag, der Untereinträge aufnehmen kann
"<LastBranch>"	rechts ausgerichteter Menüeintrag
"<ImageItem>"	ein Menüeintrag mit einem Bild
"<StockItem>"	ein Menüeintrag mit einem Stock-Image (siehe Beispiel)

Tabelle 17.22 Mögliche Werte für »item_type« (GtkItemFactoryEntry)

Beschreibung der Callback-Funktion

Die Callback-Funktion von GtkItemFactoryEntry kann zwei verschiedene Formen haben und ist abhängig vom Parameter callback_action. Ist der Wert 0 – wie im Beispiel angewendet –, dann können Sie folgende Callback-Funktion verwenden:

```
void my_callback_func( void );
```

Ansonsten ist folgende Syntax vorgesehen:

```
void callback( gpointer    callback_data,
               guint       callback_action,
               GtkWidget   *widget);
```

callback_data ist ein Zeiger auf übergebene Daten. callback_action entspricht demselben Wert der gleichnamigen Strukturvariablen von GtkItemFactoryEntry. widget ist ein Zeiger auf ein Menüelement.

Hinweis

Es gibt aber auch noch einen anderen Weg, eine Callback-Funktion mit dem üblichen `g_signal_connect()` bzw. `g_signal_connect_swapped()` einzurichten. Auf ihn gehen wir in Kürze ein.

Nachdem Sie die Bedeutung der einzelnen Strukturvariablen von `GtkItemFactoryEntry` kennen, können Sie ein Array mit diesen Mitgliedern für Ihre Menübar erzeugen:

```
static GtkItemFactoryEntry menu[] = {
      {"/_Datei", NULL, 0, 0, "<Branch>"},
      {"/Datei/_Neu", "<control>N", menuitem_auswerten, 0,
       "<StockItem>", GTK_STOCK_NEW},
      {"/Datei/_Oeffnen", "<control>O", menuitem_auswerten, 0,
       "<StockItem>", GTK_STOCK_OPEN},
      {"/Datei/_Speichern", "<control>S", menuitem_auswerten, 0,
       "<StockItem>", GTK_STOCK_SAVE},
      {"/Datei/Speichern unter...", NULL, menuitem_auswerten, 0,
       "<StockItem>", GTK_STOCK_SAVE},
      {"/Datei/sep1", NULL, menuitem_auswerten, 0,
       "<Separator>"},
      {"/Datei/_Ende", "<control>E", end, 0, "<StockItem>",
       GTK_STOCK_QUIT},
...
```


Je nachdem, wie Sie die Elemente des Menüs festgelegt haben, können Sie ein neues Menü mit der Funktion `gtk_item_factory_new()` erzeugen:

```
GtkItemFactory* gtk_item_factory_new(
                        GtkType container_type,
                        const gchar    *path,
                        GtkAccelGroup *accel_group );
```

Mit dem `container_typ` geben Sie an, was für ein Menü Sie wollen. Hierfür sind folgende (selbst sprechende) Angaben möglich:

- `GTK_TYPE_MENU`
- `GTK_TYPE_MENU_BAR`
- `GTK_TYPE_OPTION_MENU`

Mit `path` geben Sie die Wurzel des Menüs, eingeschlossen von `"<root>"`, an. Dieser Name ist auch wichtig für den Accelerator und sollte daher einzigartig für jedes Menü und für jedes Programm sein. `accel_group` ist ein Zeiger auf `GtkAccelGroup`. Dieses Widget ist ebenfalls nötig, da das `GtkItemFactory`-Widget beim Erzeugen die Accelerator-Tabelle setzt.

Jetzt der letzte Schritt: Die Menüelemente des Arrays GtkItemFactoryEntry müssen noch in ein Widget »konvertiert« werden. Hierzu wird die Funktion gtk_item_factory_create_items() verwendet:

```
void gtk_item_factory_create_items(
                    GtkItemFactory *ifactory,
                    guint n_entries,
                    GtkItemFactoryEntry *entries,
                    gpointer callback_data );
```

ifactory ist ein Zeiger auf das zuvor erzeugte GtkItemFactory-Widget. n_entries enthält die Anzahl der Einträge im GtkItemFactoryEntry-Array. entries ist ein Zeiger auf das Array. Mit callback_action können Sie alle Callback-Funktionen in entries mit Daten versorgen. Meistens wird dabei NULL angegeben.

Um die Menübar anschließend auch wie jedes andere Widget packen zu können, benötigen Sie die Kennungs-ID der Menübar. Diese können Sie mit der folgenden Funktion ermitteln:

```
GtkWidget* gtk_item_factory_get_widget( GtkItemFactory *ifactory,
                                        const gchar    *path );
```

ifactory ist das Element, von dem Sie die Kennungs-ID haben wollen, und path ist der *Menüpfad* des Widgets, den Sie ermitteln wollen. Da Sie für das Packen das ganze Menü verwenden wollen, sollten Sie den Pfad verwenden, den Sie als zweiten Parameter der Funktion gtk_item_factory_new() verwendet haben.

Um bei der Auswahl eines Widgets in der Callback-Funktion den kompletten Pfad zu ermitteln, steht Ihnen die Funktion gtk_item_factory_path_from_widget() zur Verfügung:

```
G_CONST_RETURN gchar* gtk_item_factory_path_from_widget  (
                                             GtkWidget *widget );
```

Als Rückgabewert erhalten Sie hierbei den vollen Pfad zum Menüelement (Widget), den Sie beim Erzeugen angegeben haben. Konnte kein Pfad ermittelt werden, wird NULL zurückgegeben. Denn letztendlich ist jetzt jeder einzelne Menüeintrag ein eigenes Widget.

Wie schon erwähnt, ist es auch möglich, Callback-Funktionen nachträglich zu setzen, sprich: nicht im Array GtkItemFactoryEntry. Dies ist relativ einfach mit der bereits gezeigten Funktion gtk_item_factory_get_widget() möglich, die Ihnen, wie bereits erwähnt, die Kennungs-ID eines Widgets zurückgibt (was die einzelnen Menüeinträge letztendlich auch sind). Sie müssen nur unter Angabe des zweiten Parameters das Menüelement angeben, von dem Sie die Kennungs-ID haben wollen.

Für den Menüpunkt /Datei/Ende würde eine Callback-Funktion z. B. folgendermaßen eingerichtet werden:

```
g_signal_connect (
  G_OBJECT(gtk_item_factory_get_widget(itemfac, "/Datei/Ende")),
  "activate", G_CALLBACK (end), NULL);
```

Natürlich lässt sich dies auch mit `g_signal_connect_swapped()` in »einem Rutsch« realisieren:

```
g_signal_connect_swapped(
 G_OBJECT( gtk_item_factory_get_widget(itemfac, "/Datei/Ende") ),
 "activate", G_CALLBACK (gtk_widget_dzhg67tr65t67testroy),
  G_OBJECT(win) );
```

Wollen Sie jetzt wissen, ob ein bestimmtes Menüelement gesetzt oder nicht gesetzt ist (z. B. bei Radio- bzw. Check-Buttons), dann sollten Sie sich die Funktion `gtk_check_menu_item_set_active()` ansehen.

GtkAccelGroup – Tastaturkürzel

Im Beispiel wurde auch das Widget `GtkAccelGroup` (Typenkennung: `GTK_TYPE_ACCEL_GROUP`) verwendet. Bei diesem Widget handelt es sich um Tastatur-Shortcuts (Abkürzungen), mit denen der Anwender der Software gewöhnlich schneller ans Ziel kommt als mit der Maus. Bei sehr vielen Anwendungen bewirkt z. B. die Tastenkombination [Strg]+[O], dass sich eine Dialogbox öffnet, in der Sie eine Datei zum Öffnen auswählen können. Oder mit [Strg]+[S] wird häufig eine Datei abgespeichert. In GTK+ sind diese Shortcuts als *Accelerator Group* bekannt (was zu Deutsch so viel wie »Beschleunigergruppe« bedeutet).

Um für ein Menü solche Shortcuts einzurichten, sind bestenfalls zwei Routinen nötig, die Ihnen GTK+ zur Verfügung stellt (natürlich gibt es auch hierzu wieder eine Menge mehr).

```
void gtk_window_add_accel_group (
                          GtkWindow *window,
                          GtkAccelGroup *accel_group, );
void gtk_widget_add_accelerator (
                          GtkWidget *widget,
                          const gchar *accel_signal,
                          GtkAccelGroup *accel_group,
                          guint accel_key,
                          guint accel_mods,
                          GtkAccelFlags accel_flags );
```

Nachdem Sie ein neues Objekt `GtkAccelGroup` erzeugt haben, können Sie mit der Funktion `gtk_window_add_accel_group()` angeben, mit welchem Fenster (erstes Argument) Sie diese Shortcuts (*Accelerator Groups*) verknüpfen wollen. Der zweite Parameter entspricht der zuvor erzeugten Accelerator-Gruppe (`GtkAccelGroup`).

Jetzt können Sie mit der Funktion gtk_widget_add_accelerator() Tastenkombinationen zur Gruppe hinzufügen – zu welchem Widget, das geben Sie mit dem ersten Parameter an. Mit dem zweiten Parameter accel_signal geben Sie das Signal an, das emittiert wird, wenn das Widget ausgewählt wurde. Mit accel_group geben Sie die Gruppe an, zu der Sie den neuen Shortcut hinzufügen wollen. accel_key ist die Taste auf dem Keyboard, die zum Shortcut hinzugefügt werden soll. Mit accel_mods können Sie die Accelerator-Taste angeben ([Strg], [⇧] etc.), die zusammen mit key_accel gedrückt werden soll. Mögliche Angaben hierfür sind GDK_CONTROL_MASK, GDK_SHIFT_MASK, GDK_RELEASE_MASK, GDK_BUTTONn_MASK (n = 1 bis 5), GDK_LOCK_MASK, GDK_MODn_MASK (n = 1 bis 5). Mit dem letzten Parameter können Sie angeben, wie der Accelerator angezeigt werden soll. Mögliche Angaben sind: GTK_ACCEL_VISIBLE (sichtbar), GTK_ACCEL_SIGNAL_VISIBLE (sichtbar inklusive Signal) und GTK_ACCEL_LOCKED (unsichtbar).

Abkürzungsbuchstaben – Unterstriche

Ebenfalls Mitglied einer Accelerator-Gruppe sind unterstrichene Shortcuts, mit denen ein Buchstabe durch einen Unterstrich sichtbar gemacht wird. Gewöhnlich reicht es hierzu aus, in der Eigenschaft "label" einen Unterstrich vor einen Buchstaben zu setzen und die Eigenschaft "use-underline" auf TRUE zu setzen. Dann kann das Widget mit dem entsprechenden unterstrichenen Buchstaben mit einem Tastendruck betätigt werden. Bei Widgets, die keine Eigenschaft "label" besitzen, können Sie ein GtkLabel-Widget verwenden und dort mit "use-underline" einen Unterstrich setzen.

Auf welches Widget sich der Abkürzungsbuchstabe beziehen soll, tragen Sie dann in die Eigenschaft "mnemonic-widget" ein. Dann erhält dieses Widget bei Betätigung des Shortcuts den Fokus oder wird (je nach Widget) aktiviert.

17.10.2 Toolbar – GtkToolbar

Mit dem Widget GtkToolbar (Typenkennung: GTK_TYPE_TOOLBAR) können Sie eine Reihe (vertikal oder horizontal) erzeugen, in der Sie Buttons und weitere Widgets platzieren können. Der Toolbar sind noch folgende Eigenschaften zugeordnet:

Eigenschaft	Datentyp	Bedeutung
"orientation"	GtkOrientation	Soll die Toolbar vertikal oder horizontal angeordnet werden? Dies kann mit den folgenden zwei Konstanten besetzt werden bzw. sein: GTK_ORIENTATION_HORIZONTAL, GTK_ORIENTATION_VERTICAL

Tabelle 17.23 Eigenschaften für »GtkToolbar« (GTK_TYPE_TOOLBAR)

Eigenschaft	Datentyp	Bedeutung
"toolbar-style"	GtkToolbarStyle	Hier kann der Stil der Toolbar angegeben werden. Folgende Konstanten sind hierfür gegeben: ▸ GTK_TOOLBAR_ICONS – Buttons nur mit Icons anzeigen ▸ GTK_TOOLBAR_TEXT – Buttons nur mit Text anzeigen ▸ GTK_TOOLBAR_BOTH – Buttons mit Icons und Text anzeigen ▸ GTK_TOOLBAR_BOTH_HORIZ – Buttons mit Icons und Text anzeigen, wobei sich der Text rechts anstatt unter dem Icon befindet.

Tabelle 17.23 Eigenschaften für »GtkToolbar« (GTK_TYPE_TOOLBAR) (Forts.)

Wenn außerdem die Eigenschaften der Anordnung (orientation) oder des Stils (toolbar-style) verändert wurden, werden die Signale "orientation-changed" bzw. "style-changed" emittiert.

Um in einer Toolbar Widgets hinzuzufügen, finden Sie bei der Klasse GtkToolbar eine Menge Funktionen. Im Beispiel wurde die Funktion gtk_toolbar_insert_stock() verwendet:

```
GtkWidget* gtk_toolbar_insert_stock (
                             GtkToolbar *toolbar,
                             const gchar *stock_id,
                             const char *tooltip_text,
                             const char *tooltip_private_text,
                             GtkSignalFunc callback,
                             gpointer user_data,
                             gint position );
```

Damit wird ein Stock-Element (hier: ein Icon) nach einer bestimmten Position in die Toolbar eingefügt. Mit dem ersten Argument geben Sie die Toolbar an, zu der ein neues Stock-Item hinzugefügt werden soll. Das zweite Argument erwartet eine gültige ID des Stock-Items, die gewöhnlich als symbolische Konstante GTK_STOCK_ ... implementiert ist. Die Anwendung gtk-demo, die der GTK+ 2.0-Version beiliegt, listet Ihnen alle vorhandenen Stock-Items auf. Mit dem dritten Argument können Sie einen Text für einen Tooltipp eingeben, der erscheint, wenn sich die Maus über dem Button befindet. Dabei handelt es sich um sogenannte Minihilfen, die die Aktion des Widgets der Toolbar beschreiben sollen.

Hinweis

Solche Minihilfen lassen sich auch mit einem speziellen Widget namens `GtkTooltip` (Typenkennung: `GTK_TYPE_TOOLTIP`) erstellen und einem Widget zuordnen.

Mit dem vierten Argument `tooltip_private_text` können Sie noch eine spezielle Hilfe hinzufügen. Diese spezielle Hilfe finden Sie bei vielen Anwendungen unter `Hilfe/?`. Dabei finden Sie dann am Mauscursor zusätzlich noch ein Fragezeichen. Wenn Sie damit ein bestimmtes Menüelement anklicken, das Sie selbstverständlich auch mit `tooltip_private_text` beschriftet haben müssen, wird eine etwas umfangreichere Hilfe angezeigt. Im Beispiel wurde hierfür `NULL` angegeben, da diese umfangreiche Hilfe nicht verwendet wird. Mit `callback` geben Sie eine Callback-Funktion an, die aufgerufen wird, wenn der Toolbar-Button betätigt (angeklickt) wurde. Mit `user_data` können Sie der Callback-Funktion noch zusätzliche Informationen übergeben. Mit dem letzten Argument geben Sie die Position des Buttons an, also wo dieser platziert werden soll. `-1` bedeutet, wie Sie im Beispiel gesehen haben, »am Ende anfügen«.

Außerdem wurde mit der Funktion `gtk_toolbar_append_space()` noch eine vertikale Linie eingebaut.

Neben der Funktion `gtk_toolbar_insert_stock()` gibt es noch eine Reihe weiterer Funktionen für die Toolbar. Wir verweisen Sie hierzu auf die Referenz von GTK+.

GtkMessageDialog

Nebenbei sei hier noch die Funktion `gtk_message_dialog_new()` erwähnt, die in diesem Beispiel ebenfalls verwendet wurde. `GtkMessageDialog` gehört zu einer der `GtkWindow`-Unterklassen und wurde bereits kurz erwähnt. Die Syntax zum Erzeugen eines solchen Message-Fensters sieht wie folgt aus:

```
GtkWidget* gtk_message_dialog_new (
                        GtkWindow *parent,
                        GtkDialogFlags flags,
                        GtkMessageType type,
                        GtkButtonsType buttons,
                        const gchar *message_format, ... );
```

Mit dem ersten Argument können Sie entweder das Eltern-Widget eintragen oder `NULL`. Für die Angabe der Flags (zweites Argument) stehen Ihnen folgende Konstanten zur Verfügung:

- `GTK_DIALOG_MODAL` – Erzeugt ein modales Fenster.
- `GTK_DIALOG_DESTROY_WITH_PARENT` – Wird das Elternfenster zerstört, wird das Message-Fenster ebenso automatisch beseitigt.
- `GTK_DIALOG_NO_SEPARATOR` – Keine Trennlinie oberhalb der Buttons.

Mit dem dritten Argument geben Sie die Art der Nachricht an. Diese Angabe entscheidet, welche Art von Icon und Fenster-Titel bei der Nachrichten-Box angezeigt wird. Hierzu stehen Ihnen wiederum folgende Konstanten zur Verfügung:

- GTK_MESSAGE_INFO – Wird bei Nachrichten mit Informationen verwendet.
- GTK_MESSAGE_WARNING – Wird bei Nachrichten mit Warnungen verwendet.
- GTK_MESSAGE_QUESTION – Wird bei Nachrichten mit Fragen verwendet.
- GTK_MESSAGE_ERROR – Wird bei Nachrichten mit Fehlern verwendet.

Das Argument button beinhaltet die Art des Buttons mitsamt einem Bild und der Beschriftung, die sich in dem Nachrichtenfenster befinden. Hierzu sind folgende Angaben möglich:

- GTK_BUTTONS_NONE – Keine Buttons
- GTK_BUTTONS_OK – OK-Button
- GTK_BUTTONS_CLOSE – Schließen-Button
- GTK_BUTTONS_CANCEL – Abbrechen-Button
- GTK_BUTTONS_YES_NO – Ja- und Nein-Button
- GTK_BUTTONS_OK_CANCEL – Ok- und Abbrechen-Button

Mit message_format können Sie einen printf()-ähnlichen Ausgabe-String zusammenbasteln, da sich hinter message_format auch die printf()-typische Ellipse (...) für eine variabel lange Argumentenliste befindet. Wenn der Anwender den Button anklickt, wird das Signal "response" emittiert.

17

17.10.3 Optionsmenü – GtkOptionsMenu

Bei einem Optionsmenü handelt es sich in der Tat um ein echtes Menü der Klasse GtkMenu. Gewöhnlich werden Optionsmenüs (Klasse GtkOptionsMenu; Typenkennung: GTK_TYPE_OPTION_MENU) dazu verwendet, um eine Auswahl aus mehreren Einträgen einer Liste zu wählen.

Bevor Sie ein solches Optionsmenü erzeugen, müssen Sie erst ein Menü von der Klasse GtkMenu (Typenkennung: GTK_TYPE_MENU) erstellen. In dieses Menü können Sie jetzt mit den Funktionen gtk_menu_shell_append() oder auch mit dem Makro gtk_menu_append() die einzelnen Widgets einfügen:

```
void gtk_menu_shell_append ( GtkMenuShell *menu_shell,
                             GtkWidget *child );
```

Dabei sollte es sich sinnvollerweise um einfache Menüeinträge handeln, z. B. um einen Text. Ein einfaches Text-Widget könnte hierbei mit gtk_menu_item_new_with_label () erstellt werden.

Natürlich gibt es neben der _append-Funktion auch die _prepend- und _insert-Version, um ein neues (Menü-)Widget am Anfang hinzuzufügen oder unter Angabe eines Index dazwischen einzufügen.

Nachdem Sie das Menü erstellt haben, können Sie ein Optionsmenü erzeugen (Klassen: GtkOptionsMenu; Typenkennung: GTK_TYPE_OPTION_MENU) und bei der Eigenschaft "menu" das eben erzeugte Menü (GtkMenu) hinzufügen.

Wollen Sie hierbei einen bestimmten Menüeintrag vorbelegen, können Sie dazu die Funktion gtk_option_menu_set_history() und die Angabe der Indexnummer des Eintrags als zweites Argument verwenden. Das erste Argument beinhaltet das Menü, auf das sich die Aktion bezieht. Abfragen, welcher Menüeintrag gerade ausgewählt ist, können Sie mit dem Gegenstück gtk_option_menu_get_history() und der Angabe des Menüs, das erfragt werden soll. Als Rückgabewert erhalten Sie die Indexnummer des ausgewählten Menüeintrags:

```
void gtk_option_menu_set_history ( GtkOptionMenu *option_menu,
                                   guint index );
gint gtk_option_menu_get_history (GtkOptionMenu *option_menu);
```

Wurde ein anderer Eintrag des Optionsmenüs ausgewählt, wird außerdem das Signal "changed" emittiert.

17.10.4 Combo-Boxen – GtkCombo

Die Combo-Boxen sind den Optionsmenüs recht ähnlich, nur dass die ursprüngliche Herkunft der Combo-Boxen aus den Textfeldern (GtkEntry) entspringt. Die Struktur GtkCombo enthält zwei Mitglieder:

```
struct GtkCombo {
        GtkWidget *entry;
        GtkWidget *list;
};
```

entry ist ein Zeiger auf einen GtkEntry-Eintrag, auf den Sie beim Auswerten der Combo-Boxen mittels combo->entry zugreifen können. Der zweite Eintrag beinhaltet eine Liste von Einträgen für die Combo-Box. Hier können Sie z. B. eine GList verwenden und mit der Funktion g_list_append() einzelne Einträge in die Liste einfügen. Anschließend können Sie diese Liste mit der Funktion gtk_combo_set_popdown_strings() der Combo-Box hinzufügen:

```
void gtk_combo_set_popdown_strings ( GtkCombo *combo,
                                     GList *strings );
```

Wollen Sie, dass nicht das oberste Element der Liste GList beim Start der Anwendung angezeigt wird, sondern ein spezielles, können Sie dies mit g_object_set(), dem entry-Feld und der Eigenschaft "text" selbst vorgeben. Ebenso können Sie mittels g_object_get() das momentan ausgewählte Element ermitteln. Weitere Eigenschaften, die Sie für GtkCombo (Typenkennung: GTK_TYPE_COMBO) verwenden können, finden Sie in Tabelle 17.24.

Eigenschaft	Datentyp	Bedeutung
"allow-empty"	gboolean	Bei TRUE kann auch ein leeres Feld hinterlassen werden.
"case-sensitive"	gboolean	Bei TRUE wird die Groß- und Kleinschreibung bei einer Überprüfung, ob der Eintrag einem Feldeintrag entspricht, beachtet.
"enable-arrow-keys"	gboolean	Bei TRUE darf man auch mit den Pfeiltasten durch die Combo-Box scrollen.
"enable-arrows-always"	gboolean	Wenn enable-arrow-keys TRUE ist, wird das Scrollen nur dann verwendet, wenn der aktuelle Inhalt der Combo-Box einem Listeneintrag entspricht.

Tabelle 17.24 Eigenschaften für »GtkCombo« (GTK_TYPE_COMBO)

Zum Schluss folgt hierzu ein Listing, das Ihnen das Optionsmenü und die Combo-Box noch in der Praxis zeigen soll. Es ist ein einfaches Beispiel, das Ihnen die Auswahl auf die Konsole ausgibt.


```
/* gkt6b.c */
/*        Optionsmenü    */
/*        Comboboxen     */
#include <stdio.h>
#include <stdlib.h>
#include <gtk/gtk.h>
static GtkComboBox *combo;
static gchar *linux_t[] = {
   "OpenSUSE", "Fedora", "Mageia Linux",
   "Debian (Stretch) GNU/Linux", "Gentoo Linux",
   "Ubuntu", "Linux Mint", "Yggdrasil Linux/GNU/X"
 };
#define SIZE(x) (sizeof x / sizeof x[0])
static gint
delete_Event(GtkWidget *widget, GdkEvent event, gpointer daten) {
  g_print ("Das Fenster wird zerstoert!\n");
  /* Nur mit FALSE wird die Anwendung wirklich Beendet */
  return FALSE;
}
```

```
static void end (GtkWidget * widget, gpointer daten) {
  g_print ("Und Tschues!\n");
  gtk_main_quit ();
}
/* Auswerten des Optionsmenüs und der Combobox */
static void auswerten (GtkWidget * widget, gpointer daten) {
  gint i = gtk_combo_box_get_active(combo);
  if (i == -1)
    g_print ("Fehler beim Auswerten der Combo-Box\n");
  else
    g_print ("Auswertung Combo-Box: %s\n", linux_t[i]);
  gtk_widget_get_name(GTK_WIDGET(combo));
}
int main (int argc, char **argv) {
  GtkWindow *win;
  GdkPixbuf *pic;
  GtkGrid *table;
  GtkButton *button;
  GtkLabel *combo_label;
  GtkListStore *elements;
  GtkCellRenderer *cell;
  GtkTreeIter iter;
  gint i;
  gtk_init (&argc, &argv);
  /* Eine Grafik in einen Pixbuf laden */
  pic = gdk_pixbuf_new_from_file ("icon/at-work.gif", NULL);
  /* Fenster mit folgenden Eigenschaften anlegen */
  win = g_object_new (GTK_TYPE_WINDOW,
                      "title", "Optionsmenues und Comboboxen",
                      "default-width", 300,
                      "default-height", 150,
                      "resizable", TRUE,
                      "window-position", GTK_WIN_POS_CENTER,
                      "border-width", 10, "icon", pic, NULL);
  /* Eine Tabelle 3x2 erzeugen */
  table = GTK_GRID(gtk_grid_new());
  /* Create data elements ... */
  elements = gtk_list_store_new( 1, G_TYPE_STRING );
  for (i = 0; i < SIZE(linux_t); i++) {
    gtk_list_store_append(elements, &iter);
    gtk_list_store_set(elements, &iter, 0, linux_t[i], -1);
  }
  /* Eine neue Combobox aus dem DataStore erzeugen */
```

```
combo = GTK_COMBO_BOX(gtk_combo_box_new_with_model(GTK_TREE_MODEL(elements)));
/* Einen Cell-Renderer erzeugen */
cell = gtk_cell_renderer_text_new();
/* Diesen in die Combo-Box packen */
gtk_cell_layout_pack_start(GTK_CELL_LAYOUT(combo), cell, TRUE );
/* Den Cell-Renderer mit der Datenquelle (elements) verbinden */
gtk_cell_layout_add_attribute(GTK_CELL_LAYOUT(combo), cell, "text", 0 );
/* Ein Optionsmenü erzeugen und mit dem Menü bestücken */
/* Ein Textfeld erzeugen */
option_label = g_object_new ( GTK_TYPE_LABEL,
                              "label", "Optionsmenue ",
                              NULL );
/* Remove our reference from elements to avoid memory leak. */
g_object_unref(G_OBJECT(elements));
/* Ein neues Label erzeugen */
combo_label = g_object_new ( GTK_TYPE_LABEL,
                             "label", "Combobox ",
                             NULL);
/* Einen neuen Button erzeugen */
button = g_object_new ( GTK_TYPE_BUTTON,
                        "label", "Auswerten",
                        "relief", GTK_RELIEF_HALF,
                        NULL);
/* Signalhandler einrichten */
g_signal_connect ( win, "delete-event",
                   G_CALLBACK (delete_Event), NULL);
g_signal_connect ( win, "destroy",
                   G_CALLBACK (end), NULL );
g_signal_connect ( button, "clicked",
                   G_CALLBACK (auswerten), NULL );
/* Alles Packen */
gtk_container_add (GTK_CONTAINER (win), GTK_WIDGET (table));
gtk_grid_attach (GTK_GRID(table), GTK_WIDGET(combo_label),
                 0, 1, 1, 1);
gtk_grid_attach (GTK_GRID(table), GTK_WIDGET(combo),
                 1, 1, 1, 1);
gtk_grid_attach (GTK_GRID(table), GTK_WIDGET(button),
                 1, 2, 1, 1);
/* Fenster anzeigen */
gtk_widget_show_all (GTK_WIDGET(win));
/* Hauptschleife von gtk */
gtk_main ();
```

17

```
  g_print ("Die GTK-Hauptschleife wurde beendet\n");
  return 0;
}
```

Das Programm bei der Ausführung:

```
$ gcc -Wall -o gtk6b gtk6b.c $(pkg-config --libs --cflags gtk+-3.0)
$ ./gtk6b
```

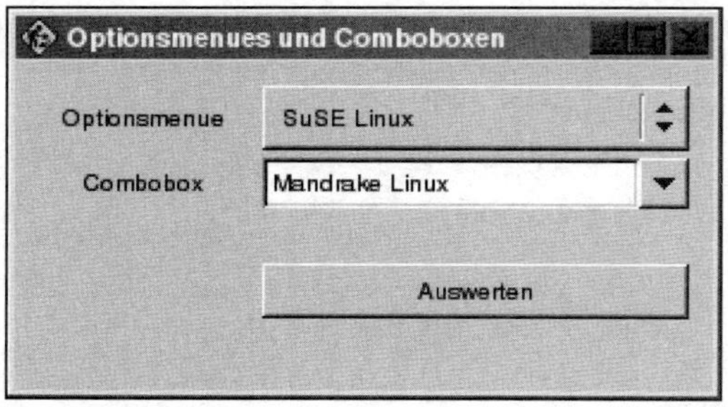

Abbildung 17.15 Combo-Box und Optionsmenü

```
Mögliche Ausgabe auf der Konsole:
Auswertung Combo-Box: Mandrake Linux
Auswerten Options-Menue : Debian (Stretch) Linux
-----------------------------------
Auswertung Combo-Box: SuSE Linux
Auswerten Options-Menue : Gentoo Linux
-----------------------------------
...
```

17.11 Mehrzeiliger Text

Das Text-Widget-System von GTK+ ist so umfangreich, dass selbst dieser Abschnitt hier nicht einmal ein Anriss dessen ist, was es bietet. Dennoch wollen wir hier wenigstens einen Überblick über die Widgets geben, damit Sie mit mithilfe der Referenz wissen, wo Sie was finden bzw. wonach Sie Ausschau halten müssen.

Grundsätzlich unterscheidet man dabei zwischen dem sichtbaren Bereich und dem internen Bereich (wie dem Textpuffer). Um überhaupt einen Text darstellen zu können, benötigen Sie mindestens das Widget zur Textansicht (`GtkTextView`; Typenkennung: `GTK_TYPE_TEXT_VIEW`) und das Widget zum Textpuffer (`GtkTextBuffer`; Typenkennung: `GTK_TYPE_TEXT_BUFFER`).

Weitere Widgets, die in Verbindung mit dem Textpuffer (`GtkTextBuffer`) verwendet werden, sind:

- GtkTextIter – Text-Iteratoren werden verwendet, wenn eine Position in einem Textpuffer dargestellt werden muss, genauer gesagt eine Stelle zwischen zwei Zeichen (Typenkennung: GTK_TYPE_TEXT_ITER).
- GtkTextMark – Ebenso wie die Iteratoren werden Marken dazu verwendet, um eine bestimmte Position zwischen zwei Zeichen darzustellen. Im Gegensatz zu den Iteratoren ist es mit Marken möglich, eine Textposition dauerhaft festzuhalten. Das hat zur Folge, dass selbst bei einer Änderung des Puffers die Marke nicht ungültig wird. Eine Marke ist ein *unsichtbarer* Cursor im Text (Typenkennung: GTK_TYPE_TEXT_MARK).
- GtkTextTag – Hiermit werden Informationen zur Formatierung oder zu anderen Eigenschaften des Textes eingestellt und in einem Tag gespeichert. Ein Tag legt einen Satz von Eigenschaften für einen Text fest und kann sich auch nur auf Teilstücke des Textes beziehen (Typenkennung: GTK_TYPE_TEXT_TAG).
- GtkTextTagTable – Eine Sammlung von Tags, die alle zusammen verwendet werden können (Typenkennung: GTK_TYPE_TEXT_TAG_TABLE).
- GtkClipboard – Es handelt sich hierbei zwar nicht um ein direktes Widget in Verbindung mit den Text-Widgets, doch sollte das Widget hier erwähnt werden (Typenkennung: GTK_TYPE_CLIPBOARD), da es hier auch einige Funktionen gibt, die eine Schnittstelle zwischen dem Textpuffer und der Zwischenablage bieten.

Zur Demonstration folgt hier ein minimalistisches Beispiel zum GtkTextView- und GtkTextBuffer-Widget:


```
/* gkt7.c */
/* Mehrzeiliger Text      */
/*        GtkTextView     */
/*        GtkTextBuffer   */
/*        GtkScrolledWindow */
#include <stdio.h>
#include <stdlib.h>
#include <gtk/gtk.h>
/* Funktionsprototypen */
static GtkWindow *create_window (void);
static void create_tags (GtkTextBuffer * buffer);
static void on_button_clear_clicked (
                    GtkButton * button, gpointer user_data );
static void on_button_cut_clicked (
                    GtkButton * button, gpointer user_data );
static void on_button_copy_clicked (
                    GtkButton * button, gpointer user_data );
static void on_button_paste_clicked (
                    GtkButton * button, gpointer user_data);
static void on_button_bold_clicked (
```

```
                    GtkButton * button, gpointer user_data);
static void on_button_underline_clicked (
                    GtkButton * button, gpointer user_data);
static void on_button_strike_clicked (
                    GtkButton * button, gpointer user_data );
static void on_button_color_clicked (
                    GtkButton * button, gpointer user_data );
static GtkToolItem *
insert_stock_button (GtkToolbar         *toolbar,
                      const gchar       *stock_id,
                      const gchar       *text,
                      GCallback          callback,
                      gpointer           user_data) {
  GtkToolItem *button;
  button = gtk_tool_button_new_from_stock (stock_id);
  gtk_tool_item_set_tooltip_text (button, text);
  if(callback)
    g_signal_connect (G_OBJECT (button),
                       "clicked",
                       callback,
                       user_data);
  gtk_toolbar_insert (GTK_TOOLBAR (toolbar),
                       button,
                       -1); /*-1 bedeutet: ans Ende der Toolbar */
  return button;
}
static GtkWindow *create_window (void) {
  GtkWindow  *window;
  GdkPixbuf  *pic;
  GtkWidget  *vbox_main;
  GtkToolbar *toolbar;
  GtkToolItem *button_clear, *button_cut, *button_copy,
  *button_paste, *button_bold, *button_underline,
  *button_strike, *button_color;
  GtkScrolledWindow *scrolledwindow;
  GtkTextView *textview;
  GtkTextBuffer *buffer;
  /* Eine Grafik in einen Pixbuf laden */
  pic = gdk_pixbuf_new_from_file("icon/at-work.gif", NULL );
  /* Fenster mit folgenden Eigenschaften anlegen */
  window = g_object_new( GTK_TYPE_WINDOW,
                          "title", "Textansicht- und Textpuffer",
                          "default-width",  300,
```

```
                    "default-height", 200,
                    "resizable", TRUE,
                    "window-position", GTK_WIN_POS_CENTER,
                    "border-width", 0,
                    "icon", pic,
                    NULL );
/* eine vertikale Box erzeugen */
vbox_main = gtk_box_new( GTK_ORIENTATION_VERTICAL , 0 );
/* Eine neue Toolbar erzeugen */
toolbar = g_object_new (GTK_TYPE_TOOLBAR,  NULL);
/* Klassischer Stil, mit Textlabeln */
gtk_toolbar_set_style(toolbar, GTK_TOOLBAR_BOTH);
/* Eine Textansicht erzeugen */
textview = g_object_new( GTK_TYPE_TEXT_VIEW, NULL);
/* Buttons mit Stock-icons für die Toolbar erzeugen */
button_clear=insert_stock_button( toolbar, GTK_STOCK_CLEAR,
                                  "Text loeschen",
                                  G_CALLBACK (on_button_clear_clicked),
                                  (gpointer) textview);
button_cut = insert_stock_button( toolbar, GTK_STOCK_CUT,
                                  "Text ausschneiden",
                                  G_CALLBACK (on_button_cut_clicked),
                                  (gpointer) textview);
button_copy=insert_stock_button( toolbar, GTK_STOCK_COPY,
                                 "Text kopieren",
                                 G_CALLBACK (on_button_copy_clicked),
                                 (gpointer) textview);
button_paste=insert_stock_button( toolbar, GTK_STOCK_PASTE,
                                  "Text einfuegen",
                                  G_CALLBACK (on_button_paste_clicked),
                                  (gpointer) textview);
button_bold=insert_stock_button( toolbar, GTK_STOCK_BOLD,
                                 "Fette Schriftart",
                                 G_CALLBACK (on_button_bold_clicked),
                                 (gpointer) textview);
button_underline=insert_stock_button( toolbar,
                                      GTK_STOCK_UNDERLINE,
                                      "Schrift unterstreichen",
                                      G_CALLBACK (on_button_underline_clicked),
                                      (gpointer) textview);
button_strike=insert_stock_button( toolbar,
                                   GTK_STOCK_STRIKETHROUGH,
                                   "Schrift durchstreichen",
```

```
                                        G_CALLBACK (on_button_strike_clicked),
                                        (gpointer) textview);
  button_color=insert_stock_button( toolbar, GTK_STOCK_SELECT_COLOR,
                                    "farbig Schrift (blau)",
                                    G_CALLBACK (on_button_color_clicked),
                                    (gpointer) textview);
  /* Rollbalken erzeugen */
  scrolledwindow = g_object_new( GTK_TYPE_SCROLLED_WINDOW,
                   "hscrollbar_policy", GTK_POLICY_AUTOMATIC,
                   "vscrollbar_policy", GTK_POLICY_AUTOMATIC,
                   "window_placement" , GTK_CORNER_TOP_LEFT,
                   NULL);
  /* Aktuellen Puffer für die Textansicht ermitteln */
  buffer = gtk_text_view_get_buffer (GTK_TEXT_VIEW (textview));
  /* Einige einfache Tags zur Formatierung anlegen */
  create_tags (buffer);
  /* Restlichen Signalhandler einrichten */
  g_signal_connect ( (gpointer) window, "delete_event",
                   G_CALLBACK (gtk_main_quit), NULL);
  /* Alles packen */
  gtk_container_add ( GTK_CONTAINER(window),
                      GTK_WIDGET(vbox_main));
  gtk_box_pack_start ( GTK_BOX (vbox_main),
                       GTK_WIDGET(toolbar),
                       FALSE, FALSE,0);
  gtk_box_pack_start ( GTK_BOX (vbox_main),
                       GTK_WIDGET(scrolledwindow),
                       TRUE,TRUE, 0);
  gtk_container_add ( GTK_CONTAINER (scrolledwindow),
                      GTK_WIDGET(textview) );
  /* Erzeugtes Fenster zurückgegeben */
  return window;
}
/* "Markierten" Text im Puffer löschen */
static void
on_button_clear_clicked(GtkButton * button, gpointer user_data) {
  GtkTextBuffer *textbuffer = NULL;
  g_assert (GTK_IS_TEXT_VIEW (user_data));
  /* Aktuellen Puffer für die Textansicht ermitteln */
  textbuffer=gtk_text_view_get_buffer(GTK_TEXT_VIEW(user_data));
  /* Markierten Text löschen */
  gtk_text_buffer_delete_selection (textbuffer, TRUE, TRUE);
}
```

```
/* Text ausschneiden und in Zwischenablage legen */
static void
on_button_cut_clicked (GtkButton * button, gpointer user_data) {
  GtkTextBuffer *textbuffer = NULL;
  g_assert (GTK_IS_TEXT_VIEW (user_data));
  /* Aktuellen Puffer für die Textansicht ermitteln */
  textbuffer=gtk_text_view_get_buffer(GTK_TEXT_VIEW(user_data));
  /* Text im Puffer löschen und in Zwischenablage legen */
  gtk_text_buffer_cut_clipboard (textbuffer,
                                 gtk_clipboard_get (GDK_NONE), TRUE);
}
/* Text vom Puffer kopieren und in Zwischenablage legen */
static void
on_button_copy_clicked (GtkButton * button, gpointer user_data) {
  GtkTextBuffer *textbuffer = NULL;
  g_assert (GTK_IS_TEXT_VIEW (user_data));
  /* Aktuellen Puffer für die Textansicht ermitteln */
  textbuffer=gtk_text_view_get_buffer(GTK_TEXT_VIEW(user_data));
  /* Text im Puffer in die Zwischenablage kopieren */
  gtk_text_buffer_copy_clipboard (textbuffer,
                                  gtk_clipboard_get (GDK_NONE));
}
/* Text aus der Zwischenablage in den Puffer legen */
static void
on_button_paste_clicked(GtkButton * button, gpointer user_data) {
  GtkTextBuffer *textbuffer = NULL;
  g_assert (GTK_IS_TEXT_VIEW (user_data));
  /* Aktuellen Puffer für die Textansicht ermitteln */
  textbuffer=gtk_text_view_get_buffer(GTK_TEXT_VIEW(user_data));
  /* Text aus der Zwischenablage  (falls vorhanden) */
  /*  in den Puffer kopieren                        */
  gtk_text_buffer_paste_clipboard (textbuffer,
                                   gtk_clipboard_get (GDK_NONE),
                                   NULL, TRUE);
}
/* Markierten Text im Puffer in Fett-Schrift darstellen */
static void
on_button_bold_clicked (GtkButton * button, gpointer user_data) {
  GtkTextBuffer *textbuffer = NULL;
  GtkTextIter start, end;
  g_assert (GTK_IS_TEXT_VIEW (user_data));
  /* Aktuellen Puffer für die Textansicht ermitteln */
  textbuffer=gtk_text_view_get_buffer(GTK_TEXT_VIEW(user_data));
```

```
  /* Markierte Auswahl im Puffer ermitteln */
  gtk_text_buffer_get_selection_bounds(textbuffer,&start, &end);
  /* Markierte Auswahl im Puffer mit neuer Formatierung */
  /* belegen                                             */
  gtk_text_buffer_apply_tag_by_name ( textbuffer, "bold",
                                      &start, &end);
}
/* Markieren Text im Puffer mit Unterstrich darstellen */
static void
on_button_underline_clicked ( GtkButton * button,
                              gpointer user_data ) {
  GtkTextBuffer *textbuffer = NULL;
  GtkTextIter start, end;
  g_assert (GTK_IS_TEXT_VIEW (user_data));
  /* Aktuellen Puffer für die Textansicht ermitteln */
  textbuffer=gtk_text_view_get_buffer(GTK_TEXT_VIEW(user_data));
  /* Markierte Auswahl im Puffer ermitteln */
  gtk_text_buffer_get_selection_bounds (textbuffer,&start,&end);
  /* Markierte Auswahl im Puffer mit neuer Formatierung */
  /*  belegen                                            */
  gtk_text_buffer_apply_tag_by_name ( textbuffer, "underline",
                                      &start, &end);
}
/* Markierten Text im Puffer Durchstreichen */
static void
on_button_strike_clicked(GtkButton *button, gpointer user_data) {
  GtkTextBuffer *textbuffer = NULL;
  GtkTextIter start, end;
  g_assert (GTK_IS_TEXT_VIEW (user_data));
  /* Aktuellen Puffer für die Textansicht ermitteln */
  textbuffer=gtk_text_view_get_buffer(GTK_TEXT_VIEW(user_data));
  /* Markierte Auswahl im Puffer ermitteln */
  gtk_text_buffer_get_selection_bounds(textbuffer,&start,&end);
  /* Markierte Auswahl im Puffer mit neuer Formatierung */
  /* belegen                                             */
  gtk_text_buffer_apply_tag_by_name ( textbuffer, "strike",
                                      &start, &end);
}
/* Markierten Text im Puffer mit neuer Farbe */
/* (hier blau) versehen                      */
static void
on_button_color_clicked(GtkButton * button, gpointer user_data) {
  GtkTextBuffer *textbuffer = NULL;
```

```
  GtkTextIter start, end;
  g_assert (GTK_IS_TEXT_VIEW (user_data));
  /* Aktuellen Puffer für die Textansicht ermitteln */
  textbuffer=gtk_text_view_get_buffer(GTK_TEXT_VIEW(user_data));
  /* Markierte Auswahl im Puffer ermitteln */
  gtk_text_buffer_get_selection_bounds (textbuffer,&start,&end);
  /* Markierte Auswahl im Puffer mit neuer Formatierung */
  /* belegen                                             */
  gtk_text_buffer_apply_tag_by_name ( textbuffer, "color",
                                     &start, &end);
}
/* Einge Textformatierungen (Tags) erstellen */
static void create_tags (GtkTextBuffer * buffer) {
  g_assert (GTK_IS_TEXT_BUFFER (buffer));
  /* Fette Schrift */
  gtk_text_buffer_create_tag (buffer, "bold",
                              "weight", PANGO_WEIGHT_BOLD, NULL);
  /* Unterstrichene Schrift */
  gtk_text_buffer_create_tag (buffer, "underline",
                             "underline", PANGO_UNDERLINE_SINGLE,
                             NULL);
  /* Durchgestrichene Schrift */
  gtk_text_buffer_create_tag (buffer, "strike",
                              "strikethrough", TRUE,
                              NULL);
  /* Schrift in blauer Farbe */
  gtk_text_buffer_create_tag (buffer, "color",
                              "foreground", "blue",
                              NULL);
}
int main (int argc, char **argv) {
  GtkWindow *window;
  gtk_init (&argc, &argv);
  window = create_window ();
  gtk_widget_show_all (GTK_WIDGET(window));
  gtk_main ();
  return 0;
}
```

Das Programm bei der Ausführung:

```
$ gcc -Wall -o gtk7 gtk7.c $(pkg-config --libs --cflags gtk+-3.0)
$ ./gtk7
```

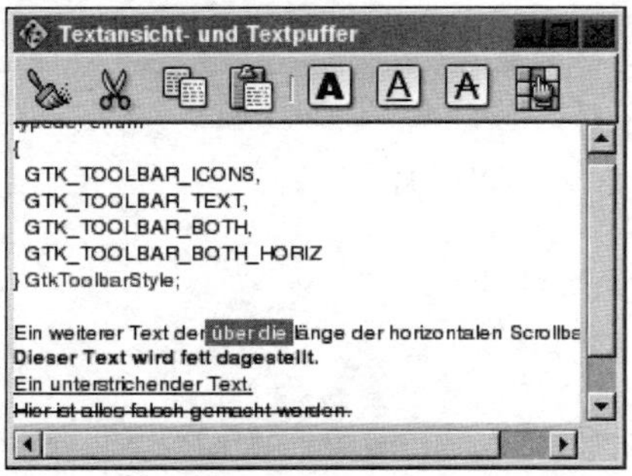

Abbildung 17.16 Ein einfacher Texteditor

> **Hinweis**
> Aus drucktechnischen Gründen wurde die Toolbar des Listings auf dem Screenshot mit der Eigenschaft `"toolbar-style"`, `GTK_TOOLBAR_ICONS` versehen, also ohne den Text unter dem Icon.

17.11.1 Text(editor) – GtkTextView, GtkTextBuffer

Zur Anzeige des Textes auf dem Bildschirm (im Fenster) wird das Widget der Klasse `GtkTextView` verwendet (Typenkennung: `GTK_TYPE_TEXT_VIEW`). Im Beispiel wird gleich nach der Erzeugung des sichtbaren Text-Widgets eine Verbindung zum Puffer `GtkTextBuffer` mit der Funktion `gtk_text_view_get_buffer()` hergestellt.

```
GtkTextBuffer* gtk_text_view_get_buffer (GtkTextView *text_view);
```

Diese Funktion gibt einen Puffer (`GtkTextBuffer`) unter Angabe des sichtbaren Textfeldes (erstes und einziges Argument) zurück. Mithilfe dieses Puffers werden anschießend mit der Funktion `create_tags()` einige einfache Tags festgelegt.

Ein solches Tag können Sie recht einfach mit der Funktion `gtk_text_buffer_create_ tag()` erstellen:

```
GtkTextTag* gtk_text_buffer_create_tag (
                        GtkTextBuffer *buffer,
                        const gchar *tag_name,
                        const gchar *first_property_name, ...);
```

Als erstes Argument wird der Puffer erwartet, auf den sich die neue Formatierung beziehen soll. Als zweites Argument legen Sie den Tag-Namen fest, auf den Sie im Laufe der Anwendung zurückgreifen können. Es kann aber auch mit `NULL` ein anonymes Tag erstellt werden. Jetzt folgt eine mit `NULL` abgeschlossene Liste von Eigenschaften mit Namen-/Wertepaaren, wie Sie sie schon beim Erstellen vieler anderer Widgets verwendet haben. Hierzu einige wenige der über 60 (!) Eigenschaften, mit denen Sie den Text entsprechend formatieren können. Tabelle 17.25 zeigt die wichtigsten.

Eigenschaft	Datentyp	Bedeutung
`"name"`	`gchararray`	Bezeichner des Tags (kann nicht mehr nachträglich geändert werden)
`"background"`	`gchararray`	Hintergrundfarbe
`"foreground"`	`gchararray`	Vordergrundfarbe
`"font"`	`gchararray`	Schriftbeschreibung
`"family"`	`gchararray`	Schriftname
`"style"`		Schriftneigung; mögliche Werte sind: ▸ `PANGO_STYLE_NORMAL` – normal ▸ `PANGO_STYLE_OBLIQUE` – geschrägt ▸ `PANGO_STYLE_ITALIC` – kursiv
`"weight"`	`gint`	Schriftstärke
`"size"`	`gint`	Schriftgröße (Pixel)
`"size-points"`	`gdouble`	Schriftgröße (Punkte)
`"scale"`	`gdouble`	Schriftgröße relativ zum umgebenden Text
`"strikethrough"`	`gboolean`	Bei `TRUE` ist der Text durchgestrichen.
`"underline"`		Text unterstreichen; mögliche Werte sind: ▸ `PANGO_UNDERLINE_NONE` – gar nicht unterstreichen ▸ `PANGO_UNDERLINE_SINGLE` – einfach unterstreichen ▸ `PANGO_UNDERLINE_DOUBLE` – doppelt unterstreichen ▸ `PANGO_UNDERLINE_LOW` – tief unterstreichen
`"invisible"`	`gboolean`	Bei `TRUE` ist der mit dem Tag belegte Text unsichtbar.

Tabelle 17.25 Einige der über 60 Eigenschaften von Tags

Ferner wurden im Listing weitere Funktionen der wirklich enorm vielen Routinen verwendet, die sich auf den Inhalt des Puffers (`GtkTextBuffer`) beziehen. Wichtig ist bei all diesen

Funktionen, dass eine Beziehung zum sichtbaren Teil des Textes mit der bereits bekannten Funktion gtk_text_view_get_buffer() hergestellt wurde.

Hier sehen Sie eine Auflistung der Syntax der im Beispiel verwendeten Funktionen mit einer anschießenden kurzen Erläuterung:

```
gboolean gtk_text_buffer_delete_selection (
                                 GtkTextBuffer *buffer,
                                 gboolean interactive,
                                 gboolean default_editable );
void gtk_text_buffer_paste_clipboard (
                                 GtkTextBuffer *buffer,
                                 GtkClipboard *clipboard,
                                 GtkTextIter *override_location,
                                 gboolean default_editable);
void gtk_text_buffer_copy_clipboard (
                                 GtkTextBuffer *buffer,
                                 GtkClipboard *clipboard );
void gtk_text_buffer_cut_clipboard (
                                 GtkTextBuffer *buffer,
                                 GtkClipboard *clipboard,
                                 gboolean default_editable );
gboolean gtk_text_buffer_get_selection_bounds(
                                 GtkTextBuffer *buffer,
                                 GtkTextIter *start,
                                 GtkTextIter *end );
void gtk_text_buffer_apply_tag_by_name(
                                 GtkTextBuffer *buffer,
                                 const gchar *name,
                                 const GtkTextIter *start,
                                 const GtkTextIter *end );
```

Mit gtk_text_buffer_delete_selection() wird eine Auswahl aus dem Puffer zwischen den Marken "insert" und "selection-bound" gelöscht. Wird interactive auf TRUE gesetzt, wird die Veränderung auch beachtet, und das dritte Argument default_editable hat auch hier eine Bedeutung. Wird dieser Wert auf TRUE gesetzt, gibt diese Funktion erst wirklich TRUE zurück, wenn auch tatsächlich eine Löschung stattgefunden hat.

Die nächsten drei Funktionen (gtk_text_buffer_paste_clipboard(), gtk_text_buffer_cut_clipboard() und gtk_text_buffer_copy_clipboard()) dienen alle als Schnittstelle zwischen der Zwischenablage und dem Textpuffer. Alle drei Funktionen haben ein Argument der Klasse GtkClipboard (Typenkennung: GTK_TYPE_CLIPBOARD). Im Beispiel wurde mithilfe des Funktionsaufrufs gtk_clipboard_get(GDK_NONE) als Argument dafür gesorgt, dass keine eigene Zwischenablage verwendet wird, sondern die systemweite Standard-Zwischenablage.

Ebenfalls erhalten alle Funktionen als erstes Argument den Textpuffer vom Typ GtkTextBuffer.

Ansonsten wird mit der Funktion gtk_text_buffer_paste_clipboard() ein Text aus der Zwischenablage in den Puffer kopiert. Mit dem Argument override_location der Klasse GtkTextIter wurde im Beispiel NULL verwendet, was bedeutet, dass der Text an der Position des Cursors eingefügt wird. Mit default_editable geben Sie an, ob der Text editierbar sein soll – was gewöhnlich mit TRUE besetzt ist.

Mit gtk_text_buffer_copy_clipboard() wird ein ausgewählter Text im Textpuffer in die Zwischenablage kopiert.

gtk_text_buffer_cut_clipboard() fügt einen Text aus der Zwischenablage wieder in den Puffer ein. Auch hier wird mit default_editable angegeben, ob der Text editierbar sein soll.

Mit gtk_text_buffer_get_selection_bounds() initialisieren Sie die Argumente start und end mit der Anfangs- und Endposition des markierten Textes im Textpuffer (erstes Argument). Den so ermittelten Wert verwenden Sie anschließend zum Formatieren des Textes mit der Funktion gtk_text_buffer_apply_tag_by_name(), um einen Textpuffer (erstes Argument) mit einem Tag-Namen zu versehen, den Sie im Beispiel mit der Funktion create_tag() erzeugt haben.

Wie schon erwähnt, stellt dieser Überblick nur einen kleinen Abriss der Funktionen dar, die Ihnen mit dem Text-Widget-System zur Verfügung stehen. Wichtig erscheint uns noch ein Überblick über die Eigenschaften des GtkTextView-Widgets. Bei seinen Eigenschaften handelt es sich keineswegs um die Textformatierungen handelt, sondern um reine Darstellungsoptionen des Widgets GtkTextView selbst!

Eigenschaft	Datentyp	Bedeutung
"buffer"	GtkTextBuffer	Der Puffer, der angezeigt wird
"pixels-above-lines"	gint	Abstand vor einem Absatz
"pixels-below-lines"	gint	Abstand nach einem Absatz
"pixels-inside-wrap"	gint	Abstand zwischen den umbrochenen Zeilen in einem Absatz
"wrap-mode"	GtkWrapMode	Art des Zeilenumbruchs. Mögliche Werte: ▶ GTK_WRAP_NONE – kein Umbruch; Widget wird breiter ▶ GTK_WRAP_CHAR – Umbruch zeichenweise ▶ GTK_WRAP_WORD – Umbruch wortweise

Tabelle 17.26 Eigenschaften von »GtkTextView«

Eigenschaft	Datentyp	Bedeutung
"justification"	GtkJustification	Art der Satzausrichtung. Mögliche Werte: ▸ GTK_JUSTIFY_LEFT – linksbündig ▸ GTK_JUSTIFY_RIGHT – rechtsbündig ▸ GTK_JUSTIFY_CENTER – zentriert ▸ GTK_JUSTIFY_FILL – Blocksatz
"editable"	gboolean	Darf Text verändert werden?
"left-margin"	gint	Breite des linken Rands
"right-margin"	gint	Breite des rechten Rands
"indent"	gint	Einrücktiefe von Absätzen
"accepts-tab"	gboolean	Werden Tabulator-Zeichen mit einer typischen 8-Leerzeichen-Einrückung akzeptiert?
"overwrite"	gboolean	Darf neu eingefügter Text den existierenden Text überschreiben?
"cursor-visible"	gboolean	Ist der Mauscursor sichtbar?

Tabelle 17.26 Eigenschaften von »GtkTextView« (Forts.)

17.11.2 Scrollendes Fenster – GtkScrolledWindow

Im Beispiel aus Abschnitt 17.11 wurde auch GtkScrolledWindow (Typenkennung: GTK_TYPE_SCROLLED_WINDOW) verwendet. Dabei handelt es sich um ein Behälter-Widget, das genau ein Widget aufnehmen kann. Dieses wird z. B. verwendet, wenn etwas auf dem Bildschirm (Hauptfenster) nicht auf einmal vertikal bzw. horizontal darstellbar ist. Ist das Widget in diesem Behälter (GtkScrolledWindow) größer als darstellbar, findet der Anwender hierzu einen automatischen Rollbalken an einer Position, die Sie mit der Eigenschaft "window-placement" angeben. Damit lässt sich das Kind-Widget vertikal und/oder horizontal rollen. Tabelle 17.27 listet die Eigenschaften auf, die Sie für GtkScrolledWindow verwenden können.

Eigenschaften	Datentyp	Bedeutung
"hadjustment"	GtkAdjustment	Stellgröße (Typ: GtkAdjustment), die die horizontale Position des Kind-Widgets im Fenster kontrolliert.

Tabelle 17.27 Eigenschaften für »GtkScrolledWindow« (GTK_TYPE_SCROLLED_WINDOW)

Eigenschaften	Datentyp	Bedeutung
"hscrollbar-policy"	GtkPolicyType	Darstellungsmethode des horizontalen Balkens. Mögliche Werte: ▶ GTK_POLICY_ALWAYS – Rollbalken immer anzeigen ▶ GTK_POLICY_AUTOMATIC – Rollbalken nur dann anzeigen, wenn das Kind-Widget größer als das Fenster ist ▶ GTK_POLICY_NEVER – Rollbalken niemals anzeigen
"shadow-type"	GtkShadowType	Schattierungen des Rollbalkens um das Kind-Widget. Mögliche Werte sind: ▶ GTK_SHADOW_NONE ▶ GTK_SHADOW_IN ▶ GTK_SHADOW_OUT ▶ GTK_SHADOW_ETCHED_IN ▶ GTK_SHADOW_ETCHED_OUT
"vadjustment"	GtkAdjustment	Stellgröße (Typ GtkAdjustment), die die vertikale Position des Kind-Widgets im Fenster kontrolliert
"vscrollbar-policy"	GtkPolicyType	Darstellungsmethode des vertikalen Balkens. Mögliche Werte: siehe hscrollbar-policy
"window-placement"	GtkCornerType	Relative Platzierung des Kind-Widgets zu den Rollbalken. Mögliche Werte: ▶ GTK_CORNER_TOP_LEFT – Rollbalken rechts und unten (Standard) ▶ GTK_CORNER_BOTTOM_LEFT – Rollbalken rechts und oben ▶ GTK_CORNER_TOP_RIGHT – Rollbalken links und unten ▶ GTK_CORNER_BOTTOM_RIGHT – Rollbalken links und oben

Tabelle 17.27 Eigenschaften für »GtkScrolledWindow« (GTK_TYPE_SCROLLED_WINDOW) (Forts.)

17.12 Auswählen (Selection)

Dinge wie das Auswählen (Selektieren) einer Datei, der Farben oder Schriftarten muss man zum Glück nicht mehr selbst programmieren. Hierzu existieren in GTK+ wieder einige vorbereitete Widgets. Zur einfachen Farbauswahl wird das Widget `GtkColorSelection` verwendet, zur Auswahl von Schriftarten `GtkFontSelection` und zur Dateiauswahl `GtkFileSelection`.

Auf die Auswahl von Dateien gehen wir in diesem Abschnitt etwas näher ein. Hierzu haben wir das Listing des einfachen Texteditors vom Beispiel zuvor um die Funktion der Dateiauswahl erweitert. Damit können Sie nun einfache Textdateien öffnen und im Editor anzeigen lassen. Zusätzlich haben wir dem Beispiel auch noch eine Funktion zum Speichern spendiert, wobei hier wiederum einige weitere Funktionen des Text-Widget-Systems von GTK+ verwendet wurden.

```
/* gkt8.c */
/* Mehrzeiliger Text                   */
/* mit Dateiauswahl - GtkFileSelection */
#include <stdio.h>
#include <string.h>
#include <stdlib.h>
#include <gtk/gtk.h>
/* Funktionsprototypen */
static GtkWindow *create_window (void);
static void create_tags (GtkTextBuffer * buffer);
static void on_button_clear_clicked (
                     GtkButton * button, gpointer user_data );
static void on_button_cut_clicked (
                     GtkButton * button, gpointer user_data );
static void on_button_copy_clicked (
                     GtkButton * button, gpointer user_data );
static void on_button_paste_clicked (
                     GtkButton * button, gpointer user_data );
static void on_button_bold_clicked (
                     GtkButton * button, gpointer user_data );
static void on_button_underline_clicked (
                     GtkButton * button, gpointer user_data );
static void on_button_strike_clicked (
                     GtkButton * button, gpointer user_data );
static void on_button_color_clicked (
                     GtkButton * button, gpointer user_data );
static void open_the_file (void);
static void file_open (
                     GtkButton * clicked, GtkWidget * selection);
static void on_button_save_clicked (
```

```
                     GtkButton * button, gpointer user_data );
static GtkToolItem *
insert_stock_button (GtkToolbar         *toolbar,
                     const gchar        *stock_id,
                     const gchar        *text,
                     GCallback           callback,
                     gpointer            user_data) {
  GtkToolItem *button;
  button = gtk_tool_button_new_from_stock (stock_id);
  gtk_tool_item_set_tooltip_text (button, text);
  if(callback)
    g_signal_connect (G_OBJECT (button),
                      "clicked",
                      callback,
                      user_data);
  gtk_toolbar_insert (GTK_TOOLBAR (toolbar),
                      button,
                      -1); /*-1 bedeutet: ans Ende der Toolbar */
  return button;
}
/* Dateiname zum Öffnen */
static gchar *filename = NULL;
static GtkTextView *textview;
/* Dialog */
static GtkWidget *fileselect;
static GtkWindow * create_window (void) {
  GtkWindow *window;
  GdkPixbuf  *pic;
  GtkWidget *vbox_main;
  GtkToolbar *toolbar;
  GtkToolItem *button_clear, *button_cut, *button_copy,
  *button_paste, *button_bold, *button_underline,
  *button_strike, *button_color, *button_open,
  *button_save;
  GtkScrolledWindow *scrolledwindow;
  GtkTextBuffer *buffer;
  /* Eine Grafik in einen Pixbuf laden */
  pic = gdk_pixbuf_new_from_file("icon/at-work.gif", NULL );
  /* Fenster mit folgenden Eigenschaften anlegen */
  window = g_object_new( GTK_TYPE_WINDOW,
                         "title", "Textansicht- und Textpuffer",
                         "default-width",  300,
                         "default-height", 200,
```

```
                          "resizable", TRUE,
                          "window-position", GTK_WIN_POS_CENTER,
                          "border-width", 0,
                          "icon", pic,
                          NULL );
/* eine vertikale Box erzeugen */
vbox_main = gtk_box_new( GTK_ORIENTATION_VERTICAL , 0 );
/* Eine neue Toolbar erzeugen */
toolbar = g_object_new (GTK_TYPE_TOOLBAR,
                        /* "toolbar-style", GTK_TOOLBAR_ICONS,*/
                         NULL);
/* Eine Textansicht erzeugen */
textview = g_object_new( GTK_TYPE_TEXT_VIEW, NULL);
/* Buttons mit Stock-icons für die Toolbar erzeugen */
button_open = insert_stock_button (GTK_TOOLBAR (toolbar),
                                    GTK_STOCK_OPEN,
                                    "Datei oeffnen",
                                    G_CALLBACK (file_open),
                                    (gpointer) textview);
button_save = insert_stock_button (GTK_TOOLBAR (toolbar),
                                    GTK_STOCK_SAVE,
                                    "Datei speichern",
                                    G_CALLBACK (on_button_save_clicked),
                                    (gpointer) textview);
button_clear=insert_stock_button (GTK_TOOLBAR (toolbar),
                                   GTK_STOCK_CLEAR,
                                   "Text loeschen",
                                   G_CALLBACK (on_button_clear_clicked),
                                   (gpointer) textview);
button_cut=insert_stock_button (GTK_TOOLBAR (toolbar),
                                 GTK_STOCK_CUT,
                                 "Text ausschneiden",
                                 G_CALLBACK (on_button_cut_clicked),
                                 (gpointer) textview);
button_copy = insert_stock_button (GTK_TOOLBAR (toolbar),
                                    GTK_STOCK_COPY,
                                    "Text kopieren",
                                    G_CALLBACK (on_button_copy_clicked),
                                    (gpointer) textview);
button_paste=insert_stock_button (GTK_TOOLBAR (toolbar),
                                   GTK_STOCK_PASTE,
                                   "Text einfuegen",
                                   G_CALLBACK (on_button_paste_clicked),
```

```
                                      (gpointer) textview);
  button_bold=insert_stock_button( toolbar, GTK_STOCK_BOLD,
                                  "Fette Schriftart",
                                  G_CALLBACK (on_button_bold_clicked),
                                  (gpointer) textview);
  button_underline=insert_stock_button( toolbar,
                                       GTK_STOCK_UNDERLINE,
                                       "Schrift unterstreichen",
                                       G_CALLBACK (on_button_underline_clicked),
                                       (gpointer) textview);
  button_strike=insert_stock_button( toolbar,
                                    GTK_STOCK_STRIKETHROUGH,
                                    "Schrift durchstreichen",
                                    G_CALLBACK (on_button_strike_clicked),
                                    (gpointer) textview);
  button_color=insert_stock_button( toolbar, GTK_STOCK_SELECT_COLOR,
                                   "farbig Schrift (blau)",
                                   G_CALLBACK (on_button_color_clicked),
                                   (gpointer) textview);
  /* Rollbalken erzeugen */
  scrolledwindow = g_object_new( GTK_TYPE_SCROLLED_WINDOW,
                      "hscrollbar_policy" , GTK_POLICY_AUTOMATIC,
                      "vscrollbar_policy" , GTK_POLICY_AUTOMATIC,
                      "window_placement"  , GTK_CORNER_TOP_LEFT,
                      NULL);
  /* Aktuellen Puffer für die Textansicht ermitteln */
  buffer = gtk_text_view_get_buffer (GTK_TEXT_VIEW (textview));
  /* Einige einfache Tags zur Formatierung anlegen */
  create_tags (buffer);
  /* Dateiauswahlsbox erzeugen */
  fileselect = gtk_file_chooser_dialog_new(
                         "Bitte Datei auwaehlen ...",
                         NULL,
                         GTK_FILE_CHOOSER_ACTION_OPEN,
                         GTK_STOCK_CANCEL, GTK_RESPONSE_CANCEL,
                         GTK_STOCK_OPEN, GTK_RESPONSE_ACCEPT,
                         NULL);
  /* Signalhandler einrichten */
  g_signal_connect ( (gpointer) window, "delete_event",
                    G_CALLBACK (gtk_main_quit), NULL);
  /* Alles packen */
  gtk_container_add( GTK_CONTAINER (window),
                    GTK_WIDGET(vbox_main) );
```

```
  gtk_box_pack_start ( GTK_BOX (vbox_main),
                       GTK_WIDGET(toolbar),
                       FALSE, FALSE,0);
  gtk_box_pack_start ( GTK_BOX (vbox_main),
                       GTK_WIDGET(scrolledwindow),
                       TRUE,TRUE, 0);
  gtk_container_add ( GTK_CONTAINER (scrolledwindow),
                      GTK_WIDGET(textview));
  /* Erzeugtes Fenster zurückgegeben */
  return window;
}
/* "Markierten" Text im Puffer löschen */
static void
on_button_clear_clicked(GtkButton * button, gpointer user_data) {
  GtkTextBuffer *textbuffer = NULL;
  g_assert (GTK_IS_TEXT_VIEW (user_data));
  /* Aktuellen Puffer für die Textansicht ermitteln */
  textbuffer=gtk_text_view_get_buffer(GTK_TEXT_VIEW(user_data));
  /* Markierten Text löschen */
  gtk_text_buffer_delete_selection (textbuffer, TRUE, TRUE);
}
/* Text ausschneiden und in Zwischenablage legen */
static void
on_button_cut_clicked (GtkButton * button, gpointer user_data) {
  GtkTextBuffer *textbuffer = NULL;
  g_assert (GTK_IS_TEXT_VIEW (user_data));
  /* Aktuellen Puffer für die Textansicht ermitteln */
  textbuffer=gtk_text_view_get_buffer(GTK_TEXT_VIEW(user_data));
  /* Text im Puffer löschen und in Zwischenablage legen */
  gtk_text_buffer_cut_clipboard (textbuffer,
                                 gtk_clipboard_get (GDK_NONE), TRUE);
}
/* Text vom Puffer kopieren und in Zwischenablage legen */
static void
on_button_copy_clicked (GtkButton * button, gpointer user_data) {
  GtkTextBuffer *textbuffer = NULL;
  g_assert (GTK_IS_TEXT_VIEW (user_data));
  /* Aktuellen Puffer für die Textansicht ermitteln */
  textbuffer=gtk_text_view_get_buffer(GTK_TEXT_VIEW(user_data));
  /* Text im Puffer in die Zwischenablage kopieren */
  gtk_text_buffer_copy_clipboard (textbuffer,
                                  gtk_clipboard_get (GDK_NONE));
}
```

```
/* Text aus der Zwischenablage in den Puffer legen */
static void
on_button_paste_clicked(GtkButton * button, gpointer user_data) {
  GtkTextBuffer *textbuffer = NULL;
  g_assert (GTK_IS_TEXT_VIEW (user_data));
  /* Aktuellen Puffer für die Textansicht ermitteln */
  textbuffer=gtk_text_view_get_buffer(GTK_TEXT_VIEW(user_data));
  /* Text aus der Zwischenablage  (falls vorhanden) */
  /*  in den Puffer kopieren                          */
  gtk_text_buffer_paste_clipboard (textbuffer,
                                   gtk_clipboard_get (GDK_NONE),
                                   NULL, TRUE);
}
/* Markierten Text im Puffer in Fett-Schrift darstellen */
static void
on_button_bold_clicked (GtkButton * button, gpointer user_data) {
  GtkTextBuffer *textbuffer = NULL;
  GtkTextIter start, end;
  g_assert (GTK_IS_TEXT_VIEW (user_data));
  /* Aktuellen Puffer für die Textansicht ermitteln */
  textbuffer=gtk_text_view_get_buffer(GTK_TEXT_VIEW(user_data));
  /* Markierte Auswahl im Puffer ermitteln */
  gtk_text_buffer_get_selection_bounds(textbuffer,&start, &end);
  /* Markierte Auswahl im Puffer mit neuer Formatierung */
  /* belegen                                              */
  gtk_text_buffer_apply_tag_by_name ( textbuffer, "bold",
                                      &start, &end);
}
/* Markieren Text im Puffer mit Unterstrich darstellen */
static void
on_button_underline_clicked ( GtkButton * button,
                              gpointer user_data ) {
  GtkTextBuffer *textbuffer = NULL;
  GtkTextIter start, end;
  g_assert (GTK_IS_TEXT_VIEW (user_data));
  /* Aktuellen Puffer für die Textansicht ermitteln */
  textbuffer=gtk_text_view_get_buffer(GTK_TEXT_VIEW(user_data));
  /* Markierte Auswahl im Puffer ermitteln */
  gtk_text_buffer_get_selection_bounds (textbuffer,&start,&end);
  /* Markierte Auswahl im Puffer mit neuer Formatierung */
  /*  belegen                                             */
  gtk_text_buffer_apply_tag_by_name ( textbuffer, "underline",
                                      &start, &end);
```

```
}
/* Markierten Text im Puffer Durchstreichen */
static void
on_button_strike_clicked(GtkButton *button, gpointer user_data) {
  GtkTextBuffer *textbuffer = NULL;
  GtkTextIter start, end;
  g_assert (GTK_IS_TEXT_VIEW (user_data));
  /* Aktuellen Puffer für die Textansicht ermitteln */
  textbuffer=gtk_text_view_get_buffer(GTK_TEXT_VIEW(user_data));
  /* Markierte Auswahl im Puffer ermitteln */
  gtk_text_buffer_get_selection_bounds(textbuffer,&start,&end);
  /* Markierte Auswahl im Puffer mit neuer Formatierung */
  /* belegen                                            */
  gtk_text_buffer_apply_tag_by_name ( textbuffer, "strike",
                                      &start, &end);
}
/* Markierten Text im Puffer mit neuer Farbe */
/* (hier blau) versehen                      */
static void
on_button_color_clicked(GtkButton * button, gpointer user_data) {
  GtkTextBuffer *textbuffer = NULL;
  GtkTextIter start, end;
  g_assert (GTK_IS_TEXT_VIEW (user_data));
  /* Aktuellen Puffer für die Textansicht ermitteln */
  textbuffer=gtk_text_view_get_buffer(GTK_TEXT_VIEW(user_data));
  /* Markierte Auswahl im Puffer ermitteln */
  gtk_text_buffer_get_selection_bounds (textbuffer,&start,&end);
  /* Markierte Auswahl im Puffer mit neuer Formatierung */
  /* belegen                                            */
  gtk_text_buffer_apply_tag_by_name ( textbuffer, "color",
                                      &start, &end);
}
/* Einge Textformatierungen (Tags) erstellen */
static void create_tags (GtkTextBuffer * buffer) {
  g_assert (GTK_IS_TEXT_BUFFER (buffer));
  /* Fette Schrift */
  gtk_text_buffer_create_tag (buffer, "bold",
                              "weight", PANGO_WEIGHT_BOLD, NULL);
  /* Unterstrichene Schrift */
  gtk_text_buffer_create_tag (buffer, "underline",
                             "underline", PANGO_UNDERLINE_SINGLE,
                             NULL);
  /* Durchgestrichene Schrift */
```

```
  gtk_text_buffer_create_tag (buffer, "strike",
                              "strikethrough", TRUE,
                              NULL);
  /* Schrift in blauer Farbe */
  gtk_text_buffer_create_tag (buffer, "color",
                              "foreground", "blue",
                              NULL);
}
/* Datei zum lesen Öffnen */
static void
open_the_file(void) {
  FILE *f;
  gchar buf[255];
  GtkTextBuffer *buffer = NULL;
  GtkTextIter end;
  if (filename == NULL)
    return; /* Datei existiert nicht */
  f = fopen (filename, "r");
  if (NULL == f) {
    printf("Keine solche Datei vorhanden!!\n");
    return;
  }
  else {
    buffer = gtk_text_view_get_buffer (
               GTK_TEXT_VIEW (textview) );
    while(fgets(buf,255,f)) {
      gtk_text_buffer_get_end_iter(buffer, &end);
      gtk_text_buffer_insert(buffer, &end, buf, -1);
    } }
  fclose (f);
}
static void
file_open (GtkButton * clicked, GtkWidget * selection) {
  GtkTextBuffer *buffer = NULL;
  /* Neue Datei öffnen, daher:
     + Dateinamen auf NULL setzen
     + Inhalt bereits von bereits vorhandenen Text löschen */
  filename = NULL;
  buffer = gtk_text_view_get_buffer (GTK_TEXT_VIEW (textview));
  gtk_text_buffer_set_text(buffer,"", -1);
  gint returnvalue = gtk_dialog_run (GTK_DIALOG (fileselect));
  if(returnvalue==GTK_RESPONSE_ACCEPT) {
    filename = gtk_file_chooser_get_filename (GTK_FILE_CHOOSER (fileselect));
```

```
    open_the_file();
  }
  gtk_widget_hide(fileselect);
}
/* Datei abspeichern - ohne wenn und aber !*/
static void
on_button_save_clicked (GtkButton * button, gpointer user_data) {
  GtkTextBuffer *buffer = NULL;
  GtkTextIter start, end;
  gchar *buf;
  gchar *dyn;
  FILE *f;
  if(filename != NULL) {
    /* Aktuellen Puffer für die Textansicht ermitteln */
    buffer = gtk_text_view_get_buffer (
               GTK_TEXT_VIEW (user_data) );
    /* Markierte Auswahl im Puffer ermitteln */
    gtk_text_buffer_get_bounds (buffer, &start, &end);
    /* Zeiger auf den kompletten Text zurück */
    buf=gtk_text_buffer_get_text(buffer, &start, &end, TRUE);
    dyn = g_malloc( strlen(buf)+1 );
    g_stpcpy( dyn, buf );
    /* Zur Kontrolle Ausgabe auf die Konsole */
    g_print("%s\n... gespeichert!\n",dyn);
    f = fopen(filename, "w");
    if(f != NULL)
      fwrite(dyn, strlen(dyn)+1, 1, f);
    fclose(f);
  } }
int main (int argc, char **argv) {
  GtkWindow *window;
  gtk_init (&argc, &argv);
  window = create_window ();
  gtk_widget_show_all (GTK_WIDGET(window));
  gtk_main ();
  return 0;
}
```

Das Programm bei der Ausführung:

```
$ gcc -Wall -o gtk8 gtk8.c $(pkg-config --libs --cflags gtk+-3.0)
$ ./gtk8
```

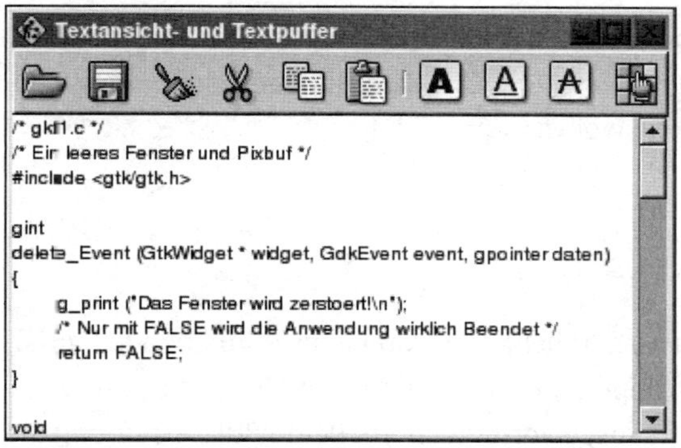

Abbildung 17.17 Neue Funktionen zum Öffnen und Speichern von Dateien

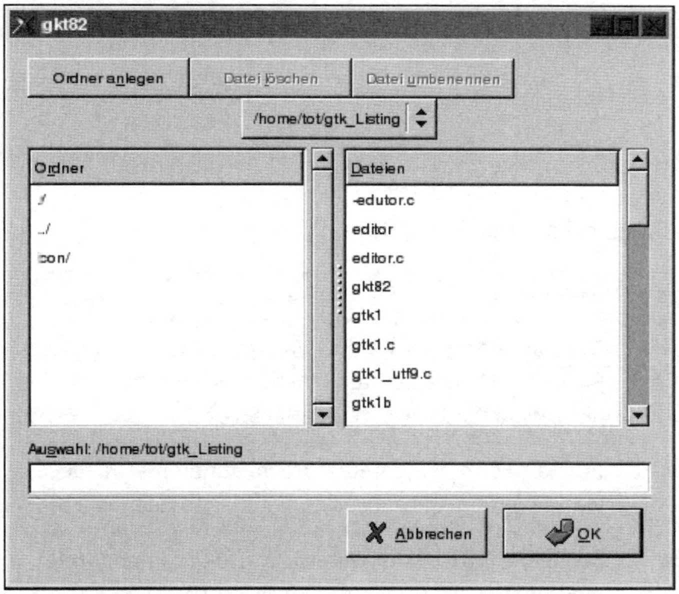

Abbildung 17.18 Das Widget »GtkFileSelection« im Einsatz

Hinweis

Aus drucktechnischen Gründen wurde auch hier wieder die Toolbar des Listings auf dem Screenshot mit der Eigenschaft `"toolbar-style"`, `GTK_TOOLBAR_ICONS` versehen; also ohne den Text unter dem Icon.

Hinweis

Bei diesem Beispiel wurden Sie höchstwahrscheinlich zum ersten Mal mit UTF-8-Warnmeldungen in der Konsole überschüttet, aus der Sie das Programm gestartet haben. Natürlich passiert das nur, wenn die Datei, die Sie öffnen, Nicht-ASCII-Zeichen enthält. Zwangsläufig müssen Sie sich intensiver mit den UTF-8-Funktionen der Glib auseinandersetzen, wenn Sie derartige Programme für die Masse entwickeln wollen.

17.12.1 Dateiauswahl – GtkFileSelection

Wie Sie im Beispiel schon gesehen haben, ist es üblich, den Dateiauswahldialog via Signalhandler anzulegen – genauer gesagt, ihn anzeigen zu lassen, indem die Buttons `OK` und `Abbrechen` mit dieser Dialogbox verbunden und ausgewertet werden. Beide Buttons finden Sie in der Struktur `GtkFileSelection` unter dem Namen `ok_button` und `cancel_button`:

```
struct GtkFileSelection {
...
  GtkWidget *ok_button;
  GtkWidget *help_button;
...
};
```

Folgende Eigenschaften stehen Ihnen bei der Dateiauswahl zur Verfügung:

Eigenschaft	Datentyp	Bedeutung
`"filename"`	`gchararray`	Der Dateiname mit Pfad, der ausgewählt wurde. Diese Eigenschaft auszuwerten macht allerdings nur dann Sinn, wenn `select-multiple` `FALSE` ist.
`"select-multiple"`	`gboolean`	Bei `TRUE` können mehrere Dateien auf einmal ausgewählt werden (bei gedrückter [Strg]-Taste möglich).
`"show- fileops"`	`gboolean`	Sollen die Buttons zur Dateiverwaltung mit angezeigt werden (VERZEICHNIS ANLEGEN, DATEI LÖSCHEN, DATEI UMBENENNEN)?

Tabelle 17.28 Eigenschaften für »GtkFileSelection«

Wie schon erwähnt, können Sie auch mehrere Dateien auf einmal selektieren. Dann allerdings müssen Sie die Funktion `gtk_file_selection_get_selections()` verwenden. Mit dieser Funktion erhalten Sie ein nullterminiertes Feld von Strings zurück, in dem die Dateinamen enthalten sind. Allerdings sind in den Dateinamen die lokalen Zeichenkodierungen enthalten. Damit es nicht reihenweise Fehler oder gar Abstürze hagelt, sollten Sie die Dateinamen zuvor mit der Funktion `g_filename_from_utf8()` in eine UTF-8-Kodierung umwandeln. Dies tun Sie natürlich nur, wenn Sie Nicht-ASCII-Zeichen beim Dateinamen verwendet haben. Das UTF-8-Problem haben wir bereits zu Beginn kurz angesprochen.

Im Beispiel haben wir die Funktion gtk_file_selection_get_filename() mit der Dateiauswahl GtkFileSelection als Argument verwendet, um den Dateinamen mitsamt Pfad zu ermitteln, der ausgewählt wurde.

Ferner wurden noch weitere Funktionen verwendet, die sich auf GtkTextBuffer beziehen und die hier nicht unerwähnt bleiben sollten:

```
void gtk_text_buffer_get_end_iter ( GtkTextBuffer *buffer,
                                    GtkTextIter *iter );
void gtk_text_buffer_insert ( GtkTextBuffer *buffer,
                              GtkTextIter *iter,
                              const gchar *text,
                              gint len );
void gtk_text_buffer_get_bounds ( GtkTextBuffer *buffer,
                                  GtkTextIter *start,
                                  GtkTextIter *end );
gchar *gtk_text_buffer_get_text( GtkTextBuffer *buffer,
                                 const GtkTextIter *start,
                                 const GtkTextIter *end,
                                 gboolean include_hidden_chars );
```

Mit gtk_text_buffer_get_end_iter() ermitteln Sie das Ende des Textpuffers. Die so ermittelte Adresse verwenden Sie anschließend in der Funktion gtk_text_buffer_insert(). Mit dieser Funktion wird ein Text text an der Position iter mit der Länge len angefügt. Für len kann auch -1 angegeben werden, was allerdings voraussetzt, dass der Text nullterminiert ist.

Mit der Funktion gtk_text_buffer_get_bounds() ermitteln Sie die Startposition (start) und Endposition (end) im Textpuffer (buffer). Diese beiden so ermittelten Iteratoren werden gleich mit der Funktion gtk_text_buffer_get_text() verwendet, die aus dem Textpuffer dann eine Adresse auf den kompletten Text zwischen diesen beiden Iteratoren zurückgibt. Mit include_hidden_chars können Sie angeben, ob auch unsichtbare Zeichen mitgenommen werden.

17.13 Events

Die Einführung in GTK+ ist fast zu Ende, und wir haben kaum ein Wort über Events und deren Bearbeitung verloren. Sie haben bisher immer Ihre GTK+-Anwendungen erstellt und sich beim Einrichten der Callback-Funktion das ausgesucht, was Sie benötigt haben (clicked, activate ...), und das war's. Mehr ist im Prinzip eigentlich auch gar nicht nötig, wenn Sie mit GTK+ Programme schreiben wollen. Die Events in GTK+ werden mit Wrappern von den GDK-Events verwendet und machen Ihnen das Leben recht einfach. GTK+ übernimmt alles für Sie. Die GDK-Events sind in der GTK+Bibliothek als Signale vorhanden. In der Regel könnten Sie es also dabei belassen und so weiterarbeiten.

Was ist aber, wenn Sie z. B. bei einem Mausklick im Fenster die exakte Position benötigen, wo und welcher Mausbutton gedrückt wurde – wie bei einem Zeichenprogramm? Sie haben zwar dafür die Signale `button-press-event`, `button-release-event` oder `clicked`, aber keine genauen Positionsangaben. In solch einem Fall müssen Sie tatsächlich ein wenig in die niedrigere Ebene von GDK einsteigen. In diesem Fall geht es zwar vorwiegend um die Maus-Events. Aber wenn das Thema verstanden wurde, lässt sich dieses genauso gut auf die anderen Events übertragen.

Sie haben häufig in Callback-Funktionen den Parameter (genauer die Struktur) `GdkEvent` verwendet, ohne dass Sie eigentlich gewusst haben, was Sie da nutzen. Im Prinzip konnte Ihnen das auch egal sein, da Ihnen ja GTK+ die ganze Arbeit abgenommen hat. Hier sehen Sie ein Beispiel für eine solche Callback-Funktion:

```
gboolean
callback(GtkWidget * widget, GdkEvent* event, GtkWidget * label);
```

Es wird jetzt davon ausgegangen, dass ein Mausbutton an einer bestimmten Position im Fenster betätigt wurde und die Callback-Funktion `show_pos` mit dem Signal `button-press-event` aufgerufen wurde. Jetzt benötigen Sie erst die Struktur von `GdkEvent`. Da in der Regel nur ein Event auf einmal auftritt, wird hierzu eine `union` verwendet:

```
union GdkEvent {
  GdkEventType          type;
  GdkEventAny           any;
  GdkEventExpose        expose;
  GdkEventNoExpose      no_expose;
  GdkEventVisibility    visibility;
  GdkEventMotion        motion;
  GdkEventButton        button;
  GdkEventScroll        scroll;
  GdkEventKey           key;
  GdkEventCrossing      crossing;
  GdkEventFocus         focus_change;
  GdkEventConfigure     configure;
  GdkEventProperty      property;
  GdkEventSelection     selection;
  GdkEventProximity     proximity;
  GdkEventClient        client;
  GdkEventDND           dnd;
  GdkEventWindowState   window_state;
  GdkEventSetting       setting;
};
```

In dieser union finden Sie jetzt alle möglichen Event-Strukturen, die bei einer Anwenderaktion zurückgegeben werden können. In diesem Fall interessiert uns das Event der Mausbuttons, das Sie an GdkEventButton erkennen können. Die Spur soll nun weiterverfolgt werden. Ein Blick in die Dokumentation bringt folgende Struktur ans Tageslicht:

```
struct GdkEventButton {
  GdkEventType type;
  GdkWindow *window;
  gint8 send_event;
  guint32 time;
  gdouble x;
  gdouble y;
  gdouble *axes;
  guint state;
  guint button;
  GdkDevice *device;
  gdouble x_root, y_root;
};
```

Und schon haben Sie alles, was Sie für die Event-Bearbeitung der Maus benötigen. Im Großen und Ganzen sind wir hier ja nur an x, y und button interessiert – aber ein wenig Weiterbildung kann nicht schaden. type beinhaltet die Art des Mausereignisses (GDK_BUTTON_PRESS, GDK_2BUTTON_PRESS (Doppelklick), GDK_3BUTTON_PRESS (Dreifachklick) oder GDK_BUTTON_RELEASE). window ist das Fenster, das das Event erhalten hat. time enthält die Zeit des Events in Millisekunden. x und y sind die relativen Koordinaten des Mauszeigers im Fenster. Mit axes werden die *x*- und *y*-Achsen des Geräts übersetzt. Im Falle einer Maus ist der Wert NULL. state ist eine Bitmaske, die den Zustand der modifizierten Tasten (wie [Strg], [⇧] oder [Alt]) und den Zeigerbutton anzeigt. Welche Maustaste gedrückt wurde, finden Sie in button. Der Wert wird von 1 bis 5 nummeriert und entspricht denselben Werten wie schon beim X Window System. device macht eine Aussage zum Gerät, das das Event ausgelöst hat. (Es muss ja nicht immer eine Maus sein.) x_root und y_root sind relative Koordinaten des Zeigers vom Ursprung des Bildschirms.

Somit ergibt sich folgende Callback-Funktion:

```
gboolean show_pos ( GtkWidget * widget,
                    GdkEvent * event,
                    GtkWidget * label );
```

Wollen Sie jetzt hier ermitteln, welcher Button gedrückt wurde, können Sie dies mit folgender Angabe machen:

```
gint z = event->button.button;
```

event ist der Zeiger auf die Struktur GdkEvent in der Callback-Funktionsdefinition. button ist vom Typ GdkEventButton in union GdkEvent, und der zweite button ist eine Strukturvariable in GdkEventButton. Sie können dies aber abkürzen, indem Sie bei dem Funktionsprototyp der Callback-Funktion gleich GdkEventButton verwenden:

```
static gboolean show_pos ( GtkWidget * widget,
                           GdkEventButton * event,
                           GtkWidget * label );
```

Der Rückgabewert der Callback-Funktion sollte TRUE sein, wenn alles beim Behandeln des Events glatt verlief – bei einem Fehler sollten Sie FALSE zurückgeben.

Wie schon mit dem Xt-Toolkit müssen Sie die Events, die Sie bearbeiten wollen, selektieren, denn auch hier macht es wenig Sinn, von vornherein auf alle Events reagieren zu wollen. Der X-Server wäre nur noch mit den Events beschäftigt. Die Events, die Sie speziell bearbeiten wollen, selektieren Sie mit der Funktion gtk_widget_set_event(). Die Syntax dazu lautet:

```
void gtk_widget_set_events (GtkWidget *widget,  gint events);
```

Damit fügen Sie zu einem Widget eine oder mehrere Eventmasken hinzu, die Sie bearbeiten wollen. Mehrere Masken werden mit dem bitweisen ODER-Operator getrennt. Tabelle 17.29 führt einige der wichtigsten GDK-Eventmasken auf.

Eventmaske	Signal	Bedeutung
GDK_EXPOSURE_MASK	expose-event	Das Fenster oder ein Teil davon wurde sichtbar.
GDK_BUTTON_MOTION_MASK	motion-notify-event	Die Maus wurde bewegt, während gleichzeitig ein Button gedrückt wurde.
GDK_BUTTON1_MOTION_MASK GDK_BUTTON2_MOTION_MASK GDK_BUTTON3_MOTION_MASK	motion-notify-event	Die Maus wurde bewegt, während gleichzeitig ein spezieller Button gedrückt wurde.
GDK_BUTTON_PRESS_MASK	button-press-event	Ein Button wird gedrückt.
GDK_BUTTON_RELEASE_MASK	button-release-event	Ein Button wird losgelassen.
GDK_KEY_PRESS_MASK	key-press-event	Eine Taste wird gedrückt.
GDK_KEY_RELEASE_MASK	key-release-event	Eine Taste wird losgelassen.
GDK_ENTER_NOTIFY_MASK	enter-notify-event	Der Zeiger ist in das Fenster gekommen.

Tabelle 17.29 Einige Eventmasken und deren Signale

Eventmaske	Signal	Bedeutung
GDK_LEAVE_NOTIFY_MASK	leave-notify-event	Der Zeiger hat das Fenster verlassen.
GDK_FOCUS_CHANGE_MASK	focus-in-event focus-out-event	Der Tastaturfokus zwischen den Fenstern wurde gewechselt.
GDK_PROPERTY_CHANGE_MASK	property-notify-event	Eine Fenstereigenschaft wurde verändert.

Tabelle 17.29 Einige Eventmasken und deren Signale (Forts.)

Hierzu folgt ein einfaches Beispiel, das sich vorwiegend um die Events GDK_BUTTON_PRESS_MASK und GDK_BUTTON_RELEASE_MASK kümmert, daneben aber auch die Eventmasken GDK_ENTER_NOTIFY_MASK, GDK_LEAVE_NOTIFY_MASK und GDK_KEY_PRESS_MASK verwendet, ohne allerdings Wichtigeres damit zu machen:

```
/* gtk9.c */
#include <stdio.h>
#include <stdlib.h>
#include <gtk/gtk.h>
#define LEFTBUT   1
#define MIDDLEBUT 2
#define RIGHTBUT  3
static gint
delete_Event(GtkWidget *widget, GdkEvent *event, gpointer data) {
  return FALSE;
}
static void exitCB (GtkButton * clicked, gpointer data) {
  gtk_main_quit ();
}
static gboolean show_pos (
  GtkWidget *widget, GdkEventButton *event, GtkWidget *label ) {
  const gchar *button[] = {
     NULL, "linker Button", "mittlerer Button","rechter Button"
   };
  gint x = event->x;
  gint y = event->y;
  gint z = event->button;
  gchar *pos = g_strdup_printf ("Event: %d, %d (%s)\n",
                x, y, button[z]);
  gtk_label_set_text (GTK_LABEL (label), pos);
  return TRUE;
}
```

```
static gboolean change_label1 (
  GtkWidget* widget, GdkEventButton* event, GtkWidget *label ) {
  const gchar *new_label = {
     "Event : Mauscursor tritt ins Fenster ein\n"
  };
  gtk_label_set_text (GTK_LABEL (label), new_label);
  return TRUE;
}
static gboolean change_label2 (
 GtkWidget * widget, GdkEventButton * event, GtkWidget * label) {
  const gchar *new_label = {
     "Event : Mauscursor hat Fenster verlassen\n"
   };
  gtk_label_set_text (GTK_LABEL (label), new_label);
  return TRUE;
}
static gboolean key_press (
  GtkWidget * widget, GdkEventKey * event, GtkWidget * label) {
  gchar *new_label = g_strdup_printf (
     "Event : Taste '%s' (Wert:%d) wurde gedrueckt\n",
     event->string, event->keyval);
  gtk_label_set_text (GTK_LABEL (label), new_label);
  return TRUE;
}
int main (int argc, char **argv) {
  GtkWidget *fenster;
  GtkWidget *label;
  /*Gtk initialisieren */
  gtk_init (&argc, &argv);
  /*Ein neues Fenster erstellen */
  fenster = g_object_new( GTK_TYPE_WINDOW,
                         "title", "Verschiedene Anzeigeelemente",
                         "default-width",  300,
                         "default-height", 200,
                         "resizable", TRUE,
                         "window-position", GTK_WIN_POS_CENTER,
                         "border-width", 5,
                         NULL );
  label = g_object_new( GTK_TYPE_LABEL, NULL);
  /* Versuch über den Windowmanager zu beenden */
  g_signal_connect ( fenster, "delete-event",
                     G_CALLBACK (delete_Event), NULL);
  g_signal_connect ( fenster, "destroy",
```

```
                    G_CALLBACK (exitCB), NULL);
  /* Callbacks für die Events einrichten */
  g_signal_connect (fenster, "button-press-event",
                   G_CALLBACK (show_pos), label);
  g_signal_connect ( fenster, "enter-notify-event",
                    G_CALLBACK(change_label1), label);
  g_signal_connect ( fenster, "leave-notify-event",
                    G_CALLBACK (change_label2), label);
  g_signal_connect ( fenster, "key-press-event",
                    G_CALLBACK (key_press), label);
  gtk_widget_set_events (fenster,
           GDK_BUTTON_PRESS_MASK | GDK_BUTTON_RELEASE_MASK
         | GDK_ENTER_NOTIFY_MASK | GDK_LEAVE_NOTIFY_MASK
         | GDK_KEY_PRESS_MASK);
  gtk_container_add (GTK_CONTAINER (fenster), label);
  /* Zeigs uns ... */
  gtk_widget_show_all (fenster);
  gtk_main ();
  return 0;
}
```

Das Programm bei der Ausführung:

```
$ gcc -Wall -o gkt9 gtk9.c $(pkg-config --libs --cflags gtk+-3.0)
$ ./gkt9
```

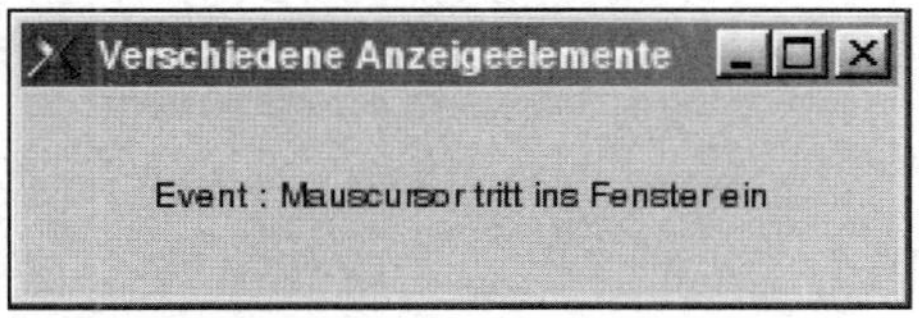

Abbildung 17.19 GDK-Events

17.14 Weitere Widget- und GTK+-Elemente im Überblick

GTK+ hat natürlich noch weitaus mehr zu bieten als die im Buch vorgestellten Widgets. Wie schon erwähnt, haben Sie in diesem Buch nur »den Rand des Wahnsinns« kennengelernt. Nun folgt noch ein weiterer kurzer Überblick zu einigen Widgets, die bisher kaum oder gar nicht zur Sprache gekommen sind, bei denen es aber lohnenswert ist, sich näher damit zu befassen.

Hinweis

Wenn Sie sich nach dieser Einführung noch intensiver mit GTK+ befassen wollen, haben wir für Sie bei den MATERIALIEN ZUM BUCH unter *http://www.rheinwerk-verlag.de/3854/* Weiterführendes zu dieser Bibliothek zusammengestellt.

17.14.1 Bäume und Listen

Mit den Bäumen und Listen steht Ihnen in GTK+ ein gewaltiges Widget-System zur Verfügung. Um Bäume und Listen in GTK+ zu erzeugen und zu verwenden, wird das Model-View-Controller-Konzept (kurz MVC) verwendet. Mit diesem Konzept wird die interne Darstellung der Daten (Model), die Anzeige (View) und die Manipulation der Daten (Controller) unterschieden. Das Konzept wird grob in folgende Hauptteile zerlegt:

- `GtkTreeModel` – Mit diesem Widget erzeugen Sie die interne Model-Schnittstelle. Hier könnten Sie entweder selbst aktiv werden und sich Ihre eigene Implementation erstellen, oder Sie verwenden das bereits mitgelieferte Model `GtkListStore` für einfache Listen (flache Bäume) oder `GtkTreeStore` für Bäume mit eventuell mehreren Ebenen.
- `GtkTreeView` – Dieses Widget dient zur Darstellung der Baumansicht. Dabei wird für jede Spalte ein Objekt der Klasse `GtkTreeViewColumn` benötigt.
- `GtkCellRenderer` – Der Renderer ist das eigentliche Bindeglied zwischen der Baumansicht (`GtkTreeView`) und dem Baummodell (`GtkTreeModel`). Damit werden die Daten in einer Zelle formatiert, eingefügt und auch wieder dargestellt. Auch hier bringt GTK+ schon wieder vorgefertigte Klassen zur Verwendung von Text (`GtkCellRendererText`), Pixbufs (`GtkCellRendererPixbuf`) und Ankreuzbuttons (`GtkCellRendererToggle`) mit.

17.14.2 Lineale

Einfache Lineale zur exakten Positionierung, wie Sie sie z. B. bei Textverarbeitungsprogrammen von den Seitenrändern her kennen, erzeugen Sie mit `GtkRuler`, `GtkHRuler` bzw. `GtkVRuler`.

17.14.3 Zwischenablage (Clipboard)

Die Klasse `GtkClipboard` ist eine Zwischenablage, mit der Daten zwischen verschiedenen Prozessen und sogar zwischen den verschiedenen Widgets im selben Prozess geteilt werden können. Meistens wird diese Zwischenablage für einfache Copy&Paste-Aktionen verwendet.

17.14.4 Drag & Drop

GTK+ bietet eine Reihe von Funktionen, mit denen Sie das Drag & Drop kontrollieren können. Mittlerweile bietet GTK+ auch schon eine Menge anderer unterstützender Protokolle für das Drag & Drop zwischen Nicht-GTK+-Anwendungen an. Wichtige Protokolle in der Struktur `GdkDragProtocol` wären hierfür *Xdnd* und das *Motif*-Protokoll.

17.14.5 Stock Items – Repertoire-Einträge

Die Stock Items haben wir schon kurz erwähnt. Stock Items stellen Ihnen gewöhnliche Menü- und Toolbar-Elemente zur Verfügung. Jedes dieser Elemente wird anhand einer Stock-ID identifiziert. Diese ID kann entweder in Form eines Strings oder in Form eines Makros verwendet werden. Des Weiteren ist es natürlich auch möglich, eigene Einträge hinzuzufügen.

17.14.6 Signale

Das Thema »Signale« wurde in diesem Kapitel nur oberflächlich behandelt. Bei vielen Widgets wurden die Signale zum Teil unvollständig bis gar nicht erwähnt. Aber um für den Hausgebrauch eigene Anwendungen in GTK+ zu erstellen, reichen Ihre Kenntnisse diesbezüglich aus. Dennoch ist es sehr zu empfehlen, sich noch etwas intensiver mit den Signalen von GTK+ zu befassen, da diese doch die Eckpfeiler einer GTK+-Anwendung darstellen. Unbedingt müssen Sie sich mit Signalen befassen, wenn Sie sich für die Erstellung eigener Widgets interessieren.

17.14.7 Ressource-Files

GTK+ unterstützt auch Ressource-Files (*gtkrc*-Files), mit denen Sie Einstellungen wie z. B. das Look & Feel zur Laufzeit der Anwendung verändern können.

17.14.8 Widget-Entwicklung

Logischerweise ist es auch möglich, eigene Widgets zu erstellen. Hierbei können Sie entweder aus einer vorhandenen Klasse ein Widget ableiten oder aber auch mithilfe (der niedrigeren Ebene) von GDK-Funktionen Ihr Widget selbst zeichnen (!) und die Ereignisse abarbeiten.

17.14.9 GDK

Voraussetzung für das Entwickeln eigener Widgets ist GDK. GDK fungiert, wie Sie bereits wissen, als Schnittstelle zwischen GTK+ und dem Backend (unter Linux meistens X11 und unter Windows die Win32-API). Alle GTK+-Widgets bauen auf den Strukturen und Funktionen der GDK-Bibliothek auf.

Kapitel 18
Werkzeuge für Programmierer

Am Anfang begnügt man sich meistens bei der Erstellung von Anwendungen mit dem Compiler GCC. Aber über längere Zeit, wenn die Fähigkeiten besser und die Anwendungen umfangreicher werden, sind weitere Werkzeuge für den Programmierer sinnvoll.

Gerade weil Sie es mit einem UNIX-artigen System zu tun haben, finden Sie eine enorme Palette an freien Werkzeugen. Meistens handelt es sich um Konsolenwerkzeuge. Allerdings besitzen die wichtigsten von ihnen mittlerweile auch zusätzlich mindestens ein grafisches Frontend.

Auf den folgenden Seiten werden Sie einige Werkzeuge kennenlernen, die sich im Alltagsgebrauch eines Programmierers unzählige Male bewährt haben. Mit den erworbenen Grundkenntnissen sind Sie dann in der Lage, Ihre Aufgaben wesentlich schneller und vor allem wesentlich sicherer und fehlerfreier zu lösen.[1]

/usr/local/bin und /usr/bin

Die Verzeichnisse */usr/lib* und */usr/include* bzw. eigentlich alle Pfade außer */opt*, die nicht irgendwie ein `local` enthalten, sind aus organisatorischen Gründen dem System vorbehalten. Somit kann man immer gleich unterscheiden: */usr/include/popt.h* ist z. B. das RPM-Paket und */usr/local/include/popt.h* ein eigener Dateipfad. Natürlich befolgen nicht alle Sourcepakete unbedingt diese `local`-Technik.

Häufig – allerdings nicht immer – kann man das aber erzwingen:

```
$ ./configure --prefix=/usr/local
```

/usr/lib und /usr/lib64

Ursprünglich (und auf den meisten Plattformen bzw. Architekturen ist es immer noch so) gibt es pro Hierarchieebene genau ein Verzeichnis namens *lib*, das dynamische und statische Bibliotheken enthält. Das hat sich mit der Einführung der 64-Bit-Architektur des x86 geändert. Aus vielfältigen Gründen, meistens aus Kompatibilitätsgründen, werden zwei parallele

1 Als Programmierer wissen Sie ja, dass »fehlerfrei« ein steigerbares Eigenschaftswort ist: »fehlerfrei«, »fehlerfreier«, »ungetestet«. Denn wer nicht testet, der findet auch keine Fehler.

Verzeichnisse gepflegt: *lib* und *lib64*.[2] Nun ist es allerdings so, dass viele Sourcepakete davon nichts wissen und deswegen ihre Bibliotheken wie früher in *lib* speichern. Funktionale Auswirkungen sind nur dann zu befürchten, wenn zwei Bibliotheken gleichen Namens, aber unterschiedlicher Architektur gleichzeitig existieren.

Sie müssen in jedem Fall Ihre Verzeichnisse dem System, d. h. dem dynamischen Linker bekannt machen, sonst wird Ihre Software nicht laufen. So fügen Sie ein Bibliotheksverzeichnis ad hoc hinzu:

```
$ ldconfig /opt/lib
```

Und so permanent:

```
$ echo /opt/lib >/etc/ld.so.conf.d/opt.conf
```

Wenn Sie Cross-Developer sind, wenn Sie also für eine Architektur oder Plattform entwickeln, deren Software auf Ihrem System nicht nativ läuft, verkompliziert sich die Angelegenheit für Sie – aber wenigstens kommen sich die Bibliotheken nicht direkt in die Quere.

Beachten Sie allerdings bitte, dass manche Distributionen die mitgelieferten Emulatoren wie *QEMU*, *DOSBOX*, *WINE* oder den Android-Emulator so registrieren, dass die zugehörige Software transparent ausgeführt wird und Sie es daher möglicherweise nicht einmal bemerken, wenn ein Programm in einem völlig anderen Kontext gestartet wird. `notepad.exe` von der Linux-Kommandozeile starten? Undenkbar ist das nicht.

18.1 Der Compiler GCC

Zwar nehmen Ihnen mittlerweile viele Entwicklungsumgebungen wie *Anjuta*, *Geany* oder *KDevelop* die Arbeit ab, wenn es um die Eingabe von Compiler- und Linkerflags geht – doch wenn sie dann weitere Pfade zu den Bibliotheken bzw. den Include-Dateien angeben müssen, scheitern viele Anfänger immer noch kläglich, weil sich das Programm dann nicht einfach mit einem Mausklick übersetzen lässt. Wie dem auch sei, in diesem Abschnitt beschreiben wir den Compiler *GCC* etwas genauer. Außerdem müssen Sie die Kommandozeilenführung von GCC auch kennen, um Makefiles bauen zu können.

Im Großen und Ganzen wissen Sie wohl, was ein Compiler macht und wozu er da ist. Aber immer noch wissen recht wenige, dass hierbei nicht der Compiler allein ein Programm erstellt, sondern sie denken, dass der Linker in den Compiler integriert ist. Aber das stimmt nicht: Wenn Sie den GCC in der Kommandozeile aufrufen, wird erst der Präprozessor gestartet – noch vor dem Compiler.

Der Präprozessor löst alle Direktiven auf, die mit # in der Zeile beginnen. Erst nach dieser Vorarbeit ist der Compiler an der Reihe und macht aus der vom Präprozessor vorbereiteten

2 Die Linux-Welt wäre nicht so interessant, würde sich nicht auch dies allmählich wieder ändern; die Tendenz geht aktuell dahin, alle Bibliotheken (auch unterschiedlicher Architekturen!) in einem einzigen Verzeichnis zu speichern. Allerdings findet das seine Grenzen, wenn man Plattform übergreifend entwickelt.

Datei eine Assemblerdatei. Diese Assemblerdatei wird nicht gespeichert (sofern dies nicht explizit erwünscht ist), da sofort der Assemblercode in eine Objektdatei übersetzt wird. Intern ruft GCC dabei den Assembler *GAS* (*GNU-Assembler*) oder, falls er nicht vorhanden ist, den systemeigenen Assembler *AS* auf.

Hinweis

Andere Compiler machen diesen Zwischenschritt mit dem Assembler zum Teil nicht und erzeugen direkt eine Objektdatei. GCC ist im Laufe der Zeit aber so sehr mit der Umgebung GNU/Linux verwachsen, dass der Compiler so gut wie automatisch und unwillkürlich vorausgesetzt wird.

Anschließend werden, sofern es mehrere Objektdateien gibt, die einzelnen Module an den richtigen Positionen in die ausführbare Datei eingefügt. Ebenso fügt der Linker die von der Anwendung benötigten Bibliotheksfunktionen ein. Dafür verwendet der Compiler den Linker *ld*. Erst jetzt finden Sie die gewünschte ausführbare Datei als das wieder, was Sie kennen (siehe Abbildung 18.1).

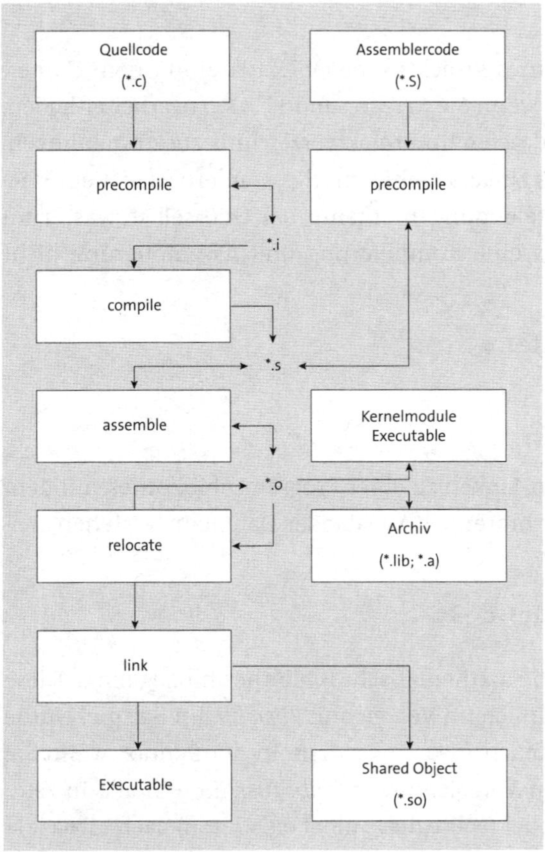

Abbildung 18.1 Vorgang: von einer Quelldatei zur ausführbaren Datei

18.1.1 Standardgebrauch des GCC

Am häufigsten wird der GCC mit Flag -o verwendet, mit dem die Ausgabedatei spezifiziert wird:

```
$ gcc -o programmname file1.c file2.c file3.c
```

Hier erzeugen Sie aus den drei Quelldateien file1.c, file2.c und file3.c eine ausführbare Datei namens programmname. Würde der Name der Anwendung (hier programmname) nicht verwendet, würde standardmäßig eine ausführbare Datei mit dem Namen a.out (steht für »Assembler Output«) erstellt.

Solch ein Übersetzen von allen Quelldateien auf einmal hat allerdings beim Auftreten mehrerer Fehler den Nachteil, dass es schnell recht unübersichtlich werden kann, auch weil in dieser Aufrufform alle *.c-Dateien neu übersetzt werden, auch wenn einige *.o noch aktuell sind. Deswegen werden häufig auch nur die Quelldateien kompiliert, an denen Sie gerade gearbeitet haben. Haben Sie zum Beispiel die Quelldatei file2.c soeben verändert, dann können Sie sie folgendermaßen kompilieren:

```
$ gcc -c file2.c
```

Somit befindet sich nun im Verzeichnis Ihres Projekts eine Objektdatei mit dem Namen file2.o. So gehen Sie im Prinzip auch vor, wenn Sie file1.c und file3.c bearbeitet haben. Am Ende müssen Sie nur noch die Objektdateien im Projektverzeichnis zusammenlinken. Hierzu wird allerdings kein extra Aufruf des Linkers mehr benötigt, sondern wieder ein Starten des GCC mit dem Flag -o. An den Dateiendungen erkennt der GCC selbst, was er im nächsten Schritt veranlassen muss – da ja eine Kompilierung und Assemblierung nicht mehr nötig ist.

```
$ gcc -o programmname file1.o file2.o file3.o
```

18.1.2 Linken von Programmbibliotheken

Eine weitere häufig benötigte Option ist das Linken zu einer Programmbibliothek mit dem Flag -l. Dieses Flag muss allerdings immer hinter der Angabe der Dateinamen stehen, beispielsweise so:

```
$ gcc -o programmname file1.c file2.c file3.c -lm
```

In diesem Beispiel wird mit der Option -lm die mathematische Bibliothek hinzugelinkt. Diese und weitere Bibliotheken finden Sie gewöhnlich im Verzeichnis */usr/lib*. Im Beispiel wurde also -lm angegeben, und tatsächlich wird nach libm.so gesucht. In der Syntax, wenn Sie also -l**name** angeben, wird in ausgewählten Verzeichnissen (*/lib*, */usr/lib* und alle in */etc/ld.so.conf*) nach der Bibliothek lib**name**.so oder (sollte diese nicht existieren) nach lib**name**.a gesucht. Eine Suche nach libm führen Sie wie folgt durch:

```
$ ls -l /lib/libm.so /usr/lib/libm.so
(/bin/ls: /lib/libm.so: No such file or directory)
lrwxrwxrwx  1 root root 14 May 25 22:28 /usr/lib/libm.so -> /lib/libm.so.6
```

Nun kann es aber doch manchmal vorkommen, dass sich die Bibliothek nicht dort befindet, wo mit dem Flag `-l` standardmäßig gesucht wird (nämlich in */usr/lib*, */usr/local/lib* und */lib*). Dann sollten Sie zusätzlich noch das Flag `-L` mit der entsprechenden Pfadangabe verwenden, wo der Linker nach der Bibliothek suchen soll.

Wir wollen im Folgenden etwas detaillierter beschreiben, welchen Weg *GNU*-GCC für Sie dabei gehen muss. Zuerst wird nach einer `.so`-Bibliotheksdatei gesucht (sofern nicht das GCC-Flag `-static` angegeben ist), und zwar in den Verzeichnissen */lib*, dann in */usr/lib* und danach in allen, die unter */etc/ld.so.conf* (beziehungsweise dessen Verzeichnisvariante */etc/ld.so.conf.d/*) stehen. Ganz zum Schluss wird schließlich in dem Pfad gesucht, den Sie mit `-L` auf der GCC-Kommandozeile angegeben haben. Wurde die `.so`-Datei gefunden, so wird ein Eintrag in der fertigen Datei (die selbst eine `.so`-Datei sein kann) vorgenommen, die entsprechende `.so` »mit Namen aber ohne Pfad« zur Ladezeit dynamisch zu verlinken.

Wird während des Linkens keine `.so`-Datei gefunden, wird versucht, eine `.a`-Bibliothek zu benutzen (z. B. */usr/lib/libm.a*). Um `.a`-Bibliotheken zu suchen, wird natürlich auch `-L` verwendet.

Im Beispiel von MySQL lautet der Pfad */usr/lib/mysql*. Natürlich kann sich die Bibliothek auch jenseits vom *usr*-Verzeichnis befinden. Der Bibliotheksname zur Erstellung von MySQL-Clients ist *libmysqlclient.so*. Somit lautet die volle Angabe zum Übersetzen der Anwendung:


```
$ gcc -o programmname -L/usr/lib/mysql file1.c file2.c file3.c \
  -lmysqlclient
```

Wahrscheinlich tritt jetzt ein Fehler beim Compilerlauf auf. Denn neben den Bibliotheken kann sich auch der Pfad für die Include-Dateien woanders als im sonst üblichen Verzeichnis befinden (das ist eher ungewöhnlich, aber möglich). Für gewöhnlich findet man die Include-Dateien im Verzeichnis */usr/include* oder */usr/local/include*. Findet der Präprozessor jedoch dort nichts, müssen Sie mit dem Flag `-I` zusätzlich eine Pfadangabe zum entsprechenden Include-Verzeichnis machen.[3]

Um auf das Beispiel von MySQL zurückzukommen, so befinden sich die Include-Dateien im Verzeichnis */usr/include/mysql*, wobei auch hier gilt, dass sich diese Include-Dateien auch jenseits vom *usr*-Verzeichnis aufhalten könnten. Um also noch vor dem Hinzufügen der Bibliothek(en) den Compilerlauf zu starten, muss folgendermaßen vorgegangen werden, um dem Compiler das Include-Verzeichnis mitzuteilen:

3 Beachten sie bitte, dass mit <Dateiname.h> angegebene Include-Dateien nicht im lokalen Verzeichnis gesucht werden, im Gegensatz zu dem Fall, in dem Sie doppelte Anführungszeichen verwendet haben.

```
$ gcc -c -I/usr/include/mysql file1.c file2.c file3.c
```

Jetzt erst können Sie die Objektdateien zu einer ausführbaren Datei zusammenfügen:

```
$ gcc -o programmname -L/usr/lib/mysql file1.o file2.o file3.o \
  -lmysqlclient
```

18.1.3 Dateien, die GCC kennt

Wir haben bereits kurz erwähnt, dass der GCC anhand der Dateiendung selbst weiß, wie er die Dateien zu behandeln hat. Anhand der Endung nimmt der GCC dann entsprechende Arbeiten auf. In Tabelle 18.1 sehen Sie, als was der Compiler verschiedene Dateiendungen ansieht und welche Aktion er damit ausführt.

Dateiname	Bedeutung	Aktion	führt aus
datei.c	C-Quellcode	vorübersetzen und übersetzen	gcc
datei.C, datei.cc, datei.cxx, datei.cpp	C++-Quellcode	vorübersetzen und übersetzen	g++
datei.i	Vom Präprozessor behandelter C-Quellcode	übersetzt	gcc
datei.ii	Vom Präprozessor behandelter C++-Quellcode	übersetzt	g++
datei.s	Assembler-Quellcode (preprocessed)	assembliert	as (gas)
datei.S	Assembler-Quellcode	preprocess, assemblieren	cpp, as (gas)
datei.o	Übersetzte Objektdatei	linken	ld
datei.a	Bibliothek von Objektdateien	linken	ld
datei.so	Shared Object Library	mitlinken	ld

Tabelle 18.1 Dateiendungen und deren Behandlung

18.1.4 Ausgabedateien bei jedem einzelnen Schritt der Übersetzung erstellen

Einzelne Zwischenschritte des GCC, etwa zu Debugging-Zwecken, können Sie selbstverständlich auch durchführen. Wollen Sie wirklich wissen, wie ein vorverarbeiteter Code nach dem Präprozessorlauf aussieht, können Sie ihn mit dem Flag -E auf die Standardausgabe umleiten. Da die Ausgabe aber selbst bei einem einfachen *Hallo Welt* enorm umfangreich ist, empfiehlt es sich, die Ausgabe umzuleiten:

```
$ gcc -E hallo.c > hallo_pre.txt
```

Falls Sie sich den vorbehandelten Quelltext noch nie angesehen haben, werden Sie überrascht sein, was ihm alles noch so hinzugefügt wird.

Wollen Sie stattdessen die Assemblerdatei speichern, müssen Sie nur die Option `-S` verwenden:

```
$ gcc -S hallo.c
```

Jetzt finden Sie im Verzeichnis eine Assemblerdatei namens *hallo.s*, die Sie durchaus noch verändern bzw. optimieren können (sofern Sie des Assemblers mächtig sind), bevor Sie den GCC oder gar AS (GAS) für weitere Schritte verwenden. GCC ruft intern sowieso den entsprechenden Assembler AS bzw. GAS auf.

Letztendlich können Sie noch den letzten Zwischenschritt mit der Option `-o` durchführen, womit Sie eine Objektdatei mit der Dateiendung `*.o` erzeugen – wie Sie dies ja bereits mehrfach gemacht haben.

Dieser Vorgang, den Sie eben schrittweise ausgeführt haben, wird vom Compiler nicht etwa ausgelassen, sondern meistens erledigt der Compiler alle Aufgaben automatisch für Sie. Dennoch gibt es immer wieder einen Grund, selbst in einen der einzelnen Ausgabeschritte einzugreifen.

18.1.5 Noch mehr Optionen

Wenn Sie sich schon mal die Manual Page von GCC angesehen haben, haben Sie vermutlich durch ein paar Hundert mögliche Optionsangaben des Compilers gescrollt. Damit Sie den Überblick über diese Fülle behalten, folgt in den nächsten Abschnitten eine kurze Beschreibung der wichtigsten Compileroptionen für den alltäglichen Gebrauch. (Übrigens sind die GNU-typischen Info-Pages von GCC übersichtlicher organisiert. Wenn Sie sie von der Kommandozeile aus lesen müssen: *pinfo* ist ein nutzerfreundlicherer Reader.)

18.1.6 Optionen für Warnmeldungen

Warnmeldungen werden häufig ignoriert, denn die Anwendung scheint ja dennoch zu funktionieren. Generell ist das keine gute Idee: Der Compiler gibt die Warnmeldungen ja nicht zum Spaß aus. In den folgenden Abschnitten finden Sie Compileroptionen, mit denen Sie die Ausgabe der Warnmeldungen gezielter steuern können.

-W; -Wall; -Wtraditional; -Werror

Wir beginnen mit den `W`-Flags, wobei `W` für *Warning* steht. Falls Sie Warnmeldungen zu einigen bedenklichen Codestellen im Quellcode benötigen, sollten Sie das Flag `-W` verwenden.

Eine Stufe paranoider ist das Flag `-Wall` (*Warning all*), das wir persönlich ebenfalls gern verwenden, da mit dieser Einstellung auch die nicht verwendeten Variablen als Warnung angegeben werden. (Sie können aber gern einzelne nervige Warnungen anschließend wieder herausnehmen.)

Wollen Sie in einem Fall eine Warnmeldung ausgeben, bei dem sich die Behandlung zwischen dem K&R- und dem ANSI-Standard der Sprache C unterscheidet, dann sollten Sie das Flag `-Wtraditional` verwenden, das der K&R-Interpretation den Vorzug gibt.

Um den vollparanoiden Warnmodus zu verwenden, können Sie das Flag `-Werror` nutzen. Damit werden aus Warnungen Fehler gemacht, und somit gibt es im Falle einer Warnung auch keine Objektdatei. Allerdings ist der GCC seit einigen Jahren sehr hypochondrisch geworden und beklagt auch kleinste Missverständnisse. Daher wird man mit der Einstellung `-Werror` nicht mehr froh.

-ansi; -std=cxx; -pedantic

Mit dem Flag `-ansi` wird der ANSI-Standard unterstützt. Entspricht etwas diesem Standard nicht, wird eine entsprechende Warnung ausgegeben.

Soll der Standard von C89, C99 oder der neue Standard C11 verwendet werden, geben Sie dies mit dem Flag `-std` an (`-std=c89` oder `-std=c99` oder `-std=c11`). Wird zum Beispiel das Kommentarzeichen // im C89-Standard verwendet, gibt der Compiler eine Fehlermeldung aus, im C99-Standard hingegen nicht mehr.

Wollen Sie Warnmeldungen ausgeben, die nur vom ANSI-Standard gefordert werden, können Sie auch das Flag `-pendantic` verwenden. Die hier erwähnten Optionen zum Standard sind natürlich nur nötig, wenn die Software portiert werden soll.

> **Hinweis**
>
> Am schönsten deckt Folgendes »alles« ab (Voreinstellung von Autor Jürgen Wolf): `-Wall -Waggregate-return -Wmissing-declarations -Wmissing-prototypes -Wredundant-decls -Wshadow -Wstrict-prototypes -Winline`

18.1.7 Präprozessor-Optionen

Auch der Präprozessor lässt sich mit einer enormen Menge an Optionen beeinflussen. In der Praxis werden allerdings gewöhnlich nur die Optionen `-M` und `-C` benötigt (und `-D` und `-U`). Mit der Option `-M` können Sie aus dem Quellcode herauslesen, welche anderen Quelldateien darin enthalten sind. Die so erzeugte Abhängigkeitsliste ist z. B. für *Make* von Bedeutung.

Damit lassen sich Makefiles einfacher erstellen. Mit der Option `-C` sorgen Sie dafür, dass der Präprozessor die Kommentare für nach dem Präprozessorlauf erst einmal nicht entfernt. Diese Option wird dann meistens mit der Angabe von `-E` verwendet, womit man überprüfen kann, ob der Präprozessor das tut, was man sich vorgestellt hat (bzw. eben als Kommentar hingeschrieben hat).

18.1.8 Debuggen und Profiling

Wichtige Optionen des Compilers, die Sie beide in einem späteren Kapitel noch verwenden werden, sind die Flags zum Erstellen von Daten für das Debuggen oder das Profiling von Anwendungen.

-pg; -g

Das Flag `-pg` verwenden Sie, wenn das Programm zum Profiling mit `gprof` gelinkt werden soll. Die mit diesem Flag erstellte Datei mit dem Namen `gmon.out` enthält Statistiken zur Programmausführung der übersetzten Anwendung. Diese Daten können Sie anschließend mit dem Profiler *GPROF* auslesen, um noch detailliertere Informationen zur Anwendung zu erhalten; es geht dabei vor allem um Ausführungszeiten von Programmroutinen, die es Ihnen ermöglichen, Ihre Anwendung zu optimieren.

Verwenden Sie hingegen das Flag `-g`, wird eine Symboltabelle mit Informationen für das Debuggen mit *GDB*, dem GNU-Debugger, erstellt. Sofern Sie auf einem System arbeiten, auf dem es GDB nicht gibt, müssen Sie entsprechend der Manual Page eine Symboltabelle für einen anderen Debugger erstellen. So wird mit `-gdwarf` eine Tabelle für den SVR4-Debugger und mit `-gstabs` eine für den Debugger *DBX* unter BSD-Systemen erstellt. Wenn Sie in den vollen Debug-Genuss von GDB kommen wollen, nutzen Sie `-ggdb3`.

18

18.1.9 Optimierungsflags

Es steht Ihnen auch eine Reihe von Optionen zur Codeoptimierung zur Verfügung. Durch die Codeoptimierung kann die Kompilierung des Quellcodes ein wenig länger dauern und mehr Speicher in Anspruch nehmen – was allerdings nicht als Nachteil verstanden werden soll, sondern als Hinweis! GCC unterstützt die Kombination `-On` mit `-g` (und `-gdwarf` etc.), jedoch wird der User den Eindruck haben, dass der Debugger hin und her springt (das hat aber seine Berechtigung). Debug-Genuss wird es nur mit `-O0`, denn damit haben Sie die Garantie, dass Ihr geschriebener Programmcode tatsächlich in Form von ausführbarem Code existiert; höhere Optimierungsstufen könnten nämlich bewirken, dass er teilweise verschwindet.

-O; -On

Die Option `-O` allein entspricht demselben Aufruf wie die Verwendung der `-O1`-Option, die wir anschließend erklären. Mit `-O0` wird keinerlei Codeoptimierung durchgeführt. Diese Option ist auch die Standardeinstellung des GCC. Dafür versucht der GCC, Code zu erstellen, der einfacher zu debuggen ist. Mit `-O1` versucht der Compiler, die Größe des zu erstellenden Codes zu reduzieren und eventuell auch die Ausführgeschwindigkeit der Anwendung zu erhöhen. Mit `-O2` wird mittels weiterer Flags versucht, die Option von `-O1` nochmals erheblich zu steigern.

-ffast-math; -finline-small-functions; -fno-inline; -funroll-loops

Mit der Option `-ffast-math` wird versucht, eine Floating-Point-Optimierung durchzuführen. Zwar verletzt diese Option sowohl den ANSI- als auch den IEEE-Standard, aber die so erzeugten Resultate können erheblich schneller sein – und leider auch erheblich fehleranfälliger, daher müssen Sie den Code sorgfältig testen. Die Option `-finline-small-functions` (früher `-finline-functions`) fügt bei einfachen Funktionen anstelle eines Funktionsaufrufs ein Inlining ein (was auch in C/C++ mit dem Schlüsselwort `inline` erreicht wird[4]). Der Compiler entscheidet natürlich weiterhin selbst, welche Funktion er dafür verwendet und welche nicht. Meistens erhalten die kleineren Funktionen den Zuschlag. Mit `-fno-inline` unterbinden Sie das Inlining – auch in den Zeilen, die Sie im Code explizit mit `inline` gekennzeichnet haben. Mit dem Flag `-funroll-loops` werden alle Schleifen, die zur Übersetzungszeit eine feste Anzahl von Durchläufen besitzen, in einzelne Codezeilen aufgelöst. Dass bei vielen Schleifendurchläufen die Objektdatei dadurch größer wird, sollte klar sein – was aus der erwünschten Optimierung wieder ein *Loch* machen kann.

Hinweis

Im Internet gibt es zahlreiche Ratschläge, welche Optimierungsoptionen wo und wann die besten Erfolge zeitigen. Aber: In der Regel sind meisten Ratschläge nach wenigen Monaten überholt oder bewirken nicht (mehr) das, was sie laut Ratschlag sollten. Bestimmte Arten von Optimierungen, die insbesondere im Zusammenhang mit Threading relevant sind, können in ganz bestimmten Versionen unerwartete Folgen produzieren; verschiedene Optimierungsoptionen gelten generell als »riskant«.

Es empfiehlt sich grundsätzlich, sein Programm immer unoptimiert zu testen, bevor man den GCC mit Optimierung darauf loslässt, weil man sich sonst beim Debugging einen »Wolf« sucht.

18.1.10 Architektur- und Submodell-Flags

Seit einigen Jahren unterstützt der GCC Submodelle auf verschiedenen Prozessorarchitekturen und außerdem auch die verschiedenen CPU-Opcodes der 3D-Erweiterungen.

Das Flag `-march=ARCHITEKTUR` setzt die Architektur, auf der das Programm laufen wird, und `-mtune=ARCHITEKTUR` setzt die Architektur, für die das Programm optimiert werden soll.

4 In C erst seit dem C99-Standard

Beispiel:

```
$ gcc -march=i686 -mtune=k8 ...
```

setzt als Zielarchitektur den Pentium Pro und als Optimierungsarchitektur den AMD K8. Wenn Sie das auf einer 32-Bit-Plattform ausführen, wird es so funktionieren, aber auf einer 64-Bit-Plattform müssen Sie sich folgende Beschwerde anhören:

```
error: CPU you selected does not support x86-64 instruction set
```

Der Pentium Pro kannte nämlich noch keine 64-Bit-Befehle. Nun können wir uns entscheiden, eine Zielarchitektur zu wählen, die gerade eben mit 64-Bit-Befehlen umgehen kann, oder wir sagen

```
$ gcc -m32 -march=i686 -mtune=k8 ...
```

und entscheiden uns damit für eine 32-Bit-Architektur und damit für 32-Bit-Befehle. Das wird natürlich überhaupt nur gehen, wenn Sie die 32-Bit-Entwicklerpakete installiert haben. Sie haben damit sichergestellt, dass Ihr Kompilat auf allem läuft, was mit oder nach dem Pentium Pro erschienen ist, und es gleichzeitig auf die Eigenheiten eines modernen Prozessors hin optimiert.

Die Submodell-Flags schalten unter anderem auch die Prozessorerweiterungen MMX, SSE, SSE2, SSE3, SSSE3 usw. frei, und das ist insbesondere dann interessant, wenn es sich um grafikintensive Programme handelt. Dabei wird allerdings häufig vergessen, dass die Verwendung hochoptimierter Befehle bei den meisten Prozessoren eine »Kontext-Strafe« (*Context Penalty*) bewirkt, sodass unter Umständen ein »nur« für *i686* (32 Bit) optimiertes Programm schneller läuft als ein für *corei7-avx* (64 Bit) optimiertes – ganz abgesehen davon, dass ein solches mit `-march=corei7-avx` übersetztes Programm auch nur mit diesem Prozessor (oder eventuell Folgemodellen) läuft.

Bevor wir hier allzu tief ins Theoretisieren abgleiten: Testen Sie einfach Ihre eigene Software daraufhin, wie gut welche Optimierungen auch in Hinsicht auf die Architektur zum Erfolg führen.

18.1.11 Statisches vs. dynamisches Linken

Wenn Sie es dem Anwender einfacher machen wollen, Ihre Software zu installieren, dann haben Sie verschiedene Möglichkeiten:

1. Sie linken statisch statt dynamisch. Das ist in der Theorie eine ideale Lösung, weil ihre ausführbare Datei schon fertig gelinkt ist. Das heißt, der dynamische Linker muss sich nicht mehr die Bibliotheken zusammensuchen, wenn die Software beim Anwender ankommt. Leider gehen auf diese Weise aber Sicherheitsupdates bei den Bibliotheken an Ihrer Software vorüber, und außerdem lassen sich derzeit viele Bibliotheken nicht mehr statisch linken, so zum Beispiel die integrale *glibc*, wenn Sie bestimmte Funktionen nutzen.

2. Sie erstellen ein Paket (*Package*) für Ihre Software. Das wäre die beste Lösung, wenn es nicht so viele verschiedene Distributionen gäbe, die Sie sich einzeln anschauen müssten.
3. Sie linken dynamisch, legen aber die benötigten Bibliotheken bei. Das ist die schlechteste Lösung, denn sie nimmt keine Rücksicht auf Versionen und Eigenheiten beim System des Anwenders. Das kann funktionieren, kann aber genauso gut schiefgehen, wie namhafte Spielehersteller eindrucksvoll gezeigt haben.
4. Sie veröffentlichen Ihre Software im Quellcode und schreiben alle Abhängigkeiten in die LIESMICH-Datei.[5]

Grundsätzlich gilt, dass Sie immer den Anwender im Blickfeld haben sollten: Allzu vieles zusätzlich zu installieren kann man auch geduldigeren Leuten (zum Beispiel Softwareentwicklern) nicht immer zumuten; und wenn es doch sein muss, dann sollten Sie eine Anleitung mitliefern, was genau wie genau zu installieren ist. Die Zielarchitektur sollte nicht allzu hoch gegriffen sein, und wenn Ihre Zielgruppe nicht aus Linux-Cracks besteht, dann müssen Sie daran denken, dass vielleicht doch jemand mit einem Pentium Pro ankommt.

18.2 Make

Wenn Sie sich Programmbeispiele, ganze Programme oder gar den Kernel herunterladen, finden Sie immer ein Makefile dabei. (Oder sagen wir: Zumindest erwarten Sie, ein Makefile zu bekommen.)

Hinweis

»Make« war als Befehl eine ursprüngliche Entwicklung von Stuart Feldmann aus dem Jahr 1977. Das, was wir heute und in diesem Buch als »Make« bezeichnen, ist aber das GNU Make (*gmake*). Wir betonen das deswegen, weil Ihnen bei den verschiedenen BSD-Betriebssystemen auch andere Varianten begegnen würden, die syntaktisch nicht einmal im Ansatz verwandt sind. Aber auch plattformübergreifend gab es Versuche, Make zu ersetzen. Beachten Sie bitte, dass ein Makefile aus dem GNU-Kosmos nicht kompatibel ist mit einem Makefile aus dem BSD-Kosmos. (Normalerweise wird Ihnen aber nur GNU-Futter begegnen.)

18.2.1 Make im Zusammenspiel

Bestimmt haben Sie schon mal Software aus einem Quellcode-Archiv installiert. Früher kam praktisch jede Software mit einem Makefile daher, aber das ist selten geworden, weil es nicht ganz einfach ist, ein Makefile zu schreiben, in dem alle Pfade und sonstigen Angaben auf An-

5 Ob die Datei bei Ihnen nun *LIESMICH* oder *README* heißt, bleibt Ihnen überlassen. Bedenken Sie allerdings bitte, dass verschiedene Repositorys, wie zum Beispiel *savannah.gnu.org*, bestimmte Dateien vorschreiben, und da muss dann zum Beispiel eine Datei mit Namen *README.md* existieren.

hieb stimmen. Tatsächlich setzen fast alle Mechanismen im Endeffekt auf GNU Make, aber wie man dorthin kommt, ist verschieden.

Populäre Varianten:

- `qmake` (im Zusammenhang mit Qt)
- `cmake`
- GNU Autoconf bzw. Automake, erkennbar an der Datei `configure`
- andere Mechanismen

Für uns hat die GNU Toolchain mit Abstand die größte Bedeutung, und wir behandeln sie deswegen in diesem Buch primär. Normalerweise finden Sie als Anwender also eine Datei namens `configure` im Verzeichnis der Software vor. Zum populärsten Parameter gehört `--prefix`, mit dem wir angeben können, wohin die Software installiert werden soll, also zum Beispiel `/opt` oder `/usr/local`. Wenn Sie `./configure --help` eingeben, erhalten Sie Hinweise, welche Parameter sonst noch interessant sein könnten.

Möglicherweise könnten für Sie die Umgebungsvariablen `CFLAGS`, `CXXFLAGS`, `LDFLAGS` und `LIBS` eine größere Rolle spielen, und zwar dann, wenn Sie auf die Optimierung und das Linken Einfluss nehmen wollen. Diese Umgebungsvariablen heißen übrigens genauso wie diejenigen, denen wir im Makefile begegnen. Als Entwickler könnte es vielleicht für Sie sinnreich sein, statische Bibliotheken und Bibliotheken mit Debugging-Informationen zu erzeugen – wie Sie das aber im Einzelnen tun können, das entnehmen Sie bitte dem jeweiligen Hilfetext.

18.2.2 Die Rolle des Makefiles

Für einen Entwickler ist das Makefile erst einmal das A und O der Entwicklung. Da man als Entwickler zuallererst einmal für die eigene Maschine entwickelt, kann man zunächst alles »fest verdrahten«.

In diesem Buch wird *Make* nur dazu verwendet, Ihre C-Quellcodes automatisch zu einem ausführbaren Programm zu kompilieren. »Nur« bedeutet hier, dass *Make* nicht nur für C/C++-Programme verwendet werden kann, sondern es lassen sich damit praktisch beliebige Aktionen ausführen, beispielsweise auch das automatische Generieren von druckfertiger Dokumentation. Dennoch ist das Hauptanwendungsgebiet von *Make* immer noch das Übersetzen von Programmen. Lassen Sie sich aber nicht abhalten, ebenso gut Skripte und Ähnliches in Ihrem Makefile aufzurufen, wenn es für Sie Sinn ergibt.

Wenn Sie sich bei einigen Beispielen im Buch immer geärgert haben, dass Sie recht lange und immer wiederkehrende Eingaben für den GCC in der Kommandozeile machen mussten, kann Ihnen ein einzelner Aufruf von *Make* enorm Arbeit und Nerven sparen – vor allem je umfangreicher das Projekt wird.

Bei der Einführung zu *Make* in diesem Buch handelt es sich nur um einen ersten Einblick in dieses Werkzeug, der aber für den Anfang ausreichend sein sollte. Für mehr Details können

Sie immer noch die Dokumentation heranziehen, da wir hier nur die sprichwörtliche Spitze des Eisbergs beschreiben können.

Um das hier Beschriebene anschließend auch in der Praxis nachzuvollziehen, verwenden wir einfachste Codebeispiele. Folgende Listings sollen dabei erstellt werden:

```
main.c
test1.c
test2.c
```

Alle drei Quelldateien sollen zu einer einzelnen ausführbaren Datei zusammengeführt werden. Am besten erstellen Sie sich zum Nachvollziehen selbst drei solche Dateien ohne irgendwelche komplexen Aufgaben. Als Beispiel, falls Ihnen nichts einfällt, können Sie Folgendes verwenden:

```
/* main.c */
#include <stdio.h>
/* Benötigt häufig die Angabe für den Linker -lm zur Library */
#include <math.h>

extern void test1(void);
extern void test2(void);

int main(void) {
   test1();
   test2();
   printf("%f",sqrt(3.43));
   return 0;
}

/* test1.c */
void test1(void) {
   printf("Test1\n");
}

/* test2.c */
void test2(void) {
    printf("Test2\n");
}
```

Erstellen Sie hierzu extra einen Ordner (in diesem Fall `testmake`), und legen Sie die Dateien darin ab.

Wenn Sie die drei Quelldateien zu einer ausführbaren Datei gemacht haben, sind Sie vielleicht bisher folgendermaßen vorgegangen:

```
$ gcc -o mytest main.c test1.c test2.c -lm
$ ./mytest
Test1
Test2
1.85202
```

In der Praxis allerdings hat man meistens nur eine Quelldatei modifiziert und möchte auch nur diese eine Datei zu den anderen beiden Modulen hinzulinken. So erstellt man für gewöhnlich auch erst drei Objektdateien:

```
$ gcc -c main.c test1.c test2.c
```

Sie haben jetzt drei Objektdateien. Wurde z. B. die Datei `main.c` gerade verändert, so müssen Sie auch nur `main.c` neu kompilieren:

```
$ gcc -c main.c
```

Wollten Sie jetzt eine ausführbare Datei daraus erstellen, dann sind Sie in der Regel wie folgt vorgegangen:

```
$ gcc -o mytest main.o test1.o test2.o -lm
```

Uns ist bewusst, dass dies kein Problem mehr für Sie darstellt (bzw. darstellen sollte), aber worauf wir hinauswollen, ist der Overhead, der dabei betrieben wird. Sie müssen sich immer darüber Gedanken machen, wann Sie die eine oder die andere Datei übersetzt haben, ob diese nun die aktuellere ist oder welche Bibliothek denn gleich noch hinzugelinkt werden muss oder wie denn gleich noch der Pfad zur Bibliothek lautete.

Zwar gibt es noch die Fraktion, die den kompletten Quellcode immer gleich komplett neu übersetzt – also jedes Mal alles neu erzeugt. Wenn Sie schon größere Quelldateien übersetzt haben, wissen Sie, welch unnötiger Irrsinn das ist. Wenn Sie diesen Aufwand bei zehn oder mehr Quelldateien betreiben wollen, werden Sie garantiert länger daran arbeiten, als Sie eigentlich wollen.

Genau dann springt *Make* für Sie ein: *Make* hilft Ihnen, den Aufwand der Übersetzung zu minimieren, und reduziert außerdem die Fehleranfälligkeit bei nicht korrekter Übersetzung. Dabei wird Ihnen die Arbeit abgenommen, jedes Mal herauszufinden, welche Objektdatei die aktuelle ist oder ob diese überhaupt existiert. Daraufhin werden auch nur die Übersetzungen ausgeführt, die auch wirklich nötig sind. Schließlich muss eine Objektdatei nicht nochmals übersetzt werden, wenn sie bereits existiert und aktuell ist.

18.2.3 Aufbau des Makefiles

Das Makefile ist eine Datei, die beschreibt, wie bestimmte Ziele erzeugt werden. Es wird eine Datei aufgelistet, von der die Ziele abhängig sind oder von der das Ziel abhängig ist. Zusätzlich wird eine Regel vorgegeben, die zum korrekten Übersetzen benötigt wird. Folgende vier Begriffe sollen Ihnen auf den nächsten Seiten in Bezug auf *Make* verständlicher werden: *Makefile, Ziel, Abhängigkeit* und *Regeln*.

> **Hinweis**
> Die Beispiele auf den folgenden Seiten wurden mit *GNU-Make* getestet und ausgeführt.

Makefile

Damit Sie *Make* verwenden können, benötigen Sie ein Makefile. Das Makefile selbst wird gewöhnlich in jedem Quellverzeichnis verwendet. Darin steht, wie der Quelltext oder die Quelltexte in diesem Verzeichnis behandelt werden sollen, um ein oder mehrere Programme korrekt zu erstellen. Das Makefile wird für gewöhnlich unter dem Namen *Makefile* gespeichert. *Make* sucht nach seinem Aufruf dann nach dieser Datei.

Als Beispiel soll hier ein einfaches Makefile erstellt werden, das die drei Quelldateien `main.c`, `test1.c` und `test2.c` zu einer ausführbaren Datei macht.

Ziel (Target)

Was Sie zuerst benötigen, ist ein Ziel. Ein Ziel ist meistens eine Datei – muss aber keine Datei sein. Es kann sich dabei auch um einen Namen handeln, der das Ziel beschreibt. Das folgende Makefile verwendet zwei Ziele. Mit dem ersten Ziel (`testprogramm`) wird eine in der Regel ausführbare Datei erstellt. Mit dem zweiten Ziel (`debugprogramm`) hingegen wird eine Debug-fähige Version des Programms erzeugt. (Auf die Details des Debuggens gehen wir in Abschnitt 18.1.8 ein.)

```
# Ein simples Makefile mit zwei Zielen (Targets)

# Ziel 1:
testprogramm:
# Datei "mytest" wird erzeugt ...
  gcc -o mytest main.c test1.c test2.c -lm
# ... fertig

# Ziel 2:
debugprogramm:
# Debug-Version wird erstellt
  gcc -DDEBUG -ggdb3 -o mytest.db main.c test1.c test2.c -lm
# ... fertig mit Debug-Version
```

Speichern Sie dieses Makefile nun ebenfalls in dem Verzeichnis ab, in dem sich die drei Quelldateien befinden. In unserem Beispiel sieht es im Verzeichnis wie folgt aus:

```
$ ls -Gl
insgesamt 16
-rw-r--r--   1 tot      users      301 2016-04-06 14:11 Makefile
-rw-r--r--   1 tot      users      101 2016-04-06 07:39 main.c
-rw-r--r--   1 tot      users       38 2016-04-06 06:37 test1.c
-rw-r--r--   1 tot      users       38 2016-04-06 06:38 test2.c
```

Jetzt kommen wir zu einer kurzen Beschreibung der Syntax der folgenden Zeilen:

```
# Ziel 1:
testprogramm:
# Datei "mytest" wird erzeugt ...
  gcc -o mytest main.c test1.c test2.c -lm
# ... fertig
```

Wichtiger Hinweis

Alle Zeilen, die mit dem #-Zeichen beginnen, sind Kommentare. Das Ziel (*Target*) ist in diesem Fall das Label `testprogramm`. Enorm von Bedeutung ist das erste Zeichen in der Kommandozeile, das immer ein [⇆]-Zeichen (*Tabulator*) sein muss. Es genügt also nicht, mit ein paar Leerzeichen »hineinzurutschen«, sondern Sie müssen ein Tabulatorzeichen eingeben! Steht hier kein Tabulatorzeichen, wird *Make* mit der Fehlermeldung `Missing Separator` abbrechen.

Das ist ganz wichtig, wenn Sie Ihren Editor zum Beispiel so eingestellt haben, dass er keine [⇆]-Zeichen verwendet, was ja durchaus Sinn haben kann, wenn man zum Beispiel Formatierungsproblemen aus dem Weg gehen will. In diesem Fall brauchen Sie möglicherweise einen extra Editor, um speziell Makefiles zu bearbeiten, oder Sie müssen sich mit mehreren Editor-Konfigurationen gleichzeitig herumschlagen.

Make erzeugt also tatsächlich eine neue Shell, um die Kommandos in der Kommandozeile auszuführen. Würden Sie praktisch das Ziel `testprogramm` umändern in

```
testprogramm:
   ls -l
```

dann würde tatsächlich das Inhaltsverzeichnis ausgegeben werden, in dem sich das Makefile befindet. Daran können Sie erkennen, dass sich *Make* nicht nur zur Programmierung eignet.

Jetzt können Sie *Make* aufrufen. Wollen Sie die normale ausführbare Datei (`Ziel:testprogramm`) erstellen, reicht Folgendes aus:

```
$ make testprogramm
gcc -o mytest main.c test1.c test2.c -lm
$ ./mytest
```

Somit lautet die Syntax für *Make* immer:

```
Make Ziel
```

Wollen Sie hingegen die Debug-Version der Anwendung von *Make* erzeugen lassen, so geben Sie das Ziel `debugprogramm` an:

```
$ make debugprogramm
gcc -DDEBUG -ggdb3 -o mytest.db main.c test1.c test2.c -lm
```

Geben Sie hingegen nur *Make* alleine in der Kommandozeile an, wird das erste im Makefile aufgelistete Ziel verwendet:

```
$ make
gcc -o mytest main.c test1.c test2.c -lm
```

Hinweis

Auch wenn wir im Beispiel als Ziel einen anderen Namen als den der Anwendung verwendet haben, ist dies in der Praxis eher unüblich: Meistens wird der Name des Programms verwendet. Hier haben wir nur einen anderen Name verwendet, damit Sie erkennen können, dass das Ziel und die ausführbare Datei nichts *Gemeinsames* haben – dass das Ziel also nichts anderes ist als ein Text-Label.

Abhängigkeit (Dependency)

Um Ihnen die Abhängigkeit zu erklären, sollten Sie das Makefile zunächst ein wenig umschreiben. Verändern Sie es wie folgt:

```
# Ein simples Makefile

# Ziel mytest
mytest: main.o test1.o test2.o
# Datei "mytest" wird erzeugt ...
  gcc -o mytest main.o test1.o test2.o -lm

main.o: main.c
   gcc -c main.c
test1.o: test1.c
   gcc -c test1.c
test2.o: test2.c
   gcc -c test2.c
```

Führen Sie jetzt, ohne unbedingt zu verstehen, was hier gemacht wurde, erneut *Make* aus:

```
$ make
gcc -c main.c
gcc -c test1.c
gcc -c test2.c
gcc -o mytest main.o test1.o test2.o -lm
$ make
Make: "mytest" ist bereits aktualisiert.
```

Make erkennt beim zweiten Aufruf, dass hier nichts mehr zu tun ist. Die Daten sind *up to date*. Verändern Sie jetzt etwas an der Quelldatei `test2.c`, und starten Sie *Make* erneut:

```
$ make
gcc -c test2.c
gcc -o mytest main.o test1.o test2.o -lm
```

Jetzt wird auch wirklich nur die Datei `test2.c` neu kompiliert, da Sie sie ja eben verändert haben. So viel zur Praxis, aber sicherlich wollen Sie das hier auch verstehen.

In Ihrem ersten Makefile wurden nur die Kommandos verwendet, um das Ziel korrekt zu erzeugen – ohne wirklich den Aufwand dafür zu minimieren. Diesen Aufwand können Sie erst minimieren, wenn Sie eine bedingte Ausführung in das Makefile einbringen. Im ersten Makefile hing das Ziel `mytest` (bzw. `testprogramm`) von den Dateien `main.c`, `test1.c` und `test2.c` ab.

Aber in Wirklichkeit, wenn man die Dinge genauer betrachtet, hängt das ausführbare Programm `mytest` schon eher von `main.o`, `test1.o` und `test2.o` ab. Das Ziel `mytest` hängt somit gar nicht von einer Veränderung von `test2.c` oder `main.c` ab, sondern eine Veränderung von `test2.c` oder `main.c` betrifft ja nur die Objektdateien `test2.o` bzw. `main.o` – was natürlich am Ende `mytest` doch wieder beeinflusst.

Da der GCC diese ganze Abhängigkeit der einzelnen Quelldateien hinter dem Linker vor Ihnen versteckt, bekommen Sie so gut wie nie etwas davon mit. Aber um effektive Makefiles zu schreiben, müssen Sie sich über diese Abhängigkeit im Klaren sein. Daher wurden die Makefiles auch so geschrieben, dass die Kompilierung und das Linken getrennt wurden.

Kommen wir jetzt zum Makefile:

```
mytest: main.o test1.o test2.o
# Datei "mytest" wird erzeugt ...
  gcc -o mytest main.o test1.o test2.o -lm
```

Mit der ersten Zeile geben Sie an, dass das Ziel `mytest` von den Objektdateien `main.o`, `test1.o` und `test2.o` abhängig ist. In der nächsten Zeile wird, wenn die Abhängigkeit erfüllt ist, die ausführbare Datei daraus gemacht. Ist das Ziel `mytest` älter als eine der Dateien in der Abhängigkeitsliste, dann wird eine neue ausführbare Datei durch das Linken der Objektdateien erzeugt. Um also für ein Ziel eine Abhängigkeitsliste zu erstellen, muss folgende Syntax verwendet werden:

```
Ziel : Abhängigkeitsliste
```

Damit ist `Ziel` von allen Dateien in der Liste abhängig. Da aber in der eben gezeigten Abhängigkeitsliste nur aus Objektdateien eine Zieldatei erzeugt wird, benötigen Sie noch weitere Kommandos für das Kompilieren der Quelldateien zu Objektdateien. Auch hier hat wieder jede einzelne Objektdatei eine Abhängigkeitsliste:

```
main.o: main.c
   gcc -c main.c
test1.o: test1.c
   gcc -c test1.c
test2.o: test2.c
   gcc -c test2.c
```

So ist die Objektdatei `main.o` zum Beispiel abhängig davon, ob der Quelltext `main.c` verändert wurde. Die Quelldatei `main.c`, `test1.c` oder `test2.c` wird auch nur dann neu kompiliert und in eine Objektdatei übersetzt, wenn sich diese verändert hat. Wurde, wie wir es im Beispiel gezeigt haben, die Quelldatei `test2.c` verändert, wird der Compilerlauf auch wirklich nur für `test2.c` gemacht und anschließend (da ja `mytest` von der Objektdatei `test2.o` abhängig ist) eine neue ausführbare Datei daraus erstellt. Natürlich kann es durchaus auch sein, dass `main.c` von einer anderen Header- oder Quelldatei abhängig ist. Solche Dateien sollten Sie immer auch in Ihr Makefile mit einfügen. Zum Beispiel würde mit

```
main.o: main.c mytest_header.h
   gcc -c main.c
test1.o: test1.c
   gcc -c test1.c
test2.o: test2.c
   gcc -c test2.c
```

angegeben, dass `main.o` jetzt auch noch von der Quelldatei `mytest_header.h` abhängig ist. Vergessen Sie, dies anzugeben, wird es passieren, dass eine Veränderung von Daten in der Quelldatei `mytest_header.h` keine Auswirkung auf das Ziel hat.

Verändern Sie doch beispielsweise die Datei `test2.c` wie folgt:

```
#include "mytest.h"

void test2(void) {
   printf("Test2: %d\n",TEST);
}
```

Erstellen Sie jetzt eine Datei namens `mytest.h` mit folgendem Inhalt:

```
#define TEST 1
```

Führen Sie jetzt Ihr altes Makefile aus:

```
$ make
gcc -c test2.c
gcc -o mytest main.o test1.o test2.o -lm
$ ./mytest
Test1
Test2: 1
1.852026
```

Es scheint alles in bester Ordnung zu sein. Ändern Sie jetzt den Wert der symbolischen Konstante `TEST` in `mytest.h` von `1` auf `2` um, und führen Sie *Make* erneut aus.

```
$ make
Make: "mytest" ist bereits aktualisiert.
```

Sie sehen, die Veränderung von `mytest.h` hatte keine Auswirkung. Passen Sie Ihr Makefile jetzt an:

```
# Ein simples Makefile

# Ziel mytest
mytest: main.o test1.o test2.o
# Datei "mytest" wird erzeugt ...
	gcc -o mytest main.o test1.o test2.o -lm

# Abhängigkeitsliste
main.o: main.c
	gcc -c main.c
test1.o: test1.c
	gcc -c test1.c
test2.o: test2.c mytest.h
	gcc -c test2.c
```

Jetzt ist dank der Zeile

```
test2.o: test2.c mytest.h
	gcc -c test2.c
```

alles beim nächsten *Make*-Aufruf wieder in Ordnung. Dies soll hier nicht unerwähnt bleiben, da neben dem Nichtbeachten eines Tabulatorzeichens am Anfang eines Kommandos das Vergessen einer neu erstellten Quelldatei einer der am häufigsten gemachten Fehler mit

Make ist. Dabei ist eben gerade der Fehler, eine Quelldatei nicht anzugeben, bei *Make* kein syntaktischer Fehler und wird eventuell nicht gleich entdeckt.

Im Beispiel oben konnten Sie erkennen, dass ein Makefile so geschrieben werden kann, dass jedes Ziel von einer Datei abhängig ist, die selbst wiederum ein Ziel ist. Das Beispiel könnte natürlich noch vertieft werden. Außerdem hat es den Anschein, dass *Make* von unten nach oben durch die Datei arbeitet – dem ist aber nicht so. Es werden immer als Erstes die Ziele auf den neuesten Stand gebracht, die vom eigentlichen Ziel abhängig sind. Ist ein Ziel nicht mehr aktuell, wird eine neue Datei davon erzeugt. Der Vorgang wird so lange ausgeführt, bis alle Ziele auf dem neuesten Stand sind, die für das (Haupt-)Ziel nötig sind.

Sicherlich haben Sie schon häufiger nach einer Ausführung von *Make* auch `make clean` verwendet, um das Verzeichnis wieder zu säubern. Hierfür müssen Sie nur ein Ziel mit dem Namen `clean` angeben und ein entsprechendes Kommando setzen:

```
# Ziel mytest
mytest: main.o test1.o test2.o
# Datei "mytest" wird erzeugt ...
  gcc -o mytest main.o test1.o test2.o -lm

# Abhängigkeitsliste
main.o: main.c
   gcc -c main.c
test1.o: test1.c
   gcc -c test1.c
test2.o: test2.c mytest.h
   gcc -c test2.c

# ...sauber machen ...
clean:
   rm *.o mytest
```

Wenn Sie jetzt in der Kommandozeile `make clean` ausführen, werden alle Objektdateien und die ausführbare Datei wieder gelöscht. Sie können `rm` zum Löschen genauso verwenden, wie Sie es aus der Shell kennen.

Variablen, Makros und Abkürzungen

In der Praxis sieht das Makefile natürlich nicht so aus, wie Sie es in den Abschnitten bisher erstellt haben, denn es gibt eine Menge Abkürzungen, die das Schreiben von Makefiles erheblich vereinfachen können. Ändern Sie das Makefile aus dem Beispiel zuvor wie folgt ab:

```
# Ziel mytest
mytest: main.o test1.o test2.o
# Datei "mytest" wird erzeugt ...
```

```
  gcc -o $@ main.o test1.o test2.o -lm

# Abhängigkeitsliste
main.o: main.c
   gcc -c $*.c
test1.o: test1.c
   gcc -c $*.c
test2.o: test2.c mytest.h
   gcc -c $*.c

# ...sauber machen ...
clean:
   rm *.o mytest
```

Auffällig sind hierbei die Zeichen `$@` und `$*`, was einfache Ersetzungsmakros sind. Mit `$@` geben Sie z. B. den vollen Zielnamen an. Im Fall von

```
mytest: main.o test1.o test2.o
   gcc -o $@ main.o test1.o test2.o -lm
```

bedeutet dies, dass die Zeichenfolge `$@` durch den Zielnamen `mytest` ersetzt wird. Somit verhält sich `$@`, als würden Sie

```
gcc -o mytest main.o test1.o test2.o -lm
```

eingeben. Das Makro `$*` steht ebenfalls für den Zielnamen, allerdings ohne die Dateiendung. Im Beispiel

```
main.o: main.c
   gcc -c $*.c
```

wird der Zielname `main.o` an der Stelle ersetzt, wo sich das Makro `$*` befindet, aber ohne die Endung `.o`. Neben den Makros `$@` und `$*` gibt es noch einige weitere nützliche Makros, von denen einige in Tabelle 18.2 aufgelistet sind.

Makro	Bedeutung
$@	Zielname des zu erstellenden Programms
$*	Zielname des zu erstellenden Programms ohne Dateiextension
$<	Name der ersten Abhängigkeit der aktuellen Regel
$^	Alle Abhängigkeiten

Tabelle 18.2 Nützliche Makros für Make

Makro	Bedeutung
`$?`	Dateiname aller Abhängigkeiten einer Regel, die neuer sind als das Ziel
`$(@D)`	Verzeichnisname von `$@`
`$(@F)`	Reiner Dateiname ohne Pfad für `$@`
`CURDIR`	Aktuelles Arbeitsverzeichnis, in dem `Make` gerade aktiv ist

Tabelle 18.2 Nützliche Makros für Make (Forts.)

Neben Makros können Sie aber auch Variablen verwenden. Damit könnten Sie z. B. ein Makefile für ein Programm erstellen, das auf vielen anderen Systemen verwendet werden könnte, auf denen z. B. kein GCC als Compiler verwendet wird. Definiert werden Variablen in einem Makefile mit folgender Syntax:

```
Variable = Wert
```

`Variable` wird anschließend im Makefile bei Auftreten von `$(Variable)` oder `${Variable}` durch den entsprechenden Wert ersetzt. Verwenden Sie z. B. den GCC, können Sie ihn in Ihrem Makefile folgendermaßen verwenden:

```
CC = gcc

mytest: main.o test1.o test2.o
   $(CC) -o $@ main.o test1.o test2.o -lm

main.o: main.c
   $(CC) -c $*.c
test1.o: test1.c
   $(CC) -c $*.c
test2.o: test2.c mytest.h
   $(CC) -c $*.c

clean:
   rm *.o mytest
```

Mit `CC = gcc` parametrisieren Sie die Variable `CC` mit dem Wert `gcc`. Somit wird bei jedem Vorkommen von `$(CC)` oder `${CC}` im Makefile die Zeichenkette durch `gcc` ersetzt. Arbeiten Sie jetzt auf einem UNIX-System, das den Compiler CC verwendet und GCC nicht kennt, können Sie das Makefile dennoch ausführen, indem Sie *Make* folgendermaßen verwenden:

```
$ make CC=cc
cc -c main.c
cc -o mytest main.o test1.o test2.o -lm
```

Die Verwendung von Variablen beschränkt sich aber nicht nur auf Kommandos – ganz im Gegenteil –, mit Variablen ist es Ihnen möglich, besser den Überblick zu behalten, indem Sie nur an einer Stelle zum Beispiel alle abhängigen Objekt- oder Quelldateien eines Ziels angeben.

Hier sehen Sie das Makefile, um einige Variablen erweitert:

```
CC      = gcc
OBJECTS = main.o test1.o test2.o
LIBS    = -lm
CFLAGS  = -c

mytest: $(OBJECTS)
   $(CC) -o $@ $(OBJECTS) $(LIBS)

main.o: main.c
   $(CC) $(CFLAGS) $*.c
test1.o: test1.c
   $(CC) $(CFLAGS) $*.c
test2.o: test2.c mytest.h
   $(CC) $(CFLAGS) $*.c

clean:
   rm *.o mytest
```


Hinweis

Das Flag `-c` sollte (in professionellen Makefiles) nicht zu den `CFLAGS` getan werden, da `${CFLAGS}` »ohne `-c`« öfter verwendbar ist als `CFLAGS` mit `-c`.

Mit der Verwendung von Variablen wird die Verwaltung des Makefiles einfacher. Neue Objektdateien, Compiler-Optionen oder zusätzlich verwendete Bibliotheken müssen nur noch am Anfang hinzugefügt werden. Wollen Sie beispielsweise beim Kompilieren zusätzlich die Flags `-Wall` für eine umfangreichere Warnungsausgabe und `-O` für die Optimierung des Codes verwenden, müssen Sie nur noch die Parameter der Variablen `CFLAGS` verändern:

```
CFLAGS = -Wall -c -O
```

Oder Sie müssen entsprechende Angaben beim Aufruf von *Make* machen:

```
$ make CFLAGS= -Wall -c -O
```

Implizite Regeln

Das Makefile kann aber noch weiter vereinfacht werden (bzw. aus der Sicht des Laien wahrscheinlich verkompliziert werden). Häufig werden einzelne Komponente immer wieder auf dieselbe Art und Weise erstellt. In unserem Beispiel werden `main.o`, `test1.o` und `test2.o` immer gleich kompiliert. Diesen Overhead kann man auch noch mithilfe von impliziten Regeln beseitigen. Diese Regeln werden auf eine Menge von Komponenten angewandt, die durch ein bestimmtes Namensmuster vorgegeben sind. In unserem Fall ist das Muster die Dateiendung, die auch als Suffix bezeichnet wird. So besitzen im Beispiel alle drei Ziele `main.o`, `test1.o` und `test2.o` das Suffix `.o` (für Objektdateien). Des Weiteren werden all diese Objektdateien mit dem Suffix `.o` aus Quelldateien (`main.c`, `test1.c` und `test2.c`) mit dem Suffix `.c` erzeugt. Da Sie in diesem Beispiel dreimal den Fall haben, dass aus einer Quelldatei mit dem Suffix `.c` eine Objektdatei mit dem Suffix `.o` erzeugt wird, können Sie dies durch eine implizite Regel folgendermaßen beschreiben:

```
.c.o:
   Kommando ...
```

Die Syntax hierzu lautet:

```
.suffix1.suffix2:
   Kommando ...
```

Damit ist `suffix1` das Suffix für die Quelle, und `suffix2` ist das Suffix für das Ziel. Somit hätten Sie eine implizite Regel, mit der aus einer C-Quelldatei eine (Ziel-)Objektdatei erstellt wird. Dadurch sieht der Teil, in dem Sie als Zieldatei eine Objektdatei angegeben hatten, folgendermaßen aus (komplettes Makefile):

```
.SUFFIXES:
.SUFFIXES: .c .o

CC      = gcc
OBJECTS = main.o test1.o test2.o
LIBS    = -lm
CFLAGS  = -c -O

mytest: $(OBJECTS)
   $(CC) -o $@ $(OBJECTS) $(LIBS)

.c.o:
   $(CC) $(CFLAGS) $<

clean:
   rm *.o mytest
```

Sie sollten sich zuerst noch für die Zeilen

```
.c.o:
   $(CC) $(CFLAGS) $<
```

interessieren. Die erste Zeile kennen Sie ja bereits, und in der zweiten Zeile verwenden Sie bis auf `$<` nichts, was Sie nicht kennen. Mit `$<` benutzen Sie ein Makro, das den (Datei-)Namen der ersten Abhängigkeit der aktuellen Regel verwendet. Diese Regel wird dabei jedes Mal angewendet, wenn *Make* ein Ziel sucht, das mit `.o` endet, und eine Datei mit demselben Namen mit der Endung `.c` existiert – auch wenn keine extra Regeln für dieses Ziel angegeben wurden.

Sollen die Dateiendungen in einem Makefile auch wirklich verwendet werden, müssen Sie diese erst zu einer Regel erklären. Dies machen Sie mit folgender Zeile:

```
.SUFFIXES: .c .o
```

Damit werden alle Quellen des eingebauten Ziels `.SUFFIXES` als Dateiendung für implizite Regeln verwendet. Im Beispiel sind dies die Quellen `.c` und die Ziele `.o`. Die erste Verwendung von

```
.SUFFIXES:
```

löscht eventuell vorhandene Suffixe aus der Liste.

Musterregeln

Als effektivere und mächtigere Alternative zu den impliziten Regeln mit den Dateiendungen bietet *Make* sogenannte Musterregeln an. Bei einer Musterregel steht das Prozentzeichen im Ziel für eine beliebige Zeichenkette. Um auf das durchgehende Beispiel in diesem Abschnitt wieder zurückzukommen, wo Sie aus C-Quelldateien Objektdateien gemacht haben, sieht dieser Vorgang mit Musterregeln wie folgt aus (komplettes Makefile):


```
CC      = gcc
OBJECTS = main.o test1.o test2.o
LIBS    = -lm
CFLAGS  = -c -O

mytest: $(OBJECTS)
   $(CC) -o $@ $(OBJECTS) $(LIBS)

%.o: %.c
   $(CC) $(CFLAGS) $<

clean:
   rm *.o mytest
```

Im Beispiel haben Sie mit

```
%.o: %.c
```

ein beliebiges Ziel mit `%.o` definiert, das abhängig von `%.c` ist. Das Prozentzeichen steht also für eine beliebige Zeichenkette und ist im Gegensatz zur impliziten Regel nicht von Suffixen bzw. Präfixen abhängig. Würde z. B. nur das Prozentzeichen angegeben, dann würde diese Regel auf alle Ziele passen.

18.2.4 Make zur Installation verwenden

Häufig wird *Make* auch zur Installation der Software verwendet. Hierzu wird ein Ziel mit dem Namen `install` mit entsprechenden Kommandos gesetzt. So lässt sich das fertige Programm systemweit auf dem Rechner installieren. Meistens wird dafür die Anwendung in Verzeichnisse unterhalb von */usr* (oder besser */usr/local*) installiert. Gewöhnlich werden hierfür Superuser-Rechte benötigt.

Hier sehen Sie einen möglichen Vorgang einer solchen Installation:

```
CC      = gcc
OBJECTS = main.o test1.o test2.o
LIBS    = -lm
CFLAGS  = -O2

PREFIX := /usr

my_mytest: $(OBJECTS)
   $(CC) -o $@ $(OBJECTS) $(LIBS)

%.o: %.c
   $(CC) -c $(CFLAGS) $<

install: my_mytest
   install my_mytest ${PREFIX}/bin/

clean:
   rm -f *.o my_mytest
```

Durch die `install`-Abhängigkeit `mytest` stellen Sie außerdem sicher, dass `mytest` immer aktuell ist.

```
$ make
gcc -c -O main.c
gcc -c -O test1.c
gcc -c -O test2.c
gcc -o mytest main.o test1.o test2.o -lm
$ su
Password:********
```

```
# Make install
install mytest /usr/local/mytest
# exit
exit
$ make clean
rm -f *.o mytest
```

Natürlich können Sie noch weitere *Pseudoziele* verwenden. Gewöhnlich werden dabei Ziele wie `uninstall`, `check`, `depend`, `all` und noch einige mehr verwendet. Wie diese Ziele letztendlich arbeiten, ist Ihre Sache. Wir empfehlen Ihnen dazu, sich gelegentlich das eine oder andere Makefile anzusehen, wenn Sie wieder eine Software heruntergeladen haben und diese mittels *Make* zusammenbauen und installieren. Versuchen Sie sich aber nicht an komplexeren Makefiles wie solchen, die von *Automake* oder *Configure* als Input genommen oder als Output geschrieben worden sind (*Makefile.in*, Makefiles mit vielen @@-Folgen).

18.2.5 Make-Optionen

Wie Sie *Make* aufrufen können, haben Sie jetzt mehrere Male gesehen. *Make* bietet Ihnen aber noch mehr Optionen an, die Sie zusätzlich in der Kommandozeile mit angeben können. Welche das sind, können Sie mit einem Aufruf von `make -help` ermitteln.

18.2.6 Ausblick

Den Abschnitt zu *Make* könnten wir noch endlos weiterführen und erweitern, denn damit ließe sich noch eine Menge mehr anstellen, als wir hier beschrieben haben. Allerdings sollten Sie mit dem, was wir hier gezeigt haben, die Grundlagen beherrschen, sodass Sie nun anhand des Lesens anderer Makefiles diese selbst interpretieren und daraus lernen können.

Bei alldem sollten Sie auch nicht übersehen, dass *Make* nicht nur für die Programmierung eingesetzt werden kann. So können Sie *Make* auch zur Verwaltung größerer Dateiarchive oder Dokumentationen verwenden. Wenn Sie wirklich ein sehr komplexes Makefile betrachten wollen, sollten Sie sich das Makefile bekannter und umfangreicher Software ansehen. Empfehlenswert sind die Makefiles von Mozilla, gefolgt von denen des Kernels und von Apache2. Der Hammer an Komplexität ist natürlich Glibc, was Makefiles angeht.

18.3 Das Makefile portabel machen

Wenn Sie ein Makefile für ein Projekt fertig haben, sodass es das tut, was Sie wollen, stehen Sie vor dem kleinen Problem, dass der Kollege, dem Sie es geben möchten, vielleicht eine andere Linux-Distribution benutzt oder auch nur eine andere Version der gleichen Distribution. Möglicherweise hat er auch nicht die gleiche Software installiert oder nicht an den gleichen Orten.

Folgende Dinge müssen Sie im Auge behalten, wenn Sie versuchen, ein Makefile portabel zu machen:

- **Programmnamen** – Für viele Funktionen gibt es in der Unix-Welt verschiedene Programme, die aber effektiv das Gleiche tun. Zum Beispiel gibt es neben `gawk` (*GNU Awk*) auch das ursprüngliche `awk`, außer `yacc` gibt es auch noch `byacc` und `bison`, außer `lex` gibt es `flex` usw.
- **Pfade** – Programme werden bei Linux häufig unterhalb von */usr* installiert. Allerdings gibt es Ausnahmen. Zum Beispiel lässt sich der bekannte Sicherheitsexperte und Programmierer D. J. Bernstein nicht davon abbringen, seinen speziellen Lieblingspfad für Tools und Bibliotheken zu verwenden, und er meint, es wäre richtig, auch alle anderen zu zwingen, diesen Pfad zu benutzen.

  Und bei anderen Betriebssystemen sieht es zum Teil völlig unterschiedlich aus. Bei den BSDs findet sich die `bash` zum Beispiel woanders: Bei FreeBSD in */usr/local/bin/bash*, bei NetBSD in */usr/pkg/bin/bash*. Wenn Sie Ihre Shellskripte direkt aufrufen wollen, müssen Sie dann auch noch die erste Zeile ändern, in der der »Shebang« steht, samt dem Pfadnamen der Shell.[6]
- **Optionen** – Manche Programmoptionen hängen vom Vorhandensein von Tools ab oder sind auf manchen Plattformen nicht sinnvoll bzw. umgekehrt zwingend erforderlich.
- **Shell-Eigenschaften** – Die `bash` ist zwar weit verbreitet, aber nicht überall standardmäßig vorhanden. Fehlt sie, muss man sich mit einer Shell zufriedengeben, deren Syntax etwas anders aussieht.
- **Programmverhalten** – Verschiedene Programme und Programmversionen verhalten sich möglicherweise auch unterschiedlich. Es kann sein, dass sich die Ausgabe nur wenig unterscheidet, aber unter Umständen kann sie auch radikal anders aussehen, wie zum Beispiel bei den einfachen Tools `wv` und `catdoc`, die eigentlich das Gleiche tun.
- **Betriebssystem** – Auch wenn es auf den ersten Blick bizarr erscheinen mag, ist Windows eigentlich auch nur ein UNIX. Das ist zwar nicht 100 % wahr, denn einige wichtige Unterschiede gibt es schon, aber mithilfe von *Cygwin* oder *MinGW* könnte man den Versuch wagen, ein Linux-Programm auch auf Windows zu portieren. Nur wenige Betriebssystemeigenschaften sind wirklich so unüberwindbar unterschiedlich, dass sie eine Portierung grundsätzlich verhindern würden.
- **Header-Dateien** – Je nach Betriebssystem, Version, installierten Bibliotheken und deren Version und abhängig von der Hardware gibt es bestimmte Header-Dateien (oder auch nicht), und unter Umständen sind die Dateien zwar vorhanden, befinden sich aber an anderen Orten. Als Programmierer sollten Sie immer im Auge haben, dass zum Beispiel viel-

6 Ein Shebang ist das »#!«, gefolgt von einem Leerzeichen und dem vollständigen Pfad der Shell, bzw. des auszuführenden Programms. Manche Entwickler versuchen, sich die Angabe des Pfads durch die Benutzung von */usr/bin/env* zu sparen, leider jedoch funktioniert das nicht unbedingt zuverlässig.

leicht eine Plattform keine *Pthreads* kennt oder dass *ACLs* (die wir in Kapitel 5 besprochen haben) fehlen, auch wenn sie betriebssystemseitig angeboten werden *könnten*. Normalerweise realisiert man das dadurch, dass man bestimmte Teile des Codes per Defines »stilllegen« kann, wenn es nötig ist. Diese Defines werden dann im Makefile oder in einer Datei *config.h* gesetzt.

- **Benutzerwünsche** – Nicht zuletzt darf man einen wichtigen Faktor nicht außer Acht lassen, und zwar den Benutzer. Es könnte zum Beispiel einen Benutzer geben, der zwar die `libSDL` installiert hat, aber nicht möchte, dass das Programm damit verlinkt. (Er mag dafür gute Gründe haben.) Er würde also `./configure` dann mit der Option `--without-sdl` aufrufen.

18.3.1 Die Autotools

- *Autoconf* generiert das `configure`-Script, das für den Anwender der Software den Generierungsprozess anstößt.
- *Automake* generiert die Makefiles aus den Informationen, die von *Autoconf* weitergereicht werden.
- *Libtool* ist ein Tool zum plattformunabhängigen Erzeugen von Bibliotheken.

Hinweis

Leider sind mehrere Versionen der Autotools im Umlauf und noch aktiv in Verwendung, was zu einer gewissen Verwirrung führt, ganz besonders, wenn etwas nicht so funktioniert wie ursprünglich gedacht. Wir setzen für unsere Beispiele *autoconf-2.69* ein.

18

Lassen Sie uns die Tools anhand eines Beispiels einmal anwenden:

```
/* hallowelt.c: Ein einfaches Programm */
#include <stdio.h>

int main(int argc, char* argv[]) {
    printf("Hallo, Welt!\n");
    return 0;
}
```

Listing 18.1 Ein kleines Programm (hallowelt.c).

```
# Makefile: Ein einfaches Makefile for hallowelt.c

EXECUTABLE=hallowelt

all: $(EXECUTABLE)
```

```
clean:
	rm -f $(EXECUTABLE) *.o
```

Listing 18.2 Das Makefile

Autoconf versucht es Ihnen leicht zu machen, indem es einen Scanner mitbringt, der die grundlegenden Rahmeneinstellungen schon mal setzt:

```
$ autoscan
```

```
$ mv configure.scan configure.ac
```

Autoscan überschreibt eine eventuell bestehende Konfiguration in *configure.ac* absichtlich nicht. Um einem Anwender jetzt das Programm in die Hand drücken zu können, fehlt noch ein Faktor: die Datei *configure*. Die Datei *configure.ac* ist ja nur die Vorstufe davon.

Mit

```
$ autoconf
```

generieren Sie nun daraus die ausführbare Datei *configure*.

Damit `configure` das Makefile (das, worum es ja bei dem ganzen Unterfangen geht) überhaupt anfassen kann, benennen wir es um:

```
$ mv Makefile Makefile.in
```

Dazu erzeugt uns Autoheader noch eine Datei *config.h.in* dazu.

```
$ autoheader
```

Nun können wir `configure` einmal laufen lassen:

```
$ ./configure
configure: loading site script /usr/share/site/x86_64-unknown-linux-gnu
checking for gcc... gcc
checking whether the C compiler works... yes
checking for C compiler default output file name... a.out
checking for suffix of executables...
checking whether we are cross compiling... no
checking for suffix of object files... o
checking whether we are using the GNU C compiler... yes
checking whether gcc accepts -g... yes
checking for gcc option to accept ISO C89... none needed
configure: creating ./config.status
config.status: creating Makefile
config.status: creating config.h
```

Bis jetzt haben wir noch nichts getan, was unsere Verarbeitungslogik verändert hätte. Nach der Verarbeitung durch `configure` ist eine Datei *config.h* entstanden, die so aussieht:

```
/* config.h.  Generated from config.h.in by configure.  */
/* config.h.in.  Generated from configure.ac by autoheader.  */

/* Define to the address where bug reports for this package should be sent. */
#define PACKAGE_BUGREPORT "BUG-REPORT-ADDRESS"

/* Define to the full name of this package. */
#define PACKAGE_NAME "FULL-PACKAGE-NAME"

/* Define to the full name and version of this package. */
#define PACKAGE_STRING "FULL-PACKAGE-NAME VERSION"

/* Define to the one symbol short name of this package. */
#define PACKAGE_TARNAME "full-package-name"

/* Define to the home page for this package. */
#define PACKAGE_URL ""

/* Define to the version of this package. */
#define PACKAGE_VERSION "VERSION"
```

Weltbewegend ist das nicht. Vielleicht sollte man ein etwas komplexeres Programm verwenden:


```
/* hallowelt.c: Ein kleines Programm, das die vergangenen
   Sekunden seit 01.01.1970 anzeigt */

#include <stdio.h>
#include <sys/time.h>

int main(int argc, char* argv[]) {
    double sec;
    struct timeval tv;

    gettimeofday(&tv, NULL);
    sec = tv.tv_sec;
    sec += tv.tv_usec / 1e6;
    printf("%.3f\n", sec);
    return 0;
}
```

Listing 18.3 Ein etwas komplexeres »hallowelt.c«

Nun allerdings wird es knifflig, denn *Autoconf* benötigt eine Reihe von Hilfsdateien. Um uns die Mühen der einzelnen Tools zu sparen, nehmen wir ersatzweise diesmal `autoreconf` und wählen als Optionen `verbose` (gesprächig), `force` (erzwingen) und `install` (benötigte Dateien automatisch installieren).

```
$ autoscan
$ mv configure.scan configure.ac
$ autoreconf -vfi
autoreconf: Entering directory `.'
autoreconf: configure.ac: not using Gettext
autoreconf: running: aclocal --force
autoreconf: configure.ac: tracing
autoreconf: configure.ac: not using Libtool
autoreconf: running: /usr/bin/autoconf --force
autoreconf: running: /usr/bin/autoheader --force
autoreconf: configure.ac: not using Automake
autoreconf: Leaving directory `.'
$ ./configure
configure: loading site script /usr/share/site/x86_64-unknown-linux-gnu
checking for gcc... gcc
checking whether the C compiler works... yes
checking for C compiler default output file name... a.out
checking for suffix of executables...
checking whether we are cross compiling... no
checking for suffix of object files... o
checking whether we are using the GNU C compiler... yes
checking whether gcc accepts -g... yes
checking for gcc option to accept ISO C89... none needed
checking how to run the C preprocessor... gcc -E
checking for grep that handles long lines and -e... /usr/bin/grep
checking for egrep... /usr/bin/grep -E
checking for ANSI C header files... yes
checking for sys/types.h... yes
checking for sys/stat.h... yes
checking for stdlib.h... yes
checking for string.h... yes
checking for memory.h... yes
checking for strings.h... yes
checking for inttypes.h... yes
checking for stdint.h... yes
checking for unistd. h... yes
```

```
checking sys/time.h usability... yes
checking sys/time.h presence... yes
checking for sys/time.h... yes
checking for gettimeofday... yes
configure: creating ./config.status
config.status: creating Makefile
config.status: creating config.h
$ ls
autom4te.cache  config.h.in    configure     Makefile
autoscan.log    config.log     configure.ac  Makefile.in
config.h        config.status  hallowelt.c
```

Aus unseren zwei Dateien sind jetzt ganz schön viele geworden, aber das ist auch dem angefangenen Build-Vorgang zu verdanken.

config.h sieht jetzt so aus:

```
/* config.h.  Generated from config.h.in by configure.  */
/* config.h.in.  Generated from configure.ac by autoheader.  */

/* Define to 1 if you have the `gettimeofday' function. */
#define HAVE_GETTIMEOFDAY 1

/* Define to 1 if you have the <inttypes.h> header file. */
#define HAVE_INTTYPES_H 1

/* Define to 1 if you have the <memory.h> header file. */
#define HAVE_MEMORY_H 1

/* Define to 1 if you have the <stdint.h> header file. */
#define HAVE_STDINT_H 1

/* Define to 1 if you have the <stdlib.h> header file. */
#define HAVE_STDLIB_H 1

/* Define to 1 if you have the <strings.h> header file. */
#define HAVE_STRINGS_H 1

/* Define to 1 if you have the <string.h> header file. */
#define HAVE_STRING_H 1

/* Define to 1 if you have the <sys/stat.h> header file. */
#define HAVE_SYS_STAT_H 1
```

```
/* Define to 1 if you have the <sys/time.h> header file. */
#define HAVE_SYS_TIME_H 1

/* Define to 1 if you have the <sys/types.h> header file. */
#define HAVE_SYS_TYPES_H 1

/* Define to 1 if you have the <unistd.h> header file. */
#define HAVE_UNISTD_H 1

/* Define to the address where bug reports for this package should be sent. */
#define PACKAGE_BUGREPORT "BUG-REPORT-ADDRESS"

/* Define to the full name of this package. */
#define PACKAGE_NAME "FULL-PACKAGE-NAME"

/* Define to the full name and version of this package. */
#define PACKAGE_STRING "FULL-PACKAGE-NAME VERSION"

/* Define to the one symbol short name of this package. */
#define PACKAGE_TARNAME "full-package-name"

/* Define to the home page for this package. */
#define PACKAGE_URL ""

/* Define to the version of this package. */
#define PACKAGE_VERSION "VERSION"

/* Define to 1 if you have the ANSI C header files. */
#define STDC_HEADERS 1
```

Die Datei ist richtig beredsam geworden und enthält offensichtlich sinnvolle Defines. Leider beachtet die noch niemand. Wir müssen unser Programm umschreiben, damit es diese Symbole sinnvoll verwendet:

```
/* hallowelt.c: Ein kleines Programm, das die vergangenen
   Sekunden seit 01.01.1970 anzeigt */

#include <stdio.h>
#include "config.h"
#if HAVE_SYS_TIME_H
#include <sys/time.h>
#else
#include <time.h>
```

```
#endif

int main(int argc, char* argv[]) {
   double sec;
#if HAVE_GETTIMEOFDAY
   struct timeval tv;

   gettimeofday(&tv, NULL);
   sec = tv.tv_sec;
   sec += tv.tv_usec / 1e6;
#else
   sec = time(NULL);
#endif
   printf("%.3f\n", sec);
   return 0;
}
```

Unser Programm verwendet jetzt also eine andere Include-Datei, wenn */usr/include/sys/time.h* nicht verfügbar ist, und damit die Funktion `gettimeofday()`, die genauere Werte liefert als die standardisierte Funktion `time()`.

Übrigens sollten Sie noch einen Blick in die Datei *configure.ac* werfen und zumindest Programmnamen und Ansprechpartner eintragen, bevor Sie das Programm herausgeben.

Dieser kurze Anriss soll Ihnen als Einstiegshilfe dienen. Weitere Informationen finden Sie wie immer in den einschlägigen Manual-Pages sowie, da es sich um GNU-Tools handelt, in den zugehörigen Info-Pages.

18.4 Bibliotheken erstellen

Zu Beginn der Programmiererlaufbahn verwendet man Bibliotheken, die von einer Distribution oder von anderen Programmierern zur Verfügung gestellt werden. Aber irgendwann wird es Sie packen, eine eigene Bibliothek zu entwerfen – sei es, um der Open-Source-Gemeinde etwas zurückzugeben, oder sei es aus Eigennutz, um immer wiederkehrende Routinen endlich ein für alle Mal in einer Bibliothek zu vereinen.

Da es mit den Ihnen bisher bekannten Mitteln nicht ganz unkompliziert ist, Bibliotheken zu erstellen, und es obendrein auch noch völlig unterschiedliche Wege sind, die zu einer statischen Bibliothek auf der einen Seite und zu einer dynamischen auf der anderen führen, möchten wir Ihnen einen sehr pflegeleichten und einfach zu merkenden Weg vorstellen, der über das Hilfsmittel `libtool` führt. `libtool` bemüht sich an jeder Stelle, dem Aufruf von `gcc` ähnlich zu sehen. Der Witz an der Sache ist, dass der Vorgang in Wirklichkeit wesentlich komplizierter ist.

Zwar könnte man sich die verschiedenen Wege auch als Rezept aufschreiben – es sind jeweils mehrere Schritte – nur unterscheiden sich die Rezepte je nach Plattform. Viel sinnreicher ist es, das Denken in diesem Fall einem Tool zu überlassen und sich selbst der Einfachheit halber einmal dumm zu stellen.

Sie benötigen dazu folgende Dateien:

- eine Headerdatei mit den Funktionsdefinitionen, symbolischen Konstanten und eventuell globalen Variablen
- mindestens eine Quelldatei, in der die einzelnen Funktionen kodiert werden – sprich, deren Ausführung programmiert wird. Aus dieser Quelldatei erstellen Sie anschließend die Bibliotheken. Diese Datei benötigt somit auch keine `main()`-Funktion.

Als Beispiel erstellen wir eine einfache Bibliothek, die lediglich zwei Integer miteinander vergleicht und bei Gleichheit `1` (`MYTRUE`) oder bei Ungleichheit `0` (`MYFALSE`) zurückliefert. Die Headerdatei *myequal.h* sieht wie folgt aus:

```
/* myequal.h */
#ifndef _MYEQUAL_H_
#define _MYEQUAL_H_
#define MYTRUE  1
#define MYFALSE 0
typedef int MYBOOL;
MYBOOL my_equal( int a, int b );
#endif
```

Jetzt fehlt noch die kodierte Funktion, woraus Sie anschließend die Bibliothek erstellen werden:

```
/* myequal.c */
#include <stdio.h>
#include "myequal.h"

MYBOOL my_equal( int a, int b ) {
   if( a == b )
      return MYTRUE;
   return MYFALSE;
}
```

Dank `libtool` haben wir jetzt nur zwei Schritte zu tun: »kompilieren« und »linken«, wobei `libtool` nur so tut, als wäre das ganz ein normales Kompilieren und ein ganz normales Linken: Wir erhalten gleichzeitig eine dynamische Bibliothek und eine statische. Wie praktisch!

```
libtool --mode=compile gcc -g -c myequal.c
libtool --mode=link gcc -g -o libmyequal.la \
```

```
    -rpath /usr/local/lib myequal.lo
```

Wir erhalten insgesamt verschiedene Dateien, die wir uns gleich ansehen werden.

Vielleicht interessiert es Sie aber, was in Wirklichkeit passiert:

```
$ libtool --mode=compile gcc -g -c -no-suppress myequal.c
libtool: compile:  gcc -g -c myequal.c  -fPIC -DPIC -o .libs/myequal.o
libtool: compile:  gcc -g -c myequal.c -o myequal.o
$ libtool --mode=link gcc -g -o libmyequal.la -no-suppress \
    -rpath /usr/local/lib myequal.lo
libtool: link: gcc -shared  -fPIC -DPIC  .libs/myequal.o     -Wl,-soname -
Wl,libmyequal.so.0 -o .libs/libmyequal.so.0.0.0
libtool: link: (cd ".libs" && rm -f "libmyequal.so.0" && ln -
s "libmyequal.so.0.0.0" "libmyequal.so.0")
libtool: link: (cd ".libs" && rm -f "libmyequal.so" && ln -
s "libmyequal.so.0.0.0" "libmyequal.so")
libtool: link: ar cru .libs/libmyequal.a  myequal.o
libtool: link: ranlib .libs/libmyequal.a
libtool: link: ( cd ".libs" && rm -f "libmyequal.la" && ln -s "../
libmyequal.la" "libmyequal.la" )
```

(-no-suppress weist libtool an, die ausgeführten Befehle anzuzeigen.)

Anschließend finden wir – so oder so – in unserem Verzeichnis folgende Dateien vor:

```
$ ls -lRa
:.
-rw-r--r-- 1 kj kj     937 Feb 22 03:38 libmyequal.la
drwxr-xr-x 2 kj kj     280 Feb 22 03:38 .libs
-rw-r--r-- 1 kj users  149 Feb 20 02:29 myequal.c
-rw-r--r-- 1 kj users  152 Feb 20 02:28 myequal.h
-rw-r--r-- 1 kj kj     273 Feb 22 03:38 myequal.lo
-rw-r--r-- 1 kj kj    3072 Feb 22 03:38 myequal.o
./.libs:
-rw-r--r-- 1 kj kj    3218 Feb 22 03:38 libmyequal.a
lrwxrwxrwx 1 kj kj      16 Feb 22 03:38 libmyequal.la -> ../libmyequal.la
-rw-r--r-- 1 kj kj     938 Feb 22 03:38 libmyequal.lai
lrwxrwxrwx 1 kj kj      19 Feb 22 03:38 libmyequal.so -> libmyequal.so.0.0.0
lrwxrwxrwx 1 kj kj      19 Feb 22 03:38 libmyequal.so.0 -> libmyequal.so.0.0.0
-rwxr-xr-x 1 kj kj    9840 Feb 22 03:38 libmyequal.so.0.0.0
-rw-r--r-- 1 kj kj    3080 Feb 22 03:38 myequal.o
```

Eine *.lo*-Datei wird für jede Objektdatei erzeugt. Ihren Inhalt sehen Sie hier:

```
# myequal.lo - a libtool object file
# Generated by libtool (GNU libtool) 2.4.2
#
# Please DO NOT delete this file!
# It is necessary for linking the library.
# Name of the PIC object.
pic_object='.libs/myequal.o'
# Name of the non-PIC object
non_pic_object='myequal.o'
```

Alles, was dynamisch ist, landet bei `libtool` immer im Verzeichnis *.libs*!

Eine *.la*-Datei wird für jede Bibliothek erzeugt. Ihren Inhalt sehen Sie hier:

```
# libmyequal.la - a libtool library file
# Generated by libtool (GNU libtool) 2.4.2
#
# Please DO NOT delete this file!
# It is necessary for linking the library.
# The name that we can dlopen(3).
dlname='libmyequal.so.0'
# Names of this library.
library_names='libmyequal.so.0.0.0 libmyequal.so.0 libmyequal.so'
# The name of the static archive.
old_library='libmyequal.a'
# Linker flags that can not go in dependency_libs.
inherited_linker_flags=''
# Libraries that this one depends upon.
dependency_libs=''
# Names of additional weak libraries provided by this library
weak_library_names=''
# Version information for libmyequal.
current=0
age=0
revision=0
# Is this an already installed library?
installed=no
# Should we warn about portability when linking against -modules?
shouldnotlink=no
# Files to dlopen/dlpreopen
dlopen=''
```

```
dlpreopen=''
# Directory that this library needs to be installed in:
libdir='/usr/local/lib'
```

Wir können von jetzt an einfach so tun, als wäre die *.la*-Datei unsere Bibliothek – und `libtool` wird automatisch alle möglichen Varianten berücksichtigen; es sei denn, wir weisen `libtool` ausdrücklich mit `-static` oder `-shared` an, nur eine bestimmte Variante zu erzeugen.

Nun folgt ein einfaches Listing, das die Verwendung der neu erstellten statischen Bibliothek zeigt:

```
/* testlist.c */
#include <stdio.h>
#include <myequal.h>

int main(void) {
   MYBOOL ret;
   ret = my_equal ( 5 , 5 );
   if( ret == MYTRUE )
      printf("Beide Werte sind gleich\n");
   else
      printf("Die Wert sind nicht gleich\n");
   return 0;
}
```

Libtool bei der Ausführung:

```
$ libtool --mode=compile gcc -g -I. -c testlist.c
libtool: compile:  gcc -g -I. -c testlist.c  -fPIC -DPIC -o .libs/testlist.o
libtool: compile:  gcc -g -I. -c testlist.c -o testlist.o >/dev/null 2>&1

$ libtool --mode=link gcc -g -I. -L.libs -o testlist .libs/libmyequal.la testlist.lo
libtool: link: gcc -g -I. -o .libs/testlist .libs/testlist.o  -L.libs .libs/
libmyequal.so
```

Schauen wir uns kurz an, was wir erhalten haben:

```
$ ldd testlist
      not a dynamic executable

$ ldd .libs/testlist
      linux-vdso.so.1 (0x00007ffec5dee000)
      libmyequal.so.0 => not found
      libc.so.6 => /lib64/libc.so.6 (0x00007f19f8ea4000)
      /lib64/ld-linux-x86-64.so.2 (0x000055b09bf3c000)
```

Und nun starten wir das Ergebnis:

```
$ ./testlist
Beide Werte sind gleich

$ ./.libs/testlist
./.libs/testlist: error while loading shared libraries: libmyequal.so.0: cannot
open shared object file: No such file or directory

$ LD_LIBRARY_PATH=.libs ./.libs/testlist
Beide Werte sind gleich
```

Mit der Umgebungsvariable des Linux-Systems bzw. des *Dynamic Linker Loaders* `LD_LIBRARY_PATH` können wir den zusätzlichen Dateipfad angeben, wo sich zu linkende dynamische Bibliotheken befinden – auch wenn wir als Nicht-Root das bei den systemweiten Einstellungen gar nicht tun dürften.

18.4.1 Allgemeines zu dynamischen Bibliotheken

Dynamische Bibliotheken (auch *Shared Librarys* genannt) werden im Gegensatz zu den statischen Verwandten nicht zum Programm hinzugebunden, sondern erst beim Aufruf des Programms aus einem Bibliotheksverzeichnis (gewöhnlich */usr/lib* bzw. */usr/local/lib*) in den Speicher geladen und dynamisch an das Programm gebunden.

Verwendet nun ein weiteres Programm eine Funktion aus dieser Bibliothek, muss diese nicht erneut in den Speicher geladen werden, sondern es wird die bereits verwendete Instanz in den Adressraum des zweiten Programms eingeblendet. Dies hat auch den Vorteil, dass die Programme etwas *schlanker* sind – und das trifft sowohl auf deren Größe als auch auf den Speicherverbrauch zu. Denn zum einen ist die Bibliothek nicht im Programmcode eingebunden, und zum anderen wird der Hauptspeicherbedarf dadurch gering gehalten, dass nur eine Instanz der Bibliothek benötigt wird.

Der Nachteil ist: Befindet sich eine Bibliothek noch nicht im Speicher, kann beim ersten Laden dieser Bibliothek der Programmstart ein wenig länger dauern, weil *Shared Librarys* immer vollständig geladen werden, während bei der Kompilierung nur Objektdateien aus dem Archiv ausgewählt werden, in denen auch betroffene Symbole (Funktionen, Variablen etc.) vorkommen. Allerdings ist diese »längere Dauer« kaum bemerkbar und eigentlich auch nicht erwähnenswert.

Ein wichtiger Aspekt bei dynamischen Bibliotheken ist die Abwärtskompatibilität zu den vorhergehenden Versionen. Die Veränderungen sollten dabei durch die Erhöhung der Unterversionsnummer gekennzeichnet werden. Sollte sich etwas gravierend ändern, kann auch die Hauptversionsnummer verändert werden. Der Aufbau von solchen Bibliotheken sieht wie folgt aus:

```
lib(name).so.(Hauptversionsnr.)(Unterversionsnr.)(Releasenr.)
```

Folgende Regeln gilt es dabei einzuhalten: Werden Fehler behoben, ändert sich die Release-Nummer. Werden neue Funktionen hinzugefügt, wobei die Bibliothek trotzdem abwärtskompatibel bleibt, dann sollte die Unterversionsnummer verändert werden. Ist die neue Bibliotheksversion hingegen nicht mehr abwärtskompatibel, wird die Hauptversionsnummer verändert. »Nicht mehr abwärtskompatibel« heißt:

- Eine Funktion der Vorgängerversion wurde verändert oder entfernt.
- Funktionen verhalten sich anders als in der alten Version.
- Datenstrukturen haben sich grundlegend verändert; z. B. wurde in einer Datenstruktur der Datentyp verändert.

Da allerdings nicht alle Systeme die gleichen Versionen von Bibliotheken verwenden, wird nach dem Kopieren einer neuen Bibliotheksversion ein entsprechender Befehl `ldconfig` aufgerufen. Dieses Programm legt für eine Bibliothek mit Versionsnummer einen symbolischen Link an, der nur den Namen der Bibliothek (ohne Versionsnummer) und einen Link auf den Namen der Bibliothek mit der Hauptversionsnummer (ohne Unterversionsnummer und Release-Nummer) enthält. Einen Überblick über alle eingerichteten symbolischen Links können Sie sich mit folgendem Aufruf verschaffen:

```
# ldconfig -p
887 libs found in cache `/etc/ld.so.cache'
        libzvt.so.2 (libc6) => /opt/gnome/lib/libzvt.so.2
        libzvt-2.0.so.0 (libc6) => /opt/gnome2/lib/libzvt-2.0.so.0
        libz.so.1 (libc6) => /lib/libz.so.1
        libz.so (libc6) => /usr/lib/libz.so
        liby2util.so.3 (libc6) => /usr/lib/liby2util.so.3
        liby2pm.so.2 (libc6) => /usr/lib/liby2pm.so.2
        liby2.so.2 (libc6) => /usr/lib/liby2.so.2
        libyui.so.2 (libc6) => /usr/lib/libyui.so.2
...
```


`ldconfig` sucht immer nach allen dynamischen Bibliotheken, die in einem bestimmten Verzeichnis liegen, und erstellt bei Bedarf einen symbolischen Link auf die jeweilige Version. Also eignet sich `ldconfig` prima zum Austausch von verschiedenen Bibliotheksversionen. Bitte beachten Sie, dass `ldconfig` nur mit Superuser-Rechten ausgeführt werden kann.

Hinweis

In welchem Verzeichnis *ldconfig* sucht, wird in der Datei */etc/ld.so.conf* beschrieben. Sofern Sie weitere Verzeichnisse hinzufügen wollen, müssen Sie hier nur einen entsprechenden Eintrag hinzufügen.

Wir haben im obigen Beispiel keinen Gebrauch von `ldconfig` gemacht, sondern wir haben die Umgebungsvariable `LD_LIBRARY_PATH` gesetzt. Dadurch ist es vorübergehend möglich (zum Beispiel zu Debugging-Zwecken), zusätzliche Pfade anzugeben, in denen dynamische Bibliotheken gesucht werden.

18.4.2 Dynamisches Nachladen von Bibliotheken

Außer dem automatischen Nachladen und Binden von Bibliotheken können Sie dynamische Bibliotheken auch zur Laufzeit des Programms nachladen. Hierfür sind folgende Funktionen nötig:

```
#include <dlfcn.h>

void *dlopen(const char *filename, int flags);
const char *dlerror(void);
void *dlsym(void *handle, const char *symbol);
int dlclose(void *handle);
```

Mit der Funktion `dlopen()` öffnen Sie eine dynamische Bibliothek `filename`. Bei Erfolg wird ein Zeiger auf die geöffnete Bibliothek zurückgegeben oder im Fehlerfall `NULL`. Sind in der Bibliothek Symbole, die nicht aufgelöst werden können (eine Bibliothek kann wie oben erwähnt ja eine andere noch benötigen), hängt das Verhalten vom `flag` ab. Folgende Flags können hierfür verwendet werden:

- `RTLD_LAZY` – Undefinierte Symbole werden aufgelöst, wenn eine Funktion in der dynamischen Bibliothek ausgeführt wird.
- `RTLD_NOW` – `dlopen()` – Kehrt erst dann zurück, wenn alle undefinierten Symbole aufgelöst werden konnten.
- `RTLD_GLOBAL` – Dieses Flag wird mit dem bitweisen ODER und mit einem der eben erwähnten Flags verwendet. Ist dieses angegeben, so sind die Symbole aus der geladenen Bibliothek den nachfolgenden geladenen Bibliotheken ebenfalls bekannt. Es gibt sozusagen zwei Symbolräume: einmal für die Hauptanwendung und einmal für die Library.

Tritt ein Fehler auf, können Sie mit der Funktion `dlerror()` einen String ausgeben lassen, der den zuletzt aufgetretenen Fehler genauer umschreibt.

Mit der Funktion `dlsym()` bekommen Sie bei Erfolg die Adresse des gewünschten Symbols, das sich in der Bibliothek `handle` befindet, zurück (man kann nämlich nicht nur Funktionen mit `dl*()` holen!). Wenn `symbol` nicht aufgelöst werden konnte, wird `NULL` zurückgegeben.

Der Speicher, der auf die Bibliothek `handle` verweist, kann mit der Funktion `dlclose()` unter Angabe der Bibliothek `handle` wieder freigegeben werden. (Der Memory Debugger `GXmalloc`, eine Eigenkreation des Fachgutachters, verrät, dass `dlclose()` nicht alles freigibt, was `dlopen()` sich geholt hatte. Aber es handelt sich dabei um wenige Bytes pro Bibliothek.) Außerdem wird ein Zähler, der die Anzahl der geöffneten Bibliotheken von `dlopen()` mitzählt, wieder dekrementiert. Ist dieser Zähler 0, wird die Bibliothek aus dem Speicher entfernt.

Hinweis

Um die hier vorgestellten Funktionen verwenden zu können, müssen Sie die Bibliothek *libdl.a* bzw. *libdl.so* (statische oder dynamische Version) mit dem Flag `-ldl` hinzulinken.

Das folgende Beispiel lädt die zuvor selbst geschriebene dynamische Bibliothek *libequal.so* während der Laufzeit des Programms hinzu. Anschließend wird die Funktion `my_equal()` geladen (genauer gesagt wird die Adresse der Funktion ermittelt), und dann werden zwei Zahlen miteinander so lange verglichen, bis Sie für einen der Werte `0` angeben. Am Ende wird jeweils der Speicher wieder freigegeben.

Zwar hat unsere dynamische Bibliothek nur eine Funktion, die verwendet werden kann, dennoch können Sie beinahe beliebig viele (vorhandene) Funktionen einer Bibliothek dynamisch dazuladen. Die einzelnen Funktionen wurden so geschrieben, dass Sie diese auch ohne Probleme bei einem anderen Projekt mit einer anderen Bibliothek verwenden können.


```
/* dynamisch.c */
#include <stdio.h>
#include <stdlib.h>
#include <myequal.h>
#include <dlfcn.h>
#define LIBEQUAL "libequal.so"

/* dynamische Bibliothek laden */
static void *my_load_dyn (const char *lib) {
  static void *handle;
  handle = dlopen (LIBEQUAL, RTLD_NOW);
  if (handle == NULL) {
    printf ("Fehler bei dlopen(): %s\n", dlerror ());
    exit (EXIT_FAILURE);
  }
  return handle;
```

```
}

/* Funktion aus der dynamischen Bibliothek laden */
static void *my_load_func (void *handle, const char *func) {
  void *funcptr = dlsym (handle, func);
  if (funcptr == NULL) {
    printf ("Fehler bei dlsym(): %s\n", dlerror ());
    exit (EXIT_FAILURE);
  }
  return funcptr;
}

/* Speicher wieder freigeben */
static void my_close_func (void *handle) {
  if (dlclose (handle))
    printf ("Fehler bei dlclose(): %s\n", dlerror ());
}

int main (void ) {
  MYBOOL ret;
  void *lib_handle;
  int (*equal) (int a, int b);
  int val1=1 ,val2 = 1;

  while ( 1 ) {
    printf ("Zahl 1 eingeben: ");
    scanf ("%d", &val1);
    printf ("Zahl 2 eingeben: ");
    scanf ("%d", &val2);
    if( val1 == 0 || val2 ==0 )
      break;
    lib_handle = my_load_dyn (LIBEQUAL);
    equal = my_load_func (lib_handle, "my_equal");
    ret = (*equal) (val1, val2);
    if (ret == MYTRUE)
      printf ("Beide Werte sind gleich\n");
    else
      printf ("Die Werte sind nicht gleich\n");
    my_close_func (lib_handle);
  }
  return EXIT_SUCCESS;
}
```

Das Programm bei der Ausführung:

```
$ gcc -o dynamisch dynamisch.c -ldl
$ ./dynamisch
Zahl 1 eingeben: 3
Zahl 2 eingeben: 4
Die Werte sind nicht gleich
Zahl 1 eingeben: 5
Zahl 2 eingeben: 5
Beide Werte sind gleich
Zahl 1 eingeben: 1
Zahl 2 eingeben: 0
```

Hinweis

Dass die Bibliothek im Beispiel immer von Neuem geladen wird, dient nur zur Demonstration, sprich, Sie können hierbei gern eine Abfrage einbauen, die ermittelt, welche Bibliothek Sie im nächsten Durchgang laden wollen. Es soll praktisch damit gezeigt werden, dass jederzeit – während der Laufzeit des Programms – eine Bibliothek geladen und am Ende wieder freigegeben werden kann. In der Praxis sollten Sie das `dlopen()` natürlich noch vor das `while()` setzen.

18.5 RPM

Um unter Linux auch nicht erfahrenen Anwendern Programme zur Verfügung zu stellen, hat Red Hat ein Paketsystem namens RPM (kurz für *Red Hat Package Manager*) eingeführt. Zuvor (und zum Teil auch immer noch) wurden Programme oder Sources meistens als ein *TAR*-Ball zur Verfügung gestellt. Dabei traten unter anderem Probleme auf, wie das Entfernen und Aktualisieren von Software oder wenn Anwendungen bestimmte Bibliotheken benötigten.

Mit RPM wurde ein Paketsystem eingeführt, das komfortabel das Installieren, Löschen und Aktualisieren von Paketen (sowohl von Binär- als auch von Quellpaketen) erlaubt, ohne dass hierbei Probleme entstehen wie die bei einem anderen bekannten Betriebssystem, wo bei der Deinstallation Reste der Software übrig bleiben. Bei Quellpaketen können dabei zur Installation auch eine Neuübersetzung und weitere Aktionen ausgeführt werden.

18.5.1 Einführung in RPM

Wenn Sie bereits Erfahrung mit RPM haben, können Sie diesen Abschnitt überspringen. Wir gehen hier auf das Kommandozeilentool *RPM* ein und nicht auf eines der vielen grafischen Frontends. Für mehr Details, hier speziell für mehr Optionen, empfehlen wir Ihnen, die Manual Page zu *RPM* oder die Webseite von Red Hat zu RPM zu lesen. Diese Einführung geht nur kurz auf die Hauptanwendungen von *RPM* ein.

Installieren – rpm -i

Um ein Paket zu installieren, das in einer Paketdatei abgelegt ist, müssen Sie in der Kommandozeile die Option `-i` und den Paketdateinamen angeben:

```
$ rpm -i {optionen} {paketdatei}
```

Weitere gängige Optionen, die Sie noch zusätzlich verwenden könnten, wären hierbei das Flag `-hv`, das einen Fortschrittszustand der Installation anzeigt, und das Flag `--force`, das die Installation erzwingt. Es gibt natürlich noch eine Menge Optionen mehr, aber diese stehen hier nicht zur Diskussion. Somit sähe eine Installation eines Pakets namens `mytest-1.0.1.i386.rpm` wie folgt aus:

```
# rpm -i mytest-1.0.1.i386.rpm
```

Es spricht übrigens auch nichts dagegen, die Installation folgendermaßen auszuführen, sofern eine Verbindung zu einem Netzwerk (z. B. dem Internet) besteht:

```
# rpm -i ftp://ftp.pronix.de/mypackages/mytest-1.0.1.i386.rpm
```

Dies empfiehlt sich allerdings bei Dial-up-Verbindungen weniger. Sollte nämlich *mytest.rpm* noch unerfüllte Abhängigkeiten haben, so wird die Datei nicht lokal gespeichert, was hieße, dass Sie *mytest.rpm* noch einmal herunterladen müssten!

Deinstallieren – rpm -e

Um ein Paket wieder vom System zu entfernen, wird das Flag `-e` (für *erase*) verwendet:

```
# rpm -e {option} {paketname}
```

Wenn Sie beim Löschen eines Pakets unsicher sind, können Sie auch die Option `--test` verwenden, um zu sehen, was `-e` als Nächstes tun würde.

Aktualisieren – rpm -U

Wollen Sie ein Paket erneuern, können Sie das Flag `-U` (für *upgrade*) verwenden. Damit werden eventuell als »alt« markierte Pakete gelöscht (z. B. bei der Zusammenlegung von zwei Paketen) und neue installiert.

```
# rpm -U {option} {paketname}
```

Auch hierbei werden Sie das eine oder andere Mal nicht um die Option `--force` zum Erzwingen des Upgrades herumkommen.

Scherzhafterweise steht im Buch »Maximum RPM« für »U« die Erklärung »Uh, do the right thing« (»Äh, mach das Richtige«), was man `-U` auch wirklich zuschreiben kann, denn sollte ein Paket noch nicht im System existieren, so wird es installiert.[7]

Freshen – rpm -F

Wer ein ganzes Verzeichnis mit Upgrade-Paketen besitzt, kann `rpm -F` auf diese anwenden, um nur neue Pakete einzuspielen, da `rpm -U` z. B. mit einer Fehlermeldung wie `package aaa_base-9.1-0 is already installed` abbrechen kann.

Weiteres

Des Weiteren gibt es noch eine Menge Optionen mehr für *RPM*, etwa zum Anzeigen von Meta-Informationen zu einem Paket oder zum Überprüfen bereits installierter oder noch nicht installierter Pakete.

Benötigte Komponenten für ein einfaches RPM

Wenn Sie selbst ein eigenes Paket Ihrer Software zur Verfügung stellen wollen, benötigen Sie im Grunde drei Komponenten:

- **die originalen Quelldateien** (Sourcecode, sogenannte *Pristine Sources*) – Diese werden gewöhnlich als TAR-Archiv zur Verfügung gestellt. »Wozu die Originalquellen?«, werden Sie sich fragen. Wenn Sie wollen, dass die Software auf anderen Systemen, wie BSD oder Solaris, laufen soll, wäre das z. B. ein Argument. Auch wenn Sie selbst nicht auf einem solchen System arbeiten, findet sich je nach Software nicht selten jemand, der den Quellcode mit ein paar Änderungen für ein entsprechendes System anpassen kann. Trotzdem sollten die originalen Quellen im TAR-Archiv niemals verändert werden! Um für Portabilität zu sorgen, stehen Patches zur Verfügung – die nächste Komponente.
- **Patches** – Patches werden benötigt, um Fehler zu beheben oder Anpassungen für eine bestimmte Plattform vorzunehmen. Damit bleiben die originalen Quelldateien immer unangetastet. Ein weiterer Vorteil ist, dass Patches meist auf die nächste Version übertragen werden können, während eine Änderung am Quellbaum immer per Hand in den nächsten übertragen werden müsste.
- **eine Informationsdatei, die den kompletten Übersetzungs-/Installationsprozess beschreibt** (sog. *Specfile*) – Diese Datei wird benötigt, um RPM mit sämtlichen Informationen zu versorgen, die nötig sind, um daraus ein Paket zu erstellen. Diese Datei wird *Spec*-Datei genannt und hat eine ähnliche Funktion wie das Makefile.

7 Edward C Bailey, »Maximum RPM«, Red Hat, Inc., Durham, NC, USA, 2000. Einsehbar unter *http://www.rpm.org/max-rpm/*

18.5.2 Verzeichnisse, die RPM benötigt

Um die Quellen in ein Verzeichnis zu stellen, verwendet RPM fünf Verzeichnisse. Hier folgt ein Überblick der Verzeichnisse unter SuSE-Linux. Je nach Distribution können die Verzeichnisse auch an einem anderen Ort liegen (bei Red Hat z. B. in */usr/src/redhat*):

```
$ ls -l /usr/src/packages
insgesamt 0
drwxrwxrwt  2 root     root            48 2015-03-13 23:16 BUILD
drwxrwxrwt  8 root     root           192 2015-06-06 11:03 RPMS
drwxrwxrwt  2 root     root            48 2015-03-13 23:16 SOURCES
drwxrwxrwt  2 root     root            48 2015-03-13 23:16 SPECS
drwxrwxrwt  2 root     root            48 2015-03-13 23:16 SRPMS
```

In Tabelle 18.3 erläutern wir die Bedeutung der fünf Verzeichnisse, die Sie im Verzeichnis */usr/src/packages* finden:

Verzeichnis	Bedeutung
/usr/src/packages/BUILD	Ein Arbeitsverzeichnis, wo die Quellen ausgepackt und übersetzt werden (Für das Verzeichnis stellt RPM folgende Shellvariable zur Verfügung: RPM_BUILD_DIR)
/usr/src/packages/RPMS	Hier befinden sich die fertiggestellten Binärpakete.
/usr/src/packages/SOURCES	In diesem Verzeichnis werden alle Quelldateien und Patches abgelegt (für das Verzeichnis stellt RPM folgende Shellvariable zur Verfügung: RPM_SOURCE_DIR).
/usr/src/packages/SPECS	Verzeichnis für die *Spec*-Dateien
/usr/src/packages/SRPMS	Hier werden die erstellten Source-Pakete abgelegt.

Tabelle 18.3 Verzeichnisse, die »rpm« verwendet

18.5.3 Ein eigenes RPM-Paket erstellen

Auf den folgenden Seiten erstellen wir aus einem einfachen Listing ein eigenes Paket. Da Ihr erstes Paket noch keine Patches beinhaltet, zeigen wir Ihnen diesen Vorgang anhand der Sources und der Spec-Datei.

18.5.4 Sources

Als Quellcode für das RPM-Paket verwenden Sie am einfachsten die Sources, die Sie schon beim Makefile verwendet haben – also `main.c`, `test1.c`, `test2.c` und das Makefile. Da hier als

Projektname `mein_projekt` verwendet wurde, müssen Sie das Makefile geringfügig verändern. Daher sehen Sie hier nochmals das komplette Makefile:

```
CC      = gcc
OBJECTS = main.o test1.o test2.o
LIBS    = -lm
CFLAGS  = -c -O

mein_projekt: $(OBJECTS)
   $(CC) -o $@ $(OBJECTS) $(LIBS)

%.o: %.c
   $(CC) $(CFLAGS) $<

clean:
   rm *.o mein_projekt
```

Alle Dateien sollten sich in einem Verzeichnis befinden, aus dem Sie jetzt ein komprimiertes TAR-Archiv mit den Quellen für das Projekt `mein_projekt` erstellen. Wichtig ist dabei, dass der Name des Verzeichnisses mit den Quellen identisch ist, also mit dem Namen des Pakets und der Versionsnummer. Im Beispiel sei der Verzeichnisname `mein_projekt-0.1`.[8]

```
$ ls -l mein_projekt-0.1
insgesamt 16
-rw-r--r--  1 tot     users       307 2016-04-10 12:57 Makefile
-rw-r--r--  1 tot     users       112 2016-04-07 23:36 main.c
-rw-r--r--  1 tot     users        37 2016-04-10 12:57 test1.c
-rw-r--r--  1 tot     users        38 2016-04-10 12:59 test2.c
```

Hier sehen Sie, wie Sie das Verzeichnis `mein_projekt-0.1` zu einem TAR-Ball zusammenpacken und in das Verzeichnis */usr/src/packages/SOURCES* verschieben:

```
$ tar -cvjf /usr/src/packages/SOURCES/mein_projekt-0.1.tbz2 \
  mein_projekt-0.1
mein_projekt-0.1/
mein_projekt-0.1/Makefile
mein_projekt-0.1/test1.c
mein_projekt-0.1/test2.c
mein_projekt-0.1/main.c
```

8 Für automatisierte Einpack-Skripte ist diese Einschränkung eine Herausforderung, jedoch eine sinnvolle, die sich im gesamten UNIX-Bereich eingebürgert hat.

18.5.5 Die Spec-Datei

Etwas umfangreicher gestaltet sich die Erstellung der Spec-Datei. Diesen Vorgang werden wir Ihnen anhand des Projekts `mein_projekt-0.1` demonstrieren.

Die Präambel – Informationen zum Paket

Zunächst benötigen Sie die Präambel der Spec-Datei. Dabei handelt es sich um eine Datei mit den verschiedensten Informationen, die Ihnen anschließend in einer Tabelle erläutert werden. Diese Datei wird in das Verzeichnis *SPECS* mit der Dateiendung `.spec` abgelegt. In diesem Beispiel sei der Name der Datei *mein_projekt-0.1.spec*.

Die Eintragung in dieser Präambel besitzt folgende Syntax:

```
[Schlüsselwort] : [Wert, Beschreibung]
```

Einige Schlüsselwörter (die Ihnen in Tabelle 18.4 gezeigt werden) müssen vorhanden sein – wobei die Reihenfolge nicht vorgegeben ist. Die entsprechenden Informationen zum Schlüsselwort sollten abgesehen von `%description` niemals länger als eine Zeile sein.

Schlüsselwort	Muss vorhanden sein	Bedeutung
`Summary`	ja	Kurzbeschreibung des Pakets
`Name`	ja	Name des Programms. Dieser Eintrag wird beim Label des Pakets und im Paketdateinamen verwendet.
`Version`	ja	Die Versionsnummer des Pakets. Dieser Eintrag wird beim Label des Pakets und dem Paketdateinamen verwendet.
`Release`	ja	Damit geben Sie an, wie häufig das Programm in der aktuellen Form als RPM-Paket verpackt wurde (oder kurz: die Versionsnummer des Spec-File).
`Copyright`	ja	Art der Lizenz, unter der das Paket verbreitet wird bzw. verbreitet werden darf (z. B. (L)GPL, Artistic, BSD, MIT etc.).
`Group`	ja	Hier lässt sich die Software in eine bestimmte Kategorie einordnen (Grafik, Editor, Spiel ...).
`Source`	nein	Der Name (oder auch die URL) der Quelldatei, von wo diese bezogen wurde

Tabelle 18.4 Schlüsselwörter zur Eintragung in die Präambel

Schlüsselwort	Muss vorhanden sein	Bedeutung
URL	nein	Wo sind weitere Informationen zu dieser Software zu finden, z. B. Homepage des Projekts?
Distribution	nein	Für welche Distribution ist das Paket ausgelegt? Geben Sie sie hier an (SuSE x.x, Red Hat x.x ...).
Vendor	nein	Name der Firma oder des Urhebers, der dieses Softwarepaket vertreibt
Packager	nein	Name/E-Mail-Adresse der Firma oder des Urhebers, der das Paket erstellt hat und das Paket weiterhin unterstützt
%description	nein	Diese Zeile kann mehr als eine Zeile Text haben und beschreibt das Paket bzw. die Software. %description ist schon der nächste Abschnitt und gehört eigentlich nicht mehr zur Präambel. Außerdem verwendet es nicht die oben gezeigte Doppelpunkt-Syntax.

Tabelle 18.4 Schlüsselwörter zur Eintragung in die Präambel (Forts.)

Für unser Beispiel sieht der Präambel-Abschnitt wie folgt aus:


```
# Dies ist eine einfache Spec-Datei für ein einfaches Testprojekt
Summary: Ein Testprojekt zum Packen einer eigenen RPM
Name: mein_projekt
Version: 0.1
Release: 1
Copyright: GPL
Group: misc/mein_projekt
Source: ftp://ftp.pronix.de/mein_projekt/mein_projekt-0.1.tbz2
URL: http://pronix.de/mein_projekt/
Distribution: SuSE Linux 9.0
Vendor: Pronix Industries
Packager: Jürgen Wolf <pronix@pronix.de>

%description
Bei diesem Paket handelt es sich um ein simples Beispiel,
um Ihnen das Erstellen eigener RPM-Pakete naeher zu erlaeutern.
```

Der Prep-Abschnitt – Pakete zum Erstellen vorbereiten

Im *Prep*-Abschnitt der *Spec*-Datei werden die Vorbereitungen getroffen, die nötig sind, um ein Paket zu erstellen. Meistens handelt es sich dabei um das Entpacken der Quellen aus den TAR-Archiven und ggf. der Patches. Sie können diese Aufgaben entweder von einem Shellskript erledigen lassen oder, was meistens der Fall ist, Sie verwenden das Makro `%setup`, das sämtliche Arbeiten vom Auspacken bis zum Löschen eventuell durchgeführter *Builds* übernimmt. Der Prep-Abschnitt wird immer mit `%prep` eingeleitet:

```
%prep
%setup
```

Dem Makro `%setup` können außerdem auch noch extra einige Parameter übergeben werden – was allerdings in unserem Fall nicht nötig ist. Das Makro `%setup` führt gewöhnlich folgende zwei Shellbefehle aus (die Sie alternativ für `%setup` verwenden könnten):

```
rm -Rf $RPM_BUILD_DIR/mein_projekt-0.1
tar  -xvjf $RPM_SOURCE_DIR/mein_projekt-0.1.tbz2
```

Der Build-Abschnitt – Quellen übersetzen

Nach dem Vorbereiten mit `%prep` folgt der Abschnitt zum Übersetzen der Quellen. Hierfür können Sie wiederum Shellskripte verwenden. Dieser Abschnitt begnügt sich meistens mit einem einfachen Aufruf des Makefiles – sofern Sie ein entsprechendes Makefile erstellt haben. Der *Build*-Abschnitt wird mit `%build` eingeleitet. In unserem Projekt sieht der *Build*-Abschnitt wie folgt aus:

```
%build
Make
```

Der Install-Abschnitt

In diesem Abschnitt wird (wie man am Namen schon erkennen kann) festgelegt, was gemacht wird, um die Software systemweit auf dem Rechner zu integrieren. Auch in diesem Fall kann man ein Shellskript verwenden, sofern man nicht auch hier im Makefile ein entsprechendes Ziel angegeben hat. Eingeleitet wird der *Install*-Abschnitt mit `%install`. Im Beispiel wird auch hierfür das Makefile mit dem Ziel `install` verwendet:

```
%install
cp "$RPM_BUILD_DIR"/mein_projekt-0.1/mein_projekt /usr/bin
```

Das Ganze müsste allerdings in ein Sub-Root (eine Art `chroot()`) kopiert werden, denn das Paket kann ja eigentlich nicht live in das System integriert werden. (Würde man so z. B. mit der Glibc-Bibliothek vorgehen, würden wir */lib/libc.so* überschreiben, während wir `%install` ausführen – bei Glibc ist das fatal.) Daher verwenden wir `RPM_BUILD_ROOT`. Natürlich müsste das Makefile entsprechend angepasst werden, sodass es `PREFIX` unterstützt, z. B. so:

```
%install
[ "$RPM_BUILD_ROOT" != "/" -a -d "$RPM_BUILD_ROOT" ] && rm -Rf "$RPM_BUILD_ROOT";
Make install PREFIX="$RPM_BUILD_ROOT"
```

Die Files-Sektion

In der Files-Sektion müssen Sie alle Dateien, die in das Paket aufgenommen werden sollen, mit ihrem absoluten Pfad angeben. Alles, was Sie nicht in der Files-Sektion angeben, wird nicht in das Paket aufgenommen und auch bei der Deinstallation nicht wieder entfernt. Allerdings bricht *RPM* ab der Version 4 ab, wenn es nicht die in `%files` aufgelistete Dateien findet. Einige mögen dieses Verhalten störend finden, es dient jedoch zur Suche nach Fehlern. Schreiben Sie vor den Dateinamen ein `%doc`, wird die entsprechende Datei in einem Verzeichnis wie */usr/share/doc/[paketname]* (Red Hat: */usr/doc/paketname*) abgelegt. Wenn Sie in Ihrem Paket eine Manual Page eingerichtet haben, müssen Sie auch hierfür einen entsprechenden Pfad angeben. Eingeleitet wird die Files-Sektion mit `%files`. Sie könnte wie folgt aussehen:

```
%files
%doc README
/usr/bin/mein_projekt
/usr/share/man/man1/mein_projekt.1
```

Hiermit hätten Sie im Verzeichnis */usr/share/doc/mein_projekt-0.1* bzw. */usr/doc/...* eine Datei namens *README*, die Software selbst (in */usr/bin*, besser in */usr/local/bin*) und die Manual Page (in *usr/share/man/man1/*) in das Paket aufgenommen (immer vorausgesetzt, die Pfadangabe stimmt und Sie haben entsprechende Rechte). In unserem Beispiel reicht folgende Files-Sektion aus:

```
%files
/usr/bin/mein_projekt
```

18.5.6 Paket erstellen

Nachdem Sie für das Projekt die Spec-Datei fertiggestellt haben, können Sie sie in das *SPECS*-Verzeichnis verschieben.

> **Hinweis**
> Damit auch alles so funktioniert, wie Sie es wollen und der Autor es beabsichtigt hatte, müssen (sofern nötig) natürlich die entsprechenden Pfadangaben an das eigene System angepasst werden. Kurz: Nicht immer bringt ein stures *Copy & Paste* (oder hier *Read & Type*) den gewünschten Erfolg.

Hier sehen Sie nochmals die komplette Spec-Datei namens *mein_projekt.spec*:

```
# Dies ist eine einfache Spec-Datei für ein einfaches Testprojekt
Summary: Ein Testprojekt zum Packen einer eigenen RPM
Name: mein_projekt
Version: 0.1
Release: 1
Copyright: GPL
Group: misc/mein_projekt
Source: ftp://ftp.pronix.de/mein_projekt/mein_projekt-0.1.tbz2
URL: http://pronix.de/mein_projekt/
Distribution: SuSE Linux 9.0
Vendor: Pronix Industries
Packager: Juergen Wolf <pronix@pronix.de>

%description
Bei diesem Paket handelt es sich um ein simples Beispiel,
um Ihnen das Erstellen eigener RPM-Pakete naeher zu erlaeutern.
%prep
%setup

%build
Make

%install
cp "$RPM_BUILD_DIR"/mein_projekt-0.1/mein_projekt /usr/bin

%files
/usr/bin/mein_projekt
```

Diese Datei verschieben Sie jetzt wie folgt ins *SPECS*-Verzeichnis:

```
$ mv mein_projekt.spec /usr/src/packages/SPECS/
```

Jetzt können Sie in das *SPECS*-Verzeichnis wechseln und das Paket erstellen. Hierzu werden *root*-Rechte benötigt. Anschließend führen Sie mit *RPMbuild* die *mein_projekt.spec*-Datei mit dem Flag -ba (b für *build*) aus, womit ein Paket erstellt werden soll. a steht für *all* und sorgt dafür, dass der komplette Vorgang auf einmal durchgeführt werden soll.

```
# cd /usr/src/packages/SPECS/
# rpm -ba mein_projekt.spec
```

Jetzt bekommen Sie eine Menge an Informationen um die Ohren gehauen, die sich in mehrere Abschnitte aufteilen lassen:

- die Ausgabe des %prep-Abschnitts
- die Ausgabe des %build-Abschnitts
- die Ausgabe des %install-Abschnitts
- die Ausgabe des %files-Abschnitts

Mit der letzten und fünften Ausgabe wird praktisch das Paket erstellt:

```
Suche  Provides: (benutze /usr/lib/rpm/find-provides)...
Suche  Requires: (benutze /usr/lib/rpm/find-requires)...
Requires: ld-linux.so.2 libc.so.6 libc.so.6(GLIBC_2.0) libm.so.6
Geschrieben: /usr/src/packages/SRPMS/mein_projekt-0.1-1.src.rpm
Geschrieben: /usr/src/packages/RPMS/i386/mein_projekt-0.1-1.i386.rpm
```

Hierbei wird noch ausgegeben, welche Bibliotheken die Anwendung zum Übersetzen benötigt. In diesem Fall sollten mit den Bibliotheken

```
Requires: ld-linux.so.2 libc.so.6 libc.so.6(GLIBC_2.0) libm.so.6
```

auf keinem System irgendwelche Probleme auftreten. Jetzt haben Sie zwar ein fertiges Paket im Verzeichnis

```
Geschrieben: /usr/src/packages/SRPMS/mein_projekt-0.1-1.src.rpm
        /usr/src/packages/RPMS/i386/mein_projekt-0.1-1.i386.rpm
```

aber dies ist erst die halbe Miete. Jetzt sollten Sie dieses Paket erst auf einem fremden Rechner testen, auf dem dieses Paket noch nicht installiert ist.

Einen Überblick über ein noch nicht installiertes RPM-Paket (-p) können Sie sich mit folgender Abfrage verschaffen:

```
$ rpm -iqp \
  /usr/src/packages/RPMS/i386/mein_projekt-0.1-1.i386.rpm -i
Name        : mein_projekt         Relocations: (not relocateable)
Version     : 0.1                  Vendor: Pronix Industries
Release     : 1
Build Date: Sam 10 Apr 2016 14:41:35 CEST
Install date: (not installed)      Build Host: linux.local
Group       : misc/mein_projekt
Source RPM: mein_projekt-0.1-1.src.rpm
Size        : 11461                            License: GPL
Packager    : Jürgen Wolf <pronix@pronix.de>
URL         : http://pronix.de/mein_projekt/
Summary     : Ein Testprojekt zum Packen einer eigenen RPM
Description :
```

```
Bei diesem Paket handelt es sich um ein simples Beispiel,
um Ihnen das Erstellen eigener RPM-Pakete naeher zu erlaeutern.
Distribution: SuSE Linux 9.1
```

18.5.7 Das Paket installieren

Kommandozeile

Das Installieren von der Kommandozeile aus ist recht einfach zu realisieren (bitte mit Root-Rechten ausführen):

```
# rpm -Uhv \
  /usr/src/packages/RPMS/i386/mein_projekt-0.1-1.i386.rpm
```

Wenn Sie den Umweg über ein Repository gehen, dann kommen Sie mit dem Tool `rpm` allein nicht mehr zum Ziel. In diesem Fall kocht wieder jede Distribution ihr eigenes Süppchen, und zwar RedHat mit `yum` und OpenSUSE mit `zypper`, und Debian/Ubuntu samt ihren Ablegern erfreuen uns mit `apt` anstelle von `dpkg`.

Grafische Oberflächen

Es gibt mittlerweile zahllose und jeweils unterschiedlich integrierte grafische Oberflächen, die dem Anwender bei der Benutzung zu helfen versuchen. In der Regel tun sie es aber nur, wenn Ihr Paket sich in einem offiziellen Repository befindet. So bleibt letztlich der direkte Aufruf die sicherste Variante. Oft genug reicht aber auch ein einfacher Doppelklick.

18.6 Versionskontrollsysteme

In diesem Abschnitt erhalten Sie einige wichtige Informationen zu sogenannten Versionskontrollsystemen. »Leider«, so muss man sagen, hat sich in den letzten Jahren hier viel verändert. Gab es lange Zeit praktisch nur *RCS* und *CVS* (die aufeinander aufbauen), so kamen später *Bazaar*, *Mercurial*, *Monotone* und *Subversion* hinzu, die aber kurze Zeit später wieder an Einfluss verloren. Aktuell spielt eigentlich nur noch *Git* eine Rolle, und das mag daran liegen, dass der Schöpfer dieser Software Linus Torvalds heißt. Selbst im kommerziellen Bereich ist Git aufgrund seines Profils und des flexiblen Workflows mittlerweile anerkannt, und das merkt man unter anderem daran, dass sogar Microsoft-Software dieses System unterstützt.

Git ist ein verteiltes Versionskontrollsystem (*Distributed Revision Control System, DRCS*) und als solches sehr gut geeignet, um große Projekte mit vielen verteilt arbeitenden Autoren (wie zum Beispiel den Linux-Kernel) zu managen, die jeweils ihre eigene Arbeitskopie des Projekts haben und sich untereinander ihre Änderungen zuschicken oder umgekehrt voneinander abholen können.

Grundsätzlich ist die Idee hinter einem Versionskontrollsystem, dass jede einzelne Änderung am Quellcode »eingecheckt« wird, sodass man zu jedem Zeitpunkt zu einer früheren Version zurückkehren kann.

Wozu soll das gut sein? Vielleicht verändern Sie eines Tages in einem Programm ein oder zwei Zeilen Code und kommen nicht gleich dazu, die Veränderungen zu testen. Am nächsten Tag testen Sie das Programm, und es tut nicht das, wozu es gedacht war. Dummerweise wissen Sie jetzt nicht mehr, in welcher Quelldatei oder in welcher Zeile Sie den Code verändert haben. Das bedeutet für Sie erst einmal verlorene Zeit und viel Frust beim Suchen. Sie machen regelmäßig ein Backup, sagen Sie? Bei jeder Codezeile, die Sie verändern? Wir wagen es zu bezweifeln, und außerdem ist das sehr umständlich, denn dazu sind ja eigentlich Versionskontrollsysteme entwickelt worden.

Eine weitere interessante Möglichkeit von Versionskontrollsystemen ist folgende: Sie können damit ohne weiteres Daten von älteren Anwendungen verwenden. Wollen Sie zum Beispiel einen Webbrowser erstellen, dann werden Sie wohl kaum anfangen, sich mit dem kompletten Code des Browsers *xyz* der Version 7.1. auseinanderzusetzen, sondern mit einer möglichst frühen stabilen Version. Sie haben sicherlich schon häufiger etwas Derartiges gelesen wie »Der Browser xyz basiert auf ...«. Sie können praktisch aus einem älteren bestehenden Projekt ein eigenes ableiten. So entstehen zwar viele Abkömmlinge und Klone, aber Vielfalt tut dem Markt gut. Wenn Sie mit Git eine Kopie von einem bestehenden Projekt erzeugen wollen, brauchen Sie genau einen Befehl, nämlich `git clone`.

Und vielleicht noch etwas zum Nachdenken, um Sie von dem Sinn der Versionskontrollsysteme zu überzeugen: Ein gutes Beispiel sind die großen Projekte wie der KDE- oder GNOME-Desktop und die vielen anderen Open-Source-Anwendungen. Sie werden sich sicherlich gefragt haben, wie es möglich ist, dass so viele Programmierer an einem Projekt beteiligt sind, ohne dass sich der eine und der andere ins Gehege kommen. Je nach Projekt arbeiten nicht nur ein bis zwei Personen daran, sondern es sind häufig gut und gerne ein Dutzend Entwickler, beim Linux-Kernel sogar mehr als hundert, die sich gleichzeitig einem Projekt widmen. Solche Projekte wären ohne Versionskontrollsysteme kaum möglich. Dadurch, dass jeder bei diesem *verteilten* Versionskontrollsystem eine vollständige Kopie des Quellcodes und des *Repositorys* (d. h. der gespeicherten Versionen) hat, kommen sich die Entwickler gegenseitig nicht in die Quere. Dank der Protokollierung ist es außerdem möglich herauszufinden, wer als Letztes an einer Datei gearbeitet und wieder »solchen Murks gemacht« hat. Somit kann der Projektleiter schnell die schwarzen Schafe aufspüren.

Der Zwang, das Projekt und Änderungen daran zu dokumentieren, ist ein weiterer Vorteil. Bei jedem Einchecken werden Sie nach einem Kommentar gefragt, was sich in der neuen Version geändert hat. Versionskontrollsysteme speichern die Änderungen einzelner Zeilen und haben daher ihre Stärke bei Textdateien. Wenn man allerdings Binärdateien eincheckt, bläht sich das Repository unkontrolliert auf, da hier die Differenz-Algorithmen scheitern.[9] Man speichert daher in der Regel sämtlichen Quellcode, aber nicht den übersetzten Code.

Es kommt nicht darauf an, welche Programmiersprache Sie verwenden. Ganz im Gegenteil: Im Prinzip könnten Sie auch die Dokumentation Ihrer Kochrezepte mit Versionskontrollsystemen verwalten. Zwar werden Versionskontrollsysteme vorwiegend verwendet, um Programmierern unter die Arme zu greifen, aber dies sollte hier dennoch erwähnt werden.

Git ist ein Fall eines eher einfach gestrickten Programms,[10] das man mit einem *Cheat Sheet* ganz wunderbar beherrschen kann. Ein solches finden Sie bei den Materialien zum Buch.

18.7 Zeitmessung an Programmen

Gern wird vor der Fertigstellung der Software die eine oder andere Laufzeitoptimierung am Quellcode durchgeführt. Ob dieses Tuning des Codes überhaupt Sinn macht, lässt sich mithilfe von Laufzeitanalysen bestimmen. Solche Analysen durchzuführen ist wesentlich komplizierter, als man denkt. Funktionen der *<time.h>*-Bibliothek können höchstens mit einer einfachen Wanduhr-Analyse mithalten, denn es müssen eigentlich auch die unterschiedlichsten Auslastungen des Systems beachtet werden. Und gerade das macht es schwierig, die Laufzeit von nur einer Anwendung zu ermitteln.

Noch ein wenig schwieriger dürfte das Unterfangen sein, die Laufzeit von einzelnen Funktionen bzw. Codeabschnitten zu ermitteln. Zum Glück sind hierfür sehr effektive Tools zur Laufzeit- und Profiling-Analyse entwickelt worden, von denen Sie im folgenden Abschnitt drei Anwendungen etwas näher kennenlernen werden:

- *TIME* oder */usr/time* – Allgemeine Laufzeitermittlung von Prozessen
- *GPROF* – Laufzeitermittlung einzelner Funktionen
- *GCOV* – Laufzeitermittlung, die feststellt, wie häufig einzelne Zeilen ausgeführt werden

18.7.1 Einfache Zeitmessung mit TIME – Laufzeit von Prozessen

Für eine einfache Zeitmessung der Laufzeit von einzelnen Prozessen können Sie *TIME* verwenden. *TIME* eignet sich hervorragend, um sich einen groben Überblick über die Laufzeit des Prozesses zu verschaffen. Die allgemeine Laufzeitbestimmung mit *TIME* wird gern verwendet, wenn der Quellcode mit eingeschaltetem Optimizer übersetzt wurde. Als einfaches Beispiel verwenden wir hier einen Quellcode namens *optimize.c*:

9 Das ist nicht unbedingt um jeden Preis so: Es gibt kommerzielle Erweiterungen, die sich bei Git einklinken und versuchen, auch Binärdateien über ihre Unterschiede zu speichern, und auch bei Git selbst wird an einer eigenen Lösung gearbeitet.

10 Fassen Sie das bitte als halben Scherz auf.

```
$ gcc -o optimize optimize.c
$ time ./optimize
real    0m5.841s
user    0m0.210s
sys     0m0.430s
```

Hier bekommen Sie von *TIME* drei verschiedene Zeiten mit der folgenden Bedeutung zurück:

- `real` – Die gesamte verstrichene Ausführungszeit ab Ausführung der Kommandozeileneingabe
- `user` – Die CPU-Zeit für Benutzerfunktionen, genauer gesagt die Zeit, die die Anwendung im User-Level verbracht hat
- `sys` – Die CPU-Zeit für Systemcalls; dies ist die Zeit, die die Anwendung im Kernel-Level verbracht hat.

Hier verwenden wir denselben Code mit dem Optimizer `-O3`:

```
$ gcc -O3 -o optimize optimize.c
$ time ./optimize
real    0m7.779s
user    0m0.120s
sys     0m0.420s
```

Sie sehen, dass sich hiermit die CPU-Zeit für den Benutzerbereich verringert, aber dadurch die gesamte Ausführungszeit der Anwendung erhöht wurde. Leider können wir hier keine genaue Aussage treffen, was hierbei länger gedauert hat, da es noch mehrere Prozesse auf dem System gibt, die ebenfalls Laufzeit (die CPU) benötigen und somit diese Zeitmessung immer ein wenig verfälschen können. Für eine genauere Zeitanalyse kommen Sie um das Profiling mittels *GPROF* zur Laufzeitmessung nicht herum.

18.7.2 Profiling mit GPROF – Laufzeit von Funktionen

Mit *TIME* haben Sie gewiss ein einfaches Verfahren für eine Zeitanalyse des gesamten Programms. Aber sobald es sich um das Codetuning einzelner Funktionen handelt, taugt *TIME* nicht mehr viel. Denn wollen bzw. müssen Sie nur einzelne Funktionen optimieren, bringt Ihnen eine Zeitanalyse des gesamten Programms recht wenig, insbesondere wenn es darum geht, um wie viel schneller denn die einzelnen Funktionen nun ausgeführt wurden. Für solche Aufgaben werden *Programmprofile* benötigt (die auch als *Leistungsdiagramm* bezeichnet werden). Um ein solches Profil zu erzeugen, sind folgende Schritte nötig:

- Beim Übersetzen des Quellcodes muss ein Profil erzeugt werden.
- Dann wird das speziell mit Profilen übersetzte Programm ausgeführt, woraufhin Sie ein Programmprofil erhalten.
- Dieses Programmprofil können Sie letztendlich mit dem Profiler *GPROF* auswerten.

Ein Profil für GPROF erzeugen

Zuerst müssen Sie den Quellcode für ein Profil mit der Option -pg übersetzen:

```
$ gcc -pg -o fraktal fraktal.c berechnung.c \
  -L/usr/X11R6/lib -lX11
```

Die so erzeugte ausführbare Datei ist natürlich erheblich größer als die Anwendung, die ohne die Compiler-Option -pg übersetzt wurde. Damit haben Sie quasi das Programm für die weiteren Schritte der Laufzeitanalyse mit *GPROF* eingerichtet.

Im nächsten Schritt müssen Sie diese Anwendung ausführen, wodurch ein Programmprofil mit dem Namen gmon.out erzeugt wird:

```
$ ./fraktal
$ ls -l gmon*
-rw-r--r--    1 tot   users       429 2016-04-12 13:41 gmon.out
```

Jetzt, im letzten Schritt, müssen Sie die Daten von gmon.out analysieren. Dazu müssen Sie lediglich *GPROF* mit dem Programm, das analysiert werden soll, als Argument übergeben. Anschließend gibt *GPROF* die Analyse auf die Standardausgabe aus, weshalb sich hierbei eine Umleitung in eine Datei hervorragend eignen würde. Hier sehen Sie die Ausgabe von *GPROF* in der Textdatei *mytest_profil.txt*:

```
$ gprof ./fraktal > mytest_profil.txt
```

Die nun folgende Ausgabe (oder, falls die Datei umgeleitet wurde, die Datei) besteht aus zwei Teilen:

- aus dem flachen Profil, das auflistet, wie sich die Programmzeit auf die einzelnen Funktionen verteilt
- aus dem Aufrufgraph-Profil, in dem sich die aufrufenden und die aufgerufenen Funktionen befinden

Das flache Profil

Im flachen Profil finden Sie aufgelistet, wofür die Programmzeit verwendet wurde. Der Zeitaufwand wird dabei für jede Funktion pro Aufruf berechnet. Am flachen Profil erkennen Sie die Funktionen, die am meisten Zeit verbrauchen und die es dann auch wert sind, optimiert zu werden (zugegeben, es gibt auch Funktionen, die eben etwas mehr tun als andere).

Hier sehen Sie ein Beispiel für ein flaches Profil:

```
Flat profile:
Each sample counts as 0.01 seconds.
 % cumulative  self              self     total
time   seconds   seconds    calls   s/call   s/call  name
```

```
99.90   30.91   30.91  798720    0.00     0.00  farbe
 0.06   30.93    0.02       1    0.02    30.94  fraktal
 0.03   30.94    0.01      52    0.00     0.59  berechne
 0.00   30.94    0.00       3    0.00     0.00  ermittle_shifts
 0.00   30.94    0.00       2    0.00     0.00  push_para
 0.00   30.94    0.00       1    0.00     0.00  init_colors
 0.00   30.94    0.00       1    0.00     0.00  posit
```

In der Ausgabe des flachen Profils lässt sich gleich erkennen, dass die Funktion `farbe()` die meiste Zeit (`99.90` %) verwendet, weshalb diese Funktion in der Praxis auch ein Kandidat für die Codeoptimierung wäre. Für jede Funktion wird ein Zeileneintrag erstellt und entsprechend der benötigten Ausführungszeit sortiert. Die Zeit, die für die Interaktionen innerhalb von Funktionen verbraucht wird, wird allerdings nicht mitgezählt! Jede Funktion enthält bei dem Eintrag im flachen Profil folgende Informationen:

- `%time` – Anteil der gesamten Ausführungszeit des Programms in Prozent für die Ausführung der Funktion allein
- `cummulative seconds` – Gesamtzeit in Sekunden, die für die Ausführung der Funktionen und aller im flachen Profil vorher aufgeführten Funktionen benötigt wurde
- `self seconds` – Gesamtzeit in Sekunden, die für die Ausführung der Funktionen benötigt wurde, ohne die Zeit, die für die Nachkommen der Funktion verbraucht wurde
- `calls` – Aufrufe der Funktion während des kompletten Programmablaufs
- `self ms/call` – durchschnittlicher Zeitaufwand für die Ausführung der Funktion in Millisekunden, der sich aus allen Funktionsaufrufen bildet, ohne die Funktionen, die eventuell aus dieser Funktion aufgerufen werden
- `total ms/call` – durchschnittlicher Zeitaufwand für einen Funktionsaufruf mitsamt den weiteren Funktionen, die diese Funktion aufrufen
- `name` – Name der Funktion

Im Großen und Ganzen kann man zu dem Programm oben sagen, dass hier die Verbesserung durch eine Codeoptimierung nicht den Aufwand lohnt, den man hierfür aufwenden muss. Der Aufwand lässt sich erst rechtfertigen, wenn eine Funktion mehrere Sekunden benötigt. Um den Code einer Funktion zu verbessern, haben Sie folgende Möglichkeiten:

- den Algorithmus verbessern, damit der Code schneller abläuft,
- die Routine so umschreiben, dass eine Funktion nicht so häufig aufgerufen werden muss,
- Funktionen, die relativ häufig aufgerufen werden, können auch direkt im Code der aufrufenden Funktion eingebaut werden,
- Compiler-Optionen zur Optimierung des Codes verwenden.

Das Aufrufgraph-Profil

Für eine noch detailliertere Auflistung des Programmprofils lohnt sich ein Blick in das Aufrufgraph-Profil (das auch *strukturiertes Profil* genannt wird). Mit ihm erhalten Sie ein noch wesentlich genaueres Programmprofil. Hier wird für jede einzelne Funktion Folgendes angezeigt:

- ihr Anteil an der Gesamtlaufleistung in Prozent (`time`)
- ihre aufrufende Funktion, und zwar von welchen Funktionen eine bestimmte Funktion wie oft aufgerufen wurde
- aufgerufene Funktionen. Hier wird gezeigt, welche Funktion die aktuelle Funktion wiederum wie oft aufgerufen hat.

Um hierbei den Überblick zu bewahren, finden Sie auch einen Indexeintrag zu jeder Funktion in diesem Profil. Betrachten Sie z. B. im anschließenden Aufrufgraph-Profil die erste Funktion mit dem Index [1], können Sie ganz unten im Profil den Namen der Funktion des entsprechenden Indexeintrags herauslesen. Im Beispiel wäre die Funktion mit dem Index [1] `fraktal()`, mit dem Index [3] `berechne()` usw.

Hier sehen Sie das strukturierte Profil des Programmbeispiels `fraktal`:

```
Call graph (explanation follows)
granularity: each sample hit covers 4 byte(s) for 0.03% of 30.94 seconds

index % time    self  children    called     name
                0.02   30.92       1/1        main [2]
[1]    100.0    0.02   30.92       1          fraktal [1]
                0.01   30.91      52/52       berechne [3]
-----------------------------------------------
                                              <spontaneous>
[2]    100.0    0.00   30.94                  main [2]
                0.02   30.92       1/1        fraktal [1]
                0.00    0.00       3/3        ermittle_shifts [5]
                0.00    0.00       2/2        push_para [6]
                0.00    0.00       1/1        init_colors [7]
                0.00    0.00       1/1        posit [8]
-----------------------------------------------
                0.01   30.91      52/52       fraktal [1]

[3]     99.9    0.01   30.91      52          berechne [3]
               30.91    0.00  798720/798720   farbe [4]
-----------------------------------------------
               30.91    0.00  798720/798720   berechne [3]
[4]     99.9   30.91    0.00  798720          farbe [4]
-----------------------------------------------
```

```
                0.00     0.00       3/3       main [2]
[5]      0.0    0.00     0.00       3         ermittle_shifts [5]
-----------------------------------------------
                0.00     0.00       2/2       main [2]
[6]      0.0    0.00     0.00       2         push_para [6]
-----------------------------------------------
                0.00     0.00       1/1       main [2]
[7]      0.0    0.00     0.00       1         init_colors [7]
-----------------------------------------------
                0.00     0.00       1/1       main [2]
[8]      0.0    0.00     0.00       1         posit [8]
-----------------------------------------------
...
...
Index by function name

   [3] berechne                [1] fraktal
   [6] push_para               [5] ermittle_shifts
   [7] init_colors             [4] farbe
   [8] posit
```

18.7.3 Analyse mit GCOV

Welche Codeteile innerhalb des Programms, genauer gesagt, innerhalb einer Funktion wie häufig ausgeführt wurden, kann mit *GCOV* ausgewertet werden. Damit wird eine Abdeckungsanalyse ausgeführt, die mitzählt, wie oft eine Programmzeile durchlaufen wurde. Eine solche Abdeckungsanalyse wird in den folgenden Schritten erstellt:

1. Beim Übersetzen des Listings wird mit den Optionen `-g -fprofile-arcs` und `-ftest-coverage` eine Abdeckungsanalyse eingerichtet:

   ```
   $ gcc -ggdb3 -fprofile-arcs -ftest-coverage -o \
     fraktal fraktal.c berechnung.c -L/usr/X11R6/lib -lX11
   ```

   Damit wird für jede Quelldatei, die Sie angeben, eine Hilfsdatei mit der Extension `*.bgg` angelegt (im Beispiel heißen die Hilfsdateien *berechnung.bbg* und *fraktal.bbg*). Die Hilfsdateien beinhalten den Kontrollflussgraphen und bilden ihn im Quelltext ab.

2. Im nächsten Schritt wird das Programm ausgeführt, um eine Abdeckungsanalyseinformation zu erzeugen. Diese wird in einer Datei mit der Endung `*.da` geschrieben.

   ```
   $ ./fraktal
   ```

3. Jetzt kann mit *GCOV* eine lesbare Kopie der Abdeckungsanalyse generiert werden:

   ```
   $ gcov fraktal.c
   File `fraktal.c'
   ```

```
Lines executed:71.01% of 207
fraktal.c:creating `fraktal.c.gcov'
$  gcov berechnung.c
File `berechnung.c'
Lines executed:100.00% of 21
berechnung.c:creating `berechnung.c.gcov'
```

Im Listing fraktal.c sehen Sie die Angabe 71,01%. Sie sagt aus, dass der komplette Quellcode bis auf 29,99 % der 207 Zeilen ausgeführt wurde. Beim zweiten Quellcode, der berechnung.c, ist die Abdeckung des Quellcodes gar 100 %. Das heißt, hier wurde jede Zeile ausgeführt. Das allein sagt natürlich noch nichts aus. Daher müssen Sie auch noch die erzeugten Dateien *berechnung.c.gcov* und *fraktal.c.gcov* genauer unter die Lupe nehmen. Ein Ausschnitt aus der Abdeckungsdatei *fraktal.c.gcov* sieht etwa so aus (das Beispiel wurde für das Buch angepasst):

```
...
#####:  336: rueck = posit();
    -:  337: }
   52:  338: if (rueck == NORMAL_WEITER) {
   52:  339:         parainfo.br_par = breite;
   52:  340:         parainfo.y_par = yr0;
   52:  341:         parainfo.x_par = xr0 + xdelta * breite *
                      (segmentzahl - 1);
   52:  342: parainfo.delx_par = xdelta;
   52:  343: parainfo.dely_par = ydelta;
   52:  344: laenge = berechne(parainfo, punktfeld);
   52:  345: prozess.xbb     = breite  * (segmentzahl - 1);
   52:  346: prozess.ybb     = 0;
   52:  347: segmentzahl--;
798772: 348: for(ptr = punktfeld; laenge; laenge--) {
    -:  349: /* Punkt fuer Punkt zeichnen: */
798720: 350: XSetForeground(display, gcs,
              SETZE_FARBE(*ptr++));
798720: 351: XDrawPoint(display, ZIEL, gcs,
               prozess.xbb, prozess.ybb);
798720: 352: if (++prozess.ybb >= MAXY) { /* aktualisieren */
  1040: 353: prozess.ybb = 0;
  1040: 354: prozess.xbb++;
    -:  355: }
    -:  356: }
    -:  357: #ifdef BACKUP
    -:  358: XCopyArea(display, backup, windowId, gcs,
             prozess.xbb - breite, 0,
```

```
      -:  359: breite, MAXY, prozess.xbb - breite, 0);
      -:  360: #endif
      -:  361: }
      -:  362: }
      1:  363: printf("Zeitdauer: %d Sekunden\n",
               time(NULL) - zeit);
      1:  364: XFlush(display); /* Displaypuffer raeumen */
...
```

Dies lässt sich folgendermaßen lesen: Ganz links finden Sie die Anzahl der Durchläufe, wie oft diese Codezeile ausgeführt wurde. Steht hier #####, bedeutet dies, dass diese Codezeile nicht ausgeführt wurde. Hier könnten Sie z. B. die `for()`-Schleife optimieren, die 798.772-mal aufgerufen wird und in der auch 798.772-mal ein Pixel gezeichnet wird. Ein kurzer Blick in die Datei *berechnung.c.gov* zeigt weitere Optimierungsmöglichkeiten:

```
   798720:    44:    a = xr0; b = yr0; /* a + bi = Z0 */
   798720:    45:    zaehler = 0;
   798720:    46:    qua = a * a; qub = b * b;
839599651:    47:    do {
839599651:    48:    b = 2 * a * b - yr0; /* neuer Imaginaerteil */
839599651:    49:    a = qua - qub - xr0; /* neuer Realteil      */
839599651:    50:    qu=(qua=a* a) + (qub = b * b); /* qu = |Z| */
839599651:    51:    }
        -:    52:    while(qu<DIVERGENZGRENZE&&qu>KONVERGENZGRENZE
        -:    53:           && zaehler++ < ZYKLEN);
   798720:    54:    return(zaehler & 0xff);
```


Die `do-while`-Schleife wird hier 839.599.651-mal durchlaufen. Dabei lässt sich sicherlich mit einigen mathematischen Operationen und Compiler-Flags noch etwas Leistung herauskitzeln. Häufig aufgerufene Berechnungen und Funktionsaufrufe gilt es besonders im Auge zu behalten und eventuell zu optimieren.

Hinweis

Bitte beachten Sie, dass die Abdeckungsanalyse bei einem erneuten Programmstart nicht gelöscht wird, sondern an die alte Datei angehängt wird und dass die einzelnen Zeilen summiert werden. Wollen Sie eine komplette neue Abdeckungsanalyse erstellen, müssen Sie zuvor noch die Datei mit der Extension `*.da` löschen.

Zusammenfassung

Natürlich lässt sich zu den Tools GPROF und GCOV noch eine Menge mehr schreiben. Aber die grundlegenden Aufgaben dieser Werkzeuge wurden hier erwähnt und hoffentlich auch verstanden. Sie wissen jetzt zumindest, wie Sie kritische Stellen im Quellcode finden können, um diese zu optimieren. Wie Sie Programme und Quellcode optimieren können, ist – bis auf bestimmte Optionen des Compilers – nicht Thema dieses Buchs.

18.8 Debuggen mit GDB und DDD

Die Notwendigkeit, in Programmen nach Fehlern zu suchen, ist so alt wie der Computer selbst. Es gibt keinen Programmierer, der davon befreit ist. Auf einmal gibt die Anwendung irgendwelchen Murks aus oder stürzt aus nicht ersichtlichen Gründen ab. Treten Fragen zu diesen oder ähnlichen Problemen auf, müsste eine Antwort lauten: »Was sagt der Debugger dazu?«

Hierzu möchten wir noch ein wenig ausholen. Sicherlich, das Thema »Debuggen« füllt ganze Bücher – aber häufig muss man nicht gleich bei jeder Kleinigkeit zum Debugger greifen. Als allererstes sollte man sich (logischerweise) nochmals den Quellcode an der Stelle ansehen, an der das Programm vermutlich abstürzt oder eben nicht wie erwartet ausgeführt wird. Jetzt könnte man an der verdächtigen Codestelle etwas ausgeben lassen, z. B. den Programmzustand oder eventuell auch einen einfachen String. Wenn Sie in etwa wissen, in welcher Funktion Ihr Programm abstürzt, können Sie hier z. B. eine einfache Textausgabe wie

```
printf("DEBUG\n");
```

machen. Rutschen Sie mit der Anweisung immer eine Zeile tiefer, bis das Programm abstürzt und der Text `DEBUG` nicht mehr auf dem Bildschirm ausgegeben wird. Natürlich können Sie hierfür auch den Zustand gewisser Variablen ausgeben lassen, sofern dies an der Stelle sinnvoll ist, oder ein einfaches **`getchar()`** einbauen, das das Programm anhält und auf ein [↵] wartet. Meistens findet man so recht schnell den Fehler, der das Programm abstürzen lässt. Des Weiteren hat es sich bewährt, häufiger eine `assert()`-Anweisung in den Code einzubauen.

Wenn diese Maßnahmen keinen Erfolg haben, kann man den Programmzustand verändern. Häufig hat es sich bewährt, das Programm mit anderen Daten zu füttern, als mit denen, bei denen das Programm abstürzt.

Das Verändern des Quellcodes an einer vermutlich kritischen Stelle kann auch recht sinnvoll sein. Eventuell können Sie hierbei auch die eine oder andere Codezeile auskommentieren. Bitte beachten Sie beim Verändern der Codezeile, dass Sie den alten Zustand wiederherstellen können. Hierfür empfiehlt es sich, CVS oder RCS zu verwenden (siehe Abschnitt 18.6, »Versionskontrollsysteme«). Um beim Thema »Versionsverwaltung« zu bleiben: Falls es von der unstabilen Programmversion mehrere Versionen gibt, sollten Sie die letzte stabile Version aus dem Archiv auschecken bzw. die letzte stabile Version mit der unstabilen Version vergleichen.

Zwar gibt es hier und da noch weitere Möglichkeiten, ein Programm mit einfachen Mitteln zu debuggen. Sie können aber auch zum Debugger *GDB* greifen, einem Werkzeug, mit dem Sie Programme ausführen und diese während der Ausführung anhalten und genauer untersuchen können. Hierbei ist es möglich, einzelne Variablen unter die Lupe zu nehmen und deren Werte zu verändern. Ebenso lässt sich hiermit der Aufruf einzelner Funktionen Schritt für Schritt verfolgen. All dies und noch einiges mehr lässt sich wohlgemerkt während der Ausführung des Programms bewerkstelligen.

In diesem Buch wird zwar der Konsolen-Debugger GDB beschrieben, doch wenn Sie dessen Ausführung und Einsatz verstanden haben, ist es nicht mehr schwer, die mittlerweile zahlreichen zur Verfügung stehenden grafischen Frontends zu nutzen. Eines der komfortableren Werkzeuge, das wir Ihnen empfehlen können, ist *DDD*, entwickelt von Dorothea Lütkehaus und Andreas Zeller.

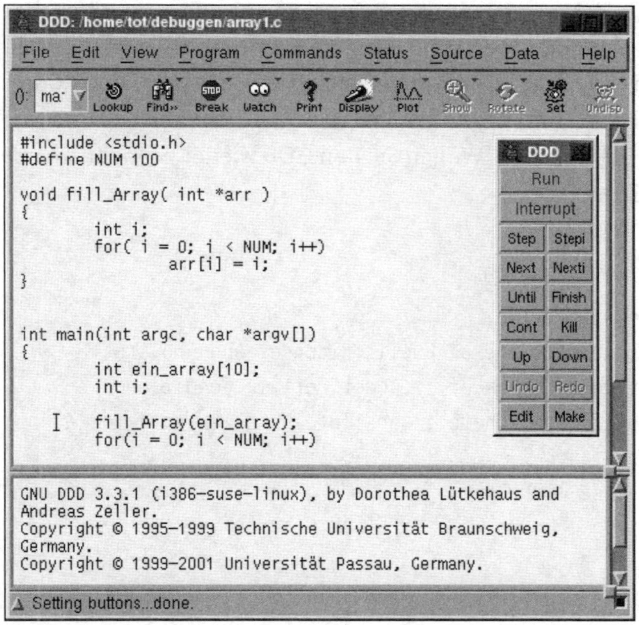

Abbildung 18.2 DDD – ein grafisches Frontend für GDB

Ein Programm für GDB übersetzen

Als ersten Schritt müssen Sie die Anwendung für den Debugger übersetzen. Dies geschieht mit der Option -g. Durch Verwendung dieser Option generiert der Compiler eine größere Symboltabelle. Einfach ausgedrückt heißt das: Die ausführbare Datei benötigt auch mehr Plattenplatz, da sie jetzt Informationen für den Debugger beinhaltet.

In diesem Buch haben wir häufig den Debugger mit dem Schalter -ggdb3 verwendet, womit noch viel mehr Informationen hinzugefügt werden, was auch bedeutet, dass die ausführbare Datei *wesentlich* größer wird. Sollte aber ein Feature in GDB nicht funktionieren, kann es sein, dass zu wenig Informationen vorhanden sind. Die Größe der Debug-Version einer Anwendung hängt (ungefähr geschätzt) von der Anzahl der Objektdateien ab. Ein normales Heimprogramm mag in etwa maximal 100 KB ergeben, mit `-ggdb3` ist es geringfügig mehr. »Mittelständische« Anwendungen (wie Serverzubehöranwendungen), die mit 300 KB anfangen (10 Dateien oder mehr), belegen bis zu 1,5 MB mit dem Schalter `-ggdb3` (nur *ein* Beispiel). Serveranwendungen wie Samba hingegen sind im `-O2 -g0`-Modus gerade einmal 3,03 MB groß (*/usr/sbin/smbd*), während es mit `-ggdb3 -O0` schon gut 170 MB werden können.

Den Debugger GDB starten

Starten können Sie den GDB mit folgender Eingabe in der Kommandozeile:

```
gdb programm [coredatei]
```

Das `programm` ist das Beispiel, das Sie debuggen wollen. Optional kann auch als zusätzlicher Parameter eine Core-Dump-Datei verwendet werden, falls Sie bei einem früheren Versuch, das Beispiel zum Laufen zu bringen, eine solche Datei angelegt haben. Der Vorteil einer Core-Dump-Datei ist, dass man sofort herausfindet, wo das Programm gescheitert ist und vor allem auch warum (»Post Mortem Debugging«). Wollen Sie den GDB wieder beenden, reicht ein einfaches `quit` (oder `q`) in der GDB-Shell:

```
$ gdb array1
GNU gdb 5.3
Copyright 2002 Free Software Foundation, Inc.
GDB is free software, covered by the GNU General Public License, and you are
welcome to change it and/or distribute copies of it under certain conditions.
Type "show copying" to see the conditions. There is absolutely no warranty for
GDB.  Type "show warranty" for details.
This GDB was configured as "i586-suse-linux"...
(gdb) quit
```

Den Inhalt der Datei anzeigen

Wenn Sie die ausführbare Datei mit dem GDB gestartet haben, werden Sie sich wohl zuerst einen Überblick über den Quellcode der ausführbaren Datei verschaffen wollen. Hierzu können Sie das Kommando `list` (oder `l`) verwenden:

```
(gdb) list
11
12      int main(int argc, char **argv)
13      {
14              int ein_array[10];
15              int i;
16
```

```
17              fill_Array(ein_array);
18              for(i = 0; i < NUM; i++)
19                      printf("Wert %d: %d\n",i, ein_array[i]);
20
(gdb) list 1,5
1       #include <stdio.h>
2       #define NUM 100
3
4       void fill_Array( int *arr )
5       {
(gdb) list fill_Array
1       #include <stdio.h>
2       #define NUM 100
3
4       void fill_Array( int *arr )
5       {
6               int i;
7               for( i = 0; i < NUM; i++)
8                       arr[i] = i;
9       }
10
(gdb) list 4, 9
4       void fill_Array( int *arr )
5       {
6               int i;
7               for( i = 0; i < NUM; i++)
8                       arr[i] = i;
9       }
(gdb)
```

Wenn Sie list ohne irgendwelche Argumente angeben, zeigt der GDB die Zeilen um den Quellcode, der gerade ausgeführt wurde. (Wurde der Quellcode noch nicht ausgeführt, wird der Code um die main()-Funktion aufgelistet.) Die Zeilen auf der linken Seite entsprechen den Zeilennummern im Quellcode. Wenn Sie den Aufruf von list ohne Argumente wiederholen, listet GDB immer die nächsten Zeilenauf, und zwar so lange, bis Sie am Ende des Quellcodes angekommen sind. Standardmäßig werden bei keiner Angabe von Argumenten immer zehn Zeilen eingelesen und ausgegeben. Wollen Sie bestimmte Zeilen ausgeben, die Sie debuggen oder lesen wollen, können Sie auch, wie im Beispiel gesehen, Folgendes angeben:

```
(gdb) list 1,5
```

Hiermit werden die Zeilen 1 bis 5 aufgelistet. Gibt man nur eine Zeile an (list 37), so wird 37 +/– 5 angezeigt, also 5 Zeilen um die angegebene herum. Natürlich lassen sich hiermit auch bestimmte Funktionen auflisten, wie im Beispiel demonstriert wurde:

```
(gdb) list fill_Array
```

Ein Programm mit dem GDB ausführen

Bisher haben Sie zwar das Programm in GDB geladen, aber ausführen müssen Sie es explizit. Hierzu genügt ein einfaches run (oder r) in der GDB-Shell:

```
(gdb) run
Starting program: /home/tot/debuggen/array1

Program received signal SIGSEGV, Segmentation fault.
0x0000000f in ?? ()
(gdb)
```

Natürlich lässt sich hier bei unnötig langer Ausgabe des Programms die Standardausgabe auch umleiten. Ebenso ist es möglich, die Eingabe umzuleiten. Im Beispiel wurde die Anwendung komplett ausgeführt und wie schon außerhalb der Welt von GDB mit einem *Segmentation Fault* (unerlaubter Speicherzugriff) beendet.

Müssen der Anwendung noch Argumente aus der Kommandozeile übergeben werden, können Sie dies mit set args folgendermaßen machen:

```
(gdb) set args argument1 argument2
(gdb) show args
Argument list to give program being debugged when it is started is  "argument1
argument2".
(gdb)
```

Mit show args können Sie sich die Argumente anzeigen lassen, mit denen die Anwendung aus der Kommandozeile gestartet wird. Alternativ können Sie die Argumente auch bei run mitgeben:

```
(gdb) run arg1 arg2 ...etc
```

Haltepunkte setzen

Bisher brachte Ihnen der Debugger nicht mehr ein, als wenn Sie das Programm ohne ihn gestartet hätten. Um ein Programm sinnvoll zu debuggen, setzen Sie während der Ausführung des Programms an einer oder mehreren (vermutlich) kritischen Stellen einen Haltepunkt (*Break Point*). An dieser Stelle wird die Ausführung des Programms dann angehalten. Dabei können Sie z. B. Variablen überprüfen, ändern oder weitere GDB-Kommandos ausführen.

Haltepunkte werden mit dem Kommando break (oder b) gesetzt. Tabelle 18.5 zeigt die Varianten dieses Befehls.

Kommando	Bedeutung
break zeilennummer	die Ausführung vor der angegebenen Zeilennummer stoppen
break dateiname:zeilennummer	die Ausführung vor der angegebenen Zeilennummer in der Datei dateiname stoppen
break zeilennumer if bedingung	die Ausführung vor der angegebenen Zeilennummer nur dann stoppen, wenn bedingung zutrifft
break Funktion	Die Ausführung vor dem Eintreten in die Funktion stoppen. Der Hardware-Meister verrät: GDB hält erst an, wenn ein neuer Stack Frame angefangen wurde. Das passiert bei der mov ebp, esp-Instruktion.
break dateiname:Funktion	die Ausführung vor dem Eintreten in die Funktion in der Datei dateiname stoppen
break Funktion if bedingung	die Ausführung vor dem Eintreten in die Funktion nur dann stoppen, wenn bedingung zutrifft

Tabelle 18.5 Varianten des »break«-Befehls

Ein Beispiel:

```
(gdb) list 4, 9
4       void fill_Array( int *arr )
5       {
6               int i;
7               for( i = 0; i < NUM; i++)
8                       arr[i] = i;
9       }
(gdb) break array1.c:7
Note: breakpoint 1 also set at pc 0x804831a.
Breakpoint 2 at 0x804831a: file array1.c, line 7.
(gdb) run
Starting program: /home/tot/debuggen/array1

Breakpoint 2, fill_Array (arr=0xbffff3b0) at array1.c:7
7               for( i = 0; i < NUM; i++)
```

Hier wurde bei der Ausführung der Quelldatei *array.c* in Zeile 7 ein Haltepunkt gesetzt, der sofort aktiv wird.

Die Ausführung nach einem Haltepunkt fortsetzen

Um die Ausführung der Anwendung nach einem break-Punkt wieder aufzunehmen, müssen Sie das continue-Kommando (oder kurz: c) verwenden. Nach einem continue-Aufruf wird die Ausführung bis zum Programmende, bis zum nächsten break-Punkt oder bis zum Auftreten eines Fehlers fortgesetzt.

```
(gdb) continue
Continuing.

Program received signal SIGSEGV, Segmentation fault.
0x0000000f in ?? ()
```

Verwaltung von Haltepunkten

Da mit der Zeit eine Menge Haltpunkte in einer Sitzung mit dem Debugger zusammenkommen können, können Sie sich mit dem Kommando info breakpoints einen Überblick über die Haltepunkte verschaffen. Um einen nicht benötigten break-Punkt wieder zu entfernen, verwenden Sie das Kommando delete.

```
(gdb) info breakpoints
Num Type           Disp Enb Address    What
1   breakpoint     keep y   0x0804831a in fill_Array at array1.c:7
        stop only if i == 5
2   breakpoint     keep y   0x0804831a in fill_Array at array1.c:7
        breakpoint already hit 1 time
(gdb) delete 2
(gdb) info breakpoints
Num Type           Disp Enb Address    What
1   breakpoint     keep y   0x0804831a in fill_Array at array1.c:7
        stop only if i == 5
```

Mit dem Kommando clear (oder kurz cl) können Sie alle Haltepunkte auf einmal entfernen. Vorübergehend ausschalten können Sie einen Haltepunkt mit dem Kommando disable und der Nummer als Argument. Aktivieren können Sie diesen Haltepunkt wieder mit enable und der entsprechenden Nummer.

Einzelschritte

Gewöhnlich werden Sie, wenn Sie einen Haltepunkt gesetzt haben, auch einzelne Anweisungen des Quellcodes ausführen wollen. Hierzu stehen Ihnen zwei Kommandos zur Verfügung: einmal das Kommando step (kurz s), das eine Anweisung ausführt und, falls es sich um einen Funktionsaufruf handelt, in diese Funktion eintritt und immer nur einen Schritt nach dem anderen ausführt. Mit dem zweiten Kommando `next` (kurz `n`) hingegen wird eine Zeile ausgeführt oder eine Anweisung, sollte sie auf mehreren Zeilen liegen. Damit Sie den Sachverhalt besser verstehen, folgt hier ein Beispiel:

```
(gdb) list
13      {
14              int ein_array[10];
15              int i;
16
17              fill_Array(ein_array);
18              //for(i = 0; i < NUM; i++)
19                      //printf("Wert %d: %d\n",i, ein_array[i]);
20

21              return 0;
22      }
(gdb) break 16
Breakpoint 4 at 0x8048355: file array1.c, line 16.
(gdb) run
The program being debugged has been started already.
Start it from the beginning? (y or n) y

Starting program: /home/tot/debuggen/array1

Breakpoint 5, main (argc=1, argv=0xbffff434) at array1.c:17
17              fill_Array(ein_array);
(gdb) next
21              return 0;
(gdb) next
22      }
(gdb) continue
...
(gdb) run
The program being debugged has been started already.
Start it from the beginning? (y or n) y

Starting program: /home/tot/debuggen/array1

Breakpoint 5, main (argc=1, argv=0xbffff434) at array1.c:17
17              fill_Array(ein_array);
(gdb) step
fill_Array (arr=0xbffff3b0) at array1.c:7
```

```
7               for( i = 0; i < NUM; i++)
(gdb) step
8                   arr[i] = i;
(gdb) step
7               for( i = 0; i < NUM; i++)
(gdb) step
8                   arr[i] = i;
(gdb) step
7               for( i = 0; i < NUM; i++)
(gdb) continue
Continuing.
...
```

Hier wurde vor dem Funktionsaufruf `fill_Array` in der `main`-Funktion ein `break`-Point gesetzt. Wenn Sie das Programm jetzt laufen lassen und mit `next` den nächsten Schritt ausführen, wird die komplette Funktion `fill_Array` ausgeführt und mit der Ausführung in der `main`-Funktion hinter `fill_Array` fortgesetzt. Verwenden Sie hingegeben beim selben `break`-Point das `step`-Kommando, werden die Anweisungen in der Funktion `fill_Array` Schritt für Schritt ausgeführt.

Datenausgabe

Natürlich müssen Sie zum Debuggen auch auf die Werte der Variablen zugreifen können. Hierzu können Sie das `print`-Kommando (kurz `p`) von GDB verwenden. Mit dem `print`-Kommando lässt sich mehr machen, als man diesem einfachen Kommando ansehen würde:

- **Funktionsaufrufe innerhalb von Programmen mit Übergabe von Parametern** – Zum Beispiel könnten Sie eine Funktion mit

  ```
  (gdb) print summe_von(4, 9, 3)
  $1 = 16
  ```

  aufrufen. Damit haben Sie eine globale Variable definiert, die zur weiteren Ausführung des Programms sichtbar bleibt.

- **Auflisten von komplexen Datenstrukturen** – Wenn Sie z. B. folgende Datenstruktur in einem zu debuggenden Programm haben

  ```
  struct komplex {
          int i;
          char a;
          char j[6];
  };
  ```

  dann können Sie aus dieser Struktur sämtliche Informationen herauslesen:

```
(gdb) print komplex
$1 = (struct komplex *) 0x40014814
(gdb) print *komplex
$2 = {i = 1073825736, a = 0 '\0', j = "\0\0\0\0\0"}
```

- **Werteverlauf-Elemente (History)** – Sicherlich sind Ihnen bei den `print`-Ausgaben `$1`, `$2`, `$3` und so weiter aufgefallen. Dabei handelt es sich um sogenannte Werteverlauf-Elemente, die Sie jederzeit wieder verwenden können. Nehemn wir als Beispiel folgenden Werteverlauf:

```
(gdb) print summe_von(4, 9, 3)
$1 = 16
```

Jetzt können Sie auf das Element `$1` folgendermaßen zugreifen:

```
(gdb) print $1 + 5
$2 = 21
(gdb) print $1 + $2
$3 = 37
```

Jedes dieser Werteverlauf-Elemente gilt bis zum Ende der Programmausführung von GDB, und darauf kann jederzeit zurückgegriffen werden.

- **Künstliche Felder** – Mit künstlichen Feldern können Sie Speicherbereiche wie Arrays oder dynamisch allozierten Speicher ausgeben. Hierzu einige Beispiele:

```
(gdb) list
8       };
9
10      static void fill_Array( int *arr )
11      {
12              int i;
13              for( i = 0; i < NUM; i++)
14                      arr[i] = i;
15      }
16
17
(gdb) break 15
Breakpoint 5 at 0x8048343: file array1.c, line 15.
(gdb) run
Starting program: /home/tot/debuggen/array1

Breakpoint 5, fill_Array (arr=0xbffff3b0) at array1.c:15
15      }
(gdb) print arr@10
```

```
$6 = {0xbffff3b0, 0x400144a0, 0x1a, 0x40014678, 0xbffff3f0,
      0x4000ae8f,0x40014814, 0x40014e10, 0x0, 0x1}
(gdb) print arr@15
$7 = {0xbffff3b0, 0x400144a0, 0x1a, 0x40014678, 0xbffff3f0,
      0x4000ae8f, 0x40014814, 0x40014e10, 0x0, 0x1, 0x2, 0x3,
      0x4, 0x5, 0x6}
(gdb) print arr[0]@10
$8 = {0, 1, 2, 3, 4, 5, 6, 7, 8, 9}
(gdb) print arr[0]@15
$9 = {0, 1, 2, 3, 4, 5, 6, 7, 8, 9, 10, 11, 12, 13, 14}
(gdb) print arr[20]@5
$10 = {20, 21, 22, 23, 24}
```

Mit `arr@10` haben Sie sich die Adressen der ersten zehn Arrays ausgeben lassen. Mit `arr[0]@10` hingegen habe Sie zehn Werte ausgegeben, beginnend bei 0, die sich im Array `arr` befinden. `arr[20]@5` dagegen gibt fünf Array-Werte aus, allerdings beginnend bei dem Element 20 des Arrays.

Variablen überprüfen und verändern

Sie können Variablen nicht nur mit `print` ausgeben, sondern auch ermitteln, von welchem Typ eine Variable ist. Des Weiteren ist es möglich, einer Variablen einen Wert zuzuweisen. Das Ermitteln des Datentyps wird mit dem Kommando `whatis` und für komplexere Datenstrukturen mit `ptype` erledigt:

```
(gdb) list
10      void fill_Array( int *arr )
11      {
12              int i;
13              for( i = 0; i < NUM; i++)
14                      arr[i] = i;
15      }
16
17
18      int main(int argc, char **argv)
19      {
(gdb) whatis i
type = int
(gdb) whatis *arr
type = int
(gdb) whatis arr[0]
type = int
(gdb) next
```

```
main (argc=16, argv=0x11) at array1.c:28
28              return 0;
(gdb) whatis komp
type = struct komplex *
(gdb) ptype komp
type = struct komplex {
    int i;
    char a;
    char j[6];
} *
(gdb) usw.
```

Werte können Sie den Variablen mit dem Kommando `set variable` oder aber auch mit `print` übergeben:

```
(gdb) print arr[5]
$15 = 5
(gdb) set variable arr[5] = 100
(gdb) print arr[5]
$16 = 100
(gdb) print arr[5] = $16 + $15
$17 = 105
```

Weiteres

Zum Schluss der Einführung zum Debugger GDB haben wir noch einige Tipps, wie Sie etwas komfortabler arbeiten können:

- Wollen Sie ein zuvor geschriebenes Kommando wiederholen, reicht ein wiederholtes Drücken der [↵]-Taste, was sich gerade beim schrittweisen Debuggen als sehr hilfreich erweist.
- Die Kommandos in GDB müssen nicht ganz ausgeschrieben werden, wie wir schon des Öfteren angedeutet haben. Einige Kommandos des GDB können mit dem Anfangsbuchstaben abgekürzt werden, zum Beispiel `r` für `run`, `c` für `continue`, `n` für `next`, `s` für `step` oder `q` für `quit`. Damit lässt sich der Tippaufwand enorm verringern. Mehr hierzu finden Sie in den Manual Pages von GDB.

Tipp

Versuchen Sie doch einmal, die Beispiele aus diesem Abschnitt mit dem grafischen Frontend DDD auszuführen. Im Prinzip müssen Sie dazu nur die Maus statt der Tastatur verwenden.

18.9 STRACE – Systemaufrufe verfolgen

STRACE ist ein Werkzeug, das konsequent die Systemaufrufe anzeigt, die ein laufendes Programm ausführt. Dabei befindet sich STRACE praktisch als Schnittstelle zwischen dem Programm und dem Kernel. Wird beispielsweise ein einfacher `printf()`-Aufruf verwendet, können Sie sich mit STRACE anzeigen lassen, wie die Ausgabe eigentlich stattfindet – sprich, wie es z. B. von der Funktion `printf()` zum eigentlichen Systemcall kommt. Sie wissen zwar wahrscheinlich, dass `printf()` mit `write()` realisiert wurde, aber dessen sind sich viele Programmierer nicht bewusst. STRACE wird gern für folgende Aufgaben verwendet:

- Personen, die sich mit der Kernel-Programmierung befassen wollen, lernen mit STRACE die Systemaufrufe und Programmiertechniken kennen, die für das Zusammenspiel von Software und Betriebssystem (Kernel) nötig sind,
- zum Debuggen von Software, wenn sich diese ein wenig seltsam verhält oder dauernd abstürzt,[11]
- um Geschwindigkeitsbremsen in Software zu ermitteln, deren Quelltext nicht vorhanden ist, sowie
- zum generellen Reverse-Engineering von Software ohne vorhandenen Quelltext.

Hinweis

Damit STRACE auch die Systemaufrufe protokollieren kann, die eine Software abgibt, muss dies der Kernel natürlich auch unterstützen. Diese Unterstützung wird letztendlich auch nur wieder mit einem Systemaufruf (`ptrace()`) realisiert.

Die Ausgabe des STRACE-Protokolls kann enorm lang werden, weshalb wir hier als Beispiel nur die Ausgabe des Protokolls vom *Hallo Welt*-Programm zeigen:

```
#include <stdio.h>

int main(void) {
        printf("Hallo Welt\n");
                return 0;
}
```

Das STRACE-Protokoll dazu sieht so aus:

```
$ strace hallo
execve("./hallo", ["./hallo"], [/* 65 vars */]) = 0
uname({sys="Linux", node="linux", ...}) = 0
brk(0)                                  = 0x8049548
```

11 STRACE erlaubt uns auch, die Funktionsweise des Programms herauszufinden, wenn wir den Quelltext dazu nicht haben, denn es zeigt nur an, wie das Programm mit dem Kernel interagiert.

```
open("/etc/ld.so.preload", O_RDONLY)     = -1 ENOENT (No such file or directory)
open("/etc/ld.so.cache", O_RDONLY)       = 3
fstat64(3, {st_mode=S_IFREG|0644, st_size=70568, ...}) = 0
old_mmap(NULL, 70568, PROT_READ, MAP_PRIVATE, 3, 0) = 0x40015000
close(3)                                 = 0
open("/lib/libc.so.6", O_RDONLY)         = 3
read(3, "\177ELF\1\1\1\0\0\0\0\0\0\0\0\0\3\0\3\0\1\0\0\0pY\1\000"..., 1024) = 1024
fstat64(3, {st_mode=S_IFREG|0755, st_size=1491599, ...}) = 0
old_mmap(NULL, 1268004, PROT_READ|PROT_EXEC, MAP_PRIVATE, 3, 0) = 0x40027000
mprotect(0x40156000, 26916, PROT_NONE)  = 0
old_mmap(0x40156000, 16384, PROT_READ|PROT_WRITE, MAP_PRIVATE|MAP_FIXED, 3,
0x12f000) = 0x40156000
old_mmap(0x4015a000, 10532, PROT_READ|PROT_WRITE, MAP_PRIVATE|MAP_FIXED|
MAP_ANONYMOUS, -1, 0) = 0x4015a000
close(3)                                 = 0
munmap(0x40015000, 70568)                = 0
fstat64(1, {st_mode=S_IFCHR|0600, st_rdev=Makedev(136, 4), ...}) = 0
old_mmap(NULL, 4096, PROT_READ|PROT_WRITE, MAP_PRIVATE|MAP_ANONYMOUS,
-1, 0) = 0x40015000
write(1, "Hallo Welt\n", 11)             = 11
munmap(0x40015000, 4096)                 = 0
exit_group(0)                            = ?
```

Mit diesem Aufruf bekommen Sie eine Menge Systemaufrufe angezeigt, die sich gar nicht unmittelbar im Quellcode befinden und dennoch ausgeführt werden. Die komplette Ausgabe erfolgte auf die Standardfehlerausgabe, womit Sie die Möglichkeit haben, diese Meldungen von der Standardfehlerausgabe des Programms in eine Datei zu schreiben. Bei der Ausgabe können Sie auch erkennen, dass STRACE nicht nur die Namen der Systemcalls ausgibt, sondern auch alle Parameter und sogar die Rückgabewerte. Sie sehen dabei auch, welch ein Aufwand betrieben wird, bis es zur Ausgabe des Strings mittels

```
write(1, "Hallo Welt\n", 11)             = 11
```

kommt. Ganz zu Beginn finden Sie gewöhnlich immer den execve()-Aufruf, der das Programm selbst startet. Der komplette zusätzliche Code wird zum Starten und Ausführen des Programms benötigt. So wird z. B. die C-Standardbibliothek dynamisch in dem Speicherbereich des Prozesses eingeblendet:

```
open("/lib/libc.so.6", O_RDONLY)         = 3
```

Die anderen Systemaufrufe (wie old_mmap und munmap) werden für die Verwaltung von dynamischem Speicher verwendet, der für die Anwendung nötig ist.

Neben der eben gezeigten Verwendung von STRACE lässt sich mithilfe von verschiedenen Optionen eine noch detailliertere Ausgabe erreichen. Tabelle 18.6 zeigt einige mögliche Optionen.

Aufruf	Bedeutung
`strace hallo`	Startet `hallo` und gibt dessen Systemaufrufe auf dem Bildschirm aus.
`strace -o hallo.log hallo`	Ausgabe in `hallo.log`-Logdatei
`strace -f -o hallo.log hallo`	Verfolgt auch Kindprozesse.
`strace -p pid`	Verfolgt die Aufrufe des laufenden Prozesses mit der PID `pid`.
`strace -e trace=open,write hallo`	Gibt nur Systemaufrufe aus, die das Dateimanagement betreffen (hier `open` und `write`).

Tabelle 18.6 Einige von vielen »strace«-Aufrufen

Als Ausblick lässt sich zu STRACE sagen, dass dieses Werkzeug sehr hilfreich ist, um gewisse Abläufe zwischen dem Kernel und dem Prozess zu verstehen. Der große Vorteil dieses Tools ist, dass der Quelltext nicht vorliegen muss, um mit STRACE arbeiten zu können. Allerdings stellt das Tool ziemlich hohe Anforderungen an den Entwickler und richtet sich vorwiegend an Programmierer, die sich mit der Kernel-Programmierung befassen.

18.10 Memory Leaks und unerlaubte Speicherzugriffe

Mit den Problemen von *Buffer Overflows* und *Memory Leaks* haben sehr viele Programmierer zu kämpfen, die ältere Software überholen und verbessern müssen. Hierbei finden sich recht häufig Funktionen oder Fehler, bei denen eine Speicherbereichsüberschreitung stattfindet.

Ein Speicherleck (Memory Leak) tritt auf, wenn einmal in einer Funktion allozierter Speicher angefordert und nie wieder freigegeben (`free()`) wird.[12] Wenn diese Funktion dann immer wieder aufgerufen wird und erneut Speicher anfordert, steht dem Programm zwangsläufig immer weniger Speicher zur Verfügung. Irgendwann werden Sie sich dann wundern, warum das Programm oder das ganze System so auffallend langsam wird, und müssen das Programm gezwungenermaßen neu starten.

12 Wird der Speicherbereich dagegen mehrfach freigeben, kann je nach UNIX-Derivat alles Mögliche passieren. Unter Linux handelt es sich um einen schwerwiegenden Fehler.

Das Schlimme an diesen beiden Fehlern ist, dass das Programm häufig scheinbar fehlerfrei ausgeführt wird. Meistens treten diese Fehler irgendwann später auf, wenn das Programm freigegeben wurde. Eine falsche Ausgabe von Daten bis hin zum Absturz der Anwendung sind einige der Folgen solcher Fehler.

Für beide Probleme gibt es mittlerweile eine Menge hervorragender Tools – vom einfachen (kostenlosen) Konsolen-Tool bis hin zum ultimativen Alleskönner-Tool, das allerdings auch (zu Recht) seinen Preis hat.

18.10.1 efence

Als Beispiel möchten wir Ihnen das Tool *efence* etwas näher vorstellen. Die Bibliothek *efence* liegt den meisten Linux-Distributionen bei und lässt sich bei Bedarf problemlos nachinstallieren. Das Prinzip von *efence* ist einfach, aber effektiv, um Speicherüberläufe zu verhindern. Dazu wird ein Speicherbereich so angelegt, dass sich vor und nach diesem Bereich ein nicht existierender Speicherbereich befindet – ein Loch, wenn Sie so wollen. Wenn nun ein Byte durch dieses Loch fällt, bricht *efence* das Programm ab.

Damit dies auch funktioniert, werden die Standardfunktionen zum Reservieren von Speicher (wie `malloc()`, `realloc()`, `calloc()` und `free()`) durch eigene Routinen ersetzt, die von *efence* zur Verfügung gestellt werden. Es gibt außerdem noch weitere Funktionen, die diese Bibliothek Ihnen zur Verfügung stellt. Hierzu sei allerdings wieder die Manual Page von *efence* empfohlen.

Um eine Anwendung mit *efence* zu übersetzen, muss die Bibliothek *libefence* mit `-lefence` hinzugelinkt werden. Zur Demonstration soll folgendes fehlerhafte Listing verwendet werden:


```
/* memory.c */
#include <stdio.h>
#include <stdlib.h>
#include <string.h>
#define BUF 10

static char *alloc_memory( unsigned int mem ) {
   return malloc( mem );
}

int main(void) {
        char* ptr = alloc_memory( BUF );
        char* buf;
        char array[BUF];
        unsigned int i;
```

```
        printf("Eingabe machen : ");
        fgets(ptr, BUF, stdin);
        printf("Die Eingabe lautet : %s", ptr );
        /* Speicherüberschreitung */
        strcat(ptr, " 123456789");
        printf("%s\n", ptr );
        /* falsches free() */
        for( i = 0; i<BUF; i++ ) {
                buf = alloc_memory( BUF * BUF );
                /* tu was mit dem Speicher ... */
                /* Ein nicht reservierter Speicher */
                /* wird freigegeben */
                free(ptr);
        }
        return EXIT_SUCCESS;
}
```

Testen Sie dieses Beispiel erst einmal ohne jeden Hintergedanken an Fehler:

```
$~> gcc -o memory memory.c
$~> ./memory
Eingabe machen : Jürgen
Die Eingabe lautet : Jürgen
Jürgen
 123456789
```

Obwohl sich im Listing zwei gravierende Fehler befinden, lässt sich das Programm problemlos (!) ausführen. Jetzt übersetzen Sie dasselbe Beispiel nochmals mit der *efence*-Bibliothek und dem Compilerflag für den Debugger GDB:

```
$~> gcc -o memory memory.c -ggdb -lefence
$~> ./memory
Electric Fence 2.2.0 Copyright (C) 1987-1999 Bruce Perens <bruce@perens.com>
Eingabe machen: Jürgen
Die Eingabe lautet: Jürgen
Speicherzugriffsfehler
```

Hier sieht es schon ein wenig anders aus. Ein Speicherzugriffsfehler wurde mithilfe von *efence* entdeckt. Um mehr über ihn zu erfahren, starten Sie jetzt das Programm mit dem Debugger GDB:

```
$~> gdb memory
GNU gdb 5.3
...
```

```
(gdb) run
Starting program: /home/tot/memory
[New Thread 16384 (LWP 4341)]
Electric Fence 2.2.0 Copyright (C) 1987-1999 Bruce Perens
Eingabe machen: Jürgen
Die Eingabe lautet: Jürgen

Program received signal SIGSEGV, Segmentation fault.
[Switching to Thread 16384 (LWP 4341)]
0x400a533d in strcat () from /lib/libc.so.6
(gdb) bt
#0  0x400a533d in strcat () from /lib/libc.so.6
#1  0xbffff444 in ?? ()
#2  0x400408ae in __libc_start_main () from /lib/libc.so.6
```

Nach einem Aufruf von bt (kurz für »Backtrace«, Alias: where) finden Sie von unten nach oben die Stelle, an der das Programm mit dem Signal SIGSEGV abbrach. strcat() in der main()-Funktion ist hier der Übeltäter. Nach der Beseitigung des Fehlers sollten Sie die Anwendung natürlich weiterhin testen. Also ein Neuübersetzen mithilfe von *efence*:

```
$~> gcc -o memory memory.c -ggdb -lefence
$~> gdb memory
GNU gdb 5.3
...
(gdb) run
Starting program: /home/tot/memory
[New Thread 16384 (LWP 4372)]
Electric Fence 2.2.0 Copyright (C) 1987-1999 Bruce Perens
Eingabe machen: Jürgen
Die Eingabe lautet: Jürgen

ElectricFence Aborting: free(401b3ff6): address not from malloc().

Program received signal SIGILL, Illegal instruction.
[Switching to Thread 16384 (LWP 4372)]
0x40054691 in kill () from /lib/libc.so.6
(gdb) bt
#0  0x40054691 in kill () from /lib/libc.so.6
#1  0x40029127 in do_abort () from /usr/lib/libefence.so.0
#2  0x400293e4 in EF_Abort () from /usr/lib/libefence.so.0
#3  0x40028c8e in free () from /usr/lib/libefence.so.0
#4  0x080485ed in main () at memory.c:33
#5  0x400408ae in __libc_start_main () from /lib/libc.so.6
```

```
(gdb) list 33
28              for( i = 0; i<BUF; i++ )
29              {
30                      buf = alloc_memory( BUF * BUF );
31                      /* tu was mit dem Speicher */
32          /* Ein nicht reservierter Speicher wird freigegeben */
33                      free(ptr);
34              }
35              return 0;
36      }
```

Nun haben Sie einen weiteren Übeltäter ausgemacht. Hier bekommen Sie beim Aufruf von `bt` gleich die Zeilennummer und die Funktion mit ausgegeben. Im Beispiel bricht das Programm mit dem Signal für einen illegalen Maschinenbefehl in der `main`-Funktion in Zeile 33 ab. Bei einem genauen Blick auf `free()` fällt auf, dass hier ein unerlaubter Zeiger freigegeben wurde. Anstatt `buf` wird hier immer wieder `ptr` freigegeben. Nach einem erneuten Korrigieren des Fehlers läuft die Anwendung erstmals ohne einen Abbruch von *efence*.

Sie konnten zwar jetzt mithilfe von *efence* kleinere bis größere Übel beseitigen. Dennoch sollte nicht unerwähnt bleiben, dass *efence* nur Speicherüberschreitungen auf dem Heap erkennt. Speicherüberschreitungen auf statischen Puffern hingegen, wie z. B. bei einem Array, kann *efence* ebenso wenig erkennen wie *Memory Leaks*. Ein weiterer Nachteil von *efence* ist der sehr hohe Speicherverbrauch von Anwendungen, womit die Performance erheblich ausgebremst wird. Somit sollten Sie nach dem ausgiebigen Testen mit *efence* die finale Version Ihrer Anwendung möglichst ohne *efence* übersetzen und anbieten.

18.10.2 valgrind

Einen Schritt weiter als *efence* geht das Tool *valgrind*. Mit dessen Hilfe lassen sich auch *Memory Leaks* und noch einiges mehr ermitteln. Zum Beispiel ist es mit *valgrind* auch möglich, den Schreib- oder Lesezugriff auf nicht allozierten Speicher, über Array-Grenzen hinweg und sogar über einige Bereiche des Stacks hinaus zu finden. *valgrind* benötigt im Gegensatz zu *efence* auch keine extra Bibliothek und belastet somit die Programmgröße und die Performance überhaupt nicht. Zur Demonstration soll *valgrind* wieder auf das fehlerhafte Listing angewandt werden, das schon im Beispiel von *efence* verwendet wurde (Ausgabe verkürzt).

```
$~> valgrind ./memory
==5767== Memcheck, a.k.a. Valgrind, a memory error detector for x86-linux.
...
==5767==
Eingabe machen: Jürgen
Die Eingabe lautet: Jürgen
==5767== Invalid write of size 1
```

```
==5767== at 0x401636FF: strcat (in /usr/lib/valgrind/valgrind.so)
==5767==    by 0x80484B2: main (in /home/tot/memory)
==5767==    by 0x4022E8AD: __libc_start_main (in /lib/libc.so.6)
==5767==    by 0x8048390: (within /home/tot/memory)
==5767==    Address 0x40F4902E is 0 bytes after a block of size 10 alloc'd
==5767== at 0x40162F43: malloc (in /usr/lib/valgrind/valgrind.so)
==5767==    by 0x8048444: alloc_memory (in /home/tot/memory)
==5767==    by 0x8048463: main (in /home/tot/memory)
==5767==    by 0x4022E8AD: __libc_start_main (in /lib/libc.so.6)
==5767==
==5767== Invalid write of size 1
==5767== at 0x40163708: strcat (in /usr/lib/valgrind/valgrind.so)
==5767==    by 0x80484B2: main (in /home/tot/memory)
==5767==    by 0x4022E8AD: __libc_start_main (in /lib/libc.so.6)
==5767==    by 0x8048390: (within /home/tot/memory)
==5767==    Address 0x40F49035 is 7 bytes after a block of size 10 alloc'd
==5767== at 0x40162F43: malloc (in /usr/lib/valgrind/valgrind.so)
==5767==    by 0x8048444: alloc_memory (in /home/tot/memory)
==5767==    by 0x8048463: main (in /home/tot/memory)
==5767==    by 0x4022E8AD: __libc_start_main (in /lib/libc.so.6)
==5767==
==5767== Invalid read of size 1
==5767==    at 0x40163721: strlen (in /usr/lib/valgrind/valgrind.so)
==5767==    by 0x402658BD: _IO_vfprintf_internal (in
...
...
==5767== Invalid read of size 1
==5767== at 0x4028ACCA:_IO_default_xsputn_internal(in /lib/libc.so.6)
==5767== by 0x40289D24: _IO_file_xsputn@@GLIBC_2.1 (in /lib/libc.so.6)
==5767==    by 0x40265A7A: _IO_vfprintf_internal (in /lib/libc.so.6)
==5767==    by 0x4026CBBF: _IO_printf (in /lib/libc.so.6)
==5767==    Address 0x40F4902E is 0 bytes after a block of size 10 alloc'd
==5767== at 0x40162F43: malloc (in /usr/lib/valgrind/valgrind.so)
==5767==    by 0x8048444: alloc_memory (in /home/tot/memory)
==5767==    by 0x8048463: main (in /home/tot/memory)
==5767==    by 0x4022E8AD: __libc_start_main (in /lib/libc.so.6)
 123456789
==5767==
==5767== Invalid free() / delete / delete[]
==5767==    at 0x401631DC: free (in /usr/lib/valgrind/valgrind.so)
==5767==    by 0x80484F2: main (in /home/tot/memory)
==5767==    by 0x4022E8AD: __libc_start_main (in /lib/libc.so.6)
==5767==    by 0x8048390: (within /home/tot/memory)
```

```
==5767==    Address 0x40F49024 is 0 bytes inside a block of size 10 free'd
==5767==    at 0x401631DC: free (in /usr/lib/valgrind/valgrind.so)
==5767==    by 0x80484F2: main (in /home/tot/memory)
==5767==    by 0x4022E8AD: __libc_start_main (in /lib/libc.so.6)
==5767==    by 0x8048390: (within /home/tot/memory)
==5767==
==5767== ERROR SUMMARY: 39 errors from 6 contexts (suppressed: 0 from 0)
==5767== malloc/free: in use at exit: 1000 bytes in 10 blocks.
==5767== malloc/free: 11 allocs, 10 frees, 1010 bytes allocated.
==5767== For a detailed leak analysis,  rerun with: --leak-check=yes
==5767== For counts of detected errors, rerun with: -v
```

Es fällt auf, dass *valgrind* um einiges geschwätziger ist als *efence*. Wir möchten Ihnen die Ausgabe ein bisschen genauer erläutern, ohne uns in Details zu verstricken. Zum Beispiel sagt Ihnen *valgrind* mit den Zeilen

```
==5767== Invalid write of size 1
==5767== at 0x40163708: strcat (in /usr/lib/valgrind/valgrind.so)
==5767==    by 0x80484B2: main (in /home/tot/memory)
==5767==    by 0x4022E8AD: __libc_start_main (in /lib/libc.so.6)
==5767==    by 0x8048390: (within /home/tot/memory)
==5767==    Address 0x40F49035 is 7 bytes after a block of size 10 alloc'd
==5767== at 0x40162F43: malloc (in /usr/lib/valgrind/valgrind.so)
==5767==    by 0x8048444: alloc_memory (in /home/tot/memory)
==5767==    by 0x8048463: main (in /home/tot/memory)
==5767==    by 0x4022E8AD: __libc_start_main (in /lib/libc.so.6)
```

dass hier ein ungültiger Schreibvorgang mit `strcat()` in der `main()`-Funktion durchgeführt wurde. Und zwar wurden hier 7 Bytes hinter einem reservierten Speicherblock geschrieben, der eigentlich nur für eine Größe von 10 Bytes vorgesehen war. Also wurden insgesamt 17 Bytes in den Speicher geschrieben. Des Weiteren wird aufgelistet, wo der Speicher reserviert wurde.

Dasselbe Problem wird dann ebenfalls in dreifacher Ausführung mit der anschließenden Ausgabe von `printf()` beschrieben (siehe `Invalid read of size 1`). Hier wird schließlich auch ein Lesezugriff auf einen nicht allozierten Bereich ausgeführt.

Ebenso wird der Fehler einer nicht erlaubten Freigabe (falscher Zeiger) des Speichers bemängelt. *valgrind* hat hier also vorbildlich alle Fehler auf einmal aufgedeckt. Verbessern Sie auch hier wieder die Fehler, und führen Sie *valgrind* erneut aus:

```
$~> gcc -o memory memory.c
$~> valgrind ./memory
==5798== Memcheck, a.k.a. Valgrind, a memory error detector for x86-linux.
...
```

```
==5798==
Eingabe machen: Jürgen
Die Eingabe lautet: Jürgen
==5798==
==5798== ERROR SUMMARY: 0 errors from 0 contexts (suppressed: 0 from 0)
==5798== malloc/free: in use at exit: 10 bytes in 1 blocks.
==5798== malloc/free: 11 allocs, 10 frees, 1010 bytes allocated.
==5798== For a detailed leak analysis,  rerun with: --leak-check=yes
==5798== For counts of detected errors, rerun with: -v
```

So, jetzt scheint alles in Ordnung zu sein; keine Fehler werden mehr angezeigt. Aber dennoch stimmt noch etwas nicht. Hier haben Sie noch ein *Memory Leak* entdeckt:

```
==5798== malloc/free: in use at exit: 10 bytes in 1 blocks.
==5798== malloc/free: 11 allocs, 10 frees, 1010 bytes allocated.
```

Nach dem Ende der Anwendung sind immer noch 10 Bytes (1 Block) Speicher übrig, der nicht freigegeben wurde. Eine Zeile tiefer wird Ihnen das nochmals bestätigt – es gibt `11 allocs` und `10 frees`. Sie haben ein *Memory Leak* gefunden. Hier gehen wir der Anweisung der Ausgabe nach und verwenden das Flag `--leak-check=yes`, um Genaueres zu erfahren:

```
$~> valgrind --leak-check=yes ./memory
...
==5801==
Eingabe machen: Jürgen
Die Eingabe lautet: Jürgen
==5801==
==5801== ERROR SUMMARY: 0 errors from 0 contexts (suppressed: 0 from 0)
==5801== malloc/free: in use at exit: 10 bytes in 1 blocks.
==5801== malloc/free: 11 allocs, 10 frees, 1010 bytes allocated.
==5801== For counts of detected errors, rerun with: -v
==5801== searching for pointers to 1 not-freed blocks.
==5801== checked 3413996 bytes.
==5801==
==5801== 10 bytes in 1 blocks are definitely lost in loss record 1 of 1
==5801== at 0x40162F43: malloc (in /usr/lib/valgrind/valgrind.so)
==5801==    by 0x8048414: alloc_memory (in /home/tot/memory)
==5801==    by 0x8048433: main (in /home/tot/memory)
==5801==    by 0x4022E8AD: __libc_start_main (in /lib/libc.so.6)
==5801==
==5801== LEAK SUMMARY:
==5801==    definitely lost: 10 bytes in 1 blocks.
==5801==    possibly lost:   0 bytes in 0 blocks.
==5801==    still reachable: 0 bytes in 0 blocks.
```

18

```
==5801==         suppressed: 0 bytes in 0 blocks.
==5801== Reachable blocks (those to which a pointer was found) are not shown.
==5801== To see them, rerun with: --show-reachable=yes
==5801==
```

Auf jeden Fall haben Sie 10 Bytes in der `main()`-Funktion *stehen* lassen. Den Fehler können Sie jetzt auch noch ausbügeln, und dann dürfte *valgrind* nichts mehr zu bemängeln haben:

```
$~> gcc -o memory memory.c
$~> valgrind --leak-check=yes ./memory
...
==5815==
Eingabe machen: Jürgen
Die Eingabe lautet: Jürgen
==5815==
==5815== ERROR SUMMARY: 0 errors from 0 contexts (suppressed: 0 from 0)
==5815== malloc/free: in use at exit: 0 bytes in 0 blocks.
==5815== malloc/free: 11 allocs, 11 frees, 1010 bytes allocated.
==5815== For counts of detected errors, rerun with: -v
==5815== No malloc'd blocks -- no leaks are possible.
```

Hier kommen keine Beanstandungen mehr von *valgrind*. Jetzt sollte das Programm fehlerfrei sein.

18.11 Ausblick

Zum Thema »Werkzeuge für Programmierer« könnten wir noch unendlich viele Seiten verfassen. Gerade das Thema »Behandlung und Vermeidung von Fehlern« ist ein Muss für den Programmierer.

Außerdem haben wir in dem Buch einige Themen zum Teil gar nicht behandelt bzw. mussten sie wegen des schon enormen Umfangs und auch teilweise aus Zeitgründen von der Roadmap streichen. Daher seien hier einige Stichpunkte erwähnt, nach denen Sie Ausschau halten sollten:

- **Eingabeverarbeitung** – Hierzu zählen die syntaktische Analyse mit YACC und die lexikalische Analyse mit LEX.
- **Programmbau** – In diesem Buch haben wir zwar *Make* beschrieben, aber es besteht auch die Möglichkeit, Software mit den Tools *AUTOCONF* und *AUTOMake* automatisch zu konfigurieren und zu bauen. AUTOMake generiert Makefiles, die danach von AUTOCONF benutzt werden können. AUTOCONF wiederum erstellt dabei Shellskripte, die Quelltexte automatisch konfigurieren.

- **Programme dokumentieren** – Das Thema wurde in diesem Buch gar nicht beschrieben. Dabei geht es vom einfachen Erstellen einer Manual Page bis hin zum Erstellen einer komfortablen Dokumentation mit *DOXYGEN*.
- **Versionskontrolle** – Zwar haben wir mit den Programmen RCS und CVS recht »dicke« Anwendungen beschrieben, aber Sie sollten sich auch die Tools *DIFF* (womit Unterschiede erkannt werden) und *PATCH* (womit Änderungen angewendet werden können) anschauen.

Kapitel 19
Shell-Programmierung

Die Shell ist nach wie vor das universale Bordwerkzeug und spielt auch beim Kompilieren von C-Code eine große Rolle.

19.1 Was ist eine Shell und was kann sie?

Ein UNIX-artiges System ohne Shell ist undenkbar – das eine gehört zum anderen wie das Eigelb zum Ei. Eine Shell wird hauptsächlich verwendet, um häufig wiederkehrende Aufgaben und Vorgänge zu erleichtern und zu automatisieren – Aufgaben wie das Überwachen und Auswerten von Dämonen und anderen Programmen (zum Beispiel über deren Ausgaben in Form von Logdateien, Protokollen, Statistiken usw.). Sie können eine Shell aber auch für einfachere Aufgaben verwenden, etwa um aus mehreren Kommandos, die Sie immer wieder eingeben müssen, ein *neues Kommando* zu erstellen. Ein solches neues Kommando wäre dann ein *Shellskript*.

Die Shell bietet Ihnen einen Zugang zum System, ähnlich wie eine grafische Benutzeroberfläche. Während Sie dort ein Kommando durch Anklicken eines Icons mit der Maus ausführen, tippen Sie in der Shell das Kommando in die Tastatur ein. Wer dies für umständlicher hält, der hat sich vermutlich noch nicht richtig mit einer Shell befasst. Wer eine Shell beherrscht, der beherrscht auch das UNIX-artige System und gelangt so gut wie immer schneller ans Ziel als der einfache GUI-Anwender. Somit bietet eine Shell eine gute Alternative zur grafischen Oberfläche, um das Betriebssystem über die Kommandozeile zu steuern und zu bedienen.

Eine Shell ist gewissermaßen eine Plattform, die es Ihnen erlaubt, auf alle Programme des Betriebssystems direkt zuzugreifen. Mit Hilfsmitteln können Sie auch sogar auf Funktionen des Linux-Kernels direkt zugreifen.

Eine besondere Rolle spielt bei UNIX-artigen Programmen, die für den Aufruf mit der Shell gedacht sind, die Ein- und Ausgabe, die als Strom (*Stream*) von Daten begriffen wird. So kann die Shell mittels weniger Zeichen die Ausgabe des einen Programms zur Eingabe des nächsten machen. Um die Sache nun wirklich nützlich zu machen, kann man solche Ketten (*Pipes*) nicht nur durch viele Programme ziehen, sondern obendrein noch über verschiedene Computer.

19.2 Was sind Shellskripte und wann ist ihr Einsatz sinnvoll?

Wohl niemand würde allein für den Zweck, ein Verzeichnis aufzulisten, ein Programm schreiben, wenn alle notwendigen Bordmittel in der Shell mitgegeben werden. Um den Inhalt eines Verzeichnisses in der Shell auflisten zu lassen, verwenden Sie gewöhnlich das Kommando `ls`. Hier sehen Sie ein Beispiel:

```
$ ls
file1.sh file2.sh bild.png main.cpp mainHeader.h a.out
```

Das Kommando `ls` bietet darüber hinaus noch viele weitere Optionen an, um etwas in einer bestimmten Form aufzulisten. Mehr dazu erfahren Sie in der Manual Page des Kommandos.

Hinweis

Sollten Sie mit den Kommandos der Kommandozeile noch nicht so vertraut sein, können Sie diese Kommandos in den Manual Pages nachschlagen. Im Anhang des Buches finden Sie außerdem noch eine Kommandoreferenz zu den wichtigsten Kommandos.

Wollen Sie die Ausgabe sortieren, so müssen Sie auch hierfür kein eigenes C-Programm schreiben. Vielmehr hilft Ihnen das Kommando `sort`. Schieben Sie einfach die Ausgabe von `ls` durch eine Pipe, wo auf der anderen Seite das `sort` auf die Eingabe wartet. Sogleich wird das Inhaltsverzeichnis sortiert ausgegeben, zum Beispiel so:

```
$ ls | sort
a.out
bild.png
file2.sh
main.cpp
mainHeader.h
file1.sh
```

Auch das Kommando `sort` bietet vielfältige Schalter, um das Kriterium der Sortierung einzustellen. Auch hierzu erfahren Sie mehr auf der Manual Page.

Wenn Sie jetzt noch einen Pager für sehr umfangreiche Ausgaben benötigen, um sich durch die Seiten zu scrollen, so brauchen Sie nur die Ausgabe der obigen Kommandoverkettung um eine zusätzliche Pipe zu erweitern. Hiermit wird beispielsweise die Ausgabe von `ls` an die Eingabe von `sort` geschickt. Die sortierte Ausgabe von `sort` wiederum geht an die Eingabe des Pagers `less`, der die scrollbare Ausgabe auf dem Bildschirm durchführt:

```
$ ls | sort | less
```

Wenn Sie diese Kommandoverkettung mit einem Texteditor in eine leere Datei schreiben und unter dem Namen *sortl.sh* abspeichern, so haben Sie bereits ein simples eigenes Shellskript, das Sie ausführen können, nachdem Sie die entsprechenden Rechte für die Ausführung gesetzt haben. Hier sehen Sie ein Beispiel:

```
$ chmod a+rx sortl.sh
$ ./sortl.sh
```

Wenn Sie das Shellskript ausgeführt haben, werden die Kommandos ausgeführt, die Sie im Shellskript geschrieben und gespeichert haben. Natürlich werden Sie in der Praxis meist keine Einzeiler als Shellskript verwenden – für solche Zwecke gibt es `alias` (siehe `man alias`). Shellskripte werden daher vorwiegend verwendet,

- um bestimmte Sequenzen von Befehlen mehrmals auszuführen,
- um Daten für die weitere Bearbeitung zwischenzuspeichern,
- um Befehle aufgrund einer bestimmten Bedingung oder Reihenfolge auszuführen,
- um Eingaben vom Benutzer zu erhalten,
- um schnell mit den Bordmitteln der Shell eine Aufgabe zu lösen oder
- wenn keine andere Programmiersprache vorhanden ist (eine Shell ist in der Regel immer auf dem System installiert).

Zusammengefasst ist ein Shellskript im Prinzip eine aus Shellkommandos zusammengebastelte Textdatei, die man ebenso gut in der Kommandozeile der Shell eingeben und ausführen könnte. Selbstverständlich finden Sie in der Shell-Programmierung auch Kontrollstrukturen wie Schleifen oder Bedingungen, um die Ausführung von Kommandos zu steuern.

19.3 Wann brauche ich keine Shellskripte?

So praktisch Shellskripte auch sind – es gibt noch genügend Gründe, weiterhin kompilierte Programmiersprachen wie C oder C++ zu verwenden. Gerade weil Shellskripte lediglich *interpretiert* werden, sollten Sie sie keinesfalls bei zeitkritischen Anwendungen verwenden, z. B. bei einer Datenverwaltung mit einer Datenbank. Gerade bei der Verwendung von sehr umfangreichen Daten, und in Programmen, in denen gegebenenfalls auch noch Schleifen verwendet werden, geht die Performance mit Shellskripten erheblich in die Knie. Ob dies geschieht, hängt auch davon ab, wie viele Anwender gleichzeitig mit den Daten arbeiten.

Shellskripte werden also interpretiert. Das heißt, sie werden beim Ausführen Zeile für Zeile analysiert und ausgeführt – auch wenn in einer Schleife dieselben Befehle ausgeführt werden. Seien Sie daher vorsichtig, wenn Sie vorhaben, Schleifen zu verwenden. Jede Zeile wird beim Interpretieren auf die richtige Syntax überprüft, und es finden häufig zahlreiche Ersetzungen statt. Dies hängt natürlich auch von der Art des verwendeten Kommandos ab.

Außerdem kann die Shell, auch wenn sie Hilfsmittel nutzt, mit Binärdaten oder tief strukturierten Textdaten wie XML oder Listen von wechselndem Format eher schlecht umgehen. Der erfolglose Versuch dauert oft länger, als solche Probleme gleich mit einer adäquaten Programmiersprache anzupacken.

19.4 Welche Schwierigkeiten sind typisch für Shellskripte?

Bestimmte Probleme treten bei Shellskripten immer wieder auf. Wenn Sie seltsame Zeichen, wie zum Beispiel umgedrehte einfache Anführungszeichen, in Dateinamen verwenden, werden Sie einige Zeit brauchen – zumindest bei ersten Mal – bis Ihr Shellskript tut, was Sie erwarten. Denn Anführungszeichen haben in der Shell ganz besondere Bedeutungen.

Auch Umlaute in Dateinamen können Sie in Schwierigkeiten bringen, ebenso, wenn die Zeichen und die Ausgabekodierung für die Programme nicht richtig gesetzt sind. Es kann nicht ganz unkompliziert sein, beides unter einen Hut zu bekommen.

Für den Notfall können Sie sich schon mal zwei Umgebungseinstellungen merken, die viele Probleme lösen:

```
$ LANG=en_US.UTF-8
$ LC_MESSAGE=POSIX
$ export LANG LC_MESSAGE
```

Diese beiden Umgebungseinstellungen können Sie natürlich so auch in Ihrem Shellskript verwenden. (Die C-Shell erwartet eine etwas andere Syntax, später folgt dazu mehr.) Die erste Zeile teilt mit, dass Sie grundsätzlich US-amerikanisches Englisch nutzen wollen und als systemweite Zeichencodierung UTF-8 (das ist Unicode) einsetzen. Die zweite Zeile besagt, dass alle Programmausgaben genau nach dem POSIX-Standard erfolgen sollen. (Das ist ganz wichtig, wenn ein Programm die Ausgabe des anderen auswerten soll, damit kein Programm irgendwelche Verzierungszeichen mit hineinschreibt, zum Beispiel lustige französische Anführungszeichen.)

Heutzutage verwendet man bei Linux praktisch ausnahmslos UTF-8, denn das erspart eine Menge Probleme, die man sonst bei der Konvertierung von Codeseiten usw. hätte. Aber sicher fragen Sie sich, warum denn die Programme unbedingt Englisch sprechen sollen, wenn Sie doch in Deutschland leben. Das ist einfach erklärt: Als Entwickler möchte man verhindern, dass das eigene Shellskript zwar in Deutschland läuft, aber überall sonst nur seltsame Ergebnisse produziert. Auch kann jeder Nutzer im Prinzip verschiedene Einstellungen haben.

Mit den beiden obigen Einstellungen kommen Sie schon weit, aber bitte beachten Sie, dass manche Programme noch weitere Umgebungsvariablen auswerten, die zum Beispiel die Sortierung, Zeitangaben oder auch nur die Ausgabe von Namen regeln. Wenn Sie wissen wollen, welche Einstellung Ihre Distribution (oder auch Ihre grafische Benutzeroberfläche) bereits vorgenommen hat, geben Sie Folgendes ein:

```
$ locale
```

`LC_CTYPE` ist auch so ein Kandidat, den Sie lieber ändern sollten, wenn er vom System bereits gesetzt wurde. `CTYPE`s sind genau die aus C bekannten Funktionen aus *<ctype.h>*, die Zeichen nach Typ und Art identifizieren. `LC_COLLATE` beeinflusst dagegen die erwähnte Sortierung, denn in Deutschland wird zum Beispiel anders sortiert als in USA! Dummerweise haben Franzosen und Dänen und auch fast alle anderen Europäer verschiedene Auffassungen davon, was eine richtige Sortierreihenfolge sei, und daher ist es sicherlich brutal, aber empfehlenswert, hier grundsätzlich `en_US.UTF-8` zu setzen, jedenfalls wenn Sie sicher sind, dass nicht länderspezifisch sortiert werden soll.

19.5 Verschiedene Shelltypen

Sicherlich ist Ihnen bereits aufgefallen, dass in diesem Kapitel immer von *einer* Shell die Rede ist und nicht von *der* Shell. Der Grund dafür ist, dass Ihnen mehrere Shellvarianten zu Verfügung stehen. Sie können jederzeit eine Shell gegen eine andere austauschen.

Alle Shells leiten sich entweder von der Bourne-Shell (kurz auch `sh` genannt) ab, die 1978 von S.R. Bourne entwickelt wurde, oder von der C-Shell (kurz `csh`), die ein Jahr später von Bill Joy in Berkeley programmiert wurde. Somit gibt es zwei Ursprünge der Shells, die im Laufe der Zeit weiterentwickelt wurden.

19

Hinweis

Die Bourne-Shell (`sh`) gibt es auf Linux-Systemen nicht mehr; sie wurde vollständig durch die Bash (`bash`, Bourne-Again-Shell) ersetzt. Sollten Sie also unter Linux eine Bourne-Shell (`sh`) starten, so verwenden Sie im Grunde nur den symbolischen Link zur Bash. (Beachten Sie, dass sich die Bash, wenn Sie sie als `sh` starten, anders verhält, als wenn Sie sie direkt als Bash starten!)

19.5.1 Erweiterungen der Bourne-Shell (sh)

Aus der Bourne-Shell (`sh`) haben sich viele Shellvarianten entwickelt – die bekanntesten stellen wir im Folgenden vor:

- *Korn-Shell* (`ksh`) – Die Korn-Shell wurde von David Korn für UNIX System V entwickelt. Bei der Korn-Shell wurden weitere interaktive Merkmale und Funktionen der C-Shell hinzugefügt. Diese Shell ist die Standardshell vieler kommerzieller UNIX-Systeme. Sie ist seit dem 1. März 2000 als Quelltext frei verfügbar. Unter Linux führt ein Wechsel zu Korn-Shell wiederum nur über einen symbolischen Link zur Bash, die diese Shell dann simuliert.

- *Public-Domain-Korn-Shell* (`pdksh`) – Mit der `pdksh` gibt es auch für Linux eine echte freie Alternative, die eine nahezu vollständige Kopie der Korn-Shell ist. OpenBSD beispielsweise verwendet `pdksh` als Standardshell. Auch von der Public-Domain-Korn-Shell gibt es inzwischen mit `mksh` (kurz für *MirBSD Korn Shell*) eine verbesserte Version.
- *Bourne-Again-Shell* (`bash`) – Die Bourne-Again-Shell wurde Ende der 80er-Jahre entwickelt und ist vollständig kompatibel zur Bourne-Shell (`sh`) und zum Großteil der Korn-Shell (`ksh`). Selbst einige Teile der C-Shell (`csh`) können mit dieser Shell verwendet werden. Die Bash ist außerdem die Standardshell von Linux-Systemen schlechthin und kann bzw. wird auch bei Mac OS X und vielen UNIX-Systemen verwendet. Selbst für Windows existieren hierbei verschiedene Portierungen.
- *Z-Shell* (`zsh`) – Die Z-Shell dürfte die wohl mächtigste aller Shells sein, denn sie ist eine Erweiterung der Bourne-Again-Shell (`bash`), der Korn-Shell (`ksh`) und sogar der C-Shell-Familie (`csh`) mit der Erweiterung TC-Shell (`tcsh`). Da die Z-Shell unter der BSD-Lizenz steht, wurde sie zeitweise sogar als Standardshell unter Mac OS X verwendet. Trotz ihrer unglaublichen Leistungsstärke wurde diese Shell selten gebührend beachtet.
- *Almquist-Shell* (`ash`) – Die A-Shell ist eine Erweiterung der Bourne-Shell (`sh`) und wird hauptsächlich von FreeBSD- und NetBSD-Projekten als Standardshell verwendet. Da die A-Shell außerdem sehr geringe Ansprüche an Speicher und CPU-Zeit stellt, ist sie häufig auch in Embedded-Linux-Systemen zu finden. In früheren Zeiten, als Speicher noch teuer und knapp war, wurde diese Shell auch auf der Notfall-Diskette (z. B. bei einem Mini-Linux) verwendet.
- *Debian-Almquist-Shell* (`dash`) – Diese Shell ist eine Erweiterung zur A-Shell, die mittlerweile gern bei Debian-Projekten als Alternative zur Bash als `/bin/sh` eingerichtet wird. Gerade weil mit dieser schlanken Shell das System nicht mit Speicher- und CPU-Leistungen belastet wird, wurde sie eine Zeitlang für das Hochfahren (Abarbeiten von `init`-Skripten) bei Ubuntu-Linux verwendet. Sie war dabei auch nicht als kompletter Ersatz für die Bash gedacht, sondern wurde lediglich zum Starten des Systems verwendet. Bedingt durch gewisse Kompatibilitätsprobleme hat Dash sich nicht wirklich durchsetzen können und ist inzwischen durch die Verwendung von Systemd immer weniger benötigt.

19.5.2 Erweiterung der C-Shell (csh)

Die C-Shell hat ihren Namen tatsächlich von der Programmiersprache C. Leider ist die C-Shell komplett inkompatibel zur Bourne-Shell-Familie und wird auch in der Praxis nur noch selten verwendet. Weiterentwickelt und verbessert wurde die C-Shell nur noch einmal mit der TENEX-C-Shell (kurz `tcsh`) von Christos Zoulas.

Zusammengefasst lässt sich sagen, dass die C-Shell-Familie keine große Rolle in der Entwicklung von Shellskripten mehr spielt. Der einzige Grund, sich für die C-Shell zu interessieren, dürfte die Absicht sein, alte Skripte umzuschreiben, die in dieser Shell vorliegen.

19.5.3 Welche Shell sollte man kennen?

Es gibt zwar immer noch Leute mit spezifischen Vorlieben, aber seit der Einführung von *systemd* als Init-Ersatz macht der Einsatz extra schlanker Shells beim System-Startvorgang nur noch wenig Sinn.

Beachten Sie, dass die BSDs und so manches andere UNIX-artige Betriebssystem von Haus aus über keine `bash` verfügen. (Man muss sie erst nachinstallieren, und dann kommt sie häufig auch noch woanders hin, nämlich bei den BSDs z. B. nach */usr/local/bin/bash*!). Daher wird meistens empfohlen, in der *Shebang*-Zeile (das ist die erste Zeile eines Shellskripts, die angibt, welche Shell gestartet werden soll) grundsätzlich `/bin/sh` anzugeben, es sei denn, man hat Erweiterungen der Bash verwendet, die es nur dort gibt.

Auch die C-Shell gibt es bei den BSDs als `/bin/csh`, während sie bei den Linux-Varianten meist `/bin/tcsh` heißt.

Wirklich sicher verlassen kann man sich nur auf das Vorhandensein von `/bin/sh`, ansonsten muss man ein Skript (ha, schon wieder ein Shellskript!) verwenden, das die Shebang-Zeile anpasst, vielleicht sogar noch eine passende Shell nachinstalliert, bevor die anderen Skripte installiert oder gestartet werden.

19.6 Shellskripts ausführen

Wenn Sie ein Shellskript mit dem Editor Ihrer Wahl erstellt haben, können Sie den Namen für das Skript beinahe beliebig auswählen. Sie sollten lediglich darauf achten, dass es kein Kommando mit demselben Namen gibt, und möglichst auf Sonderzeichen verzichten.

Auch der praktische Bezug soll hier beschrieben werden. Im Beispiel soll das Skript mit dem Namen *mysysinfo* verwendet werden. Diese Art des Zugriffs auf Systeminformationen haben Sie in Kapitel 4 bereits kennengelernt.

```
# Skript-Name: mysysinfo
echo "*********************************"
echo "Maximal vorhandener Speicher:"
cat /proc/meminfo | grep MemTotal
echo "*********************************"
echo "CPU-Geschwindigkeit (Mhz):"
cat /proc/cpuinfo | grep MHz
echo "*********************************"
echo "Betriebssystem:"
cat /proc/sys/kernel/ostype
echo "*********************************"
echo "Kernel-Version:"
cat /proc/sys/kernel/osrelease
echo "*********************************"
```

Hinweis

Abgesehen von der Shebang-Zeile (siehe Abschnitt 19.6.3, und dort »Ausführung in der Shebang-Zeile festlegen«) sind alle Zeilen, die mit dem Hash-Zeichen (#) beginnen, *Kommentare* und werden vom Interpreter ignoriert.

Haben Sie das Skript wie hier mit dem Namen *mysysinfo* gespeichert, so müssen Sie lediglich noch das Ausführrecht (x) für den Dateieigentümer (u) setzen, um das Skript zu starten. Hierzu soll das Kommando chmod verwendet werden:

```
$ ls -l mysysinfo
-rw-r--r--  1 you users 286 2009-01-21 02:19 userinfo
$ chmod u+x userinfo
$ ls -l userinfo
-rwxr--r--  1 you users 286 2009-01-21 02:19 userinfo
```

Nun können Sie das Skript mit seinem Namen aufrufen. Sofern sich das Skript nicht in einem Verzeichnis der Umgebungsvariablen PATH befindet, müssen Sie es mit dem absoluten Pfadnamen starten:

```
$ ./mysysinfo
**********************************
Maximal vorhandener Speicher:
MemTotal:       514296 kB
**********************************
CPU-Geschwindigkeit (MHz):
cpu MHz:        1667.006
**********************************
Betriebssystem:
Linux
**********************************
Kernel-Version:
2.6.27-7-generic
**********************************
```

19.6.1 Shellskript im Hintergrund ausführen

Um zu vermeiden, dass ein Shellskript oder ein Prozess im Allgemeinen beim Ausführen die Kommandozeile blockiert, können Sie den Prozess auch im Hintergrund ablaufen lassen. Dazu hängen Sie das Ampersandzeichen (&) an. Während das Skript (das ja auch ein Prozess ist) im Hintergrund ausgeführt wird, können Sie jederzeit weitere Prozesse starten.

```
$ ./scriptname1 &
[1] 1234
$
```

> **Hinweis**
>
> Das Starten von Hintergrundprozessen mit & gilt nicht nur für Shellskripte, sondern auch für beliebige Kommandos und ausführbare Programme, die Sie selbst in einer beliebigen Sprache geschrieben haben.

19.6.2 Die Bedeutung der Subshell

Beachten Sie, dass für die Ausführung eines Skripts immer eine Subshell (Untershell) und niemals die aktuelle Shell verwendet wird. Das bedeutet, dass die aktuelle Shell vor der Ausführung des Skripts eine Subshell aufruft. Die Subshell wiederum führt das Skript aus. Das Ganze lässt sich recht einfach demonstrieren, indem Sie Folgendes in der Kommandozeile ausführen:

```
$ ps -f
UID        PID  PPID  C STIME TTY          TIME CMD
you       3333  3658  0 Jan20 pts/38   00:00:00 /bin/bash
you       7742  3333  0 03:03 pts/38   00:00:00 ps -f
```

Mit `ps -f` listen Sie die aktuelle Prozessliste der laufenden Shell auf. Hierbei können Sie erkennen, dass die Prozessnummer (`PID`) der laufenden Shell 3333 lautet. Die Nummer des Elternprozesses können Sie an der PPID-Nummer erkennen. Im Falle des Kommandos `ps -f`, das Sie zuvor in der Kommandozeile eingegeben haben, können Sie erkennen, dass der Elternprozess die Nummer 3333 hat, was hierbei die aktuelle Shell ist (in diesem Beispiel unter Linux die Bash).

Dasselbe soll im Folgenden mit einem Shellskript gemacht werden, das etwas länger beschäftigt ist. Im Beispiel suchen wir einfach ab dem Wurzelverzeichnis alle Dateien eines bestimmten Anwenders. Hierzu verwenden wir folgenden Einzeiler (ersetzen Sie hierbei `username` durch einen echten Benutzer):

```
# Skript-Name: finduser
find / -user username -print 2>/dev/null
```

Speichern Sie das Skript ab (hier zum Beispiel unter dem Namen *finduser*), und vergeben Sie noch die Ausführrechte für den Dateieigentümer. Führen Sie anschließend das Skript wie folgt im Hintergrund (&) aus:

```
$ chmod u+x finduser
$ ./finduser 1>/dev/null &
[1] 8138
$ ps -f
UID   PID  PPID  C STIME TTY          TIME CMD
you  3333  3658  0 Jan20 pts/38   00:00:00 /bin/bash
you  8888  3333  0 03:26 pts/38   00:00:00 /bin/bash
you  8139  8888 10 03:26 pts/38   00:00:00 find / -user ...
you  8140  3333  0 03:26 pts/38   00:00:00 ps -f
$ kill $!
[1]+  Beendet                 ./finduser >/dev/null
```

Anhand der aktuellen Shell (PID: 3333) können Sie erkennen, dass eine weitere Shell (PPID: 3333; PID: 8888), eine Subshell, gestartet wurde. Erst diese Subshell (PID: 8888) führt das eigentliche Skript aus, wie Sie an der PPID von find erkennen.

Das Beispiel wurde hier anhand der Bash demonstriert, verläuft aber bei der Bourne-Shell (sh) und der Korn-Shell (ksh) analog. Bei der Korn-Shell kann es höchstens vorkommen, dass anstelle einer weiteren Korn-Shell (ksh) eine Bourne-Shell (sh) gestartet wird.

Shellskript ohne Subshell ausführen

Es ist auch möglich, ein Shellskript ohne eine Subshell auszuführen. Hierzu müssen Sie lediglich einen Punkt vor den Namen des Skripts stellen. Bei der Bash kann hierbei auch noch das Kommando source anstelle des Punkts verwendet werden, zum Beispiel so:

```
$ . ./scriptname
```

oder bei einer Bash:

```
$ source ./scriptname
```

Sinnvoll kann die Ausführung eines Skripts ohne Subshell sein, wenn Sie mit den Umgebungsvariablen arbeiten müssen. Nehmen Sie beispielsweise Änderungen an den Umgebungsvariablen in einer Subshell vor, so sind diese Änderungen nur so lange gültig, wie das laufende Skript ausgeführt wird. Sobald das Skript beendet wird, befinden Sie sich wieder in der Elternshell mit den ursprünglichen Umgebungsvariablen.

Erstellen Sie das folgende einfache Skript, und speichern Sie es unter dem Namen *setVar* ab. Setzen Sie außerdem die Ausführrechte für den Dateieigentümer.

```
# Skript-Name: setVar
MYVAR=101;
echo $MYVAR;
```

Das Skript bei der Ausführung:

```
$ ./setVar
101
$ echo $MYVAR

$ . ./setVar
101
$ echo $MYVAR
101
$
```

Bei der ersten Ausführung wird das Skript wie gewöhnlich mit einer Subshell aufgerufen. Die Variable MYVAR wurde hier in der Subshell auf 101 gesetzt, wie die Ausgabe bestätigt. Ein erneutes Überprüfen der Variablen MYVAR in der aktuellen Shell beweist aber, dass dieser Wert eben nur in der Subshell gültig war. Bei der zweiten Ausführung des Skripts verwenden wir keine Subshell, indem wir einen Punkt vor dem Shellskript setzen. Hier ist nun auch in der aktuellen Shell der Wert der selbst definierten Umgebungsvariablen MYVAR gleich 101.

Achtung

Das Ausführen von Shellskripten ohne Subshells ist immer ein wenig sicherheitskritisch. Zum einen sollte man Umgebungsvariablen stets mit Vorsicht behandeln, da sie von jedermann verändert werden können. Schwerer noch wiegt die Tatsache, dass beim Ausführen von Shellskripten ohne Subshells nicht einmal Ausführrechte benötigt werden. Leserechte reichen aus, damit das Skript ausgeführt werden kann.

19.6.3 Die ausführende Shell festlegen

Wenn Sie ein Shellskript für eine bestimmte Shell geschrieben haben oder wollen, dass das Skript in einer bestimmten (Sub-)Shell ausgeführt wird, haben Sie zwei Möglichkeiten.

Shellskript als Argument der Shell aufrufen

Sie können das Skript schnell und unkompliziert als Argument einer Shell aufrufen. Hier sehen Sie ein Beispiel:

```
$ ksh scriptname
```

Hier wird das Shellskript scriptname von der Korn-Shell in einer Subshell ausgeführt. Dasselbe funktioniert natürlich auch mit anderen Shells wie der Bourne-Shell (sh) mit:

```
$ sh scriptname
```

Diese Möglichkeit ist recht praktisch, um Shellskripte mit den unterschiedlichen Shells zu testen.

Ausführung in der Shebang-Zeile festlegen

Die wohl gängigere Methode zum Festlegen der ausführenden Shell ist die Verwendung der sogenannten Shebang-Zeile im Shellskript selbst. Diese Zeile ist immer die erste Zeile in einem Skript. Sie beginnt stets mit der Zeichenfolge `#!`, gefolgt von der absoluten Pfadangabe des Interpreters und optionalen Argumenten. Die Syntax dazu sieht wie folgt aus:

```
#! Interpreter [Argument(e)]
```

Die absolute Pfadangabe können Sie wie immer mit dem Kommando `which` ermitteln. Wollen Sie beispielsweise den absoluten Pfad zur Bourne-Shell (`sh`) ermitteln, gehen Sie wie folgt vor:

```
$ which sh
/bin/sh
$
```

Die absolute Pfadangabe lautet hier `/bin/sh`, somit müssten Sie in der ersten Zeile des Shellskripts folgende Shebang-Zeile verwenden, wenn Sie die Bourne-Shell (`sh`) zur Ausführung des Skripts verwenden wollen:

```
#!/bin/sh
```

Somit würde ein komplettes Shellskript, das in der Bourne-Shell ausgeführt werden soll, folgendermaßen aussehen:

```
#!/bin/sh
# findshells
which ksh;
which sh;
which bash;
which ash;
which csh;
which tcsh;
which dash;
```

Das Skript gibt lediglich die absoluten Pfadangaben zu den Shells aus.

Hier sehen Sie das Beispiel bei der Ausführung:

```
$ chmod u+x findshells
$ ./findshells
/usr/bin/ksh
```

```
/bin/sh
/bin/bash
/bin/ash
/bin/csh
/usr/bin/tcsh
/bin/dash
```

Sollte die absolute Pfadangabe der Shebang-Zeile falsch oder die Shell einfach nicht auf dem System vorhanden sein, erhalten Sie die folgende Fehlermeldung:

```
$ ./script
bash: ./script: /usr/bin/sh: bad interpreter: No such file or directory
```

Die Verwendung der Shebang-Zeile ist ein typischer Linux/UNIX-Vorgang, der auch bei anderen Interpreter-Sprachen wie Perl (`#! /usr/bin/perl`) verwendet wird. So ist es durchaus möglich, dass Sie hier eine eigene Interpreter-Sprache entwickeln und diese über einen in der Shebang-Zeile angegebenen Interpreter interpretieren lassen.

An der Zeichenfolge `#!` in der ersten Zeile erkennt der Linux/UNIX-Systemaufruf `exec` die Interpreter-Zeile. Er verwendet die dahinterstehenden Zeichen als Namen des Programms, das als Interpreter verwendet werden soll. Der Name Ihres Shellskripts wird beim Aufruf des Interpreters automatisch übergeben. Dieser `exec`-Mechanismus wird von jeder Shell zum Aufrufen eines Programms oder Kommandos verwendet. Somit können Sie sichergehen, dass der Ablauf Ihres Skripts in der richtigen Umgebung ausgeführt wird, auch wenn Sie es gewohnt sind, in einer anderen Shell zu arbeiten. (Beachten Sie bitte, dass zur Wahrung der Kompatibilität ein Leerzeichen auf das Ausrufungszeichen folgen sollte, das aber unter Linux nicht unbedingt zwingend ist.)

Shell mit eigenem Interpreter erweitern

Zwar hat das nicht allzu viel mit der Shell-Programmierung zu tun, aber eine häufig gestellte Frage lautet, wie man denn eine eigene Shell programmieren kann. Und da wir hier gerade die Shebang-Zeile behandelt haben, wollen wir die Programmierung einer Shell im Folgenden an einem kleinen Beispiel demonstrieren.

> **Hinweis**
>
> Das folgende Beispiel soll Ihnen nur eine Anregung geben, wie Sie in die Arbeit der vorhandenen Shell eingreifen können, um diese gegebenenfalls zu erweitern. Natürlich können Sie auf ähnlichem Weg auch eine eigene Shell entwickeln.

Sie erstellen hier keine eigene Shell im eigentlichen Sinne, sondern eine Art Wrapper-Shell, die Sie über die aktuell laufende Shell ziehen. Damit können Sie die vorhandene Shell um eigene Funktionen erweitern oder vorhandene Funktionen blockieren. Die so erstellte Wrapper-Shell wollen wir dann über die Shebang-Zeile aus einem Shellskript heraus verwenden. Der Quellcode für unsere Wrapper-Shell (die noch ziemlich ausbaufähig ist) lautet:

```
/* wolfsh.c */
#include <stdio.h>
#include <string.h>
#include <stdlib.h>
#define MAX 255
#define OK 0

int main(int argc, char *argv[]) {
   char *command;
   /* Umgebungsvariable für die neue SHELL setzen */
   setenv("SHELL", "wolfsh", 1);
   /* Hier wird davon ausgegangen, dass die Shell
      von einem Shellskript mit der Shebang-Zeile
      aufgerufen wurde  */
   if( argc > 1 ) {
      char puffer[MAX];
      /* Das Shellskript ist dann das erste Argument,
         das jetzt Zeile für Zeile abgearbeitet wird */
      FILE *f1 = fopen ( argv[1], "r" );
      if( f1 == NULL ) exit(EXIT_FAILURE);
         while( (fgets(puffer, MAX, f1)) != NULL  ) {
            command = strtok(puffer, "\n");
            if( command == NULL ) exit(EXIT_SUCCESS);
         /* Die Erweiterungsbefehle zur vorhandenen Shell */
            if( strcmp(command, "howdie") == OK )
               printf("Ihr Befehl lautete \"howdie\"\n");
            else if( strcmp(command, "trouble") == OK )
               printf("Brauchen Sie Hilfe?\n");
            else if( strcmp(command, "bye") == OK )
               exit (EXIT_SUCCESS);
         /* ... oder Befehle, die blockiert werden sollen */
            else if( strcmp(command, "whoami") == OK )
               printf("Befehl nicht erlaubt\n");
         /* ... und natürlich die Befehle, für die
                vorhandene Shell ausführen */
            else {
               system(command);
            }
         }
      fclose(f1);
```

```
   }
   /* Das Gleiche jetzt auch noch für die Kommandozeile */
   for (;;) {
      char puffer[MAX];
      printf("><(((o> ");
      fgets(puffer, MAX, stdin);
      command = strtok(puffer, "\n");
      if( strcmp(command, "howdie") == OK )
         printf("Ihr Befehl lautete \"howdie\"\n");
      else if( strcmp(command, "trouble") == OK )
         printf("Brauchen Sie Hilfe?\n");
      else if( strcmp(command, "bye") == OK )
         exit (EXIT_SUCCESS);
      else if( strcmp(command, "whoami") == OK )
         printf("Befehl nicht erlaubt\n");
      else {
         system(command);
      }
   }
   return EXIT_SUCCESS;
}
```

Die Wrapper-Shell bei der Ausführung:

```
$ gcc -o wolfsh wolfsh.c
$ ./wolfsh
><(((o> trouble
Brauchen Sie Hilfe?
><(((o> howdie
Ihr Befehl lautete "howdie"
><(((o> whoami
Befehl nicht erlaubt
><(((o> echo $SHELL
wolfsh
><(((o> bye
$
```


Gleich nach dem Übersetzen unserer Wrapper-Shell erscheint unser Eingabe-Prompt (><(((o>), an dem wir unsere eigenen Befehle `trouble` und `howdie` testen. Auch das Kommando `whoami` konnten wir erfolgreich blockieren. Die Umgebungsvariable `SHELL`, die wir im Programm mit `setenv()` gesetzt haben, wird richtig ausgegeben. Mit unserem eigenen Kommando `bye` beenden wir die Wrapper-Shell und kehren zur aufrufenden Shell zurück.

Im nächsten Schritt soll unsere lokale Shell auf dem ganzen System ohne absoluten Pfadnamen verfügbar sein. Hier müssen Sie lediglich das binäre Programm `wolfsh` in das `bin`-Verzeichnis kopieren und die entsprechenden Ausführrechte setzen:

```
$ sudo su
[sudo] password for user: *****
# cp wolfsh /usr/bin
# chmod a+x /usr/bin/wolfsh
# exit
exit
$ which wolfsh
/usr/bin/wolfsh
$ wolfsh
><(((o>
```

Da unsere Wrapper-Shell nun über das ganze System verfügbar ist, wollen wir sie in einem Shellskript mithilfe der Shebang-Zeile verwenden. Hier ist das Shellskript namens `testshell`:

```
#!/usr/bin/wolfsh
# Skript-Name: testshell
echo "Demonstration einer Wrapper-Shell"
# Eigene Befehle ausführen
trouble
howdie
# Blockierter Befehl
whoami
# Welche Shell wird genau ausgeführt?
echo $SHELL
which $SHELL
echo "Ende der Demonstration"
```

Das Shellskript bei der Ausführung:

```
$ chmod u+x testshell
$ ./testshell
Demonstration einer Wrapper-Shell
Brauchen Sie Hilfe?
Ihr Befehl lautete "howdie"
Befehl nicht erlaubt
wolfsh
/usr/bin/wolfsh
Ende der Demonstration
$
```

Bei der Ausführung des Skripts `testshell` werden, wie Sie an der Ausgabe erkennen können, unsere eigenen neuen Shellbefehle (`howdie` und `trouble`) ausgeführt. Im Beispiel sind die Kommandos natürlich nur theoretischer Natur, indem einfach nur ein Text ausgegeben wird. Auch der blockierte Befehl `whoami` lässt sich nicht ausführen. Ansonsten lassen sich alle Shellbefehle der aufrufenden Shell verwenden.

19.6.4 Shellskript beenden

Das Shellskript endet entweder, wenn die letzte Zeile ausgeführt wurde, oder wenn Sie selbst das Skript mit `exit` sofort beenden. Die Syntax des Kommandos sieht wie folgt aus:

```
exit [n]
```

Der Parameter `n` ist optional und kann mit Werten von 0 bis 255 angegeben werden. Man beendet `exit` mit einem Wert, um zu ermitteln, ob ein Skript ordnungsgemäß beendet wurde. Standardmäßig wird der Wert `0` für eine saubere Beendigung eines Skripts bzw- eines Programms im Allgemeinen verwendet. Ein anderer Wert als `0` signalisiert einen Fehler. Den Rückgabewert eines Skripts oder eines Programms können Sie mit der Shellvariablen `$?` abfragen. Hier sehen Sie ein Beispiel:

```
$ cd keinDIR
bash: cd: keinDIR: No such file or directory
$ echo $?
1
$ whoami
user
$ echo $?
0
```

Beim ersten Kommando wurde versucht, mit `cd` in ein Verzeichnis zu wechseln, das nicht existiert, wie die Fehlermeldung bestätigt. Der Rückgabewert in der Shellvariablen `$?` des Kommandos war daher auch ungleich `0` (hier `1`). Das zweite Kommando `whoami` wurde ohne Fehler ausgeführt, was der Rückgabewert mit `0` auch bestätigt.

Hinweis

Selbstverständlich funktioniert das Auswerten des Rückgabewerts mit der Shellvariablen `$?` auch bei der Ausführung eines in binären Programms, das beispielsweise in C/C++ geschrieben wurde. Auch hier bedeutet in der Regel ein Rückgabewert von `0`, dass das Programm ordnungsgemäß beendet wurde.

Ebenso funktioniert das Beenden natürlich auch mit einem Shellskript mit `exit`. Hier sehen Sie ein Beispiel:

```
#!/bin/sh
# Skript-Name: myexit
echo "Ping..."
# ... Shellskript wird mit dem Wert 99 vorzeitig beendet
exit 99
# ... diese Ausgabe wird nicht mehr ausgeführt
echo "...Pong"
```

Bei diesem Skript wird nach der ersten echo-Ausgabe das Skript mit dem exit-Wert 99 beendet. Die zweite Ausgabe wird somit nicht mehr ausgeführt. Das Skript bei der Ausführung:

```
$ chmod u+x myexit
$ ./myexit
Ping ...
$ echo $?
99
```

Hinweis

Wenn Sie den Befehl exit in der Login-Shell oder einem Skript verwenden, das Sie ohne Subshell gestartet haben, wird mit ihm die aktuelle Login-Shell beendet.

19.7 Vom Shellskript zum Prozess

Nun befinden wir uns schon wieder mitten in den Prozessen. Diese wurden bereits ausführlich in Kapitel 9, »Dämonen, Zombies und Prozesse«, behandelt. Dort haben Sie erfahren, dass jedes ausführbare Programm, das Sie geschrieben haben, ein eigener Prozess ist.

Wie verhält es sich aber mit einem Shellskript – handelt es sich auch dabei um einen Prozess? Diese Frage ist nicht eindeutig zu beantworten – wenngleich wir eher zu einem Nein tendieren. Aus Abschnitt 19.6.2, »Die Bedeutung der Subshell«, wissen Sie bereits, dass beim Aufruf eines Shellskripts eine weitere Subshell gestartet wird. Diese Subshell ist im Grunde bereits ein Prozess. In der Subshell wiederum werden die Kommandos ausgeführt, die im Shellskript geschrieben wurden, was wiederum mindestens ein weiterer Prozess ist. Man könnte ein Shellskript also mit dem ersten Stein einer Domino-Rallye vergleichen, der den Anstoß gibt für eine Kettenreaktion weiterer Prozesse.

Zur Demonstration zeigen wir ein einfaches Beispiel. Verwenden Sie folgendes einzeiliges Shellskript:

```
# Skript-Name: einSkript
ps -f
```

Führen Sie dieses Shellskript aus, und betrachten Sie die Ausgabe:

```
$ ./einSkript
UID        PID  PPID  C STIME TTY          TIME CMD
tot       3333  3661  0 10:52 pts/40   00:00:00 /bin/bash
tot       6666  3333  0 12:50 pts/40   00:00:00 /bin/bash
tot       5981  6666  0 12:50 pts/40   00:00:00 ps -f
```

Es fällt auf, dass es keinen Prozess mit dem Namen `einSkript` gibt. Sie finden hier nur das Kommando `ps -f`, das im Shellskript geschrieben wurde. Das Kommando selbst wurde von der Subshell (mit der PID 6666) aufgerufen. Diese Subshell ist für das Skript `einSkript` unser Interpreter (siehe PPID: 6666), der das Skript Zeile für Zeile abarbeiten soll.

Ein Shellskript startet somit nur eine neue Shell (also auch einen neuen Prozess) und arbeitet Zeile für Zeile die Kommandos ab (wieder neue Prozesse), die in diesem Shellskript verwendet werden. Im Gegensatz zu einer Login-Shell arbeitet diese Subshell jedoch nicht interaktiv. Es gibt nach jedem interpretierten Kommando keinen Eingabeprompt. Wurden alle Kommandos abgearbeitet oder wurde das Shellskript mit `exit` beendet, wird auch die Subshell beendet.

19.8 Einen Datenstrom (Stream) umleiten

Die Streams-Standardeingabe (`stdin`, Kanal: 0), -Standardausgabe (`stdout`, Kanal: 1) und -Standardfehlerausgabe (`stderr`, Kanal: 2) ist jedem Programmierer wohlbekannt (siehe Abbildung 19.1). Auch in der Shell-Programmierung wird sehr häufig von der Umleitung dieser drei Kanäle Gebrauch gemacht. So ist es selten erwünscht, dass ein Shellskript unzählige Zeilen auf den Bildschirm ausgibt. Solche Ausgaben speichert man in der Praxis für gewöhnlich in einer Logdatei.

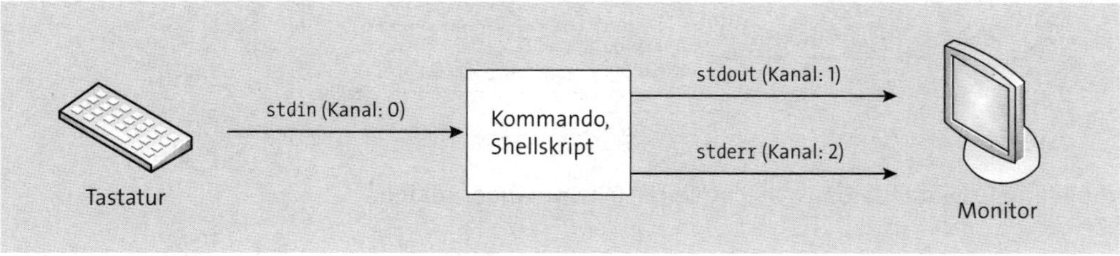

Abbildung 19.1 Die gewöhnlichen Datenströme

19.8.1 Die Standardausgabe umleiten

Die Standardausgabe (Kanal: 1) eines ausführbaren Programms, Kommandos oder Shellskripts können Sie mit dem Zeichen `1>` in eine Datei umleiten. Den Kanal 1 müssen Sie aber nicht explizit angeben. Verwenden Sie das Zeichen > allein, so wird trotzdem automatisch die Standardausgabe mit dem Kanal 1 verwendet. Beide Verwendungen sind gleichwertig.

Hier sehen Sie ein Beispiel:

```
$ du -b -h /home/user > size_user.txt
$ ./einSkript 1> Ausgabe_von_ein_Skript.txt
```

Die Verwendung von > und 1> bewirkt jeweils dasselbe. Beide Male wird die Standardausgabe in eine Datei umgeleitet. Mit du wird in die Datei *size_user.txt* geschrieben, wie viele Bytes die einzelnen Ordner im Verzeichnis */home/user* haben. Dasselbe geschieht auch mit dem Shellskript einSkript (es wird davon ausgegangen, dass es existiert). Hier wird die Standardausgabe in die Datei *Ausgabe_von_ein_Skript.txt* umgeleitet.

Wenn Sie die Standardausgabe in eine Datei umleiten, die noch nicht existiert, wird diese neu erzeugt. Existiert diese Datei hingegen schon, wird der alte Inhalt der Datei überschrieben. Wollen Sie vermeiden, dass eine Datei überschrieben wird und dass die Ausgabe ans Ende einer vorhandenen Datei angefügt wird, so verwenden Sie einfach die Ausgabeumleitung >> oder 1>>. Hier sehen Sie ein Beispiel:

```
$ du -b -h /home/user >> size_user.txt
$ ./einSkript 1>> Ausgabe_von_ein_Skript.txt
```

Die Ausgabe von Daten wird nun immer ans Ende einer vorhandenen Datei angefügt (siehe Abbildung 19.2). Auch hier gilt: Existiert diese Datei nicht, wird sie neu angelegt.

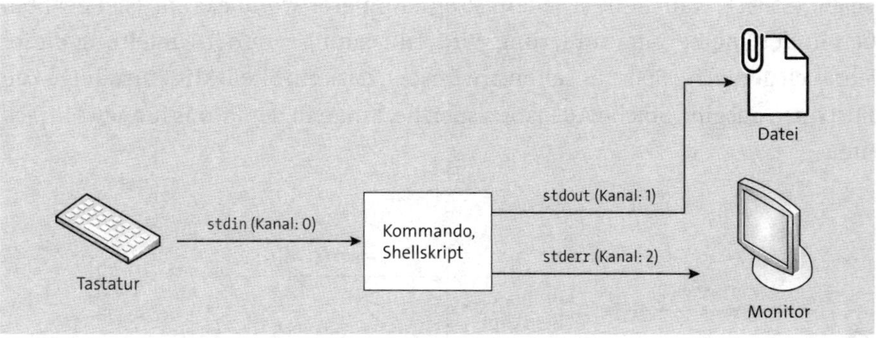

Abbildung 19.2 Standardausgabe umleiten (»kommando > datei«)

19.8.2 Die Standardfehlerausgabe umleiten

Ähnlich wie die Standardausgabe können Sie auch die Standardfehlerausgabe (Kanal: 2) umleiten. Nur sind Sie hierbei gezwungen, den Kanal 2 vor dem Zeichen > anzugeben, da sonst standardmäßig der Kanal 1, die Standardausgabe, verwendet wird. Somit lautet hier die Syntax 2>. Hier sehen Sie ein Beispiel:

```
$ du -b -h / 2> error_size_all.txt
```

Hier wird die Ausgabe des gesamten Wurzelverzeichnisses mit du veranlasst. Da es hierbei auch viele Verzeichnisse gibt, für die Sie keine Berechtigung haben (*Permission denied*), leiten wir die Fehlerausgabe mit dem Kanal 2 in die Datei *error_size_all.txt* um.

Auch hier gilt: Existiert diese Datei nicht, so wird sie neu erzeugt. Ist diese Datei vorhanden, wird der alte Inhalt überschrieben. Alternativ existiert auch hier die Version mit 2>>, um die Standardfehlerausgaben ans Ende einer bereits existierenden Datei anzuhängen, zum Beispiel so:

```
$ du -b -h / 2>> error_size_all.txt
```

Es ist allerdings anzumerken, dass uns diese Art der Fehlerausgabe selten interessiert. Hierfür gibt es mit dem Verzeichnis */dev/null* ein »Datengrab«, in das Sie alle Arten von Daten weiterleiten können, an deren Ausgabe Sie gar nicht interessiert sind. Das Verzeichnis /dev/null benötigt keinerlei Plattenplatz. Hier sehen Sie ein Beispiel für die Umleitung:

```
$ du -b -h / 2> /dev/null
```

In diesem Beispiel leiten wir zwar nun die Standardfehlerausgabe ins »Datengrab«, aber die Standardausgabe rauscht hier auch einfach noch so über dem Bildschirm. Sie wollen – und können – in diesem Fall auch noch zusätzlich die Standardausgabe in eine Datei umleiten:

```
$ du -b -h / > size_all.txt 2> /dev/null
```

Die komplette Standardausgabe wird nun in die Datei *size_all.txt* geschrieben, und die Standardfehlerausgabe leiten wir ins Datengrab */dev/null* um (siehe Abbildung 19.3).

19

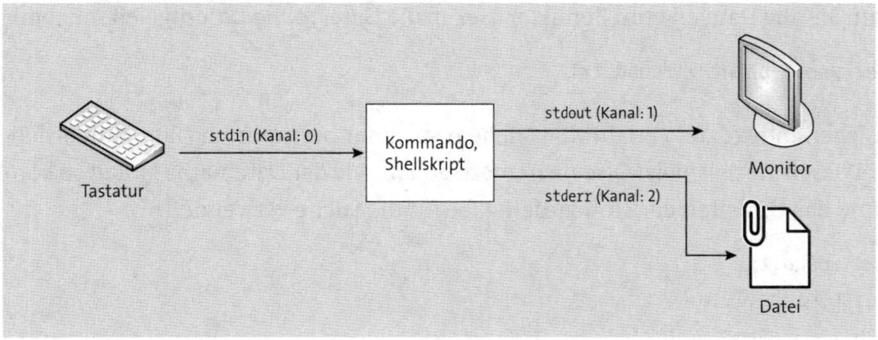

Abbildung 19.3 Standardfehlerausgabe umleiten (»kommando 2> datei«)

19.8.3 Die Standardausgabe mit der Standardfehlerausgabe verknüpfen

Ein anderer Fall ergibt sich, wenn Sie sowohl die Standardausgabe als auch die Standardfehlerausgabe in eine Datei schreiben wollen. Sie können die Standardausgabe und die Standardfehlerausgabe auch wie folgt in eine Datei schreiben:

```
$ find / -user user -print >> found.txt 2>> found.txt
```

Hiermit werden beide Ausgaben der Kanäle 1 und 2 in die Textdatei *found.txt* umgeleitet und am Ende hinzugefügt. Noch einfacher geht es mit `2>&1`. Damit legen Sie die Standardausgabe und Standardfehlerausgabe zusammen (siehe Abbildung 19.4). Bezogen auf unser Beispiel sieht dies folgendermaßen aus:

```
$ find / -user user -print >> found.txt 2>&1
```

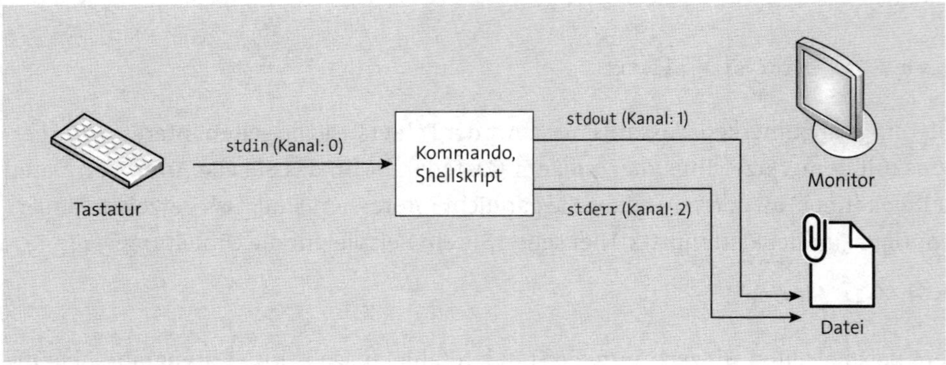

Abbildung 19.4 Standardausgabe und Standardfehlerausgabe verknüpfen und in eine Datei umleiten (»kommando > datei 2>&1«)

19.8.4 Die Standardeingabe umleiten

Auch die Standardeingabe (Kanal: 0), die gewöhnlich per Tastatur erfolgt, lässt sich mit dem Zeichen `<` (oder auch `0<`) umleiten. Hier können Sie das Beispiel aus dem letzten Abschnitt erweitern, in dem Sie alle Dateien vom Benutzer `user` in die Datei *found.txt* umgeleitet haben:

```
$ find / -user user -print > found.txt
```

Dank einer solchen Indexdatei verläuft die Suche nach einer bestimmten Datei nun erheblich schneller. Wissen Sie beispielsweise nicht mehr genau, wie der Dateiname lautet, so können Sie `grep` und das Umleiten der Standardeingabe für die Suche verwenden:

```
$ grep hallo < found.txt
/home/user/Beispiel/hallo.c
/home/user/Shell/halloShell.sh
/var/lib/perl/example/hallo.pl
...
```

Mit `grep` suchen Sie hier nach einer Datei mit der Textfolge `hallo`. Hier wurde einfach die Datei *found.txt* als Standardeingabe (Kanal: 0) an `grep` umgeleitet und hat auch einige Ergebnisse gefunden, die zum Suchmuster passen (siehe Abbildung 19.5).

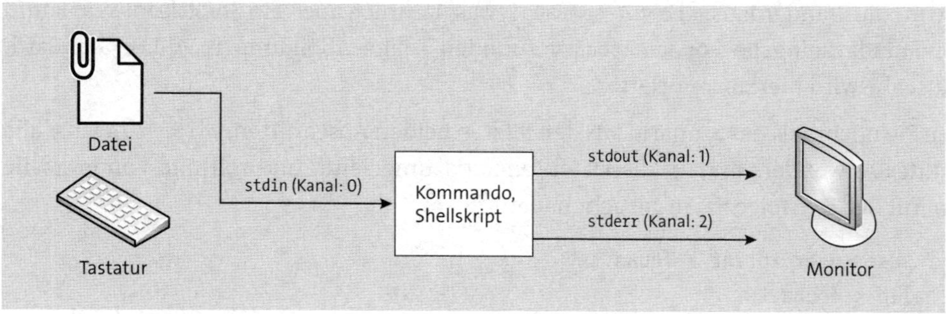

Abbildung 19.5 Die Standardeingabe umleiten (»kommando < datei«)

Auch diese Ausgabe lässt sich wiederum in eine Datei umleiten:

```
$ grep hallo < found.txt > hallo.txt
$ cat hallo.txt
/home/user/Beispiel/hallo.c
/home/user/Shell/halloShell.sh
/var/lib/perl/example/hallo.pl
...
```

Hier haben Sie, wie schon zuvor, alle Dateien in *found.txt* nach der Textfolge `hallo` abgesucht. Die Ausgabe der gefundenen Suchmuster leiten wir jetzt in die Datei *hallo.txt* um (siehe Abbildung 19.6).

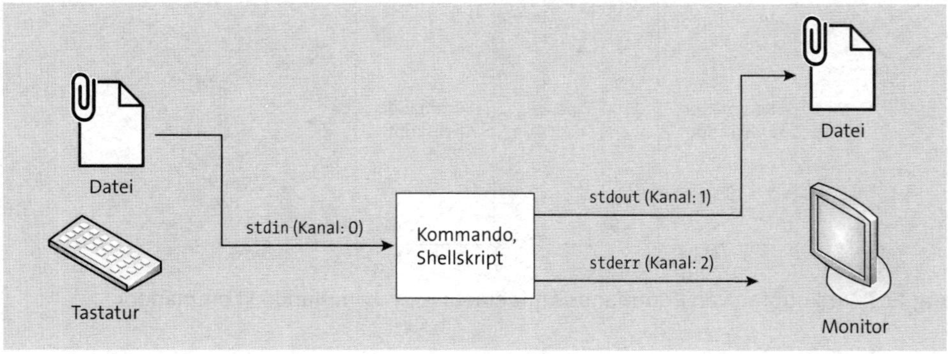

Abbildung 19.6 Umleiten von Standardein- und ausgabe (»kommando < datei1.txt > datei2.txt«)

19.8.5 Pipes

Eine weitere, sehr häufig eingesetzte Umleitung wird mit den Pipes realisiert. Pipes werden mit dem Zeichen | dargestellt. Die Syntax lautet:

```
command1 | command2
```

Damit wird die Standardausgabe von `command1` (was natürlich auch ein Shellskript sein kann) mit der Standardeingabe von `command2` verbunden (siehe Abbildung 19.7). Die Standardfehlerausgabe wird hierbei ignoriert.

Nehmen Sie nochmals das Szenario aus den letzten beiden Abschnitten, wo Sie zunächst alle Dateien des Anwenders `user` in die Datei *found.txt* umgeleitet und mithilfe von `grep` alle Dateien mit der Textfolge `hallo` gesucht haben:

```
$ find / -user user -print > found.txt
$ grep hallo < found.txt
/home/user/Beispiel/hallo.c
/home/user/Shell/halloShell.sh
/var/lib/perl/example/hallo.pl
...
```

Dasselbe Beispiel können Sie mit einer Pipe abkürzen, wodurch Sie auf eine zusätzliche Datei verzichten:

```
$ find / -user user -print | grep hallo
/home/user/Beispiel/hallo.c
/home/user/Shell/halloShell.sh
/var/lib/perl/example/hallo.pl
...
```

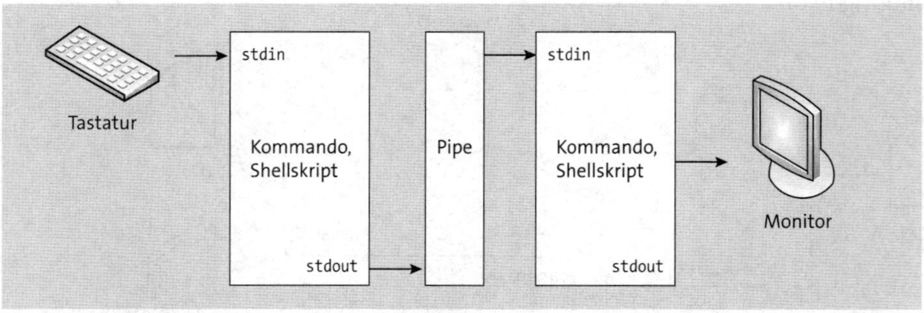

Abbildung 19.7 Verknüpfen von Kommandos mit einer Pipe (»kommando | kommando«)

Selbstverständlich können Sie auch mehrere Pipes aneinanderreihen. Die Anzahl der Pipes ist im Prinzip beliebig, solange es denn sinnvoll ist. Mit dem folgenden Beispiel können Sie ermitteln, wie viele Dateien mit der Textfolge `hallo`, die dem Anwender `user` gehören, sich auf dem gesamten System befinden:

```
$ find / -user user -print | grep hallo | wc -l
20
```

Das Beispiel ist eine Erweiterung des vorherigen Beispiels. Hier wird anstatt einer Ausgabe nach grep mit wc und der Option -l die Anzahl der Zeilen, die gefunden wurden, gezählt und ausgegeben.

19.8.6 Standardausgabe in zwei Richtungen mit tee

Wollen Sie die Standardausgabe von einem Programm, Kommando oder einem Shellskript sowohl auf dem Bildschirm sehen als auch in eine oder mehrere Dateien leiten, so können Sie das Kommando tee (»T-Stück«, »Abzweiger«) dafür verwenden. Bezogen auf unser bekanntes Beispiel sieht dies wie folgt aus:

```
$ find / -user user -print | grep hallo | tee found.log
/home/user/Beispiel/hallo.c
/home/user/Shell/halloShell.sh
/var/lib/perl/example/hallo.pl
...
$ cat found.log
/home/user/Beispiel/hallo.c
/home/user/Shell/halloShell.sh
/var/lib/perl/example/hallo.pl
...
```

Es werden nun alle Dateien auf dem System mit der Textfolge hallo, die Anwender user gehören, auf dem Bildschirm ausgegeben, und – dank tee – in die Datei *found.log* geschrieben (siehe Abbildung 19.8).

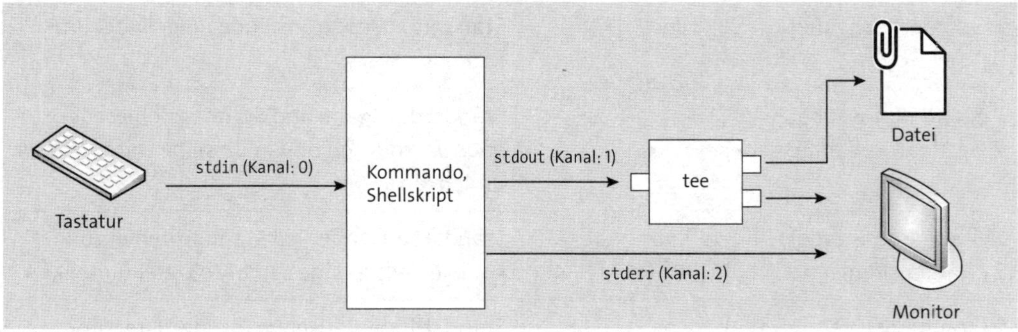

Abbildung 19.8 Ein T-Stück mit dem Kommando »tee« für die Standardausgabe

Dasselbe funktioniert, wie gesagt, auch mit mehreren Dateien. Sinnvoll ist dieses Vorgehen etwa, wenn Sie eine monatliche und jährliche Auswertung des verbrauchten Festplattenplatzes vornehmen wollen:

```
$ du -bc | sort -n | tee -a maerz2016.log gesamt2016.log
8       ./bin
48      ./.gnome
...
...
1105091 ./OpenOffice.org3.0/user
1797366 ./OpenOffice.org3.0
32270848        .
32270848        insgesamt
```

Hier geben wir die Plattennutzung in Byte mit dem Kommando du aus. Die Ergebnisse werden mit sort sortiert und der Größe nach aufsteigend auf den Bildschirm und in die Dateien *maerz2016.log* und *gesamt2016.log* geschrieben. Damit die ersten beiden Monate in der (zuvor angelegten) Datei *gesamt2016.log* nicht überschrieben werden, haben wir tee mit der Option -a (für *append*) zum Anhängen ans Ende der Datei verwendet.

19.8.7 Zusammenfassung der verschiedenen Umlenkungen

Tabelle 19.1 zeigt alle möglichen Umlenkungen des Datenstroms auf einen Blick.

Kanal	Syntax	Beschreibung
0 (Standardeingabe)	cmd < file	Datei in die Standardeingabe des Kommandos umleiten
1 (Standardausgabe)	cmd > file	Standardausgabe in eine Datei umlenken
1 (Standardausgabe)	cmd >> file	Standardausgabe ans Ende einer Datei umleiten
1 (Standardausgabe) 2 (Standardfehlerausgabe)	cmd > file 2>&1	Standardausgabe und Standardfehlerausgabe verknüpfen und in dieselbe Datei umlenken
1 (Standardausgabe) 2 (Standardfehlerausgabe)	cmd > file 2> file2	Standardausgabe und Standardfehlerausgabe jeweils in eine separate Datei umlenken
2 (Standardfehlerausgabe)	cmd 2> file	Standardfehlerausgabe in eine Datei umlenken
2 (Standardfehlerausgabe)	cmd 2>> file	Standardfehlerausgabe ans Ende einer Datei umleiten

Tabelle 19.1 Verschiedene Umlenkungen des Datenstroms in der Shell

Kanal	Syntax	Beschreibung
Pipes	cmd1 | cmd2	Verknüpft die Standardausgabe des ersten Kommandos mit der Standardeingabe des zweiten Kommandos.
T-Stück	cmd | tee file	Verwendet die Standardeingabe eines Kommandos und gibt diese gleichzeitig auf dem Bildschirm und in eine oder mehrere Dateien aus.

Tabelle 19.1 Verschiedene Umlenkungen des Datenstroms in der Shell (Forts.)

19.9 Ersatzmuster (Namen-Expansion) zur Suche verwenden

Selbstverständlich unterstützt die Shell auch Ersatzmuster, wie die Zeichen *, ?, [oder]. Verwenden Sie beispielsweise eines dieser Zeichen, weiß der Interpreter, dass es sich hierbei um ein Ersatzmuster für andere Zeichen handeln muss, und sucht nach Namen, die auf dieses Muster passen. Werden zum Muster passende Namen gefunden, so wird das Ersatzmuster durch den eigentlichen Namen ersetzt. Man spricht hierbei von einer Dateinamen-Expansion (bzw. auch *Globbing*). Die Namen-Expansion findet immer vor der Ausführung eines Kommandos statt, sodass das Kommando nichts davon mitbekommt.

19.9.1 Beliebige Zeichenfolge * (Asterisk)

Das Sternchen * (auch Asterisk genannt) steht für eine beliebige Zeichenfolge und dürfte wohl der bekannteste Stellvertreter sein. Hier sehen Sie ein Beispiel:

```
$ grep amp *.txt
/home/user/example/files
/home/user/Buch-Mat/Kap001/example
/home/user/Elektronik/messungen/amperemeter
/home/user/Elektronik/html/tutorial/amperemessungen
...
```

Wir suchen hier mit `grep` in allen Dateien mit der Endung `.txt` nach der Textfolge `amp`. Die Position des Sternchens ist beliebig und kann auch mehrmals verwendet werden. In den folgenden Beispielbefehlen listen wir mit `ls` Dateien auf, die im aktuellen Verzeichnis liegen und auf das Ersatzmuster passen: (Bei Ihnen sieht das Ergebnis natürlich anders aus...)

```
$ ls *nd*
endless.c found.c found.h found1.txt found2.txt sounds
$ ls found*.txt
```

```
found1.txt found2.txt
$ ls f*.*
found.c found.h found1.txt found2.txt forewarder.sh
```

19.9.2 Beliebiges Zeichen ?

Ist das Sternchen der Platzhalter für eine beliebige Folge von Zeichen, so vertritt das Fragezeichen (?) ein einzelnes beliebiges Zeichen. Im Unterschied zum Sternchen muss sich bei Verwendung von ? an der betreffenden Stelle auch wirklich ein Zeichen befinden. Ein einfaches Beispiel dazu ist:

```
$ ls found*.txt
found.txt found1.txt found2.txt
$ ls found?.txt
found1.txt found2.txt
```

Während man mit dem Asterisk-Zeichen auch noch die Datei *found.txt* finden würde, besteht die Shell bei der Verwendung des Fragezeichens darauf, dass sich an diesem Platz noch ein Zeichen befindet, und listet folgerichtig *found.txt* nicht mehr auf. Natürlich können Sie auch mehrere ?-Platzhalter oder zusätzlich das Sternchen verwenden, zum Beispiel so:

```
$ ls f??nd*.*
found.txt found1.txt found2.txt found.c found.h
$ ls f*.?
found.c found.h
```

19.9.3 Zeichenbereiche einschränken

Selbstverständlich können Sie auch exakt die Zeichen festlegen, die für eine Ersetzung beachtet werden sollen. Hierzu müssen Sie lediglich zwischen eckigen Klammern ([ ]) festlegen, welche Zeichen für die Ersetzung akzeptiert werden: Drei Beispiele:

```
$ ls found*.txt
found.txt found1.txt found2.txt found3.txt found4.txt
$ ls found[23].txt
found2.txt found3.txt
$ ls found[1-9].txt
found1.txt found2.txt found3.txt found4.txt
```

Im zweiten Beispiel haben Sie mit `[23]` die Suche auf die Zeichen `2` und `3` eingeschränkt. Mit `[1-9]` hingegen werden alle Zeichen zwischen `1` bis `9` für die Ersetzung beachtet. Hierbei können Sie auch ganze Wertbereiche einschließen. Sollen nur dezimale Zahlen eingeschränkt werden, verwenden Sie `[0-9]`. Für zweistellige Werte können Sie auch zwei Einschränkungen nebeneinander definieren: `[0-9][0-9]`.

Sie können selbstverständlich auch alles ausschließen (negieren), was in den eckigen Klammern steht. Dazu müssen Sie lediglich die Expansion mit dem Zeichen ! negieren:

```
$ ls found*.txt
found.txt found1.txt found2.txt found3.txt found4.txt
$ ls found[!23].txt
found1.txt found4.txt
```

Es werden alle Dateien ausgegeben, die zwischen found und .txt ein Zeichen enthalten und die *nicht* 2 oder 3 beinhalten.

Analog können Sie auch für Kleinbuchstaben mit [a-z] oder für Großbuchstaben mit [A-Z] vorgehen. Wichtig ist nur, dass sich die Zeichen in einem fortlaufenden Bereich der ASCII-Tabelle befinden. Hiermit können Sie jederzeit auch mehrere Bereiche in den eckigen Klammern definieren. So schränken Sie beispielsweise mit [a-fx-z0-9] die Suche bzw. Ersetzung auf alle Zeichen von a bis f, von x bis z und von 0 bis 9 ein.

Die Korn-Shell und die Bash bieten hierfür vordefinierte Parameter als Ersatzmuster an. Anstatt alle dezimalen Ziffern mit [0-9] einzuschränken, können Sie hierfür auch den vordefinierten Parameter [:digit:] verwenden:

```
$ ls found[0-9].txt
found1.txt found2.txt found3.txt found4.txt
$ ls found[[:digit:]].txt
found1.txt found2.txt found3.txt found4.txt
```

Kleinere Bereiche wie [0-3] können Sie mit dieser Methode freilich nicht einschränken. Da hierbei allerdings auch vordefinierte Parameter für druckbare Zeichen oder Leerzeichen und Tabulatoren (»Whitespaces«) vorhanden sind, sind diese Parameter durchaus brauchbar. Tabelle 19.2 gibt einen Überblick über die vordefinierten Zeichenmengen.

Zeichenmenge	Beschreibung
[:alnum:]	Buchstaben, Unterstrich und dezimale Ziffern
[:alpha:]	Groß- und Kleinbuchstaben
[:digit:]	dezimale Ziffern
[:lower:]	Kleinbuchstaben
[:upper:]	Großbuchstaben
[:print:]	nur druckbare Zeichen
[:space:]	Leerzeichen, Tabulator etc.

Tabelle 19.2 Überblick vordefinierter Zeichenmengen (für Bash und Korn-Shell)

19.9.4 Brace Extensions (nur Bash und Korn-Shell)

Mit Brace Extensions können Sie mehrere Ersatzmuster gleichzeitig definieren. Hierbei werden die Muster in geschweifte Klammern geschrieben und durch Kommata voneinander getrennt:

```
$ ls pro{z,c,gr,t}*
prozess.txt process.c protest.doc progress.dat
$ touch file{001{.tmp,txt},002{.tmp,txt}}
$ ls file*
file001.txt file001.tmp file002.txt file002.tmp
```

Beim ersten Beispiel werden alle Dateien aufgelistet, die mit proz, proc, prog oder prot beginnen. Beim zweiten, etwas komplex anmutenden Beispiel legen wir vier Dateien an (wie die Ausgabe anschließend auch bestätigt). Hierbei wurden die Brace Extensions verschachtelt.

19.9.5 Tilde-Expansion (nur Bash und Korn-Shell)

Das Tilde-Zeichen ~ wird von der Bash und der Korn-Shell immer als Heimatverzeichnis des aktuell angemeldeten Benutzers ausgewertet. So führt ein Wechsel nach ~ immer zum Heimatverzeichnis des eingeloggten Benutzers. Hängen Sie dem Tilde-Zeichen ein Minus an (~-), so befindet sich darin das Verzeichnis, das zuvor besucht wurde. Ein Tilde-Zeichen mit einem Plus (~+) hingegen enthält dasselbe wie das Kommando pwd, also das aktuelle Arbeitsverzeichnis:

```
$ cd /usr
/usr $ pwd
/usr
/usr $ cd ~
$ pwd
/home/user
$ cd ~-
/usr $ echo ~+
/usr
```

19.9.6 Zusammenfassung zu den Ersatzmustern

Tabelle 19.3 gibt einen Überblick über die verschiedenen Expansionen bzw. Ersatzmuster, die hier beschrieben wurden.

Ersatzmuster	Beschreibung
*	Wird durch eine beliebige Zeichenfolge ersetzt. Das Muster wird auch angewendet, wenn hier kein Zeichen mehr zu finden ist.
?	Wird durch ein beliebiges Zeichen ersetzt. Es werden nur die Muster beachtet, die hier tatsächlich ein Zeichen enthalten.
[ ]	Zwischen den eckigen Klammern können Sie genau definieren, welche Zeichen- bzw. Zeichenbereiche für die Ersetzung beachtet werden sollen. Mit dem !-Zeichen hinter der sich öffnenden eckigen Klammer können Sie dieses Muster außerdem negieren. Bei der Bash und der Korn-Shell gibt es hierbei noch zusätzliche vordefinierte Parameter.
`Präfix{muster1, muster2}suffix`	Bei jedem Muster, das zwischen den geschweiften Klammern angegeben wurde, wird davor das `Präfix` und dahinter das `suffix` angehängt. So wird hieraus beispielsweise `Präfixmuster1suffix` und `Präfixmuster2suffix`. Hierbei können Sie beliebige viele Muster definieren. Außerdem können die geschweiften Klammern auch verschachtelt werden.
~	Heimatverzeichnis des angemeldeten Benutzers
~+	Aktuelles Arbeitsverzeichnis (wie `pwd`)
~-	Verzeichnis, das zuvor benutzt wurde

Tabelle 19.3 Verschiedene Ersatzmuster bzw. Expansionen

19.10 Variablen

Die Verwendung von Variablen ist ein Kinderspiel in der Shell. Sie müssen lediglich einen Namen für die Variable festlegen und dieser mit dem Zuweisungsoperator (=) einen Wert zuweisen. Für den Namen der Variablen können Sie Groß- und Kleinbuchstaben, Zahlen oder Unterstriche verwenden. Lediglich mit einer dezimalen Zahl sollte der Name nicht beginnen. Auch die Längenbeschränkung von maximal 256 Zeichen darf nicht überschritten werden. Die entsprechende Syntax lautet:

```
variable=wert
```

Der Wert einer Variablen wird zunächst immer als eine Zeichenkette abgespeichert – gleichgültig, ob Sie hier nun eine dezimale Zahl angeben oder nicht. Eine Variable existiert immer so lange, wie die aktuelle (Sub-)Shell ausgeführt wird. Bei einem Shellskript, das normal in einer Subshell ausgeführt wird, bedeutet das Ende des Skripts auch gleichzeitig das Ende der Variablen, die im Skript festgelegt wurden.

Zugriff auf Variablen

Der Zugriff auf Variablen erfolgt mit dem $-Zeichen und dem Variablennamen:

```
$ eineVar=einWert
$ echo $eineVar
einWert
```

Hier wurde beispielsweise die Variable mit dem Namen eineVar mit dem Wert einWert belegt. Anschließend greifen wir mit echo darauf zu und geben diese Variable aus.

Zugriff auf nicht definierte Variablen

Es ist auch möglich, auf nicht definierte Variablen zurückzugreifen, ohne dass eine Fehlermeldung ausgegeben wird:

```
# Skript-Name: undefVar
var1=einWert
# Zugriff auf undefinierte $var2
echo ---- $var1 ---- $var2 ----
```

Bei der Ausführung spielt das Skript hier anstandslos mit und gibt hier für die nicht mit einem Wert versehene Variable einfach gar nichts aus:

```
$ ./undefVar
---- einWert ---- ----
```

Wollen Sie diesen Umstand beheben und das Skript anweisen, dass jede Variable einen Wert erhalten muss, so brauchen Sie nur die Subshell mit der Option -u zu starten. Entweder setzen Sie diese Option mit set -u (das Gegenstück dazu ist set +u) im Shellskript oder Sie erledigen dies gleich mit der Shebang-Zeile wie folgt:

```
#!/bin/sh -u
...
```

Wenn Sie das Skript jetzt erneut aufrufen, meldet der Interpreter, dass eine Variable mit keinem Parameter versehen wurde:

```
$ ./undefVar
./undefVar: 5: var2: parameter not set
```

Werte von Variablen löschen

Um den Wert einer Variablen zu löschen, können Sie entweder das Kommando unset verwenden oder einfach den Variablennamen mit einem leeren =-Zeichen definieren:

```
$ set -u
$ var=einWert
$ echo $var
einWert
$ unset var
$ echo $var
bash: var: parameter not set
$ var=NochEinWert
$ echo $var
NochEinWert
$ var=
$ echo $var
bash: var: parameter not set
$ set +u
```

Variable als Konstante definieren

Selbstverständlich können Sie eine Variable mit `readonly` mit einem Schreibschutz versehen. Damit lässt sich die Variable zur Laufzeit der (Sub-)Shell nicht mehr verändern oder löschen. Hier sehen Sie ein Beispiel:

```
$ var=einWert
$ readonly var
$ echo $var
einWert
$ unset var
bash: unset: var: cannot unset: readonly variable
$ var=NochEinWert
bash: var: readonly variable
```

Variableninterpolation

In der Praxis werden Sie allerdings eher selten Variablen einen Wert zuweisen. Häufiger werden Sie ein Kommando dafür verwenden, das dem Variablennamen einen Wert zuweist. Allerdings können Sie hierzu nicht einfach `Variable=Kommando` verwenden, weil dann nur die Zeichenkette `Kommando` in `Variable` gespeichert würde. Sie müssen eine Variableninterpolation mit einer Kommandosubstitution durchführen. Das klingt komplizierter, als es ist – die Syntax lautet wie folgt:

```
Variable=$(Kommando)
```

Mit der Kommandosubstitution sorgen Sie dafür, dass das Kommando als Erstes ausgeführt wird. Hierzu müssen Sie das `Kommando` in Klammern setzen. In der Bourne-Shell (`sh`) müssen Sie statt der Klammern die Backtick-Zeichen (`` `Kommando` ``) verwenden. Damit aus der Ausgabe des Kommandos jetzt auch noch eine Zeichenfolge, also ein Wert für die Variable wird, müssen Sie der Kommandosubstitution ein $-Zeichen voranstellen. Damit erhalten Sie eine Variableninterpolation. Aus der Ausgabe des Kommandos wird nun eine Zeichenkette, die wir als Wert an die Variable übergeben können.

Hierzu ein einfaches Beispiel:

```
$ datum=$(date)
$ echo $datum
Mi 7. Jan 09:20:22 EST 2016
```

Selbstverständlich ist es von großem Vorteil, wenn Sie sich mit den Kommandos der Shell auskennen. In Anhang C finden Sie mehr zu den wichtigsten Kommandos in der Shell. Aber ein erster Blick sollte immer der Manual Page des Kommandos gehören. In diesem Beispiel wollen wir das Datum formatieren, damit wir ein Format wie YYYY-MM-DD haben. Ähnlich wie in C bietet auch hier das Kommando date Formatierungen an, die mit % beginnen und von einem Buchstaben gefolgt werden. Unsere Formatierung erreichen wir somit folgendermaßen:

```
$ date +%Y-%m-%d
2016-01-07
```

Hiermit erstellen wir im Folgenden zur Demonstration ein kleines Backup-Skript, das alle Textdateien des Heimatverzeichnisses mit einer Variableninterpolation in einem TAR-Paket archiviert. Dieses Mini-Skript sieht wie folgt aus:

```
# Skript-Name: backitup
# verzeichnis hat die Form YYYY-MM-DD_Textdatei
archiv=$(date +%Y-%m-%d)_Textdateien
# Textdateien im Heimatverzeichnis archivieren
tar -cvf $archiv.tar ~/*.txt
```

Zuerst erzeugen Sie mit der Variableninterpolation einen Dateinamen für unser Archiv. Diesen Namen verwenden Sie anschließend, um mit tar alle Textdateien des Heimatverzeichnisses zu archivieren.

Das Skript bei der Ausführung:

```
$ ./backitup
tar: Entferne führende "/" von Elementnamen
/home/user/file001.txt
/home/user/file002.txt
/home/user/file003.txt
...
/home/user/process01.txt
/home/user/process02.txt
```

```
/home/user/process03.txt
$ ls 2016*
2016-01-07_Textdateien.tar
```

19.10.1 Zahlen

Zugegeben: Rechnen gehört nicht zu den Stärken der Shell. Mit Fließkommazahlen kann sie beispielsweise zunächst gar nichts anfangen. Hierfür müssen Sie auf externe Werkzeuge wie den Rechner bc zurückgreifen.

Integer-Arithmetik (alle Shells)

Zum Rechnen wird in der alten Bourne-Shell und in allen auf ihr basierenden Shells der Befehl expr verwendet. Dieser Befehl eignet sich nicht nur für arithmetische Ausdrücke, sondern ebenso für Vergleichsausdrücke von Zahlen, Zeichenketten oder für reguläre Ausdrücke. Hier sehen Sie einige einfache Beispiele:

```
$ expr 5 + 5
10
$ expr 100 - 80
20
$ expr 10 / 2
2
$ expr 10 \* 10
100
$ var1=20
$ var2=10
$ expr $var1 + $var2
30
$ expr $var1 + $var2 + 10 + 50
90
$ expr \( 10 + 10 \) \* 5
100
```

Viel gibt es sonst zu den expr-Ausdrücken nicht zu sagen. Wichtig ist hier übrigens auch das Leerzeichen zwischen dem arithmetischen Ausdruck. Beim Multiplizieren müssen Sie außerdem vor dem Operator * einen Backslash (\) setzen, weil die Shell dieses Zeichen als Datei-Expansion auswertet. Dasselbe gilt für Berechnungen mit Klammern. Die Shell verwendet die Klammern in der Regel, um eine weitere Subshell (siehe Abschnitt 19.17.4) zu öffnen. Auch dies können Sie durch ein vorangestelltes Backslash-Zeichen außer Kraft setzen.

Wenn Sie das Ergebnis einer Berechnung in einer weiteren Variablen speichern wollen, müssen Sie auch hier auf die Kommandosubstitution zurückgreifen. Da das Ergebnis bei allen Shells (also auch bei der alten Bourne-Shell (sh)) in einer Variablen gespeichert werden soll, müssen Sie anstelle der Klammern (`$(Kommando)`) auf die Backticks (`` `Kommando` ``) als Kommandosubstitution zurückgreifen. Hier ist ein einfaches Beispiel:

```
$ var1=100
$ var2=200
$ var3=`expr $var1 + $var2`
$ echo $var3
300
```

Für einfache arithmetische Operationen von ganzen Integerzahlen dürfte `expr` ausreichen. Wer komplexere mathematische Berechnungen benötigt, sollte gleich auf das Kommando `bc` ausweichen.

Integer-Arithmetik (nur Bash und Korn-Shell)

Mit der Bash und der Korn-Shell kann man zwar ganz auf das Kommando `expr` verzichten, aber auch hier ist man auf Ganzzahlen beschränkt.

Doppelte Klammerung

Anstatt das Kommando `expr` zu benutzen, wird hier die Berechnung in doppelte Klammern gesetzt. Somit weiß die Shell, dass es sich hier um einen mathematischen Ausdruck handelt. Hier sehen Sie einige Beispiele:

```
$ ((var1=100+100))
$ echo $var1
200
$ var2=$((var1*2))
$ echo $var2
400
$ echo $((var1+var2))
600
```

Eckige Klammerung

Die Bash wiederum besitzt eine alternative Möglichkeit mit eckigen Klammern:

```
$ var1=$[100+100]
$ echo $var1
200
$ echo $[($var1+200)*5]
2000
```

let

Falls Sie nicht mit den Klammerungen arbeiten möchten, können Sie alternativ (in der Bash und der Korn-Shell) das Kommando `let` nutzen. `let` ist letztlich nur eine komfortablere Schreibweise für die doppelte Klammerung zuvor. Hier sehen Sie ein Beispiel:

```
$ let var1=100+100
$ echo $var1
200
$ let $var2=$var1*2
$ echo $var2
400
```

typeset |

Die wohl beste Möglichkeit für Shellskripte und einfache arithmetische Integer-Berechnungen ist das Builtin-Kommando typeset. Mit typeset und dem Schalter -i können Sie der Shell Bescheid geben, dass die dahinter geschriebenen Variablen als Integer-Wert behandelt werden sollen:

```
$ typeset -i var
$ var=10+10
$ echo $var
20
```

Wenn Sie typeset verwenden, brauchen Sie übrigens nur das Ergebnis als Integer zu kennzeichnen. Außerdem brauchen Sie beim Rechnen mit den Integer-Werten kein $-Zeichen voranzustellen. Hier folgt ein einfaches Shellskript als Beispiel:

```
# Skript-Name: typeset_ex
# var1 soll ein Integer sein
typeset -i var1

var2=100
var3=100
# da var1 als Integer gekennzeichnet wurde, gilt
# dies gleichzeitig auch für die anderen beiden Werte
var1=var2+var3
echo $var1
# Achtung, dies gilt aber nur vor var1.
# Folgendes geht nicht mehr:
var2=var1+var3
echo $var2
```

Das Shellskript bei der Ausführung:

```
$ ./typeset_ex
200
var1+var3
```

Im Beispiel können Sie außerdem sehen, dass Variablen, die nicht mit typeset definiert wurden, den Wert als gewöhnliche Zeichenkette erhalten. Wollen Sie dies hier vermeiden, brauchen Sie diese Variable nur in die Liste der Integer-Werte aufzunehmen. Sie müssen lediglich den Wert zur Liste von typeset wie folgt hinzufügen:

```
typeset -i var1 var2
```

Zusammenfassung der Integer-Arithmetiken mit einer Shell

Tabelle 19.4 gibt eine Übersicht über die Integer-Arithmetiken und die Shells, auf die sie jeweils anwendbar sind.

Arithmetik	Beispiel(e)	sh	bash	ksh
expr	expr 10 + 10 var=`expr 10 + 10`	✓	✓	✓
(( ))	echo $((10+10)) ((var=10+10))		✓	✓
$[]	echo $[10+10] var=$[10+10]		✓	
let	let var=10+10 echo $var		✓	✓
typeset	typeset -i var var=10+10		✓	✓

Tabelle 19.4 Verschiedene Integer-Arithmetiken diverser Shells

Wissenschaftliches Rechnen mit bc

Benötigen Sie Fließkommazahlen für kaufmännische Berechnungen oder zusätzliche mathematische Funktionen wie Sinus oder Cosinus, so sollten Sie das Kommando bc verwenden. bc ist im Grunde eine Art Shell mit einer Präzisionskalkulationssprache, die von der Standardeingabe zeilenweise arithmetische Ausdrücke erwartet und das Ergebnis wiederum zeilenweise ausgibt. Mehr dazu können Sie auf der Manual Page nachlesen. Uns geht es im Grunde nur darum, bc aus der Shell bzw. aus den Shellskripten zum Rechnen zu verwenden. Was bietet sich hier mehr an als Pipes?

```
$ echo "10*2" | bc
20
```

Wir schieben die Zeichenkette 10*2 über die Standardausgabe mit echo mithilfe einer Pipe in die Standardeingabe von bc. bc interpretiert diese Zeile und gibt, sofern ein gültiger arithmetischer Ausdruck verwendet wurde, das Ergebnis in der nächsten Zeile aus. Dies funktioniert auch problemlos mit Fließkommazahlen:

```
$ echo "3.14*6.13" | bc
19.24
$ echo "3.33 ^ 3" | bc
36.92
$ echo "sqrt\(3.33\)" | bc
1.82
```

Hier wurden auch die arithmetischen Operationen der Potenzierung (^) und der Quadratwurzel (sqrt) verwendet. Klammerungen müssen natürlich nach wie vor mit einem Backslash (\) außer Kraft gesetzt werden, weil diese zuerst ausgeführt werden und versuchen würden, eine Subshell zu öffnen.

Mathematische Funktionen

Mathematische Funktionen können Sie mit der Option -l verwenden. Damit wird die mathematische Bibliothek aufgerufen und verwendet. Die in Tabelle 19.5 aufgelisteten mathematischen Funktionen können Sie mit der Option -l verwenden.

Funktion	Beschreibung
s(x)	Sinus von x
c(x)	Cosinus von x
a(x)	Arcus-Tangens von x
l(x)	natürlicher Logarithmus von x
e(x)	Exponentialfunktion *e* hoch x
j(n,x)	Bessel-Funktion eines Integers in der Reihenfolge n nach x

Tabelle 19.5 Mathematische Funktionen für »bc« mit der Option »-l«

Wenn Sie den Rückgabewert einer Berechnung in einer Variablen speichern wollen, müssen Sie auch hier wieder auf eine Kommandosubstitution zurückgreifen:

```
# Skript-Name: calculate
# Trigonometrische Berechnung mit der math library -l
RAD=`echo "a(1)/45" | bc -l`
echo -e "1° = $RAD rad"
# Sinus
SINUS45=`echo "s(45*$varRAD)" | bc -l`
echo "Der Sinus von 45° ist $SINUS45"
```

Das Shellskript bei der Ausführung:

```
1° = .0174532925.. rad
Der Sinus von 45° ist .7071067805..
```

scale

Wollen Sie die Kommastellen einer Fließkommazahl bei der Ausgabe einschränken, so können Sie `scale=n` verwenden. Für `n` geben Sie die Genauigkeit der Berechnung an. Mit dem folgenden Beispiel wird die Genauigkeit auf fünf Stellen eingeschränkt:

```
$ echo "scale=5; a(1)/45" | bc -l
.01745
```

ibase und obase

Weitere interessante Funktionen sind `ibase` und `obase`. Beide stehen für eine Zahlenbasis. `ibase` steht für die Eingabe der Zahlenbasis und `obase` für die Ausgabe. Für die Zahlenbasen können Sie einen Wert zwischen 2 und 16 eingeben. Standardmäßig ist unser Dezimalsystem mit der Basis 10 eingestellt. Wenn Sie beispielsweise den hexadezimalen Wert (Basis = 16) der Zahl 100 ausgeben wollen, brauchen Sie nur Folgendes zu schreiben:

```
$ echo "obase=16; 100" | bc
64
```

Selbstverständlich können Sie auch den hexadezimalen Wert 64 in Dualzahlen konvertieren. Hierbei müssen Sie lediglich für die Eingabebasis `16` und für die Ausgabebasis `2` angeben:

```
$ echo "ibase=16; obase=2; 64" | bc
1100100
```

Wollen Sie den hexadezimalen Wert 64 in den dezimalen Wert konvertieren, so brauchen Sie für `obase` die Basis 10 nicht eigens anzugeben, weil sie standardmäßig verwendet wird, wenn kein anderer Wert für `ibase` bzw. `obase` angegeben wird.

In Tabelle 19.6 finden Sie noch eine kleine Übersicht zu einigen nützlichen Funktionen von `bc`.

Funktion	Beschreibung
`scale`	Mit `scale` legen Sie fest, wie viele Dezimalstellen hinter dem Komma verwendet werden sollen.
`obase`	Definiert die Basis für die Ausgabe des Werts. Der Standardwert ist die Basis 10. Mögliche Werte sind 2, 8, 10 und 16.

Tabelle 19.6 Sinnvolle Funktionen von »bc«

Funktion	Beschreibung
ibase	Definiert die Basis für die Eingabe des Werts. Der Standardwert ist die Basis 10. Mögliche Werte sind 2, 8, 10 und 16.

Tabelle 19.6 Sinnvolle Funktionen von »bc« (Forts.)

19.10.2 Zeichenketten

Da Variablen bereits als Zeichenketten gespeichert werden, können wir uns in diesem Abschnitt sogleich der eigentlichen Stringverarbeitung zuwenden. Dieses Thema ist zweifellos anspruchsvoll – gerade, wenn seine Behandlung den Rahmen des Buches nicht sprengen soll.

Hinweis

Mehr Details hierzu – insbesondere zu grep, zum Stream-Editor sed und zu awk – entnehmen Sie entweder den Manual Pages oder dem Buch *Shell-Programmierung* von Jürgen Wolf und Stefan Kania, das ebenfalls im Rheinwerk Verlag erschienen ist.

Stringverarbeitung – die Klassiker für alle Shells

Kleine, aber feine Helfer für alle Shells und Shellskripte sind die Kommandos cut, paste und tr.

cut

Das Kommando cut ist bestens geeignet, um aus Daten, die in einem bestimmten Format vorliegen, Stringteile zu extrahieren. Zwar können Sie mit ihm aus allen beliebigen Textdateien Zeichenketten extrahieren, aber häufig ist es in der Praxis wenig sinnvoll, das Kommando wie folgt zu verwenden:

```
$ cut -c3 Textdatei.txt
```

Die Option -c steht für *character* (also *Zeichen*), und die Zahl 3 dahinter weist cut an, in der Datei *Textdatei.txt* aus jeder Zeile das dritte Zeichen zu extrahieren.

In der Praxis erhält cut meistens seine Standardeingabe von einem Kommando über eine Pipe. Hier folgt ein Beispiel mit dem Kommando who, das alle Benutzer anzeigt, die auf dem System angemeldet sind:

```
$ who
edi       pts/2     Feb  5 15:59 (p83.129.4.xxx.tiscali.de)
kd10xxx   pts/3     Feb  5 16:13 (pd9e9bxxx.dip.t-dialin.net)
kd11xxx   pts/7     Feb  5 17:33 (162.xx-dial-augustakom.net)
```

Da diese Daten in einem sauberen Format vorliegen, können Sie die gewünschten Daten leicht extrahieren. Wollen Sie beispielsweise hier sämtliche Benutzernamen und die Zeit der Anmeldung extrahieren, erledigen Sie dies wie folgt:

```
$ who | cut -c1-8,30-35
edi     15:59
kd10xxx 16:13
kd11xxx 17:33
```

Hiermit extrahieren Sie aus der Ausgabe von `who` die Zeichen `c1-8` und die Zeichen `30-35` einer jeden Zeile. Wie Sie im Beispiel sehen, können Sie mehrere Bereiche, jeweils durch ein Komma getrennt, extrahieren.

Dies funktioniert natürlich bei vielen Logdateien, weil diese meistens auch in einer bestimmten Form vorliegen. Im folgenden Beispiel (*test.csv*) sind die Daten durch Semikolons getrennt:

```
Wo;Mo;Die;Mi;Do;Fr
1;45;154;23;54;65
2;56;23;76;42;109
3;145;65;192;121;88
4;64;132;54;34;54
```

Für solche Fälle bietet `cut` die Option `-d` (für *delimiter* = Begrenzungszeichen) und `-f` (für *field* = Feld/Spalte) an. Wollen Sie beispielsweise nur die Werte der dritten Spalte extrahieren, müssen Sie Folgendes schreiben:

```
$ cut -d\; -f3 test.csv
Die
154
23
65
132
```

Auch hierbei können Sie Spalten gleichzeitig extrahieren. Geben Sie zum Beispiel die Option `-f3-5` an, so werden die Spalten drei bis fünf extrahiert. Durch Verwendung des Kommas können Sie auch mehrere nicht fortlaufende Spalten extrahieren. So würden Sie mit der Verwendung von `-f3,5` die dritte und fünfte Spalte extrahieren.

paste

`paste` ist das Gegenstück zu `cut` und wird verwendet, um etwas in Zeilen einzufügen oder zusammenzufügen. Als Beispiel wollen wir die Datei *test.csv* aus dem Abschnitt mit `cut` nochmals verwenden. Zu dieser Datei soll jetzt noch eine weitere Datei (*we.txt*) hinzugefügt werden, da weitere Daten vom Wochenende hinzugekommen sind:

```
$ cat we.txt
Wo;Sa;So
1;55;154
2;156;23
3;45;365
4;464;32
```

Die erste Spalte in dieser Datei benötigen wir nicht. Wir legen daher eine neue temporäre Datei ohne diese Spalte an:

```
$ cut -d\; -f2- we.txt > /tmp/file001.tmp
$ cat /tmp/file001.tmp
Sa;So
55;154
156;23
45;365
464;32
```

Jetzt können wir mit paste die beiden Dateien *test.csv* und *we.txt* zusammenfügen. Hierbei ist es wieder wichtig, dass Sie die Option -d (für *delimiter*) von paste verwenden, da die neuen Daten sonst getrennt durch ein Tabulatorzeichen (Standardeinstellung von -d) angefügt würden:

```
$ paste -d\; test.csv /tmp/file001.tmp > test_neu.csv
$ cat test_neu.csv
Wo;Mo;Die;Mi;Do;Fr;Sa;So
1;45;54;23;54;65;55;154
2;56;23;76;42;42;156;23
3;45;65;32;65;88;45;365
4;64;32;54;34;54;464;32
```


Der Filter tr

Der Filter tr wird gern verwendet, um einzelne Zeichen aus der Standardausgabe zu ersetzen. Um beispielsweise alle Semikolons der zuvor erstellten Datei *test_neu.csv* aus der Ausgabe zu entfernen, damit sie besser lesbar wird, schreiben Sie einfach Folgendes:

```
$ tr \; '\t' < test_neu.csv
Wo      Mo      Die     Mi      Do      Fr      Sa      So
1       45      54      23      54      65      55      154
2       56      23      76      42      42      156      23
3       45      65      32      65      88      45      365
4       64      32      54      34      54      464      32
```

Hiermit haben Sie alle Semikolons durch das Tabulatorzeichen (\t) ersetzt. Denken Sie daran, dass sich dieser Filter auf die Standardausgabe auswirkt und nicht auf die Datei selbst. Wollen Sie diese Ausgabe wiederum in einer Datei speichern, müssen Sie die Standardausgabe wie folgt umlenken:

```
$ tr \; '\t' < test_neu.csv > neu.csv
```

Dieser Filter eignet sich natürlich hervorragend für eine Pipe. Wollen Sie beispielsweise aus der Datei *test_neu.csv* nur bestimmte Spalten extrahieren und formatiert ausgeben, können Sie mit cut wie folgt vorgehen:

```
$ cut -d\; -f2-6 test_neu.csv | tr \; '\t'
Mo     Die    Mi     Do     Fr
45     54     23     54     65
56     23     76     42     42
45     65     32     65     88
64     32     54     34     54
```

Selbstverständlich können Sie mit tr auch viele einfachere Probleme lösen. So können Sie in der Datei *text.txt* mit folgender Eingabe alle Buchstaben x durch z austauschen:

```
$ tr x z < test.txt
```

Ebenso können Sie ganze Zeichenbereiche verwenden, wie Sie dies bereits in Abschnitt 19.9.3, »Zeichenbereiche einschränken«, getan haben. Um etwa alle Kleinbuchstaben durch Großbuchstaben zu ersetzen, gehen Sie wie folgt vor:

```
$ tr '[a-z]' '[A-Z]' < test.txt
```

Hiermit lässt sich außerdem die vielleicht kürzeste aller Rot-13-Verschlüsselungen (Cäsar-Verschlüsselung) durchführen. Der Algorithmus basiert darauf, alle Buchstaben in der ASCII-Tabelle um 13 Positionen zu inkrementieren:

```
$ cat test.txt
Dieser Text wird mit dem Rot13-Algorithmus verschluesselt.
$ tr [a-zA-Z] [n-za-mN-ZA-M] < test.txt > rot13.txt
$ cat rot13.txt
Qvrfre Grkg jveq zvg qrz Ebg13-Nytbevguzhf irefpuyhrffryg.
```

Decodieren können Sie diesen Text umgekehrt, indem Sie alle Buchstaben im Text um 13 Positionen (gemäß der ASCII-Tabelle) dekrementieren:

```
$ tr [n-za-mN-ZA-M] [a-zA-Z] < rot13.txt
Dieser Text wird mit dem Rot13-Algorithmus verschluesselt.
```

Der Filter tr kann auch eingesetzt werden, um nur einzelne Zeichen herauszulöschen. Hierzu kann die Option -d (für *delete*) verwendet werden. Um alle Leer- und Tabulatorzeichen zu entfernen, können Sie wie folgt vorgehen:

```
$ tr -d '\n','\t' < text.txt
```

Ebenfalls sehr nützlich ist die Option -s (für *squeeze-repeats*). Mit dieser Option können Sie mehrere aufeinanderfolgende gleiche Zeichen gegen ein anderes Zeichen austauschen. So können Sie in einem Text mit vielen Leerzeichen zwischen den Wörtern diese wie folgt durch ein einzelnes Leerzeichen ersetzen:

```
$ tr -s ' ' ' ' < text.txt
```

Die Power-Tools – sed, awk und reguläre Ausdrücke

Die absoluten Klassiker zur Textverarbeitung sind immer noch awk, sed und grep. Eine umfassende Darstellung dieser Werkzeuge würde den Rahmen dieses Buchs sprengen, daher sollten Sie auf jeden Fall die Manual Pages konsultieren oder sich das Buch »Shell-Programmierung« von Jürgen Wolf und Stafan Kania ansehen, das ausführlich auf diese Tools eingeht. Im Folgenden geben wir einen eher knappen Überblick.

sed – der Stream-Editor

sed ist ein sehr altes UNIX-Tool, das immer noch sehr gern eingesetzt wird, um Zeilen eines Datenstroms zu manipulieren. Die Hauptanwendung liegt im Suchen und Ersetzen von Zeichenfolgen. sed liest von der Standardeingabe und schreibt das Ergebnis auf die Standardausgabe. Somit können Sie regen Gebrauch von den Umlenkungszeichen (<, > oder |) machen. Eine weitere Stärke von sed ist, dass es auch reguläre Ausdrücke kennt. Eine grundlegende Verwendung von sed sieht wie folgt aus:

```
$ cat text.txt | sed 's/search/replace/g'
```

Hier leiten wir die Ausgabe von cat durch eine Pipe an die Eingabe von sed. sed ersetzt jedes Vorkommen des Wortes search durch das Wort replace und gibt diese Ersetzung an die Standardausgabe aus. s ist eines von vielen Basiskommandos von sed und steht für *substitute*. Mit diesem Kommando werden alle Zeichenfolgen durch eine andere ersetzt. Dahinter finden Sie mit g ein Substitutions-Flag, mit dem Sie eine globale Ersetzung durchführen. Ohne dieses Flag würde nur eine einmalige Ersetzung durchgeführt.

> **Hinweis**
> Sehr anschauliche sed-Skripte und Tutorials finden Sie auf der Webseite *http://sed.sourceforge.net/grabbag/*.

awk-Programmierung

Wenn Sie mit der Shell-Programmierung an die Grenzen stoßen, wird häufig auf C zurückgegriffen und ein eigener Algorithmus entwickelt. Wer Kenntnisse in Perl hat, verwendet vielleicht auch lieber diese Interpreter-Sprache. Manche bevorzugen mittlerweile immer häufiger awk für mittelgroße Lösungen. awk hat den Vorteil, dass es schnell erlernbar und sehr mächtig ist.

Die Interpreter-Sprache awk (1977 entwickelt von **A**ho, **W**einberger und **K**ernighan) entstand ursprünglich aus derselben Motivation heraus wie sed. Relativ schnell entwickelte sich awk aber zu einer eigenen Interpreter-Sprache, die alle Konstrukte verwendet, die eine moderne Programmiersprache auch verwendet. awk erwartet seine Daten vom Eingabestrom, der entweder von der Standardeingabe oder von Dateien kommen kann, und arbeitet diese Daten Zeile für Zeile ab. Die Länge einer Zeichenkette ermitteln Sie wie folgt:

```
$ text="Hallo Welt"
$ echo $text | akw '{print length($zeichen)}'
10
```

In einem Shellskript wird awk meistens mit einer Kommandosubstitution verwendet. Hier sehen Sie ein Beispiel:

```
# Demonstriert das Kommando awk im Shellskript
# Name : countString
text="Hallo Welt"
laenge=`echo $text | awk '{print length($text)}'`
echo "$text enthaelt $laenge Zeichen"
```

Das Beispiel bei der Ausführung:

```
$ ./countString
Hallo Welt enthaelt 10 Zeichen
```

Natürlich enthält awk noch eine Menge weiterer solcher Builtin-Stringfunktionen wie length(). Tabelle 19.7 listet einige dieser Funktionen auf:

Funktion	Beschreibung
tolower str	komplette Zeichenkette in Kleinbuchstaben
toupper str	komplette Zeichenkette in Großbuchstaben
index(str, substr)	Gibt die Position zurück, wo substr in str anfängt.
match(str, regexpr)	Überprüft, ob der reguläre Ausdruck regexpr in str enthalten ist.

Tabelle 19.7 Builtin-Stringfunktionen für »awk«

Funktion	Beschreibung
substr(str, start, len)	Gibt einen Teilstring ab Position start mit der Länge len aus str zurück.
split(str, array, sep)	Teilt einen String in einzelne Felder auf und gibt diese an ein Array. sep dient dabei als Feldtrenner.
gsub(als, neu, str)	Ersetzt in str den String alt durch neu.
sub(alt, neu, str)	Ersetzt das erste Vorkommen von alt durch neu in str.
sprintf("fmt", expr)	Verwendet die printf-Formatbeschreibung für expr.

Tabelle 19.7 Builtin-Stringfunktionen für »awk« (Forts.)

Häufig wird awk auch als eigenes Skript ausgeführt. Hierzu muss nur die Shebang-Zeile entsprechend angepasst werden. Das folgende Beispiel kann seine starke Ähnlichkeit zu C nicht verleugnen:

```
#!/usr/bin/awk -f
# Name :  argumente
 BEGIN   {
      print "Anzahl Argumente: ", ARGC;
      for (i=0; i < ARGC; i++)
          print i, ". Argument: ", ARGV[i];
}
```

Das awk-Skript wertet im Grunde nur die Argumente aus, die in der Kommandozeile eingegeben wurden:

```
$ chmod u+x argumente
$ ./argumente Hallo Welt
Anzahl Argumente:  3
0 . Argument:  awk
1 . Argument:  Hallo
2 . Argument:  Welt
```

19.10.3 Arrays (nur Bash und Korn-Shell)

Es ist auch möglich, eine geordnete Folge von Werten eines bestimmten Typs in einem Array zu speichern. Allerdings steht diese Möglichkeit nicht in der Bourne-Shell (sh) zur Verfügung.

Einzelne Werte zuweisen

Das Zuweisen von einzelnen Werten funktioniert wie in C mit dem Feldindex (beginnend mit 0). Hier sehen Sie ein Beispiel:

```
$ array[0]=Hallo
$ array[1]=Welt
$ array[3]=Ende
```

Im Beispiel haben wir absichtlich das dritte Element mit dem Feldindex ausgelassen. Ein Array in der Shell darf also auch Lücken enthalten.

Eine Liste von Werten einem Array zuweisen

In der Praxis werden Sie in der Regel eine ganze Liste von Werten einem Array zuweisen wollen. Hierbei sind wiederum die beiden Shells (Bash und Korn-Shell) zu unterscheiden.

- *Bash* – Eine Zuweisung mehrerer Werte in der Bash können Sie wie folgt realisieren:

  ```
  $ array=(null eins zwei drei)
  ```

- *Korn-Shell* – Bei der Korn-Shell müssen Sie das Kommando `set` mit dem Schalter `-A` (für Array) verwenden, um eine ganze Liste von Werten zuweisen zu können:

  ```
  $ set -A array null eins zwei drei
  ```

Zugreifen auf die Elemente im Array

Auf einzelne Elemente im Array können Sie mit `${array[n]}` zugreifen, wobei `n` dem Feldindex entspricht, auf dessen Wert Sie im Array zugreifen wollen. Die geschweiften Klammern sind hier nötig, weil die Shell sonst anhand von `[]` ein Metazeichen erkennen würde. So sieht ein Zugriff auf das zweite Element mit dem Feldindex `1` im Array wie folgt aus:

```
$ echo ${array[1]}
eins
```

Wollen Sie hingegen gleich alle Elemente eines Arrays auf einmal ausgeben, so können Sie wie folgt vorgehen:

```
$ echo ${array[*]}
null eins zwei drei
```

Wie viele Elemente sich insgesamt im Array befinden, können Sie folgendermaßen ermitteln:

```
$ echo ${#array[*]}
4
```

Analog ermitteln Sie die Länge der Zeichenkette eines bestimmten Elements im Array, nur dass Sie hierbei den entsprechenden Feldindex des Elements angeben müssen:

```
$ echo ${#array[1]}
4
```

Array löschen

Um alle Elemente eines Arrays zu löschen, können Sie das Kommando `unset` verwenden:

```
$ unset array
```

Dies funktioniert auch mit einzelnen Elementen eines Arrays. Folgendermaßen können Sie zum Beispiel das zweite Element mit dem Feldindex 1 aus dem Array entfernen:

```
$ unset ${array[1]}
$ echo ${array[*]}
null zwei drei
```

Die hier gezeigte Ausgabe soll aber nicht darüber hinwegtäuschen, dass durch das Löschen eines Elements im Array eine Lücke entsteht. Das Array mit dem Feldindex `1` hat hier keinen Wert mehr, ist aber dennoch vorhanden und kann jederzeit mit einem neuen Wert versehen werden.

Kopieren Sie allerdings ein komplettes Array, ist diese Lücke nicht mehr vorhanden. Bei einer Kopie rücken alle Elemente vor der Lücke um mindestens eine Position vor (abhängig von der Größe der Lücke(n)).

Array kopieren

Ein komplettes Array können Sie ebenfalls kopieren. Allerdings gehen hierbei die Bash und die Korn-Shell wieder getrennte Wege. Mit der Bash kopieren Sie ein komplettes Array wie folgt:

```
$ array_kopie=(${array[*]})
```

Die Korn-Shell verwendet dazu wieder das Kommando `set`:

```
$ set -A array_kopie ${array[*]}
```

19.10.4 Variablen exportieren

Wie Sie bereits wissen, sind Variablen, die Sie in einem Shellskript definieren, nur zu dessen Ausführzeit gültig. Benötigen Sie Variablen für weitere Shellskripte oder für eine Subshell, so müssen Sie diese zuvor exportieren, etwa mit dem Kommando `export`:

```
$ var=567
$ export var
```

In der Bash und in der Korn-Shell können Sie einen solchen Export auch gleich in einer Zeile durchführen:

```
$ export var=567
```

Zurücksetzen können Sie eine exportierte Variable natürlich auch nach wie vor mit dem Kommando unset.

Hinweis

Beim Exportieren einer Variablen wird intern ein Flag gesetzt. Dieses Flag können Sie in der Bash und der Korn-Shell auch direkt mit typeset -x var setzen, anstatt das Kommando export zu verwenden. Wollen Sie dieses Flag wieder entfernen, so müssen Sie lediglich typeset +x var angeben.

Variablen einer Shell für das Shellskript verwenden

Die einfachste Möglichkeit ist es, wenn Sie eine Variable in einer Shell definieren und darauf im Shellskript (der Subshell) zugreifen. Dabei müssen Sie nur die Variable einmalig in der Shell exportieren – und schon steht diese Variable jedem aus dieser Shell gestarteten Shellskript zur Verfügung. Ein einfaches Shellskript sähe wie folgt aus:

```
# Skript-Name: example_export
echo exmple_export [1]: $variable1
echo exmple_export [2]: $variable2
```

Die beiden Variablen variable1 und variable2 des Shellskripts wollen wir jetzt in der Shell definieren, aber nur eine Variable soll exportiert werden:

```
$ variable1=TESTWERT1
$ variable2=TESTWERT2
$ export variable1
$ ./example_export
exmple_export [1]: TESTWERT1
exmple_export [2]:
```

Anhand der Ausgabe des Shellskripts können Sie erkennen, dass die nicht exportierte Variable variable2 nicht im Shellskript zur Verfügung steht.

Variablen eines Shellskripts für ein weiteres Shellskript verwenden

Wollen Sie Variablen, die Sie in einem Shellskript definiert haben, auch in einem weiteren Shellskript verwenden, das Sie aus dem Shellskript aufrufen, so müssen Sie diese Variable natürlich zuvor noch im aufrufenden Shellskript exportieren. Das Skript, das die Variablen definiert und ein weiteres Skript aufruft, sieht wie folgt aus:

```
# Skript-Name: export_var
wichtig1=TEST1
wichtig2=TEST2
echo export_var: $wichtig1
echo export_var: $wichtig2
export wichtig2
./export_wichtig
echo export_var: $wichtig2
```

In diesem Skript werden die Variable `wichtig1` und die Variable `wichtig2` definiert und ausgegeben. Allerdings wird nur die Variable `wichtig2` exportiert, bevor das weitere Skript `export_wichtig` aufgerufen wird. Betrachten wir nun das Skript `export_wichtig`:

```
# Skript-Name: export_wichtig
echo export_wichtig: $wichtig1
echo export_wichtig: $wichtig2
wichtig2=TEST666
echo export_wichtig: $wichtig2
```

Betrachten Sie nun die beiden Skripte bei der Ausführung:


```
$ ./export_var
export_var: TEST1
export_var: TEST2
export_wichtig:
export_wichtig: TEST2
export_wichtig: TEST666
export_var: TEST2
```

Bei der Ausgabe des zweiten Skripts (hier `export_wichtig`) können Sie erkennen, dass nur die exportierte Variable `wichtig2` ausgegeben wird. Die nicht exportierte Variable `wichtig1` bleibt nach wie vor nur dem ausführenden Shellskript bekannt. Wenn ein Shellskript ein weiteres Skript aufruft, wird also eine weitere Subshell gestartet – wie auch beim Aufruf eines Shellskripts von einer Login-Shell.

Zur Demonstration haben wir auch im Shellskript `export_wichtig` die exportierte Variable `wichtig2` verändert. Anhand der Ausgabe von `export_var` am Ende können Sie allerdings sehen, dass diese Veränderung wiederum nur für die Subshell gilt. Die Variable des Elternprozesses lässt sich auf herkömmlichem Wege nicht verändern und bleibt unangetastet.

Variablen des Elternprozesses mit dem Punkte-Operator verändern

Wollen Sie trotzdem die Variablen des Elternprozesses verändern, müssen Sie das Shellskript ohne Subshell aufrufen. Wie dies geht, haben Sie bereits in Abschnitt 19.6.2 unter »Shellskript ohne Subshell ausführen« erfahren. Sie müssen lediglich vor dem aufrufenden Shellskript den Punkte-Operator oder den Builtin-Befehl `source` schreiben. Bezogen auf die Beispiele `export_var` und `export_wichtig` aus dem letzten Abschnitt müssen Sie nur den Aufruf im Shellskript `export_var` wie folgt ändern:

```
# Skript-Name: export_var
wichtig1=TEST1
wichtig2=TEST2
echo export_var: $wichtig1
echo export_var: $wichtig2
# Shellskript ohne Sub-Shell aufrufen
. ./export_wichtig
echo export_var: $wichtig2
```

Hierbei können Sie auch gleich auf das Exportieren der Variable verzichten. Hier sehen Sie die Shellskripte bei der Ausführung:

```
$ ./export_var
export_var: TEST1
export_var: TEST2
export_wichtig: TEST1
export_wichtig: TEST2
export_wichtig: TEST666
export_var: TEST666
```

Bei der Ausführung der beiden Shellskripte erkennt jetzt auch das Skript `export_wichtig` die Variable `wichtig1`. Eine Veränderung der Variablen `wichtig2` wirkt sich nun auch auf den Wert des aufrufenden Skripts aus. Allerdings verwenden wir hierbei keinen Elternprozess im eigentlichen Sinne.

Der Punkte-Operator wird jedoch eher dazu verwendet, Konfigurationsdateien einzulesen. Betrachten Sie hierzu das Beispiel der folgenden Konfigurationsdatei:

```
# myconf.conf
version=1.01
sprache=deutsch
modus=safe
...
```

Befindet sich diese Konfigurationsdatei nun im selben Verzeichnis wie das Skript, kann sie wie folgt eingelesen werden:

```
# Skript-Name: simple_script
# Konfigurationsdatei einlesen
. myconf.conf
echo "Version: $version; Sprachen: $sprache; Modus: $modus"
...
```

Das Shellskript bei der Ausführung:

```
$ ./simple_script
Version: 1.01; Sprachen: deutsch; Modus: safe
```

Eine solche Variablenzuweisung ist in der Praxis häufiger anzutreffen, weil hiermit die Variablen vom eigentlichen Skript getrennt werden. Jetzt können Sie die Variablen der Konfigurationsdatei *myconf.conf* bei Bedarf ändern oder spezielle Versionen der Konfigurationsdatei bereitstellen.

Exportierte Variablen auflisten

Verwenden Sie das Kommando `export` ohne Argumente, so werden alle exportierten Variablen der aktuellen Shell aufgelistet. Bei der Bash und der Korn-Shell beinhaltet diese Liste unter anderem auch die Umgebungsvariablen, weil diese ebenfalls als exportiert markiert sind. In der Bash und in der Korn-Shell können Sie auch `typeset -x` angeben, um alle exportierten Variablen (inklusive der Umgebungsvariablen) zu betrachten.

19.10.5 Die Umgebungsvariablen (Shellvariablen)

Starten Sie ein neues Programm oder ein Shellskript, so steht diesem Programm ein Array von Zeichenketten mit von der Shell vordefinierten Umgebungsvariablen zur Verfügung. (Sie werden auch als Shellvariablen bezeichnet; siehe auch Abschnitt 19.6.4.) Im Grunde sind diese Umgebungsvariablen mit dem Kommando `export` bzw. `typeset -x` global definierte Variablen mit einem Eintrag in der Form von:

```
Variable=Wert
```

Trotzdem muss man hierbei eine Trennung zwischen den benutzerdefinierten Variablen und den von der Shell definierten (Umgebungs-)Variablen vornehmen. Zwar werden die Umgebungsvariablen der Shell in der Regel großgeschrieben (z. B. `HOME`), aber dies ist kein Standard.

Umgebungsvariablen haben die Funktion, das Verhalten der Shell und der Kommandos zu beeinflussen. In der Regel sollten Sie im Umgang mit Umgebungsvariablen vorsichtig sein, weil diese grundsätzlich jederzeit verändert werden können. Sie können sich in einem Shellskript nicht sicher darauf verlassen, dass schon der richtige Wert in der Umgebungsvariable liegen wird. Ein einfaches Beispiel hierzu:

```
$ backup=$HOME
$ echo $HOME
/home/user
$ HOME=/usr/bin
$ cd
$ pwd
/usr/bin
$ echo $HOME
/usr/bin
$ HOME=$backup
```

Im Beispiel wurde ohne großen Aufwand das Heimatverzeichnis des Anwenders verändert. Das bedeutet auch, dass ein Shellskript ebenfalls auf das manipulierte Heimatverzeichnis zugreifen wird, wenn die Umgebungsvariable HOME im Skript verwendet wird.

Einzig die alte Bourne-Shell (sh) führt diesen automatischen Export von Umgebungsvariablen nicht durch und verwendet bei jeder neu gestarteten Shell die von der Ur-Shell vordefinierten Variablen. Hier müssen Sie, wenn gewünscht, eine veränderte Umgebungsvariable mit dem Kommando export exportieren.

Hinweis

Bei vielen dieser Variablen in der Bash oder der Korn-Shell handelt es sich um automatische Variablen (siehe nächster Abschnitt) und nicht direkt um Umgebungsvariablen. Im Gegensatz zu normalen Umgebungsvariablen werden solche automatischen Variablen ständig neu gesetzt.

Zusammengefasst sind Umgebungsvariablen von der Shell vordefinierte Variablen, für die dasselbe gilt wie für die benutzerdefinierten Variablen.

19.10.6 Auto-Variablen der Shell

Zu einem laufenden Shellskript steht Ihnen eine Reihe von automatischen Variablen zur Information zur Verfügung. Wollen Sie etwa wissen, welche Prozessnummer die aktuelle Shell bzw. das Shellskript hat, können Sie dies mit folgender Variable ausgeben lassen:

```
$ echo $$
28132
```

Mit der automatischen Variable `$$` wird somit immer die aktuelle Prozesserkennung (PID) des laufenden Prozesses zurückgegeben. In Tabelle 19.8 finden Sie weitere automatische Variablen, die Ihnen zur Laufzeit eines Prozesses zur Verfügung stehen.

Auto-Variable	Beschreibung
`$0`	Name des Shellskripts (bzw. der aktiven Shell)
`$$`	Prozessnummer (PID) des Shellskripts
`$?`	Beendigungsstatus des zuletzt ausgeführten Prozesses (Kommando, Shellskript etc.). Ist der Rückgabewert ungleich `0`, ist in der Regel ein Fehler aufgetreten. Ein Rückgabewert von `0` deutet auf eine fehlerlose Ausführung hin.
`$!`	Prozessnummer des zuletzt gestarteten Hintergrundprozesses
`$1, $2, ... $n`	Argumente aus der Kommandozeile
`$*`	alle Argumente aus der Kommandozeile in einer Zeichenkette
`$@`	alle Argumente aus der Kommandozeile als ein Array von Zeichenketten
`$#`	Anzahl der Argumente in der Kommandozeile

Tabelle 19.8 Automatisch vordefinierte Variablen der Shell

In dem folgenden einfachen Beispiel kommen diese automatischen Variablen zum Einsatz:

```
# Skript-Name: autovar
echo "Skript-Name      :   $0"
echo "Prozessnummer    :   $$"
echo "Argument 1       :   $1"
echo "Alle Argumente   :   $*"
echo "Anzahl Argumente :   $#"
# Für den Beendigungsstatus als Demo
exit 99
```

Das Skript bei der Ausführung:

```
$ ./autovar Hallo Welt wie gehts
Skript-Name      :   ./autovar
Prozessnummer    :   28623
Argument 1       :   Hallo
Alle Argumente   :   Hallo Welt wie gehts
Anzahl Argumente :   4
$ echo $?
99
```

Das Auswerten des Rückgabestatus mit der Variablen $? können Sie selbstverständlich auch für alle Kommandos der Shell oder auch für Ihre selbst geschriebenen (C-)Programme verwenden (z. B. zu Debugging-Zwecken), um zu ermitteln, wo ein Fehler aufgetreten ist.

Neben den hier aufgelisteten automatischen Variablen finden Sie für die Bash und die Korn-Shell noch viele weitere automatische Variablen. Diese werden unter den Umgebungsvariablen aufgelistet. Im Unterschied zu den Umgebungsvariablen werden die automatischen Variablen aber ständig neu mit anderen Werten gesetzt. Das einfachste Beispiel hierfür ist die automatische Variable RANDOM, die bei jeder Ausgabe eine neue Pseudozufallszahl zwischen 0 und 32.767 ausgibt:

```
$ echo $RANDOM
24234
$ echo $RANDOM
12342
```

19.11 Quotings

Quoting ist der Sammelbegriff dafür, verschiedene Anführungszeichen (englisch: *quotes*) zu setzen. In einer Shell unterscheidet man zwischen *Single Quotes* ('), *Double Quotes* (") und *Back Quotes* (`).

19.11.1 Single und Double Quotes

Single und Double Quotes dienen in erster Linie zum Deaktivieren von Metazeichen (z. B. *). Hier sehen Sie ein einfaches Beispiel:

```
$ echo *** Shell: $SHELL ***
datei.csv Desktop Documents namen.txt public_html Shellbuch zusammen.txt Shell:
/bin/bash expample.c example.h test.txt datei.csv Desktop Documents namen.txt public_
html Shellbuch zusammen.txt
...
```

Wegen des Metazeichens * werden hier alle Dateinamen und Verzeichnisse mehrmals ausgegeben. Lösen könnten Sie dieses Problem, indem Sie vor dem Metazeichen * jeweils einen Backslash setzen (z. B. *). Bei vielen Metazeichen ist dies allerdings eher kontraproduktiv und auf Dauer auch fehleranfällig.

Für solche Zwecke bietet es sich an, die Metazeichen zwischen Single- bzw. Double Quotes zu setzen. Ob Sie nun Single Quotes oder Double Quotes verwenden, hängt vom Anwendungsfall ab.

Single Quotes

Single Quotes sollten Sie verwenden, wenn Sie alle nur erdenklichen Meta- und Sonderzeichen ausschalten wollen. Dies schließt auch die Back Quotes (z. B. Kommandosubstitutionen) und das Backslash-Zeichen mit ein. Bezogen auf unser voriges Beispiel können Sie somit mit den Single Quotes alles im Klartext ausgeben:

```
$ echo '*** Shell: $SHELL ***'
*** Shell: $SHELL ***
```

Double Quotes

Die Double Quotes wirken nicht ganz so kategorisch wie die Single Quotes und schalten nur die Metazeichen (wie *) aus. Das Dollarzeichen für Variablen, das Backtick-Zeichen (Back Quotes) und das Backslash-Zeichen werden hingegen beim Double Quoting nicht ausgeschlossen und behandelt wie gewöhnlich:

```
$ echo "*** Shell: $SHELL ***"
*** Shell: /bin/bash ***
```

Leerzeichen

Wollen Sie bei einer Ausgabe auch die Anzahl der Leerzeichen verwenden, die Sie tatsächlich angegeben haben, müssen Sie diesen Text zwischen Single bzw. Double Quotes stellen. Der Grund ist einfach, dass auch die Leerzeichen eine Bedeutung in einer Shell haben. Leerzeichen stehen gewöhnlich als Trennzeichen zwischen zwei Kommandos. Um diese Bedeutung zu lösen, müssen Sie das Quoting einsetzen. Ob Sie hier Single oder Double Quotes verwenden, hängt wie gesagt vom Anwendungsfall ab:


```
$ echo Spalte1          Spalte2          Spalte3
Spalte1 Spalte2 Spalte3
$ echo "Spalte1          Spalte2          Spalte3"
Spalte1          Spalte2          Spalte3
```

Zeilenumbrüche

Auch beim Zeilenumbruch mit dem Backslash-Zeichen gelten die Regeln, die Sie bereits mit den Single und Double Quotes kennengelernt haben. Wenn Sie das Backslash-Zeichen bei einem Zeilenwechsel mit Single Quotes verwenden, wird es außer Kraft gesetzt und wie ein normales Zeichen ausgegeben. Zwischen Double Quotes behält das Backslash-Zeichen nach wie vor seine Bedeutung bei der Ausgabe:

```
$ echo Zeilen-\
> umbruch
Zeilen-umbruch
$ echo 'Zeilen-\
> umbruch'
```

```
Zeilen-\
umbruch
$ echo "Zeilen-\
> umbruch"
Zeilen-umbruch
```

19.11.2 Kommandosubstitution (Back Quotes)

Eine *der* Funktionen schlechthin in einer Shell ist die Kommandosubstitution. Damit ist es möglich, das Rückgabeergebnis eines Kommandos in einer Variablen zu speichern. Die Kommandosubstitution kann auf zwei verschiedene Arten verwendet werden:

```
Variable=`Kommando`
Kommando `Kommando`
```

Mit der ersten Variante wird die Ausgabe von `Kommando` in einer `Variablen` gespeichert. Bei der zweiten Version wird die Ausgabe eines `Kommandos` für ein weiteres `Kommando` verwendet. Solche Kommandosubstitutionen werden immer zwischen Back Quotes (` `) eingeschlossen:

```
$ tag=`date +%A`
$ echo $tag
Samstag
```

Damit Sie die Kommandosubstitution möglichst effektiv einsetzen können, sollten Sie mit den Linux/UNIX-Kommandos vertraut sein. Hier sehen Sie ein einfaches Shellskript:

```
# Skript-Name: cmdsub
verzeichnis=`pwd`
count=`ls -l | wc -l`
datum=`date +%d-%m-%Y`

echo "Datum: $datum"
echo "Im Verzeichnis $verzeichnis befinden \
sich $count Dateien"
```

Das Shellskript bei der Ausführung:

```
$ ./cmdsub
Datum: 12-02-2009
Im Verzeichnis /home/user befinden sich 39 Dateien
```

Wenn Sie die zweite Version der Kommandosubstitution verwenden, können Sie bei dem Shellskript `cmdsub` auf die drei Variablen ganz verzichten und dieses Kommando innerhalb des Kommandos `echo` ausführen. Das Kommando `echo` verwendet hierbei den Rückgabewert eines anderen Kommandos. Bezogen auf unser Shellskript sieht dies wie folgt aus:

```
# Skript-Name: cmdsub2
echo "Datum: `date +%d-%m-%Y`"
echo "Im Verzeichnis $verzeichnis `pwd` befinden \
sich `ls -l | wc -l` Dateien"
```

Die Ausgabe des Shellskripts `cmdsub2` entspricht exakt der Ausgabe des Beispiels `cmdsub` zuvor.

> **Hinweis**
> Wie bei einer Pipe geht auch bei einer Kommandosubstitution die Fehlermeldung verloren.

Erweiterte Syntax (nur Bash und Korn-Shell)

Bash und Korn-Shell bieten neben den Back Quotes mit `$(...)` noch eine andere Syntax an, die sich zwar etwas einfacher lesen lässt, aber sonst keine Vorteile gegenüber den Back Quotes besitzt. Anstatt die Back Quotes wie folgt zu verwenden:

```
$ echo "Datum: `date +%d-%m-%Y`"
Datum: 12-02-2016
```

können Sie sie auch folgendermaßen verwenden:

```
$ echo "Datum: $(date +%d-%m-%Y)"
Datum: 12-02-2016
```


19.12 Kommandozeilenargumente

Mit der Übergabe von Argumenten an ein Shellskript wird dieses wesentlich flexibler und vielseitiger. Gerade für die Angabe von Datei- und Verzeichnisnamen, die das Shellskript abarbeiten soll, sind Argumente unverzichtbar.

19.12.1 Kommandozeilenparameter $1 bis $9

Die Kommandozeilenparameter haben Sie bereits kurz bei den automatischen Variablen (siehe Abschnitt 19.10.6) kennengelernt. Diese Variablen werden auch *Positionsparameter* genannt. Darin finden Sie die Argumente der Kommandozeile in einzelne Teilstrings zerlegt. Standardmäßig werden diese Strings anhand eines Leerzeichens getrennt. Dies könnte man allerdings theoretisch mit der Variablen `IFS` ändern (siehe Abschnitt 19.14.2 unter »Die Variable IFS«). Den Skriptnamen selbst finden Sie im Positionsparameter `$0`. Hierzu ein einfaches Beispiel:

```
# Beachtet die ersten vier Argumente der Kommandozeile
# Name: arguments
echo "Erstes Argument  : $1"
echo "Zweites Argument : $2"
echo "Drittes Argument : $3"
echo "Viertes Argument : $4"
```

Das Skript bei der Ausführung:

```
$ ./arguments
Erstes Argument  :
Zweites Argument :
Drittes Argument :
Viertes Argument :
$ ./arguments Hallo Welt wie geht es Dir
Erstes Argument  : Hallo
Zweites Argument : Welt
Drittes Argument : wie
Viertes Argument : geht
```

Bei weniger oder mehr Argumenten als angegeben werden diese Positionsparameter mit einem leeren String belegt. In der Praxis wird man allerdings auch hier die Anzahl der Parameter überprüfen.

Andere Syntax (nur Bash und Korn-Shell)

In der Bash und der Korn-Shell steht Ihnen noch eine andere Syntax zur Verfügung, um auf die einzelnen Argumente mit den Positionsparametern zuzugreifen. Der Vorteil dieser Syntax ist, dass Sie mit ihr auch Argumente jenseits von `$9` verwenden können. Sie müssen lediglich den Wert der Position in geschweifte Klammern setzen. Statt `$9` könnten Sie bei der Bash und bei der Korn-Shell also auch `${9}` verwenden, um auf das neunte Argument zuzugreifen. Auf das 30. Argument würden Sie analog mit `${30}` zugreifen.

Leerzeichen

Wie bereits erwähnt, werden die einzelnen Argumente in der Kommandozeile anhand des Werts in der Shellvariablen `IFS` getrennt. Standardmäßig ist dies das Leerzeichen, sofern man diesen Wert nicht verändert hat. Die folgende Eingabe enthält fünf Argumente:

```
$ ./skript Jürgen von und zu Wolf
```

Soll das »von und zu Wolf« als ein einziges Argument behandelt werden, so müssen Sie dies zwischen Double Quotes stellen:

```
$ ./skript Jürgen "von und zu Wolf"
```

Mit den Double Quotes haben Sie die Sonderstellung des Leerzeichens aufgehoben. Somit haben Sie jetzt nur noch zwei Argumente in der Kommandozeile.

19.12.2 Variable Anzahl von Parametern auswerten

Wenn Sie nicht genau wissen, wie viele Argumente eingegeben werden, können Sie die automatische Variable `$*` verwenden. Bei dieser Variablen werden alle Argumente der Kommandozeile (ausgenommen der Skriptname = `$0`) als eine einzige Zeichenkette gespeichert:

```
# Skript-Name: varargument s
echo "Skript-Name                 :  $0"
echo "Die restlichen Argumente    :  $*"
```

Das Skript bei der Ausführung:

```
$ ./varargument s Hallo Welt wie gehts
Skript-Name                :  ./varargument s
Die restlichen Argumente   :  Hallo Welt wie gehts
```

In der Praxis werden Sie diese variabel lange Zeichenkette wohl in ihre Einzelteile zerlegen wollen. Hierzu eignet sich hervorragend eine `for`-Schleife. Die `for`-Schleife haben wir noch nicht behandelt (siehe Abschnitt 19.13.8 und dort »Die for-Schleife«) – trotzdem zeigen wir ein kurzes Beispiel schon an dieser Stelle:

```
# Name: varargument s2
for arg in $*
   do
      echo '> ' $arg ' <'
   done
```

Das Shellskript bei seiner Ausführung:

```
$ ./varargument s2 Hallo Welt wie gehts
> Hallo <
> Welt <
> wie <
> gehts <
```

19.12.3 Die Anzahl der Argumente überprüfen

Auch die automatische Variable `$#` haben Sie bereits kurz kennengelernt. Diese Variable enthält die Anzahl der Argumente ohne den Skriptaufruf. Sie eignet sich ideal, um die Anzahl der Argumente zu überprüfen, die in der Kommandozeile mitgegeben wurden. Dies ist sinnvoll bei Shellskripts, bei denen eine bestimmte Anzahl von Argumenten benötigt wird. Auch hier müssen wir für ein Beispiel auf die if-Entscheidungsanweisung vorgreifen, die in Abschnitt 19.13.1, »Die if-Anweisung«, ausführlich beschrieben wird:

```
# Skript-Name: check_arg
# Wurden weniger als zwei Argumente eingegeben?
if [ $# -lt 2 ]    # lt = lower then
   then
   echo "Mindestens zwei Argumente erforderlich ..."
   echo "$0 arg1 arg2 ... arg_n"
   exit 1
fi
echo "Anzahl erforderlicher Argumente erhalten"
```

Das Skript bei der Ausführung:

```
$ ./check_arg
Mindestens zwei Argumente erforderlich ...
./acheckarg arg1 arg2 ... arg_n
$ ./check_arg Hallo Welt
Anzahl erforderlicher Argumente erhalten
```

19.12.4 Der Befehl shift

Mit dem Befehl shift können Sie die Positionsparameter nach links verschieben. Ohne weitere Argumente bedeutet dies, dass der Inhalt von der Position $2 nach $1 geschoben wird. Befand sich an Position $3 ebenfalls ein Argument, so erhält dieser Wert nun den Positionsparameter $2 usw. Hiermit werden die Positionsparameter von links nach rechts gleichsam abgeschnitten, sodass irgendwann alle Argumente der Kommandozeile an der Position $1 landen würden, wenn Sie shift immer wieder aufrufen. Sie können shift auch mit der Anzahl von Argumenten aufrufen, die angibt, um wie viele Stellen verschoben werden soll. Natürlich beeinflusst jeder Aufruf von shift auch den Inhalt der Variablen von $* und $#. Das bedeutet: $* wird um einige Zeichen erleichtert, und $# wird dekrementiert.

Im folgenden Beispiel wollen wir shift innerhalb einer while-Schleife (siehe Abschnitt 19.13.8 und dort »Die while-Schleife«) einsetzen, um wieder die Argumente der Kommandozeile abzuarbeiten. Auch hiermit ist eine variable Anzahl von Argumenten möglich.

```
# Name: varargument s3
while [ $# -ne 0 ]  # ne = not equal
do
    # Tue was mit $1 - hier eine einfach Ausgabe...
    echo $1
    shift       # weiterschieben ...
done
```

Das Skript bei der Ausführung:

```
$ ./vararguments3 Hallo Welt wie gehts
Hallo
Welt
wie
gehts
```

Sicherlich fragen Sie sich nun, wozu Sie bei einem Skript beliebig viele Argumente auswerten sollten. Am besten führen Sie unser Skript vararguments3 einfach nochmals wie folgt aus:

```
$ ./vararguments3 /usr/include/*.h
/usr/include/af_vfs.h
/usr/include/aio.h
...
...
```

Durch die Datei-Expansion haben Sie hier auf einmal mehrere hundert Argumente, wie die Ausgaben auch bestätigen.

19.12.5 Argumente für die Kommandozeile setzen – set

Mit dem Kommando set ist es auch möglich, die Positionsparameter $1 bis $n mit Werten zu belegen:

```
$ set Hallo Welt
$ echo $1
Hallo
$ echo $2
Welt
$ echo $#
2
$ echo $*
Hallo Welt
```

Wie Sie im Beispiel sehen, wirkt sich das Setzen der Argumente auch auf die automatischen Variablen $# und $* aus. Allerdings liegt der Einsatz weniger in der Übergabe von Werten an die automatischen Variablen als bei der Zerlegung von Zeichenketten, die von einem Kommando (als Kommandosubstitution) zurückgegeben werden. Hier sehen Sie ein einfaches Beispiel:

```
$ date
So 11. Jan 03:34:47 EST 2016
$ set `date`
```

```
$ echo "Datum: $2$3 $6 / Uhrzeit: $4"
Datum: 11.Jan 2016 / Uhrzeit: 03:34:57
```

Im Beispiel wurde das Kommando date als Argument in der Kommandozeile mit set gesetzt. Anhand der zuvor gemachten Ausgaben von date können Sie erkennen, dass dieses Kommando hier sechs Argumente ($1 bis $6) enthält. Einzelne Argumente werden standardmäßig durch ein Leerzeichen (abhängig von der Shellvariable IFS) getrennt.

Was hier mit date gemacht wurde, können Sie selbstverständlich auch mit jedem beliebigen anderen Kommando durchführen. Hier ist es natürlich ein enormer Vorteil, mit dem Kommando vertraut zu sein. Beachten Sie außerdem, dass ein Kommando auf einem anderen System die Daten nicht in derselben Reihenfolge ausgeben muss.

Das folgende einfache Shellskript gibt die Login-Zeit eines angemeldeten Benutzers aus:

```
# Skript-Name: login_time
if [ $# -ne 1 ]
then
   echo "Verwendung $0 username"
   exit 1
fi

set `who | grep $1`

# Wurde überhaupt etwas gefunden?
if [ $# -lt 1 ]
then
   echo "Keine Übereinstimmung mit $1 gefunden"
   exit 0
fi

echo "($1) Login-Zeit: $4"
```

Das Skript bei der Ausführung:

```
$ who
user     tty1         2008-12-19 17:41
wolf     tty7         2008-12-19 17:15 (:0)
tom      pts/0        2009-01-10 02:33 (:0.0)
ben      pts/1        2016-01-07 12:37 (:0.0)
$ ./login_time wolf
(wolf) Login-Zeit: 17:15
```

Bei der Kommandosubstitution verwenden wir grep, um aus der Ausgabe von who nach dem Benutzer zu suchen, der als erstes Argument ($1) in der Kommandozeile eingegeben wurde. Theoretisch würde auch Folgendes funktionieren:

```
$ login_time 12:*
(ben) Login-Zeit: 12:37
```

Hier wurde nach dem Benutzer gesucht, der sich irgendwann zwischen 12 Uhr und 12:59 Uhr angemeldet hat. Da es hierbei mehrere Ergebnisse geben könnte, ist es ratsam, das Beispiel in einer Schleife auszuführen.

19.12.6 Kommandozeilenoptionen auswerten

Auch für die Kommandozeilenoptionen mit dem Minuszeichen, die Sie von vielen Linux/UNIX-Kommandos her kennen (z. B. ls -l), können Sie mit getopts einen Befehl verwenden, der Ihnen diese Auswertung erheblich vereinfacht. Das folgende Beispiel demonstriert eine vereinfachte Methode zur Auswertung der Kommandozeilenoptionen:

```
# Skript-Name: check_opt
while getopts abc:D: opt
do
   case $opt in
       a) echo "Option a";;
       b) echo "Option b";;

       c) echo "Option c : ($OPTARG)";;
       D) echo "Option D : ($OPTARG)";;
   esac
done
```

Bei diesem Beispiel wurden eine Schleife und eine case-Konstruktion verwendet, die allerdings erst im nächsten Abschnitt behandelt wird. Wird getopts in der Schleife aufgerufen, so wird zunächst überprüft, ob es überhaupt eine Kommandozeilenoption mit einem Minuszeichen gibt. Gibt es keine solche Option, fährt das Skript mit der Programmausführung hinter der Schleife fort.

Wurde eine Option gefunden, wird überprüft, ob es sich um eine vorhandene Option handelt. Im Beispiel haben wir hierfür die Buchstaben »abc:D:« eingerichtet. Enthält die Kommandozeilenoption einen dieser Buchstaben, so wird dieser der Variablen opt übergeben, und diese Variable wiederum wird in der folgenden case-Konstruktion ausgewertet.

Wenn Sie für bestimmte Optionen zusätzliche Argumente (wie zum Beispiel einen Dateinamen) benötigen, müssen Sie nur einen Doppelpunkt hinter dem Buchstaben setzen. Im

Beispiel ist dies bei den Buchstaben c und D der Fall. Das Argument wird dann in der Shellvariablen OPTARG gespeichert.

Die while-Schleife wird hierbei so oft durchlaufen, bis getopts einen Wert ungleich 0 zurückliefert, was bedeutet, dass keine Optionen (mehr) gefunden wurden, alle Argumente abgearbeitet sind oder ein Fehler aufgetreten ist. Falsche Argumente wertet getopts ebenfalls aus und gibt eine entsprechende Fehlermeldung aus. Das Skript bei der Ausführung sieht wie folgt aus:

```
$ check_opt -a
Option a
$ check_opt -b
Option b
$ check_opt -c
./check_opt: option requires an argument - c
$ check_opt -c Hallo
Option c (Hallo)
$ check_opt -ab
Option a
Option b
$ check_opt -ba
Option b
Option a
$ check_opt -abD Welt
Option a
Option b
Option D (Welt)
$ check_opt -a -c Hallo -D Welt
Option a
Option c (Hallo)
Option D (Welt)
$ check_opt -x
./check_opt: illegal option -- x
```

Die Ausführung verdeutlicht, wie vielseitig getopts ist. Allerdings muss mindestens eine Option vor dem Argument stehen. Stehen alle Optionen hinter den Argumenten, so funktioniert der Befehl nicht.

19.13 Kontrollstrukturen

Wie es sich für eine echte Programmiersprache gehört, unterstützt auch die Shell verschiedene Kontrollstrukturen wie Entscheidungsverzweigungen und Schleifen. Da wir davon ausgehen, dass Sie gute Kenntnisse in einer Programmiersprache wie C haben, sparen wir uns an dieser Stelle eine umfangreiche Einführung und kommen gleich auf den Punkt.

19.13.1 Die if-Anweisung

Das Konstrukt für die `if`-Anweisung sieht in der Shell-Programmierung wie folgt aus:

```
if Kommando
then
   # Kommando erfolgreich
fi
```

Wenn die Überprüfung von `Kommando` erfolgreich verlaufen ist (Rückgabewert: `0`), werden die Befehle zwischen `then` und `fi` ausgeführt. (`fi` ist ein rückwärtsgeschriebenes `if`.) War die Ausführung von Kommandos fehlerhaft, wird die Verzweigung übersprungen und das Shellskript fährt hinter `fi` mit der Ausführung fort.

Natürlich können Sie mit `if` nicht nur Kommandos, sondern auch Bedingungen testen. Hierfür wird dann folgende Syntax verwendet:

```
if [ Bedingung ]
then
   # Bedingung ist wahr
fi
```

Bei der sich öffnenden eckigen Klammer (`[`) handelt es sich übrigens in der Tat um ein ausführbares Binary (und nicht um eine andere Schreibweise des Kommandos `test`), das die Parameter zwischen den eckigen Klammern auswertet. Geben Sie einfach `which [` in der Kommandozeile ein, und Sie werden verstehen, was wir meinen.

Noch ein Hinweis zum Codestil: Selbstverständlich können Sie die `if`-Anweisung auch in einer Kommandozeile eingeben. Allerdings müssen Sie hierbei Semikolons zur Trennung verwenden:

```
if [ bedingung ]; then kommando(s); fi
```

Kommandoausführung überprüfen

Das folgende einfache Shellskript testet das Kommando `grep` auf eine erfolgreiche Ausführung. Hierzu suchen wir einfach in allen Dateien des Heimatverzeichnisses nach einer bestimmten Zeichenfolge. Alle Dateien, die diese Zeichenfolge enthalten, werden ausgegeben.

```
# Skript-Name: seach_files
if grep -l "$1" $HOME/*.*
```

```
then
   echo "Suche nach $1 war erfolgreich"
   exit 0;
fi
echo "Suche nach $1 war erfolglos"
```

Das Skript bei der Ausführung:

```
$ ./search_files int
/home/user/hallo.cc
/home/user/hello_allegro.c
/home/user/hello_gl.c
/home/user/main.cpp
...
Suche nach int war erfolgreich
$ ./endless blabla
Suche nach blabla war erfolglos
```

Wollen Sie die Standardausgabe von `grep` ausschalten, können Sie diese ohne Weiteres in das Datengrab */dev/null* umleiten:

```
if grep -l "$1" $HOME/*.* > /dev/null
```

Soll auch noch die Fehlerausgabe unterdrückt werden, so erweitern Sie das Skript noch um `2>&1`:

```
if grep -l "$1" $HOME/*.* > /dev/null 2>&1
```

Kommandoausführungen mit Pipes überprüfen

Natürlich können Sie bei einer `if`-Abfrage auch die Kommandos über Pipes verketten. Das folgende einfache Shellskript überprüft in der `if`-Abfrage mittels `who` und `grep`, ob ein bestimmter Benutzer auf dem System angemeldet ist:

```
# Skript-Name: seach_user
if who | grep $1 | wc -l
then
   echo "User $1 ist auf dem System eingeloggt"
   exit 0;
fi
echo "User $1 ist nicht auf dem System eingeloggt"
```

Das Skript bei der Ausführung:

```
$ ./search_user wolf
User wolf ist auf dem System eingeloggt
```

```
$ ./search_user geisslein
User geisslein ist nicht auf dem System eingeloggt
```

Ein Problem gibt es bei der Verkettung von Kommandos über Pipes allerdings: Wenn Sie zum Beispiel das Shellskript ohne ein Argument aufrufen, wird trotzdem ein vorhandener User auf dem System gefunden:

```
$ ./search_user
Aufruf: grep [OPTION]... MUSTER [DATEI]...
"grep --help" gibt Ihnen mehr Informationen.
User  ist auf dem System eingeloggt
```

Die Ursache hierfür ist, dass unsere `if`-Anweisung immer den Rückgabestatus des zuletzt ausgeführten Kommandos in der Kette enthält. In diesem Fall ist dies die Ausführung des Kommandos `wc -l`, das keinen Fehler produzierte und eben `0` zurückgab.

Um solche Fehler aufzudecken, müssen Sie den Pipe-Status auswerten. Hierzu gibt es beispielsweise die Shellvariable `PIPESTATUS`. Allerdings hat diese Variable den Nachteil, dass sie *nur bei der* Bash *vorhanden* ist. Genau genommen handelt es sich bei dieser Shellvariablen um ein Array mit dem Exit-Status des zuletzt ausgeführten Kommandos. Der Rückgabewert des ersten Befehls steht in `${PIPESTATUS[0]}`, der des zweiten in `${PIPESTATUS[1]}`, der des dritten in `${PIPESTATUS[2]}` usw. Die Anzahl der Befehle, die in einer Pipe ausgeführt wurden, enthält `${#PIPESTATUS[*]}`. Alle Rückgabewerte (getrennt durch Leerzeichen) erhalten Sie mit `${PIPESTATUS[*]}`. Ein Rückgabewert ungleich `0` bedeutet immer, dass bei der Ausführung des Kommandos ein Fehler aufgetreten ist. Schauen Sie sich hierzu beispielsweise die Verwendung in der Kommandozeile an:


```
$ who | grep | wc -l
Aufruf: grep [OPTION]... MUSTER [DATEI]...
"grep --help" gibt Ihnen mehr Informationen.
0
$ echo ${PIPESTATUS[*]}
142 2 0
$ who | grep wolf | wc -l
1
$ echo ${PIPESTATUS[*]}
0 0 0
$ who | grep user | wc -x
"wc --help" gibt weitere Informationen.
$ echo ${PIPESTATUS[*]}
0 0 1
```

Die Verwendung von `PIPESTATUS` ist sehr einfach und komfortabel, steht aber leider eben nur der Bash zur Verfügung.

Wenn Sie portabel sein müssen und ein Skript für alle Shells schreiben wollen, müssen Sie sich selbst eine Auswertung des Pipe-Status zusammenbasteln. Dies funktioniert über die Funktion `eval` und einige Verknüpfungen und Umleitungen der Ausgabekanäle. Bei den Kommandos, deren Ausgabe in eine Pipe weitergeleitet wird, verknüpfen wir die Ausgaben mit einem neuen Kanal und leiten dorthin den Rückgabestatus der Variablen `$?`, ehe wir über die Pipe die eigentliche Ausgabe des Kommandos weitergeben. Das folgende Beispiel ist nicht eben schlicht und elegant, funktioniert dafür aber bei allen Shells:

```
# Skript-Name: check_pipe
exec 3>&1 # Ausgabekanal für stdout
exec 4>&1 # Ausgabekanal für exit-Status

eval `
{
   {
      who
      echo exit1=$? >&4
   } | {
      grep $1
      echo exit2=$? >&4
   } | wc -l
} 4>&1 >&3
`
echo "Pipestatus:"
echo "who : $exit1"
echo "grep: $exit2"
echo "wc  : $?"
```

Das Shellskript bei der Ausführung:

```
$ ./check_pipe
Aufruf: grep [OPTION]... MUSTER [DATEI]...
"grep --help" gibt Ihnen mehr Informationen.
0
Pipestatus:
who : 0
grep: 2
wc  : 0
$ ./check_pipe hallo
0
Pipestatus:
who : 0
grep: 1
wc  : 0
```

```
$ ./check_pipe wolf
4
Pipestatus:
who : 0
grep: 0
wc  : 0
```

19.13.2 Die else-Alternative für die if-Verzweigung

Ebenso wie in C oder anderen Programmiersprachen, die ein `if`-Konstrukt beinhalten, finden Sie auch in der Shell-Programmierung eine alternative `else`-Verzweigung. Die Syntax in der Shell-Programmierung sieht dazu wie folgt aus:

```
if Kommando
then
   # Kommando erfolgreich
else
   # Kommando war nicht erfolgreich
fi
```

War die Ausführung von `Kommando` nicht erfolgreich, so geht die Programmausführung zwischen `else` und `fi` weiter. Auf ein Beispiel verzichten wir an dieser Stelle, da Sie in den folgenden Kapiteln noch viele Beispiele finden, die eine `else`-Alternative verwenden.

19.13.3 Mehrfache Alternative mit elif

Mit `elif` (C-Programmierern auch als `else if` bekannt) haben Sie auch die Möglichkeit, mehrere Kommandos oder Bedingungen zu testen. Die Syntax hierzu lautet:

```
if Kommando1
then
   # Kommando1 erfolgreich
elif Kommando2
then
   # Kommando2 erfolgreich
else
   # Kommando war nicht erfolgreich
fi
```

Gibt `Kommando1` von `if` den Wert `0` zurück, werden die Kommandos im folgenden `then`-Block ausgeführt. Anschließend wird mit der Ausführung des Shellskripts hinter `fi` fortgefahren. Gibt `if` vom `Kommando1` hingegen einen Wert ungleich `0` zurück, findet die Ausführung des Shellskripts bei der `elif`-Verzweigung statt. Liefert `Kommando2` von `elif` den Wert `0` zurück, werden die Befehle des zum `elif` gehörenden `then`-Blocks ausgeführt. Gibt `Kommando2` von elif hingegen ebenfalls einen Wert ungleich 0 zurück, wird auf jeden Fall die Ausführung in der else-Alternative fortgeführt.

else ist hierbei natürlich optional und muss nicht verwendet werden. Natürlich können Sie noch viele weitere solcher elif-Verzweigungen einbauen. Sobald eines der Kommandos erfolgreich war, werden die Anweisungen im entsprechenden then-Zweig abgearbeitet. Allerdings sollten Sie bei sehr vielen elif-Konstrukten eher die case-Fallunterscheidung (siehe Abschnitt 19.13.7) verwenden.

Häufig möchte man überprüfen, ob ein bestimmtes Kommando auf dem System vorhanden ist, um dieses im Skript zu verwenden. Ein einfaches Beispiel hierzu wären die verschiedenen grep-Versionen. So gibt es neben dem Ur-grep auch noch erweiterte Versionen wie egrep, fgrep oder rgrep. Wollen Sie zum Beispiel in einem Shellskript grep mit regulären Ausdrücken zur Suche verwenden, so können Sie entweder grep mit der Option -E (z. B. grep -E regex Datei) oder egrep (*extended grep*) verwenden (z. B. egrep regex Datei). Wollen Sie hierbei bevorzugt egrep verwenden, so müssen Sie überprüfen, ob diese Version auf dem System vorhanden ist. Ansonsten müssen Sie auf grep zurückgreifen. Auch hier können Sie nicht mit hundertprozentiger Sicherheit feststellen, ob grep auf dem System installiert ist, weshalb wir auch dieses Kommando überprüfen wollen. Das entsprechende Shellskript sieht wie folgt aus:

```
# Skript-Name: check_grep
if which egrep > /dev/null 2>&1
then
   echo "egrep ist auf dem System vorhanden"
   # Hier Kommandoausführung für egrep
elif which grep > /dev/null 2>&1
then
   echo "grep ist auf dem System vorhanden"
   # Hier Kommandoausführung für grep
else
   echo "Auf Ihrem System ist kein grep vorhanden"
   exit 1 # Mit einem Wert ungleich 0 beenden
fi
```

Das Shellskript bei der Ausführung:

```
$ ./check_grep
egrep ist auf dem System vorhanden
```

19.13.4 Das Kommando test

Bisher haben Sie für bedingte Anweisungen immer nur Kommandos zur Überprüfung verwendet. In der Tat ist es so, dass in der Shell die if-Verzweigung eigentlich nur für Kommandos konzipiert wurde. Um auch andere Ausdrücke wie Zahlen oder Zeichenketten mithilfe von bedingten if-Anweisungen zu überprüfen, müssen Sie das test-Kommando verwenden. In der Syntaxbeschreibung von if haben Sie bereits eine symbolische Form von test mit der einleitenden eckigen Klammer ([) kennengelernt. Die symbolische Form von

```
if [ Ausdruck ]
then
   # Ausdruck ist wahr, der Rückgabewert ist 0
fi
```

ist somit im Grunde nichts anderes als die Version mit dem folgenden test-Kommando:

```
if test Ausdruck
then
   # Ausdruck ist wahr, der Rückgabewert ist 0
fi
```

Welche Schreibweise Sie verwenden, bleibt Ihnen überlassen. Beide Versionen geben bei einem korrekten Ausdruck den Wert 0 zurück. Dass nicht programmiertypisch 1 oder eben true für wahr zurückgegeben wird, liegt daran, dass auch test nur ein Kommando ist. Übrigens ist auch die eckige Klammer ein echtes Kommando (which [). Sie sollten außerdem beachten, dass der Befehl test bzw. [] zwischen den einzelnen Ausdrücken ein Leerzeichen erwartet.

Ganze Zahlen vergleichen

Zum Vergleichen ganzer Zahlen stehen Ihnen die Operatoren zur Verfügung, die wir in Tabelle 19.9 aufgelistet haben. In der Tabelle wurde nur die Verwendung mit der eckigen Klammerung berücksichtigt. Dasselbe funktioniert auch mit dem ausgeschriebenen test-Kommando.

Ausdruck	Bedeutung	Ist wahr (0), wenn
[var1 -eq var2]	equal	var1 gleich var2 ist
[var1 -ne var2]	not equal	var1 ungleich var2 ist
[var1 -lt var2]	less than	var1 kleiner als var2 ist
[var1 -gt var2]	greater than	var1 größer als var2 ist
[var1 -le var2]	less equal	var1 kleiner oder gleich var2 ist
[var1 -ge var2]	greater equal	var1 größer oder gleich var2 ist

Tabelle 19.9 Ganze Zahlen mit »test« bzw. »[ ]« vergleichen

Dank der Ausdrücke -eq, -ne, -lt, -gt, -le und -ge wird hier übrigens immer tatsächlich auch ein numerischer Zahlenvergleich und kein Zeichenkettenvergleich durchgeführt. Das Kommando test versucht immer, zuerst die Werte in eine dezimale Zahl umzuwandeln. Hier folgt ein einfaches Beispiel:

```
# Skript-Name: compare_val
if [ $1 -eq $2 ]
then
   echo "$1 und $2 haben denselben dezimalen Wert"
else
   echo "$1 und $2 sind nicht gleich"
fi
```

Das Shellskript erwartet zwei Zahlenwerte zum Vergleichen von der Kommandozeile. Argument 1 ($1) und Argument 2 ($2) werden dann auf Gleichheit (-eq) überprüft. Das Skript bei der Ausführung:

```
$ ./compare_val 3 3
3 und 3 haben denselben dezimalen Wert
$ ./compare_val 3 33
3 und 33 sind nicht gleich
$ ./compare_val 00033 33
00033 und 33 haben denselben dezimalen Wert
$ ./compare_val 000033 033
000033 und 033 haben denselben dezimalen Wert
$ ./compare_val 000033 3033
000033 und 3033 sind nicht gleich
```

Anhand der Ausführung können Sie sehr gut erkennen, dass beispielsweise die Zeichenketten »00033« und »33« zuerst in die entsprechenden dezimalen Werte umgewandelt werden, bevor diese mit -eq verglichen werden.

Bash und Korn-Shell

Wenn Sie sich sicher sein können, dass Ihr Shellskript in einer Bash oder einer Korn-Shell ausgeführt wird, können Sie auch die Zahlen mit let oder in der anderen Schreibweise mit der doppelten Klammerung verwenden. Der Vorteil hierbei ist, dass Sie die bekannten Operatoren wie ==, !=, <, >, <= und >= verwenden können. So können Sie zum Beispiel, anstatt mit test

```
if [ $var1 -lt $var2 ]
```

zu prüfen, ob var1 kleiner als var2 ist, mit let den Test folgendermaßen durchführen:

```
if (( $var1 < $var ))
```

bzw. so:

```
if let "$var1 < $var"
```

Anzahl der Argumente aus der Kommandozeile überprüfen

Was dem obigen Beispiel noch fehlt, ist eine Überprüfung auf die Anzahl der Argumente, was zugleich auch eine häufig verwendete Aktion des test-Kommandos bzw. von [ ] ist. Die Anzahl der Argumente finden Sie bekanntlich in der Variablen $#. Sie brauchen hierbei nur zu überprüfen, ob die Anzahl der Argumente nicht gleich (-ne = *not equal*) dem gewünschten Wert ist, und müssen gegebenenfalls mit einer entsprechenden Fehlermeldung reagieren.

```
# Skript-Name: compare_val2
if [ $# -ne 2 ]
then
   echo "Verwendung: $0 Wert1 Wert2"
   echo "Sie müssen zwei Dezimalzahlen eingeben"
   exit 1
fi

if [ $1 -eq $2 ]
then
   echo "$1 und $2 haben denselben dezimalen Wert"
else
   echo "$1 und $2 sind nicht gleich"
fi
```


Das Skript bei seiner Ausführung:

```
$ ./compare_val2
Verwendung: ./ compare_val2 Wert1 Wert2
Sie müssen zwei Dezimalzahlen eingeben
$ ./compare_val2 43
Verwendung: ./compare_val2 Wert1 Wert2
Sie müssen zwei Dezimalzahlen eingeben
$ ./compare_val2 43 043
43 und 043 haben denselben dezimalen Wert
```

Zeichenketten vergleichen

Das Vergleichen von Zeichenketten funktioniert recht ähnlich, wie wir zuvor am Beispiel der Dezimalzahlen mit test oder mit [ ] gezeigt haben. Anstelle von Zahlen übergeben Sie hier test eine Zeichenkette, einen Operanden und eine weitere Zeichenkette. Achten Sie wieder darauf, dass immer ein Leerzeichen zwischen den Elementen steht. Tabelle 19.10 listet die Operatoren auf, mit denen Sie Zeichenketten vergleichen können.

Ausdruck	Operator	Ist wahr (0), wenn
["var1" = "var2"]	=	var1 gleich var2 ist
["var1" != "var2"]	!=	var1 ungleich var2 ist
[-z "var"]	-z (zero)	var1 leer ist
[-n "var"]	-n (none-zero)	var1 nicht leer ist

Tabelle 19.10 Zeichenketten mit »test« oder mit »[ ]« vergleichen

Auch wenn es nicht vorgeschrieben ist, empfiehlt es sich doch, bei einer Überprüfung von Zeichenketten mit `test` die Zeichenkette immer zwischen zwei doppelte Anführungszeichen (Double Quotes) zu stellen. Damit vermeiden Sie Fehler bei einem Vergleich von Variablen, die nicht existieren. Das folgende einfache Shellskript wertet zwei Argumente in Form einer Zeichenkette von der Kommandozeile aus:

```
# Skript-Name: cmp_string
if [ $# -ne 2 ]
then
   echo "Verwendung: $0 Zeichenkette1 Zeichenkette2"
   exit 1
fi

if [ "$1" = "$2" ]
then
   echo "Die beiden Zeichenketten sind gleich ($1/$2)"
else
   echo "Die beiden Zeichenketten sind nicht gleich ($1/$2)"
fi

if [ -z "$1" ]
then
   echo "Arugment 1 ist leer"
fi

if [ -z "$2" ]
then
   echo "Argument 2 ist leer"
fi
```

Das Shellskript bei der Ausführung:

```
$ ./cmp_string
Verwendung: ./endless Zeichenkette1 Zeichenkette2
```

```
$ ./cmp_string hallo welt
Die beiden Zeichenketten sind nicht gleich (hallo/welt)
$ ./cmp_string hallo hallo
Die beiden Zeichenketten sind gleich (hallo/hallo)
$ ./cmp_string hallo "hallo"
Die beiden Zeichenketten sind gleich (hallo/hallo)
$ ./cmp_string hallo ""
Die beiden Zeichenketten sind nicht gleich (hallo/)
Argument 2 ist leer
$ ./cmp_string 1.32 1.32
Die beiden Zeichenketten sind gleich (1.32/1.32)
```

Bash und Korn-Shell

Sollten Sie Ihr Skript in einer Bash oder einer Korn-Shell ausführen, stehen Ihnen neben den hier gezeigten Operatoren auch noch weitere Vergleiche von Zeichenketten mit den Operatoren > und < (für Vergleiche von lexikografischer Anordnung) zur Verfügung. Außerdem können Sie hierbei auch die Gleichheitsüberprüfung von zwei Variablen mit dem gewohnten Operator == statt mit dem Operator = durchführen. Des Weiteren stehen Ihnen hierbei auch noch echte Mustervergleiche mit den bekannten Metazeichen *, ? und [] zur Verfügung.

Die Verwendung unterscheidet sich geringfügig von der Bourne-Shell: Den Ausdruck müssen Sie hier zwischen doppelte eckige Klammern stellen, im Übrigen gilt dasselbe wie zuvor beschrieben. Hier sehen Sie ein Beispiel:

```
# Lexikografischer Vergleich
if [[ "$var1" > "$var2" ]]
```

Ein Mustervergleich:

```
# Hat Argument 1 die Endung *.txt?
if [[ "$1" == *.txt ]]
```

19.13.5 Dateistatus ermitteln

Wenn Sie Informationen zu einer Datei benötigen, wie den Dateityp, die Zugriffsrechte oder die charakteristischen Eigenschaften, so bietet Ihnen das Kommando `test` auch hierzu vielfältige Operatoren an. Die Verwendung dieser Operatoren ist denkbar einfach:

```
if [ -operator Datei ]
then
   ...
fi
```

Dem operator folgt immer ein Datei- oder Verzeichnisname. In Tabelle 19.11 bis Tabelle 19.13 finden Sie alle möglichen Operatoren, die Sie zum Ermitteln des Dateistatus verwenden können.

Operator	Beschreibung
-b DATEI	Die Datei existiert und ist eine Gerätedatei (*Block Special Device*).
-c DATEI	Die Datei existiert und ist eine Gerätedatei (*Character Special File*).
-d DATEI	Die Datei existiert und ist ein Verzeichnis.
-f DATEI	Die Datei existiert und ist eine normale Datei.
-h DATEI	Die Datei existiert und ist ein symbolischer Link.
-L DATEI	wie -h
-p DATEI	Die Datei existiert und ist eine benannte Pipe (*Named Pipe*).
-S DATEI	Die Datei existiert und ist ein (UNIX-Domain-)Socket.
-t [FD]	Der File-Deskriptor FD ist auf demselben Terminal geöffnet.

Tabelle 19.11 Testen des Dateityps

Operator	Beschreibung
-g DATEI	Die Datei existiert, und das Setgid-Bit ist gesetzt.
-k DATEI	Die Datei existiert, und das Sticky-Bit ist gesetzt.
-r DATEI	Die Datei existiert und ist lesbar.
-u DATEI	Die Datei existiert, und das Setuid-Bit ist gesetzt.
-w DATEI	Die Datei existiert und ist beschreibbar.
-x DATEI	Die Datei existiert und ist ausführbar.
-O DATEI	Die Datei existiert, und der Benutzer des Skripts ist der Eigentümer der Datei.
-G DATEI	Die Datei existiert, und der Benutzer des Skripts hatte dieselbe Gruppen-ID (GID) wie die Datei.

Tabelle 19.12 Testen der Zugriffsrechte

Operator	Beschreibung
-e DATEI	Die Datei existiert.
-s DATEI	Die Datei existiert und ist nicht leer.
DATEI1 -ef DATEI2	DATEI1 und DATEI2 haben dieselben Geräte- und Inodenummern (und sind somit Hardlinks).
DATEI1 -nt DATEI2	DATEI1 hat ein neueres Modifikationsdatum als DATEI2.
DATEI1 -ot DATEI2	DATEI1 hat ein älteres Modifikationsdatum als DATEI2.

Tabelle 19.13 Testen von charakteristischen Eigenschaften

Zur Demonstration zeigen wir Ihnen ein einfaches Beispielprogramm, mit dem Sie überprüfen, ob es sich beim ersten Argument um eine Datei oder um ein Verzeichnis handelt – und ob diese Datei bzw. dieses Verzeichnis überhaupt existiert.

```
# Skript-Name: filetester
if [ $# -ne 1 ]
then
   echo "Verwendung: $0 Datei/Verzeichnis"
   exit 1
fi

if [ -e "$1" ]
then
   if [ -d "$1" ]
   then
      echo "$1 ist ein Verzeichnis"
   elif [ -f "$1" ]
   then
      echo "$1 ist eine normale Datei"
   fi
else
   echo "$1 existiert nicht"
fi
```

Das Skript bei der Ausführung:

```
$ ./filetester
Verwendung: ./filetester Datei/Verzeichnis
$ ./filetester we.txt
we.txt ist eine normale Datei
$ ./filetester test
```

```
test ist ein Verzeichnis
$ ./filetester asdf
asdf existiert nicht
```

19.13.6 Ausdrücke logisch verknüpfen

Selbstverständlich unterstützt die Shell auch logische Operatoren wie das logische UND, das logische ODER oder eine Negation, um mehrere Bedingungen miteinander zu verknüpfen. Die in Tabelle 19.14 aufgeführten logischen Operatoren stehen allen Shells zur Verfügung.

Operator	Ist wahr (0), wenn
ausdruck1 -a ausdruck2	ausdruck1 und ausdruck2 wahr sind
ausdruck1 -o ausdruck2	ausdruck1 oder ausdruck2 wahr ist
!ausdruck	ausdruck falsch ist

Tabelle 19.14 Logische Operatoren

Die Bash und die Korn-Shell bieten alternativ den logischen UND-Operator in der Form von && (statt -a) und den ODER-Operator als || (statt -o) an. Beachten Sie aber, dass Sie bei der Bourne-Shell den Negationsoperator ! nicht außerhalb des test-Kommandos verwenden können. Das folgende einfache Beispiel verdeutlicht die logischen Operatoren in einem Shellskript:

```
# Skript-Name: createfile
if [ $# -lt 1 ]
then
   echo "Verwendung: $0 DATEI/VERZEICHNIS"
   exit 1
fi

# Existiert bereits ein Verzeichnis ODER eine Datei mit dem Namen?
if [ -f "$1" -o -d "$1" ]
then
   echo "$1 ist bereits als Verzeichnis oder Datei vorhanden"
   exit 0
fi

# Datei anlegen
touch $1
# Überprüfen, ob Datei jetzt existiert
if [ ! -e "$1" ]
then
```

```
   echo "Konnte die Datei $1 nicht anlegen"
   exit 1
else
   echo "Datei $1 erfolgreich angelegt"
fi
```

Das Shellskript bei der Ausführung:

```
$ ./createfile
Verwendung: ./createfile DATEI/VERZEICHNIS
$ ./createfile examples
examples ist bereits als Verzeichnis oder Datei vorhanden
$ ./createfile test.file
Datei test.file erfolgreich angelegt
```

In der Bash oder Korn-Shell kann die logische ODER-Verknüpfung hingegen wie folgt aussehen:

```
if [ -f "$1" ] || [ -d "$1" ]
```

Eine weitere nützliche Anwendung der logischen Operatoren ist das Überprüfen eines bestimmten Wertebereichs, wie zum Beispiel:

```
# Wert zwischen 1 und 10 (Bourne-Shell)
if [ $number -gt 0 -a $number -lt 11 ]
...
# Wert zwischen 1 und 10 (Bash und Korn-Shell)
if (( $number > 0 )) && (( $number < 11 ))
```


Nützlich ist auch ein Überprüfen der Eingabe des Anwenders – etwa ob dieser etwas mit »Ja« oder »Nein« bestätigt hat:

```
# j, ja oder n, nein (Bourne-Shell-Version)
if [ $answer = "j" -o $answer = "ja" ]
...
if [ $answer = "n" -o $answer = "nein" ]
...
...
# ... oder in Bash- bzw. Korn-Shell-Syntax
if [[ $answer == "j" ]] || [[ $answer == "ja" ]]
...
if [[ $answer == "n" ]] || [[ $answer == "nein" ]]
```

Natürlich ist es hiermit auch möglich, mehr als nur zwei logische Verknüpfungen auf einmal zu erstellen.

Ergebnisabhängige Befehlsausführung

Die logischen Operatoren lassen sich nicht nur zum Verknüpfen von Ausdrücken verwenden, sondern werden sehr gern auch zur logischen Verknüpfung von Anweisungen verwendet. Ein einfaches Beispiel für die Kommandozeile wäre:

```
$ [ -w testfile.txt ] && pico testfile.txt
```

In diesem Beispiel testen Sie, ob die Datei *testfile.txt* existiert und beschreibbar ist. Ist dies der Fall, wird sie mit dem Editor `pico` geöffnet. Soll eine Datei nur dann gelöscht werden, wenn sie leer ist, können Sie dies wie folgt verknüpfen:

```
$ [ ! -s testfile.txt ] && rm testfile.txt
```

Hiermit wird die Datei *testfile.txt* nur dann gelöscht, wenn sie existiert und nicht (`!`) leer ist (`-s`).

Mit dem Verknüpfen von Befehlen können Sie außerdem `if`-Verzweigungen abkürzen. Anstatt folgende `if`-Verzweigung zu verwenden

```
if befehl1
then
   # befehl1 wurde erfolgreich ausgeführt
else
   befehl2
fi
```

kürzen Sie sie mit dem logischen ODER-Operator wie folgt ab:

```
befehl1 || befehl2
```

Ähnlich gehen Sie mit der folgenden `if`-Verzweigung um:

```
if befehl1
then
   befehl2
fi
```

Diese `if`-Verzweigung können Sie folgendermaßen mit dem UND-Operator abkürzen:

```
befehl1 && befehl2
```

In Shellskripts wird eine solche Befehlsverknüpfung gern auch zum Beenden von Shellskripts eingesetzt. Hier sehen Sie ein Beispiel:

```
# Datei anlegen, und wenn es nicht klappt, beenden
touch $file && [ -e $file ] || exit 1
...
```

19.13.7 Verzweigungen mit case

Wie Sie es bereits von C her mit switch-case kennen, gibt es in der Shell-Programmierung ein ähnliches case-Konstrukt, das als sinnvollere Alternative für mehrere if-elif-Verzweigungen verwendet werden kann. Die entsprechende Syntax sieht wie folgt aus:

```
case "$var" in
   muster1)    kommando
               ...
               kommando ;;
   muster2)    kommando
               ...
               kommando ;;
   mustern)    kommando
               ...
               kommando ;;
esac
```

Nach dem Schlüsselwort case wird die Zeichenkette var mit den verschiedenen Mustern verglichen. Wurde ein Muster gefunden (z. B. muster1), werden die entsprechenden Kommandos dahinter ausgeführt. Abgeschlossen wird die case-Anweisung mit dem rückwärts geschriebenen case, also mit esac.

Besonders wichtig sind in diesem Zusammenhang die doppelten Semikolons (;;) hinter dem letzten Kommando eines bestimmten Musters. Trifft die Shell bei der Programmausführung auf diese doppelten Semikolons, so wird aus der case-Verzweigung herausgesprungen und die Ausführung hinter esac weitergeführt.

Auch die Muster müssen mit einer runden Klammer abgeschlossen werden, um sie von den folgenden Kommandos abzugrenzen. Bei dem Muster selbst können Sie auch Metazeichen wie *, ? oder [] einsetzen. Bei der Bash und der Korn-Shell lassen sich hier auch Musteralternativen wie *(...|...|...) oder @(...|...|...) verwenden (auf die wir hier allerdings nicht näher eingehen).

Ein einfaches Anwendungsbeispiel:

```
# Skript-Name: agenda
day=`date +%a`
case "$day" in
   Mo) echo "Montag     : Festplatte saubermachen";;
   Di) echo "Dienstag   : Rechnungen erstellen";;
   Mi) echo "Mittwoch   : Backup machen";;
   Do) echo "Donnerstag : Dringendes nacharbeiten";;
   Fr) echo "Freitag    : Termine für Montag ausmachen";;
   Sa|So) echo "Samstag/Sonntag : Wochenende";;
esac
```

Das Shellskript bei der Ausführung:

```
$ ./agenda
Mittwoch   : Backup machen
```

Bei diesem Beispiel konnten Sie mit dem Muster Sa|So gleich sehen, wie Sie mit dem bitweisen ODER-Operator mehrere Vergleichsmuster auf einmal zur Überprüfung verwenden können.

Der Wert der Variablen nach dem case-Schlüsselwort muss nicht zwangsläufig eine Zeichenkette sein. Sie können hier auch einen Befehl verwenden, der eine Zeichenkette zurückliefert. Sie ahnen es sicher schon: Eine Kommandosubstitution kann Ihnen eine Extra-Variable ersparen:

```
case `date +%a` in
...
```

Wenn Sie auf der Suche nach einem default-Zweig sind, der immer ausgeführt wird, wenn kein Muster gefunden wurde, so können Sie hierfür einfach das Wildcard-Zeichen * verwenden. In unserem Beispiel könnten wir dieses Zeichen jederzeit am Samstag und Sonntag verwenden. Umgeschrieben auf unser Beispiel sieht dies wie folgt aus:

```
# Skript-Name: agenda2
case `date +%a` in
   Mo|Mon) echo "Montag     : Festplatte saubermachen";;
   Di|Tue) echo "Dienstag   : Rechnungen erstellen";;
   Mi|Wed) echo "Mittwoch   : Backup machen";;
   Do|Thu) echo "Donnerstag : Dringendes nacharbeiten";;
   Fr|Fri) echo "Freitag    : Termine für Montag machen";;
   *)  echo "Samstag/Sonntag : Wochenende";;
esac
```

Im Beispiel wurde außerdem mithilfe eines alternativen Vergleichsmusters ein Skript erstellt, das sowohl die Ausgabe des deutschen als auch des englischen Wochentags von date akzeptiert.

Falls Sie getopts nicht gern zur Auswertung der Optionen von der Kommandozeile verwenden, können Sie natürlich auch die case-Verzweigung nutzen. In Verbindung mit dem Metazeichen [] können Sie hierbei auch Groß- und Kleinschreibung gleichermaßen beachten, zum Beispiel so:

```
# Skript-Name: cmdoptionen
if [ $# -lt 1 ]
then
   echo "Fehler: $0 --help gibt weitere Informationen"
   exit 1
```

```
fi

case "$1" in
   -[hH]|--help|--hilfe|-\?)
       echo "Sie haben die Hilfe ausgewählt";;
   -[tT]|--test) echo "Sie haben Test ausgewählt";;
   -*) echo "Sie haben eine unbekannte Option ausgewählt";;
    *) echo "Sie haben keine Option ausgewählt";;
esac
```

Das Skript bei der Ausführung:

```
$ ./cmdoptionen
Fehler: ./cmdoptionen --help gibt weitere Informationen
$ ./cmdoptionen -help
Sie haben die Hilfe ausgewählt
$ ./cmdoptionen -?
Sie haben die Hilfe ausgewählt
$ ./cmdoptionen -h
Sie haben die Hilfe ausgewählt
$ ./cmdoptionen -t
Sie haben Test ausgewählt
$ ./cmdoptionen -x
Sie haben eine unbekannte Option ausgewählt
$ ./cmdoptionen asdf
Sie haben keine Option ausgewählt
```


19.13.8 Schleifen

Um bestimmte Arbeiten im Shellskript mehrmals zu wiederholen, stehen Ihnen Schleifen zur Verfügung. Neben den bekannten Schleifen wie `for` und `while` finden Sie hier auch mit `until` eine Art do-`while`-Schleife.

Die for-Schleife

Die Aufzählungsschleife `for` lässt sich sehr vielseitig in Shellskripten verwenden. Die gewöhnliche Syntax der Schleife sieht wie folgt aus:

```
for var in liste
do
   kommando1
   ...
   kommando_N
done
```

Die Funktion ist relativ leicht zu erklären: Vor dem Eintritt in die Schleife wird das erste Argument bzw. Wort der Parameterliste (liste) in die Variable var gelegt. Die Parameterliste besteht in der Regel aus einzelnen Argumenten bzw. Wörtern, die anhand der Shellvariablen IFS getrennt werden (standardmäßig ist dies das Leerzeichen). Anstelle einer kompletten Liste können somit natürlich auch einzelne Wörter direkt beim for-Konstrukt verwendet werden. Hier sehen Sie ein Beispiel:

```
for var in wort1 wort2 wort3 ...
do
   ...
done
```

Nachdem ein Argument oder ein Wort in die Variable var gelegt wurde, werden die Kommandos zwischen do und done ausgeführt. Wenn alle Kommandos ausgeführt wurden, beginnt der nächste Schleifendurchlauf. Der Vorgang wird so lange wiederholt, bis alle Elemente der Parameterliste abgearbeitet sind. Die Ausführung des Skripts wird dann hinter dem Schlüsselwort done weitergeführt.

Mit dem folgenden einfachen Beispiel werden alle Argumente der Kommandozeile abgearbeitet oder, wie in diesem Fall, ausgegeben:

```
# Skript-Name: argumente
if [ $# -lt 1 ]
then
   echo "Fehler: $0 argument(e)"
   exit 1
fi

counter=0

for arg in "$@"
do
   counter=`expr $counter + 1`
   echo "$counter: $arg"
done
```

Das Skript bei der Ausführung:

```
$ ./argumente hallo welt wie gehts
1: hallo
2: welt
3: wie
4: gehts
```

Die Variable `$@` nimmt eine Sonderstellung ein. In der `for`-Schleife können Sie diese Variable weglassen. Im Beispiel des Skripts `argumente` würde Folgendes zum selben Ergebnis führen:

```
for arg
...
```

Auch die *Dateinamensubstitution* mit den Metazeichen *, ? oder [ ] können Sie mit den `for`-Schleifen sinnvoll verwenden. Mit dem folgenden Skript werden beispielsweise alle Textdateien (mit der Endung `*.txt`) darauf überprüft, ob sie lesbar und/oder schreibbar sind:

```
# Skript-Name: check_txtfiles
for datei in *.txt
do
   case "$datei" in
      *.txt) echo $datei
         [ -r $datei ] && echo "... ist lesbar"
         [ -w $datei ] && echo "... ist schreibbar";;
      *) echo "Keine Textdateien vorhanden";;
   esac
done
```

In dem Shellskript wurde außerdem noch eine `case`-Anweisung eingebaut, die sich auch gleich melden würde, wenn das Suchmuster `*.txt` in der `for`-Schleife nicht aufgelöst werden könnte, wenn also im Verzeichnis keine Textdatei vorhanden ist.

Das Shellskript bei der Ausführung:

```
$ ./check_txtfiles
file.txt
... ist lesbar
... ist schreibbar
we.txt
... ist lesbar
file_cpy.txt
... ist schreibbar
```

Natürlich können Sie auch eine ganze Liste von Dateinamensubstitutionen verwenden, zum Beispiel:

```
# Alle Dateien mit der Endung *.txt, *.c und *.cpp
for datei in *.txt *.c *.cpp
...
# Alle Logdateien von 1990 bis 1999
for datei in logfile199[0-9].log
```

```
...
# Nur versteckte Dateien
for datei in * .*
```

Selbstverständlich können Sie *Kommandosubstitutionen* auch als mächtiges Feature in der for-Schleife verwenden. Die Parameterliste kommt hierbei von einem Kommando, das Sie für die Substitution verwenden. Wie mächtig dies ist, zeigt das folgende Skript, mit dem wir alle JPG-Dateien vom HOME-Verzeichnis in ein neu angelegtes Verzeichnis kopieren. Hierbei werden auch gleich die Namen der Dateien neu durchnummeriert.

```
# Skript-Name: backup_jpg
# Verzeichnis-Name
backupDIR=`date +%Y-%m-%d`_backup_jpg
# Überprüfen, ob bereits vorhanden
[ -e $backupDIR ] &&
   echo "$backupDIR existiert bereits" && exit 1
# Verzeichnis anlegen
mkdir $backupDIR

count=1

for datei in `find $HOME -name "*.jpg" -print 2>/dev/null`
do
   # Nur kopieren, wenn Leserechte vorhanden
   if [ -r $datei ]
   then
      cp $datei $backupDIR/pic${count}.jpg
      count=`expr $count + 1`
   fi
done
echo "$count Bilder nach $backupDIR kopiert"
```

Das Shellskript bei der Ausführung:

```
$ ./backup_jpg
571 Bilder nach 2016-01-14_backup_jpg kopiert
$ ls 2016-01-14*
pic100.jpg  pic187.jpg  pic272.jpg  pic358.jpg  pic443.jpg
pic101.jpg  pic188.jpg  pic273.jpg  pic359.jpg  pic444.jpg
pic102.jpg  pic189.jpg  pic274.jpg  pic35.jpg   pic445.jpg
pic103.jpg  pic18.jpg   pic275.jpg  pic360.jpg  pic446.jpg
pic104.jpg  pic190.jpg  pic276.jpg  pic361.jpg  pic447.jpg
...
```

Die Verarbeitung von *Arrays* mit der for-Schleife steht nur für die Bash und für die Korn-Shell zur Verfügung, da Arrays nur mit diesen Shells verwendet werden können. Der Zugriff auf die einzelnen Elemente in einer for-Schleife sieht wie folgt aus:

```
# Version: Korn-Shell (auskommentiert)
# set -A array 1 2 3 4 5 6 7 8 9
# Version: bash
array=( 1 2 3 4 5 6 7 8 9 )
# Alle Elemente im Array durchlaufen
for value in ${array[*]}
do
   echo $value
done
```

Die Bash bietet sogar eine for-Schleife, deren Syntax an die Programmiersprache C erinnert und mit der Sie auch den Inkrement- und den Dekrementoperator verwenden können. Hier sehen Sie ein Beispiel:

```
# Argumente der Kommandozeile durchlaufen
array=( $* )
for((i=0; i<$#; i++))
do
   echo "Argument $i ist ${array[$i]}"
done
```

Die while-Schleife

Als zweite Schleife in der Shell-Programmierung können Sie die while-Schleife verwenden. Die Syntax der while-Schleife sieht wie folgt aus:

```
while [ bedingung ] # bzw. auch while kommando
do
   kommandos
   ...
done
```

Die Kommandos zwischen do und done werden hierbei so lange ausgeführt, bis die Bedingung oder das Kommando von while falsch bzw. unwahr (ungleich 0) ist. Wenn die Schleife beendet wird, wird mit der Ausführung hinter done fortgefahren.

Hauptsächlich wird die Schleife zum Durchlaufen eines Zahlenbereichs verwendet:

```
# Skript-Name: countdown
echo "Countdown:"
i=5
while [ $i -gt 0 ]
```

```
do
   echo $i
   sleep 1          # Eine Sekunde anhalten
   i=`expr $i - 1`
done
```

Das Skript bei der Ausführung:

```
$ ./countdown
5
4
3
2
1
```

Neben dem Durchlaufen eines Zahlenbereichs können Sie die `while`-Schleife aber durchaus auch für Benutzereingaben verwenden. Das folgende einfache Beispiel hierzu greift auf den Befehl `read` vor, der in Abschnitt 19.14.2 dargestellt wird:

```
# Skriptname: input
while [ "$eingabe" != "ende" ]
do
   echo "Eingabe machen (mit \"ende\" beenden):"
   read eingabe
done
echo "Skript-Ende"
```

Das Skript bei der Ausführung:

```
$ ./input
Eingabe machen (mit "ende" beenden):
Hallo
Eingabe machen (mit "ende" beenden):
ende
Skript-Ende
$
```

Die until-Schleife

Im Gegensatz zur `while`-Schleife wird die `until`-Schleife so lange ausgeführt, wie das Kommando oder die Bedingung von `until` einen Wert ungleich `0` zurückgibt. Solange also die Ausführung des Kommandos oder der Bedingung falsch ist, wird die Schleife ausgeführt. Das ist das Gegenteil von `while`. Da sah es so aus:

```
while [ "$input" != "ende" ]
do
   ...
done
```

Mit der until-Schleife sieht derselbe Vorgang wie folgt aus:

```
until [ "$input" = "ende" ]
do
   ...
done
```

Im Prinzip könnten Sie das gleiche Ergebnis auch mit der while-Schleife wie folgt erzielen:

```
while [ ! "$input" = "ende" ]
```

Bedenken Sie hierbei allerdings, dass der Negationsoperator (!) nur der Bash und der Korn-Shell zur Verfügung steht. Unter einer echten Bourne-Shell wäre diese Version nicht ausführbar.

Nützlich kann die until-Schleife sein, wenn Sie in Ihrem Skript ein Kommando benötigen, das nicht ganz so geläufig ist. Hierbei führen Sie das Skript einfach mit einer until-Schleife aus und holen das entsprechende Paket in der Schleife mit dem auf dem System vorhanden Paketmanager vom Netz ab. Ein theoretisches Beispiel zu einem möglichen Vorgehen sähe wie folgt aus (paketname sollten Sie durch ein echtes Paket ersetzen):

```
# Skript-Name: use_command
# Solange paketnamen nicht vorhanden...
until paketname > /dev/null 2>&1
do
   sudo apt-get update
   sudo apt-get install paketname
done
# Jetzt können wir das Kommando verwenden
paketname
...
```

In diesem Beispiel gehen wir davon aus, dass APT (das beispielsweise unter Ubuntu, Debian etc. vorhanden ist) zum Aktualisieren und Installieren von Paketen verwendet wird. Auf anderen Systemen verwenden Sie einfach das entsprechende Paketeverwaltungswerkzeug.

Kontrollierte Sprünge mit continue und break

Um kontrollierte Sprünge innerhalb der Schleifen durchzuführen, stehen Ihnen auch die Funktionen continue und break zur Verfügung. Mit continue wird der aktuelle Schleifendurchlauf beendet und mit dem nächsten Schleifendurchlauf fortgefahren. Mit break wird eine Schleife beendet. Bei mehreren verschachtelten Schleifen wird die innerste verlassen. Da Ihnen break und continue wohlbekannt sind, wenn Sie in C programmieren, gehen wir hier nicht näher darauf ein.

Endlosschleife

Benötigen Sie eine Endlosschleife für ein Skript, um dieses zum Beispiel im Hintergrund auszuführen, so können Sie true bei while oder false bei until verwenden:

```
while true  # gleich wie: while [ 0 ]
do
   ... # Kommandos
done
```

Hier sehen Sie dasselbe Beispiel mit until:

```
until false # gleich wie: until [ 1 ]
do
   ... # Kommandos
done
```

Solche Skripte mit Endlosschleifen sind zum Beispiel sinnvoll, wenn Sie bestimmte Dienste überwachen oder in gewissen Zeitabständen eine bestimmte Aktion durchführen wollen (z. B. mittels sleep). Treten hierbei Fehler auf, so können Sie die Schleife nach wie vor mit break oder das komplette Skript mit exit beenden.

19.14 Terminal-Eingabe und -Ausgabe

Als Programmierer sind Sie vermutlich recht vertraut mit der Bildschirmausgabe und Benutzereingaben. Für die Shell-Programmierung soll das Thema trotzdem noch einmal kurz rekapituliert werden.

19.14.1 Ausgabe

Zur Ausgabe auf dem Bildschirm gibt es mehrere Kommandos; die gängigsten stellen wir im Folgenden vor.

Der echo-Befehl

Der sicherlich bekannteste und am häufigsten verwendete Befehl zur Ausgabe ist echo. Diesem Befehl müssen Sie nur einzelne Argumente übergeben, die mit einem Leerzeichen voneinander getrennt werden. Abgeschlossen und ausgegeben werden diese Argumente dann mit einem Newline-Zeichen.

Ein häufiges Problem, das beim Verwenden von echo gelöst werden muss, besteht darin, das Newline-Zeichen zu unterdrücken – also keinen Zeilenvorschub auszulösen. Problematisch ist dies allerdings nur, wenn das Skript auf allen Shells laufen soll. So können Sie beispielsweise mit folgendem Skript das Newline-Zeichen in der Bourne- und der Korn-Shell unterdrücken:

```
# Skript-Name: test_echo1
echo "Zeilenvorschub unterdrücken\c"
echo ":kein Zeilenvorschub"
```

Führen Sie dieses Skript in einer Bourne- oder Korn-Shell aus, so wird dank der Escape-Sequenz \c der Zeilenvorschub unterdrückt:

```
$ ./test_echo1
Zeilenvorschub unterdrücken:kein Zeilenvorschub
```

Die Bash allerdings kann mit der Escape-Sequenz gar nichts anfangen und gibt Folgendes aus:

```
$ ./test_echo1
Zeilenvorschub unterdrücken\c:
kein Zeilenvorschub
```

Damit auch die Bash diese Escape-Sequenz erkennt, können Sie die Option -e verwenden:

```
# Skript-Name: test_echo2
echo -e "Zeilenvorschub unterdrücken\c"
echo ":kein Zeilenvorschub"
```

19

Leider stehen Sie nun wieder vor dem Problem, dass der echo-Befehl der Bourne-Shell keine Optionen kennt.

Als dritte Möglichkeit steht Ihnen für echo noch die Option -n zum Unterdrücken des Newline-Zeichens zur Verfügung. Mit dieser Option brauchen Sie dann auch keine Escape-Sequenz zu verwenden. Allerdings steht auch hier wieder die Bourne-Shell außen vor. In Tabelle 19.15 finden Sie einen Überblick dazu, wie man einen Zeilenumbruch in den verschiedenen Shells unterdrückt.

Shell	Newline unterdrücken
Bourne-Shell (sh)	nur die Escape-Sequenz \c
Korn-Shell (ksh)	die Escape-Sequenz \c (optional mit der Option -e) und die Option -n ohne Escape-Sequenz

Tabelle 19.15 Unterdrücken des Newline-Zeichens

Shell	Newline unterdrücken
Bourne-again-Shell (bash)	Kennt die Escape-Sequenz \c nur mit der Option -e und kennt auch die Option -n.

Tabelle 19.15 Unterdrücken des Newline-Zeichens (Forts.)

Neben der Escape-Sequenz \c unterstützt ein Kommando wie echo noch mehrere Sequenzen, die in Tabelle 19.16 aufgelistet sind. Bedenken Sie dabei, dass Sie bei der Bash hierfür die Option -e verwenden müssen.

Escape-Sequenz	Bedeutung
\a	Alarm-Ton (Beep)
\b	Backspace; ein Zeichen zurück
\c	Continue; das Newline-Zeichen unterdrücken
\f	Form Feed; eine Zeile weiterspringen
\n	Newline; Zeilenumbruch
\r	Return; zurück zum Anfang der Zeile
\t	Tabulator (horizontal)
\v	Tabulator (vertikal)
\\	Backslash-Zeichen ausgeben

Tabelle 19.16 Escape-Sequenzen

Formatierte Ausgabe mit printf

Als C-Programmierer werden Sie sich sicherlich freuen, dass auch zur Shell-Programmierung printf zur Verfügung steht. Allerdings handelt es sich hierbei um ein echtes Programm, das unabhängig von der Shell ist (kein Builtin-Kommando also). Die Syntax von printf sieht wie folgt aus:

```
printf "format" argument1 argument2 ... argument_n
```

format ist hierbei der Formatstring, der beschreibt, wie die Ausgaben der Argumente argument1 bis argument_n zu formatieren sind. Somit ist der Formatstring letztlich eine Schablone für die Ausgabe, die vorgibt, wie die restlichen Parameter (argument1 bis argument_n) ausgegeben werden sollen. Befindet sich im Formatstring ein bestimmtes Zeichenmuster (z. B. %s für eine Zeichenkette (s = String)), wird dies durch das erste Argument (argument1) von printf ersetzt und formatiert ausgegeben. Befindet sich ein zweites Zeichenmuster im Formatstring, wird dies durch das zweite Argument (argument2) hinter dem Formatstring von printf ersetzt und so fort.

Werden mehr Zeichenmuster im Formatstring angegeben, als Argumente vorhanden sind, werden die restlichen Zeichenketten mit "" formatiert. Die Zeichenmuster, die mit % eingeleitet werden, entsprechen exakt denen, die Sie als C-Programmierer bereits kennen sollten. Mit dem folgenden einfachen Programm können Sie die CSV-Datei eines Lagerbestands in lesbarer Form formatiert ausgeben:

```
$ cat lager.csv
Schrauben-M6x40;1000;A;23
Nieten-5;1500;B;21
Muttern-M6;2500;A;24
Nagel-3x25;1000;C;33
```

Das entsprechende Shellskript lautet:

```
# Skript-Name: format_lager
FILE=lager.csv
SEP=";"
for data in `cat $FILE`
do
   line=`echo $data | tr $SEP ' '`
   set $line
   printf "Ware: %-15s Anzahl: %-5d Lager: %-10s Regal: %-10s\n" $1 $2 $3 $4
done
```

Das Skript bei der Ausführung:

```
$ ./format_lager
Ware: Schrauben-M6x40 Anzahl: 1000  Lager: A          Regal: 23
Ware: Nieten-5        Anzahl: 1500  Lager: B          Regal: 21
Ware: Muttern-M6      Anzahl: 2500  Lager: A          Regal: 24
Ware: Nagel-3x25      Anzahl: 1000  Lager: C          Regal: 33
```

Terminalsteuerung – terminfo

In unserm Zusatzkapitel erläutern wir, wie Sie das Terminal bzw. den Bildschirm auch in der Shell mithilfe des Programms tput steuern. Detailliertere Informationen hierzu erhalten Sie auf der Manual Page von tput bzw. von terminfo(5) (man 5 terminfo). Das Zusatzkapitel *Terminal-E/A und Benutzerschnittstellen für die Konsole* finden Sie bei den MATERIALIEN ZUM DOWNLOAD unter *http://www.rheinwerk-verlag.de/3854/*.

19.14.2 Eingabe

Benötigen Sie bei den Skripten auch eine Benutzereingabe, so bietet die Shell auch hierfür einige Funktionen an. Einen Überblick dazu finden Sie in den folgenden Abschnitten.

Das Kommando read

Mit dem Kommando `read` wird von der Standardeingabe der Tastatur gelesen und gewöhnlich in einer Variablen gespeichert. Nach einem Aufruf von `read` wird die Programmausführung angehalten, bis die Taste [↵] betätigt wird. Hier sehen Sie ein einfaches Beispiel in der Kommandozeile:

```
$ read text
Hallo Welt
$ echo $text
Hallo Welt
```

Wie Sie sehen, liest `read` die komplette Eingabe mitsamt Leerzeichen ein. Tabulatorzeichen werden durch ein einzelnes Leerzeichen ersetzt. Selbstverständlich können Sie mit `read` auch mehrere Variablen auf einmal einlesen – betrachten Sie etwa das folgende einfache Beispiel:

```
$ read vorname name
Jürgen Wolf
$ echo $vorname
Jürgen
$ echo $name
Wolf
```

Geben Sie hingegen mehr Wörter ein, als Variablen vorhanden sind, so bekommt immer die letzte Variable den Rest der Eingabezeile zugewiesen. Hier sehen Sie ein Beispiel:

```
$ read var1 var2
Hallo Welt wie gehts
$ echo $var1
Hallo
$ echo var2
Welt wie gehts
```

Das Kommando `read` bietet außerdem auch einige sehr nützliche Optionen an, zum Beispiel:

```
$ read -t 10 password
```

Schließen Sie hier nicht innerhalb von zehn Sekunden die Eingabe mit [↵] ab, wird der Lesevorgang abgebrochen. Tabelle 19.17 listet einige nützliche Optionen zu `read` und deren Bedeutung auf.

Option	Bedeutung
-n Anzahl	Hier muss die Eingabe nicht zwangsläufig mit [↵] abgeschlossen werden. Wenn die Anzahl der Zeichen erreicht wurde, wird auch ohne [↵] in die Variable geschrieben.
-s	Mit dieser Option ist die Eingabe nicht am Bildschirm sichtbar. Man verwendet die Option beispielsweise für die Eingabe von Passwörtern (s = silent).
-t Sekunden	Wenn nicht binnen Anzahl Sekunden eine Eingabe mit abschließendem [↵] erfolgt, wird das Skript mit der Ausführung fortgesetzt. Bei einer Eingabe wird 0 zurückgegeben, ansonsten 1.

Tabelle 19.17 Optionen für das Kommando »read«

Auch das *zeilenweise Einlesen einer Datei* lässt sich sehr schön mit read ausführen:

```
$ cat text.txt
read kann auch Zeile für
Zeile einer Datei auslesen.
$ read line < text.txt
$ echo $line
read kann auch Zeile für
```

Wollen Sie nicht nur eine Zeile, sondern den kompletten Text Zeile für Zeile einlesen, benötigen Sie ein Schleifenkonstrukt:

```
while read line
do
   ...
done < datei
```

Vielleicht haben Sie an dieser Stelle eher das folgende Konstrukt erwartet:

```
while read line < datei
...
```

Wenn Sie read so verwendet hätten, würde aber wieder nur eine Zeile eingelesen. Damit read hier wirklich Zeile für Zeile einliest, müssen Sie die komplette Datei in die Schleife umleiten. Mit der folgenden Beispielanwendung wird eine Datei zeilenweise eingelesen:

```
# Name : line4line
if [ $# -lt 1 ]
then
   echo "Verwendung: $0 datei_zum_lesen"
   exit 1
```

```
fi
# Argument $1 soll zeilenweise eingelesen werden
count=1
while read line
do
   echo "$count: $line"
   count=`expr $count + 1`
done < $1
```

Das Shellskript bei der Ausführung:

```
$ ./line4line text.txt
1: read kann auch Zeile für
2: Zeile einer Datei auslesen.
$
```

Dasselbe erreichen Sie auch mit einer *Pipe* anstelle des Umlenkungszeichens. Auch mit der Pipe können Sie *zeilenweise aus einer Datei* lesen. Das folgende Beispiel mit der Pipe funktioniert im Übrigen ebenso wie das Skript *line4line*:

```
# Name : line4line2
if [ $# -lt 1 ]
then
   echo "Verwendung: $0 datei_zum_lesen"
   exit 1
fi
# Argument $1 soll zeilenweise eingelesen werden
count=1
cat $1 | while read line
do
   echo "$count: $line"
   count=`expr $count + 1`
done
```

Inline-Eingabeumleitung (<<)

Bei den Umleitungszeichen, die wir in Abschnitt 19.8 vorgestellt haben, wurde das Umleitungszeichen << noch nicht erwähnt. Mit diesem Zeichen können Sie alle folgenden Zeilen für die Standardeingabe nutzen. Textmarken zeigen dabei Anfang und Ende der Standardeingabe an:

```
Kommando <<MARKE
   ...
MARKE
```

Alle Eingaben, die sich jetzt zwischen << und MARKE befinden, werden von Kommando als Standardeingaben verwendet. Welches Wort Sie für MARKE verwenden, bleibt Ihnen überlassen. Wichtig ist nur, dass beide Wörter absolut identisch sind.

Ein Beispiel in der Praxis:

```
# Skript-Name: inline
cat <<TEXTMARKE
Dieser Text wird so lange mit cat ausgelesen,
bis die einleitende Marke erneut erscheint.
Hiermit wird übrigens auch die Kommandosubstitution
unterstützt.
Beispielsweise das Datum: `date`.
Auch Variablen können hiermit verwendet werden.
Der Name des Terminals ist $TERM und als Shell wird
$SHELL ausgeführt. Das Shellskript $0 haben Sie
mit $# Argumenten aufgerufen. Das aktuelle
Arbeitsverzeichnis lautet: `pwd`
TEXTMARKE
```

Die Ausgabe des Shellskripts bei der Ausführung sieht wie folgt aus:

```
$ ./inline Hallo Welt wie gehts
Dieser Text wird so lange mit cat ausgelesen,
bis die einleitende Marke erneut erscheint.
Hiermit wird übrigens auch die Kommandosubstitution
unterstützt.
Beispielsweise das Datum: Fr 16. Jan 03:47:48 EST 2009.
Auch Variablen können hiermit verwendet werden.
Der Name des Terminals ist xterm und als Shell wird
/bin/bash ausgeführt. Das Shellskript ./inline haben Sie
mit 4 Argumenten aufgerufen. Das aktuelle
Arbeitsverzeichnis lautet: /home/user
```

Im Skript können Sie gut erkennen, dass hier auch Kommandosubstitutionen (etwa ein anderes Programm oder Shellskript) und Variablen beachtet und von der Shell ersetzt werden. Soll die Shell keine Ersetzung wie die Kommandosubstitution oder eine Ersetzung der Variablen vornehmen und den Text so ausgeben, wie Sie ihn in den Editor schreiben, so müssen Sie ein Backslash-Zeichen zwischen das Umlenkungszeichen << und die Textmarke setzen:

```
cat <<\TEXTMARKE
...
TEXTMARKE
```

Befinden sich im Text führende Leer- oder Tabulatorzeichen, so können Sie diese mit einem Minuszeichen vor der Textmarke automatisch entfernen lassen (<<-MARKE).

Unser persönlicher Favorit für die Inline-Eingabeumleitung ist das bc-Kommando zum komfortableren Rechnen mit diesem Werkzeug. Damit werden auch Gleitpunktzahlen und verschiedene Winkelfunktionen unterstützt. Hier sehen Sie ein Beispiel:

```
# Skript-Name : calc
if [ $# -lt 1 ]
then
   echo "usage: $0 Berechnung"
   exit 1
fi

bc -l <<CALC
$*
quit
CALC
```

Das Shellskript bei der Ausführung:

```
$ ./calc 155.33 / 5
31.066
$ var=`./calc 12.34*3.14`
$ echo $var
38.7476
```

Mithilfe des Kommandos read ist es auch möglich, die Inline-Eingabeumleitung *zeilenweise auszulesen*. Der Vorgang funktioniert ähnlich wie beim zeilenweisen Einlesen einer Datei – nur dass anstelle der Datei die Inline-Umlenkung am Ende des Schleifenkonstrukts hinzugefügt wird:

```
# Name : inline_line4line
count=1
while read line
do
   echo "$count. Zeile : $line"
   count=`expr $count + 1`
done <<TEXT
Erste Zeile
`date`
Homeverzeichnis: $HOME
Arbeitsverzeichnis:  `pwd`
Letzte Zeile
TEXT
```

Das Skript bei der Ausführung:

```
$ ./inline_line4line
1. Zeile: Erste Zeile
2. Zeile: Fr 16. Jan 04:45:31 EST 2009
3. Zeile: Homeverzeichnis: /home/user
4. Zeile: Arbeitsverzeichnis: /home/user/shellscripts/
5. Zeile: Letzte Zeile
```

Die Variable IFS

Eine zentrale Rolle bei der Ein- und Ausgabe spielt die Variable IFS als Trennzeichen. Wenn Sie nur die Variable in IFS mit echo ausgeben, werden Sie wohl nicht viel klüger werden – logisch eigentlich, denn hier sind standardmäßig Leerzeichen vorgegeben. Daher müssen wir uns mit einem Trick behelfen, um das Ganze im ASCII-Format auszugeben. Mit dem Kommando od und der Option -c können Sie sich das Ganze auch wie folgt anzeigen lassen:

```
$ echo -n "$IFS" | od -c
000000        \t   \n
```

Das Leerzeichen wird hier natürlich auch als Leerzeichen angezeigt. Die Variable IFS beinhaltet somit standardmäßig das Tabulator-, das Leer- und das Newline-Zeichen.

Diese Zeichen werden von der Shell als voreingestellte Trennzeichen verwendet, wenn Sie beispielsweise mit dem Kommando read mehrere Variablen von der Kommandozeile einlesen.

In Shellskripten wird diese Variable öfter verändert, um komplexere Daten einzulesen, die durch andere Zeichen getrennt sind.

Hinweis

Wenn Sie das Trennzeichen IFS verändern, sollten Sie unbedingt eine Sicherung der Variable machen und diese nach dem Shellskript wiederherstellen. Sonst kann es passieren, dass ein Kommando im aktuellen Terminal nur noch Unsinn erzeugt. Viele Kommandos sind nämlich von der Shellvariablen IFS abhängig.

Im folgenden einfachen Beispiel wird der Shellvariable IFS ein Semikolon übergeben. Das anschließende Auslesen von mehreren Variablen mit read funktioniert jetzt nur noch mit einem Semikolon als Trennzeichen:

```
$ BACKUPIFS="$IFS"
$ IFS=\;
$ read name vorname
Wolf;Jürgen
$ echo $name
```

```
Wolf
$ echo $vorname
Jürgen
$ IFS=$BACKUPIFS
```

Es ist auch möglich, der Shellvariablen IFS mehrere Trennzeichen zu übergeben. So können Sie durchaus die Zeichen , ; und : als Trennzeichen definieren und auch verwenden:

```
$ BACKUPIFS="$IFS"
$ IFS=,;:
$ read name vorname wohnort alter
Wolf;Jürgen,Mering:34
$ echo $name
Wolf
$ echo $vorname
Jürgen
$ echo $wohnort
Mering
$ echo $alter
34
$ IFS=$BACKUPIFS
```

Die Variable IFS ist bestens für alle Arten von Daten geeignet, die durch ein bestimmtes Zeichen getrennt sind. Das folgende Shellskript entfernt beispielsweise aus einer Datei, die als zweites Argument in der Kommandozeile angegeben wird, das im ersten Argument angegebene Zeichen, und gibt diese Zeilen aus:

```
# Skript-Name: strip_sep
if [ $# -lt 2 ]
then
   echo "Verwendung: $0 Trennzeichen Datei_zum_Lesen"
   exit 1
fi

BACKUP="$IFS"
IFS=$1

while read line
do
   echo $line
done < $2

IFS=$BACKUP
```

Das Skript bei der Ausführung:

```
$ cat lager.csv
Schrauben-M6x40;1000;A;23
Nieten-5;1500;B;21
Muttern-M6;2500;A;24
Nagel-3x25;1000;C;33
$ ./strip_sep \; lager.csv
Schrauben-M6x40 1000 A 23
Nieten-5 1500 B 21
Muttern-M6 2500 A 24
Nagel-3x25 1000 C 33
```

Benötigen Sie hingegen die einzelnen Werte einer Zeile, die durch ein bestimmtes Zeichen getrennt sind, können Sie diese Werte mittels set auf die einzelnen Positionsparameter herunterbrechen. Hier sehen Sie ein Beispiel:

```
# Skript-Name: strip_sep2
if [ $# -lt 2 ]
then
   echo "Verwendung: $0 Trennzeichen Datei_zum_Lesen"
   exit 1
fi

BACKUP="$IFS"
IFS=$1

while read line
do
   # line anhand des Trennzeichens IFS auftrennen
   set $line
   # Natürlich stehen hier auch $@, $* oder $# zur Verfügung
   echo "Artikel: $1"
   echo "Stück  : $2"
   echo "Lager  : $3"
   echo "Regal  : $4"
   echo
done < $2

IFS=$BACKUP
```

Das Shellskript bei der Ausführung:

```
$ ./strip_sep2 \; lager.csv
Artikel: Schrauben-M6x40
Stück   : 1000
Lager   : A
Regal   : 23

Artikel: Nieten-5
Stück   : 1500
Lager   : B
Regal   : 21

Artikel: Muttern-M6
Stück   : 2500
Lager   : A
Regal   : 24

Artikel: Nagel-3x25
Stück   : 1000
Lager   : C
Regal   : 33
```

Mithilfe einer Kommandosubstitution können Sie dieses Beispiel noch flexibler gestalten. Im Folgenden wird mithilfe von `set` eine Kommandosubstitution durchgeführt, die mithilfe von `grep` nach einem bestimmten Gegenstand (Suchmuster, drittes Argument) in einer von bestimmten Trennzeichen (erstes Argument) getrennten Datei (zweites Argument) sucht:

```
# Skript-Name: search_strip_sep
if [ $# -lt 3 ]
then
   echo "Verwendung: $0 Trennzeichen Datei Suchmuster"
   exit 1
fi

BACKUP="$IFS"
IFS=$1

# line anhand des Trennzeichens IFS auftrennen
set `grep $3 $2`
echo "Artikel: $1"
echo "Stück   : $2"
echo "Lager   : $3"
echo "Regal   : $4"
```

```
echo

IFS=$BACKUP
```

Das Shellskript bei der Ausführung:

```
$ ./search_strip_sep \; lager.csv Muttern
Artikel: Muttern-M6
Stück  : 2500
Lager  : A
Regal  : 24

$ ./search_strip_sep \; lager.csv 33
Artikel: Nagel-3x25
Stück  : 1000
Lager  : C
Regal  : 33
```

Einzelne Zeichen einlesen

Um ein einzelnes Zeichen einzulesen, ohne ↵ zu drücken, können Sie read und die Option -n 1 wie folgt verwenden:

```
$ read -n 1 var
a
$ echo $var
a
```


Allerdings hat diese Option den Nachteil, dass sie nur mit einer Bash funktioniert, nicht aber mit einer Bourne- oder einer Korn-Shell. Um solch einen Vorgang für alle Shells zu realisieren, müssen Sie schon mit »rohen« Terminalkommandos wie stty arbeiten und das Terminal in den rohen Modus (raw) schalten. Beachten Sie, dass dieser Modus keine Bildschirmausgaben mehr ermöglicht, wenn Sie etwas eingeben. Daher müssen Sie den Modus nach dem Einlesen unbedingt wieder deaktivieren.

Im rohen Modus greifen wir – etwas ungewöhnlich – mit dem Kommando dd (*Disk Dump*) mit einer Blockgröße (bs) von 1 Byte und 1 (count) Datensatz auf die Standardeingabe zu. Das Kommando read können wir dazu nicht verwenden, da es zeilengepuffert ist. Die Meldungen, die dd auf die Standardfehlerausgabe schickt, leiten wir ins Datengrab */dev/null* um. Das folgende einfache Beispielprogramm wartet in einer Schleife auf den Buchstaben q zum Beenden der Schleife:

```
# Skript-Name: readch
char=''
echo "Skript mit \"q\" beenden"
```

```
# Terminal in den rohen Modus schalten
stty raw -echo
# Die Schleife zum Überprüfen auf q
while [ "$char" != "q" ]
do
   char=`dd bs=1 count=1 2>/dev/null`
done
# Den rohen Modus deaktivieren
stty -raw echo
echo "Danke, das war $char"
```

Das Shellskript bei der Ausführung:

```
$ ./readch
Skript mit "q" beenden
Danke, das war q
```

Das Beispiel `readch` erfüllt seinen Zweck für einfache Tastatureingaben. Sobald Sie allerdings komplexere Tasten mit Escape-Sequenzen wie [F1], [F2], [Esc] usw. benötigen, kommen Sie mit diesem Skript nicht mehr weiter, weil diese Escape-Sequenzen häufig unterschiedlich lang sind und leider auch noch auf den verschiedenen Terminals unterschiedlich aussehen. In solchen Fällen kommen Sie somit fast nicht mehr umhin, ein eigenes Programm in C zu schreiben.

Zuerst müssen Sie sich darum kümmern, wie die Escape-Sequenzen für entsprechende Terminals aussehen. Welches Terminal Sie im Augenblick nutzen, können Sie mit `echo $TERM` in Erfahrung bringen. Im nächsten Schritt können Sie den Befehl `infocmp` verwenden, um vom entsprechenden Terminaltyp Informationen zu den Tasten zu erhalten. Sollte `infocmp` nicht auf Ihrem Rechner installiert sein, müssen Sie wahrscheinlich noch das *ncurses-devel*-Paket nachinstallieren.

```
$ echo $TERM
xterm
$ infocmp
#       Reconstructed via infocmp from file:
        /usr/share/terminfo/x/xterm
xterm|xterm terminal emulator (X Window System),
        am, bce, km, mc5i, mir, msgr, npc, xenl,
        colors#8, cols#80, it#8, lines#24, pairs#64,
        bel=^G, blink=\E[5m, bold=\E[1m, cbt=\E[Z,
...
...
```

Hierbei werden Sie zunächst mit einer Fülle von Informationen konfrontiert, die auf den ersten Blick wie Zeichensalat aussehen. Kryptische Einträge wie

```
cuu1=\E[A
```

lösen Sie mithilfe der Manual Page von `terminfo(5)` und `grep` wie folgt auf:

```
$ man 5 terminfo | grep cuu1
Formatiere terminfo(5) neu, bitte warten...
       cursor_up              cuu1   up    up one line
       key_up                 kcuu1  ku    up-arrow key
       micro_up               mcuu1  Zd    Like cursor_up in
       kcuf1=\E[C, kcuu1=\E[A, kf1=\E[M, kf10=\E[V,
```

Es handelt sich um die [↑]-Taste (`cursor_up`), und diese wird bei `xterm` mit `\E[A` »dargestellt«. Das `\E` ist hierbei das Escape-Zeichen und besitzt den ASCII-Codewert 27. Somit sieht der C-Quellcode zum Überprüfen der [↑]-Taste wie folgt aus (Sie können das Codebeispiel natürlich nach Belieben um weitere Escape-Sequenzen erweitern):

```
/* getkey.c */
#include <stdio.h>
#include <stdlib.h>
#include <string.h>
#include <unistd.h>
#include <termios.h>
enum { ERROR=-1, SUCCESS, ONEBYTE };
/*Altes Terminal wiederherstellen*/
static struct termios BACKUP_TTY; /*Altes Terminal wiederherstellen*/
/* Eingabekanal wird so umgeändert, damit die Tasten einzeln */
/* abgefragt werden können */
int new_tty(int fd) {
   struct termios buffer;
/* Wir fragen nach den Attributen des Terminals und übergeben  */
/* diese dann an buffer. BACKUP_TTY dient bei Programmende zur */
/* Wiederherstellung der alten Attribute und bleibt unberührt. */
   if((tcgetattr(fd, &BACKUP_TTY)) == ERROR)
      return ERROR;
   buffer = BACKUP_TTY;
/* Lokale Flags werden gelöscht :              */
/*     ECHO = Zeichenausgabe auf Bildschirm     */
/*     ICANON = Zeilenorientierter Eingabemodus */
/*     ISIG = Terminal Steuerzeichen            */
   buffer.c_lflag = buffer.c_lflag & ~(ECHO|ICANON|ISIG);
```

19

```
/* VMIN=Anzahl der Bytes, die gelesen werden müssen, bevor      */
/* read() zurückkehrt. In unserem Beispiel 1 Byte für 1 Zeichen */
   buffer.c_cc[VMIN] = 1;
/* Wir setzen jetzt die von uns gewünschten Attribute */
   if((tcsetattr(fd, TCSAFLUSH, &buffer)) == ERROR)
      return ERROR;
   return SUCCESS;
}
/* Ursprüngliches Terminal wiederherstellen */
int restore_tty(int fd) {
   if((tcsetattr(fd, TCSAFLUSH, &BACKUP_TTY)) == ERROR)
      return ERROR;
   return SUCCESS;
}
int main(int argc, char **argv) {
   int rd;
   char c, buffer[10];
/* Setzen des neuen Modus */
   if(new_tty(STDIN_FILENO) == ERROR) {
      printf("Fehler bei der Funktion new_tty()\n");
      exit(EXIT_FAILURE);
   }
/* Erste Zeichen lesen */
   if(read(STDIN_FILENO, &c, 1) < ONEBYTE) {
      printf("Fehler bei read()\n");
      restore_tty(STDIN_FILENO);
      exit(EXIT_FAILURE);
   }
/* Haben wir ein ESC ('\E') gelesen? */
   if(c == 27) {
/* Ja, eine Escape-Sequenz, wir wollen den Rest */
/* der Zeichen auslesen                         */
      rd=read(STDIN_FILENO, buffer, 4);
      /*String terminieren*/
      buffer[rd]='\0';
/* Hier erfolgt die Überprüfung des Tastendrucks*/
/* War es der Pfeil-nach-oben, \E[A?   */
      if(strcmp(buffer,"[A") == SUCCESS)
         printf("Pfeil-nach-oben betätigt\n");
/* Nein, keine Escape-Sequenz */
   }
   else {
      if((c < 32) || (c == 127))
```

```
        printf("--> %d\n",c); /* Numerischen Wert ausgeben */
      else
        printf("--> %c\n",c); /* Zeichen ausgeben */
    }
    restore_tty(STDIN_FILENO);
    return EXIT_SUCCESS;
}
```

Das Programm bei der Ausführung:

```
$ gcc -Wall -o getkey getkey.c
$ ./getkey
[6] --> 6
$ ./getkey
[B] --> B
you@host > ./getkey
[↑] Pfeil-nach-oben betätigt
```

Analog zu diesem Beispiel können Sie auch mit anderen Pfeil- und Funktionstasten vorgehen. Die [→]-Taste können Sie beispielsweise wie folgt implementieren:

```
      if(strcmp(buffer,"[D") == SUCCESS)
         printf("Pfeil-nach-rechts\n");
```

Anstelle einer Ausgabe empfehlen wir Ihnen aber, einen Rückgabewert mittels **return** zu verwenden, zum Beispiel:


```
...
/* Hier erfolgt die Überprüfung des Tastendrucks*/
/* Wars der Pfeil-nach-oben \E[A   */
      if(strcmp(buffer,"[A") == SUCCESS) {
         restore_tty(STDIN_FILENO);
         return 10; /* Rückgabewert für das Shellscript */
      }
/* Wars der Pfeil-nach-links */
      if(strcmp(buffer,"[D") == SUCCESS) {
         restore_tty(STDIN_FILENO);
         return 11;  /* Rückgabewert für das Shellscript */
      }
...
```

Damit können Sie das Beispiel auch mit einem Shellskript verwenden, indem Sie die Variable $? abfragen. Das entsprechende Shellskript sieht wie folgt aus:

```
# Demonstriert das Einlesen einzelner Zeichen
# Name : readch2
echo "Bitte eine Taste betätigen"
./getkey
ret=$?
if [ $ret -eq 0 ]
then
   echo "Keine Pfeiltaste"
fi
if [ $ret -eq 10 ]
then
   echo "Die Pfeil-nach-oben-Taste wars"
fi
if [ $ret -eq 11 ]
then
   echo "Die Pfeil-nach-links-Taste wars"
 fi
```

Übersetzen Sie das C-Programm erneut mit dem geänderten Zeilencode, und führen Sie das Shellskript aus:

```
$ ./readch2
Bitte eine Taste betätigen
[d] --> d
Keine Pfeiltaste
$ ./readch2
Bitte eine Taste betätigen
[↑] Die Pfeil-nach-oben-Taste wars
$ ./readch2
Bitte eine Taste betätigen
[←] Die Pfeil-nach-links-Taste wars
```

Mit dem C-Programm haben Sie gleichsam Ihr eigenes Werkzeug geschrieben, das Sie in ein globales PATH-Verzeichnis kopieren können, um jederzeit darauf zurückzugreifen oder das Programm zu erweitern.

19.14.3 Umlenkungen mit exec und File-Deskriptoren erzeugen

Mit dem Kommando exec können Sie sämtliche Ein- und Ausgaben von Kommandos eines Shellskripts umleiten. Anstatt also mühsam hinter jeden Befehl eine Umlenkung zu setzen, genügt die einmalige Verwendung von exec im Skript. Alle Kommandos, die diesen Kanal bzw. File-Deskriptor verwenden, leiten die Ausgabe nun dorthin.

Ein einfaches Beispiel dazu:

```
# Skript-Name: login_user
echo "$0 wird ausgeführt"
# Ab jetzt sämtliche Ausgaben in die Datei out.txt umleiten
exec >out.txt
echo "Es sind `who | wc -l` User eingeloggt"
echo "Hier der Überblick dazu:"
who
```

Das Shellskript bei der Ausführung:

```
$ ./login_user
./login_user wird ausgeführt
$ cat out.txt
Es sind 4 User eingeloggt
Hier der Überblick dazu:
user     tty1         2008-12-19 17:41
admin    tty7         2008-12-19 17:15
jürgen   pts/0        2009-01-10 02:33
user2    pts/1        2009-01-07 12:37
```

Dies funktioniert natürlich nicht nur mit der Standardausgabe, wie hier mit dem File-Deskriptor 1. Die Syntax zu weiteren Möglichkeiten von Standardkanälen lautet wie folgt:

```
# Standardausgabe nach Ausgabedatei umlenken
exec >Ausgabedatei
# Standardausgabe nach Ausgabedatei umlenken
# und ans Ende der Datei anfügen
exec >>Ausgabedatei
# Standardfehlerausgabe nach Ausgabedatei umlenken
exec 2>Fehler_Ausgabedatei
# Standardfehlerausgabe nach Ausgabedatei umlenken
# und ans Ende der Datei anfügen
exec 2>>Fehler_Ausgabedatei
# Standardeingabe umlenken
exec <Eingabedatei
```

Mit dieser Syntax können Sie auch mehrere Kanäle umleiten. Sollen beispielsweise die normale Ausgabe und die Fehlerausgabe jeweils in eine extra Datei umgeleitet werden, können Sie diese Umleitung wie folgt realisieren:

```
exec >output.txt 2>error.txt
```

Hiermit wird die gewöhnliche Standardausgabe (Kanal 1; `stdout`) in die Datei *output.txt* und die Fehlerausgabe (Kanal 2; `stderr`) in die Datei *error.txt* umgeleitet.

Neben den systemseitig bereitgestellten Standard-Deskriptoren 0, 1 und 2, die für jeden Prozess zur Verfügung stehen, können Sie auch weitere File-Deskriptoren verwenden. Hierfür stehen Ihnen die Nummern 3 bis 9 zur Verfügung. Hier sehen Sie ein Beispiel:

```
# Zusätzlicher Ausgabekanal
exec fd> ziel
# Zusätzlicher Ausgabekanal zum Anhängen
exec fd>> ziel
# Zusätzlicher Eingabekanal
exec fd< ziel
```

Jeder neu erzeugte Deskriptor steht natürlich auch den weiteren Subshells zur Verfügung. Mit dem folgenden einfachen Programm können Sie beispielsweise einen neuen Ausgabekanal für die aktuelle Konsole (Login-Shell) anlegen und verwenden:

```
$ exec 3> `tty`
$ echo "Hallo Welt" >&3
Hallo Welt
```

Die Verknüpfung mit dem &-Zeichen müssen Sie hier vornehmen (Sie hätten auch `1>&3` schreiben können), weil das System sonst den Standardkanal 1 verwenden würde. Ähnliches haben Sie bereits bei der Verknüpfung von Standardausgabe und Standardfehlerausgabe mit `2>&1` gesehen.

Einen File-Deskriptor, den Sie nicht mehr benötigen, sollten Sie mit `exec` und `fd>&-` wieder schließen. Für `fd` müssen Sie die Nummer des Deskriptors angeben. Bezogen auf den eben gesetzten File-Deskriptor 3, dessen Ausgabe auf die aktuelle Konsole umgeleitet wird, sieht dies wie folgt aus:

```
$ exec 3>&-
$ echo "Hallo Welt" >&3
bash: 3: Bad file descriptor
```

Selbstverständlich können Sie so auch die Standardkanäle 0, 1, 2 schließen. Mit `exec >&-` schließen Sie beispielsweise die Standardausgabe (Kanal 1; `stdout`).

Mithilfe von mehreren File-Deskriptoren ist es zum Beispiel möglich, mehrere Dateien auf einmal zeilenweise einzulesen. Das Skript könnte in etwa wie folgt aussehen:

```
...
exec 3< file1
exec 4< file2
exec 5< file3
```

```
while true
do
   read var1 <&3
   read var2 <&4
   read var3 <&5
   # Hier die Variablen überprüfen und verarbeiten
done
...
```

Ebenfalls sehr nützlich ist exec, um von der Standardeingabe und von einer Datei etwas einzulesen. Im folgenden Skript wird die Datei, die als erstes Argument angegeben wurde, Zeile für Zeile eingelesen. Nach jeder Zeile unterbricht das Skript mit der Anfrage, ob noch eine weitere Zeile gelesen werden soll. Ohne einen neuen File-Deskriptor würde bei einem erneut gewünschten Weiterlesen der Deskriptor jedes Mal zurückgesetzt und somit immer mit der ersten Zeile anfangen, da der Deskriptor 1 sowohl für die Standardeingaben als auch für das Einlesen der Datei verwendet werden würde. Das Skript hierzu sieht wie folgt aus:

```
# Skript-Name: readmore
if [ $# -lt 1 ]
then
   echo "Verwendung: $0 Datei_zum_Lesen"
   exit 1
fi

# Neuen Eingabekanal zum Lesen der Datei einrichten
exec 3< $1
# Von diesem Kanal zeilenweise einlesen
while read line <&3
do
   echo $line
   printf "Eine weitere Zeile einlesen [j/n] : "
   read jn
   [ "$jn" = "n" ] && break
done
```

Das Skript bei der Ausführung:

```
$ ./readmore lager.csv
Schrauben-M6x40;1000;A;23
Eine weitere Zeile einlesen [j/n] : j
Nieten-5;1500;B;21
Eine weitere Zeile einlesen [j/n] : n
```

Neben den bisher vorgestellten Umlenkungszeichen gibt es noch ein weiteres, nämlich <>. In Verbindung mit `exec` können Sie mit dieser Umlenkung eine Datei sowohl zum Lesen als auch zum Schreiben öffnen. Das Besondere daran ist, dass der Schreibvorgang an der Stelle fortgeführt wird, an der sich aktuell der Lesezeiger befindet. Umgekehrt gilt dasselbe: Der Lesevorgang wird exakt hinter dem Schreibvorgang fortgeführt.

19.14.4 Named Pipes

Ein Konzept, das Sie in diesem Buch bereits zur Programmierung verwendet haben – die Named Pipes oder FIFO – steht Ihnen natürlich auch in der Shell-Programmierung zur Verfügung. Da wir die Pipes in Kapitel 11, »IPC – Interprozesskommunikation«, bereits ausführlich behandelt haben, stellen wir dieses Thema im Folgenden etwas knapper vor. Zum Anlegen von Pipes können Sie die Kommandos `mknod` oder `mkfifo` verwenden.

Das folgende einfache Beispiel zeigt, wie Sie eine solche Pipe, die hier nach dem FIFO-Prinzip (*First In First Out*) arbeitet, anlegen können:

```
$ mknod apipe p
$ ls -l apipe
prw-r--r--  1 tot users 0 2016-02-02 06:10 apipe
```

Beim Dateityp taucht die *Named Pipe* mit einem `p` auf. In die *Named Pipe* könnten Sie nun wie folgt schreiben:

```
$ echo "Hallo Welt" > apipe
```

Ein anderer Prozess (Terminal oder Konsole) kann diese Pipe jetzt wie folgt auslesen:

```
$ tail -f apipe
Hallo Welt
```

Wie Sie sehen, kann der erste Prozess, der in die Pipe schreibt, erst dann weiterarbeiten, wenn ein zweiter Prozess aus dieser Pipe liest, wenn also ein weiterer Prozess die Leseseite einer Pipe öffnet. Auch die lesende Seite der Pipe lauscht weiterhin am Ende der Pipe, wo Sie nun jederzeit wieder von einem anderen Prozess aus Daten senden können.

Um das Prinzip in einem Shellskript zu verwenden, müssen Sie wieder eine Schleife verwenden. Hier ist zunächst das Shellskript, das in eine Pipe schreibt:

```
# Skript-Name: writepipe
while true
do
   echo "Das kommt in die Pipe"
   echo "Eine zweite Zeile gefällig"
```

```
   echo "Und zum guten Schluss noch eine"
   break
done > apipe
```

Es wird davon ausgegangen, dass hier eine Pipe mit dem Namen `apipe` angelegt wurde. Das Gegenstück, das aus dieser Pipe lesen kann, sieht wie folgt aus:

```
# readpipe
while read zeile
do
   echo $zeile
done < apipe
```

Das Skript bei der Ausführung:

```
$ ./writepipe
--- [Andere Konsole] ---
$ ./readpipe
Das kommt in die Pipe
Eine zweite Zeile gefällig
Und zum guten Schluss noch eine
```

19.14.5 Menü mit select (nur Bash und Korn-Shell)

Um für das Skript ein benutzerfreundliches Auswahlmenü zu erzeugen, ist die `select`-Anweisung sehr nützlich. Die Anweisung hat folgende Syntax:

```
select variable in menü_punkte
do
   kommando1
   ...
   kommando_n
done
```

`select` führt dabei die Anzeige der Menüpunkte und deren Auswahl automatisch durch und gibt den ausgewählten Menüpunkt zurück. Hierbei können Sie die Menüpunkte wie bei `for` entweder in einer Liste mit Werten oder direkt angeben. Werte und Menüpunkte sollten dabei jeweils durch mindestens ein Leerzeichen getrennt aufgeführt werden (bei Werten: abhängig von der Shellvariablen `IFS`). Selbstverständlich können Sie auch die Argumente aus der Kommandozeile (`$*`) verwenden, sofern dies sinnvoll ist.

Nach dem Aufruf von `select` wird eine Liste der Menüpunkte auf die Standardfehlerausgabe (!) mit einer fortlaufenden Nummerierung (`1` bis `n`) ausgegeben. Dann können Sie die Auswahl anhand dieser Nummerierung bestimmen. Der entsprechend ausgewählte Menüpunkt wird dann in variable gespeichert. Falls Sie die benötigte Nummer ebenfalls erhalten möchten, finden Sie sie in der Shellvariablen REPLY. Bei einer falschen Eingabe wird variable auf leer gesetzt.

Wenn nach der Auswahl entsprechende Kommandos zwischen do und done ausgeführt wurden, wird die Eingabeaufforderung der select-Anweisung erneut angezeigt. Bei select handelt es sich somit um eine Endlosschleife, die Sie nur mit der Tastenkombination Strg+D (EOF) oder mit den Befehlen exit bzw. break innerhalb von do und done beenden können.

Als Eingabeprompt verwendet select die Shellvariable PS3, die gewöhnlich mit der Textfolge #? vorbelegt ist. Wollen Sie ein anderes Prompt verwenden, brauchen Sie nur diese Variable zu ändern.

Ein nacktes Menü, das keinerlei Funktionalität besitzt, können Sie somit folgendermaßen erstellen:

```
# Skript-Name: simplemenue
# Der Eingabeprompt
PS3="Bitte wählen: "

select auswahl in "Punkt 1" "Punkt 2" "Punkt 3" "Ende"
do
   # Auswahl auswerten
   case "$auswahl" in
      Ende) echo "Ende ausgewählt"; break;;
        "") echo "Falsche Auswahl";;
         *) echo "Sie haben $auswahl gewählt"
   esac
done
```

Das Shellskript bei der Ausführung:

```
$ ./simplemenue
1) Punkt 1
2) Punkt 2
3) Punkt 3
4) Ende
Bitte wählen: 1
Sie haben Punkt 1 gewählt
Bitte wählen: 2
Sie haben Punkt 2 gewählt
Bitte wählen: 5
Falsche Auswahl
Bitte wählen: 4
Ende ausgewählt
```

Mit select können Sie natürlich auch wieder Wildcard-Zeichen für die Liste der Menüpunkte verwenden. Wollen Sie beispielsweise alle C-Programme im aktuellen Verzeichnis auflisten und mit einem Editor Ihrer Wahl bearbeiten, können Sie das mit einem ähnlichen Auswahlskript erreichen. Im Beispiel wurde der Kommandozeileneditor pico verwendet. Sie müssen für den Editor Ihrer Wahl nur den Wert der Variablen EDIT im Skript anpassen. Betrachten Sie dazu das folgende Beispiel:

```
# Skript-Name: list_and_edit
# Der Eingabeprompt
PS3="Datei zum Editieren auswählen: "
# Hier Ihren Editor eingeben
EDIT=pico

select auswahl in *.c "Ende" "Hilfe"
do
   # Auswahl auswerten
   case "$auswahl" in
      Ende) echo "Ende ausgewählt"; break;;
     Hilfe) echo "Hiermit können Sie C-Programme"
            echo " mit dem Editor Ihrer Wahl"
            echo " (hier mit dem Editor $EDIT) editieren";;
        "") echo "Falsche Auswahl";;
         *) $EDIT $auswahl; break;;
   esac
done
```


Das Shellskript bei der Ausführung:

```
$ ./list_and_edit
1) edit.c
2) getkey.c
3) grafik.c
4) hallo.c
5) Ende
6) Hilfe
Datei zum Editieren auswählen: 6
Hiermit können Sie C-Programme mit dem Editor
Ihrer Wahl (hier mit dem Editor pico) editieren
Datei zum Editieren auswählen: 2
```

Hinweis

Natürlich können Sie auch innerhalb von select zwischen do und done ein weiteres select-Menü verwenden, also die select-Anweisung verschachteln.

19.15 Funktionen

Selbstverständlich unterstützt auch die Shell eine saubere Codeaufteilung mit Funktionen. Gerade bei umfangreichen Shellskripten kann dies sehr sinnvoll sein. Die Syntax von Funktionen in der Shell ist der von C/C++ recht ähnlich:

```
Funktionsname () {
   kommandos
}
```

Einige Regeln gilt es hierbei zu beachten: Der Funktionsname ist frei wählbar und muss in einer Zeile mit den runden Klammern stehen. Vor der sich öffnenden geschweiften Klammer muss mindestens ein Leerzeichen oder ein Newline-Zeichen stehen. Vor der sich schließenden geschweiften Klammer muss entweder ein Semikolon oder ein Newline-Zeichen stehen.

In der Bash und der Korn-Shell können Sie eine Funktion auch ohne die runden Klammern definieren, indem Sie das Schlüsselwort `function` vor den Funktionsnamen setzen:

```
function Funktionsname {
   kommandos
}
```

19.15.1 Funktionsaufruf

Wenn Sie eine Funktion aufrufen, so muss sie zuvor definiert sein, denn ein Skript läuft von oben nach unten ab. Aufrufen können Sie diese Funktion dann ganz einfach mit dem Funktionsnamen – etwa wie folgt:

```
# Skript-Name: func1
hallo() {
   echo "In der Funktion hallo()"
}
# Hier beginnt das Hauptprogramm
echo "Vor der Ausführung der Funktion ..."
# Jetzt wird die Funktion aufgerufen
hallo
# Nach einem Funktionsaufruf
echo "Weiter gehts im Hauptprogramm"
```

Das Skript bei der Ausführung lautet:

```
$ ./func1
Vor der Ausführung der Funktion ...
In der Funktion hallo()
Weiter gehts im Hauptprogramm
```

19.15.2 Externe Funktionen verwenden

In der Bash können Sie externe Funktionen wie normale Shellvariablen mit `export -f funktionsname` exportieren und somit im Skript ohne Umwege darauf zugreifen. Die Bourne- und die Korn-Shell kennen aber keine exportierten Funktionen. Somit können Sie auf portablem Weg nur mithilfe des Punkte-Operators auf externe Funktionen zurückgreifen. Hier sehen Sie ein Beispiel:

```
# Name: extfunc
hallo_ext() {
   echo "$0: Ich, die externe Funktion"
}
```

Hierzu das Shellskript, das auf die externe Funktion `hallo_ext` zugreift:

```
# Skript-Name: func2
echo "$0: Rufe externe Funktion auf"
. extfunc
hallo_ext
echo "$0: Nach dem Aufruf der externen Funktion"
```

Das Shellskript bei der Ausführung:

```
$ ./func2
./func2: Rufe externe Funktion auf
./func2: Ich, die externe Funktion
./func2: Nach dem Aufruf der externen Funktion
```


19.15.3 Parameterübergabe

Die Übergabe von Parametern an Funktionen funktioniert ähnlich wie schon die Übergabe von Argumenten an Kommandos. Auch hierbei können Sie in der Funktion mit den Positionsparametern `$1`, `$2` bis `$9` bzw. `${n}` zugreifen. Auch auf alle Argumente über `$*` bzw. `$@` können Sie zugreifen. Die Anzahl der Argumente finden Sie auch hier in `$#`. Der Positionsparameter `$0` bleibt allerdings auch hier dem Skriptnamen vorbehalten.

Hinweis
Wenn Sie den Funktionsnamen einer Funktion benötigen, bietet Ihnen die Bash (und nur diese) die Variable `FUNCNAME` an.

Das folgende einfache Shellskript demonstriert die Verwendung von Parametern in Funktionen:

```
# Skript-Name: func3
# Funktion, die die Argumente abarbeitet
```

```
funcarg() {
   echo "Anzahl Parameter in funcarg: $#"
   # Funktioniert nur in einer Bash
   echo "Funktionsname: $FUNCNAME"
   count=1
   # Parameter durchlaufen
   for var in $*
   do
      echo "$count: $var"
      count=`expr $count + 1`
   done
   # Selbiges mit den Positionsparametern
   echo "Als Positionsparameter (1-3): $1 - $2 - $3"
}

funcarg Hallo Welt wie gehts
printf "Ein paar Argumente bitte: "
read
funcarg $REPLY
```

Das Shellskript bei der Ausführung:

```
$ ./func3
Anzahl Parameter in funcarg: 4
Funktionsname: funcarg
1: Hallo
2: Welt
3: wie
4: gehts
Als Positionsparameter (1-3): Hallo - Welt - wie
Ein paar Argumente bitte: Noch ein paar Argumente
Anzahl Parameter in funcarg: 4
Funktionsname: funcarg
1: Noch
2: ein
3: paar
4: Argumente
Als Positionsparameter (1-3): Noch - ein - paar
```

19.15.4 Rückgabewert aus einer Funktion

Theoretisch müssen Sie sich gar nicht um den Rückgabewert von Funktionen kümmern, da es in der Shell-Programmierung so etwas wie lokale oder globale Variablen nicht gibt. Variablen, die Sie außerhalb einer Funktion definieren bzw. verwenden, können Sie auch ohne Parameterübergaben in der Funktion verwenden und umgekehrt. Selbstverständlich muss die Variable aber vor der ersten Verwendung bekannt sein.

> **Hinweis**
> Der Bash und der Korn-Shell steht das Schlüsselwort `local` zur Verfügung, um eine Variable anzulegen, deren Lebendauer nur innerhalb einer Funktion gültig ist.

Wollen Sie allerdings eine kleine Bibliothek mit nützlichen Funktionen erstellen, so ist die Verwendung von globalen Variablen weniger sinnvoll. Auch bei etwas umfangreicheren Skripten verliert man hier schnell den Überblick. Daher stehen Ihnen zwei Möglichkeiten zur Verfügung, die im Folgenden kurz beschrieben werden.

Rückgabewert mit return

Für ganzzahlige Werte können Sie innerhalb von Funktionen mittels `return` einen Wert zurückgeben. Als Rückgabewert können Sie einen Wert zwischen 0 und 255 verwenden. Negative Werte sind allerdings auch möglich. Den Rückgabewert von Funktionen können Sie anschließend mithilfe der Variablen `$?` auswerten. Hierzu ein einfaches Beispiel:

```
# Skript-Name: func4
usage() {
   if [ $# -lt 1 ]
   then
      echo "usage: $0 datei_zum_lesen"
      return 1   # return-Code 1 zurückgeben : Fehler
   fi
   return 0      # return-Code 0 zurückgeben : Ok
}

# Hauptprogramm
usage $*
# Wurde 1 aus usage zurückgegeben ...
if [ $? -eq 1 ]
then
   printf "Bitte Datei zum Lesen eingeben : "
   read file
else
   file=$1
fi
echo "Datei $file wird gelesen"
```

In diesem Skript liefert die Funktion usage den Rückgabewert 1 zurück, wenn keine Datei als Argument zum Lesen angegeben wurde. Im Hauptprogramm werten wir dann die Variable $? aus. Befindet sich hier der Wert 1 (von der Funktion usage), so wird der Anwender erneut aufgefordert, eine Datei zum Lesen einzugeben.

Hinweis

Wenn Sie eine Funktion mit exit beenden, dann beenden Sie das gesamte Skript – exit gilt für den kompletten Prozess.

Rückgabewert mit einer Kommandosubstitution

Benötigen Sie hingegen Ergebnisse aus Berechnungen oder Zeichenketten von einer Funktion, so müssen Sie auf die Kommandosubstitution zurückgreifen. Das Prinzip ist recht einfach. In der Funktion geben Sie lediglich das Ergebnis einer Berechnung oder die Zeichenkette mit echo auf die Standardausgabe aus. Im Hauptprogramm werden diese Daten dann, dank einer Kommandosubstitution, an die Variable übergeben.

Hierzu ein einfaches Beispiel:

```
# Skript-Name: func5
# Summe beliebiger Zahlen errechnen
addieren() {
   sum=0
   for val in $*
   do
      sum=`expr $sum + $val`
   done
   echo $sum
}

# Kleinbuchstaben in Großbuchstaben ändern
upper() {
   echo $* | tr 'a-z' 'A-Z'
}

summe=`addieren 11 12 44`
echo $summe

string="Hallo Welt"
echo `upper $string`
```

Das Shellskript ausführen:

```
$ ./func5
67
HALLO WELT
```

19.16 Signale

Die Signale und wie Sie mit Signalen Prozesse steuern können, haben wir bereits in Kapitel 10 erläutert. Im folgenden Abschnitt gehen wir kurz auf den Umgang mit den Signalen in einem Shellskript ein.

19.16.1 Signale senden

Zum Senden von Signalen kennen Sie bereits das Kommando `kill`. Die Syntax des Kommandos lautet:

```
kill -SIGNAL PID [ PID ... ]
```

Als `SIGNAL` verwenden Sie entweder den Namen des Signals (z. B. `HUP`) oder – sofern Sie diese kennen – die entsprechende Nummer (unter Linux beispielsweise hat HUP den numerischen Wert `1`). Den Signalnamen können Sie entweder in vorschriftsmäßiger Form (ohne `SIG`) oder mit dem Präfix `SIG` verwenden (die Liste mit den Signalnamen finden Sie in Abschnitt 10.1.4, »Übersicht über die Signale«). Der Signalname muss hierbei in Großbuchstaben gesetzt werden. Dahinter wird der Prozess (oder werden die Prozesse) mit der Prozessnummer (`PID`) angegeben. Somit sind folgende Angaben identisch und erfüllen denselben Zweck:

```
kill -9 1234
kill -KILL 1234
kill -SIGKILL 1234
```

Alle hier verwendeten Angaben beenden den Prozess mit der Nummer 1234 mit dem Signal `SIGKILL`. Verwenden Sie hingegen `kill` ohne Angabe eines Signals bzw. einer Signalnummer, wird standardmäßig das etwas sanftere Signal `SIGTERM` (Nr. 15) an den angegebenen Prozess gesendet. (Es gibt – wie wir im Kapitel über Signalbehandlung kennengelernt haben, zwar eine Reihe von numerischen Werten für die Signale, es ist allerdings keinesfalls gesagt, dass die überall gleich sind. Traditionell sind nur die Signale `1`, `9`, `15` für `HUP`, `KILL`, `TERM` auf allen UNIX-artigen Systemen vorhanden und gleich. Im Zweifel nehmen Sie daher lieber die symbolische Variante.)

Hinweis

Es versteht sich von selbst, dass Sie Signale nur an die Prozesse senden können, deren Eigentümer Sie sind bzw. die Sie gestartet haben. Für alle anderen Prozesse benötigen Sie Admin-Rechte auf dem System.

19.16.2 Signale in einem Shellskript abfangen – trap

Um auf Signale in einem Shellskript zu reagieren, um beispielsweise einen Abbruch einer schreibenden Kommandoausführung zu verhindern, können Sie das Kommando `trap` verwenden. Die Syntax dazu lautet:

```
trap 'kommando1; ... ; kommando_n' Signalnummer
```

Auf den Kommandonamen `trap` folgt hier ein Befehl oder eine Liste von Befehlen, die ausgeführt werden sollen, wenn das Signal mit `Signalnummer` eintrifft. Die Befehle werden zwischen Single Quotes geschrieben. Trifft beim ausführenden Skript ein Signal ein, wird die Ausführung an der aktuellen Position unterbrochen und werden die angegebenen Befehle der `trap`-Anweisung ausgeführt. Danach wird mit der Ausführung des Skripts an der Stelle fortgefahren, an der es zuvor unterbrochen wurde.

Bei dem folgenden einfachen Beispiel wird ein Schreibvorgang simuliert, der nicht mit [Strg]+[C] abgebrochen werden kann, weil hierfür ein Signal-Handler mit `trap` eingerichtet wurde:

```
# Skript-Name: trap1
# Signal SIGINT(2) abfangen (STRG)+(C)
trap 'echo Schreibvorgang kann nicht abgebrochen werden' 2
count=1
sets=7

echo "Schreibe $sets Datensätze"
# Hier wird ein Schreibvorgang simuliert
while [ $count -lt $sets ]
do
   #...
   # Hier kommen die wichtigen Kommandos und Programme hin
   #...
   echo "Datensatz $count (von $sets) wird geschrieben"
   sleep 2
   count=`expr $count + 1`
done
echo "Schreibvorgang erfolgreich ausgeführt"
```

Das Skript bei der Ausführung:

```
$ ./trap1
Schreibe 7 Datensätze
Datensatz 1 (von 7) wird geschrieben
Datensatz 2 (von 7) wird geschrieben
^CSchreibvorgang kann nicht abgebrochen werden
Datensatz 3 (von 7) wird geschrieben
Datensatz 4 (von 7) wird geschrieben
^CSchreibvorgang kann nicht abgebrochen werden
Datensatz 5 (von 7) wird geschrieben
Datensatz 6 (von 7) wird geschrieben
Schreibvorgang erfolgreich ausgeführt
```

Selbstverständlich können Sie auch auf mehrere Signale reagieren. Um etwa in unserem Beispiel auch auf `SIGTERM` zu reagieren, fügen Sie eine weitere Zeile hinzu:

```
# Signal SIGINT(2) abfangen bspw.: (STRG)+(C)
trap 'echo Schreibvorgang kann nicht abgebrochen werden' 2
# Signal SIGTERM(15) abfangen bspw: kill -TERM PID
trap 'echo Schreibvorgang kann nicht abgebrochen werden' 15
```

Alternativ fassen Sie am Ende von `trap` gleich mehrere Signale zusammen, falls diese alle mit denselben Kommandos reagieren sollten:

```
# Signal SIGINT(2) und SIGTERM(15) abfangen
trap 'echo Schreibvorgang kann nicht abgebrochen werden' 2 15
```


19.16.3 Signal-Handler einrichten

Beim Auftreten eines Signals sollten Sie in der Praxis eine Funktion, genauer gesagt einen Signal-Handler einrichten, der auf das Signal mit der Bereinigung von Datenresten oder Ähnlichem reagiert. Natürlich hängt dies immer von Umfang und Art des Skripts ab. Tritt etwa bei einem Skript, das in einer temporären Datei schreibt, das Signal `SIGINT` auf, so könnten Sie diese temporäre Datei wie folgt noch löschen, ehe Sie das Skript mit `exit` beenden:

```
trap 'rm atempfile.tmp ; exit 1' 2
```

Sind die Aufräumarbeiten umfangreicher oder wollen Sie mit dem Anwender kommunizieren, so sollten Sie einen Signal-Handler einrichten. Ein Signal-Handler ist im Grunde eine ganz gewöhnliche Funktion, die aufgerufen wird, wenn ein Signal auftritt. Hierzu zeigen wir ein einfaches Beispiel, das wieder unseren Schreibvorgang simuliert und nachfragt, ob wir den Schreibvorgang wirklich beenden wollen, wenn das Signal `SIGINT` ausgelöst wurde:

```
# Skript-Name: trap2
# Signalhandler für SIGINT
trap_SIGINT () {
   printf "Schreibvorgang wirklich abbrechen [j/n]:"
   read jn
   [ $jn = j ] && exit 1
}

# Signal SIGINT(2) abfangen (STRG)+(C)
trap 'trap_SIGINT' 2
count=1
sets=7

echo "Schreibe $sets Datensätze"
# Hier wird ein Schreibvorgang simuliert
while [ $count -lt $sets ]
do
   echo "Datensatz $count (von $sets) wird geschrieben"
   sleep 2
   count=`expr $count + 1`
done
echo "Schreibvorgang erfolgreich ausgeführt"
```

Das Skript bei der Ausführung:

```
$ ./trap2
Schreibe 7 Datensätze
Datensatz 1 (von 7) wird geschrieben
Datensatz 2 (von 7) wird geschrieben
^CWollen Sie den Schreibvorgang wirklich abbrechen [j/n]:n
Datensatz 3 (von 7) wird geschrieben
Datensatz 4 (von 7) wird geschrieben
^CWollen Sie den Schreibvorgang wirklich abbrechen [j/n]:j
$
```

19.16.4 Signale ignorieren oder zurücksetzen

Bei extrem kritischen Codebereichen kann es manchmal sinnvoll sein, ein Signal komplett zu ignorieren. Um dies zu erreichen, machen Sie einfach in der Liste von Befehlen bei `trap` keine Angaben und verwenden nur die leeren Single Quotes. Wollen Sie das Signal `SIGINT` bei der Ausführung des Skripts komplett ignorieren (etwa weil kritische Daten übertragen werden), so können Sie dies wie folgt einrichten:

```
trap '' 2
```

Einzig die Signale SIGKILL und SIGSTOP können logischerweise nicht einfach so ignoriert werden. Vorsichtig sollten Sie auch beim Ignorieren der Signale SIGFPE, SIGILL und SIGSEGV sein, weil das weitere Verhalten des Skripts nicht mehr vorhersehbar ist, wenn diese Signale ignoriert werden.

Um einen mit trap veränderten Zustand eines Signals wieder zurückzusetzen, brauchen Sie lediglich trap mit der Signalnummer aufzurufen. Mit

```
trap 2
```

stellen Sie den Standardzustand des Systems vom Signal SIGINT wieder her.

19.17 Prozess- und Skriptausführung

Prozesse haben wir bereits in Kapitel 9 ausführlich behandelt. Da Sie mit Shellskripten im Wesentlichen weitere Prozesse starten, müssen wir auf dieses Thema noch einmal eingehen.

19.17.1 Auf Prozesse warten

Um in einem Skript auf andere Prozesse zu warten, können Sie die Funktion wait mit der Prozessnummer des Prozesses verwenden, auf den Sie warten wollen. Bei der Verwendung von

```
wait 12345
```

hält das Skript seine Ausführung so lange an, bis der Prozess mit der Nummer 12345 beendet wurde. Außerdem können Sie wait gleich den Rückgabewert des beendeten Prozesses entnehmen. Ist der Rückgabewert von wait gleich 127, so bedeutet dies, dass auf einen Prozess gewartet wurde, der nicht mehr existiert. Andernfalls ist der Rückgabewert gleich der PID des Prozesses, auf den wait gewartet hat. Rufen Sie wait ohne einen Parameter auf, so wartet wait auf aktive Kindprozesse. Der Rückgabewert ist dann immer 0.

19.17.2 Hintergrundprozess hervorholen

Wer viel mit der Shell arbeitet, weiß den Vorteil von Hintergrundprozessen zu schätzen: Sie können weiterhin die laufende Shell verwenden, während der Prozess seine Arbeit im Hintergrund fortführt. Problematisch kann dies allerdings werden, wenn etwas von der Tastatur eingelesen werden soll. Der Prozess im Hintergrund hält dann so lange an, bis eine Eingabe von der Tastatur durchgeführt wird.

In solch einem Fall müssen Sie den Prozess wieder mit dem Kommando fg (kurz für *foreground*) hervorholen. In dem folgenden einfachen Beispiel wird dieser Vorgang reproduziert. Unser Skript durchläuft eine 10-Sekunden-Schleife und erwartet dann eine Eingabe von uns.

```
# Skript-Name bginput
i=0
while [ $i -lt 10 ]
do
   sleep 1
   i=`expr $i + 1`
done

printf "Eingabe machen : "
read
echo "Die Eingabe lautet $REPLY"
```

Das Skript soll jetzt im Hintergrund ausgeführt werden:

```
user@desktop:~$ ./bginput &
[1] 13652
user@desktop:~$ Eingabe machen :
[1]+  Stopped                 ./bginput
```

Zwar erscheint hier noch die Ausgabe des Skripts, das Skript wird dann aber angehalten und wartet auf die Eingabe der Tastatur. Jede Eingabe, die Sie nun vornehmen, bezieht sich ab jetzt auf die aktuelle Shell. Wenn Sie sich mit ps einen Überblick über diesen Prozess ausgeben lassen, sehen Sie auch, dass der Prozess gestoppt (T = *traced*) wurde:

```
7249 pts/41   T      0:00 /bin/bash
```

Damit das Skript weiterarbeiten kann, müssen Sie es mit dem Kommando fg wieder in den Vordergrund holen:

```
$ fg %1
./bginput
Hallo Welt
Die Eingabe lautet Hallo Welt
$
```

Was es mit dem Prozentzeichen gefolgt von der Nummer (%1) auf sich hat, erfahren Sie im nächsten Abschnitt.

19.17.3 Jobverwaltung

Dank der Jobverwaltung (genauer gesagt dank des Job-Control-Systems) können Sie Prozesse vom Hintergrund in den Vordergrund holen und umgekehrt. Mit der Jobverwaltung verwalten Sie Prozesse, die verrückt spielen und sämtliche Ressourcen verbrauchen, oder einen gestoppten Prozess, der auf eine Eingabe von stdin wartet. Jedem Job (Prozess), den Sie im Hintergrund starten, wird eine Jobnummer zugewiesen. Hier sehen Sie ein Beispiel:

```
$ sleep 20 &
[1] 12345
$ sleep 10 &
[2] 12346
```

Hier haben Sie zwei Prozesse im Hintergrund ausgeführt. Die Jobnummer steht zwischen den eckigen Klammern, und danach folgt die Prozessnummer. Um sich einen Überblick über die laufenden Prozesse bzw. Jobs im Hintergrund zu verschaffen, können Sie das Kommando jobs verwenden:

```
$ jobs
[1]-  Running                 sleep 20 &
[2]+  Running                 sleep 10 &
```

Beide Hintergrundprozesse werden hier im Augenblick ausgeführt (Running). Hintergrundprozesse können Sie, wie Sie bereits im Abschnitt zuvor gesehen haben, wieder mit dem Kommando fg, auf das ein Prozentzeichen und die Jobnummer folgen, nach vorne holen. So wird beispielsweise mit fg %1 der Prozess mit der Jobnummer 1 wieder in den Vordergrund geholt.

Hinweis

Verwenden Sie das Kommando fg mit dem Prozentzeichen ohne die Jobnummer, wird automatisch der zuletzt gestartete Hintergrundprozess hervorgeholt.

Neben Hintergrundprozessen werden auch Prozesse, die Sie mit [Strg]+[Z] angehalten haben, von jobs mit dem Zustand Stopped aufgelistet, zum Beispiel:

```
$ du /
...
[Strg]+[Z]
[1]+  Stopped                 du /
$ jobs
[1]+  Stopped                 du /
```

Um einen gestoppten Prozess weiter auszuführen, haben Sie mehrere Möglichkeiten. Entweder lassen Sie auch hierbei den Prozess mit fg, gefolgt von dem Prozentzeichen und der Jobnummer, im Vordergrund weiterlaufen (z. B. fg %1), oder Sie verwenden das Kommando **bg** (*background*), ebenfalls gefolgt vom Prozentzeichen und der Jobnummer, und führen den Prozess im Hintergrund weiter aus. Hier sehen Sie ein Beispiel:

```
$ bg %1
```

Beachten Sie aber: Wenn Sie den Prozess wie hier mit `du /` im Hintergrund weiter ausführen lassen und die Ausgabe nicht umleiten, können Sie diesen Prozess nicht erneut mit [Strg]+[Z] stoppen. Hier müssten Sie dann mit dem Kommando `kill` das Signal `SIGSTOP` an den Prozess senden.

Hinweis

Einen angehaltenen Prozess können Sie auch mit dem Kommando `kill` und dem Signal `SIGCONT` weiter ausführen.

Alternativ können Sie auch einen angehaltenen oder einen im Hintergrund verrücktspielenden Prozess ganz einfach mit `kill` und der Jobnummer beenden. Hier sehen Sie ein Beispiel:

```
$ kill %1
[1]+  Beendet                    du /
```

19.17.4 Explizite Subshell verwenden

Eine Subshell haben wir zwar bereits in Abschnitt 19.6.2 beschrieben, wir haben dort aber nicht verraten, wie Sie explizit eine solche Subshell starten. Die Syntax dazu lautet:

```
(
   kommando
   ...
   kommando
)
```

Eine Subshell wird verwendet, wenn Sie Kommandos zwischen runde Klammern stellen. Für die Kommandos in runden Klammern wird jeweils eine neue Shell gestartet, die die aktuelle Umgebung mit allen darin definierten Variablen übernimmt. Änderungen an Variablen in der Subshell haben keinerlei Auswirkung auf die Variablen des laufenden Skripts oder auf die Variablen der aufrufenden Shell bzw. des aufrufenden Shellskripts.

Ein einfaches Beispiel hierzu:

```
# Skript-Name: subshell
var=123
echo "var im Skript : $var"
# Eine Subshell starten
(
  echo "var in der Subshell : $var"
  # Wert ändern
  var=321
```

```
  echo "var in der Subshell : $var"
)
echo "var im Skript : $var"
```

Das Shellskript bei der Ausführung:

```
$ ./subshell
var im Skript : 123
var in der Subshell : 123
var in der Subshell : 321
var im Skript : 123
```

19.17.5 Kommunikation zwischen Shellskripten

Ein weiteres wichtiges Thema im Zusammenhang mit der Ausführung von Skripten ist die Kommunikation zwischen Shellskripten. Wie Sie Daten an ein Skript übergeben und von einem Skript zurückbekommen, erfahren Sie in den nächsten Abschnitten. Zur Kommunikation zwischen Skripten gehört auch die Synchronisation, die ebenfalls kurz behandelt wird.

Datenübergabe an ein Skript

Die einfachste Möglichkeit, Daten für andere Skripte zur Verfügung zu stellen, ist der Export dieser Daten mit dem Kommando `export`. Rufen Sie nach dem `export` von Variablen ein Skript auf, so können auch hier die Variablen mit denselben Werten verwendet werden.

Darüber hinaus gibt es die Datenübergabe als Argument, die Sie bereits von der Kommandozeile her kennen. Rufen Sie beispielsweise ein Skript in einem Shellskript wie folgt auf:


```
...
var1=`ls -l | wc -l`
var2=1234
var3="Hallo Welt"
./ scriptname $var1 $var2 $var3
...
```

Diese Variablen finden Sie jetzt im Skript `scriptname` in den einzelnen *Positionsparametern* `$1` bis `$4`, oder alle zusammen in `$*` bzw. `$@`. Hier sehen Sie ein Beispiel:

```
# Skript-Name: scriptname
...
echo "$1 $2 $3"
...
```

Wenn allerdings der Datenumfang zunimmt, können Sie eine *temporäre Datei* verwenden. Das Prinzip ist einfach: Ein Skript schreibt etwas in eine Datei und ein anderes Skript liest es aus.

```
# Name script1
IFS='\n'
for var in `ls -l`
do
   echo $var
done > file.tmp
./script2
```

Dieses Skript liest zeilenweise vom Kommando `ls -l` ein und lenkt die Standardausgabe in die temporäre Datei *file.tmp* um. Anschließend ruft dieses Skript das andere Skript auf, sodass diese Daten zeilenweise wieder eingelesen werden. Das zweite Skript sieht so aus:

```
# Name : script2
while read line
do
   echo $line
done < file.tmp
```

Das Gleiche können Sie auch ohne eine temporäre Datei machen, indem Sie beide Skripte mit einer *Pipe* wie folgt ausführen:

```
$ ./script1 | ./script2
```

Damit dies mit den beiden eben gezeigten Skripten auch funktioniert, müssen Sie lediglich jeweils am Ende der Schleife die Umlenkung in die bzw. aus der Datei *file.tmp* entfernen.

Datenrückgabe von einem Skript

Um Daten von einem anderen Skript zurückzugeben, ist eigentlich auch hier die Kommandosubstitution das Nonplusultra – dazu ein Beispiel:

```
...
# Datenrückgabe von scriptname steht anschließend in var
var=`./scriptname`
...
```

Dies funktioniert natürlich auch mit der Rückgabe von mehreren Werten aus einem Shellskript. Kennen Sie die Anzahl der Rückgabewerte, so können Sie diese mit `set` aufsplitten und die einzelnen Positionsparameter verwenden. Hier sehen Sie ein Beispiel:

```
...
var=`./scriptname`
```

```
# Einzelne Variablen aufsplitten
set $var
# Zugriff auf die einzelnen Werte über Positionsparameter
echo "Wert1: $1; Wert2: $2; Wert3: $3"
...
```

Wenn Sie nicht genau wissen, wie viele Werte ein Skript zurückgibt, dann können Sie die einzelnen Parameter auch in einer Schleife abarbeiten:

```
...
var=`./scriptname`
# Einzelne Werte von var durchlaufen (Trennzeichen ist IFS)
for wert in $var
do
   # Hier etwas mit $wert machen - im Beispiel eine Ausgabe
   echo "$wert"
done
...
```

Bei einem extremen Datenumfang von mehreren Megabytes sollten Sie allerdings eher wieder auf eine temporäre Datei zurückgreifen, wie im vorherigen Abschnitt geschildert, wo es um die Übergabe von Daten an ein Skript ging. Allerdings funktioniert dies auch nur, wenn ein Skript seine Daten komplett in die temporäre Datei schreibt und das andere Skript diese dann komplett ausliest.

Wollen Sie in einem Shellskript, das permanent im Hintergrund Datenverkehr verursacht, etwas lesen, so sollten Sie dieses Skript in einer Schleife über eine Pipe zeilenweise einlesen – zum Beispiel wie folgt:


```
...
# Eine Zeile von scriptname einlesen
./scriptname | while read wert
do
   # Die Zeile nochmals anhand einzelner Werte auswerten
   for val in $wert
   do
      echo "$val"
   done
done
...
```

Skripte synchronisieren

Wenn Ihre Skripte dauerhaft laufen und gegebenenfalls auch noch in ein und dieselbe Datei schreiben bzw. aus ihr lesen, wäre eine Synchronisation sehr sinnvoll. Hierfür bieten sich mehrere Möglichkeiten an. Die einfachste wäre es, eine *globale* bzw. *exportierte Variable* auf einen bestimmten Zustand (Wert) zu überprüfen und entsprechend zu reagieren.

Ähnliches können Sie auch mit einer *temporären Datei* durchführen, indem Sie in den Skripten überprüfen, ob eine Datei zum Lesen oder zum Schreiben freigegeben ist. Hierzu schreiben Sie ein Hauptskript, das die Lese- und Schreibanforderungen koordiniert. Hier sehen Sie ein Beispiel:

```
...
while true
do
  # Ist die Datei lesbar
  if [ -r $FILE ]
  then
     echo "Datei wird gelesen ..."
     #./skript_zum_Lesen
     # Freigeben zum Schreiben
     chmod 0200 $FILE;
  fi
  # Ist die Datei schreibbar
  if [ -w $FILE ]
  then
     echo "Datei ist bereit zum Schreiben ..."
     #./skript_zum_Schreiben
     # Freigeben zum Lesen
     chmod 0400 $FILE
  fi
done
...
```

Last, but not least können Sie natürlich auch hierfür Signale verwenden. Richten Sie zu diesem Zweck einfach einen Signal-Handler mit `trap` für das jeweilige Skript ein. So kann ein Skript erst weiterarbeiten, wenn das andere Skript ein bestimmtes Signal erhält und umgekehrt. Hier sehen Sie ein Beispiel:

```
# Skript-Name: script1
...
# Signalhandler einrichten
trap './script2' SIGUSR1
while true
do
   # Lese Daten
   # Fertig mit dem Lesen und script2 aufrufen
```

```
   kill -SIGUSR1 $$
done
...
```

Ähnlich sieht dies mit `script2` aus:

```
# Skript-Name: script2
...
# Signalhandler einrichten
trap './script1' SIGUSR2
while true
do
   # Schreibe Daten
   # Fertig mit dem Lesen und script1 wieder aufrufen
   kill -SIGUSR2 $$
done
...
```

19.17.6 Skripte zeitgesteuert ausführen

Das zeitgesteuerte Ausführen von Prozessen mit `cron`-Jobs haben wir bereits in Abschnitt 9.13.4 erläutert – blättern Sie daher bei Bedarf einfach noch einmal zurück.

19.18 Ein Shellskript bei der Ausführung

Zu guter Letzt geben wir Ihnen im Folgenden noch einen Überblick über die genaue Ausführung eines Shellskripts. Wie Sie bereits wissen, wird beim Start eines Shellskripts zunächst eine Subshell geöffnet (sofern Sie das Shellskript nicht mit einem Punkt gestartet haben), in der das Skript ausgeführt wird. Die Subshell ist hierbei für die Ausführung des Shellskripts verantwortlich. Die Ausführung des Skripts selbst lässt sich in drei Schritte gliedern:

- *Syntaxüberprüfung* – Das Shellskript wird Zeile für Zeile auf die richtige Syntax überprüft. Ein Fehler kann beispielsweise auftreten, wenn ein Schlüsselwort oder die Reihenfolge von Schlüsselwörtern und weitere Symbole nicht den Regeln entsprechen.
- *Expansionen* – Anschließend werden sämtliche Expansionen (wie Kommandosubstitution, Variableninterpolation, Dateinamen-Expansion, Aliase- und Tilde-Expansionen) durchgeführt. Diese Reihenfolge bedingt zum Beispiel, dass Sie einen Variablennamen aus einer Variable entnehmen können, aber kein Ablaufkommando.
- *Kommandoausführung* – Zuletzt werden gemäß der Reihenfolge die Builtin-Kommandos (Shellfunktionen), Funktionen, externe Kommandos (in `PATH`) oder binäre Programme sowie weitere Shellskripte ausgeführt.

Anhang

Anhang A
Sicherheit unter Linux

Ziel dieses Anhangs ist es, Sie in kürzeren Abschnitten auf mögliche Gefahren hinzuweisen, die mit der einen oder anderen Routine oder unbedachten Aktion verbunden sind.

Nichts liegt mir ferner, als Ihnen jetzt eine umfassende Moralpredigt zum Thema Sicherheit zu halten. Doch gerade weil es für den Programmierer in der Praxis nicht so interessant erscheint (und häufig auch noch ein gewisser Zeitdruck vorhanden ist), sich während der Entwicklung auch noch damit zu befassen, wird es häufig vernachlässigt, sodass kein Tag vergeht, an dem eine »unautorisierte« Person wieder eine Sicherheitslücke in einem Programm gefunden hat. Zwar ist das Thema Sicherheit bücherfüllend – aber wenn Sie das beherzigen, was wir Ihnen hier predigen, ist dies schon mal die halbe Miete; häufig reicht hierbei ein kleiner Denkanstoß aus. Vorausgesetzt natürlich, Sie sind mit Linux und der Programmierung bestens vertraut.

Hinweis

Ganz klar, das Thema hat eigentlich mehr Seiten verdient. Aber der Umfang des Buches erlaubt es uns allerdings nur, hier das Wichtigste zusammenzufassen. Gerade bei der Arbeit mit sicherheitskritischen Programmen ist es zudem unerlässlich, sich regelmäßig über Sicherheitslücken und Exploits zu informieren.

A.1 Viren und Trojaner

In den vergangenen Jahren hat sich die Rolle von Linux geändert – konnte man sehr lange Zeit mit leichter Herablassung auf die Windows-Welt blicken, wo sich praktisch täglich neue Viren und Trojaner die Klinke in die Hand gaben, war unter Linux weitgehend friedliche Stille angesagt. Vorsicht war unnötig, zumal die Hersteller von Viren sich auch auf die anderen Plattformen konzentrierten.

Das hat sich geändert. Dadurch, dass Linux eine große Stärke im Serverbereich hat, sind Viren und Trojaner der unter Windows üblichen Kategorien aber eher selten. Stattdessen finden Sie häufiger *Rootkits* und Konstellationen, die versuchen, Webserver zu unterwandern und in Virenschleudern, Datenlager, Sprungpads oder Spamauslieferer zu verwandeln.

Virenschleudern[1] sind Webserver, die veränderte Webseiten bereitstellen, die Schadcode enthalten und somit effektiv Malware ausliefern; *Datenlager* sind zum Teil recht umfangreiche Zwischendepots für gestohlene oder sonstige illegale Daten; *Sprungpads* sind Zwischenstationen für Hacker, um ihren wahren Aufenthaltsort zu verschleiern, und *Spamauslieferer* sind zu schlechter Letzt Mailserver, die speziell dafür konfiguriert sind, hohe Volumina von Spam-Mails zu versenden. Oft merkt ein Serverbetreiber erst von solchen Vorgängen, wenn sein Server von anderen geblacklistet wurde oder Dateien aufgefunden werden, die niemandem zu gehören scheinen.

Als Heimanwender sind Sie aber im Prinzip bei normaler Anwendung des Systems von solchen Parasiten relativ sicher, zumindest wenn Sie darauf achtgeben, Ihr System regelmäßig zu updaten, ob nun manuell oder automatisch. Wer jedoch mit einer etwas unausgereiften Windows-Mentalität ans Werk geht, vielleicht noch ein veraltetes Flash[2] installiert hat und gerne auf alles Mögliche klickt, der läuft eine gewisses Risiko, sich über kurz oder lang dennoch etwas einzufangen.

Früher hätte man gesagt, selbst schuld, wenn man überall herumsurft, aber die Zeiten haben sich geändert. Durch injizierte Werbung und *Content Syndication* gelangt Malware auch über hoch seriöse Webseiten zum Benutzer, und es wurde gezeigt, dass die Malware manchmal sogar automatisch an die Plattform des Benutzers angepasst wird.

Eine etwas traurige weitere Ebene von Realität ergibt sich dadurch, dass Sie sich unter bestimmten Umständen – und zwar dann, wenn Sie einen Emulator wie WINE installiert haben – im Grunde genommen sogar Windows-Malware einfangen können. Die läuft zwar dann im Emulator und kann nicht direkt auf Ihre Linux-Session Einfluss nehmen, kann Sie aber immerhin mit Werbe-Popups ärgern; und sollten Sie einmal die Fenster verwechseln, könnte Ihnen ein Banking-Trojaner sogar Geld stehlen.

Auch gibt es dank ausgereifterer Programmierbibliotheken mittlerweile sogar portable *JavaScript*-Viren, und auch die Software-Umgebungen Java und Mono (.NET) ermöglichen im Prinzip Malware, die auch unter Linux läuft.

Es wäre also völlig falsch, sich in einem Gefühl der Sicherheit zu wiegen. In den Jahren nach den Erfahrungen aus den Edward-Snowden-Veröffentlichungen und den Hacking-Team-Zwischenfällen wäre auch anzumerken, dass, falls Sie in besonderem Fokus stehen, Linux gegenüber einem *Spearphishing*-Angriff nicht mehr Sicherheit bietet als Windows. Viele Distributionen haben die schlechten Angewohnheiten (oder die Bequemlichkeitswünsche der Benutzer) übernommen und installieren die Software so, dass beispielsweise Videos gleich losspielen. Speziell präparierte Videodateien können so Binärcontent auf Ihre Maschine bringen und durch Ausnutzung von Programmfehlern ausführen.

---

1 Die Bezeichnungen sind nicht wirklich offiziell, wurden aber schon häufiger so in der Fachpresse verwendet.

2 Flash mag generell eine schlechte Idee sein, aber unter Linux ist es das besonders, zumal die Linux-Variante mehrere Sicherheitsfeatures nicht enthält.

Ein weiterer Weg, wie Sie sich Malware einfangen könnten, ist sozusagen über den ganz offiziellen Weg; Sie sollten darauf achten, woher Sie Ihre Software oder Bibliotheken beziehen. Denn es gibt dubiose Quellen, die Hintertüren in (auf dem ersten Blick) normale Software einbauen. Dank Open Source ist es schließlich kein Problem, den Quellcode einer Anwendung zu modifizieren, da dieser ja offen vorliegt. Auch ist es schon öfter vorgekommen, dass blauäugige oder vergessliche Programmierer eine Hintertür, die für das Debugging gedacht war, schlicht eingeschaltet ließen, als sie die Software publizierten.

Hinweis

Wenn Sie einen Server aufsetzen, beachten Sie bitte, dass eine ganze Anzahl renommierter Software ganz offiziell Hintertüren oder mit einheitlichem Standardpasswort versehene vordefinierte Benutzer mitbringt. Wenn Sie da keine Firewall davor installieren, haben Sie vielleicht schon kurz nach der Installation verloren, wenn Sie die Anleitung nicht gelesen haben.

Unternehmen Sie etwas gegen Rootkits – installieren Sie *rkhunter*.

Mit *clamav* können Sie kostenfrei nach Windows-Viren suchen.

Beachten Sie, dass Sie sich zwar mit `netstat` alle auf »Horchen« geöffneten Ports anzeigen lassen können, dass es aber durchaus Techniken gibt, Ports erst gar nicht zu benutzen oder erst dann zu öffnen, wenn eine Anforderung von außen erfolgt.

Mehrere Entwicklungen von Red Hat erlauben es, sowohl einen laufenden Kernel upzudaten als auch im laufenden Betrieb Hardware mit neuer Firmware zu flashen. Was sich zunächst sehr gut anhört, könnte es ebenso gut einem gewieften Virenautor erlauben, sich so tief ins System einzugraben, dass er weder bemerkt werden kann noch eine Aussicht besteht, das System wieder zu reinigen. Eine ähnliche Möglichkeit besteht in der Installation eines Supervisors auf UEFI- oder *Trusted-Computing*-Ebene, der ebenfalls unsichtbar für das normale Betriebssystem agieren könnte und sogar eigene reservierte Speicherbereiche mitbekäme.

Hinweis

Ähnlich wie im Film »Die Matrix« könnte man sich die Frage stellen, ob das, was man wahrnimmt, die tatsächliche Realität ist. Aus Sicht eines Betriebssystems ist das nicht mehr sicher zu entscheiden; es gibt aber meist Merkmale oder Eigenheiten, die einen Hinweis geben.

Auch Virenautoren haben davon gehört, sodass manche Malware nur noch dann ihren Wirkteil aktiviert, wenn sie sicher ist, in keiner virtuellen Umgebung zu laufen.

A.2 Der Superuser (root)

Sich schnell mal den Superuser zu machen, ist sehr hilfreich. Sie haben dabei die User-ID 0 und den Usernamen *root*. Bei Installationen oder Konfigurationen von Software müssen Sie sich häufig zum Superuser machen, da dies einige Operationen benötigt, die eben nur mit diesen Rechten ausführbar sind. In diesem Fall sollten Sie als Programmierer bei der Entwicklung besonders vorsichtig sein, wenn Ihr Programm beim Anwender kurzfristig *root*-Rechte benötigt. Ist der Code, den Sie geschrieben haben und der *root*-Rechte benötigt, fehlerhaft, können Sie ein ziemliches Chaos auf dem System anrichten.

Mittlerweile sind die übelsten Tippfehlermöglichkeiten entschärft, sodass der Allzeit-Klassiker `rm -fr /` wirkungslos bleibt (probieren Sie es dennoch besser nicht aus!), aber man kann mit ungeschickter manueller Konfiguration oder irregeleiteten Löschaktionen dennoch einen funktionierenden Computer in ein Wrack verwandeln. Wenn Sie sich selbst nicht über den Weg trauen, ist es meist eine Hilfe, weitere populäre Tippfehlerquellen auszuschalten. Unter der `bash` ginge das beispielsweise so:

```
set -C
alias mv='mv -i'
alias cp='cp -i'
alias rm='rm -i'
```

Diese Befehlskette verbietet das »versehentliche« Überschreiben mit Ausgabeumleitungen und versieht die populären Befehle zum Verschieben, Kopieren und Löschen mit Rückfragen. Sie können die Befehlskette entweder in die Datei *~/.alias* hineinschreiben, wenn es sie gibt, oder in *~/.bash_profile*. Interaktive Shells aus der graphischen Benutzeroberfläche werden jedoch anders gestartet, also müssten Sie in die Datei *~/.bashrc* vorher noch eine Überprüfung hineinschreiben, ob es sich um eine interaktive Shell handelt, weil Sie ansonsten Skriptausführung für sich selbst unmöglich machen:

```
#
# ~/.bashrc
#
## Wenn nicht interaktiv, tue nichts
[[ $- != *i* ]] && return
[[ -e ~/.alias ]] && . ~/.alias
set -C
alias mv='mv -i'
alias cp='cp -i'
alias rm='rm -i'
```

Auf Ubuntu-basierende Systemen werden Sie häufiger `su` gar nicht verwenden, sondern das zunächst bequemere `sudo`. Sie sollten allerdings beachten, dass die Konfiguration dieses Tools, die mit der Datei */etc/sudoers* bzw. dem Befehl `visudo` geschieht, relativ komplex ist.

Wenn es so konfiguriert ist, dass Sie alles dürfen, ohne dafür ein Passwort zu benötigen, ist damit sicherheitstechnisch niemandem geholfen.

Andererseits ist auch häufig ein Verzeichnis */etc/sudoers.d/* konfiguriert, das es einem böswilligen Programm sehr einfach machen könnte, sozusagen im Vorbeigehen dort eine Datei hinzuwerfen, die einen beliebigen anderen unprivilegierten Benutzer allzeit zum *root* macht.

Eine andere bösartige Methode, das System nach außen zu exponieren, ist die Freigabe des *root*-Logins per SSH. (In vielen Distributionen wird `openssh` unter bestimmten Umständen automatisch installiert und aktiviert.)

Als erstes sollten Sie grundsätzlich immer leere Passwörter verbieten; in der Datei */etc/ssh/sshd_config* also mit der folgenden Zeile:

```
PermitEmptyPasswords no
```

Was nun *root* angeht, so wird von vielen Distributionen die sicherste Einstellung gewählt, die *root*-Logins ganz verbietet, aber andererseits könnte dort auch stehen:

```
PermitRootLogin without-password
```

Oder schlimmer:

```
PermitRootLogin yes
```

Bedenken Sie: In einem normalen Unix-System ist der einzige Benutzer, der immer gleich heißt, *root*, also ist es fatal, hier mit `yes` zu erlauben, sein Login auszuprobieren.

Die Variante `without-password` erlaubt nicht, wie man vielleicht denken könnte, leere Passwörter, sondern einen Login mittels *asymmetrischer Verschlüsselung*[3]. Sie können einen öffentlichen Schlüssel in der jeweiligen Benutzerdatei *~/.ssh/authorized_keys* hinterlegen. (Beachten Sie, dass hier die Zugriffsrechte stimmen müssen, da der SSH-Dämon die Datei sonst ignoriert.) Derjenige, der den dazugehörigen privaten Schlüssen besitzt, kann sich dann per SSH einloggen, ohne Ihr Passwort zu kennen.

Allgemein gilt diese Einstellung als sicher, sofern man weiß, was man tut. Wenn Sie allerdings davon noch nie gehört haben, aber eine solche Datei bei sich finden und sie nicht leer ist, dann wissen Sie, dass Sie einen ungebetenen Gast haben.

A.3 Überlaufen von Logfiles

In einem klassischen Unix gehörte es zu den unerfreulichsten Ereignissen, wenn die Logplatte überlief. Normalerweise war */var* als eigene Partition gemountet, und verschiedene Prozesse schrieben dorthin als *root* (was immerhin 7 % mehr Kapazität ergab bei UFS-basierten Dateisystemen) und andere als normaler User. Irgendwann war dann für den ein oder

3 Die Option `without-password` wurde mittlerweile durch ein gleichbedeutendes (aber verständlicheres) `prohibit-password` ergänzt.

anderen Prozess kein Platz mehr zum Loggen da, und der Prozess beendete seine Mitarbeit, durchaus zum Teil auf rätselhafte Art und Weise, denn einen Logeintrag über sein Scheitern konnte er ja nicht mehr schreiben.

Schlimmer fiel der Zwischenfall aus, wenn */var* und */tmp* auf ein und dieselbe Partition fielen. Dann konnten irgendwann auch keine Temporärdateien mehr angelegt werden, und das System zeigte zunehmend Fehlfunktionen; wenn der Anwender dann irgendwann genervt das System neu startete, konnte mit der vollen Platte das System nicht einmal mehr ordentlich hochgefahren werden. Mehr als unerfreulich, wenn es sich um einen Server handelte, der hunderte Kilometer entfernt stand. Das ist, Sie werden lachen, zum Teil auch heute noch so, und daher sollten Sie solche Situationen vermeiden.

In Kapitel 9, »Dämonen, Zombies und Prozesse«, haben Sie gesehen, wie Sie den Dämon *syslogd* mit den Funktionen `openlog()` und `syslog()` verwenden können. Wir haben auch schon kurz erwähnt, dass es je nach Distribution durchaus mehrere Prozesse geben kann, die das Logging übernehmen.

Da für gewöhnlich Lognachrichten in eine Logdatei geschrieben werden, sollten Sie darauf achten, nicht zu viele Logeinträge zu generieren, denn mit der Zeit wird der Speicherplatz aufgebraucht und die Logdatei recht unübersichtlich. Alle Logger lassen sich dahingehend konfigurieren, was sie loggen sollen, und insbesondere welche Eintragsklassen. Wer `LOG_DEBUG` mitloggt, der braucht eben eine große Festplatte.

Sollte es sich nicht vermeiden lassen, dass der Dämon recht viel zu plappern hat bzw. dass der Dämon mehrere Monate oder gar Jahre in Betrieb ist, sollten Sie alternativ die Anwendung *logrotate* verwenden. Diese Anwendung komprimiert, sichert und benennt die Logdatei um, wenn diese ein bestimmtes Alter oder eine bestimmte Größe erreicht hat. Das Programm wird auch recht gerne zum Schutz von DoS-Attacken[4] zum Beispiel des Dämons *xinetd* verwendet. *logrotate* kann durchaus bei Ihrer Distribution anders heißen, aber der Begriff »to logrotate« hat sich allgemein durchgesetzt.

Besonders viele Logeinträge werden Sie vorfinden, wenn jemand versucht, Passwörter und Logins auf Ihrem System auszuprobieren. Wenn Sie so etwas verhindern müssen, ohne den Zugang gleich ganz zu schließen, zum Beispiel per Firewall, werfen Sie doch mal einen Blick auf das Tool *fail2ban*.

Hinweis

Unter Umständen kann es Ihnen unter Unix-artigen Systemen passieren, dass Ihre Platte vollläuft, obwohl ein Logrotate stattgefunden hat und die Dateien anscheinend gar nicht zu groß sind. Wird nämlich eine Logdatei umbenannt und komprimiert oder gar gelöscht,

4 *DoS* (*Denial of Service*) ist ein Angriff auf einen Host mit dem Ziel, einen oder mehrere seiner Server arbeitsunfähig zu machen. In der Regel geschieht das durch Überlastung. Erfolgt der Angriff koordiniert von einer größeren Anzahl anderer Systeme aus, so spricht man von einem *DDoS* (*Distributed Denial of Service*).

während ein Prozess ihn geöffnet hält, kann er weiterhin darauf schreiben. Der Inhalt landet dann im entsprechenden Inode, ist aber als Datei unsichtbar.

Also muss man bei jeder Logrotation den entsprechenden Prozess neu starten oder anstoßen, wenn er das unterstützt. Wenn man das vergisst oder falsch konfiguriert, bezahlt man im schlimmsten Fall mit einer überlaufenden Platte.

A.4 Zugriffsrechte auf Dateien

Die meisten Benutzer Ihrer Programme vertrauen gewöhnlich Ihren Kenntnissen als Programmierer und kümmern sich recht selten um die Vergabe von Zugriffsrechten. Wenn Sie Programme entwickeln, werden Sie gewöhnlich auch Dateien erstellen und die Zugriffsrechte darauf erteilen. Folgende Zugriffsrechte auf Dateien, die Sie erstellen, können ein Sicherheitsrisiko darstellen (gerade, wenn sich darin vertrauliche oder wichtige Informationen befinden):

- Dateien, bei denen die Gruppe (in einigen Fällen) und/oder Andere Schreibrechte haben; in C-Notation also `S_IWGRP` und `S_IWOTH` (siehe Kapitel 2, »Laufzeitumgebungen«, über `open()` etc.)
- Leserechte auf sicherheitsrelevante Dateien wie bspw. Passwortdateien
- Schreibrechte auf Konfigurationsdateien für Nicht-*root*-Gruppen
- Schreibrecht für alle auf das Homeverzeichnis

Gewöhnlich sind bei einem neu installierten Paket die sicherheitsrelevanten Dateien richtig eingestellt. Meistens wird dann mal schnell etwas in der Datei verändert – was die Zugriffsrechte einschließt – und dann aber vergessen oder vernachlässigt, den alten Zustand wiederherzustellen. Meistens können Sie allerdings die Zugriffsrechte solcher Pakete mit RPM wiederherstellen, da diese Informationen in den Paketen gespeichert werden. Ein einfacher Aufruf genügt, um die Rechte wieder in den Ursprungszustand zu versetzen:

```
$ rpm -setperms programmpaket
```

A.5 Das SUID-Bit

Häufig liegt kein zwingender Grund vor, bei einer Anwendung dauerhaft das SUID-Bit zu setzen. Das Sicherheitsrisiko ist dafür einfach zu hoch. Verwendet wird das SUID-Bit z. B., damit der Benutzer sein Passwort in *passwd* ändern kann. Hätte der User keine *root*-Rechte, so könnte nur *root* das Passwort ändern. Hier ein solches Negativbeispiel, wie Sie eine Anwendung mit *root*-Rechten ausstatten:

```
$ gcc -o testprogramm testprogramm.c
$ su
Passwort:********
# chown root:root testprogramm
# chmod a+s testprogramm
# exit
```

SUID (Set User ID) und SGID (Set Group ID) werden durch ein s anstelle eines x bei den Eigentümer- und bei den Gruppenrechten ausgedrückt. Das s-Recht an einer ausführbaren Datei bedeutet, dass der Benutzer, der sie startet, während des Programmlaufes die UID des Dateibesitzers bzw. die GID der Besitzergruppe erhält. Das hängt davon ab, ob das s beim Besitzer oder der Besitzergruppe steht. Im Falle des Programms */bin/passwd* wird man z. B. während des Programmlaufs zum Superuser. Wird das SGID-Recht auf ein Verzeichnis gegeben, so hat es eine andere Funktion: In diesem Fall erhalten alle Dateien, die in diesem Verzeichnis erstellt werden, automatisch die gleiche Gruppe, die auch dem Verzeichnis zugeordnet ist.

Aber wie machen das dann Programme zum Anwählen in das Internet wie bspw. KPPP? Es ist praktisch ausgeschlossen, ein Wählprogramm ohne das gesetzte SUID-Bit zu schreiben. Möglich ist es zwar schon, aber die Benutzerfreundlichkeit, gerade für Anfänger, würde damit nicht gerade erleichtert. Gemäß der Dokumentation von KDE geht KPPP folgendermaßen vor:

- Gleich nach dem Programmstart startet KPPP einen neuen Prozess.
- Der Masterprozess (Elternprozess), der das GUI, Benutzerinteraktion u. Ä. verwaltet, legt den SUID-Status danach ab und läuft dann mit den normalen Benutzerprivilegien (und kann diese auch nicht wiedererlangen).
- Der Slaveprozess (Kindprozess) behält seine Privilegien bei und kümmert sich um alles, wofür man *root*-Rechte benötigt. Um diesen Teil sicher zu machen, werden hier keine Funktionen der Qt-Bibliotheken aufgerufen, sondern nur einfache Funktionen der C-Bibliothek. Der Quellcode für diesen Prozess ist kurz (etwa 500 Zeilen) und gut dokumentiert. Dadurch ist es einfach, Sicherheitslöcher zu entdecken.
- Master- und Slaveprozess kommunizieren über die Standard-IPC-Mechanismen.

Wenn Sie also eine Anwendung erstellen, die unbedingt SUID-Rechte benötigt, ist ein Studium des Quellcodes des KPPP zu empfehlen. Leider ist es (aufgrund des Umfangs) nicht möglich, diese 500 Zeilen hier abzudrucken.

Einen Überblick zu den Programmen, die das SUID- oder SGID-Bit gesetzt haben, können Sie (als *root*) in der Shell mit folgendem Aufruf erhalten:

```
# find / -perm +6000
```

Sie können jetzt gegebenenfalls die Programme, die Sie nicht mehr benötigen, entfernen, wobei dies schon tiefgreifendere Kenntnisse voraussetzt, da manche Kommandos von einem anderen Kommando verwendet werden könnten. Aber auch das lässt sich relativ einfach ermitteln (hier mithilfe von ping):

```
# rpm -qf /bin/ping
iputils-ss020927-45

# rpm -q --whatrequires iputils-ss020927-45
kein Paket verlangt iputils-ss020927-45
#
```

Bezüglich der Abhängigkeit der Pakete untereinander lässt sich keine pauschale Beurteilung abgeben. Hier ist entweder das Lesen der Manual-Page oder Experimentierfreudigkeit angesagt. Falls Sie paranoid sind, jedoch die Anwendung nicht entfernen wollen, nehmen Sie ihr das SUID-Bit weg. Wenn ein normaler Benutzer den Befehl anwenden muss, könnte er Probleme bekommen. Im Zweifel sollten sie also testen, ob noch alles läuft.[5]

Sofern es sich also nicht vermeiden lässt, dass Sie ein Programm mit *root*-Rechten ausstatten, sollten Sie diese Privilegien, sofern sie nicht mehr benötigt werden, mit dem Funktionsaufruf

```
setuid( getuid() );
```

wieder abgeben.

A.6 Programme ohne Ausführrechte

Wenn Sie meinen, es genüge, einem ausführbaren Programm nur die Ausführrechte zu entfernen, sodass es niemand ausführen kann, täuschen Sie sich. Ein halbwegs gewiefter Anwender kopiert die Datei in sein Verzeichnis, ändert die Ausführrechte und führt es aus. Es reicht also nicht aus, nur das Ausführrecht einer Anwendung zu löschen.

Eine Ausnahme bildet wieder SUID (Rechte: rwsr--r--), denn beim Kopieren geht das SUID/SGID effektiv verloren. Effektiv, weil Benutzer und möglicherweise die Gruppe der kopierten Datei nicht erhalten bleiben. Somit stünde ein User vor einer Datei wie

```
rwsr--r--  jengelh  users  12345  2014-07-13 20:36  passwd
```

die natürlich nicht mehr *root*-SUID ist.

5 Von dem für SUID berüchtigten Befehl mount gibt es mittlerweile Varianten, die zunächst ohne SUID auskommen, aber auch nicht in jeder Distribution.

A.7 Buffer Overflow (Pufferüberlauf)

Wir haben das Thema bereits in Kapitel 3, »Dynamische Daten in C«, behandelt und Vorschläge für eine vorbildliche Programmierung gemacht; nun heben wir auf die umgekehrte Betrachtung ab: Was passiert, wenn man es falsch macht ...

Der *Buffer Overflow* ist keineswegs eine aussterbende Spezies, sondern hat jetzt in der Zeit der einfachen Informationsbeschaffung Hochkonjunktur. Das Problem ist in der Tat eine der am häufigsten auftretenden Sicherheitslücken. Es vergeht keine Woche, in der es keine Berichte darüber gibt, dass im Programm X eine Sicherheitslücke in Form eines Buffer Overflows entdeckt wurde. Wenn Sie »Buffer Overflow« in eine Suchmaschine eingeben, erhalten Sie einen schlagkräftigen Beweis, wie problematisch das Thema mittlerweile (nicht nur unter Linux) ist.

Buffer Overflows sind meistens das Ergebnis einer »fehlerhaften« Programmierung, wobei hierbei keine Programmierfehler wie ein Zeiger, der ins Nichts zeigt, oder dergleichen gemeint sind, sondern die Verwendung von unsicheren Funktionen. Dabei kann man erst einmal niemandem einen Vorwurf machen, denn letztendlich benutzte man beim Programmieren alle Routinen, die einem zur Verfügung standen, und einige davon waren eben anfällig für Buffer Overflows. Erst im Laufe der Zeit, als es schon zu spät war und unzählbar viele Programme in C erstellt wurden, erkannte man das Übel. Theoretisch kann der Buffer Overflow überall dort ausgenutzt werden, wo Daten von einem Netzwerk (beispielsweise an einem Browser, FTP-Client ...) oder (seltener) von der Tastatur in einen Speicherbereich mit fester Größe geschrieben werden. Wird die Längenangabe des Speicherbereichs nicht überprüft, ist der Weg für einen Hacker zum sogenannten *Exploit* nicht mehr weit. Zwar hat ein solcher Speicherüberlauf häufig zur Folge, dass ein Programm abstürzt, aber es gibt dennoch (nicht selten) ein paar Möglichkeiten, diesen Umstand so zu manipulieren, dass programmfremder Code ausgeführt werden kann, um an besondere Privilegien des Systems zu kommen.

Mit dem Buffer Overflow lassen sich folgende Aktionen ausführen:

- Die Werte von Variablen auf dem Stack könnten manipuliert werden.
- Die Rücksprungadresse kann verändert werden, sodass ein Programm an einer beliebigen Stelle mit der Ausführung fortfahren kann. Beispielsweise könnte der Angreifer die Rücksprungadresse auf einen von ihm erstellten Maschinencode verändern – oder eventuell eine (primitive) Passwortabfrage überspringen. Ausführung von fremdem Code ist nicht möglich, sagen Sie? Der Angreifer hat den Heap auch noch zur Verfügung – da herrschen andere Rechte.
- Dasselbe Schema lässt sich mit Zeigern auf Funktionen anwenden. Dabei ist theoretisch nicht einmal ein Buffer Overflow erforderlich, sondern es reicht die Adresse des Speichers aus, wo sich diese Funktion befindet. Die Daten, die für die Ausführung von fremdem Code nötig sind, werden vorzugsweise wieder in einer Variablen gespeichert.
- Und natürlich der Programmabsturz, was dem Anwender zu Hause wohl weniger wichtig erscheint als der Industrie.

Da die meisten Buffer Overflows auf die Verwendung unsicherer Funktionen der Standardbibliothek zurückzuführen sind, finden Sie hier eine kurze Zusammenfassung der am häufigsten verwendeten unsicheren Funktionen und deren empfehlenswerten Alternativen. Natürlich ist es auch möglich, mit der angeblich sichereren Alternative bei falscher Anwendung einen Buffer Overflow auszulösen – allerdings ist dies dann wirklich *Ihr* Fehler.

unsichere Funktion	sicherere Alternative
gets()	fgets()
strcpy()	strncpy()
strcat()	strncat()
sprintf()	snprintf()
getwd()	getcwd()

Tabelle A.1 Unsichere Standardfunktionen und ihre Alternativen

Als negatives Beispiel soll die folgende Anwendung dienen:

```
#include <stdio.h>
#include <stdlib.h>

int main(void) {
   char puffer1[10];
   char puffer2[12];
   printf("Eine Zeichenkette eingeben: ");
   fgets(puffer1, 10, stdin);

   sprintf(puffer2, "%s123", puffer1);
   printf("%s\n",puffer2);

   return EXIT_SUCCESS;
}
```

Führen Sie das Beispiel wie folgt aus:

```
$ ~> gcc -o overf overf.c
$ ~> ./mist
Eine Zeichenkette eingeben: 1234567890
123456789123
```

Zuerst haben Sie zwar mit `fgets()` den Buffer Overflow bei der Überschreitung der Eingabe verhindert, aber dann bei der Funktion `sprintf()` den Puffer überschritten. Sicherere Alternativen zur Funktion sprintf() wären in diesem Beispiel snprintf() oder strncpy() gewesen.

Leider erkennt man an diesem Beispiel häufig noch nicht das Problem des Buffer Overflows. Daher ein weiteres Beispiel:

```
#include <stdio.h>
int main(void) {
    int granted = 0;
    char password[8];
    sprintf(password, "i-want-to-get-root");
    if(granted) { printf("Let's rock\n"); /* setuid(0); */ }
    else { printf("Wrong idea\n"); }
}
```

Nach der Grundidee dürfte der granted-Block ja nie ausgeführt werden, aber ... testen Sie selbst.

A.8 Race Condition

Eine *Race Condition* liegt vor, wenn sich mehrere Prozesse um dieselben Daten mit nichtatomaren Funktionen streiten und das Ganze auch noch von der Abarbeitung der Reihenfolge abhängt, in der die einzelnen Prozesse ihre Arbeit durchführen. Das Problem hatten Sie schon im Kapitel 9 über Prozesse gehabt, als zwei Prozesse (Eltern- und Kindprozess) etwas auf dem Bildschirm ausgaben und nicht aufeinander abgestimmt waren. So konnten Sie nie wissen, welcher der Prozesse zuerst eine Ausgabe macht. Diesbezüglich wissen Sie sich ja jetzt zu helfen.

Aber ganz so einfach ist dies häufig nicht. Gerne wird nämlich zur Vermeidung von Race Conditions ein anderes Schlupfloch aufgemacht. Sehen Sie sich den folgenden Codeabschnitt an:

```
if(access("/tmp/myfile", W_OK) == 0) {
    if((fd = open("/tmp/myfile", O_WRONLY)) < 0) {
         perror("Konnte Datei nicht öffnen");
         exit(EXIT_FAILURE);
    }
   else {
      /* Etwas in die Datei myfile schreiben */
}
```

Auf den ersten Blick könnte man meinen, dem Programmierer gratulieren zu müssen, da er anscheinend an alles gedacht hat – hier sollte das Problem der Race Conditions nicht mehr auftreten. Der Programmierer überprüft erst, ob er Schreibrechte auf die Datei hat, bevor er diese mit open() öffnet. Nur gibt es hierbei eine kleine Lücke: Die beiden Funktionen access() und open() sind keine atomaren Funktionen, was bedeutet, dass zwischen der Ausführung von access() und der Ausführung von open() ein Zeitpuffer liegt. In diesem kleinen, aber vorhandenen Zeitraum bietet es sich geradezu an, die Datei myfile zu löschen und durch einen symbolischen Link eine recht sicherheitskritische Datei zu ersetzten. Hierfür sind keinerlei tiefgreifende Kenntnisse nötig, der Angreifer muss hier nur ein wenig Quellcode lesen können und einen Link setzen.

Am einfachsten wäre es, wenn der Programmierer nur open("myfile", O_WRONLY) durchführt und hinterher den Fehler überprüft. Zwar ist auch das nicht so atomar, wie man es gerne hätte, jedoch würde open() fehlschlagen, während access() – hinterher – wahr zurückgibt, was ja schon stutzig machen sollte. Auf jeden Fall aber setzt open() errno, und das reicht schon: strerror(errno): "Permission denied".

A.9 Temporäre Dateien

Dies ist eine kurze Zusammenfassung, denn wir sind ja bereits im Kapitel 4, »E/A-Funktionen«, darauf eingegangen: Die Sicherheitslücke der temporären Dateien ist neben dem Buffer Overflow eine häufig zu findende Einladung für den Einbrecher. Temporäre Dateien werden gewöhnlich in einem öffentlichen beschreibbaren Verzeichnis erzeugt (meistens */tmp*). Damit nicht jeder diese Datei im temporären Verzeichnis löschen kann, wird für alle User das Filesystemflag (t) gesetzt (chmod +t /tmp). Damit ist es nur dem Besitzer einer Datei gestattet, seine Datei aus dem Verzeichnis zu löschen. Leider werden Unterverzeichnisse in */tmp* nicht vom Setzen dieses Filesystemflags berücksichtigt – was bedeutet, dass dieses Flag extra für jedes Verzeichnis gesetzt werden muss (Unterverzeichnisse haben aber meistens rwxr-xr-x, was entwarnend ist)! Dies ist ein häufig vernachlässigter Fehler, der ein unerlaubtes Löschen von Daten ermöglicht.

Ein weiteres Problem mit den temporären Dateien ist die Verwendung von nichtatomaren oder unsicheren Funktionen zur Erstellung von temporären Dateien wie tmpnam() oder tmpfile(). Außer der Tatsache, dass beide Funktionen nichtatomar sind, folgen beide Funktionen auch symbolischen Links!

Bei tmpnam() (und auch mktemp()) kommt hinzu, dass zwischen der Erzeugung und dem Öffnen der Datei mit open() wieder ein Zeitpuffer vorhanden ist. In diesem Zeitabschnitt ist es wieder möglich, einen Link mit demselben Namen zu erzeugen, sodass open() diesem Link folgt, was eine Race Condition zur Folge haben kann. tmpnam() oder mktemp() garantieren zwar während der Erzeugung einen eindeutigen temporären Namen, aber zwischen der Zeit der Erzeugung des Namens und dem Öffnen dieser Datei kann allerhand Schabernack betrieben werden.

Letztendlich bleibt einem dann nichts anderes übrig, als die Funktion open() mit den richtigen Parametern zu verwenden:

```
if((tmp = tmpnam(NULL)) == NULL)
   exit(EXIT_FAILURE);

/* Ein weiteres sinnvolles Flag währe O_NOFOLLOW */
if((fd = open(tmp, O_RDWR|O_CREAT|O_EXCL, 0600)) < 0) {
    perror("Fehler bei open");
    exit(EXIT_FAILURE);
}
/* Hier steht der Filedeskriptor für die weitere Benutzung */
/* zur Verfügung */
```

A.10 chroot

Mit der Funktion `chroot()` können Sie das Wurzelverzeichnis (/) für ein Programm verändern. Das bedeutet aber auch, dass nach der Veränderung nicht mehr ohne Weiteres auf Dateien außerhalb des Unterbaumes zugegriffen werden kann. Dieser Vorgang wird als *Chroot Jail* bezeichnet. Beispielsweise können Sie damit einen Befehl mit einem neuen Wurzelverzeichnis starten, wie dies etwa bei einer Rettungsdiskette gemacht werden kann, die mit einem gemounteten System arbeiten soll. Natürlich ist ein solcher Aufruf nur dem Benutzer *root* erlaubt.

Mit `chroot()` können Sie ein kritisches Programm bei der Ausführung vom übrigen Filesystem isolieren (was übrigens auch gerne mit Dämonprozessen gemacht wird). Damit ließe sich praktisch ein Einbrecher ins System in einem Verzeichnis dingfest machen – wichtig dabei ist, dass sich in diesem Verzeichnis nur Programme befinden, die man benötigt.

Der Vorteil dieser *Chroot-Jail*-Umgebung ist, dass im Falle eines Fehlers Ihrer Anwendung nur Schaden im *Chroot Jail* angerichtet werden kann und somit dem Angreifer alles andere außerhalb dieser Verzeichnisstruktur verwehrt bleibt.

Allerdings benötigen viele (Dämon-)Prozesse Konfigurationsdateien. Und da diesen ja das Verzeichnis */etc* oder ähnliche Verzeichnisse nicht mehr zur Verfügung stehen, müssen diese Dateien ins `chroot`-Verzeichnis eingefügt werden. Hierbei gilt es, keine Fehler zu machen. Hier einige der vielen möglichen Fehler mit `chroot`, die häufig gemacht werden:

- Vermeiden Sie, sofern es möglich ist, Passwortdateien oder ähnliche Dateien in der `chroot`-Umgebung. Sie sollten nicht einfach die Datei */etc/passwd* ins `chroot`-Verzeichnis kopieren, wenn Sie noch andere Möglichkeiten haben.
- Verwenden Sie nicht die Standardrechte einer Anwendung. Würden Sie bspw. den Apache-Webserver in einer `chroot`-Umgebung mit den ursprünglichen Rechten laufen lassen, würde das Programm mit vollen *root*-Rechten laufen. Somit steht dem Ausbruch aus der `chroot`-Umgebung nichts mehr im Wege. Passen Sie sinnvollerweise die Privilegien

an. Es genügt nicht, im Falle eines Servers der UID und der GID das `nobody` zuzuweisen. Wenn andere Anwendungen diese IDs ebenso verwenden, kann der Angreifer andere Programme mit den Signalen steuern oder die Systemaufrufe mit `ptrace` mitprotokollieren, was auch das Mitlesen von Passwörtern umfassen könnte. Details zum *Chroot Jail*: Man kann nur entkommen, wenn das aktuelle Arbeitsverzeichnis (das durch `chroot()` selbst nicht geändert wird) höher liegt als das `chroot`-Verzeichnis.

Neben diesen Löchern, die Sie mit `chroot()` aufmachen, gibt es noch eine Menge mehr zu beachten. Wenn Sie eine Anwendung erstellen, die eine eigene `chroot()`-Umgebung erstellt, müssen Sie eine Festung wie Fort Knox bauen und sich unbedingt intensiver mit diesem Thema befassen. Gerade in Zeiten, wo sogenannte virtuelle Server (kurz *VServer*) Hochkonjunktur haben, sollten Sie diesbezüglich recht schnell fündig werden.

A.11 Umgebungsvariablen

Für jede Anwendung stehen gewisse Umgebungsvariablen zur Verfügung, die das Verhalten der Anwendung beeinflussen können. Da diese Umgebung allerdings von jedem lokalen Benutzer nach Belieben verändert werden kann, sollten Sie als Programmierer einer Anwendung zuerst immer die komplette Umgebung löschen und eine neue sichere Umgebung aufbauen. Da die Umgebungsvariablen zum Teil von System zu System variieren, ist ihre Verwendung als Informationsquelle sowieso weniger portabel.

Ein Beispiel wäre die Umgebungsvariable `PATH`, die eine Liste von Verzeichnisnamen enthält und in der bei der Angabe in einer Anwendung nach dem richtigen Pfad gesucht wird. Die Funktionen `execvp()`, `execlp()`, `system()` und `popen()` nutzen diese Variable, wenn Sie hiermit eine Anwendung aufrufen. Daher sollten Sie aus Sicherheitsgründen immer den kompletten Pfad mit diesen Funktionen verwenden, sofern Sie diese Funktionen, besonders `popen()` und `system()`, unbedingt verwenden müssen. Hat ein Benutzer böse Absichten, muss er nur die `PATH`-Variablen verändern, um eine andere Anwendung mit demselben Namen zur Ausführung zu bringen.

Weitere kritische Umgebungsvariablen wären `LD_PRELOAD` oder `LD_LIBRARY_PATH`. Lenkt hierbei ein Angreifer den Pfad zu einer eigenen, mit bösen Absichten präparierten Standard-C-Bibliothek um, so kann er hiermit das Verhalten diverser Funktionen verändern. `LD_LIBRARY_PATH` und `LD_PRELOAD` treten nicht bei SUID-Programmen in Kraft.

Natürlich gibt es noch weitere Umgebungsvariablen, die bei böswilligen Absichten entsprechend manipuliert werden können. Diese beiden Beispiele allein demonstrieren aber schon, dass die Verwendung dieser Variablen in Anwendungen möglichst ausgeschlossen werden sollte.

Ein einfaches Beispiel, wo z. B. die Umgebungsvariable `HOME` manipuliert wurde:

```
$ cp init.txt $HOME
 reguläre Datei /home/jack/init.txt kann nicht angelegt werden:
 Keine Berechtigung
$ echo $HOME
/home/jack
$ whoami
tot
```

Hier sollte eigentlich `/home/tot` in der Umgebungsvariablen `HOME` stehen. Irgendwie wurde allerdings dieser Wert manipuliert oder vielleicht vom Elternprozess verändert und eben weitervererbt. In diesem Fall hat es nur eine Fehlermeldung zur Folge. Aber ein Beispiel dafür, nicht immer zu glauben, dass schon alles stimmen wird, was in der Umgebungsvariablen steht. Im Falle der `HOME`-Variablen ist es allerdings kein Problem, den richtigen Pfad zum Heimatverzeichnis des aktuellen Users zu ermitteln. Hierauf sind wir bereits bei der Funktion `getpwuid()` eingegangen. Zuerst ermitteln Sie mit `getuid()` die eigene User-ID und übergeben diese anschließend an die Funktion `getpwuid()`, die die Passwortdatei */etc/passwd* einliest und, falls ein entsprechender User vorhanden ist, den entsprechenden Pfad zurückgibt. Hier das Beispiel:

```
/* myhome.c */
#include <sys/types.h>
#include <stdio.h>
#include <string.h>
#include <unistd. h.>
#include <stdlib.h>
#include <pwd. h.>

int main(int argc, char **argv) {
  uid_t         uid;
  struct passwd *pwd;

  uid = getuid( );
  printf("UID des Users ist:  %d.\n", (int)uid);
  if (!(pwd = getpwuid(uid))) {
    printf("Kann nicht aus der Passwort-Datei lesen ...\n");
    endpwent( );
    exit(EXIT_FAILURE);
  }
  printf("Heimverzeichnis nach Passwort-Datei ist: %s\n",
    pwd->pw_dir);
```

```
  printf("Heimverzeichnis nach getenv(\"HOME\") ist: %s\n",
    getenv("HOME"));

  if(strcmp( pwd->pw_dir, getenv("HOME")) != 0 ) {
     printf("Umgebungsvariablen \"HOME\" wurde manipuliert\n");
     exit(EXIT_FAILURE);
  }
  endpwent();
  return EXIT_SUCCESS;
}
```

Das Programm bei der Ausführung:

```
$ gcc -o myhome myhome.c
$ ./myhome
UID des Users ist:  1000.
Heimverzeichnis nach Passwort-Datei ist: /home/tot
Heimverzeichnis nach getenv("HOME") ist: /home/jack
Umgebungsvariablen "HOME" wurde manipuliert
```

Am Anfang haben wir Ihnen bereits geraten, wenn Sie auf Nummer sicher gehen wollen, immer die komplette Umgebung zu löschen und gegebenenfalls die benötigten Umgebungsvariablen (neu) zu setzen. Allerdings ist dies nicht ganz unproblematisch. Sofern Sie das komplette Environment löschen, sollten Sie auf zwei Variablen ein besonderes Augenmerk legen: IFS und PATH.

Für denjenigen, der sich noch nicht mit der Shell auseinandergesetzt hat, ist IFS ein wenig seltsam. Allerdings verwenden die Shells diese Variablen zum Trennen der Kommandozeilenargumente. Gewöhnlich ist diese Variable mit einem Leerzeichen, Tabulatorzeichen und einem Newline-Zeichen gesetzt. Daher sei empfohlen, entweder diese Variable gar nicht zu löschen oder eben wieder mit den entsprechenden Werten zu setzen (" \t\n"), da man hiermit die komplette Shell in einen unbrauchbaren Zustand versetzen kann.

Auch wenn PATH ein beliebtes Angriffziel ist, so ist das Neusetzen dieser Variablen doch recht mühsam. Hinzu kommen die unterschiedlichen Systeme und Plattformen. Nur weil auf Ihrem System bspw. folgende PATH-Angabe gesetzt ist

```
$ echo $PATH
/usr/local/sbin:/usr/local/bin:/usr/sbin:/usr/bin:/sbin:/bin
```

bedeutet dies nicht, dass auf einer anderen Plattform derselbe Zustand vorzufinden ist. Der sichere Weg ist es, die PATH-Variable mit der Variablen _PATH_STDPATH zu setzen. Diese Variable ist in der Headerdatei *<paths.h>* definiert. Diesen Wert verwenden auch die Shells beim

Initialisieren dieser Variablen. Die Definition von _PATH_STDPATH variiert von Plattform zu Plattform, und so verwendet man gewöhnlich immer den richtigen Wert und auch den richtigen Standardpfad für das System, auf dem das Programm ausgeführt wird.[6]

A.12 Zugriffsrechte – häufig gemachte Fehler

Auch wenn man sich mit dem Zugriffsrechten des Systems bestens auskennt, bedeutet dies nicht, dass man von häufig gemachten Fehlern befreit ist.

- Ein verbreiteter Fehler ist das Verwenden von oktalen Zahlen beim Setzen der Zugriffsrechte – was ja im Prinzip kein Fehler ist. Aber schnell wird anstatt des Zugriffsrechts nur für den Eigentümer mit 0600 der Wert 600 daraus, was zwar umgerechnet in 01130 (r-- -wx --t) sehr sinnlos ist, aber immer noch schadhaft. Daher sollten Sie bei Funktionsaufrufen wie open() die S_*-Makros aus der Headerdatei *sys/stat.h* verwenden.
- Des Weiteren werden häufig Zugriffsrechte für bekannte IPCs wie bspw. FIFOs, Unix Domain Sockets oder Shared Memories teilweise gar nicht gesetzt und sind für jedermann les- und schreibbar.

A.13 system() und popen()

Eines der größten Sicherheitslöcher, das jeder Programmierer kennen sollte, ist die Verwendung der Funktion system(), die eine Shell verwendet, um ein anderes Programm zu starten. Ein kurzer Codeausschnitt sollte genügen, um das Problem zu erläutern:

```
...
printf("Wonach wollen Sie suchen: ");
fgets( suche, MAX, stdin );
...
sprintf (buffer,  "fgrep -i %s datenbank.sql ", suche);
system(buffer);
...
```

Der Anwender gibt jetzt für den String suche Folgendes ein:

```
Wonach wollen Sie suchen:   foo  /dev/null; rm -Rf /
fgrep -i foo /dev/null; rm -Rf / /usr/dict/words
```

6 Damit funktionieren benutzerspezifische Installationen, die normalerweise in */opt* oder */usr/local* landen, nicht mehr.

Hinweis

Das Sicherheitsloch ist also hier nicht die Funktion `system()`, sondern meistens der Programmierer, der sie nicht richtig anwendet!

Hier hat der Anwender aus einem Kommando zwei gemacht – was sich in der Shell durch ein Semikolon realisieren lässt. Das erste Kommando ist noch harmlos, aber mit dem zweiten Kommando kann man, wenn man dummerweise auch noch als *root* unterwegs ist, alle Dateien vom laufenden System entfernen. Auch wer nicht als *root* unterwegs ist, könnte trotzdem noch alle Dateien entfernen, die er als User besitzt. Dasselbe Problem kann auch mit der Funktion `popen()` auftreten, bei der eine Pipe zwischen dem Eltern- und Kindprozess verwendet wird. Auch hier wird die Shell zur Ausführung von Kommandos verwendet.

Ein weiteres Problem ist die Verwendung der Funktionen unter Angabe des Kommandos, das gestartet werden soll, ohne eine komplette Pfadangabe. Denn auch hier gilt, wie schon bei den Umgebungsvariablen, dass die `PATH`-Angabe jederzeit verändert und durch ein gleichnamiges schadhaftes Programm in einem anderen Verzeichnis ersetzt und ausgeführt werden kann. Können oder wollen Sie nicht auf `system()` oder `popen()` verzichten, sollten Sie wenigstens den kompletten Pfad zur Anwendung angeben.

A.14 Offene Filedeskriptoren

Wollen Sie sichergehen, dass beim Start Ihres Programms außer den Standard-Filedeskriptoren `stdin`, `stdout` und `stderr` keine weiteren Filedeskriptoren geöffnet sind, müssen Sie gesonderte Maßnahmen treffen, denn mit jedem offenen Filedeskriptor, den Sie verhindern machen Sie Ihren Rechner weniger anfällig für DoS-Attacken und vermeiden außerdem, dass ein Angreifer einen speziell kodierten Filedeskriptor verwendet, um beispielsweise bestimmte Dateien zu benutzen.

Hinweis

Beachten Sie, dass mit dem »Start Ihres Programms« auch die Prozesse gemeint sind, die Sie mittels `fork()` kreieren, besonders weil eben die Kindprozesse auch die Filedeskriptoren ihrer Eltern erben.

Um zunächst zu ermitteln, wie viele Dateien gleichzeitig geöffnet werden können, gibt es unter Linux/Unix die Funktion `getdtablesize()`, die die Anzahl der Dateien zurückgibt, die ein Prozess offen halten darf. `getdtablesize()` wurde als Bibliotheksfunktion in DLL 4.4.1 implementiert. Die Funktion liefert `OPEN_MAX` (in Linux 0.99.11 auf 256 gesetzt), falls `OPEN_MAX` bei Übersetzung per Library definiert war. Andernfalls wird `-1` zurückgeliefert, und `errno` wird auf `ENOSYS` gesetzt. Die Syntax:

```
#include <unistd. h.>
int getdtablesize(void);
```

Nachdem Sie ermittelt haben, wie viele Dateien gleichzeitig geöffnet sein dürfen, können Sie alle Filedeskriptoren, außer `stdin`, `stdout` und `stderr` (`0, 1, 2`), mit `close()` schließen.

Natürlich sollten Sie auch überprüfen, ob die Standarddeskriptoren `stdin`, `stdout` und `stderr` wirklich geöffnet sind. Hierzu verwenden Sie am besten `fstat()` auf die Deskriptoren. Wird nach dem Funktionsaufruf von `fstat()` `errno` auf `EBADF` gesetzt, so bedeutet dies, dass der Filedeskriptor falsch ist oder nicht vorhanden.

Sofern einer der Standarddeskriptoren also nicht vorhanden bzw. geöffnet ist, sollten Sie ihn zur Sicherheit mit `/dev/null` öffnen und auch offen lassen. Andernfalls kann ein Funktionsaufruf wie `printf()` unerwartete und chaotische Auswirkungen haben. Beispielsweise verlangen einige Standard-C-Funktionen `stderr`, um einen Fehler auszugeben (auch wenn diese Ausgabe nur nach `/dev/null` umgeleitet wird). Schreibt Ihr Programm bspw. Daten in eine Datei und bekommt dabei 2 (=`stderr`) als Filedeskriptor zugewiesen, so wird im Falle eines unerwarteten Fehlers die Meldung einfach in die Datei geschrieben – weil eben die Standard-C Funktionen die Standard-Filedeskriptoren speziell behandeln.

Hier das Beispiel, mit dem Sie beim Starten Ihrer Anwendung den Filedeskriptoren Herr werden:

```
/* safefiledeskriptor.c */
#include <sys/types.h>
#include <limits.h>
#include <sys/stat.h>
#include <stdio.h>
#include <stdlib.h>
#include <unistd. h.>
#include <errno.h>
/* enhält den Pfad zu /dev/null - _PATH_DEVNULL*/
#include <paths.h>

/* Falls getdtablesize fehlschlägt auf 256 setzen */
#ifndef OPEN_MAX
#define OPEN_MAX 256
#endif

/* Standard-Filedeskriptoren ggf. mit /dev/null öffnen */
static int fd_devnull(int fd) {
  FILE *fz = NULL;

  switch(fd) {
     case 0 :  /* Standardeingabe - stdin */
```

```
      fz = freopen(_PATH_DEVNULL, "rb", stdin);
      break;
   case 1 :  /* Standardausgabe - stdout */
      fz = freopen(_PATH_DEVNULL, "wb", stdout);
      break;
   case 2 :  /* Standardfehlerausgabe - stderr */
      fz = freopen(_PATH_DEVNULL, "wb", stderr);
      break;
   default:
      break;
  }
  return (fz && fileno(fz) == fd);
}

/* Diese Funktion behandelt die Filedeskriptoren */
void safe_descriptor(void) {
  int         fd, fdsize;
  struct stat st;

  /* Wieviele Dateien dürften insges. geöffnet sein ... */
  if ((fdsize = getdtablesize( )) == -1)
     fdsize = OPEN_MAX;
  /* Alle Filedeskriptoren bis auf die
   * Standard-Deskriptoren schließen */
  for (fd = 3;  fd < fdsize;  fd++)
     close(fd);

  /* Jetzt die Standard-Filedeskriptoren behandeln - mit fstat()
   * überprüfen, ob vorhanden und ungleich EBADF oder Standard-
   * Deskriptor mit /dev/null öffnen. Schlägt alles fehl,
   * Programm mit abort() beenden, da Fehlerausgabe sinnlos wäre.
   */
  for (fd = 0;  fd < 3;  fd++)
    if (fstat(fd, &st) == -1 && (errno != EBADF ||
        !fd_devnull(fd)))
       abort();
}

int main(int argc, char **argv) {
   safe_descriptor();
   return EXIT_SUCCESS;
}
```

A.15 Core Dump

Auch dieses Thema haben wir bereits in Kapitel 9, »Dämonen, Zombies und Prozesse«, erwähnt, doch wir wollen noch einmal einen besonderen Aspekt beleuchten.

Für Sie als Entwickler kann es während der Entwicklungszeit Ihrer Software manches Mal recht hilfreich sein, wenn das Programm abstürzt und dabei ein *Core Dump* erstellt wird. Mit entsprechenden Kenntnissen können Sie diese Datei zum Debuggen des Programms verwenden. Leider kann solch ein Dump-File auch recht sensitive Daten enthalten. Gibt bspw. ein User ein Passwort ein und wird ein Core Dump erzeugt, bevor das Passwort im Speicher wieder überschrieben oder gelöscht werden kann, befindet sich das Dump-File schon auf der Platte.

Hinweis

Ein Angreifer ruft gewöhnlich einen solchen Core Dump hervor, in dem er die Schwachstellen eines Programms gezielt attackiert, sodass das Programm auch entsprechend abstürzt.

Hat der Angreifer nun die Chance, lesend auf diesen Core Dump zuzugreifen – was zwar in der Regel nicht sein sollte, aber leider in der Praxis durch rekursive Zugriffsrechte-Verteilung leider häufig der Fall ist –, haben Sie ein (Hinter-)Türchen mehr aufgemacht.

Daher empfiehlt es sich unter Unix-Systemen, die Ressource `RLIMIT_CORE` mit der Funktion `setrlimit()` auf `0` zu setzen, womit das System veranlasst wird, kein Dump-File anzulegen.

```
/* nocore.c */
#include <sys/types.h>
#include <sys/time.h>
#include <sys/resource.h>
#include <stdio.h>
#include <stdlib.h>
#include <unistd. h.>
#include <errno.h>

#ifndef DEBUG
void no_core(void) {
  struct rlimit rlim;
  int ret;
  rlim.rlim_cur = rlim.rlim_max = 0;
  ret = setrlimit(RLIMIT_CORE, &rlim);
  if(ret == -1)
     perror("Fehler bei setrlimit");
  else
     printf("Kein Core Dump wird ggf. erzeugt...\n");
}
```

```
#endif

int main(int argc, char **argv) {
   /* .... */
#ifndef DEBUG
   no_core();
#endif
   return EXIT_SUCCESS;
}
```

In diesem Beispiel wurde einfach ein DEBUG-Makro um die Funktion gelegt. Damit ein Core Dump angelegt wird, muss der Entwickler zur Übersetzung explizit den DEBUG-Modus verwenden. Bei standardmäßiger Übersetzung wird die Funktion no_core() ausgeführt und somit im Fall der Fälle auch kein Dump-File angelegt:

```
$ gcc -o nocore nocore.c
$ ./nocore
Kein Core Dump wird ggf. erzeugt...
$ gcc -o nocore nocore.c -DDEBUG
$ ./nocore
$
```

A.16 SQL Injection

Sofern Sie Anwendungen mit Datenbankzugriffen schreiben, sollten Sie sich auch gegen SQL-Injection-Angriffe verteidigen. Meistens handelt es sich dabei um Daten, die von einem User eingegeben werden. Ein einfaches Beispiel sei mit folgendem Konstrukt gegeben:

```
SELECT * FROM user WHERE name="Wolf"
```

Hier wird davon ausgegangen, der Wert Wolf direkt durch den User (bspw. via Webinterface) eingegeben wurde. Ein Angreifer könnte hier jetzt eine geschlossene »Double Quote« und ein Semikolon einfügen, um so weitere Kommandos anzuhängen und auszuführen. Ein fieses Beispiel wäre:

```
SELECT * FROM user WHERE name="Wolf"; DROP TABLE user;
```

Hiermit wird die Tabelle user gelöscht. Die sicherste Alternative hierbei ist natürlich, erst gar keine Eingabe eines Users zuzulassen. Aber es gibt eben immer Gründe dafür. In diesem Fall sollten Sie gefährliche Zeichen über einen Backslash entschärfen. Einige Datenbanken bieten mittlerweile hierzu schon Funktionen an, die das Problem entschärfen können, aber da nicht jede Datenbank eine solche Funktion anbietet, geben wir Ihnen hierzu eine einfache Lösung des Problems an die Hand.

```
/*
 * eingabe= die Zeichenkette die geschützt (escaped) werden soll
 * quote  = das "Quote"-Zeichen - entweder Singe Quote oder
 *          Double Quote, ansonsten wird ein Fehler
 *          zurückgegeben
 * wc     =  wird hier 0 angegeben, werden Wildcardzeichen
 *           nicht "escaped".
 */
char *escape_sql(const char *eingabe, char quote, int wc) {
  char       *out, *ptr;
  const char *c;

  if (quote != '\'' && quote != '\"')
     return NULL;
  /* Theoretisch könnte jedes Zeichen "escaped" werden,
   * daher wird zunächst das doppelte an Speicher reserviert */
  if (!(out = ptr = (char *)malloc(strlen(eingabe) * 2 + 2 + 1)))
     return NULL;
  *ptr++ = quote;
  for (c = eingabe;  *c;  c++) {
    switch (*c) {
      case '\'':   /* Single Quote */
      case '\"':   /* Double Quote */
        if (quote == *c) *ptr++ = *c;
        *ptr++ = *c;
        break;
      /* Wildcards */
      case '%':
      case '_':
      case '[':
      case ']':
        if (wc) *ptr++ = '\\';
        *ptr++ = *c;
        break;
      /* Sonderzeichen - Escape-Sequenzen */
      case '\': *ptr++ = '\\'; *ptr++ = '\\'; break;
      case '\b': *ptr++ = '\\'; *ptr++ = 'b';  break;
      case '\n': *ptr++ = '\\'; *ptr++ = 'n';  break;
      case '\r': *ptr++ = '\\'; *ptr++ = 'r';  break;
      case '\t': *ptr++ = '\\'; *ptr++ = 't';  break;
      default:
        *ptr++ = *c;
        break;
```

```
        }
    }
    *ptr++ = quote;
    *ptr = '\0';        /* Terminieren */
    return out;
}
```

A.17 Filedeskriptor-Überlauf mit select()

Die Funktion `select()` wird häufig und gerne für Mulitplexing-Socket-I/O verwendet. Den Vorzug dieser Funktion haben Sie bereits kennengelernt. Der Datentyp `fd_set` wird verwendet, um eine Liste von Sockets zu speichern, die Sie mit den `FD_*`-Makros manipulieren können. Ein genauerer Blick auf `fd_set` zeigt uns eine Struktur mit einem Mitglied – ein statisch alloziertes Array von Integern. Die Größe des Arrays ist abhängig von `FD_SETSIZE`. Die Größe von `FD_SETSIZE` ist selten ein Problem – was schon eher ein Problem werden kann, ist, dass die Makros `FD_SET()` und `FD_CLR()` (die einen Socket-Deskriptor in `fd_set` setzen bzw. löschen) keinerlei Überlaufprüfung des Arrays (*Bound Check*) `fd_set` durchführen.

Solange Sie die maximale Anzahl von File- bzw. Socket-Deskriptoren so lassen, wie sie mit `FD_SETSIZE` angegeben und definiert ist, ist das Ganze kein Problem. Bedenken Sie allerdings, dass Sie bspw. in einem Serverprogramm den Wert durch `FD_SETSIZE` fest einkompiliert haben. Und eben das ist ein Problem. Was machen Sie auf einem Rechner, wo eben `FD_SETSIZE` Deskriptoren nicht mehr ausreichen, oder noch schlimmer, Sie reduzieren die Ressource (bspw. mit der Funktion `setrlimit()` oder in der Shell mit `ulimit -n 512` oder `ulimit -n 64`). Wenn Sie den Wert erhöhen, so hat dies in Ihrem Serverprogramm keinerlei Effekt, da dieses fest auf `FD_SETSIZE` einkompiliert ist. Beim Reduzieren der maximalen Anzahl von gleichzeitig geöffneten Deskriptoren haben Sie allerdings einen Deskriptor-Überlauf. In solch einem Fall werden Sie wohl nicht darum herumkommen, einen eigenen Datentyp wie `fd_set` (dynamisches Array) zu erstellen und auch eigene `FD_*`-Funktionen, die als Ersatz für die Makros dienen.

Anhang B
Funktionsreferenz

Hier finden Sie eine kleine Referenz vieler Funktionen, die im Buch verwendet wurden. Da wir die meisten Funktionen recht ausführlich beschrieben haben, geben wir hier meistens nur noch die Syntax an – was gewöhnlich auch ausreicht, um sie anzuwenden. Benötigen Sie mehr Informationen zu einer Funktion, dann sollten Sie zum entsprechenden Kapitel blättern. Funktionen, die im Buch nicht oder nur kurz erwähnt oder verwendet wurden, werden wir etwas umfangreicher beschreiben.

Reichen Ihnen diese Informationen im Buch nicht aus, finden Sie immer noch Hilfe in den entsprechenden Manual-Pages. Meisten reicht hierfür ein einfaches `man <funktionsname>` aus.

B.1 ANSI C

Zur Entstehungsgeschichte von C müssen wir Ihnen wahrscheinlich nicht mehr viel erzählen. Dass in C ein Standard nötig wurde, begründete sich dadurch, dass in den 1970ern und 1980ern C immer mehr verwendet wurde und mit der Zeit jeder seine eigenen Bibliotheken entwickelte, mit dem Nachteil, dass diese oft nur auf dem System ausgeführt werden konnten, auf denen sie entwickelt worden waren. Was auf dem einen Rechner lief, funktionierte auf dem anderen Rechner gar nicht mehr und musste (fast) komplett neu geschrieben werden. 1983 sprang hierfür (wie für so vieles andere auch) das ANSI (American National Standards Institute) ein und gründete ein Komitee, das aus dem bestehenden K&R-C[1] einen Standard reformieren sollte, heute besser bekannt als ANSI-C-Standard.[2]

1989 wurde dann dieser Standard zum ersten Mal veröffentlicht, weshalb oft vom C89-Standard die Rede ist. Teil des ANSI C Standards sind die Software-Bibliotheken (besser bekannt unter dem Begriff *ANSI C standard library*).

Bei einer späteren Revision des C-Standards wurden neue Headerdateien zur Bibliothek hinzugefügt. 1995 kamen bspw. die Headerdateien *<iso646.h>*, *<wchar.h>* und *<wctype.h>* hinzu, die als *Normative Amendment 1* bezeichnet wurden (kurz NA1).

1 Mit K&R-C wird die Sprachvariante bezeichnet, die Brian Kernighan und Dennis Ritchie in ihrem Buch »The C Programming Language« (1. Edition im Jahr 1978) beschrieben.

2 Eigentlich ist »ANSI-C« nicht korrekt, denn das Standardisierungsgremium ist inzwischen die ISO mit Sitz in Genf.

Vier Jahre später, 1999, kamen dann die Headerdateien *<complex.h>*, *<fenv.h>*, *<inttypes.h>*, *<stdbool.h>*, *<stdint.h>* und *<tgmath.h>* hinzu. Diese Revision wurde als C99-Standard bekannt.

Natürlich wurden nicht immer nur Headerdateien hinzugefügt, sondern auch die wesentlichen Schwächen von C verbessert. Dies muss an dieser Stelle erwähnt werden, da häufig auf Titeln von Büchern zu lesen ist: »Entspricht dem neuen C99-Standard.« Häufig bezieht sich diese Aussage auf die wesentlichen rein programmiersprachlichen Verbesserungen von C und nicht auf die neuen Bibliotheken.

B.1.1 <assert.h> – Testmöglichkeiten in einem Programm

Syntax:

```
#include <assert.h>

void assert( int expression ) ;
```

Makro zur Überprüfung des skalaren Ausdrucks `expression`. Ist dieser Ausdruck gleich `0` und somit falsch, wird der Ausdruck samt Funktionsname, Dateiname und Zeilennummer auf die Standardfehlerausgabe ausgegeben und das Programm mittels `abort()` beendet. Wenn der Ausdruck hingegen ungleich 0 ist, läuft das Programm weiter wie bisher.

Die Testmöglichkeiten von `assert()` können mit dem Setzen des Makros `NDEBUG` ignoriert werden. Ist auf Ihrem System kein solches Makro definiert, können Sie `assert()` auch recht schnell von Hand wie folgt ausschalten:

```
#define assert(ignore)((void) 0)
```

B.1.2 <ctype.h> – Zeichenklassifizierung/-umwandlung

Funktion	Bedeutung
`int isalnum(int ch);`	Testet auf alphanumerisches Zeichen.
`int isalpha(int ch);`	Testet auf Zeichen des Alphabets.
`int iscntrl(int ch);`	Testet auf Steuerzeichen.
`int isdigit(int ch);`	Testet auf eine Ziffer.
`int isgraph(int ch);`	Testet auf druckbares Zeichen (ohne Leerzeichen).
`int islower(int ch);`	Testet auf Kleinbuchstabe.

Tabelle B.1 Funktionen der Headerdatei »ctype.h«

Funktion	Bedeutung
`int isprint(int ch);`	Testet auf druckbares Zeichen.
`int ispunct(int ch);`	Testet auf Interpunktionszeichen.
`int isspace(int ch);`	Testet auf Zwischenraum-Zeichen (`\n` `\t` `\v` `\r` `\f`, Leerzeichen).
`int isupper(int ch);`	Testet auf Großbuchstabe.
`int isxdigit(int ch);`	Testet auf eine hexadezimale Ziffer.
`int isascii(int ch);`	Testet auf ein ASCII-Zeichen.
`int tolower(int ch);`	Wandelt das Zeichen in einen Kleinbuchstaben um.
`int toupper(int ch);`	Wandelt das Zeichen in einen Großbuchstaben um.

Tabelle B.1 Funktionen der Headerdatei »ctype.h« (Forts.)

Alle Funktionen, abgesehen von `tolower()` und `toupper()`, liefern als Rückgabewert bei Wahrheit einen Wert `ungleich 0`, ansonsten, wenn der Ausdruck nicht übereinstimmt, `0` zurück. Die Funktionen `tolower()` und `toupper()` geben bei Erfolg den umgewandelten Klein- bzw. Großbuchstaben zurück, ansonsten wird das Zeichen `ch` unverändert zurückgegeben. Als Argument erwarten alle Funktionen ein Zeichen, dessen Code sich zwischen 0 und 255 (oder EOF) befindet.

ANSI C 99: In der Headerdatei *wctype.h* befinden sich außerdem die Funktionen `is...` und `tow...`, die zur Klassifizierung und Umwandlung von `wchar_t`-Typen verwendet werden. Hier liegt (logischerweise) der Wert der Argumente zwischen 0 und 32767 (oder WEOF). Der Aufruf der `wchar_t`-Typ-Funktionen in *wctype.h* ist ansonsten so wie bei *ctype.h*.

Hinweis

Zum Umwandeln eines Zeichens vom Typ `wchar_t` in `unsigned char` wird die Funktion `wctob()` verwendet, umgekehrt die Funktion `btowc()`.

B.1.3 <errno.h> – Fehlerkonstanten

Beim Auftreten eines Fehlers kann der genauere Grund des Fehlers mithilfe einer Abfrage des Rückgabewertes und der Integer-Variable `errno` ermittelt werden. Dafür befinden sich in der Headerdatei *errno.h* eine Menge Konstanten, die alle mit dem Buchstaben `E` beginnen. Diese Konstanten sind Fehlerwerte, von denen allerdings nur zwei dem ANSI C Standard entsprechen.

Konstante	Bedeutung
EDOM	unzulässiges Argument für eine mathematische Funktion
ERANGE	Ergebnis außerhalb des darstellbaren Bereichs

Tabelle B.2 Fehlerkonstanten, die vom Standard gefordert werden

Hierzu noch eine Liste weiterer gängigere (häufiger auftretender) Fehlerwerte. Für eine umfangreichere Liste und Beschreibung der Fehlerwerte sei die Manual-Page zu intro (*intro(2)*) empfohlen.

Fehlercode	Bedeutung
EZERO	Fehler 0
EINVFNC	ungültige Funktionsnummer
ENOFILE	Datei nicht gefunden
ENOPATH	Pfad nicht gefunden
ECONTR	Speicherblöcke zerstört
EINVMEM	ungültige Speicherblockadresse
EINVENV	ungültiges Environment
EINVFMT	ungültiges Format
EINVACC	ungültiger Zugriffscode
EINVDAT	ungültige Daten
EINVDRV	ungültige Laufwerksangabe
ECURDIR	Versuch, das aktuelle Verzeichnis zu löschen
ENOTSAM	nicht das gleiche Gerät
ENMFILE	keine weiteren Dateien mehr
ENOENT	Datei oder Verzeichnis existiert nicht.
EMFILE	zu viele geöffnete Dateien
EACCES	Zugriff verweigert
EBADF	ungültiger Dateideskriptor

Tabelle B.3 Fehlerbehandlungskonstanten bei Systemaufrufen

Fehlercode	Bedeutung
ENOMEM	zu wenig Speicher
ENODEV	Gerät existiert nicht.
EINVAL	ungültiges Argument
E2BIG	Argumentliste ist zu lang
ENOEXEC	Fehler beim Exec-Format
EXDEV	Kreuzverbindung von Geräten
EFAULT	unbekannter Fehler
EEXIST	Datei existiert bereits.

Tabelle B.3 Fehlerbehandlungskonstanten bei Systemaufrufen (Forts.)

B.1.4 <float.h> – Eigenschaften und Limits für Gleitpunkttypen

Konstante	Bedeutung
FLT_RADIX	Basis für Exponentendarstellung
FLT_MANT_DIG	Anzahl Mantissenstellen (float)
DBL_MANT_DIG	Anzahl Mantissenstellen (double)
LDBL_MANT_DIG	Anzahl Mantissenstellen (long double)
FLT_DIG	Genauigkeit in Dezimalziffern (float)
DBL_DIG	Genauigkeit in Dezimalziffern (double)
LDBL_DIG	Genauigkeit in Dezimalziffern (long double)
FLT_MIN_EXP	minimaler negativer FLT_RADIX-Exponent (float)
DBL_MIN_EXP	minimaler negativer FLT_RADIX-Exponent (double)
LDBL_MIN_EXP	minimaler negativer FLT_RADIX-Exponent (long double)
FLT_MIN_10_EXP	minimaler negativer Zehnerexponent (float)
DBL_MIN_10_EXP	minimaler negativer Zehnerexponent (double)
LDBL_MIN_10_EXP	minimaler negativer Zehnerexponent (long double)

Tabelle B.4 Limit-Konstanten für Gleitpunkt-Datentypen in <float.h>

Konstante	Bedeutung
FLT_MAX_EXP	maximaler FLT_RADIX-Exponent (float)
DBL_MAX_EXP	maximaler FLT_RADIX-Exponent (double)
LDBL_MAX_EXP	maximaler FLT_RADIX-Exponent (long double)
FLT_MAX_10_EXP	maximaler Zehnerexponent (float)
DBL_MAX_10_EXP	maximaler Zehnerexponent (double)
LDBL_MAX_10_EXP	maximaler Zehnerexponent (long double)
FLT_MAX	maximaler Gleitpunktwert (float)
DBL_MAX	maximaler Gleitpunktwert (double)
LDBL_MAX	maximaler Gleitpunktwert (long double)
FLT_EPSILON	kleinster float-Wert x, für den 1.0 + x ungleich 1.0 gilt
DBL_EPSILON	kleinster double-Wert x, für den 1.0 + x ungleich 1.0 gilt
LDBL_EPSILON	kleinster long double-Wert x, für den 1.0 + x ungleich 1.0 gilt
FLT_MIN	minimaler normalisierter Gleitpunktwert (float)
DBL_MIN	minimaler normalisierter Gleitpunktwert (double)
LDBL_MIN	minimaler normalisierter Gleitpunktwert (long double)

Tabelle B.4 Limit-Konstanten für Gleitpunkt-Datentypen in <float.h> (Forts.)

B.1.5 <limits.h> – Limits, Konstanten

Konstante	Mindestwert	Erklärung
CHAR_BIT	8	Bitzahl für ein Byte
SCHAR_MIN	–127	mindestens signed char
SCHAR_MAX	+127	maximal signed char
UCHAR_MAX	255	maximal unsigned char
CHAR_MIN	SCHAR_MIN oder 0	mindestens char
CHAR_MAX	SCHAR_MAX oder UCHAR_MAX	maximal char

Tabelle B.5 Limit-Konstanten für ganzzahlige Datentypen in <limits.h>

Konstante	Mindestwert	Erklärung
`MB_LEN_MAX`	1	maximal Bytes für ein Viel-Bytezeichen*
`SHRT_MIN`	–32.767	mindestens `short int`
`SHRT_MAX`	+32.767	maximal `short int`
`USHRT_MAX`	65.535	maximal `unsigned short`
`INT_MIN`	–32.767 (32 Bit: –2.147.483.647)	mindestens `int`
`INT_MAX`	+32.767 (32 Bit: +2.147.483.647)	maximal `int`
`UINT_MAX`	65.535 (32 Bit: 4.294.967.295)	maximal `unsigned int`
`LONG_MIN`	–2.147.483.647	mindestens `long int`
`LONG_MAX`	+2.147.483.647	maximal `long int`
`ULONG_MAX`	4.294.967.295	maximal `unsigned long int`

* Dies ist die größte Länge in Bytes, die ein einzelner *Wide Character* (im Folgenden »erweiterter Zeichensatz« genannt) auf dem System haben kann.

Tabelle B.5 Limit-Konstanten für ganzzahlige Datentypen in <limits.h> (Forts.)

B.1.6 <locale.h> – länderspezifische Eigenheiten

In ANSI C sind auch Funktionen vorhanden, die die länderspezifischen Eigenheiten wie bspw. die Formatierung von Geldbeträgen beachten. Dabei handelt es sich um zwei Funktionen und mehrere Makros, die recht selten Beachtung finden.

Wenn Sie ein Programm starten, werden die lokalen Aspekte zunächst nicht berücksichtigt, und das Programm wird somit mit den Standardeinstellungen der Umgebung gestartet.

Die Funktion, mit der Sie ein Programm mit den lokalen Eigenheiten zur Laufzeit anpassen können, lautet:

```
#include <locale.h>

char *setlocale( int kategorie, const char *name );
```

Manchmal will man nicht alle lokalen Aspekte berücksichtigen, daher wurde die Kategorie (erstes Argument) folgendermaßen aufgeteilt:

Kategorie	Betroffen davon im Programm
`LC_ALL`	alle lokalen Aspekte (die gleich noch in der Kategorie folgen) werden berücksichtigt
`LC_COLLATE`	nur die Funktionen `strcoll()` und `strxfrm()`
`LC_CTYPE`	nur die Funktionen für die Zeichenbehandlung in *ctype.h* bzw. *wctype.h*
`LC_MONETARY`	die Formatierungsinformationen für die Darstellung von Geldbeträgen (siehe `localeconv()`)
`LC_NUMERIC`	das Zeichen für den Dezimalpunkt der Ein-/Ausgabe und Stringkonvertierungen
`LC_TIME`	die Funktion `strftime()`

Tabelle B.6 Kategorien zu Lokalisierung der Umgebung

Für das Argument `name` in der Funktion `setlocale()` sind folgende Angaben möglich:

Angabe für »name«	Bedeutung
`"C"`	Keine lokalen Aspekte werden berücksichtigt.
`""`	Einstellung richtet sich nach der Umgebung des Compilers.
`NULL`	Die lokale Umgebung wird nicht verändert. Wird verwendet, um mithilfe des Rückgabewertes von `setlocale()` die alte Umgebung zu sichern und eventuell wiederherzustellen.

Tabelle B.7 Zweites Argument für »setlocale()«

Hierzu ein einfaches Beispiel, das die lokale Umgebung ermittelt, anschließend entsprechend dem Einsatzgebiet des Compilers verändert und zum Schluss wiederherstellt.

```
/* my_setlocale.c */
#include <stdio.h>
#include <locale.h>
#define KOMMA 3.3223

int main(void) {
   char *local_save = setlocale(LC_ALL, NULL);
   char *local;
```

```
   printf("Lokale Umgebung: %s (Standard)\n", local_save);
   printf("Gleitpunkt: %f\n",KOMMA);

   local = setlocale( LC_ALL, "");
   printf("Neue lokale Umgebung: %s\n", local);
   printf("Gleitpunkt: %f\n",KOMMA);

   printf("Standard-Umgebung Wiederherstellen\n");
   local = setlocale( LC_ALL, local_save);
   printf("Lokale Umgebung: %s (Wiederhergestellt)\n", local);
   return 0;
}
```

Die (mögliche) Ausgabe des Programms:

```
Lokale Umgebung: C (Standard)
Gleitpunkt: 3.322300
Neue lokale Umgebung: German_Germany.1252
Gleitpunkt: 3,322300
Standard-Umgebung Wiederherstellen
Lokale Umgebung: C (Wiederhergestellt)
```

Benötigen Sie außerdem Informationen für die Formatierung von numerischen Werten wie z. B. Dezimalpunkt oder das Währungssymbol, steht Ihnen folgende Funktion zur Verfügung:

```
#include <locale.h>

struct lconv *localeconv( void );
```

Die Funktion füllt eine Struktur namens `lconv` mit der aktuell gesetzten länderspezifischen Umgebung. Diese Struktur hat folgende Mitglieder:

```
struct lconv {
 char* decimal_point; /* Zeichen Dezimalpunkt             */
 char* thousands_sep; /* Trennzeichen für Gruppen von Ziffern */
 char* grouping;      /* Größe einer Gruppe von Ziffern      */
 char* int_curr_symbol; /* Intern. Symbol für lokale Währung  */
 char* currency_symbol; /* lokales Währungssymbol            */
/* Zeichen Dezimalpunkt b. Geldbeträge */
 char* mon_decimal_point;
/* Trennzeichen für Gruppen von Ziffern bei Geldbeträgen */
 char*   mon_thousands_sep;
/* Größe einer Gruppe von Ziffern bei Geldbeträgen */
 char*   mon_grouping;
```

```
 char*   positive_sign; /* Symbol für positive Geldbeträge */
 char*   negative_sign; /* Symbol für negative Geldbeträge */
/* Anzahl der Ziffern nach Dezimalpunkt von Geldbeträgen   */
/* (international) (meistens 2)                            */
 char   int_frac_digits;
/* Anzahl der Ziffern nach Dezimalpunkt von Geldbeträgen   */
/* (national) (meistens 2)                                 */
 char   frac_digits;
/* Für positive Geldbeträge  0=Währungssymbol nach dem Betrag; */
/*  1=Währungssymbol vor dem Betrag                            */
 char   p_cs_precedes;
/* Für pos. Geldbeträge Leerzeichen zwischen Währungssymbol */
/* und dem Betrag: 1=Leerzeichen; 0=kein Leerzeichen        */
 char   p_sep_by_space;
/* Für negative Geldbeträge  0=Währungssymbol nach dem Betrag */
/* 1=Währungssymbol vor dem Betrag                            */
 char   n_cs_precedes;
/* Für negative Geldbeträge. Leerzeichen zwischen  */
/* Währungssymbol und dem Betrag: 1=Leerzeichen;   */
/* 0=kein Leerzeichen                              */
 char   n_sep_by_space;
 char   p_sign_posn; /* Position von positive_sign */
 char   n_sign_posn; /* Position von negative_sign */
};
```

B.1.7 <math.h> – mathematische Funktionen

Funktion	Beschreibung
double acos (double zahl)	Arcuscosinus
double asin (double zahl)	Arcussinus
double atan (double zahl)	Arcustangens
double atan2 (double zahl1, double zahl2)	Arcustangens von zahl1 und zahl2
double cos (double zahl)	Cosinus
double sin (double zahl)	Sinus
double tan (double zahl)	Tangens

Tabelle B.8 Mathematische Funktionen

Funktion	Beschreibung
double cosh (double zahl)	Cosinus hyperbolicus
double sinh (double zahl)	Sinus hyperbolicus
double tanh (double zahl)	Tangens hyperbolicus
double exp (double zahl)	Exponentialfunktion berechnen
double log (double zahl)	Logarithmus von zahl zur Basis e = 2,71828...
double log10 (double zahl)	Logarithmus zur Basis 10
double sqrt (double zahl)	Quadratwurzel
double ceil (double zahl)	Gleitpunktzahl aufrunden
double fabs (double zahl)	Absolutwert
double floor (double zahl)	Gleitpunktzahl abrunden
double frexp (double zahl, int zahl2)	Zerlegt zahl in eine Mantisse und einen ganzzahligen Exponenten.
double modf (double1 zahl1, double2 *zahl2)	Zerlegt den Wert von zahl1 in einen gebrochenen und einen ganzzahligen Wert. Der ganzzahlige Wert (Vorkommateil) befindet sich dann in der Adresse von zahl2.
double pow (double zahl1, double zahl2)	Potenzzahl $zahl1^{zahl2}$
int fmod (double zahl1, double zahl2)	float modulo errechnet den Rest von zahl1/zahl2

Tabelle B.8 Mathematische Funktionen (Forts.)

B.1.8 <setjmp.h> – nichtlokale Sprünge

Funktion	Bedeutung
int setjmp(jmp_buf env);	einen Programmzustand abspeichern
void longjmp(jmp_buf env, int wert);	den Programmzustand wiederherstellen

Tabelle B.9 Funktionen für nichtlokale Sprünge

Gewöhnlich ist es ja nicht möglich, von einer aufgerufenen Funktion in die aufrufende Funktion zurückzugehen. Die Funktionen setjmp() und longjmp() hingegen ermöglichen einen solchen Rücksprung.

Dabei wird mit setjmp() ein solcher Punkt im Programm festgelegt, der alle Informationen enthält, die nötig sind, um mit longjmp() aus einer beliebigen Stelle im Programm an diesen Punkt zurückzuspringen. Beim Setzen des Punktes mit setjmp() liefert diese Funktion den Wert 0 zurück, wenn alles richtig verlief. Wird setjmp() mit einem Funktionsaufruf von longjmp() – womit ja zu setjmp() zurückgesprungen wird – zum zweiten Mal durchlaufen, wird ein Wert ungleich 0 zurückgegeben.

Der Programmzustand, der von setjmp() gesetzt und von longjmp() angesprungen wird, wird in einem Puffer vom Typ jmp_buf gespeichert. Bei jmp_buf handelt es sich um ein Array mit Informationen wie Registerinhalte, Instruktionspointer oder Stackpointer.

Problematisch könnte das Setzen eines Punktes mittels setjmp() werden, wenn longjmp() zu einem Punkt zurückspringen will, der in einer Funktion gesetzt wurde, die sich längst beendet hat. Dann ist das weitere Verhalten undefiniert.

Eine Anmerkung, unabhängig davon, was der ANSI C Standard vorschreibt, zu den Variablen bei nichtlokalen Sprüngen: Diese behalten nach einem longjmp()-Aufruf gewöhnlich den neuen Wert, wenn die Variable sich nicht in einem Register der CPU befand. Die Variablen, die sich hingegen in einem CPU-Register befanden, erhalten den alten Wert, also denjenigen, den sie beim setjmp()-Aufruf hatten. Dies ist zumindest beim GCC der Fall. Ein kurzer Codeausschnitt zur Verwendung eines nichtlokalen Sprungs:

```
...
jmp_buf programmzustand;
...
if(setjmp(programmzustand)==0)
   printf("Programmzustand auf den Stack gelegt\n");
else
   printf("Rücksprung mit longjmp erfolgt\n");
...
...
/* viele, viele Funktionen später */
longjmp(programmzustand,1);
```

B.1.9 <signal.h> – Signale

Aufgrund einiger Schwächen der »alten« signal()-Funktion von ANSI C sei hier auf die Referenz 21.9 hingewiesen, wo das neue Signalkonzept behandelt wird.

B.1.10 <stdarg.h> – Argumentenliste mit variabler Länge

Um eigene Funktionen mit einer variablen Argumentenliste zu schreiben, sind in der Headerdatei *stdarg.h* folgende vier Makros deklariert:

Makro	Bedeutung
va_list ap;	Liste der Parameter definieren
va_start(va_list ap, args);	Argumentenliste mit dem ersten Argument initialisieren
type va_arg(va_list ap, type);	nächsten Parameter aus der Liste lesen
void va_end(va_list ap);	Argumentlesevorgang beenden

Tabelle B.10 Makros der Headerdatei »stdarg.h«

Hierzu ein einfaches Beispiel, das mehrere Stings bis zu MAX Zeichen aneinanderhängt. Eine erweitertes strcat(), wenn Sie so wollen.

```
/* strxcat.c */
#include <stdio.h>
#include <stdarg.h>
#include <string.h>
#include <stdlib.h>
#define MAX 50

void strxcat(int n_strings, ...) {
   va_list zeiger;
   char *quelle, *ziel, *p;

   va_start(zeiger,n_strings);

   /*Nun auf den Zielstring*/
   ziel = va_arg(zeiger,char *);
   p = ziel;
   /*Am Ende vom Zielstring*/
   ziel+=strlen(ziel);

   if((ziel-p) > MAX) {
         printf("!!!Max. Anzahl Zeichen Überschritten!!!\n");
         return;
   }

   while(--n_strings > 0) {
```

```
        /*Quelle einlesen*/
        quelle=va_arg(zeiger, char *);
        /*Jetzt Zeichen für Zeichen an ziel*/
        while(*quelle) {
            *ziel++ = *quelle++;
            if( (ziel-p) > MAX) {
                printf("!Max. Zeichen ueberschritten!\n");
                exit(EXIT_FAILURE);
            }
        }
    }
    *ziel = '\0';
}

int main(void) {
    char string[MAX] = "Test : ";
    char string2[] = " Und";

    strxcat(3, string, "hallo " , "welt");
    printf("%s\n",string);

    strxcat(5, string, string2, " noch", " ein", " Test");
    printf("%s\n",string);

    /*Und nun ein Fehler mit Absicht*/
    strxcat(4, string , " Ueberlauf", " von", " MAX");
    printf("%s\n",string);
    return EXIT_SUCCESS;
}
```

B.1.11 <stddef.h> – Standarddefinitionen

In dieser Headerdatei finden Sie das Makro `offsetof()`, mit dem Sie den Abstand von einzelnen Strukturelementen innerhalb einer Struktur in Bytes ermitteln. Ist dieses Makro bei Ihnen nicht vorhanden, lässt es sich ohne großen Aufwand selbst implementieren:

```
#define offsetof(struct_type, member) \
        (size_t) &(((struct_type *)0)->member)
```

Ein einfaches Beispiel hierzu:

```
/* offsetof.c */
#include <stdio.h>
#include <stddef.h>
```

```
#define MAX 15

struct data {
   char a;
   int b;
   float c;
   double d;
 };

int main(void) {
   struct data newfile = { 'a', 1, 1.234, 3E5 };
   struct data *str_ptr = &newfile;
   int offset;

   printf("Start a (%d Bytes)"  ,offsetof(struct data, a));
   printf(" bis b == %d Bytes\n",offsetof(struct data, b));
   printf("Start b (%d Bytes)"  ,offsetof(struct data, b));
   printf(" bis d == %d Bytes\n",offsetof(struct data, d));
   printf("Komplett von Start a (%d Bytes)",
      offsetof(struct data, a));
   printf(" bis Ende d == %d Bytes\n",
      offsetof(struct data, d) + sizeof(double));
   return 0;
}
```

B.1.12 <stdio.h> – Standard-Ein-/Ausgabe-Funktionen

Syntax	Bedeutung
`FILE *fopen( const char *pfad, const char *modus);`	Datei öffnen
`FILE *freopen( const char *pfad, const char *modus, FILE *fz);`	Datei öffnen mit bereits vorhandenem Stream
`int fflush(FILE *fz);`	Inhalt des Dateipuffers in einen Stream schreiben
`int fclose(FILE *fz);`	Datei schließen

Tabelle B.11 Standard-Ein-/Ausgabe-Funktionen

Syntax	Bedeutung
`int remove(` `  const char *pfadname);`	Datei löschen

`int rename(`
`  const char *alt,`
`  const char *neu);`
	Datei umbenennen

`FILE *tmpfile(void);`	temporäre Datei erzeugen und automatisch wieder löschen
`char *tmpnam(char *ptr);`	eindeutigen Namen für eine temporäre Datei erzeugen

`void setbuf(`
`  FILE *fz,`
`  char *puffer);`
	einer Datei einen Puffer zuordnen

`int setvbuf(`
`  FILE *fz,`
`  char *puffer,`
`  int modus,`
`  size_t size);`
	einer geöffneten Datei einen Puffer zuordnen

`int fscanf(`
`  FILE *fz,`
`  const char *format, ...);`
	formatiert aus einem Stream lesen

`int scanf(` `  const char *format, ...);`	formatiert aus der Standardeingabe (`stdin`) lesen

`int sscanf(`
`  const char *puffer,`
`  const char *format, ...);`
	formatiert aus einem String lesen

`int fprintf(`
`  FILE *fz,`
`  const char *format, ...);`
	formatiert in einen Stream schreiben

`int printf(` `  const char *format, ...);`	formatiert auf die Standardausgabe (`stdout`) schreiben

`int sprintf(`
`  char *puffer,`
`  const char *format, ...);`
	formatiert in einen String schreiben

Tabelle B.11 Standard-Ein-/Ausgabe-Funktionen (Forts.)

Syntax	Bedeutung

`int vfprintf(`
`FILE *fz,`
`const char *format,`
`va_list arg);`
	formatiert in einen Stream schreiben mit Argumentenzeiger

`int vprintf(`
`const char *format,`
`va_list arg);`
	formatiert auf `stdout` schreiben mit Argumentenzeiger

`int vsprintf(`
`char *puffer,`
`const char *format,`
`va_list arg);`
	formatiert in einen String schreiben mit Argumentenzeiger

`int getchar(void);`	ein Zeichen von der Standardeingabe (`stdin`) einlesen
`int putchar(int ch);`	ein Zeichen auf die Standardausgabe (`stdout`) schreiben

`int fgetc(FILE *fz);`
`/* oder */`
`int getc(FILE *fz);`
	ein Zeichen von einem Stream einlesen

`int fputc(int ch,FILE *fz);`
`/* oder */`
`int putc(int ch,FILE *fz);`
	ein Zeichen in einen Stream schreiben

`int ungetc(`
`int zeichen,`
`FILE *fz);`
	ein gelesenes Zeichen in den Stream zurückschieben

`int gets(char *puffer);` `/* sicherere Alternat. fgets */`	eine ganze Zeile von der Standardeingabe einlesen
`int puts(const char *puffer);`	eine ganze Zeile auf die Standardausgabe schreiben

`int fgets(`
`char *puffer,`
`int n,`
`FILE *fz);`
	eine ganze Zeile aus einem Stream lesen

`int fputs(`
`const char *puffer,`
`FILE *fz);`
	eine ganze Zeile in einen Stream schreiben

Tabelle B.11 Standard-Ein-/Ausgabe-Funktionen (Forts.)

Syntax	Bedeutung

`size_t fread(`
`  void *ptr,`
`  size_t size,`
`  size_t n_obj,`
`  FILE *fz);`
	binäres Lesen ganzer Blöcke

`size_t fwrite(const void *p,size_t siz,size_t n_obj,FILE *fz);`	binäres Schreiben ganzer Blöcke

`int fseek(`
`  FILE *fz,`
`  long offset,`
`  int origin);`
	einen Stream positionieren

`int ftell(FILE *fz);`	die Position eines Streams abfragen

`int fgetpos(`
`  FILE *fz,`
`  fpos_t *pos);`
	die Position eines Streams speichern

`int fsetpos(`
`  FILE *fz,`
`  const fpos_t *pos);`
	einen Stream positionieren (zweite Möglichkeit)

`void rewind(FILE *fz);`	den Stream zum Dateianfang zurücksetzen
`int feof(FILE *fz);`	EOF-Flag daraufhin überprüfen, ob der Stream am Dateiende ist
`int ferror(FILE *fz);`	Fehler-Flag daraufhin überprüfen, ob beim Stream ein Fehler auftrat
`void clearerr(FILE *fz);`	das Fehler- und EOF-Flag löschen
`void perror(const char *str);`	Ausgabe einer zu `errno` gehörigen Fehlermeldung

Tabelle B.11 Standard-Ein-/Ausgabe-Funktionen (Forts.)

B.1.13 <stdlib.h> – nützliche Funktionen (gemischt)

Syntax	Bedeutung
double atof(const char *str);	einen String in einen double-Wert konvertieren
int atoi(const char *str);	einen String in einen int-Wert konvertieren
long int atol(const char *str);	einen String in einen long int-Wert konvertieren

double strtod(
  const char *str,
  char **endptr);
	einen String in einen double-Wert konvertieren

long strtol(
  const char *str,
  char **endptr,
  int base);
	einen String in einen long-Wert konvertieren

long strtoul(
  const char *str,
  char **endptr,
  int base);
	einen String in einen unsigned long-Wert konvertieren

void *malloc(size_t size);	Speicherplatz allozieren

void *calloc(
  size_t anzahl,
  size_t size);
	Speicherplatz allozieren

void *realloc(
  void *zeiger,
  size_t size);
	Speicherplatz allozieren

void free(void *ptr);	allozierten Speicherplatz wieder freigeben
int rand(void);	Erzeugt Pseudo-Zufallszahl zwischen 0 und RAND_MAX.
void srand(unsigned int start);	Legt den Startpunkt für eine Pseudo-Zufallszahl fest.
int atexit(void (* funktion) (void));	eine Funktion zur Ende-Behandlung eintragen
void exit(int status);	normale Programmbeendigung
void abort(void);	nicht normale Programmbeendigung

Tabelle B.12 Nützliche allgemeine Funktionen

Syntax	Bedeutung
`int system(const char *str);`	ein Kommando zur Ausführung an die Umgebung übergeben
`char *getenv(const char *name);`	aktuelle Umgebungsvariablen des Systems abfragen

`div_t div(`
`  int zaehler,`
`  int nenner);`
	Quotient und Rest einer Division berechnen (`int`)

`ldiv_t ldiv(`
`  long zaehler,`
`  long nenner);`
	Quotient und Rest einer Division berechnen (`long`)

`int abs(int num);`	Absolutwert eines `int`-Arguments
`long labs(long num);`	Absolutwert eines `long`-Arguments

`void *bsearch(`
`  const void *key,`
`  const void *start,`
`  size_t n,`
`  size_t size,`
`  int (*cmp)(`
`  const void *,`
`  const void *) );`
	binäre Suche

`void qsort(`
`  void *array,`
`  size_t n,`
`  size_t size,`
`  int (*cmp)(`
`  const void *,`
`  const void *) );`
	Quicksort (Sortieren)

Tabelle B.12 Nützliche allgemeine Funktionen (Forts.)

ANSI C99

Neu im ANSI-C99-Standard sind die Funktionen `atoll()` und `strtoll()`, die einen String in einen `long long`-Wert konvertieren. Ebenfalls neu ist die Funktion `_Exit()`, die ähnlich wie `_exit()` (nicht zu verwechseln mit `exit()`) ein Programm sofort beendet, und zwar ohne das Senden von Signalen oder die Ausführung von Funktionen, die mit `atexit()` eingerichtet wurden.

B.1.14 <string.h> – String-Bearbeitungsfunktionen

Syntax	Bedeutung
void memcpy(void *ziel, const void *quelle, size_t anzahl);	bestimmte Anzahl Bytes in Quelle nach Ziel kopieren
void memmove(void *ziel, const void *quelle, size_t anzahl);	Wie memcpy, nur wird der korrekte Kopiervorgang garantiert
void memchr(const void *ptr, int zeichen, size_t bereich);	Sucht ein bestimmtes Zeichen in einem bestimmten Bereich.
void memset(const void *ptr, int zeichen, size_t bereich);	Füllt einen bestimmten Bereich mit einem Zeichen,
void memcmp(const void *s1, const void *s2, size_t anzahl);	Vergleicht eine bestimmte Anzahl Bytes miteinander.
int strcpy(char *ziel, const char *quelle);	einen String kopieren
char *strncpy(char *ziel, const char *quelle, size_t size);	eine bestimmte Anzahl von Zeichen eines Strings kopieren
char *strcat(char *str1, const char *str2);	einen String an einen anderen hängen
char *strncat(char *str1, char *str2, size_t size);	einen String bestimmter Länge an einen anderen hängen

Tabelle B.13 Funktionen für den Umgang mit Zeichenketten

Syntax	Bedeutung

`int strcmp(`
`const char *str1,`
`const char *str2);`
	zwei Strings miteinander vergleichen

`int strncmp(`
`const char *str1,`
`const char *str2,`
`size_t size);`
	zwei Strings bis zu einer gewissen Länge vergleichen

`size_t strlen(const char *str);`	Länge eines Strings ermitteln (ohne Stringende-Zeichen \0)

`char *strchr(`
`const char *str,`
`int zeichen);`
	ein Zeichen in einem String suchen (von vorn)

`char *strrchr(`
`const char *str,`
`int zeichen);`
	ein Zeichen in einem String suchen (von hinten)

`char *strstr(`
`const char *str,`
`const char *such_str);`
	Suchen einer bestimmten Stringfolge in einem String

`char *strpbrk(`
`const char *str,`
`const char *zeichen_menge);`
	Suchen eines Zeichens aus einer Zeichenmenge im String

`size_t strspn(`
`const char *str,`
`const char *zeichen_menge);`
	Ermittelt die Länge der übereinstimmenden Zeichen.

`size_t strcspn(`
`const char *str,`
`const char *zeichen_menge);`
	Ermittelt die Anzahl der nicht übereinstimmenden Zeichen.

`char *strtok(`
`char *str,`
`const char *zeichen);`
	einen String nach bestimmten Zeichen zerlegen

`char *strerror(` `int fehlernummer);`	Gibt eine zur Fehlernummer gehörende Fehlermeldung aus.

Tabelle B.13 Funktionen für den Umgang mit Zeichenketten (Forts.)

Syntax	Bedeutung

`int strcoll(`
`  const char*str1,`
`  const char *str2);`
	länderspezifische Vergleichsfunktion

`size_t strxfrm(`
`  char *land,`
`  const char *is_land,`
`  size_t size);`
	länderspezifische Umwandlung von Zeichen

Tabelle B.13 Funktionen für den Umgang mit Zeichenketten (Forts.)

B.1.15 <time.h> – Datum und Uhrzeit

Syntax	Bedeutung
`clock_t clock(void);`	verbrauchte CPU-Zeit seit dem Programmstart
`time_t time(time_t *time_ptr);`	Erfragen der aktuellen Kalenderzeit

`struct tm *gmtime(`
`  const time_t *time_ptr);`
`struct tm *localtime(`
`  const time_t *time_ptr);`
	Konvertieren vom `time_t`-Zeitformat in die `struct tm`-Zeit

`time_t mktime(` `  const struct tm *tm_ptr);`	Konvertieren vom `struct tm`-Zeitformat in die `time_t`-Zeit
`char *asctime(` `  const struct tm *tm_ptr);`	Konvertieren vom `struct tm`-Zeitformat in einen String
`char *ctime(` `  const time_t *time_ptr);`	Konvertieren vom `time_t`-Zeitformat in einen String

`double difftime(`
`  time_t z2,`
`  time_t z1);`
	Differenzen zweier Uhrzeiten im `time_t`-Format

`size_t strftime(`
`  char *puf,`
`  size_t smax,`
`  const char *fmt,`
`  const struct tm *t_ptr);`
	Konvertieren vom `struct tm`-Zeitformat in einen benutzerdefinierten String

Tabelle B.14 Zeit- und Datumsfunktionen

Typ	Bedeutung
size_t	arithmetischer Datentyp für Größenangaben
clock_t	arithmetischer Datentyp für CPU-Zeit
time_t	arithmetischer Datentyp für Datums- und Zeitangabe
struct tm	Enthält alle für eine Kalenderzeit (gregorianische) relevanten Komponenten.

Tabelle B.15 (Primitive) Datentypen und Struktur für Datum und Zeit

»struct tm«-Variable	Bedeutung
int tm_sec;	Sekunden (0–59)
int tm_min;	Minuten (0–59)
int tm_hour;	Stunden (0–23)
int tm_mday;	Monatstag (1–31)
int tm_mon;	Monate (0–11; Januar = 0)
int tm_year;	ab 1900
int tm_wday;	Tag seit Sonntag (0–6; Sonntag = 0)
int tm_yday;	Tag seit 1. Januar (0–365; 1. Januar = 0)
int tm_isdst;	Sommerzeit (tm_isdst > 0) Winterzeit (tm_isdst == 0) nicht verfügbar (tm_isdst < 0)

Tabelle B.16 Bedeutung der Strukturvariablen in »struct tm«

B.2 ANSI C99

Bis heute unterstützt noch kein Compiler den C99-Standard komplett. Wollen Sie bspw. wissen, wie weit der GNU GCC Compiler diesen Standard bis jetzt unterstützt, können Sie sich auf der folgenden Webseite einen Überblick zum aktuellen Status verschaffen: *http://gcc.gnu.org/c99status.html*.

Zwar sollte man als Autor stets bei den Fakten bleiben, aber die Frage sollte schon gestattet sein: Wem nützt der C99-Standard? Wir stellen die Frage daher, weil einzig unter Linux/Unix die Bemühungen unternommen werden, den Standard umzusetzen. Sinn und Zweck des

ANSI C Standards ist es ja, Programme zu erstellen, die möglichst portabel sind! Und das ist de facto nicht der Fall – also ein Standard, der nicht so recht einer ist und es wahrscheinlich auch nie mehr werden wird.

Im Folgenden finden Sie einen groben Überblick zu den neuen Headerdateien des C99-Standards. Für eine detailliertere Auflistung (u. a.) aller C99-Funktionen sei bei Bedarf die Webseite *http://www.dinkumware.com/refxc.html* empfohlen.

B.2.1 <iso646.h> – zur Verwendung von Zeichensätzen im ISO-646-Format (NA1)

Die Headerdatei *<iso646.h>* wurde mit dem *Normative Amendment 1*, einer Erweiterung des C-Standards, 1995 hinzugefügt und enthält lesbare Alternativen (symbolische Konstanten) zu einigen Operatoren.

<table>
<tr><th>Konstante in <iso646.h></th><th>Operator</th></tr>
<tr><td>and</td><td>&& (logisches UND)</td></tr>
<tr><td>or</td><td>|| (logisches ODER)</td></tr>
<tr><td>not</td><td>! (logisches NICHT)</td></tr>
<tr><td>bitand</td><td>& (bitweises UND)</td></tr>
<tr><td>bitor</td><td>| (bitweises ODER)</td></tr>
<tr><td>xor</td><td>^ (bitweises Exklusiv-ODER)</td></tr>
<tr><td>compl</td><td>~ (bitweises NICHT)</td></tr>
<tr><td>and_eq</td><td>&= (bitweises UND mit Zuweisung)</td></tr>
<tr><td>or_eq</td><td>|= (bitweises ODER mit Zuweisung)</td></tr>
<tr><td>xor_eq</td><td>^= (bitweises Exklusiv-ODER mit Zuweisung)</td></tr>
<tr><td>not_eq</td><td>!= (logisches NICHT mit Zuweisung)</td></tr>
</table>

Tabelle B.17 Alternative symbolische Konstanten für Operatoren

B.2.2 <wchar.h> (NA1)

Die Headerdatei *<wchar.h>* wurde ebenfalls mit dem *Normative Amendment 1* 1995 hinzugefügt. Sie enthält folgende Funktionen:

- Umwandlung von Strings in Zahlwerte für den erweiterten Zeichensatz
- String- und Speicherbearbeitung für den erweiterten Zeichensatz
- Ein- und Ausgabe für den erweiterten Zeichensatz

Eine genauere Erläuterung der einzelnen Funktionen würde an dieser Stelle zu weit führen. Aber im Allgemeinen sind Ihnen diese Funktionen schon u. a. aus den Headerdateien *<stdio.h>* und *<string.h>* bekannt. Hier handelt es sich bei den Funktionen mit dem `...w...` im Namen um dieselben Funktionen, wie Sie sie bereits aus den eben aufgeführten Headerdateien kennen, nur dass sie sich auf den erweiterten Zeichensatz beziehen. Also: `fgetwc()` ist die Alternative für den erweiterten Zeichensatz der Funktion `fgetc()` zum Einlesen einzelner Zeichen aus einem `FILE`-Stream.

> **Hinweis**
> Der erweiterte Zeichensatz ist leider eine ziemlich fragwürdige Methode geworden, Zeichen abzubilden. Es ist nämlich weder klar, wie groß ein erweitertes Zeichen ist (das kann die verwendete Libc individuell festlegen), noch, wie es codiert ist. Heute würde man sich Unicode wünschen, doch gibt es keinen Weg von oder zu dessen beliebter Kurzcodierung UTF-8. Der erweiterte Zeichensatz findet daher hauptsächlich auf Plattformen Verwendung, die aus Hardwaregründen einen anderen als einen 8-Bit Zeichensatz verwenden.

B.2.3 <wctype.h> (NA1)

Die Headerdatei *<wctype.h>* wurde ebenfalls wie *<iso646.h>* und *<wchar.h>* mit dem *Normative Amendment 1* hinzugefügt. Diese Headerdatei enthält Zeichenklassifizierungen und Funktionen zur Umwandlung für den erweiterten Zeichensatz (oder simpel formuliert, *ctype.h* für den erweiterten Zeichensatz ist *wctype.h*). Auch hier gilt dasselbe wie für die Headerdatei *<wchar.h>*: Die Bedeutung der einzelnen Funktionen entspricht exakt der, die Sie aus der Headerdatei *<ctype.h>* bereits kennen – nur dass sich diese Funktionen auf den erweiterten Zeichensatz beziehen und ihr Name wieder den Buchstaben `...w...` (für *Wide Character* enthält). Das Gegenstück zu `isalpha()` lautet also `is`**`w`**`alpha()` für den erweiterten Zeichensatz.

Jede Funktion erwartet als Argument einen Typ `win_t`, also einen Wert zwischen `0` und `32.767` (oder `WEOF`).

B.2.4 <complex.h> – Funktionen zur Manipulation komplexer Zahlen

In der Headerdatei *<complex.h>* finden Sie eine Reihe von Makros und Funktionen für die (ebenfalls) neu in C99 eingeführten arithmetischen Datentypen. Bei diesen Typen handelt es sich um weitere Gleitpunkttypen zur Darstellung von komplexen und imaginären Zahlen. Die komplexe Zahl wird dabei mit dem Real- und Imaginärteil dargestellt, und zwar als `float`-, `double`- oder `long double`-Wert. Die Schreibweise dieser Gleitpunkttypen sieht wie folgt aus:

- komplexe Gleitpunkttypen: `float _Complex`, `double _Complex` und `long double_Complex`
- imaginäre Zahl: `float _Imaginary`, `double _Imaginary` und `long double _Imaginary`

B.2.5 <fenv.h> – Kontrolle der Gleitpunkzahlen-Umgebung

In der Headerdatei *<fenv.h>* (für *Floating Environment* = Gleitpunkt-Umgebung) wurden zwei neue Typen, mehrere Makros und einige Funktionen zum Testen auf Fehlersituationen beim Rechnen mit Gleitpunktzahlen implementiert. Diese Umgebung enthält die Systemvariable `fexept_t`, die von Gleitpunkt-Exceptions-Funktionen gesetzt werden kann, und die Variable `fenv_t`, die für den Kontrollmodus (bspw. des Rundungsverhaltens) verwendet wird.

Gleitpunkt-Exceptions

Zum Behandeln von sogenannten Gleitpunkt-Exceptions stehen Ihnen folgende Funktionen zur Verfügung:

```
#include <fenv.h>

int feclearexcept(int except);
int fegetexceptflag(fexcept_t *pflag, int except);
int feraiseexcept(int except);
int fesetexceptflag(const fexcept_t *pflag, int except);
int fetestexcept(int except);
```

Alle Funktionen enthalten als Argument `except`, mit dem Sie eine oder mehrere der folgenden Konstanten mithilfe des bitweisen ODER kombinieren können.

Makro	Bedeutung
FE_DIVBYZERO	Division durch 0
FE_INEXACT	Ergebnis der Operation nicht exakt
FE_INVALID	unzulässiger Wert(ebereich)
FE_OVERFLOW	Überlauf
FE_UNDERFLOW	Unterlauf
FE_ALL_EXCEPT	alle eben genannte Makros auf einmal verwenden

Tabelle B.18 Makros für Gleitpunkt-Exceptions

Mit der Funktion `fetestexecept()` prüfen Sie, welche der Gleitpunkt-Exceptions (siehe Tabelle B.18) gesetzt sind. Die Funktion `feraiseexcept()` löst die als Argument eingegebene Gleitpunkt-Exception aus. Mit `feclearexcept()` löschen Sie eine als Argument angegebene Gleitpunkt-Exception. Die Funktion `fegetexceptflag()` speichert den aktuellen Status der angegebenen Exception (erstes Argument) in der Systemvariablen `pflag`. Mit der Funktion `fesetexceptflag()` hingegen können Sie die Flags in `pflag`, die Sie zuvor mit `fegetexceptflag()` gesichert haben, wiederherstellen.

Kontrollmodus

Mit dem Kontrollmodus geben Sie bspw. an, wie eine Gleitpunktzahl gerundet werden soll. Die Rundungsart setzen bzw. erfragen Sie mit den folgenden beiden Funktionen:

```
#include <fenv.h>

int fegetround(void);
int fesetround(int mode);
```

Welche Rundungsart Sie setzen bzw. ermitteln können, wird mit den folgenden symbolischen Konstanten festgelegt:

Makro	Bedeutung
FE_DOWNWARD	abrunden auf den nächstkleineren Wert
FE_TONEAREST	runden auf den nächsten Wert
FE_TOWARDZERO	abschneiden
FE_UPWARD	aufrunden auf den nächstgrößeren Wert

Tabelle B.19 Kontrollmodus für das Rundungsverhalten

Gleitpunkt-Umgebung

Wollen Sie die Gleitpunkt-Umgebung als Ganzes verwenden, stehen Ihnen mit dem Typ `fenv_t` folgende Funktionen zur Auswahl:

```
#include <fenv.h>

int fegetenv(fenv_t *penv);
int feholdexcept(fenv_t *penv);
int fesetenv(const fenv_t *penv);
int feupdateenv(const fenv_t *penv);
```

Mit `fegetenv()` können Sie die aktuelle Gleitpunkt-Umgebung in `penv` sichern und mit `fsetenv()` wiederherstellen bzw. setzen. Bei Verwendung von `feholdexcept()` wird trotz einer Exception weitergerechnet. Diese Funktion sichert die aktuelle Gleitpunkt-Umgebung und setzt alle Status-Flags zurück, beispielsweise wie folgt:

```
...
fenv_t env;
/* Gleitpunkt-Umgebung speichern */
feholdexcept(&env);
...
```

```
/* Ein Exeception ist aufgetreten !!! bspw. Division durch 0 */
...
/* Exception löschen */
feclearexcept(FE_DIVIDBYZERO);
/* zuvor gesetzte Gleitpunkt -Umgebung wieder setzen */
feupdateenv(&env);
...
```

Wie im Codeausschnitt eben gesehen, wird mit der Funktion `feuptdateenv()` die übergebene Gleitpunkt-Umgebung wieder gesetzt. Für die Funktionen `feudateenv()` und `fesetenv()` kann auch die symbolische Konstante `FE_DFL_ENV` verwendet werden, die einen Zeiger auf die Gleitpunkt-Umgebung darstellt, der beim Programmstart gesetzt wurde.

Um die Gleitpunkt-Umgebung überhaupt verwenden zu können, müssen Sie sie mit dem folgenden Pragma aktivieren:

```
#pragma STDC FENC_ACCESS ON
```

B.2.6 <inttypes.h> – für genauere Integertypen

Diese Headerdatei enthält weitere Typen, mehrere Funktionen und Makros, die recht nützlich bei der Verwendung von Integer sind. Das ANSI-C-Komitee hat diese Headerdatei eingeführt, um endlich Integer-Typen zu unterstützen, die unabhängig von der Maschine und dem Betriebssystem sein sollen. Beispielsweise beträgt auf einem 16-Bit-System die Bitanzahl für `char`, `short`, `int` und `long` 8, 16, 16 und 32 Bits, auf einem 32-Bit-System hingegeben 8, 16, 32 und 32 Bits. Hierbei wurden mit `typdef` Integertypen verschiedenster Größe erstellt. Diese neue Definierung von Integertypen ist (wird) auf jeden Fall sinnvoll, gerade weil jetzt auch noch die Einführung der 64-Bit-Systeme auf dem Massenmarkt aktuell ist.

B.2.7 <stdbool.h> – boolesche Datentypen in C

In der Headerdatei *<stdbool.h>* gibt es jetzt auch die booleschen Variablen als Makros implementiert für C.

Makro	Bedeutung
`Bool`	boolescher Datentyp für Wahrheit
`false`	0/trifft nicht zu
`true`	1/trifft zu

Tabelle B.20 Boolescher Datentyp für C

B.2.8 <stdint.h> – definiert verschiedene Integertypen

In der Headerdatei *<stdint.h>* befinden sich weitere Ganzzahl-Datentypen, die mit vorgegebener Breite verwendet werden. Mit vorgegebener Breite ist die Anzahl der Bits gemeint, die dieser Typ zur Darstellung des Werts verwenden darf. Hier die Typen im Überblick:

Typ	Bedeutung
`intN_t`	ein `int`-Wert mit einer Breite von **exakt** `N` Bits (erlaubte Werte für `N`: 8, 16, 32, 64)
`int_leastN_t`	ein `int`-Wert mit einer Breite von **mindestens** `N` Bits (erlaubte Werte für `N`: 8, 16, 32, 64)
`int_fastN_t`	der schnellste `int`-Typ mit einer Breite von mindestens `N` Bits (erlaubte Werte für `N`: 8, 16, 32, 64)
`intmax_t`	größtmöglicher ganzzahliger Typ (Wert ist in der Konstante `INT64_MAX` bzw. `UINT64_MAX` deklariert)
`intptr_t`	maximale Breite, um den Wert eines Zeigers zu speichern

Tabelle B.21 Neue ganzzahlige Typen vorgegebener Breite

Zu all diesen Ganzzahltypen gibt es jeweils einen `unsigned`-Bruder, der nur ein `u` vorangestellt hat (z. B. `uintptr_t`). Die maximalen und minimalen Limits dieser Ganzzahltypen sind ebenfalls in der Headerdatei *<stdint.h>* deklariert.

B.2.9 <math.h> – neue Funktionen

Enorm erweitert wurde die Headerdatei *<math.h>*. Darin befinden sich jetzt noch mehr Funktionen und Makros als zuvor. Zu allen Funktionen, die Sie bereits kennen, und denen, die Sie in diesem Abschnitt noch kennenlernen, wurden Versionen herausgebracht, die jetzt auch für die Datentypen `float` und `long double` anwendbar sind. Bisher waren die Funktionen dieser Headerdatei ja nur mit `double` angegeben. Um die für den Datentyp passende Funktion zu verwenden, müssen Sie nur ein entsprechendes Suffix notieren. `f` steht für `float`, `l` für `long double`, und keine Angabe steht – wie gehabt – für `double`-Gleitpunktzahlen. Als Beispiel die Funktion `sqrt()`:

```
float sqrtf(float zahl);               /* float       */
double sqrt(double zahl);              /* double      */
long double sqrtl(long double zahl);   /* long double */
```

In Tabelle B.22 finden Sie einige Funktionen, die in der Headerdatei *<math.h>* hinzugekommen sind. Zu all diesen Funktionen gibt es auch schon verschiedene Versionen. Es hängt davon ab, welches Suffix Sie verwenden.

Funktionen	Bedeutung

`double round (double);`
`double trunc (double);`
`double rint (double)`
	Funktionen zum Runden von Zahlen

`double fmax (double, double);` `double fmin (double, double);`	Maximum, Minimum
`double log2 (double);` `double logb (double);`	Logarithmus
`double copysign (double, double);`	Vorzeichen kopieren
`double scalb (double, long);` `extern double fma (double, double, double);`	laufzeitoptimierte Berechnungen
`double hypot (double, double);`	Wurzel

Tabelle B.22 Neue mathematische Funktionen

Sehr interessant dürften die Makros für den Vergleich von Gleitpunktzahlen sein, die ebenfalls hinzugekommen sind:

Makro	Bedeutung
`isgreater(x, y)`	x größer als y
`isgreaterequal(x, y)`	x größer als oder gleich y
`isless(x, y)`	x kleiner als y
`islessequal(x, y)`	x kleiner als oder gleich y
`islessgreater(x, y)`	x kleiner als y ODER x größer als y
`isunordered(x, y)`	Sind x und y nicht miteinander vergleichbar, gibt dieses Makro 1 zurück, ansonsten 0.

Tabelle B.23 Makros zum Vergleichen von Gleitpunktzahlen

Ein weiteres interessantes Feature sind Makros zu Bestimmung der Kategorie von Gleitpunktzahlen. In ANSI C werden die Gleitpunktzahlen in folgende fünf Kategorien unterteilt (Konstanten aus der Headerdatei *<math.h>*):

Konstante	Kategorie
FP_NAN	NAN steht für *Not a Number* und bedeutet, dass es sich bei dem Wert um keine gültige Gleitpunktdarstellung handelt.
FP_NORMAL	eine Gleitpunktzahl in normaler Darstellung
FP_INFINITE	Die Gleitpunktzahl wird als unendlicher Wert dargestellt.
FP_ZERO	eine Gleitpunktzahl mit dem Wert 0
FP_SUBNORMAL	eine Gleitpunktzahl, mit der besonders kleine Zahlen dargestellt werden können

Tabelle B.24 Bestimmung der Gleitpunktzahl-Kategorie

Abfragen, in welche Kategorie eine bestimmte Gleitpunktzahl fällt, können Sie mit den folgenden Makros vornehmen:

Makro	Bedeutung
isnan(x)	Ist die Zahl gleich FP_NAN, wird 1 zurückgegeben, ansonsten 0.
isnormal(x)	Ist die Zahl gleich FP_NORMAL, wird 1 zurückgegeben, ansonsten 0.
isfinite(x)	Ist die Zahl eine unendliche, wird 1 zurückgegeben, ansonsten 0.
isinf(x)	Ist die Zahl gleich FP_INFINITE, wird 1 zurückgegeben, ansonsten 0.

Tabelle B.25 Makros zur Bestimmung der Gleitpunktzahl-Kategorie

Intern werden all diese Makros jedoch zum Teil mithilfe des Makros fpclassify() ausgewertet:

```
fpclassify(x) == FP_INFINITE //isinf(x)
fpclassify(x) == FP_NORMAL   //isnormal(x)
```

B.2.10 <tgmath.h> – typengenerische Mathematikfunktionen

In der Headerdatei *<tgmath.h>* befinden sich typengenerische Mathematikfunktionen (bzw. Makros). Darunter versteht man, dass Sie verschiedene mathematische Funktionen mit verschiedenen Argumenten wie reelle und/oder komplexe Gleitpunkttypen mit demselben Namen aufrufen können – es wird also immer die Funktion aufgerufen, die dem Datentyp des Argumentes entspricht, beispielsweise:

```
float _Complex fx;
long double lx;
/* gleich zu cos((double)1) */
cos(1) ;
 /* gleich zu cosl(lx) */
cos(lx) ;
/* gleich zu
   cpowl((long double _Complex)fx, (long double _Complex)lx) */
pow(fx, lx)  ;
```

Ist eine Funktion hingegen nur für reelle und/oder komplexe Gleitpunkttypen definiert, dann entspricht der Namen des typengenerierten Makros dem der Funktion, die ursprünglich für `double` definiert ist.

B.3 Elementare E/A-Funktionen

Die hier vorgestellten Funktionen haben wir zum größten Teil schon im Buch behandelt, weshalb wir hier nur die jeweilige Syntax und ihre Bedeutung auflisten. Alle elementare Funktionen sind ungepuffert in der Ein-/Ausgabe und entsprechen dem POSIX- und XPG4-Standard (nicht aber dem von ANSI C).

B.3.1 Limits-Konstanten

In der Headerdatei *<limits.h>* finden sich häufig noch weitere symbolische Konstanten, die allerdings nicht vom ANSI C Standard vorgeschrieben, aber von POSIX benötigt werden. Die im Buch angegebenen Mindestwerte liegen gewöhnlich weit unter den Angaben im echten Leben. Die in Tabelle B.26 aufgelisteten Konstanten stellen nur einen Überblick über die gängigsten Konstanten dar.

Konstante	Mindestwert	Bedeutung
MAX_INPUT	255	maximaler Speicherplatz in der Warteschlange der Terminaleingabe
NGROUPS_MAX	0	maximale Zusatz-Group-ID eines Prozesses
PASS_MAX	8	maximale signifikante Anzahl von Bytes für die Passwort-Eingabe (ohne das Terminierungszeichen)

Tabelle B.26 POSIX-Konstanten in »limits.h«

Konstante	Mindestwert	Bedeutung
PID_MAX	INT_MAX	Maximalwert für eine Prozess-ID (PID)
UID_MAX	ULONG_MAX	Maximalwert für Benutzer- oder Gruppen-ID (UID, GID)
ARG_MAX	4096	maximale Länge (in Bytes) der Argumente für die exec-Funktion
CHILD_MAX	6	maximale Anzahl von Kindprozessen pro realer Benutzernummer (reale User-ID).
MAX_CANON		maximaler Speicherplatz (in Bytes) in der Warteschlange der kanonischen Terminaleingabe
OPEN_MAX	16	maximale Anzahl von Dateien, die pro Prozess geöffnet werden können
NAME_MAX	Unbestimmt	maximale Byteanzahl für Dateinamen
PATH_MAX	255	maximale Byteanzahl für Pfadnamen
LINK_MAX	8	maximale Anzahl von Links auf eine Datei
PIPE_BUF	512	maximale Anzahl von Bytes, die in eine Pipe geschrieben werden können

Tabelle B.26 POSIX-Konstanten in »limits.h« (Forts.)

Außerdem ist es manchmal nötig, bei der Übersetzung abzufragen, ob etwas definiert ist oder nicht, um anschließend den Übersetzungslauf der Anwendung entsprechend anzupassen. Hierzu sind in der Headerdatei *<unistd.h>* einige Konstanten definiert. Wenn eine dieser Konstanten vorhanden ist, bedeutet, dies, dass eine entsprechende Aktion (siehe in Tabelle B.27 die Bedeutung) zutrifft.

Konstante	Bedeutung, wenn definiert
_POSIX_SAVED_IDS	Saved Set-User- und Set-Group-ID wird unterstützt
_POSIX_NO_TRUNC	Ist der Pfadnamen länger als PATH_MAX, führt dies zu einem Fehler.
_POSIX_CHOWN_RESTRICTED	chown ist nicht für alle Benutzer erlaubt.
_POSIX_JOB_CONTROL	Jobkontrolle wird unterstützt.
_POSIX_VERSION	Versionsnummer von POSIX.1

Tabelle B.27 Konstanten der Headerdatei »unistd.h«

Konstante	Bedeutung, wenn definiert
_POSIX_SOURCE	Hiermit wird dem Compiler mitgeteilt, dass das Programm absolut POSIX-konform sein soll.
_XOPEN_VERSION	Versionsnummer von XPG

Tabelle B.27 Konstanten der Headerdatei »unistd.h« (Forts.)

B.3.2 Elementare E/A-Funktionen

Gewöhnlich benötigen Sie zur Verwendung der gleich aufgelisteten Funktionen folgende Headerdateien:

```
/* Für die Funktionen */
#include <unistd. h.>
/* Für symbolische Konstanten */
#include <sys/types.h>
#include <sys/stat.h>
#include <fcntl.h>
```

Syntax	Bedeutung
int open(const char *pfadname, int oflag, ... /* mode_t modus */);	Datei öffnen
int close(int fd);	Datei schließen
ssize_t read(int fd, void *puffer, size_t bytes);	aus Datei lesen
ssize_t write(int fd, void *puffer, size_t bytes);	in Datei schreiben
off_t lseek(int fd, off_t offset, int wie);	Schreib-/Lesezeiger positionieren
int dup(int fd); int dup2(int fd1, int fd2);	Filedeskriptoren duplizieren

Tabelle B.28 Elementare E/A-Funktionen mit Filedeskriptoren

Syntax	Bedeutung
`int fcntl( int fd, int kommando, ... /* int arg */ );`	Verändern, Abfragen oder Sperren eines offenen Filedeskriptors
`int fileno( FILE *fz );`	aus `FILE`-Zeiger den Filedeskriptor ermitteln
`FILE *fdopen(int fd, const char *modus);`	aus Filedeskriptor einen `FILE`-Zeiger erzeugen

Tabelle B.28 Elementare E/A-Funktionen mit Filedeskriptoren (Forts.)

B.4 Fortgeschrittene E/A-Funktionen

B.4.1 Gemultiplexte Ein-/Ausgabe – select()

Konform	ANSI C	POSIX.1	XPG	SVR4	BSD
	nein	nein	nein	ja	ja

Das Lesen und Schreiben von Filedeskriptoren erfolgt meistens über ein einfaches `read()` und `write()` wie im folgenden Codeausschnitt demonstriert:

```
while(  (n = read(fd_r, buf, BUFSIZ) ) > 0 )
     if( write( fd_w, buf, n ) != n)
         /* Fehler bei write ... */
```

Sobald allerdings aus mehr als einem Filedeskriptor auf einmal gelesen werden soll, lässt sich diese Form nicht mehr sinnvoll einsetzen. Kommen hier bspw. Daten an einem Filedeskriptor an, während aber gerade von einem anderen gelesen wird, bei dem keine Daten anstehen, dann blockiert `read()`. Somit muss der Filedeskriptor, an dem Daten angekommen sind, so lange warten, bis bei dem anderen Filedeskriptor Daten anstehen. Das Blockieren ist die Standardeinstellung von `read()`.

Um dieses Problem zu umgehen, steht Ihnen in SVR4 und BSD (und somit auch unter Linux) eine gemultiplexte Ein-/Ausgabe mit der Funktion `select()` zur Verfügung. Das Prinzip ist einfach: Man erstellt eine Liste (Menge) von Filedeskriptoren, die für den Prozess interessant sind, und ruft die Funktion `select()` auf. Diese Funktion kehrt erst dann zurück, wenn einer der Filedeskriptoren in der Liste (Menge) etwas zu tun hat (sprich, die Ein-/Ausgabe bereit ist). Als Rückgabewert erhält man von `select()` den Filedeskriptor, der für die Ein-/Ausgabe bereit ist.

```
int select(
  int maxfd,              /* Nr. des größten fd aus der Menge */
  fd_set *fd_read,        /* Deskriptor-Menge zum Lesen       */
  fd_set *fd_write,       /* Deskriptor-Menge zum Schreiben   */
  fd_set *fd_except,      /* Deskriptor-Menge für Exceptions  */
  struct timeval *timeout /* wie lange soll select() warten   */
  );
```

Um auf die Deskriptoren-Menge (den einzelnen Bits) verschiedene Operationen auszuführen, stehen Ihnen folgende Makros zu Verfügung.

```
FD_ZERO(fd_set *fdptr);          /* Alle Bits in fdptr löschen */
FD_SET(int fd, fd_set *fdptr);   /* Bit fd in fdptr setzen     */
FD_CLR(int fd, fd_set *fdptr);   /* Bit fd in fdptr löschen    */
FD_ISSET(int fd, fd_set *fdptr); /* Testen, ob Bit fd gesetzt  */
```

Wie lange auf `select()` gewartet werden soll, geben Sie mit dem letzten Parameter an. Ein `timeout` von `NULL` bedeutet ewiges Warten. Übergeben Sie den beiden Strukturvariablen `timeout-> tv_sec` und `timeout->tv_usec` jeweils den Wert `0`, wird nicht gewartet, und `select()` kehrt sofort wieder zurück. In der Praxis wird damit, in einer Schleife, das sogenannte *Polling* (dauerndes Abfragen ohne Blockieren) realisiert. Geben Sie hingegen für die Strukturvariablen `timeout->tv_sec` und `timeout->tv_usec` einen positiven Wert ungleich 0 an, wird entsprechend der Angabe(n) eine gewisse Zeit gewartet.

Der Rückgabewert von `select()` ist entweder die Anzahl der Filedeskriptoren, die bereit sind, oder `0`, wenn die Zeitschaltuhr abgelaufen ist. Bei einem Fehler wird `-1` zurückgegeben.

B.4.2 Memory Mapped Ein-/Ausgabe

Konform	ANSI C	POSIX.1	XPG	SVR4	BSD
	nein	nein	nein	ja	ja

Neben den Standard-E/A- und elementaren E/A-Funktionen stellen Ihnen SVR4 und BSD (somit auch Linux) das Memory Mapping zur Verfügung. Dabei handelt es sich um eine fortgeschrittene Methode, die Ihnen das Abbilden von Dateien im Hauptspeicher ermöglicht. Der Hauptvorteil dieser Methode ist, dass hierbei weniger Kernel-Aktionen als bei den Systemaufrufen nötig sind – es muss viel weniger vom User- auf den Kernel-Level gewechselt werden. Und das wirkt sich (richtig eingesetzt) positiv auf die Performance aus.

Natürlich sollten Sie mit Memory Mapped E/A im Auge behalten, dass Sie hierbei wirklich den Hauptspeicher verwenden (RAM) – was auch bedeutet, dass Sie diesen mit falsch eingesetztem Memory Mapping komplett zumüllen können. Es empfiehlt sich daher, eine sinnvolle Größe des Speicherbereichs zu verwenden. Beispielsweise beim Kopieren in Schritten von ein oder zwei Megabyte läuft Memory Mapped E/A erheblich schneller ab als read() und write().

Mit Memory Mapping haben Sie quasi einen kompletten Dateiinhalt im Hauptspeicher und können diesen bequem mittels Zeiger modifizieren – ähnlich wie mit den Funktionen fseek()/lseek().

Das Einrichten eines solchen Memory-Mapped-Speicherbereichs wird mit der Funktion mmap() erledigt.

```
#include <sys/types.h>
#include <sys/mman.h>
void *mmap( void *addr, size_t len, int prot,
            int flags, int fd, off_t offset);
```

Mit addr wird der Anfangsbereich (Adresse) des gemappten Speicherbereichs festgelegt. Gewöhnlich wird hierbei 0 angegeben, was bedeutet, dass sich dass System für uns nach einem geeigneten Platz umschauen soll. Als Rückgabewert der Funktion mmap() erhalten Sie dann die Anfangsadresse dieses Bereiches. Mit len geben Sie die Anzahl von Bytes an, die der Mapped-Speicher-Bereich umfassen soll (bspw. die komplette Größe – Vorsicht bei zu großen Dateien – einer Datei oder nur Stücke davon).

Mit prot legen Sie die Schutzart des Mapped-Speicher-Bereichs fest. Hierzu können Sie einen oder mehrere (mit dem bitweisen ODER verknüpft) der folgenden Angaben verwenden:

Konstante	Bedeutung
PROT_READ	Bereich darf gelesen werden.
PROT_WRITE	Bereich darf beschrieben werden.
PROT_EXEC	Bereich darf ausgeführt werden.
PROT_NONE	Auf diesen Bereich darf nicht zugegriffen werden (nicht BSD).

Tabelle B.29 Schutzarten für einen Memory-Mapped-Bereich

Natürlich muss auch hierbei die Schutzart mit den entsprechenden Optionen übereinstimmen, die beim Öffnen mit open() verwendet wurde – sprich, wurde die Datei zum Lesen geöffnet, kann kein Schreibschutz verwendet werden!

Mit den flags können Sie zusätzlich Anforderungen an den Mapped-Speicher-Bereich angeben. Mögliche flags wären hierfür (wobei hier die Flags MAP_SHARED oder MAP_PRIVATE immer gesetzt sein müssen):

- MAP_FIXED: Die Anfangsadresse, die mmap() zurückgibt, muss mit der von addr übereinstimmen. Ohne dieses Flag gilt addr nur als Vorschlag und darf vom System auch ignoriert werden.
- MAP_SHARED: Jede Modifikation im Mapped-Bereich wirkt sich auf die Originaldatei aus. Ohne dieses Flag würde erst an einer Kopie gearbeitet. Natürlich bedeutet dies auch, dass alle anderen Prozesse, die denselben Mapped-Speicher-Bereich verwenden, ebenfalls diese Veränderung erkennen.
- MAP_PRIVATE: Das Gegenteil von MAP_SHARED. Alle Arbeiten finden auf einer Kopie statt, und die anderen Prozesse erfahren nichts davon.
- MAP_ANONYMOUS: Legt einen anonymen Speicherbereich an, der für keinen anderen Prozess sichtbar ist. Wenn Sie schon einmal STRACE verwendet haben, wird Ihnen sicherlich aufgefallen sein, dass beim Reservieren eines Speichers mittels malloc() die Funktion mmap() und zum Freigeben mittels free() munmap() verwendet wurde. Daraus können Sie schließen, dass malloc() mithilfe von mmap() realisiert wurde. Sie können damit auch Ihr eigenes malloc() implementieren. Das Argument fd wird mit dem Setzen dieses Flags ignoriert.
- MAP_DENYWRITE (nur Linux): Haben Sie bspw. beim Speicherschutz PROT_EXEC verwendet, sodass dieser Speicherbereich ausgeführt werden darf, können Sie mit diesem Flag dafür sorgen, dass dies weiterhin möglich ist – aber ein Schreiben von außerhalb in den Mapped-Bereich wird untersagt.
- MAP_GROWSDOWN (nur Linux): Findet ein Zugriff außerhalb eines gemappten Speicherbereichs statt, wird durch das Setzen dieses Flags nicht das Signal SIGSEGV gesendet und der Prozess somit auch nicht beendet. Stattdessen wird ein neuer anonymer Bereich alloziert, in dem der entsprechende Prozess seine Ausführung fortsetzt. Zwangsläufig wächst mit dieser Methode allerdings auch der Stack an!
- MAP_LOCKED: Der Mapped-Speicher-Bereich kann nicht ausgelagert werden. Dies wird unbedingt für Echtzeitanwendungen benötigt. Dieses Flag ist dem Superuser vorbehalten.

Mit dem Argument fd der Funktion mmap() geben Sie den Filedeskriptor der Datei an, die im Mapped-Speicher-Bereich abgebildet werden soll. Logischerweise haben Sie diese Datei bis dahin schon geöffnet! Mit offset geben Sie das Offset des Datenbereichs an. Das Offset ist der Bereich, der vom Anfang der Datei ausgelassen werden soll. Ist MAP_FIXED angegeben, müssen die Werte für offset und addr das Vielfache einer Page-Größe sein. Die Page-Größe können Sie mit der Funktion getpagesize(), die in der Headerdatei *<unistd.h>* definiert ist, ermitteln.

Hinweis

Der Mapped-Bereich wird beim Erzeugen eines neuen Prozesses mittels fork() weitervererbt, da dieser Bereich Teil des Adressraums des Prozesses ist.

Freigeben können Sie einen Speicherbereich wieder mit der Funktion munmap():

```
#include <sys/types.h>
#include <sys/mman.h>

int munmap(void *addr, size_t len);
```

Damit heben Sie den von mmap() zurückgegebenen Speicherbereich addr mit len Bytes wieder auf.

Jetzt könnten Sie bspw. mit der Funktion memcpy() einen zum Lesen und einen zum Schreiben angelegten Mapped-Speicher-Bereich kopieren. Damit eine Veränderung im Mapped-Speicher-Bereich jetzt auch in die dazugehörende Datei übertragen wird, benötigen Sie die Funktion msync():

```
#include <sys/types.h>
#include <sys/mman.h>

int msync(void *addr, size_t len, int flags);
```

Die ersten beiden Argumente legen wieder den Speicherbereich fest, auf den die Aktion ausgeführt werden soll (Sie können also auch nur Teile synchronisieren). Die Art der Synchronisation legen Sie mit flags fest. Folgende Angaben, die sich auch mit dem bitweisen ODER verknüpfen lassen, sind hierfür möglich:

- MS_ASYNC: Der geänderte Mapped-Bereich soll sobald wie möglich synchronisiert werden.
- MS_SYNC: Der geänderte Mapped-Bereich soll sofort synchronisiert werden (somit schließen sich MS_ASYNC und MS_SYNC gegenseitig aus).
- MS_INVALIDATE: Der Kernel soll selbst entscheiden, wann und ob überhaupt synchronisiert wird – dies eignet sich für Änderungen, die nicht zwingend in die Datei übernommen werden müssen.

Hierzu ein Beispiel, das Ihnen mit der selbst geschriebenen write3()-Funktion zeigen soll, wie Sie eine ganze Datei mithilfe von zwei eingerichteten Mapped-Speicher-Bereichen kopieren können:

```
/* cpy_file_mmap.c */
#include <fcntl.h>
#include <stdio.h>
#include <sys/stat.h>
#include <sys/types.h>
#include <sys/mman.h>
#include <unistd. h.>
#include <stdlib.h>
```

```
#include <string.h>

static void write3 (int fd_quelle, int fd_ziel) {
   struct stat statptr;
   char *quelle, *ziel;

   /* Größe der Quelldatei ermitteln */
   if (fstat (fd_quelle, &statptr) < 0) {
      perror ("stat");
      exit (EXIT_FAILURE);
   }
   /* Dateigröße für Ziel */
   if (lseek (fd_ziel, statptr.st_size - 1, SEEK_SET) == -1) {
      perror ("lseek");
      exit (EXIT_FAILURE);
   }
    /* Am Ende der neuen Datei(größe) ein Byte schreiben */
   write (fd_ziel, " ", 1);
    /* mapped-Bereich für Quelldatei einrichten  */
   if ((quelle =
        mmap (0, statptr.st_size, PROT_READ, MAP_SHARED,
              fd_quelle, 0)) == -1) {
      perror ("mmap");
      exit (EXIT_FAILURE);
   }
    /* mapped-Bereich für Zieldatei einrichten */
   if ((ziel =
        mmap (0, statptr.st_size, PROT_READ | PROT_WRITE,
              MAP_SHARED, fd_ziel, 0)) == -1) {
      perror ("mmap");
      exit (EXIT_FAILURE);
   }
   /* Daten vom Hauptspeicherbereich quelle in den */
   /* Hauptspeicherbereich ziel kopieren           */
   memcpy (ziel, quelle, statptr.st_size);

   /* Den neu kopierten mapped-Bereich auch für   */
   /* die Datei aktualisieren                     */
   if ((msync (ziel, statptr.st_size, MS_ASYNC)) == -1) {
      perror ("msync");
      exit (EXIT_FAILURE);
   }
```

```
    /* mapped-Bereich wieder freigeben */
   munmap (quelle, statptr.st_size);
   munmap (ziel, statptr.st_size);
}

int main (int argc, char **argv) {
   int fd_r, fd_w;      /* Filedeskriptoren */
   /* Zugriffsrechte für die neue Datei: -rw-rw-r-- */
   mode_t mode = S_IRUSR | S_IWUSR | S_IRGRP | S_IWGRP | S_IROTH;
   char *read_file, *write_file;

   /* Alle Zugriffsrechte der Dateikreierungsmaske erlauben */
   umask (0);

   if (argc < 3) {
      fprintf (stderr, "Usage: %s quelle ziel\n", argv[0]);
      return EXIT_FAILURE;
   }
   read_file = argv[1];
   write_file = argv[2];

   fd_r = open (read_file, O_RDONLY);
   fd_w = open (write_file, O_RDWR | O_EXCL | O_CREAT, mode);

   if ((fd_r == -1) || (fd_w == -1)) {
      perror ("Fehler bei open : ");
      return EXIT_FAILURE;
   }
   write3 (fd_r, fd_w);
   close(fd_r);
   close(fd_w);
   return EXIT_SUCCESS;
}
```

Neben den eben gezeigten Funktionen sind dem Superuser auch Mapping-Funktionen an die Hand gegeben, die das Auslagern von Speicherbereichen bei Ermangelung freien Hauptspeichers in den Swap-Bereich auf die Festplatte verhindern. Damit können Sie bis maximal `RLIMIT_MEMLOCK` Bytes (siehe Ressourcen-Limits) sperren. Folgende Funktionen sind für das Sperren und wieder Aufheben von Speicherbereichen vorhanden:

```
#include <sys/mman.h>

int mlock(void *addr, size_t len);
```

```
int memlockall(int flags);
int munlock(void *addr, size_t len);
int munlockall(void);
```

Mit `mlock()` sperren Sie einen Speicherbereich der Adresse `addr` mit `len` Bytes Größe, wobei Sie immer nur ganze Pages (Speicherseiten) sperren können. Bei Dateien unter der Page-Größe wird automatisch die komplette Datei gesperrt.

Mit `mlockall()` wird der gesamte Adressraum des Prozesses gesperrt. Als Flags können Sie zusätzlich `MCL_CURRENT` angeben, womit alle Seiten (Pages) gesperrt werden, die sich im Augenblick im Hauptspeicher befinden. Mit `MCL_FUTURE` werden alle Pages gesperrt, die in Zukunft noch zum Adressraum hinzugefügt werden. Beide Flags mit dem bitweisen ODER verknüpft garantieren Ihnen, dass die komplette Datei (auch bei Größenänderung) sich immer im Hauptspeicher befindet und niemals ausgelagert wird. Mit den beiden Funktionen `munlockall()` und `munlock()` heben Sie die jeweils mit `mlockall()` und `mlock()` gesetzten Sperren wieder auf.

B.5 Verzeichnisse

Für die Funktionen in Tabelle B.30 sind folgende Headerdateien nötig:

```
#include <unistd. h.>
/* ... und nur für mkdir() ... */
#include <sys/types.h>
#include <sys/stat.h>
```

Syntax	Bedeutung
`int mkdir( const char * pfad, mode_t modus );`	Anlegen eines neuen Verzeichnisses
`int chdir(const char *pfad);` `int fchdir(int fd);`	in ein Verzeichnis wechseln
`int rmdir( const char *pfad ) ;`	Löschen eines (leeren) Verzeichnisses
`char *getcwd( char *puffer, size_t groesse );`	Pfadname des Arbeitsverzeichnisses ermitteln

Tabelle B.30 Funktionen zum Arbeiten mit Verzeichnissen

Um aus einem Verzeichnis zu lesen, schreibt POSIX die Struktur dirent vor, die in der Headerdatei *<dirent.h>* definiert ist. Unter Linux finden Sie in dieser Struktur die folgenden Komponenten:

```
struct dirent {
   long  d_ino;                /* Inode (nicht in POSIX.1) */
   off_t d_off;                /* Offset zu diesem Eintrag */
   unsigned short d_reclen;   /* Länge des Namen */
   char  d_name[NAME_MAX+1]; /* Name */
};
```

Neben der Headerdatei *<dirent.h>* benötigen einige der folgenden Funktionen auch die Headerdatei *<sys/types.h>*.

Syntax	Bedeutung
DIR* opendir (const char* name);	Verzeichnis zum Lesen öffnen
struct dirent* readdir(DIR* dir);	Verzeichnis Eintrag um Eintrag schrittweise lesen
void rewinddir(DIR *dir);	DIR-Zeiger wieder auf den Anfang der Namensliste setzen
int closedir (DIR* dir)	Verzeichnis (DIR-Zeiger) wieder schließen
long telldir(const DIR *dir);	Position des Verzeichniszeigers abfragen
void seekdir(DIR *dirp, long loc);	zu einem mit loc angegebenen Verzeichniseintrag springen
int scandir (const char* dir, struct dirent ***namelist, int (*select) (const struct dirent*), int (*compar) (const struct dirent**, const struct dirent**))	ein gesamtes Verzeichnis scannen (nur BSD – also auch Linux)

Tabelle B.31 Lesen von Verzeichnissen

Des Weiteren bieten SysV-Systeme in der Headerdatei *<ftw.h>* weitere Funktionen an, mit denen ein Verzeichnisbaum rekursiv durchlaufen werden kann.

Syntax	Bedeutung

`int ftw(`
`const char *path,`
`int (*fn)`
`(const char *,`
`const struct stat *,`
`int),`
`int depth );`
	Durchläuft einen kompletten Verzeichnisbaum und ruft für jede Datei im Verzeichnisbaum eine benutzerdefinierte Funktion auf.

`int nftw(`
`const char *path,`
`int (*fn)`
`( const char *,`
`const struct stat *,`
`int,`
`struct FTW*),`
`int depth,`
`int flags);`
	Wie `ftw()`, nur folgt `nftw()` nicht den symbolischen Links.

Tabelle B.32 Verzeichnisbaum rekursiv durchlaufen

B.6 Attribute von Dateien und Verzeichnissen

Die einzelnen Attribute zu einer Datei oder einem Verzeichnis können Sie aus der Struktur `stat` auslesen. Die Struktur `stat` ist in der Headerdatei *<sys/stat.h>* definiert und besitzt gewöhnlich (wird nicht fest vorgeschrieben) die in der Tabelle aufgelisteten Strukturvariablen.

Variable	Bedeutung	POSIX
`st_dev`	Gerätenummer (Device-Nummer) des Dateisystems, auf dem sich die Datei/das Verzeichnis befindet	ja
`st_ino`	Inode-Nummer	ja
`st_mode`	Dateimodus (Dateityp und Zugriffsrechte)	ja
`st_nlink`	Anzahl fester Links auf die Datei	ja
`st_uid`	numerische UID des Dateieigentümers	ja
`st_gid`	numerische GID des Dateieigentümers	ja
`st_rdev`	Geräte-ID (nur für Spezialdateien)	nein

Tabelle B.33 Strukturvariablen in »struct stat« und ihre Bedeutung

Variable	Bedeutung	POSIX
st_size	Größe der Datei in Bytes	ja
st_atime	Datum des letzten Zugriffs	ja
st_mtime	Datum der letzten Veränderung	ja
st_ctime	Datum der Inode-Änderung	ja
st_blksize	eingestellte Blockgröße	nein
st_blocks	Anzahl der verwendeten st_blksize-Blöcke	nein

Tabelle B.33 Strukturvariablen in »struct stat« und ihre Bedeutung (Forts.)

B.6.1 Funktionen zum Erfragen der Dateiattribute

Syntax	Bedeutung
int stat(const char *pfadname, struct stat *buf);	Erfragen der Dateiattribute zu pfadname
int fstat(int fd, struct stat *buf);	Erfragen der Dateiattribute zum Filedeskriptor fd
int lstat(const char *pfadname, struct stat *buf);	Erfragen der Dateiattribute zu pfadname – ist pfadname ein symbolischer Link, wird er verfolgt.

Tabelle B.34 Verschiedene Versionen zum Erfragen der Dateiattribute

Dateiarten – st_mode

Makro	Bedeutung
S_ISREG()	reguläre Datei
S_ISDIR()	Verzeichnis
S_ISCHR()	zeichenorientierte Gerätedatei
S_ISBLK()	blockorientierte Gerätedatei
S_ISFIFO()	Pipe
S_ISLINK()	symbolischer Link (nicht bei POSIX.1 oder SVR4)
S_ISSOCK()	Socket (nicht bei POSIX.1 oder SVR4)

Tabelle B.35 Makros in <sys/stat.h> für die Dateiart »st_mode«

Zugriffsrechte – st_mode

Konstante	Bedeutung	Benutzerklasse
S_IRUSR	read (Leserecht)	Dateieigentümer
S_IWUSR	write (Schreibrecht)	Dateieigentümer
S_IXUSR	execute (Ausführrecht)	Dateieigentümer
S_IRGRP	read (Leserecht)	Gruppe des Dateieigentümers
S_IWGRP	write (Schreibrecht)	Gruppe des Dateieigentümers
S_IXGRP	execute (Ausführrecht)	Gruppe des Dateieigentümers
S_IROTH	read (Leserecht)	Alle anderen Benutzer
S_IWOTH	write (Schreibrecht)	Alle anderen Benutzer
S_IXOTH	execute (Ausführrecht)	Alle anderen Benutzer

Tabelle B.36 Zugriffsrechte der drei Benutzerklassen in <sys/stat.h>

Größe einer Datei – st_size, st_blocks, st_blksize

Wenn Sie die Größe einer Datei mit `st_size` abfragen, hängt das Ergebnis von der Art der Datei (`st_mode`) ab.

Dateiart	Größe in st_size
Verzeichnis	abhängig vom Filesystem
Reguläre Datei	Bytezahl der entsprechenden Datei*
symbolischer Link	Länge in Bytes des Dateinamens vom symbolischen Link (mit `\0`)
Pipes	Anzahl der Bytes, die zum Lesen zur Verfügung stehen
* Bei Sparse-Dateien ist `st_size` die virtuelle Länge, die sie auch mit dem Befehl `ls` sehen würden.	

Tabelle B.37 Größe von Dateien

In SVR4 und BSD gibt es in der Struktur `stat` außerdem die Variablen `st_blksize` und `st_blocks`, mit denen die voreingestellte Blockgröße der Ein-/Ausgabe und die Anzahl der Blöcke, die eine Datei belegt, angegeben werden.

B.6.2 Funktionen zum Erfragen oder Setzen bestimmter Zugriffsrechte

Funktion	Bedeutung
`int chmod( const char *pfad, mode_t modus) ;` `int fchmod( int fd, mode_t modus) ;`	Zugriffsrechte für eine Datei ändern
`int access( const char *pfad, mode_t modus) ;`	Zugriffsrechte für reale User-/Group-ID zu einer Datei erfragen

`int chown( const char *path, uid_t owner, gid_t group);`
`int fchown( int fd, uid_t owner, gid_t group);`
`int lchown( const char *path, uid_t owner, gid_t group );`
	Ändern der User- und Group-ID einer Datei

`mode_t umask( mode_t mask) ;`	Abfragen und Setzen einer Dateikreierungsmaske

Tabelle B.38 Erfragen und Setzen von Zugriffsrechten

B.7 Links

Syntax	Bedeutung
`int link( const char *name, const char *link);`	einen Hardlink auf eine Datei anlegen
`int symlink( const char *name, const char *link);`	einen symbolischen Link anlegen
`int readlink(const char *link, char *puffer, int groesse_puffer);`	Namen ermitteln, auf den der symbolische Link zeigt
`int unlink(const char *name);`	Dateinamen aus einem Verzeichnis löschen

Tabelle B.39 Funktionen zur Bearbeitung von Links

B.8 Prozess und Prozessverwaltungsfunktionen

B.8.1 Umgebungsvariablen (Environment) eines Prozesses

Syntax	Bedeutung
`char *getenv(const char *name);`	Umgebungsvariablen eines Prozesses ermitteln
`int putenv(char *string);`	Umgebungsvariablen eines Prozesses hinzufügen
`int setenv( const char *name, const char *value, int overwrite);`	Umgebungsvariablen eines Prozesses verändern
`void unsetenv(const char *name);`	Umgebungsvariablen eines Prozesses löschen
`int clearenv(void);`	Alle Umgebungsvariablen löschen

Tabelle B.40 Funktionen zur Bearbeitung der Umgebungsvariablen

B.8.2 Ressourcen-Limits eines Prozesses abfragen oder setzen

Syntax	Bedeutung
`int getrlimit( int resource, struct rlimit *rlim);`	Ressourcen-Limits eines Prozesses erfragen
`int getrusage( int who, struct rusage *usage);`	Ressourcenbenutzung eines Prozesses erfragen
`int setrlimit( int resource, const struct rlimit *rlim);`	Ressourcen-Limits eines Prozesses setzen

Tabelle B.41 Ressourcen-Limits und -Benutzung erfragen und setzen

B.8.3 Prozesskennung erfragen und setzen

Syntax	Erfragen der ...
`pid_t getpid(void);`	PID
`pid_t getppid(void);`	PPID

Tabelle B.42 Prozesskennungen erfragen

Syntax	Erfragen der ...
`uid_t getuid(void);`	realen User-ID
`uid_t geteuid(void);`	effektiven User-ID
`gid_t getgid(void);`	realen Group-ID
`gid_t getegid(void);`	effektiven Group-ID

Tabelle B.42 Prozesskennungen erfragen (Forts.)

Syntax	Bedeutung
`int setuid(uid_t uid);`	Ändern der User-ID
`int setgid(gid_t gid);`	Ändern der Group-ID
`int seteuid(uid_t euid);`	Ändern der effektive User-ID
`int setegid(gid_t egid);`	Ändern der effektive Group-ID
`int setreuid(uid_t ruid, uid_t euid);`	Tauschen der realen und effektiven User-ID
`int setregid(gid_t rgid, gid_t egid);`	Tauschen der realen und effektiven Group-ID

Tabelle B.43 Prozesskennungen setzen

B.8.4 Prozesssteuerung

Syntax	Bedeutung
`pid_t fork(void);`	einen neuen Prozess erzeugen
`pid_t wait(int *status);`	auf die Beendigung eines Prozesses warten, und zwar eines beliebigen Kindprozesses
`pid_t waitpid(pid_t pid, int *status, int options);`	auf die Beendigung eines bestimmten Prozesses warten

Tabelle B.44 Funktionen zur Erzeugung und Steuerung von Prozessen

Syntax	Bedeutung
`int execl(const char *path, const char *arg, ...);`	Wird eine dieser `exec*`-Funktionen aufgerufen, wird der aktuelle Prozess von dem in `exec*` angegebenen Programm vollständig überlagert. Das neue Programm beginnt mit seiner Ausführung dann in der `main()`-Funktion.
`int execlp(const char *file, const char *arg,...);`	
`int execle(const char *path, const char *arg ,..., char * const envp[]);`	
`int execv(const char *path, char *const argv[]);`	
`int execvp(const char *file, char *const argv[]);`	
`int system(const char *string);`	Shell-Kommandos ausführen

Tabelle B.44 Funktionen zur Erzeugung und Steuerung von Prozessen (Forts.)

B.9 Signale – das neue Signalkonzept

B.9.1 Signalmengen

Syntax	Bedeutung
`int sigemptyset(sigset_t *set);`	Signale aus derjenigen Signalmenge entfernen, auf die `set` zeigt
`int sigfillset(sigset_t *set);`	Signale zu derjenigen Signalmenge hinzufügen, auf die `set` zeigt
`int sigaddset(sigset_t *set, int signum);`	ein einzelnes Signal zur Signalmenge hinzufügen
`int sigdelset(sigset_t *set, int signum);`	ein einzelnes Signal aus der Signalmenge entfernen
`int sigismember( const sigset_t *set, int signum);`	testen, ob ein bestimmtes Signal in der Signalmenge vorkommt

Tabelle B.45 Manipulation von Signalmengen

B.9.2 (POSIX) Signalhandler-Funktionen

Syntax	Bedeutung
`int sigaction( int signum, const struct sigaction *act, struct sigaction *oldact);`	Erfragen und Einrichten von Signalhandlern
`int sigprocmask( int how, const sigset_t *set, sigset_t *oldset);`	Erfragen oder Ändern der Signalmaske
`int sigpending(sigset_t *set);`	Erfragen der Signale, die blockieren (hängen)
`int sigsuspend( const sigset_t *mask);`	Suspendieren des Prozesses während der Änderung der Signalmaske

Tabelle B.46 Signalhandler-Funktionen

B.9.3 Übersicht zu den Signalen

Name	Nr.	Aktion	verfügbar	Bedeutung
SIGFPE	8	Core & Ende	POSIX	Problem bei einer Gleitkommaoperation(z. B. Division durch 0)
SIGILL	4	Core & Ende	POSIX	Ungültige Instruktion wurde ausgeführt.
SIGBUS	7	Core & Ende		Fehler auf dem System-Bus
SIGSYS	31	Core & Ende		ungültiges Argument bei System-Call
SIGEMT		Ende		Emulations-Trap
SIGTRAP	5	Core & Ende		Unterbrechung (Einzelschrittausführung)

Tabelle B.47 Signale, die meist bei Programmfehlern auftreten

Name	Nr.	Aktion	verfügbar	Bedeutung
SIGIOT		Core & Ende		wie SIGABRT
SIGABRT	6	Core & Ende	POSIX	abnormale Beendigung
SIGSEGV	11	Core & Ende	POSIX	Speicherzugriff auf unerlaubten Speichersegment

Tabelle B.47 Signale, die meist bei Programmfehlern auftreten (Forts.)

Name	Nr.	Aktion	verfügbar	Bedeutung
SIGTERM	15	Ende	POSIX	Programmende. Bei Programmen, die TERM abfangen, heißt das meistens, dass man mit `kill()` einen »friedlichen Shutdown« erzwingt.
SIGINT	2	Ende	POSIX	Interrupt der Dialogstation (Strg+C)
SIGHUP	1	Ende	POSIX	Abbruch einer Dialogstationsleitung bzw. Konfiguration neu laden für Dämons
SIGKILL	9	Ende	POSIX	das Signal `kill`
SIGQUIT	3	Core & Ende	POSIX	das Signal `quit` von einer Dialogstation

Tabelle B.48 Signale, die den Prozess beenden

Name	Nr.	Aktion	verfügbar	Bedeutung
SIGALRM	14	Ende	POSIX	Zeituhr ist abgelaufen – `alarm()`.
SIGVTALRM	26	Ende	BSD, SVR4	Der virtuelle Wecker ist abgelaufen.
SIGPROF	27	Ende		Timer zur Profileinstellung ist abgelaufen.

Tabelle B.49 Signale, die bei Beendigung eines Timers auftreten – Alarm

Name	Nr.	Aktion	verfügbar	Bedeutung
SIGIO	29	Ignoriert	BSD, SVR4	Socket-E/A ist möglich.
SIGURG	23	Ignoriert	BSD, SVR4	Dringender Socket-Status ist eingetreten.
SIGPOLL		Ende	SVR4	Ein anstehendes Ereignis bei Streams wird signalisiert.

Tabelle B.50 Asynchrone E/A-Signale

Name	Nr.	Aktion	verfügbar	Bedeutung
SIGCHLD	17	Ignoriert	POSIX	Der Kindprozess wurde beendet oder angehalten.
SIGTTIN	21	Anhalten	POSIX	Der Prozess wollte aus einem Hintergrundprozess der Kontroll-Dialogstation lesen.
SIGTTOU	22	Anhalten	POSIX	Der Prozess wollte in einem Hintergrundprozess der Kontroll-Dialogstation schreiben.
SIGCLD		Ignoriert		wie SIGCHLD
SIGSTOP	19	Anhalten	POSIX	Der Prozess wurde angehalten.
SIGTSTP	20	Anhalten	POSIX	Der Prozess wurde »von Hand« mit STOP angehalten.
SIGCONT	18	Ignoriert	POSIX	Ein angehaltener Prozess läuft weiter.

Tabelle B.51 Signale zur Prozesskontrolle

Name	Nr.	Aktion	verfügbar	Bedeutung
SIGPIPE	13	Ende	POSIX	Es wurde in eine Pipe geschrieben, aus der niemand liest. Es wurde versucht, mit O_NONBLOCK in eine Pipe zu schreiben, aus der keiner liest. Bei nicht-NONBLOCK hält das Öffnen/Schreiben der Pipe auf.
SIGLOST		Ende		Eine Dateisperre ging verloren.
SIGXCPU	24	Core & Ende	BSD, SVR4	Die maximale CPU-Zeit wurde überschritten.

Tabelle B.52 Signale, die bei Fehlern einer Operation ausgelöst werden

Name	Nr.	Aktion	verfügbar	Bedeutung
SIGXFSZ	25	Core & Ende	BSD, SVR4	Die maximale Dateigröße wurde überschritten.

Tabelle B.52 Signale, die bei Fehlern einer Operation ausgelöst werden (Forts.)

Name	Nr.	Aktion	verfügbar	Bedeutung
SIGUSR1 SIGUSR2	10, 12	Ende	POSIX	frei zur eigenen Benutzung
SIGWINCH	28	Ignoriert	BSD	Window-Größe hat sich verändert.

Tabelle B.53 Die restlichen Signale

B.9.4 Signale senden und Prozesse suspendieren

Syntax	Bedeutung
`int raise(int sig);`	Signal an den eigenen Prozess senden (ANSI-C-konform). Gleichwertig zu `kill(getpid(), sig);`
`int kill(pid_t pid, int sig);`	Signal an den eigenen oder auch einen anderen Prozess mit der PID `pid` senden
`unsigned int alarm( unsigned int seconds);`	Eine Alarm-Zeitschaltuhr einrichten, die nach einer bestimmten Zeit (Sekunden) das Signal `SIGALRM` an den eigenen Prozess sendet
`int pause(void);`	Prozess suspendieren, bis ein Signal eintrifft
`unsigned int sleep( unsigned int sec);`	Prozess eine gewisse Zeit (**Sekunden**) suspendieren oder bis ein Signal eintrifft
`int select( 0, NULL, NULL, NULL, struct timeval *timeout);`	Prozess eine gewisse Zeit (**Sekunden und Mikrosekunden**) suspendieren oder bis ein Signal eintrifft
`int usleep(unsigned long usec);`	Prozess eine gewisse Zeit (**Mikrosekunden**) suspendieren oder bis ein Signal eintrifft
`int nanosleep( const struct timespec *req, struct timespec *rem);`	Prozess eine gewisse Zeit (**Sekunden und Nanosekunden** eventuell – systemabhängig – möglich) suspendieren oder bis ein Signal eintrifft

Tabelle B.54 Signale senden und Prozesse suspendieren

B.10 Interprozesskommunikationen

B.10.1 Pipes

Syntax	Bedeutung
`int pipe(int filedes[2]);`	Pipe einrichten

`FILE *popen(`
`const char *command,`
`const char *type);`
	Pipe zu einem anderem Programm einrichten

`int pclose(FILE *stream);`	Pipe schließen

Tabelle B.55 Funktionen für Pipes (<unistd.h> und <stdio.h>)

B.10.2 FIFO (Benannte Pipe) erzeugen

Syntax	Bedeutung

`int mkfifo(`
`const char *pathname,`
`mode_t mode);`
	eine benannte Pipe (FIFO) erzeugen

Tabelle B.56 Funktionen für benannte Pipes (<sys/stat.h> und <sys/types.h>)

B.11 Sys-V-Interprozesskommunikationen

Die drei Interprozesskommunikationstechniken (Semaphor, Message Queue und Shared Memory) von System V nutzen zwar unterschiedliche Konzepte, verwenden allerdings alle dieselben systemweiten Ressourcen, die von mehreren Prozessen gemeinsam genutzt werden können. Somit ist hiermit eine Kommunikation zwischen nichtverwandten Prozessen möglich. Mehr zu den allgemeinen Gemeinsamkeiten entnehmen Sie bitte Kapitel 11 zur Sys-V-Interprozesskommunikation.

B.11.1 Message Queue

Eine Message Queue setzt sich aus den folgenden drei Teilen zusammen:

- Message-Typ (`long`)
- Größe der Message in Bytes (`size_t`)
- die eigentliche Message (Message-String)

Zur Verwendung der Funktionen einer Message Queue werden die Headerdateien *<sys/types.h>*, *<sys/ipc.h>* und *<sys/msg.h>* benötigt.

Syntax	Bedeutung
`int msgget( key_t key,` `int msgflg);`	Message Queue öffnen oder erzeugen

`int msgsnd( int msqid,`
`struct msgbuf *msgp,`
`size_t msgsz,`
`int msgflg);`
	Nachrichten senden

`ssize_t msgrcv(`
`int msqid,`
`struct msgbuf *msgp,`
`size_t msgsz,`
`long msgtyp,`
`int msgflg);`
	Nachrichten empfangen

`int msgctl(`
`int msqid,`
`int cmd,`
`struct msqid_ds *buf);`
	Status einer Message Queue ändern oder abfragen

Tabelle B.57 Funktionen für Message Queues

B.11.2 Semaphor

Das Semaphor ist eine Variable vom Typ `unsigned short`, die beim Eintritt in einen kritischen Codeausschnitt dekrementiert und beim Verlassen wieder inkrementiert wird. Zur Verwendung der Funktionen der Semaphore werden die Headerdateien *<sys/types.h>*, *<sys/ipc.h>* und *<sys/sem.h>* benötigt.

Syntax	Bedeutung

`int semget( key_t key,`
`int nsems,`
`int semflg);`
	Semaphor öffnen oder erzeugen

`int semctl( int semid,`
`int semnum,`
`int cmd, ...);`
	Status einer Semaphor-Menge abfragen, setzen oder löschen

Tabelle B.58 Funktionen für Semaphore

Syntax	Bedeutung
`int semop( int semid, struct sembuf *sops, unsigned nsops);`	Ausführen von Operationen auf Semaphor-Menge

Tabelle B.58 Funktionen für Semaphore (Forts.)

B.11.3 Shared Memory

Beim Shared Memory verwenden mehrere Prozesse einen bestimmten Speicherbereich gemeinsam. Somit ist ein aufwendiges Kopieren zwischen den Prozessen nicht mehr nötig, da jeder Prozess über den Inhalt verfügen kann, der sich in diesem Speicherbereich befindet. Wichtig dabei ist, dass niemals zwei Prozesse gleichzeitig in diesen Speicherbereich schreiben. Diese Synchronisation lässt sich am einfachsten mit dem Client-Server-Prinzip realisieren. Zur Verwendung der Funktionen von Shared Memory werden die Headerdateien *<sys/types.h>*, *<sys/ipc.h>* und *<sys/shm.h>* benötigt.

Syntax	Bedeutung
`int shmget( key_t key, int size, int shmflg);`	Shared-Memory-Segment öffnen oder erzeugen
`int shmctl( int shmid, int cmd, struct shmid_ds *buf);`	Status eines Shared-Memory-Segments abfragen, setzen oder löschen
`void *shmat( int shmid, const void *shmaddr, int shmflg);`	Shared-Memory-Segment an einen Prozess binden
`int shmdt(const void *shmaddr);`	Shared-Memory-Segment von einem Prozess lösen

Tabelle B.59 Funktionen für Shared Memory

B.12 Thread-Programmierung

Anhand des Präfix der `pthread`-Funktionen lassen sich diese ordentlich in eine Gruppe einsortieren. Hier ein schneller Überblick dazu.

Präfix	Gruppe
pthread_	Threads selbst mit verschiedenen Unterfunktionen
pthread_attr_	Thread-Eigenschaften
pthread_mutex_	Mutexe
pthread_mutexattr_	Mutex-Eigenschaften
pthread_cond_	Condition-Variablen
pthread_condattr_	Eigenschaften von Condition-Variablen
pthread_key_	spezifische Thread-Daten-Schlüssel

Tabelle B.60 Verschieden Präfixe von Thread-Funktionen

Insgesamt enthält die pthread-API über 60 Funktionen; zum Übersetzen müssen Sie die Headerdatei *<pthread.h>* einbinden und die Bibliothek (-lpthread) hinzulinken.[3]

B.12.1 Thread-Verwaltung

Syntax	Bedeutung
int pthread_create(pthread_t * thread, pthread_attr_t * attr, void * (*start_routine) (void *), void * arg);	Thread erzeugen
void pthread_exit(void *retval);	Thread beenden
int pthread_join(pthread_t th, void **thread_return);	auf die Beendigung von Threads warten
pthread_t pthread_self(void);	Threads identifizieren

Tabelle B.61 Funktionen zur gewöhnlichen Thread-Verwaltung

3 Wahrscheinlich wollen Sie aber auch noch Umgebungsvariablen (wie z. B. _REENTRANT) richtig setzen. Alles zusammen macht die Gcc-Option -pthread für Sie. -pthread und -lpthread sehen zum Verwechseln ähnlich aus, sind aber unterschiedlich.

Syntax	Bedeutung

int pthread_equal(
  pthread_t thread1,
  pthread_t thread2);
	Threads vergleichen

int pthread_detach(pthread_t th);	Einen Thread von den anderen absondern, in dem er anhand der Leistung und Performance ein wenig optimiert wird. Dies wird erreicht, indem dieser Thread bei Beendigung sofort terminiert und freigegeben wird. Allerdings kann dieser Thread nicht mehr mit pthread_join() synchronisiert werden.

Tabelle B.61 Funktionen zur gewöhnlichen Thread-Verwaltung (Forts.)

B.12.2 Attribute von Threads und das Scheduling erfragen

Syntax	Bedeutung
int pthread_attr_init(pthread_attr_t *attr);	Attributvariable initialisieren

int pthread_attr_getdetachstate(
  const pthread_attr_t *attr,
  int *detachstate);
	Abfragen, ob der Thread PTHREAD_CREATE_DETACHED ist, also bei Beendigung sofort freigegeben wird, oder ob PTHREAD_CREATE_JOINABLE (Standard) gesetzt ist, womit sich der Thread besser synchronisieren lässt.

int pthread_attr_getschedpolicy(
  const pthread_attr_t *attr,
  int *policy);
	Die Prioritäten eines Threads abfragen. Mögliche Werte: SCHED_OTHER (normal, keine Echtzeit), SCHED_FIFO (hoch, Echtzeit) und SCHED_RR (hoch, Echtzeit-Round-Robin)

int pthread_attr_getinheritsched(
  const pthread_attr_t *attr,
  int *inherit);
	Werden die Scheduling-Eigenschaften des Vater-Threads beim Erzeugen eines neuen Threads übernommen (PTHREAD_INHERIT_SCHED) oder nicht (PTHREAD_EXPLICIT_SCHED)?

int pthread_attr_destroy(pthread_attr_t *attr);	Attributvariable wieder freigeben

Tabelle B.62 Attribute und Scheduling von Threads ermitteln

B.12.3 Attribute und das Scheduling von Threads setzen

Syntax	Bedeutung
`int pthread_attr_init( pthread_attr_t *attr);`	Attributvariable initialisieren
`int pthread_attr_setdetachstate( pthread_attr_t *attr, int detachstate);`	Setzen der Eigenschaft `PTHREAD_CREATE_DETACHED` oder `PTHREAD_CREATE_JOINABLE` (Standard) für einen Thread
`int pthread_attr_setschedpolicy( pthread_attr_t *attr, int policy);`	Prioritäten für einen Thread setzen. Mögliche Werte: `SCHED_OTHER` (normal, keine Echtzeit), `SCHED_FIFO` (hoch, Echtzeit) und `SCHED_RR` (hoch, Echtzeit Round-Robin)
`int pthread_attr_setinheritsched( pthread_attr_t *attr, int inherit);`	Einstellen, ob die Scheduling-Eigenschaften vom Vater-Thread an den Kind-Thread vererbt werden sollen (`PTHREAD_INHERIT_SCHED`) oder nicht (`PTHREAD_EXPLICIT_SCHED`)
`int pthread_attr_destroy( pthread_attr_t *attr);`	Attributvariable wieder freigeben

Tabelle B.63 Attribute und Scheduling von Threads setzen

B.12.4 Mutex-Variablen

Syntax	Bedeutung
`int pthread_mutex_lock( pthread_mutex_t *mutex);`	Mutex anlegen (initialisieren)
`int pthread_mutex_lock( pthread_mutex_t *mutex);`	Mutex sperren (blockiert gegebenenfalls, bis Mutex frei wird, falls gesperrt)
`int pthread_mutex_trylock( pthread_mutex_t *mutex);`	Mutex sperren (ohne Blockieren – ist Mutex nicht frei, wird Fehlercode `EBUSY` zurückgegeben)
`int pthread_mutex_unlock( pthread_mutex_t *mutex);`	gesperrten Mutex wieder freigeben
`int pthread_mutex_destroy( pthread_mutex_t *mutex);`	Mutex löschen (freigeben)

Tabelle B.64 Funktionen zum Arbeiten mit Mutex

B.12.5 Attribute von Mutexe

Syntax	Bedeutung
`int pthread_mutexattr_init( pthread_mutexattr_t *attr);`	Attributvariable für Mutexe initialisieren
`int pthread_mutexattr_setkind_np( pthread_mutexattr_t *attr, int kind );`	Attribute für Mutex setzen
`int pthread_mutexattr_getkind_np( pthread_mutexattr_t *attr, int *kind );`	Attribute für Mutex abfragen
`int pthread_mutexattr_destroy( pthread_mutexattr_t *attr);`	Attributvariable für Mutex wieder freigeben

Tabelle B.65 Attribute für Mutexe setzen oder abfragen

Hinweis

Die Funktionen `pthread_mutexattr_setkind_np()` und `pthread_mutexattr_getkind_np()` sind keine portablen POSIX-Funktionen. Das gilt auch für die drei Attribute `PTHREAD_MUTEX_FAST_NP`, `PTHREAD_MUTEX_ERRORCHECK_NP` und `PTHREAD_MUTEX_RECURSIVE_NP`, von denen Linux offiziell nur `PTHREAD_MUTEX_FAST_NP` unterstützt – obwohl auch diese Konstanten nicht portabel sind (Endung `_NP`).

Alternativ gibt es noch die folgenden Funktionen:

```
int pthread_mutexattr_settype (
   pthread_mutexattr_t *attr, int kind );
int pthread_mutexattr_gettype (
   const pthread_mutexattr_t *attr, int *kind );
```

Sie besitzen zwar keine `_np`-Endung, wobei sich dies allerdings wieder aufhebt, weil die Attribute (symbolische Konstanten) wieder dieselben sind wie die schon eben erwähnten `_NP`-Konstanten.

B.12.6 Condition-Variablen

Syntax	Bedeutung
`int pthread_cond_init( pthread_cond_t *cond, pthread_condattr_t *cond_attr);`	Initialisieren einer Condition-Variablen
`int pthread_cond_wait( pthread_cond_t *cond, pthread_mutex_t *mutex);`	Wartet auf die Condition-Variable.
`int pthread_cond_timewait( pthread_cond_t *cond, pthread_mutex_t *mutex, const struct timespec *abstime);`	Wartet eine bestimmte Zeit auf die Condition-Variable.
`int pthread_cond_signal( pthread_cond_t *cond);`	Die Funktion weckt einen wartenden Thread auf. Bei mehreren wartenden Threads wird mindestens einer geweckt, aber es ist undefiniert, welcher oder welche.
`int pthread_cond_broadcast( pthread_cond_t *cond);`	Die Funktion weckt alle wartende Threads auf.
`int pthread_cond_destroy( pthread_cond_t *cond);`	Freigeben einer Condition-Variablen

Tabelle B.66 Funktionen für Condition-Variablen

B.12.7 Threads beenden

Syntax	Bedeutung
`int pthread_cancel( pthread_t thread);`	Thread mit der ID `thread` beenden
`int pthread_setcancelstate( int state, int *oldstate);`	Hiermit lässt sich einstellen, ob sich der Thread mit `pthread_cancel()` aus einem zweiten Thread beenden lässt (Standardeinstellung (`state=PTHREAD_CANCEL_ENABLE`)) oder nicht (`state=PTHREAD_CANCEL_DISABLE`).

Tabelle B.67 Erweiterte Möglichkeiten, einen Thread zu beenden

Syntax	Bedeutung
`int pthread_setcanceltype( int type, int *oldtype);`	Soll ein Thread sofort nach einem Aufruf von `pthread_cancel()` beendet werden, geben Sie hier für `type` `PTHREAD_CANCEL_ASYNCHRONOUS` an. Ansonsten – mit `PTHREAD_CANCEL_DEFERRED` (Standardeinstellung) – läuft der Thread noch bis zum Ende bzw. nächsten Abbruchpunkt weiter.

Tabelle B.67 Erweiterte Möglichkeiten, einen Thread zu beenden (Forts.)

B.13 Netzwerkprogrammierung

B.13.1 Grundlegende Socket-Funktionen

Die gleich folgenden Funktionen zur Socket-Programmierung benötigen die folgenden Headerdateien:

```
#include <sys/types.h>
#include <sys/socket.h>
```

Des Weiteren wird eine Struktur namens `sockaddr` verwendet, die wie folgt definiert ist:

```
struct sockaddr {
    sa_family_t  sa_family;    /* address family, AF_xxx       */
    char         sa_data[14]; /* 14 bytes of protocol address */
 };
```

Diese Struktur lässt sich allerdings recht unbequem ausfüllen (gemeint sind damit Portnummer und Internetadresse in der Strukturvariable `sa_data`), weshalb es für IP-Anwendungen eine spezielle Struktur für den Zweck gibt:

```
struct sockaddr_in {
    sa_family_t sin_family;         /* Address-Familie  */
    unsigned short int sin_port;    /* Portnummer       */
    struct in_addr sin_addr;        /* Internet-Adresse */
};
```

`sockaddr_in` ermöglicht es Ihnen, die IP-Adresse sowie die Portnummer getrennt einzutragen. Im Speicher sind diese beiden Strukturen kompatibel, es reicht also eine einfache Typumwandlung, um die gewünschten Informationen zu übergeben.

Syntax	Bedeutung

int socket (int domain,
  int type,
  int protocol);
	ein Socket (Endpunkt) zur Kommunikation anlegen

int bind (
  int s,
  const struct sockaddr *name,
  int namelen);
	ein Socket mit einer Adresse verknüpfen (Server)

int listen(int s, int backlog);	am Socket horchen – auf eine Verbindung warten

int accept (
  int s,
  struct sockaddr *addr,
  int *addrlen);
	eintreffende Verbindungswünsche bearbeiten

int connect (
  int s,
  const struct sockaddr *name,
  int namelen);
	eine Verbindung zum Server herstellen (Client)

ssize_t send (
  int s,
  const void *msg,
  size_t len,
  int flags);
	Versenden von Daten über ein Socket

ssize_t sendto (
  int s,
  const void *msg,
  size_t len,
  int flags,
  const struct sockaddr *to,
  int tolen);
	Versenden von Daten über ein Socket (wird vorwiegend mit dem UDP-Protokoll verwendet)

ssize_t recv (
  int s,
  void *buf,
  size_t len,
  int flags);
	Empfangen von Daten über ein Socket

Tabelle B.68 Grundlegende Socket-Funktionen

Syntax	Bedeutung
`ssize_t recvfrom ( int s, void *buf, size_t len, int flags, struct sockaddr *from, int *fromlen );`	Empfangen von Daten über ein Socket (wird vorwiegend mit dem UDP-Protokoll verwendet)
`int getsockopt ( int s, int level, int optname, void *optval, int *optlen );`	Erfragen von Optionen für Sockets
`int setsockopt ( int s, int level, int optname, const void *optval, int optlen );`	Setzen von Optionen für Sockets
`int socketpair( int d, int type, int protocol, int sv[2]);`	Der Aufruf `socketpair()` generiert zwei unbenannte, miteinander verbundene Sockets. `d` bezeichnet die Domain, `typ` den Typ der Sockets, und `protocol` definiert das Protokoll, das nicht angegeben werden muss. Die Deskriptoren der Sockets werden in `sv[0]` und `sv[1]` zurückgegeben. Die beiden Sockets können nicht unterschieden werden. Die Semantik der Funktion entspricht dem Syscall `pipe()`.
`int shutdown(int s, int how);`	`shutdown()` beendet eine ganze Voll-Duplex-Verbindung oder einen Teil einer Voll-Duplex-Verbindung, die mit dem Socket `s` verbunden ist. Ist `how = 0`, so werden weitere empfangene Nachrichten abgelehnt. Ist `how = 1`, so werden weitere zu sendende Nachrichten abgelehnt. Ist `how = 2`, so werden zu sendende und empfangene Nachrichten abgelehnt.

Tabelle B.68 Grundlegende Socket-Funktionen (Forts.)

Syntax	Bedeutung
`int getpeername( int s, struct sockaddr *name, int *namelen );`	`getpeername()` liefert zu einem gegebenen Socket `s` die Adresse des entfernten Endes. `name` ist ein Zeiger auf einen Speicherplatz, an dem das System die Adresse ablegen kann, und `namelen` teilt dem System mit, wie viel Platz vorhanden ist. Daran erkennt es, welche Art von Adresse man erwartet. Da es sich um einen Ergebnis-Parameter handelt, muss er vorbelegt werden und unbedingt auf einen schreibbaren Speicherplatz zeigen.
`int getsockname( int s, struct sockaddr *name, int *namelen);`	`getsockname()` liefert zu einem gegebenen Socket `s` die Adresse des lokalen Endes. `name` ist ein Zeiger auf einen Speicherplatz, an dem das System die Adresse ablegen kann, und `namelen` teilt dem System mit, wie viel Platz vorhanden ist. Daran erkennt es, welche Art von Adresse man erwartet. Da es sich um einen Ergebnis-Parameter handelt, muss er vorbelegt werden und unbedingt auf einen schreibbaren Speicherplatz zeigen.

Tabelle B.68 Grundlegende Socket-Funktionen (Forts.)

B.13.2 Konvertieren zur richtigen Byteanordnung

Es gibt verschiedene Architekturen, in denen sich die Anordnung der Bytereihenfolge beim Abspeichern einer Zahl unterscheidet. Generell wird dabei zwischen Big Endian und Little Endian unterschieden. Beim Big Endian wird das höchstwertige Byte an der niedrigsten Adresse gespeichert, das zweithöchste an der nächsten Adresse und so weiter. Bei der Anordnung von Little Endian ist dies genau umgekehrt: Dabei wird das niedrigstwertige Byte an der niedrigsten Stelle gespeichert, das zweitniedrigste an der nächsten Stelle usw.

Damit sich aber alle Rechner untereinander verstehen, hat man sich auf eine einheitliche Datenübertragung mit Big Endian (auch als *Network Byte Order* bezeichnet) geeinigt. Um eine lokal verwendete Byte-Reihenfolge (*Host Byte Order*) in eine Network-Byte-Order und umgekehrt zu konvertieren, stehen Ihnen die folgenden Funktionen zur Verfügung, die alle die Headerdatei *<netinet/in.h>* benötigen.

Syntax	Bedeutung
`uint32_t htonl(uint32_t);`	Konvertiert einen 32-Bit-Wert in Host Byte Order in einen 32-Bit-Wert in Network Byte Order.
`uint16_t htons(uint16_t);`	Konvertiert einen 16-Bit-Wert in Host Byte Order in einen 16-Bit-Wert in Network Byte Order.

Tabelle B.69 Funktionen zum Konvertieren der richtigen Byteanordnung

Syntax	Bedeutung
`uint32_t ntohl(uint32_t);`	Konvertiert einen 32-Bit-Wert in Network Byte Order in einen 32-Bit-Wert in Host Byte Order.
`uint16_t ntohs(uint16_t);`	Konvertiert einen 32-Bit-Wert in Network Byte Order zu einem 32-Bit-Wert in Host Byte Order.

Tabelle B.69 Funktionen zum Konvertieren der richtigen Byteanordnung (Forts.)

B.13.3 Abfragen von Netzwerknummern und Internetadressen

Zur Verwendung der folgenden Funktionen sind folgende Headerdateien nötig:

```
#include <netinet/in.h>
#include <sys/socket.h>
#include <arpa/inet.h>
```

Des Weiteren wird die Struktur `in_addr` verwendet, die sich auch in der Headerdatei *sockaddr_in* wiederfindet:

```
struct sockaddr_in {
  /* Adressfamilie normalerweise AF_INET  */
  short int          sin_family;
  /* Port der Verbindung                  */
  unsigned short int sin_port;
  /* Adresse zu der Verbunden werden soll */
  struct in_addr     sin_addr;
  /* Fuelldaten um auf 14 Bytes zu kommen */
  unsigned char      sin_zero[8];
};

struct in_addr{
    unsigned long int sin_addr;
}
```

Syntax	Bedeutung
`int inet_aton ( const char *name, struct in_addr *addr );`	Konvertiert den String in der punktierten Dezimaldarstellung (bspw. 127.0.0.1) in eine 32-Bit-Internetadresse.
`uint32_t inet_network ( const char *name );`	Extrahiert aus der punktierten Dezimaldarstellung die Netzwerknummer.

Tabelle B.70 Funktionen zum Abfragen von Netzwerknummern und Internetadressen

Syntax	Bedeutung
`char * inet_ntoa ( struct in_addr addr );`	Konvertiert die übergebene 32-Bit-Adresse, die im Network Byte Order vorliegen muss, in eine punktierte Dezimaldarstellung als String.
`struct in_addr inet_makeaddr ( uint32_t net, uint32_t local );`	Generiert aus dem lokalen Teil einer Rechneradresse und einer Netzwerknummer eine numerische IP-Adresse.
`uint32_t inet_lnaof ( struct in_addr addr );`	Ermittelt die Adresse des lokalen Teils (beispielsweise 127.0.0.1 – der lokale Teil = 0.0.0.1) des Rechners. Die Funktion gibt diesen Wert in Form eines 32-Bit-Wertes in Host Byte Order zurück.
`uint32_t inet_netof ( struct in_addr addr );`	Konvertiert eine numerische 32-Bit-Darstellung der IP-Adresse, die als Parameter angegeben wird, in eine Netzwerknummer, die in Host Byte Order zurückgegeben wird.
`int inet_pton ( int af, const char *cp, void *buf );`	Wie `inet_aton()`, nur werden damit neben IPv4- auch IPv6-Adressen unterstützt.
`const char * inet_ntop ( int af, const void *cp, char *buf, size_t len);`	Wie `inet_ntoa()`, nur werden damit neben IPv4- auch IPv6-Adressen unterstützt.

Tabelle B.70 Funktionen zum Abfragen von Netzwerknummern und Internetadressen (Forts.)

B.13.4 Hostnamen aus der Host-Datenbank ermitteln

Die Funktionen in diesem Abschnitt benötigen die folgenden Headerdateien:

```
#include <sys/socket.h>
#include <netdb.h>
```

Die Struktur `hostent` ist ein Datentyp, der einen Eintrag in der Host-Datenbank repräsentiert und folgende Mitglieder besitzt:

```
struct hostent {
    char *  h_name;
    char ** h_aliases;
    short   h_addrtype;
```

```
    short   h_length;
    char ** h_addr_list;
};
```

Syntax	Bedeutung
`struct hostent * gethostbyname ( const char *name );`	Ermittelt die IP-Adresse (z. B. 192.0.34.72) passend zum angegebenen Internet-Host-Namen (z. B. *www.example.com*).
`struct hostent * gethostbyaddr ( const char *addr, size_t length, int format );`	Ermittelt den Internet-Host-Namen (z. B. *www.example.com*) passend zur angegebenen IP-Adresse (z. B. 192.0.34.72).
`struct hostent * gethostbyname2( const char *name, int af );`	Ermittelt die IP-Adresse (z. B. 192.0.34.72) passend zum angegebenen Internet-Host-Namen (z. B. *www.example.com*). – Der neu hinzugekommene Parameter `af` bezeichnet die gewünschte Adressfamilie `AF_INET` oder `AF_INET6`.

Tabelle B.71 Funktionen zum Zugriff auf die Host-Datenbank

B.13.5 Service-Datenbank

Die Funktionen in diesem Abschnitt benötigen die folgende Headerdatei:

```
#include <netdb.h>
```

Die Struktur `servent` ist ein Datentyp, der einen Eintrag in der Service-Datenbank repräsentiert und folgende Mitglieder besitzt:

```
struct    servent {
          char *s_name;       /* official name of service */
          char **s_aliases;   /* alias list               */
          int  s_port;        /* port service resides at  */
          char *s_proto;      /* protocol to use          */
    };
```

Syntax	Bedeutung
`struct servent * getservbyname ( const char *name, const char *proto );`	Ermittelt einen Port-Wert passend zu einem Internetdienst und Protokoll.

Tabelle B.72 Funktionen zum Zugriff auf die Service-Datenbank

Syntax	Bedeutung
`struct servent * getservbyport ( int port, const char *proto );`	Ermittelt einen Internetdienst passend zu einem Port und Protokoll.

Tabelle B.72 Funktionen zum Zugriff auf die Service-Datenbank (Forts.)

B.14 MySQL-C-API

B.14.1 Übersetzen einer Anwendung

Benötigte Headerdatei:

```
#include <mysql.h>
```

Compileraufruf (benötigt Pfad zum Include-Verzeichnis der MySQL-API):

```
$ gcc -c -I/usr/include/mysql client_anwendung.c
```

Linkeraufruf (benötigt Pfadangaben zu den Bibliotheken der MySQL-API):

```
$ gcc -o client_anwendung client_anwendung.o \
   -L/usr/lib/mysql -lmysqlclient
```

B.14.2 Die MySQL-C-API

Funktion	Bedeutung
`my_ulonglong mysql_affected_rows( MYSQL *mysql);`	Gibt die Anzahl von Zeilen zurück, die durch die letzte `UPDATE`-, `DELETE`- oder `INSERT`-Anfrage geändert, gelöscht oder hinzugefügt wurden.
`void mysql_close( MYSQL *mysql);`	Schließt eine Serververbindung.
`MYSQL *mysql_connect( MYSQL *mysql, const char *host, const char *user, const char *passwd);`	Stellt die Verbindung mit einem MySQL-Server her. Diese Funktion ist veraltet, benutzen Sie stattdessen `mysql_real_connect()`.

Tabelle B.73 Funktionsübersicht der MySQL-C-API

Funktion	Bedeutung

`my_bool mysql_change_user(`
`  MYSQL *mysql,`
`  const char *user,`
`  const char *passwd,`
`  const char *db);`
	Ändert Benutzer und Datenbank bei einer geöffneten Verbindung.

`const char *`
`mysql_character_set_name(`
`  MYSQL *mysql);`
	Gibt den Namen des vorgabemäßigen Zeichensatzes für die Verbindung zurück.

`int mysql_create_db(`
`  MYSQL *mysql,`
`  const char *db);`
	Erzeugt eine Datenbank. Diese Funktion ist veraltet, benutzen Sie stattdessen den SQL-Befehl `CREATE DATABASE`.

`void mysql_data_seek(`
`MYSQL_RES *result,`
`unsigned long long offset);`
	Sucht bis zur Zeile `offset` in einer Anfrage-Ergebnismenge.

`void mysql_debug(` `  char *debug);`	Macht ein `DBUG_PUSH` mit der angegebenen Zeichenkette.

`int mysql_drop_db(`
`  MYSQL *mysql,`
`  const char *db) ;`
	Löscht eine Datenbank. Diese Funktion ist veraltet, benutzen Sie stattdessen den SQL-Befehl `DROP DATABASE`.

`int mysql_dump_debug_info(` `  MYSQL *mysql);`	Veranlasst den Server, Debug-Informationen in die Logdatei zu schreiben.
`my_bool mysql_eof(` `  MYSQL_RES *result);`	Stellt fest, ob die letzte Zeile der Ergebnismenge gelesen wurde oder nicht. Diese Funktion ist veraltet, benutzen Sie stattdessen `mysql_errno()` oder `mysql_error()`.
`unsigned int mysql_errno(` `  MYSQL *mysql);`	Gibt die Fehlernummer der zuletzt aufgerufenen MySQL-Funktion zurück.
`char *mysql_error(` `  MYSQL *mysql);`	Gibt die Fehlermeldung der zuletzt aufgerufenen MySQL-Funktion zurück.

`unsigned int`
`mysql_real_escape_string(`
`  MYSQL *mysql,`
`  char *nach,`
`  const char *von,`
`  unsigned int laenge);`
	Escape-Sonderzeichen in einer Zeichenkette, die für ein SQL-Statement benutzt wird, wobei der aktuelle Zeichensatz der Verbindung berücksichtigt wird.

Tabelle B.73 Funktionsübersicht der MySQL-C-API (Forts.)

Funktion	Bedeutung
`unsigned int mysql_escape_string( MYSQL *mysql, char *nach, const char *von, unsigned int laenge);`	Escape-Sonderzeichen in einer Zeichenkette, die für ein SQL-Statement benutzt wird.
`MYSQL_FIELD * mysql_fetch_field( MYSQL_RES *result);`	Gibt den Typ des nächsten Tabellenfelds zurück.
`MYSQL_FIELD * mysql_fetch_field_direct( MYSQL_RES *result, unsigned int fieldnr);`	Gibt den Typ eines durch eine Feldnummer angegebenen Tabellenfelds zurück.
`MYSQL_FIELD * mysql_fetch_fields( MYSQL_RES *result);`	Gibt ein Array aller Feldstrukturen zurück.
`unsigned long * mysql_fetch_lengths( MYSQL_RES *result);`	Gibt die Länge aller Spalten in der aktuellen Zeile zurück.
`MYSQL_ROW mysql_fetch_row( MYSQL_RES *result);`	Holt die nächste Zeile aus der Ergebnismenge.
`MYSQL_FIELD_OFFSET mysql_field_seek( MYSQL_RES *result, MYSQL_FIELD_OFFSET offs);`	Setzt den Spaltencursor auf eine bestimmte Spalte.
`unsigned int mysql_field_count( MYSQL *mysql);`	Gibt die Anzahl der Ergebnisspalten für die letzte Anfrage zurück.
`MYSQL_FIELD_OFFSET mysql_field_tell( MYSQL_RES *result);`	Gibt die Position des Feldcursors zurück, der für das letzte `mysql_fetch_field()` benutzt wurde.
`void mysql_free_result( MYSQL_RES *result);`	Gibt Speicher frei, der von einer Ergebnismenge benutzt wird.

Tabelle B.73 Funktionsübersicht der MySQL-C-API (Forts.)

Funktion	Bedeutung
`char * mysql_get_client_info()`	Gibt Client-Versionsinformationen zurück.
`char * mysql_get_host_info( MYSQL *mysql);`	Gibt eine Zeichenkette zurück, die die Verbindung beschreibt.
`unsigned int mysql_get_proto_info( MYSQL *mysql);`	Gibt die Protokollversion zurück, die von der Verbindung benutzt wird.
`char * mysql_get_server_info( MYSQL *mysql);`	Gibt die Server-Versionsnummer zurück.
`char *mysql_info( MYSQL *mysql);`	Gibt Informationen über die zuletzt ausgeführte Anfrage zurück.
`MYSQL *mysql_init( MYSQL *mysql);`	Holt oder initialisiert eine MySQL-Struktur.
`my_unlonglong mysql_insert_id( MYSQL *mysql););`	Gibt die Kennung zurück, die für eine `AUTO_INCREMENT`-Spalte durch die letzte Anfrage erzeugt wurde.
`int mysql_kill( MYSQL *mysql, unsigned long pid);`	Tötet einen angegebenen Thread.
`MYSQL_RES *mysql_list_dbs( MYSQL *mysql, const char *wild);`	Gibt die Datenbanknamen zurück, die mit einem einfachen regulären Ausdruck übereinstimmen.
`MYSQL_RES * mysql_list_fields( MYSQL *mysql, const char *table, const char *wild);`	Gibt die Feldnamen zurück, die mit einem einfachen regulären Ausdruck übereinstimmen.
`MYSQL_RES * mysql_list_processes( MYSQL *mysql);`	Gibt eine Liste der aktuellen Server-Threads zurück.

Tabelle B.73 Funktionsübersicht der MySQL-C-API (Forts.)

Funktion	Bedeutung

`MYSQL_RES *`
`mysql_list_tables(`
`  MYSQL *mysql,`
`  const char *wild);`
	Gibt Tabellenamen zurück, die mit einem einfachen regulären Ausdruck übereinstimmen.

`unsigned int`
`mysql_num_fields(`
`  MYSQL_RES *result);`
	Gibt die Anzahl von Spalten in einer Ergebnismenge zurück.

`my_ulonglong`
`mysql_num_rows(`
`  MYSQL_RES *result);`
	Gibt die Anzahl von Zeilen in einer Ergebnismenge zurück.

`int mysql_options(`
`  MYSQL *mysql,`
`  enum mysql_option option,`
`  const char *arg);`
	Setzt Verbindungsoptionen für `mysql_connect()`.

`int mysql_ping(` `  MYSQL *mysql);`	Prüft, ob die Verbindung zum Server funktioniert oder nicht, und verbindet sich erneut, falls notwendig.

`int mysql_query(`
`  MYSQL *mysql,`
`  const char *query);`
	Führt eine SQL-Anfrage aus, die als `NULL`-begrenzte Zeichenkette angegeben wird.

`MYSQL *`
`mysql_real_connect(`
`  MYSQL *mysql,`
`  const char *host,`
`  const char *user,`
`  const char *passwd,`
`  const char *db,`
`  unsigned int port,`
`  const char *unix_socket,`
`  unsigned int client_flag`
`);`
	Verbindet sich mit einem MySQL-Server.

`mysql_real_query(`
`  MYSQL *mysql,`
`  const char *query,`
`  unsigned int len);`
	Führt eine SQL-Anfrage aus, die als gezählte Zeichenkette angegeben wird.

`int mysql_reload(` `  MYSQL *mysql);`	Weist den Server an, die Berechtigungstabellen erneut zu laden.

Tabelle B.73 Funktionsübersicht der MySQL-C-API (Forts.)

Funktion	Bedeutung
`MYSQL_ROW_OFFSET mysql_row_seek( MYSQL_RES *result, MYSQL_ROW_OFFSET off);`	Sucht bis zu einer Zeile in einer Ergebnismenge, indem sie den Wert benutzt, der von `mysql_row_tell()` zurückgegeben wird.
`MYSQL_ROW_OFFSET mysql_row_tell( MYSQL_RES *result);`	Gibt die Zeilencursorposition zurück.
`int mysql_select_db( MYSQL *mysql, const char *db);`	Wählt eine Datenbank aus.
`int mysql_shutdown( MYSQL *mysql);`	Fährt den Datenbankserver herunter.
`char *mysql_stat( MYSQL *mysql);`	Gibt den Serverstatus als Zeichenkette zurück.
`MYSQL_RES * mysql_store_result( MYSQL *mysql);`	Ruft eine vollständige Ergebnismenge zum Client ab.
`unsigned long mysql_thread_id( MYSQL *mysql);`	Gibt die aktuelle Thread-Kennung zurück.
`mysql_thread_safe()`	Gibt `1` zurück, wenn die Clients Thread-sicher kompiliert sind.
`MYSQL_RES * mysql_use_result( MYSQL *mysql);`	Initialisiert den zeilenweisen Abruf einer Ergebnismenge.

Tabelle B.73 Funktionsübersicht der MySQL-C-API (Forts.)

B.14.3 Datentypenübersicht der C-API

Auch zu den eigenen Datentypen von MySQL und der C-API erfolgt hier ein kurzer Überblick.

Datentyp	Bedeutung
`MYSQL`	Handle einer Datenbankverbindung. Wird für fast alle MySQL-Funktionen verwendet.

Tabelle B.74 Datentypenübersicht der MySQL-C-API

Datentyp	Bedeutung
MYSQL_RES	Ergebnis einer Anfrage, die Zeilen zurückgibt (SELECT, SHOW, DESCRIBE, EXPLAIN).
MYSQL_ROW	Eine typensichere Darstellung eines Datensatzes (Zeile). Zeilen werden gewöhnlich mit der Funktion mysql_fetch_row() eingelesen.
MYSQL_FIELD	Eine Struktur mit Informationen über ein Feld, Feldnamen, Feldtyp und Feldgröße. Die einzelnen Werte dieser Struktur erhalten Sie durch die Funktion mysql_fetch_field().
MYSQL_FIELD_OFFSET	Eine typensichere Darstellung eines Offsets in einer MySQL-Feldliste. Offsets sind Feldnummern innerhalb einer Zeile.
my_ulonglong	Der Typ, der für die Anzahl von Zeilen und für mysql_affected_rows(), mysql_num_rows() und mysql_insert_id() benutzt wird.

Tabelle B.74 Datentypenübersicht der MySQL-C-API (Forts.)

B.15 PostgreSQL-C-API

B.15.1 Übersetzen einer Anwendung

Benötigte Headerdatei:

```
#include <libpq-fe.h>
```

Compileraufruf (benötigt Pfad zum Include-Verzeichnis der PostgreSQL-API):

```
$ gcc -c -I/usr/include/pgsql client_anwendung.c
```

Linkeraufruf (benötigt Pfadangaben zu den Bibliotheken der PostgreSQL-API):

```
$ gcc -o client_anwendung client_anwendung.o \
  -L/usr/lib/pgsql -lpq
```

B.15.2 Eine Verbindung zum PostgreSQL-Server herstellen

```
PGconn *PQconnectdb(const char *conninfo);
PGconn *PQsetdbLogin(const char *pghost,
                     const char *pgport,
```

```
                    const char *pgoptions,
                    const char *pgtty,
                    const char *dbName,
                    const char *login,
                    const char *pwd);
PGconn *PQsetdb(char *pghost,
                char *pgport,
                char *pgoptions,
                char *pgtty,
                char *dbName);
/* Nichtblockierende Funktionen */
PGconn *PQconnectStart(const char *conninfo);
PostgresPollingStatusType PQconnectPoll(PGconn *conn);
```

B.15.3 Status und Informationen zur Verbindung ermitteln

Funktion	Bedeutung
`ConnStatusType PQstatus( const PGconn *conn);`	Status des Verbindungsaufbaus überprüfen
`char *PQdb( const PGconn *conn);`	Gibt einen Zeiger zurück auf den Datenbanknamen der Verbindung.
`char *PQuser( const PGconn *conn);`	Gibt den Benutzernamen der Verbindung zurück.
`char *PQpass( const PGconn *conn);`	Gibt das Passwort der Verbindung zurück.
`char *PQhost( const PGconn *conn);`	Gibt den Server-Hostnamen der Verbindung zurück.
`char *PQport( const PGconn *conn);`	Gibt den Port der Verbindung zurück.
`char *PQtty(const PGconn *conn);`	Gibt das TTY für die Debug-Ausgaben der Verbindung zurück.
`char *PQoptions( const PGconn *conn);`	Gibt Konfigurationsoptionen, die der Verbindungsanfrage übergeben wurden, zurück.
`int PQsocket( const PGconn *conn);`	Gibt die Deskriptornummer des mit dem Server verbundenen Sockets zurück. Bei `-1` wird angezeigt, dass keine Verbindung besteht.

Tabelle B.75 Status und Informationen zur Verbindung ermitteln

Funktion	Bedeutung
`int PQbackendPID( const PGconn *conn);`	Gibt die Prozesskennung (PID) des Serverprozesses, der mit dieser Verbindung arbeitet, zurück.
`SSL *PQgetssl( const PGconn *conn);`	Hier wird eine SSL-Struktur zurückgegeben. Wird SSL nicht verwendet, wird `NULL` zurückgegeben. Mehr dazu entnehmen Sie gegebenenfalls der Anleitung von OpenSSL.

Tabelle B.75 Status und Informationen zur Verbindung ermitteln (Forts.)

B.15.4 Verbindung beenden oder wieder aufnehmen

Syntax	Bedeutung
`void PQfinish(PGconn *conn);`	Verbindung schließen und den Speicher für das `PGconn`-Objekt wieder freigegeben
`void PQreset(PGconn *conn);`	Schließt die Verbindung zum Server und versucht, eine neue Verbindung zum selben Server mit den gleichen Parametern aufzubauen.

`int PQresetStart(PGconn *conn);`
 	
`PostgresPollingStatusType PQresetPoll(PGconn *conn);`
	Für nicht blockierende Verbindungen gibt es diese Funktionen, die versuchen, eine Verbindung zu schließen und erneut mit demselben Server eine neue nicht blockierende Verbindung aufzubauen.

Tabelle B.76 Verbindung beenden oder wieder aufnehmen

B.15.5 SQL-Anfragen an den Server stellen und den Status auswerten

Syntax	Bedeutung
`PGresult *PQexec( PGconn *conn, const char *command);`	Anfragen an den Server
`ExecStatusType PQresultStatus( const PGresult *res);`	Rückgabestatus der Anfrage
`char *PQresStatus( ExecStatusType status);`	Macht aus dem von `PQresultStatus()` zurückgegebenen Wert eine aussagekräftige Stringkonstante.

Tabelle B.77 Anfrage an den Server und den Status auswerten

Syntax	Bedeutung
`char *PQresultErrorMessage( const PGresult *res);`	wie `PQresultStatus()` und `PqresStatus()` in einem Rutsch

Tabelle B.77 Anfrage an den Server und den Status auswerten (Forts.)

B.15.6 Ergebnis einer SQL-Anfrage auswerten

Funktion	Bedeutung
`int PQntuples( const PGresult *res);`	Gibt die Anzahl der Zeilen (Tupel) des Anfrageergebnisses zurück.
`int PQnfields( const PGresult *res);`	Gibt die Anzahl der Spalten in einer Zeile des Anfrageergebnisses zurück.
`char *PQfname( const PGresult *res, int spalten_nummer);`	Gibt den Namen der Spalte `spalten_nummer` – beginnend bei 0 – zurück.
`int PQfnumber( const PGresult *res, const char *field_name);`	Gibt die Nummer der Spalte zum angegebenen Spaltennamen `field_name` zurück.
`Oid PQftype( const PGresult *res, int spalten_nummer);`	Hiermit können Sie den Datentypen der Spalte erfahren. Eine Übersicht der OIDs finden Sie in der Datei *pg_type.h* (meistens im Verzeichnis von `libpq` im Pfad *server/catalog/pg_type.h* zu finden).
`int PQfmod( const PGresult *res, int spalten_nummer);`	Gibt die typenspezifischen Modifikationsdaten der Spalte mit der angegebenen Nummer (beginnend mit 0) zurück.
`int PQfsize( const PGresult *res, int spalten_nummer);`	Gibt die Größe in Bytes der Spalte `spalten_nummer` zurück. Wird `-1` zurückgegeben, handelt es sich um einen String variabler Länge.
`int PQbinaryTuples( const PGresult *res);`	Diese Funktion gibt `1` zurück, wenn `PGresult` binäre Zeilendaten enthält. Bei `0` handelt es sich um Textdaten.
`void PQclear(PQresult *res);`	Speicherplatz der Anfrage freigeben

Tabelle B.78 Funktionen, die das Ergebnis einer Anfrage auswerten

B.15.7 Rückgabe des Anfrageergebnisses auslesen

Syntax	Bedeutung
`char* PQgetvalue( const PGresult *res, int zeilen_nummer, int spalten_nummer);`	einzelne Spaltenwerte auslesen
`int PQgetisnull( const PGresult *res, int zeilen_nummer, int spalten_nummer);`	Testet, ob der Wert einer Spalte gleich `NULL` ist.
`int PQgetlength( const PGresult *res, int zeilen_nummer, int spalten_nummer);`	Länge des Datenwertes einer Spalte

Tabelle B.79 Rückgabe des Anfrageergebnisses auslesen

B.15.8 Ergebnisse anderer Befehle ermitteln

Syntax	Bedeutung
`char * PQcmdStatus( PGresult *res);`	Gibt eine Statuszeichenkette für einen Befehl (bspw.: `INSERT 16994 1`) zurück.
`char * PQcmdTuples( PGresult *res);`	Gibt die Anzahl der Zeilen, auf die ein SQL-Befehl wie `INSERT`, `UPDATE` oder `DELETE` eine Auswirkung hatte zurück.
`Oid PQoidValue( const PGresult *res);`	Gibt entweder einen (ganzzahligen) Wert vom Typ `Oid` oder im Falle eines Fehlers `InvalidOid` zurück.
`char * PQoidStatus( const PGresult *res);`	Gibt eine Zeichenkette mit der OID der eingefügten Zeile zurück, wenn die SQL-Anweisung ein `INSERT` war – ansonsten `0`, also wenn die Zieltabelle keine OIDs hatte. Wenn der SQL-Befehl kein `INSERT` war, wird ein leerer String zurückgegeben.

Tabelle B.80 Ergebnisse anderer Befehle ermitteln

B.16 Weitere Funktionsreferenzen auf der Buch-CD

Weitere Funktionsreferenzen, insbesondere zur GUI-Programmierung mit X11, GTK+ und Co. sowie SDL, finden Sie in einer Linkliste bei den MATERIALIEN ZUM BUCH unter *http://www.rheinwerk-verlag.de/3854/*. Da es sich hierbei allerdings um die Originalreferenzen handelt, bedeutet dies auch, dass Kenntnisse der englischen Sprache nötig sind.

Anhang C
Linux-Unix-Kommandoreferenz

Zwar besitzen Sie nun sehr fundierte Kenntnisse rund um die Linux-Unix- und Shell-Programmierung, doch benötigen Sie für den Feinschliff auch noch die Möglichkeit, Ihr Wissen umzusetzen. Sie haben im Verlaufe des Buches viele Kommandos kennengelernt und verwendet, aber Linux/Unix hat in dieser Hinsicht noch eine Menge mehr zu bieten.

Wie Sie dieses Kapitel verwenden, bleibt zunächst Ihnen überlassen. Sie können entweder alle Kommandos hier durcharbeiten und am besten selbst ein wenig damit herumexperimentieren, oder aber Sie kommen zur gegebenen Zeit (wenn Sie ein Kommando verwenden) auf dieses Kapitel zurück. Alle Kommandos sind nach Themengebiet sortiert und in alphabetischer Reihenfolge aufgelistet – ideal zum Nachschlagen eben.

Die Beschreibung der einzelnen Kommandos beschränkt sich auf das Nötigste bzw. Gängigste. Sofern es sinnvoll erscheint, finden Sie hier und da einige Beispiele zum entsprechenden Kommando. Die Beschreibung der einzelnen Tools stellt in keiner Weise einen Ersatz für die unzähligen Manual- und Info-Seiten dar, die sich auf jedem Linux/Unix-Rechner befinden. Für tiefgründige Recherchen sind die Manual- und Info-Seiten sowieso unverzichtbar. Besonders auf die vielen Optionen und Schalter der einzelnen Kommandos können wir hier aus Platzgründen kaum eingehen.

Des Weiteren sind viele Befehle zum Teil betriebssystem- bis zu distributionsspezifisch. Andere Kommandos wiederum unterscheiden sich hier und da geringfügig in der Funktionalität und der Verwendung der Optionen. Einzig unter Linux kann man behaupten, dass all die hier erwähnten Kommandos auf jeden Fall vorhanden sind und auch so funktionieren wie beschrieben.

C.1 Dateiorientierte Kommandos

C.1.1 bzcat – Ausgabe von Bzip2-komprimierten Dateien

Mit `bzcat` können Sie die Inhalte von `bzip2`-komprimierten Dateien ausgeben, ohne dass Sie hierbei die komprimierte Datei dekomprimieren müssen. Dies ist z. B. auch ein Grund, warum Sie mit einem Dateibrowser den Inhalt einer Datei sehen und sogar lesen können, obwohl Sie sie noch gar nicht dekomprimiert haben. Ansonsten funktioniert `bzcat` wie `cat`.

C.1.2 cat – Datei(en) nacheinander ausgeben

cat wurde bereits mehrfach in diesem Buch verwendet und auch beschrieben. Mit diesem Kommando werden gewöhnlich Dateien ausgegeben. Geben Sie cat beim Aufruf keine Dateien zum Lesen als Argument mit, liest cat so lange aus der Standardeingabe, bis [Strg]+[D] (EOF) betätigt wurde.

Verwendung	Bedeutung
cat file	Gibt den Inhalt von file aus.
cat file | kommando	Gibt den Inhalt von file via Pipe an die Standardeingabe von kommando weiter.
cat file1 file2 > file_all	Dateien aneinanderhängen
cat > file	Schreibt alle Zeilen, die von der Tastatur eingegeben wurden, in die Datei file, bis [Strg]+[D] betätigt wurde.

Tabelle C.1 Anwendungen von »cat«

C.1.3 chgrp – Gruppe von Dateien oder Verzeichnissen ändern

Mit chgrp ändern Sie die Gruppenzugehörigkeit einer Datei oder eines Verzeichnisses. Dieses Kommando bleibt somit dem Eigentümer einer Datei/eines Verzeichnisses oder dem Superuser vorbehalten. Als Eigentümer können Sie außerdem nur diejenigen Dateien oder Verzeichnisse einer bestimmten Gruppe zuordnen, der Sie selbst auch angehören. Wollen Sie die Gruppenzugehörigkeit aller Dateien in einem Verzeichnis mit allen Unterverzeichnissen ändern, dann bietet sich hierzu die Option -R (für rekursiv) an.

C.1.4 cksum/md5sum/sum – eine Prüfsumme für eine Datei ermitteln

Mit diesen Funktionen errechnet man die CRC-(*Cyclic Redundancy Check*-)Prüfsumme und die Anzahl Bytes (Anzahl Bytes gilt nur für cksum) für eine Datei. Wird keine Datei angegeben, liest cksum die Daten aus der Standardeingabe, bis [Strg]+[D] betätigt wurde, und berechnet hieraus die Prüfsumme.

Diese Kommandos werden häufig eingesetzt, um festzustellen, ob zwei Daten identisch sind. So kann z. B. überprüft werden, ob eine Datei, die Sie aus dem Netz geladen haben, auch korrekt übertragen wurde. Voraussetzung hierfür ist natürlich, dass Sie die Prüfsumme der Quelle kennen. Häufig findet man dies beim Herunterladen von ISO-Distributionen. Ein anderer Anwendungsfall wäre das Überprüfen auf Virenbefall. Hiermit kann ermittelt werden, ob sich jemand an einer Datei zu schaffen gemacht hat, beispielsweise:

```
you@host > cksum data.conf
2935371588 51 data.conf
you@host > cksum data.conf
2935371588 51 data.conf
you@host > echo Hallo >> data.conf
you@host > cksum data.conf
966396470 57 data.conf
```

Hier eine Konfigurationsdatei *data.conf*, bei der zweimal mit `cksum` derselbe Wert berechnet wurde (nur zur Demonstration). Kurz darauf wurde am Ende dieser Datei ein Text angehängt und erneut `cksum` ausgeführt. Jetzt erhalten Sie eine andere Prüfsumme. Voraussetzung dafür, dass dieses Prinzip funktioniert, ist natürlich eine Datei oder Datenbank, die solche Prüfsummen zu den entsprechenden Dateien speichert. Dabei können Sie auch zwei Dateien auf einmal eingeben, um die Prüfsummen zu vergleichen:

```
you@host > cksum data.conf data.conf~bak
966396470 57 data.conf
2131264154 10240 data.conf~bak
```

`cksum` ist gegenüber `sum` zu bevorzugen, da diese Version neuer ist und auch dem POSIX.2-Standard entspricht. Beachten Sie allerdings, dass alle drei Versionen zum Berechnen von Prüfsummen (`sum`, `cksum` und `md5sum`) nicht miteinander kompatibel sind und andere Prüfsummen als Ergebnis berechnen:

```
you@host > sum data.conf
20121     1
you@host > cksum data.conf
966396470 57 data.conf
you@host > md5sum data.conf
5a04a9d083bc0b0982002a2c8894e406  data.conf
```

Hinweis

`md5sum` gibt es unter FreeBSD nicht, hier heißt es `md5`.

Noch ein beliebter Anwendungsfall von `md5sum` (bzw. `md5`):

```
cd /bin; md5 `ls -R /bin` | md5
```

Wenn sich jetzt jemand am Verzeichnis */bin* zu schaffen gemacht hat, merkt man dies relativ schnell. Am besten lässt man hierbei einen `cron`-Job laufen und sich gegebenenfalls täglich per E-Mail benachrichtigen.

C.1.5 chmod – Zugriffsrechte von Dateien oder Verzeichnissen ändern

Mit chmod setzen oder verändern Sie die Zugriffsrechte auf Dateien oder Verzeichnisse. Die Benutzung von chmod ist selbstverständlich nur dem Dateieigentümer und dem Superuser gestattet. Die Bedienung von chmod muss eigentlich jedem Systemadministrator geläufig sein, weil es ein sehr häufig verwendetes Kommando ist. chmod kann zum Glück sehr flexibel eingesetzt werden. Sie können einen numerischen Wert wie folgt verwenden:

```
chmod 755 file
```

oder

```
chmod 0755 file
```

Einfacher anzuwenden ist chmod über eine symbolische Angabe wie:

```
chmode u+x file
```

Hier bekommt der User (u; Eigentümer) der Datei file das Ausführrecht (+x) erteilt.

```
chmod g-x file
```

Damit wurde der Gruppe (g) das Ausführrecht entzogen (-x). Wollen Sie hingegen allen Teilnehmern (a) ein Ausführrecht erteilen, dann geht dies so:

```
chmod a+x file
```

Mit chmod können Sie auch die Spezialbits setzen (SetUID entspricht 4000, SetUID entspricht 2000 und Sticky entpricht 1000). Wollen Sie z. B. für eine Datei das SetUID-(*Set User ID*-)Bit setzen, funktioniert dies folgendermaßen:

```
chmod 4744 file
```

Das SetGID-(*Set Group ID*-)Bit hingegen setzen Sie mit 2xxx.

Zu erwähnen ist auch die Option -R, mit der Sie ein Verzeichnis rekursiv durchlaufen und alle Dateien, die sich darin befinden, entsprechend den neu angegebenen Rechten ändern.

Hinweis

Wie immer im Umfeld von Rechtevergaben unter UNIX/Linux werden die Rechte, wenn numerisch ausgedrückt, als Oktalzahl geschrieben. Wenn Sie eine Oktalzahl in C schreiben wollen, müssen Sie eine führende 0 hinzufügen.

C.1.6 chown – Eigentümer von Dateien oder Verzeichnissen ändern

Mit `chown` ändern Sie den Eigentümer von Dateien oder Verzeichnissen. Als neuen Eigentümer können Sie entweder den Login-Namen oder die User-ID angeben. Name oder Zahl müssen selbstverständlich in der Datei */etc/passwd* vorhanden sein. Dieses Kommando kann wiederum nur vom Eigentümer selbst oder vom Superuser aufgerufen und auf Dateien und Verzeichnisse angewendet werden.

```
chown john file1 file2
```

Hier wird der User *john* Eigentümer der Dateien *file1* und *file2*. Wollen Sie auch hier ein komplettes Verzeichnis mitsamt den Unterverzeichnissen erfassen, so können Sie auch hierbei die Option `-R` verwenden.

Wollen Sie sowohl den Eigentümer als auch die Gruppe einer Datei ändern, nutzen Sie folgende Syntax:

```
chown john:user file1 file2
```

C.1.7 cmp – Dateien miteinander vergleichen

Mit der Funktion `cmp` vergleichen Sie zwei Dateien Byte für Byte miteinander und erhalten die dezimale Position und Zeilennummer des ersten Bytes zurück, bei dem sich beide Dateien unterscheiden. `cmp` vergleicht auch Binärdateien. Sind beide Dateien identisch, erfolgt keine Ausgabe.

```
you@host > cmp out.txt textfile.txt
out.txt textfile.txt differieren: Byte 52, Zeile 3.
```

C.1.8 comm – zwei sortierte Textdateien miteinander vergleichen

Mit `comm` vergleichen Sie zwei sortierte Dateien und geben die gemeinsamen und die unterschiedlichen Zeilen jeweils in Spalten aus, indem die zweite und dritte Spalte von einem bzw. zwei Tabulatorenvorschüben angeführt werden.

```
comm [-123] file1 file2
```

Die erste Spalte enthält die Zeilen, die nur in der Datei *file1* enthalten sind. In der zweiten Spalte hingegen finden Sie die Zeilen, die in der zweiten Datei *file2* enthalten sind, und die dritte Spalte die Zeilen, die in beiden Dateien enthalten sind.

```
you@host > cat file1.txt
# wichtige Initialisierungsdatei
# noch eine Zeile
Hallo
you@host > cat file2.txt
```

```
# wichtige Initialisierungsdatei
# noch eine Zeile
Hallo
you@host > comm file1.txt file2.txt
                # wichtige Initialisierungsdatei
                # noch eine Zeile
                Hallo
you@host > echo "Neue Zeile" >> file2.txt
you@host > comm file1.txt file2.txt
                # wichtige Initialisierungsdatei
                # noch eine Zeile
                Hallo
        Neue Zeile
you@host > comm -3 file1.txt file2.txt
        Neue Zeile
```

In der letzten Zeile ist außerdem zu sehen, wie Sie mit dem Schalter -3 die Ausgabe der dritten Spalte ganz abschalten, um nur die Differenzen beider Dateien zu erkennen. comm arbeitet zeilenweise, weshalb hier keine Vergleiche mit binären Dateien möglich sind. Weitere Schalterstellungen und ihre Bedeutung sind:

Verwendung	Bedeutung
-23 file1 file2	Es werden nur Zeilen ausgegeben, die in file1 vorkommen.
-123 file1 file2	Es wird keine Ausgabe erzeugt.

Tabelle C.2 Optionen für »comm«

C.1.9 cp – Dateien kopieren

Den Befehl cp zum Kopieren von Dateien und Verzeichnissen haben Sie schon des Öfteren verwendet, daher hier nur noch eine Auflistung der gängigsten Verwendungen.

Verwendung	Bedeutung
cp file newfile	Es wird mit newfile eine Kopie von file erzeugt.
cp -p file newfile	newfile erhält dieselben Zugriffsrechte, Eigentümer und Zeitstempel.
cp -r dir newdir	Es wird ein komplettes Verzeichnis rekursiv (-r) kopiert.
cp file1 file2 file3 dir	Es werden mehrere Dateien in ein Verzeichnis kopiert.

Tabelle C.3 Anwendungen von »cp«

C.1.10 csplit – Zerteilen von Dateien (kontextabhängig)

Mit `csplit` teilen Sie eine Datei in mehrere Teile auf. Als Trennstelle können Sie hierbei ein Suchmuster, also auch einen regulären Ausdruck, angeben. Dabei werden aus einer Eingabedatei mehrere Ausgabedateien erzeugt, deren Inhalt vom Suchmuster abhängig gemacht werden kann. Ein Beispiel:

```
csplit Kapitel20.txt /Abschnitt 1/ /Abschnitt 2/ /Abschnitt 3/ /Abschnitt 4/
```

Hier wird *Kapitel20.txt* in vier Teile aufgeteilt: Zunächst vom Anfang bis zu »Abschnitt 1« (also bis zu der Stelle, an der dieses Stück Text erstmals auftritt), als Nächstes von »Abschnitt 1« bis »Abschnitt 2«, dann »Abschnitt 2« bis »Abschnitt 3« und zu guter Letzt »Abschnitt 3« bis »Abschnitt 4«. Hier können Sie allerdings auch einzelne Zeilen angeben, ab denen Sie eine Datei teilen wollen:

```
csplit -f Abschnitt Kapitel20.txt 20 40
```

Hier haben Sie mit der Option `-f` veranlasst, dass statt eines Dateinamens wie *xx01, xx02* usw. dem darauf folgenden Namen eine Datei wie *Abschnitt01, Abschnitt02* usw. erzeugt wird. Hier zerteilen Sie die Datei *Kapitel20.txt* in drei Dateien: *Abschnitt01* (Zeile 1–20), *Abschnitt02* (Zeile 21–40) und *Abschnitt03* (Zeile 41 bis zum Ende). Sie können mit `{n}` am Ende auch angeben, dass ein bestimmter Ausdruck *n*-mal angewendet werden soll. Beispielsweise:

```
csplit -k /var/spool/mail/$LOGNAME /^From / {100}
```

Hier zerteilen Sie in Ihrer Mailbox die einzelnen E-Mails in die einzelnen Dateien *xx01, xx02 … xx99*. Jede E-Mail im Mbox-Format beginnt mit »From«, weshalb dies als Trennzeichen für die einzelnen Dateien dient. Weil Sie wahrscheinlich nicht genau wissen, wie viele Mails in Ihrer Mailbox liegen, können Sie durch die Angabe einer relativ hohen Zahl zusammen mit der Option `-k` erreichen, dass alle Mails getrennt und nach einem eventuell vorzeitigen Scheitern die bereits erzeugten Dateien nicht wieder gelöscht werden.

C.1.11 cut – Zeichen oder Felder aus Dateien herausschneiden

Mit `cut` schneiden Sie bestimmte Teile aus einer Datei heraus. Dabei liest `cut` von der angegebenen Datei und gibt die Teile auf dem Bildschirm aus, die Sie als gewählte Option und per Wahl des Bereichs vorgegeben haben. Ein Bereich ist eine durch ein Komma getrennte Liste von einzelnen Zahlen oder Zahlenbereichen. Diese Zahlenbereiche werden in der Form »a–z« angegeben. Lassen Sie a oder z weg, so wird hierzu der Anfang bzw. das Ende einer Zeile verwendet.

Hinweis

`cut` wurde bereits im Abschnitt »Stringverarbeitung – die Klassiker für alle Shells« in Abschnitt 19.10.2 ausführlich beschrieben und demonstriert.

C.1.12 diff – Vergleichen zweier Dateien

`diff` vergleicht den Inhalt von zwei Dateien. Da `diff` zeilenweise vergleicht, sind keine binären Dateien erlaubt. Ein Beispiel:

```
you@host > diff file1.txt file2.txt
2a3
> neueZeile
```

Hier wurden die Dateien *file1.txt* und *file2.txt* miteinander verglichen. Die Ausgabe `2a3` besagt lediglich, dass Sie in der Datei *file1.txt* zwischen der Zeile 2 und 3 die Zeile »neueZeile« einfügen (`a` = *append*) müssten, damit die Datei exakt mit der Datei *file2.txt* übereinstimmt. Noch ein Beispiel:

```
you@host > diff file1.txt file2.txt
2c2
< zeile2
---
> zeile2 wurde verändert
```

Hier bekommen Sie mit `2c2` die Meldung, dass die zweite Zeile unterschiedlich (`c` = *change*) ist. Die darauf folgende Ausgabe zeigt auch den Unterschied dieser Zeile an. Eine sich öffnende spitze Klammer (`<`) zeigt *file1.txt* und die sich schließende spitze Klammer bezieht sich auf *file2.txt*. Eine dritte Möglichkeit, die Ihnen `diff` meldet, wäre:

```
you@host > diff file1.txt file2.txt
2d1
< zeile2
```

Hier will Ihnen `diff` sagen, dass die zweite Zeile in *file2.txt* fehlt (`d` = *delete*) bzw. gelöscht wurde. Daraufhin wird die entsprechende Zeile auch ausgegeben. Natürlich beschränkt sich die Verwendung von `diff` nicht ausschließlich auf Dateien. Mit der Option `-r` können Sie ganze Verzeichnisse miteinander vergleichen:

```
diff -r dir1 dir2
```

C.1.13 diff3 – Vergleich von drei Dateien

Die Funktion entspricht etwa der von `diff`, nur dass Sie hierbei drei Dateien Zeile für Zeile miteinander vergleichen können. Folgendes (siehe Tabelle) besagt die Ausgabe von `diff3`:

```
diff file1 file2 file3
```

Ausgabe	Bedeutung
`====`	Alle drei Dateien sind unterschiedlich.
`====1`	`file1` ist unterschiedlich.
`====2`	`file2` ist unterschiedlich.
`====3`	`file3` ist unterschiedlich.

Tabelle C.4 Bedeutung der Ausgabe von »diff3«

C.1.14 dos2unix – Dateien vom DOS- ins Unix-Format umwandeln

Mit `dos2unix` können Sie Textdateien vom DOS- in das Unix-Format umwandeln. Alternativ gibt es außerdem den Befehl `mac2unix`, mit dem Sie Textdateien vom MAC- in das Unix-Format konvertieren können.

```
you@host > dos2unix file1.txt file2.txt
dos2unix: converting file file1.txt to UNIX format ...
dos2unix: converting file file2.txt to UNIX format ...
```

C.1.15 expand – Tabulatoren in Leerzeichen umwandeln

`expand` ersetzt alle Tabulatoren einer Datei durch eine Folge von Leerzeichen. Standardmäßig sind dies acht Leerzeichen, allerdings kann dieser Wert explizit mit einem Schalter verändert werden. Wollen Sie z. B., dass alle Tabulatorzeichen durch nur drei Leerzeichen ersetzt werden, erreichen Sie dies folgendermaßen:

```
you@host > expand -3 file
```

Allerdings erlaubt `expand` nicht das vollständige Entfernen von Tabulatorenzeichen – sprich, ein Schalter mit `-0` gibt eine Fehlermeldung zurück. Hierzu können Sie alternativ z. B. das Kommando `tr` verwenden.

C.1.16 file – den Inhalt von Dateien analysieren

Das Kommando `file` versucht, die Art oder den Typ einer von Ihnen angegebenen Datei zu ermitteln. Hierzu führt `file` einen Dateisystemtest, einen Kennzahlentest und einen Sprachtest durch. Je nach Erfolg erfolgt eine entsprechende Ausgabe des Tests. Der Dateisystemtest wird mithilfe des Systemaufrufes `stat(2)` ausgeführt. Dieser Aufruf erkennt viele Arten von Dateien. Der Kennzahlentest wird anhand von festgelegten Kennzahlen (der Datei */etc/magic* oder */etc/usr/share/magic*) durchgeführt. In dieser Datei steht beispielsweise geschrieben, welche Bytes einer Datei zu untersuchen sind und auf welches Muster man dann den

Inhalt dieser Datei zurückführen kann. Am Ende erfolgt noch ein Sprachtest. Hier versucht file, eine Programmiersprache anhand von Schlüsselwörtern zu erkennen.

```
you@host > cat > hallo.c
#include <stdio.h>

int main(void) {
   printf("Hallo Welt\n");
   return 0;
}
Strg+D
you@host > file hallo.c
hallo.c: ASCII C program text
you@host > gcc -o hallo hallo.c
you@host > ./hallo
Hallo Welt
you@host > file hallo
hallo: ELF 32-bit LSB executable, Intel 80386, version 1 (SYSV), for GNU/
Linux 2.6.8, dynamically linked (uses shared libs), not stripped
you@host > file file1.txt
file1.txt: ASCII text
you@host > mkfifo abc

you@host > file abc
abc: fifo (named pipe)
...
```

C.1.17 find – Suchen nach Dateien

Zum Suchen nach Dateien wird häufig auf das Kommando find zurückgegriffen. find durchsucht eine oder mehrere Verzeichnisebenen nach Dateien mit einer bestimmten vorgegebenen Eigenschaft. Die Syntax zu find lautet wie folgt:

```
find [Verzeichnis] [-Option ...] [-Test ...] [-Aktion ...]
```

Die Optionen, Tests und Aktionen können Sie mit Operatoren zusammenfassen. Dabei wertet find jede Datei in den Verzeichnissen hinsichtlich der Optionen, Tests und Aktionen von links nach rechts aus, bis ein Wert unwahr ist oder die Kommandozeilenargumente zu Ende sind. Wenn Sie kein Verzeichnis angeben, wird das aktuelle Verzeichnis verwendet – allerdings gilt dies nur bei GNU-find. Darum sollten Sie aus Kompatibilitätsgründen möglichst das Verzeichnis angeben. Wenn keine Aktion angegeben ist, wird meistens -print (abhängig von einer eventuell angegebenen Option) für die Ausgabe auf dem Bildschirm verwendet. Hierzu einige Beispiele:

- Alle Verzeichnisse und Unterverzeichnisse ab dem Heimverzeichnis ausgeben:

```
find $HOME -print
```

- Gibt alle Dateien mit dem Namen *kapitel* aus dem Verzeichnis */dokus* (und seinen Unterverzeichnissen) aus:

```
find /dokus -name kapitel -print
```

- Gibt alle Dateien aus dem Verzeichnis *dokus* (und seinen Unterverzeichnissen) mit dem Namen *kap...*, bei denen *you* der Eigentümer ist, aus:

```
find /dokus /usr -name 'kap*' -user you -print
```

- Damit suchen Sie ab dem Wurzelverzeichnis nach einem Verzeichnis (`-type d` = *directory*) mit dem Namen *dok...* und geben dieses auf dem Bildschirm aus:

```
find / -type d -name 'dok*' -print
```

- Sucht leere Dateien (`size = 0`) und löscht sie nach einer Rückfrage (`-ok`):

```
find / -size 0 -ok rm {} \;
```

- Gibt alle Dateien ab dem Wurzelverzeichnis aus, die in den letzten sieben Tagen verändert wurden:

```
find / -mtime -7 -print
```

C.1.18 fold – einfaches Formatieren von Dateien

Mit `fold` können Sie Textdateien ab einer bestimmten Zeilenlänge umbrechen. Standardmäßig sind hierbei 80 Zeichen pro Zeile eingestellt. Da `fold` die Bildschirmspalten und nicht die Zeichen zählt, werden auch Tabulatorzeichen korrekt behandelt. Wollen Sie etwa eine Textdatei nach 50 Zeichen umbrechen, gehen Sie folgendermaßen vor:

```
you@host > fold -50 Kap003.txt
...
Sicherlich erscheint Ihnen das Ganze nicht sonderl
ich elegant oder sinnvoll, aber bspw. in Schleifen
 eingesetzt, können Sie hierbei hervorragend alle A
rgumente der Kommandozeile zur Verarbeitung von Op
tionen heranziehen. Als Beispiel ein kurzer theoreti
scher Code-Ausschnitt, wie so etwas in der Praxis
realisiert werden kann.
```

Allerdings erkennen Sie an der Ausgabe, dass einfach die Wörter abgeschnitten und in der nächsten Zeile fortgeführt werden. Wollen Sie dies unterbinden, können Sie die Option `-s` verwenden. Damit findet der Zeilenumbruch beim letzten Leerzeichen der Zeile statt, wenn in der Zeile ein Leerzeichen vorhanden ist.

```
you@host > fold -s -50 Kap003.txt
...
Sicherlich erscheint Ihnen das Ganze nicht
sonderlich elegant oder sinnvoll, aber bspw. in
Schleifen eingesetzt, können Sie hierbei
hervorragend alle Argumente der Kommandozeile zur
Verarbeitung von Optionen heranziehen. Als Beispiel
ein kurzer theoretischer Code-Ausschnitt, wie so
etwas in der Praxis realisiert werden kann.
```

Ein recht typischer Anwendungsfall ist es, Text für eine E-Mail zu formatieren:

```
you@host > fold -s -72 text.txt | mail -s "Betreff" name@host.de
```

C.1.19 head – Anfang einer Datei ausgeben

Mit der Funktion `head` geben Sie immer die ersten Zeilen einer Datei auf dem Bildschirm aus. Standardmäßig werden dabei die ersten zehn Zeilen ausgegeben. Wollen Sie selbst bestimmen, wie viele Zeilen vom Anfang der Datei ausgegeben werden sollen, können Sie dies explizit mit `n-n` angeben:

```
you@host > head -n5 file
```

Hier werden die ersten fünf Zeilen von `file` auf dem Bildschirm ausgegeben.

C.1.20 less – Datei(en) seitenweise ausgeben

Mit `less` geben Sie eine Datei seitenweise auf dem Bildschirm aus. Der Vorteil von `less` gegenüber `more` ist, dass Sie mit `less` auch zurückblättern können. Da `less` von der Standardeingabe liest, ist so auch eine Umleitung eines anderen Kommandos mit einer Pipe möglich. Mit der Leertaste blättern Sie eine Seite weiter und mit [B] jeweils eine Seite zurück. Die meisten `less`-Versionen bieten außerdem das Scrollen nach unten und oben mit den Pfeiltasten an. Mit [Q] wird `less` beendet. `less` bietet außerdem eine Menge von Optionen und weiteren Features an, über die Sie sich durch Drücken von [H] informieren können.

C.1.21 ln – Links auf eine Datei erzeugen

Wenn eine Datei erzeugt wird, werden im Verzeichnis der Name, ein Verweis auf einen Inode, die Zugriffsrechte, der Dateityp und gegebenenfalls die Anzahl der belegten Blöcke eingetragen. Mit `ln` wiederum wird ein neuer Eintrag im Verzeichnis abgelegt, der auf den Inode einer existierenden Datei zeigt. Man spricht dabei von einem *Hardlink*. Er wird standardmäßig ohne weitere Angaben angelegt. Es ist allerdings nicht möglich, diese Hardlinks über Dateisystemgrenzen hinweg anzulegen. Hierzu müssen Sie einen symbolischen Link mit der Option `-s` erzeugen.

```
ln -s filea fileb
```

Damit haben Sie einen symbolischen Link auf die bestehende Datei *filea* mit dem Namen *fileb* angelegt.

Wollen Sie hingegen einen Hardlink auf die bestehende Datei *filea* mit dem Namen *fileb* anlegen, so gehen Sie wie folgt vor:

```
ln filea fileb
```

Smalltalk

Mit den Hardlinks kann man unter BSD und Jails nette Sachen machen. Unter BSD (und unter Linux bei Verwendung von Ext2.4 als Dateisystem) gibt es ja das »Immutable Flag« für Dateien, das das Schreiben auch für *Root* verbietet. Nur *Root* kann das Flag verändern. Man kann aber mit `make world` ein Betriebssystem in einem Verzeichnis für ein Jail bauen. Das Verzeichnis kann man dann rekursiv mit dem Immutable Flag versehen und per Hardlink in das Jail verlinken. Das Immutable Flag kann nur *Root* vom Hostsystem aus verändern, nicht der *Root* aus dem Jail. Somit kann man das *Root*-Passwort im Internet bekannt geben (wurde auch schon oft gemacht), und es hat bisher noch nie jemand geschafft, solch ein Jail zu knacken.

C.1.22 ls – Verzeichnisinhalt auflisten

Mit `ls` wird der Inhalt eines Verzeichnisses auf dem Dateisystem angezeigt. Da `ls` schon des Öfteren im Buch verwendet wurde, gehen wir hier nicht mehr näher darauf ein.

C.1.23 more – Datei(en) seitenweise ausgeben

`more` wird genauso eingesetzt wie `less`, und zwar zum seitenweisen Lesen von Dateien. Allerdings bietet `less` gegenüber `more` erheblich mehr Features und Funktionalitäten an.

C.1.24 mv – Datei(en) und Verzeichnisse verschieben oder umbenennen

Mit `mv` können Sie eine oder mehrere Dateien oder Verzeichnisse verschieben oder umbenennen.

Verwendung	Bedeutung
mv file filenew	eine Datei umbenennen
mv file dir	eine Datei in ein Verzeichnis verschieben
mv dir dirnew	ein Verzeichnis in ein anderes Verzeichnis verschieben

Tabelle C.5 Anwendungen von »mv«

C.1.25 nl – Datei mit Zeilennummer ausgeben

Mit nl geben Sie die Zeilen einer Datei mit ihrer Nummer auf dem Bildschirm aus. Dabei ist nl nicht nur ein »dummer« Zeilenzähler, sondern kann die Zeilen einer Seite auch in einen Header, Body und einen Footer unterteilen und in unterschiedlichen Stilen nummerieren, zum Beispiel:

```
you@host > ls | nl -w3 -s') '
  1) abc
  2) bin
  3) cxoffice
  4) Desktop
  5) Documents
  6) file1.txt
 ...
```

Wenn Sie mehrere Dateien verwenden, beginnt die Nummerierung allerdings nicht mehr neu, dann werden mehrere Dateien wie eine behandelt. Die Zeilennummer wird nicht zurückgesetzt. Ein weiteres Beispiel:

```
you@host > nl hallo.c -s' : ' > hallo_line
you@host > cat hallo_line
     1 : #include <stdio.h>

     2 : int main(void) {
     3 :    printf("Hallo Welt\n");
     4 :    return 0;
     5 : }
```

Mit der Option -s (optional) geben Sie das Zeichen an, das zwischen der Zeilennummer und der eigentlichen Zeile stehen soll.

C.1.26 od – Datei(en) hexadezimal oder oktal ausgeben

od liest von der Standardeingabe eine Datei ein und gibt diese – Byte für Byte – formatiert und kodiert auf dem Bildschirm aus. Standardmäßig wird dabei die siebenstellige Oktalzahl in je acht Spalten zu zwei Bytes verwendet:

```
you@host > od file1.txt
0000000 064546 062554 035061 062572 066151 030545 063012 066151
0000020 030545 075072 064545 062554 005062 064546 062554 035062
0000040 062572 066151 031545 000012
0000047
```

Jede Zeile enthält in der ersten Spalte die Positionsnummer in Bytes vom Dateianfang an. Mit der Option -h erfolgt die Ausgabe in hexadezimaler und mit -c in ASCII-Form.

C.1.27 paste – Dateien spaltenweise verknüpfen

Mit paste führen Sie Zeilen von mehreren Dateien zusammen.

C.1.28 pcat – Ausgabe von pack-komprimierten Dateien

Mit pcat geben Sie den Inhalt von pack-komprimierten Dateien aus, ohne dass Sie die komprimierte Datei dekomprimieren müssen. Ansonsten funktioniert pcat wie cat.

C.1.29 rm – Dateien und Verzeichnisse löschen

Mit dem Kommando rm können Sie Dateien und Verzeichnisse löschen.

Verwendung	Bedeutung
rm datei	Löscht eine Datei.
rm dir	Löscht ein leeres Verzeichnis.
rm -r dir	Löscht ein Verzeichnis rekursiv.
rm -rf dir	Erzwingt rekursives Löschen, ohne eine Warnung auszugeben.

Tabelle C.6 Anwendungen von »rm«

C.1.30 sort – Dateien sortieren

Gewöhnlich wird sort zum Sortieren einzelner Zeilen einer Datei oder der Standardeingabe verwendet. sort kann aber auch Dateien daraufhin überprüfen, ob sie sortiert sind, und mehrere sortierte oder auch unsortierte Dateien zu einer sortierten zusammenfügen. Ohne Angabe einer Option sortiert sort eine Datei zeilenweise in alphabetischer Reihenfolge:

```
you@host > sort kommandos.txt
a2ps - Textdatei umwandeln nach Postscript
accept - Druckerwarteschlange auf empfangsbereit setzen
afio - Ein cpio mit zusätzlicher Komprimierung
alias - Kurznamen für Kommandos vergeben
...
you@host > ls | sort
abc
bin
cxoffice
Desktop
Documents
...
```

Häufig verwendete Optionen zum Sortieren, die mit sort benutzt werden:

Option	Bedeutung
-n	Sortiert eine Datei numerisch.
-f	Unterscheidet nicht zwischen Klein- und Großbuchstaben.
-r	Sortiert nach Alphabet in umgekehrter Reihenfolge.
-n -r	Sortiert numerisch in umgekehrter Reihenfolge.
-c	Überprüft, ob die Dateien bereits sortiert sind. Wenn nicht, wird mit einer Fehlermeldung und dem Rückgabewert 1 abgebrochen.
-u	Gibt keine doppelt vorkommenden Zeilen aus.

Tabelle C.7 Optionen für das Kommando »sort«

Alternativ gibt es hierzu das Kommando tsort, das Dateien topologisch sortiert.

C.1.31 split – Dateien in mehrere Teile zerlegen

Mit split teilen Sie eine Datei in mehrere Teile auf. Ohne Angabe einer Option wird eine Datei in je 1.000 Zeilen aufgeteilt. Die Ausgabe erfolgt in Dateien mit *x*... oder einem entsprechenden Präfix, wenn eines angegeben wurde:

```
you@host > split -50 kommandos.txt
you@host > ls x*
xaa  xab  xac  xad  xae
```

Die Datei können Sie folgendermaßen wieder zusammensetzen:

```
for file in `ls x* | sort`; do cat $file >> new.txt; done
```

Hier wurde z. B. die Textdatei *kommandos.txt* in je 50-zeilige Häppchen aufgeteilt. Wollen Sie den Namen der neu erzeugten Datei verändern, gehen Sie wie folgt vor:

```
you@host > split -50 kommandos.txt kommandos
you@host > ls komm*
kommandosaa  kommandosab  kommandosac
kommandosad  kommandosae  kommandos.txt
```

Das Kommando `split` wird häufig eingesetzt, um große Dateien zu splitten, die nicht auf ein einzelnes Speichermedium passen.

C.1.32 tac – Dateien rückwärts ausgeben

Vereinfacht ausgedrückt ist `tac` wie `cat` (daher auch der rückwärts geschriebene Kommandoname), nur dass `tac` die einzelnen Zeilen rückwärts ausgibt. Es wird somit zuerst die letzte Zeile ausgegeben, dann die vorletzte usw. bis zur ersten Zeile.

```
you@host > cat file1.txt
file1:zeile1
file1:zeile2

file2:zeile3
you@host > tac file1.txt
file2:zeile3
file1:zeile2
file1:zeile1
```

C.1.33 tail – Ende einer Datei ausgeben

`tail` gibt die letzten Zeilen (standardmäßig, ohne spezielle Angaben die letzten zehn) einer Datei aus.

```
you@host > tail -5 kommandos.txt
write - Nachrichten an andere Benutzer verschicken
zcat - Ausgabe von gunzip-komprimierten Dateien
```

```
zip/unzip - (De-) Komprimieren von Dateien
zless - gunzip-komprimierte Dateien seitenweise ausgeben
zmore - gunzip-komprimierte Dateien seitenweise ausgeben
```

Hier gibt `tail` die letzten fünf Zeilen der Datei *kommandos.txt* aus. Wollen Sie eine Datei ab einer bestimmten Zeile ausgeben lassen, gehen Sie wie folgt vor:

```
you@host > tail +100 kommandos.txt
```

Hier werden alle Zeilen ab Zeile 100 ausgegeben. Wollen Sie `tail` wie `tac` verwenden, können Sie die Option `-r` verwenden:

```
you@host > tail -r kommandos.txt
```

Hiermit wird die komplette Datei zeilenweise rückwärts, von der letzten zur ersten Zeile ausgegeben. Häufig verwendet wird auch die Option `-f` (*follow*), die immer wieder das Dateiende ausgibt. Dadurch kann man eine Datei beim Wachsen beobachten, da jede neu hinzugekommene Zeile angezeigt wird. Natürlich lässt sich diese Option nur auf eine Datei gleichzeitig anwenden.

C.1.34 tee – Ausgabe duplizieren

Mit `tee` lesen Sie von der Standardeingabe und verzweigen die Ausgabe auf die Standardausgabe und Datei. Da `tee` ein eigener Abschnitt (19.8.6) im Buch gewidmet ist, sei hier auf diesen verwiesen.

C.1.35 touch – Anlegen von Dateien oder Zeitstempel verändern

Mit `touch` verändern Sie die Zugriffs- und Änderungszeit einer Datei auf die aktuelle Zeit. Existiert eine solche Datei nicht, wird sie angelegt. In Tabelle C.8 finden Sie einige gängige Optionen zum Kommando `touch`:

Option	Bedeutung
`-a`	Damit ändern Sie nur die Zugriffszeit.
`-c`	Falls eine Datei nicht existiert, wird sie trotzdem nicht erzeugt.
`-m`	Ändert nur die Änderungszeit.

Tabelle C.8 Optionen für das Kommando »touch«

C.1.36 tr – Zeichen ersetzen bzw. Umformen von Dateien

Mit `tr` ersetzen Sie Zeichen durch andere Zeichen. Dies gilt auch für nicht druckbare Zeichen.

```
tr str1 str2 file
```

Wird in der Datei *file* ein Zeichen aus `str1` gefunden, wird es durch das entsprechende Zeichen in `str2` ersetzt.

> **Hinweis**
> `tr` wurde bereits im Abschnitt »Stringverarbeitung – die Klassiker für alle Shells« in Abschnitt 19.10.2 behandelt.

C.1.37 type – Kommandos klassifizieren

Mit `type` können Sie klassifizieren, wie die Shell den angegebenen Namen interpretieren würde, wenn Sie diesen in der Kommandozeile verwenden. `type` unterscheidet hierbei zwischen einem Alias, einem Builtin (Shellfunktion), einer Datei oder einer Scriptfunktion. Kann `type` nichts mit dem Namen anfangen, wird auch nichts ausgegeben.

```
you@host > type ls echo ./hallo
ls is aliased to `/bin/ls $LS_OPTIONS'
echo is a shell builtin
./hallo is ./hallo
```

> **Hinweis**
> `type` selbst ist ein Builtin und daher nicht in jeder Shell verfügbar.

C.1.38 umask – Dateierstellungsmaske ändern oder ausgeben

Mit der Shell-Funktion `umask` setzen Sie eine Maske, mit der die Zugriffsrechte auf eine Datei oder auf Verzeichnisse direkt nach der Erzeugung durch einen von der Shell kontrollierten Prozess bestimmt wird. Die in der Maske gesetzten Bits werden bei den Zugriffsrechten für die neue Datei bzw. das Verzeichnis gelöscht (man sagt auch: Sie werden maskiert). Mehr zu diesem Kommando entnehmen Sie bitte Kapitel 4, wo es näher behandelt wurde.

C.1.39 uniq – doppelte Zeilen nur einmal ausgeben

Mit `uniq` können Sie doppelt vorhandene Zeilen löschen. Voraussetzung ist allerdings, dass die Datei sortiert ist und die doppelten Zeilen direkt hintereinander folgen. Beispielsweise:

```
you@host > cat file1.txt
file1:zeile1
file1:zeile2
```

```
file1:zeile2
file2:zeile3
you@host > uniq file1.txt
file1:zeile1
file1:zeile2
file2:zeile3
```

C.1.40 unix2dos – Dateien vom Unix- ins DOS-Format umwandeln

Das Gegenstück von dos2unix. Damit wandeln Sie eine Textdatei vom Unix-Format wieder zurück in das DOS-Format um.

```
unix2dos fileunix filedos
```

C.1.41 wc – Zeilen, Wörter und Zeichen einer Datei zählen

Mit wc zählen Sie die Zeichen, Wörter und/oder Zeilen einer Datei. Ohne spezielle Optionen wird eine Zeile mit den folgenden Zahlen ausgegeben:

```
you@host > wc file1.txt
 4  4 52 file1.txt
```

Die erste Spalte enthält die Anzahl der Zeilen, gefolgt von der Anzahl der Wörter und schließlich der Anzahl der Zeichen. Einzeln können Sie dies mit der Option -l (*lines* = Zeilen), -w (*words* = Wörter) und -c (*characters* = Zeichen) ermitteln.

C.1.42 whereis – Suche nach Dateien

Mit dem Kommando whereis wird vorwiegend in wichtigen Pfaden (meistens allen Einträgen in PATH) nach Binärdateien oder Man-Dateien gesucht. whereis ist nicht so flexibel wie find, aber dafür erheblich schneller.

```
you@host > whereis ls
/bin/ls /usr/share/man/man1/ls.1.gz /usr/share/man/man1p/ls.1p.gz
you@host > whereis -b ls
/bin/ls
you@host > whereis -m ls
/usr/share/man/man1/ls.1.gz /usr/share/man/man1p/ls.1p.gz
```

Zuerst wurde der Pfad zum Programm ls ermittelt. Hierbei werden allerdings auch gleich die Pfade zu den Man-Seiten mit ausgegeben. Wollen Sie nur den Pfad zum Binärprogramm erhalten, müssen Sie die Option -b verwenden. Wünschen Sie nur den Pfad zu den Man-Seiten, so verwenden Sie die Option -m, wie im Beispiel gesehen.

C.1.43 zcat, zless, zmore – (seitenweise) Ausgabe von gzip-komprimierten Dateien

Alle drei Funktionen haben dieselbe Funktionsweise wie Ihre Gegenstücke ohne »z«, nur dass damit `gzip`-komprimierte Dateien gelesen und ausgegeben werden können, ohne dass diese dekomprimiert werden müssen. Auf manchen Systemen gibt es mit `zgrep` auch noch eine entsprechende `grep`-Version.

C.2 Verzeichnisorientierte Kommandos

C.2.1 basename – gibt den Dateianteil eines Pfadnamens zurück

`basename` liefert den Dateinamen ohne den Pfadnamen zurück, indem dieser abgeschnitten wird. Geben Sie ein Suffix an, wird auch die Dateiendung abgeschnitten.

C.2.2 cd – Verzeichnis wechseln

Das Shellkommando `cd` wird zum Wechseln des aktuellen Verzeichnisses verwendet. Wird kein Verzeichnis angegeben, wird in das Heimverzeichnis gewechselt.

C.2.3 dircmp – Verzeichnisse rekursiv vergleichen

Mit dem Kommando `dircmp` vergleichen Sie zwei Verzeichnisse mit allen ihren Dateien und Unterverzeichnissen auf Gleichheit.

```
dircmp dir1 dir2
```

Auf der ersten Seite gibt `dircmp` die Dateinamen aus, die nur in einem der Verzeichnisse vorkommen. Auf der zweiten Seite werden die Dateinamen aufgelistet, die zwar in beiden Verzeichnissen vorhanden sind, aber unterschiedliche Inhalte aufweisen. Auf der dritten Seite werden alle Dateien mit dem gleichen Inhalt aufgelistet. Die Namen der identischen Dateien können Sie mit der Option `-s` unterdrücken.

C.2.4 dirname – Verzeichnisanteil eines Pfadnamens zurückgeben

`dirname` ist das Gegenstück zu `basename` und gibt den Verzeichnisanteil zurück. Es wird hierbei also der Dateiname aus der absoluten Pfadangabe »ausgeschnitten«.

C.2.5 mkdir – ein Verzeichnis anlegen

Mit `mkdir` legen Sie ein leeres Verzeichnis an. Wollen Sie gleich beim Anlegen die Zugriffsrechte erteilen, geben Sie die Option `-m` an:

```
you@host > mkdir -m 600 mydir
```

Wollen Sie ein neues Verzeichnis mitsamt Elternverzeichnissen anlegen, können Sie die Option -p verwenden:

```
you@host > mkdir doku/neu/buch
mkdir: kann Verzeichnis doku/neu/buch nicht anlegen:
       Datei oder Verzeichnis nicht gefunden
you@host > mkdir -p doku/neu/buch
```

C.2.6 pwd – Ausgeben des aktuellen Arbeitsverzeichnisses

Mit pwd lassen Sie das aktuelle Arbeitsverzeichnis ausgeben, in dem Sie sich gerade befinden.

C.2.7 rmdir – ein leeres Verzeichnis löschen

Mit der Funktion rmdir löschen Sie ein leeres Verzeichnis. Nicht leere Verzeichnisse können Sie mit rm -r rekursiv löschen. Etwas, was rm -r allerdings nicht kann, ist, Verzeichnisse zu löschen, für die kein Ausführrecht vorhanden ist. Irgendwie ist dies auch logisch, weil ja rm mit der Option -r im Verzeichnis enthalten sein muss. rmdir hingegen verrichtet hierbei seine Arbeit klaglos:

```
you@host > mkdir -m 600 mydir
you@host > rm -r mydir
rm: kann nicht aus Verzeichnis . in mydir wechseln:
    Keine Berechtigung
you@host > rmdir mydir
```

C.3 Verwaltung von Benutzern und Gruppen

C.3.1 exit, logout – eine Session (Sitzung) beenden

Mit beiden Befehlen beenden Sie eine Shellsitzung (eine Textkonsole oder ein Shell-Fenster). Das Gleiche würden Sie auch mit [Strg]+[D] erreichen.

C.3.2 finger – Informationen zu anderen Benutzern abfragen

Mit finger fragen Sie detaillierte Informationen zu momentan angemeldeten Benutzern ab (ähnlich wie mit who, nur dass die Terminals nicht einzeln aufgelistet werden):

```
you@host > finger
Login      Name              Tty      Idle  Login Time   Where
john       Jonathan Wolf     3           2   Thu 02:31
tot        J.Wolf            :0        14d   Wed 22:30   console
you        Dr.No             2           2   Thu 02:31
```

Ohne irgendwelche Optionen gibt `finger` zu allen aktiven Benutzern eine Informationszeile aus. Geben Sie einen Benutzernamen ein, bekommen Sie eine detailliertere Auskunft (im Langformat):

```
you@host > finger you
Login: you                              Name:
Directory: /home/you                    Shell: /bin/bash
On since Thu Apr 21 02:31 (CEST) on tty2, idle 0:04
Mail last read Fri Feb 25 04:21 2015 (CET)
No Plan.
```

Natürlich können Sie auch zu allen anderen aktiven Benutzern dieses Langformat mit der Option `-l` ausgeben lassen. Wollen Sie einen Benutzer auf einem entfernten System suchen, müssen Sie `benutzername@hostname` für den Benutzer angeben.

C.3.3 groupadd, groupmod, groupdel – Gruppenverwaltung (distributionsabhängig)

Eine neue Gruppe können Sie mit `groupadd` anlegen:

```
groupadd [-g GID] gruppenname
```

Die ID einer Gruppe (gid) können Sie mit `groupmod` verändern:

```
groupmod [-g neueGID] gruppenname
```

Eine Gruppe wieder löschen können Sie mit `groupdel`:

```
groupdel gruppenname
```

C.3.4 groups – Gruppenzugehörigkeit ausgeben

Um alle Gruppen eines Benutzers zu ermitteln, wird `groups` verwendet. Führen Sie `groups` ohne Angabe eines bestimmten Benutzers aus, werden alle Gruppen des aktuellen Benutzers ausgegeben.

C.3.5 id – eigene Benutzer- und Gruppen-ID ermitteln

Mit id können Sie die User- und Gruppen-ID eines Benutzers ermitteln. Geben Sie keinen bestimmten Benutzer an, so werden die UID und GID des aktuellen Benutzers ermittelt und ausgegeben.

C.3.6 last – An- und Abmeldezeit eines Benutzers ermitteln

Einen Überblick zu den letzten An- und Abmeldezeiten von Benutzern erhalten Sie mit last:

```
you@host > last
john     tty3                      Thu Apr 21 02:31   still logged in
you      tty2                      Thu Apr 21 02:31   still logged in
tot      :0    console             Wed Apr 20 22:30   still logged in
reboot   system boot  2.6.4-52-default Wed Apr 20 22:30  (04:42)
tot      :0    console             Wed Apr 20 06:40 - 07:42  (01:02)
reboot   system boot  2.6.4-52-default Wed Apr 20 06:39  (01:03)
wtmp begins Wed Apr 20 05:26:11 2015
```

Wollen Sie nur die Login-Zeiten eines einzelnen Users ermitteln, so müssen Sie diesen als Argument angeben.

C.3.7 logname – Name des aktuellen Benutzers anzeigen

Mit logname erhalten Sie den Benutzernamen, der von getty[1] in der Datei */var/run/utmp* gespeichert wird.

C.3.8 newgrp – Gruppenzugehörigkeit kurzzeitig wechseln (betriebssystemspezifisch)

Mit newgrp kann ein Benutzer während einer Sitzung in eine andere Gruppe wechseln (in der er ebenfalls Mitglied ist). Wird keine Gruppe als Argument verwendet, wird in eine Standardgruppe von */etc/passwd* gewechselt. Als Argument wird der Gruppenname – wie er in */etc/group* eingetragen ist – erwartet, nicht die Gruppen-ID.

C.3.9 passwd – Passwort ändern oder vergeben

Mit dem Kommando passwd können Sie die Passwörter aller Benutzer in der Datei */etc/passwd* ändern. Damit hierbei wenigstens der Benutzer selbst (nicht *root*) die Möglichkeit hat, sein eigenes Passwort zu ändern, läuft passwd als SUID *root*. Damit hat der Anwender für kurze Zeit *root*-Rechte und kann somit sein Passwort ändern und darf in die Datei schreiben. Die Passwörter anderer Benutzer darf nur *root* verändern.

1 Getty oder seine hunderte von Derivaten oder eben (aktuell sehr populär) Systemd.

```
linux:/home/you # passwd john
Changing password for john.
New password:********
Re-enter new password:********
Password changed
```

Wenn Sie der allmächtige *root* auf dem Rechner sind, haben Sie noch folgende Optionen, einen Benutzer mit den Passworteinstellungen zu verwalten:

Verwendung	Bedeutung
passwd -l benutzername	den Benutzer sperren (-l = *lock*)
passwd -f benutzername	den Benutzer dazu zwingen, beim nächsten Anmelden das Passwort zu verändern
passwd -d benutzername	Passwort eines Benutzers löschen (dannach kann sich ein Benutzer ohne Passwort anmelden, was bspw. für eingeschränkte Test-Accounts geeignet ist)

Tabelle C.9 Optionen für das Kommando »passwd«

Hinweis

Diese Erläuterungen gelten zumindest für Linux. Unter FreeBSD bedeutet der Schalter -l z. B., dass das Passwort in der lokalen Passwortdatei geändert wird, in der Kerberos-Datenbank aber erhalten bleibt. Somit scheinen die Optionen von passwd betriebssystem- bzw. distributionsspezifisch zu sein. Hier sollte ein Blick in die Man-Page für Klarheit sorgen.

C.3.10 useradd/adduser, userdel, usermod – Benutzerverwaltung (distributionsabhängig)

Einen neuen Benutzer anlegen können Sie mit useradd bzw. adduser:

```
# useradd testuser
# passwd testuser
Changing password for testuser.
New password:********
Re-enter new password:********
Password changed
```

Die Eigenschaften eines Users können Sie mit usermod modifizieren.

```
# usermod -u 1235 -c "Test User" \
> -s /bin/bash -d /home/testdir testuser
```

Hier haben Sie z. B. einem User die ID 1235, den Kommentar bzw. Namen »Test User«, die Bash als Shell und als Verzeichnis */home/testdir* zugewiesen. Hierzu gibt es noch eine Menge Optionen mehr, die Sie mit `usermod` einstellen können (siehe auch die Man-Seite zu `usermod`).

Wollen Sie einen Benutzer wieder entfernen, können Sie dies mit `userdel` erreichen:

```
# userdel testuser
```

Beim Löschen wird eventuell noch überprüft, ob sich in *crontab* ein Eintrag für diesen User befindet. Dies ist sinnvoll, da der `cron`-Dämon sonst unnötig ins Leere laufen würde.

C.3.11 who – eingeloggte Benutzer anzeigen

Mit dem Kommando `who` werden alle angemeldeten Benutzer mitsamt dem Namen, der Login-Zeit und dem Terminal ausgegeben.

```
you@host > who
you      tty2          Apr 21 22:41
john     tty3          Apr 21 22:42
tot      :0            Apr 21 22:38 (console)
```

C.3.12 whoami – Name des aktuellen Benutzers anzeigen

Mit `whoami` können Sie ermitteln, unter welchem Namen Sie gerade arbeiten. Dies wird oft verwendet, um zu überprüfen, ob man als *root* oder »normaler« User arbeitet.

```
you@host > su
Password:********
linux:/home/you # whoami
root
linux:/home/you # exit
exit
you@host > whoami
you
```

C.4 Programm- und Prozessverwaltung

C.4.1 at – Kommando zu einem bestimmten Zeitpunkt ausführen lassen

Mit dem Kommando `at` können Sie ein Kommando zum angegebenen Zeitpunkt ausführen lassen, auch wenn der Benutzer zu diesem Zeitpunkt nicht angemeldet ist. Beispielsweise lassen Sie mit

```
at 2130 -f myscript
```

das Script myscript um 21:30 Uhr ausführen. Natürlich lassen sich mehrere solcher zeitgesteuerten Kommandos einrichten. Jeder dieser at-Aufrufe wird an die at-Queue (atq) angehängt. Natürlich funktioniert dies auch mit einem Datum:

```
at 2200 apr 21 -f myscript
```

So würde das Script myscript am 2. April um 22 Uhr ausgeführt. Wollen Sie sich alle Aufträge der atq auflisten lassen, müssen Sie die Option -l verwenden:

```
at -l
```

Wollen Sie den Status des Auftrags mit der Nummer 33 anzeigen lassen, geben Sie Folgendes ein:

```
at -l 33
```

Um sich gesamten (intern generierten) Skripttext des Auftrags mit der Nummer 33 anzeigen zu lassen, geben Sie Folgendes ein:

```
at -c 33
```

Soll dieser Auftrag gelöscht werden, so verwenden Sie die Option -d:

```
atrm 33
```

C.4.2 batch – Kommando irgendwann später ausführen lassen

Mit batch lesen Sie Kommandos von der Kommandozeile, die zu einem späteren Zeitpunkt ausgeführt werden, sobald das System Zeit hat. Dies wird bei extrem belasteten Rechnern gern verwendet, wenn man das Kommando oder Script zu einer Zeit ausführen lassen will, in der die Systemlast definitiv niedrig ist und dies nicht nur zu vermuten ist. Die angegebenen Kommandos werden auch dann ausgeführt, wenn der Benutzer nicht angemeldet ist. Um batch auszuführen, muss auch hier der at-Dämon, der auch für das Kommando at verantwortlich ist, laufen.

```
you@host > batch
warning: commands will be executed using /bin/sh
at> ls -l
at> ./myscript
at> sleep 1
at> [Strg]+[D]
job 1 at 2015-02-20 23:30
```

Das Ende der Kommandozeileneingabe von batch müssen Sie mit [Strg]+[D] angeben.

C.4.3 bg – einen angehaltenen Prozess im Hintergrund fortsetzen

Mit dem Kommando `bg` können Sie einen (z. B. mit [Strg]+[Z]) angehaltenen Prozess im Hintergrund fortsetzen.

C.4.4 cron/crontab – Programme in bestimmten Zeitintervallen ausführen lassen

Mit `cron` können Sie beliebig viele Kommandos automatisch in bestimmten Zeitintervallen ausführen lassen. Einmal pro Minute sieht dieser Dämon in einem Terminkalender (*crontab*) nach und führt gegebenenfalls darin enthaltene Kommandos aus. `cron` wurde bereits ausführlich in Abschnitt 9.13.4 behandelt.

C.4.5 fg – einen angehaltenen Prozess im Vordergrund fortsetzen

Mit dem Kommando `fg` können Sie einen (z. B. mit [Strg]+[Z]) angehaltenen Prozess im Vordergrund fortsetzen. `fg` wurde bereits in Abschnitt 9.13.3 behandelt.

C.4.6 jobs – Anzeigen angehaltener oder im Hintergrund laufender Prozesse

Mit `jobs` bekommen Sie eine Liste mit den aktuellen Jobs zurückgegeben. Neben der Jobnummer stehen bei jedem Job der Kommandoname, der Status und eine Markierung. Die Markierung + steht für den aktuellen Job, - für den vorhergehenden Job. Das Kommando `job` wurde bereits in Abschnitt 9.13.3 behandelt.

C.4.7 kill – Signale an Prozesse mit einer Prozessnummer senden

Mit `kill` senden Sie den Prozessen durch Angabe der Prozessnummer ein Signal. Standardmäßig wird das Signal `SIGTERM` zum Beenden des Prozesses gesendet. Es lassen sich aber auch beliebige andere Signale senden. Das Signal wird dabei als Nummer oder als Name übermittelt. Einen Überblick zu den möglichen Signalnamen finden Sie mit der Option `-l`. Das Kommando `kill` wurde bereits ausführlicher in Abschnitt 10.7 beschrieben.

C.4.8 killall – Signale an Prozesse mit einem Prozessnamen senden

Der Name `killall` führt schnell in die Irre. Damit lassen sich nicht etwa alle Prozesse »killen«, sondern `killall` stellt eher eine Erleichterung für `kill` dar. Anstatt wie mit `kill` einen Prozess mit der Prozessnummer zu beenden bzw. ein Signal zu senden, kann mit `killall` der Prozessname verwendet werden, was gerade bei unzählig vielen gleichzeitig laufenden Prozessen eine erhebliche Erleichterung darstellt, weil man hier nicht mühsam erst nach der Prozessnummer (z. B. mit dem Kommando `ps`) suchen muss. Ansonsten lässt sich `killall` ähnlich wie `kill` verwenden, nur dass der Signalname ohne das vorangestellte `SIG` angegeben wird. Eine Liste aller Signale erhalten Sie auch hier mit der Option `-l`.

```
you@host > sleep 60 &
[1] 5286
you@host > killall sleep
[1]+  Beendet                 sleep 60
```

C.4.9 nice – Prozesse mit anderer Priorität ausführen lassen

Mit nice veranlassen Sie, dass ein Kommando mit einer niedrigeren Priorität ausgeführt wird.

```
nice [-n] kommando [argumente]
```

Für n können Sie dabei in Form einer Ziffer angeben, um wie viel die Priorität verändert werden soll. Der Standardwert, falls keine Angabe erfolgt, lautet 10 (-20 ist die höchste und 19 die niedrigste Priorität). Prioritäten höher als 0 darf ohnehin nur *root* starten. Häufig wird man das Kommando mit nice im Hintergrund starten wollen.

```
nice find / -name document -print > /home/tmp/find.txt &
```

Hier wird mit find nach einer Datei *document* gesucht und die Ausgabe in die Datei *find.txt* geschrieben. Der Hintergrundprozess find wird dabei von nice mit einer niedrigen (10) Priorität gestartet. Dies stellt eine gängige Verwendung von nice dar.

C.4.10 nohup – Prozesse beim Beenden einer Sitzung weiterlaufen lassen

Mit nohup schützen Sie Prozesse vor dem HANGUP-Signal. Dadurch ist es möglich, dass ein Prozess im Hintergrund weiterläuft, auch wenn sich ein Benutzer abmeldet. Ohne nohup würden sonst alle Prozesse einer Login-Shell des Anwenders durch das Signal SIGHUP beendet. Allerdings tritt dieses Verhalten nicht auf allen Systemen auf.

C.4.11 ps – Prozessinformationen anzeigen

Hinweis

ps ist eines dieser Kommandos, die vollkommen unterschiedliche Optionen auf den unterschiedlichen Betriebssystemen bieten. Die folgende Beschreibung bezieht sich daher auf Linux.

ps ist wohl das wichtigste Kommando für Systemadministratoren, um an Informationen zu aktiven Prozessen zu gelangen (neben top). Rufen Sie ps ohne irgendwelche Argumente auf, werden Ihnen die zum jeweiligen Terminal gestarteten Prozesse aufgelistet. Zu jedem Prozess erhalten Sie die Prozessnummer (PID), den Terminalnamen (TTY), die verbrauchte Rechenzeit (TIME) und den Kommandonamen (COMMAND). Aber neben diesen Informationen lassen sich über Optionen noch viele weitere Informationen erfragen. Häufig verwendet wird dabei der Schalter -e, mit dem Sie Informationen zu allen Prozessen gewinnen (also nicht nur zum jeweiligen Terminal), und ebenso der Schalter -f, mit dem Sie noch vollständigere Informationen bekommen:

```
you@host > ps -ef
UID        PID  PPID  C STIME TTY          TIME CMD
root         1     0  0 Apr21 ?        00:00:04 init [5]
root         2     1  0 Apr21 ?        00:00:00 [ksoftirqd/0]
root         3     1  0 Apr21 ?        00:00:00 [events/0]
root        23     3  0 Apr21 ?        00:00:00 [kblockd/0]
...
postfix   5942  2758  0 00:17 ?        00:00:00 pickup -l -t fifo -u
you       6270     1  0 00:26 ?        00:00:00 /opt/kde3/bin/kdesud
you       7256  3188  0 01:50 pts/36 00:00:00 ps -ef
```

Mittlerweile umfasst das Kommando ps unglaublich viele Optionen, die zum Teil systemabhängig sind, weshalb Sie auf jeden Fall die Man-Seite von ps zu Rate ziehen sollten. Häufig sucht man in der Liste von Prozessen nach einem bestimmten. Diesen können Sie folgendermaßen »herauspicken«:

```
you@host > ps -ef | grep kamix
tot        3171     1  0 Apr21 ?        00:00:00 kamix
```

Damit noch nicht zufrieden, hätte man gern auch gleich die Prozessnummer (PID):

```
you@host > ps -ef | grep kamix | awk '{ print $2; exit }'
3171
```

Aber so umständlich muss dies nicht sein. Sie können hierzu auch pgrep (sofern vorhanden) verwenden.

C.4.12 pgrep – Prozesse über ihren Namen finden

Im Abschnitt zuvor haben wir pgrep kurz angesprochen. Sofern Sie die Prozessnummer eines Prozessnamens benötigen, ist pgrep das Kommando der Wahl.

```
you@host > pgrep kamix
3171
```

pgrep liefert zu jedem Prozessnamen die Prozessnummer, sofern ein entsprechender Prozess gerade aktiv ist und in der Prozessliste (ps) auftaucht.

C.4.13 pstree – Prozesshierarchie in Baumform ausgeben

Mit pstree lassen Sie die aktuelle Prozesshierarchie in Baumform ausgeben. Ohne Angabe von Argumenten zeigt pstree alle Prozesse an, angefangen vom ersten Prozess *init* (gemeint ist der Prozess mit der PID 1, der per Definition *init* heißt, auch wenn sich die ausführbare Datei ganz anders nennt). Geben Sie hingegen einen Login-Namen oder eine PID an, so werden nur die Prozesse des Benutzers oder der Prozessnummer hierarchisch angezeigt.

C.4.14 renice – Priorität laufender Prozesse verändern

Mit dem Kommando renice können Sie im Gegensatz zu nice die Priorität von bereits laufenden Prozessen verändern. Ansonsten gilt auch hier das schon beim Kommando nice Gesagte.

> **Tipp für Linux**
>
> Komfortabler können Sie die Priorität laufender Prozesse mit dem Kommando top verändern. Ein Druck auf die Taste [R] führt zur Frage nach der Prozessnummer und dem nice-Wert des Prozesses, dessen Priorität Sie verändern wollen.

C.4.15 sleep – Prozesse suspendieren (schlafen legen)

Mit sleep legen Sie einen Prozess für *n* Sekunden schlafen. Voreingestellt sind zwar Sekunden, aber über Optionen können Sie hierbei auch Minuten, Stunden oder gar Tage verwenden.

C.4.16 su – Ändern der Benutzerkennung (ohne Neuanmeldung)

Dieses Kommando wird irrtümlicherweise immer als »**S**uper**u**ser« abgekürzt, heißt aber in Wirklichkeit **s**ubstitute **u**ser. su hat also zunächst überhaupt nichts mit dem »Superuser« (alias *root*) zu tun. Dieses Missverständnis resultiert daraus, dass die meisten Anwender dieses Kommando dazu verwenden, sich kurz die *root*-Rechte (sofern diese vorhanden sind) anzueignen. Durch die Angabe ohne Argumente wird hierbei gewöhnlich auch nach dem Passwort des Superusers gefragt.

```
you@host > whoami
you
you@host > su
Password:********
linux:/home/you # whoami
root
linux:/home/you # exit
exit
```

```
you@host > whoami
you
you@host > su john
Password:********
you@linux:/home/john> whoami
john
you@linux:/home/john> exit
exit
```

su startet immer eine neue Shell mit der neuen Benutzer- (UID) und Gruppenkennung (GID). Wie bei einem neuen Login wird nach einem Passwort gefragt. Geben Sie keinen Benutzernamen an, versucht su, zu UID 0 zu wechseln, was ja der Superuser ist. Sofern Sie »Superuser« sind, können Sie auch die Identität eines jeden Benutzers annehmen, ohne ein entsprechendes Passwort zu kennen.

Der Befehl weist eine kleine Ungewöhnlichkeit auf; wenn der erste Parameter »-« ist und der zweite der Benutzername, so wird eine Login-Shell anstatt einer einfachen Sub-Shell gestartet, das heißt, alle Umgebungsvariablen sind die des Zielbenutzers, und die Shell bekommt mitgeteilt, sie sei eine Login-Shell.

C.4.17 sudo – Programm als anderer Benutzer ausführen

sudo ist ein Kommando, mit dem ein bestimmter Benutzer ein Kommando ausführen kann, zu dem er normalerweise nicht die Rechte hat (bspw. für administrative Aufgaben). Dazu legt *root* gewöhnlich in der Datei */etc/sudoers* folgenden Eintrag ab:

```
john ALL=/usr/bin/kommando
```

Jetzt kann der User *john* das Kommando mit folgendem Aufruf starten:

```
you@host > sudo /usr/bin/kommando
Passwort: *********
```

Nachdem *john* sein Passwort eingegeben hat, wird das entsprechende Kommando ausgeführt, wozu er normalerweise ohne den Eintrag in */etc/sudoers* nicht im Stande wäre. Der Eintrag wird gewöhnlich mit dem Editor *vi* mit dem Aufruf visudo vorgenommen.

Natürlich können Sie als normaler Benutzer auch mittels sudo Programme unter einem anderen Login-Namen ausführen. Dies erledigen Sie mit folgendem Aufruf (hier wird bspw. das Kommando whoami ausgeführt):

```
you@host > whoami
you
you@host > sudo -u john whoami
```

```
Password:********
john
you@host >
```

Hinweis

sudo erfreut den Benutzer mit einer einfachen Konfigurierbarkeit – und oft sind, je nach Distribution – auch schon verschiedene Einträge vorhanden. Editiert wird die Datei /etc/sudoers mit dem Befehl visudo. Genauso gut ist es aber auf vielen Systemen möglich, einfach eine Datei in das Verzeichnis */etc/sudoers.d/* zu »werfen«. Es handelt sich um ein potenzielles Sicherheitsrisiko, wenn man hier den Überblick verliert.

C.4.18 time – Zeitmessung für Prozesse

Mit time führen Sie das in der Kommandozeile angegebene Kommando oder Script aus und bekommen die Zeit, die dafür benötigt wurde, zurück. Diese Zeit wird dabei aufgeteilt in die tatsächlich benötigte Zeit (real), die Rechenzeit im Usermodus (user) und diejenige im Kernel-Modus (sys).

C.4.19 top – Prozesse nach CPU-Auslastung anzeigen (betriebssystemspezifisch)

Mit top bekommen Sie eine Liste der gerade aktiven Prozesse angezeigt. Die Liste wird nach CPU-Belastung sortiert. Standardmäßig wird top alle fünf Sekunden aktualisiert; beendet wird top mit [Q]. top kann aber noch mehr, als die Auslastung der einzelnen Prozesse anzuzeigen; beispielsweise können Sie mit Druck auf die Taste [K] (*kill*) einem bestimmten Prozess ein Signal senden oder mit r (*renice*) die Priorität eines laufenden Prozesses verändern. Ein Blick auf die Man-Seite von top bringt außerdem einen gewaltigen Überblick zu diesem auf den ersten Blick einfachen Kommando zum Vorschein.

C.5 Speicherplatzinformationen

C.5.1 df – Abfrage des benötigten Speicherplatzes für die Dateisysteme

df zeigt Ihnen den freien Festplattenplatz für das Dateisystem an, wenn Sie einen Pfad als Verzeichnis angegeben haben. Geben Sie kein Verzeichnis an, dann wird der freie Plattenplatz für alle montierten Dateisysteme angezeigt.

```
you@host > df
Dateisystem     1K-Blöcke   Benutzt Verfügbar Ben% Eingehängt auf
/dev/hda6        15528224   2450788  13077436  16 % /
```

```
tmpfs              128256        16    128240   1% /dev/shm
/dev/hda1        13261624   9631512   3630112  73% /windows/C
```

Die erste Spalte stellt hierbei den Montierpunkt dar, gefolgt von der Anzahl 1K-Blöcken, dann die Information, wie viel Speicherplatz benutzt wird, und anschließend, wie viel noch verfügbar ist. Die Prozentangabe gibt den prozentualen Wert der Plattennutzung an. Am Ende finden Sie noch die Gerätedatei, über die die Platte im Dateisystem eingehängt ist.

C.5.2 du – Größe eines Verzeichnisbaums ermitteln

du zeigt die Belegung (Anzahl von KByte-Blöcken) durch die Dateien an. In Verzeichnissen wird dabei die Belegung der darin enthaltenen Dateibäume ausgegeben. Um den Wert der Ausgabe zu steuern, können Sie folgende Optionen verwenden:

Option	Bedeutung
-b	Ausgabe in Bytes
-k	Ausgabe in Kilobytes
-m	Ausgabe in Megabytes
-h	(*human-readable*) vernünftige Ausgabe in Byte, KB, MB oder GB

Tabelle C.10 Optionen für das Kommando »du«

Häufig will man nicht, dass bei umfangreichen Verzeichnissen jede Datei einzeln ausgegeben wird, sondern interessiert sich nur für die Gesamtzahl der Blöcke. Dann verwendet man den Schalter -s (man nutzt diesen praktisch immer).

```
you@host > du -s /home
582585  /home
you@host > du -sh /home
569M    /home
```

Wollen Sie nicht der kompletten Tiefe eines Verzeichnisses folgen, so können Sie sie auch mittels --max-depth=*n* festlegen:

```
you@host > du --max-depth=1 -m /home
519      /home/tot
25       /home/you
26       /home/john
569      /home
```

C.5.3 free – verfügbaren Speicherplatz (RAM und Swap) anzeigen (betriebssystemabhängig)

Den verfügbaren Speicherplatz (RAM und Swap-Speicher, also Arbeitsspeicher und Auslagerungsspeicher auf der Festplatte) können Sie sich mit `free` anzeigen lassen:

```
you@host > free
        total     used      free     shared    buffers     cached
Mem:   256516   253820      2696          0      38444      60940
Swap:  512024       24    512000
```

C.5.4 swap – Swap-Space anzeigen (nicht Linux)

Hiermit ermitteln Sie die Swap-Belegung (Auslagerungsspeicher) unter Nicht-Linux-Systemen.

C.6 Dateisystem-Kommandos

Bei den Kommandos zu den Dateisystemen handelt es sich häufig um solche Kommandos für Linux-Systeme, die zumeist nur als *root* ausführbar sind. Aus Erfahrung wissen wir aber, dass man schnell gern mit *root*-Rechten spielt, um mit solchen Kommandos zu experimentieren. Hiervor möchten wir Sie aber warnen, sofern Sie nicht sicher sind, was Sie da tun. Mit zahlreichen dieser Kommandos verlieren Sie häufig nicht nur ein paar Daten, sondern können z. T. ein ganzes Dateisystem korrumpieren – was sich so weit auswirken kann, dass Ihr Betriebssystem nicht mehr startet.

C.6.1 badblocks – überprüfen, ob ein Datenträger defekte Sektoren hat

Mit dem Kommando `badblocks` testen Sie den physischen Zustand eines Datenträgers. Dabei sucht `badblocks` auf einer Diskette oder Festplatte nach defekten Blöcken.

```
# badblocks -s -o block.log /dev/fd0 1440
```

Hier wird z. B. bei einer Diskette (1,44 MB) nach defekten Blöcken gesucht. Das Fortschreiten der Überprüfung wird durch die Option `-s` simuliert. Mit `-o` schreiben Sie das Ergebnis defekter Blöcke in die Datei *block.log*, die wiederum von anderen Programmen verwendet werden kann, damit diese beschädigten Blöcke nicht mehr genutzt werden.

Die Syntax sieht somit wie folgt aus:

```
badblocks [-optionen] gerätedatei [startblock]
```

Die *gerätedatei* ist der Pfad zum entsprechenden Speichermedium (bspw. */dev/hda1* = erste Festplatte). Es kann außerdem optional der `startblock` festgelegt werden, bei dem der Testen beginnen soll. Die Ausführung dieses Kommandos bleibt selbstverständlich nur dem Superuser überlassen.

Auf heutigen Systemen ist das Kommando meist nicht mehr wirklich sinnvoll, da die allermeisten modernen Festplatten fehlerhafte Sektoren erst dann aufweisen, wenn sie kurz vorm Sterben und alle Reserveblöcke aufgebraucht sind.

C.6.2 cfdisk und cgdisk – Partitionieren von Festplatten

Mit `cfdisk` teilen Sie eine formatierte Festplatte in verschiedene Partitionen ein. Natürlich kann man auch eine bestehende Partition löschen oder eine vorhandene verändern (bspw. ihr eine andere Systemkennung geben). Sie können mit `cfdisk` allerdings auch eine »rohe«, ganze Festplatte bearbeiten (nicht nur einzelne Partitionen). Die Gerätedatei ist also */dev/hda* für die erste IDE-Festplatte, */dev/hdb* für die zweite Festplatte, */dev/sda* für die erste SCSI-Festplatte, */dev/sdb* für die zweite SCSI-Festplatte usw.

Starten Sie `cfdisk`, werden alle gefundenen Partitionen mitsamt ihrer Größe angezeigt. Mit den Pfeiltasten [↑] und [↓] können Sie hierbei eine Partition auswählen und mit den Pfeiltasten [→] und [←] ein Kommando. Mit [Q] beenden Sie `cfdisk`.

Achtung

Selbstverständlich ist `cfdisk` nur als *root* ausführbar. Sollten Sie solche Rechte haben und ohne Vorwissen mit `cfdisk` herumspielen, ist Ihnen mindestens ein Datenverlust sicher. Wenn Sie Ihre Festplatte wirklich »zerschneiden« wollen, so sollten Sie vor dem Partitionieren die alte Partitionstabelle sichern. Im Fall eines Missgeschicks können Sie so die alte Partitionstabelle wiederherstellen werden, wodurch auf die Daten dann noch zugegriffen werden kann.

`cgdisk` ist praktisch das gleiche Tool, aber für GPT- bzw. UEFI-Festplatten. Es ist nicht verboten, dass auf einem System gleichzeitig Partition-Table-Festplatten und GPT-Festplatten existieren, aber eine GPT-Festplatte enthält immer zusätzlich eine »Dummy«-Partition-Table. Manche Versionen von `cfdisk` unterstützen beide. Für bootfähige Festplatten auf UEFI-Systemen ist GPT Vorschrift.

C.6.3 dd – Datenblöcke zwischen Devices (Low Level) kopieren (und konvertieren)

Mit `dd` können Sie eine Datei lesen und den Inhalt in einer bestimmten Blockgröße mit verschiedenen Konvertierungen zwischen verschiedenen Speichermedien (Festplatte, Diskette usw.) übertragen. Damit lassen sich neben einfachen Dateien auch ganze Festplattenpartitionen kopieren. Mit diesem Kommando können Sie ein komplettes Backup realisieren. Ein Beispiel:

```
# dd if=/dev/hda bs=512 count=1
```

Damit geben Sie den Bootsektor (nur als *root* möglich) auf dem Bildschirm aus. Wollen Sie jetzt auch noch ein Backup des Bootsektors auf einer Diskette sichern, dann gehen Sie folgendermaßen vor:

```
# dd if=/dev/hda of=/dev/fd0 bs=512 count=1
```

Bevor Sie jetzt weitere Beispiele zum mächtigen Werkzeug `dd` sehen werden, müssen Sie sich zunächst mit den Optionen vertraut machen – im Beispiel mit `if`, `of`, `bs` und `count`.

Option	Bedeutung
`if=Datei`	(*input file*) Der Name der Eingabedatei (Quelldatei) – ohne Angabe wird die Standardeingabe verwendet.
`of=Datei`	(*output file*) Der Name der Ausgabedatei (Zieldatei) – ohne Angabe wird hier die Standardausgabe verwendet.
`ibs=Schritt`	(*input block size*) die Blockgröße der Eingabedatei
`obs=Schritt`	(*output block size*) die Blockgröße der Ausgabedatei
`bs=Schritt`	(*block size*) die Blockgröße für Ein- und Ausgabedatei
`cbs=Schritt`	(*conversion block size*) die Blockgröße für die Konvertierung
`skip=Blocks`	Hier können Sie eine Anzahl Blocks angeben, die von der Eingabe zu Beginn ignoriert werden sollen.
`seek=Blocks`	Hier können Sie eine Anzahl Blocks angeben, die von der Ausgabe am Anfang ignoriert werden sollen; unterdrückt am Anfang die Ausgabe der angegebenen Anzahl `Blocks`.
`count=Blocks`	Bestimmt, wie viele Blöcke kopiert werden sollen.

Tabelle C.11 Optionen zur Steuerung des Kommandos »dd«

Eine spezielle Option steht Ihnen mit `conv=Konvertierung` zur Verfügung. Folgende Konvertierungen sind dabei möglich:

Option	Konvertierung
`conv=ascii`	EBCDIC nach ASCII
`conv=ebcdic`	ASCII nach EBCDIC
`conv=ibm`	ASCII nach EBCDIC in der speziellen IBM-Variante

Tabelle C.12 Spezielle Optionen für Konvertierungen mit dem Kommando »dd«

Option	Konvertierung
`conv=block`	Es werden Zeilen in Felder mit der Größe `cbs` geschrieben, und das Zeilenende wird durch Leerzeichen ersetzt. Der Rest des Feldes wird mit Leerzeichen aufgefüllt.
`conv=unblock`	Abschließende Leerzeichen eines Blocks der Größe `cbs` werden durch ein Zeilenende ersetzt.
`conv=lcase`	Großbuchstaben in Kleinbuchstaben
`conv=ucase`	Kleinbuchstaben in Großbuchstaben
`conv=swab`	Vertauscht je zwei Bytes der Eingabe. Ist die Anzahl der gelesenen Bytes ungerade, wird das letzte Byte einfach kopiert.
`conv=noerror`	Lesefehler werden ignoriert.
`conv=sync`	Füllt Eingabeblöcke bis zur Größe von `ibs` mit Nullen.

Tabelle C.12 Spezielle Optionen für Konvertierungen mit dem Kommando »dd« (Forts.)

Jetzt noch einige interessante Beispiel zu `dd`:

```
# dd if=/vmlinuz of=/dev/fd0
```

Damit kopieren Sie den Kernel (hier in `vmlinuz` – bitte anpassen) in den ersten Sektor der Diskette, die als Bootdiskette verwendet werden kann.

```
# dd if=/dev/hda of=/dev/hdc
```

Dieser Befehl ist mächtig – hiermit klonen Sie praktisch in einem Schritt die erste Festplatte am Master-IDE-Kontroller auf die Festplatte am zweiten Master-Anschluss. Somit haben Sie auf */dev/hdc* denselben Inhalt wie auf */dev/hda*. Natürlich kann die Ausgabedatei auch ganz woanders hingeschrieben werden, bspw. auf einen DVD-Brenner, eine Festplatte am USB-Anschluss oder in eine Datei.

Achtung

Zwar ist `dd` ein mächtigeres Werkzeug, als es hier vielleicht den Anschein hat, trotzdem sollten Sie gewarnt sein vor wirren `dd`-Aufrufen. Der Datensalat ist auch hier schneller entstanden als anderswo. Daher benötigt man wieder die allmächtigen *root*-Rechte. Falls Sie größere Datenmengen mit `dd` kopieren, können Sie dem Programm von einer anderen Konsole aus mittels `kill` das Signal `SIGUSR1` senden, um `dd` zu veranlassen, den aktuellen Fortschritt auszugeben.

C.6.4 dd_rescue – fehlertolerantes Kopieren von Dateiblöcken

Falls Sie z. B. eine defekte Festplatte – oder eine Partition auf derselben – kopieren wollen, stößt dd schnell an seine Grenzen. Zudem ist beim Retten von Daten eines defekten Speichermediums die Geschwindigkeit wichtig, da das Medium weitere Fehler verursachen kann und somit weitere Dateien korrumpiert werden können. Ein Fehlversuch mit dd kann hier also fatale Folgen haben.

An dieser Stelle bietet sich dd_rescue an, das inzwischen bei allen gängigen Linux-Distributionen mitgeliefert wird. Sie können damit – ähnlich wie mit dd – Dateiblöcke auf Low-Level-Basis auf ein anderes Medium kopieren. Als Zielort ist eine Datei auf einem anderen Speichermedium sinnvoll. Von diesem Abbild der defekten Festplatte können Sie eine Kopie erstellen, um das ursprüngliche Abbild nicht zu verändern, und in einem der Abbilder versuchen, das Dateisystem mittels fsck wieder zu reparieren. Ist dies gelungen, können Sie das Abbild wieder mit dd_rescue auf eine neue Festplatte kopieren.

Ein Beispiel:

```
# dd_rescue -v /dev/hda1 /mnt/rescue/hda1.img
```

In dem Beispiel wird die Partition */dev/hda1* in die Abbilddatei */mnt/rescue/hda1.img* kopiert.

C.6.5 dumpe2fs – zeigt Informationen über ein ext2/ext3-Dateisystem an

dumpe2fs gibt eine Menge interne Informationen zum Superblock und anderen Blockgruppen zu einem ext2/ext3-Dateisystem aus (vorausgesetzt, dieses Dateisystem wird auch verwendet – logisch), zum Beispiel:

```
# dumpe2fs -b /dev/hda6
```

Mit der Option -b werden alle Blöcke von */dev/hda6* auf die Konsole ausgegeben, die als »schlecht« markiert wurden.

C.6.6 e2fsck – repariert ein ext2/ext3-Dateisystem

e2fsck überprüft ein ext2/ext3 Dateisystem und repariert den Fehler. Damit e2fsck verwendet werden kann, muss fsck.ext2 installiert sein, das das eigentliche Programm ist. e2fsck ist nur ein »Frontend« dafür.

```
e2fsck Gerätedatei
```

Mit der Gerätedatei geben Sie die Partition an, auf der das Dateisystem überprüft werden soll (was selbstverständlich wieder ein ext2/ext3-Dateisystem sein muss). Bei den Dateien, bei denen die Inodes in keinem Verzeichnis notiert sind, werden sie von e2fsck im Verzeichnis *lost+found* eingetragen und können so repariert werden. `e2fsck` gibt beim Überprüfen einen Exit-Code zurück, den Sie mit `echo $?` abfragen können. Tabelle C.13 listet wichtige Exit-Codes und ihre Bedeutung auf:

Exit-Code	Bedeutung
0	kein Fehler im Dateisystem
1	Ein Fehler im Dateisystem wurde gefunden und repariert.
2	Ein schwerer Fehler im Dateisystem wurde gefunden und korrigiert. Allerdings sollte das System neu gestartet werden.
4	Fehler im Dateisystem gefunden, aber nicht korrigiert
8	Fehler bei der Kommandoausführung von `e2fsck`
16	falsche Verwendung von `e2fsck`
128	Fehler in den Shared Librarys

Tabelle C.13 Exit-Codes des Kommandos »e2fsck«

Wichtige Optionen, die Sie mit `e2fsck` angeben können, sind:

Option	Bedeutung
`-p`	alle Fehler automatisch reparieren ohne Rückfragen
`-c`	Durchsucht das Dateisystem nach schlechten Blöcken.
`-f`	Erzwingt eine Überprüfung des Dateisystems, auch wenn der Kernel das System für okay befunden hat (also wenn das *valid*-Flag gesetzt ist).

Tabelle C.14 Optionen für das Kommando »e2fsck«

Hinweis

Einige `fsck`-Versionen fragen nach, ob das Kommando wirklich ausgeführt werden soll. Bei der Antwort genügt der Anfangsbuchstabe »j« oder »y« als Antwort nicht, sondern es muss »yes« oder »ja« (je nach Fragestellung) eingegeben werden, ansonsten bricht `fsck` an dieser Stelle kommentarlos ab.

C.6.7 fdisk, gdisk – Partitionieren von Speichermedien

`fdisk` ist die etwas unkomfortablere Alternative zu `cfdisk`, eine Festplatte in verschiedene Partitionen aufzuteilen, zu löschen oder gegebenenfalls zu ändern. Im Gegensatz zu `cfdisk` können Sie hier nicht mit den Pfeiltasten navigieren und müssen einzelne Tastenkürzel verwenden. Allerdings hat fdisk den Vorteil, fast überall und immer präsent zu sein.

Noch ein Vorteil ist, dass fdisk nicht interaktiv läuft. Sie können es z. B. benutzen, um einen ganzen Schlag Festplatten automatisch zu formatieren. Das ist ganz praktisch, wenn Sie ein System identisch auf einer ganzen Anzahl Rechner installieren müssen. Sie installieren es nur auf einem, erzeugen mit dd ein Image, erstellen ein kleines Script, booten die anderen Rechner z. B. von »Damn Small Linux« (eine Mini-Distribution für u. a. den USB-Stick) und führen das Script aus, das dann per fdisk formatiert und per dd das Image des Prototyps installiert. Danach müssen Sie nur noch die IP-Adresse und den Hostname anpassen, was Sie auch scriptgesteuert vornehmen können.

Einen komfortablen Überblick zu allen Partitionen auf allen Festplatten können Sie sich mit der Option -l anzeigen lassen:

```
linux:/home/you # fdisk -l
Platte /dev/hda: 30.0 GByte, 30005821440 Byte
16 Köpfe, 63 Sektoren/Spuren, 58140 Zylinder
Einheiten = Zylinder von 1008 * 512 = 516096 Bytes

 Gerät Boot   Start        End       Blocks   Id  System
/dev/hda1         1      26313     13261626    7  HPFS/NTFS
/dev/hda2     26314      58140     16040808    f  W95 Ext'd (LBA)
/dev/hda5     26314      27329       512032+  82  Linux Swap
/dev/hda6     27330      58140     15528712+  83  Linux
```

Zum Partitionieren müssen Sie fdisk mit der Angabe der Gerätedatei aufrufen:

```
# fdisk /dev/hda
```

Die wichtigsten Tastenkürzel zur Partitionierung selbst sind:

Taste	Bedeutung
B	»bsd disklabel« bearbeiten
D	eine Partition löschen
L	die bekannten Dateisystemtypen anzeigen (Sie benötigen die Nummer)
M	ein Menü mit allen Befehlen anzeigen
N	eine neue Partition anlegen
P	die Partitionstabelle anzeigen

Tabelle C.15 Tastenkürzel zur Verwendung von »fdisk«

Taste	Bedeutung
Q	Ende ohne Speichern der Änderungen
S	ein neues leeres »Sun disklabel« anlegen
T	den Dateisystemtyp einer Partition ändern
U	die Einheit für die Anzeige/Eingabe ändern
V	die Partitionstabelle überprüfen
W	die Tabelle auf die Festplatte schreiben und das Programm beenden
X	zusätzliche Funktionen (nur für Experten)

Tabelle C.15 Tastenkürzel zur Verwendung von »fdisk« (Forts.)

Ansonsten gilt auch hier: Finger weg, wenn Sie nicht sicher sind, was Sie genau tun, es sei denn, Sie probieren dies alles an einem Testsystem aus.

Für `fdisk` gibt es analog zu `cfdisk` und `cgdisk` eine Variante `gdisk` für GTP- bzw. UEFI-Partitionen.

C.6.8 fsck – Reparieren und Überprüfen von Dateisystemen

`fsck` ist ein unabhängiges Frontend zum Prüfen und Reparieren der Dateisystem-Struktur. `fsck` ruft gewöhnlich je nach Dateisystem das entsprechende Programm auf. Bei ext2/ext3 ist dies bspw. `fsck.ext2`, bei einem Minix-System `fsck.minix`, bei ReiserFS `reiserfsck` usw. Die Zuordnung des entsprechenden Dateisystems nimmt `fsck` anhand der Partitionstabelle oder durch eine Kommandozeilenoption vor. Die meisten dieser Programme unterstützen die Optionen `-a`, `-A`, `-l`, `-r`, `-s` und `-v`. Meistens wird hierbei die Option `-a -A` verwendet. Mit `-a` veranlassen Sie eine automatische Reparatur, sofern dies möglich ist, und mit `-A` geben Sie in Auftrag, alle Dateisysteme zu testen, die in */etc/fstab* eingetragen sind.

`fsck` gibt beim Überprüfen einen Exit-Code zurück, den Sie mit `echo $?` abfragen können. Tabelle C.16 listet wichtige Exit-Codes und ihre Bedeutung auf:

Exit-Code	Bedeutung
0	Kein Fehler im Dateisystem
1	Einen Fehler im Dateisystem gefunden und repariert
2	Schweren Fehler im Dateisystem gefunden und korrigiert. Allerdings sollte das System neu gestartet werden.

Tabelle C.16 Exit-Codes von »fsck« und ihre Bedeutung

Exit-Code	Bedeutung
4	Fehler im Dateisystem gefunden, aber nicht korrigiert
8	Fehler bei der Kommandoausführung von `fsck`
16	Falsche Verwendung von `fsck`
128	Fehler in den Shared Librarys

Tabelle C.16 Exit-Codes von »fsck« und ihre Bedeutung (Forts.)

Ganz wichtig ist es auch, `fsck` immer auf nicht eingebundene bzw. nur im Readonly-Modus eingebundene Dateisysteme anzuwenden, denn `fsck` kann sonst eventuell ein Dateisystem verändern (reparieren), ohne dass das System dies zu realisieren vermag. Ein Systemabsturz ist dann vorprogrammiert.

Gewöhnlich wird `fsck` oder `reiserfsck` beim Systemstart automatisch ausgeführt, wenn eine Partition nicht sauber ausgebunden wurde oder nach jedem *n*-ten Booten. Wer mit einem ext2/ext3-Dateisystem arbeitet, kennt es wohl zur Genüge, wenn `fsck` nach einem Systemabsturz beim Starten des Systems zunächst das komplette Dateisystem überprüft (Kaffeeholen war angesagt).

C.6.9 mkfs – Dateisystem einrichten

Mit `mkfs` legen Sie auf einer zuvor formatierten Festplatte bzw. Diskette ein Dateisystem an. Wie auch `fsck` ist `mkfs` ein unabhängiges Frontend, das die Erzeugung des Dateisystems nicht selbst übernimmt, sondern das spezifische Programm zur Erzeugung des entsprechenden Dateisystems verwendet. Auch hierbei richtet sich `mkfs` wieder nach den Dateisystemen, die in der Partitionstabelle aufgelistet sind, oder gegebenenfalls nach der Kommandozeilenoption.

Abhängig vom Dateisystemtyp ruft `mkfs` dann das Kommando `mkfs.minix` (für Minix), `mk2fs` (für ext2/ext3), `mkreiserfs` (für ReiserFS) usw. auf.

```
mkfs [option] Gerätedatei [blöcke]
```

Für die `Gerätedatei` müssen Sie den entsprechenden Pfad angeben (bspw. */dev/hda1*). Sie können außerdem auch die Anzahl von Blöcken angeben, die das Dateisystem belegen soll. Auch `mkfs` gibt einen Exit-Code über den Verlauf der Kommandoausführung zurück, den Sie mit `echo $?` auswerten können.

Exit-Code	Bedeutung
0	alles erfolgreich durchgeführt
8	ein Fehler bei der Programmausführung
16	ein Fehler in der Kommandozeile

Tabelle C.17 Exit-Codes von »mkfs« und ihre Bedeutung

Interessant ist auch die Option `-t`, mit der Sie den Dateisystemtyp des zu erzeugenden Dateisystems selbst festlegen können. Ohne `-t` würde hier wieder versucht, das Dateisystem anhand der Partitionstabelle zu bestimmen. So erzeugen Sie bspw. mit

```
mkfs -f xiafs /dev/hda7
```

auf der Partition */dev/hda7* ein Dateisystem `xiafs` (alternativ zu ext2).

C.6.10 mkswap – eine Swap-Partition einrichten

Mit `mkswap` legen Sie eine Swap-Partition an. Diese können Sie z. B. dazu verwenden, schlafende Prozesse, die auf das Ende von anderen Prozessen warten, in die Swap-Partition der Festplatte auszulagern. So halten Sie Platz im Arbeitsspeicher für andere laufende Prozesse frei. Sofern Sie nicht schon bei der Installation die (gewöhnlich) vorgeschlagene Swap-Partition eingerichtet haben (je nach Distribution), können Sie dies mit dem Kommando `mkswap` nachholen. Zum Aktivieren einer Swap-Partition müssen Sie das Kommando `swapon` aufrufen.

Ist Ihr Arbeitsspeicher wieder ausgelastet, können Sie auch kurzfristig solch einen Swap-Speicher einrichten. Ein Beispiel:

```
# dd bs=1024 if=/dev/zero of=/tmp/myswap count=4096
4096+0 Datensätze ein
4096+0 Datensätze aus
# mkswap -c /tmp/myswap 4096
Swapbereich Version 1 wird angelegt, Größe 4190 KBytes
# sync
# swapon /tmp/myswap
```

Zuerst legen Sie mit `dd` eine leere Swapdatei mit 4 Megabytes Größe mit Null-Bytes an. Anschließend verwenden Sie diesen Bereich als Swap-Datei. Nach einem Aufruf von `sync` müssen Sie nur noch den Swap-Speicher aktivieren. Wie dieser Swap-Bereich allerdings verwendet wird, haben Sie nicht in der Hand, sondern wird vom Kernel mit dem *Paging* gesteuert.

Hinweis

Eine Datei, die als Swap-Bereich eingebunden wird, sollte nur genutzt werden, wenn keine Partition dafür zur Verfügung steht, da die Methode erheblich langsamer ist als eine Swap-Partition.

C.6.11 mount, umount – An- bzw. Abhängen eines Dateisystems

`mount` hängt einzelne Dateisysteme mit den verschiedensten Medien (Festplatte, CD-ROM, Diskette ...) an einen einzigen Dateisystembaum an. Die einzelnen Partitionen werden dabei als Gerätedateien im Ordner */dev* angezeigt. Rufen Sie `mount` ohne irgendwelche Argumente auf, werden alle »gemounteten« Dateisysteme aus */etc/mtab* aufgelistet. Auch hier bleibt es wieder *root* überlassen, ob ein Benutzer ein bestimmtes Dateisystem einbinden kann oder nicht. Hierzu muss nur ein entsprechender Eintrag in */etc/fstab* vorgenommen werden.

Einige Beispiele, wie verschiedene Dateisysteme eingehängt werden können:

Verwendung	Bedeutung
`mount /dev/fd0`	Hängt das Diskettenlaufwerk ein.
`mount /dev/hda9 /home/you`	Das Dateisystem */dev/hda9* wird an dem Verzeichnis */home/you* gemountet.
`mount goliath:/progs /home/progs`	Mountet ein Dateisystem per NFS von einem Rechner namens »goliath« und hängt dieses an das lokale Verzeichnis */home/progs*.

Tabelle C.18 Anwendungsbeispiele des Kommandos »mount«

Wollen Sie ein Dateisystem wieder aushängen, egal ob lokale oder entfernte Partitionen, dann nehmen Sie dies mit `umount` vor:

```
umount /dev/fd0
```

Hier wird das Diskettenlaufwerk aus dem Dateisystem ausgehängt.

Hinweis

Wenn ein Eintrag für ein Dateisystem in der */etc/fstab* besteht, reicht es aus, `mount` mit dem Device oder dem Mountpoint als Argument aufzurufen: `mount /dev/fd0`.

C.6.12 parted – Partitionen anlegen, verschieben, vergrößern oder verkleinern

Mit `parted` können Sie nicht nur – wie mit `fdisk` bzw. `cfdisk` – Partitionen anlegen oder löschen, sondern auch vergrößern, verkleinern, kopieren und verschieben. `parted` wird gern verwendet, wenn man auf der Festplatte schaffen Platz will für ein neues Betriebssystem oder alle Daten einer Festplatte auf eine neue kopieren will. Mehr hierzu entnehmen Sie bitte der Manual-Seite von `parted`.

C.6.13 prtvtoc – Partitionstabellen ausgeben

Mit `prtvtoc` können Sie ähnlich wie unter Linux mit `fdisk` die Partitionstabelle einer Festplatte ausgeben. Dieses Kommando ist bspw. unter Solaris vorhanden.

C.6.14 swapon, swapoff – Swap-Datei oder Partition (de)aktivieren

Wenn Sie auf dem System eine Swap-Partition eingerichtet haben (siehe `mkswap`), existiert diese zwar, muss aber noch mit dem Kommando `swapon` aktiviert werden. Den so aktivierten Bereich können Sie jederzeit mit `swapoff` wieder aus dem laufenden System deaktivieren.

C.6.15 sync – alle gepufferten Schreiboperationen ausführen

Normalerweise verwendet Linux einen Puffer (Cache) im Arbeitsspeicher, in dem sich ganze Datenblöcke eines Massenspeichers befinden. So werden Daten häufig temporär erst im Arbeitsspeicher verwaltet, da sich ein dauernd schreibender Prozess äußerst negativ auf die Performance des Systems auswirken würde. Stellen Sie sich das einmal bei 100 Prozessen vor! Gewöhnlich übernimmt ein Dämon die Arbeit und entscheidet, wann die veränderten Datenblöcke auf die Festplatte geschrieben werden.

Mit dem Kommando `sync` können Sie nun veranlassen, dass veränderte Daten sofort auf die Festplatte (oder auch jeden anderen Massenspeicher) geschrieben werden. Dies ist häufig der letzte Rettungsanker, wenn das System sich nicht mehr richtig beenden lässt. Können Sie hierbei noch schnell ein `sync` ausführen, werden alle Daten zuvor nochmals gesichert, und der Datenverlust kann eventuell ganz verhindert werden.

C.7 Archivierung und Backup

C.7.1 bzip2/bunzip2 – (De-)Komprimieren von Dateien

`bzip2` ist dem Kommando `gzip` nicht unähnlich, nur dass `bzip2` einen besseren Komprimierungsgrad als `gzip` erreicht. `bzip` arbeitet mit dem *Burrows-Wheeler-Block-Sorting*-Algorithmus, der den Text zwar nicht komprimiert, aber leichter komprimierbar macht, sowie mit der Huffman-Kodierung. Allerdings ist die Kompression mit `bzip2` erheblich besser, aber dafür auch erheblich langsamer, sofern die Geschwindigkeit eine Rolle spielen sollte. Alle Dateien, die mit bzip2 komprimiert werden, bekommen automatisch die Dateiendung *.bz2*. TAR-Dateien, die mit bzip2 komprimiert werden, erhalten üblicherweise die Endung *.tbz*. Die »2« hinter bzip2 bzw. bunzip2 kam dadurch, dass der Vorgänger bzip hieß, allerdings aus patentrechtlichen Gründen nicht mehr weiterentwickelt wurde. Komprimieren können Sie Dateien mit bzip2 folgendermaßen:

```
you@host > bzip2 file.txt
```

Entpacken können Sie die komprimierte Datei wieder mit der Option -d und bzip2 oder mit bunzip2:

```
you@host > bzip2 -d file.txt.bz2
```

oder

```
you@host > bunzip2 file.txt.bz2
```

Sie können gern bzip2 mit der Option -d bevorzugen, weil bunzip2 wieder nichts anderes ist als ein Link auf bzip2, wobei allerdings automatisch die Option -d verwendet wird:

```
you@host > which bunzip2
/usr/bin/bunzip2
you@host > ls -l /usr/bin/bunzip2
lrwxrwxrwx  1 root root 5  /usr/bin/bunzip2 -> bzip2
```

Interessant in diesem Zusammenhang ist auch das Kommando bzcat, mit dem Sie bzip2-komprimierte Dateien lesen können, ohne sie vorher zu dekomprimieren.

```
you@host > bzcat file.txt.bz2
...
```

C.7.2 compress/uncompress – (De-)Komprimieren von Dateien

compress zum Komprimieren und uncompress zum Dekomprimieren werden heute zwar kaum noch verwendet, aber wir sollten beide aus Kompatibilitätsgründen hier doch erwähnen, für den Fall, dass Sie einmal auf ein Uralt-Archiv stoßen, bei dem die Dateien mit einem *.Z* enden. compress beruht auf einer älteren Version des *Lempel-Ziv-Welch*-Algorithmus.

C.7.3 cpio, afio – Dateien und Verzeichnisse archivieren

cpio (*copy in and out*) eignet sich hervorragend, um ganze Verzeichnisbäume zu archivieren. Etwas ungewöhnlich auf den ersten Blick ist, dass cpio die zu archivierenden Dateien nicht von der Kommandozeile, sondern von der Standardeingabe liest. Häufig wird daher cpio in Verbindung mit den Kommandos ls oder find und einer Pipe verwendet. Damit ist es möglich, ein spezielles Archiv zu erzeugen, das den Eigentümer, die Zugriffsrechte, die Erzeugungszeit, die Dateigröße usw. berücksichtigt. Gewöhnlich wird cpio auf drei verschiedene Arten aufgerufen.

copy out

Diese Art wird mit der Option -o oder --create verwendet. So werden die Pfadnamen der zu kopierenden Dateien von der Standardeingabe eingelesen und auf die Standardausgabe kopiert. Dabei können Dinge wie etwa der Eigentümer, die Zugriffsrechte oder die Dateigröße berücksichtigt bzw. ausgegeben werden. Gewöhnlich verwendet man *copy out* mit einer Pipe und einer Umlenkung:

```
you@host > cd Shellbuch
you@host > ls
Kap003.txt   kap005.txt~  Kap008.txt   Kap010.txt~  Kap013.txt
Kap001.doc   Kap003.txt~  Kap006.txt   Kap008.txt~  Kap011.txt
Kap013.txt~  Kap001.sxw   kap004.txt   Kap006.txt~  Kap009.txt
Kap011.txt~  Kap014.txt   Kap002.doc   kap004.txt~  Kap007.txt
Kap009.txt~  Kap012.txt   Kap014.txt~  Kap002.sxw   kap005.txt
Kap007.txt~  Kap010.txt   Kap012.txt~  Planung_und_Bewerbung
chm_pdf
you@host > ls *.txt | cpio -o > Shellbuch.cpio
1243 blocks
```

Hier wurden z. B. alle Textdateien im Verzeichnis *Shellbuch* zu einem cpio-Archiv (*Shellbuch.cpio*) gepackt. Allerdings konnten hier nur bestimmte Dateien erfasst werden. Wollen Sie ganze Verzeichnisbäume archivieren, dann verwenden Sie das Kommando find:

```
you@host > find $HOME/Shellbuch -print | cpio
  -o > Shellbuch.cpio
cpio: ~/Shellbuch: truncating inode number
cpio: ~/Shellbuch/Planung_und_Bewerbung: truncating inode number
cpio: ~/Shellbuch/chm_pdf: truncating inode number
130806 blocks
```

Natürlich können Sie hierbei mit find-üblichen Anweisungen nur bestimmte Dateien archivieren. Ebenso lassen sich Dateien auch auf ein anderes Laufwerk archivieren:

```
you@host > ls -a | cpio -o > /dev/fd0
```

Hier wurden beispielsweise alle Dateien des aktuellen Verzeichnisses auf die Diskette kopiert. Dabei können Sie genauso gut einen Streamer, eine andere Festplatte oder gar einen anderen Rechner verwenden.

copy in

Wollen Sie das mit `cpio -o` erzeugte Archiv wieder entpacken bzw. zurückspielen, so verwenden Sie `cpio` mit dem Schalter `-i` oder `--extract`. Damit liest `cpio` die archivierten Dateien von der Standardeingabe ein. Es ist sogar möglich, hierbei reguläre Ausdrücke zu verwenden. Mit folgender Befehlsausführung entpacken Sie das Archiv wieder:

```
you@host > cpio -i < Shellbuch.cpio
```

Wollen Sie nicht das komplette Archiv entpacken, sondern nur bestimmte Dateien, können Sie dies mit einem regulären Ausdruck wie folgt angeben:

```
you@host > cpio -i "*.txt" < Shellbuch.cpio
```

Hier entpacken Sie nur Textdateien mit der Endung *.txt*. Natürlich funktioniert das Ganze auch mit den verschiedensten Speichermedien:

```
you@host > cpio -i "*.txt" < /dev/fd0
```

Hier werden alle Textdateien von einer Diskette entpackt. Allerdings werden die Dateien immer ins aktuelle Arbeitsverzeichnis zurückgespielt, sodass Sie den Zielort zuvor angeben müssen, zum Beispiel:

```
you@host > cd $HOME/Shellbuch/testdir ; \
> cpio -i < /archive/Shellbuch.cpio
```

Hier wechseln Sie zunächst in das Verzeichnis, in dem Sie anschließend das Archiv entpacken wollen. Wollen Sie außerdem erst wissen, was Sie entpacken, also welche Dateien sich in einem `cpio`-Archiv befinden, verwenden Sie `cpio` mit der Option `-t`:

```
you@host > cpio -t < Shellbuch.cpio
...
```

copy pass

Mit *copy pass* werden die Dateien von der Standardeingabe gelesen und in ein entsprechendes Verzeichnis kopiert, ohne dass ein Archiv erzeugt wird. Hierzu wird die Option `-p` eingesetzt. Voraussetzung ist natürlich, dass ein entsprechendes Verzeichnis existiert. Wenn nicht, können Sie zusätzlich die Option `-d` verwenden, womit dann ein solches Verzeichnis erzeugt wird.

```
you@host > ls *.txt | cpio -pd /archive/testdir2
```

Hiermit werden aus dem aktuellen Verzeichnis alle Textdateien in das Verzeichnis *testdir2* kopiert. Der Aufruf entspricht dem folgenden:

```
you@host > cp *.txt /archive/testdir2
```

Einen ganzen Verzeichnisbaum des aktuellen Arbeitsverzeichnisses könnten Sie somit mit folgendem Aufruf kopieren:

```
you@host > find . -print | cpio -pd /archiv/testdir3
```

afio

afio bietet im Gegensatz zu cpio die Möglichkeit, die einzelnen Dateien zu komprimieren. Somit stellt afio eine interessante tar-Alternative dar (für jeden, der tar mit seinen typischen Optionsparametern nicht mag). afio komprimiert die einzelnen Dateien noch, bevor es sie in einem Archiv zusammenfasst. Ein einfaches Beispiel:

```
you@host > ls *.txt | afio -o -Z Shellbook.afio
```

Sie komprimieren zunächst alle Textdateien im aktuellen Verzeichnis und fassen dies dann in dem Archiv *Shellbook.afio* zusammen. Die Platzeinsparung im Vergleich zu cpio ist beachtlich:

```
you@host > ls -l Shellbook*
-rw-------  1 tot users 209920 2015-04-24 14:59 Shellbook.afio
-rw-------  1 tot users 640512 2015-04-24 15:01 Shellbook.cpio
```

Entpacken können Sie das Archiv wieder wie bei cpio mit dem Schalter -i:

```
you@host > afio -i -Z Shellbook.afio
```

C.7.4 dump/restore bzw. ufsdump/ufsrestore – Vollsicherung bzw. Wiederherstellen eines Dateisystems

Mit dump und restore (unter Solaris als ufsdump und ufsrestore bekannt) werden nicht einzelne Dateien oder Verzeichnisse ausgelesen, sondern das komplette Dateisystem. Da hierbei blockweise ausgelesen und auch wieder zurückgeschrieben wird, entsteht ein ziemlicher Geschwindigkeitsvorteil. Nebenbei wird außerdem vor den eigentlichen Daten ein Inhaltsverzeichnis erstellt, das Sie zum Wiederherstellen mit restore verwenden können, um einzelne Dateien auszuwählen, die wiederhergestellt werden sollen (diese interaktive Rücksicherung ist sehr elegant).

Hinweis

Da dump ein komplettes Dateisystem sichert, sollten Sie sicher sein, dass es sich in einem stabilen Zustand befindet. Denn ist das Dateisystem inkonsistent und führen Sie einen dump aus und wollen diesen dump irgendwann wieder einspielen, so spielen Sie auch sämtliche Instabilitäten mit ein. Daher empfiehlt sich als sicherster Weg der Single-User-Mode zum »Dumpen«.

Eine feine Sache sind auch die Dump-Levels, die einfache inkrementelle Backups erlauben. Dazu verwendet man ein Backup-Level zwischen 0 bis 9. 0 steht hierbei für ein Full Backup, und alle anderen Zahlen sind inkrementelle Backups. Dabei werden immer nur die Dateien gesichert, die sich seit dem letzten Backup verändert haben – sprich, dessen Level kleiner oder gleich dem aktuellen war. Stoßen Sie bspw. einen Level-2-Backup-Auftrag mit `dump` an, so werden alle Dateien gesichert, die sich seit den Levels 0, 1, 2 und 3 verändert haben.

Die Syntax zu `dump/usfdump`:

```
dump -[0-9][u]f Archiv Verzeichnis
```

In der Praxis schreiben Sie bspw. Folgendes:

```
dump -0uf /dev/rmt/1 /
```

Damit führen Sie ein komplettes Backup des Dateisystems durch. Alle Daten werden auf ein Band */dev/rmt/1* gesichert. Dieses Full Backup müssen Sie zum Glück nur beim ersten Mal vornehmen (können es aber selbstverständlich immer durchführen), was gerade bei umfangreichen Dateisystemen zeitraubend ist. Wollen Sie beim nächsten Mal jetzt immer die Dateien sichern, die sich seit dem letzten Dump-Level verändert haben, so geben Sie einfach den nächsten Level an:

```
dump -1uf /dev/rmt/1 /
```

Hierbei lassen sich richtige `dump`-Strategien einrichten, z. B. einmal in der Woche mit einem Shellscript einen Full-Backup-`dump` mit Level 0. In den darauf folgenden Tagen können Sie bspw. den Dump-Level jeweils um den Wert 1 erhöhen.

Damit die Dump-Levels auch tadellos funktionieren, wird die Datei */etc/dumpdates* benötigt, in der das Datum der letzten Sicherung gespeichert wird. Gewöhnlich müssen Sie diese Datei vor dem ersten inkrementellen Dump mittels `touch /etc/dumdates` anlegen. Damit dies auch mit dem `dump`-Aufruf klappt, verwenden Sie die Option `-u`. Mit dieser Option wird das aktuelle Datum in der Datei */etc/dumpdates* vermerkt. Die Option `-u` ist also sehr wichtig, wenn ein inkrementelles »Dumpen« funktionieren soll. Außerdem wurde die Option `-f dateiname` für die Standardausgabe verwendet. Fehlt diese Option, dann wird auf die Umgebungsvariable `TAPE` und letztlich auf einen einkompilierten »Standard« zurückgegriffen, wie auch immer der aussehen mag. Zwangsläufig müssen Sie also einen `dump` nicht auf ein Tape vornehmen (auch wenn dies ein häufiger Einsatz ist), sondern können auch mit der Angabe von `-f` eine andere Archivdatei nutzen:

```
dump -0f /pfadzumArchiv/archiv_usr.121105 /usr
```

Hier wird bspw. das Verzeichnis */usr* in einer Archivdatei gesichert.

Zum Wiederherstellen bzw. Zurücklesen von mit dump/ufsdump gesicherten Daten wird restore verwendet. Die Syntax von restore ähnelt der des Gegenstücks dump – allerdings finden Sie hier weitere Optionen für den Arbeitsmodus:

Option	Bedeutung
i	interaktives Zurückspielen (*interactive*)
r	Wiederherstellen eines Dateisystems (*rebuild*)
t	Auflisten des Inhalts (*table*)
x	Extrahieren einzelner, als zusätzliche Argumente aufgeführter Dateien (*extract*). Verzeichnisse werden dabei rekursiv entpackt.

Tabelle C.19 Optionen für das Kommando »restore«/»ufsrestore«

So können Sie zum Beispiel das */usr*-Dateisystem folgendermaßen mit restore wieder zurücksichern:

```
# cd /usr
# restore rf /pfadzumArchiv/archiv_usr.121105
```

Wichtiges zu dump und restore noch zum Schluss. Da diese Werkzeuge auf einer Dateisystemebene arbeiten, ist die »Portabilität« der Archive recht unzuverlässig. Bedenken Sie, dass Sie unter Linux häufig einen dump auf ext2/ext3-Ebene durchführen und unter Solaris mit ufsdump eben auf UFS-Ebene. Sie können also nicht mal eben einen dump auf einem anderen Rechner vornehmen, bei dem bspw. als Dateisystem ext2 verwendet wurde, und ihn auf einen Rechner mit UFS als Dateisystem einspielen. Zwar klappt dies manchmal, wie bspw. zwischen Linux (ext2) und FreeBSD (UFS), doch leider lässt sich hierbei keine generelle Aussage treffen. Also sollten Sie sich mit den Dateisystemen schon sehr gut auskennen, um hier mit dump und restore zu experimentieren!

Des Weiteren benötigt dump zum Erstellen eines kompletten Indexes des Dateisystems eine Menge Arbeitsspeicher. Bei einem kleinen Hauptspeicher sollten Sie den Swap-Bereich erheblich vergrößern.

C.7.5 gzip/gunzip – (De-)Komprimieren von Dateien

gzip komprimiert Dateien und fügt am Ende des Dateinamens die Endung *.gz* an. Die Originaldatei wird hierbei durch die komprimierte Datei ersetzt. gzip basiert auf dem *deflate*-Algorithmus, der eine Kombination aus LZ77 und Huffman-Kodierung ist. Der Zeitstempel einer Datei und die Zugriffsrechte bleiben beim Komprimieren und auch beim Entpacken mit gunzip erhalten.

> **Hinweis**
> Sofern Sie Software-Entwickler in bspw. C sind und Datenkompression verwenden wollen, sollten Sie sich die Bibliothek `zlib` ansehen. Diese Bibliothek unterstützt das `gzip`-Dateiformat.

Komprimieren können Sie eine oder mehrere Datei(en) ganz einfach mit:

```
you@host > gzip file1.txt
```

Und Dekomprimieren geht entweder mit `gzip` und der Option `-d`

```
you@host > gzip -d file1.txt.gz
```

oder mit `gunzip`:

```
you@host > gunzip file1.txt.gz
```

Wobei `gunzip` hier kein symbolischer Link ist, sondern ein echtes Kommando. `gunzip` kann neben `gzip`-Dateien auch Dateien dekomprimieren, die mit `zip` (mit einer einzigen_Datei als Parameter), `compress` oder `pack` komprimiert wurden.

Wollen Sie, dass beim (De-)Komprimieren nicht die Originaldatei berührt wird, so müssen Sie die Option `-c` verwenden:

```
you@host > gzip -c file1.txt > file1.txt.gz
```

Dies können Sie ebenso mit `gunzip` anwenden:

```
you@host > gunzip -c file1.txt.gz > file1_neu.txt
```

Damit lassen Sie die `gzip`-komprimierte Datei *file1.txt.gz* unberührt und erzeugen eine neue dekomprimierte Datei *file1_neu.txt*. Dasselbe können Sie auch mit `zcat` erledigen:

```
you@host > zcat file1.txt.gz > file1_neu.txt
```

C.7.6 mt – Streamer steuern

Mit `mt` können Magnetbänder vor- oder zurückgespult, positioniert und gelöscht werden. `mt` wird häufig in Shellscripts in Verbindung mit `tar`, `cpio` oder `afio` verwendet, weil jedes der Kommandos zwar auf Magnetbänder schreiben kann, aber diese nicht steuern können. So wird `mt` wie folgt in der Praxis verwendet:

```
mt -f tape befehl [nummer]
```

Mit `tape` geben Sie den Pfad zu Ihrem Bandlaufwerk an und mit `nummer`, wie oft `befehl` ausgeführt werden soll. Tabelle C.20 listet die gängigsten Befehle auf, die dabei eingesetzt werden:

Befehl	Bedeutung
eom	Band bis zum Ende der letzten Datei spulen. Ab hier kann mit tar, cpio und afio (oder gar dump/ufsdump) ein Backup aufgespielt werden.
fsf Anzahl	Das Band um Anzahl Archive (Dateiendemarken) vorspulen. Nicht gleichzusetzen mit der letzten Datei (eom).
nbsf Anzahl	Das Band um Anzahl Archive (Dateiendemarken) zurückspulen
rewind	das Band an den Anfang zurückspulen
status	Statusinformationen vom Magnetlaufwerk ermitteln und ausgeben (beispielsweise: Ist ein Band eingelegt oder nicht?)
erase	das Band löschen und initialisieren
retension	Das Band einmal ans Ende spulen und wieder zum Anfang zurück, um es neu zu »spannen«
offline	Band zum Anfang zurückspulen und auswerfen

Tabelle C.20 Befehle für das Kommando »mt«

C.7.7 pack/unpack – (De-)Komprimieren von Dateien

Diese beiden Programme werden nur noch der Vollständigkeit erwähnt und sind mittlerweile von älteren Semestern. Eine mit pack komprimiert Datei hat die Endung .z und kann mit unpack (oder gunzip) wieder entpackt werden.

C.7.8 tar – Dateien und Verzeichnisse archivieren

tar (*tape archiver*) wurde ursprünglich zur Verwaltung von Bandarchiven verwendet. Mittlerweile aber wird tar auch auf Disketten oder normale Dateien oder Verzeichnisse angewendet. Das Kommando wird zur Erstellung von Sicherungen bzw. Archiven sowie zu ihrem Zurückladen genutzt.

```
tar funktion [optionen] [datei(en)]
```

Mit funktion geben Sie an, wie die Erstellung bzw. das Zurückladen von Archiven erfolgen soll. Mit datei(en) bestimmen Sie, welche Dateien oder Dateibäume herausgeschrieben oder wieder eingelesen werden sollen. Geben Sie hierbei ein Verzeichnis an, so wird der gesamte darin enthaltene Dateibaum verwendet. Gewöhnlich werden Archive mittels tar nicht komprimiert, aber auch hier können Sie mit tar die Ein- und Ausgabe durch einen Kompressor leiten. Neuere Versionen unterstützen sowohl compress als auch gzip und bzip2, das inzwischen einen recht hohen Stellenwert hat. Das gilt nicht nur für GNU-tar.

tar (besonders GNU-tar) ist gewaltig, was die Anzahl von Funktionen und Optionen betrifft. Da tar eigentlich zu einem sehr beliebten Archivierungswerkzeug gehört, sollen auch mehrere Optionen und Funktionen erwähnt werden.

Hinweis

Um mich hier nicht auf einen Glaubenskrieg von tar-Fanatikern einzulassen (die gibt es wirklich), sei erwähnt, dass es viele tar-Versionen gibt (GNU-tar, star, bsdtar, usw.). Gewöhnlich reicht für den Normalanwender GNU-tar aus – aber es gibt auch Anwender, die auf star schwören, was in puncto Funktionsumfang häufig der »Overkill« ist. Wir machen es uns hier jetzt einfach, indem wir darauf hinweisen, dass die Funktionen, die gleich folgen werden, nicht von allen tar-Versionen unterstützt werden (wohl aber von GNU-tar).

Hierzu die Optionen, womit Sie die Funktion von tar festlegen (Sie dürfen bei den Ein-Zeichen-Funktionen auch das führende - weglassen):

Option	Bedeutung
-A	Hängt ein komplettes Archiv an ein zweites vorhandenes Archiv an (oder fügt es auf dem Band hinten an).
-c	Erzeugt ein neues Archiv.
-d	Vergleicht die im Archiv abgelegten Dateien mit den angegebenen Dateien.
--delete Datei(en)	Löscht die angegebene(n) Datei(en) aus dem Archiv (nicht für Magnetbänder).
-r	Erwähnte Dateien werden an das Ende eines bereits existierenden Archivs angehängt (nicht für Magnetbänder).
-t	Zeigt den Inhalt eines Archivs an.
-u	Benannte Dateien werden nur dann ins Archiv aufgenommen, wenn sie neuer als die bereits archivierten Versionen oder noch überhaupt nicht im Archiv vorhanden sind (nicht für Magnetbänder).
-x	Bestimmte Dateien sollen aus einem Archiv gelesen werden; werden keine Dateien erwähnt, werden alle Dateien aus dem Archiv extrahiert.

Tabelle C.21 Optionen für das Kommando »tar«

Hierzu gibt es noch einige Zusatzoptionen. Die gängigsten sind:

Option	Bedeutung
-f Datei	Benutzt Datei oder das damit verbundene Gerät als Archiv; die Datei darf auch Teil von einem anderen Rechner sein.
-l	Geht beim Archivieren nicht über die Dateisystemgrenze hinaus.
-v	tar gibt gewöhnlich keine speziellen Meldungen aus; mit dieser Option wird jede Aktion von tar gemeldet.
-w	Schaltet tar in einen interaktiven Modus, wo zu jeder Aktion eine Bestätigung erfolgen muss.
-y	Komprimiert oder dekomprimiert die Dateien bei einer tar-Operation mit bzip2.
-z	Komprimiert oder dekomprimiert die Dateien bei einer tar-Operation mit gzip bzw. gunzip.
-Z	Komprimiert oder dekomprimiert die Dateien bei einer tar-Operation mit compress bzw. uncompress.

Tabelle C.22 Zusatzoptionen für das Kommando »tar«

Neben diesen zusätzlichen Optionen bietet tar noch eine Menge Schalter mehr an. Weitere Informationen entnehmen Sie bei Bedarf der Man-Seite zu tar. Allerdings dürften Sie mit den hier genannten Optionen recht weit kommen. Daher hierzu einige Beispiele.

Am häufigsten wird tar wohl in folgender Grundform verwendet:

```
tar cf Archiv_Name Verzeichnis
```

Damit wird aus dem Verzeichniszweig Verzeichnis ein Archiv mit dem Namen Archiv_Name erstellt. In der Praxis:

```
you@host > tar cf Shellbuch_mai15 Shellbuch
```

Aus dem kompletten Verzeichniszweig Shellbuch wird das Archiv Shellbuch_mai15 erstellt. Damit Sie beim Zurückspielen der Daten flexibler sind, sollten Sie einen relativen Verzeichnispfad angeben:

```
cd Verzeichnis ; tar cf Archiv_Name .
```

Im Beispiel:

```
you@host > cd Shellbuch ; tar cf Shellbuch_mai15 .
```

Hierfür steht Ihnen für das relative Verzeichnis auch die Option `-C Verzeichnis` zur Verfügung:

```
tar cf Archiv_Name -C Verzeichnis .
```

Wollen Sie die Dateien und Verzeichnisse des Archivs wiederherstellen, lautet der gängige Befehl hierzu wie folgt:

```
tar xf Archiv_Name
```

Um auf unser Beispiel zurückzukommen:

```
you@host > tar xf Shellbuch_mai15
```

Wollen Sie einzelne Dateien aus einem Archiv wiederherstellen, so ist dies auch kein allzu großer Aufwand:

```
tar xf Shellbuch_mai15 datei1 datei2 ...
```

Achten Sie allerdings darauf, wie Sie die Datei ins Archiv gesichert haben (relativer oder absoluter Pfad). Wollen Sie bspw. die Datei *Shellbook.cpio* mit dem relativen Pfad wiederherstellen, so können Sie dies wie folgt tun:

```
you@host > tar xf Shellbuch_mai15 ./Shellbook.cpio
```

Hinweis

Ein häufiger Fehler, wenn etwas mit `tar` nicht klappt, ist eine falsche Pfadangabe. Sie sollten daher immer überlegen: Wo liegt das Archiv, wo soll rückgesichert werden, und wie wurden die Dateien ins Archiv aufgenommen (absoluter oder relativer Pfad)?

Wollen Sie außerdem mitverfolgen, was beim Erstellen oder Auspacken eines Archivs alles passiert, sollten Sie die Option `v` verwenden. Hierbei können Sie außerdem gleich erkennen, ob Sie die Dateien mit dem absoluten oder dem relativen Pfad gesichert haben.

```
# neues Archiv erzeugen mit Ausgabe aller Aktionen
tar cvf Archiv_Name Verzeichnis

# Archiv zurückspielen, mit Ausgabe aller Aktionen
tar xvf Archiv_Name
```

Den Inhalt eines Archivs können Sie mit der Option `t` ansehen:

```
tar tf Archiv_Name
```

In unserem Beispiel:

```
you@host > tar tf Shellbuch_mai15
./
./Planung_und_Bewerbung/
./Planung_und_Bewerbung/shellprogrammierung.doc
./Planung_und_Bewerbung/shellprogrammierung.sxw
./kap004.txt
./kap005.txt
./testdir2/
...
```

Hier wurde also der relative Pfadname verwendet. Wollen Sie ein ganzes Verzeichnis auf Diskette sichern, erledigen Sie dies folgendermaßen:

```
tar cf /dev/fd0 Shellbuch
```

Hier kopieren Sie das ganze Verzeichnis auf eine Diskette. Zurückspielen können Sie das Ganze wieder wie folgt:

```
tar xvf /dev/fd0 Shellbuch
```

Wollen Sie einen kompletten Verzeichnisbaum mit Kompression archivieren (bspw. mit gzip), gehen Sie so vor:

```
you@host > tar czvf Shellbuch_mai15.tgz Shellbuch
```

Dank der Option z wird jetzt das ganze Archiv auch noch komprimiert. Ansehen können Sie sich das komprimierte Archiv weiterhin mit der Option t:

```
you@host > tar tzf Shellbuch_mai15.tgz Shellbuch
Shellbuch/
Shellbuch/Planung_und_Bewerbung/
Shellbuch/Planung_und_Bewerbung/shellprogrammierung.doc
Shellbuch/Planung_und_Bewerbung/shellprogrammierung.sxw
Shellbuch/kap004.txt
Shellbuch/kap005.txt
Shellbuch/testdir2/
...
```

Hier wurde also der absolute Pfadname verwendet. Entpacken und wieder einspielen können Sie das komprimierte Archiv wieder mit (mit Meldungen):

```
you@host > tar xzvf Shellbuch_mai15.tgz Shellbuch
```

Wollen Sie allerdings nur Dateien mit der Endung *.txt* aus dem Archiv extrahieren, können Sie so vorgehen:

```
you@host > tar xzf Shellbuch_mai15.tgz '*.txt'
```

C.7.9 zip/unzip – (De-)Komprimieren von Dateien

Mit `zip` können Sie einzelne Dateien bis hin zu ganzen Verzeichnissen komprimieren und archivieren. Besonders gern werden `zip` und `unzip` allerdings verwendet, weil sie gänzlich mit den Versionen von Windows und DOS kompatibel sind. Wer sich also immer schon geärgert hat, dass sein Mail-Anhang wieder einmal etwas im ZIP-Format enthält, kann auf `unzip` zurückgreifen.

Ein ZIP-Archiv aus mehreren Dateien können Sie so erstellen:

```
you@host > zip files.zip file1.txt file2.txt file3.txt
  adding: file1.txt (deflated 56 %)
  adding: file2.txt (deflated 46 %)
  adding: file3.txt (deflated 24 %)
```

Hier packen und komprimieren Sie die Dateien zu einem Archiv namens *files.zip*. Wollen Sie eine neue Datei zum Archiv hinzufügen? Nichts einfacher als das:

```
you@host > zip files.zip hallo.c
  adding: hallo.c (deflated 3 %)
```

Möchten Sie alle Dateien des Archivs in das aktuelle Arbeitsverzeichnis entpacken, dann tun Sie dies so:

```
you@host > unzip files.zip
Archive:  files.zip
  inflating: file1.txt
  inflating: file2.txt
  inflating: file3.txt
  inflating: hallo.c
```

Wenn Sie eine ganze Verzeichnishierarchie packen und komprimieren wollen, so müssen Sie die Option `-r` (*rekursive*) verwenden:

```
you@host > zip -r Shellbuch.zip $HOME/Shellbuch
...
```

Entpacken können Sie das Archiv allerdings wieder wie gewohnt mit `unzip`.

C.7.10 Übersicht zu Dateiendungen und den Pack-Programmen

Tabelle C.23 gibt eine kurze Übersicht zu den Dateiendungen und den zugehörigen (De-)Komprimierungsprogrammen.

Endung	gepackt mit	entpackt mit
`*.bz` und `*.bz2`	`bzip2`	`bzip2`
`*.gz`	`gzip`	`gzip`, `gunzip` oder `zcat`
`*.zip`	InfoZip `zip`, `PKZip`, `zip`	InfoZip `unzip`, `PKUnzip`, `gunzip` (packt nur eine einzelne Datei aus)
`*.tar`	`tar`	`tar`
`*.tbz`	`tar` und `bzip2`	`tar` und `bzip2`
`*.tgz; *.tar.gz`	`tar` und `gzip`	`tar` und `g(un)zip`
`*.Z`	`compress`	`uncompress; gunzip`
`*.tar.Z`	`tar` und `compress`	`tar` und `uncompress`
`*.pak`	`pack`	`unpack`, `gunzip`

Tabelle C.23 Gängige Endungen und ihre (De-)Komprimierungskommandos

C.8 Systeminformationen

C.8.1 cal – zeigt einen Kalender an

Das Kommando `cal` zeigt Ihnen einen Kalender wie folgt an:

```
you@host > cal
     April 2016
So Mo Di Mi Do Fr Sa
                1  2
 3  4  5  6  7  8  9
10 11 12 13 14 15 16
17 18 19 20 21 22 23
24 25 26 27 28 29 30
```

Ohne Angaben wird immer der aktuelle Monat aufgeführt. Wünschen Sie einen Kalender zu einem bestimmten Monat und Jahr, verwenden Sie diese Syntax:

```
cal monat jahr
```

Geben Sie dabei `monat` und `jahr` jeweils numerisch an. Den Kalender für April 2023 erhalten Sie so:

```
you@host > cal 4 2023
     April 2023
So Mo Di Mi Do Fr Sa
                   1
 2  3  4  5  6  7  8
 9 10 11 12 13 14 15
16 17 18 19 20 21 22
23 24 25 26 27 28 29
30
```

C.8.2 date – Datum und Uhrzeit

Mit `date` lesen oder setzen Sie die Linux-Systemzeit. `date` wird weniger in der Kommandozeile als vielmehr in Shellscripts eingesetzt, wie Sie in diesem Buch bereits mehrmals gesehen haben. `date` ist im Grunde »nur« ein Frontend für die C-Bibliotheksfunktion `strftime(3)`. Dabei leitet man durch ein Pluszeichen einen Formatstring ein, der durch entsprechende Datumsangaben ergänzt wird. Die Ausgabe erfolgt anschließend auf die Standardausgabe. Ein Beispiel:

```
you@host > date +'%Y-%m-%d'
2016-04-26
```

Die Formatangaben zu `date` entsprechen denjenigen von `strftime`, das auch mit `awk` verwendet wurde. Zur genaueren Erläuterung können Sie die Man-Seiten zu `date` oder `strftime(3)` lesen.

C.8.3 uname – Rechnername, Architektur und OS ausgeben

Mit `uname` können Sie Betriebssystem, Rechnername, OS-Releases, OS-Version, Plattform, Prozessortyp und Hardware-Klasse des Rechners anzeigen lassen. Hierzu ruft man gewöhnlich `uname` mit der Option `-a` auf:

```
you@host > uname -a
Linux goliath.myhoster.de 2.6.10-1.770_FC3
#1 Thu Feb 24 14:00:06 EST 20-05 i686 i686 i386 GNU/Linux
```

Oder unter FreeBSD:

```
you@host > uname -a
FreeBSD juergen.penguin 4.11-RELEASE FreeBSD 4.11-RELEASE
#5: Mon Jan 31 14:06:17 CET 20-05  root@server.penguin:/usr/obj/usr/src/sys/SEMA  i386
```

C.8.4 uptime – Laufzeit des Rechners

Das Kommando `uptime` zeigt an, wie lange der Rechner bereits läuft.

```
you@host > uptime
09:27:25 up 15 days, 15:44, 1 user, load average: 0.37,0.30,0.30
```

C.9 Systemkommandos

C.9.1 dmesg – letzte Bootmeldung des Kernels anzeigen

Wollen Sie sich die Kernel-Meldung des letzten Bootvorgangs ansehen, hilft Ihnen das Kommando `dmesg`. Damit können Sie feststellen, welche Hardware beim Booten erkannt und initialisiert wurde. `dmesg` wird gern zu der Diagnose verwendet, ob eine interne oder externe Hardware auch vom Betriebssystem korrekt erkannt wurde. Natürlich setzt dies entsprechende Kenntnisse der Hardware auf dem Computer und ihrer Bezeichnungen voraus.

C.9.2 halt – alle laufenden Prozesse beenden

Mit dem Kommando `halt` beenden Sie alle laufenden Prozesse. Damit wird das System komplett angehalten und reagiert auf keine Eingabe mehr. Selbstverständlich ist solch ein Befehl nur vom *root* ausführbar. Meistens ist `halt` ein Verweis auf `shutdown`.

C.9.3 reboot – alle laufenden Prozesse beenden und System neu starten

`reboot` beendet alle noch laufenden Prozesse auf dem System unverzüglich und startet das System neu. Selbstverständlich bleibt auch dieses Kommando dem *root* vorbehalten.

C.9.4 shutdown – System herunterfahren

Mit `shutdown` fahren Sie (*root*-Rechte vorausgesetzt) das System herunter. Mit den Optionen `-r` und `-h` können Sie dabei zwischen einem »Halt« des Systems und einem »Reboot« auswählen. Damit das System auch ordentlich gestoppt wird, wird jedem Prozess zunächst das Signal `SIGTERM` gesendet, mit dem sich ein Prozess noch ordentlich beenden kann. Nach einer bestimmten Zeit (Standard ist zwei Sekunden oder einstellbar mit `-t <SEKUNDEN>`) wird das Signal `SIGKILL` an die Prozesse gesendet. Natürlich werden auch die Dateisysteme ordentlich abgehängt (`umount`), `sync` wird ausgeführt, und es wird in einen anderen Runlevel gewechselt (bei System-V-init). Die Syntax zu `shutdown` lautet:

```
shutdown [Optionen] Zeitpunkt [Nachricht]
```

Den Zeitpunkt zum Ausführen des `shutdown`-Kommandos können Sie entweder im Format *hh:mm* als Uhrzeit übergeben (bspw. 23:30), oder Sie machen eine Angabe wie `+m`, mit der Sie die noch verbleibenden Minuten angeben (bspw. wird mit `+5` der `shutdown`-Befehl in fünf Minuten ausgeführt). Ein sofortiger `shutdown` kann auch mit `now` bewirkt werden. Das Kommando `shutdown` benachrichtigt außerdem alle Benutzer darüber, dass das System bald heruntergefahren wird, und lässt somit auch keine Neuanmeldungen zu. Hier können Sie gegebenenfalls auch eine eigene Nachricht an die Benutzer senden.

Folgende Optionen stehen Ihnen bei `shutdown` unter Linux zur Verfügung:

Option	Bedeutung
`-t Sekunden`	Zeit in `Sekunden`, die zwischen den `SIGTERM`- und `SIGKILL`-Signalen zum Beenden von Prozessen gewartet wird
`-k`	Hier wird kein Shutdown ausgeführt, sondern es werden nur Meldungen an alle anderen Benutzer gesendet.
`-r`	(*reboot*) Neustart nach dem Herunterfahren
`-h`	System anhalten nach dem Herunterfahren
`-f`	beim nächsten Systemstart keinen Dateisystem-Check ausführen
`-F`	beim nächsten Systemstart einen Dateisystem-Check ausführen
`-c`	Wenn möglich, wird der laufende Shutdown abgebrochen.

Tabelle C.24 Optionen für das Kommando »shutdown«

Hinweis

Die Optionen sind betriebssystemabhängig. Ein `-h` unter BSD fährt zwar den Rechner herunter, schaltet ihn aber nicht ab. Hier wird dann `-p` (*power down*) verwendet. Keine Angabe bringt den Rechner hier in den »Singleuser-Mode«.

C.10 Druckeradministration

Die Druckerbefehle beschreiben wir aus Platzgründen nur mit Kommando und der jeweiligen Bedeutung. Näheres entnehmen Sie bitte den entsprechenden Man-Seiten.

Kommando	Bedeutung
`accept`	Druckerwarteschlange auf empfangsbereit setzen
`cancel`	Druckaufträge stornieren

Tabelle C.25 Kommandos zur Druckeradministration

Kommando	Bedeutung
`disable`	Drucker deaktivieren
`enable`	Drucker aktivieren
`lp`	Ausgabe auf dem Drucker mit dem Print-Spooler
`lpadmin`	Verwaltungsprogramm für das CUPS-Print-Spooler-System
`lpc`	Steuerung von Druckern
`lphelp`	Optionen eines Druckers ausgeben
`lpmove`	Druckerauftrag zu einem anderen Drucker verschieben
`lpq`	Druckerwarteschlange anzeigen
`lpr`	Dateien auf den Drucker ausgeben
`lprm`	Druckaufträge in der Warteschlange stornieren
`lpstat`	Status der Aufträge anzeigen
`reject`	Warteschlange für weitere Aufträge sperren

Tabelle C.25 Kommandos zur Druckeradministration (Forts.)

Hinweis

Die verschiedenen `lp`-Befehle werden auf den meisten Systemen durch CUPS emuliert. CUPS hat ein eigenes Administrationsinterface, jedoch ist der Zugriff darauf unter den verschiedenen Distributionen sehr unterschiedlich realisiert. Im Zweifel sollten Sie einen Blick in die Dokumentation Ihrer Distribution werfen.

C.11 Netzwerkbefehle

Netzwerkbefehle erfordern ein tieferes Verständnis. Wenn Sie als Administrator mit Begriffen wie IP-Adresse, MAC-Adresse, DNS, FTP, SSH usw. nichts anfangen können, wäre eine fortführende Lektüre mehr als vonnöten. Leider können wir aufgrund des eingeschränkten Umfangs nicht auf die Fachbegriffe der Netzwerktechnik eingehen. Nebenbei erwähnt, sind diese Themen zum Teil schon ein ganzes Buch wert, weshalb die Beschreibung hier wohl für die meisten eher enttäuschend ausfallen dürfte.

C.11.1 arp – Ausgeben von MAC-Adressen

Wenn Sie die Tabelle mit den MAC-Adressen der kontaktierten Rechner benötigen, können Sie das Kommando `arp` verwenden. Ein Beispiel:

```
you@host > arp -a
...
juergen.penguin (192.168.0.xxx) at 00:30:84:7a:9e:0e on rl0
permanent [ethernet]
...
```

Die MAC-Adresse ist hierbei die sechsstellige Hexadezimalzahl `00:30:84:7a:9e:0e`. Benötigen Sie hingegen die MAC-Nummer Ihrer eigenen Netzwerkkarte, so können Sie sie mit `ifconfig` ermitteln:

```
# ifconfig -a
eth0      Protokoll:Ethernet  Hardware Adresse 00:00:39:2D:01:A1
...
```

In der Zeile `eth0` (unter Linux) finden Sie die entsprechende MAC-Adresse unter `Hardware Adresse`. Hier sind wieder systemspezifische Kenntnisse von Vorteil.

C.11.2 hostname – Rechnername ermitteln

Das Kommando `hostname` können Sie verwenden, um den Namen des lokalen Rechners anzuzeigen, zu setzen oder zu verändern. So ein Name hat eigentlich erst im Netzwerkbetrieb seine echte Bedeutung. Im Netz besteht ein vollständiger Rechnername (*Fully Qualified Domain Name*) aus einem Eigennamen und einem Domainnamen. Der (DNS-)Domainname[2] bezeichnet das lokale Netz, an dem der Rechner hängt.

```
you@host > hostname
goliath.myhoster.de
you@host > hostname -s
goliath
you@host > hostname -d
myhoster.de
```

Ohne Angabe einer Option wird der vollständige Rechnername ausgegeben. Mit der Option `-s` geben Sie nur den Eigennamen des Rechners aus und mit `-d` nur den (DNS-)Domainnamen des lokalen Netzes.

2 Es gibt Domainnamen und DNS-Domainnamen. Die Reihenfolge der (versuchten) Namensauflösung steht in */etc/host.conf* und die Art, wie DNS aufgelöst wird, steht in */etc/resolv.conf*.

C.11.3 ifconfig – Netzwerkzugang konfigurieren

Mit dem Kommando `ifconfig` können Sie die Einstellungen einer Netzwerk-Schnittstelle abfragen oder setzen. Alle Einstellungen lassen Sie sich mit der Option `-a` anzeigen. Die Syntax zu `ifconfig`:

```
ifconfig schnittstelle [address [parameter]]
```

Dabei geben Sie den Namen der zu konfigurierenden Schnittstelle an. Befindet sich bspw. in Ihrem Rechner eine Netzwerkkarte, so lautet unter Linux die Schnittstelle hierzu »eth0«, die zweite Netzwerkkarte im Rechner (sofern eine vorhanden ist) wird mit »eth1« angesprochen. Auf anderen Systemen lautet der Name der Schnittstelle zur Netzwerkkarte wiederum anders. Daher sollten Sie `ifconfig` mit der Option `-a` aufrufen, um mehr darüber in Erfahrung zu bringen. Die `address` ist die IP-Adresse, die der Schnittstelle zugewiesen werden soll. Hierbei können Sie die Dezimalnotation (xxx.xxx.xxx.xxx) verwenden oder einen Namen, den `ifconfig` in */etc/host* nachschlägt.

Verwenden Sie `ifconfig` ohne die Option `-a`, um sich einen Überblick zu verschaffen, dann werden die inaktiven Schnittstellen nicht mit angezeigt.

Der Aufruf für die Schnittstelle zu Ethernetkarte »eth0« sieht beispielsweise wie folgt aus (Debian Sarge):

```
# ifconfig
eth0
   Link encap:Ethernet  HWaddr 00:02:2A:D4:2C:EB
   inet addr:192.168.1.1  Bcast:192.168.1.255  Mask:255.255.255.0
   UP BROADCAST RUNNING MULTICAST  MTU:1500  Metric:1
   RX packets:80 errors:0 dropped:0 overruns:0 frame:0
   TX packets:59 errors:0 dropped:0 overruns:0 carrier:0
   collisions:0 txqueuelen:100

   RX bytes:8656 (8.4 KiB)  TX bytes:8409 (8.2 KiB)
   Interrupt:11 Base address:0xa000

lo
   Link encap:Local Loopback
   inet addr:127.0.0.1  Mask:255.0.0.0
   UP LOOPBACK RUNNING  MTU:16436  Metric:1
   RX packets:8 errors:0 dropped:0 overruns:0 frame:0
   TX packets:8 errors:0 dropped:0 overruns:0 carrier:0
   collisions:0 txqueuelen:0
   RX bytes:560 (560.0 b)  TX bytes:560 (560.0 b)
```

Wenn IPv6 konfiguriert ist, kommt noch die IPv6-Adresse dazu.

Der Ausgabe können Sie entnehmen, dass auf dieser Netzwerkkarte 59 Pakete gesendet (siehe Abschnitt C.11.4) und 80 empfangen (RX) wurden. Die maximale Größe einzelner Pakete beträgt 1.500 Bytes (MTU). Die MAC-Adresse (Hardware-Adresse, HWaddr), die unsere Netzwerkkarte eindeutig identifiziert (außer sie wird manipuliert), lautet 00:02:2A:D4:2C:EB.

Wollen Sie eine Schnittstelle ein- oder ausschalten, können Sie dies mit den zusätzlichen Parametern up (für Einschalten) und down (für Abschalten) vornehmen. Als Beispiel wieder die Netzwerkkarte mit dem Namen »eth0« als Schnittstelle:

```
ifconfig eth0 down
```

Hier haben Sie die Netzwerkkarte »eth0« abgeschaltet. Einschalten können Sie diese folgendermaßen:

```
ifconfig eth0 up
```

Eine IP-Adresse stellen Sie ein oder verändern Sie ebenfalls mit ifconfig:

```
ifconfig eth0 192.18.19.91
```

Wollen Sie bei der Schnittstelle die Netzmaske und Broadcast verändern, so ist dies mit ifconfig wenig Arbeit (unterlassen Sie dies, wenn Sie nicht genau wissen, was die Netzmaske und Broadcast sind):

```
ifconfig eth0 10.25.38.41 netmask \
  255.255.255.0 broadcast 10.25.38.255
```

Damit weisen Sie der Netzwerkkarte die IP-Adresse 10.25.38.41 aus dem Netz 10.25.38.xxx zu. Mit netmask geben Sie an, wie groß das Netz ist (hier ein Netzwerk der Klasse C).

C.11.4 mail/mailx – E-Mails schreiben und empfangen (und auswerten)

Mit dem Kommando mail können Sie aus einem Shellscript heraus E-Mails versenden. Mithilfe der Option -s schicken Sie eine einfache Textmail mit Betreff (-s = *subject*) an eine Adresse, beispielsweise:

```
you@host > echo "Hallo" | mail -s "Betreff" pronix@t-online.de
```

Da nicht alle mail-Kommandos die Option -s für einen Betreff haben, können Sie gegebenenfalls auch auf mailx oder Mail (mit großen »M«) zurückgreifen, die auf einigen Systemen vorhanden sind. Mit cat können Sie natürlich auch den Inhalt einer ganzen Datei an die Mailadresse senden:

```
you@host > cat whoami.txt | mail -s "Ein Textdatei" \
> pronix@t-online.de
```

Dabei können Sie allerlei Ausgaben eines Kommandos per `mail` an eine Adresse versenden:

```
you@host > ps -ef | mail -s "Prozesse 12Uhr" pronix@t-online.de
```

Sinnvoll kann dies z. B. sein, wenn auf einem System ein bestimmtes Limit überschritten wurde. Dann können Sie sich (oder einem anderen Benutzer) eine Nachricht zukommen lassen. Ebenso können Sie überprüfen, ob ein Server dauerhaft verfügbar ist. Testen Sie etwa stündlich (bspw. mit `cron`) mittels `nmap` (hier können Sie nicht nur nachsehen, ob die Netzwerkkarte das UDP-Paket zurückschickt, sondern können direkt nachschauen, ob der Port des betreffenden Dienstes noch offen ist), ob der Server erreichbar ist, und ist er es einmal nicht, können Sie sich eine Nachricht zukommen lassen.

Zusätzliche Optionen, die Sie mit `mail` bzw. `mailx` verwenden können, sind:

Option	Bedeutung
`-s Betreff`	der Betreff (*subject*) der E-Mail
`-c adresse`	Diese Adresse bekommt eine Kopie der Mail.
`-b adresse`	Diese Adresse bekommt eine *blind carbon copy* der Mail.

Tabelle C.26 Optionen für das Kommando »mail«/»mailx«

C.11.5 uuencode/uudecode – Text- bzw. Binärdateien kodieren

Mit den Kommandos `uuencode`/`uudecode` können Sie Textdateien in Binärdateien und wieder zurück umwandeln. Solche Umwandlungen werden zum Beispiel beim Datenaustausch über das Internet notwendig, weil sonst hierbei die Sonderzeichen (beispielsweise Umlaute bzw. alle ASCII-Zeichen über 127) auf manchen Rechnern nicht richtig dargestellt werden können, was bei einer Textdatei nicht so wild ist, weil eben nichtdarstellbare Zeichen »verhunzt« werden. Doch bei einer binären Datei bedeutet dies, dass sie schlicht nicht mehr funktioniert. Die meisten modernen E-Mail-Programme unterstützen MIME und erkennen solche kodierten Dateien als Anhang automatisch, daher erfolgt hierbei die Umwandlung von selbst, ohne dass Sie als Benutzer etwas davon mitbekommen.

`uuencode` macht im Prinzip nichts anderes, als dass es jeweils drei 8-Bit-Zeichen in vier 6-Bit-Zeichen umwandelt und für jedes Zeichen 32 addiert. Damit werden alle Zeichen in einen Satz von Standardzeichen umgewandelt, die relativ verlässlich übertragen werden.

Gewöhnlich werden Sie wohl `uuencode` verwenden, um Anhänge zu Ihren E-Mails mit dem Programm `mail`, `Mail` oder `mailx` hinzuzufügen. Wollen Sie einfach eine Datei namens *archiv.tgz* per Anhang mit `mail` versenden, gehen Sie wie folgt vor:

```
you@host > uuencode archiv.tgz archiv.tgz | \
> mail -s 'Anhang: archiv.tgz' user@host
```

Dass hierbei zweimal *archiv.tgz* verwendet wurde, ist übrigens kein Fehler, sondern wird von `uuencode` erwartet.

C.11.6 netstat – Statusinformationen über das Netzwerk

Für die Anwendung von `netstat` gibt es viele Möglichkeiten. Mit einem einfachen Aufruf von `netstat` zeigen Sie den Zustand einer bestehenden Netzwerkverbindung an. Neben der Überprüfung von Netzwerkverbindungen können Sie mit `netstat` Routentabellen, Statistiken zu Schnittstellen, maskierte Verbindungen und noch vieles mehr anzeigen lassen. In der Praxis lässt sich somit ohne Probleme die IP oder der Port eines ICQ-Users (Opfer) ermitteln oder ob ein Rechner mit einen Trojaner infiziert ist. Hier einige Beispiele:

```
you@host > netstat -nr
```

Hiermit lassen Sie die Routingtabelle (`-r`) des Kernels ausgeben.

```
you@host > netstat -i
```

Mit der Option `-i` erhalten Sie die Schnittstellenstatistik.

```
you@host > netstat -ta
```

Mit `-ta` erhalten Sie die Anzeige aller Verbindungen. Die Option `-t` steht dabei für TCP. Mit `-u`, `-w` oder `-x` zeigen Sie die UDP-, RAW oder Unix-Sockets an. Mit `-a` werden dabei auch die Sockets angezeigt, die noch auf eine Verbindung warten.

C.11.7 nslookup (host/dig) – DNS-Server abfragen

Mit `nslookup` ermitteln Sie aus dem Domainnamen eine IP-Adresse oder die IP-Adresse zu einem Domainnamen. Zur Auflösung des Namens wird gewöhnlich der DNS-Server verwendet.

Hinweis

Bei der Verwendung von `nslookup` werden Sie lesen, dass `nslookup` künftig von den Kommandos `host` oder `dig` abgelöst wird.

Hier `nslookup` und `host` bei der Ausführung:

```
you@host > nslookup pronix.de
Server:         217.237.150.141
Address:        217.237.150.141#53

Non-authoritative answer:
Name:   pronix.de
```

```
Address: 194.150.178.34

you@host > host pronix.de
pronix.de has address 194.150.178.34
you@host > host 194.150.178.34
34.178.150.194.in-addr.arpa domain name pointer goliath.myhoster.de.
```

C.11.8 ping – Verbindung zu anderem Rechner testen

Wollen Sie die Netzwerkverbindung zu einem anderen Rechner testen oder einfach nur den lokalen TCP/IP-Stack überprüfen, können Sie das Kommando ping (*Paket Internet Groper*) verwenden.

```
ping host
```

ping überprüft dabei, ob der host (IP-Adresse oder Domainname) antwortet. ping bietet noch eine Menge Optionen an, die noch mehr Informationen liefern, die allerdings hier nicht genauer erläutert werden. Zur Überprüfung sendet ping ein ICMP-Paket vom Typ *ICMP Echo Request* an die Netzwerkstation. Hat die Netzwerkstation das Paket empfangen, sendet es ebenfalls ein ICMP-Paket, allerdings vom Typ *ICMP Echo Reply*, zurück.

```
you@host > ping -c5 www.pronix.de
PING www.pronix.de (194.150.178.34) 56(84) bytes of data.
64 bytes from goliath.myhoster.de (194.150.178.34):
  icmp_seq=1 ttl=56 time=79.0 ms
64 bytes from goliath.myhoster.de (194.150.178.34):
  icmp_seq=2 ttl=56 time=76.8 ms
64 bytes from goliath.myhoster.de (194.150.178.34):
  icmp_seq=3 ttl=56 time=78.2 ms
64 bytes from goliath.myhoster.de (194.150.178.34):
  icmp_seq=4 ttl=56 time=76.8 ms
64 bytes from goliath.myhoster.de (194.150.178.34):
  icmp_seq=5 ttl=56 time=79.2 ms

--- www.pronix.de ping statistics ---
5 packets transmitted, 5 received, 0 % packet loss, time 4001ms
rtt min/avg/max/mdev = 76.855/78.058/79.228/1.061 ms
```

Hier wurden z. B. fünf Pakete (mit der Option -c können Sie die Anzahl der Pakete angeben) an *www.pronix.de* gesendet und wieder erfolgreich empfangen, wie der Zusammenfassung am Ende zu entnehmen ist. Rufen Sie ping hingegen ohne eine Option auf

```
ping www.pronix.de
```

so müssen Sie selbst für eine Beendigung des Datenaustausches zwischen den Rechnern sorgen. Ein einfaches [Strg]+[C] tut da seinen Dienst, und Sie erhalten ebenfalls wieder eine Zusammenfassung. Neben der Möglichkeit, die Verfügbarkeit eines Rechners und des lokalen TCP/IP-Stacks zu prüfen (`ping localhost`), können Sie außerdem die Laufzeit von Paketen vom Sender zum Empfänger ermitteln. Hierzu wird die Zeit halbiert, bis die *Reply* eintrifft.

C.11.9 Die r-Kommandos von Berkeley (rcp, rlogin, rsh, rwho)

Aus Sicherheitsgründen sei empfohlen, diese Tools nicht mehr einzusetzen und stattdessen auf die mittlerweile sichereren Alternativen `ssh` und `scp` zu setzen. Es fängt schon damit an, dass hier das Passwort beim Einloggen im Klartext, ohne jede Verschlüsselung übertragen wird. Bedenken Sie, dass ein unverschlüsseltes Passwort, das zwischen zwei Rechnern im Internet übertragen wird, jederzeit (bspw. mit einem »Sniffer«) abgefangen und mitgelesen werden kann. Für Passwörter gilt im Allgemeinen, dass Sie diese niemals im Netz unverschlüsselt übertragen sollten. Da es mittlerweile zur Passwortübertragung mit Secure Shell (`ssh`), SecureRPC von SUN und Kerberos vom MIT sehr gute Lösungen gibt, haben die `r`-Kommandos eigentlich keine Berechtigung mehr.

Schlimmer noch, für die Befehle `rsh` und `rcp` war auf den Zielrechnern nicht einmal ein Passwort nötig. Eine Authentifizierung erfolgte hierbei über die Dateien */etc/hosts.equiv* und *~/.rhosts*. Darin wurden einzelne Rechner eingetragen, die als vertrauenswürdig empfunden wurden und so die Passwort-Authentifizierung umgehen konnten.

C.11.10 ssh – sichere Shell auf anderem Rechner starten

`ssh` (*Secure Shell*) zählt mittlerweile zu einem der wichtigsten Dienste überhaupt. Mit diesem Dienst ist es möglich, eine verschlüsselte Verbindung zwischen zwei Rechnern aufzubauen. `ssh` wurde aus der Motivation heraus entwickelt, sichere Alternativen zu `telnet` und den `r`-Kommandos von Berkeley zu schaffen.

Wenn Sie zum ersten Mal eine Verbindung zu einem anderen Rechner herstellen, bekommen Sie gewöhnlich eine Warnung, in der `ssh` nachfragt, ob Sie dem anderen Rechner vertrauen wollen. Wenn Sie mit »yes« antworten, speichert `ssh` den Namen und den RSA-Fingerprint (ein Code zur eindeutigen Identifizierung des anderen Rechners) in der Datei *~/.ssh/known_hosts*. Beim nächsten Starten von `ssh` erfolgt diese Abfrage dann nicht mehr.

Im nächsten Schritt erfolgt die Abfrage des Passworts, das verschlüsselt übertragen wird. Bei korrekter Eingabe des Passworts beginnt die Sitzung am anderen Rechner (als hätte man diesen Rechner vor sich). Die Syntax lautet:

```
ssh -l loginname rechnername
```

In meinem Fall lautet der loginname bspw. »us10129« und der rechnername (mein Webhoster, auf dem sich *pronix.de* befindet) *myhoster.de*. Das Einloggen mit ssh verläuft hierbei wie folgt:

```
you@host > hostname
linux.home
you@host > ssh -l us10129 myhoster.de
us10129@myhoster.de's password:********
Last login:
Sat Apr 30 12:52:05 2005 from p549b6d72.dip.t-dialin.net
[us10129@goliath ~]$ hostname
goliath.myhoster.de
[us10129@goliath ~]$ exit
Connection to myhoster.de closed.
you@host >
```

Oder ein weiteres Beispiel – ein Login in einem FreeBSD-Jail:

```
you@host > ssh -l juergen123 192.135.147.2
Password:********
Last login: Wed Apr 27 15:26:24 2005 from ftpmirror.speed
Copyright (c) 1980, 1983, 1986, 1988, 1990, 1991, 1993, 1994
FreeBSD 4.11-RELEASE (SEMA) #5: Mon Jan 31 14:06:17 CET 2005
juergen@juergen$ hostname
juergen123.penguin
juergen123@juergen$
```

Für jede Verbindung über ssh wird zwischen den Rechnern immer ein neuer Sitzungsschlüssel ausgehandelt

C.11.11 scp – Dateien kopieren zwischen unterschiedlichen Rechnern

Das Kommando scp ist Teil einer ssh-Installation, womit man Dateien sicher zwischen unterschiedlichen Rechnern kopieren kann. scp funktioniert genauso wie das lokale cp. Der einzige Unterschied ist natürlich die Angabe der Pfade auf den entfernten Rechnern. Dabei sieht die Verwendung des Rechnernamens wie folgt aus:

```
benutzer@rechner:/verzeichnis/zum/ziel
```

Um auf meinen Account zurückzukommen – mein Benutzername lautet *us10129* und der Rechner *myhoster.de*:

```
you@host > scp whoami.txt us10129@myhoster.de:~
us10129@myhoster.de's password:********
whoami.txt                    100 % 3231     3.2KB/s   00:00
```

```
you@host > scp us10129@myhoster.de:~/grafik/baum.gif $HOME
us10129@myhoster.de's password:********
baum.gif                          100 % 8583     8.4KB/s   00:00
you@host >
```

Zuerst wurde die Datei *whoami.txt* aus dem aktuellen lokalen Verzeichnis ins Heimverzeichnis von *pronix.de* kopiert (*/home/us10129*). Anschließend haben wir uns aus dem Verzeichnis */home/us10129/grafik* die GIF-Datei *baum.gif* auf meinen lokalen Rechner kopiert. scp ist in der Tat eine interessante Lösung, um Dateien auf mehreren Rechnern mit einem Script zu kopieren.

Was allerdings bei der Scriptausführung stören dürfte (besonders wenn es automatisch geschehen sollte), ist die Passwortabfrage (hierbei würde der Prozess angehalten). Hierzu bietet es sich an, sich mithilfe eines asymmetrischen Verschlüsselungsverfahrens ein Login ohne Passwort zu verschaffen. Dazu stellen Sie am besten auf dem Clientrechner mit dem Programm ssh-keygen ein entsprechendes Schlüsselpaar (hier mit einem RSA-Schlüssel) bereit:

```
you@host > ssh-keygen -t rsa
Generating public/private rsa key pair.
Enter file in which to save the key (/home/you/.ssh/id_rsa):[↵]
Enter passphrase (empty for no passphrase):[↵]
Enter same passphrase again:[↵]
Your identification has been saved in /home/you/.ssh/id_rsa.
Your public key has been saved in /home/you/.ssh/id_rsa.pub.
The key fingerprint is:
bb:d9:6b:b6:61:0e:46:e2:6a:8d:75:f5:b3:41:99:f9 you@linux
```

Hier wurden zwei RSA-Schlüssel ohne Passphrase erstellt. Jetzt haben Sie zwei Schlüssel, einen privaten (*id_rsa.*) und einen öffentlichen (*id_rsa.pub*). Damit Sie jetzt alle ssh-Aktionen ohne Passwort durchführen können, müssen Sie den öffentlichen Schlüssel nur noch auf den Benutzer-Account des Servers hochladen.

```
you@host > scp .ssh/id_rsa.pub us10129@myhoster.de:~/.ssh/
us10129@myhoster.de's password:********
id_rsa.pub                        100 %  219     0.2KB/s   00:00
you@host >
```

Jetzt loggen Sie sich nochmals ein und hängen die Datei *id_rsa.pub* an die Datei *~/.ssh/authorized_keys*:

```
you@host > ssh us10129@myhoster.de
us10129@myhoster.de's password:********
Last login:
Sat Apr 30 13:25:22 2005 from p549b6d72.dip.t-dialin.net
[us10129@goliath ~]$ cd ~/.ssh
```

```
[us10129@goliath .ssh]$ ls
id_rsa.pub  known_hosts
[us10129@goliath .ssh]$ cat id_rsa.pub >> authorized_keys
```

Nach erneutem Einloggen über ssh oder dem Kopieren mit scp sollte die Passwortabfrage der Vergangenheit angehören.

C.11.12 rsync – Replizieren von Dateien und Verzeichnissen

rsync wird verwendet, um Dateien oder ganze Verzeichnisse oder Verzeichnisbäume zu synchronisieren. Hierbei ist sowohl eine lokale als auch eine entfernte Synchronisation möglich. Der Ausdruck »synchronisieren« ist eigentlich rein syntaktisch nicht richtig. Man kann zwar bei einem Verzeichnisbaum »X« Daten hinzufügen, sodass dieser exakt denselben Inhalt erhält wie der Verzeichnisbaum »Y«. Dies funktioniert allerdings umgekehrt nicht. Man spricht hierbei vom Replizieren. Wollen Sie echtes bidirektionales Synchronisieren realisieren (bspw. Daten zwischen zwei PCs), müssen Sie auf unision zurückgreifen.

Die Syntax zu rsync lautet:

```
rsync [optionen] ziel quelle
```

Einige Beispiele:

```
rsync -avzb -e ssh pronix.de:/ /home/you/backups/
```

Damit wird die Website eines der Autoren im Internet, *pronix.de*, mit dessen lokalen Verzeichnis */home/you/backups* synchronisiert. Mit a verwenden Sie den *archive*-Modus, mit b werden Backups erstellt, und mit v (für *verbose*) wird rsync etwas gesprächiger. Durch die Option z werden die Daten komprimiert übertragen. Außerdem wird mit der Option -e und ssh eine verschlüsselte Datenübertragung verwendet.

Geben Sie bei der Quelle als letztes Zeichen einen Slash (/) an, wird dieses Verzeichnis nicht mitkopiert, sondern nur sein Inhalt, beispielsweise:

```
rsync -av /home/you/Shellbuch/ /home/you/backups
```

Hier wird der Inhalt von */home/you/Shellbuch* nach */home/you/backups* kopiert. Würden Sie hingegen Folgendes schreiben

```
rsync -av /home/you/Shellbuch /home/you/backups
```

so würde in */home/you/backups* das Verzeichnis *Shellbuch* angelegt (*/home/ you/backups/ Shellbuch/*) und alles dorthin kopiert. Das hat schon vielen einige Nerven gekostet.

Es folgt nun ein Überblick zu einigen Optionen von rsync.

Option	Bedeutung
`-a`	(*archive mode*) Kopiert alle Unterverzeichnisse mitsamt Attributen (Symlinks, Rechte, Dateidatum, Gruppe, Devices) und (wenn man *root* ist) den Eigentümer der Datei(en).
`-v`	(*verbose*) Gibt während der Übertragung eine Liste der übertragenen Dateien aus.
`-n`	(*dry-run*) nichts schreiben, sondern den Vorgang nur simulieren – ideal zum Testen
`-e Programm`	Wenn in der Quelle oder dem Ziel ein Doppelpunkt enthalten ist, interpretiert `rsync` den Teil vor dem Doppelpunkt als Hostnamen und kommuniziert über das mit `-e` spezifizierte *Programm*. Gewöhnlich wird hierbei als `Programm` `ssh` verwendet. Weitere Parameter können Sie diesem Programm in Anführungszeichen gesetzt übergeben.
`-z`	Der Parameter `-z` bewirkt, dass `rsync` die Daten komprimiert überträgt.
`--delete` `--delete-excluded`	Damit werden alle Einträge im Zielverzeichnis gelöscht, die im Quellverzeichnis nicht (mehr) vorhanden sind.
`--partial`	Wurde die Verbindung zwischen zwei Rechnern getrennt, wird die nicht vollständig empfangene Datei nicht gelöscht. So kann bei einem erneuten `rsync` die Datenübertragung fortgesetzt werden.
`--exclude=Pattern`	Hier können Sie Dateien (mit `Pattern`) angeben, die Sie ignorieren möchten. Selbstverständlich sind hierbei reguläre Ausdrücke möglich.
`-x`	Damit werden alle Dateien auf einem Filesystem ausgeschlossen, die in ein Quellverzeichnis gemountet sind.

Tabelle C.27 Gängige Optionen von »rsync«

Noch mehr zu `rsync` finden Sie auf der entsprechenden Website von `rsync` (*http://rsync.samba.org/*) oder wie üblich auf der Manual-Seite.

C.11.13 traceroute – Route zu einem Rechner verfolgen

`traceroute` ist ein TCP/IP-Tool, mit dem Informationen darüber ermittelt werden können, welche Computer ein Datenpaket über ein Netzwerk passiert, bis es bei einem bestimmten Host ankommt. Beispielsweise:

```
you@host > traceroute www.microsoft.com
traceroute to www.microsoft.com.nsatc.net (207.46.199.30), 30
hops max, 38 byte packets
 1  164-138-193.gateway.dus1.myhoster.de (193.138.164.1)
    0.350 ms  0.218 ms  0.198 ms
 2  ddf-b1-geth3-2-11.telia.net (213.248.68.129)
    0.431 ms  0.185 ms  0.145 ms
 3  hbg-bb2-pos1-2-0.telia.net (213.248.65.109)
    5.775 ms  5.785 ms  5.786 ms
 4  adm-bb2-pos7-0-0.telia.net (213.248.65.161)
    11.949 ms  11.879 ms  11.874 ms
 5  ldn-bb2-pos7-2-0.telia.net (213.248.65.157)
    19.611 ms  19.598 ms  19.585 ms
...
```

C.12 Benutzerkommunikation

C.12.1 wall – Nachrichten an alle Benutzer verschicken

Mit dem Kommando `wall` senden Sie eine Nachricht an alle aktiven Benutzer auf dem Rechner. Damit ein Benutzer auch Nachrichten empfangen kann, muss er mit `mesg yes` diese Option einschalten. Natürlich kann ein Benutzer das Empfangen von Nachrichten auch mit `mesg no` abschalten. Nachrichten werden nach einem Aufruf von `wall` von der Standardeingabe eingelesen und mit der Tastenkombination [Strg]+[D] abgeschlossen und versendet. Gewöhnlich wird `wall` vom Systemadministrator verwendet, um den Benutzer auf bestimmte Ereignisse, wie etwa das Neustarten des Systems, hinzuweisen.

C.12.2 write – Nachrichten an andere Benutzer verschicken

Ähnlich wie mit `wall` können Sie mit `write` eine Nachricht versenden, allerdings an einen bestimmten oder mehrere Benutzer.

```
wall Benutzer1 ...
```

Ansonsten gilt bei der Verwendung von `write` das Gleiche wie für `wall`. Auch hier wird die von der Standardeingabe eingelesene Nachricht mit [Strg]+[D] beendet, und auf der Gegenstelle muss auch hier `mesg yes` gelten, damit der Benutzer die Nachricht empfangen kann. Natürlich ist es dem Benutzer *root* gestattet, jedem Benutzer eine Nachricht zu senden, auch wenn dieser das Empfangen von Nachrichten mit `mesg no` abgeschaltet hat.

C.12.3 mesg – Nachrichten auf die Dialogstation zulassen oder unterbinden

Mit dem Kommando `mesg` können Sie einem anderen Benutzer erlauben, auf das Terminal (bspw. mittels `write` oder `wall`) zu schreiben, oder ebendies sperren. Rufen Sie `mesg` ohne Optionen auf, wird so ausgegeben, wie die Zugriffsrechte gesetzt sind – `y` (für *yes*) und `n` (für *no*). Wollen Sie dem Benutzer erlauben, auf Ihre Dialogstation zu schreiben, erreichen Sie dies mit `mesg` folgendermaßen:

```
mesg yes
```

oder

```
mesg -y
```

Wollen Sie hingegeben unterbinden, dass jemand Nachrichten auf Ihre Dialogstation ausgibt, wird `mesg` so verwendet:

```
mesg no
```

oder

```
mesg -n
```

Beispielsweise:

```
you@host > mesg
is n
you@host > mesg yes
you@host > mesg
ist y
```

C.13 Bildschirm- und Terminalkommandos

C.13.1 clear – Löschen des Bildschirms

Mit dem Kommando `clear` löschen Sie den Bildschirm, sofern dies möglich ist. Das Kommando sucht in der Umgebung nach dem Terminaltyp und dann in der terminfo-Datenbank, um herauszufinden, wie der Bildschirm für das entsprechende Terminal gelöscht wird.

C.13.2 reset – Zeichensatz für ein Terminal wiederherstellen

Mit dem Kommando `reset` können Sie jedes virtuelle Terminal wieder in einen definierten Zustand (zurück)setzen. Gibt es kein Kommando mit diesem Namen, erreichen Sie Selbiges auch mit `setterm -reset`.

C.13.3 setterm – Terminaleinstellung verändern

Mit `setterm` können Sie die Terminaleinstellungen wie bspw. die Hintergrund- bzw. Vordergrundfarbe verändern. Rufen Sie `setterm` ohne Optionen auf, erhalten Sie einen Überblick zu allen möglichen Optionen von `setterm`. Sie können `setterm` entweder interaktiv verwenden

```
you@host > setterm -bold on
```

(hier schalten Sie bspw. die Fettschrift an), oder aber Sie sichern die Einstellungen dauerhaft in der Datei *~/.profile*. Einige wichtige Einstellungen von `setterm` sind:

Verwendung	Bedeutung
`setterm -clear`	Löscht den Bildschirm.
`setterm -reset`	Terminal wieder in einen definierten Zustand zurückbringen
`setterm -blank n`	Bildschirm nach `n` Minuten Untätigkeit abschalten

Tabelle C.28 Einige häufig benötigte Optionen für »setterm«

C.13.4 stty – Terminaleinstellung abfragen oder setzen

Mit `stty` können Sie die Terminaleinstellung abfragen oder verändern. Rufen Sie `stty` ohne Argumente auf, wird die Leitungsgeschwindigkeit des aktuellen Terminals ausgegeben. Wenn Sie `stty` mit der Option `-a` aufrufen, erhalten Sie die aktuelle Terminaleinstellung.

```
you@host > stty -a
speed 38400 baud; rows 23; columns 72; line = 0;
intr=^C; quit=^\; erase=^?; kill=^U; eof=^D; eol=<undef>;
eol2 = <undef>; start = ^Q; stop = ^S; susp = ^Z; rprnt = ^R;
werase = ^W; lnext = ^V; flush = ^O; min = 1; time = 0;
-parenb -parodd cs8 -hupcl -cstopb cread -clocal -crtscts
-ignbrk brkint ignpar -parmrk -inpck -istrip -inlcr
-igncr icrnl ixon -ixoff -iuclc -ixany imaxbel -iutf8 opost
-olcuc -ocrnl onlcr -onocr -onlret -ofill
-ofdel nl0 cr0 tab0 bs0 vt0 ff0
isig icanon iexten echo echoe echok -echonl -noflsh -xcase
-tostop -echoprt echoctl echoke
```

Die Einstellungen lassen sich häufig schwer beschreiben. Hierzu bedarf es schon einer intensiveren Befassung mit der Funktionsweise zeichenorientierter Gerätetreiber im Kernel und der seriellen Schnittstelle – was hier allerdings nicht zur Diskussion steht.

Alle Flags, die sich mit `stty` verändern lassen, können Sie sich mit `stty --help` auflisten lassen. Viele dieser Flags lassen sich mit einem vorangestellten Minus abschalten und ohne ein

Minus (wieder) aktivieren. Wenn Sie beim Probieren der verschiedenen Flags das Terminal nicht mehr vernünftig steuern können, hilft Ihnen das Kommando `reset` oder `setterm -reset`, das Terminal wiederherzustellen. Über

```
you@host > stty -echo
```

beispielsweise schalten Sie die Ausgabe des Terminals ab, und mit

```
you@host > stty echo
```

stellen Sie die Ausgabe auf dem Bildschirm wieder her. Allerdings müssen Sie hier recht sicher im Umgang mit der Tastatur sein, weil Sie ja zuvor die Ausgabe deaktiviert haben.

C.13.5 tty – Terminalname erfragen

Mit `tty` erfragen Sie den Terminalnamen inklusive Pfad, der die Standardeingabe entgegennimmt.

```
you@host > tty
/dev/pts/36
```

Verwenden Sie die Option `-s`, erfolgt keine Ausgabe, vielmehr wird nur der Status gesetzt. Dabei haben diese Werte folgende Bedeutung:

Status	Bedeutung
0	Standardeingabe ist ein Terminal.
1	Standardeingabe ist kein Terminal.
2	Ein unbekannter Fehler ist aufgetreten.

Tabelle C.29 Rückgabestatus von »tty« mit der Option »-s«

```
Ein Beispiel:
you@host > tty -s
you@host > echo $?
0
```

Diese Abfrage wird bspw. gern in Scripts verwendet, um zu ermitteln, ob für die Standardeingabe ein Terminal zur Verfügung steht. Einem Hintergrundprozess zum Beispiel steht keine Standardeingabe zur Verfügung.

C.14 Online-Hilfen

C.14.1 apropos – nach Schlüsselwörtern in Man-Seiten suchen

Die Syntax:

```
apropos keyword
```

Mit `apropos` werden alle Man-Seiten aufgelistet, in denen sich das Wort »keyword« befindet. Dasselbe erreichen Sie auch mit dem Kommando `man` und der Option `-k`.

C.14.2 info – GNU-Online-Manual

`info` ist das Hilfe-System für die bei Linux mitgelieferte GNU-Software.

```
info [kommando]
```

Die wichtigsten Tasten zum Verwenden der `info`-Seiten sind:

Taste	Bedeutung
Leertaste	eine Seite nach unten blättern
[←]	eine Seite nach oben blättern
[B]	Anfang des `info`-Textes
[E]	Ende des `info`-Textes
[⇆]	Zum nächsten Querverweis springen
[↵]	Querverweis folgen
[H]	Anleitung zur Bedienung von `info`
[?]	Kommandoübersicht von `info`
[Q]	`info` beenden

Tabelle C.30 Gängige Tasten zur Steuerung von »info«-Seiten

Hinweis

Auch Hartgesottene kommen mit `info` häufig nicht gut klar, da es unwohlwollend auf Kontrolltasten reagiert. Der Befehl `pinfo` realisiert die gleiche Funktionalität, allerdings mit nachvollziehbareren Reaktionen auf Tastendrücke.

C.14.3 man – die traditionelle Online-Hilfe

Mit `man` geben Sie die Manual-Seiten zu einem entsprechenden Namen aus:

```
man Name
```

Die Anzeige der Man-Seite erfolgt über einen Pager, was meistens `less` oder eventuell auch `more` ist. Zur Steuerung dieser Pager haben wir bereits in den Abschnitten C.1.20 und C.1.23 beschrieben. Den Pager können Sie aber auch mit der Option `-P` oder der Umgebungsvariablen `PAGER` selbst bestimmen. Aufgeteilt werden die Man-Seiten in verschiedene Kategorien:

1. Benutzerkommandos
2. Systemaufrufe
3. C-Bibliotheksfunktionen
4. Beschreibungen der Gerätedateien
5. Dateiformate
6. Spiele
7. Makropakete für die Textformatierer
8. Kommandos für die Systemverwalterin
9. Kernel-Routinen

Die Reihenfolge, in der die Sektionen nach einer bestimmten Manual-Page durchsucht werden, ist in der Konfigurationsdatei */etc/man.config* festgelegt. In der `MANSEC`-Umgebungsvariablen kann jeder User für sich eine andere Reihenfolge bestimmen.

Ebenso sind die Verzeichnisse, in denen nach den Man-Seiten gesucht werden soll, in */etc/man.config* festgeschrieben. Da die Datei */etc/man.config* nur von *root* bearbeitet werden darf, besteht kann auch hierbei der Benutzer mit der Umgebungsvariablen `MANPATH` ein anderes Verzeichnis angeben.

Das Kommando `man` hat eine Reihe von Optionen, hier die wichtigsten:

- `-a`: Häufig gibt es gleichnamige Man-Seiten in verschiedenen Kategorien. Geben Sie bspw. `man sleep` ein, bekommen Sie die erste gefundene Sektion (abhängig von der Reihenfolge, die in */etc/man.config* oder `MANSEC` angegeben wurde) mit entsprechendem Namen ausgegeben. Wollen Sie alle Man-Seiten zu einem bestimmten Namen bzw. Kommando lesen, so verwenden Sie die Option `-a`. Mit `man -a sleep` erhalten Sie jetzt alle Man-Seiten mit `sleep` (in meinen Fall waren es drei Man-Seiten zu `sleep`).
- `-k keyword`: Entspricht `apropos keyword`; damit werden alle Man-Seiten ausgegeben, die das Wort `keyword` enthalten.
- `-f keyword`: entspricht `whatis keyword`; damit wird eine einzeilige Bedeutung von `keyword` ausgegeben.

C.14.4 whatis – Kurzbeschreibung zu einem Kommando

Die Syntax:

```
whatis keyword
```

Mit dem Kommando `whatis` wird die Bedeutung von `keyword` als ein einzeiliger Text ausgegeben. `whatis` entspricht einem Aufruf von `man -f keyword`.

C.15 Alles rund um PostScript-Kommandos

Die Befehle rund um das PostScript-Format werden aus Platzgründen nur mit Kommando und Bedeutung beschrieben. Näheres entnehmen Sie bitte den entsprechenden Man-Seiten.

Kommando	Bedeutung
`a2ps`	Textdatei umwandeln in PostScript
`dvips`	DVI-Dateien umwandeln in PostScript
`enscript`	Textdatei umwandeln in PostScript
`gs`	PostScript- und PDF-Dateien konvertieren
`html2ps`	Umwandeln von HTML-Dateien in PostScript
`pdf2ps`	Umwandeln von PDF in PostScript
`ps2ascii`	Umwandeln von PostScript in ASCII
`ps2pdf`	Umwandeln von PostScript in PDF
`psutils`	Paket zur Bearbeitung von PostScript-Dateien

Tabelle C.31 PostScript-Kommandos

C.16 Gemischte Kommandos

C.16.1 alias/unalias – Kurznamen für Kommandos vergeben bzw. löschen

Mit `alias` legen Sie für einfache Kommandos benutzerdefinierte Namen an.

C.16.2 bc – Taschenrechner

`bc` ist ein arithmetischer, sehr umfangreicher Taschenrechner für die Konsole mit vielen ausgereiften Funktionen. Dieser Taschenrechner wurde bereits im Abschnitt »Wissenschaftliches Rechnen mit bc« in Abschnitt 19.10 kurz behandelt.

C.16.3 printenv bzw. env – Umgebungsvariablen anzeigen

Mit `printenv` lassen Sie Umgebungsvariablen für einen Prozess anzeigen. Geben Sie kein Argument an, werden alle Variablen ausgegeben, ansonsten der entsprechende Wert der Umgebungsvariablen.

```
you@host > printenv PAGER
less
you@host > printenv MANPATH
/usr/local/man:/usr/share/man:/usr/X11R6/man:/opt/gnome/share/man
```

Index

B

C

E

F

H

I

J

K

L

M

N

Q

R

S

U

V

W

X

Y

Z

Wie hat Ihnen dieses Buch gefallen?
Bitte teilen Sie uns mit, ob Sie zufrieden waren, und bewerten Sie das Buch auf:
www.rheinwerk-verlag.de/feedback

Ausführliche Informationen zu unserem aktuellen Programm samt Leseproben finden Sie ebenfalls auf unserer Website. Besuchen Sie uns!

Rheinwerk
www.rheinwerk-verlag.de